Berlin K. Akademie der wissenschaften, Reinhold Carl Bernhard Alexander Koser, Otto Krauske, etc. Prussia. Sovereigns

Preußische Staatsschriften aus der Regierungzeit König Friedrichs

II

Berlin K. Akademie der wissenschaften, Reinhold Carl Bernhard Alexander Koser, Otto Krauske, etc. Prussia. Sovereigns

Preußische Staatsschriften aus der Regierungzeit König Friedrichs II

ISBN/EAN: 9783741170973

Hergestellt in Europa, USA, Kanada, Australien, Japan

Cover: Foto ©Andreas Hilbeck / pixelio.de

Manufactured and distributed by brebook publishing software (www.brebook.com)

Berlin K. Akademie der wissenschaften, Reinhold Carl Bernhard Alexander Koser, Otto Krauske, etc. Prussia. Sovereigns

Preußische Staatsschriften aus der Regierungzeit König Friedrichs

II

PREUSSISCHE
STAATSSCHRIFTEN

AUS DER

REGIERUNGSZEIT KÖNIG FRIEDRICHS II.

IM AUFTRAGE

DER KÖNIGLICHEN

AKADEMIE DER WISSENSCHAFTEN ZU BERLIN

HERAUSGEGEBEN

VON

H. VON SYBEL UND G. SCHMOLLER.

DRITTER BAND.

BERLIN.
VERLAG VON ALEXANDER DUNCKER.
KÖNIGL. HOFBUCHHÄNDLER.
1892.

PREUSSISCHE STAATSSCHRIFTEN

AUS DER

REGIERUNGSZEIT KÖNIG FRIEDRICHS II.

(DER BEGINN DES SIEBENJÄHRIGEN KRIEGS)

BEARBEITET

VON

DR. OTTO KRAUSKE.

BERLIN,
VERLAG VON ALEXANDER DUNCKER.
KÖNIGL. HOFBUCHHÄNDLER.
1892.

EINLEITUNG.

Mit besseren Aussichten auf die Erhaltung des Friedens als je seit dem aachener Congresse trat König Friedrich in das Jahr 1756. Durch das Abkommen von Westminster hoffte er die russisch-österreichische Coalition, die ihn stets mit Krieg bedroht hatte, zu sprengen.

„Jetzt gilt es nur noch die letzte Hand an das Werk zu legen," schrieb er seinem Bruder August Wilhelm*). „Ich versichere Sie, ich setze meine ganze Kraft daran und lasse es an nichts fehlen, um den furchtbaren Bund zu brechen, dem der Staat früher oder später zum Opfer gefallen wäre. Dieses Jahr, das ich für gewonnen halte, gilt mir so viel wie fünf voraufgegangene; und wenn ich im Laufe der Zeit zwischen den kriegführenden Mächten (von Grossbritannien und Frankreich) vermitteln kann, dann werde ich Preussen auf die grösste Höhe gehoben haben, die es im Frieden erreichen kann. Und ist es nicht ein Vergnügen, der Königin von Ungarn Halt zu gebieten, Sachsen zu demüthigen oder besser gesagt zur Unbedeutendheit hinabzudrücken und Bestushew zur Verzweiflung zu bringen? Das sind die Folgen, die ein Federzug haben wird."

Mit Genugthuung und Freude begrüssten die Preussen, und mit ihnen alle Freunde des Friedens, „die erleuchteten und väterlichen Handlungen des Königs und glaubten das Maass des Glückes voll erlangt zu haben durch das wiedergewonnene gute Einvernehmen zwischen den Höfen von London und Berlin und durch die Bestärkung ihrer Hoffnung auf eine lange Friedensepoche für Deutschland**)."

*) Politische Correspondenz 12, 125.
**) Aus einem intercipirten Berichte des österreichischen Gesandten Puebla an Kaunitz, Berlin, 7. Februar 1756. — Aehnlich meldete der sächsische Vertreter in Berlin dem Grafen Brühl am 13. Februar, der Vertrag würde allgemein der Friedensliebe und dem Entschlusse des Königs zugeschrieben „de n'entrer en jeu qu'à corps défendant à la dernière nécessité". — Ueber die Aufnahme der Convention in Sachsen schreibt der dresdener Vertreter Preussens am 6. Februar: „Tout ce qui s'est dit au sujet de cet événement, n'est qu'extrêmement glorieux à Votre Majesté, à la connoissance parfaite qu'Elle a de

Im Vertrauen auf Englands weit überschätzten Einfluss in Russland*) dachte Friedrich des Zarenreichs vollständig sicher zu sein und keinen Einbruch der Moskowiter von Polen oder gar von Hannover her fürchten zu müssen. Dem Erreichbaren in Gedanken, weit voraus eilend, glaubte er den Tag bereits nicht mehr fern, an dem sein Gesandter wieder in Petersburg einzöge, und sah wohl schon die russischen Truppen, die bisher alljährlich an der Grenze zum Kampfe wider ihn versammelt worden, als Freunde und Helfer in Pommern lagern**).

Wo sollte die Kaiserin-Königin dann noch einen Bundesgenossen zum Rachekriege gegen Preussen finden? Die Vorstellung, dass Frankreich sich von seinem alten, durch Jahrhunderte bewährten politischen Systeme abkehren und an Oesterreich anschliessen könnte, lag ganz ausserhalb der preussischen Berechnung. Friedrich wollte zu gleicher Zeit in der Freundschaft von England und Frankreich stehen und war durchaus nicht abgeneigt, das im Juni 1756 ablaufende Bündniss mit Ludwig XV. zu erneuern, falls ihm der versailler Hof mit einem Antrage dazu entgegenkommen würde***). Er meinte sogar, durch seinen Neutralitätsvertrag sich um Frankreich verdient gemacht zu haben, indem er es von der Sorge vor einem russischen Angriffe in der östlichen Flanke befreit hatte†).

Aber diese Mittelstellung, die Preussen während des österreichischen Erbfolgekriegs mit vielem Glück eingenommen hatte, konnte diesmal

Ses véritables intérêts. On convient que l'Angleterre n'auroit pu déclarer d'une manière plus éclatante le cas qu'elle fait du pouvoir et du crédit de Votre Majesté, qu'en recherchant, comme elle a fait, après avoir signé un traité avec la Russie, qu'elle déclare que la pour insuffisant pour le but auquel elle visoit, et un pis-aller auquel elle avoit eu recours, tandis qu'elle n'avoit pas osé se flatter que Votre Majesté se lieroit avec elle." Am 20. Februar schreibt derselbe Gesandte: „On continue ici à ne pas cacher la satisfaction qu'on a de la convention de Votre Majesté, satisfaction d'autant plus grande qu'on avoue la triste situation dans laquelle on se seroit toujours trouvé dans l'évènement d'une guerre entre Votre Majesté et l'Impératrice-Reine, où tout ce qui auroit pu leur arriver, auroit été de servir à tout bout de champ de nappe aux deux parties." Aus Kopenhagen schrieb der preussische Geh. Legationsrath von Häseler am 10. Februar: „En général tous ceux qui aiment le bien, applaudissent à la sagesse de cet arrangement, témoignant qu'il n'y a rien de plus grand et de plus généreux que d'assurer la paix." Aehnlich lautet der Bericht des königlichen Legationssecretärs aus Warschau vom 3. März und des stockholmer Gesandten Grafen Solms vom 16. März.

*) Vergl. Staatsschriften 2, 179.
**) Unterredungen König Friedrichs mit dem britischen Gesandten Mitchell. Sanssouci, 11. und 12. Mai 1756. Politische Correspondenz 12, 327.
***) Vergl. S. 403 f.
†) Politische Correspondenz 11, 419; 12, 95. Vergl. hier S. 407.

nicht behauptet werden. Kaunitz hatte mit seinem Verständniss des französischen Charakters gerade den anscheinend so ungünstigen Vertrag von Westminster*) als „ein entscheidendes Ereigniss zum Heile Oesterreichs" begrüsst**). Die Erbitterung der Franzosen gegen England liess sie in Friedrichs Annäherung an das verhasste Reich nur Abtrünnigkeit und Verrath erblicken***). Die katholischen, österreichischen Sympathien gewannen nun die Oberhand und lenkten Frankreich aus den von Richelieu vorgeschriebenen Bahnen. Durch die Unterzeichnung des Vertrages von Versailles trat Ludwig XV. zur österreichischen Partei hinüber †).

Die Convention mit Grossbritannien schlug in allen Folgen gegen die Erwartungen Friedrichs aus. Einen Freund hatte sie ihm in einen Gegner verwandelt, und vermochte nicht zur Entschädigung die bestimmt erhoffte Aussöhnung mit Russland herbeizuführen. Eine kurze Zeitspanne hat die russische Politik vielleicht zwischen Oesterreich und den Verbündeten von Westminster geschwankt ††), aber bald wandte sie sich mit womöglich noch verstärkter Energie dem alten Systeme wieder zu. Der Hass der Kaiserin Elisabeth gegen Friedrich war

---

*) Als der österreichische Gesandte in Dresden Graf Sternberg die Nachricht von der Convention erhalten hatte, schrieb er seinem berliner Amtsgenossen (am 3. Februar): „Nous venons d'apprendre la nouvelle la plus grande, la plus surprenante et la plus inattendue ... C'est un évènement qui a causé d'autant plus de surprise qu'on ne pouvoit ni ne devoit s'y attendre; je défie même les plus grands politiques et qui se piquent de voir dans l'avenir qu'ils aient prévu ce qui vient d'arriver."

**) Arneth, Maria Theresias erste Regierungsjahre. 4. 419. 552. Die Kaiserin äusserte sich ähnlich im Februar: „Le roi d'Angleterre me boude, mais j'ai pris mon parti." Politische Correspondenz 12, 127.

***) (Œuvres 4, 32. Politische Correspondenz 12, 92. 93 f. 105. 115 f. 140. 153.

†) Aus einem intercipirten Briefe des österreichischen Gesandten in Dresden an den berliner (Dresden, 1. Juli): „Je ne doute pas que la nouvelle ... fera beaucoup de plaisir à Sa Majesté Prussienne, en voyant combien le maintien du repos et de la tranquillité publique nous tient à cœur, et qu'à l'exemple de Sa Majesté nous avons eu soin d'embrasser tous les moyens qui nous ont paru les plus propres pour obtenir ce but salutaire."

††) In Sachsen wollte man schon wissen, dass Gross, der das Werkzeug des Bruches zwischen Preussen und Russland gewesen war (vergl. Staatsschriften 2, 238), in Ungnade gefallen wäre: „qu'on lui reprochoit d'avoir été par sa conduite uniquement cause de la brouillerie survenue avec Votre Majesté, et que ledit Gross s'attendoit à n'être pas continué dans ce poste." Bericht des preussischen Ministers Maltzahn aus Dresden vom 9. Februar. — Die russische Partei in Schweden war über den Vertrag von Westminster „tout glorieux et très content", wie Solms aus Stockholm am 13. Februar meldete. Politische Correspondenz 12, 153.

durch die scrupellosen Künste der österreichischen und sächsischen Diplomaten bis zur Raserei gesteigert. Lieber wollte die Prunksüchtige ihre Kleider und Juwelen verkaufen, als auf den Rachekrieg mit Preussen verzichten*). Der englische Subsidienvertrag, auf den Friedrich seine Pläne gebaut hatte, verlor seine Bedeutung durch die sogenannte Déclaration secrétissime, dass er nur dann in Kraft treten sollte, wenn die Staaten Georgs II. oder seiner Bundesgenossen von den Preussen angegriffen würden**).

Friedrich wurde von den Engländern absichtlich, so lange es nur anging, über ihre vollständige diplomatische Niederlage in Unkenntniss gehalten***). Erst im Juni, als sich die Zarin und Ludwig XV. durch die Vermittlung von Kaunitz offenkundig versöhnt hatten, wurde ihm klar, dass statt des isolirten Oesterreichs die Völker Europas vom Eismeere bis zu den Pyrenäen im Bunde wider ihn vereinigt standen.

Trotz dieser bedrohlichen Aspecten liess er die Hoffnung auf die Erhaltung des Friedens nicht ganz fahren. In der plötzlichen und unerklärlichen Zurückberufung eines russischen Heeres, das schon gegen Ostpreussen anmarschirte, glaubte er einen in letzter Stunde errungenen Erfolg des britischen Vertreters am Hofe von St. Petersburg wahrzunehmen †).

Aber die Oesterreicher schienen, mit Friedrich zu reden ††), alles allein auf ihre Hörner nehmen zu wollen, indem sie fortgesetzt ihre Regimenter aus Ungarn an die preussische Grenze vorschoben †††). Die ungewöhnliche Anfrage des Königs bei Maria Theresia nach dem Zwecke ihrer umfassenden Rüstungen (18. bezw. 23. Juli)*†) hatte schon etwas von dem Tone eines Ultimatums an sich.

Den Ausschlag gaben dann die Nachrichten Hellens aus dem Haag*††), dass die beiden Kaisermächte ursprünglich einen Angriff auf Preussen im laufenden Jahre beabsichtigt, ihn aber wegen ihrer unvollkommenen Vorbereitungen auf den Frühling 1757 verschoben hätten.

Friedrichs Entschluss war gefasst. Seiner Art widerstand es, die

---

*) Raumer, Beiträge zur neueren Geschichte, 2, 409.
**) Politische Correspondenz 13, 35.
***) Vergl. Naudé, Friedrich der Grosse vor dem Ausbruch des siebenjährigen Krieges. Historische Zeitschrift. Neue Folge, 19, 446 f.
†) Politische Correspondenz 13, 12. 33. 34.
††) Politische Correspondenz 13, 42.
†††) Naudé a. a. O. 20. S. 412.
*†) Vergl. S. 92.
*††) Politische Correspondenz 13, 95. 116.

Zukunft seines Staates auf „das beneficium temporis"*) zu gründen; er zog es vor, „prevenire quam preveniri"**). In diesem Jahre glaubte er des Erfolges sicher zu sein, da er den Streit nur mit dem noch nicht vollständig gerüsteten Oesterreich zu bestehen und keinen Flankenangriff von Russland oder Frankreich zu fürchten hätte.

Die wider Erwarten drohende Haltung des versailler Hofes***) und die ausweichende Antwort der Kaiserin-Königin, die keine Handhabe zu einem officiellen Kriegsvorwande bot†), nöthigten den König, den Beginn des Kampfes noch zu verzögern. Er verlangte nun das directe Versprechen von der Kaiserin-Königin, ihn weder in diesem noch im folgenden Jahre mit Krieg zu überziehen. Die Erklärung Maria Theresias fiel, wie vorausgesehen war††), „im Orakelstil, dunkel und vieldeutig" aus. Am dritten Tage nach dem Empfange dieser Erwiderung rückte der König in Sachsen ein, und erwartete dort die Antwort auf seine nun als Ultimatum wiederholte Forderung. Nach ihrem Eintreffen am 12. September wurde sofort die Operation gegen Böhmen begonnen.

Demselben Motive, das den König zum Angriff auf Oesterreich trieb, entsprang die Besetzung des neutralen chursächsischen Staates. Die engen Beziehungen, in denen Sachsen auch ohne geschriebenen Vertrag mit den Höfen von Wien und Petersburg stand, machten mehr als wahrscheinlich, dass es sich bei der ersten günstigen Gelegenheit mit den siegenden Kaisermächten vereinigen und auf Preussen werfen würde, um die ihm schon im leipziger Partagetractat†††) zugewiesene Beute zu gewinnen. Von der centralen Lage des Churfürstenthums*†) begünstigt, hätte diese Diversion trotz der verhältnissmässig unbedeutenden Heeresmacht verhängnissvoll werden können. Im Interesse der eigenen Sicherheit konnte Friedrich den Sachsen nur die Wahl zwischen Bundesgenossenschaft und Unterwerfung lassen. Als August III. sich weigerte, in so harte Bedingungen zu willigen, wurde er von Friedrich als Feind behandelt*††). An dem ungeahnt ausdauernden

*) Aus der Unterredung Friedrichs mit seinem Cabinetsminister Grafen Podewils. Sanssouci, 21. Juli. Politische Correspondenz 13, 105.
**) Politische Correspondenz 13, 113.
***) Naudé a. a. O. 20, 430.
†) Politische Correspondenz 13, 163.
††) Vergl. S. 134 f.
†††) Vergl. S. 366.
*†) Huschkes Annahme (Die drei Kriegsjahre 1756, 1757, 1758 in Deutschland, S. 109), dass Sachsen auch ohne seine politische Stellung nur wegen seiner Lage von Friedrich besetzt wäre, ist willkürlich.
*††) Ueber die mit Unrecht verleumdete Mannszucht der Preussen in Sachsen vergl. Pölitz, Geschichte des Königreichs Sachsen 2, 88.

Widerstande der sächsischen Truppen scheiterte zumeist der preussische Plan, die Winterquartiere in Böhmen aufzuschlagen und dadurch den wiener Hof „vielleicht zur Vernunft zu bringen"*).

Der vorliegende Band enthält in der Hauptsache nur die Staatsschriften aus dem Beginne des siebenjährigen Krieges bis zum December 1756. Die in diesem Monat auf dem Reichstage veröffentlichten sowie die mit ihnen verwandten Schreiben über die Affigirung der Avocatorien konnten hier keine Aufnahme finden, da sie im engeren Zusammenhange mit den Vorgängen am Reichstage während des Winters von 1757 stehen.

Eine sachliche Gruppirung der preussischen politischen Veröffentlichungen nach dem Beispiel der beiden vorausgegangenen Theile liess sich mit Ausnahme der Schreiben über die preussisch-mecklenburgische Differenz nicht durchführen, da die Mehrzahl der bedeutenderen Schriften sich zugleich gegen den dresdener und wiener Hof und den von diesem geleiteten Reichshofrath wendet.

Die französische und russische Politik ist absichtlich möglichst wenig von den officiellen und officiösen Veröffentlichungen berührt worden. Die leitenden Kreise Preussens konnten sich nur allmählich in den ihnen widersinnig erscheinenden Gedanken finden, dass Ludwig XV. wirklich vollkommen mit dem erprobten politischen Systeme seiner Vorfahren gebrochen hätte**), und suchten, so weit es anging, alles zu vermeiden, was die Verstimmung des Königs vermehren und dadurch seine Allianz mit Oesterreich befestigen konnte. Sogar die von einem Gelehrten unternommene Wiederauflage der alten „Politischen Betrugshistorie von Frankreich"***) erschien damals dem berliner Cabinetsministerium nicht unbedenklich.

*) Politische Correspondenz 13, 297.
**) Vergl. S. 404.
***) Politische Betrugs-Historie von Franckreich, Oder, Die wenig-aufrichtige Aufführung Des Französischen Hofes bey Kriegs- und Friedens-Geschäften, aus Den Kriegs- und Friedens-Haudlungen, so weit etlichen hundert Jahren die Crone Franckreich mit den Mächten von Europa, vornehmlich aber Mit dem gesammten Teutschen Reich, Ingleichen mit ein und andern Reichs-Ständen, und insonderheit mit den durchläuchtigsten Häußern Österreich und Lothringen gepflogen, Zur Nachachtung und Warnung bey den jetzigen Conjuncturen Der Europäischen Staatsgeschäffte biß auf gegenwärtige Zeit beschrieben, und mit gehörigen Beweißthümern ex actis publicis und aus den bewährtesten Schrifften erläutert. Anno 1745. Der Verfasser war ein gewisser Fritsch aus Wien.

Mit noch viel zarterer Hand wurde Russland behandelt. Soweit es die Deutlichkeit der Darstellung verstattete, wurde der grosse Antheil der russischen Politik an allen gegen Preussen gerichteten Plänen abgeschwächt oder gar nicht erwähnt. Im Mémoire raisonné durfte der russische Grosskanzler nicht beim Namen genannt werden*), und das Schreiben eines Reisenden aus Danzig preist gar das sanfte Herz der Zarin**). Denn Friedrich setzte trotz aller Enttäuschungen noch immer einige Hoffnungen auf die englische Diplomatie und den Eindruck ihrer klingenden Argumente***). Mit Erstaunen bemerkte der französische Gesandte in Berlin einmal†), dass Volk und Hof sich nur wenig Sorge über das bevorstehende Anrücken der russischen Truppen machten. Ueberdem schien der Tod Elisabeths nahe bevorstehen††), und damit die sichere vollständige Aenderung der russischen Politik zu Preussens Gunsten.

Als allgemeine Richtschnur für die Behandlung aller politischen Veröffentlichungen in Preussen hatte Friedrich seinem auswärtigen Departement die Instruction gegeben†††), nur solche Sachen setzen zu lassen, die sich zu seiner Politik schickten, sich der ihm ohnehin widerwärtigen Prahlereien zu enthalten und alle unwahren Angaben in fremden Zeitungen richtig stellen zu lassen, „damit das Publicum desabusiret und selbigem keine falsche Impressiones inspiriret, noch sel-

---

*) Vergl. S. 328.

**) S. 578. — Der preussische Gesandte in Stockholm erhielt den Befehl (Ministerialerlass, Berlin, 19. October) zu Panin, dem russischen Vertreter, zu sagen, „que Je rendois à Sa Majesté l'Impératrice de Russie toute la justice qui étoit due à son caractère de probité et de droiture, et que Je ne la confondois entièrement avec des ministres mal intentionnés qui avoient abusé de son nom, que les découvertes que Je venois d'exposer [im Mémoire raisonné] au public, pourroient même servir à ouvrir les yeux à cette princesse sur les artifices dont on s'étoit servi pour la prévenir contre Moi."

***) Als Swart, der holländische Gesandte in Petersburg, auf einer Urlaubsreise im August Berlin berührte, sprach er mit dem ihm befreundeten Geheimrath Warendorff über die englischen Aussichten in Russland und meinte, „qu'on parviendroit à convaincre cette répugnance, puisque la souveraine de Russie dont les dépenses alloient tous les jours en augmentant, résisteroit difficilement à la longue à des pareils appas" [der englischen Subsidien]. — Derselbe Swart meldete am 20. November in einem intercipirten Schreiben, die Kaiserin hätte den englischen Gesandten besonders ausgezeichnet „en seer veel met hem van vreede gesproken hadde, waertoe ook seer geneegen geschienen hadde, als mede tot het annemen van de mediatie, die hij gelast was oder de hand haar aentedragen."

†) Valory, Mémoires et négociations, 2, 202.

††) Der Prinz von Preussen schrieb vom Januar 1757 in seinen Memoiren: „Le Roi se flattoit d'un jour de poste à l'autre d'apprendre son décès."

†††) Politische Correspondenz 13, 299.

biges ohnnöthig in Apprehensiones und Vorurtheile gesetzet werden könne."

Die Anzahl der Flugschriften, die während des siebenjährigen Krieges erschienen, ist erstaunlich gross; eine durchaus nicht vollständige Sammlung in der „Teutschen Kriegs-Canzley" umfasst nicht weniger als achtzehn starke Quartbände. Man darf sie wohl als die ersten, noch kindlichen Aeusserungen des wiedererwachenden politischen Bewusstseins und Verständnisses in Deutschland betrachten. „In Ermangelung der sonstigen Unterhaltung," schreibt König in seinem Versuche einer historischen Schilderung der Residenzstadt Berlin *), „fing das Publicum an, sich durch die Lectüre der Staatsschriften zu unterhalten, welche sowohl von österreichischer als preussischer Seite in ungeheurer Menge erschienen und einen Federkrieg ausmachten, an dem die neueren Politiker grossen Antheil nahmen. Seit dieser Zeit scheint der Hang und das Behagen der Berliner an politische Dinge entstanden zu sein, welche in der Folge lästig wurden, und die Bürger bei einem Glase Bier zu Schiedsrichter der europäischen Händel gemacht hat. Der Stil in den Aufsätzen des preussischen Cabinets erfuhr eine grosse Veränderung und fing an, sich einleuchtend zu verbessern . . . . . . Um diese Zeit . . . entstanden die sogenannten politischen Kannengiesser, die Feldherrn und Minister im hiesigen Lustgarten, welche das Schicksal der Staaten und Nationen im Voraus entschieden, Blut wie Wasserströme vergossen und im Sand ungeheure Pläne, Läger und Entwürfe zu schrecklichen Belagerungen zeichneten. Der Drang nach Neuigkeiten, besonders in dieser Periode, die so wunderbare und verwickelte Begebenheiten enthielt, deren Ausgang man nicht enträthseln konnte, war äusserst gross, und daher kam es, dass man so gern die auf solche sich beziehende Zeitschriften, welche . . . sehr häufig erschienen, las. Die Neugierde stieg noch mehr durch die geheime Weise, mit der der König den Krieg führte. Es wurde bei der Armee aller Briefwechsel über kriegerische Angelegenheiten untersagt, und also erfuhr man nichts mehr von dem eigentlichen Schicksale der preussischen Waffen, als was die öffentlichen Blätter und Zeitungen verkündigten. Deshalb waren unterrichtende Nachrichten von grossem Werth, und wer kennt nicht die Menge von grossen und kleinen Schriften, welche sich im Publicum verbreiteten?"

Zur Befriedigung der allgemeinen, starken Nachfrage nach den Flugschriften und Berichten über die kriegerischen Ereignisse wurden bereits im Jahre 1756 mehrere Sammelwerke begonnen. Einige davon waren vielleicht officiösen Ursprungs oder erfreuten sich wenigstens der

Hülfe von preussischen und österreichischen Diplomaten. Die Regierungen von Königsberg und Cleve beabsichtigten 1756 die systematische Veröffentlichung aller preussischen Staatsschriften, und der Haager Buchhändler Pierre Gosse ging mit dem gleichen Plane um.

Die beiden bedeutendsten und reichhaltigsten Werke dieser Art sind die „Beyträge zur neuern Staats- und Krieges-Geschichte. Danzig, bey Johann Christian Schuster", 1756 bis 1764 in neunzehn Octavbänden erschienen und kurzweg „Danziger Beiträge" genannt, und die schon oben erwähnte „Teutsche Kriegs-Canzley", 1757 bis 1763, deren erster Band den Titel trägt „Sammlung der neuesten Staats-Schrifften zum Behuf der Historie des jetzigen Krieges in Teutschland auf das Jahr 1756. Frankfurt und Leipzig, 1757."

Der Verlagsort ist bei beiden Compilationen fingirt. Die teutsche Kriegs-Canzley erschien in Regensburg, wie aus dem Vorberichte des Verlegers zum achtzehnten Bande ersichtlich ist. Nach der Angabe des frankfurter Professors Uhl*) durfte darin nur dasjenige veröffentlicht werden, „was der kaiserliche Gesandte dem Verleger zuschicket".

Ueber den Herausgeber der Danziger Beiträge, die auf der preussischen Seite stehen, geben die Acten keinerlei Auskunft. In Danzig ist das Werk sicher nicht erschienen; der Magistrat dieser Stadt hatte schon 1756 überhaupt den Abdruck von Schriften über die politischen Ereignisse jener Zeit verboten**). Eher könnte man an Berlin denken, wenn man sieht, dass das dritte Stück der Beiträge, in dem das erst am 15. September zur öffentlichen Kenntniss gebrachte Exposé des motifs gegeben wird, schon am 28. September in den „Berlinischen Nachrichten von Staats- und Gelehrten-Sachen" angezeigt wird***). Meusels „Lexikon der vom Jahre 1750 bis 1800 verstorbenen teutschen Schriftsteller" †) nennt Berlin als Verlagsort und den Regimentsquartiermeister Naumann als Herausgeber. Vielleicht darf auch der Auditeur Johann Friedrich Seyfart††) in Verbindung mit den Danziger Beiträgen gebracht werden. Er sagt in seiner „Geschichte des seit 1756 in Teutschland geführten Kriegs" bei der Erwähnung einiger Staats-

---

*) Eingabe Uhls an den König. Frankfurt a. O., 3. November 1760.
**) Bericht des preussischen Residenten Reimer, Danzig, 11. December 1756: „des écrits touchant les conjonctures présentes pour ou contre une puissance quelqu'elle soit."
***) Nr. 117, S. 484.
†) Band 10, 24.
††) Vergl. über ihn Koser, Die ersten Lebensbeschreibungen Friedrichs des Grossen. Zeitschrift für preussische Geschichte und Landeskunde. 14. Jahrgang, S. 228.

schriften*): „Wir haben solche in weitläuftigen Sammlungen der Welt für Augen gestellt."

In den „Allerneuesten Acta publica, oder vollständige Sammlung aller derer Schrifften, Declarationen, Verordnungen etc., die durch Veranlassung des Einmarsches der Königlich-Preussischen Truppen in Sachsen und Böhmen öffentlich bekannt gemacht worden sind", wurden „alle Piècen vor sich besonders abgedruckt", damit „die Liebhaber alle Schriften erhalten können, sobald als sie nur anderwärts zum Vorschein kommen, da sie hingegen in denen Journalen warten müssen, bis sie die Reihe trifft." Ein vollständiges Exemplar der Sammlung ist uns nicht bekannt geworden.

Nicht zu verwechseln mit dieser Publication sind die „Acta Publica, oder Vollständige Sammlung aller derjenigen Staats- und Kriegsschriften, welche im Jahre 1756 an den Höfen England, Frankreich, Oesterreich, Preussen, Sachsen u. a. m. zum Vorschein gekommen in gehöriger Ordnung vorgetragen und mit einem von jeder Schrift kurzgefassten und derselben vorausgesetzten summarischen Auszuge des Innhalts der unparteyischen Welt vor Augen gestellet. Strassburg 1757." Wir haben drei Fortsetzungen dieses Unternehmens, die bis 1759 reichen.

Eine noch kürzere Lebensdauer hatte die bei Franz Balthasar Neuwirth in Cöln erschienene „Sammlung derer Staatsschriften, Als Circular- Rescripten, Declarationen, Kriegs- Manifesten etc. etc. Welche in gegenwärtigen Kriegs- und Staats-Angelegenheiten vor und nach durch offenen Druck zum Vorschein kommen." Sie enthält nur Schriften aus den ersten beiden Kriegsjahren.

Endlich muss noch einer biographischen Compilation ausser der „Helden-, Staats- und Lebensgeschichte Friedrichs des Andern" **) gedacht werden, die häufiger Staatsschriften und Zeitungsnachrichten in unveränderter Form aufgenommen hat, der in Gotha herausgegebenen „Denkwürdigkeiten Friedrichs des Grossen, jetzt regierenden Königs in Preussen, 1757 bis 1766", in vierzehn Theilen. Nach einem handschriftlichen Vermerk in dem Exemplare der Königlichen Bibliothek zu Berlin war der Litterat Hörning der Verfasser.

Die grosse Menge der an den verschiedensten Stellen zusammengetragenen Veröffentlichungen officieller und privater Natur machte früh das Bedürfniss nach einem chronologischen Verzeichnisse rege. Schon der erste 1757 ausgegebene Band der „Allerneuesten Acta Publica" brachte ein halb chronologisches, halb sachliches Register,

---

*) Seite 14.
**) Vergl. Staatsschriften 1, XLIX und Koser a. a. O. S. 226.

das aber lückenhaft und von Fehlern entstellt ist. 1760 übernahm dann Professor Uhl in Frankfurt a./O. „die mühsame Arbeit, die Schriften nach den Jahren zu specificiren und zugleich anzudeuten, ob man sie eingerücket oder nicht, auch in welcher Sammlung selbige allenfalls zu finden sei." Mit Genehmigung des preussischen Cabinetsministeriums veröffentlichte er das „Verzeichniss der Berichte, Briefe, Capitulationen, Conventionen, Declarationen, Deductionen, Edicte, Instructionen, Manifeste, Memoiren, Kaiserl. Hof-Decrete, Patente, Placate, Pro-Memoria, Protestationen, Reichs-Hof-Raths-Conclusorum, Reichs-Schlüsse, Relationen, Rescripte, und übrigen Staats-Schriften, welche bey Gelegenheit des jetzigen Krieges in denen Jahren 1756 und 57. zum Vorschein gekommen. Franckfurt und Leipzig 1761."

Diese Zusammenstellung hat auch noch für die heutige Forschung Werth behalten, obwohl die Chronologie öfters mangelhaft ist. Die auf S. 26 angeführte „Treuherzig gemeinte Vorstellung" u. s. w. ist, soweit unsere Kenntniss reicht, keine Staatsschrift. Eine zweite apokryphe Veröffentlichung aus dem Jahre 1756, genannt „Kurtzer doch gründlicher Beweis, dass das Königreich Böhmen Sr. Königl. Maj. in Preussen zustehe", wurde am 16. Januar 1757 in Dresden vom Henker verbrannt*), da sie „völlig den von Seiten Ihro Maj. von Preussen geschehenen Erklärungen, dass Sie in diesem Krieg durchaus keine Eroberung zu machen gedächten, entgegen war." Die Abhandlung des hallischen Professors Steck von der „Abrufung der in auswärtigen Kriegs-Diensten stehenden Reichsglieder" erschien ursprünglich als eine Privatstudie des Gelehrten in den hallischen Anzeigen und wurde erst nachträglich, wahrscheinlich auf Anordnung der magdeburger Regierung, als eigene Broschüre aufgelegt**). Endlich sei hier noch erwähnt, dass die von Ranke***) gelobte Denkschrift „Gründlicher Entwurff der Beschaffenheit, worin sich gegenwärtig die Sachen von Deutschland befinden", eine Uebersetzung ist des von König Friedrich selbst verfassten „Mémoire raisonné sur la situation présente de l'Allemagne" †).

*) Vergl. Politische Correspondenz 14, 206.
**) Ihr vollständiger Titel lautet: „Abhandlung Von Abruffung der in auswärtigen Kriegs-Diensten stehenden Reichs-Glieder und Vasallen. Unter Sr. Königl. Majestät in Preussen etc. unsers allergnädigsten Königes und Herrn, Allerhöchsten Approbation und auf Dero Special-Befehl. Halle, 1756.
***) Ranke, Werke 30, 241.
†) Abgedruckt in der Politischen Correspondenz 14, 206.

I bis XII.

Preussen und Mecklenburg-Schwerin*).

Von altersher warben die brandenburg-preussischen Fürsten einen Theil ihrer Truppen in dem benachbarten Mecklenburg. Ein Recht darauf stand ihnen weder als Churfürsten, noch als Kreisdirektoren, noch als Eventualsuccessoren**) zu. Bis zum achtzehnten Jahrhundert hatten die Werbungen nur einen bescheidenen Umfang; freilich mangelte es auch in dieser Periode nicht an Klagen über Ausschreitungen der Brandenburger.

Die inneren Wirren, die während Lebzeiten des Herzogs Karl Leopold die Einmischung fremder Mächte bewirkt hatten, veranlassten

---

*) Das Aktenmaterial über die Differenz zwischen Preussen und Mecklenburg ist am vollständigsten wiedergegeben in: [Unparteiische Geschichte der Streitigkeiten des herzoglichen Hauses Mecklenburgschwerin mit der Krone Preussen mit authentischen Beweisschriften bestätiget. 1763. 4°. 172 S. — (Der preussische Resident Hecht in Hamburg berichtet von dem Erscheinen dieses Werkes in seiner Depesche vom 12. April 1763.) — Die Abdrucke sind nicht genau; an mehreren Stellen sind, der Tendenz dieser im mecklenburgischen Interesse erschienenen Schrift gemäss, Urkunden unterdrückt worden. — In der mecklenburgischen Geschichtsschreibung ist bis in die neueste Zeit der Zwist mit Preussen nur ganz flüchtig berührt worden. Erst 1887 gab W. von Schultz nach den Akten des Grossherzogl. Geh. und Hauptarchivs zu Schwerin sein Buch heraus: ["Die preussischen Werbungen unter Friedrich Wilhelm I. und Friedrich dem Grossen bis zum Beginn des siebenjährigen Krieges mit besonderer Berücksichtigung Mecklenburg-Schwerins." Wir sind dem verdienstvollen Werke, dessen Verfasser bestrebt war, soweit es der beschränkte Umfang seines Materials gestattete, eine unparteiische Darstellung zu geben, mehrfach gefolgt.

**) Die Eventualsuccession war festgesetzt durch den Wittstocker Vertrag vom 12. April 1442, erneuert am 14. April 1752. Vergl. H. Schulze. Die Hausgesetze der regierenden deutschen Fürstenhäuser. Jena 1878. II. 208 f.

1733 den König Friedrich Wilhelm von Preussen, mehrere mecklenburgische Aemter mit seinen Truppen zu besetzen*). Seit jener Zeit nahm die Dreistigkeit der preussischen Werber ausserordentlich zu. Die Patente, mit denen der Administrator von Mecklenburg-Schwerin, Herzog Christian Ludwig, diesem Unwesen zu steuern suchte, hatten bei der Ohnmacht seiner Herrschaft so gut wie gar keinen Erfolg. Es kam sogar mehrmals zu gefährlichen Zwistigkeiten mit dem Könige von Preussen, der schliesslich stets die Oberhand behielt.

Auch Friedrich der Grosse gerieth noch als Kronprinz mit dem Herzog in Streit wegen Verhaftung zweier Werber seines Ruppinschen Regiments. Der feurige Prinz drohte, falls er nicht sofort Genugthuung erlangte, „andere mesures zu ergreifen". Christian Ludwig entliess darauf nicht nur die beiden Gefangenen, sondern verstattete Friedrich noch von freien Stücken die Werbung im Herzogthume**).

Es ist wohl denkbar, dass diese Nachgiebigkeit den jungen Herrscher, der im Anfange seiner Regierung den deutschen Kleinfürsten wenig Beachtung schenkte, in der Ansicht bestärkte, durch Einschüchterung Mecklenburgs am leichtesten sein vermeintliches Werberecht behaupten zu können. Denn Friedrich glaubte sich wirklich in seiner Eigenschaft als Churfürst von Brandenburg zu seinen Werbungen befugt.

Im Herbste 1740, als es zu neuen Misshelligkeiten zwischen Preussen und dem Schwerinschen Herzogthume kam, war gerade der mecklenburgische Hofrath Ditmar in Berlin, um eine Anleihe für seinen Fürsten zu contrahiren, und scheint nach einer Aeusserung des Geheimen Cabinetsraths Eichel einige Zugeständnisse Christian Ludwigs für die preussischen Werbungen in Aussicht gestellt zu haben, um den König willfähriger zu einem Darlehn zu stimmen. Wie weit seine Versprechungen gingen, entzieht sich unserer Kenntniss; jedenfalls sind sie niemals von dem Administrator in rechtsverbindlicher Weise anerkannt oder bestätigt worden.

Als nach dem Breslauer Frieden die von dem Kriege gelichteten Truppenbestände des preussischen Heeres wieder ergänzt werden mussten, wurden die Werbungen ärger als je zuvor. Ganze Commandos wurden zu Pressgängen verwandt, es kam zu bösen Ausschreitungen; selbst der Kirchenfrieden ist einmal von den Preussen gebrochen worden.

*) Droysen, Geschichte der preussischen Politik IV, 3, 217 f. Vergl. Matthias, Die mecklenburger Frage in der ersten Hälfte des achtzehnten Jahrhunderts. Halle 1885.
**) Zufällig wurde diese Erlaubniss für den preussischen Kronprinzen erst einen Tag nach dessen Thronbesteigung ausgefertigt.

Allerdings mußte sich Friedrich, diesem wüsten Verfahren Einhalt zu thun. Er verbot wiederholt „alle Excesse und Gewaltthätigkeiten auf das härteste" und gestand 1744 der Schweriner Regierung das Recht zu, seine Werber, die auf Uebertretungen erlappt würden, zu verhaften, zugleich machte er aber den vieldeutigen Zusatz, dies müsste „mit aller ersinnlichen Bescheidenheit und Moderation" geschehen.

Christian Ludwig suchte seinerseits das mecklenburgische Land durch den Erlass neuer Patente zu schützen*) und wenigstens die Anwerbung der zum Ackerbau nöthigen, unterthänigen Leute zu verhindern. Da aber gerade diese die Mehrzahl der aus Mecklenburg rekrutirten Soldaten bildeten, so forderte der König die Aufhebung des Verbots; als der Herzog nicht nachgab, verliess sein übermächtiger Nachbar den Weg der Güte und drohte im Zorne über solche „paradoxe Principia" (1747): „Ich überlasse Ew. Liebden selbst zu urtheilen, was aus diesem Betragen entstehen wird." Ein förmlicher Streifzug gab den scharfen Worten den empfindlichsten Nachdruck. „Unsere Generäle," so sollen die preussischen Husaren ausgerufen haben, „haben uns Mecklenburg zur Beute und die fürstlichen Unterthanen zum Raube freigegeben." Diese Ausschreitungen gingen über die Absicht des Königs hinaus, und er ahndete sie mit empfindlicher Strenge**).

Das Strafgericht hatte für Mecklenburg die gute Folge, dass sich die preussischen Werber in den meisten Fällen grober Gewaltthätigkeiten enthielten. Dazu kam noch, dass Herzog Christian Ludwig — er war am 28. November 1747 seinem unglücklichen Bruder in der Herrschaft gefolgt — viel weniger Beschwerden als früher an den königlichen Hof richtete, weil er daran verzweifelte, „eine gewierige Antwort aus Berlin zu erwarten". Vielleicht hätte diese Politik, folgerichtig durchgeführt, die Lage Mecklenburgs verbessern können. Damals wäre es für den Herzog an der Zeit gewesen, etwa wie Karl von Braunschweig-Wolfenbüttel eine Art Militärconvention mit Preussen zu schliessen. Er hätte allerdings einen Theil seiner landesherrlichen Gewalt opfern müssen, um die noch dazu übermässigen Ansprüche der Nachbarmacht zu befriedigen.

Es war von verhängnissvoller Wirkung für das Herzogthum, dass Christian Ludwig im Mai 1750 den Regierungsrath Gottfried

---

*) 16. Januar 1748; 10. November 1751. Faber, Staatscanzley 110, 128 f. Unparteiische Geschichte S. 6 f.

**) Cabinetsordre an Zieten vom 8. December 1747. Am 12. December 1747 wurde dem Herzoge von dieser königlichen Verfügung Nachricht ge-

Rudolf von Ditmar zu seinem Vicekansler ernannte*). Der neue Lenker der mecklenburgischen Politik war ein hitziger, starrköpfiger Mann, der im Bewusstsein des Rechts unbeugsam, in voller Verkennung der Lage, Gewalt durch Gewalt vertreiben wollte. Von irgend welchen Zugeständnissen mochte er nichts hören. „Ich bin der Ansicht," sagte er einmal, „es müssen alle Preussen aus dem Lande gejagt werden." Sein Hass liess ihn sogar die Gebote der Vorsicht vergessen und sich an offener Tafel in beissenden Witzen über Friedrich äussern. Zuträger sorgten aber, dass seine Sarkasmen dem Könige zu Ohren kamen.

Als die preussischen Werber 1753 einen mecklenburgischen Musketier aus Malchin mit Gewalt entführt hatten, ergriff die Schweriner Regierung auf Ditmars Betreiben Repressalien und liess einen unschuldigen Dragoner vom Regimente Baireuth verhaften. Das Ungülck fügte noch, dass nicht viel später zwei königliche Unteroffiziere von der Malchiner Garnison beschimpft und gemisshandelt wurden. Friedrichs Begehren nach Genugthuung**) wurde abgeschlagen; der Vicekansler wollte nach seinem eigenen Ausdruck diese Angelegenheit benutzen, um der Sache einmal recht muthig auf den Grund zu gehen.

Der König von Preussen suchte nun durch einen Streifzug seiner Forderung Geltung zu verschaffen. Zunächst blieb aber auch danach der Erfolg noch aus. Ditmar war sogar unbesonnen genug, laut zu erklären, jeder Dragoner, der sich im Lande blicken liesse, sollte fortan vom Pöbel todtgeschlagen werden. Erst als der König eine sehr scharfe Note erlassen und gedroht hatte***), „auf andere Mittel zu denken", gab der Herzog den gefangenen Dragoner und mehrere arretirte Werber frei.

Das neue System der Selbsthülfe blieb aber bestehen. Jeder Zwist, der nun ausbrach, wurde bedeutsam. Was dem Herzog an Macht abging, suchte er durch einen Trotz zu ersetzen, der oft nicht weit von absichtlicher Beleidigung entfernt war. So liess er 1754 zwei Schreiben Friedrichs, in denen die Auslieferung eines verhafteten

---

*) Ueber Ditmar vergl. Maltzan, Einige gute mecklenburgische Männer. Wismar 1882. S. 98. Auch bei Franck, Alt- und Neu-Mecklenburg (18. und 19. Buch. Güstrow und Leipzig 1757) finden sich einige Notizen über den merkwürdigen Mann. Allgemeine Deutsche Biographie 5, 260.

**) Schreiben an den Herzog vom 20. November 1753. Die mecklenburgische Antwort, datirt Schwerin 28. December 1753, ist abgedruckt Unparteiische Geschichte S. 9 f. und Faber, Staatscantzley 110, 134 f.

***) Schreiben vom 5. Januar 1754. Unparteiische Geschichte S. 15. Faber, 110, 145.

Werbeunteroffiziers gefordert wurde*), unbeantwortet. Erst geraume Zeit, nachdem ein dritter Brief aus Berlin eingelaufen war**), erfolgte die mecklenburgische Erwiderung darauf***), die in einem so schroffen Tone abgefasst war — unter Anderem klagte sie die preussischen Offiziere ganz ungeschminkt des Strassen- und Menschenraubes an und verbot jede Werbung†) — dass Friedrich zurückschreiben liess: "Die gegen meine Offiziere und Soldaten gebrauchten verächtlichen Ausdrücke und Beschuldigungen der absichtlichen Unwahrheit sind nicht mit den égards zu vereinigen, die man mir schuldig ist††)."

Als die herzogliche Regierung bald danach, gleichsam zur Antwort, einen preussischen Grenadier zur Fahnenflucht hatte verleiten lassen, drohte der König†††):

„*Ich kann Ew. Liebden nicht verhalten, dass ich keinen weiteren Anstand nehmen werde, ermeldeten Grenadier selbsten von dort abholen zu lassen, und mich dazu fünf Escadrons Husaren, und wann solche nicht hinlänglich sein sollten, sehn dergleichen zu bedienen, da ich dann vor alle dabei vorfallende Excesse nicht einstehen kann.*"

Es war nicht gerathen, solche Mahnung leichtsinnig in den Wind zu schlagen; das Schicksal des Bischofs von Lüttich hätte schon ge-

---

*) Schreiben vom 4. Februar und 23. März 1754 (ungedruckt). Vergl. zu diesem und dem Folgenden Schultz 94 f.

**) Schreiben vom 28. April 1754 (ungedruckt).

***) Vom 23. Mai 1754 (ungedruckt).

†) Generalauditeur Pawlowsky charakterisirt das mecklenburgische Verfahren einmal folgendermassen: „Wie denn überhaupt bei denen mecklenburgischen gravaminibus von jeher dieses bemerket worden, dass von der dortigen Regierung aus einem besonderen Hass gegen die königlichen Truppen die meisten und oft wenig bedeutende Vorfälle allemal mit vielen weitläuftigen Umständen und gefährlichen Abschilderungen exaggeriret worden, welche sich bei den veranlassten Untersuchungen immer ganz anders, als angebracht worden, befunden haben, und dadurch von Zeit zu Zeit immer neuer Anlass zu allerlei Misshelligkeiten gegeben worden ist."

††) Schreiben vom 27. September 1754 (ungedruckt).

†††) Schreiben vom 9. October 1754. Unparteiische Geschichte S. 20. Ein zweites Schreiben erging in demselben Sinne an den Herzog am 25. November 1754 (ib. 23) auf Grund folgender Cabinetsordre an den Generalauditeur Pawlowsky: „Auf Euere Anfrage .... Ist hierdurch zur Resolution: Wie Ihr den Herzog von Mecklenburg-Schwerin nur sonder Reservation geradeweg antworten sollet, dass Ich und Meine Vorfahren in der Regierung die freie Werbung in dem Mecklenburgischen jeder Zeit gehabt hätten, mithin Ich Mich deren nicht begeben würde, und dass übrigens Ich gewärtig sei, dass derselbe alle Meine dort angehaltene Leute von der Armee wieder zurückgäbe, bevor Ich Mich auf etwas wegen der zurückverlangten Leute decidiren könnte."

nügend warnen sollen*). Christian Ludwig beharrte aber bei seinem fruchtlosen Widerstande und die Erbitterung noch steigernden Demonstrationen. Am 28. November 1754 erliess er ein Patent**), in dem nicht nur die alten Verordnungen wider unberechtigte Werbungen insgesamt wiederholt, sondern ausserdem noch neue, einschneidende Bestimmungen getroffen wurden. Von nun an war jegliche fremde Werbung schlechthin verboten: „sie geschehe mit Gewalt oder mit Güte, in unseren Städten oder auf dem platten Lande, von Aus- oder Einheimischen, oder von wem und unter welchen Umständen sie wolle." Die Strafe auf Uebertretung dieses Verbots wurde, wesentlich erhöht, auf 500 Reichsthaler „auch andere empfindlichste Ahndung an Ehr und Gütern" festgesetzt. Wer den Werbern als Spion oder Zuträger diente, sollte künftighin „als öffentlicher Dieb und Räuber" aufgehängt werden. Die Werber müssten überall verfolgt und „auch im Fall der geringsten Widersetzung nicht an Leib und Leben" geschont werden. Alle in auswärtigen Kriegsdiensten stehende Bürger und Bauern sollten „ihres Bürger-Rechts und ihrer Gehöfe verlustig sein, auch daferne sie nicht jene verlassen wollen, ihre Weiber, jedoch ohne die Kinder, sonder geringsten Aufenthalt mit sich ausser Landes" nehmen. „Da denn das Vermögen, den zurückbleibenden Kindern zum Besten, von Amts- und Obrigkeitswegen in Aufsicht und Administration genommen werden soll". Kein fremder Offizier, Unteroffizier, Gemeiner, „auch sonst niemand, der den geringsten Verdacht eines Werbers wider sich hat", durfte länger als 24 Stunden ohne besondere, vom Herzog selbst unterzeichnete Erlaubniss im Mecklenburgischen bleiben und sollte während seines Aufenthalts stets von einem zuverlässigen Menschen, der ihn Tag und Nacht zu beobachten hatte, begleitet werden.

Noch ein weiterer Umstand trat erschwerend hinzu. In einem Schreiben Christian Ludwigs, das kurze Zeit nach der Veröffentlichung dieses Patents an den König gesandt war***), wurde „freimüthig" erklärt, die freie Werbung für das preussische Heer könnte nun und nimmer mehr von den mecklenburgischen Landesherren gestattet werden. Allerdings wies die herzogliche Regierung nicht zum ersten Male in so kurz abgebrochener Weise alle vermeintlichen Rechtsansprüche der Brandenburger ab; doch bisher hatte sie es bei Protesten bewenden lassen, während sie jetzt ernstlich vorzugehen Miene

---

*) Vergl. Staatsschriften I, 11 f. Droysen, Geschichte der preussischen Politik. Leipzig 1874. V, 1, 87 f.

**) Unparteiische Geschichte S. 23 f. Faber, Staatscantzley 110, 192 f.

***) Schwerin 18. December 1754. Unparteiische Geschichte S. 24 f. Faber 110, 185.

gemacht hatte. Gab Friedrich nach, so konnte das für sein Reich die übelsten Folgen haben. Was heute Mecklenburg mit Glück durchgesetzt hatte, konnten morgen schon die anderen deutschen Territorien versuchen, die fast sämtlich von den preussischen Werbungen zu leiden hatten. Friedrich hätte dann kaum sein Heer in der für das damalige Preussen unverhältnismässigen Grösse erhalten können*). Man wende nicht dagegen ein, dass in solchem Falle der Staat der Hohenzollern früher die Cantonpflichtigkeit zur allgemeinen Wehrpflicht ausgebildet hätte. Die ganzen Anschauungen des Zeitalters und nicht zum mindesten des grossen Königs selbst lagen fern von einer derartigen Idee. Hat doch gerade Friedrich ziemlich weitgehende Einschränkungen und Exemtionen von der Dienstpflicht bewilligt.

Durch eine Stelle jenes erwähnten Schreibens vom 18. December fühlte sich der preussische Herrscher ausserdem persönlich beleidigt. Die herzogliche Regierung hatte nämlich seine oben erwähnte Drohung mit einem Streifzuge**) folgendermaassen entstellt:

„Unvergesslich bleibt es Uns wohl, dass Ewr. Königl. Majestät gefällig war, unterm 9. Octobr. jüngsthin Uns und Unsere Lande gleichsam mit Feuer und Schwert zu bedrohen, blos darum, weil Wir für einen Unserer angeborenen Unterthanen ein Fürwort um seine gnädige Dimission bei Ewr. Königl. Majestät eingelegt hätten***)."

Es ist unverkennbar, dass der Zwist erst, nachdem er durch

---

*) Vergl. Montesquieu, grandeur et décadence. Cap. 3.
**) Siehe S. 5.
***) Der Geheime Cabinetsrath Eichel schreibt am 1. Mai 1756 über diese Anklage an den Cabinetsminister Podewils: „Kein Mensch ..... hätte errathen können, dass man unter dem darin befindlichen Ausdruck, die zurückgebliebenen Leute durch Husaren abholen zu lassen, eine Auslegung von Ravagiren mit Feuer und Schwert hätte machen können, und muss sich der Herr Ditmar gar einen fürchterlichen Begriff von Husaren machen, da ausser ihm wohl niemand die Idee eines Husaren mit der von Feuer und Schwert ohnumgänglich combiniren wird, welches bisher wohl Tataren und Haidamaken attribuiret worden, nie aber mit regulären Truppen, dergleichen die Husaren zu sein wohl niemand disputiren wird, geschehen ist; welches denn auch die Exempel der letzten Kriege genugsam bestärken, da von beiden Seiten die Husaren mit aller Vivacité agirt haben, ohne dass jemand, der davon gelesen oder gehöret, zugleich eine Idee von einer Ravage mit Feuer und Schwert gegen arme Unterthanen jemalen eingefallen ist. Es gehöret dieses wohl unter die anderen insolenten Ausdrücke, deren sich der Herr Ditmar von Anfang dieser Differenzien her recht geflissentlich bedienet hat, um Oel zum Feuer zu giessen, anstatt dass durch einige Moderation die ganze Sache gleich anfänglich zur Vergnügenheit und Zufriedenheit beider Theile hätte beigeleget werden können; welches jedoch dieser Stentor einmal regrettiren dürfte."

Ditmars feindliche und gehässige Politik auf die Spitze getrieben worden war, seine für Mecklenburg verhängnissvolle Wendung genommen hat. Der Geheime Cabinetsrath Eichel, der wie kein zweiter auch mit den geheimsten Gedanken seines Königs vertraut war, misst ausdrücklich in einem Schreiben an Podewils diesen letzten Maassregeln des Herzogs die Schuld bei*).

Seit dem Novemberpatent waren nicht mehr vermeintliche und wirkliche Uebertretungsfälle gesetzlicher Schranken der Gegenstand der preussisch-mecklenburgischen Differenz: der Streit war in das Gebiet des Principiellen erhoben. Alle Vorkommnisse gaben von jener Zeit an den Anlass zur Erörterung der weit tragenden Grundfrage, ob Werbungen auf fremden Territorien statthaft wären oder nicht.

Als im November 1755 ein preussischer Unteroffizier vom Regimente Uchtländer während seines Urlaubs in Mecklenburg verhaftet worden war, erliess der König eine Note an Christian Ludwig, die an Schärfe alle vorangegangenen übertraf**). Er beklagte sich bitter, dass seine Unterthanen, ohne jede Veranlassung aufs allerunfreundlichste behandelt, nicht einmal an der öffentlichen Sicherheit Theil hätten, und schloss mit der Drohung:

*) Er schrieb am 27. April 1756 dem Cabinetsminister Podewils: „Ich muss doch aber auch nach der reinen Wahrheit sagen, dass, obschon des Königs Majestät über das injuriouse Edict, so dortiger Seits gegen die Werbung herausgekommen, sehr piquiret waren, zumalen man dorten gar keinen kleinen Mund machete zu sagen, dass solches blos und allein Seine Majestät concernirte, Höchstdieselbe dennoch nicht eher relatiret seind, bis endlich von den Regimentern verschiedene und viele Klagen einliefen, dass man ihnen Leute, so zum Theil zwanzig und mehr Jahre bei den Regimentern gedient, alle Jahr Urlaub dahin [Mecklenburg] gehabt und richtig wiedergekommen wären, wider welche auch niemalen die geringste Klage gewesen, mit Gewalt zurückgehalten wieder nach ihre Regimenter zu gehen, sie mit Gefängniss und Confiscation des Ihrigen bedrohet, theils mit Gewalt weggenommen und sie unter die Garde zu Schwerin wider ihren Willen gestecket, andere nur lediglich durchreisende Unteroffiziers und Gemeine, auf die nicht das Geringste von einiger Werbung allda, auch bei den schärfesten Untersuchungen, bringen können, in Gefängniss gestecket, mit Schlägen und Schimpf übel tractirt und endlich, nachdem man nichts auf sie bringen können, sie mit dem Vogt nach der Grenze bringen und ihnen das Land verbieten lassen. Es werden die Regimenter Prinz von Preussen und Gensd'armes am besten wissen, wie viel sonst sichere Leute, und die viele Jahre gedient haben, sie durch dergleichen gewaltsame Démarches, so man mit ihnen im Mecklenburgischen vorgenommen, verloren, und das Generalauditoriat muss von denen üblen Proceduren, so denen Königlichen Soldaten auf die unschuldigste Weise begegnet, sogar viele Exempel anführen können."

**) 16. September 1755. Unparteiische Geschichte S. 32. Faber 110, 197 f.

„Sollte aber wider alles mein Hoffen es geschehen, dass auch in dieser Sache .... meine ... Vorstellungen ohne Effect bleiben, so werden Ew. Durchlaucht von selbst zu penetriren wissen, wie endlich meine zum höchsten getriebene Geduld ausreissen, und ich zu anderen nachdrucksamen Mitteln, um mich in Ruhe und die Meinen in Sicherheit zu setzen, werde greifen müssen, wozu ich zwar sehr ungerne und wider meine Neigung schreiten, die aber nicht anders als Ew. Durchlaucht unangenehm sein und diejenige, durch deren üble Insinuationes bei Deroselben dergleichen ohnfreundliches Betragen veranlasset worden, gewiss, obwohl zu späte, bereuen werden."

Der Herzog antwortete*) mit Gegenvorwürfen; er erklärte sogar mit unverhehltem Hohne, die Drohung des Königs nur dahin auslegen zu können, dass ein geschärftes Verbot an das preussische Heer wider jegliche Werbung im Herzogthume erlassen werden sollte.

Friedrich zauderte nicht länger seine Worte in Thaten zu verwandeln, um den trotzigen und, wie er meinte, unberechtigten Widerstand des Mecklenburgers zu brechen. Am 26. October befahl er dem Commandeur der Zietenhusaren in Parchim, Major Chr. Ludw. von Hornn**), „ganz in der Stille und ohne dass vorhero etwas davon eclatiren könne", sollten „einige und verschiedene Unterthanen, jedoch blos und allein aus des Herzog von Mecklenburg-Schwerin eignen und ihm selbst zuständigen Unterthanen, aber durchaus nicht von derer dortigen Edelleute Unterthanen durch Commandos von der dasigen Garnison enlevirt und nacher Parchim zum Arrest gebracht werden". Ausdrücklich schärfte er aber dem Major am Schlusse der Ordre ein, dass „ausser der Aufhebung vorgedachter Leute von den Commandos keine Excesse begangen werden müssen".

Im Ganzen wurden auf den Streifzügen, die Anfangs November stattfanden, 26 „Herzogliche Bedienstete" höheren und niederen Ranges verhaftet und nach Spandau abgeführt. Sie sollten dort als Geiseln bleiben, bis ihr Landesfürst sich den preussischen Forderungen gefügt hätte***). In Berlin hoffte man dies bald zu erreichen.

---

*) Schreiben vom 30. September 1755. Unparteiische Geschichte S. 83. Faber 110, 201.

**) Politische Correspondenz Friedrichs des Grossen 11, 353.

***) Aus einem Briefe Eichels an Podewils 27. April 1756: „und sind hauptsächlich die excursiones mit Aufhebung einiger Leute per représaille geschehen, bis man die mit Gewalt und wider ihren Willen zurückgehaltenen Leute wieder zurückgehen lassen würde."

„*Denn des Königs Majestät,*" so schreibt Eichel an Podewils*), „*haben nicht etwas anderes verlanget, als dass diese Leute [die verhafteten preussischen Soldaten] frei gelassen, das anzügliche Patent zurückgenommen und die einmal eingeführte freiwillige Werbung ferner gestattet würde, dabei des Königs Majestät allemal versichert, die angeklagte Excesse remediren zu wollen, daferne man dortiger Orten sich freundschaftlich betragen würde.*"

Auf die Beschwerden des Herzogs über den preussischen Einfall**) antwortete Friedrich kühl***), alles wäre auf seine eigene Anordnung geschehen, Mecklenburg würde gut daran thun, „*das Geschehene baldmöglichst zu redressiren und dadurch . . . . . allen sonst zu besorgenden weitern unangenehmen Suiten vorzubeugen*".

Da die geforderte Unterwerfung der herzoglichen Regierung widerstand, sah sie sich, von übermächtiger Gewalt bedroht, nach Hülfe um. Bereits vor einem Jahre hatten die geheimen Räthe Ditmar und Bassewitz in einem Schreiben ihres Herzogs an Friedrich erklärt†), wenn noch länger „*die Macht dem Rechte vortreten will*", die mecklenburgische Klage gegen Preussen bei Kaiser und Reich anhängig zu machen.

Der gute Erfolg solches Schrittes war von vorne herein verbürgt, denn seit geraumer Zeit stand Mecklenburg-Schwerin in vertrauten Beziehungen zu der Hofburg; vielleicht hat sich der Herzog sogar von Anfang an nur in zuversichtlicher Erwartung der österreichischen Unterstützung zu seinen nachdrücklichen Maassregeln gegen die Uebergriffe Preussens entschlossen. In Wien hatte man bereits vor dem Aachener Frieden die Entwicklung der Differenz Friedrichs mit Mecklenburg aufmerksam verfolgt. So meldete im Mai 1747 der kaiserliche Gesandte in Berlin, Graf Bernes, der Administrator und sein Sohn wären „*sehr missvergnügt über die preussischen Exactionen und Bedrückungen*". . . . . *Lieber wollten sie ihre Lande verlassen und mit dem Rücken ansehen, als sich ferneren Ahndungen aussetzen*" . . . . „*Im Fall Ihro Majestät der Kaiser ihnen ein anständiges Agrément und Regiment ertheilen wollten, wären sie gesinnet, entweder ihre Lande Denenselben oder einem anderen ihnen an-*

---

*) Schreiben Eichels an Podewils 1. Mai 1756.
**) Schreiben vom 4. und 6. November 1755. Unparteiische Geschichte S. 25, 36. Faber 110, 268 f.
***) Vergl. Nr. III.
†) Schreiben vom 18. December 1754. Unparteiische Geschichte S. 27. Faber 110, 185.

ständigen Hofe gegen ein Aequivalent zu überlassen und es dem
Könige von Preussen aus denen Händen zu spielen*).“

Mit der Einreichung der mecklenburgischen Klage gegen Preussen
beim Reichshofrathe gewann die österreichische Regierung Gelegenheit
in aller Sicherheit, dem verhassten Gegner einen empfindlichen Streich
zu versetzen.

War aber Mecklenburg wirklich mit solcher Bundesgenossenschaft gedient? Der Herzog selbst hatte sehr wohl die Zweischneidig-
keit dieses letzten Mittels erkannt und hatte ursprünglich daran gedacht, durch eine ausserordentliche Gesandtschaft nach Berlin den
König umzustimmen; der Graf Bassewitz war bereits zu diesem Amte
erlesen. Aber dem versöhnlichen Plane hatten sich Ditmar und Bassewitz mit aller Kraft widersetzt, sie weigerten sich in ihrer blinden
Erbitterung sogar, die Instruction für den Abgesandten aufzusetzen**).
Durch jede Nachgiebigkeit, so mahnten sie den Herzog, würde er zu
einem preussischen Vasallen herabsinken, sein Land würde von den
übermüthigen Siegern unter die Füsse getreten werden. Und selbst
wenn er sich so tief demüthigte, würde er nichts erreichen; kümmere
sich doch der König so gut wie gar nicht um die fremden Minister,
denen er höchstens alle vierzehn Tage einmal Gehör schenke.

Diesen Vorstellungen gegenüber beschränkte sich Christian Ludwig darauf, wenigstens in einem Briefe an den preussischen Herrscher
seiner Versöhnlichkeit Ausdruck zu geben. Er forderte in einem
Schreiben vom 16. December 1755***) — ein schon am 28. November
erlassenes war durch ein Missverständniss nicht in Friedrichs Hände
gelangt — die bestimmte Erklärung, „welche eine Redressirung“ der
König begehrte, und verlangte zugleich die unverzügliche Entlassung
der gefangenen Beamten und Pächter.

Wie die Anfrage, so war auch die Entgegnung zwar kühl und
gemessen, aber nicht feindlich†). Der Herzog würde wohl selbst
wissen, hiess es, worin er gefehlt hätte; der nächste Weg zu einem
guten Einvernehmen wäre die Aufhebung des „odieusen Patents“
und die Vermeidung aller unbilligen Proceduren gegen preussische
Soldaten.

Darauf wollte und konnte aber Christian Ludwig nicht so be-
dingungslos eingehen, denn dies bedeutete, wie er in seiner Antwort

---

*) Nach einem von dem österreichischen Legationssecretär Weingarten
verfassten Auszuge der Depesche. (Ueber Weingarten siehe weiter unten.)
**) Schultz S. 99.
***) Unparteiische Geschichte S. 37. Faber 110, 273.
†) Vergl. Nr. IV.

vom 30. December 1755 ausführte*), nichts anderes als Land und Leute der preussischen Willkür preisgeben. Als einzige Zuflucht bliebe ihm nun nur noch die Klage beim Reichshofrath und Reichstage. Das würdig gehaltene Schreiben schliesst:

„Ew. Königl. Majestät werden es mir als einem Principe der Gerechtigkeit nicht ungütig nehmen, dass ich das Wehklagen und Winseln meiner Bedienten und Unterthanen ... gleichgültig anzuhören länger nicht vermag; folglich unterm heutigen Dato den ... Entschluss ins Werk gesetzet, der kaiserlichen Majestät und meinen gesamten hohen Reichs-Mit-Ständen von meinem Nothstand ... Nachricht zu ertheilen, selbst auch meine Patente und alle genommene Maassregeln zu kaiserlicher und des Reichs Beurtheilung zu stellen und um Reichsconstitutionsmässige Vermittlung der zwischen Ew. Königl. Majestät und mir sich gegen mein Wünschen und Vermuthen erhobenen Misshelligkeiten mich zu bewerben."

Gerade dieses an und für sich vollkommen legale Verfahren des mecklenburgischen Herzogs zwang Friedrich bei seiner Politik zu beharren. Nachgiebigkeit wäre ihm jetzt vielleicht als Furcht, sicher als Schwäche ausgelegt worden. Er müsse bei seinem einmal genommenen Vorsatze fest und unbeweglich bestehen, schrieb er dem Herzog zur Erwiderung**), und könne einem verwandten und erbverbrüderten Fürsten nicht gestatten, die preussischen Werber mit dem Tode zu bedrohen, und gegen alle königlichen Soldaten in Mecklenburg „als bei einem offenbaren Kriege die Sturmglocke" anzuziehen, und dieselben als Diebe und Räuber mit dem Galgen zu strafen.

Der Anzeige des Herzogs gemäss wurde die mecklenburgische Beschwerde in den ersten Tagen des Januars 1756 beim Reichshofrath anhängig gemacht***). Es war ein folgenschwerer Schritt. Der Herzog trat damit in aller Form auf die Seite von Preussens Feinden. Denn das angerufene oberste Gericht des Reichs war längst zu einem gefügigen Werkzeuge Oesterreichs hinabgesunken. Mecklenburg konnte nunmehr eine dauernde Abstellung seiner Beschwerden nur von einem siegreichen Kriege Maria Theresias gegen den König erwarten.

Am 19. Januar 1756 übersandte der preussische Vertreter am Reichstage eine Abschrift der vom Herzoge eingereichten Klage, des sogenannten Pro Memoria, aus Schwerin vom 30. December 1755

*) Unparteiische Geschichte S. 39. Faber 110, 275.
**) Schreiben vom 13. Januar 1756. Vergl. Nr. V.
***) Schreiben des Herzogs an den Kaiser vom 30. December mit beigefügtem Promemoria. Faber 110, 287 f.

datirt), und bat um schleunige Verhaltungsbefehle, da der Ton der Schrift so gehässig wäre, dass nicht einmal die Person des Königs darin geschont würde, ausserdem die Beschwerde schon Churmainz zur Dictatur im Reichstage übergeben wäre. Das Berliner Cabinetsministerium fasste diese Angelegenheit weniger bedenklich auf als der sanguinische Plotho und begnügte sich, dem Gesandten eine Copie des königlichen Schreibens vom 13. Januar**) zuzustellen. Er solle nur, mahnten die Minister, die Bereitwilligkeit ihres Herrn zu einer gütlichen Auskunft recht betonen und in seinen Gesprächen die preussische Versöhnlichkeit rühmen. Führte dies nicht zum Ziel, so wäre es immer noch Zeit genug, „das unfreundliche, unnachbarliche Verfahren des Herzogs gegen Uns und die in Unseren Diensten stehenden Militärpersonen dergestalt ins Offene zu legen, dass das gesamte Reich daraus erkennen wird, wie dasselbe mit der zwischen Uns [und] dem fürstlich mecklenburgischen Hause subsistirenden Erbvereinigung aus besonderer Freundschaft ohnmöglich bestehen kann". Die gegen den König gerichtete Beschuldigung, er hätte es auf Mecklenburgs Untergang abgesehen***), wäre geradezu widersinnig; würde er sich doch dadurch als Eventualnachfolger†) am empfindlichsten selbst schädigen. Uebrigens hätte schliesslich Christian Ludwig mit den Gewaltthätigkeiten begonnen.*

Wenn Friedrich wirklich gehofft hatte, Mecklenburg würde nach dem Empfange des Schreibens vom 13. Januar einlenken und sich „eines billigern und freundschaftlichern Comportements ratione futuri" verstehen††), so wurde er gründlich enttäuscht. Schon nach wenigen Tagen erhielt er eine Antwort†††), die ihm in gereizter Sprache den Bruch des Völkerrechts, der Hausgesetze und der gemeinsamen Verträge vorwarf. Die kühne Behauptung des preussischen Schreibens, dem Könige stünde das Recht zu, „ausserhalb des eigenen Landes in benachbarter Reichsstände Territoriis Werbung auszuüben", wurde mit überlegenem Spotte zurückgewiesen:

„Der Herzog würde es als eine der grössesten Gefälligkeiten von Sr. Majestät verehren, wenn Sie zu eröffnen belieben wollten, welchem Reichsstand Ew. Königl. Majestät in Dero Landen das Recht der Werbung zugestehen und ihm erlauben, den Kern der

---

*) Unparteiische Geschichte S. 45. Es wird dort fälschlich Species Facti genannt. Faber 110, 121 f.

**) Vergl. Nr. V.

***) Vergl. Faber 110, 126. Unparteiische Geschichte S. 48.

†) Vergl. S. 1.

††) Politische Correspondenz 12, 31.

†††) 24. Januar 1750. Unparteiische Geschichte S. 49. Faber 110, 293.

jungen Mannschaft auszumustern, um solche ausserhalb Landes zu fremden Kriegsdiensten mit Güte oder auch gar mit List und Gewalt zu entführen?"

Trotz so herausfordernden Tones befahl Friedrich seinem Cabinetsministerium als Antwort ein Schreiben aufzusetzen, in dem noch einmal die Vortheile eines unmittelbaren Ausgleichs hervorgehoben würden*). Denn ganz so gleichgültig, wie er vorgab, war ihm die Einmischung des Reichs doch nicht. Nachdem das Generalauditoriat die nöthigen Notizen zur „gründlichen Beantwortung des mecklenburgischen Promemoria und Ablehnung der darin sehr gehässig vorgestellten casuum" **) geliefert hatte, entwarf der Geheimrath Vette nach Angaben von Podewils eine ausführliche Antwort, die am 3. Februar nach Schwerin geschickt wurde***).

Eine Copie wurde an Plotho gesandt und von ihm den „confidentioribus" zum Lesen gegeben. Er meldet über den Eindruck dieses Schriftstücks†):

„Es hat auch solches Schreiben so guten Effect gehabt, dass von allen des Herzogs von Mecklenburg ganze D-marche sowohl als Schreibart sehr desapprobiret wird, und es zweifelt keiner, dass es bei den Höfen eben also werde angesehen, vielleicht auch von einigen Höfen solches dem Herzog zu erkennen gegeben und angerathen werden, zu Ew. Königl. Majestät Grossmuth zu gütlicher Beilegung mehreres Vertrauen zu bezeigen."

Doch Christian Ludwig konnte, selbst wenn er jetzt dazu geneigt gewesen wäre, nicht mehr auf einen erfolgreichen und dauernden Vergleich mit Preussen eingehen, ohne Oesterreich zu beleidigen. Der Reichshofrath hatte schon die mecklenburgische Klage wegen Landfriedensbruchs und die Bitte um „ein rescriptum dehortatorium et simul de relaxandis captivis" entgegen genommen††) und trotz des Carnevals schon am 19. Februar, nur neun Tage nach der ersten Berathung „ein votum ad Imperatorem" abgestattet, das die Absendung eines Dehortatoriums an den brandenburgischen Churfürsten befürwortete. Wider die eingebürgerte Sitte wurde alles so geheimnissvoll betrieben, dass nicht einmal die diplomatischen Vertreter Preussens von dem gegen ihren Herrn eingeleiteten Processe unterrichtet wurden†††). Vergeblich suchten diese, denen Freunde das angestrengte

---

*) Politische Correspondenz 12. 62.
**) Schreiben an das Cabinetsministerium. 31. Januar 1756.
***) Vergl. Nr. VI.
†) Schreiben Plothos aus Regensburg. 26. Februar 1756.
††) Berichte von Diest aus Wien. 7. und 14. Februar 1756.
†††) Bericht von Klinggräffen und Diest aus Wien. 21. Februar 1756.

Verfahren gemeldet hatten, durch Vorstellungen beim Reichsvicekanzler und dem Geheimen Rathsreferendarius von Mohr dem beschleunigten Laufe der Dinge zu steuern, „damit man sich mit etwaigen widrigen Resolutionen nicht übereilen möchte" *).

Durch die günstige Aufnahme und Förderung ihrer Sache am Kaiserhofe ermuthigt, liess sich die herzogliche Regierung von neuen Husaren-Streifzügen, die im Februar unternommen wurden **)*, nicht einschüchtern, sie schlug sogar in ihrer Note an Friedrich vom 18. Februar noch einen schärferen Ton an als je zuvor* ***)*. Mecklenburg wäre bereit, „alle seithero zugehende Noth und Gewalt breiter darzulegen", wurde darin erklärt, in einen Vergleich könne es nicht mehr einwilligen: das Erkenntniss über das Recht oder Unrecht Preussens bleibe alles Falls kaiserlicher Majestät lediglich vorbehalten und heimgestellt. „Wir lassen," heisst es in dem Schreiben, „die von Ewr. Königl. Majestät Uns entgegengesetzte Notorietät Dero Werbungsfreiheit in Unserer hohen Reichs-Mit-Stände Lande gern an ihren Ort gestellet sein und begehren nichts als davon durch hochbesagte Reichsstände selbst belehret zu werden." Wäre es dem König Ernst mit seiner Versöhnlichkeit, so möchte er „der eigenen Gerechtigkeitsliebe und Grossmuth" willen sich zu folgenden Erklärungen herbeilassen:*

„1) Uns nicht zu thun, was Sie [die Kgl. Majestät] nicht wollen, das Wir oder ein anderer Reichsstand Ihnen thun; 2) Unsere Beamten, Pächter und übrige seit dem November a. p. gefänglich entführte und gewaltsam geworbene Unterthanen, Landeseingesessene und Angehörige entschädiget auf freien Fuss zu stellen; 3) Uns für die Zukunft bei Unserem Volke unbekümmert und aller Werbung halber völlig unbesprochen und versichert zu lassen; 4) das Vergangene in Vergessenheit zu stellen; 5) aller vorherigen Anforderungen halber eine beiderseitige Entsagung zu belieben und 6) dieses alles in einer feierlichen Akte zum Zweck eines ewigen und vollkommenen Wohlvernehmens beiderseitig versichern und bestätigen zu lassen."

Derartige Forderungen liefen auf nichts anderes hinaus, als dass Preussen beim Reichshofrath und Reichstag sich nicht nur als schuldig verurtheilen lassen, sondern ausserdem sich freiwillig als im Unrechte bekennen und seine Ansprüche, die es so lange und rücksichtslos verfochten und geltend gemacht hatte, auch nur ohne einen Schein von Entschädigung seitens Mecklenburgs aufgeben sollte.

---

*) Bericht von Diest und Klinggräffen, 25. Februar 1756.
**) Politische Correspondenz 12, 91.
***) Unparteiische Geschichte S. 61 f. Faber 110, 317.

Bei der Schweriner Regierung herrschte selbst die richtige Empfindung, dass „ihr weitläufiges, fast mit lauter rexoctis angefülltes Schreiben", wie es in einem preussischen Erlasse an den Residenten Diest einmal bezeichnet wird*), in Berlin keine gute Aufnahme finden würde. Schon am 26. Februar ging eine zweite Beschwerde des Herzogs an den Kaiser ab**), in der Friedrich beschuldigt wurde, durch neue Streifzüge Mecklenburg an den Rand des Verderbens gebracht zu haben, und die reichsväterliche Hülfe mit Inbrunst herbeigewünscht wurde. Am selben Tage wurde auch an Kaiser und Reichstag die Fortsetzung des Promemoria mit den dazu gehörenden Beweisstücken gesandt.

Friedrich wollte nicht an die Dauer dieses Widerstandes glauben und meinte Mecklenburg trotz des Vorangegangenen noch einschüchtern zu können. Er befahl daher seinem Cabinetsministerium, eine Antwort an den Herzog aufzusetzen, die deutlich zu erkennen geben sollte, so heisst es wörtlich***), „dass, wenn Sie [des Herzogs Liebden] Sich wegen gütlicher Hinlegung derer zwischen Uns entstandener Differenzen nicht näher und annehmlicher erklären würden, Ich den wider Mich angefangenen Process, so gut Ich könnte, mit Ihnen auszumachen suchen müsste". Das nach dieser Weisung aufgesetzte Schreiben †), datirt Berlin 14. März, enthält ausser jener unverhüllten Drohung wenig Bemerkenswerthes; es ist mit theoretischen und thatsächlichen Berichtigungen erfüllt, die bald im ironischen, bald im belehrenden Tone gehalten sind. Die preussische Partei am Reichstag fand, wie vorauszusehen war, die Note „sehr gründlich und sehr gut" ††).

Mehrere Berichte aus Wien und Regensburg, die gerade in jenen Tagen einliefen, bestärkten die Zuversicht auf die Nachgiebigkeit des Herzogs. Selbst die Hofburg, meldete Diest †††), hätte dem schwerinschen Residenten Hildebrand zu verstehen gegeben, sein Auftraggeber

---

*) Ministerialerlass an Diest, 18. März 1756.
**) Unparteiische Geschichte S. 73. Faber 110, 288.
***) Politische Correspondenz 12, 137.
†) Nachdem Podewils sich, wie gewöhnlich bei diesem Notenwechsel, mit dem Generalauditoriat berathen hatte, erhielt Geheimrath Vette den Befehl, ein Schreiben aufzusetzen. Das Cabinetsministerium sah den vorgelegten Entwurf sehr sorgsam durch und versah ihn mit mehreren Verbesserungen, bevor die Ausfertigung dem Könige zur Unterzeichnung überreicht wurde. — Schreiben von Podewils an Vette, 24. Februar; des Departements der Auswärtigen Affairen an das Generalauditoriat, 25. Februar und dessen Antwort an das Departement, 29. Februar 1756. — Vergl. Nr. VII.
††) Bericht Plothos, 31. März 1756.
†††) Bericht Diests aus Wien, 28. Februar 1756.

thäte am besten, sich mit Preussen zu vergleichen. Kurze Zeit nach diesem Berichte traf ein Schreiben Plothos ein*), das noch viel hoffnungsvoller lautete: Sogar der mecklenburgische Abgeordnete zum Reichstag Teuffel von Pürckensee schäme sich des Auftretens der herzoglichen Regierung und schiebe, da er auf allseitige Missbilligung stosse, die Schuld an der Differenz „auf einen gewissen Geheimen Rath Ditmar, welcher den Herzog nach seiner allzu hitzigen Art, und wobei eine Rabulisterei mit vereinigt, dazu verleitet hätte".

Die Nachrichten sind vielleicht geflissentlich von der österreichischen Partei erfunden und verbreitet worden, um Preussen von rechtzeitigen Vorkehrungen wider die Maassnahmen seiner Gegner abzuhalten. In Berlin schenkte man aber den beruhigenden Meldungen Glauben. Als Klinggräffen und Diest beantragten**), in einem Schreiben an den Kaiser den Reichshofrath aus mannigfachen Gründen des Reichsrechts für unzuständig zu erklären, wurden sie beschieden***), vorerst keinen derartigen Schritt zu thun und zu warten, bis das herzogliche Klagelibell überreicht worden wäre.

Um so überraschender kam der preussischen Regierung vierzehn Tage später die Meldung ihrer beiden Vertreter zu Wien†), das Votum des Reichshofraths, ein Dehortatorium an Preussen abzulassen, wäre in der letztvergangenen Sitzung verlesen und angenommen worden. Es bliebe kein Zweifel, dass der Kaiser diesen Antrag genehmigte, würde doch einer der ärgsten Preussenfeinde, der Reichsvicekanzler Colloredo, darüber bei Franz Vortrag halten††).

Das preussische Cabinet griff unverzüglich zu Gegenmaassregeln und verbot den Gesandten in Wien und Regensburg aufs Strengste†††), unter irgend welchem Vorwande sich ein kaiserliches Schreiben aufdringen zu lassen. Sollte aber trotzdem das Dehortatorium in gebührender Form der königlichen Regierung zugestellt werden, fährt der Erlass fort, so würde sie, ohne das Licht scheuen zu müssen,

*) Bericht vom 4. März 1756.
**) Bericht beider Gesandten vom 25. Februar 1756.
***) Erlass vom 6. März 1756.
†) Bericht von Klinggräffen und Diest, 13. März 1756.
††) Colloredo hatte, bevor er den Antrag des Reichshofraths dem Kaiser vorlegte, die Grafen Kaunitz, Ulfeld, Batthyany und Khevenhüller zu einer Berathung darüber versammelt. Diest meldete am 17. März, noch ehe etwas von dem Beschlusse dieser Conferenz verlautet war: „Es ist leicht zu vermuthen, dass man hieselbst gedachte Kriegs-Werbungsbeschwerden, aller diesseitigen Gegenremonstrationen ungeachtet, dahin zu dirigiren und einzuleiten suchen werde, damit der in allen Stücken widrig gesinnte Reichshofrath sich darin meliren und einer Cognition anmaassen solle."
†††) Erlasse vom 27. März 1756.

standhaft darauf antworten und mit hinlänglichen Gründen zu zeigen wissen,

„*dass Wir auf dergleichen frivole und auf Anstiften hitziger Rathgeber herrührende Klagen Uns in keine processuirliche Weiterungen verwickeln zu lassen schuldig, noch auch Willens sein, Uns von demjenigen verdringen zu lassen, was Unseren hohen Vorfahren und Uns in Ansehung der freiwilligen Werbung in denen mecklenburgischen Landen als ohngezweifelten Eventualsuccessoren von jeher zugestanden hat.*"

Auch die mecklenburgische Note, die das preussische Schreiben vom 14. März beantwortete, verrieth keine friedfertigeren Neigungen. Die Widerlegung jener kühnen Behauptung, dass dem Könige als Eventualnachfolger die Werbung im Schwerinschen zustünde, bildete den Kernpunkt der entrüsteten Entgegnung*). Preussen möchte nur die mit dem Herzogthume abgeschlossenen Verträge durchsehen, es würde sich dann selbst überzeugen, dass fast jede Zeile darin gegen seine neuerliche Werbungsprätension entschiede. Ueber die flüchtige und nur gelegentliche Erwähnung der ehemaligen Vasallität, in der Mecklenburg zu Brandenburg gestanden hätte, wurde gar erst die ganze Schale des Zornes und Hohnes ergossen**). Das „billige Gesuch" wurde an den König gerichtet, „*in diesen und anderen Sachen, die unwahr oder unerwiesen sind, Sich nicht schon gegen Uns zu positiven Beschuldigungen bewegen zu lassen*" ***). Der hier an-

---

*) Schreiben vom 20. März 1756. Vergl. Unparteiische Geschichte S. 80 f. Faber III, 30.

**) Die Stelle lautet: „Wie es aber Ew. Königl. Majestät über sich erhalten können, zur Verkleinerung Unseres Hauses, mit welchem doch Dero Königliches Churhaus selbst so vielfach alliirt ist, auf den blossen Glauben eines zu unzähligmalen verdächtig gewordenen Privati, eines alten Vasallagii der Herzog von Mecklenburg an die Churmark Brandenburg Erwähnung zu thun, solches ist Uns desto schwerer zu begreifen, je bekannter es ist, dass der erste Urheber dieses Irrsatzes in öffentlichen Schriften darüber so nachdrücklich widerleget worden, dass er mit Stillschweigen das Falsche seiner Erfindung erkennen müssen. Wollten Wir der älteren Zeit ebenfalls erwähnen, so würde es weniger in Zweifel zu ziehen sein, dass den Königen der Obotriten, Unseren Vorfahren, die Mark unterworfen gewesen."

***) Abel schreibt in der Preussischen und Brandenburgischen Reichs- und Staatsgeographie. Leipzig und Gardelegen 1735. S. 419: „Auf Mecklenburg hat Chur-Brandenburg gar ein altes Lehnrecht gehabt, welches nach vielfältigen Streitigkeiten endlich 1442 von Churfürst Friderico II. mit Consens des Kaisers und ganzen Reichs in ein Erbrecht verwandelt und auf alle mecklenburgischen Lande extendiret." Vergl. Buchholtz, Versuch einer Ge- schichte der Churmark Brandenburg. Berlin, 1765 f. II, 192 f., 313: „Die ...schaft über ganz Mecklenburg möchte auch schwer zu erweisen

geschlagene Ton vertrug sich nicht gut mit der Klage, Friedrich hätte sich „der unglimpflichsten Ausdrückungen" gegen die herzoglichen Räthe bedient, obwohl es ungewöhnlich wäre, „im Briefwechsel zwischen Königen und Fürsten . . . den sogenannten Rathgebern so ungegründete als gehässige Vorwürfe zu machen". Auf die preussische Zumuthung, die Klage vom Reichshofrathe zurückzuziehen, giebt die Note keine directe Antwort. Wäre dem Berliner Hofe an der Versöhnung gelegen, so sollte er die Bedingungen vom 18. Februar — sie werden hier ausdrücklich als Ultimatum gekennzeichnet*) — annehmen; bliebe doch „die Rechnung auf die dem Könige eigene, sonst so hochbelobte Aequanimität die vorzüglich angenehmste".

Bei dieser Stimmung der mecklenburgischen Regirung versprach sich der Cabinetsminister Podewils nur noch sehr wenig Erfolg von einem diplomatischen Schriftwechsel zwischen den beiden Höfen. Als er, wie gewöhnlich, dem Generalauditeur Pawlowsky das herzogliche Schreiben zustellte, bemerkte er dabei**):

„*Es dürfte aus dieser ganzen sich immer mehr aigrirenden Correspondenz nichts herauskommen, und der König nicht seine Gefangenen eher ausliefern, bevor Mecklenburg seine Patente zurücksieht und zu Wien und Regensburg die Sturmglocke zu läuten aufhört."*

Die preussische Antwort, am 14. April erlassen***), bewegte sich demzufolge in demselben Gedankengang: Wenn der Herzog nicht nachgiebt, hat er seinem eigenem Entschlusse, aufrichtige Neigung und Anerbieten zum Frieden animosen und hitzigen Rathschlägen nachgesetzt zu haben, alle schädlichen Folgen zuzuschreiben.

Wenige Tage nach dem Abgange dieser Note erhielt Zieten den Befehl†), noch einmal „eine kleine Ravage" zu unternehmen, um dadurch „dem bisherigen Chicaniren" ein Ende zu machen und den mecklenburgischen Hof „endlich einmal zu vernünftigeren Gedanken zu bringen". Diesmal sollten auch einige Edelleute, die sich durch

---

sein, ausser in denjenigen Ländern dieses Hauses, die zunächst an der Mark grenzen . . . Es war aber unseres Erachtens nichts anders von dem heutigen Mecklenburg brandenburgisch Lehn, als das den Grafen von Schwerin abgenommene Stück diesseits der Elde, das Land Turne zwischen der Müritz und der Havel, um Röbel und Mirow, das Land Stargard und Pentzlin. Vergl. ebendaselbst III, 109.

*) „Dass andere Bedingungen, als Wir angetragen, nicht gefordert, noch gegeben werden können."

**) Schreiben vom 1. April 1756.

***) Vergl. Nr. VIII.

†) Politische Correspondenz 12, 273.

ihre unverhohlene Feindseligkeit Friedrichs Missfallen zugezogen hatten, aufgehoben werden. Die Streifzüge fanden Ende April statt. Unterdess hatte sich in Wien ein wichtiges Ereigniss vollzogen. Am 2. April hatte der Reichshofrath wirklich beschlossen, ein „rescriptum Caesareum dehortatorium" an den König von Preussen als brandenburgischen Churfürsten zu richten. Allerdings soll noch in derselben Sitzung verabredet worden sein, das Schreiben „in ausgesuchten, gelinden terminis" abzufassen*), wie den preussischen Gesandten mehrmals unter der Hand versichert wurde. War dies auch wirklich geschehen, so hat man darin doch durchaus keine Rücksicht auf Preussen zu erkennen. Diest durchschaute sofort den wahren Grund: der König sollte durch anscheinend sanftes Auftreten verleitet werden, „das forum incompetens des Reichshofraths in militaribus mit Hintansetzung der Reichsconstitutionen und in specie der kaiserlichen Wahl-Capitulation gutwillig pro competente zu agnosciren" **).

Je höflicher die Worte des Dehortatoriums***) klangen, desto verfänglicher war ihr Sinn; vorzüglich eine Stelle war geeignet, „alle Stände gegen Preussen aufzubringen" und fürder „dem Könige überhaupt jede Werbung zu verwehren". Sie lautet:

„Nun können Wir alle diese Thathandlungen und Ewr. Majestät .... ganzes Betragen hierbei nicht anders als so beschaffen finden, dass es ohnmöglich mit denen Reichssatzungen, dem Landfrieden und dem Westfälischen Friedenschluss, wie auch denen jedem Stande des Reichs in seinen Landen zukommenden Vorrechten vereinbarlich sei. Wir wollen Ewr. Majestät .... selbsten wohlmeinend zu bedenken überlassen, ob nicht alle Stände des Reichs dieses Betragen als etwas unleidiges ansehen würden? und ob Ewr. Majestät ..... damit gerathen sei, wann Sie bei den Ständen des Reichs nicht allzu vortheilhafte Gedanken von Sich dadurch erregen, da Sie doch öfters als einmal Sich erkläret, dass Ew. Majestät ... von den Ihrigen keine Gewaltthat ausüben zu lassen gesonnen sei."

Friedrich sollte geschickt in ein gefährliches Dilemma getrieben werden. Fügte er sich, so musste er erwarten, dass alsbald seine Werbungen überall im Reiche verboten und gehindert würden; schlug

---

*) Bericht von Diest, 3. April 1756.
**) Bericht von Diest und Klinggräffen, 7. April 1756.
***) Abgedruckt bei Faber 110, 115 f. Unparteiische Geschichte S. 83 f. Bericht von Klinggräffen und Diest vom 7. April: „Aus dem Inhalt des Conclusi selbst können wir so gelinde Terminos nicht finden, sondern der Reichshofrath nimmt die Herzoglich Mecklenburg-Schwerinschen Klagen allzu voreilig, non audita altera parte, nude et crude für wahr und gegründet an und fundirt darauf decisive seine in allen Punkten höchst widrige Resolution."

er die *Mahnung* in den Wind, so durfte der Kaiser und die österreichische Partei mit Recht klagen, der Churfürst von Brandenburg widersetze sich den Befehlen des Reichsoberhaupts, um wider alle Billigkeit seine Mitstände zu unterdrücken. Im geeigneten Augenblicke konnte diese Beschwerde den besten Vorwand zu dem lange geplanten Rachekriege geben*) und Oesterreich, so oft von preussischer Seite der Vergewaltigung Deutschlands beschuldigt, hätte sich dann mit einem Scheine des Rechts rühmen können, das Schwert gezogen zu haben, um die Reichsstände von der Tyrannei Friedrichs zu befreien.

Das Berliner Cabinet behandelte die heikle Frage dilatorisch und beschloss vorerst, von dem Dehortatorium gar keine Notiz zu nehmen, bis es in der gehörigen Weise insinuirt worden wäre. Wer sollte es aber wagen, den kaiserlichen Erlass in aller Form zu überreichen? Wir wissen, die preussischen Gesandten in Wien und Regensburg durften nichts annehmen, was vom Kaiser herrührte. Die Reichsregierung entschloss sich nach längerem Berathen, diese Sorge dem Herzoge von Mecklenburg zu überlassen und sandte ihm das Original des Dehortatoriums zu. Die Verlegenheit am Schweriner Hofe war gross; er verfiel auf keine bessere Auskunft, als das gefährliche Schreiben ohne jede Formalität durch die Post nach Potsdam befördern zu lassen. Aber dort war man auf der Hut. Als das ominöse Packet mit dem kaiserlichen Siegel am 17. April in der Residenz eingetroffen war, wurde es schleunigst uneröffnet an Podewils geschickt. In dem Begleitschreiben wies ihn Eichel nach dem Befehle des Königs an, die verdächtige Sendung in der nächsten Ministerconferenz vorzulegen und, falls auch diese das Dehortatorium darin vermuthete, „ob defectum debiti insinuatoris" unerbrochen aufzubewahren**). So geschah es; das Packet hat dann unentsiegelt bis zum Jahre 1876 im Berliner Geheimen Staatsarchive gelegen***).

*) Vergl. einen königlichen Erlass an Klinggräffen, Berlin 6. Juli 1756: „On m'a voulu assurer que son dessein [de la cour de Vienne] a été de profiter des différends susmentionnés pour exciter tous les princes de l'Empire contre moi et pour porter le feu de guerre dans mes Etats et dans le reste de l'Allemagne."

**) Randbemerkung von Podewils zu dem Plothoschen Berichte vom 12. April 1756 (praes. 20. April).

***) An den preussischen Residenten von Hecht zu Hamburg erging am 24. April der Befehl, in tiefster Heimlichkeit Erkundigungen über die Herkunft des Schreibens einzuziehen. Dieser meldete am 30. April, obwohl er alle an den König gerichtete „und in dem Hof-Staats-Packete abgebende Briefe genau nachzusehen" pflegte, könnte er sich nicht auf „das mysteriöse Packet" besinnen; auch das Postmanuale gäbe darüber keine Auskunft. Im

Durch die gewandte Ausnutzung eines Formfehlers war es dem preussischen Hofe gelungen, den ersten Angriff des Reichshofraths zu pariren, ohne sein letztes, wichtigstes Argument, die Unzulässigkeit des kaiserlichen Gerichts in Militärsachen*), in den Kampf geführt zu haben. Die politische Stellung Preussens schien sogar an einem anderen Platze vortheilhafter zu werden.

Zu gleicher Zeit mit dem Dehortatorium war ein kaiserliches Commissionsdecret an die Reichsversammlung ergangen**), in dem das Schreiben an Churbrandenburg mitgetheilt und die Hilfe des Reichs zu weiteren Maassnahmen gefordert wurde. In Regensburg war aber Friedrichs Einfluss nicht viel geringer als der seiner Gegner, und der König konnte daher wohl hoffen, die Verhandlungen dort in die Länge zu ziehen, wenn nicht gar zu vereiteln.

Gerade in jenen Tagen machte der Reichstag einen noch zerfahreneren Eindruck als sonst. Es wurde damals über die Befugnisse des Reichsdirectoriums, dem häufige Uebergriffe zur Last gelegt wurden, und über die Qualificationspunkte der neu recipirten Fürsten mit so grossem Eifer und solcher Erbitterung gestritten, dass sich das Directorium nicht getraute, irgend etwas zur Proposition zu bringen und das Protokoll zu eröffnen. Plotho meldet einmal***), die mecklenburgische Frage sei von den Reichsdirectoren nur deswegen an den Reichshofrath verwiesen, um zu verhüten, dass bei den Verhandlungen zu Regensburg, „was noch unter der Asche lodere, mit einem Male zu einer hellen Flamme ausbrechen könne".

Wer war geeigneter diese Zustände auszunutzen, als der preussische Gesandte, Etatsminister Erich Christoph Freiherr von Plotho? Eine unermüdliche Streitlust verband sich in ihm mit einer umfassenden Kenntniss des Reichsrechts. Alle Irrgänge des Regensburger Intriguenspiels waren ihm, wo es die Noth erheischte, geläufig. Wie trotzig trat er manchmal in den Reichstag, gleichsam als stünde schon ein preussisches Heer vor den Thoren der alten Stadt. Einst war Friedrich mit dem derben Tone Pollmans, des Vorgängers auf dem Regensburger Posten, unzufrieden gewesen; nun munterte er selbst

---

Fortgange der Untersuchung wurde aber dann durch die Aussage des Postmeisters Schlüncke zu Potsdam festgestellt, „dass mentionirtes Packet am 17. April de Hamburg und über Braunschweig und Halberstadt per Estafette eingelaufen". (Bericht des Hofpostmeisters Jordan vom 10. Mai 1756.)

*) Moser, Vom Reichshofrath. Wahlcapitulation von Kaiser Franz. Art. 4.

**) Kaiserliches Commissionsdecret d. d. 10 et dictato 12. April. Faber 110, 116 f. Unparteiische Geschichte S. 90 f.

***) Bericht Plothos vom 25. Februar 1756.

seinen Vertreter auf, „herzhaft zu schreien und zu bewegen und die
termes nicht zu menagiren".

Plotho war überzeugt, dass „bei jetziger Scheu und Furcht des
Directorii", die unschwer zu vermehren und zu verlängern wäre, die
mecklenburgische Klage vorerst nicht auf die Tagesordnung gesetzt
werden dürfte, und selbst, wenn dieses sich wider Vermuthen ereignete,
wäre noch nichts verloren, denn es fehle ihm durchaus nicht an Ausflüchten, den Eindruck „der widrigen Dictatur" abzuschwächen*).

In Berlin ging man bereitwillig auf diesen Ton ein. Die Entgegnung auf den Regensburger Bericht, welche am selben Tage wie
die letzte an Christian Ludwig gerichtete Note entworfen ist**), erklärte, der König sähe es nicht ungern, wenn die mecklenburgischen
Beschwerden im Reichstage zur Sprache kämen, da die geeignete Antwort auf etwaige Vorstellungen nicht ermangeln würde. Aber so ganz
sicher fühlte sich die preussische Regierung in Wahrheit ihres Sieges
doch nicht, und trug Plotho deswegen auf, „die dortige Constellation
bei dem Reichstagsdirectorio in ihrer jetzigen Crisi und Ungewissheit"
zu erhalten, damit die Proposition in dem Werbungsstreite möglichst
lange aufgeschoben würde.

Die Oesterreicher suchten ihrem Gegner zuvorzukommen. Für
Montag, den 12. April, wurde plötzlich eine Reichsdictatur angesagt.
Arglos begab sich Plotho zur bezeichneten Stunde in den Versammlungssaal. Wie gross war seine und der Getreuen Bestürzung, als
in ihrer Gegenwart das kaiserliche Commissionsdecret verlesen und zu
Protokoll genommen wurde. Er hatte sich dessen um so weniger
versehen, als das churmainzische Directorium gegen den sonst üblichen
Brauch vorher die Tagesordnung nicht verkündet hatte***).

Was halfen alle Klagen über dieses unziemliche Vorgehen?
Mit einem Schlage hatten die Kaiserlichen durchgesetzt, was ihre
Gegner fast für unmöglich gehalten hatten. Allerdings trug das Verfahren der österreich-mecklenburgischen Partei vom Anfang bis zum
Ende den Stempel der Ungesetzlichkeit, denn das Commissionsdecret
war erlassen worden, ehe dem Könige von Preussen das Dehorta-

---

*) Bericht Plothos vom 31. März 1756.
**) Am 14. April 1756. Vergl. S. 19.
***) Bericht Plothos vom 15. April: „Wie dasselbe allen Comitialgesandten
thut, wenn gegen dero Höfe und Principalen etwas diktiret werden soll, und
mir gleichfalls gethan hat, als von dem Reichskammergerichte wegen Ewr.
Königl. Majestät rückständigen Kammerzieler vor einiger Zeit eine Vorstellung zur Diktatur gebracht wurde........ mithin es ganz klar und offenbar, dass die Geheimhaltung aus geflissentlicher böswilliger Gefährde geschehen..."

torium überreicht, ehe es überhaupt auch nur verstohlen in seine Lande eingeschmuggelt worden war*). Eine weitere Instanz war also angerufen worden, ehe bekannt werden konnte, wie Preussen das Dehortatorium aufnehmen würde. Die Differenz Friedrichs mit Mecklenburg war gerade von dem Hofe beim Reichstag anhängig gemacht worden, der jüngst noch selbst in der ostfriesischen Frage die Einmischung der Reichsstände schroff abgelehnt hatte. Damals wurde von Oesterreich mit Nachdruck die Behauptung verfochten, eine vor das Forum des Reichshofraths gezogene Klage dürfe nicht zur selben Zeit in Regensburg vom Reichstag verhandelt werden. „Anjetzt aber soll und muss solches zur Ausführung besonderer und geheimer Absichten gegen Se. Königl. Majestät gelten," schreibt Plotho voll Ingrimm.

Obwohl die Zeit zu Verhandlungen mit den katholischen Gesandten sehr ungünstig war — die Charwoche hatte gerade begonnen — so suchte der preussische Vertreter zu Regensburg doch rührig nach allen Mitteln, die geeignet erschienen, die Wirkungen des Schlages abzuschwächen. Mit der wachsenden Schwierigkeit wuchs Plothos Spannkraft und seine Lust am Streite. Jetzt, meinte er, müsste man „erst recht den modum dergestalt anfechten und dabei so lange aufhalten, dass dem Herzoge von Mecklenburg die Zeit darüber sehr lange gemacht werde und sich vergeblich nach der geschmeichelten schleunigen Hülfe umsähe".

Unmittelbar nach jener Diktatur hatte sich der preussische Gesandte mit seinen evangelischen Amtsgenossen ins Einvernehmen gesetzt und ihnen um so leichter „die grösste Ombrage" erregt, als sich der unausgesetzt währende Hader zwischen Katholiken und Protestanten auf dem Reichstage bereits der ganz abseits liegenden mecklenburgischen Frage bemächtigt hatte. Teuffel, der herzogliche Vertreter beim Reichstag, war nämlich so unklug gewesen, obwohl auch ein Theil der evangelischen Abgeordneten Sympathien für Mecklenburg geäussert hatte, seinen Verkehr auf die Gesandten des Kaisers und der katholischen Reichsfürsten zu beschränken. Hier setzte Plotho seinen Hebel mit gutem Erfolge an. Die Deputirten der meisten evangelischen Stände beschlossen unter seinem Einflusse bei ihren Mandatoren den Antrag zu stellen, dass auf ein mecklenburgisches Rundschreiben vom 19. April**), in dem Unterstützung

---

*) Vergl. Valory, Mémoires des négociations. Paris 1820 f. II, 27: „De sorte que le ministère d'ici n'en a rien su que par les gazettes et par le ministre prussien qui est à la diète de l'Empire." Berichte vom 24. April und 1. Mai 1756.

**) Unparteiische Geschichte S. 97 f. Faber III, 6.

gegen Preussen erbeten wurde, etwa folgendermaassen geantwortet würde:

„Wie es schiene aus dem Betragen dessen hiesigen Comitial-Ministri, dass man sich der maiora per catholicos schon versichert hielte, also der Evangelischen Beistimmung nicht mehr nöthig haben würde."

War die mecklenburgisch-preussische Differenz erst mit dem ewigen Hader der Bekenntnisse gründlich verquickt worden, so drohte sie unendlich weitläuftig zu werden und auch ganz unbetheiligte Staaten in ihre Kreise hineinzuziehen. Selbst ausserhalb des Deutschen Reiches, in Dänemark, wo der Verlauf des Streites mit grossem Interesse verfolgt und Preussens Vorgehen streng beurtheilt wurde, machte sich nun allmählich die Ueberzeugung geltend, dass der Kaiser sich durch seine Einmischung eine Blösse gegeben hätte*).

Im Reichstage deckten sich die Bezeichnungen österreichische und preussische Partei nicht mit den Begriffen katholische und evangelische Reichsstände. Wenn auch Churbrandenburg von altersher viele protestantische Stände an seiner Seite zählte und von Churbraunschweig, das seit dem Vertrage von Westminster mit ihm verbündet war, noch einige neu hinzugeführt worden waren, so mangelte es doch nicht an evangelischen Territorien, die in allen rein politischen Fragen unter Oesterreichs Einfluss standen. Ihre Zahl war noch vergrössert worden, seitdem auch die Anhänger Frankreichs für Habsburg eintreten mussten**). Und gerade die preussischen Werbungen hatten das rücksichtslos aufstrebende Königreich allenthalben im Reiche verhasst gemacht. Der protestantische Württemberger erinnerte sich ihrer mit dem gleichen Hasse wie der katholische Franke oder Rheinländer. Gelang es aber nun, die mecklenburgische Differenz zu einer konfessionellen Streitfrage umzustempeln, so hielten es sicherlich die meisten Mitglieder des Corpus Evangelicorum für ihre Pflicht, sich aller widrigen Bedenken zu entschlagen und für Preussens Partei zu ergreifen.

Plotho wollte von langer Hand her eine itio in partes vorbereiten,

---

*) Berichte des preussischen Gesandten in Kopenhagen Häseler, 4. Mai 1756: „Les différends survenus entre Votre Majesté et le Duc de Mecklenbourg commencent à faire beaucoup de bruit depuis que l'Empereur a jugé à propos de s'en mêler. On croit qu'il ne fera que se compromettre." Aehnlich lautet es in seinem Berichte vom 15. Mai: „On convient de plus que l'Empereur s'est précipité."

**) In Frankreich muss man dem preussischen Könige die Absicht bei, durch seine Händel mit Mecklenburg den europäischen Frieden stören zu wollen. Vergl. Politische Correspondenz 13, 129.

falls die Hofburg die Majorität am Reichstage gewinnen sollte. Er war ganz fest von dem Gelingen seiner Bemühungen überzeugt und mahnte ungeduldig seinen Herrscher, nur recht kraftvoll durchzugreifen:

„Der grösste Grund und die beste Gelegenheit ist anjetzt vorhanden, auch die jetzige Situation ebenso favorable, da Ewr. Königl. Majestät Anhang der Reichsstände anjetzt so stark, als er gewiss noch niemals gewesen. Es kann auch so gefasst und eingeleitet werden, dass der kaiserliche Hof in die grösste Verlegenheit gesetzt und alle Stände des Reichs gewonnen und fast obligirt werden, Ewr. Königl. Majestät beizutreten."

Nach dem Empfange dieser Depesche beriefen Podewils und Finckenstein, die den Vorwurf des Königs, ohne die nöthige Energie gehandelt zu haben, fürchteten, eine Conferenz. In der Berathung wurde beschlossen, zunächst die Gesandten auf den bedrohten Posten zu Wien und Regensburg mit Instructionen zu versehen, die eine zweite Ueberrumplung erschweren mussten. Die preussischen Vertreter sollten zu diesem Zwecke angewiesen werden, die grosse Verwunderung ihres Herrn über die illoyale Handlungsweise der Gegner zu erkennen zu geben und zu erklären, dass er mit seinen Verbündeten und „sonst Reichspatriotisch-gesinnten Chur- und Fürstlichen Höfen" sich ins Einvernehmen setzen werde, um sich „gegen solche offenbare Zudringlichkeit, Animosität und Parteilichkeit bestens zu decken und dagegen alle dienlichen Maassregeln vorzukehren"*).

Ausnahmsweise hatte Friedrich selbst den Plothoschen Bericht gelesen und befahl im Sinne des Gesandten seinem Cabinetsministerium, sofort ein sehr energisches Schreiben von einem gewiegten Rechtsgelehrten aufsetzen zu lassen, wodurch das österreichische Betragen in seiner ganzen Blösse dargestellt würde**). Diese Verfügung erschien den zaghafteren Ministern zunächst nicht unbedenklich, und sie zogen daher vor, bei Plotho und Klinggräffen anzufragen, ob ein Rundschreiben an alle Reichsstände oder ein Promemoria, das in Regensburg zu vertheilen wäre, rathsamer sein möchte.

Ihr Schwanken darf ihnen nicht verargt werden. Waren sie doch von dem Unrechte, das Preussen den Mecklenburgern zufügte, aus tiefster Seele überzeugt. In einem Immediatberichte vom 25. April führten sie mit Freimuth aus, es gäbe gar keinen Vertrag, auf Grund dessen „mit Bestand behauptet werden könnte, dass dem Könige von Preussen ein Werbungsrecht im Herzogthume zustände. Friedrich

---

*) Schreiben von Podewils, 24. April 1756.
**) Politische Correspondenz 12, 292.

Wilhelm I., dessen Beispiel in dem diplomatischen Notenwechsel mehrmals als maassgebend angeführt worden war, hätte seine ungestörten Werbungen nur der Nachgiebigkeit der Herzöge und „dem zerwirrten Zustande Mecklenburgs" zu danken gehabt. Unter Friedrichs Regierung aber sei das vermeintliche Anrecht nur mit Gewalt durchgesetzt worden. Im Departement der Auswärtigen Affairen waren, wie unter diesen Umständen begreiflich ist, die mecklenburgischen Verhandlungen nur mit innerer Unlust so weit geführt worden. Hatten sich die Minister auch bemüht, die Ansprüche ihres Königs „auf alle nur mögliche Art und mit allen dahin einschlagenden Gründen zu behaupten"*), so wollten sie ihrem Gebieter doch nicht die Haltlosigkeit seiner Argumente verhehlen und versuchten ihn vor weiteren Schritten zu warnen, die ihn noch mehr ins Unrecht setzen könnten.

Aber die politische Verknüpfung der Dinge hatte die rechtliche und moralische Seite der Frage schon längst verdunkelt und in den Hintergrund gedrängt. In klarer Erkenntniss der Sachlage antwortete Friedrich**) dem Cabinetsministerium, der Wiener Hof wäre der eigentliche Friedensstörer, denn der habe nur gegen das Versprechen, alle preussischen Werbungen zu verhindern, in den mecklenburgischen Landesgrundgesetzlichen Erbvergleich***) gewilligt. Das wäre aber nicht zu dulden; der Herzog müsste daher auch ferner geängstigt werden, bis er Vernunft annähme und seine beleidigenden Verfügungen aufhöbe.

Freilich vorläufig schien der Widerstand Christian Ludwigs unbeugsam. Fast gleichzeitig mit dem erwähnten Schreiben des Königs traf eine herzogliche Note in Berlin ein†), in der erklärt wurde, dass die mecklenburgische Regierung aus Hochachtung für Friedrich die Correspondenz einstellen würde.

Viel versöhnlicher, aber auch verfänglicher klang die Rede des herzoglichen Vertreters beim Reichstage den Gesandten gegenüber, die zu einem gütlichen Vergleiche riethen. Sein Auftraggeber, liess er sich vernehmen, wäre einer freundschaftlichen Uebereinkunft durchaus nicht

---

*) Schon 1744 berichtete der mecklenburgische Geschäftsträger in Berlin, Hofrath Wilkens: „Ich bin wiederholt auf der Kriegskanzlei des Königs gewesen, man ist dort in nicht geringer Verlegenheit; die Concipienten wissen schon nicht mehr, was sie für Ausflüchte schreiben, und wie sie alles auf Schrauben stellen sollen." Schultz S. 72.

**) Politische Correspondenz 12, 294.

***) Faber, Staatscanzley 109.

†) 27. April 1750. Vergl. Unparteiische Geschichte S. 102. Faber III, 95.

abgeneigt, „sobald nur wollte declarirt werden, dass die freie Werbung nicht als eine Schuldigkeit verlangt würde". Uebrigens wäre Mecklenburg seines Erfolges sicher, denn gleich nach Ostern würde eine Druckschrift zur Dictatur eingereicht werden, die allen preussischen Ansprüchen gründlich den Garaus machen sollte*).

Es war nicht unbedenklich, dass bereits das kaiserliche Commissionsdecret allen Ministern recommandirt worden war, um sofort nach den Feiertagen berathen zu werden. Die ungewöhnliche Eile liess auf eine Verabredung Oesterreichs mit allen katholischen Ständen schliessen. Preussen konnte aber nicht mit einer itio in partes drohen, da es trotz der Anstrengungen Plothos durchaus nicht aller evangelischen Stimmen sicher war. Selbst der Abgeordnete der Friedrich befreundeten sächsischen Häuser von Altenburg und Gotha, Fr. Sam. von Montmartin, hatte sich auf die Seite Oesterreichs geschlagen.

Um einen etwaigen neuen Gewaltstreich gleich im Voraus abzuschwächen, erliess das Berliner Cabinet am 29. April 1756 ein Rundschreiben an alle Chur- und Fürstlichen Höfe protestantischen und katholischen Bekenntnisses**), in dem Klage geführt wurde, dass die Feinde Preussen „gehässig zu machen" suchten. Niemals habe eine Nöthigung vorgelegen, die „Privatirrung" zwischen dem Könige und dem Herzoge an das Reich zu bringen; hätte doch der preussische Herrscher sich bereit erklärt, den Zwist in Güte zu beenden. Da aber seine zur Versöhnung ausgestreckte Hand zurückgewiesen sei, so könne er doch als sein gutes Recht fordern, vor der Verhandlung der Propositionen im Reichstage die mecklenburgischen Beschwerden nach Gebühr insinnirt zu erhalten und die nach Reichsrecht vorgeschriebene Frist zur Vertheidigung beanspruchen.

Die Note blieb nicht ohne einen gewissen Erfolg. Die Gesandten der grösseren evangelischen Mächte, so von Schweden, Dänemark, ja selbst von Chursachsen, und die meisten Vertreter der protestantischen altwelfischen Fürstenhäuser äusserten sich missbilligend über das Verfahren des Reichshofraths. Und von dem churbraunschweigischen Abgeordneten, dem Freiherrn von Gemmingen, rühmte Plotho, er hätte sich stets gezeigt, wie es dem Minister einer verbündeten Macht angemessen wäre. Alle erwarteten mit Verlangen die Entgegnung Preussens auf den österreichischen Angriff.

Plotho hatte dazu zweierlei vorgeschlagen***). Wollte man die Hofburg nicht schonen, so müsste schleunigst ein Promemoria ver-

*) Berichte Plothos vom 19. und 22. April 1756.
**) Vergl. Nr. IX.
***) Bericht vom 22. April.

fasst und gedruckt werden, das „die Zunöthigung" der kaiserlichen Regierung in der schärfsten Form zurückwiese. Er meinte:

„*Ein solches Promemoria kann zur Erreichung des verhoffenden Endzweckes nicht nachdrücklich genug gefasst werden, weil dieses mit dem in der Herstallschen Sache nun der zweite casus, dass nur gegen Ew. Königl. Majestät, und wie noch niemals gegen einen anderen Stand des Reichs geschehen, auf eine so illegale und tumultuarische Art verfahren worden; und würde es also, wenn solches anjetzt wieder dem kaiserlichen Hofe gelingen sollte, und darin nicht einmal nachdrücklich vorgebeugt würde, solches gewiss öfter versucht und dazu beständig Gelegenheit gemacht und gemacht werden, nicht zu gedenken, wie alle Stände des Reichs auf Ew. Königl. Majestät alleinigen kräftigsten Nachdruck in Aufrechterhaltung der Reichsgesetze und des systematis imperii setzendes grösstes Vertrauen zugleich nicht wenig würde geschwächt und gemindert werden.*"

Wollte das preussische Cabinet nicht gleich so weit gehen, so bot sich nach Plothos Versicherung ein zweiter ebenso guter Weg. Allerdings verlaute, dass Churmainz noch vor Ablauf der gesetzlichen Frist von zwei Monaten die mecklenburgische Klage zur Berathung dem Reichstage vorlegen würde, doch dies sei unschwer zu verhindern. Schon hätten die „Vertrauteren" der Regensburger Abgeordneten dem preussischen Gesandten fest versprochen, unter allen Umständen in solchem Falle Mangel an Instruction vorzuschützen. Die Anzahl der für Preussen gewonnenen Stimmen belief sich auf dreissig, unter ihnen die gewichtige von Churbraunschweig, und es war Aussicht, noch einige Votanten auf die preussische Seite hinüberzuziehen. Es wäre an der Zeit, unter dem Schutze dieser Constellation das churmainzische Directorium „wegen dessen begangenen Unfugs besonders anzufechten". Gelänge es dennoch den Kaiserlichen unter dem Beistande ihrer Getreuen am Reichstage einen endgültigen Beschluss durchzusetzen, so würde diese Abstimmung, bei der sich so viele enthalten hätten, die österreichische Tyrannei noch deutlicher hervorheben, und könnte leicht zu einer Zerrüttung der Regensburger Versammlung führen. Niemand würde aber dadurch härter gestraft als die habsburgische Dynastie, denn nur zu ihrem Vortheile bestünde überhaupt noch der Reichstag.

Der kühne Vorschlag Plothos fand in Berlin nicht den erwarteten Beifall*). *Immerhin ist es doch wohl ein Verdienst des Gesandten, wenn die Minister jetzt endlich an den Erlass eines Pro-*

---
*) Erlass an Plotho, 5. Mai 1750.

memorias gingen. Der Geheimrath Vette wurde beauftragt, die kleine Staatsschrift nach Friedrichs kurzer Anweisung*) auszuarbeiten**). Nachdem sein Entwurf von Podewils mit einigen, meist unbedeutenden Verbesserungen und Zusätzen versehen, wurde er am 8. Mai dem Könige unterbreitet. Tags darauf kam das Manuscript aus Potsdam zurück mit folgendem Vermerke, den Eichel nach Friedrichs Worten beigefügt hatte:

„Ist recht gut. Sie dorfen aber jetzo noch nicht so gar viel schreiben, denn ich hoffe, sie werden noch mehr und besser Gelegenheit haben, in dieser Sache recht viel zu schreiben."

Am 15. Mai wurden hundert Exemplare des gedruckten Promemorias an Plotho gesandt***).

Auch die Feinde waren nicht müssig. Der churpfälzische Gesandte, Ferdinand von Menshengen†), die „fax et tuba" der preussischen Widersacher, wie ihn einmal der französische Vertreter beim Reichstage genannt hat, erklärte öffentlich, dem Könige von Preussen müsste jegliche Werbung im ganzen Reiche untersagt werden.

„Es äussert sich je mehr und mehr," schreibt Plotho††), „dass der kaiserliche Hof bei dieser Sache gefährliche Absichten hege und sicherer Voraussetzung nach den Herzog von Mecklenburg zu solchen Démarchen mit animirt und selbigen vom gütlichen Wege abzuhalten suche."

Die Behauptung des Königs, dass ihm als Churfürst und Kreisdirector freie Werbung in Mecklenburg zustände, hatte zuerst viel Missfallen erregt, aber der gewandte Plotho hatte es meisterhaft verstanden, die Sache seines Herrn zu vertheidigen†††). Indem er „nur den ungebührlichen modus anfocht und also die Schale, nicht aber den Kern berührte", wusste er das Novemberpatent von 1754 als Ursache aller Misshelligkeit anzuklagen und somit die ganze Schuld der herzoglichen Regierung aufzubürden. „Die wohlgesinnten Gesandtschaften" hatten darauf mit Erfolg bei ihren Höfen beantragt, Christian Ludwig

---

*) Siehe S. 26.

**) Eichel hatte allerdings in einem Schreiben an Podewils vom 27. April gemeint, Kammergerichtsrath Kahle „als ein in jure publico und Reichssachen erfahrener Mann würden die letzthin geschehenen Irregularitäten besser beleuchten und darthun können, als solches die Zeit des Herrn Vette wegen seiner ordinären vielen Arbeit werde zulassen wollen".

***) Siehe Nr. X.

†) Menshengen war ehemals Hofmarschall bei Karl Leopold von Mecklenburg gewesen. Bei ihm hatte die Conferenz vom 10. April getagt, in der jene eilige Dictatur des Commissionsdecrets verabredet worden war.

††) Schreiben Plothos, 28. April 1756.

†††) Bericht Plothos vom 8. Mai 1756.

durch gründliche Vorstellungen zu einem gütlichen Vergleiche mit Preussen zu bewegen.

Alle Fürsten, die in näheren Beziehungen zu Preussen standen, hatten denn auch, wie wir aus ihren Erwiderungen auf das preussische Rundschreiben entnehmen, den Herzog von Mecklenburg aufgefordert, seine Politik gegen den König zu ändern. Das Ministerium von Hannover erbot sich sogar, die Verhandlungen zu einer Aussöhnung mit dem Schweriner Hof einzuleiten*). Auch Herzog Karl von Braunschweig-Wolfenbüttel**) und der Landgraf Wilhelm von Hessen-Kassel***) wollten als Vermittler eintreten.

Allerdings fehlte es nicht an protestantischen Herrschern, die nur mit Vorbehalt der preussischen Darstellung der Differenz und den Klagen in dem Rundschreiben beistimmten. Sachsen-Koburg†) und Sachsen-Hildburghausen††) gaben ihrer Hoffnung Ausdruck, Friedrich, weit entfernt den mecklenburgischen Herzog in seinen landesherrlichen Rechten zu schädigen, würde lieber um des Friedens willen seine eigenen Ansprüche beschränken. Karl Eugen von Württemberg†††) aber und der Markgraf Ludwig Georg von Baden*†) erklärten das preussische Vorgehen wider Mecklenburg geradezu für unrecht.

Die Antwortschreiben der katholischen Stände auf die Circularnote waren, wie sich voraussehen liess, meistens kühl und nichtssagend. Nur einige geistliche Herren erklärten sich unverhohlener. So gab Chur-Trier zu verstehen, dass es mehr als einmal zur gleichen Klage wie Mecklenburg Anlass gehabt hätte**†), und Friedrich Karl Graf von Ostein, der Mainzer Erzbischof, fügte einem ähnlichen Vorwurfe die spitzen Worte hinzu: „Inmittels werden Wir Unserem Reichsdirectorialgesandten zu Regensburg den gemessenen Auftrag thun, also zu verfahren, wie die kundbaren Reichsgesetze und Verfassung in derlei Fällen es erfordern" ***†). Der Salzburger Erzbischof endlich, in seiner abgelegenen Herrschaft vor Friedrichs Zorn sicher, tadelte

---

*) Schreiben der churfürstlichen Geheimen Räthe vom 5. Mai 1756. Aehnliche Anerbieten finden sich in der von Georg II. selbst erlassenen Note aus Kensington vom 18. Mai.
**) Schreiben vom 8. Mai 1756.
***) Schreiben vom 13. Mai 1756.
†) Schreiben vom 11. Mai 1756.
††) Schreiben vom 14. Mai 1756.
†††) Schreiben vom 21. Mai 1756.
*†) Schreiben vom 31. Mai 1756.
**†) Schreiben vom 23. Mai 1756.
***†) Schreiben vom 4. Juni 1756.

ohne diplomatische Zurückhaltung die letzte „thätliche Ahndung" des Königs *).

Die englisch-hannoversche Vermittlung war dem preussischen Cabinetsministerium sehr erwünscht. Gelang es, auf diesem Wege den ärgerlichen Streit zu beendigen, so war der Hofburg ihr fein angelegter Plan zur Aufreizung der Reichsstände gegen Preussen gründlich misslungen. Friedrich nahm den Immediatbericht seiner Minister, in dem sie die Annahme des Anerbietens lebhaft befürworteten**), beifällig auf und äusserte sich darüber***): „Ich bin davon ganz wohl zufrieden." Am 15. Mai erging dann ein sehr verbindliches Schreiben an Georg II.

Damals schien sogar in der mecklenburgischen Politik selbst eine günstige Schwenkung erfolgt zu sein. Noch am 12. Mai war eine neue Klageschrift des Herzogs zur Dictatur gekommen†). Aber schon wenige Tage darauf erklärte Teuffel, der Vertreter Christian Ludwigs, in einem Gespräche mit dem Darmstädter Gesandten von Schwarzenau, sein Herr wäre des langen Zwistes herzlich müde und würde gerne zwanzig Schritte thun, wenn ihm Friedrich nur einen entgegen käme. Schwarzenau theilte dieses Gespräch mit Genehmigung des Mecklenburgers dem von Plotho mit. Dieser ergriff die günstige Gelegenheit mit seinem gewohnten Feuereifer und liess unverzüglich Teuffel sagen, sobald der Herzog das Novemberpatent aufgehoben hätte, würde sich sein König schon grossmüthig beweisen††).

Der mecklenburgische Abgeordnete erwiderte darauf seinerseits mit folgenden Vorschlägen†††): Der König von Preussen sollte durch ein ostensibles, in den annehmlichsten und freundlichen Terminis abgefasstes Rescript an Plotho erklären, 1) dass er niemals Mecklenburg und die herzogliche Landesherrlichkeit antasten wollte; 2) dass Werbungen nur „auf Requisition und freundschaftliche Verwilligung" stattfänden; und dass 3) allen Ausschreitungen, die das Patent nöthig gemacht hätten, nachdrücklich gesteuert würde. Ausserdem verlangte Teuffel noch mit grosser Entschiedenheit, dass die eingeleiteten Verhandlungen ganz geheim gehalten würden.

*) Schreiben vom 7. Juni.
**) Immediatbericht des Cabinetsministeriums vom 10. Mai 1756.
***) Mündliche allergnädigste Resolution. Potsdam 11. Mai.
†) Sie trägt den Titel: „Kurze Geschichts-Erzählung die zwischen Ihro Königliche Majestät in Preussen und Ihro Herzogliche Durchlaucht zu Mecklenburg-Schwerin und Güstrow der Königl. Preussischen Werbungen halber entstandenen Missheligkeiten betreffend." Vergl. Unparteiische Geschichten S. 98 f. Faber III, 10 f.
††) Bericht Plothos vom 17. Mai.
†††) Bericht Plothos vom 20. Mai.

„Denn," so erläutert Plotho diese Forderung, „es wäre nicht ohne Grund, sondern gewiss, dass der kaiserliche Hof in dieser Sache besondere Absichten mit habe und daher gütliche Auskunft und Ausmittlung auf alle nur mögliche Art zu hindern suchen würde, um das Vorhaben gegen Ew. Königl. Majestät ausführen zu können, wiewohl solches den Herzog von Mecklenburg nichts anginge."

Es ist fraglich, ob Teuffel seine Vorschläge ernst meinte; sein ganzes Benehmen in diesem Streite und seine Vorgeschichte spricht nicht gerade dafür. Karl Wilhelm Teuffel von Pürckensee, aus einem oberpfälzischen Geschlechte entsprossen, hatte seinen diplomatischen Posten, den er dem Fürsten von Thurn und Taxis zu verdanken haben sollte, wider den Willen der mecklenburgischen Ritterschaft erlangt. Da er sich in seiner Stellung deshalb nicht sicher fühlte, suchte er in Oesterreich einen Rückhalt zu gewinnen. Seine Beziehungen zu der kaiserlichen Partei und seine Verschlagenheit, die er mit Glück unter einer offenen Miene zu verbergen wusste, hatten ihn zu ziemlichem Ansehen in Regensburg verholfen.

In Berlin fanden die maassvollen Forderungen des mecklenburgischen Gesandten sehr bereitwilliges Gehör. Auch Friedrich war mit ihnen einverstanden und äusserte sich darüber:

„Das ist recht gut, und auf diese conditiones bin ich es zufrieden *)."

Niemand am Hofe war froher als Eichel: „Mich wird es insonderheit erfreuen, wenn diese Sache bald glücklich endigen wird, damit die armen, ohnschuldigen, inzwischen im Arrest befindlichen Leute bald wieder auf freien Fuss kommen**)." In seiner Freude vergass der Pflichtgetreue sogar dem Departement der Auswärtigen Affairen einen nicht unwichtigen Vorbehalt Friedrichs mitzutheilen. Nachträglich meldete er dann ***), dass der König ausdrücklich die förmliche Zurücknahme des Novemberpatents zur Bedingung gestellt hätte; dieses wäre der Hauptstein des Anstosses gewesen und der Anlass „zu einigen ausserordentlichen Mitteln".

Geheimrath Warendorff entwarf das ostensible Schreiben†). Die Friedfertigkeit und Versöhnlichkeit des Königs wird darin betont, seiner Hochachtung gegen den Herzog Ausdruck gegeben, und

---

*) Mündliche allergnädigste Resolution, Potsdam 1. Juni 1756, auf den Immediatbericht des Cabinetsministeriums vom 31. Mai.
**) Schreiben Eichels an Podewils vom 1. Juni.
***) Schreiben Eichels an Podewils vom 3. Juni. Vergl. Politische Correspondenz 12, 486.
†) Datirt Berlin 3. Juni 1756.

Plotho schliesslich angewiesen, allenfalls einen Vertrag mit Teuffel zu entwerfen, der zur Begutachtung nach Berlin zu senden wäre.

Der preussischen Regierung war die Aussicht auf einen Vergleich sehr erwünscht. So viel an ihr lag, suchte sie die hindernden Steine möglichst aus dem Wege zu räumen. Sie sah in ihrer Versöhnlichkeit sogar über den Umstand hinweg, dass noch am 25. Mai, zu einer Zeit, als die Unterhandlungen zwischen Teuffel und Plotho schon längst begonnen hatten, von dem mecklenburgischen Gesandten ein neues Promemoria über die letzten Gewaltthätigkeiten der Preussen auf dem Reichstage vertheilt worden war*). Und dabei bot gerade diese Schrift weit bessere Angriffspunkte als die vorher veröffentlichten. Es war doch gewagt, zu behaupten, das kaiserliche Dehortatorium wäre ordnungsmässig dem Berliner Hofe insinuirt worden, und zum Beweise dafür anstatt der vorgeschriebenen notariellen Urkunde, die bei der Ueberreichung aufgesetzt und von einer Abschrift des Erlasses nebst dem „documentum insinuationis" begleitet sein musste, die Zeugnisse des Hamburger und Potsdamer Postamtes aufzuführen, wonach am 17. April früh um 2¹/₂ Uhr „ein gross Packet samt aufgebundenen Handschreiben von Ihro Röm. Kaiserl. Majestät an Königl. Majestät in Preussen" abgeliefert worden wäre**).

Das Berliner Cabinet begnügte sich, mittelst eines zweiten am 5. Juli an Plotho erlassenen Schreibens die kühne Beweisführung durch die trockene Bemerkung zu widerlegen, dass Postämter nicht mit dem Inhalt der ihnen anvertrauten Briefe bekannt wären; übrigens wäre bei der zuständigen Behörde, dem königlichen Justizamte, kein kaiserliches Schreiben abgegeben***).

Auch durch diesen Erlass geht ein Zug der Friedfertigkeit. Niemals, heisst es darin, hätte Preussen zu Repressalien gegriffen, wenn sein Gegner „einigermaassen in den Grenzen der Moderation" geblieben wäre. Statt dessen wäre jenes bekannte Patent in Kraft gesetzt und auf unschuldige Unterthanen des Königs angewandt worden. Freilich dem Herzoge wäre nur die geringste Schuld beizumessen, da ihm solche Vorkehrungen „durch die bösen Rathgeber fast abgedrungen" wären.

Es ist fraglich, ob der Berliner Hof das hannoversche Ministerium, dessen Vermittelung er angenommen hatte, gleich von seiner

---

*) Herzogliches Pro Memoria vom 22. Mai 1756. Unparteiische Geschichte S. 111 f. Faber III. 79.

**) Faber III, 97.

***) Das preussische Cabinetsministerium verbot darauf, um für späterhin auch derartige Zeugnisse unmöglich zu machen, dem königlichen Hofpostamt, einlaufende kaiserliche Sendungen Empfangsbescheinigungen auszustellen.

selbstständigen Uebereinkunft mit Mecklenburg unterrichtet hat. Die übervorsichtige Politik von Churbraunschweig liess auf keinen schleunigen und kräftigen Beistand hoffen. Allerdings hatte sich das churfürstliche Ministerium diesmal über Erwarten beeilt und hatte, noch ehe die königliche Ermächtigung aus London eingetroffen war, schon „ein pressantes Schreiben zur Anrathung eines gütlichen Vergleichs" nach Schwerin gerichtet*). Aber der gewünschte Erfolg ihres Schrittes blieb aus. Die mecklenburgischen Räthe erklärten in ihrer Entgegnung, es wäre unmöglich, des Herzogs Meinung einzuholen, da dieser todkrank läge, und gaben als ihre eigene Auffassung zu erkennen, „dass die gütliche Handlung nur auf dem Reichstage gepflogen werden könne". Die Preussen beklagten diesen Fehlschlag nicht; hofften sie doch, dass ihre Sonderunterhandlungen in Regensburg schneller zum erwünschten Ziele führen würden.

Da starb am 30. Mai der greise Christian Ludwig von Mecklenburg. Wie würde sich sein Nachfolger zu Preussen stellen? Ein völliger Systemwechsel war nicht zu erwarten, so lange er die Berather seines Vaters behielt, denen der König nicht mit Unrecht eine geflissentliche Verschärfung des Streits zur Last legte. War Herzog Friedrich stark genug, freiwillig einem Theile der mit so vielen Opfern behaupteten Ansprüche zu entsagen und die preussischen Bedingungen anzunehmen? Gab er jetzt seinem mächtigen Gegner nach, so lief er Gefahr, sich mit Oesterreich zu verfeinden, ohne einer genügenden Entschädigung von preussischer Seite sicher zu sein.

König Friedrich bemühte sich, dem neuen Herzoge den Weg zu einem Ausgleiche zu ebnen. Aus eigenem Antriebe befahl er Podewils einen mecklenburgischen Edelmann, der bei beiden streitenden Höfen gut angeschrieben wäre, zu wählen,

„*damit selbiger," wie Eichel schreibt, „letzterem, obschon vorerst nur vor sich, die gehörige insinuationes deshalb thue und den Herzog auf vorerwähnte von Sr. Königl. Majestät agreirte conditiones disponire, und also die bisherigen Differenzien gütlich beigelegt würden**)."*

---

*) Schreiben des hannöverschen Ministeriums an das preussische Departement der Auswärtigen Affairen vom 1. Juni 1756. Sein Schreiben nach Schwerin trägt das Datum: Hannover 18. Mai 1756.

**) Das Schreiben Eichels an Finckenstein, vom 11. Juni, mag hier vollständig wiedergegeben werden: „Ew. Excellenz diene auf Dero gnädiges Schreiben vom gestrigen Dato in ganz gehorsamster Antwort, wie des Königs Majestät occasione des Notificationsschreibens von dem Absterben des letzten Herzogs von Mecklenburg-Schwerin mir befohlen haben zu melden, dass, weil Sie schon auf eine von dem Herrn Grafen von Podewils gethane Anfrage

*Doch Oesterreich und seine Parteigänger wollten das Spiel nicht so schnell verloren geben. Sie hofften auf den Einfluss der mecklen-*wegen des von der Löhe declariret hätten, wie Sie Sich mit dem neuen Herzog nunmehro ganz gerne und zwar auf die conditiones, so ohnlängst der herzogliche Ministre zu Regensburg selbst an die Hand gegeben, und welche von Sr. Königl. Majestät vorhin bereits genehm gehalten worden, accommodiren und die Hand dazu bieten, auch sodann sogleich alle bisher zu Spandow in Arrest befindliche Leute auf freien Fuss stellen lassen wollten. Wie Sie aber bei dem ersteren Antrag deshalb an den neuen Herzog nicht gerne selbst erscheinen und jedennoch solches Accommodement gerne bald bewirket sehen möchten, so sollte das Departement der Auswärtigen Affairen sich eines Mecklenburgischen von Adel, welcher gegen des Königs Majestät wohl intentioniret und zugleich dem neuen Herzog nicht ohnangenehm sei, deshalb gebrauchen, damit selbiger letzteren, obschon vorerst nur vor sich, die gehörige insinuationes deshalb thue und den Herzog auf vorerwähnte, von Sr. Königl. Majestät agreirte conditiones disponire, und also die bisherigen Differenzien gütlich beigelegt würden.

Ich habe die Ehre gehabt, alles dieses des Herrn Grafen von Podewils Excellenz gestern zu hinterbringen, welcher dann vor sich auf den älteren Herrn von Voss gefallen seind, dass solcher als ein Mecklenburgischer von Adel, der eigentlich dorten wohne und nicht mehr in Königlichen Diensten stehe, daneben alle capacité und Geschicklichkeit besitze, ein dergleichen gütlichen Accommodement sondiren könne, worüber dann auch des Herrn Grafen von Podewils Excellenz mit Ewr. Excellenz sich zu concertiren übernommen. Ob es nun einigen Anstand geben könne, dass der Herr von Voss nicht eigentlich im Mecklenburg-Schwerinschen wohne, und ob Ew. Excellenz etwa einen anderen dazu qualificirten Mecklenburg-Schwerinschen Vasallen in Vorschlag bei Sr. Königl. Majestät zu bringen wüssten, solches muss zu Ewr. Excellenz näherer Einsicht und Gefallen lediglich überlassen. Soviel aber kann Ewr. Excellenz ich im Vertrauen melden, dass nachdem des Königs Majestät gestern die Depesche des Herrn von Plotho vom 31. vorigen selbst gelesen haben, Sie mir zu wünschen geschienen, dass die Sache wegen eines Accommodements mit dem neuen Herzog bald entamiret und zu Stande gebracht werden könne, ehe der Wienersche Hof die Zeit und Gelegenheit gewinnt, durch die bekannten gegen Se. Königl. Majestät übel intentionirte Ministres, den von Bassewitz und Ditmar, den neuen Herzog in seinen gegen des Königs Majestät bisher bezeigten guten Sentiments herumzubringen und in die widersinnigen principia seines verstorbenen Vaters einzulenken, als worunter dem Vermuthen nach der Wienersche Hof keine Bemühungen noch Versprechungen sparen wird, um seine habende pernicieuse Absicht gegen Se. Königl. Majestät auszuführen. Wiewohl dem Vernehmen nach der neue Herzog nicht sonderlich vor gedachte beide mecklenburgische Ministres portiret sein soll, da selbige ihm zu seines Vaters Lebzeiten viel chagrin gemacht haben sollen.

Sonsten war Se. Königl. Majestät anfänglich intentioniret, die verwittwete Erbprinzessin von Württemberg zu Köpenick zu employiren, um durch eine Correspondenz mit ihrer Frau Tochter [Luise Friederike, seit 1746 mit Herzog Friedrich von Mecklenburg-Schwerin vermählt] die Sache zu einem Accommodement zu leiten; nachdem aber des Königs Majestät vernommen, dass erstere schon nach dem Karlsbade gereiset sei, so haben Höchstdieselbe aus

burgischen Räthe Bassewitz und Ditmar, die nach einem Ausdrucke des Berliner Cabinets stets beeifert waren, Oel ins Feuer zu giessen. Für deren ausgeprägt parteiische Stellung war die in Regensburg verbreitete Erzählung bezeichnend*), dass noch in den Tagen, wo der todkranke Christian Ludwig gar keine Verfügung mehr ergehen zu lassen vermochte, in seinem Namen die Verbote der Werbung im Herzogthume verschärft worden wären.

Da aber unter den neuen Verhältnissen keine Aussicht bestand, die mecklenburgischen Beschwerden gleich nach Pfingsten, wie ursprünglich geplant worden war, im Reichstage zu berathen, so beschloss die Hofburg, wieder den gefügigen Reichshofrath in Action treten zu lassen. Am 26. Mai wurde auf Grund der letzten Klageschrift Christian Ludwigs ein neuer in seinen rechtlichen Grundsätzen nicht unanfechtbarer Beschluss wider Preussen gefasst**). Die Insinuation des Dehortatoriums wurde darin als vollendete Thatsache betrachtet, und der Erlass eines zweiten kaiserlichen Schreibens beantragt, da Friedrich, statt sein Unrecht zu sühnen, neue unjustificirliche Gewaltthaten verübt hätte. Wie vorauszusehen war, genehmigte Kaiser Franz den Vorschlag.

Dieses zweite Dehortatorium***) war schon weniger maassvoll gehalten als sein Vorgänger. Der Kaiser könnte „kaum glauben", dass dem preussischen Herrscher alle Missethaten bekannt wären, die von seinen Truppen begangen; „indem eine so schnöde Hintansetzung des kaiserlichen Abmahnungsschreibens, eine so unerhörte Vergewaltigung eines Fürsten des Reichs und seiner Lande von keinem mächtigen Mitstand des Reichs, der patriotische Gesinnungen habe, um die Verfassung des Reichs und das Band zwischen Haupt und Gliedern . . . erhalten zu helfen, sich vermuthen lassen." Wenn der König nun den gerechten mecklenburgischen Forderungen nicht nachgeben und binnen zwei Monaten darüber Bericht abstatten würde, wollte Franz ohne weiteren Anstand, seinem kaiserlichen obristrichterlichen Amte gemäss, zu den in den Reichsgesetzen vorgeschriebenen Mitteln schreiten.

Dieser oberste Richter sprach von den gerechten Ansprüchen

eigener Bewegung das zweite expédient vorangeführter Maassen beliebet, doch haben des Herrn Grafen von Podewils Excellenz mir en passant noch gesaget, dass das gute Vernehmen des neuen Herzogs mit ermeldter seiner Gemahlin nicht sonderlich sein soll." Vergl. Politische Correspondenz 12, 408.

*) Bericht Plothos vom 3. Juni.
**) Faber III, 123.
***) Reichshofrathsbeschluss 29. Mai 1756. Vergl. Faber III, 123. Unparteiische Geschichte S. 115.

einer Partei, ohne auch nur einmal ihrem Widerparte Gelegenheit zur Vertheidigung gegeben zu haben.

Die preussische Regierung schenkte dem Dehortatorium keine grosse Beachtung; sie begnügte sich, „alles, was anmasslich erkannt sei", zu ignoriren, bis ihr das kaiserliche Schreiben richtig insinuirt worden wäre. Eine förmliche rechtliche Verwahrung, wie Diest und Klinggräffen vorgeschlagen hatten*), erschien dem Cabinet um so weniger geeignet, als darin schon eine officielle Kenntnissnahme vom Dehortatorium bekundet würde.

Auch dieser zweite Erlass des Kaisers ist dem Schweriner Hofe zur Beförderung zugestellt. Er ist aber nicht an den König gesandt worden.

Die preussisch-mecklenburgische Differenz schien ihrem Ende nahe**). Freilich die Heisssporne der österreichischen Partei auf dem Reichstage liessen sich dadurch in ihren Zettelungen gegen Preussen nicht stören. Sie stellten Mitte Juni eine Vorberathung unter dem Vorsitze des churmainzischen Gesandten an, um ihre Kräfte zu mustern und beschlossen nach dem Antrage von Churtrier: 1) die preussischen Principien in Werbungssachen für nicht zu Recht bestehend zu erklären; 2) Schutz und Genugthuung Mecklenburgs als ernste Pflicht dem Kaiser ans Herz zu legen und 3) allen Kreisausschreibeämtern zu befehlen, „den Ständen des Reichs wegen fremder Werbungen jederzeit zu assistiren und dergleichen nicht zu gestatten". Die wahre Absicht der preussischen Feinde trat immer deutlicher zu Tage. Sie erklärten, dass die Versöhnung zwischen Preussen und Mecklenburg die Hauptfrage unberührt liesse; diese müsste, da sie im öffentlichen Interesse läge, „ohnerachtet des Privatvergleichs" zur Berathung gebracht werden.

Plotho sah ihre Vorkehrungen nicht gerade ungern, denn sie sollten ihm den Anlass geben, wie er schreibt ***), „mit Nachdruck zusprechen und aller Welt vor Augen legen zu können, dass vom kaiserlichen Hofe alles Bisherige nicht geschehen, um dem Herzoge von Mecklenburg zu helfen, sondern nur aus besonderem, eigenen Absichten". Falls bei einer Abstimmung die Katholiken die Majorität haben sollten, war eine itio in partes von den evangelischen Gesandten verabredet und fast herbeigewünscht, „da dieses so wichtige Recht bishero so wenig zu Nutze gemachet".

---

*) Bericht der beiden Gesandten aus Wien vom 12. Juni: „ob manifestam incompetentiam fori et ob occurrentes instissimas causas recusationis."

**) Vergl. Politische Correspondenz 12, 410.

***) Bericht Plothos vom 21. Juni.

Die Verhandlungen am Reichstage zwischen den beiden Gesandten nahmen unterdess einen günstigen Verlauf. Teuffel hatte sofort, nachdem ihm Schwarzenau das ostensible Rescript Friedrichs übergeben hatte*), durch Estafette dem Herzoge davon Meldung gemacht und ihn ersucht, „in den verbindlichsten und freundlichsten Ausdrückungen" an den König zu schreiben und ihn um die Freilassung der verhafteten Mecklenburger zu bitten.

Aber noch ehe diese Nachricht in Schwerin eingetroffen war, hatte Herzog Friedrich, wie es heisst, auf einen Wink aus Berlin**) selbstständig einen Schritt gethan, der seine Bereitwilligkeit zu einem gütlichen Vergleiche deutlich kennzeichnete. Er sandte nämlich den Schlosshauptmann Karl Freiherrn von Forstner an den königlichen Hof, um seine Thronbesteigung anzuzeigen. Und in dem Notificationsschreiben, das dieser zu überreichen hatte, versicherte der Herzog, nichts würde ihm angenehmer sein, als sich den Hausverbündnissen alle Wege gemäss zu bezeugen.

„Sc. Majestät," bittet er, „wollten doch zur ersten Probe Dero für mich hegenden Affection die Erlassung derer seit den 3. des Monats November vorigen Jahres arretirten und weggeführten Beamten u. s. w. Dero Grossmuth und Gerechtigkeit nach zu agréiren Gefallen tragen. Ich ersuche um diesen schätzbaren Beweis Dero Gewogenheit auf das angelegentlichste."

Am 16. Juni hatte Forstner seine erste Unterredung mit Finckenstein. Der Minister unterrichtete ihn von dem Stande der Verhandlungen zu Regensburg und gab zu verstehen, sein Souverain würde den gefangenen Mecklenburgern unverzüglich die Freiheit schenken, sobald der Herzog nur seine Geneigtheit zu dem so vortheilhaften Vertrage geäussert hätte. Forstner betheuerte darauf, dass bei Lebzeiten Christian Ludwigs der Erbprinz sich niemals in den Streit mit Preussen gemischt hätte, lehnte aber aus Mangel an der nöthigen Weisung eine weitere Unterhandlung über die Schlichtung des Streites ab. Der Eindruck, den die würdige Persönlichkeit und die Aeusserungen des Abgeordneten hervorriefen, war so gewinnend, dass Finckenstein vermuthete, Forstner wäre trotz seines Widerspruchs an den preussischen Hof gesandt, um die Stimmung der maassgebenden

---

*) Am 12. Juni 1756.

**) Schultz 109. In den Acten des Berliner Geh. Staatsarchivs hat sich nichts über die hier erwähnte Erzählung des mecklenburgischen Legationsraths von Hövel gefunden. Wohl aber ist ein Brief des gothaischen Staatsministers Freiherrn von Keller an Podewils (vom 12. Juli) erhalten. In dem sich Keller rühmt, es wäre auf Gothas Einfluss zurückzuführen, dass ein mecklenburgischer Gesandter nach Berlin geschickt worden wäre.

Kreise zu ergründen und bei einem günstigen Ergebniss seiner Beobachtungen ein Abkommen vorzuschlagen*). „Das wäre," schliesst der Minister seinen Immediatbericht darüber**), „die günstigste und natürlichste Gelegenheit, die Verhandlungen fortzusetzen oder von hier aus die in Regensburg angeknüpften zu unterstützen." Friedrich meinte dazu***):

„Alles recht sehr gut, und kann er [Finckenstein] ihm [Forstner] vor Meinetwegen die ouvertures thun, welche schon zu Regensburg geschehen seind, auch ihm dabei sagen, dass sobald wir nur wegen der Punkte einigermaassen d'accord wären, sodann allsofort die arretirten Leute insgesamt ihres Arrestes befreit werden sollten. Insonderheit wäre es der Articul wegen der angeschlagenen Patenter. Ich werde in einigen Tagen nach Berlin kommen, da er Mir dann den von Forstner präsentiren, inzwischen aber nur alles mit ihm präpariren und ihm versichern kann, dass wegen der Verwandtschaft mit dem Herzoge und wegen der anderen Umstände Ich allemal gute Freundschaft und Nachbarschaft mit demselben zu unterhalten sehr geneigt sei."

Am 22. Juni hatte Finckenstein dann eine neue Besprechung mit Forstner, in der er nach dem Befehle des Königs die nöthigen Eröffnungen machte und das ostensible Schreiben an Plotho verlas†).

Da Friedrichs Arbeiten einen Besuch Berlins in den nächsten Tagen verhinderten††), erhielt der Minister den Befehl, mit dem mecklenburgischen Gesandten sich nach Potsdam zu begeben. Der König empfing Forstner am 25. Juni†††) sehr gnädig; er verpflichtete sich ausdrücklich, die Gefangenen freizugeben, sobald sich der Herzog auch nur mündlich für die Annahme der Teuffelschen Bedingungen entschieden hätte*†).

Drei Tage nach dieser Audienz lief die Antwort auf den ersten

---

*) In einem Ministerialerlasse an Feriet in Dänemark vom 19. Juni heisst es hoffnungsvoll: „que ce différend avait terminé dans peu par une composition amiable."

**) Immediatbericht Finckensteins vom 18. Juni 1756.

***) Potsdam 19. Juni. Mündliche allergnädigste Resolution.

†) Zu dem Immediatberichte Finckensteins vom 23. Juni äusserte der König (mündliche allergnädigste Resolution, Potsdam 24. Juni): „Recht gut, und wird er wohl morgen mit ihm [Forstner] herkommen."

††) Schreiben Eichels an Finckenstein vom 23. Juni.

†††) Politische Correspondenz 12, 480. — Der sächsische Gesandte Bülow aber schrieb an Brühl am 28. Juni: „M. de Forster ne paraît pas fort édifié de l'accueil qu'il a trouvé à Potsdam."

*†) Immediatbericht Finckensteins vom 29. Juni. Vergl. Politische Correspondenz 12, 486.

Bericht des Schlosshauptmanns aus Schwerin ein. Sie ermächtigte ihn zu der Erklärung, dass der Herzog bereit wäre, auf den vorgeschlagenen Vergleich einzugehen, vorbehaltlich einiger Zusätze und Erweiterungen; die nöthigen Befehle wären bereits an Teuffel ergangen*). Obwohl diese Clausel nicht unverdächtig klang, befürwortete Finckenstein doch das dringende Ansuchen, die Verhafteten nun zu entlassen. Er meinte wohl durch diese Milde am ehesten die Verleumdungen des Wiener Hofes lügen strafen zu können. Friedrich, der zufällig am 30. Juni in seiner Hauptstadt war, liess Forstner vor sich berufen, um persönlich den Vortrag des Gesandten entgegenzunehmen. Sofort nach seiner Rückkehr auf Schloss Sanssouci befahl er dann, den Unglücklichen, die so lange als unschuldige Opfer der Politik geschmachtet hatten, die Freiheit zu schenken. Der gutherzige Eichel, den, wie er in seiner altfränkischen Weise einmal schreibt**), die Bisbilles zwischen Mecklenburg und Preussen jeder Zeit sehr affligirt hatten, konnte kaum die Zeit abwarten, bis das Gebot vom Könige unterschrieben sein würde. Unverzüglich sandte er die Ordre mit einem Expressen an den Commandanten von Spandau, „damit die armen Leute, wo nicht morgen, doch höchstens übermorgen früh sich wieder in Freiheit sehen"***).

Die Warnung, die Friedrich zu gleicher Zeit durch Finckenstein dem Herzoge zukommen liess, fernerhin nicht mehr „übel intentionirter Leute Rath" zu folgen, fand Eichel berechtigt. Auch er sah, wie überhaupt alle Staatsmänner in Preussen, mit Argwohn auf „die plötzliche Aufrichtigkeit des Herrn Ditmar und seiner Clique". In Berlin ging das Gerede, der verhasste Rath wäre durch das Angebot „eines gratis conferirten Baronsdiploma" von der Hofburg gewonnen worden" †).

Um alle Ränke, die etwa gegen den Vergleich gesponnen werden könnten, zu zerstören, und um nicht „den Herzog in der gehabten guten Intention zu ermüden und zu relachiren", hatte Finckenstein schon am 22. Juni und zum zweiten Male eine Woche später dem herzoglichen Vertreter vorgeschlagen, künftighin in Berlin selbst weiter zu verhandeln. Ein Bericht Plothos††), der am 5. Juli eintraf, be-

*) Undatirter Brief Forstners. Immediatbericht Finckensteins vom 29. Juni. (Vergl. Politische Correspondenz 12, 486): „que ce Prince [le duc de Mecklembourg] était entièrement porté à agréer lesdites conditions à quelques additions et amplifications."
**) Schreiben Eichels an Podewils 27. April.
***) Schreiben Eichels an Finckenstein. Politische Correspondenz 13, 2.
†) Ditmar wurde 1753 Reichsfreiherr.
††) Aus Regensburg vom 1. Juli.

fürwortete diese Idee sehr lebhaft, weil Teuffel den Befehl erhalten hatte, nach Wien zu reisen und dem Kaiser die Thronbesteigung des Herzogs anzuzeigen *). Seine Abwesenheit von Regensburg sollte nach seiner eigenen Angabe ungefähr vier Wochen dauern. So lange konnten aber die Verhandlungen unmöglich ohne Schaden ruhen. Und wer bürgte dafür, dass Teuffel den Lockungen oder gar den Drohworten der Hofburg Stand halten würde? Seine Aufrichtigkeit war ohnehin schon nicht unverdächtig; Plotho beschuldigte ihn, noch immer „gänzlich auf dem Seile des kaiserlichen Hofes und dessen hiesigen Gesandten zu laufen". In diesem von vielen Symptomen genährten Misstrauen rieth der preussische Gesandte, von nun an entweder in Berlin oder gar nicht mehr zu verhandeln.

Sofort nachdem Finckenstein die Depesche gelesen hatte, liess er Forstner zu sich kommen und suchte ihn für den Plan, die Unterhandlungen in der preussischen Hauptstadt weiter zu führen, zu gewinnen **). Die Gewährung dieses Wunsches müsste der König schon als Dank für sein Entgegenkommen erwarten; eine Ablehnung würde den Verdacht wach rufen, dass der Herzog Preussen mit Vorbedacht getäuscht hätte und mit Wien conspirirte. Wie wäre das aber mit seinen feierlichen Zusicherungen in Einklang zu bringen? In einem zweiten Gespräche suchte der Minister das Gewicht seiner Gründe noch durch den Hinweis zu verstärken, dass jeder Zwist der Evangelischen den schwarzen Plänen der katholischen Mächte Vorschub leistete ***).

Herzog Friedrich stand zu sehr unter dem österreichischen Einflusse, um diesen ehrlich gemeinten Anträgen nachgeben zu können. Der Wiener Hof hatte ihn nicht ohne Erfolg in wiederholten Schreiben vor jeglichem Abkommen mit Preussen dringend gewarnt†). Allmählich wurde die versöhnliche Stimmung in Schwerin schwächer; man suchte sich unmerklich aller neuen Verpflichtungen zu entledigen. Noch ehe die Verhandlungen irgend einen Abschluss erreicht hatten schon Anfang Juli, verlangte Forstner sein Recreditivschreiben. Und zur selben Zeit erschollen laut neue, bittere Klagen aus Mecklenburg über die angebliche Entführung eines Unterthanen durch die Preussen.

Gerade als Podewils einen Bericht über diese Beschwerde em-

---

*) Er reiste den 5. Juli ab. Bericht Plothos vom 5. Juli. Vergl. Politische Correspondenz 13, 71.
**) Politische Correspondenz 13, 36.
***) Vergl. Politische Correspondenz 13, 44.
†) Bericht Klinggräffens aus Wien vom 4. August.

pfangen hatte*), liess sich Forstner bei ihm melden und überreichte den aus Schwerin eingeschickten Entwurf zu einer gütlichen Uebereinkunft. Er fügte hinzu,

„dass, wann Ihro Königl. Majestät sothane Vorschläge nach der Evidenz ihrer Billigkeit agreiren und darauf den Vergleich ohne Verzug zu schliessen belieben wollten, Se. Durchlaucht der Herzog mit Vergnügen dazu bereit wären."

Die preussische Grundbedingung, Aufhebung des Novemberpatents, führte er weiter aus, könnte der Herzog nicht annehmen, weil sonst die dänischen und schwedischen Werber zu dreist würden; ausserdem wäre auch jene, vom Kaiser selbst genehmigte Verfügung so allgemein gehalten, dass die Preussen sich unmöglich dadurch beleidigt fühlen könnten.

Die mecklenburgischen Forderungen**) waren in zehn Paragraphen gegliedert. 1) Sollte Friedrich erklären, wie mit Absicht den Herzog in seiner Landeshoheit und in seinen ständischen Reichsgerechtsamen gekränkt zu haben, und sollte versprechen, auch künftighin keinen derartigen Schritt zu thun oder zu gestatten. 2) Werbungen dürften nur, wenn die mecklenburgischen Landesherren auf schriftliches Ersuchen die Erlaubniss ertheilt hätten, stattfinden. 3) Gegen die begangenen Excesse wären „abhelfliche Maasse" zu treffen, und die preussischen Truppen so in Schranken zu halten, dass es einer Erneuerung der Patente wider die Werbung nicht bedürfe. 4) Der Herzog behielte sich vor, innerhalb seines Landes allgemeine Pönalpatente zu erlassen und ertappte Werber bestrafen zu dürfen. 5) Hätte der König alle gewaltsam angeworbenen oder verhafteten Mecklenburger ohne irgend einen Vorbehalt frei zu lassen. 6) Sollte er verhindern, dass von preussischer Seite je wieder der ehemaligen Vasallität der Herzöge zu dem brandenburgischen Churfürsten gedacht würde, und 7) eine General- und Specialamnestie für alle bei der Differenz betheiligte Mecklenburger erlassen. 8) Sollte zu diesem Vergleiche die Beistimmung des Kaisers und die Garantie des Reichs eingeholt werden. 9) Durch diese Verhandlungen würde „dem vorigen und jetzigen Stand der Sachen zu Wien und Regensburg" für den Fall des Misslingens kein Abbruch gethan. Ueberhaupt sollten 10) alle Schadensansprüche des Herzogs dadurch nicht berührt werden.

Mecklenburg forderte alles und bot so gut wie gar nichts. Pode-

---

*) Schreiben von Podewils an Finckenstein 7. Juli. Vergl. Politische Correspondenz 13, 49.

**) Vergl. Nr. XII. Nach Plothos Bericht vom 26. Juli sollen sie in Regensburg entworfen worden sein.

weils schrieb an Finckenstein*), diese Vorschläge bekundeten durchaus keine friedfertigen Neigungen, genügten doch allein die Forderungen des fünften Artikels, um den Streit bis in die Unendlichkeit zu verlängern. Nur unter der Bedingung, dass der Herzog seine Ansprüche auf seine Bedienten, nicht aber die im preussischen Heere Enrollirten beschränkte, könnten sie bewilligt werden. Die königliche Regierung müsste mit der grössten Entschiedenheit auf der Zurücknahme des Novemberpatents bestehen; damit nähme sie dem Herzoge noch nicht das Recht, Verordnungen in angemessenem Tone gegen alle fremden Uebergriffe zu erlassen.

In diesem Sinne wurde dem Könige über die unerwartete Schwenkung der mecklenburgischen Politik Bericht erstattet**). Friedrich theilte vollkommen die Meinung seiner Minister, zu den Worten ihres Schreibens: „man muss auf jeden Fall die Einmischung von Kaiser und Reich bei solchem Uebereinkommen ablehnen", schrieb er „absolument" und „sine qua non". Er hatte wohl durchschaut, dass Oesterreich als treibende Kraft hinter der Schweriner Regierung stand***), und schloss seine Antwort an das Departement der Auswärtigen Affairen:

„Will der Wiener Hof den Krieg, so muss man Mecklenburg ruhig schlafen lassen; nach dem Friedensschlusse wird der Herzog dann sanft wie ein Lamm sein. Der Schuft Ditmar ist an allem schuld. Das muss man Forstner sagen."

Die preussische Note an Forstner†) fiel aber noch ziemlich gemässigt aus. Sie forderte mit Hinweis auf Churbraunschweig, das „dergleichen harte Edicte abgenommen und gänzlich kassirct" ††), die Aufhebung des viel umstrittenen Patents und erklärte sich mit dem ersten und sechsten Paragraphen sowie dem ersten Satze des zweiten einverstanden. Es wurde noch einmal nachdrücklich betont, wie sehr das beiderseitige Interesse erheische, die Verhandlungen in Berlin abzuschliessen.

Forstners Entgegnung darauf, die dem Cabinetsministerium noch

*) Schreiben des Grafen Podewils an Finckenstein vom 8. Juli.
**) Politische Correspondenz 13. 49 f. Der Immediatbericht ist von Warendorff verfasst.
***) Vergl. S. 27.
†) Datirt: Berlin 13. Juli 1756.
††) Pawlowsky schreibt am 29. Februar 1756, das hannoversche Edict vom 9. October 1750 wäre niemals gegen die preussischen Werber exequiret, „sondern man hat vielmehr churhannoverscher Seits, wenn ein casus sich ereignet, dass Excesse vorgefallen, darüber mit aller Mässigung correspondiret und die Remedur abgewartet, welche auch allemal so erfolget ist, dass man sich auf beiden Seiten beruhigen könne".

am selben Tage zugestellt wurde, liess fast noch deutlicher die Unlust Mecklenburgs zu einem aufrichtigen Vergleiche erkennen. Der Vorschlag, durch Sonderunterhandlungen beider Höfe allein den Zwist zu endigen, wurde darin rund abgewiesen*).

Die Hartnäckigkeit, mit der die Schweriner Regierung jede Aenderung ihres Entwurfes als unzulässig zurückwies, und ihre plötzliche Schwenkung verstimmten den König sehr. „Ich will wohl Avances thun," schrieb er seinem Cabinetsministerium, „aber sie müssen nicht zu stark sein, noch zu weit gehen." Während er ursprünglich selbst gewünscht hatte, einen Edelmann an den Herzog zu senden**), lehnte er nun einen darauf bezüglichen Vorschlag schroff ab mit den Worten***): „Ich werde so einfältig nicht sein und ihm jemanden Meiner Bedienten hinschicken..... Das wäre zu viel, würde zu weit gehen und den Ditmar sehr aufblasen." Forstner, der sich am 26. Juli verabschiedete, wurde in Ungnaden entlassen.

Von einem Abbruche der Verhandlungen war Friedrich trotzdem weit entfernt. Das erneute Anerbieten des churbraunschweigischen Ministeriums, zwischen Preussen und Mecklenburg vermitteln zu wollen, hatte er mit Dank angenommen†) und erbot sich sogar, dem zur Mission nach Schwerin bestimmten Freiherrn Friedrich Christian von Albedyll, Geheimen Kammerrath von Boitzenburg††), mit einer Vollmacht auszustatten†††).

Zum zweiten Male nahmen die Hannoveraner die Verhandlung

---

*) Schreiben Forstners, eingegangen am 13. Juli. Es heisst darin: „Sollten aber Ihro Königl. Majestät diese Bedingungen zu acceptiren nicht Gefallen tragen, sondern darüber in Berlin Tractaten anstellen lassen, so habe ich zu eröffnen, dass Se. Durchl. der Herzog ohne Vorwissen, Zutritt und Vermittlung des comitialiter versammelten Reichs zu Regensburg In dieser die allgemeine Reichsständische so sehr als Deroselben besondere Freiheit und Sicherheit antreffende Sache, Sich allhier zu Berlin nicht einlassen könnten, sondern Sich um der Ihnen unumgänglich nöthigen Garantie und Schutzhaltung willen ohne assistence und médiation aufrecht gesinnter Reichs-Mit-Stände bedenkliche Tractaten zu pflegen und den Vergleich zu schliessen nicht vermögend fänden.

**) Siehe S. 35.

***) Politische Correspondenz 13, 83.

†) Politische Correspondenz 13, 83. — Schreiben des churfürstlichen Ministeriums an das preussische Departement der Auswärtigen Affairen vom 11. Juli und dessen Antwort vom 16. Juli.

††) Albedyll hatte den Auftrag, dem Herzoge „insonderheit den Nachtheil vorzustellen, welcher dem evangelischen Wesen durch Verfolgung der Sache in comitiis zugezogen würde".

†††) Politische Correspondenz 13, 93. 119. 135. Die preussische Vollmacht ist erst am 31. Juli vollzogen worden.

in die Hand. Sie hatten mit Besorgniss beobachtet, dass sich die kriegerischen Wolken über Europa immer dichter zusammenzogen und suchten im letzten Augenblicke noch den Sturm zu beschwören. Denn gelang es nicht, den Streit bald beizulegen, so wurde die Execution über Preussen verhängt. Das chursächsische Heer, durch österreichische Truppen bis auf 100 000 Mann verstärkt, war schon dazu ausersehen. Unter dem beschönigenden Vorwande einer Reichsexecution entbrannte alsdann der lang geplante Rachekrieg gegen Friedrich *).

Die Besorgniss der hannöverschen Minister var entschiedenen und schnellen Schritten vereitelte ihren wohlgemeinten Plan. Da sie es für unschicklich hielten, die Verhandlungen vor der Beisetzung Christian Ludwigs zu beginnen **), traf Albedyll erst am 22. Juli in Schwerin ein. Damals war aber, wie wir gesehen haben, die versöhnliche Stimmung der herzoglichen Regierung schon wieder verflogen. Die churfürstlichen Geheimen Räthe entnahmen denn auch schon aus dem ersten Berichte ihres Bevollmächtigten die traurige Gewissheit,

„dass die Situation der Sache nunmehro schon wiederum so beschwerlich und misslich sei, als sie vor der Abschickung des Schlosshauptmannes von Forstner gewesen ist".... „Man kann leicht wahrnehmen, dass der Schwerinsche Hof dergestalt in dieser Sache an den kaiserlichen verknüpfet sei, dass er sich auf eine brusque Art nicht loszureissen vermöge, sondern sich in der unvermeidlichen Nothwendigkeit befinde, in der Form eines zu treffenden Vergleichs dem kaiserlichen Hof wenigstens äusserlich zu menagiren ***)."

Nach einer Depesche Albedylls vom 26. Juli hatten weder Friedrichs dringende Vorstellungen, noch die Freilassung der Gefangenen einen dauernden Eindruck in Schwerin hinterlassen. Der Herzog beklagte zwar den Schaden, der dem Corpus Evangelicorum aus ihrem Streite erwuchse, entschloss sich aber doch, „der Sache den eingeschlagenen Weg Rechtens zu lassen". Denn den preussischen Versprechungen dürfe kein Glauben geschenkt werden, wären doch erst jetzt wieder zwölf seiner Leute weggeschleppt, wie er übertreibend angab, und von den Verhafteten überhaupt nur der fünfte Theil ausgeliefert. Un-

---

*) Vergl. Politische Correspondenz 13, 211.
**) Schreiben des churbraunschweigischen Ministeriums an das preussische Departement der Auswärtigen Affairen vom 22. Juli.
***) Schreiben des churbraunschweigischen Ministeriums an das preussische Departement der Auswärtigen Affairen vom 23. Juli.

erwarteter Weise äusserte sich Ditmar ziemlich gemässigt zu dem Gesandten*). Graf Bassewitz hielt weniger mit seiner wahren Meinung zurück; verschiedene Reichsstände, so erklärte er, drängten auf seinen Herren ein und hätten ihm gedroht, wenn er sich jetzt mit Preussen vergleichen würde, seine späteren Klagen, wozu ihm sicher nie ein Anlass ausbleiben würde, mit der Begründung abzulehnen, „dass Mecklenburg sich seines Rechts begeben hätte". Es stünde zu hoffen, dass noch vor Beginn der Reichstagsferien ein Beschluss zu Gunsten des Herzogs gefasst würde.

In ihrem Vertrauen auf Oesterreich scheute die Schweriner Regierung nicht vor einer Maassnahme zurück, die hart an eine Beleidigung Hannovers streifte. Auf das Gesuch Albedylls, dem Herzoge in Kleinau die Aufwartung machen zu dürfen, wurde ihm ohne viele Umschweife bedeutet, seine Anwesenheit würde dem trauernden Fürsten unangenehm sein. Der unwillkommene Gast wurde mit wenig angemessener Eile aus Mecklenburg entfernt: noch ehe er im Besitze von Anweisungen aus Hannover auf seinen ersten Bericht sein konnte, die über sein Bleiben oder Gehen zu bestimmen hatten, wurde ihm schon sein Recreditivschreiben zugestellt**) und die Verhandlung damit in aller Form abgebrochen.

Die Gegner Preussens triumphirten. Schon in einem Berichte vom 15. Juli meldete Plotho, dass die „widrig Gesinnten" bei der Erzählung des Teuffelschen Secretärs von der ungelöst gebliebenen Differenz ihre helle Freude geoffenbart hätten. Als er aber diesem Gerüchte mit aller Entschiedenheit entgegentrat und laut versicherte, der Zwist wäre abgethan, und der Herzog hätte guten Grund zur Zufriedenheit, „da war aus den Gesichtern deutlich zu lesen, dass diese Nachricht sehr unangenehm war". Der churmainzische Gesandte bemerkte sofort, der Streit könnte zwar als „causa privata" von den beiden Parteien beigelegt werden; aber mit der „causa publica", den preussischen Werbungen insgemein, hätte sich der Reichstag trotzdem zu beschäftigen. Herzog Friedrich hätte selbst beim Churfürsten von Mainz eine derartige Scheidung der Frage angeregt***).

Konnte die preussische Regierung einen besseren Beweis ihrer Friedfertigkeit geben, als wenn sie die Verhandlungen auf so ungünstigem Boden, wie Regensburg, fortsetzte? Ein schneller, guter Erfolg war dort nicht zu hoffen. Teuffel war seit seiner Rückkehr

---

*) „Betreffs des Patents habe Dux sich dahin erklärt, dass nach geschlossenem Tractat ein anderes obiges erläuterndes ergehen sollte."

**) Schreiben des hannoverschen Ministeriums an das preussische Departement der Auswärtigen Affairen vom 1. August.

***) Bericht Plothos vom 19. Juli.

aus Wien noch österreichischer als früher und suchte, als deutliches Zeichen seiner unwandelbaren Gesinnungstüchtigkeit, wie Plotho einmal schreibt*), „die wider uns angestellten Klagen zu prosequiren und uns auf das Hässlichste anzustreichen". Und die Befürchtung lag nicht fern, dass auch Frankreich in dieser Sache Partei gegen den König ergreifen würde**).

Zunächst kam es für Preussen darauf an, um Frist zu haben, die Proposition der mecklenburgischen Beschwerden bis zur Zeit nach den Reichstagsferien aufzuschieben***). Allerdings schien dies sehr schwierig. In Wien ging schon das Gerücht, das österreichische Heer sollte sich sofort nach dem Executionsbeschlusse in Marsch setzen und entweder in Schlesien einbrechen, oder, um die katholischen Fürsten zu gewinnen, durch das Reich gegen Preussen anrücken †).

Die Entscheidung konnte nicht mehr fern sein, alle Vorkehrungen wurden dazu getroffen. Der salzburgische Minister Graf Joseph Gottfried von Saurau, der als Director des Fürstencollegiums Plotho zugesagt hatte, eine übereilte Proposition zu verweigern ††), musste nun unter einem durchsichtigen Vorwand abreisen und dem österreichischen Gesandten seinen Directorialsitz einräumen. Um die Unschlüssigen unter den Katholiken gegen Preussen einzunehmen, wurde ausgesprengt, dessen Bund mit England wäre zur Untergrabung des römischen Bekenntnisses abgeschlossen.

Das Berliner Cabinet griff zu gleichen Mitteln und befahl seinem Regensburger Vertreter, Mecklenburg wegen seiner Waffenbrüderschaft mit den Katholiken zu verdächtigen und die evangelischen Gesandten allenfalls zu einer itio in partes zu bewegen. Wäre dies unmöglich, so sollte er sie wenigstens dazu veranlassen, dass sie Mangel an Instructionen vorschützten und eine Vertagung der lästigen Frage über die Ferien hinaus beantragten †††).

*) Bericht Plothos vom 3. August.
**) Bericht Klinggräffens vom 31. Juli. Vergl. Valory II, 87: „Le seul esprit de despotisme fixe son attention [du Roi] et ne lui fait combiner que ses grandes forces avec la faiblesse de ses voisins."
***) Bericht Plothos vom 20. Juli.
†) Bericht Klinggräffens aus Wien vom 4. August: „Quant aux différends avec le duc de Mecklembourg Votre Majesté aura déjà vu que le peu d'apparence d'un accommodement ... a fait grand plaisir ici, et il m'est revenu en confidence que cette cour a écrit plusieurs lettres au Duc pour le détourner d'entrer en accommodement, de sorte qu'il ne faut pas douter qu'on n'ait les desseins de remuer dans l'Empire une partie sous le prétexte des affaires de Mecklembourg."
††) Bericht Plothos vom 7. Juni.
†††) Erlass an Plotho vom 4. [?] August.

Inmitten dieser Vorbereitungen hat plötzlich am 31. Juli Teuffel, der seit seiner Rückkehr mit keinem Worte der früheren Verhandlungen gedacht hatte, den darmstädtischen Gesandten Schwarzenau, ihm zu einer Unterredung mit Plotho behilflich zu sein*). Es wäre die höchste Eile von Nöthen, denn spätestens am Montag, dem 2. August, würde ein mecklenburgisches sogenanntes Inhäsivschreiben bei dem Reichstagsdirectorium eintreffen. Die beiden feindlichen Gesandten kamen am Sonntag bei Schwarzenau zusammen. Vor dem Beginne der Unterhandlungen gab Teuffel seine letzten Rescripte aus Schwerin dem Preussen zu lesen, die eine Estafette Tags zuvor gebracht hatte. Sie enthielten den gemessenen Befehl, falls Plotho nicht ohne Verzug in die mecklenburgischen Bedingungen willigte, sofort die Dictatur des Inhäsivschreibens und der Proposition zu beantragen. Auf dieses Gebot gestützt wies der herzogliche Gesandte Plothos Vorschläge, die auf Zeitgewinn berechnet waren, kurz ab: Kämen sie nicht am selben Tage noch zum Einverständniss, so würde am morgenden das Inhäsivschreiben dictirt, und in drei Wochen dann die mecklenburgischen Propositionen berathen werden; nöthiges Falls würde das Directorium sogar den Anfang der Ferien hinausschieben. Der preussische Minister musste sich fügen, um Schlimmeres zu vermeiden, und sogleich an die Besprechung der von Teuffel schriftlich entworfenen Vergleichspunkte herangehen. Es waren sieben Paragraphen, von denen sechs ohne jede Veränderung aus Forstners Note vom 7. Juli**) übernommen worden waren; nur der siebente war, wenigstens in der Fassung, neu. Es wurde darin bestimmt, dass die kaiserliche Bestätigung „und demnächst, wenn es nöthig erachtet werden sollte", auch die allgemeine Reichsgarantie für den Vergleich eingeholt würde, und die Ratification binnen sechs Wochen zu erfolgen hätte.

Deutlicher konnte die Absicht gar nicht zu Tage treten durch Überrumplung von dem geängstigten Plotho das zu erlangen, was dem mecklenburgischen Gesandten in Berlin versagt worden war. Würde die preussische Regierung aber den Vertrag nicht bestätigen, wie Teuffel im Stillen hoffte, so konnte Mecklenburg den König beschuldigen, die zum Frieden ausgestreckte Hand muthwillig zurückgewiesen zu haben.

Erst nach einer heftigen Unterredung einigten sich die beiden Gesandten. Es war Plotho wenigstens gelungen, Vorbehalte zu dem

---

*) Bericht Plothos vom 2. August.
**) Vergl. S. 43 und Nr. XII.

vierten und dem fünften Paragraphen durchzusetzen, wodurch, wie er meinte, „Ewr. Königl. Majestät Gloire und Dignität völlig behauptet, das Zugestandene ziemlich wieder benommen und die Werbungspatente ausser Kraft gesetzt würden". Nach diesen Zusätzen durfte (Art. 4) der Herzog nur dann die öffentlichen Werber strafen, wenn auf seine Anzeige „nicht sogleich eine hinlängliche Reparation und Satisfaction geschehen sollte", und ausserdem (Art. 5) nur die Auslieferung derjenigen von seinen Landeskindern fordern, die nach dem 3. November 1755, „als dem ersten Einfall", gewaltsam geworben oder verhaftet worden waren.

Von der kaiserlichen Bestätigung wollte Teuffel unter keinen Umständen sich abbringen lassen, „um den kaiserlichen Hof nicht vor den Kopf zu stossen und dadurch Mecklenburg zu benachtheiligen". Nur in soweit wollte er nachgeben, dass er versprach, sein Herzog würde nicht die Reichsgarantie nachsuchen. Als Plotho die Zurücknahme des Novemberpatents forderte, erwiderte sein Gegner, diese Verfügung wäre ohnehin durch den Tod Christian Ludwigs erloschen, und sein Nachfolger habe in einem Erlasse vom 25. Juli versichert, sie nicht erneuern zu wollen. Uebrigens machte er sich anheischig, von seiner Regierung zu erwirken, dass acht Tage nach der Ratification das allerorts angeschlagene Patent entfernt würde.

Da Teuffel darauf bestanden hatte, dass die vereinbarte Abkunft unterzeichnet würde, bevor er mit den kaiserlichen Ministern, mit denen er an diesem Tage beim Grafen Seidewitz zusammen speiste, „sprechen zu müssen Gelegenheit hätte", so musste Plotho trotz seines Widerstrebens sofort unterschreiben*).

Der mecklenburgische Gesandte hatte nicht erwartet, dass seine harten Bedingungen angenommen würden**). Genehmigte der König den Vertrag, so war Oesterreich eine Handhabe zur Aufreizung der Reichsstände gegen Preussen entwunden, die vor dem Ausbruche des nahen Krieges nicht gerade werthlos war. Die kaiserliche Partei sah

---

*) Aus einem Berichte Plothos vom 25. August: „Auf zwei Stunden kam es nur an, die Sache zu heben oder denen sehr nachtheiligen und irreparablen Weitläuftigkeiten zu überlassen und dem Wienerschen Hofe die erwünschte Gelegenheit zu geben, unter dem Prätext dieser Sache mit Ewr. Königl. Majestät einen Krieg anzufangen und dabei Reichsgesetzmässig alle Stände des Reichs mitziehen zu können. Gewiss also eine der gefährlichsten Situationen, welche sich keiner und ich mir nicht öfter wünsche."

**) Er schrieb damals nach Wien: „Ich hätte mich eher des Himmels Einsturz versehen, als wie dass der churbrandenburgische Gesandte just die conditiones zugestehen würde, welche man zu Berlin absolut verworfen." Schultz 118.

daher mit Unlust auf diese überraschende Entwicklung der Ereignisse*). Allerdings Teuffel war jetzt gesonnen, sich als Preussens Freund zu geben; er äusserte einmal zu Plotho**), wenn der König einige von den gewaltsam geworbenen Leuten zu behalten wünschte, ohne erst die Erlaubniss des Herzogs einzuholen, so sollte er dies nur in einem Rescripte erkennen lassen; sein Begehren wäre dann leicht zu erfüllen. Der preussische Gesandte war zwar nicht zum zweiten Male durch glatte Worte zu täuschen, aber er meinte wohl, „wenn dem Teuffel nach seinem geizigen penchant eine générosité an Geld bewilligt würde", wäre es vielleicht sogar möglich, die Einholung der kaiserlichen Confirmation zu hintertreiben.

Friedrich entschied zu diesem Vorschlage***):
„Um aus der Sache zu kommen und meinen Feinden das Concept zu verrücken, will ich das wohl thun und eine Corruption und Präsent an den von Teuffel verwenden. Plotho kann es ihm habilement sagen und Mir nur vorschlagen, was es sein kann."
Auf die Bedingung der kaiserlichen Bestätigung durfte der König gar nicht mehr eingehen†), da der Krieg, in dem der Kaiser zu den Feinden Preussens zählte, schon ganz nahe bevorstand. „Dieser Artikel," schreibt Eichel an Podewils††), „hat von neuem dem Fass den Boden ausgestossen und verursachet, dass das Kind nochmalen mit dem Bade verschüttet worden ist". In einem von Hertzberg entworfenen Erlasse wurde Plotho scharf wegen der Annahme dieses Paragraphen getadelt†††). Preussen könnte nur dann auf den Vertrag eingehen, wenn der Herzog entweder ganz auf die Bestätigung

---

*) Aus einer Depesche Maltzahns vom 19. August: „Le comte Flemming dit qu'on ne voyait pas l'accommodement entre le roi de Prusse et le duc de Mecklembourg de bon oeil à Vienne, et qu'on le regardait comme une nouvelle preuve que le roi de Prusse était attentif à éloigner dans les conjonctures présentes tout sujet qui pourrait l'exposer à de justes plaintes." Politische Correspondenz 13, 262.
**) Bericht Plothos vom 4. August.
***) Mündliche allergnädigste Resolution (Potsdam) 9. August 1756.
†) Politische Correspondenz 13, 196.
††) Politische Correspondenz 13, 197.
†††) Ministerialerlass vom 14. August. Es heisst darin: „.... Maassen bei den bekannten Absichten des kaiserlichen Hofes die Sache dadurch nur verschlimmert und niemals zu Ende würde, sondern in infinitum protrahiret und bei dem geringsten Incidenzpunkt in unendliche Verwirrung und grosse neuere Weigerung gerathen dürfte." Schon in einem Schreiben an das hannoversche Ministerium vom 8. August hiess es, bei der kaiserlichen Confirmation könnten Bedingungen eingeschoben werden, die wider die Ehre Preussens gingen und „bei der geringsten Gelegenheit viel Stoff und Zunder zu grossen Weiterungen fourniren würden".

verzichtete oder mit der Garantie Georgs II. von Grossbritannien zufrieden wäre.

Dem mecklenburgischen Fürsten gegenüber, der den Regensburger Vertrag sofort ratificirt und dies dem Könige in einem verbindlichen Schreiben angezeigt hatte*), sprach Friedrich die zuversichtliche Erwartung aus**), ihre Vertreter würden die begonnenen Verhandlungen zu einem glücklichen Schlusse bringen „und einen noch vorhandenen geringen Anstand aus dem Wege räumen".

Es war mehr als zweifelhaft, ob dem Herzoge die englisch-hannoversche Garantie genügen würde, ob es ihm überhaupt noch möglich war, selbstständig handeln zu dürfen. Das churbraunschweigische Ministerium hielt diesen Vorschlag von Anfang an für aussichtslos***), da dem Herzoge die Furcht von Oesterreich eingeblasen wäre, „dass bei Gelegenheit der diesseits angewandten officiorum unter beiden Königen etwas wegen ihrer mecklenburgischen Special-Hypotheken gehandelt worden wäre". Es wäre ferner zu erwägen, dass diese Garantie dem Verdachte der katholischen Stände gegen die angeblichen Umsturzideen der Verbündeten von Westminster neue Nahrung gäbe; man würde ihre Politik gegen Mecklenburg als den ersten Versuch zu einer Dictatur im Reiche auslegen. Am Schlusse ihres von vorsichtigen Bedenken strotzenden Schreibens riethen die Minister sogar unbefangen zur Annahme des Vertrages, „da die quästionirten Bedingungen an Seiten mehrhöchstgedachten Sr. Königl. Majestät von Preussen wenigstens sehr gleichgültig und hingegen an Seiten des Herzogs von Mecklenburg ganz essentiell und unnachgeblich seien".

Man mag schwanken, ob Plothos Handlungsweise vor den Grundsätzen einer folgerichtigen Politik bestehen kann, ein Verdienst darf man ihr in keinem Falle absprechen: es ist nur ihr zu verdanken, dass die mecklenburgische Proposition nicht mehr vor den grossen Reichstagsferien verhandelt werden konnte. Am 6. August schloss die Reichsversammlung ihre Sitzungen und verlagte sich bis zum 25. October. Die meisten Gesandten verliessen schon in den nächsten Tagen Regensburg.

Die noch folgenden Vorgänge in dem Streite zwischen Preussen und Mecklenburg sind angesichts des gewaltigen Weltkrieges, der noch im selben Monat begann, von ganz untergeordneter Bedeutung.

Teuffel war auf sein Gut in der Nähe von Regensburg ge-

---
*) Schreiben Herzogs Friedrich vom 14. August.
**) Schreiben vom 24. August. Siehe Nr. XI.
***) Schreiben an das preussische Departement der Auswärtigen Affairen vom 26. August.

gangen*). Als er von Plotho erfahren hatte, dass der König die Ratification des Regensburger Vertrages entschieden verweigerte, traf er mit dem preussischen Gesandten am 24. August an einem vereinbarten Orte zusammen. Da es ihm klug schien, in diesen schwülen Tagen dem übermächtigen Nachbar Mecklenburgs entgegenzukommen, willigte er, allerdings erst nach längerem Sträuben, ein, dass dem Vertrage vom 1. August ein Separatartikel angehängt würde mit der Bestimmung, so lange der König den Vergleich „seinem ganzen Inhalt nach halten und erfüllen" würde, sollte der Herzog weder die kaiserliche Confirmation, noch die Reichsgarantie nachsuchen**).

Plotho hoffte nun endlich den Streit beendet zu sehen und forderte, ihm schleunigst 1000 Thaler in Gold für Teuffel anzuweisen, dem „solches um so grösseren Trieb geben würde". Als seine Depesche eintraf, waren die Würfel schon gefallen; seine Meldung***) traf den König auf sächsischem Boden zu Seyda. Friedrich befahl dem Cabinetsministerium als Antwort darauf den Einmarsch in Chursachsen zu berichten; der mecklenburgischen Frage gedachte er mit keinem Worte. Seine letzte Verfügung, die er in dieser Angelegenheit erliess, als er gebeten wurde, die Sonder-Abmachung vom 24. August zu unterzeichnen, lautet bedeutungsvoll†):

„Gut, aber wenn der Herzog hören wird, dass Krieg ist, so wird er um so mehr nachgeben."

Der König unterschrieb darauf den Separatartikel, der ihm in der ursprünglichen Fassung, nur mit einem formalen Zusatz versehen, vorgelegt wurde.

Am 4. September wurde die Ratification an Plotho abgesandt und ihm zugleich mitgetheilt, dass er binnen kurzem in den Stand gesetzt würde, Teuffel „ein reelles Kennzeichen der Erkenntlichkeit vor seinen bezeigten guten Willen zu geben"; er dürfte aber das Geld vor dem Empfange der herzoglichen Ratification nicht aus der Hand geben††).

Diesmal scheiterte der Friedensschluss an der Weigerung des Herzogs, den Artikel vom 24. August anzunehmen. Schon am 6. September schrieb Teuffel an den preussischen Gesandten, Herzog Friedrich könnte diese Bedingung nicht bewilligen, da er dem Wiener Hofe fest versprochen hätte, sofort nach der beiderseitigen Ratification der

---

*) Bericht Plothos vom 25. August.
**) Vergl. Politische Correspondenz 13, 313 f. und Nr. XII.
***) Am 30. August. Politische Correspondenz 13, 314.
†) Politische Correspondenz 13, 322.
††) Ministerialerlasse an Plotho vom 4. September und 23. October. Berichte Plothos vom 20. September und 28. October.

Regensburger Abkunft die kaiserliche Bestätigung und die Reichsgarantie nachsuchen zu wollen*). Mecklenburg musste nun bekennen, dass es trotz mehrfacher Ableugnungen stets mit Oesterreich gemeinsame Sache gemacht hatte.

Als die bedrohliche Kunde von dem Ausbruche des Kriegs, dem Schicksale Chursachsens und den preussischen Triumphen eingelaufen, wollte Herzog Friedrich, trüber Ahnungen voll, den siegreichen König freundlich stimmen und den Separatartikel ratificiren. Aber jetzt rächte sich die Schuld der mecklenburgischen Regierung, ihre gute Sache der Hofburg zur Verfolgung fremder Zwecke überlassen und auf eine selbstständige, offene Politik verzichtet zu haben. In Wien wurde die ernste Erwartung ausgesprochen, dass der Herzog auf die Garantie durch Kaiser und Reich fest bestehen und in eigener Angelegenheit denselben Muth zeigen würde, den er treu und reichspatriotisch in der chursächsischen bewiesen hätte. Die richtige Stunde war für Mecklenburg unbenutzt vorübergegangen.

Seit dem Anfange des Krieges mass Preussen der Verhandlung zur Beilegung seines Streites mit dem Herzoge auf dem Reichstage keine Bedeutung mehr bei. Wenn Plotho am Ende 1756 noch einmal die Ratification des Abkommens vom 24. August forderte, so hatte dies nur den Zweck, die Verantwortung für alle Folgen, die aus dem ungeschlichteten Zwiste erwachsen konnten, auf die herzogliche Regierung zu laden.

Für Friedrich war im siebenjährigen Kriege ein Mecklenburg, das er als Feindesland behandeln durfte, ungleich werthvoller als ein zur Freundschaft gezwungenes.

Die im Folgenden abgedruckten Schreiben sind mit Ausnahme des Circular-Rescripts (Nr. X), der Note vom 12. August 1755 und der vom 24. August 1756 noch im Jahre 1756 an die Oeffentlichkeit gelangt. Zum Theil (Nr. II bis VI) sind sie als Beilagen zu dem mecklenburgischen Promemoria vom 30. December 1755 und seiner Fortsetzung vom 26. Februar 1756 in dem „Kaiserlichen Allergnädigsten Commissionsdecret an eine Hochlöbliche allgemeine Reichsversammlung zu Regensburg de dato 10. April 1756" abgedruckt worden. Nr. VII wurde der „Kurzen Geschichts-Erzählung**), die zwischen Ihro Königl. Majestät in Preussen und Ihro Herzogl. Durchl. zu Mecklenburg-Schwerin und Güstrow der Königlich preussischen Werbung halber entstandenen Missheliigkeiten betreffend" beigefügt und

---

*) Berichte Plothos vom 13. und 16. September. Vergl. Schultz 119.
**) Am 12. Mai zur Dictatur gebracht.

Nr. VIII dem 1*vo* Memoria vom 22. Mai 1756. Die hier genannten Schreiben sind zuerst wieder gegeben in der Europäischen Staats-Cantzley von Faber, und zwar findet sich Nr. II im T. 110, 197 — Nr. III: 110, 270 — Nr. IV: 110, 274 — Nr. V: 110, 290 — Nr. VI: 110, 303 — Nr. VII: 111, 18 — Nr. VIII: 111, 85.

Ausserdem sind diese Noten noch zu finden in der „Unparteiischen Geschichte der Streitigkeiten des herzoglichen Hauses Mecklenburg-Schwerin mit der Krone Preussen", die im Anfange von 1763 herauskam*). In dieser Sammlung begegnen uns auch die preussischen Schreiben vom 12. August 1755 und vom 24. August 1756. (Vergl. S. 57**), bezw. 82.)

Das Berliner Cabinet hatte ziemlich früh beschlossen, nach dem mecklenburgischen Vorgange ihren Noten wenigstens eine beschränkte Publicität zu geben. Es sandte regelmässig Abschriften an Plotho, damit dieser sie den „confidentioribus" zum Lesen***) und in einzelnen Fällen zum Copiren gäbe. Auch in mehreren Zeitungen erschienen auf Veranlassung der preussischen Regierung öfters Auszüge der diplomatischen Correspondenz; meistens wurde dazu der Altonaer „Postreuter" benutzt. Diese Veröffentlichungen sollten nicht bloss das grössere Publikum für Preussen gewinnen, sondern zugleich als eine Art von Nothwehr dienen gegen die mehrfach geübte Praxis der mecklenburgischen Regierung, Schreiben des Königs mit einschildlichen, offenbar gehässigen Kürzungen in die Presse zu lanciren.

Wir haben es hier vorgezogen, statt der nicht vollständig erhaltenen gedruckten Auszüge, die von der Berliner Regierung herrühren, die ganzen Briefe nach ihren Concepten, bezw. Abschriften, die auf dem Geheimen Staatsarchive zu Berlin befindlich sind, wiederzugeben. Auf die Schreiben vor dem Jahre 1755, deren einige ebenfalls in den erwähnten Sammlungen schon abgedruckt sind, wollten wir nicht Bezug nehmen, da die Krisis in der Differenz erst mit dem Ende 1754 eintritt; ihr Inhalt mithin für die Geschichte des Streites ohne entscheidendere Bedeutung ist.

Das Circular-Rescript (Nr. IX) war bisher noch nicht veröffentlicht worden. Es wurde gesandt an Dänemark, Schweden, Polen, England, Mainz, Trier, Bayern, Churpfalz, Salzburg, Bamberg, Würzburg, Eichstädt, Speier, Strassburg, Augsburg, Konstanz, Regensburg, Passau, Trient, Brixen, Basel, Lübeck, Chur, Fulda, Kempten, Stablo, Corvey, Zweibrücken, Weimar, Gotha, Meiningen, Saalfeld, Hildburghausen, Baireuth, Ansbach, Wolfenbüttel, Württemberg, Kassel, Darm-

---

*) Vergl. S. 1 Anm. 1.
**) Fälschlich ist das Schreiben dort vom 12. April datirt.
***) Vergl. S. 14.

stadt, Baden-Durlach, an den Grossfürsten von Russland, sämtliche regierende Fürsten zu Anhalt, Arenberg, Hechingen, Sigmaringen, Fürstenberg, Rudolstadt, an die Prinzessin von Oranien, Thurn und Taxis. — Der Kaiserin-Königin wurde auf ausdrücklichen Befehl von Podewils die Note nicht zugeschickt. Für den churkölnischen Grosskanzler Roesfeldt und an das hannoversche Ministerium wurden noch am 29. bezw. 30. April eigene Schreiben von dem preussischen Cabinetsministerium aufgesetzt; ihr Inhalt deckt sich im Ganzen mit dem des Circular-Rescripts. Am bemerkenswerthesten ist folgende Stelle aus dem nach Hannover gerichteten Schreiben:

„Ueberdies haben wir gesicherte Nachricht erhalten, dass vornehmlich die zwischen Se. Königl. Majestät von Grossbritannien und unseres allergnädigsten Herrn Königl. Majestät ohnlängst geschlossene Neutralitätsconvention eine der hauptsächlichsten Ursachen sei, wodurch man zu Wien zu dergleichen unerhörter démarche veranlasset worden, umb Se. Königl. Majestät bei solcher Gelegenheit die darüber geschöpfte jalousie vor dem ganzen Reiche empfinden zu lassen."

Ueber die Entstehung des Pro Memoria ist bereits S. 30 einiges gebracht worden. In dem Erlasse an Plotho vom 5. Mai wird zu der kleinen Staatsschrift noch Folgendes angemerkt:

„weilen ... diese Sache [die preussisch-mecklenburgische Differenz] viel Aufsehen erwecken wird, so haben Wir dienlich gefunden, darüber einen etwas ausführlicheren Aufsatz anfertigen zu lassen, welcher nunmehr allhier zum Druck befördert..... Es wird besagter Aufsatz als ein simples Pro Memoria ohne Unterschrift und Dato allhier abgedruckt werden. Sollet Ihr aber dienlich und Unserem Interesse gemäss zu sein erachten, dass von Euch dessen Inhalt denen Gesandtschaften annoch besonders zur favorablen Berichts-Erstattung recommendiret werden müsse, so könnt Ihr deshalb ein ganz kurzes Schreiben verfassen und demselben sodann das Pro Memoria beischliessen."

Die Staatsschrift erschien in Folioformat auf 6 Bl. Ein Nachdruck ist uns nicht bekannt geworden. In den Sammelwerken begegnet sie uns bei Faber III, S. 126 f. und in der Unparteiischen Geschichte S. 103 f.

Was endlich Nr. XII, die Vergleichsvorschläge, anlangt, so ist zu bemerken, dass die ersten sechs Paragraphen der Forstnerschen Note vom 7. Juli*) Wort für Wort mit dem Teuffelschen Entwurf vom 1. August übereinstimmen**), der sowohl bei Faber III, 114 f.

---
*) Vergl. S. 43.
**) Vergl. S. 49.

als in der *Kurzen Geschichte S. 117* abgedruckt ist. Die Paragraphen 7 bis 10 sind dagegen bisher unbekannt geblieben. Der Separatartikel vom 24. August findet sich nur in der *Kurzen Geschichte S. 120.*

I.
Königliches Schreiben an den Herzog von Mecklenburg-Schwerin.

Berlin, 12. August 1755.

Unsere Freundschaft und was Wir sonst mehr Liebes und Gutes vermögen, zuvor. Durchlauchtigster Fürst, freundlich lieber Vetter! Ewr. Durchlaucht ohnermangeln Wir auf Dero unterm 2. April a. c. an Uns abgelassenes Schreiben hierdurch in freundvetterlicher Antwort zu erwidern, dass Wir zu Regulirung der Drees- und Palzowischen Grenz- und Hütungs-Irrungen von Unserer Seite verordnete Commissarien, namentlich Unsern Oberforstmeister von Knobelsdorff und Kriegsrath Robbe jetzt gleichfalls zu gemeinschaftlicher Untersuchung der im Dorfe Zuckelrade Anno 1753 vorgefallenen Excesse bevollmächtiget und denfalls mit nöthiger Instruction haben versehen lassen. Die Wir übrigens Ewr. Durchlaucht zu Erweisung aller angenehmen freundvetterlichen Gefälligkeiten stets bereit und geflissen verbleiben p.

II.
Königliches Schreiben an den Herzog von Mecklenburg-Schwerin.

Breslau, 16. September 1755.

P. P. Ewr. Durchlaucht kann nicht umhin, denjenigen Vorfall zu eröffnen, welchen Mir Mein Generalmajor von Uchländer mit einem von seinem Regiment in Ewr. Durchlaucht Landen beurlaubten Unterofficier Namens Frombolz Scharfenberg jüngsthin geschehen zu sein gemeldet hat, und beziehe Mich der Kürze halber wegen des eigentlichen facti auf die abschriftliche Anlage.

Ewr. Durchlaucht ist Meine Gesinnungsart gegen Dieselbe und wie gerne Ich Meines Ortes das gute nachbarliche Vernehmen unterhalten wissen will, bekannt. Wie sehr empfindlich aber es Mir auch sein müsse, wann solchen zuwider denen Meinigen, so Dero Lande betreten und ihrer Angelegenheiten halber sich darin auch nur auf eine kurze Zeit aufhalten müssen, auf das allerunfreundlichste begegnet und denenselben nicht einmal die öffentliche Sicherheit gestattet wird, solches werden Ew. Durchlaucht leicht von Selbst ermessen können. Ich gewärtige dannenhero auch von Dero Gemüthsbilligkeit, dass dieselbe nicht nur überall die nöthige Remedur treffen und insonderheit die Verfügung thun werden, damit obgedachter Unterofficier Scharfenberg des unrechtmässigen Arrestes entschlagen, sondern Ihm auch wegen des unbillig erlittenen Schimpfs und Schadens alle gebührende Satisfaction gegeben werde, als warum Ew. Durchlaucht hierdurch freundvetterlich ersuche. Sollte aber wider alles Mein Verhoffen es geschehen, dass auch in dieser Sache, wie vorhin in vielen andern bereits geschehen, Meine freundvetterliche

Vorstellungen ohne Effect blieben, so werden Ew. Durchlaucht von Selbst zu penetriren belieben, wie endlich Meine zum Höchsten getriebene Geduld ausreissen und Ich zu andern nachdrucksamen Mitteln, um Mich in Ruhe und die Meinige in Sicherheit zu setzen, werde greifen müssen, wozu Ich zwar sehr ungerne und wider Meine Neigung schreite, die aber nicht anders als Ew. Durchlaucht ohnangenehm sein und denenjenigen, durch deren üble Insinuationen bei Deroselben dergleichen ohnfreundliches Betragen veranlasset worden, gewiss, obwohl zu späte, bereuend werden. Ich bin indess von Ewr. Durchlaucht Gerechtigkeitsliebe noch einer willfährigen Antwort gewärtig und bleibe sodann jedesmal p.

III.
Königliches Schreiben an den Herzog von Mecklenburg-Schwerin.

Potsdam, 11. November 1755.

Durchlauchtiger Fürst p. Ich habe Ewr. Liebden beide Schreiben vom 4. und 6. dieses zurecht erhalten und daraus Dero Beschwerden wegen der von einem Commando Meines Zietenschen Husarenregiments unternommenen Aufhebung verschiedener Dero Beamten und Pächter mit mehrern ersehen. Ich muss aber Ewr. Liebden darauf frei heraus sagen, dass dieses alles auf Meine Ordre geschehen ist, und dass solches die Folgen von Dero seit einiger Zeit gegen Mich geäusserten sehr unfreundlichen Betragen sind. Ew. Liebden können versichert sein, wie es Mir recht leid thut, dass Ich dadurch veranlasset worden bin, dergleichen Ihnen so hart scheinende Mesures zu nehmen, und Ich wünsche dahero nichts mehr, als dass Dieselben Sich entschliessen mögen, das geschehene baldmöglichst zu redressiren und dadurch das gute nachbarliche Vernehmen wieder herzustellen, auch allen sonst zu besorgenden weitern unangenehmen Suiten vorzubeugen. Ich bin übrigens Ewr. Liebden p.

IIII.
Königliches Schreiben an den Herzog von Mecklenburg-Schwerin.

Potsdam, 20. December 1755.

Durchlauchtiger Fürst p. Da Ew. Liebden in Dero Schreiben vom 16. dieses wegen derer Ursachen, welche Mich zu denen bisherigen Démarches in Ansehung der Arretirung einiger Dero Beamten und Pächter veranlasset haben, auch wegen derselben Redressirung eine positive Erklärung von Mir verlangen, so kann Ich nicht Umgang nehmen, Ihnen darauf zu erkennen zu geben, wie Ew. Liebden erstere leicht Selbst finden werden, wenn Sie nur belieben wollen, Sich zurückzuerinnern, wie hart und unfreundlich eine geraume Zeit her denen in Dero Lande beurlaubten, auch andern dorthin gekommenen Leuten von Meiner Armee begegnet und was für odieuse und mit denen zwischen beiden Häusern subsistirenden Freundschaftsverbindungen gar nicht harmonirende Patente von Ihnen wiederholentlich publiciret worden.

Ich zweifele nicht, es werden Ew. Liebden alsdann von Selbst ermessen, dass die Aufhebung sothaner Verordnungen und die Verfügung, dass vors künftige alle unbillige Proceduren gegen die in Dero Lande kommende Leute von Meiner Armee gänzlich cessiren sollen, der nächste Weg sei, ein recht gutes Vernehmen zwischen Mir und Ihnen wiederherzustellen, und Ew. Liebden können Sich versichert halten, dass Mir nichts angenehmer sein soll, als wenn Denenselben gefällig sein wird, Sich dazu zu entschliessen und dadurch nicht allein die Loslassung derer arretirten Leute zu befördern, sondern auch zugleich zu einer dauerhaften Freundschaft aufs künftige einen soliden Grund zu legen; wie Ich denn in dessen gewisser Erwartung beharre. Ew. Liebden p.

V.
Königliches Schreiben an den Herzog von Mecklenburg-Schwerin.

Berlin, 13. Januar 1756.

Alles, was Ew. Durchlaucht mittelst Dero freundvetterlichen an Mich unterm 30. jüngstabgewichenen Monats Decembris erlassenen anderweiten Schreibens angeführet, um Mich zu bewegen, von denen Ihrerseits Mir abgenöthigten Repressalien wegen der Meinen in Dero Landen sich eingefundenen Militairbedienten und denenselben zugefügten harten und schnöden Begegnungen abzustehen und die von Mir veranlasste Arretirung einiger Dero Beamten aufzuheben und selbige wiederum auf freien Fuss stellen zu lassen, kann und wird Mich nimmermehr vermögen, von Meinen einmal gefassten Entschliessungen abzugehen, so festen Staat auch sonsten Ew. Durchlaucht auf Meine Ihro ungefärbte, aufrichtig zutragende Freundschaft und Hochachtung in allen andern Fällen machen können.

Ew. Durchlaucht geruhen nur, in erleuchtete Erwägung zu ziehen, wie höchst empfindlich es Mir zu Gemüthe gehen müssen, dass, wann einige von Dero Fürstlichen Vorfahren Mir hiebevor zugestandene, in Meinen Diensten sich wohl gehaltene und grau gewordene alte Militairbedienten sich dortiger Orten ihrer Geschäfte halber aufgehalten, selbige auf die unfreundlichste Art tractiret, ja sogar in Ketten und Banden geschmiedet worden, und ob Ich nicht die grösste Ursach gehabt, wider das von Ewr. Durchlaucht in Ansehung der in Dero Landen sich einfindenden Werber emanirte Patent auf das höchste aufgebracht zu werden, da unter dem Namen der fremden Werber auch die Meinige natürlicher Weise begriffen, welche sich doch nie unterstehen werden, Meinen denenselben hiebevor so ernstlich als nachdrücklichst ertheilten Befehlen zuwider zu handeln und die Schranken der durchgehends im Reich erlaubten und ihnen vorgeschriebenen Auswerbung ohne die schärfste Ahndung zu überschreiten, von einem Mir so nahe angehörigen und erbverbrüderten Fürsten bedrohet worden, „ihr Leben mit den Angeworbenen zu verlieren, und dass diejenigen, die etwa noch einige Connexion mit Meinen „Unterthanen haben möchten, sich aus Ewr. Durchlaucht Landen wegbegeben, „sonsten aber wider alle sich von Meinen dort einfindenden in Kriegsdiensten „stehenden Unterthanen, als bei einem offenbaren Kriege, die Sturmglocke an„gezogen und dieselbe als Diebe und Räuber mit dem Galgen gestrafet werden „sollen."

Bei dergleichen Aeusserungen werden Ew. Durchlaucht Mir nicht missdeuten, dass Ich auf dem einmal genommenen Vorsatz fest und unbeweglich bestehe und davon im allergeringsten nicht abgehe, bis Dieselbe Mir wegen des Vergangenen eine hinlängliche Vergnügung auf eine oder die andere Art verschaffen, und Ew. Durchlaucht Sich in Ansehung des Zukünftigen eines billigern und freundschaftlichern Comportements mit Mir verstanden haben werden: als wozu Ich Meinestheils mit dem allergrössten Vergnügen die Hände bieten und dadurch zeigen werde, dass Ich mit unwandelbarer aufnehmender Freundschaft und Ergebenheit bin und stets verharren werde p.

VI.
Königliches Schreiben an den Herzog von Mecklenburg-Schwerin.

Berlin, 3. Februar 1756.

Wir haben aus Ewr. Durchlaucht beliebigen Wiederantwortschreiben vom 24. passati mit mehrern ersehen, wie Dieselben vermeinen, als ob die Uns abgenöthigte Retorsionsmittel so wenig nach der Reichsverfassung als nach dem allgemeinen Natur- und Völkerrechte bestehen könnten und Dieselben dahero in einer solchen Ewr. Durchlaucht und gesamten Reichsmitständen höchst angelegenen Sache Uns einige wichtige Considerationes zum Nachdenken empfohlen, auch endlich bekannt machen wollen, wie Sie gut gefunden, wegen dieser Angelegenheit Sich an den Kaiser und das Reich zu adressiren. Ewr. Durchlaucht mögen Wir darauf nicht bergen, wie Wir wohl gewünschet hätten, dass Dieselben Ihrerseits beliebet, diejenigen Suiten in reifliche Erwägung und Nachdenken zu nehmen, welche aus dem in Dero Landen vorgenommenen gehässigen und feindseligen Verfahren gegen die in Unsern Militairdiensten stehende Personen und aus denen gegen die Werbungen publicirten Patenten wegen der darin gebrauchten fast unerhörten und unnachbarlichern, geschweige mit denen unter Uns obhandenen Hausverträgen auf keine Weise zu conciliirenden Ausdrückungen und darnach verhängten Proceduren endlich und auf die Dauer entstehen würde, so hätten Dieselben denen Uns abgedrungenen Rettungsmitteln gewiss von Selbst ausweichen und Sich wohl so viel von Unserer Freundschaft und Gerechtigkeitsliebe versprechen können, dass, wie Wir niemanden, am wenigsten ein mit Uns in genauer Verbindniss stehenden Fürstlichen Hause auf einige Weise zu kränken vermeinen, um so viel mehr vor Uns die ohngezweifelte Vermuthung streite, wie Wir Land und Leute, worauf Wir ein eventuales Successionsrecht ohnstreitig haben, gewiss ehender auf möglichste Art zu soulagiren, als etwas unfreundliches gegen dasselbe zu verhängen bedacht sein würden.

Inwieweit aber anderen Reichsständen nach Ewr. Durchlaucht Anführen die zwischen Ihro und Uns entstandene Privatdifferenz so höchst angelegen sein könne, solches vermögen Wir nicht abzusehen; es wäre denn, dass Ew. Durchlaucht andere Reichsstände gegen Uns aufzubringen und dadurch, gegen Dero Sincerationes von Freundschaft und Nachgiebigkeit, die Sache noch mehr zu aigriren suchen wollten, welches Wir dahingestellet sein lassen; ob Wir gleich sonsten in solchen Fällen und wann wider Unsern Willen, Wissen und ausdrücklichen Befehl wegen Werbungmachen sich anderwärts einige Irrungen herfürthun möchten, solche fordersamst zu remediiren und auf eine gütliche, satisfaisante Art abzumachen Uns jedesmal angelegen [sein] lassen, wiewohl Wir auch von gesamten Unsern Herren Reichsmitständen dieses rühmlichst und mit Danknehmigkeit erwähnen müssen, dass Sie Sich in dergleichen oft unvermeidlichen und casu sich zutragenden Werbeirrungen auf eine weit amiablere und gewiss mehr freundschaftliche Art zu betragen pflegen, als von Ewr. Durchlaucht mit gänzlicher Hintansetzung der obhandenen Hausverträge seithero gegen Uns geschehen ist. Was sonsten Repressalien und Retorsionsmittel sein, in welchen Fällen sie stattfinden, und dass solche im Römischen Reiche in gewisser Masse nicht ganz unzulässig sind, wie Ewr. Durchlaucht vorgebildet zu sein scheinet, solches alles ist Uns ebenso wenig verborgen, als dass das allgemeine Natur- und Völkerrecht solche zu Vertheidigung seiner selbst und zur Abkehrung des angethanen Gewalts und Unrechts hinlänglich autorisire. Nur dieses bleibet Uns unbegreiflich, wie Ewr. Durchlaucht von den Ihrigen beigebracht sein könne, als wann Deroseits keine Gelegenheit und Ursache zu denen von Uns verhängten Retorsionsmitteln gegeben seie. Die in Unsern Schreiben vom 13. pass. angemerkte Casus können nebst vielen andern Exempeln, wo man mit Unsern Unterthanen, besonders denen Militairpersonen und beurlaubten Soldaten von Unserer Armee in Dero Landen ohne alles Ménagement und auf eine ganz unfreundliche und fast barbarische Art umgegangen, davon die deutlichste Merkmale an den Tag legen, und es ist billig zu verwundern, dass Ew. Durchlaucht solches noch in Zweifel ziehen, da Ihro jene Vorfälle nicht unbekannt und in Dero Uns zugesandten gedrucktem Patent vom 28. Novembris 1754 dergleichen harte und unerhörte Proceduren gegen auswärtige Militairpersonen aufs deutlichste fortgesetzt und autorisirt sein. Wollten auch Ew. Durchlaucht annoch dubitiren, ob gegen Unsere Militairbediente darnach verfahren seie, so würden Sie bei Sich ungewiss sein müssen, ob auch Dero landesherrliche Verordnungen von denen Ihrigen respectiret und zur Execution gebracht wären. Wenigstens haben Wir darüber von Zeit zu Zeit durch freundvetterliches Schreiben, aber ohne verhoffte Remedur und Rücksicht, Uns genug zu beklagen gehabt. Ob aber dergleichen Verfahren Uns nicht äusserst empfindlich fallen müssen, und wie solches mit denen von Ewr. Durchlaucht Selbst allegirten Hausverträgen und Bündnissen zu conciliiren seie, darüber können Wir weit zuversichtlicher das ganze unparteiische Publicum urtheilen lassen, als Sie Deroseits vermeinen wollen, durch eine an sich ungleiche und unvollkommene Geschichtserzählung das gesamte Reich in Ihr Interesse zu ziehen.

Jene an denen Unsrigen ausgeübte Violentien und Excesse sind solche offenbare und unstreitige Beleidigungen, die Unser Ressentiment nothwendig nach sich ziehen müssen; wie Wir die in Unsern Militairdiensten stehende Personen denen Bedrohungen und Violentien noch weiter exponiret sehen, welche in denen obgedachten und von Ewr. Durchlaucht soutenirt werden wollenden Patenten enthalten sind. Dann kann wohl etwas härteres oder feindseligeres erdacht werden, als Leute ihrer Hab und Güter, ja ihrer Kinder zu berauben und sie deren verlustig zu erklären, bloss aus der einzigen Raison, weilen sie in Unsern Kriegsdiensten sich befinden, um sie nach deutlichem Inhalt des Patentes dadurch zu zwingen, solche zu verlassen und folglich zu Hintansetzung Eides und Pflichten zu verleiten? Dass Wir nun dieses, ohne zu vergessen, was Wir Uns Selbst und denen Unsrigen schuldig sind, mit Indifferenten Augen nicht länger zusehen können, sondern solche Vertheidigungsmittel ergreifen müssen, welche Gewalt mit Gewalt abkehren und Uns und denen Unsrigen einigermassen Satisfaction verschaffen, solches haben Wir auf keine bessere Art bewerkstelligen und dem unparteiischen Publico darlegen können, als dass Wir Unsere Maassregeln nach Ewr. Durchlaucht eigenem Vorgang und Verfahren gegen die Unsrige in Ansehung einiger Dero Beamten eingerichtet und dadurch nichts anders gethan haben, als wozu Wir nach dem Recht der Vertheidigung und Wiedervergeltung um so viel mehr wohl befuegt gewesen, als in dem Römischen Reiche nur allein die widerrechtliche Repressalien, keineswegs aber diejenige, so aus rechtmässigen und gegründeten Ursachen an Hand genommen werden, als unzulässig anzusehen sind, wie solches die Reichsgesetze und Exempel hinlänglich bestätigen.

Die von Ewr. Durchlaucht vor Sich allegirte Hausverträge hätten billig Dieselben von denen gegen die Unsrige an Hand genommenen unfreundlichen Démarchen abhalten und Ihro zu mehrerer Moderation bewegen sollen; es stimmt das feindselige Verfahren gegen Unsere Militairbediente damit gar nicht überein, am wenigsten aber ist Uns durch jene Verträge benommen, des einem jeden Privato sonst erlaubten und durch die Gesetze autorisirten Vertheidigungsrechtes gegen angethane Beleidigungen und Gewalt, so gut Wir können, Uns nach Gelegenheit und Umständen zu bedienen. Wir verlangen zwar in die Ursachen nicht zu entriren, welche Ew. Durchlaucht bewogen, in Dero Landen obrigkeitliche Verfügungen wegen der fremden Werbungen zu machen; wann selbige aber mit so gehässigen und feindseligen Ausdrücken wie die von Ewr. Durchlaucht erlassene Patente angefüllet sind, solches verräth mehr als zu viel die dahinter verborgene Animosität gegen Uns und die Unsrige, wie es dann Ihro nicht genug geschienen, die Werbung auf das schärfeste zu verbieten, sondern auch allen auswärtigen Militairpersonen sogar allen Verkehr und Umgang in Dero Landen und ihnen, so zu sagen, darinne Luft und Wasser zu verwehren und sie dergestalt zu beschränken, dass es nicht viel fehlete, sie sogleich vor vogelfrei zu erklären, wann sie auch nur bei ganz indifferenten Actionen und Gewerben, auch Zuspruch der Ihrigen die Mecklenburgische Lande berühret, welche aber von Unsern Officieren und Soldaten wegen der nahen Nachbarschaft und darin habenden Güter und Verwandten nicht wohl evitiret werden können; gegen solche, auch an allen Excessen oder Werbungen ganz unschuldige Leute, wann sie nur in Unsern Militairdiensten gestanden, hat man sofort aufs herbeste verfahren, wodurch aber der von Ewr. Durchlaucht so sehr gehässig beschriebene via facti zuerst eröffnet und damit der Vorgang gemacht worden. Wir geben Ihro zu bedenken anheim, wie dergleichen unfreundliche Verordnungen und Verfahren mit denen Reichsgesetzen übereinstimmen, welche doch Ew. Durchlaucht fast auf allen Seiten Dero Schreiben, besonders aber in demjenigen vom 80. Decembris a. p. so eifrig reclamiren, und worin Sie besonders Sich auf den Landfrieden de 1548 berufen. Nur besagtes Reichsgesetz disponiret in der Präfation § 1 in fine ganz anders, wie benachbarte Reichsstände sich in Ansehung Ihrer beiderseitiger Unterthanen zu verhalten haben, in verbis: „Daran des „andern Unterthanen, geist- und weltlich, durch seine Fürstenthum, Land„schaften, Grafschaften, Herrschaften, Obrigkeit und Gebiet NB. frei, sicher „und ungehindert wandern, ziehen und wäbern lassen und den seinen keines„wegs gestatten, dieselbe an ihren Ehren und Freiheiten wider Recht mit ge-

„wältiger That anzugreifen, zu vergewaltigen, zu beleidigen oder zu beschweren „in keine Weise etc."

Wie ist aber dieser Reichsgesetzliche Passus mit Ewr. Durchlaucht Patenten zu conciliiren, da keinem Officier und Soldaten über 24 Stunden in Dero Landen sich aufzuhalten gestattet, sie aber dennoch diese kurze Zeit mit Wachen auf das genaueste bewachet und diejenige, so etwan mit ihnen umgehen und ihrem Gewerbe hülfreiche Hand leisten, gleich mit dem Galgen bestrafet werden sollen? Es gebrauchet gewiss keines deutlichern Beweises, als dass Ew. Durchlaucht Selbst durch oftbesagtes Patent und dessen Vollstreckung gegen die Unsrige den Landfrieden gebrochen und Sich demjenigen vorzüglich schuldig gemachet haben, worüber Sie Sich in Ansehung Unsers Verfahrens, wiewohlen auf ganz ungleiche Art, beschweren wollen.

Wann Ew. Durchlaucht als Ihro unbekannt auszuführen belieben, dass andere Reichsstände, wie doch in der Notorietät beruhet, Uns in ihren Landen die freiwillige Werbung gestatten, so kann Ihro doch nicht entfallen sein, dass solche von Dero Wohlseligen Herren Vorfahren an der Regierung Uns und Unsern in Gott ruhenden Herren Vorfahren nimmer verweigert, sondern freundschaftlich angestanden worden, und hierauf haben Wir Uns auch in Unseren letztern Schreiben bezogen; zumalen, wann zu jenen Zeiten in Werbungssachen Irrungen entstanden, so sind solche jedesmal in der Güte und zu biderseitiger Satisfaction beigeleget worden, welchen Weg aber Ew. Durchlaucht niemalen einschlagen, sondern, gewiss zu Unserer Disconsolation, die Sache auf die Spitze zu treiben und es lieber zu allen Extremitäten kommen zu lassen gut gefunden.

Dass sonsten wegen aller und jeder Vorfälle besondere förmliche Reichsgesetze, wie Ew. Durchlaucht vermeinen, vorhanden sein müssten, dieses ist so ohnmöglich als unnöthig, da es vielmehr gewiss ist, dass der grösseste Theil der Reichsverfassung auf Observanz und Herkommen beruhe, welche aber bekannter Maassen die Kraft der Gesetze haben; dass aber denen Churfürsten des Reichs, und besonders wann sie die Kreis-Directoria in gewissen Kreisen führen, behuef der zu Aufrechthaltung des zu des gesammten Reichs und jeden Kreises Besten gereichenden Ruhestandes und Sicherheit nothwendig zu haltenden Kriegsmannschaft in denen kreisständischen Landen die freiwillige Werbung fast niemals difficultiret worden sein, davon zeugen die Acten und Exempel aus diesem und vorigen Seculo ganz unwidertreiblich. Wann hergegen Ew. Durchlaucht seither einigen Jahren in Dero Landen gegen alle freiwillige Werbung so harte und in feindseligen Terminis verfasste Verordnungen unter allen dasigen Kreisständen allein und ohne Exempel ergehen lassen wollen, solches hat Uns umb so empfindlicher fallen müssen, als Wir Uns dessen von Ewr. Durchlaucht in Ansehung der mit Ihro subsistirenden genauen freundschaftlichen Verbindnissen wohl am wenigsten versehen können. Wir haben seither Antritt Unserer Regierung alle gewaltsame Werbungen bei Unserer Armee auf das schärfeste verboten, auch alle Excesse, wann sie zu Unserer Wissenschaft gekommen und erweislich gemachet sind, dem Befinden nach auf das schärfeste bestrafen lassen. Wäre es nun Ewr. Durchlaucht gefällig gewesen, bei etwan wider Unsern Willen vorgefallenen Excessen Sich darüber jedesmal mit Uns zu verständigen, gleich es Dero Herren Vorfahren an der Regierung gethan, so würde es gewiss zu denen gegenwärtigen Misshelligkeiten nicht gekommen, noch die Verbitterung von beiden Seiten so weit gegangen sein.

Indessen sind es sehr harte Imputationes, welche Ew. Durchlaucht Unsern Militairbedienten beizumessen gut finden mögen; es werden aber solche wohl nimmermehr zu erweisen sein. Gesetzten Falls aber, dass einen oder anderen derselben einige Excesse in der That zur Last fallen könnten, so würden Wir gewiss niemalen entstehen, solche nach der grössesten Rigueur bestrafen zu lassen, ohne dass es nöthig gewesen wäre, oftbesagte Patente mit so harten Ausdrücken zu versehen und solche auf eine so feindselige Art gegen verschiedene Personen von Unserer Armee stehendes Fusses und ohngehört zur Execution zu bringen. Wir vermögen dahero dasjenige, was Ewr. Durchlaucht zu dessen Entschuldigung anzuführen beliehen, bei denen hiebei concurrirenden Umbständen nicht anders als leere und gegen die That selbst augenscheinlich angehende Contestationes anzusehen, da überhaupt alle Ewr. Durchlaucht Bediente und besonders Dero Beamten sich vielfältig darin zu signalisiren beflissen, alles, was Uns nur angehörig ist, auf alle Art und Weise zu insultiren, wie davon die zu Ende des Jahres 1753 zu Zuckelrade bekannter Maassen ausgeübete Excesse gegen einen Unserer Officiere und andere Unterthanen die deutlichste Probe geben, und worüber Wir die Satisfaction, ja die hiernächst von Unserer Seite mit der grössesten Nachgiebigkeit placidirte gemeinschaftliche Untersuchung bei Ew. Durchlaucht bishero vergeblich urgiret haben.

Ew. Durchlaucht werden hoffentlich hieraus überzeuget sein, dass die gegenwärtige Irrungen aus dem Deroseits auf eine so harte, unnachbarliche und feindselige Art gegen Uns und die in Unsern Militairdiensten stehende Personen bezeigten Verfahren lediglich originiren, wie Dieselben dann die erste Gelegenheit gegeben und Uns, so zu sagen, abgenöthiget haben, zu solchen rechtmässigen Repressalien zu greifen, welche Wir zu Unserer und der Unsrigen Vertheidigung und Sicherheit dienlich gefunden. Auf welchen Fuss aber diese Misshelligkeiten zu heben sein dürften, darüber haben Wir Uns bereits in Unsern Schreiben vom 20. Decembris a. pr. und 13. pass. hinlänglich geäussert, als worauf Wir Uns lediglich beziehen und solchen inhäriren.

Dass endlich Ew. Durchlaucht gut gefunden, Sich dieser Differentien wegen an den Kaiser und das Reich zu adressiren, solches können Wir ganz wohl geschehen lassen und werden dessen Erfolg gelassen erwarten. Wir haben auch von Regensburg bereits die Nachricht erhalten, dass Ew. Durchlaucht alldort ein in ganz feindseligen und drohenden Terminis eingerichtetes und fast einem Manifest ähnliches Promemoria übergeben lassen, dessen Inhalt Uns umb desto empfindlicher fallen müssen, da sich daraus zu Tage leget, dass Dero Patente gegen die Werbungen einzig und allein gegen die Unsrige gerichtet und also der von Ihro bishero gebrauchte Behelf, als wann solche generaliter verfasset wären, hinfällig wird, indem darin deutlich enthalten, dass Sie gegen keiner anderer Reichsstände Werbungen, sondern nur allein gegen die Unsrige jene unfreundliche und harte Arrangements zu machen bewogen worden.

Uebrigens haben Wir in ebengedachten Unsern beiden Schreiben Ewr. Durchlaucht bereits eröffnet und zu verstehen gegeben, auf was Art und Weise diese unter Uns entstandene Irrungen gütlich beizulegen wären, da Wir geglaubet und noch dafür halten, dass solches auf eine weit convenablere Art, als welche von Ewr. Durchlaucht choisiret werden wollen, geschehen könne; Wir sind auch noch itzo zu einer gütlichen Auskunft bereit, wann Ew. Durchlaucht belieben werden, Deroseits Uns mit gleicher Willfährigkeit und mit einem bessern Comportement vors künftige hierunter zu begegnen und Sie ein aufrichtiges Verlangen tragen, das zwischen Unsern Königlichen Chur- und Dero Fürstlichen Hause seither so langen Jahren subsistirende gute und nachbarliche Vernehmen von Grund aus wiederherzustellen. Sind übrigens Ewr. Durchlaucht zu Erweisung p.

VII.

Königliches Schreiben an den Herzog von Mecklenburg-Schwerin.

Berlin, 14. März 1756.

Von Ewr. Durchlaucht hätten Wir Uns in der That ebender eine freundschaftlichere Aufnahme Unsers Anerbietens zu gütlicher Hinlegung der unter Uns entstandenen Irrungen und darüber annehmlichere Aeusserungen von Dero Seiten entgegengesehen, als eine vermeintliche Behauptung Dero Verfahrens gegen Unsere Militairbediente, wie Wir solches aus Dero beliebigen Wiederantwortschreiben vom 18. pass. zu vernehmen gehabt. So umständlich dessen Inhalt und so mühsam die Schuld und Ursprung dieser Differentien auf Uns und Unsere Militairbediente zu wälzen und dieses alles mit solchen Datis und Exempeln zu bewähren gesuchet wird, welche sich doch theils ganz anders verhalten, theils zur anderen Zeit und bei anderer Gelegenheit vorgefallen, so gewiss und augenscheinlich leuchtet doch allenthalben herfür, dass Ew. Durchlaucht in Ansehung des unfreundlichen und unnachbarlichen, geschweige mit denen unter Uns subsistirenden Hausverbindungen auf keine Weise zu conciliirenden Verfahrens gegen Uns und die Unsrige den Grund zu gegenwärtigen Uns gewiss Selbst sehr unangenehmen Irrungen geleget, solche durch Häufung vieler unfreundlichen Begegnungen gegen Officiers und Gemeine von Unserer Armee vermehret, dieses alles durch die härteste in Dero Landen emanirte und gegen Unsre Werbungen allein gerichtete Patente aigriret und durch deren feindseelige Vollstreckung vollends auf die äusserste Spitze getrieben haben. Diesen unumstösslichen Satz haben Ew. Durchlaucht in Dero Schreiben Selbst nicht in Abrede stellen können, hergegen aber Sich auf Ihre Reichsfürstliche Jura und dass Sie dergleichen zu thun berechtiget, berufen, auch dass Sie anderer Ihrer hohen Nachbaren Exempel Sich zur Folge dienen lassen, dabei zum Grund oder Vorwand anführen wollen. Ob Wir nun gleich mit eben dieser und gewiss noch mehreren Befugniss überhaupt auf Unser Recht provociren könnten, umb Gewalt mit Gewalt zu vertreiben, umb Unsere Unterthanen und Militairbediente gegen alle Unterdrückung zu schützen und in Entstehung des Effects aller angewandten gütlichen und glimpflichen Remonstrationen dagegen durch hinrichende und in denen Reichsgesetzen keinesweges verbotene Gegenmittel, so gut Wir können, Uns und die Unsrige vor Unrecht zu decken und alle Gewaltthätigkeiten abzukehren, so wird es doch auch nicht schwer fallen, dasjenige, was Ew. Durchlaucht gegen den Inhalt Unsers letzten Schreibens vom 3. pass. so weitläuftig versetzen wollen, mit mehrerer Kürze, jedoch standhaft und gründlich, abzulehnen. Wann Wir nun zum Voraus setzen, dass die Officiers und Soldaten von Unserer Armee, wenn sie einmal in Unseren Eid und

Pflichten stehen, allezeit und an allen Enden und Orten Unsere Militairbediente natürlicher Weise bleiben und, wann sie gleich in Ewr. Durchlaucht Landen sich ihrer Verrichtung wegen aufhalten, nicht schlechterdings sogleich wie andere Dero Unterthanen angesehen und mit willkürlichen Strafen beleget werden können, sondern, wann ihnen ja ein Excess beigemessen werden möchte, solchen dem Regiment, worunter sie stehen, oder Uns angezeigt werden müsse, da sodann dem Befinden nach die Bestrafung allemal erfolgen wird: so ist daraus leicht zu ermessen, dass Wir niemals zugeben können noch werden, wann andere sich über Unsere Militairbediente eine unumbeschränkte Jurisdiction anmassen und selbige dergestalt, wie in Ewr. Durchlaucht Landen geschehen, auf eine fast unmenschliche Art misshandeln lassen wollen. Gesetzt aber, es hätte auch einer Unserer Militairbedienten in Ew. Durchlaucht Landen einigen Excess bei Gelegenheit der freiwilligen Werbung begangen (denn alle gewaltsame Werbung ist bei Unserer ganzen Armee auf das schärfste verboten), verdiente dieses gleich den Namen des Uns von Ewr. Durchlaucht so oft und so empfindlich beschehenden Vorwurfs begangener Feindseligkeiten und der harten Ausdrückung: Ihro abgenöthigt sein sollender Vorkehrung gegen feindselige, schädliche und gefährliche Werber? Oder ist es nicht vielmehr gewiss, dass die über diesen oder jenen Werbevorfall von Ewr. Durchlaucht verhängete härteste Strafen von Ketten und Banden, womit die Unsrige beleget und in denen Patenten mit Galgen und Rad bedrohet werden, gegen einen etwaigen geringen und bei der strengesten Mannszucht nicht zu vermeidenden Excess ganz disproportionirt, folglich von Seiten Ewr. Durchlaucht durch Vollstreckung der quästionirten Patente gegen Unsere Werbungen eine Feindseligkeit nach der anderen ausgeübet, ja diejenige Militairpersonen, so in Unseren Diensten würklich stehen, ohne alle Raison ihrer Hab, Güter und Kinder in Dero Landen beraubet worden? Durch ein solches Verfahren und dabei gegen Uns bezeigte Animosität sind Wir endlich wider Willen gezwungen worden, Uns und die Unsrige durch Retorsionsmittel zu retten, nachdem alle Unsere bei Ewr. Durchlaucht gethane gütliche Vorstellungen vergeblich gewesen.

Wann hiernächst Ew. Durchlaucht Dero Werbepatente nach denenjenigen, so des in Gott ruhenden Königs von Grossbritannien Majestät gegen alle Werbungen in Dero Churbraunschweigischen Landen emaniren lassen, einzurichten und fast wörtlich daraus nehmen zu lassen gut gefunden und dadurch Dero Verfahren gegen Unsere Militairbediente zu coloriren vermeinen, darüber können Wir Denenselben nicht bergen, dass einestheils jene Churbraunschweigische Patente gegen die Werbungen zu einer solchen Zeit emaniret sind, da es zwischen wohlbesagten Königs Majestät und Unsers in Gott ruhenden Herrn Vaters Majestät fast bald zur öffentlichen Ruptur und Kriege ausgebrochen wäre, anderntheils aber können Wir Ewr. Durchlaucht versichern, dass solche Patente niemals zur Execution weder in vorigen noch jetzigen Zeiten gebracht, sondern dass die mit Churbraunschweig etwan vorgekommene Werbungsdifferentien jedesmal zu beiderseitiger Satisfaction componiret und gütlich erlediget sind, so dass es damit niemalen zu unangenehmen Contestationen gediehen, wodurch der Unterscheid zwischen denen Churbraunschweigischen und Ewr. Durchlaucht Patenten, als welche Sie schon theils zur Execution gebracht, theils noch bringen lassen und Sich mit Uns darüber nicht gütlich setzen wollen, jedermann in die Augen fället; es wird aber dieser Unterscheid sich noch klärer ergeben, wann Ew. Durchlaucht zu erwägen be-

lieben möchten, da s Wir und Unsere in Gott ruhende Vorfahren in denen
Mecklenburgischen Landen eben nicht so fremd und anheimisch sind, wie
Ew. Durchlaucht vermeinen, und Ihro vielleicht von Dero übelgesinneten Rathgebern vorgebildet worden. Niemand wird gewiss mehr als Wir den Schaden
und Ruin derer Mecklenburgischen Landen und Unterthanen abzuwenden bedacht sein, folglich auch Unseren Militairbedienten darinnen die Ausübung
der angedichteten Feindseligkeiten umb so viel weniger gestatten, als die
Mecklenburgischen Landstände und Unterthanen Unsern hohen Vorfahren
und Uns als eventualen Landessuccessoren bereits gehuldiget haben und Ew.
Durchlaucht solches bei dem nächsten Homagial-Actu in Ihren Landen wiederholen und Ihren Ständen und Unterthanen vorzuhalten in Kraft der feierlichen
Verträge allerdings verbunden sind. Wir wollen dermalen nicht der ältern
Zeiten erwähnen, da die Herzoge von Mecklenburg selbst in Ansehung ihrer
Lande Vasallen der Churmark waren, sondern dadurch Ewr. Durchlaucht nur
dieses zu erkennen geben, dass Wir als eventualer Landessuccessor eben nicht
Ursache finden, noch gemeinet sind, das Uns und Unseren hohen Vorfahren
zugestandne und exercirte Recht der freiwilligen Werbung in denen Mecklenburgischen Landen itzo zu vergeben und Uns so kurzum aus den Händen
winden zu lassen. Dann was Ew. Durchlaucht in Ansehung einiger Demarchen, so Dero wohlseligen Herrn Bruders des Herzogen Carl Leopolds Liebden
kurz vor Dero Ableben zu Wien und Regensburg gegen besagte Unsere Werbungen gemacht haben sollen, anzuführen belieben, solches ist Uns bis jetzo
ganz unbekannt gewesen; falls es aber auch damit würklich zur Sprache gekommen wäre, so würden Wir Unsere auf das Herkommen gegründete rechtliche und sonstige Befugniss dagegen mit Bestande auszuführen nicht ermangelt haben.

Nach Ewr. Durchlaucht ferneren Aeusserung soll Uns als Churfürsten
und als Directori des Niedersächsischen Kreises in dieses Kreises Landen die
freiwillige Werbung in Zweifel gezogen werden können, und indem Wir das
Gegentheil souteniret, belieben Ew. Durchlaucht solches ein neuerliches Reichsund Kreis-Systema zu nennen; es kann aber dieses niemanden als nur denenjenigen neuerlich vorkommen, welche diesen in der allgemeinen Reichs- und
Kreis-Observanz, in der Notorietät und der Erfahrung gegründeten Satz nicht
wissen oder zu wissen dissimuliren wollen, so dass auch zu denen Kreisdirectorial-Werbungen es so wenig einer kaiserlichen Autorisation, wie Ew.
Durchlaucht supponiren wollen, bedörfen wird, dass vielmehr in der Kaiserlichen Wahlcapitulation, Art. XII. § 9 festgesetzt ist, die Reichsconstitutiones
in Ansehung der Kreis- und Executionsordnung in ihrer gehörigen Verfassung
zu erhalten, so aber ohne hinreichende, zu des Reichs und Kreises Ruhestand
erfoderliche Miliz schwerlich zu Werke gerichtet werden und bestehen kann,
welche aber die nöthige Recrutirung als eine Selbstfolge auf den Rücken
trägt, und was die innere Kriegsverfassung an und vor sich selbst in denen
Reichskreisen betrifft, darinnen sollen und können die Reichsgerichte nach
Maassgabe besagten Articuli der Wahlcapitulation § 4 keineswegen die Hand
einschlagen.

Hiemit vermeinen Wir Ewr. Durchlaucht hinlänglich dargeleget zu haben,
dass Wir nichts neuerliches, noch etwas unbilliges, am wenigsten etwas
Reichsconstitutionswidriges begehren, wann Wir fernerhin eine freiwillige,
zumalen auf Herkommen und Observanz gegründete Werbung in denen
Mecklenburgischen Landen verlangen, so dass Wir auch nicht vermuthen,

dass Uns von jemanden, wer es auch sein möchte, gegen diese unumbestössliche Gerechtsame etwas mit Fuege vermetzet oder auch in den Weg geleget werden könne, und dieses umb so viel weniger, da in der Kaiserlichen Wahlcapitulation, Art. IV. § 14 selbst denen auswärtigen Potentaten, ihre Werbungen im Reich anzustellen, wohl verstattet wird, die doch vor die Ruhe, Wohlfahrt und Sicherheit des Teutschen Vaterlandes nicht so wie Wir bemühet sind, und also von denen Ständen dafür eine mehrere Erkenntlichkeit, als Ew. Durchlaucht Uns zu bezeigen gut finden, dagegen billig gewärtigen könnten. Was hienächst diejenige Casus betrifft, so Ew. Durchlaucht von einigen Unserer Officiers, Unterofficiers und Gemeinen anführen wollen, da ist wohl so viel gewiss, und erhellet es aus denen verhandelten Acten, dass nichts standhafteres zum Beweis derer von Ewr. Durchlaucht Beamten geschehenen Zunöthigungen und ganz unfreundlichen Begegnungen dienen kann, als eben die Exempel von dem Carabinier Bunge und Dragoner Ladendorf, da man nämlich den erstern ohne die geringste Ursache nebst einem freiwillig angeworbenen Rekruten, einem Holsteiner von Geburt, Namens Werner, und welcher sein freiwilliges Engagement selbst gestanden, zu Güstrow unschuldig arretiren, auf das härteste tractiren und misshandeln lassen, dergestalt, dass der Rekrute Werner sich aus Desperation ins Wasser gestürzet und ersäufet hat. Was wegen des Dragoners Ladendorf und der ihm sowohl als seinem Vater zugefügten enormen Gewalt vorgefallen, solches ist Ewr. Durchlaucht aus der mit Ihro darüber geführten Correspondenz nicht unbekannt, und eben dieses bezeiget auch, wie man mit dem Carabinier Plügge und dem Rekruten Lange auf das unfreundlichste verfahren; nicht minder bewähret das Exempel des Lieutenants von Rantzow, dass Ew. Durchlaucht auch in denen höflichsten und billigsten Ansuchen gegen Uns und Unsere Militairbediente Sich jedesmal sehr hart, unfreundlich und widerwillig betragen; dermalen nicht zu gedenken, wie man auf ganz ungegründete Soupçon mit einem gewissen von Vogelsberg noch ohnlängst im Amt Krivitz umgegangen, welcher sich auf seiner Reise von Hamburg hieher nur verlauten lassen, dass er sich in Unsern Landen zu etabliren gedenke, und darauf gegen ihn auf das härteste verfahren worden.

Diese und viele andere unerhörte Proceduren und offenbare Animositäten haben Uns endlich nothwendig dahin bringen müssen, solche Gegenmittel zu ergreifen, die Ewr. Durchlaucht zwar unangenehm sein mögen, welche Dieselben aber Sich Selbst dadurch zugezogen, da Sie allen Unsern glimpflichen Vorstellungen und moderaten Aeusserungen zu gütlicher Componirung dieser Irrungen immer mehr und mehr auszuweichen und kein Gehör zu geben, sondern viel lieber alles auf die äusserste Spitze zu treiben resolviret zu sein scheinen.

Uebrigens erkennen Wir zwar diejenige Willfährigkeit, so Ew. Durchlaucht einigen von Unsern Officiers erwiesen zu haben vermeinen, mit freundvetterlicher Danknehmigkeit; da es aber grösstentheils solche sein, die in denen Mecklenburgischen Landen selbst oder doch ihre Anverwandte alldort ansässig sind, so können Wir die ihnen allenfalls erwiesene Willfahrung in ihren Privatsachen nicht anders ansehen, als dass dadurch dem Recht und gebührlicher Justizadministration ein Genügen geschehen sein, dergleichen die Mecklenburgischen Unterthanen sich in Unseren Landen wiederumb zu versehen haben; und was endlich den Zuckelradischen Casum betrifft, so ist es evident genug, dass Ew. Durchlaucht annoch in Dero Schreiben vom

31. Januarii a. c. die vorhin gemeinschaftlich beliebte Commission vor sich gehen zu lassen, mithin Uns deshalb und dem beleidigten Officier Satisfaction zu verschaffen, detrectiret haben.

Schliesslich können Wir Ewr. Durchlaucht auf die in Eingangs gedachtem Dero Schreiben vorgeschlagene Bedingungen zu einer gütlichen Auskunft über diese Differentien nicht bergen, wie solche dergestalt beschaffen sein, dass, da Sie alle Werbungen fortan in denen Mecklenburgischen Landen aufzuheben vermeinen, Wir Uns in Ansehung Unserer obangeführten Gerechtsame der freiwilligen Werbung darauf keineswegs einlassen können; falls aber Ew. Durchlaucht ernstlich gesinnet sein, Sich mit Uns gütlich zu setzen, so sind Wir zwaren vor wie nach bereit, dazu die Hand zu bieten, es werden aber Dieselbe belieben, Dero Vorschläge annehmlicher einzurichten und Uns darüber Dero nähere Erklärung zukommen zu lassen: im widrigen Fall aber werden Wir den von Ihro gegen Uns angefangenen Process, so gut Wir können, mit Deroselben ausmachen müssen, und Ew. Durchlaucht am Ende Selbst zu Ihrem Nachtheil erfahren, wie übel Dieselbe von unbesonnenen und gar zu hitzigen Rathgebern, welchen Wir die Schuld alles desjenigen, so hishero vorgegangen, grösstentheils zuschreiben, gerathen und induciret worden, wie man zu Regensburg und Wien selbst solches angestehet und eingesehen. Wir sind übrigens Ewr. Durchlaucht zu Erweisung freundvetterlicher Gefälligkeiten stets geflissen.

VIII.

Königliches Schreiben an den Herzog von Mecklenburg-Schwerin.

[Berlin], 14. April 1756.

Es würde Uns gewiss weit angenehmer gewesen sein, wann Ewr. Durchlaucht beliebiges Wiederantwortschreiben vom 26. pass. Uns Dero Neigung zu einer gütlichen Auskunft wegen der unter Uns entstandenen Irrungen näher zu verzehmen gegeben hätte, statt dass Wir daraus Dero Entfernung von solchem Wege gewiss nicht ohne Missvergnügen entnommen und aus dessen so weitläuftigem Inhalt und vermeintlicher Behauptung der von Uns in Unsern vorigen Schreiben gründlich abgelehnten Sätze Dero sonst so sehr betheuerte Friedliebenheit gegen alles Vermuthen nicht zu ersehen gewesen. Wir begnügen Uns indessen damit und können es dem ganzen unparteiischen Publico darlegen, dass Wir zum gütlichen Abkommen dieser Differentien Uns mehr als einmal offeriret, von Ewr. Durchlaucht aber dazu die Hand keineswegs geboten, sondern anfänglich solche Conditiones zum Grunde geleget und vorausgesetzt werden wollen, welche Unserer Ehre und Gerechtsame schnurstracks entgegenstehen und also auf keine Weise vor acceptable zu halten, hernach aber und wie in Dero jüngeren Schreiben geschehen, von näheren und annehmlicheren Vorschlägen nicht ein Wort erwähnet, hergegen auf Kaiserliche und Reichsständische allgemeine Theilnehmung an diesen Ew. Durchlaucht und Uns lediglich allein und privative betreffenden Irrungen fortan zu bestehen gut gefunden worden.

Nun würde es Uns zwaren ein leichtes sein, mehrgedachter Deroselben sehr weitläuftigen Zuschrift eine ebenso voluminöse Beantwortung entgegenansetzen und Unsere Gerechtsame noch ausführlicher ins Offne zu legen, wann Wir nicht einestheils solches in Unserem vorigen Schreiben vom 3. Februarii und 14. Martii a. c. bereits zur Genüge gethan und Uns dabei auf die kündige Reichssatzungen, den Besitz und das Herkommen, welche letztere bekannter Maassen alle Effectus der Rechte haben, ausführlich bezogen hätten, anderentheils aber die von Ew. Durchlaucht Schriftsteller geflissentlich affectirte Unwissenheit der vor Uns militirenden Reichs- und Kreisobservanz, als dessen bezeigte Animosität in denen ungemessenen Ausdrückungen, dann gänzliche Uebergehung der von Uns so willfährig anerbotenen gütlichen Auskunft Uns nicht zum Voraus sehen liesse, wie Ew. Durchlaucht Uns sonst bekannte rühmliche Gemüthsbilligkeit und Gedenkensart von jenem dergestalt präveniret worden, dass alle fernere noch so bündige und überzeugende Gründe nur vergeblich angebracht sein und bei Ihro Durchlaucht keinen Ingress finden dörften. Indessen können Wir doch nicht umbhin, nur dieses kürzlich zu berühren, dass, wann Wir in Unseren vorigen Schreiben vom 14. pass. nicht in Abrede gestellet, gestalten einigen Officieren und Soldaten von Unserer Armee in ihren Mecklenburgischen Processsachen Justiz administriret sei, Wir keinesweges dadurch denen vorigen Angaben widersprochen haben, als wann Unseren Militairbedienten in Dero Landen aller Verkehr und Umbgang verwehret, ja dieselbe bei den freiwilligen Werbungen fast vor vogelfrei erkläret worden, indem Wir deshalb auf die Exempel provociren könnten, die Wir aber anzuführen überhoben werden, da Dero Patente vom 28. Novembris 1754 jene Angabe zur Genüge bestärket, und wessen Inhalt Ew. Durchlaucht vor wie nach gegen die Unsrige überall zu souteniren vermeinen. Wir sind sonsten weit entfernet, als Director des Niedersächsischen Kreises Uns über denen dessen Fürsten und Stände einer Botmässigkeit oder Hoheit, wie Ew. Durchlaucht solche zu benennen beliebet, anzumassen; sämtliche von Ew. Durchlaucht gewiss zum Ueberfluss allegirte Reichssatzungen sind Uns ebenfalls nicht verborgen, es ist auch das Reichs- und Kreissystema Uns allzu gut bekannt, als dass Wir jemanden von Unseren Herren Reichs- und Kreismitständen auf einige Art zu bekränken suchen sollten. Hergegen versprechen Wir Uns auch von ihnen, dass sie die Kreisdirectorial-Jura und deren Effectus nicht misskennen, vielmehr Uns selbige zu gönnen geneigt und nicht, wie Ew. Durchlaucht Schriftsteller sich vergeblich bemühet, solche zu entkräften suchen werden, da Wir Unsererseits alles, was zu Unterhaltung des Reichs und Kreises Ruhestand und Sicherheit erforderlich, folglich allen dessen Ständen gemeinnützlich ist, mit grösster Sorgfalt und Bemühung Uns angelegen sein lassen.

Was Wir letzthin von denen Werbungen auswärtiger Potentaten im Reiche beiläufig berühret haben, ist notorisch und in der Erfahrung gegründet, und wann Ew. Durchlaucht solches nicht anders als auf vorhergehende Einwilligung des Kaisers und Reichs einräumen wollen, so wird es genug sein, die neuerliche Königlich Dänische, Schwedische und Englische Werbungen von Matrosen und Kriegsvölkern zu Lande dagegen anzuführen, welche Exempel in frischem Andenken sind, und doch von keiner auf dem Reichstag deshalb nachgesuchten und geschehenen Einwilligung das mindeste constiret. Die von Ew. Durchlaucht allegirte Kaiserliche Patenten vom Jahre 1725 sind, wie der Inhalt klar ergiebet, bei Gelegenheit eines Excesses, so von einigen Officieren und Soldaten wider Willen und Wissen ihres Commandeurs ausgeübet worden, ergangen und nur insbesondere gegen solche und dergleichen Excesse gerichtet. Unsers in Gott ruhenden Herrn Vaters Majestät haben Dero grössesten Unwillen darüber bezeuget und diejenige, so coupable gefunden, auf das härteste bestrafen lassen. Sonst ist bekannt, dass besagte Patenten auf einseitige Vorstellungen aus dem Reichshofrath ergangen, als unter wessen Specialdirection die Mecklenburgische Landesregierung damals gestanden und von der zu solcher Zeit im Mecklenburgischen gewesenen Kaiserlichen Subdelegationscommission deren Publication verfüget worden; es haben aber Unsers in Gott ruhenden Herrn Vaters Majestät nicht ermangelt, dagegen die nöthige Vorstellung thun und anzeigen zu lassen, wie Sie in Ansehung jener Werbexcesse Selbst Justiz administriren würden; mit welcher Erklärung man am Kaiserlichen Hofe vollenkommen satisfait gewesen, so dass Ew. Durchlaucht aus jenen Kaiserlichen Patenten zu Entkräftung des Uns competirenden freiwilligen Werbungsrechtes zu Dero Vortheil keinesweges etwas zu ziehen vermögen. Es bestätiget vielmehr dieser Vorgang Unsere Gerechtsame darinnen, dass Unsers Herrn Vaters Majestät in denen Mecklenburgischen Landen die Werbung exerciren lassen, die dabei wider Dero Willen vorgefallene Excesse aber Selbst ahnden und bestrafen lassen.

Ew. Durchlaucht aus dem allegirten § Gaudeant etc. de Westphälischen Friedens competirende Fürstenrechte und daraus resultirende Landesregierung haben Wir nimmer angefochten, noch werden solches jemalen thun; es haben aber selbige mit dem vorliegenden Casu und den Vorwurf der unter Uns entstandenen Irrungen gar keine Connexion, indem dasjenige, was Wir verlangen, mit jenen gar wohl bestehen kann. Wann aber Ew. Durchlaucht gegen den fidem der Historie und Archivalurkunden das ehemalige Vasallagium der Herzoge von Mecklenburg von der Churmark in Zweifel ziehen, solches vor einen Irrsatz ausgeben, hergegen die Könige der Obotriten, als Dero angebentliche Vorfahren, so hoch erheben und Sich vorbilden wollen, dass diesen die Mark unterworfen gewesen, solches können Wir Ihro nicht sowohl, als der geflissentlichen Affectation Dero Schriftsteller beimessen: Dieser hätte billig vor Ergreifung der Feder sich belehren sollen, wie dass das Markgrafthumb Brandenburg gegen die Slaven oder Wenden und Sarmaten anfänglich gestiftet und dessen Regenten obgelegen, die Sicherheit des Reichs und Bezwingung oder Demüthigung solcher unruhigen heidnischen Völker und deren Häupter, so Ew. Durchlaucht Könige zu benennen belieben, nach Vermögen zu besorgen, so sie auch gethan, solche bezwungen und sich unterwürfig gemachet haben, so dass von der sogenannten Obotriten-Krone nichts als das leere Andenken übrig geblieben. Wann man aber auch mit Hintansetzung solcher Alterthümer auf das XV. Seculum hinaben will, so ist wohl nichts gewissers, und können es die in Unsern Archiven unversehrt befindliche Originalurkunden bewähren, dass die damalige Herren von Wenden und Werle, so mit denen Herzogen von Mecklenburg einerlei Ursprung- und Stammes sind, von Unserem Ahnherren, dem Churfürsten Friedrich I., ihre Land und Leute zu Lehn genommen, eine beschworne Erbhuldigung gethan, auch ihnen Treu und Gehorsam gelobet, welchem Exempel dann auch Herzog Johann von Mecklenburg im Jahre 1427 gefolget, und haben darauf dieselbe samt ihren Nachfolgern nicht allein die Churfürsten von Brandenburg vor ihre rechte Lehnsherrschaft anerkennet, sondern sie auch „gnädige Herren" und diese hinwiederum die Herzoge von Mecklenburg in ihren Briefen „liebe Getreue" genennet, bis der bekannte Vertrag von 1442 erfolget, worinnen gegen Erlassung des Lehnrechtes derer Churfürsten von Brandenburg Successionsrecht in denen Mecklenburgischen Landen noch mehr befestiget, Denenselben von dasigen Landeständen eine rechte Erbhuldigung eventualiter geschehen und versprochen, Sie, die Churfürsten, vor ihre rechte natürliche Erbherren zu halten; wie dann dieses alles durch Kaiserliche Confirmation und Churfürstliche Consense noch mehr bestätiget worden. Mit welchem Schein der Wahrheit nun diese unwidersprechliche Sätze von Ewr. Durchlaucht Schriftstellern als irrig angegeben werden können, solches überlassen Wir Deroselben eigenen erleuchteten und billigmässigen Beurtheilung.

Daferne auch das Verfahren gegen einen von Vogelsberg Ewr. Durchlaucht in der That fremd vorkommen sollte, so werden Sie Sich allenfalls von der Wahrheit Unsers Anführens durch Dero Beamte zu Krivitz beliebig belehren lassen, auch aus Unseren an Ew. Durchlaucht unterm 20. Novembris 1753, 27. Septembris und 25. Novembris 1754, dann 11. Novembris und 20. Decembris 1755 erlassenen Schreiben ersehen können, wie Wir es seither einigen Jahren bei denen vorgekommenen Werbungsirrungen an glimpflichen Vorstellungen und moderaten Aeusserungen zu deren gütlichen Hinlegung niemals erwinden lassen. Was übrigens Ew. Durchlaucht von Unseren genommenen Maassregeln zu Abkehrung des Uns und denen Unsrigen von Ihro zugefügten Gewalts und Unrechts, auch intendirter gänzlicher Subversion Unserer Gerechtsame abermals erwähnen wollen, darüber haben Wir Uns in Unsern beiden jüngeren Schreiben vom 3. Februarii und 14. Martii a. c. ausführlich expliciret, worauf Wir Uns lediglich beziehen, und hoffen darunter des unparteiischen Publici Beifall zu gewinnen. Je mehr Wir aber nach Unseren vormaligen öfteren Aeusserungen wünschen, diese Differentien gütlich erlediget zu sehen, und dazu die Hand auf alle mögliche Weise zu bieten Uns erkläret, je mehr scheinen Ew. Durchlaucht Sich von dieser Absicht zu entfernen und das Werk nur immer weitsichtiger zu machen; dahero Wir Uns dann nicht länger entbrechen können, Ewr. Durchlaucht hiemit endschliesslich zu declariren, dass, in so lange Dieselben von denen bekannten gegen die Werbungen erlassenen sehr harten Patenten nicht abgeben und Sie von denen zu Wien und Regensburg erregten heftigen Bewegungen und Criaillerie nicht nachlassen werden, Wir Ihro die verlangte Satisfaction keineswegs zu geben vermögen, sondern dasjenige, so Ew. Durchlaucht gegen Uns mit so vieler Animosität angefangen, mit Deroselben auszumachen suchen werden und nur dieses zum Beschluss wünschen, dass Dieselben hiernächst nicht zu spät erfahren mögen, wie Sie zu Dero eigenem Nachtheil Unsere aufrichtige Neigung und Anerbieten zum Frieden und gütlichen Accommodement anderen animosen und hitzigen Rathschlägen nachgesetzt haben. Wir sind übrigens Ew. Durchlaucht zu Erweisung freundvetterlicher Gefälligkeiten stets geflissen.

IX.
Königliches Circular-Rescript*).

Berlin, 29. April 1756.

Ew. Churf. Würden und Liebden wird ohne Zweifel die Nachricht bereits zugekommen sein, wie des Herzogen von Mecklenburg-Schwerin Liebden gut gefunden, wegen der zwischen Ihro und Uns über die Werbung entstandenen Differentien Sich an den Reichshofrath zu wenden und an Uns ein Kaiserliches Dehortatorium nicht allein zu erwirken, sondern es auch dahin einzuleiten, dass, ehe Uns noch dieses insinuiret, eben dieselbe Sache durch ein Kaiserliches Commissions-Decret an die allgemeine Reichsversammlung gebracht worden.

Ew. p. wollen Wir dermalen mit weitläuftiger Recensirung des eigentlichen Ursprungs jener Irrungen nicht beschwerlich fallen, sondern nur dieses berühren, wie Herzoglich Mecklenburgischer Seits durch die an verschiedenen unter Unserer Armee stehenden Militair-Personen ausgeübete offenbare und zu Zeiten des Faustrechts und der Befehdungen ganz ähnliche Gewaltthätigkeiten der Anfang zu diesen Irrungen gemachet, und Wir dagegen die nach denen natürlich- und bürgerlichen Rechten gebilligte, auch in denen Reichsgesetzen keineswegs improbirte Gegenmittel zu Abkehrung solcher gewaltsamen Thätlichkeiten und Beschützung der Unsrigen umb so viel ehender vorzukehren gemüssiget worden, da Wir einestheils, wie in der Notorietät beruhet, alle gewaltsame Werbungen und Excesse bei Unserer Armee auf das schärfste verboten und, wann ja gleich wider Unsern Willen und Wissen von denen Unsrigen ein Excess begangen sein sollte, Wir anderntheils des Herzogen von Mecklenburg-Schwerin Liebden durch Unsere an Sie erlassene oft wiederholte Schreiben Uns freundvetterlich offeriret, eine gütliche Auskunft in dieser Sache anzugehen, worauf Sie aber keineswegs die Hand bieten wollen, obgleich die zwischen Unserm Königlichen Chur- und dem Herzoglich Mecklenburgischen Hause subsistirende ältere und neuere Hausverträge die Art und Weise festsetzen, wie dergleichen Irrungen ohne Bruit unter Uns güt- und schiedlich auszumachen sein. Diesen allen ohnerachtet aber haben Wir erfahren müssen, dass man Herzoglich Mecklenburgischer Seits es lieber zu Extremitäten kommen lassen wollen und es dahin zu bringen gewusst, dass nicht allein obgedachter Maassen ein Kaiserliches Dehortatorium gegen Uns erkannt, sondern auch zu gleicher Zeit und ehe Uns noch dieses insinuiret, und Wir folglich Uns über dessen Inhalt noch nicht vernehmen lassen können, eben diese Sache durch ein Kaiserliches Commissions-Decret dem gesammten Reiche vorgeleget worden. Je ungewöhnlicher und je unerhörter dieses Verfahren im Teutschen Reiche ist, dass man Uns, als einen dessen vordersten Mitständen, an zweien Orten auf einmal responsable zu machen und, so zu reden, an zweien Tribunalien über einerlei Sache zu gleicher Zeit zu ziehen intendiret, je grössere Hoffnung können Wir Uns machen, es werden sämtliche Unsere Herren Reichs-Mitstände einsehen, wie dieses ganz ungewöhnliche und vermutlich von dem Reichshofraths-Collegio aus allerlei Absichten eingerathene Verfahren gegen die Verfassung und Ordnung offenbar angehe, ja mit dessen sonstigen, in vielen Fällen behaupteten eigenen Principiis streite,

---

*) Ueber die Empfänger dieses Schreibens vergl. S. 55.

dass daraus eine Justiz- und zugleich auch eine publique zu der gesamten Reichsstände Einsicht gehörige Sache gemachet, folglich hiebei die in denen Reichssatzungen vorgeschriebene Maasse und Gradus ganz ausser Augen gesetzt werden wollen.

Ob Wir nun wohl noch zur Zeit und bis Uns jenes Dehortatorium insinuiret sein wird, von dessen eigentlichen Inhalt und worin das Herzoglich Mecklenburgische Klagewerk bestehe, nicht informiret sein können, folglich demnächst sich allererst beurtheilen lassen wird, ob und wie weit des Reichshofraths Jurisdiction in diesem Fall fundirt seie oder nicht, so haben Wir doch so viel versichern wollen, dass, wann Wir nur vermuthen können, dass diese zwischen Uns und des Herzogen von Mecklenburg-Schwerin Liebden obwaltende Privat-Irrung an gesamte Reichsstände gediehen oder dieselbe auf einige Weise interessiren könnte, Wir gewiss nicht ermangelt haben würden, Unseren Herren Reichs-Mitständen von der eigentlichen Beschaffenheit dieser Sache, deren Ursprung und Hergang eine solche vollständige Information Selbst mitzutheilen, woraus Sie Unsere zu Vertheidigung Unserer Gerechtsame und der Unsrigen gegen alle Gewaltthätigkeiten an Hand genommene rechtsbefugte Maasreguln und abgedrungene Gegenmittel ersehen, solche keineswegs missbilliget, vielmehr mit Ihrem Beifall beehret, auch wann Sie mit Uns in einerlei Cas gewesen, gewiss auf gleiche Weise verfahren haben würden. Weilen aber des Herzogen von Mecklenburg-Schwerin Liebden das Werk dergestalt auf die Spitze zu treiben gesinnet und es dahin zu spielen gewusst, dass Wir auf eine solche ungewöhnliche und allen Reichsständen in der Folge gewiss höchst präjudicirliche Art behandelt, an zweien Orten, so zu sagen, responsable gemachet, die Herzoglich Mecklenburgische einseitige Angaben in dem am 12. dieses auf das schleunigste und selbst in der Charwoche zur öffentlichen Dictatur gebrachten Kaiserlichen Commissions-Decret als wahr angenommen und Uns darin, ohne noch im geringsten gehöret zu sein, zum Voraus etwas, so denen Reichsgesetzen und dem Landfrieden entgegen wäre, in empfindlichsten Terminis beigemessen, hergegen aber und zu gleicher Zeit in dem reichshofräthlichen, obwohl Uns bis dato noch nicht insinuirten Dehortatorio Unser Bericht auf die Herzoglichen Beschwerden binnen zwei Monat erfordert werden wollen, so leuchtet aus diesem sich handgreiflich widersprechenden modo procedendi allenthalben klar herfür, wie illegal und unerhört, folglich aus allerlei Nebenabsichten, hierunter zu Werke gegangen und wohl nichts weniger als der in dem Kaiserlichen Commissions-Decret so sehr relevirte Justizeifer in der That bezuget, sondern zu Unsern Leidwesen die Sr. Kaiserl. Majestät sonst eigene und weltbekannte Gerechtigkeitsliebe von andern in diesem Fall surprenirt worden seie.

Wie nahe Uns dergleichen gewiss unverdientes Verfahren gehen und wie empfindlich es Uns fallen müsse, dergestalt vor den Augen des ganzen Reichs Uns angetastet und auf einseitige und vermuthlich mit den hässlichsten Farben abgeschilderte Herzoglich Mecklenburgische Angaben ohngehört gleich traduciret zu sehen, solches werden Ew. p. von Selbst erleuchtet ermessen, auch nach Dero hohen Begabniss leicht beurtheilen, wie wenig Ursache man gehabt, gesamte Reichsstände in dieser Sache, so an sich eine Privat-Haus-Irrung zwischen Uns und dem Herzogen von Mecklenburg Liebden ist, zu behelligen, wodurch so wenig die öffentliche Ruhe im Reiche gestöret, noch die Staatsverfassung des Teutschen Reichskörpers hiebei interessiret, und wo von Unserer Seite gewiss nichts weiter veranlasset ist, als was die allgemeine

Rechte, umb Gewalt mit Gegengewalt abzutreiben, bekannter Maassen erlauben, und dieses Mittels haben andere Unsere Herren Reichs-Mitstände in ältern und neuern Zeiten sich so vielfach bedienet, wie davon die Exempel bekannt genug sein, ohne dass sie vor die Reichsgerichte gezogen und zu gleicher Zeit auf öffentlichen Reichstag darüber Lärm geschlagen worden. Indessen gereichet Uns hiebei zur Consolation, dass Wir einestheils nicht der Urheber dieser Irrungen sind, und es andererntheils an Uns nicht erwinden lassen, des Herzogen von Mecklenburg-Schwerin Liebden durch wiederholte Schreiben zu erkennen zu geben, wie sehr geneigt Wir gewesen und noch sind, dieser Sache auf eine raisonnable und gütliche Art die abheilfliche Maasse zu geben, wann des Herzogen Liebden nur Ihrerseits von allen feindseligen Demarchen gegen Uns und die Unsrige abstehen und Sich, ebenmässig wie Wir, zu einem billigmässigen Comportement bereitwillig finden lassen würden. Wir haben aber darunter nicht zu reussiren vermocht, sondern über diesen Punkt theils gar keine oder doch eine solche Erklärung erhalten, welche gemgsam an den Tag leget, wie wenig es des Herzogen Liebden ein Ernst seie, Sich mit Uns gütlich zu setzen, und dass Sie vielmehr alle Ihro seither Antritt Dero Regierung in Ihren wichtigsten Hausangelegenheiten von Uns erwiesene Assistenz durch Verschaffung eines unter sehr avantageusen Conditionen erhaltenen ansehnlichen Geldvorschusses zu Einlösung Dero verpfändeten Domainen und verschiedner andern Ihro mit Hintansetzung Unsern eigenen Interesse zugestandenen Avantages gänzlich vergessen, anderer Sr. Liebden bei vielen Gelegenheiten bezeigten essentiellen Marquen Unserer Gewogenheit und Freundschaft, wofür Wir Uns jetzo mit solcher Uudankbarkeit belohnet sehen müssen, dermalen nicht zu gedenken. Es bleibet Uns dannenhero nichts übrig, als die feste und gesicherte Hoffnung, es werden Unsere gesamte Herren Reichs-Mitstände, besonders aber auch Ew. p. hochvernünftig einzusehen geruhen, wie das gegen Uns in dieser Sache vorgenommen werden wollende Verfahren bewandten Umbständen nach ebenso bedenklich als unbillig seie, und es allen Unsern Herren Reichs-Mitständen in der Folge betreffen könnte, auf eben so eine unangenehme, ordnungswidrige und fast nach Animositäten schmeckende Art behandelt zu werden.

Dahero Wir dann Ew. p. freund- und angelegentlich ersuchen, Dero Comitialgesandtschaft dahin gemessen zu instruiren, dass sie in dieser Angelegenheit keineswegen voreilig verfahren, sondern, ehe die Sache zur Proposition und Comitial-Deliberation gestellet werde, zuförderst erwarten solle, dass Uns die Herzoglich Mecklenburgische Beschwerden vorerst gehörig respective insinuiret und communiciret und Uns sodann hinlängliche Zeit und Weile gegönnet werden möge, die wahre Beschaffenheit der Sache auch Unsererseits dem gesamten Reiche darzulegen, folglich dessen sämtliche Herren Stände nach erhaltener hinlänglichen Information von beiden Theilen hiernächst in den Stand gesetzt sein mögen, diese Sache auf den Grund einzusehen, umb ihren Gesandtschaften die nöthige Instruction ertheilen zu können.

Inmittelst wird es von des Herzogen von Mecklenburg-Schwerin Liebden dependiren, den Ihro oft angetragenen Weg der gütlichen Auskunft einzuschlagen, wodurch die Uns abgenöthigte Retorsionsmittel alsdann von selbst cessiren werden, ohne Unseren gesamten Herren Reichs-Mitständen hierunter weiter beschwerlich zu fallen. Wollten nun Ew. p. auch Dero Seits des Herzogen Liebden zur gütlichen Auskunft wohlmeinend anzurathen und hierunter zu Unsern gewiss längst gewünschten friedliebenden, aber bishero zu Unserer Disconsolation fruchtlos gewesenen Endzweck und Anerbieten zu cooperiren belieben, würde Uns solches gewiss zur Verbindlichkeit gereichen, damit diese Irrungen allenfalls nach Vorschrift der ältern und noch im Jahr 1752 zwischen Uns und des Herzogen Liebden renovirten Hausverträgen erörtert und fodersamst gütlich beigeleget, auch darnach das gute Vernehmen hergestellet werden möge. Wir verlangen hierunter in der That nichts anders, als was recht und billig und keinem derer mindermächtigen Reichsstände jemalen versaget ist. Und ob Uns gleich dieser unerwartete Vorfall nicht anders als sehr empfindlich sein kann, so wird Uns doch dieses keineswegen irre machen, Unsere reichspatriotische Gesinnung, wie bishero also auch fernerhin, zu Unterhaltung des Ruhestandes im Teutschen Reich und eines jeden Unserer Herren Mitstände insbesondere, und was zu Deren Zufriedenheit gereichen kann, an den Tag zu legen und Uns dahin zu verwenden. Dahero Wir Uns dann auch umb so viel ehender von Ew. p. einer beliebigen Willfahrung versichert halten, welche Wir bei allen Gelegenheiten zu erwidern nicht ermangeln, und übrigens Deroselben zu Erweisung p.

X.
Pro Memoria.

Se. Königl. Majestät in Preussen haben nicht ohne Befremdung vernehmen müssen, dass auf der allgemeinen Reichsversammlung ein Kaiserliches Commissionsdecret vom 10. Aprilis laufenden Jahres mit ganz ausserordentlicher Eilfertigkeit am 12. eiusd., selbst in der Charwoche, zur öffentlichen Dictatur gebracht und darin zugleich eines an Ihro als Churfürsten zu Brandenburg erlassenen Kaiserlichen Dehortator-Schreibens vom 2. desselben Monats Erwähnung geschehen seie, welches auf Instanz des Herzogen von Mecklenburg-Schwerin Durchlaucht wegen einiger occasione der Werbung entstandenen Differentien erlassen sein solle; da doch nur besagtes Dehortatorium Allerhöchstderoselben bis diese Stunde nicht legaliter insinuiret, noch auch Dero Comitialgesandtschaft von der vorseienden Dictatur, gegen die Observanz, nicht das mindeste vorhero kund gemachet worden.

Je unerhörter und je ungewöhnlicher dieses Verfahren an sich selbst ist, dass man einen der vornehmsten Ständen des Reichs an zweien Orten auf einmal responsable zu machen und zu gleicher Zeit, so zu reden, an zweien Tribunalien über einerlei Sache zu ziehen intendire, je mehr wird es allen höchst- und hohen Reichsständen in die Augen fallen, dass dieses eine Zudringlichkeit seie, so aus allerlei Nebenabsichten sich zu originiren scheine, gegen die bekannte Reichsverfassung schnurstracks angehe und selbst mit denenjenigen Principiis streite, welche das Reichshofraths-Collegium bei verschiedenen Gelegenheiten äussern wollen; wie nämlich eine bei demselben angebrachte Privatsache nicht zugleich auch eine publique zu der gesamten Reichsständen Einsicht gehörige Sache sein könne. Nun lässet sich zwaren, ehe und bevor besagtes Dehortatorium nicht legaliter insinuiret und die Herzoglich Mecklenburgischen Beschwerden eingesehen worden, nicht wohl beurtheilen, inwieweit die Reichshofräthliche Jurisdiction in dieser Sache fundiret sein könne oder nicht, jedoch aber ist so viel gewiss, dass wenn Se.

Königl. Majestät in Preussen auch nur von weitem vermuthet hätten, dass die zwischen Ihro und des Herzogen von Mecklenburg-Schwerin Durchlaucht entstandene nachbarliche Irrung das gesamte Reich einigermaassen interessiren oder an damselbe gedeihen können, so würden Allerhöchstdieselben gewiss zu allererst solchen verfügt und keine Scheu getragen haben, von der eigentlichen Beschaffenheit dieser Irrungen, deren wahren Ursprung und Hergang eine solche vollständige Information ertheilen zu lassen, woraus gesamte höchst- und hohe Stände des Reichs die Justiz und obnumgängliche Nothwendigkeit der zu Vertheidigung Sr. Königl. Majestät Gerechtsame und der Ihrigen gegen alle Gewaltthätigkeiten an Hand genommenen und, so zu sagen, abgedrungenen Gegenmitteln ersehen, solche der Sachen besonderen Beschaffenheit nach Dero Beifall nicht versaget, vielmehr ein jeder Derselben, wenn er sich in gleichem Casu gefunden, auf eben solche Weise procediret haben würde.

Se. Königl. Majestät können hierbei insonderheit nicht ohne Verwunderung bemerken, dass Sie durch Eingangs erwähntes Kaiserliches Commissionsdecret auf eine Reichssatzungswidrige und allen höchst- und hohen Ständen des Reichs in der Folge gewiss höchst präjudicirliche Art behandelt, die Herzoglich Mecklenburgische einseitige Angaben, ohne Se. Königliche Majestät zuförderst im geringsten darüber zu hören, so doch sonsten bei denen allermindesten Klagden auch denen geringsten Reichsständen nicht versaget wird, als wahr angenommen und Allerhöchstdieselben in denen empfindlichsten und selbst mit Hintansetzung desjenigen, so in der Kaiserlichen Wahlcapitulation wegen der gegen die Churfürsten des Reichs zu bezeigende Egards verordnet, in sehr bedenklichen Ausdrückungen angegriffen, eben und zu gleicher Zeit aber auch ein Kaiserlich Dehortatorium an Allerhöchstdieselbe erlassen und darin Dero Bericht über die Herzogliche Angaben binnen zwei Monaten erfordert werden wollen; ehe aber noch jenes insinuiret und dieser erfolget, müssen Se. Königl. Majestät Sich in mehr erwähntem Kaiserlichen Commissionsdecret schon zum voraus ganz ungehört verdammet und sogar mit landfriedensbrüchigen Beschuldigungen auf eine höchst sensible Art angefochten sehen.

Aus diesem sich in der That widersprechenden Reichsgesetzwidrigen und keinen, auch mindermächtigen Reichsstand jemals betroffenem Verfahren leuchtet allenthalben klar hervor, wie illegal und tumultuarisch, folglich aus allerlei Nebenabsichten, Animositäten und falschen einseitigen Insinuationen hierunter von Seiten des Reichshofraths zu Werke gegangen, auch dass durch diese Demarchen wohl nichts weniger als der in dem Commissionsdecret so sehr relevirte Justizeifer auch nur dem Schein nach beäuget, sondern es sich mehr als zu viel am Tage leget, dass die Ihro Römisch Kaiserlichen Majestät sonst eigene und weltbekannte Gerechtigkeitsliebe hierunter von andern aus unlautern Absichten surpreniret worden seie.

Se. Königl. Majestät in Preussen hätten Sich indessen wohl nimmermehr versehen, dass man auf eine so ausserordentliche und präcipitante Art gegen Allerhöchstdieselben herfürangehen und bei dem sonst eine geraume Zeit her fast in der Inactivität gestandenen Reichstage sich selbst der gewöhnlicher Maassen zu Andacht und Ferien bestimmten Charwoche dazu zu bedienen und, ohne Sie im mindesten vorhero vernommen oder Dero Erklärung und Justification halber an Sie etwas erlassen zu haben, Allerhöchstdieselbe auf eine so unglimpfliche Weise und ohngehöret zu verdammen und, so zu sagen, das gesamte Reich wider Sie ganz unverschuldet in den Harnisch zu bringen, wenigstens dadurch dessen höchst- und hohen Ständen von dieser Sache mit einer womöglich widrigen Idee und Impression zu präveniren, kein Bedenken getragen. Wie nahe Allerhöchstderoselben dieses Verfahren gehen und wir empfindlich es Ihro fallen müsse, Sich auf eine, wenigstens in dem jetzigen Seculo, ohne Exempel seiende Art unter allen Reichsständen allein dergestalt vor den Augen des gesamten Reichs, ja aller Europäischen Potentien angetastet und auf einseitige Herzoglich Mecklenburgischen, vermuthlich mit einem falschen Anstrich überzogene Beschwerden öffentlich traduciret, auch obgedachtes Kaiserliches Dehortator-Schreiben in öffentlich gedruckten Zeitungsblättern, ehe noch solches insinuiret ist, ohne Zweifel auf Herzoglich Mecklenburgischen Betrieb, inseriret zu sehen, solches werden alle höchst- und hohe Reichsstände um so viel eheender und nicht ohne grösstes Missfallen bemerken, da es hieraus fast das Ansehen zu gewinnen scheinet, dass man mit gänzlicher Hintansetzung so vieler wichtigen, in der beschwornen Kaiserlichen Wahlcapitulation zur Reichsdeliberation bereits festgesetzten, des gesamten Reichs und dessen Ständen Ehre, Würde, Freiheit, Gerechtsame und Befugniss tangirenden publiquen Reichsgeschäften sich nur ein eigenes Gewerbe machen wollen, das Tapis auf dem Reichstag mit einer zwischen Sr. Königl. Majestät in Preussen und dem Herzoge von Mecklenburg-Schwerin Durchlaucht entstandenen Privat-Hausdifferenz zu beschäftigen und gesamte Reichsstände damit zu behelligen, obwohl an sich nichts gewissers ist, als dass diese nachbarliche Privat-Irrung so wenig die öffentliche Ruhe im Reiche stören als die Staatsverfassung und das allgemeine Wohl und Wehe des Reichs im geringsten interessiren, oder man auch nur von weitem absehen könne, dass bei gegenwärtigen Händeln das ganze Reich mehr in Gefahr schwebe, als wenn andere höchst- und hohe Stände des Reichs, wie die tägliche Erfahrung belehret, in nachbarliche öfters weit härtere Misshelligkeiten gerathen, welche aber in der That darunter viel glücklicher und einem so unglimpflichen Verfahren noch nicht exponiret gewesen sein, als Ihro Königl. Majestät von Preussen anitzo erfahren müssen, indem es ohne Anführung von Exempeln in der Notorietät beruhet, dass andere Stände des Reichs in ältern und neuern Zeiten sich sehr oft und vielfach veranlasset gesehen, derjenigen Gegenmittel sich zu bedienen, welche die natürliche und Civilrechte erlauben, auch die Reichsgesetze keineswegs improbiren, vielmehr in seiner Maasse erlauben, um Gewalt mit Gegengewalt abzutreiben, ohne dass sie deshalb sofort vor die Reichsgerichte gezogen und zu gleicher Zeit darüber auf dem Reichstag Lärm geschlagen worden. Se. Königl Majestät in Preussen haben hierunter vor allen andern nur allein ein sehr widriges Schicksal, welches aber allen Dero höchst- und hohen Herren Reichsmitständen hoffentlich um so viel eheender die Augen öffnen wird, umb die unlautere Absichten, so diese Demarchen veranlasset, und deren Triebfedern zu entdecken, auch sie zu ermuntern, gar wohl auf ihrer Hut zu sein und die Folgen zu beherzigen, so für sie daraus entstehen können, wann man in Ansehung eines der vornehmsten Churfürsten und Standes des Reichs auf eine so illegale Reichsgesetz- und Executionsordnungswidrige Weise, ja contradictorische Art und ohne Beobachtung der vorgeschriebenen Graduum herfürzubrechen kein Bedenken findet.

Sr. Königl. Majestät gereichet bei diesem ausserordentlichen und Ihro höchst empfindlichen Vorfall nur dieses zur Consolation, dass Sie eines-theils nicht Urheber der zwischen Ihro und des Herzogen von Mecklenburg-Schwerin Durchlaucht entstandenen Irrungen sind, und dass die höchst- und hohe Stände des Reichs erleuchtet einsehen werden, wie wenig Ihnen zu dieser Privat-Irrung an sich gelegen ist, indem dem Reichssystemati dadurch nichts gegeben noch genommen wird, ob Se. Königl. Majestät über ein- oder andere Vorfälle mit des Herzogen Durchlaucht in Streit und Irrung gerathen, auch ob oder welchergestalt solche gehoben und ausgemachet werden; jedoch verdienet dieses einer besondern Attention, dass alle gewaltsame Werbung bei Sr. Königl. Majestät in Preussen Armee auf das schärfeste verboten seie und, wann auch ja wider Willen und Wissen derer Commandeurn Excesse vorfallen möchten, solche jedesmal auf das rigoureuseste zu bestrafen geboten worden. Bei allen dem aber ist es geschehen, gleichwie es auch in dem von ungefähr zu Gesicht gekommenen und zu Regensburg distribuiret sein sollenden Herzoglich Mecklenburgischen Impresso und dabei sub nnm. 20 et 22 befindlichen Königlichen Preussischen an des Herzogen von Mecklenburg Durchlaucht erlassenen Schreiben ausführlich dargethan ist, dass Herzoglicher Seits mit Gewaltthätigkeiten gegen die Königlich Preussische Officiers und Soldaten, wann sie sich auch mit Werbungen nicht befassen und nur in denen Mecklenburgischen Landen sehen lassen, auf eine recht barbarische und unerhörte, auch nur zu Zeiten des Faustrechts und der Befehdungen allein üblich gewesenen Art der Anfang gemachet, und also Sr. Königl. Majestät nach allen fruchtlos angewandten Bemühungen und weshalb Sie an des Herzogen Durchlaucht in denen freundschaftlichsten Terminis durch verschiedene Briefe das Nöthige remonstriren lassen, wider Willen gezwungen worden, Sich deren in Rechten zugelassenen und in denen Reichsgesetzen nicht gemissbilligten und von andern Reichsständen so oft zu Hand genommenen Gegenmitteln per retorsionem iuris iniqui Sich zu bedienen, da vorhero Herzoglicher Seits alle gebührende Satisfaction verweigert worden, und keine glimpfliche Vorstellungen mehr Platz greifen wollen; anderntheils aber, dass auch, nachdem Se. Königl. Majestät die Ihro abgenöthigte Gegenmittel bereits an Hand genommen, Allerhöchstdieselbe des Herzogen Durchlaucht durch oft wiederholte Schreiben abermals zu erkennen gegeben haben, wie geneigt Sie gewesen und in der That wirklich noch sind, dieser Sache auf eine raisonnable Art die abhelfliche Masse zu geben, wann nur Herzoglicher Seits von allen feindseligen Demarchen gegen Allerhöchstdieselbe und die Ihrigen abgestanden und dazu eine Bereitwilligkeit gezeiget werden wollen. Wann aber Se. Königl. Majestät auf solchen Punkt von des Herzogen Durchlaucht entweder gar keine Antwort oder doch eine solche Erklärung erhalten, welche genugsam zu erkennen giebet, wie wenig Ernst es Ihro Durchlaucht seie, hierunter eine gütliche Auskunft anzugehen, so muss auch lediglich die Schuld dieser fortdauernden und zu Sr. Königl. Majestät Disconsolation so sehr weit getrieben werden wollenden Misshelligkeiten ebenso auf die Herzoglich Mecklenburgische Seite zurückfallen, wie deren Ursprung und Anfang daher einzig und allein von letztern originiret, hergegen aber Allerhöchstderoselben friedliebende Gesinnung und mit allen übrigen Dero hohen Herren Reichsständischen Nachbaren in vollkommener Ruhe und Zufriedenheit glücklich subsistirende Harmonie zum augenscheinlichsten Beweis dienen, dass es an Sr. Königl. Majestät nicht gelegen, diesen Irrungen vorlängst das abhelfliche Mass zu geben.

Ueberhaupt aber hätten Se. Königl. Majestät wohl nichts weniger als ein solches Betragen von des Herzogen von Mecklenburg-Schwerin Durchlauchi vermuthen können, da Allerhöchstdieselben seither verschiedenen Jahren Se. Durchlaucht in Dero wichtigsten Hausangelegenheiten Ihre Assistenz auf das kräftigste angedeihen lassen und Sie durch [das Mittel] eines sehr ansehnlichen unter Sr. Königl. Majestät Garantie und unter sehr avantageusen Conditionen erhaltenen Geldvorschusses zu Einlösung Ihrer verpfändeten Domainen und viele andere in denen im Jahre 1752 erneuerten Hausverträgen mit Hintansetzung Allerhöchstderoselben eigenen Interesse zugestandene Avantagen, auch sonsten bei vielen Gelegenheiten bezeigten essentiellen Marquen Dero Gewogenheit und Freundschaft Sich verbindlich gemachet, wofür aber Allerhöchstdieselbe Sich itzo mit solchem Undank belohnet und noch dazu mit denen injurieusesten Anschuldigungen von Landfriedensbruch und Reichsgrundverfassungswidrigem Attentatis angetastet, ja, was das mehreste, durch obbesagtes Herzogliches Impressum solchen an sich falschen und nichtigen Andichtungen exponiret sehen müssen, als ob Se. Königl. Majestät die Mecklenburgische Lande mit Feuer und Schwert bedrohet hätten, da doch Se. Königl. Majestät als Eventual-Successor in solche Lande so weit entfernet sind, dieselbe zu verheeren, dass Sie vielmehr, wie es die gesunde Vernunft giebet, deren Flor und Aufnahme auf möglichste Art und Weise zu befördern wünschen; anderntheils aber ist Reichskündig, dass Sr. Königl. Majestät in Gott ruhenden Herrn Vaters Majestät, glorwürdigster Gedächtniss, aus besonderm Kaiserlichen Auftrag vor vielen Jahren und ehe noch der jetzigen Herzogen Durchlaucht die Landesregierung angetreten, bereits ein Corps Ihrer Truppen zu Unterhaltung des Ruhestandes bei denen bekannten Troublen in die Mecklenburgische Lande haben einrücken und darin ein Commando zu Beschützung der Hypotheque-Ämter bis auf die Refundirung der angewandten Executionskosten verbleiben lassen, eben wie das hohe Churhaus Braunschweig-Lüneburg dergleichen regulirte Kriegsmannschaft in besagten Mecklenburgischen Landen würklich stehen hat; folglich ist wohl von allem fälschlich erdichteten Einfall in uns besagte Lande sehr weit entfernet, wann die in dem Mecklenburgischen vorlängst in Garnison gestandenen und obgedachter Maassen in die dieseitige Hypotheque-Ämter verlegte Königlich Preussische Husaren zu Beschützung Sr. Königl. Majestät Gerechtsame und Veranlassung der nothgedrungenen ergriffenen Gegenmittel, auch zur Defension der Unterthanen und Militairbedienten employiret werden müssen; hiernächst aber ist aus Sr. Königl. Majestät Schreiben vom 9. Octobris 1754, sub num. 8 der Mecklenburgischen Impressorum, woraus Herzoglicher Seits so viel falsches Geschrei und Lärm gemachet werden will, zu ersehen, wie weniger Aufrichtigkeit man jenerseits zu Werke gehe und lediglich heftigen seie, dem Königlichen Schreiben die maliticuseste Interpretation anzudichten, als ob darin die Mecklenburgische Lande mit Feuer und Schwert bedrohet wären, da doch solche Expression oder Sinn darin keinesweges auch nur mit einem Buchstaben anzutreffen, im Gegentheil aber genug zu erweisen stehet, wie Sr. Königl. Majestät Unterthanen und theils mehr als 20 Jahre in Dero Dienste gestandene Militairbediente, wann sie auch nur, um ihre Verwandten in dem Mecklenburgischen oder auch sonst das Ihrige zu besuchen, sich dahin verfüget und zu keine Klagden Anlass gegeben, als die grössesste Missethäter in Ketten und Banden geleget, auf eine barbarische Art tractiret und öfters sogar wider ihren Willen gezwungen werden wollen, ihrer rechtmässigen Kriegesobrigkeit meineidig zu werden und unter der Herzoglich Mecklenburgische Garde Kriegsdienste zu nehmen, ja auch öfters Fremde und

Durchgehende, so sich in Sr. Königl. Majestät Landen etabliren wollen, arretiret und des Ihrigen beraubet werden wollen; wozu noch kommt, dass, da das Herzoglich Mecklenburgische Patent vom 28. Novembris 1754, so sub num. 11 Derseitiger Impressorum befindlich, deutlich besaget, dass nichts weniger als Galgen und Rad für die Preussische Militairbediente in denen Mecklenburgischen Landen destiniret, auch wann sie nur in solchen Kriegsdiensten würklich stehen und die Mecklenburgische Lande auch nicht betreten, dennoch ihrer Hab und Güter verlustig erkläret sein; gestalten dann, dass dieses höchst bedenkliche Edict einzig und allein gegen die Preussische Armee gerichtet seie, solches giebet das Herzogliche gedruckte Promemoria sub dato Schwerin 30. Decembris 1755 ganz ohnverhohlen zu erkennen. Es ist aber dem ohnerachtet von der Preussischen Armee kein Mann mehr noch weniger in die Mecklenburgische Lande gerücket, als darin von vielen Jahren her schon verleget und befindlich gewesen sind, so dass hierdurch die exaggerirte und gewiss aus malitiensen Absichten herrührende Interpretation vorgedachten Königlich Preussischen Schreibens von selbst zerfallen und eines jeden Unparteiischen Indignation verdienen muss. Bei so bewandten Umständen hoffen Se. Königl. Majestät von der Gerechtigkeitsliebe und Gemüthsbilligkeit Dero höchst- und hohen Herren Reichsmitständen, Sie werden diesen gegen Allerhöchstdieselben sowohl von Seiten des Reichshofraths als des Herzogen von Mecklenburg-Schwerin Durchlaucht an Hand genommene Verfahren so wenig billigen, dass Sie vielmehr Ihr Missfallen öffentlich darlegen, Sr. Königl. Majestät Dero Beistand gegen solche offenbare Zunöthigung und Zudringlichkeit nicht versagen, noch auch der Folgen halber zugeben werden, dass einer Ihrer vornehmsten Mitstände auf einseitige erdichtete und falsche Vorspiegelungen sofort auf einmal an zweien Orten responsable gemachet und ohne Verstattung einigen Gehöres auf eine so ungewöhnliche Art und ehe noch das erlassen sein sollende Kaiserliche Dehortator-Schreiben Deroselben insinuiret worden, zum Voraus condemniret und vor dem ganzen Reiche traduciret werden solle; welches man dann auch so weit zu treiben gut gefunden, dass von dem Churmainzischen Directorio, vermuthlich ohne Vorwissen Ihro Churfürstlichen Gnaden von Mainz, die sonst gegen alle andere Reichsständische Gesandten übliche Notification der vorseienden Dictatur mehrgedachten Kaiserlichen Commissionsdecrets der Königlich Preussischen Churbrandenburgischen Gesandtschaft keineswegs in diesem Fall angediehen ist. Vielmehr versprechen Sich Se. Königl. Majestät von der erleuchteten Einsicht vorwohlgedachter Dero Herren Reichsmitständen, dass Sie Allerhöchstderoselben friedliebende Gesinnung und Moderation, so Sie bei diesem ganzen Geschäfte herfürblicken lassen, beifällig bemerken werden, welche aber bei denen Herzoglich Mecklenburgischen Rathgebern und denen, so diese wiederum mit Rath und That behülflich gewesen sein mögen, bishero ganz keinen Eindruck machen wollen, obgleich Ihnen nicht unbekannt geblieben sein kann, wie oft Se. Königl. Majestät nach Dero ohnerhin Reichskündigen Grossmuth und Liebe zum Frieden, auch Cultivirung des guten Vernehmens mit allen Dero Herren Reichsmitständen Sich gegen des Herzogen Durchlaucht zu einer raisonnablen und gütlichen Auskunft anerboten und, aller jener Allerhöchstderoselben empfindlichst gefallenen Démarchen ohnerachtet, darzu bis dieser Stunde bereit sind, so dass es nur von des Herzogen Durchlaucht allein dependiret, von dieser Königlichen höchsten Äquanimität zu profitiren und zu der bishero refusirten gütlichen Auskunft auch Dero Seits die Hand zu bieten, als wodurch sodann die Sr. Königl. Majestät abgenöthigte Retorsionsmittel von selbst cessiren würden, ohne dem gesamten Reich hierunter weiter beschwerlich zu fallen. Man kann nicht glauben, dass bei dieser Herzoglicher Seits auf die äusserste Spitze getriebenen Sache von Sr. Königl. Majestät eine billigere Erklärung jemals erwartet werden könne, ob Sie gleich sehr bedauren müssen, dass des Herzogen Durchlaucht diesen grossmüthigen und friedliebenden Aeusserungen mit gleicher Willfährigkeit nicht begegnet, sondern lieber denen violenten Consiliis Dero hitzigen Rathgeber gefolget und dergestalt überall grossen Aufsehen erwecket haben, folglich das gesamte Reich mit solchen dasselbe keineswegs interessirenden ungegründeten und auf des Herzogen Durchlaucht, oder vielmehr Dero übelen Rathgebern, als die Urheber dieser Irrungen, redundirenden Beschwerden behelliget werden müssen. Und allein in dieser grossmüthigen friedliebenden Gesinnung tragen Se. Königl. Majestät zu gesamten Dero höchst- und hohen Herren Reichsmitständen das Vertrauen, Dieselben werden zu einem so rühmlichen Endzweck Dero Seits cooperiren und den Herzogen von Mecklenburg-Schwerin Durchlaucht dahin nachdrücklich anzurathen und zu vermögen belieben, umb hierunter Sr. Königl. Majestät auf eine freundschaftlichere Art zu begegnen und diesen nachbarlichen, niemand als Allerhöchstdieselbe und des Herzogen Durchlaucht ganz allein betreffenden Differentien durch ein raisonnables Comportement die abhelfliche Auskunft zu geben, damit diese Irrungen nach Maassgabe und Vorschrift der ältern und noch im Jahr 1752 zwischen Sr. Königl. Majestät und des Herzogen Durchlaucht renovirten Hausverträgen erörtert und fordersamst beigeleget und darnach das gute Vernehmen hergestellet werden möge. Indessen wird dieser ganz ohnerwartete höchst empfindliche Vorfall und die gegen Se. Königl. Majestät von allen Seiten her geäusserte widrige Neigung Sie doch keineswegs irre machen, Dero Reichspatriotische Gesinnung, wie bishero, also auch ferner zu Erhaltung der Ehre, Würde und Ansehen des gesamten unter seinem höchsten Oberhaupt versammleten Reiches und zu Behauptung der Gerechtsame, Vorrechten und Freiheit eines jeden Dero höchst- und hohen Herren Mitständen insbesondere, auch zu Conservation des lieben Friedens und Ruhestandes in dem werthen Teutschen Vaterlande jedesmal sorgfältig und nach allen Kräften an den Tag zu legen. Wovon Allerhöchstdieselben bishero die deutlichste Merkmale gegeben, so dass die gesamte höchst- und hohe Herren Reichsmitstände daran so wenig einigen Zweifel oder Misstrauen hegen werden, dass Dieselben vielmehr die Sr. Königl. Majestät dagegen hoffentlich zutragenden Freundschaft, Zuneigung und Vertrauen auch in dieser Angelegenheit thätlich spüren zu lassen nicht entstehen werden.

XI.

Königliches Schreiben an den Herzog von Mecklenburg-Schwerin.

[Berlin], 24. August 1756.

Wie Ich aus Ewr. Durchlaucht freundvetterlichem Schreiben vom 14. dieses die Mir darin gethane freundschaftliche Aeusserungen mit wahrem Vergnügen ersehen, so habe Ich Mich auch nicht wenig darüber erfreuet, dass die bishero zwischen Uns obgewaltete Misshelligkeiten sich zu einer glücklichen Endschaft anlassen, und Ich wünsche nichts sehnlicher, als die Bande der alten auf gemeinsamem Interesse gebauten Freundschaft zwischen beiden Häusern völlig wiederhergestellet und immer mehr und mehr befestiget zu sehen. In solcher aufrichtigen Gesinnung habe Ich Meinen Comitialgesandten, den etc. von Plotho, ausführlich instruiret, wie er die mit Dero Comitialgesandten angefangene Negotiation fortzusetzen hätte, um selbige zu einem glücklichen Schluss zu bringen und einen noch vorhandenen geringen Anstand aus dem Wege zu räumen. Ich hoffe, dass Ew. Durchlaucht Sich dazu Dero Orts bereitwillig finden lassen und Mich dadurch in den Stand setzen werden, Deroselben inskünftige werkthätig zu zeigen, wie Ich mit wahrer Freundschaft und Hochachtung bin p.

XII.

Vergleichs-Vorschläge.

1.

Versichern Ihro Königl. Majestät, dass Dieselbe nie die Meinung und Absicht gehabt, Ihro Durchlaucht dem Herzog zu Mecklenburg in Ihren Landeshoheits- und sonstigen reichsständischen Gerechtsamen auf einige Weise Kränkung oder Hindernisse zuzufügen, auch solches künftighin, unter welchem Schein, Namen oder Vorwand es auch sein möchte, zu thun oder zu gestatten, nicht gedächten. Dass folglich

2.

Ihro Königl. Majestät zum Behuf Dero Truppen keine andere Werbung in den Herzoglich Mecklenburgischen Landen jemals verlangen wollten, als diejenige, welche Ihnen auf vorläufig schriftlich geschehenes Ersuchen und darauf erfolgtes freundschaftliches Bewilligen verstattet werden würde. Jedoch dass Sr. Durchlaucht dem Herzog und Dero Nachfolgern an der Regierung auf Einlangung solcher Ersuchschreiben die unumschränkte Freiheit unbenommen bleibe, die verlangte Werbung nach Befinden der Umstände entweder zu erlauben oder abzuschlagen, auch nach Gefallen einzuschränken und wiederum gänzlich aufzuheben.

3.

Dass Ihro Königl. Majestät denen von Ihro Regimentern in den Herzogthümern und Landen Mecklenburg begangenen Excessen die abhelfliche Maasse und für das künftige solche Verfügung treffen wollten, dass es der weiteren Ernenung und Execution derjenigen landesherrlichen Verordnungen, welche im Mecklenburgischen wider die fremden und gewaltsamen Werbungen von Zeit zu Zeit ergangen, gegen die Königlich Preussischen Truppen weiter nicht bedürfe. Jedoch behielten

4.

Ihro Durchlaucht der Herzog Ihnen ausdrücklich vor, erfordernden Falls kraft habender hohen Landesobrigkeit, gleich andern Ihren benachbarten und übrigen hohen Herren Reichs-Mitständen, allgemeine Pönal-Patentes gegen alle fremde, heimliche und öffentliche Werber ohne die geringste Ausnahme innerhalb Ihrer Lande ergeben, auch an den Übertretern in loco delicti vel deprehensionis ohne Ansehung der Person exequiren zu lassen.

5.

Versprächen Ihro Königl. Majestät, alle gewaltsam geworbene und gefänglich ausser Landes geführte und arretirte Mecklenburgische Unterthanen, Eingesessene, Pflichtverwandte und Bediente allerlei Wesens ohne einigen Vorbehalt und Anspruch auf freien Fuss stellen zu lassen, auch insonderheit

6.

Den künftigen Anzug der alten, bereits in dem Pacto successorio de anno 1442 abgethanen und hiemit nochmals zum Überfluss vernichtigten Streitigkeit wegen der ehemaligen Vasallagii der Herzoge zu Mecklenburg nie wiederum auf die Bahn zu bringen, noch, dass es von den Ihrigen geschehe, zu gestatten.

7.

Note vom 7. Juli.

Würden Ihro Königl. Majestät mittelst einer General- und Special-Amnestie eine ewige Vergessenheit alles ergangenen zur Sicherheit der Herzoglich Mecklenburgischen Ministrorum, Räthen, Bediente und Angehörigen zu accordiren geruhen, auch

8.

Ihnen gefällig sein lassen und mit bewirken zu helfen versprechen, dass über den zu treffenden Vergleich Ihro Kaiserl. Majestät Confirmation, demnächst auch die allgemeine Reichsgarantie bei dem comitialiter versammleten Reich gesucht und erhalten werde. Unterdessen würden

9.

Ihro Kaiserl. Majestät Selbst der Billig- und Gerechtigkeit gemäss befinden, dass dem vorigen und jetzigen Stand der Sachen zu Wien und Regensburg durch diesen Versuch der Tractaten bei deren unverhofften Fehlschlag eventualiter nichts benommen sei, sondern diesen Falls

10.

Überhaupt Ihro Herzogl. Durchlaucht Competentia in Ansehung der Schäden und der andern von Kaiserl. Majestät für Recht erkannten Zuständnissen oder Forderungen in salvo blieben.

Note vom 1. August.

Wollen Ihro Königl. Majestät Sich nicht entgegen sein lassen, wenn Ihro Herzogl. Durchlaucht über den getroffenen Vergleich die Kaiserliche Confirmation und demnächst, wenn es nöthig erachtet werden sollte, auch die allgemeine Reichsgarantie bei dem comitialiter versammleten Reich zu suchen, es gut finden würden.

Vorstehenden Vergleich haben beederseits Chur-Brandenburg- und Herzoglich Mecklenburgische Comitial-Gesandten einsweils sub spe rati kraft habender Vollmacht unterschrieben und besiegelt, in der festen Zuversicht, dass Ihro aller- und höchste Herren Principalen solchen ehebaldigst und längstens binnen sechs Wochen zu ratificiren geruhen werden.

Separat-Artikel*).

Wie Se. Königl. Majestät von Preussen aus sehr erheblichen und wichtigsten, des Herzogs von Mecklenburg Durchlaucht aber ganz ohnschädlichsten Ursachen Bedenken finden müssen, den am 1. Augusti bis zu aller- und höchster Ratification von beiden bevollmächtigten Ministris unterzeichneten Vergleich wegen des darin enthaltenen 7. Punkts zu ratificiren; hingegen des Herzogs von Mecklenburg Durchlaucht diesen Punkt in dem Vergleich zu belassen, bloss aus nöthigen Menagement gegen Kaiserl. Majestät und das versammlete Reich erhebliche Ursach haben: so wollen des Herzogs von Mecklenburg Durchlaucht Sich dieses Punkts dergestalt begeben, dass Sie versprechen, noch zur Zeit und so lange Se. Königl. Majestät den unter dem 1. Augusti getroffenen und von beiderseits Comitial-Gesandten sub spe rati unterzeichneten Vergleich seinem ganzen Inhalt nach halten und erfüllen würden, weder um Kaiserliche Confirmation, noch die Reichsgarantie nachsuchen zu wollen, sondern Sich auf das hohe Königliche Wort der genauen Erfüllung des ganzen Inhalts des Vergleichs zuversichtlichst alleinigst zu verlassen. Dessen zu mehrer Urkund ist dieser Separat-Articul von beiderseits höchst- und hohen Contrahenten eigenhändig unterschrieben und besiegelt worden.

*) Vom 24. Augusti.

XIII.

Zeitungsartikel vom 22. und 26. Juli.

Nachdem König Friedrich den Krieg mit Oesterreich für unvermeidlich erkannt*) und sich entschlossen hatte, „das Praevenire zu spielen**), hielt er für nothwendig, damit sein Angriff gleich anfänglich von allen Unparteiischen als berechtigte Nothwehr aufgefasst würde, mit Hülfe der Presse möglichst weite Kreise auf die lange vorbereiteten, umfassenden Rüstungen der Hofburg aufmerksam zu machen.

Ein ziemlich dunkel gehaltener Artikel in den Leydener Nouvelles extraordinaires über die bedrohlichen kriegerischen Anstalten der Preussen***) veranlasste den König am 24. Juli zu dem Be-

---

*) Am 21. Juli. Vergl. Historische Zeitschrift, N. F. XX, 420 f. Naudé. Friedrich der Grosse vor dem Ausbruch des siebenjährigen Krieges. Der König schreibt am 22. Juli dem Prinzen von Preussen: „Je regarde à présent la guerre comme inévitable, je ne comprends même par quel moyen je pourrais l'esquiver." Politische Correspondenz 13, 109.

**) Politische Correspondenz 13, 105.

***) Nouvelles extraordinaires de divers endroits, 20 Juillet 1756. Supplément. Nr. 58. „De Hildesheim le 16 juillet. On n'est pas moins étonné ici, qu'en bien d'autres endroits de tant de différents bruits assez généralement répandus au sujet du traité d'alliance, conclu entre l'Impératrice-Reine de Hongrie et le Roi de France, et des suites extraordinaires qui, selon l'opinion commune, doivent en résulter. Ces suites, à ce qu'on croit généralement, ne peuvent qu'être très préjudiciables au repos et à la paix si heureusement établis dans l'Empire, s'il est vrai que ce traité contienne des articles qui renverseroient le système des affaires présentes. Et l'on prétend même que les hostilités qui doivent être le prélude de quelque chose de sérieux, ne tarderont pas d'avoir lieu. Ces bruits, à la vérité, sont mêlés de tant de différentes conjectures que l'on ne sauroit encore se fixer à rien de certain. Il est sûr cependant, qu'il s'est fait des amas considérables de blé dans les états

fehle an den Cabinetsminister Grafen Podewils*), in den Berliner Zeitungen, „jedoch von einem fremden Orte her" eine kurze Nachricht „von denen grossen Kriegspräparatorien, so in denen kaiserlichen Landen gemacht würden", zu veröffentlichen. Man spräche schon, so sollte es darin heissen, von der Errichtung zweier Lager in Mähren und Böhmen und von dem Vorrücken feldmarschmässig gerüsteter Regimenter sogar aus Ungarn.

Podewils beauftragte den Geheimrath Warendorff, eine derartige Correspondenz zu entwerfen, und verfügte, nachdem er den Artikel durchgesehen hatte**), ihn,

„so wie er verfasst ist, den hiesigen Zeitungsschreibern insinuiren und ihnen aufgeben zu lassen, sich gegen niemand in der Welt etwas merken zu lassen, dass solcher mit Fleiss inspirirt, sondern sich auf ihre Hamburgische Correspondenten, wenn sie darüber befragt werden, zu berufen."

Der officiöse kleine Aufsatz erschien am 27. Juli in den Berlinischen Nachrichten von Staats- und Gelehrten Sachen***) und wurde daraus übernommen von den Leydener Nouvelles extraordinaires in ihrer Nummer vom 3. August †).

Als neue Nachrichten über die österreichische Mobilmachung von einem Spione, der sogar schon die Namen der aufgebotenen Regimenter zu nennen wusste, eingelaufen waren, wurde Podewils am 2. August — nur wenige Stunden bevor Klinggräffens Bericht über seine erste ergebnisslose Audienz bei der Kaiserin-Königin eintraf — wieder mit dem Auftrage betraut, einen kurzen, in dem Schreiben schon skizzirten Abriss „der österreichischen Kriegsveranstaltungen in

---

du Roi de Prusse et de quelques autres princes d'Allemagne; et il y a des ordres de former plus d'un campement dans le cours du mois d'août prochain, cependant les motifs et le but de tant d'arrangements imprévus restent impénétrables au public qui ne laisse pas néanmoins de déplorer d'avance les malheurs, qui pour quelques terrains contestés en Amérique pourroient bien désoler de florissantes contrées en Europe." Die Aehnlichkeit dieses Artikels mit den ersten Absätzen des Kaiserlich-königlichen Circularrescripts vom 24. Juli 1756 macht den Schluss nicht unwahrscheinlich, dass wir es hier mit einer officiösen, von den Oesterreichern eingegebenen Nachricht zu thun haben.

*) Politische Correspondenz 13, 120.
**) Schreiben von Podewils an Warendorff 25. Juli.
***) Die sogenannte Haude-Spenersche Zeitung. Nr. 90. S. 960.
†) Nr. 62, supplément. Als Correspondenz aus Berlin vom 27. Juli. Die Uebersetzung ist fast wörtlich. Der Artikel schliesst hier: „Et en un mot, si l'on doit se rapporter à ces lettres, il semble qu'on soit à la veille de quelques nouveaux troubles en Allemagne."

Böhmen und Mähren auf eine convenable und unaffectirte Art" zu publiciren *).

„Ew. Excellenz überlasse ich," schliesst der Cabinetssecretär Eichel sein Schreiben, „was Dieselbe denen Zeitungen deshalb inseriren zu lassen vor gut finden werden; nur nehme mir die Freiheit, annoch zu erinnern, wie ohnvorgreiflich es wohl gut sein dörfte, wann der Concipient der Zeitungen dergleichen Article nicht immediate auf den Berlinschen Article [folgen lässet], wie das vorige Mal geschehen **), sondern solches mit andern Articuln unter einander melirete, dabei auch demselben insinuiret werde, dass, falls ja ein oder ander auswärtiger Minister directement oder indirectement bei ihm sich erkundigen lassen sollte, woher dergleichen Articul gekommen, er sich nichts weiter deshalb äussern, als dass er verschiedene aus dem Reiche und der Orten hergekommene Briefe und Passagiers gesehen und gesprochen und von solchen den Article colligiret habe."

Warendorff, dem auch dieses Mal die Redaction der bezüglichen Notiz oblag, überreichte noch im Laufe desselben Tages seinen Entwurf in der Form einer Correspondenz aus Nürnberg vom 26. Juli dem Cabinetsminister. Er erhielt den Artikel umgehend, an zwei Stellen verbessert, mit dem Befehle zurück, ihn in dieser Form „unter gehöriger Précaution" den beiden Berliner Zeitungen zuzustellen***): „nämlich, dass er in einer derselben nach zwei anderen Articuln†), in der anderen aber nach drei differenten Articuln gesetzet werde."

„Die Data," erklärt Podewils, „haben um die Wahrscheinlichkeit der erhaltenen Nachrichten aus Nürnberg zu soutiniren, nothwendig verändert, und selbige nicht auf den morgenden Tag noch den anderen vom 28. Julii lassen kommen"††), da die Post zwischen Berlin und Nürnberg sechs bis sieben Tage brauchte. Aus Besorgniss vor dem leicht erregten Unwillen seines Herrschers wiederholte der alte Minister noch einmal am selben Tage in einem zweiten Schreiben an Warendorff nachdrücklich die Verordnung, dass die Correspondenz

---

*) Politische Correspondenz 13, 161.
**) Der Artikel vom 22. Juli folgte sofort auf die Hofnachrichten, verrieth also schon durch seinen Platz die officiöse Herkunft.
***) Schreiben von Podewils an Warendorff, 2. August.
†) An dieser Stelle erschien die Nachricht in der Haude-Spenerschen Zeitung.
††) In dem oben citirten Briefe Eichels an Podewils hiess es: „wie nach sicheren Briefen .... den 28. Julii in das Lager bei Kolin 24 Bataillons .... einrücken würden."

auf keinen Fall „gleich nach der Berlinischen unter der Rubrik von Nürnberg inserirt werden dürfte".

Im Hinblick auf frühere Vorgänge*) bleibt wohl zweifelhaft, ob diese Vorsichtsmaassregeln den gewünschten Erfolg gehabt haben; war doch allgemein bekannt, wie genau die Berliner Zeitungen von der Censur des Departements der auswärtigen Affairen überwacht wurden.

Die Mittheilung erschien am 3. August in der Dienstagsnummer der Berlinischen Nachrichten**) und wurde daraus später abgedruckt von den Beyträgen zur neueren Staats- und Kriegesgeschichte***).

Die Leydener nouvelles extraordinaires brachten unseren Nürnberger Bericht in zwei Stücke getheilt als angebliche Originalcorrespondenzen, aus Wien vom 28. Juli und aus Nürnberg vom 30. Juli†).

Nieder-Elbe, vom 22. Juli††).

Die sowohl aus dem Reiche als von andern Orten eingegangene Nachrichten haben seit einiger Zeit von nichts andern als von grossen abseiten des Römisch Kaiserl. Hofes gemachten Kriegespräparatorien Erwähnung gethan; wie man dann nach eben diesen Zeitungen in denen Kaiserl. Königl. Landen, und zwar in Böhmen bei Kolin, ein Lager von mehr als 60,000 Mann und ein anderes in Mähren von 30 bis 40,000 Mann mit allem Kriegeszubehör zu formiren intentioniret sein soll. Auch melden gedachte Nachrichten, dass die Regimenter, welche zu solchen Campements ernannt worden, sich bereits in der gehörigen Feldequipage setzen müssen; dass der Generalfeldmarschall Fürst von Liechtenstein einen starken Train d'artillerie präpariret; dass nicht weniger verlauten will, als ob verschiedene Kaiserl. Königl. Regimenter bereits schon im Marsch aus Ungarn und anderwärts her begriffen sein und annoch von dorten marschiren würden, umb sowohl nach Böhmen als Mähren vertheilet zu werden; dass, mit einem Worte, die grössten Kriegeszurüstungen von dem Römisch Kaiserl. Hofe gemachet werden und derselbe gesonnen sei, das Commando über vor-

---

*) Vergl. Staatsschriften II, 209.
**) Nr. 93, S. 874.
***) Band I, S. 168. Das Sammelwerk wird gewöhnlich nach seinem angeblichen Verlagsort kurzweg als Danziger Beiträge citirt.
†) Nouvelles extraordinaires de divers endroits. Supplément. De Leide le 10 Août 1756, Nr. 64. (Der Herausgeber ist Etienne Luzac.)
††) Beide Artikel sind nach den Warendorfschen Concepten wiedergegeben.

erwähntes Lager bei Kolin entweder hochgedachtem Fürsten von Liechtenstein oder dem Generalfeldmarschall von Browne aufzutragen.

Nürnberg, den 26. Juli.

Nach sicheren aus Böhmen und Mähren eingegangenen Briefen werden die dortigen bereits seit geraumer Zeit angefangene Kriegszurüstungen unermüdet und mit dem grössten Eifer fortgesetzet. Es haben zu dem Ende vor kurzer Zeit in das bei Kolin in Böhmen abgestochene Lager 24 Kaiserl. Königl. Bataillons Infanterie, 2 Cuirassiers- und 2 Dragonerregimenter einrücken und fast umb ebensolche Zeit nach Eger 4 Bataillons Infanterie, nämlich 2 von Harrach und 2 von Wolfenbüttel, umb daselbst vorerst zu campiren, sich begeben, nach Olmütz aber 8 Bataillons Infanterie marschiren sollen; wie dann auch denen in das Lager bei Kolin eintreffenden und sich bei Holleschau in Mähren, ohnweit Olmütz, zum dortigen Campement versammlenden Regimentern anbefohlen worden, ihre Feldequipage mitzunehmen. Nicht weniger versichern obbemeldte Briefe, dass man in Böhmen 4000 Stück Proviant- und Bagagewagens verfertigen lassen, die bis auf weitere Ordre in denen Städten bereit gehalten, sonsten auch 3 starke Magazins auf 2 Monate, und zwar in Böhmen zu Kolin, Kuttenberg und Czaslau, errichtet würden; dass es gewiss sei, dass das Lager bei Olmütz durch die in Mähren, Oesterreich und Steiermark stehende Regimenter verstärket werden sollte, und dass aus dem Königreich Ungarn die Cuirassiersregimenter Pretlack, Trauttmansdorf, Lucchesi, Palffy, Cordua, Portugal, Radicati, Birkenfeld, Stampach, Serbelloni, ja selbst das zu Wien jetzo befindliche Prinz Leopoldsche Regiment, ferner die Regimenter Dragoner Kolowrat, Savoyen, Liechtenstein, Porporati und Sachsen-Gotha würklich im Marsch nach Böhmen und Mähren begriffen, auch dabenebst annoch 8000 Kroaten und Panduren aus Ungarn nach Mähren aufgebrochen sein, zu welchen noch verschiedene Husarenregimenter stossen sollen. An den Befestigungswerken von Olmütz wird nicht weniger mit allen Kräften gearbeitet, umb diesen Ort in den formidablesten Stand zu setzen, und es wird derselbe zu gleicher Zeit mit einer beträchtlichen Menge von schwerem Geschütz, Kugeln und Bomben versehen. Dem Verlaut nach soll der Generalfeldmarschall von Browne das Lager in Mähren und der Fürst von Liechtenstein das in Böhmen commandiren, obgleich andern Anzeigen nach der Fürst Piccolomini davon das Commando erhalten dürfte. Ueberhaupt scheinet jedermann in Böhmen und Mähren über die erstaunliche und dort noch nie gesehene Kriegesveranstaltungen in der grössten Beunruhigung und Bestürzung gesetzet zu sein, bevorab zu einer Zeit, da nach allen eingegangenen zuverlässigen Nachrichten man in Schlesien von keinen Kriegesnzurüstungen etwas vernimmt, sondern vielmehr die in sothanem Herzogthumb befindliche Regimenter sich in ihren Quartieren bis hieher beständig ruhig gehalten.

XIV.

Königlich preussischer Erlass an den Comitialgesandten Etatsminister Edlen von Plotho zu Regensburg. Berlin 17. August 1756.

Am 23. Juli hatte Klinggräffen, der preussische ausserordentliche Gesandte in Wien, auf den Befehl seines Königs eine Audienz bei Maria Theresia nachgesucht, um aus dem Munde der Herrscherin selbst Aufschluss über den Zweck ihrer bedrohlichen Rüstungen in Böhmen und Mähren zu erlangen*).

Da nach dem Brauche der strengen in der Hofburg geltenden Etiquette ungefähr drei Tage verstreichen mussten, bis ein Diplomat seinem Wunsche gemäss vor das Staatsoberhaupt treten durfte, so wurde Klinggräffen erst am 26. Juli von der Kaiserin in Schönbrunn empfangen**).

Diese Zwischenzeit benutzte die österreichische Regierung, um die Anklagen, die indirect in Klinggräffens bereits bekannter Anfrage lagen, abzuschwächen und auf Preussen das Odium des beabsichtigten Friedensbruches zu wälzen.

Schon am 24. Juli erliess sie ein Circularrescript an sämmtliche kaiserlich-königliche Minister***), worin die Verwunderung ausgedrückt wurde über „die ausserordentlichen Kriegsanstalten, welche Königlich-preussischer Seits ganz jählings und zu einer Zeit, wo dem fortdauernden Ruhestand von Teutschland von allen daran Theil nehmenden Mächten die sorgfältigste Vorsehung geschehen, mit solchem

*) Politische Correspondenz 13, 90.
**) Politische Correspondenz 13, 161.
***) Abgedruckt in der Kriegskanzlei 1756, Nr. 3, S. 16, in den Danziger Beiträgen 1, 173 und bei Faber 110, 672.

Eifer vorgenommen und ins Werk gesetzet werden". Hätte doch Oesterreich sogar, um allen widrigen Deutungen den Boden zu entziehen, „die überflüssige Rücksicht getragen, nicht einmal vor heuer die sonst gewöhnliche Revue- und Exercirungs-Campements in Böhmen und Mähren anzuordnen". Erst in der letzten Zeit wären Vorkehrungen getroffen zur Sicherheit dieser Länder: „Eine unumgänglich nöthige Vorsicht," so begründet das Schreiben die Maassregeln, „die zugleich mit der werkthätigen Erfüllung Unserer Obliegenheiten gegen Unsere treue Bundesgenossen vergesellschaftet ist."

Aber nicht nur durch Kriegszurüstungen bedrohe Preussen die Kaiserin-Königin: zum Ueberfluss sprenge es noch an allen protestantischen Höfen „das erdichtete Vorgeben" aus, Oesterreich und Frankreich hätten in dem Versailler Bündnisse insgeheim über „die völlige Unterdrückung des protestantischen Religionswesens", den Uebertritt des Erbprinzen von Hessen-Kassel zur katholischen Kirche und über die Wahl Erzherzogs Josef zum römischen König bindende Verabredungen getroffen. Die Absicht des Berliner Cabinets, die solchen Erfindungen zu Grunde läge, wäre auf eine reichsgesetzwidrige gemeinsame Verbindung der evangelischen Territorien gegen Oesterreich und auf eine Verdächtigung von dessen „unschuldigen Defensiv-Maassnehmungen" gerichtet.

Um diesen „weit aussehenden Anschlägen noch bei Zeiten ihre gemeinschaftliche Wirkung womöglich zu benehmen, und zugleich die darunter versteckte Gehässigkeit vor aller Welt Augen aufzudecken", wurden die österreichischen Gesandten zu der feierlichen Erklärung ermächtigt,

„dass Wir mit der obbemeldten Krone Frankreich keine solche Verbindlichkeit eingegangen wären, welche entweder dem protestantischen Religionswesen überhaupt zu einer Bekränkung gereicheten, oder insbesondere den Erb-Prinzen von Hessen-Kassel betreffeten, noch auch die Beschränkung der teutschen Freiheit wegen der römischen Königswahl in eigennütziger Absicht führeten."

Auf die Meldung Plothos, der zuerst von diesem Rescripte Nachricht brachte*) und um Material zur Widerlegung bat, wurde er-

---

) Nachschrift zum Berichte Plothos vom 29. Juli. Puchenberg hat beim anhaltischen Gesandten den kaiserlich-königlichen Erlass vorgelesen, „allen hiesigen Gesandtschaften declariren und eröffnen zu sollen, dass der Kaiserin-Königin Majestät auf Ew. Königlichen Majestät grosse Kriegszurüstungen, und davon die Absicht unbekannt, Sich zu aller Sicherheit genöthigt gesehen, Ihre Truppen in Böhmen und Mähren einrücken und an den schlesischen Grenzen postiren zu lassen, jedoch mit der Ordre sich bloss defensive zu verwidert), die bedeutenden Rüstungen der Oesterreicher wären bereits offenkundig. Und Maria Theresia hätte Klinggräffens deswegen gestellte Anfrage so wenig befriedigend beantwortet, dass der König „dabei ohnmöglich vergnügt sein könnte" und sie daher noch einmal durch seinen Gesandten um eine „nähere und kategorische" Erklärung ersucht hätte.

„Inzwischen," fährt der Erlass an Plotho fort, „werdet ihr wohl thun, von diesem Vorgang denen dortigen bei der Reichsversammlung accreditirten Ministris part zu geben und euch auf alle Weise zu bemühen, dieselbe von Unserer Moderation zu überzeugen und denenselben Begreifen zu machen, dass Wir in Ansehung der von Uns abgedrungenen, nach denen eine geraume Zeit vorhin abseiten des Römischen Kaiserlichen Hofes vorgenommenen enormen Kriegeszurüstungen ganz unschuldigen und zu Unserem Schutz und Schirm einzig und allein abzielenden Veranstaltungen nicht anders, als wie geschehen, verfahren können. Maassen Wir Uns auch dann zuversichtlichst versprächen, dass der mehreste Theil von obbesagten Ministris davon überführt sein werde."

Was die Protestation gegen etwaige Geheimartikel des Versailler Vertrages anlange, so möge sie „dahin gestellet sein"; auf jeden Fall wären unleugbar „die mit so viel Gut und Blut erworbene Prärogativen und Freiheiten" der deutschen Stände durch dieses Bündniss aufs Aeusserste gefährdet.

Eine Veröffentlichung des Rescriptes war nicht beabsichtigt; Plotho erhielt sogar den Befehl, „solche Reflexionen" nur „mit der grössten Behutsamkeit und damit man davon keinen üblen Gebrauch bei der Krone Frankreich gegen Uns daraus machen möge", bei den „Confidentioribus" vorzutragen. Erst nachdem der preussische Comitialgesandte ein Exemplar des kaiserlich-königlichen Circularschreibens vom 24. Juli eingeschickt hatte**), beschlossen die Berliner Cabinetsminister der österreichischen Kundgebung auf demselben Wege entgegenzutreten und unterbreiteten am 16. August dem Könige ein von Geheimrath Velte entworfenes ostensibles Rescript an Plotho zu

halten. Nebst dem sollte er auch die von Widriggesinnten ausgestreuten Gerüchte, dass bei dem mit der Krone Frankreich geschlossenen Tractate drei geheime Artikel, der eine wegen der römischen Königswahl, der andere wegen der Hessischen Religions-Assecuration und der dritte wegen gänzlicher Exstirpation der evangelischen Religion als grundfalsch und erdichtet declariren."

*) Ministerialerlass vom 10. August.
**) Bericht vom 5. August, in Berlin am 13. August eingegangen.

Unterzeichnung*). Friedrich sandte es zwei Tage später mit seiner Unterschrift versehen zurück. Er befahl zugleich dem auswärtigen Departement,

„solches auch an die übrigen Orte zu rescribiren und sehr allent darauf zu sein, um, sobald dergleichen von dem Wienerschen Hofe nur zum Vorschein kommet, sogleich und ohne einmal von Mir Ordre zu erwarten, sogleich mit Solidité und énergiquement darauf zu antworten, auch darunter die Leute von der Canzlei nicht zu schonen, indem es Mir garnicht gleichgiltig ist, wenn dem Publico durch die Illusiones, so der wienersche Hof solchem machet und darunter weder Fleiss noch Arbeit sparet, imponiret und solches gegen Mich durch allerhand im Grunde ganz verkehrt vorgestellete und calomnieuse Sachen, so ihm insinuiret werden, gegen Mich prävenirel wird."

Plotho wurde angewiesen, den Erlass auf die gleiche Weise, wie Puchenberg, der österreichische Directorialgesandte verfahren war, „unter der Hand und unvermerkt" zu verbreiten**).

Bei den „wohlgesinnten Ministern" fand die preussische Erklärung eine gute Aufnahme. Sie waren überzeugt und erkannten, so meldete Plotho, noch ehe er das ostensible Rescript empfangen hatte***),

„dass der Wienersche Hof zuerst und schon seit einem halben Jahre die grösste Kriegszurüstungen gemachet, und dass darunter nichts anderes verborgen gewesen, als mit Eur. Königlichen Majestät zu brechen und in dem teutschen Reiche ein Kriegsfeuer anzurichten, wobei im Trüben gefischet werden wollen. Es hat dahero alle solche Wohlgesinnte ungemein erfreuet, dass Ew. Königliche Majestät gut gefunden, von dem Wienerschen Hofe wegen dessen grossen Kriegszurüstungen Explication zu verlangen. Selbiger hätte solches billig thun müssen, ehe das Rescript vom 21. Juli erlassen und divulgiret worden. Es käme auch die auf Eur. Königlichen

---

*) Politische Correspondenz 13, 234.

**) Nachschrift zu dem ostensiblen Rescript vom 17. August. „Da nunmehro das letzthin von der Kaiserin-Königin Majestät an ihre bei der Reichsversammlung zu Regensburg befindliche Ministros ergangene Rescript, worin sie einzig und allein auf Uns die Schuld ihrer grossen Kriegszurüstungen wälzen, sich fast in aller Händen befindet, so haben Wir darauf nöthig zu sein erachtet, die in originali hierneben geschlossene ostensible Ordre an euch zu erlassen, welche ihr dann auf eben die Weise, wie der von Puchenberg gethan, unter der Hand und unvermerkt zu glisiren, vors erste aber von selbigem nur in extenso vorzulesen und nur den Confidentioribus davon eine Abschrift zu communiciren habt."

***) Bericht Plothos vom 23. August.

Majestät verlangte Explication gegebene Antwort mit solchem Rescripto garnicht überein, sondern wäre solchem widersprechend; und dieses alles haben solche Ministri an ihre Höfe zu berichten und bestens zu releviren versprochen, indessen selbige auch mit Verlangen erwarten zu vernehmen, wie der Wienersche Hof sich auf die anderweitig verlangende deutlichere Erklärung äussern werde*)."

Nach Friedrichs Anordnung erhielten auch die übrigen preussischen Gesandten Abschriften des Erlasses an Plotho**). „Ich kann fest versichern," meldet Ammon darauf aus Köln***), „dass man allgemein der Mässigung, Ueberzeugungskraft und Gediegenheit dieser Entgegnung Beifall gezollt hat."

Der Erlass ist, wohl nach einer Copie der „Confidentiores" in der Kriegskanzlei 1756 (Nr. 4 S. 20) und bei Faber 110 (S. 677) abgedruckt.

Königlich Preussischer Erlass an den Comitial-Gesandten Etatsminister Edlen von Plotho zu Regensburg.
Berlin 17. August 1756.

Wir haben aus demjenigen den 5. gegenwärtigen Monats von Euch eingesandten Rescript, so der Kaiserin-Königin Majestät an Ihre dortige Comitial-Ministres unter dem 24. jüngst abgewichenen Monats Julii erlassen, nicht ohne grosse Verwunderung und mit vielem Befremden ersehen, wasgestalt man Kaiserl. Königlicher Seits denen Ständen des Reichs vorbilden und dieselbe überreden zu wollen scheinet, als ob Wir zu denen ausserordentlichen Kriegeszurüstungen, welche Höchstgedachter Kaiserin Majestät eine Zeit her in Dero Staaten machen lassen, hauptsächlich Anlass gegeben und Dieselbe gleichsam dazu gezwungen hätten.

Wir können dieses Vorgeben ohne Scheu dem Urtheil der ganzen unparteiischen Welt anheimstellen, in der zuversichtlich gewissen Hoffnung, dass diese Uns darunter Justice widerfahren lassen und den Ungrund dergleichen gehässigen Imputationen anerkennen wird.

Niemanden kann unverborgen sein, und selbst die öffentlichen Zeitungsblätter haben davon sattsam Erwähnung gethan, dass der Römisch Kaiserliche Hof bereits zu Ende des letztverflossenen Monats Maji, kurz nach dessen bekanntlich neuerlich genommenen

---

*) Aehnlich lautet noch ein Bericht Plothos vom 26. August.
**) Erlasse vom 21. August.
***) Bericht Ammons vom 31. August.

Erlass an Plotho. 17. August 1756.

engen Verbindungen, zu einer Zeit, da derselbe von keiner Seite mit einem Überfall bedrohet worden, und da Wir gewiss an keine Bewegungen Unserer Truppen gedacht, mit seinen Kriegeszubereitungen den Anfang gemachet, selbige nachgehends mit unermüdetem Eifer fortgesetzet, Unsere Grenzen mit seinen Völkern, so zu sagen, überschwemmet, viele beträchtliche Magazins in Böhmen errichten, seine Festungen in den wehrhaftesten Stand setzen, selbige mit einer grossen Menge von allerhand Krieges-Ammunition versehen und, mit einem Worte, solche Veranstaltungen vorkehren lassen, welche bei Uns nothwendig ein besonderes Nachdenken und den grössten Verdacht erwecken, auch Uns bewegen müssen, auf Unserer Hut und auf die Sicherheit Unserer Lande bedacht zu sein.

Nichts desto weniger ist noch bis diese Stunde kein einiges von Unsern andern Regimentern zu denen in Schlesien befindlichen gestossen, dahingegen jedermann bewusst, dass man Römisch Kaiserlicher Seits in Böhmen und Mähren eine Macht von mehr als 80000 Mann mit allem Krieges-Attirail einer considerablen Anzahl Bagage-, Proviant- und Munitionswagens, ja selbst einen starken Train Belagerungs-Artillerie zusammenziehen lassen. Wann der Römisch Kaiserliche Hof versichert, dass von ihm sothane erstaunliche Kriegeszurüstungen vornehmlich auch deshalb gemachet worden, umb seine Obliegenheit gegen seine Bundesgenossen zu erfüllen, so wird wohl kein vernünftiger Mensch dergleichen Ausstreuungen Glauben beimessen, da jene ebenso wenig etwas von irgend einer Puissance zu befahren haben.

Ob Wir auch gleich dienlich erachtet, einigen von Unsern Regimentern den Weg nach Pommern nehmen zu lassen, so kann darüber vorgedachter Hof wohl ohnmöglich die allergeringste Ombrage, noch einige Beunruhigung schöpfen.

Unsere sehnliche Wünsche und Unsere reine Absichten sind, wie Wir solches mit gutem Gewissen vor den Augen der ganzen Welt bezeugen können, auch durch die mit der Kron Engelland den 16. Januarii a. c. geschlossene Neutralitäts-Convention nichts wie die Erhaltung des Ruhestandes und Tranquillität des geliebten Teutschen Vaterlandes, wie dem ganzen Reich und allen Europäischen Höfen sattsam bekannt, Unseres Orts aufrichtigst gesuchet, auch Unsere einzige Sorgfalt beständig dahin gegangen, die Ruhe und den Frieden bis auf die späteste Zeiten aufrecht erhalten zu sehen. Sollten selbige gestöret werden, so wird Uns dabei zur grössten Consolation gereichen, dass man wenigstens Uns nicht die daraus entstehende betrübte Folgen wird zuschreiben und aufbürden können, umb so viel mehr, da Wir zu Verhütung eines Ausbruchs mit der Kaiserin-Königin von Ungarn und Böhmen Majestät in offenherzige und freundschaftliche Explication getreten und von Höchstderoselben positiven Erklärung lediglich die fernere Beibehaltung des Ruhestandes zwischen beiderseits Staaten und Landen dependiren wird.

Ob übrigens der zwischen denen Römisch Kaiserlichen und Königlich Französischen Höfen jüngsthin geschlossenen Allianz annoch einige andere als die bereits communicirte Secret-Articule beigefüget worden, solches müssen Wir schlechterdings dahingestellet sein lassen. Wir haben auch zu der Kaiserin-Königin Majestät belobten Gedenkungsart und erleuchteten Einsicht das zuversichtliche Vertrauen, Höchstdieselbe werden nun und allezeit weit entfernet sein, zu einigen Vorschlägen, welche zur Unterdrückung und zum Umsturz der protestantischen Religion abzielen können, jemals die Hände zu bieten; wann aber die protestantischen Fürsten des Reichs, bevorab bei denen gegenwärtigen misslichen und weit aussehenden Zeitläuften, einige Inquiétude blicken lassen, so kann solches denenselben wohl schwerlich, in Rücksicht auf verschiedene sich vorhin geäusserte, ihre theuer erworbene Prärogativen, Rechte und Freiheiten angehende bedenkliche Umstände der angefochtenen Religions-Reversalen des Erbprinzen von Hessen-Cassel Liebden und denen entdeckten Intriguen der Kaiserlichen Gesandten, Grafen von Pergen und des Freiherrn von Kurzrock, zu Entführung gedachten Erbprinzen Liebden und desselben Entziehung aus der väterlichen Gewalt seines Vatern, des Landgrafen Liebden, als welche darüber die bitterste Klagten geführet, auf einige Weise verdacht werden.

Wir haben nöthig erachtet, Euch obiges alles zu Eurer Direction gnädigst zu eröffnen, umb Euch dadurch im Stande zu setzen, denen dortigen anwesenden Chur- und Fürstlichen Comitial-Gesandten und übrigen Reichsständischen Ministris, die ungleiche Impressiones, welche bei ihnen vorangeführte Insinuationes etwa gemachet haben möchten, desto besser zu benehmen und sie von der Unschuld Unseres bisher gehaltenen Betragens zu überzeugen.

XV.

Königlich preussischer Erlass an den Comitialgesandten Etatsminister Edlen von Plotho zu Regensburg. Berlin 21. August 1756.

In dem ostensiblen Erlasse vom 17. August*) vermisste Friedrich den nachdrücklichen, zwingenden Beweis für seine oftmals wiederholte Betheuerung, dass er nur mit Hinblick auf die von langer Hand her vorbereiteten Rüstungen der Russen und Oesterreicher einige, durchaus nur defensiven Charakter tragende militärische Anordnungen getroffen hätte.

„Es ist bekannt," schrieb er am 18. August an seine Cabinetsminister**), „dass ich an keinen Lärm mit den Oesterreichern gedacht habe, bevor ich nicht im Monate Junio gehöret, dass der wienersche Hof anfinge in Mähren und Böhmen allerhand bedenkliche Kriegs-Préparatoires zu machen; als darauf auch .... die Nachricht einlief, dass die russische Völker in starker Bewegung in Lievland wären, habe Ich einige wenige Regimenter nach Pommern marschiren lassen und, sowie nachher die russische Truppen Halt gemachet, habe ich auch die in Pommern .... Halte machen lassen."

Gerade in Schlesien, der bedrohtesten Provinz, an deren Grenzen die Oesterreicher bereits Truppencordons zögen, „als wenn es schon wirklich Krieg wäre", habe er nur die Festungen in Defensionsstand bringen, aber „nicht einen Mann aus seiner Garnison rühren lassen". Die Anklage vollends, dass die Detachirung einiger Regimenter nach

---

*) Vergl. S. 92.
**) Politische Correspondenz 13, 234.

Hinterpommern die Kaiserin-Königin bedrohte, wäre „ridicul". Mit demselben Rechte könnte Preussen über Gefahr schreien, führt Friedrich in einem noch öfters aufgenommenen Vergleiche aus, wenn Oesterreich Truppen in Toskana postiren würde.

Da aber die Hofburg trotz so deutlicher Zeichen der preussischen Friedfertigkeit und trotz der „amiablen Propositionen" Klinggräffens*) mit ihren kriegerischen Rüstungen fortführe, so müsse auch er „serieuse Mesures nehmen", um nicht in seinen eigenen Landen überfallen und „ecrasirt" zu werden. Doch bisher wäre noch keine Bewegung von seinen Truppen gemacht, die nicht sofort contremandirt werden könnte: es bedürfe also nur einer offenen friedlichen Erklärung der Kaiserin-Königin, „und der Friede bleibet conservirt".

„Dieses alles soll das Ministerium sehr releviren," schliesst die Cabinetsordre „und dabei die Data der beiderseitigen Mouvements wohl attendiren und dem Publico alles solches remarquiren machen, ... damit der wienersche Hof auf die gröbste Art nicht Mich injuriiren und anschwärzen und gleichsam mit Finger auf Mich weisen dörfe, ohne tüchtig rebroussirt zu werden."

Nach diesen Angaben entwarf Warendorff mit genauer, oft fast wörtlicher Anlehnung an die Ausführungen des Königs einen Erlass, der am 21. August von Friedrich unterzeichnet nach Regensburg an Plotho gesandt wurde.

Den königlichen Residenten im Reiche und den Vertretern in Stockholm, Kopenhagen, dem Haag und Warschau wurden Copieen davon zugeschickt mit folgendem Schreiben:

„Da Wir ausser demjenigen ostensiblen Rescripte, so Wir wegen der von dem Römisch-kaiserlichen Hofe wider Uns gemachten gehässigen und injuriösen Insinuation, als ob Wir das einzige Werkzeug zu seinen ausserordentlich grossen Kriegsrüstungen gewesen, an Unseren zu Regensburg befindlichen Comitialgesandten, den von Plotho, ergehen .... lassen**), gedachtem Minister noch ein und andre Argumente fourniret, um die Reichsversammlung sowohl, als die ganze unparteiische Welt von vorbesagten, Uns höchst empfindlichen und wider alle Wahrheit streitenden Vorgeben des Römisch-kaiserlichen Hofes je mehr und mehr zu convinciren, so haben Wir gut gefunden, Euch das an gedachten Unseren Minister dieserhalb ergangene anderweite Rescript hiermit gleichfalls gnädigst in Abschrift zufertigen zu lassen, und habt Ihr davon den dienlichen Gebrauch zu machen."

*) Vergl. S. 92.
**) Vergl. S. 96.

Ammon in Köln wurde ermächtigt, das Schreiben seinen dortigen Freunden vorzulesen, „damit sie von dessen Inhalt, da, wo sie es vor Unser Interesse vor dienlich erachten werden, allen guten Gebrauch machen mögen". Eine Abschrift zu nehmen, sollte ihnen aber nicht gestattet werden. Mit der gleichen Einschränkung durfte Hellen im Haag den Erlass „bei der Prinzessin-Gouvernantin und den vornehmsten Ministris verwenden".

Das Rescript fand bei allen Personen der preussischen Partei, denen es der Gesandte in Holland mittheilte, den erwarteten Beifall. Sie fanden seine Gründe „ebenso stark wie wahr". Die Gerechtigkeit der preussischen Sache wäre in den beiden Noten an Plotho so klar dargelegt, äusserte sich unter anderen Prinz Ludwig, dass alle Welt das grosse Unrecht Oesterreichs einsehen und seinen Erklärungen keinen Glauben mehr schenken würde*).

Noch in demselben Jahre wurde der Erlass, welcher nach den Worten des Königs gerade darauf ausging „das Publicum zu desabusiren" **), auch veröffentlicht. Wir finden die Note schon in dem ersten Stücke der Kriegskanzlei von 1756 (Nr. 5 S. 23) und dem ebenfalls in jenem Jahre ausgegebenen Theile 110 der Faberschen Staatskanzlei (S. 681). Verschiedene Umstände sprechen dafür, obwohl sich in den Acten keine Beglaubigung dessen findet, dass die Publication von Plotho in Regensburg ausgegangen ist.

Königlich Preussischer Erlass an den Comitial-Gesandten Etatsminister Edlen von Plotho zu Regensburg. Berlin 21. August 1756.

Ohnerachtet Wir Euch bereits in Unserm an Euch unterm 17. dieses Monats erlassenen ostensiblen Rescript vielen Stoff fourniret und die triftigsten und unumbstösslichsten Gründe an Hand gegeben, umb das Publicum von denen ab Seiten des Römisch Kaiserlichen Hofes wider Uns ausgestreuten gehässigen und maliciösen Imputationen, als ob Wir demselben zu denen von ihm eine Zeit her vorgekehrten grossen und übertriebenen Kriegszurüstungen genöthiget, zu desabusiren, so haben Wir nichts desto weniger gut gefunden, Euch folgendes annoch zum Überfluss gnädigst zu eröffnen, und Euch dadurch je mehr und mehr im Stande zu setzen, alle unparteiische und die Wahrheit liebende Personen von denen wider Uns gemachten injuriösen Insinuationen des wienerschen Hofes, wodurch derselbe Uns unverschuldeter Weise bei Unsern Höchst- und Hohen Mitständen des Reichs anzuschwärzen suchet, auf die überzeugendste Art zu überführen

*) Berichte Hellens vom 31. August und 3. September.

Erlass an Plotho. 21. August 1756.

Wir leben der zuversichtlich gewissen Hoffnung, es werden gedachte Unsere Höchst- und Hohe [Mit-]Stände nach Deroselben erleuchteten Einsicht und wann Sie die Zeit, da Wir zu denen Uns abgedrungenen zum Schutz und Schirm Unserer Lande und getreuen Unterthanen einzig und allein abgezielten geringen und unschuldigen Arrangements geschritten, mit derjenigen Zeit zusammenhalten werden, da der Römisch Kaiserliche Hof mit seinen ungewöhnlich grossen Kriegsveranstaltungen den Anfang gemachet, durch dergleichen Blendwerk, als das wider die offenbare Wahrheit streitende Vorgeben ist, dass Wir zu letzteren Anlass gegeben, Sich auf keine Weise täuschen lassen. Uns würde gewiss nie in den Sinn gekommen sein, Uns zu Ergreifung der zur Sicherheit Unserer Staaten seit kurzem vorgenommenen Defensionsmitteln zu resolviren, wann Wir nicht dazu von dem wienerschen Hofe gleichsam wären forciret worden; dessen bereits zu Anfangs jüngst abgewichenen Monats Junii in seinen Erblanden, besonders in Böhmen und Mähren angefangenen und jedermann bekannte ausserordentliche Kriegs-Präparatorien sind es, welche Uns billig bewogen, auf Unserer Hut zu sein, zumalen Wir fast zu gleicher Zeit die zuverlässige Nachricht erhielten, dass sich ein beträchtliches Corps Russisch Kaiserlicher Völker aus Livland denen Grenzen von Kurland näherte und in der stärksten Bewegung sei; da Wir dann nöthig zu sein geglaubet, einige wenige von Unsern Regimentern nach denen Uns zugehörigen pommerschen Landen marschiren, selbige aber Halte machen zu lassen, sobald Wir vernommen, dass sich besagtes Corps Russisch Kaiserlicher Truppen wiederumb zurückgezogen.

Wir können nicht in Abrede sein, dass Wir Unsere in Schlesien befindliche Festungen wider alle Surprise in Defensionsstande setzen lassen; aber auch dazu würden Wir Uns nicht entschlossen haben, wann Wir nicht gesehen, dass der Römisch Kaiserliche Hof seine einmal in Böhmen und Mähren angefangene enorme Armements gehäufet und immer weiter getrieben.

Zu einer Zeit, da bis diese Stunde nicht ein einziger Mann aus Unsern Garnisonen in Schlesien gerücket, da Wir dahin den Weg bis hieher keinem einzigen Unserer anderer Regimenter nehmen lassen, mithin auch daselbst weder ein Lager noch ein Campement errichtet worden, hat man in Böhmen angefangen, ein considerables Lager zu formiren, die dortigen Regimenter campiren, ja sogar an Unsern Grenzen Cordons ziehen zu lassen, gleich als wann bereits ein öffentlicher Friedensbruch erfolget.

Wann Wir nöthig erachtet, die [in] Unsern westphälischen Provincien repartirte Regimenter näher an Uns zu ziehen, ist solches schlechterdings deshalb geschehen, weil der wienersche Hof fast seine ganze Macht aus dem Königreich Ungarn marschiren und in Böhmen und Mähren einrücken lassen.

Es ist ohnmöglich, dass besagtem Hofe die von Uns resolvirte oberwähnte Absendung einiger weniger Regimenter nach Unsere Hinterpommersche Lande auch nur die allergeringste Ombrage verursachen können, ebenso wenig als Wir deshalb den allermindesten Verdacht und Apprehension schöpfen würden, wann es demselbet gefällig sein möchte, einige von seinen Regimentern nach das Grossherzogthumb Toscana marschiren zu lassen.

Wir können Uns ohne Scheu auf das Zeugniss mehrbemeldten Hofes selbst berufen, ob bis hieher ein einziges von Unsern übrigen Regimentern sich nach Schlesien begeben, und ob Unsere dasige Truppen auf denen Kaiserlich Königlichen Grenzen auch nur die allergeringste Bewegung gemachet.

Da Wir aber zu Unserm grössten Leidwesen erfahren müssen, dass alle

Erlass an Plotho. 21. August 1756.

diese von Uns aus einem aufrichtigen Triebe zu Unterhaltung der Ruhe und des Friedens an den Tag gelegte Mässigung bei dem Römisch Kaiserlichen Hofe keinen Eindruck gemachet; da dieselbe, nachdem Wir Uns mit ihm wegen seiner grossen auf Unsern Gränzen vorgenommenen Kriegeszurüstungen durch Unsern bei demselben subsistirenden Ministrum, den Geheimten Rath von Klinggräffen, ohnlängst auf das freundschaftlichste expliciret, aber darauf eine solche Antwort erhalten, wobei Wir Uns ohnmöglich beruhigen können, nichts desto weniger mit seinen Armementz in Böhmen und Mähren einen Weg wie den andern mit dem grössten Empressement und Eifer fortführet, daselbst Lagers formiret, seine dasige Truppen in marschfertigen Stande setzen, solche von Tage zu Tage verstärken und solche mit andern aus dem Innersten seiner Provincien verschriebenen Truppen vermehren lässet: so wird Uns von der ganzen raisonnablen Welt nicht verdacht werden können, wann Wir Uns endlich genöthiget sehen dörften, gegen dergleichen gefährliche Veranstaltungen alle Uns von Gott dem Allerhöchsten zur Conservation Unserer Lande und getreuen Unterthanen verliehene Macht anzuwenden und alle nur erzinnliche serieuse Mesures zu ergreifen, umb nicht in Unsern eigenen Landen präveniret und écrasiret zu werden.

Es stehet in der Kaiserin-Königin Willkür und freien Händen, ob Höchstdieselbe den Krieg oder Frieden erwählen wollen. Sollten diejenigen Protestationes, so Sie hier und dar von Ihren aufrichtigen Neigungen vor die Unterhaltung des Friedens und der Ruhe thun lassen, richtig und pur sein, so wird es Uns zu einem ausnehmenden Vergnügen gereichen, wann Sie Sich dieserhalb auf die von Uns vorbesagten Unserm Ministro, dem p. von Klinggräffen, neuerlich Deroselben zu thun aufgegebene anderweite Vorstellungen*) auf eine ungebundene, klare und reine Art gegen Uns zu erklären geruhen wollen, welchenfalls der von Uns gewiss über alles desidirirte Friede, bevorab da von Unsern Truppen bis diese Stunde nicht die allergeringste Mouvements gemachet worden, so dem Kaiserlich Königlichen Hofe mit Bestande eine rechtliche und gegründete Inquiétude verursachen könnte, auch diejenigen Arrangements, so Wir bisher zu nehmen Uns genöthiget gesehen, so zu sagen, in einem Augenblick contramandiret werden können, ohnfehlbar beibehalten werden, und es Uns zur grössten und vollkommensten Satisfaction gereichen wird, Unsere mit der Kaiserin-Königin Majestät bisher cultivirte Freundschaft beständig fortzusetzen, je mehr und mehr zu befestigen und bis auf die späteste Zeiten zu unterhalten.

Ihr habt insbesondere auch von diesen triftigen und jedermann in die Augen fallenden zu Unserer Defension gegen die gehässige und Uns höchst empfindliche wider Uns von dem Römisch Kaiserlichen Hofe ausgestreute Unwahrheiten angeführten Beweggründen auf eben den Fuss, wie Wir Euch solches in obangezogenem ostensiblen Rescript gnädigst anbefohlen haben, allen dienlichen Gebrauch dortigen Orts zu machen, auch welchergestalt solchen geschehen, hiernächst gehorsamst zu berichten.

*) Vergl. Politische Correspondenz 13, 163.

XVI.

Zeitungsartikel. Regensburg, den 17. August.

Nachdem das österreichische Circularrescript vom 24. Juli durch die Zeitungen veröffentlicht worden war*), hielt das Berliner Cabinetsministerium, dem sein Herr erst jüngst eingeschärft hatte**), alle widrigen Kundgebungen des Wiener Hofes energisch zu beantworten, für nöthig, sich ebenfalls an das Publicum zu wenden, „um alle aufgebürdeten Beschuldigungen zu desabusiren".

Podewils und Finckenstein sahen, wahrscheinlich um Wiederholungen zu vermeiden, die das Interesse der Leser abschwächen könnten, von einem Abdrucke der beiden ostensiblen Erlasse vom 17. und 21. August***) ab, und beauftragten den Geheimrath Hertzberg in einem Zeitungsartikel, der aus Regensburg vom 17. August datirt werden sollte, den Inhalt der genannten Rescripte zu verschmelzen.

Sein Entwurf in deutscher und französischer Sprache, von Podewils an einigen Stellen verbessert, wurde am 26. August an Hecht in Hamburg, Freytag in Frankfurt, Buirette in Nürnberg, Ammon in Köln und Hellen im Haag mit dem Befehle gesandt, ihn den Zeitungen an ihren Aufenthaltsorten baldigst inseriren zu lassen.

Der Artikel erschien dann in den Nouvelles extraordinaires vom 7. September (Nr. 72) †) und gleichzeitig zusammen mit dem kaiserlich-

---

*) Vergl. Nr. XIV. Es ist abgedruckt in Nr. 68 der Nouvelles extraordinaires de divers endroits vom 17. August unter der Spitzmarke „De Vienne le 4 août". Zugleich ist dort die erste Antwort der Kaiserin-Königin an Klinggräffen wiedergegeben.

**) Vergl. S. 95.

***) Vergl. Nr. XIV und XV.

†) Das officiöse Schriftstück erschien dort unter der Spitzmarke „De Ratisbonne le 27 (!) août" und wird als preussisches Circularrescript bezeichnet.

königlichen Circularrescripte vom 24. Juli in den Berlinischen Nachrichten*). Auch in der gazette de Cologne hat er wohl Aufnahme gefunden. Ammon berichtete wenigstens schon am 31. August aus Köln, dass der Herausgeber dieser Zeitung, die an diesem Tage in einer angeblichen Correspondenz aus Prag einen Auszug des österreichischen Rundschreibens veröffentlichte, sich erboten hätte, etwaige preussische Kundgebungen ebenfalls einzurücken**).

Hellen schickte die kleine Note auch an den Utrechtschen Gasettier, dessen Zeitung am verbreitetsten in Holland war***). Der Artikel hat, meldete er am 7. September, einen sehr grossen Eindruck gemacht und das Publicum über die entstellenden Aussstreuungen der Oesterreicher aufgeklärt.

Von den bekannteren Sammelwerken über die Publicationen des siebenjährigen Krieges bringen nur die Danziger Beiträge (I, 178) unseren Aufsatz, mit Fortlassung der Eingangsworte.

Regensburg, 17. August 1756.

Man siehet hier eine Königl. Preussische Beantwortung des von der Kaiserin-Königin von Ungarn und Böhmen Majestät unter dem 24. Julii an Dero Ministros erlassenen Circular-Rescripts, die beiderweitige Kriegsrüstungen in Böhmen und Schlesien betreffend, ohngefähr des Inhalts.

---

*) Nr. 108 S. 444. Unter der Ueberschrift „Regensburg vom 26. August".

**) „Que si je lui demandais également de faire quelques insinuations au public, il s'en acquitterait avec une pareille fidélité." — Ammon hatte am 25. Juli berichtet: „Il y a ici le sr. Jaqmotte, nouvel auteur de la gazette de cette ville, qui est fort bien informé, ayant correspondance entre autres avec plusieurs ministres impériaux. (Auch mit dem Feldmarschall Browne stand Jaqmotte de Roderique, der Neffe des jüngst verstorbenen Zeitungsverlegers, in directer Verbindung.) J'ai tâché de gagner son amitié par de grandes politesses que je lui ai faites dans ma maison, et je tire quelques fois de bonnes nouvelles de lui." Der Resident schlug vor, ihn durch eine „Gratification" für die preussischen Interessen zu gewinnen. Aber Friedrich wollte nichts davon hören. „Der Ammon ist garzu ein elender und schlechter Mensch, ob sie nicht können einen anderen hinschicken," verfügte er, unbillig voreingenommen, zu dem Berichte. (Mündliche Resolution. Potsdam 30. Juli.) Uebrigens wollten Ammon (Bericht vom 24. September) und die englischen Minister in Erfahrung gebracht haben, dass der Zeitungsverleger nicht so begeistert für Oesterreich wär, wie dermalen sein Oheim. (Für die geringe Meinung des Königs von seinem Kölner Vertreter ist noch zu vergleichen die Stelle aus einem Briefe Eichels an das Cabinetsministerium vom 4. November, worin Friedrich befehlen lässt, etwaige interessante Berichte aus Köln an ihn zu senden, „welches Hochdieselbe von gedachtem von Ammon kaum glauben".)

***) Bericht Hellens vom 3. September.

Zeitungsartikel vom 17. [26.] August.

Se. Königl. Majestät von Preussen müssten mit grosser Befremdung vernehmen, wasgestalt man Kaiserl. Königlicher Seits die Stände des Reichs und das Publicum zu überreden suche, als ob Höchstdieselbe zu denen ausserordentlichen Kriegsanstalten, welche der Kaiserin-Königin Majestät eine Zeithero in Dero Staaten machen lassen, Anlass gegeben.

Ein jeder Unpartheiischer aber, der nur auf die Zeit, da die beiderseitige Bewegungen den Anfang genommen, Acht gegeben, werde den Ungrund solcher gehässigen Anlage leicht entdecken.

Es sei weltbekannt und selbst durch die öffentliche Zeitungsblätter genugsam ausgebreitet worden, wasmassen der Röm. Kaiserliche Hof im Anfange des Juni, kurz nach dessen neuerlich genommenen bekannten engeren Verbindungen, zu einer Zeit, da derselbe so wenig als jemand von dessen Alliirten mit einem Überfall bedrohet worden, angefangen, in Böhmen und Mähren grosse Kriegsanstalten zu machen, welche Se. Königl. Preussische Majestät billig zu einigem Nachdenken bewogen, zumal da Sie zu gleicher Zeit die zuverlässige Nachricht erhalten, dass ein ansehnliches Corps Russischer Kaiserlicher Truppen aus Livland sich denen Grenzen von Kurland nähere. Dahero Höchstdieselbe einige wenige Regimenter nach Pommern marschiren, selbige aber auch gleich daselbst Halte machen lassen, sobald als Sie vernommen, dass besagtes Corps Russischer Truppen sich zurückgezogen. Man könne Se. Königl. Preussische Majestät nicht beschuldigen, durch solche Absendung einiger Regimenter nach Pommern den Anfang gemacht zu haben, und der Kaiserin-Königin Majestät hätten so wenig einige Ombrage darüber schöpfen können, als des Königs von Preussen Majestät darüber Sich beunruhigen würden, wenn einige Kaiserliche Regimenter nach Toscana marschirten.

Da man indessen Oesterreichischer Seits die in Böhmen und Mähren angefangene Kriegsrüstungen immer mit grösstem Eifer fortgesetzet, hätten Se. Königl. Majestät doch weiter nichts gethan, als Dero Festungen in Schlesien in Defensionsstand gegen einen Überfall zu setzen und einige Regimenter aus denen Westphälischen Landen an Sich zu ziehen. Es sei bis diese Stunde noch kein Regiment nach Schlesien marschiret, noch ein Mann daselbst aus denen Garnisons gerücket, viel weniger einiges Lager formiret oder sonst die allergeringste Bewegung an denen Kaiserl. Königlichen Grenzen gemachet; weshalb man sich ohne Scheu auf das eigene Zeugnis dieses Hofes berufe, wie denn derselbe auch in seinem Circular-Rescript nichts weiter anführen können, als dass ihm Nachricht zugekommen, wasmassen die Gegenden und verschiedenen Läger bereits namhaft worden, wohin die Königl. Preussische Truppen ohnweit der Grenzen von Böhmen und Mähren zu marschiren beordert wären, welche vermeintliche Nachrichten doch durch den Erfolg genugsam widerleget worden. Während der Zeit, da man sich also Königl. Preussischer Seits ganz ruhig verhalten, sei der Röm. Kaiserliche Hof in seinen Kriegsanstalten beständig fortgefahren, habe die Regimenter aus denen innersten und weit entlegensten Provincien hervorrücken lassen und, dem eigenen Geständnis nach, eine formidable Armee in Böhmen und Mähren zusammengezogen. Se. Königl. Preussische Majestät wären dahero bewogen worden, wegen solcher an Dero Grenzen vorgenommenen Armements ohnlängst durch Dero zu Wien subsistirenden Ministro von Klinggräffen den Antrag zu einer freundschaftlichen und offenherzigen Explication thun zu lassen; die Antwort sei aber so trocken, so dunkel und so unzureichend ausgefallen, dass Höchstdieselbe in der gefassten Apprehension nothwendig bestärket werden müssen, dass man was gefährliches gegen Dero Staaten im Sinne habe, zumalen da die Kriegsrüstungen in Böhmen und Mähren stündlich verdoppelt würden, und man nicht allein die Regimenter campiren und Läger formiren, sondern auch an denen Schlesischen Grenzen Cordons ziehen lasse, als ob es schon Krieg wäre; dahero es Sr. Königl. Majestät wohl nicht verdacht werden könnte, wenn dieselbe endlich die nöthige Maassregeln ergriffen, um nicht in Dero eigenen Landen präveniret und überfallen zu werden.

Man defilire den Röm. Kaiserlichen Hof, einen andern Schlüssel zu dem angeblichen geheimen Endzweck derer Königl. Preussischen Armements gefunden zu haben, als die Selbsterhaltung und eigene Sicherheit; hergegen überlasse man dem Urtheil des unparteiischen Publici, ob selbiges nicht den Schlüssel zu dem Betragen des Kaiserlichen Hofes in dem Zeitpunkt, da dessen Kriegsrüstungen angefangen, und in denen so sorgfältig wiederholten Aeusserungen, dass die Selbstvertheidigung und die Obliegenheit gegen die Bundesgenossen an den derseitigen Armements gleichen Antheil habe, finden werde. Es sei aber dem, wie ihm wolle, so beruhe Krieg und Frieden bloss in denen Händen der Kaiserin-Königin von Ungarn und Böhmen Majestät; dann Se. Königl. Preussische Majestät, da Sie durch die erste Antwort Sich nicht beruhigt gefunden, hätten Dero Ministro von Klinggräffen aufgegeben, eine anderweitige deutliche und unumschränkte Explication zu fordern, und wenn diejenige Versicherungen, so der Kaiserin-Königin Majestät von Dero friedfertigen Gesinnung an anderen Orten thun lassen, lauter und rein wären, so dependire es bloss von Derselben, Se. Königl. Majestät von Preussen davon gleichfalls durch eine Dero Ministro zu thuende klare und zureichende, aber nicht dunkele und equivoque Declaration zu überzeugen und also den Ruhestand herzustellen.

Man wolle gerne glauben, dass der zwischen dem Röm. Kaiserlichen und Königl. Französischen Hof jüngsthin geschlossenen Allianz keine andere als die bereits communicirte Articul beigefüget worden, und man habe zu der Kaiserin-Königin Majestät belobten Gedenkungsart das Vertrauen, dass Dieselbe niemals zu einigen den Umsturz der protestantischen Religion abzielenden Vorschlägen die Hände bieten werde; indessen könne keinem protestantischen Reichsfürsten verdacht werden, bei gegenwärtigen weit aussehenden Zeitläuften einige Inquiétude blicken zu lassen, da die Religions-Reversalien des Erbprinzen von Hessen-Cassel öffentlich angefochten würden, und da man die Intriguen des Kaiserlichen Gesandten Grafen von Pergen und des Freiherrn von Kurzrock, um gedachten Prinzen zu entführen und der väterlichen Gewalt seines Herrn Vaters, des Herrn Landgrafen Durchlaucht, zu entziehen, entdecket.

XVII.

Déclaration du Roi sur les motifs, qui obligent Sa Majesté d'entrer avec Son armée dans les États héréditaires du Roi de Pologne, Électeur de Saxe.

Es ist bekannt, wie Friedrichs wiederholte Bemühungen nach dem Dresdener Frieden mit dem chursächsischen Hofe in ein freundschaftliches Einvernehmen zu gelangen*), an der unversöhnlichen Feindschaft Brühls gescheitert sind. Vergeblich hatte der König seinen Einfluss auf die französische Regierung beim Abschlusse des Subsidienvertrags zwischen Ludwig XV. und August III. in die Dienste Sachsens gestellt und die Wahl des Dauphins durch seine nachdrückliche Empfehlung auf die Prinzessin Maria Josepha gelenkt**), es war ihm nicht geglückt, die Politik des Churstaates aus dem österreichischen Fahrwasser zu leiten. Die bestrickenden Verheissungen des Leipziger Partagetractats***) hatten trotz der Niederlage von Kesselsdorf ihre Kraft für die sächsische Begehrlichkeit nicht eingebüsst. Immer feindseliger wurden die Beziehungen zwischen den beiden benachbarten Staaten gerade in dem friedlichen Jahrzehnte von 1745 an.

Friedrich war durch Menzels Verrath†) mit den Irrgängen der sächsischen Politik vertraut, er erkannte in den Sachsen seine „heim-

---

*) Vergl. Staatsschriften II, 263 f. Politische Correspondenz 5, 384.
**) Droysen, Geschichte der preussischen Politik V, 3, 258 f.
***) Oeuvres IV, 40.
†) Vergl. über Menzel Bülau, Geheimnissvolle Geschichten und räthselhafte Menschen.

liebsten, aber auch zugleich acharnirtesten Feinde" *) und wusste, wie durch ihre Intriguen zum guten Theil der Bruch Russlands mit Preussen gefördert und, so lange die Kaiserin Elisabeth am Leben war, zu einem unheilbaren gemacht worden war. Bereits im Mai 1747 schrieb er einmal an Klinggräffen**):

„Das kann ich schon im Voraus mit Bestimmtheit versichern, überwirft sich jemals Russland mit mir, so trägt der Dresdener Hof den grössten Theil der Schuld daran, er wird es dann gewesen sein, der Russland zum Streite mit mir aufgereizt hat; aber ich weiss auch, was ich in diesem Fall zu thun habe."

Fast bei allen Grossmächten hatte Friedrich gegen die Verläumdungen der Sachsen zu kämpfen: „diese Schurken," so schilt er einmal***), „die mehr als sonst jemand ihre Stimme wider mich erheben, so in Wien und in Petersburg wie in Frankreich, und die unaufhörlich gegen mich hetzen."

Das Missverhältniss, das durch die beispiellose Verwahrlosung des churfürstlichen Heeres zwischen den sächsischen Ansprüchen und den Mitteln zu ihrer Durchführung grell hervortrat, liess diese Politik den Preussen noch in gehässigerem Lichte erscheinen.

Als Friedrich den Krieg mit Oesterreich für unabwendbar erkannt hatte†), war auch das Loos über Sachsen gefallen. Der König selbst entwarf ein Manifest, bestimmt seine Action gegen das Churfürstenthum zu rechtfertigen. Das ganze, bisher unbekannte Schriftstück athmet den so lange mühsam unterdrückten Zorn gegen Brühl. „Dieser Minister," so schreibt der königliche Autor, „zu allem fähig, hat nicht allein Sachsens Wohlstand zu Grunde gerichtet, sondern er hat auch ohne Ursache seinen Herrn entzweit und überworfen mit einem benachbarten Fürsten, der nach der Kesselsdorfer Schlacht ihn mehr geschont hatte, als für Preussen vortheilhaft war!" An einer andern Stelle bricht seine Entrüstung in die Worte aus: „Alle Lügen, alle Schmähungen und alle Verläumdungen, die er über den König verbreitet hat, sind so abscheulich, dass man fürchtet, mit der Wiedererzählung die Feder zu beflecken." Voll Hohnes übersetzt er den Entschluss der sächsischen Staatsleitung, nur mit der äussersten Vorsicht sich dem geplanten Angriffe gegen Preussen anzuschliessen, „in gutes Französisch": „Ich habe keinen Muth mich mit meinem Feinde zu schlagen, aber wenn er erst zu Boden geworfen ist, will ich ihm

---

*) Politische Correspondenz 6, 45.
**) Politische Correspondenz 5, 324.
***) Politische Correspondenz 13, 153.
†) Vergl. S. 86.

den Garaus machen und an der Beute Theil nehmen." Es scheint, als ob der Grimm den König so stürmisch fortgerissen hat, dass er, ganz wider seine sonstige Gewohnheit, in dieser Niederschrift jeden rednerischen Schmuck, die Einflechtung geistvoller Gedanken und die künstlerische Gruppirung verschmähte. In knapper Form, Schlag auf Schlag, enthüllt er aus den sächsischen Depeschen selbst die Politik des verhassten Premierministers „geschickt das Misstrauen und die Eifersucht in Russland gegen die preussische Macht zu erhalten und allen erdenklichen Maassregeln zum Schaden dieser Krone beizustimmen". „Aber," so schliesst das Manifest, „da der Charakter des Ministers bekannt ist, da nur Hinterlist, Lüge und Bosheit die Triebfedern für die Handlungen dieses Menschen sind, der seinem Herrn unumschränkt leitet, bleibt dem Könige kein besserer und sicherer Entschluss, als die sächsischen Truppen zu entwaffnen und ausser Stand zu setzen, ihm in diesem Kriege zu schaden."

Es ist vielleicht erlaubt, aus der Ueberschrift und noch mehr aus dem Tone dieses Entwurfes zu schliessen, dass Friedrich ursprünglich den Krieg in aller Form gegen den Churfürsten erklären wollte. Die politischen Gründe zur Ueberziehung Sachsens mit Waffengewalt stehen hier im Vordergrunde; gerade der Hinweis auf die Vorgänge von 1744, der in der wirklich veröffentlichten Déclaration den Kernpunkt bildet, wird vom Könige selbst ganz flüchtig am Schluss gestreift. Nach seiner Ausführung musste die Besetzung der sächsischen Lande nicht als eine Vorsichtsmaassregel, sondern als die wohlverdiente Strafe für eine feindselige Politik erscheinen. Die bekannte Versicherung, dass Sachsen nur während des Krieges von den Preussen zu ihrem eigenen Schutze gleichsam als Depositum behalten, im Frieden aber unverkleinert seinem rechtmässigen Herrn zurückgegeben werden sollte, findet sich hier nicht.

Eine so scharfe und energische Kundgebung unterlag mehrfachen Bedenken. Wurde doch Preussen gerade in jenen Tagen — denn noch beschäftigte die Differenz mit Mecklenburg die politische Aufmerksamkeit im Reiche — der Gewaltthätigkeit beschuldigt und ihm vorgeworfen, dass es das Schwert an die Stelle des Rechts setzen wollte. Die österreichischen Agenten hatten es wohl verstanden, den kleineren Reichsständen fast insgesamt Furcht vor Friedrichs angeblicher Eroberungslust einzuflössen. Wer bürgte dafür, dass bei einer Kriegserklärung gegen Sachsen nicht auch die sonst befreundeten Reichsstände von dem Strome fortgerissen gegen Preussen Partei nahmen, dass auch in Churhannover die alte Furcht vor der Ländergier des mächtigeren Nachbars zu neuem Leben erwachte? Wie wollte der König nachweisen, dass seine Angaben auf Wahrheit be-

ruhten, dass er nur zu seiner Vertheidigung in den Kampf ginge?
Von dem Augenblicke der Veröffentlichung des Manifestes an bis zum
Einzuge der preussischen Truppen in Dresden blieb Zeit genug, die
belastenden Papiere, deren Auszüge im Manifest zusammengestellt
waren, von dort wegzuschaffen oder zu vernichten. Dann konnte man
leicht im feindlichen Lager über die preussische Ruchlosigkeit schreien,
die, um nur Gründe zu einem Eroberungskriege zu finden, sich bis
zu Fälschungen verstieg.

In dem Eingange des Manifestes rechnete sich der preussische
Herrscher die Verschwägerung der Bourbons mit dem Hause Wettin
als eines seiner Verdienste um Sachsen an. Durch diese Familien-
verbindung hatte König August einen neuen starken Rückhalt gewonnen. Es war vorauszusehen, dass der französische Herrscher bei
einem Angriffe auf das Vaterland der Dauphine nicht ruhig bleiben
würde. Wie sehr wurde aber gerade in den letzten Monaten vor dem
Kriege die preussische Politik von den Entschlüssen des Cabinets zu
Versailles beeinflusst. Wir wissen, die Rücksicht auf Frankreich
liess Friedrich den Beginn seiner Operationen um kostbare vier
Wochen verschieben*). Das eigenste Interesse des preussischen Staats
verbot, den ohnehin schon gereizten König Ludwig durch einen offenen
Angriff auf Sachsen noch mehr zu erbittern.

Endlich hätte Friedrich durch die Veröffentlichung einer so
drohenden Erklärung von vorne herein vor aller Welt darauf ver-
sichtet, noch in letzter Stunde von der Kaiserin-Königin eine befriedigende Antwort auf sein Ultimatum zu erhalten.

Ungefähr solche Erwägungen werden Friedrich veranlasst haben,
seinen Entwurf zurückzuziehen und den Cabinetsminister Finckenstein
mit der Abfassung einer gemässigteren Erklärung zu betrauen. Wann
dies geschehen ist, lässt sich nicht mehr feststellen, da in den erhaltenen Acten nichts darüber zu finden war. Wir wissen nur, dass
Finckenstein die Déclaration zwischen dem 2. und dem 23. August
niedergeschrieben und wahrscheinlich auch seinem Herrscher zur
Prüfung vorgelegt hat. An dem letztgenannten Tage wurde die
Schrift insgehein zum Druck übergeben. Es mag hier noch erwähnt
werden, dass an mehr als einer Stelle in Cabinetsbefehlen, die in den
Augusttagen ergangen sind, die Ausführungen der Déclaration wieder-
kehren.

Der sächsische bevollmächtigte Minister von Bülow wurde bereits
am Tage des Ausmarsches der Truppen durch den Cabinetsminister
Podewils von den militärischen Bewegungen der Preussen und den

---

*) Vergl. Historische Zeitschrift, N. F. XX, 429 f.

dazu veranlassenden Umständen kurz unterrichtet*). Am Morgen des 31. August wurde die Déclaration dann in Berlin veröffentlicht. Es geschah in feierlicher Weise, der bedeutenden Stunde entsprechend**). Podewils liess alle in der Hauptstadt residirenden Gesandten***) zu sich laden mit Ausnahme des österreichischen Vertreters und überreichte jedem einige Exemplare der Staatsschrift, nachdem er in einer kurzen Ansprache†) auf die politischen Vorgänge der letzten Monate hingewiesen hatte, die Friedrich zu einem so ungewöhnlichen Schritte genöthigt hätten. Er liess keinen Zweifel, dass Preussen sich nun des Krieges mit Maria Theresia versähe.

Der ausserordentliche Gesandte der Kaiserin zu Berlin erhielt sofort nach dem Schlusse der Versammlung durch die Vermittlung seines chursächsischen Amtsgenossen einen Druck der Déclaration und schickte noch an demselben Tage einige Abschriften davon an den Staatskanzler Kaunitz. „Diese Erklärung," äussert er sich in dem begleitenden Berichte††), „steht im schroffen Gegensatze zu den friedfertigen und überaus gemässigten Antworten der Kaiserin-Königin."

Zur gleichen Zeit wurde auch den preussischen Diplomaten im Reiche und in Danzig die Staatsschrift mit einem von Vette verfassten Erlasse übersandt, der ebenfalls noch im Jahre 1756 veröffent-

---

*) Aus dem Immediatberichte von Podewils, Berlin, 29. August: „Conformément aux ordres de Votre Majesté du 27e de ce mois que j'ai reçus la nuit passée (vergl. Politische Correspondenz 13, S. 305 Nr. 7934), j'ai fait au sieur de Bülow les insinuations dont Votre Majesté m'a fait chargé pour lui, par rapport au passage d'un corps d'armée de Ses troupes par les états de Saxe; il m'a repondu simplement qu'il en rendrait incessamment compte à sa cour, et comme elle y était déjà préparée, parceque Votre Majesté m'a ordonné de lui dire d'avoir été fait, il attendrait les ordres de sa cour pour s'expliquer ultérieurement là-dessus, en faisant de doléances sur le triste sort de la Saxe dans les brouilleries qui s'élevaient entre Votre Majesté et la cour de Vienne; mais pour son personnel il m'a chargé de le mettre aux pieds de Votre Majesté et de La remercier très respectueusement de ce qu'il y avait de gracieux pour sa personne dans les ordres de ci-dessus dont je lui ai fait fidèlement part, en l'assurant au reste que tout était expédié déjà pour les chevaux de relai de Sa Majesté le Roi de Pologne pour son voyage dans son royaume, qu'il pourrait faire tranquillement par la Silésie."

**) Immediatbericht von Podewils, 31. August. Vergl. Politische Correspondenz 13, 322.

***) Den Residenten wurden die für sie bestimmten Exemplare der Déclaration nur zugesandt.

†) Die Rede ist ziemlich ausführlich wiedergegeben in Nr. 75 der Leydener Nouvelles extraordinaires de divers endroits.

††) Intercipirtes Schreiben Puebla's vom 31. August.

licht wurde*). *Ein ähnliches Rescript, ebenfalls aus Vettes Feder, erging am selben Tage in französischer Sprache an Hellen im Haag, Benoît in Warschau und Michell in London***). *Auch Raesfeldt, der Grosskanzler von Churköln, und der pfälzische Conferenzminister Wachtendonck, die für Freunde Preussens galten, sowie der englische Gesandte in St. Petersburg, Hanbury Williams, empfingen mit Schreiben von demselben Datum die Déclaration. Mitchell, der britische Minister am preussischen Hofe, hatte sie bereits früher erhalten; er fügte sie schon am 27. August einer Depesche an Holdernesse bei****).

In Sachsen war die Erklärung Friedrichs sofort beim Ueberschreiten der Grenze durch Anschlag veröffentlicht worden†).

Die Planlosigkeit der sächsischen Politik hatte in den letzten Augusttagen mit der immer näher rückenden Gefahr ihren Gipfel erreicht††). Am 13. August hatte Brühl dem preussischen Geheimen Legationsrath Maltzahn gegenüber sich dahin ausgesprochen, man dürfte nach den jüngsten Wiener Nachrichten wohl auf die Erhaltung des Friedens hoffen und ihm zur Bekräftigung seiner Ansicht eine

---

*) Der deutsche Erlass wurde geschickt an Plotho in Regensburg, Hecht in Hamburg, Buirette in Nürnberg, Freytag in Frankfurt, Backhoff in Gotha, Avenarius in Mühlhausen, Müller in Ulm und Reimer in Danzig. Plotho erhielt zwei Exemplare, beide mit der eigenhändigen Unterschrift des Königs versehen. Die anderen Schreiben wurden „auf Specialbefehl" ausgefertigt. — Der an Plotho gerichtete Erlass ist, allerdings nicht vollständig und falsch datirt, abgedruckt in den Danziger Beiträgen I, 253 und in der Kriegskanzlei von 1756, Nr. 6 S. 27.

**) In der für Benoît bestimmten Depesche heisst es: „mais surtout vous employerez tout votre savoir-faire pour empêcher et pour prévenir que la cour de Saxe ne parvienne à faire épouser sa cause à la République et à la porter à quelque hostilité contre Moi. Pour cet effet vous insinuerez partout où il conviendra, que la République agiroit contre ses propres intérêts, si elle se laissoit engager à concourir d'opprimer une puissance qui de tout temps avoit été et qui sera toujours l'unique soutien de sa liberté, tant contre ses ennemis du dehors, que contre les attentats de sa propre cour et que ce seroit bientôt fait de la liberté de la République, si les cours de Vienne et de Russie parvenoient à M'écraser. Enfin vous observerez soigneusement l'impression que cette importante nouvelle fera sur l'esprit de la nation, et vous ne serez pas moins attentif à toutes les démarches que la cour de Saxe pourra faire à cette occasion en Pologne."

***) Politische Correspondenz 13, 296.

†) Mercure historique 141, 321 f.

††) Vergl. Hnschberg-Wottke, Die drei Kriegsjahre 1756, 1757, 1758. Leipzig 1856, S. 44.

Stelle aus Flemmings letzter Depesche vorgelesen*). Plötzlich schlug die Stimmung um. „Der Kopf schwindelt den Sachsen seit drei Tagen unglaublich," meldet Maltzahn am 28. August, „sie rüsten mit fieberhafter Eile."

Aber der volle Ernst der Lage war ihnen doch noch nicht zu Bewusstsein gekommen. In gewohnter Weise ging der König mit Brühl seinen Vergnügungen nach. Als Maltzahn am Morgen des 28. August eine Audienz nachsuchte, um auf Friedrichs Befehl**) den Durchmarsch der Preussen durch das Churfürstenthum anzukündigen, musste er unverrichteter Sache zurückkehren, da August III. mit seinem Premierminister auf die Jagd gefahren war. Erst in vorgerückter Abendstunde kam der König in seine Hauptstadt zurück; er wusste noch nicht, dass die Preussen schon in seinem Lande standen.

Wie gross war Brühls Bestürzung, als er nun am andern Morgen von dem preussischen Gesandten erfuhr, dass sich Friedrich gerade auf Sachsen geworfen, dem die Diplomatie der Kaisermächte die Rolle eines Zuschauers für den Beginn des Krieges zugetheilt hatte***). Er erhob feierlich Protest: niemals wäre sein Herr gewillt gewesen, an dem Kampfe zwischen dem Könige und Maria Theresia theilzunehmen, die Maassnahmen der Preussen wären ein Gewaltact.

Am Nachmittag wurde Maltzahn zu König August selbst berufen. Die Haltung des unglücklichen Monarchen war eine würdige; er vermied nutzlose Anklagen und erklärte nur, dass ihm der Hinweis auf die Ereignisse von 1744 unverständlich wäre. Den Durchzug der Preussen wollte er, dem Zwange weichend, gestatten, sobald von ihnen dazu ernannte Commissare die nothwendigen Vorbereitungen mit dem sächsischen Ministerium in Dresden getroffen hätten. Noch an demselben Abend wurde dann dem preussischen Gesandten ein Promemoria zugestellt, wie der Durchmarsch am besten zu regeln wäre†).

*) Vergl. auch Brühls Erklärung an den sächsischen Gesandten in Versailles. Allgemeine deutsche Biographie 3, 415.
**) Politische Correspondenz 13, 279.
***) Bericht Maltzahns vom 29. August.
†) Die Leydener Zeitung „Nouvelles extraordinaires" lässt sich über den Eindruck des preussischen Einmarsches aus Hannover melden (Nr. 72, 7. September): „L'entrée imprévue d'une armée prussienne en Saxe a y causé d'autant plus d'étonnement, que l'on ne s'y attendoit à rien moins qu'à une apparition de cette nature. On crut d'abord par la belle discipline qu'on voyoit observer à ces troupes, qu'elles étoient venues pour se joindre aux Saxons et aller ensemble à la rencontre de l'armée que l'Impératrice-Reine de Hongrie fait rassembler en Bohême sur les confins de l'électorat de Saxe; mais on a

Diese auf Zeitgewinn berechneten Vorschläge waren für Friedrich unannehmbar. Er verwarf nach Eichels Aufzeichnung den Antrag mit folgenden Worten:

„Die bisherigen negotiationes, so der Dresdensche Hof entamiren wollen, wären à pure perte, denn ich mich nicht amusiren noch dupiren lassen würde*)."

Alle Versuche der churfürstlichen Regierung, die drohende Katastrophe aufzuhalten oder wenigstens deren Wucht abzuschwächen, scheiterten**). Sachsen sollte, wie im dreissigjährigen Kriege, auch jetzt wieder die palaestra Martis werden.

Die fremden Diplomaten in Berlin hielten zunächst mit ihrem Urtheile über die Déclaration zurück und sprachen bestimmter nur ihr Lob über die Mässigung Friedrichs aus***).

„Die Aeusserungen derer Minister," meinte der König, „seind übrigens Discourse, welche sich bald ändern werden, sobald Ich einige Avantage über den Feind gehabt oder solchen geschlagen haben werde."

Es war aber doch zu erkennen, dass die Erinnerung an den gefährlichen Angriff der Sachsen im Jahre 1744 nicht ganz wirkungslos blieb. So schrieb Valory, der französische Vertreter, an seinen Hof†): „Ich weiss, man rieth 1744 dem Könige, das sächsische Heer zu entwaffnen; er that es nicht und hatte Ursache das zu bereuen." Diesmal wäre Friedrich, so fuhr er fort, vorsichtiger und würde zuerst die Sachsen unschädlich machen. Aber die Gründe des Königs in der Déclaration wären seltsam, denn die arglistigen Pläne, vor denen changé d'opinion depuis que l'on voit que le Roi de Prusse n'agit nullement en allié, mais comme envers un allié de S. M. Impériale, dont toutes les démarches me dénotent que l'exécution de quelque grande entreprise sur les états de S. M. Prussienne: Cependant tel est le bon ordre qui règne parmi les Prussiens, que les Saxons, bien loin de fuir et de sauver leurs meilleurs effets, se tiennent tranquilles chez eux et préfèrent de tels ennemis à des amis qui, sous prétexte de les protéger, marquent si bien leur séjour que les peuples s'en ressentent longtemps."

*) Mündliche Resolution auf den Bericht Maltzahns vom 28. August. Die nach dieser Anweisung entworfene Cabinetsordre an den Gesandten siehe Politische Correspondenz 13, 329.
**) Vergl. darüber Politische Correspondenz 13, 320. 344. 345. 366. 380. 388. 395. 402. Les preuves évidentes. Beilagen.
***) Politische Correspondenz 13, 323.
†) Valory, Mémoires II. 161; I. 841 f.

er sich angeblich schützen müsste, beständen nur in seiner Einbildung*).

Die allgemeine Stimmung in Europa war den Preussen nicht allzu günstig. Es fehlte allerdings auch nicht am Beifall. Hellen berichtete aus dem Haag**), "alle Unparteiischen" wären von der gerechten Sache Friedrichs überzeugt, selbst der Amsterdamer Bürgermeister Tenninck, der sonst wenig Sympathie für Preussen verrathen hätte, liesse der kühnen Politik volle Billigung widerfahren; der spanische Gesandte bei den Generalstaaten hätte sogar sein Erstaunen über die zwingende Gewalt der in der Déclaration gebrachten Gründe nicht zurückhalten können. Doch die weiten Kreise des holländischen Bürgerthums, für ihre in sächsischen Steuerscheinen angelegten Capitalien besorgt, sahen in dem König von Preussen nur den Friedensstörer***).

Auch in dem verbündeten England war die öffentliche Meinung noch weitab von jener Begeisterung, die nach dem Siege von Lobositz auflöderte und Friedrich als den ersten Helden des Jahrhunderts feierte†); die Briten begnügten sich, die Nothwendigkeit der preussischen Maassregeln anzuerkennen††). Mitchell übertrieb im eigenen Enthusiasmus, wenn er schon in jenen Tagen dem Könige schrieb, das englische Volk mache gemeinsame Sache mit ihm und lasse heisse Wünsche für das Heil und den Ruhm Preussens zum Himmel aufsteigen†††).

Wenn der kühne Schritt Friedrichs selbst in den befreundeten Staaten nicht überall Anerkennung fand, wie abfällig musste dann erst das Urtheil derjenigen Mächte lauten, die unter dem Einflusse Russlands oder Oesterreichs standen? Alle schwedischen Staatsmänner ohne Ausnahme erklärten die preussische Schilderhebung für übereilt

---

*) Vergl. Valory, Mémoires I, 309. 310. 312. 328: „L'assertion du roi de Prusse à la face de toute l'Europe n'est donc fondée que sur cet insigne subterfuge de l'Angleterre."

**) Berichte Hellens vom 10. und 14. September.

***) Vergl. Hellens Bericht vom 7. September.

†) Vergl. Lyttleton, Memoirs and correspondence. Ed. by Phillimore. London 1845. II, 529 f.

††) Bericht Mitchells vom 17. September: „On continue d'ailleurs à reconnoître ici la nécessité dans laquelle Votre Majesté se trouve de se conduire comme Elle fait vis-à-vis de la cour de Dresde, et les plaintes du ministère de Saxe soutenues ici par les ministères autrichiens et russiens y produisent très-peu d'effet."

†††) Bisset, Memoirs and papers of Mitchell, 205. Politische Correspondenz 13, 430.

und unbegründet*). Sie wollten zwar nicht ableugnen, dass ein Einvernehmen zwischen den beiden Kaiserinnen bestände, aber zu einem wirklichen Complotte gegen das Haus Brandenburg wäre es noch keinesfalls gediehen; vorzüglich Russland hätte in Wirklichkeit noch keine kriegerische Neigung verrathen. Und warum, fragten sie, muss das schuldlose Sachsen für die angeblich feindlichen Absichten anderer Herrscher büssen? Der Senator Höpken, welcher zu den besten Freunden Preussens in dem nordischen Königreiche gezählt wurde, wollte in einem Gespräche mit Solms, dem preussischen Gesandten in Stockholm, die Frage über Recht oder Unrecht unerörtert lassen, vom politischen Standpunkte aus, meinte er, wäre der Angriff auf die sächsischen Lande zu bedauern, denn Frankreich würde dadurch zum Kampfe herausgefordert**).

Was mussten erst die Polen empfinden, deren Herrscher mitten im Frieden in seinen Erblanden überfallen worden war. Ein Schreiben, das August aus dem Pirnaer Lager an den Castellan von Krakau gerichtet hatte, wurde in der ganzen Republik verbreitet und erweckte bei allen solches Mitgefühl, „dass sie nicht aufhören mochten, zu wehklagen und das Schicksal ihres Königs zu beweinen"***). Mit jeder neuen Post wuchs die Bestürzung. Zu dem Gefühle über die Kränkung ihrer Ehre trat noch ein zweites, wohl zu beachtendes reales Moment. Die sächsischen Finanzen hatten bisher die meisten Ausgaben der polnischen Königskrone bestreiten müssen: kam nun der Hof nicht nach Warschau, oder wurden ihm seine reichen Geldquellen durch die preussische Beschlagnahme der churfürstlichen Kassen abgeschnitten, so mussten die Polen ihrer ergiebigsten Einnahmen verlustig gehen und ausserdem den König aus ihren eigenen Mitteln unterhalten†). Einige Heissporne riefen gar zum Kriege auf††), aber der Parteihader machte von vorne herein einen so energischen, einmüthigen Entschluss unmöglich.

Von ungleich grösserer Bedeutung war die Erregung, die nach

---

*) Bericht von Solms, 28. September.
**) Bericht von Solms, 10. September.
***) Berichte Benoîts vom 4. und 8. September.
†) Vergl. Nr. 76 der Nouvelles extraordinaires de divers endroits: „De Varsovie, le 4. septembre. Aujourd'hui de grand matin, il est arrivé un courrier avec la désagréable nouvelle que le Roi ne pourra point venir ici cette année tenir la Diète générale des États de Pologne et de Lithuanie: Cette fâcheuse circonstance va ruiner bien des gens, parcequ'on s'étoit pourvu de denrées et de marchandises dans l'espérance d'un débouché avantageux, que l'affluence de monde qu'attire cette assemblée, ne manque jamais du produire."
††) Politische Correspondenz 13, 400.

den ersten Nachrichten über den preussischen Einbruch in Frankreich entstand. Die stolze Nation glaubte sich selbst beleidigt durch das Unrecht, das dem Schwiegervater ihres Dauphins widerfahren wäre*). Vergeblich führte der preussische Gesandte in Paris wiederholt aus, „dass in dem vormaligen spanischen Successionskriege der dermalige Herzog von Savoyen der Schwiegervater vom Dauphin und vom Könige von Spanien gewesen, und dass grosse Herren, wenn es auf den Point von ihrer eigenen Conservation ankäme, keine Verwandten hätten, auch übrigens die Genealogie nicht consultiret werden könnte, wenn man Feinde hätte, die man ohnumgänglich präremiren müsste, um nicht ein grosses Uebel von ihnen zu leiden**)."

Die abenteuerlichsten Nachrichten über das grausame Auftreten der Preussen in dem Churfürstenthum wurden in Umlauf gesetzt und bereitwillig geglaubt. Die unwahre Meldung Valorys vom 11. September***): „Sachsen ist erbarmungslos ausgeplündert", wurde in der mannigfaltigsten Weise ausgeschmückt. Ein vornehmer Edelmann wusste von der Schmach seiner sächsischen Standesgenossen zu erzählen, die von den Preussen wie Baugefangene zur Karre und Festungsarbeit verdammt worden wären, weil die geforderte Anzahl von Rekruten nicht rechtzeitig dem grausamen Feinde gestellt worden wäre†). In noch dunkleren Farben schilderte der Parlamentsrath Barbier††), was selbst die gekrönten Häupter zu erdulden hätten: nicht einmal die Diamanten der Königin von Polen wären vor den ruchlosen Händen der Feinde sicher gewesen. Den Bauern stünde als einziges Mittel zur Fristung ihres Lebens der Eintritt in das preussische Heer offen. „Solche Thaten," äussert er mit der gewohnten gallischen Ueberhebung, „sind wider alles Völkerrecht und schänden auf immer Friedrichs Ruf; sie können nur als ein Ausfluss der natürlichen Barbarei dieses Landes aufgefasst werden."

Der Herzog von Luynes schrieb die harten Maassnahmen dem

---

*) Kaunitz schrieb den 15. September an Browne: „Nichts gleicht dem Eifer, mit dem die französische Nation die hochherzigen Entschlüsse des Königs unterstützt. Alles will uns zur Hülfe eilen." Vitzthum von Eckstädt, Geheimnisse des sächsischen Cabinets II, 118.

**) Politische Correspondenz 13, 300. Die hier citirte Stelle ist wortgetreu von Eichel übernommen aus einer Cabinetsordre an Knyphausen von demselben Tage. (Politische Correspondenz 13, 294.) Dieselben Argumente finden sich auch schon in der Déclaration selbst.

***) Valory, II, 170. Vergl. Luynes, Mémoires XV, 340.

†) D'Argenson, Mémoires IX, 360.

††) Barbier VI, 368. 374.

Zorne Friedrichs über den Versailler Vertrag zu*). Gewiss, Preussen hatte einen Schein des Rechtes für sich. Aber was verleiht ihm das Recht zum Ueberfalle Sachsens und zu so ungeheuerlichen Forderungen an den Churfürsten und sein Land? Friedrich vertheidige sich mit seinen Erfahrungen von 1744. „Giebt ihm das wirklich ein Recht zu seinen Thaten, was soll dann aus den Geboten des Völkerrechts, der Billigkeit, der Gerechtigkeit und der Ehrlichkeit werden?"

Als die Dauphine die erste Trauerkunde aus Sachsen vernommen hatte, warf sie sich thränenden Auges, in ihrer Schwangerschaft doppelter Rücksicht werth, zu den Füssen Ludwigs nieder und flehte ihn inbrünstig an, ihre Eltern zu schützen und zu rächen. Und der König versprach ihr, Alles zu thun, was in seinen Kräften stünde**).

Rouillé, der französische Staatssecretär des Auswärtigen, gab in einem Gespräche mit Knyphausen der erbitterten Stimmung einen im Verhältniss gemässigten Ausdruck. „Unter Beobachtung der guten Formen," so hebt der Gesandte ausdrücklich hervor, äusserte er sein Bedauern, „dass seit dem Ausbruche des Krieges — denn so wurde die Besetzung von Sachsen allgemein angesehen — das Völkerrecht in Europa ganz aufgehoben wäre, und die Fürsten nur Vortheil und Begierde zur Richtschnur ihrer Handlungen nähmen." Nun, fuhr er fort, ist an keine Verhandlung mit Berlin mehr zu denken; es kann sich leicht ereignen, dass Valory abberufen wird. Nach viel energischer liessen sich die anderen Minister vernehmen. Sie schalten, wie in England würde jetzt auch in Preussen das Völkerrecht als ein Nichts mit Verachtung behandelt; alle mühsam zusammengestoppelten Gründe Friedrichs wären in Wahrheit nur Vorwände. Der Hunger nach den fetten englischen Subsidien hätte den preussischen Herrscher

---

*) Luynes XV, 225 f. 340. Es heisst dort: „Mais que peut-on dire de sa conduite par rapport à la Saxe? Il vouloit avoir le passage libre par cet électorat pour porter ses troupes dans les états de l'impératrice; il a fait demander ce passage, et il ne lui a point été refusé. Il avoit déclaré qu'il vouloit entrer en ami, et il est entré en conquérant; il a exigé avec une hauteur insoutenable que les troupes saxonnes missent les armes bas. Quel est le souverain qui puisse consentir à une pareille proposition que les troupes saxonnes missent les armes bas? Quel est le souverain qui puisse consentir à une pareille proposition, et qui pourra jamais excuser les procédés indignes qu'il a par rapport à la reine de Pologne?"

**) Bericht Knyphausens vom 10. September: „De ne rien négliger de ce qui pourroit dépendre d'Elle [sc. Sa. Majesté Très-Chrètienne] pour tarir le sujet de ses larmes et venger Sa Majesté Polonoise de l'insulte, qu'elle avoit reçue."

zum Kriege gereizt*). Aber, vermassen sie sich siegestrunken, dieser Frevel würde sich rächen und Friedrich ein Ende mit Schrecken finden.

Noch ehe die Preussen die böhmische Grenze überschritten und dadurch der mit Ludwig XV. verbündeten Kaiserin den Krieg erklärt hatten, wurde schon die Liste der französischen Regimenter, die gegen Friedrich marschiren sollten, aufgestellt, und der Marschall Belle-Isle durch Eilboten von einer Besichtigungsreise nach La Hogue zum Kriegsrathe nach Versailles zurückberufen.

Die Déclaration, von den Ereignissen überholt und bald nach ihrem Erscheinen von inhaltsreicheren Staatsschriften verdrängt, hat nur wenige Auflagen gehabt.

Der französische und der deutsche Originaldruck, in der Officin von Bauer hergestellt, hat folgenden Titel:

Déclaration | Du Roi | Sur Les Motifs, Qui Obligent | Sa Majesté, | D'Entrer Avec Son Armée | Dans Les États Héréditaires | Du Roi De Pologne | Électeur De Saxe. Berlin, 1756.
4°. 2 Bl.

Declaration | Derjenigen Gründe, | welche | Se. Königl. Maj. in Preussen | bewogen, | Mit Dero Armee in | Sr. Königl. Maj. von Pohlen und | Churfürstl. Durchl. zu Sachsen | Erb-Lande einzurücken. | Berlin, 1756.

Die deutsche Uebersetzung ist von dem Geheimrath Warendorff verfasst worden.

Andere Drucke, die uns bekannt geworden, sind:

Declaration | Derjenigen Gründe, | Welche | Se. Königl. Majestät in Preussen | bewogen | mit Dero Armée | in | Sr. Königl.

---

*) In dem Circularerlasse an die französischen Gesandten vom 12. September (Kriegskanzlei 1756, S. 109 f.) werden diese Vorwürfe wiederholt: „Durch dieses neue gegen den König in Polen als Churfürsten zu Sachsen, bei vollem Frieden, ohne die allermindeste Ursache, und zu einer solchen Zeit, da Sich Derselbe auf die Freundschafts-Versicherungen verliess, verübte Attentat verletzete der König in Preussen den Landfrieden, den Westfälischen Frieden, alle Reichsgesetze und Verordnungen und seinen eigenen Verband mit seinen Mitständen. Man müsste nunmehr gewahr werden, dass das Systema des Königs in Preussen und das darauf passende Systema des Königs von England auf nichts anders umgehe, als das Völkerrecht weiter garnicht, weder zu Wasser noch zu Lande, zu respectiren, und alle göttliche und menschliche Gesetze zu brechen."

Déclaration du Roi sur les motifs.

Majest. in Pohlen und Churfürstl. | *Durchl. zu Sachsen* | *Erb-Lande* | *einzurücken.* | *Deutsch und Französisch.* | *1756.*
    4°. 7 S.

Declaration | *Derjenigen Gründe,* | *welche Se. Königliche Majestät* | *in Preussen* | *bewogen* | *mit Dero Armee in* | *Sr. Königl. Majest. von Pohlen* | *und Churfürstl. Durchl. zu Sachsen* | *Erb-Lande einzurücken.* | *Berlin, gedruckt und zu finden bey Christian Friedrich Henning,* | *Königl. privil. Hof-Buchdrucker. 1756.*
    4°. 2 Bl.

Declaration | *Dererjenigen Gründe* | *welche* | *Se. Königl. Majest. in Preussen* | *bewogen* | *mit Dero Armee* | *in Sr. Königl. Majest. in Pohlen* | *und Churfürstl. Durchl. zu Sachsen* | *Erb-Lande* | *einzurücken.* | *Berlin 1756.*
    4°. 4 Bl.

Es ist dort noch die Proclamation beigefügt, die der Herzog von Braunschweig am 29. August in Leipzig erliess*).

Ein Auszug aus diesen beiden Veröffentlichungen findet sich in englischer Sprache bei Entick**).

Die kleine Staatsschrift ist in vielen Zeitungen abgedruckt worden. So berichtete Hellen***), *dass sie auf seine Veranlassung von den holländischen Zeitungen aufgenommen worden wäre, und Solms meldet das Gleiche aus Stockholm*†). *Plotho hatte sie dem Regensburger Verleger Bader für seine „Staats-Relation derer neuesten Europäischen Nachrichten und Begebenheiten" übergeben, der österreichische Gesandte Puchenberg hinderte aber durch sein Verbot die Einrückung*††).

In den Berlinischen Nachrichten von Staats- und Gelehrten Sachen ist sie in der Nummer vom 4. September erschienen (Nr. 107, S. 440).

Die deutsche Uebersetzung der Déclaration ist in Fabers Staatskanzlei 110, 691 und in der Kriegskanzlei von 1756, S. 50, Nr. 8 wiedergegeben. Die Danziger Beiträge enthalten, ungewöhnlicher Weise, den deutschen und den französischen Text (1, 191).

---

*) Kriegskanzlei 1756, Nr. 9. S. 52.
**) Entick, The general history of the late war: containing its rise, progress and event in Europe, Asia, Africa and America. London 1763 f. II, 74 f.
***) Bericht Hellens vom 7. September. In den Leydener Nouvelles extraordinaires de divers endroits vom 7. September, Nr. 72, ist sie unter der Spitzmarke „de Berlin le 31 août" abgedruckt.
†) Bericht von Solms, 28. September.
††) Bericht Plothos vom 13. September.

Die preussische Versicherung, Sachsen nur als ein Depositum zu verwalten, ist vielfach angegriffen worden. Am witzigsten und kürzesten hat ein Anonymus darüber geurtheilt, wenn er in einem Cataloge angeblich erschienener Staatsschriften eine Abhandlung anzeigt, „nouvelle explication de la doctrine du dépôt contre les vieilles erreurs des jurisconsultes par l'auteur du code de Frédéric" *).

Manifeste Saxoniensis.

Il étoit probable par la façon dont le Roi en avoit agi avant et après la paix de Dresde, que le Roi de Pologne, Électeur de Saxe, rechercheroit toutes les occasions de vivre en bonne intelligence avec Sa Majesté; le Roi, pour donner des marques de son amitié à Sa Majesté Polonoise, contribua de tout son pouvoir pour faire goûter en France le mariage de la Princesse de Saxe avec le Dauphin: cependant il est arrivé tout le contraire de ce qu'on devoit s'attendre. Un ministre capable de tout a non seulement gâté les affaires intérieures de la Saxe, mais il a brouillé et commis mal à propos son maître avec un Prince son voisin qui après la bataille de Kesselsdorf l'avoit ménagé plus que ne l'exigeoit les intérêts de la Prusse. Sans allonger une déclamation inutile, l'on se contente de rapporter des faits.

La cour de Dresde fut une des premières instruites du traité de Pétersbourg. Le comte de Brühl écrit en date du 19 février 1750 au général d'Arnim, alors ministre saxon en Russie, que le Roi étoit prêt d'accéder au traité de Pétersbourg, y compris les articles secrets, mais qu'il vouloit attendre que le Roi d'Angleterre, comme Électeur d'Hanovre, y accédât préalablement, et que les deux cours impériales se soient arrangées tant pour le secours que la Saxe auroit à attendre en cas de besoin, que sur la part que cette dernière auroit au butin. Termes nobles que se sert le secrétaire, et qui caractérisent l'esprit de la cour. Cette même dépêche enjoint au sieur d'Arnim d'entretenir adroitement la méfiance et la jalousie de la Russie contre la puissance de la Prusse et de louer et d'applaudir à tous les arrangements que l'on pourroit prendre contre cette couronne. Sur la fin de 1752, extrait [d'une dépêche], le comte Brühl enjoint d'insinuer en Russie qu'ils devoient promptement remédier aux plaintes des Polonois touchant la Courlande, afin que ce Duché ne devient pas la proie d'un voisin remuant et ambitieux. Il falloit en vérité supposer le Roi bien affamé, pour étendre sa cupidité sur la Courlande.

La dépêche du 6, du 15 et du 20 de février 1754 ne roule que sur les avis que le comte de Brühl donne aux ministres de Pétersbourg des arrangements de commerce que le Roi faisoit en Prusse, ainsi que de celui des monnaies et d'armements de troupes, afin, dit-il, de ruiner le commerce de la ville de Dantzig et de s'agrandir dans ces contrées-là.

Il est inutile de rapporter tous les artifices dont le comte de Brühl se servit en Russie, à Vienne, à Paris et à Londres pendant l'année 1753 dans l'affaire survenue sur les billets de la *Steuer*; tous les mensonges, toutes les impostures, toutes les calomnies qu'il a débitées contre le Roi, sont si affreuses qu'on craint de se salir sa plume en les rapportant. Le Roi, par modération, voulut bien sacrifier ses droits et l'intérêt de ses sujets à la tranquillité de l'Europe, et il passa par-dessus les seuls avantages qu'il avoit gagnés par la paix de Dresde, et se relâcha sur le droit des payements.

Mais toutes les noirceurs que nous venons de rapporter, n'approchent pas de l'indigne conspiration que tramèrent les Saxons en Russie à la suite de tous leurs intrigues joints à ceux de la cour de Vienne. Le plan fut formé dans le Sénat de Pétersbourg, dans l'assemblée du 14 et du 15 de mai de l'année 1753, d'établir pour principe fondamental de l'État qu'il falloit à la première occasion qui se présenteroit, écraser le Roi de Prusse avec des forces supérieures pour le réduire (selon les propres termes de l'original) à son premier état de modicité. On rapporte tous ces termes, sans vouloir en diminuer l'énergie en corrigeant la noblesse des expressions. Les dépêches du comte de Brühl du 10 de juillet et du 3 de décembre de l'an 1753, ainsi que du 9 d'avril 1754, ne renferment que des insinuations malicieuses touchant les prétendus desseins du Roi sur la Prusse Polonoise et sur la nécessité que la cour de Pétersbourg entretient toujours une forte armée en Livonie tant qu'en Courlande. Il se tint un grand conseil le [·] d'août à Pétersbourg, semblable à celui dont nous avons déjà parlé. On y proscrivit le Roi de Prusse par la plénitude de puissance que le Ciel en avoit donnée à cette cour. Le ministère russien, pour consoler celui de Dresde de l'inaction où il resta, le pria d'attendre le moment auquel le chevalier sera désarçonné, pour lui donner le coup de grâce; à quoi le comte de Brühl répond par une dépêche du 11 de novembre 1755 au sieur Funck: „Les délibérations de

sauroit y avoir rien de plus profitable à la cause commune que d'établir d'avance des moyens efficaces pour ruiner la trop grande puissance de la Prusse et l'ambition non douteuse de cette puissance."

La dépêche du 23 de novembre 1755, adressée au même ministre, porte en termes propres ce qui suit: „Le résultat du grand conseil tenu à Pétersbourg nous a donné une grande satisfaction. La communication confidente que la Russie vaudra bien en faire, mettra tous ses alliés en état d'entrer en explication sur les arrangements et les mesures à prendre en conséquence. On ne sauroit vouloir du mal à la Saxe, si, en égard au pouvoir prépondérant de son voisin, elle procède avec la dernière précaution et qu'elle attende avant toute chose la sûreté de ses alliés et des moyens pour agir." Ce qui veut dire en bon françois: je n'ai pas du coeur pour me battre avec mon ennemi, mais quand il sera par terre, je veux bien l'assassiner et partager sa dépouille.

Enfin, la dépêche du 29 de juin 1756 au secrétaire d'ambassade à Pétersbourg contient ce qui suit: La réconciliation entre la cour de Berlin et de Pétersbourg seroit l'évènement le plus épouvantable qui pût arriver; qu'il espéroit que la Russie ne prêteroit pas l'oreille à des propositions aussi odieuses, et qu'il espéroit que la cour de Vienne trouveroit bien le moyen de contrecarrer une aussi funeste union.

Depuis que les cours de Berlin et de Vienne ont paru de se brouiller, le comte de Brühl a achevé d'extravaguer. Le Roi a fait marcher 5 régiments en Poméranie; sur quoi les Saxons crient à Paris, à Vienne et à Pétersbourg que la Prusse fait des mouvements si dangereux sur leurs frontières qu'il faut en alarmer toute l'Europe; ces mouvements vont devenir sérieusement dangereux pour la Saxe, on assemble les Saxons sur les frontières de la Bohême pour se joindre aux Autrichiens. Le Roi se voit obligé par la Reine d'Hongrie à rompre avec cette Princesse; on peut juger du parti que prendroit la Saxe par celui qu'elle prit l'année 1744 et 1745. Mais après que la façon de penser du ministre est connue, qu'on ne voit qu'artifice, mensonge et noirceur dans les procédés de cet homme tout-puissant sur l'esprit de son maitre, il ne reste au Roi de parti sûr et sage que de désarmer les troupes saxonnes et de les mettre dans l'impuissance de lui nuire dans la suite de cette guerre.

Déclaration Du Roi Sur Les Motifs, Qui Obligent Sa Majesté D'Entrer Avec Son Armée Dans Les États Héréditaires Du Roi De Pologne Électeur De Saxe.

Les injustes desseins de la cour de Vienne mettant le Roi dans la nécessité de prévenir un ennemi qui se refuse à toute voie de conciliation, Sa Majesté se voit forcée malgré Elle et par une suite de ces mêmes circonstances à entrer avec Son armée dans les États héréditaires du Roi de Pologne, Électeur de Saxe.

C'est à regret que le Roi se trouve dans l'obligation de se porter à une démarche que son amitié personnelle pour Sa Majesté Polonoise lui auroit fait éviter, si les loix de la guerre, le malheur de temps et la sûreté de ses propres États ne la rendoient indispensable.

Les évènements de la guerre que le Roi fut obligé d'entreprendre en 1744, pour délivrer l'Empire que la cour de Vienne vouloit opprimer dans la personne de son chef, ne sont ignorés de personne. Tout le monde sait les ménagements que Sa Majesté garda alors pour la cour de Saxe, et les suites funestes qui en résultèrent, les liaisons que cette cour forma, la jonction de ses troupes avec celles de Ses ennemis, leur entrée en Silésie et enfin le complot dangereux d'attaquer le Roi dans le centre de ses États et jusques dans sa capitale.

Le retour des mêmes circonstances oblige le Roi de ne consulter que les règles de la prudence.

Mais en prenant ce parti, Sa Majesté déclare en même temps de la manière la plus forte à Sa Majesté Polonoise et à la face de toute l'Europe qu'Elle n'a aucun dessein offensif contre le Roi de Pologne ni contre ses États, et qu'Elle n'y entre pas comme ennemi, mais uniquement pour Sa sûreté; qu'Elle fera observer à Ses troupes l'ordre le plus exact et la discipline la plus sévère et que, forcée de céder aux considérations les plus pressantes, Elle n'attend qu'avec empressement l'heureux moment où ces mêmes considérations lui permettront de remettre à Sa Majesté Polonoise Ses États électoraux comme un dépôt qui sera toujours sacré pour Elle.

Königlich preussisches Circularrescript.
Berlin, 31. August 1756.

Friederich König p. Es ist Euch vorhin genugsam bekannt gemacht worden, wasmaassen die grossen Kriegesszurüstungen, so der Kaiserin-Königin von Ungarn und Böhmen Majestät im Anfange des Monats Junii, zu einer Zeit, da Wir Uns im geringsten nicht beweget, sondern in grösster Ruhe befunden, in Böhmen und Mähren nahe an Unsern Grenzen zu machen angefangen, Uns veranlasset, bei hochgedachter Kaiserin-Königin Majestät durch Unsern zu Wien befindlichen Ministre von Klinggräffen den Antrag zu einer freundschaftlichen und offenherzigen Explication thun zu lassen. Es ist Euch aber auch nicht weniger bekannt, dass Wir darauf eine so trockene und so zweideutige Antwort erhalten, dass Wir Uns nicht entbrechen können, von dem Kaiserlichen Hofe nochmals eine positive und kategorische Erklärung zu verlangen, dass derselbe Uns weder in diesem noch künftigen Jahre feindlich angreifen wolle; wobei Wir mehrgedachtem Kaiserlichen Hofe nicht verhehlet, wasmaassen Wir zuverlässige Nachricht hätten, dass derselbe zu Anfange des Jahres sich mit dem Russisch-Kaiserlichen habe verbunden, Uns noch in diesem Jahre mit zwei grossen Armeen zu überfallen, und dass man die Ausführung dieses Vorhabens nur bis auf künftigen Frühjahr ausgesetzet, weil sich in Russland ein Mangel an Rekruten und Lebensmitteln geäussert. Wir haben gehofft, dass der Wienerische Hof endlich in sich gehen und sich nicht weiter entziehen würde, Unserm billigen Begehren Platz zu geben und Uns durch eine vergnügliche Erklärung zu beruhigen. Anstatt dessen aber hat derselbe Uns eine in sehr unerwarteten und verächtlichen Ausdrücken verfasste Antwort ertheilen lassen, dahin gehend: die erstere Antwort sei klar genug und bedürfe keiner weiteren Auslegung, und die dortseitigen Kriegsrüstungen wären bloss eine Folge derer Unsrigen: da doch weltbekannt ist, dass Wir keinen Mann nach Schlesien marschiren lassen, noch die geringste Bewegung gemacht, ehe Wir die jenseitige Kriegesanstalten in Böhmen und Mähren erfahren. Man will übrigens nicht an sich kommen lassen, mit Russland ein Offensiv-Bündniss gemacht zu haben; da Wir indessen genugsam versichert sind, dass diese Negotiation nicht allein angefangen, sondern auch sehr weit gediehen und bloss wegen der obangeführten Umstände erliegen blieben. Dessen ohngeachtet würden Wir Unser gerechtes Missvergnügen über dieses ungebührliche Betragen des Kaiserlichen Hofes dem gemeinen Besten und der Erhaltung des erwünschten Ruhestandes gerne aufgeopfert haben, wenn in besagter Antwort die verlangte Versicherung nur einigermaassen enthalten gewesen wäre. Da man aber selbige ganz mit Stillschweigen übergangen und also der Wienerische Hof seine gefährliche Absichten gegen Uns und die unveränderlich gefasste Entschliessung, zu den äussersten Extremitäten zu schreiten, gar zu deutlich an den Tag geleget, so haben Wir kein anderes Mittel übrig gesehen, um Unsere Gloire zu retten und die Unseren Landen vorstehende Gefahr abzuwenden, als einem so unversöhnlichen Feinde zuvorzukommen und ihn in seinen eigenen Landen heimzusuchen.

Um aber desto leichter in Böhmen einbrechen zu können und Unsere Lande gegen einen feindlichen Einfall in Sicherheit zu setzen, haben Wir Uns zugleich, obwohl ungern, genöthigt gesehen, mit Unserer Armee nach Sachsen zu marschiren. Wir hätten gewünschet, dessen überhoben sein zu können, und dass Wir nicht nöthig gehabt hätten, des Königs von Polen Majestät diesen Verdruss zu verursachen; allein die genaue Verbindungen zwischen den Höfen von Wien und Dresden und die Erinnerung desjenigen, so Uns mit dem letzteren in den Jahren 1744 und 1745 begegnet, haben Uns in die Nothwendigkeit gesetzet, diese Vorsicht zu gebrauchen; wobei Wir aber des Königs von Polen Majestät decklariren lassen, dass Wir gar keine feindliche Absichten gegen Dero Staaten hätten und mit Verlangen dem glücklichen Zeitpunkt entgegen sähen, da Wir Deroselben Dero Länder ohne Gefahr der Unsrigen restituiren könnten, wie Ihr dieses alles aus der Déclaration, so Wir bei dieser Gelegenheit publiciren lassen, und wovon Ihr hiebei 20 teutsche Exemplaria und 10 französische empfanget, des mehreren ersehen werdet.

Indessen haben Wir doch selbst bei dem Ausbruch des Krieges noch einen Versuch wagen wollen, um den Kaiserlichen Hof zu friedfertigeren Gedanken zu bringen, und haben deshalb Unserem zu Wien noch befindlichen Gesandten aufgetragen, der Kaiserin-Königin zu declariren, dass, wenn Sie Uns nur noch jetzo die verlangte Versicherung ertheile, Uns weder in jetzigem, noch künftigem Jahre angreifen zu wollen, Wir bereit wären, Unsere Truppen sogleich zurückzuziehen, mit denen Feindseligkeiten aufzuhören und alles in vorigen Stand zu setzen.

Wir haben nöthig erachtet, Euch von dem wahren Vorgange der ganzen Sache diese umständliche Nachricht zu ertheilen, damit Ihr im Stande sein möget, die*) dort versammelte Comitial-Gesandte derer Reichsstände davon zu informiren und von allen widrigen Impressionen zu desabusiren: als**), unter welchen Ihr absonderlich denen Confidentioribus und den Moderatesten von denen andern gar füglich eine Abschrift hievon communiciren könnt, und zwar bis auf die Worte: „von allen widrigen Impressionen zu desabusiren."

Es ist zwar leicht zu erachten, dass der Wienerische Hof es an keinen Insinuationen ermangeln lassen werde, damit man Uns allenthalben pro aggressore ansehen möge; allein es wird Euch nicht schwer fallen, unparteiisch gesinnte zu überzeugen, dass, da Wir mit einer augenscheinlichen Gefahr bedrohet worden und man Uns alle billige Versicherungen versaget und Uns dadurch genöthiget, Unseren Feinden zuvorzukommen, nicht Wir, sondern der Wienerische Hof, so Uns dazu gezwungen, pro aggressore zu halten sei. Solches wird sich noch mehr offenbaren, wenn Wir Uns genöthigt sehen möchten, die Ursachen Unsers jetzigen Verfahrens durch ein ausführliches Manifest dem Publico darzulegen, als womit Wir, um noch mehr Unsere Moderation zu zeigen, so lange zurückhalten wollen, bis Wir gesehen, was Unsere anderweitige dritte und letzte Vorstellungen an dem Wienerischen Hofe gefruchtet.

*) Die folgenden Worte bis „zu desabusiren" sind in den Erlassen an Ammon, Hecht, Freytag und Buirette durch diesen Passus ersetzt: „davon an convenablen Orten Gebrauch zu machen und allen widrigen Einflüsterungen mit Grunde begegnen zu können".

**) Die folgenden Worte bis zum Schlusse des Absatzes sind nur für Plotho bestimmt.

Anhang.

Plotho sandte die hier folgende „schändliche Satire" am 2. December, um zu zeigen, „wie gross die Bosheit und Verbitterung". Soweit uns bekannt, ist sie bisher nicht gedruckt. Vielleicht ist es erlaubt, da sie an witzigem Spotte die meisten in jener Zeit erschienenen Pasquille übertrifft, ihr gleich hier einen Platz einzuräumen.

„Catalogue de quelques livres nouveaux qui ont paru pendant la dernière foire de Leipzig 1758.

Le Machiavellisme refuté et mis en pratique de la main de maitre. 4e édition, faite sur l'original de Potsdam. — Les nouveaux exploits de Frédéric le Grand ou l'histoire de la présente guerre. Tome 1 finissant à la retraite des Prussiens de la Bohême. Imprimé aux dépens des Saxons à Dresde. — La clef du cabinet des souverains ou démonstration qu'on peut s'emparer du pays des voisins pour chercher dans les archives des titres à lui faire la guerre. C'est destitué chez tous les ministres prussiens dans les différentes cours de l'Europe. — La politesse prussienne ou traité des égards que se doivent réciproquement les souverains à Dresde au mois de septembre 1756. Cet ouvrage se continue sous différents titres comme réponse au rescript circulaire de l'Impératrice du 20e septembre 1756 et courte réplique à la réponse de la cour de Vienne. — La victoire des victoires ou véritable récit des dangers qu'ont courus 60 m. Prussiens en s'emparant en pleine paix d'un pays ouvert, gardé par un simple piquet et en tout par 15 m. hommes. — L'art épistolaire enseigné par des exemples, dédié à l'auteur de la lettre publiée sous le nom du Marggrave Charles de Brandebourg sur la capitulation des Saxons. — Les cornets de poste ou le vainqueur fuyant, conte nouveau. Se vend à Dresde, à Berlin, à Breslau, à Hanovre et à Londres à l'enseigne de Lentulus*). — L'hymne ambrosien, nouvellement mis en chanson par ordre de Mgr. l'évêque de Breslau, à l'occasion des victoires remportées sur les Autrichiens à Schmirsitz et à Lobositz. — Nouvelle explication de la doctrine du dépit contre les vieilles erreurs des jurisconsultes par l'auteur du code de Frédéric. — Essai d'un nouveau commentaire sur la constitution de Charles V, première section où il est traité des peines que mérite leur auteur par le même. — Diable à quatre, mis au ban de l'Empire, qui s'imprime actuellement à Ratisbonne. — Anecdotes curieuses sur la dernière conspiration en Suède ou la boîte de Pandore renfermant les maximes et les projets de l'agrandissement prussien, imprimés à Sans-souci. — Petite brochure contenant des pièces authentiques, qui prouvent les prérogatifs des ambassadeurs et des envoyés aussi bien que les égards dus à leur caractères, avec un appendice des dangers que courent ceux qui y manquent; imprimée au blocus formé par les Prussiens près de Pirna.

Avertissement. On reçoit chez les principaux libraires la souscription pour l'impression d'un ouvrage magnifique intitulé: Les conquêtes du Roi de Prusse en l'année 1757. Il y aura nombre de belles planches, et l'auteur n'attend que la nouvelle de la première victoire complète, remportée par son héros pour commencer l'ouvrage."

---

*) Lentulus war als Verkündiger des Lobositzer Sieges nach London geschickt worden.

XVIII.

Circularrescript vom 7. September.

Die Versicherungen, die Klinggräffen am 26. Juli über die friedfertigen Absichten seines Souverains gab*), fanden in der Hofburg keinen Glauben. Warum, so fragte die Kaiserin-Königin in einem Circularrescripte vom 13. August**), hat man denn in dem angeblich so garnicht kriegerisch gesonnenen Preussen die schlesischen Regimenter „jähling zusammengezogen", mit allen Kriegsgeräthschaften versehen, „anbei eine sehr grosse Anzahl Menschen mit Gewalt aufgehoben, zu Soldaten gemacht, fort die übrigen Truppen in allen Landen in Bewegung gebracht und alles in solchen Stand gesetzet, dass eine zahlreiche mit allen Feldrequisitis versehene Armee sich jähling auf den Marsch begeben, um in denen österreichischen Erblanden, entweder durch Schlesien oder Sachsen, einfallen zu können?" Durch die schlimmen Erfahrungen des vorigen Krieges glaubte sie wohl berechtigt zu sein, „nicht auf blosse und willkürliche Aeusserungen" zu vertrauen, sondern „sich in solchen Wehrstand zu setzen", dass „allenfalls denen widrigen Absichten wesentlicher Einhalt" gethan werden könnte.

Der österreichische ausserordentliche Gesandte im Haag überreichte dieses Schreiben am 24. August den Generalstaaten. Von der Hellen, der preussische Legationssecretär, wusste sich unverzüglich eine Abschrift zu verschaffen, die er sofort nach Berlin sandte. Auch Klinggräffen erhielt fast gleichzeitig eine Copie. „Man muss erstaunen," schreibt er***), „mit welcher Stirn man Dinge zu erzählen

---

*) Vergl. Politische Correspondenz 13, 90. 163. Vergl. S. 92.
**) Kriegskanzlei 1756, Nr. 14. Faber, Staatskanzlei III, 220.

wagt, die, wie ganz Europa weiss, auch garnichts mit der Wahrheit gemein haben."

Das königliche Cabinetsministerium beschloss, den österreichischen Angriff auf gleiche Weise zu erwidern und beauftragte den Geheimrath Warendorff, den Entwurf für ein Rundschreiben an alle preussischen Vertreter im Auslande aufzusetzen. Sein Concept, das beide Cabinetsminister mit einigen Aenderungen versahen, liegt unserem Abdrucke zu Grunde. Es wurde, danach unter dem Datum „Berlin 7. September", allen Abgeordneten des Königs zugeschickt. Dem Haager Gesandten Hellen wurde in einem besonderen Zusatze die Erlaubniss gegeben, „allenfalls davon denen Ministris der Republik einen Précis zu überreichen" *), und Plotho durfte sogar „allenfalls denen Confidentioribus eine Abschrift geben".

Als in der gazette d'Amsterdam vom 14. September**) eine sehr genaue, oft wortgetreue Inhaltsangabe***) des österreichischen Circularrescripts vom 13. August erschienen war, bat Warendorff seinen Amtsgenossen Hertsberg, der die Aufsicht über das Archiv führte, um Auskunft, ob diese Kundgebung bereits preussischer Seits beantwortet worden wäre. Dieser bejahte die Frage, indem er auf den von Warendorff selbst verfassten Erlass hinwies, und beantragte, um die Widerlegung wirksamer zu machen, „dass man selbigen, dem Wienerischen Vorgange nach, den Zeitungen inserire". Nachdem sein Vorschlag genehmigt worden war†), wurden Ammon und Hellen durch Rescript vom 21. September††) angewiesen, einen getreuen Auszug des königlichen Rundschreibens anzufertigen und den kölnischen bezw. holländischen Zeitungen zum Abdrucke zuzustellen, damit dem Publikum seine schädlichen Vorurtheile genommen würden.

Der Ammon'sche Abriss des Circulares ist datirt „Berlin le 16 septembre" und erschien in der gazette de Cologne vom 6. October†††).

---

*) Hellen war bereits am 4. September ermächtigt worden, einen Auszug aus dem an ihn gerichteten Erlass vom 31. August der Statthalterin und einigen diplomatischen Persönlichkeiten zu übergeben: „afin que cet écrit serve d'un antidote au venin caché dans la susdite note".

**) Nummer 74.

***) Ministerialerlass an Ammon und Hellen vom 21. September: „inséré presque mot à mot".

†) Schreiben Warendorffs an Podewils vom 19. September.

††) Das Concept dieses Erlasses ist ebenfalls von Warendorff verfasst.

†††) Bericht Ammons vom 1. October: „Suivant le rescript de Votre Majesté du 21 septembre, je n'ai point manqué de faire le précis ci-joint de son rescript du 7. en réponse à la lettre circulaire que le comte de Kaunitz a fait rouler dans le public et présenter à la cour de Cologne. J'ai prié l'auteur de la gazette de l'insérer dans ses feuilles publiques. Il m'a dit que, comme il

Plotho hatte schon vorher, wie er hoffte*), mit gutem Erfolge „den gehörigen Gebrauch" von dem Erlasse gemacht.

„Viele Gesandten aber erwarten," meldet er, „mit vieler Neubegierigkeit ein von Ew. Königl. Majestät bald zum Vorschein kommendes Manifest, weil vermuthet wird, dass darin viele bishero aus Ménagement zurückgehaltene Entdeckungen werden bekannt gemacht werden, welche viele Stände des Reichs, besonders aber die evangelischen, von Ihrem bisherigen Schlaf um so eher aufwecken würden."

Er war in Ungewissheit, ob das Rescript, das er der Regensburger Zeitung zur Veröffentlichung insgeheim zugeschickt hatte, die Censur des österreichischen Directorialgesandten Puchenberg passiren würde, „indem selbiger und alle kaiserlichen Ministri und Agenten in denen Reichsstädten sorgfältigst zu verhüten suchen, dass das Publikum anjetzt von denen wahrhaften Umständen, so nicht nach dem Sinn des Wiener Hofes, informiret werde."

Der preussische Circularerlass ist abgedruckt bei Faber III, 222 und in der Kriegskanzlei Nr. 15, S. 62. In beiden Ausgaben fehlt aber, wie gewöhnlich bei der Wiedergabe derartiger Actenstücke, der Schluss mit den Verhaltungsbefehlen.

Königlich Preussisches Circularrescript, Berlin 7. September 1756.

Der Wienerische Hof hat von neuem ein Scriptum in dem Haag und an andern Orten rouliren lassen, worin derselbe fortfähret, auf Uns die Schuld seiner grossen Kriegesbewegungen zu schieben.

Wir lassen Euch von solchem Scripto hiermit eine Abschrift zufertigen, und da Wir in Unserm vorigen den Ungrund sothanen Vorgebens zur Genüge dargethan, so wissen Wir auch vorjetzo demselben weiter nichts hinzuzufügen, und wollen Wir hoffen, dass Ihr davon den Euch vorgeschriebenen Gebrauch gemachet haben werdet. Wann inzwischen der Wienersche Hof das Publikum überreden will, als ob von ihm die Vorsicht erfordert, bei Zurückerinnerung der Begebenheiten des vorigen Krieges sich in einen wehrhaften Stand zu setzen, so giebt derselbe dadurch von neuem seine boshaften und gefährlichen wider Uns führende Absichten genugsam zu erkennen.

Die Ursachen, welche Uns im Jahr 1740 bewogen, die Waffen zu ergreifen, sind ganz Europa hinreichend bekannt, und dass solches schlechterdings deshalb geschehen, umb ein von dem Oesterreichischen Hause Unserm

---

y mettoit actuellement le manifeste de Votre Majesté qui prenoit beaucoup de place, cela lui étoit impossible pour aujourd'hui. Il m'a promis de le donner infailliblement l'ordinaire prochain au public."

*) Bericht Plothos vom 20. September.

Vorfahren an der Kron und Chur auf die allerungerechteste Weise vorenthaltenes Eigenthumb zu vindiciren.

Der grossmüthige Entschluss, welchen Wir in der Folge genommen, Uns des Wienerschen Hofes pernicieusem Vorhaben, das Reich und dessen Oberhaupt zu unterdrücken, zu widersetzen, wird auch jedermann annoch in frischem Andenken ruhen, wie nicht weniger, dass die von Uns besitzende Schlesischen Lande Uns durch die feierlichsten Friedensschlüsse cediret und durch die respectablesten Puissancen garantiret worden. Wie wäre es möglich, dass diese Begebenheiten den Wienerschen Hof vorjetzo wider Uns aufbringen können, wann nicht derselbe schon vorlängst und besonders bei denen jetzigen Troublen den festen Vorsatz gefasset, Uns eines Landes zu berauben, so Uns durch die bündigsten Tractaten übertragen worden, damit er hiernächst seine annoch weit gefährlichern, zum Umsturz der Reichsverfassung und Protestantischen Religion abzielende Desseins desto besser ausführen möge.

Es bezeuget übrigens der Wienersche Hof in oberwähnten Scripto, dass, nachdem er einmal seine Kriegesrüstungen mit grossen Kosten gemachet, er nicht gemeinet sei, selbige wiederumb abzustellen, und leget dadurch offenbar zu Tage, wie unendlich derselbe entfernet sei, den Frieden zu unterhalten. Wir haben dagegen denselben beständig sehnlichst gewünschet und nichts mehr verlanget, als dass besagter Hof darunter mit Uns gleichmässige Gesinnungen führen möchte. Es ist Derselbe von Uns darumb zu dreien wiederholten Malen und umb eine deutliche und positive Erklärung zu Unserer Sicherheit und Beruhigung instandigst ersuchet worden. Da Wir aber Unsere Hoffnung dabei gänzlich verfehlet, so sind Wir auch versichert, es werde die ganze raisonnable Welt Unser gehaltenes Betragen rechtfertigen, [und dass Wir nicht anders, als wie geschehen, verfahren können, umb nicht von einem unversöhnlichen und herrschsüchtigen Nachbar unterdrücket und ecrasiret zu werden.]

Ihr habt obiges alles gehöriger Orten mit guter Manier bekannt zu machen, damit das Publikum von denen frechen wider Uns angebrachten Beschuldigungen und grundfalschen, groben Insinuationen des Wienerschen Hofes je mehr und mehr überführet werden möge.

XIX.

Exposé des motifs,
qui ont obligé Sa Majesté le Roi de Prusse,
á prevénir les desseins de la cour de Vienne.

Am 24. Januar 1756, der letzten friedlichen Geburtstagsfeier, die Friedrich vor den trübsten Jahren seines Lebens beschieden war, hatte sich unter den Glückwünschenden der französische Gesandte in ausserordentlicher Botschaft, der Herzog von Nivernois, eingefunden und wurde vom Könige in einer besonderen Audienz empfangen. Ihr Gespräch trug einen ernsten Charakter. Angesichts der Gewaltthätigkeiten, die sich die Engländer gegen französische Schiffe allerorts zu Schulden kommen liessen, wandte sich die Unterhaltung zu der Frage, ob es nützlich wäre einen Krieg zu beginnen, der sich nur auf die Abwehr beschränkte. Friedrich entschied sich dagegen, weil ein Vertheidigungskrieg die mühseligste und gefährlichste Kampfesart wäre. Auch das ginge nicht an, fuhr er fort, im Gefühle der gerechten Sache unthätig zu bleiben und die Feinde nach ihrem Belieben Vorkehrungen zum Streite treffen zu lassen. Je schneller eingeschritten würde, desto sicherer wäre der glückliche Ausgang.

Wenige Wochen später kam der König in einem Briefe an Knyphausen, seinem Gesandten in Frankreich, auf dieselben Gedanken zurück*):

„Als Ludwig XIV. die Holländer im Jahre 1672 angriff, fiel er sogleich über sie her und hatte damit die grössten Erfolge; derartige Unternehmungen müssen mit Ungestüm begonnen werden; sie misslingen, wenn dem Feinde Zeit zur Gegenwehr bleibt."

*) Politische Correspondenz 12, 119 f.

Diese Mahnungen sollten die Franzosen auf ihre politischen Unterlassungssünden hinweisen. Für sein eigenes Land hoffte Friedrich gerade in jenen Tagen zuversichtlicher als während des ganzen verflossenen Jahrzehnts im Vertrauen zu den guten Folgen des Abkommens von Westminster und zu seinem noch bestehenden Bunde mit Frankreich auf eine dauernde Friedensepoche.

Die überraschenden Erfolge der Politik von Kaunitz machten die Berechnungen des Königs zu Schanden: durch den Versailler Vertrag trat Frankreich auf die Seite Oesterreichs.

Vergeblich hatte Friedrich von dem englischen Einflusse in Petersburg einen Umschwung der dort gegen ihn herrschenden erbitterten Stimmung erwartet und umsonst versucht, die französische Regierung über die wirklichen Ziele seines Vertrages mit Grossbritannien aufzuklären. An beiden Höfen blieb die österreichische Staatskunst siegreich.

Diese ungeahnte Vereinigung der drei grössten europäischen Mächte, von denen zwei Todfeinde Preussens waren, liess das Schlimmste befürchten. „Ich glaube," schrieb Friedrich am 15. Juli an seinen Bruder August Wilhelm, „ich stehe dicht vor einem Kriege. Alles drängt darauf hin, und mein einziges Rettungsmittel ist die Ueberrumpelung meiner Feinde" *).

Aus dem Munde der Kaiserin selbst wollte er entnehmen, ob die Zeit zu jenem letzten Entschlusse angebrochen wäre. Klinggräffen, sein Vertreter in Wien, musste in einer feierlichen Audienz Maria Theresia nach dem Zwecke ihrer umfassenden Rüstungen fragen**). Ihre Antwort verrieth deutlich das Bestreben, das preussische Cabinet in Ungewissheit zu lassen***).

Am liebsten hätte Friedrich nun gleich das Schwert gezogen. Doch schwer wiegende Bedenken mancher Art liessen ihn die Entscheidung — vielleicht zum eigenen Schaden — hinausschieben. Von einer neuen Erklärung der Kaiserin sollte die weitere Entwicklung der Ereignisse abhängen. Die Herrscherin sollte nur versprechen, indem der Zweck ihrer Rüstungen bereits als bekannt vorausgesetzt wurde, Preussen in dem laufenden und dem künftigen Jahre nicht mit Krieg zu überziehen†).

„Fällt die Antwort im Orakelstil aus," schliesst die Cabinetsordre an Klinggräffen, „dunkel und vieldeutig, dann hat sich die

---

*) Politische Correspondenz 13, 75; vergl. ib. 109.
**) Siehe S. 92.
***) Politische Correspondenz 13, 163. Vergl. das Schreiben an Starhemberg vom 27. Juli 1756 bei Arneth 4, 480.
†) Politische Correspondenz 13, 165.

Kaiserin alle Folgen selbst zuzuschreiben, ... und ich beschwöre den Himmel als Zeugen meiner Unschuld an dem hereinbrechenden Elend."

Wie wenig Friedrich selbst sich von dieser ungewöhnlichen Maassregel versprach, erhellt schon daraus, dass er in den Tagen der Erwartung auf Bescheid aus Wien neben den militärischen und diplomatischen Vorbereitungen zum Kriege die bereits im Juli aufgesetzten Entwürfe zu einem Manifeste gegen Oesterreich mehrfach bearbeitete. Obwohl ihm die zweite Ablehnung Maria Theresias noch nicht bekannt geworden war, schrieb er damals doch seiner erneuten Anfrage gedenkend:

„Da aber die Kaiserin alle ihr vorgeschlagenen Wege zur Verständigung verschmäht, so ist klar, dass ihre Absichten und Pläne nur darauf ausgehen, den Frieden Europas zu stören, die Macht des Königs von Preussen zu schwächen, um die Gesetze Deutschlands, die fürstlichen Vorrechte, die Freiheit der Religion . . . . zu vernichten . . . ." „Welcher Fürst wäre so feige, so Schändliches über sich ergehen zu lassen, ohne sich mit aller Kraft seiner Seele einer Verschwörung gegen seine Ehre und gegen sein Vaterland zu widersetzen?" *).

Am 25. August traf endlich die kaiserliche Antwort in Sanssouci ein, die Preussen in der Verlegenheit erhalten sollte, „entweder einen offenen Angreifer abzugeben oder die Sorge wegen der Zukunft auf dem Herzen zu behalten**)".

Es blieb nun keine andere Wahl als der Krieg. In der Morgendämmerung des 28. August brach Friedrich an der Spitze seiner Garden zum Vertheidigungskampfe auf.

Aber noch einmal, schon mit den Waffen in der Hand, wollte er seine Friedensliebe kundthun. Wenn ihm die Kaiserin endlich eine befriedigende Antwort auf seine zweite Anfrage geben würde, wollte er sofort seine Truppen zurückziehen und alles auf Friedensfuss setzen, liess er durch Klinggräffen erklären***). Freilich war kaum zu erwarten, dass die hochgesinnte Fürstin, die in den schlimmsten Tagen des Erbfolgekrieges ihren Muth bewahrt hatte, nun im Gefühle ihrer überlegenen Macht dem drohenden Drängen des Mannes nachgeben würde, dem sie am liebsten persönlich im Zweikampfe gegenüber getreten wäre †).

---

*) Vergl. hierzu Droysen, Geschichte der preussischen Politik V. 4, 8.
**) Aus einer Depesche an Starhemberg 22. August 1756. Arneth, Maria Theresias erste Regierungsjahre 4, 485.
***) Politische Correspondenz 13, 278.
†) Arneth 4, 8.

So lange ihre Entgegnung auf dieses Ultimatum ausstand, konnte das Manifest nicht veröffentlicht werden*). Nur dem Könige wurden am 2. September, sofort nach der Beendigung des Drucks, 100 Exemplare ins Hauptquartier nachgesandt**). Im diplomatischen Corps zu Berlin war aber bereits Ende August die Existenz einer zur Eröffnung des Krieges bestimmten Schrift wohl bekannt. Bülow meldete am 30. August dem Grafen Brühl: „Es wird hier ein Manifest gedruckt, das in wenigen Tagen ausgegeben werden soll, um die Rechtfertigung des Königs über seine Maassnahmen zu bringen." Und bei der Ueberreichung der Déclaration an die Vertreter der auswärtigen Mächte am 31. August***) bestätigte der Cabinetsminister Podewils dieses Gerücht mit dem Hinzufügen, das Erscheinen des Manifestes wäre von der baldigst zu erwartenden Antwort der Kaiserin-Königin abhängig †). An demselben Tage schrieb endlich noch das Berliner Departement der auswärtigen Affairen an die befreundeten Ministerien von Churköln und Churpfalz, jedem Unparteiischen müsse klärlich einleuchten, dass der Wiener Hof der wahre aggressor sei,

„wie solches zu seiner Zeit auch noch ausführlicher in einem besonderen Manifeste vor der ganzen Welt wird dargethan werden, welches Se. Königl. Majestät, um Dero Mässigung noch mehr zu zeigen, noch so lange zurückhalten wollen, bis Sie gesehen, ob Dero letztere Vorstellungen nicht noch einigen Eingang zu Wien finden möchten."

Am 12. September traf die Depesche Klinggräffens mit dem letzten Bescheide der Hofburg ein††). Die österreichische Note — der preussische Gesandte hatte seine Anfrage schriftlich übergeben müssen und die Erwiderung von Kaunitz empfangen — erklärte jede friedliche Verständigung für unmöglich, nachdem der König in Sachsen eingefallen wäre und ein Manifest gegen Oesterreich erlassen hätte †††).

Noch am selben Tage begann das Cabinetsministerium das gedruckte Exposé zu vertheilen. Zuerst wurden fünfzig Exemplare „sowohl in französischer, wie in deutscher Sprache" an den Feldmarschall Schwerin und vier an den schlesischen Provinzialminister

---

*) Vergl. Politische Correspondenz 13, 326.
**) Politische Correspondenz 13, 340.
***) Vergl. S. 112.
†) „Que l'attente de sa réponse éloit la cause que l'Exposé des motifs ne pouvoit pas paroître encore, parcequ'on vouloit attendre, comment la dernière s'expliqueroit sur la troisième tentative qu'on avoit employée auprès d'elle."
††) Politische Correspondenz 13, 373.
†††) Es ist die Déclaration (vergl. S. 125) gemeint.

Freiherrn von Schlabrendorff gesandt. Zwei Tage später wurden den preussischen Gesandten sowie den Ministerien von Hannover, Bonn und Mannheim einige Exemplare geschickt. Dem Vertreter in Paris, Dodo von Knyphausen, wurde eine besonders grosse Anzahl zugestellt und in einem eigenen, von Finckenstein selbst aufgesetzten Begleitschreiben befohlen, das Exposé allen Personen zu geben, die Einfluss bei Hofe besässen, und dabei zu bemerken, dass Nothwendigkeit, Pflicht und Gewalt Friedrich zum Kriege gezwungen hätten. Der König hätte ihn nicht mehr vermeiden können, ohne die Würde seiner Krone und die Sicherheit seiner Unterthanen aufs Spiel zu setzen.

Die fremden in Berlin residirenden Gesandten erhielten das Manifest erst am 15. September, um den preussischen Gesandten im Auslande die frühere Verbreitung des Schriftstücks zu ermöglichen).*

Die freie, selbstbewusste, oft schwunghafte Sprache des Exposé erregte allerorts ungemeines Aufsehen. Selbst am Reichstage zu Regensburg machte sich eine ungewöhnlich tiefe Bewegung geltend. Plotho meldete am 23. September, die Schrift hätte bei den Katholiken grosse Bestürzung, grosse Freude bei den Evangelischen erregt. „Ja, das Publikum ist darüber frappirt und in Freuden." Ein Regensburger Buchführer verkaufte in wenigen Stunden mehr als hundert Exemplare eines Nachdrucks.

Fast in allen evangelischen Landen wurde Friedrich vom Volke als Held und Vorkämpfer des Protestantismus gefeiert.

*Während die vornehme Welt in den Vereinigten Provinzen nur ihre Bewunderung über die meisterhafte Form des Exposé aussprach, aber ihr Urtheil über die Berechtigung der preussischen Schilderhebung angesichts der Ereignisse in Sachsen vorsichtig zurückhielt**), äusserte sich die breite Masse der Bürgerschaft enthusiastisch und wünschte laut den preussischen Waffen Sieg***).*

Die ersten Nachrichten aus Dänemark seit der Veröffentlichung der Staatsschrift klangen noch verheissungsvoller:

„Allgemein†) wird Friedrich als der grösste Geist, als der gewaltigste Held, den die Erde je getragen hat, gefeiert. Sein Manifest gilt für vortrefflich geschrieben, für ein Meisterwerk der Beredsamkeit und des Scharfsinns. Allerdings, einige Ausdrücke erscheinen

---

*) Bericht des Cabinetsministeriums an den König, 14. September. Friedrich bemerkte dazu mündlich (Sedlitz 10. September): „recht gut".

**) Bericht Hellens aus dem Haag, 21. September.

***) Bericht Hellens vom 24. September.

†) Bericht des preussischen Legationssecretärs Feriet. Kopenhagen, 25. September.

zu scharf, und es wäre wünschenswerth, wenn Beweise für die aufgestellten Behauptungen gebracht würden."

Vielleicht hat aber der Berichterstatter in dieser Schilderung seiner persönlichen Auffassung zu viel Raum gelassen. Wenigstens war bald darauf eine kühlere Stimmung gegen Preussen in den leitenden Kreisen von Kopenhagen zu erkennen. Gegenüber der allgemeinen Zurückhaltung galt es fast schon als Freimuth, wenn der Geheimrath Graf Ludwig Dehn seine Freude an dem Manifeste und vorzüglich an der feinen Unterscheidung zwischen hostilité und agression vor dem preussischen Vertreter äusserte. Für das stilistische Gefühl des Grafen spricht übrigens sein gutes Urtheil, mit dem er sofort den französischen Text als das Original und den König Friedrich als Verfasser erkannte.

Selbst bei den Polen, deren König doch gerade in jenen Tagen von den Preussen bei Pirna eingeschlossen war, hatte das Manifest einigen Erfolg aufzuweisen. Der Legationssecretär in Warschau, Benoit, schrieb am 22. September: „das Exposé thut hier gute Wirkung und befestigt die Meinung von des Königs gerechter Sache." Noch im November hielt es Schlabrendorff für angemessen, von der lateinischen Uebersetzung, da sie in Polen „guten Effect" gemacht hätte, fünfzig Abzüge an Benoit zu schicken.

Den grössten Beifall erweckte die Staatsschrift, wie nicht anders zu erwarten stand, in Grossbritannien. Kaum hatte das Cabinet von St. James das Exposé von Michell, dem preussischen Geschäftsträger in London, empfangen, so beschloss es, unverzüglich eine englische Uebersetzung und einen Nachdruck in französischer Sprache herauszugeben.

„Ich bemerke," meldet Michell, „dass alle, die einen Blick hineingeworfen haben, nicht nur die Kraft der Beweisgründe würdigen, sondern noch weit mehr die Schönheit des Stils bewundern. Unfehlbar wird das Exposé einen sehr guten Eindruck auf das grosse Publikum machen, das bereits seither den Schritten Ew. Majestät öffentlichen Beifall gezollt hat*)."

Ein paar Tage später schreibt dann der preussische Diplomat**): „Allgemein ist man fest entschlossen, Ew. Majestät beizustehen, jeder wünscht glücklichen Erfolg und billigt mit Freuden die Gerechtigkeit der preussischen Gründe.

Nach den Erfolgen von Lobositz und Pirna stieg die Begeisterung für das Manifest noch.

---

*) Bericht Michells vom 28. September 1756.
**) Bericht Michells vom 1. October 1756.

Die Staatsschrift erlebte in England, wo politisches Gefühl und Interesse unvergleichlich lebhafter und verbreiteter waren, als auf dem Continent, eine so grosse Anzahl von Auflagen, wie keine politische Deduction im damaligen Deutschland. Michell berichtet einmal*), der Buchdrucker, der zuerst das Exposé in London herausgegeben, „habe in der ersten Stunde nach dem Erscheinen der Schrift allein in der Hauptstadt über 1500 Exemplare abgesetzt und in die Provinzen ausserdem noch eine unglaubliche Menge versandt.

Friedrichs Hoffnungen, durch die deutlich im Exposé zu Tage tretende Rücksicht auf Frankreich die dortige Regierung wieder günstiger zu stimmen und die Aufwallung über seinen Einfall in Sachsen zu beschwichtigen, schlugen gänzlich fehl. In einer Unterredung Knyphausens mit dem Staatssecretär Grafen Rouillé war die unbelehrbare Voreingenommenheit der maassgebenden Staatsmänner gegen Preussen deutlich zu erkennen**). Der Graf gestand zwar auf Knyphausens Vorhalten zu, dass sich in dem Manifeste kein Wort befände, wodurch sein Hof beleidigt würde, beharrte aber unerschütterlich bei der Behauptung, die Auseinandersetzung über den Unterschied zwischen dem wahren und dem scheinbaren Friedensstörer wäre eine sophistische Klügelei. Den Anlass hierzu, so meinte er, würde wohl die britische Politik gegeben haben, es fänden sich wenigstens in den ersten englischen Staatsschriften, die vor Beginn des jetzigen Krieges veröffentlicht wären, ähnliche Ausführungen. Aber leider hätte jene These kein Glück in Europa gehabt. Friedrich wäre und bliebe der angreifende Theil, Frankreich wäre also verpflichtet, das verbündete Oesterreich mit Heeresmacht zu unterstützen.

Auch Valory, dessen preussische Sympathien oft überschätzt worden, der „gute, dicke Valory" sprach sich mit Nachdruck gegen den König von Preussen und seine Rechtfertigungsschrift aus.

„Ich glaube nicht," urtheilt er in einer Depesche an sein Ministerium***), „dass der Wiener Hof um eine Antwort auf dieses Manifest verlegen sein wird, denn es wird darin ebenso wenig ein Beweis für die angeblichen Anschläge Oesterreichs auf Preussen beigebracht, als für die Existenz des vorgegebenen Trutzbündnisses der Kaiserin-Königin mit Russland. Hier wird nur thörichtes Zeug über die grosse Mässigung des Königs verbreitet, der zum dritten Male nach Wien geschickt hätte, um Frieden zu heischen. Das heisst wirklich das Wort Mässigung missbrauchen."

*) Bericht Michells vom 5. October 1756.
**) Bericht Knyphausens vom 1. October 1756. Vergl. Politische Correspondenz 13, 524.
***) Berlin 16. September 1756. Vergl. Valory II, 174.

In seinen viel später verfassten Memoiren geht der Gesandte noch schärfer mit dem Exposé ins Gericht*):

„Man fand darin viele ganz eigenartig zusammengestellte Behauptungen, die durchaus nicht mit den vorangegangenen Verträgen übereinstimmten. Ich beschränke mich darauf zu sagen, dass jene Schriften**) im Verein mit den Thatsachen dem Publikum als Mikroskop gedient haben, um ausfindig zu machen, auf wessen Seite Wahrheit und Gerechtigkeit standen; das vorurtheilsfreie Publikum hat sich nicht hintergehen lassen und erkannte den wahren Anstifter des Krieges in Deutschland, den der König von Preussen angefangen hat."

Die officielle Wiener Entgegnung auf das Exposé erschien in der Form einer

Beantwortung | des, unter dem Titul: | Ursachen | welche Sr. Königl. Majestät in Preussen bewogen | sich wider die Absichten des Wienerischen Hofes zu setzen, | und deren Ausführung vorzukommen, | kund gewordenen | Kriegs-Manifests. | Wien und Prag, | gedruckt und zu finden bey Johann Thomas Trattnern, kaiserl. königl. | Hofbuchdruckern und Buchhändlern. 1756.

Plotho sandte die Schrift am 18. October nach Berlin. Sie ist in sehr nachlässiger Sprache und mit Hintansetzung jeglicher Höflichkeitsformeln verfasst. Während in der deutschen Uebersetzung des Exposé der Kaiserin fast immer das Prädicat Majestät beigelegt wird und bei allen Beschuldigungen stets der „Wiener Hof", niemals die Person der Herrscherin selbst genannt wird, bezeichnet die österreichische Staatsschrift geradezu „den König" als den Urheber alles Bösen. Der Ton gleicht überraschend dem im Promemoria vom 2. März 1750 angeschlagenen. Hier wie dort sind beliebte Scheltworte: unanständige Ausdrückungen, gehässige Aufbürdungen, unfreundliche, irrige Supposita***).

Ueber die Aufnahme, welche diese Kundgebung selbst bei den Freunden Oesterreichs gefunden haben soll, mag hier eine Aeusserung Benoîts†) in Warschau angeführt werden:

---

*) Valory I, 346.
**) Valory fasst hier das Exposé und das Mémoire raisonné zusammen.
***) Fechner, Die handelspolitischen Beziehungen Preussens, 100.
†) Bericht Benoîts vom 27. October.

„*Die deutsche Erwiderung des Wiener Hofes auf das Manifest findet hier sehr wenig Anklang. Einige gehen sogar so weit zu behaupten, dass eine derartige Schrift keinesfalls auf Anordnung dieses Hofes gedruckt worden ist, und meinen, es wäre für das Ansehen des Grafen Kaunitz besser, wenn keine französische Uebersetzung erschiene, obwohl das Publikum bereits damit bedroht wird.*"

Das Geheime Staatsarchiv zu Berlin bewahrt sieben Entwürfe des Exposé des motifs; sie mögen A, B, C, D, E, F und G genannt werden.

A.

A, von Friedrich selbst aufgesetzt, ist eine ziemlich flüchtig gehaltene Skizze. Sie kann nicht vor dem 16. Juli verfasst sein, da sie, oft sogar mit wörtlichen Anklängen, Nachrichten über die österreichischen Rüstungen enthält, die Friedrich erst an diesem Tage erhalten hat*). *Die erste Anfrage Klinggräffens, zu der ihm am 18. Juli der Befehl ertheilt wurde, wird in A gar nicht erwähnt. Man kann vielleicht daraus schliessen, dass der König sofort, nachdem ihm die alarmirenden Meldungen über den Vormarsch der ungarischen Truppen nach Böhmen zugegangen waren***), *von der Nothwendigkeit des Krieges überzeugt, den Entwurf zu einem Manifeste aufgesetzt und mithin A am 16. oder 17. Juli niedergeschrieben hat. Nach dem 2. August, d. h. demjenigen Tage, an dem Klinggräffens Courier Maria Theresias erste Antwort nach Potsdam brachte, ist A sicher nicht entstanden.*

B.

B, ebenfalls von Friedrich geschrieben, ist eine Ueberarbeitung von A. Die Aehnlichkeit mit der Vorlage ist unverkennbar. Die Anordnung der vorgetragenen Gedanken ist, von einer nicht gerade wichtigen Umstellung abgesehen, noch die gleiche. Allerdings ist dieser Entwurf wesentlich breiter gehalten. Zu bemerken ist, dass ein schärferer Ton gegen den Wiener Hof angeschlagen wird, als in A. Hier findet sich zuerst die auf englisch-hannoversche Leser berechnete

---

*) Vergl. Politische Correspondenz 13, 80 f. Andere in A befindliche Angaben über die feindlichen Bewegungen der Kaiserlichen sind dem Könige schon am 1., 4. und 7. Juli zu Händen gekommen. Vergl. Politische Correspondenz 13, 14. 38.

**) Vergl. Naudé, Historische Zeitschrift. N. F. XX, 412 f.

Schilderung von dem Edelsinne Georgs II., der diesen König vor den frevelhaften Anschlägen der Hofburg zurückschrecken liess*). Diese Ausführung kehrt in allen späteren Redactionen wieder, und zwar tritt in C nur weiteren Ausmalung noch die Angabe hinzu, der britische König hätte früher sogar seine eigene Person für Maria Theresia in die Schanze geschlagen. Solche Anspielung auf die Dettinger Schlacht klingt ganz anders, als die übermüthige Schilderung von Georgs Heldenpose in dem Entwurfe der Histoire de mon temps von 1746**).

B muss aus der Zeit zwischen dem 18. Juli und 2. August stammen.

C.

Vollkommen umgearbeitet, in wesentlichen Stücken erweitert und vermehrt, in anderen gekürzt, mit veränderter Disposition liegt C in des Königs Niederschrift vor.

Es fehlt die A und B gemeinsame Einleitung, worin der zum Schutze Deutschlands geschlossene Vertrag von Westminster als die Ursache des Bündnisses zwischen Oesterreich und Frankreich genannt wurde, es fehlt von nun ab die Anspielung auf die Person des Kaisers selbst. Auch auf die alten Streitpunkte Preussens mit Oesterreich wegen der noch ungeregelten Vertheilung der schlesischen Schulden wird nicht mehr eingegangen. Die ziemlich lange Aufzählung der österreichischen Rüstungen, in den früheren Redactionen fast wörtlich aus eingelaufenen Berichten entnommen, ist fortgefallen und durch die ausführliche Wiedergabe der zweiten diplomatischen Anfrage vom 2. August ersetzt worden. Die mannigfaltigen Ränke der kaiserlich-königlichen Diplomaten werden viel eingehender und lebhafter geschildert. Das berühmte Bild, worin die russische Kriegslust mit einem gefrässigen Feuer verglichen wird, — seit dem Erscheinen des Exposé in politischen Abhandlungen jener Periode oft verwandt —, begegnet uns hier zuerst.

Die Entstehungszeit von C liegt zwischen dem 2. August und dem 22. August.

Vielleicht kann man aber die Zeit der Abfassung noch genauer bestimmen. Es heisst in C: „le sieur de Klinggräffen ... a exposé dans une audience particulière". Bekanntlich hat Klinggräffen auf seine Bitte um eine Audienz bei Maria Theresia die Aufforderung erhalten, seine Anfrage schriftlich zu überreichen. Da der Gesandte

---

*) Aehnlich hatte sich der König schon früher gegen Michell geäussert Vergl. Politische Correspondenz 12, 15. 371.

**) Posner, Histoire d. m. t. 292. Vergl. Bischoff, Gespräche Friedrichs d. Gr. 173.

nicht wusste, ob sein Herrscher damit einverstanden wäre, bat er in einer Depesche vom 7. August um neue Weisungen. Sein Bericht wurde dem Könige am 13. August eingehändigt*). Es ist auffällig, dass C dieses Begehren der Hofburg unerwähnt lässt, obwohl sich darin deutlich die Absicht, Zeit für ihre Rüstungen zu gewinnen, abspiegelt. Man beachte, dass es noch in D, der folgenden Redaction an der Stelle, wo jenes Auftrages von Klinggräffen gedacht wird, nur heisst: „le sieur de Klinggräffen fut chargé de dire à l'Impératrice". Der Schluss liegt wohl nicht allzu fern, dass C, vor dem Empfange der erwähnten Depesche Klinggräffens vom 7. August, in den Tagen zwischen dem 2. und 13. August aus der Feder des Königs hervorgegangen ist.

D.

Während die drei bisher besprochenen Entwürfe sich schon durch ihre Titel als Vorarbeiten ausweisen, hat Friedrich D „Manifeste" genannt. Als Vorlage hat C gedient, dessen Gedankengang ziemlich unverändert übernommen ist. In der stilistischen Fassung zeigt sich aber ein grosser Unterschied; ganze Sätze sind umgearbeitet worden und an sehr zahlreichen Stellen neue Ausdrücke am Platze von weniger bedeutenden gewählt worden. Mit jeder weiteren Umarbeitung treten dem königlichen Schriftsteller die Gedanken plastischer hervor, die Reflexionen, die bis dahin die Erzählung manchmal zu überwuchern drohten, werden zurückgedrängt, die ganze Darstellung erhält eine gedrungenere Form.

Die sachlichen Hauptabweichungen von C sind folgende: die erste Anfrage Klinggräffens nebst der Entgegnung der Kaiserin darauf wird berichtet und der Text der zweiten getreuer nach dem Wortlaute der Cabinetsordre vom 2. August wiedergegeben. Der feurige Angriff gegen die verderblichen Absichten der Hofburg auf den Frieden Europas, die Freiheit Deutschlands und den Bestand des evangelischen Bekenntnisses wird in Hinblick auf die vermuthlich wieder ausweichende Antwort Maria Theresias noch verstärkt. Zum ersten Male wird hier erwähnt, dass Oesterreich und Russland sich insgeheim zur Vernichtung der hohen Pforte, dieser ältesten Gegnerin Habsburgs, verabredet hätten, um nach ihrem Siege über den Halbmond in Preussen das letzte Bollwerk der Reichsfreiheit niederzuwerfen.

Die Entstehungszeit dieses Manuscriptes ist aus demselben Grunde, der für C gilt, zwischen dem 2. und 13., bezw. 22. August anzusetzen.

*) Politische Correspondenz 13, 209.

E.

Aber noch immer hatte Friedrich keinen geeigneten Platz für seine geistvollen Ausführungen über den Unterschied des wahren vom scheinbaren Angreifer gefunden, die doch bestimmt waren, sein Vorgehen vom völkerrechtlichen Standpunkte als gebilligt, ja sogar geboten darzustellen*). Erst nachdem ihm nun in E gelungen war, diese Gedanken zwanglos einzufügen, glaubte er sein Werk abschliessen zu dürfen. In der Ueberschrift bezeichnet er die Redaction als „manifeste" und fügt mit Hinblick auf ihre Vorgängerinnen hinzu „ce sont les brouillons". E weicht an zahlreichen Stellen beträchtlich von D ab, das ihm als Grundlage gedient hat, weist aber im Allgemeinen dieselbe Gedankenfolge auf. Nur einmal treffen wir auf eine bedeutende Umstellung mehrerer Sätze. Im Verhältnisse zu den Aenderungen in den früheren Entwürfen sind die Kürzungen oder Streichungen ziemlich geringfügig: am meisten ist der Ausfall auf die finsteren Pläne des Hauses Habsburg eingeschrumpft. Neu oder wenigstens viel schärfer betont ist der Hinweis auf die Geringfügigkeit der preussischen Rüstungen im Vergleiche mit den gewaltigen und lange vorbereiteten der Oesterreicher. Auf die zweite Anfrage und ihre wahrscheinliche Beantwortung ist Friedrich hier noch ausführlicher eingegangen. Der Schluss der Abhandlung erlangte erst jetzt seine wuchtige, ergreifende Abrundung.

Bei der Frage, wann E abgefasst ist, müssen wir auf jenes Kriterium zurückgehen, dessen wir uns zur Feststellung der Entstehungszeit von C und D bedient hatten. Wir wissen, in D hatte bei der Erwähnung der zweiten Anfrage gestanden: „Klinggräffen fut chargé de dire". In E sind gerade diese Worte, während der umgebende Text von D in der neuen Redaction nur geringere Abänderungen erlitt, durch folgende ersetzt worden: „Klinggräffen reçut de nouveaux ordres et il représenta à l'Impératrice". Wir möchten daraus schliessen, dass E erst nach dem Empfange von Klinggräffens Bericht (13. August)**), mithin in den Tagen vom 13. bis 22. August entstanden ist.

F.

In der nun gewonnenen Form gab Friedrich sein Manifest dem Geheimrath Warendorff, um eine Abschrift zu fertigen, und forderte

---

*) Vergl. darüber auch Politische Correspondenz 13, 204. 225 f. 240. 250. 290 u. s. w.

**) Vergl. S. 143.

ein Gutachten Finckensteins. Der Minister hatte nicht viel auszusetzen; er bemängelte nur einzelne Ausdrücke oder Sätze. Seine Verbesserungsvorschläge wurden dem Könige zugleich mit der Warendorff'schen Copie zugesandt. In dieser Reinschrift hat Friedrich noch einige Aenderungen getroffen, theils nach seinem Gutdünken, theils nach dem Rathe Finckensteins. Seine eigenen Correcturen sind, von einer abgesehen, stilistischer Art, die nach Finckensteins Bemerkungen vorgenommenen mehr sachlicher Natur. Sie beziehen sich mit Ausnahme eines längeren Satzes, der auf den Vorschlag des Ministers eingefügt wurde, um der leicht erregbaren Empfindlichkeit der Franzosen jeden Anlass zu nehmen, auf eine Zahlenbestimmung, Titulaturen und die Abmilderung einiger allzu schroffer Ausdrücke.

Wir können den Tag genau bestimmen, an dem F vom Könige durchgesehen ist. In einem vom 22. August datirten Briefe frägt Warendorff bei Eichel an, in welchem Jahre (1753) ein Zoll von 30 Procent auf die schlesische Ausfuhr in die Lande der Kaiserin-Königin gelegt worden wäre. Eichel, der keine bestimmte Antwort zu geben vermochte, schickte noch am selben Abend einen Feldjäger an Hertzberg nach Berlin. Dieser sandte, nachdem er von dem Präsidenten Fürst die Acten über den schlesischen Handel empfangen hatte, „am 23. August 7½ Morgens" die geforderte Auskunft. Als sein Schreiben in Potsdam eintraf, hatte Warendorff seine Abschrift schon vollendet und setzte die Zahl 53 nachträglich an der freigelassenen Stelle ein.

Am 23. August bekam auch der Buchdrucker Bauer den Befehl, sich insgeheim zum Drucke „einer gewissen Schrift" vorzubereiten.

6.

Von C an war in allen Redactionen Platz für die Erklärung der Kaiserin auf Klinggräffens zweite Anfrage gelassen worden. Nachdem deren Antwort am 26. August in Potsdam eingetroffen war, entwarf Finckenstein einen kurzen Auszug davon und fügte ihn an der bestimmten Stelle dem Manifest ein.

Von des Ministers eigener Hand ist nur das Resumé der österreichischen Note erhalten [G 1]. Ein Manuscript Warendorffs, das wohl nur als eine Copie des verlorenen Finckensteinschen Entwurfes zu betrachten ist [G 2], giebt die kurze Ueberleitung von dem fridericianischen Texte zur österreichischen Antwort, diese selbst in der Fassung von G 1 und ihre ausführlichere Kritik. Zur letzteren haben Erlasse aus jenen Tagen als Vorlage an mehreren Stellen gedient. An sie schloss sich dann sofort die sogenannte Péroraison.

Um aber einen desto stärkeren Beweis seiner Friedensliebe zu geben, wollte der König auch sein Ultimatum im Manifeste erwähnt sehen*) und befahl daher am 27. August dem Grafen Finckenstein, einige darauf bezügliche Sätze einzuschalten**). Der Minister schob darauf den Absatz von quoique bis la guerre ein [G 3]. Wir besitzen von diesem Stücke noch das Concept des Grafen und Warendorffs Reinschrift.

Unter G verstehen wir die Copie von F nebst den soeben besprochenen Einschaltungen. Nur an zwei Stellen hat der vom Könige redigirte Text, wie er in F vor uns liegt, in G Veränderungen erlitten. Warendorff vertauschte in der Einleitung das Wort „manufactures" mit „marchandises", und Finckenstein setzte für die farblosen Worte „comme nous l'avons fait voir" im Anfange der Péroraison: „et un refus constant de donner la seule explication qui pouvoit rassurer le Roi".

G war ursprünglich benannt: „Exposé des motifs qui ont engagé Sa Majesté le Roi de Prusse à faire marcher Ses troupes vers les États de l'Impératrice-Reine d'Hongrie et de Bohême. Berlin, 1756. Dafür wurde dann der bekannte historische Titel gewählt.

G ist in die Druckerei gewandert. Spuren davon trägt das Manuscript noch heute. Der mit dem Satze betraute Buchdrucker Bauer musste sich samt seinen Gesellen vor Finckenstein und Warendorff am 23. August durch Eid und Handschrift feierlich verpflichten,

„von einer gewissen Schrift, sowohl in deutscher als französischer Sprache zu drucken, niemandem in der Welt, wer der auch sein möge, und dem es zu wissen nicht gebühret, das Allergeringste vorzuzeigen, noch von deren Inhalt etwas zu sagen und zu entdecken, viel weniger aber von besagter Schrift ein Exemplar an jemanden abzugeben, sondern vielmehr solches auf das äusserste zu secretiren und bis in die Sterbegrube verschwiegen halten zu wollen."

Am 2. September war der Druck vollendet***).

Der französische Originaldruck trägt den Titel:
Exposé | Des Motifs, Qui Ont Obligé | Sa Majesté Le Roi | De Prusse, | A Prévenir Les Desseins De La Cour | De Vienne. | Berlin L'An. 1756.
4°. 29 pp.

*) Cabinetsordre an Klinggräffen vom 26. August. Politische Correspondenz 13, 270.
**) Politische Correspondenz 13, 326.
***) Vergl. S. 136.

Die deutsche Uebersetzung ist wahrscheinlich von Warendorff verfasst; sie ist wenigstens in seiner Handschrift auf dem Königlichen Geh. Staatsarchive zu Berlin aufbewahrt. Der Uebertragung hat G zu Grunde gelegen.

Der Titel lautet nach dem Originaldrucke:

Ursachen | welche | Se. Königl. Maj. in Preuffen | bewogen, | Sich wider die Absichten des | Wienerschen Hoffes | zu setzen, und deren Ausführung | vorzukommen. | Berlin, 1756.

4°. 30 pp.

Nachdem der dirigirende Minister für Schlesien Freiherr von Schlabrendorff das Exposé erhalten hatte, schrieb er sofort an das Cabinetsministerium*), dass es „wegen der polnischen und ungarischen Nation nicht wohl undienlich sein möchte, dieses Manifest in lateinischer Sprache zu emaniren". Da er aber annahm, die Uebersetzung werde in Berlin von berufenster Seite geschehen können, so bat er, dort seiner Anregung nachzugeben und ihm seiner Zeit einige Exemplare zum Nachdruck zu schicken. Podewils erwiderte ihm darauf**), „dass man hierselbst bereits im Begriff ist, eine lateinische Uebersetzung des Kriegsmanifests anzufertigen." Der Kammergerichtsrath Ludwig Martin Kahle war damit betraut worden***).

Schlabrendorff konnte in seinem patriotischen Eifer kaum die Zeit erwarten, bis die Staatsschrift lateinisch erschien. Am 5. October fragte er schon wieder beim Cabinetsministerium danach an; denn es sei vortheilhaft, „dass diese Distribution je eher je lieber geschähe". Nicht ganz eine volle Woche darauf†) wurden dem Ungeduldigen vom Geheimen Kriegsrath Müller††) achtzig Exemplare des ziemlich frei übersetzten Manifestes zugesandt und ihm anheim gegeben, nach Gutbefinden Nachdrucke zu veranstalten.

Das lateinische Original trägt folgende Aufschrift:

Caussarum Expositio | Quae | Serenissimo | Borussorum Regi | Necessitatem Imposuerunt Praeveniendi | Aulae Viennensis | Proposita | Berolini Anno MDCCLVI.

4°. 34 pp.

Von der englischen Uebertragung, bekanntlich vom britischen Ministerium selbst veranlasst†††), ist kein Exemplar zu erlangen ge-

---
*) Schreiben vom 15. September 1756.
**) Schreiben vom 20. September 1756.
***) Schreiben von Podewils an Hertzberg, 18. September 1756.
†) Schreiben des Cabinetsministeriums an Schlabrendorff. Berlin 11. October 1756.
††) Schreiben von Podewils an Müller. Berlin 10. October 1756.
†††) Vergl. S. 138.

wesen. Wahrscheinlich ist sie von Entick in seinem Werke The general history of the late war. London 1763-64 benutzt worden*).

Bei dem allgemeinen Aufsehen, welches die Veröffentlichung des Exposé machte, ist es begreiflich, dass die Nachdrucke eine ungewöhnlich grosse Zahl erreichten. Der Frankfurter Universitätsbuchhändler Kleyb schreibt darüber an das Cabinetsministerium**):

„Ohngeachtet von dem Manifest wider den Wienerischen Hof viele tausend Exemplaria in Berlin gedrucket worden: so waren doch selbe kaum vor die königlichen Residenzen hinlänglich, zu geschweige, dass benachbarte und noch weniger auswärtige Plätze von dort aus mit Exemplarien hätten versehen werden können. Es sind also davon beträchtliche Auflagen in Leipzig, Gotha, Hamburg, Magdeburg, Frankfurt a/M. und Breslau veranstaltet worden, um nur das Publikum so geschwind als möglich zu vergnügen."

Der Breslauer Nachdruck war auf Betreiben von Schlabrendorff erschienen. Schon am 12. September hatte das Cabinetsministerium, „da die dritte Antwort in so fieren und hautainen Ausdrückungen abgefasst, ... mithin die Publikation des bereits zum Druck beförderten Manifestes nicht länger aufgeschoben werden kann", dienstlich ihm anheim gegeben, zu verfügen,

„dass besagtes Manifest dortigen Ortes unter sorgfältiger Correctur nachgedruckt und des Herrn General-Feldmarschall Grafen von Schwerin Excellenz so viel Exemplaria absonderlich in deutscher Sprache, als dieselbe annoch verlangen möchte, zugesandt, auch in Schlesien an die hohe Generalität und dortige königliche Collegien distribuiret werden mögen."

Schlabrendorff entgegnete flugs darauf***), er würde die Staatsschrift in deutscher und französischer Sprache nachdrucken lassen. Später wurde auf seine Veranlassung noch die lateinische Uebersetzung in Breslau neu aufgelegt „zur Distribution an der polnischen und ungarischen Grenze."

In Regensburg wurde ein Nachdruck vom Exposé mit Plothos Erlaubniss†) veröffentlicht.

Sogar in Kopenhagen hielt es Feried für nöthig††), einige hundert Exemplare des Manifestes abdrucken zu lassen.

---

*) Vergl. Entick II, 66 und 67 s. Der Titel lautet an der angegebenen Stelle: Declaration of the motives which obliged him to prevent the designs of the court of Vienna.
**) Schreiben vom 31. October 1756.
***) Schreiben vom 15. September 1756.
†) Bericht vom 23. September 1756.
††) Bericht vom 25. September 1756.

Es sind uns zehn deutsche Nachdrucke, darunter vier nachweislich aus Berlin, und drei französische bekannt geworden.

Von den uns zugänglichen Zeitungen des Auslandes enthalten nur zwei einen Abdruck des Exposé, die *Nouvelles extraordinaires de divers endroits*, von Etienne Lusac in Leyden herausgegeben, in den Nummern 79 und 80 vom 1. und 5. October 1756, und das Supplément au *Mercure historique et politique du mois de septembre 1756. A la Haye 1756.* T. 141, 363 bis 387.

Folgende Sammelwerke brachten das preussische Manifest, und zwar Faber den französischen und den deutschen Text, die übrigen nur die deutsche Uebersetzung: Faber, Europäische Staats-Cantzley, T. 111, 224 f. — Die Danziger Beyträge 1, 200 f. — Kriegskanzlei 1756, I, 30 f. Nr. 7. — Acta publica 1, 74 f. — Helden- Staats- und Lebensgeschichte 3, 738 f. — Denkwürdigkeiten 2, 906 f. — In der Sammlung derer Staatsschriften, von Neuwirth in Köln herausgegeben, ist das Exposé im Folioformat abgedruckt.

Als Curiosum mag schliesslich noch angegeben werden, dass die geistvollen Ausführungen Friedrichs über den Unterschied zwischen dem wahren und dem scheinbaren Angreifer einen Anonymus sogar zu Versen begeistert haben. Am Schlusse seines Gedichts „Pruss und Thrax"*) singt der patriotische Barde:

„Der Pöbel, Richter solcher Fälle,
Sieht einen Friedensbruch, fragt, wer Aggressor war?
Dort schreyt aus vollem Hals des Thrax leibeigne Schaar:
Pruss ist Aggressor, sonnenhell!
Jedweder sieht, er that den ersten Schritt,
Buchstäblich bringet dies das Wort Aggressor mit;
Thrax nicht, wir sahn es, aber ging nicht von der Stelle.
Doch mitten im Tumult erblickt ich einen Alten,
Dem Schein nach hätt' ich ihn für Grotius gehalten;
Der schüttelt mit dem Kopf und zeiget mit der Hand
Sein ewig Völkerrecht, wo er das Blatt gefalten:
Schon steht es in dem Text (lib. II. c. 1 § 2) noch schrieb er
       an den Rand:
Wenn Gut und Blut im Mittel stehen,
So gilt kein Wortspiel mehr, man muss auf Sachen sehen."

---

*) Tischreden des Weltweisen von Sanssouci, 1781.

A.

Projet d'un manifeste.

Depuis les troubles survenus en Amérique entre la France et l'Angleterre, l'Europe et principalement l'Allemagne s'est vue menacée de la guerre et de tous les malheurs qu'elle entraîne. Le Roi de Prusse, comme un des principaux membres de l'Empire, a employé tous ses soins pour conjurer l'orage, et c'est principalement à dessein de préserver l'Allemagne des fléaux de la guerre que Sa Majesté a fait une convention de neutralité avec le Roi d'Angleterre. Il étoit probable que l'Empereur, comme chef de l'Empire, auroit dû concourir à un but aussi salutaire pour la commune patrie; mais des raisons qu'on exposera dans la suite, firent prendre des mesures différentes à la cour de Vienne: elle fit un traité défensif avec la cour de Versailles, et se trouvant par là hors d'inquiétude pour les Pays-Bas et pour l'Italie, elle se crut en état d'attaquer le Roi malgré la foi des traités, des engagements solennels et les garanties que le Roi a de la Silésie par le traité d'Aix. Non content de ces préalables, la cour de Vienne n'a pas discontinué, depuis la paix d'Aix-la-Chapelle, d'exciter la Russie contre la Prusse; c'est elle qui est cause du rappel des ambassadeurs, c'est elle qui, par des impostures indignes, a trouvé le moyen de brouiller entièrement ces deux cours, sans qu'elles n'aient au fond rien à démêler ensemble, et qui a poussé l'Impératrice de Russie à faire des démonstrations de guerre continuelles sur les frontières de la Prusse, dans l'espérance que le hasard fourniroit une occasion de rupture à ces deux puissances. Voici pour les procédés cachés. Quant à ceux qui se sont passés à la face de toute la terre, il est dit par le traité de Breslau que les deux puissances contractantes laisseront les affaires du commerce entre leurs états respectifs sur le pied où elles ont été l'année 1739, et qu'elles tâcheront, dans la suite, de régler leurs intérêts réciproques par une commission établie des deux cours. Par un autre article il est stipulé que les deux cours régleront entre elles les dettes de la Silésie, à proportion des principautés dont chacune est en possession. Ces deux choses ont dû être réglées en même temps. La cour de Vienne, au mépris des traités, a mis des impôts à 30 pour cent sur toutes les [manu]factures silésiennes qui entrent dans son pays; et quoi que différents commissaires prussiens ont représenté pendant leur séjour de Vienne, bien loin de vouloir entrer dans aucun terme d'accommodement, peu après la signature du traité de Versailles on a haussé les impôts sur les marchandises de la Silésie à 60 pour cent. On expose ces faits au public pour le mettre au fait des procédés de la cour de Vienne: toutes les puissances qui ont eu des affaires d'intérêt à vider avec elle, reconnoîtront en ces traits sa façon d'agir. A présent que la cour de Vienne s'est liée avec une puissance garante de la paix de Westphalie, elle croit pouvoir enfreindre impunément toutes les lois de l'Empire, accabler le Corps Evangélique, établir son despotisme en Allemagne, réduire les princes souverains à la condition des comtes de Bohême et, en un mot, exécuter ce projet que l'empereur Ferdinand second auroit établi, s'il n'y avoit pas eu un duc de Richelieu et un roi de Suède Gustave-Adolphe.

Le ministère de Vienne pense que s'il parvient à abaisser le Roi de Prusse, que le reste de l'ouvrage lui sera facile. A cette fin il s'est préparé à mettre ce dessein en exécution. Dès le printemps on a fait de fortes levées, on a remonté la cavalerie; au mois de mai il a été décidé que l'on formeroit un camp de 60,000 hommes en Bohême et un de 40,000 en Moravie; on a fait des grands amas de munitions de guerre à Prague et à Olmütz; au mois de juin on a défendu la sortie des grains, les commissaires ont eu ordre de s'arranger pour les achats avec le pays; au mois de juillet on a fait défiler des troupes de Hongrie pour s'acheminer vers ces camps. Le commissariat de guerre a déjà commencé à former des magasins sur les frontières de la Saxe. Après qu'on forme des grandes armées, qu'on fait des magasins, que l'on assemble des troupes irrégulières, il est évident que ce n'est pas pour faire des camps de paix, comme cela a été en usage depuis la dernière guerre, mais pour attaquer le Roi de Prusse et le surprendre, s'il étoit possible. Or l'agresseur n'est pas celui qui tire le premier coup, mais celui qui forme le dessein d'attaquer son voisin, et qui le manifeste publiquement par ses démonstrations. Comme le Roi se voit donc à la veille d'être attaqué par l'Impératrice-Reine, il a cru de sa sûreté et de sa dignité de prévenir un ennemi qui a juré sa perte et celle de tout l'Empire Romain. Et le Roi se croit en droit d'user de la puissance que le Ciel lui a donnée, pour repousser la force par la force, pour confondre la malice de ses ennemis et pour soutenir la cause protestante et les libertés germaniques que la cour de Vienne a dessein d'opprimer.

B.

Projet d'un manifeste.

Depuis les troubles survenues en Amérique entre la France et l'Angleterre, l'Europe et principalement l'Allemagne se sont vues menacées de la guerre et de tous les malheurs qu'elle entraine. Le Roi, comme un des principaux membres de l'Empire, a employé tous ses soins pour conjurer cet orage, et c'est principalement à cette intention qu'il a signé avec le Roi d'Angleterre sa convention de neutralité. Toute l'Europe s'attendoit que l'Empereur, en qualité de chef du Corps Germanique, concourroit à un but aussi salutaire, mais des raisons d'ambition et des vastes projets qu'on se propose de développer dans la suite, portèrent la cour de Vienne à prendre des mesures différentes: elle entra en alliance avec la France, afin que, se trouvant hors d'inquiétude pour ses possessions d'Italie et de Flandre, elle pût tourner toutes ses forces contre le Roi et contre l'Empire.

Quelles que soient les raisons de mécontentement qu'ont les grands princes, il seroit injuste et indigne qu'ils se chargeassent de fausses accusations, et si l'on soutient que depuis la paix de Dresde la cour de Vienne a constamment eu l'intention de se préparer les moyens de la rompre, malgré la foi des traités et des garanties que toutes les puissances ont données au Roi par la paix d'Aix-la-Chapelle, on se croit en état de le prouver.

Voici comment.

Examinons la conduite publique et secrète que la cour de Vienne a tenue depuis la paix de Dresde, et toute la terre conviendra qu'on ne la charge pas de fausses accusations.

On articule ici des faits qui se sont passés à la face de toute l'Europe. Par la paix de Breslau, renouvelée par celle de Dresde, l'article (— —) porte que les dettes de la Silésie seront réparties entre les hautes parties contractantes selon la proportion qu'établit le nombre des principautés dont chaque partie est en possession, et selon l'article (— —) que le commerce des deux états sera maintenu sur le pied où il était l'année 1739, avant la guerre, jusqu'à ce que les deux puissances puissent convenir entre elles d'un traité de commerce; ces deux articles ont dû marcher de pair et être réglés en même temps, mais la cour de Vienne, qui ne se met en peine des traités qu'autant qu'on les lui fait exécuter à main armée, mit des impôts de 30 pour cent sur toutes les marchandises de la Silésie qui passent en Bohême, Moravie et Autriche, et quoi que différents commissaires prussiens ont représenté à la cour, pendant leur séjour de Vienne — où ils résidoient pour aplanir ces différends —, la cour a été [en] son train, se hérissant de difficultés, faisant des infractions manifestes au traité de paix et se roidissant contre toutes les propositions raisonnables qu'on leur a faites: à peine le traité de Versailles a-t-il été signé que la cour haussa l'impôt de 30 pour cent à 60 sur toutes les marchandises de la Silésie. Ces faits sont notoires et munis de toutes leurs preuves; l'on se persuade que toutes les puissances qui ont eu des affaires d'intérêt à vider avec cette cour, y reconnoîtront ses procédés.

Voici en quoi ont consisté les menées sourdes de cette cour. Elle s'est proposé de brouiller le Roi avec tous ses voisins, afin de l'isoler et de saisir un moment favorable où elle pût l'attaquer à son désavantage: pour cette fin furent conclus les deux traités de Pétersbourg. La cour de Vienne ne ménagea ni les impostures ni les calomnies pour brouiller le Roi avec l'Impératrice de Russie — quoiqu'en effet ils n'eussent rien à démêler ensemble —; ses intrigues furent assez fortes pour occasionner le rappel des ambassadeurs et pour porter la cour de Pétersbourg à toutes ces démonstrations guerrières et à tous ces camps qui se sont assemblés tous les ans sur les frontières de la Prusse, dans l'espérance que le hasard fourniroit une matière de rupture entre ces deux puissances dont la cour de Vienne se proposoit de tirer le plus grand avantage.

Des projets si opposés à la foi des traités se manifestèrent encore au commencement de la guerre qui s'est allumée en Amérique. Le Roi d'Angleterre crut pouvoir s'attendre à être secouru de la Reine de Hongrie pour laquelle il avoit prodigué ses trésors, ses troupes et les intérêts de son royaume, afin de la remettre en possession de l'héritage de ses pères; il crut que la reconnaissance devoit être proportionnée aux services: il fut bien étonné qu'on lui déclara qu'il ne devoit s'attendre à aucun secours de la part de l'Impératrice, à moins que ce ne fût pour reconquérir la Silésie. Le Roi d'Angleterre eut horreur d'une proposition qui choqua sa bonne foi. Sur cela [la] cour de Vienne se tourna du côté de celle de Versailles, et il est à présumer qu'elle n'épargna pas les plus malignes insinuations pour l'entraîner dans ses vues. Depuis que la cour de Vienne se trouve liée avec une puissance la principale garante de la paix de Westphalie, elle se propose d'enfreindre toutes les lois de l'Empire, parcequ'elle le croit pouvoir faire avec impunité: elle n'a pas de moindres projets que de détruire le Corps Evangélique, d'établir son despotisme dans l'Empire, de réduire les princes souverains à la condition des comtes de l'Autriche et, en un mot, de réaliser ce projet que l'empereur Ferdinand II auroit exécuté, s'il n'avoit pas trouvé un cardinal de Richelieu, premier ministre de France, et un Gustave-Adolphe, roi de Suède, qui s'y opposèrent.

Actuellement on regarde le Roi à Vienne comme le plus grand obstacle qui se présente à l'exécution de ce dessein; c'est pour cet effet que l'on tourne toutes ses forces contre lui. Le projet est formé de l'attaquer par la Saxe et la Moravie avec 100,000 hommes, tandis que 120,000 Russes doivent tomber à l'improviste sur la Prusse; on n'a voulu rassembler les armées qu'en automne et ne commencer les opérations que vers l'hiver. A cette fin on a fait des fortes levées et l'on a remonté la cavalerie dès le printemps; dès le mois de mai il a été résolu que l'on formeroit deux camps après la moisson, l'un en Bohême de 60,000 hommes, l'autre en Moravie de 40,000; on a défendu la vente des blés, les commissaires des vivres ont eu ordre d'arrêter assez de blé chez les seigneuries, pour qu'on pût former incessamment un magasin pour 9 mois à l'usage desdites troupes. Au mois de juillet on a fait filer des troupes de Hongrie pour se rendre à ces deux camps, de sorte que les desseins dangereux de la cour de Vienne sont découverts, qu'ils sont exposés et mis dans toute leur évidence.

Le Roi, pour n'avoir aucun reproche à se faire et pour mettre dans ses procédés toute l'équité et toute la modération possible, a chargé son ministre à Vienne, le sieur Klinggraeffen, de demander une audience particulière à l'Impératrice et de la presser de s'expliquer sur le but de ses grands armements.

Or l'agresseur n'est pas celui qui tire le premier coup, mais celui qui le premier forme le dessein d'attaquer son voisin, qui prend des arrangements en conséquence et les manifeste publiquement. Le Roi se voit à présent à la veille d'être attaqué par l'Impératrice-Reine et par celle de Russie; après toutes les démarches qu'il a faites pour éviter la guerre, voyant qu'elle est résolue, il ne lui reste de parti pour sa sûreté et pour sa dignité que celui de prévenir ses ennemis qui ont juré sa perte et celle de tout l'Empire Romain.

C.

Projet de manifeste.

Depuis la paix de Dresde la cour de Vienne a recherché tous les moyens qu'elle a jugé les plus propres à la rompre. Ses démarches secrètes et ouvertes n'ont tendu qu'à cette fin; d'abord elle a contrevenu à un des articles principaux du traité de Breslau, renouvelé par celui de Dresde, cet article*) porte que le commerce des deux états sera maintenu sur le pied où il étoit l'année 1739, avant le commencement de la guerre, jusqu'à ce que les deux puissances conviennent à l'amiable d'un traité de commerce entre elles. La cour de Vienne qui ne se met en peine des traités qu'autant qu'on les lui fait exécuter à main armée, trouva à propos de mettre un impôt de 30 pour cent sur tout ce qui étoit marchandise fabriquée en Silésie, et quoi que lui purent représenter différents commissaires prussiens résidents à Vienne pour cet effet, bien loin de radoucir des procédés aussi peu amiables, à peine eut-elle conclu le traité de Versailles, qu'elle haussa ces mêmes impôts à 60 pour cent. L'on se persuade que toutes les puissances qui ont eu quelques affaires d'intérêt à démêler avec la cour de Vienne, reconnoîtront dans le fait ci-dessus rapporté sa façon d'agir, ses hauteurs ordinaires et le peu d'esprit de conciliation que l'on rencontre dans les négociations que l'on a avec elle. Quoique cet article soit grave, que cette inobservation du traité de Dresde, garanti par toutes les puissances de l'Europe à la paix d'Aix-la-Chapelle, fourniroit à des princes ambitieux un prétexte de guerre suffisant, on veut bien le passer à la cour de Vienne pour en venir à des objets plus importants: il ne s'agit ici que de faire l'histoire de ses négociations secrètes et de dévoiler à l'Europe les principes cachés de ses projets ambitieux. La cour de Vienne a deux projets principaux, l'un d'établir un despotisme entier en Allemagne, l'autre — qui y sert d'acheminement — de ruiner la puissance prussienne qu'on regarde à Vienne comme le boulevard des libertés germaniques et de la religion protestante. Pour parvenir à ce but avec sûreté, on rechercha l'alliance de la Russie, on ne ménagea ni les impostures ni les calomnies pour brouiller la cour de Pétersbourg avec celle de Berlin, quoiqu'au fond elles n'eussent rien à démêler ensemble. La cour de Vienne fut assez adroite pour faire rappeler les ambassadeurs des deux parts, elle eut armer la Russie et la porter à faire régulièrement tous les ans des démonstrations guerrières sur les frontières de la Prusse, dans l'espérance que le hasard pourroit enfin donner lieu à la rupture entre ces deux puissances dont on espéroit de profiter: ce qui auroit pu arriver, si le Roi, par une conduite ferme et mesurée, n'avoit pas écarté tout ce qui auroit pu donner sujet à des différends, comme on éloigne d'un feu que l'on veut éteindre, toutes les matières combustibles qui ne serviroient qu'à l'entretenir. Les affaires ont été dans cette situation jusqu'aux

---

*) Le numéro de l'article. (Eigenhändige Anmerkung des Königs.)

troubles qui se sont élevés en Amérique entre la France et l'Angleterre. Lorsqu'à Londres on commençoit à prévoir la guerre, le Roi d'Angleterre somma son alliée, l'Impératrice-Reine, de lui fournir les secours que ses traités lui donnoient droit d'exiger d'elle; il crut qu'après avoir prodigué ses trésors, ses troupes, qu'après avoir sacrifié les intérêts de ses royaumes et qu'après avoir exposé sa personne auguste pour remettre cette princesse en possession de l'héritage de ses pères, la reconnaissance du bienfait seroit proportionnée à la grandeur des services: il fut surpris qu'à Vienne on ne vouloit point s'entendre à remplir les conditions de l'alliance, à moins que l'Angleterre n'entrât dans la conjuration que l'Autriche et la Russie avoient formée contre la Prusse. Le roi d'Angleterre eut horreur de cette condition qui choqua sa bonne foi: ce fut en ce temps qu'il rechercha l'amitié du Roi et que ces deux princes, pour conjurer l'orage qui menaçoit l'Allemagne, conclurent la convention de neutralité signée à Londres.

La cour de Vienne bien éloignée de vouloir contribuer au maintien de la paix en Allemagne et toujours entêtée du projet (de) que l'empereur Ferdinand II. auroit mis en exécution, s'il n'y avoit pas eu un cardinal de Richelieu, premier ministre de France, et un Gustave-Adolphe, roi de Suède, qui s'y opposèrent, se tourna vers la Russie; par ses intrigues et ses menées sourdes elle parvint à y faire une ligue offensive contre le Roi: elle conclut peu de temps après une alliance défensive avec la cour de Versailles, dans l'intention qu'étant hors d'inquiétude pour ses possessions d'Italie et de Flandre, elle pût tourner toutes ses forces contre le Roi.

Dans ces conjonctures où une ligue puissante s'est formée, dans le temps qu'on travaille encore à y joindre d'autres puissances neutres, où l'on se propose d'entraîner la cour de Versailles par l'appât des offres les plus séduisantes, le Roi a cru qu'il étoit temps de parler. Il a dissimulé, tant qu'il a cru que cela étoit compatible avec sa gloire et sa sûreté, il a fait des armements pour se mettre en état de défense, et il a demandé des explications à la cour de Vienne de tous les préparatifs qui se font sur les frontières de la Silésie. Le sr. de Klinggraeffen, ministre plénipotentiaire à la cour de l'Impératrice, lui a exposé dans une audience particulière ce ... d'août que le Roi était instruit de l'alliance offensive que l'Impératrice avoit conclue avec celle de Russie, par laquelle l'Impératrice-Reine s'engage d'attaquer inopinément le Roi avec 80,000 hommes, tandis que l'Impératrice de Russie en feroit autant avec 120,000 hommes; que ce projet auroit dû être mis en exécution cette année, mais que les troupes russes ayant manqué de recrues, les vaisseaux de matelots et la Livonie de blés pour les nourrir, on avoit renvoyé les opérations au printemps qui vient: qu'il demandoit, par cette raison, à l'Impératrice-Reine si elle vouloit la paix ou la guerre; que le Roi l'en laissoit l'arbitre; qu'en cas que son intention fût de maintenir la paix, il espéroit que l'Impératrice voudroit, dès ce moment, renoncer à ce projet et lui en donner des assurances authentiques, ou qu'autrement le Roi seroit dans la nécessité de prendre le parti que cette princesse prendroit, si elle étoit dans sa place.

Réponse.

Puis donc que la cour de Vienne a formé des ligues offensives contre le Roi, puisqu'elle veut enfreindre la foi des traités, violer ce qu'il y a de plus sacré parmi les hommes, puisqu'elle a formé un triumvirat pour assujettir l'Europe, pour écraser les princes de l'Empire, pour violer leurs privilèges, pour détruire le Corps Évangélique, le Roi s'est résolu à prévenir les funestes suites de ces projets odieux: il déclare que les libertés du Corps Germanique ne seront ensevelies qu'en un même tombeau avec la Prusse; il prend le Ciel à témoin qu'après avoir pris toutes les mesures qui dépendoient de Sa Majesté pour préserver l'Empire Germanique des fléaux de la guerre dont il étoit menacé, il se voit forcé de prendre les armes pour prévenir la conspiration qui est prête à éclater contre son royaume et contre ses possessions, et que, s'il sort des voies de la modération, c'est qu'elle cesse d'être une vertu, quand il s'agit de défendre la patrie, de repousser les insultes et de s'opposer aux attentats des ennemis.

(NB. L'agresseur est celui qui forme le premier projet.)

D.
Manifeste.

Depuis la paix de Dresde la cour de Vienne a soigneusement recherché tous les moyens de l'invalider ou de la rompre, ses démarches tant secrètes qu'ouvertes n'ont tendu qu'à cette fin. Quoiqu'un des articles de la paix de Breslau, renouvelée par celle de Dresde, porte „que le commerce des deux états restera sur le pied où il étoit l'année 1739, avant la guerre, jusqu'à ce que l'on convienne de le régler à l'amiable", la cour de Vienne, qui ne se met en peine des traités qu'autant qu'on les lui fait exécuter à main armée, mit un impôt de 30 pour cent sur toutes les marchandises fabriquées en Silésie, et quoi que lui représentèrent différents commissaires prussiens résidents à Vienne, à peine eut-elle conclu le

Quoique ce procédé soit dur et de mauvaise foi et que l'inobservation d'un traité de paix garanti par toute l'Europe suffiroit à un prince jaloux de ses droits de prétexte de guerre légitime, on passe légèrement sur un objet qui devient une bagatelle relativement aux autres reproches que l'on a droit de faire à cette cour.

En écartant toute déclamation inutile, on se contente de traduire devant le public les négociations secrètes de la cour de Vienne, ce qui dévoilera en même temps ses projets ambitieux. La paix d'Aix-la-Chapelle ayant mis cette puissance dans une situation gênante, elle pensa aux moyens de lever successivement les obstacles qui s'opposoient à ses idées du despotisme qu'elle vouloit établir en Allemagne. La France, garante de la paix de Westphalie, la Prusse et la Cour Ottomane, dont les diversions pouvoient déranger ses projets toutes les fois qu'elle voudroit tenter de les mettre en exécution, lui parurent autant de digues qu'il falloit saper les unes après les autres. Pour cet effet la cour de Vienne resserra les liens d'amitié qui l'unissoit avec l'Impératrice de Russie; elle n'épargna ni les impostures ni les calomnies pour brouiller la cour de Pétersbourg avec le Roi — quoique ces cours n'eussent en effet rien à démêler ensemble —; elle fut assez adroite pour faire rappeler les ambassadeurs des deux parts; elle arma la Russie et la porta à faire toutes ces démonstrations guerrières sur les frontières de la Prusse que nous avons vu renouveler tous les ans; la cour de Vienne se flattoit que le hasard fourniroit quelque occasion de rupture entre ces deux puissances dont elle espéroit de profiter, ce qui auroit pu arriver facilement, si le Roi, par une conduite aussi ferme que mesurée, n'avoit évité toutes les occasions qui pouvoient le commettre: comme on écarte d'un feu que l'on veut éteindre, toutes les matières combustibles qui ne serviroient qu'à l'enflammer. En même temps que la cour de Vienne travailloit à brouiller le Roi avec l'Impératrice de Russie, elle fit agréer à Pétersbourg le projet qu'elle avoit formé pour détruire l'Empire de Constantinople, sentant bien que n'ayant plus à craindre d'être traversée par le Roi dans ses projets de despotisme dans l'Empire et n'ayant plus à redouter de diversion de la part du Grand-Seigneur, elle pourroit lâcher un libre cours à son ambition.

Les affaires étoient dans cette situation, lorsque les troubles s'élévèrent en Amérique entre la France et l'Angleterre. La guerre générale convenoit à la cour de Vienne, ses projets ne pouvoient s'exécuter qu'à la faveur de la confusion de l'Europe et de la division des grandes puissances qui, en tournant leur attention vers leurs propres intérêts, les empêchoient d'approfondir les desseins des autres. On ignoroit à Londres ce que l'on pensoit à Vienne; le Roi d'Angleterre jugeant la guerre inévitable avec la France, demanda à l'Impératrice-Reine les secours qu'il se croyoit en droit d'attendre de sa reconnoissance et de sa bonne foi; il se persuada qu'après avoir prodigué ses trésors, ses troupes, qu'après avoir sacrifié les intérêts de ses royaumes, qu'après avoir exposé sa personne sacrée pour remettre cette princesse en possession de l'héritage de ses pères, la reconnoissance seroit proportionnée à la grandeur des services qu'il lui avoit rendus: mais son étonnement fut égal à son indignation, quand il entendit qu'il ne devoit s'attendre à aucun secours de la part de l'Impératrice-Reine, à moins qu'il n'entrât aveuglément dans la conspiration qu'elle avoit formée contre les états et possessions du Roi. Le Roi d'Angleterre eut horreur d'une condition qui choquoit sa bonne foi; dès ce temps il rechercha l'amitié du Roi, et ces deux princes, pour conjurer l'orage qui menaçoit l'Allemagne, firent entre eux la convention de neutralité signée à Londres.

La cour de Vienne qui vouloit troubler le repos de l'Allemagne, redoubla ses intrigues à Pétersbourg, et peu scrupuleuse des moyens qu'elle employoit, elle y fit au commencement de cette année une ligue offensive contre le Roi, peu de temps après elle conclut le traité de Versailles pour mettre la France hors de jeu, pour avoir les bras libres en Allemagne et s'y servir au besoin des troupes qu'elle a en Italie et en Flandre.

Dans une conjoncture aussi critique, où se forme une ligue puissante, où la cour de Vienne travaille sans relâche à susciter des ennemis au Roi des deux bouts de l'Europe, où elle achète, où elle séduit, où elle tâche d'endormir les puissances, où elle arme, où elle fait des énormes amas de munitions de guerre et de bouche le long des frontières de la Silésie, où elle rassemble une armée de 80,000 hommes, où un cordon de troupes hongroises se fait sur les limites du Roi, où la paix ressemble à la guerre; le Roi a rompu le silence et chargea son ministre plénipotentiaire Klinggraeffen à la cour de l'Empereur de demander à la Reine si ces préparatifs de guerre qui se faisoient dans les États héréditaires, étoient destinés contre le Roi, ou s'ils avoient un autre objet en vue. La Reine lui répondit en propres termes*): „que dans les conjonctures critiques de l'Europe elle avoit trouvé à propos de faire des armements tant pour sa défense que pour celle de ses voisins, mais que cela ne regardoit personne." Une réponse aussi vague demandoit

---

*) 25 Juillet. (Eigenhändige Anmerkung des Königs.)

une explication plus ample; pour cet effet le sieur de Klinggraeffen fut chargé de dire à l'Impératrice qu'après que le Roi avoit dissimulé, autant qu'il l'avoit trouvé compatible avec sa gloire et sa sûreté, tant les préparatifs de guerre que les mauvais desseins qu'on attribuoit à la Reine, la situation présente des affaires l'obligeoit de parler à l'Impératrice sans déguisement: qu'il devoit lui dire que le Roi savoit très sûrement que l'Impératrice avoit conclu avec celle de Russie une alliance offensive par laquelle ces deux princesses s'engagent d'attaquer inopinément le Roi, celle de Russie avec 120,000 hommes, l'Impératrice-Reine avec 80,000; que ce projet devoit s'exécuter dès le mois de juin de cette année, mais qu'il avoit été renvoyé au printemps prochain, à cause que les troupes russes manquoient de recrues, leur flotte de matelots et la Livonie de blés pour les nourrir; que dans cette situation le Roi faisoit l'Impératrice l'arbitre de la paix et de la guerre: que si elle vouloit que tout devoit entrer dans sa tranquillité naturelle, si elle vouloit, en un mot, coopérer à la tranquillité de l'Allemagne, le Roi exigeoit d'elle une déclaration claire et nette par laquelle l'Impératrice s'engage de n'attaquer le Roi ni cette année ni l'année qui vient. On devoit s'attendre d'une princesse qui a voulu persuader l'Europe de ses sentiments pacifiques, qu'elle auroit donné une réponse telle qu'on la lui avoit demandée.

Mais comme elle rejette tous les moyens d'accommodement qu'on lui a proposés, il est clair que son intention et ses projets n'ont tendu qu'à troubler la paix de l'Europe, qu'à rabaisser la puissance du Roi pour renverser les lois de l'Allemagne, les privilèges des princes, la liberté de religion et toutes les immunités du Corps Germanique; un même sort se prépareroit pour l'Allemagne qu'ont eu les royaumes de Hongrie et de Bohême: à peine subjugués par la maison d'Autriche, qu'elle leur ôta leurs privilèges, qu'elle abolit la religion protestante, en imposant à ces peuples libres le joug du plus dur esclavage. Quel sera le prince assez lâche pour souffrir de pareilles indignités et pour ne point s'opposer généreusement à la conspiration formée contre son honneur et sa patrie! C'est une agression grièvre de former des projets offensifs contre son voisin, de se préparer à l'attaquer, de lui susciter des ennemis, de conspirer contre un état qu'on est obligé de défendre: c'est ce qu'a fait la cour de Vienne. Puis donc qu'elle veut enfreindre la foi des traités, violer ce qu'il y a de plus sacré parmi les hommes, bouleverser une république de princes qu'elle devoit maintenir, le Roi s'est résolu de prévenir les suites funestes de ce projet odieux: il déclare que les libertés du Corps Germanique ne seront ensevelies qu'en un même tombeau avec la Prusse. Sa Majesté prend le Ciel à témoin qu'après avoir pris toutes les mesures qui dépendoient d'Elle pour préserver l'Empire Germanique des fléaux de la guerre dont il étoit menacé, une conspiration formée contre Son royaume et Ses possessions La force à prendre les armes pour Sa défense, et si Elle sort des voies de la modération, c'est qu'elle cesse d'être une vertu, quand il s'agit de défendre Sa patrie, Son honneur, Sa liberté et de S'opposer aux attentats que Ses ennemis sont sur le point de commettre.

E.

Voici le véritable manifeste contre les Autrichiens.
Austrici.

Manifeste.

Depuis la paix de Dresde la cour de Vienne a soigneusement recherché tous les moyens qu'elle a cru propres pour l'invalider ou pour la rompre. Ses démarches tant secrètes qu'ouvertes ont été dirigées à cette fin. Il est stipulé par la paix de Breslau, renouvelée par celle de Dresde, article . . . : »que le commerce de l'Autriche et de la Silésie restera sur le pied où il étoit l'année 1789, avant la guerre, jusqu'à ce que l'on convienne d'un nouveau règlement«. La cour de Vienne qui ne se met en peine des traités qu'autant qu'on les lui fait exécuter à main armée, commença dès l'année 17.. à mettre un impôt de 30 pour cent sur toutes les manufactures fabriquées en Silésie, et quoi que lui représentassent différents commissaires prussiens envoyés pour cet effet à Vienne, à peine eut elle conclu cette année le traité de Versailles, qu'elle haussa cet impôt à 60 pour cent. Quoique ce procédé soit peu amiable, dur et de mauvaise foi, quoique un prince plus ambitieux que le Roi trouveroit dans l'inobservation d'un traité de paix garanti par toutes les puissances de l'Europe un prétexte de guerre légitime, on passe légèrement sur un objet qui devient une bagatelle relativement aux autres griefs que l'on a contre la cour de Vienne.

En écartant toute déclamation inutile, on se contente d'exposer au grand jour les vastes projets de la cour de Vienne dont les desseins dangereux se découvrent tant par ses négociations secrètes que par sa conduite présente.

A peine l'Empire étoit-il retourné dans la nouvelle maison

Richelieu, premier ministre de France, et un Gustave-Adolphe, roi de Suède, tous deux ses contemporains, qui s'y opposèrent. Pour imposer la servitude aux princes d'Allemagne, pour établir le despotisme dans l'Empire, abolir la religion protestante, les lois, le gouvernement et les immunités dont jouit cette république de princes et de souverains, la cour de Vienne trouvoit dans son chemin après la paix d'Aix-la-Chapelle la France, garante de la paix de Westphalie, la Prusse que toute sorte de motifs obligeoit à ne point souffrir de pareilles entreprises, et enfin le Grand-Seigneur dont les diversions en Hongrie pouvoient renverser les mesures le mieux prises ; c'étoient autant de digues qu'il falloit saper successivement. La cour de Vienne jugea qu'il falloit commencer par la Prusse ; que sous prétexte de revendiquer une province qu'elle avoit cédée au Roi par la paix, elle détourneroit la vue du public de desseins plus dangereux qu'elle vouloit qu'ils lui fussent impénétrables. Pour cet effet se conclut le traité de Pétersbourg. La cour de Vienne, non contente d'une alliance défensive contre laquelle personne ne pouvoit trouver à redire, projeta de brouiller la cour de Berlin avec celle de Pétersbourg et de faire un traité avec l'Impératrice de Russie contre la Porte Ottomane. Ces deux projets lui réussirent également. Le traité contre la Porte fut conclu, et en n'épargnant ni les impostures ni les calomnies, les ministres autrichiens parvinrent à brouiller le Roi avec l'Impératrice de Russie — quoiqu'en effet ces deux cours n'eussent rien à démêler ensemble —. Les ambassadeurs furent rappelés des deux parts, afin que les ministres autrichiens, délivrés de surveillants incommodes, pussent en imposer plus facilement. Ils armèrent la Russie et la portèrent à faire toutes ces démonstrations guerrières sur les frontières de la Prusse que nous avons vu renouveler toutes les années, dans l'espérance que le hasard pourroit fournir une occasion de rupture entre ces deux puissances. On la désiroit à Vienne, et on se flattoit de ne paroître dans cette guerre qu'en qualité d'auxiliaire de l'Impératrice de Russie. Les espérances des ministres autrichiens auroient pu se réaliser facilement, il n'y a qu'un pas des démonstrations aux hostilités. La guerre se seroit allumée, si le Roi par une conduite ferme et mesurée n'avoit évité avec soin toutes les occasions qui pouvoient le commettre avec la cour de Russie, comme on écarte d'un feu que l'on veut éteindre, toutes les matières combustibles qui ne serviroient qu'à l'enflammer.

  Les choses étoient dans cette situation, lorsque les affaires de l'Amérique commencèrent à troubler le repos de l'Europe. La guerre générale convenoit à la cour de Vienne, il falloit que les grandes puissances fussent occupées de leurs propres intérêts, pour qu'elle pût mener ses desseins à une fin heureuse. On ignoroit à Londres ce que l'on pensoit à Vienne; le Roi d'Angleterre se trouvant engagé dans une guerre avec la France, demanda à l'Impératrice-Reine les secours qu'il se croyoit en droit d'attendre de sa bonne foi et de sa reconnoissance. Il se persuadoit qu'après avoir prodigué ses trésors et ses troupes, qu'après avoir sacrifié les intérêts de ses royaumes, qu'après avoir même exposé sa personne sacrée pour remettre cette princesse en possession de l'héritage de ses pères, sa reconnoissance seroit proportionnée aux services qu'il lui avoit rendus. Mais sa surprise fut égale à son indignation, quand il apprit que cette princesse ne vouloit attendre parler d'aucun secours, à moins que le Roi d'Angleterre n'entrât dans la conjuration que cette princesse avoit formée contre les états et possessions du Roi. Le Roi d'Angleterre eut horreur d'une condition qui choquoit sa bonne foi, dès ce temps il rechercha l'amitié du Roi, et ces deux princes, pour conjurer l'orage qui menaçoit l'Allemagne, firent la convention de neutralité signée à Londres.

La tranquillité de l'Allemagne étoit trop opposée aux desseins de la cour de Vienne, pour qu'elle ne mit pas tout en œuvre pour rendre inutiles les mesures que des princes qui avoient le bien de leur patrie à cœur, avoient prises ensemble pour la maintenir. Dès lors les intrigues redoublèrent à Pétersbourg, et les ministres autrichiens, peu scrupuleux sur les moyens qu'ils emploient, parvinrent au commencement de cette année à y former une ligue offensive contre le Roi. Ceci ne suffisoit pas, il falloit mettre la France hors du jeu, pour avoir entièrement les bras libres en Allemagne, ce qui donna lieu au traité de Versailles. Depuis les intrigues redoublèrent en France, et le but qu'on se proposoit à Vienne ne tendant qu'à acheminer insensiblement une rupture entre la France et la Prusse, il n'y eut ni mauvais moyen ni insinuation maligne ni ruse ni détour fallacieux d'épargnés pour y parvenir.

Dans une conjoncture aussi critique où la cour de Vienne agite l'Europe d'un bout à l'autre pour susciter des ennemis au Roi, pour calomnier ses démarches, pour donner de mauvaises interprétations aux choses les plus innocentes, où elle tâche d'acheter, de séduire, d'endormir les puissances, selon qu'elle le juge propre pour ses desseins, où une alliance offensive est conclue contre le Roi, dans un temps où la cour de Vienne amasse des munitions de guerre et de bouche en Moravie et en Bohême, où elle fait des puissants armements, où des camps de 80,000 hommes se forment dans ses états, où des chaînes de Hongrois et de Cravates sont tirées le long des frontières de la Silésie, où la paix ressemble à la guerre, tandis que toutes les troupes prussiennes sont tranquilles et qu'il n'y a pas une tente de tendue, le Roi crut qu'il étoit temps de rompre le silence. Sa Majesté ordonna au sieur Klinggraeffen, Son ministre plénipotentiaire à la cour Impériale, de demander à l'Impératrice-Reine si tous ces grands préparatifs de guerre qui se faisoient sur les frontières de la Silésie, étoient destinés contre le Roi, ou quelles étoient les intentions de Leurs Majestés Impériales. L'Impératrice lui répondit en propres termes: »que dans la conjoncture présente elle avoit trouvé à propos de faire des armements tant pour sa propre défense que pour celle de ses alliés, et qui ne tendoient au préjudice de personne«.

Une réponse aussi vague dans un moment aussi critique demandoit une explication plus précise, sur quoi le sieur Klinggraeffen reçut de nouveaux ordres, et il représenta à l'Impératrice qu'après que le Roi avoit dissimulé, autant qu'il l'avoit trouvé compatible avec sa sûreté et avec sa gloire, les mauvais desseins qu'on attribuoit à l'Impératrice, la situation présente ne lui permettoit plus de rien déguiser; qu'il avoit ordre de lui dire que le Roi étoit instruit de l'alliance offensive que les deux impératrices avoient conclue à Pétersbourg; qu'il savoit que ces deux princesses s'étoient engagées de l'attaquer inopinément ensemble, l'Impératrice-Reine avec 80,000 hommes, l'Impératrice de Russie avec 120,000 combattants; que ce projet qui devoit s'exécuter au printemps de cette année, avoit été renvoyé au printemps de l'année prochaine, à cause que les troupes russes avoient manqué de recrues, leur flotte de matelots et la Livonie de blés pour les nourrir; que le Roi faisoit l'Impératrice l'arbitre de la paix et de la guerre: que si elle vouloit la paix, il exigeoit d'elle une déclaration claire et formelle, consistant dans une assurance positive qu'elle n'avoit intention d'attaquer le Roi ni cette année ni l'année qui vient; mais qu'il prendroit toute réponse ambigue pour une déclaration de guerre et qu'il attestoit le Ciel que l'Impératrice seule seroit la cause du sang innocent répandu et des malheureuses suites de cette guerre.

Péroraison.

Si l'Impératrice désiroit sincèrement la paix, comme elle le veut faire croire, pourquoi ne s'explique-t-elle pas en termes clairs et d'une manière formelle, lorsqu'on l'en avoit rendu la maîtresse? Mais une réponse équivoque et susceptible de toute sorte d'interprétations, comme nous l'avons fait voir, n'est proprement qu'un aveu tacite des projets dangereux dont on l'accuse. Cette conduite de la part de la cour de Vienne ne donne au Roi aucune certitude pour l'avenir, au contraire, Sa Majesté qui a éclairé la conduite de cette cour dans toutes ses négociations, est instruite de ses menées dans toutes les cours de l'Europe où elle travaille actuellement à faire des ligues contre la Prusse. C'est la connoissance de ces mauvais desseins qui met le Roi dans la nécessité de les prévenir. Il est certain que le Roi commence les hostilités; mais comme ce terme a souvent été confondu avec celui d'agression, et que la cour de Vienne étant toujours attentive et prête à calomnier les démarches de la Prusse, on se croit obligé de distinguer le sens de ces mots. Par agression l'on attend*) tout acte qui est diamétralement opposé au sens d'un traité de paix; une ligue offensive, des ennemis qu'on suscite et qu'on pousse à faire la guerre à une autre puissance, les desseins d'envahir les états d'un autre prince, une irruption soudaine: toutes ces choses différentes sont autant d'agressions, quoique la dernière seule se trouve dans le cas des hostilités. Quiconque prévient ces agressions sourdes, peut commettre des hostilités, mais il n'est pas l'agresseur. Dans la guerre de succession, lorsque les troupes savoyardes se trouvoient dans l'armée française en Lombardie, le Duc de Savoie fit un traité avec l'Empereur contre la France; les Français désarmèrent ces troupes et portèrent la guerre dans le Piémont: ce fut donc le Roi de Sardaigne qui fut l'agresseur, et les Français qui commirent les premières hostilités. La ligue de Cambrai fut une agression; si les Vénitiens avoient alors prévenu leurs ennemis, ils auroient commis les premières hostilités, mais ils n'auroient pas été les agresseurs. Puis donc que la cour de Vienne veut enfreindre des traités garantis par toutes les puissances de l'Europe, puisque son ambition renverse impunément les barrières les plus sacrées à la cupidité des hommes, puisqu'elle veut se frayer le chemin au despotisme de l'Empire Germanique et que ses vastes desseins ne tendent pas à moins qu'à bouleverser cette république de princes que le devoir des empereurs est de maintenir, le Roi a résolu de s'opposer généreusement aux ennemis de sa patrie et de prévenir les suites funestes de ce projet odieux. Sa Majesté déclare que les libertés du Corps Germanique ne seront ensevelies qu'en un même tombeau avec la Prusse; Elle prend le Ciel à témoin qu'ayant vainement employé les moyens les plus convenables pour préserver Ses propres états et toute l'Allemagne des fléaux de la guerre dont ils étoient

---

*) Lies: entend.

menacés, Elle est forcée de prendre les armes pour dissiper une conspiration tramée contre Ses possessions et Sa couronne; qu'après avoir épuisé toutes les voies de conciliation jusqu'à rendre l'Impératrice l'arbitre de la paix et de la guerre, Sa Majesté ne S'écarte de Sa modération ordinaire qu'à cause qu'elle cesse d'être une vertu, lorsqu'il s'agit de défendre Son honneur, Son indépendance, Sa patrie et Sa couronne.

F.

Manifeste.

Depuis la paix de Dresde la cour de Vienne a soigneusement recherché tous les moyens qu'elle a cru propres pour l'invalider ou pour la rompre. Ses démarches tant secrètes qu'ouvertes ont été dirigées à cette fin. Il est stipulé par l'article 8 *) de la Paix de Breslau, renouvelée par celle de Dresde, ›que le commerce de l'Autriche et de la Silésie restera sur le pied où il étoit l'année 1739, avant la guerre, jusqu'à ce que l'on convienne d'un nouveau règlement‹. La**) cour de Vienne qui ne se met en peine des traités qu'autant qu'on les lui fait exécuter à main armée***), commença dès l'année 1753 à mettre un impôt de 30 pour cent sur toutes les manufactures fabriquées en Silésie, et quoi que lui représentassent différents commissaires prussiens envoyés pour cet effet à Vienne, à peine eut-elle conclu cette année le traité de Versailles, qu'elle†) haussa cet impôt à 60 pour cent. Quoique ce procédé soit peu amiable, dur et††) contraire à la foi des traités, et qu'un prince plus ambitieux que le Roi trouveroit dans l'inobservation d'un traité de paix, garanti par toutes les puissances de l'Europe, un prétexte de guerre légitime, on passe légèrement sur un objet qui devient une bagatelle relativement aux autres griefs qui subsistent contre la cour de Vienne.

En écartant toute déclamation inutile, on se contente d'exposer au grand jour les vastes projets de la cour de Vienne dont les

*) Nach Finckensteins Verbesserung.
**) Finckenstein hatte als Anfang dieses Satzes vorgeschlagen: La cour de Vienne qui ne se met en peine des traités qu'autant qu'elle y trouve son intérêt.
***) Les Hollandais savent comme l'Impératrice a exécuté le traité de Barrière. (Eigenhändige Anmerkung des Königs.)
†) Finckenstein wollte hier einschieben: que fière de ce nouvel engagement.
††) Finckenstein: de mauvaise foi.

desseins dangereux se découvrent tant par ses négociations secrètes que par sa conduite présente.

A peine l'Empire étoit-il retourné dans la nouvelle maison d'Autriche, qu'elle renouvela les ambitieux projets que l'empereur Ferdinand II auroit exécutés, s'il n'y avoit pas eu un cardinal de Richelieu, premier ministre de France, et un Gustave-Adolphe, roi de Suède, tous deux ses contemporains, qui s'y opposèrent. Pour imposer la servitude aux princes d'Allemagne, pour établir le despotisme dans l'Empire, abolir la religion protestante, les lois, le gouvernement et les immunités dont jouit cette république de princes et de souverains, la cour de Vienne trouvoit dans son chemin après la paix d'Aix-la-Chapelle la France, garante de la paix de Westphalie, la Prusse que toutes sortes de motifs obligeoient à ne point souffrir de pareilles entreprises, et enfin le Grand-Seigneur*) dont les diversions en Hongrie pouvoient renverser les mesures les mieux prises. C'étoient autant de digues qu'il falloit saper successivement. La cour de Vienne jugea qu'il falloit commencer par la Prusse; que sous prétexte de revendiquer une province qu'elle avoit cédée au Roi par la paix, elle détourneroit la vue du public de desseins plus dangereux qu'elle vouloit qu'ils lui fussent impénétrables. Pour cet effet se conclut le traité de Pétersbourg. La cour de Vienne, non contente d'une alliance défensive contre laquelle personne ne pouvoit trouver à redire, projeta de brouiller la cour de Berlin avec celle de Pétersbourg et de faire un traité avec l'Impératrice de Russie contre la Porte Ottomane**). Ces deux projets lui réussirent également. Le traité contre la Porte fut conclu, et en n'épargnant ni***) les impostures ni les calomnies, les ministres autrichiens parvinrent à brouiller le Roi avec l'Impératrice de Russie, quoiqu'en effet ces deux cours n'eussent rien à démêler ensemble. Les plénipotentiaires†) furent rappelés de deux parts, afin que les ministres autrichiens, délivrés de surveillants incommodes, pussent en imposer plus facilement. Ils armèrent la Russie et la portèrent à faire toutes ces démonstrations guerrières sur les frontières

---

*) Finckenstein: la Porte Ottomane.

**) Finckenstein machte dazu folgende Anmerkung: Comme on n'a jamais entendu parler de ce traité et qu'il n'est pas parvenu jusqu'ici à la connaissance du public, on demande s'il ne voudroit pas mieux s'expliquer sur ce sujet d'une manière plus vague et moins générale.

***) Finckenstein: ni les insinuations les plus sinistres ni les intrigues les plus dangereux.

†) Finckenstein hatte vorgeschlagen, für das ursprünglich stehende Wort

de la Prusse que l'on a vu*) renouveler toutes les années, dans l'espérance que le hasard pourroit fournir une occasion de rupture entre ces deux puissances. On la désiroit à Vienne, et on se flattoit de ne paroître dans cette guerre qu'en qualité d'auxiliaire de l'Impératrice de Russie. Les espérances des ministres autrichiens auroient pu se réaliser facilement, il n'y a qu'un pas des démonstrations aux hostilités; la guerre se seroit allumée, si le Roi par une conduite ferme et mesurée n'avoit évité avec soin toutes les occasions qui pouvoient le commettre avec la cour de Russie, comme on écarte d'un feu qu'on veut éteindre, toutes les matières combustibles qui ne serviroient qu'à l'enflammer.

Les choses étoient dans cette situation, lorsque les affaires de l'Amérique commencèrent à troubler le repos de l'Europe. La guerre générale convenoit à la cour de Vienne. Il falloit que les grandes puissances fussent occupées de leurs propres intérêts, pour qu'elle pût mener ses desseins à une fin heureuse. On ignoroit à Londres ce que l'on pensoit à Vienne; le Roi d'Angleterre se trouvant engagé dans une guerre avec la France, demanda à l'Impératrice-Reine les secours qu'il se croyoit en droit d'attendre de sa bonne foi et de sa reconnoissance. Il se persuadoit qu'après avoir prodigué ses trésors et ses troupes, qu'après avoir sacrifié les intérêts de ses royaumes, qu'après avoir même exposé sa personne sacrée pour remettre cette princesse en possession de l'héritage de ses pères, sa reconnoissance seroit proportionnée au service qu'il lui avoit rendu; mais**) sa surprise dut être extrême, quand il apprit que cette princesse ne vouloit entendre parler d'aucun secours, à moins que l'Angleterre n'entrât dans la conjuration que cette princesse avoit formée contre les états et possessions du Roi. Le Roi d'Angleterre qui a des sentiments trop nobles et trop généreux pour entrer dans des mesures qui choquoient sa bonne foi, rejeta toutes les propositions qu'on lui fit; dès lors il***) se tourna vers le Roi avec lequel il étoit uni par les liens du sang, et ces deux princes, pour conjurer l'orage qui menaçoit l'Allemagne, firent la convention de neutralité signée à Londres.

La tranquillité de l'Allemagne étoit trop opposée aux desseins de la cour de Vienne, pour qu'elle ne mît pas tout en œuvre pour

---

*) Nach Finckensteins Vorschlag eingefügt.

**) Finckenstein: Comme l'Angleterre a communiqué toute cette intrigue au Roi sous le sceau de secret, sera-t-elle bien aise qu'on la trahisse dans une pièce publique? Ne faudroit-il pas avoir son aveu pour cela? Et ne conviendroit-il pas de toucher du moins cet article en termes moins forts?

***) Finckenstein: il se rapprocha du Roi.

rendre inutiles les mesures que des princes qui avoient le bien de leur patrie à coeur, avoient prises ensemble pour la maintenir. Aussitôt les intrigues redoublèrent à Pétersbourg, et les ministres autrichiens y arrangèrent*) un plan qui tendoit au démembrement de toutes les possessions du Roi. Ceci ne suffisoit pas, il falloit mettre la France hors du jeu, pour avoir les bras entièrement libres en Allemagne, ce qui donna lieu au traité de Versailles**). Dès lors les intrigues redoublèrent en France, et le but qu'on se proposoit à Vienne ne tendant qu'à acheminer insensiblement une rupture entre la France et la Prusse, il n'y eut ni mauvais moyens ni insinuations malignes ni ruses ni détours fallacieux d'épargnés pour y parvenir.

Dans une conjoncture aussi critique, où la cour de Vienne agite l'Europe d'un bout à l'autre, pour susciter des ennemis au Roi, pour ***) calomnier ses démarches, pour donner des mauvaises interprétations aux choses les plus innocentes, où elle tâche†) d'éblouir, de séduire, d'endormir les puissances, selon qu'elle le juge propre pour ses desseins, où des mesures offensives sont prises contre le Roi; dans un temps où la cour de Vienne amasse des munitions de guerre et de bouche en Moravie et en Bohême, où elle fait des puissants armements, où des camps de 80,000 hommes se forment dans ses états, où des chaînes de Hongrois et de Cravates sont tirées le long des frontières de la Silésie, où l'on trace des camps sur les limites du Roi, où la paix ressemble à la guerre, tandis que toutes les troupes prussiennes sont tranquilles et qu'il n'y a pas une tente de tendue, le Roi crut qu'il étoit temps de rompre le silence: Sa Majesté ordonna au sieur de Klinggraeffen, Son ministre plénipotentiaire à la cour Impériale, de demander à

---

*) Finckenstein: travaillèrent dès le commencement de ... à y jeter les fondements d'une ligne.

**) Finckenstein hatte bemerkt: Ne seroit-il pas à propos de faire ici quelque distinction avantageuse contre la France et la cour de Vienne et d'ajouter quelque chose de semblable? Er schlug vor: Le Roi ne suppose pas des vues offensives à la cour de France dans la conclusion de cette alliance; Sa Majesté rend justice à la pureté des intentions du Roi Très-Chrétien, mais Elle s'est fâchée de n'en pouvoir pas dire autant de la cour de Vienne dont la conduite depuis la signature de ce traité n'a que trop prouvé le contraire. Dès lors ses intrigues etc. Der König war mit dem Zusatze einverstanden und befahl ihn aufzunehmen. Demgemäss ist der Satz in G eingeschoben.

***) Finckenstein: pour donner des fausses couleurs à ses démarches et des mauvaises interprétations.

†) Finckenstein: de gagner, d'animer.

l'Impératrice-Reine si vous ces grands préparatifs de guerre qui se faisoient sur les frontières de la Silésie, étoient destinés contre le Roi, ou quelles étoient les intentions de Sa Majesté Impériale*). L'Impératrice-Reine répondit en propres termes: ›que dans la conjoncture présente elle avoit trouvé à propos de faire des armements tant pour sa propre défense que pour celle de ses alliés, et qui ne tendoient au préjudice de personne.‹

Une réponse aussi vague dans un moment aussi critique domandoit une explication plus précise. Sur quoi le sieur de Klinggraeffen reçut de nouveaux ordres, et il représenta à l'Impératrice qu'après que le Roi avoit dissimulé, autant qu'il l'avoit trouvé compatible avec sa sûreté et avec sa gloire, les mauvais desseins qu'on attribuoit à l'Impératrice, ne lui permettoient plus de rien déguiser; qu'il avoit ordre de lui dire: que le Roi étoit instruit des**) projets offensifs que les deux cours avoient formés à Pétersbourg; qu'il savoit***) qu'elles s'étoient engagées de l'attaquer inopinément ensemble, l'Impératrice — Reine avec 80,000 hommes, l'Impératrice de Russie avec 120,000 combattants; que ce dessein qui devoit s'exécuter au printemps de cette année, avoit été renvoyé au printemps de l'année prochaine, à cause que les troupes russes avoient manqué de recrues, leur flotte de matelots et la Livonie de blés pour les nourrir; que le Roi faisoit l'Impératrice l'arbitre de la paix et de la guerre; que si elle vouloit la paix, il exigeoit d'elle une déclaration claire et formelle consistant dans une assurance positive qu'elle n'avoit intention d'attaquer le Roi ni cette année ni l'année qui vient, mais qu'il prendroit toute réponse ambigue pour une déclaration de guerre et qu'il attestoit le Ciel que l'Impératrice seule seroit la cause du sang innocent répandu et des malheureuses suites de cette guerre.

Péroraison.

Si l'Impératrice désiroit sincèrement la paix, comme elle le veut faire croire, pourquoi ne s'explique-t-elle pas en termes clairs et d'une manière formelle, lorsqu'on l'en avoit rendu la maîtresse? Mais une réponse équivoque et susceptible de toutes sortes d'interprétations, comme nous l'avons fait voir, n'est proprement qu'un

*) So von Friedrich auf Finckensteins Rath geändert für „Leurs Majestés Impériales".
**) Finckenstein: instruit des mesures offensives qui avoient été projetées à Pétersbourg.
***) Finckenstein: qu'il avoit été question de l'attaquer inopinément.

aveu tacite des projets dangereux dont on l'accuse. Cette conduite de la part de la maison d'Autriche ne donne au Roi aucune certitude pour l'avenir; au contraire, Sa Majesté qui a éclairé la conduite de cette cour dans toutes ses négociations, est instruite de ses menées et des insinuations qu'elle fait chez tous les princes de l'Europe où elle travaille actuellement à faire des ligues contre la Prusse. C'est la connoissance de ces mauvais desseins qui met le Roi dans la nécessité de les prévenir. Il est certain que le Roi commence les hostilités ; mais comme ce terme a souvent été confondu avec celui d'agression et que la cour de Vienne étant toujours attentive et prête à calomnier les démarches de la Prusse, on se croit obligé de distinguer le sens de ces mots. Par agression l'on entend tout acte qui est diamétralement opposé au sens d'un traité de paix. Une ligue offensive, des ennemis qu'on suscite et qu'on pousse à faire la guerre à une autre puissance, les desseins d'envahir les états d'un autre prince, une irruption soudaine: toutes ces choses différentes sont autant d'agressions, quoique la dernière seule se trouve dans le cas des hostilités. Quiconque prévient ces agressions sourdes, peut commettre des hostilités, mais il n'est pas l'agresseur. Dans la guerre de succession, lorsque les troupes savoyardes se trouvoient dans l'armée française en Lombardie, le Duc de Savoie fit un traité avec l'Empereur contre la France; les Français désarmèrent ces troupes et portèrent la guerre dans le Piémont. Ce fut donc le Roi de Sardaigne qui fut l'agresseur, et les Français qui commirent les premières hostilités. La ligue de Cambrai fut une agression; si les Vénitiens avoient alors prévenu leurs ennemis, ils auroient commis les premières hostilités, mais ils n'auroient pas été les agresseurs.

Puis donc, que la cour de Vienne veut enfreindre des traités garantis par toutes les puissances de l'Europe, puisque son ambition renverse impunément les barrières les plus sacrées à la cupidité des hommes, puisqu'elle veut se frayer le chemin au despotisme de l'Empire Germanique, et que ses vastes desseins ne tendent pas à moins qu'à bouleverser cette république de princes que le devoir des empereurs est de maintenir, le Roi a résolu de s'opposer généreusement aux ennemis de sa patrie et de prévenir les suites funestes de ce projet odieux. Sa Majesté déclare que les libertés du Corps Germanique ne seront ensevelies qu'en un même tombeau avec la Prusse. Elle prend le Ciel à témoin qu'ayant vainement employé les moyens les plus convenables pour préserver Ses propres états et toute l'Allemagne des fléaux de la guerre dont ils étoient menacés, Elle est forcée de prendre les armes pour dissiper une conspiration tramée contre Ses possessions et Sa couronne, après avoir épuisé toutes les voies de conciliation jusqu'à rendre l'Impératrice l'arbitre de la paix et de la guerre. Sa Majesté ne S'écarte de Sa modération ordinaire qu'à cause qu'elle cesse d'être une vertu, lorsqu'il s'agit de défendre Son honneur, Son indépendance, Sa patrie et Sa couronne.

6.

Exposé des motifs qui ont obligé Sa Majesté le Roi de Prusse à prévenir les desseins de la Cour de Vienne. Berlin l'an 1756.

Depuis la paix de Dresde la cour de Vienne a soigneusement recherché tous les moyens qu'elle a cru propres pour l'invalider ou pour la rompre. Ses démarches tant secrètes qu'ouvertes ont été dirigées à cette fin.

Il est stipulé par l'article 6 de la paix de Breslau, renouvelée par celle de Dresde, »que le commerce de l'Autriche et de la Silésie restera sur le pied où il étoit l'année 1739, avant la guerre, jusqu'à ce que l'on convienne d'un nouveau règlement«.

La cour de Vienne qui ne se met en peine des traités qu'autant qu'on les lui fait exécuter à main armée*), commença dès l'année 1753 à mettre un impôt de 30 pour cent sur toutes les marchandises fabriquées en Silésie, et quoi que lui représentassent différents commissaires prussiens, envoyés pour cet effet à Vienne, à peine eut-elle conclu cette année le traité de Versailles, qu'elle haussa cet impôt à 60 pour cent.

Quoique ce procédé soit peu amiable, dur et contraire à la foi des traités, et qu'un prince plus ambitieux que le Roi trouveroit dans l'inobservation d'un traité de paix, garanti par toutes les puissances de l'Europe, un prétexte de guerre légitime, on passe légèrement sur un objet qui devient une bagatelle relativement aux autres griefs qui subsistent contre la cour de Vienne.

En écartant toute déclamation inutile, on se contente d'exposer au grand jour les vastes projets de la cour de Vienne, dont les desseins dangereux se découvrent tant par ses négociations secrètes que par sa conduite présente.

A peine l'Empire étoit-il retourné dans la nouvelle maison

*) Les Hollandois savent comme l'Impératrice a exécuté le traité de ˙rrière.

d'Autriche, qu'elle renouvela les ambitieux projets que l'empereur Ferdinand II auroit exécuté, s'il n'y avoit pas eu un cardinal de Richelieu, premier ministre de France, et un Gustave-Adolphe, roi de Suède, tous deux ses contemporains, qui s'y opposèrent.

Pour imposer la servitude aux princes d'Allemagne, pour établir le despotisme dans l'Empire, abolir la religion protestante, les lois, le gouvernement et les immunités dont jouit cette république de princes et de souverains, la cour de Vienne trouvoit dans son chemin après la paix d'Aix-la-Chapelle la France, garante de la paix de Westphalie, la Prusse, que toute sorte de motifs obligeoit à ne point souffrir de pareilles entreprises, et enfin le Grand-Seigneur dont les diversions en Hongrie pouvoient renverser les mesures les mieux prises.

C'étoient autant de digues qu'il falloit saper successivement. La cour de Vienne jugea qu'il falloit commencer par la Prusse; que sous prétexte de revendiquer une province qu'elle avoit cédée au Roi par la paix, elle détourneroit la vue du public de desseins plus dangereux qu'elle vouloit qui lui fussent impénétrables.

Pour cet effet se conclut le traité de Pétersbourg. La cour de Vienne, non contente d'une alliance défensive, contre laquelle personne ne pouvoit trouver à redire, projeta de brouiller la cour de Berlin avec celle de Pétersbourg et de faire un traité avec l'Impératrice de Russie contre la Porte Ottomane.

Ces deux projets lui réussirent également. Le traité contre la Porte fut conclu, et en n'épargnant ni les impostures ni les calomnies, les ministres autrichiens parvinrent à brouiller le Roi avec l'Impératrice de Russie, quoiqu'en effet ces deux cours n'eussent rien à démêler ensemble. Les plénipotentiaires furent rappelés de deux parts, afin que les ministres autrichiens, délivrés de surveillants incommodes, pussent en imposer plus facilement.

Ils armèrent la Russie et la portèrent à faire toutes ces démonstrations guerrières sur les frontières de la Prusse que l'on a vu renouveler toutes les années, dans l'espérance que le hasard pourroit fournir une occasion de rupture entre ces deux puissances.

On la désiroit à Vienne, et on se flattoit de ne paroître dans cette guerre qu'en qualité d'auxiliaire de l'Impératrice de Russie. Les espérances des ministres autrichiens auroient pu se réaliser facilement. Il n'y a qu'un pas des démonstrations aux hostilités; la guerre se seroit allumée, si le Roi, par une conduite ferme et mesurée, n'avoit évité avec soin toutes les occasions qui pouvoient le commettre avec la cour de Russie: comme on écarte d'un feu qu'on veut éteindre, toutes les matières combustibles, qui ne serviroient qu'à l'enflammer.

Les choses étoient dans cette situation, lorsque les affaires de l'Amérique commencèrent à troubler le repos de l'Europe. La guerre générale convenoit à la cour de Vienne. Il falloit que les grandes puissances fussent occupées de leurs propres intérêts, pour qu'elle pût mener ses desseins à une fin heureuse.

On ignoroit à Londres ce que l'on pensoit à Vienne. Le Roi d'Angleterre se trouvant engagé dans une guerre avec la France, demanda à l'Impératrice-Reine les secours qu'il se croyoit en droit d'attendre de sa bonne foi et de sa reconnoissance. Il se persuadoit qu'après avoir prodigué ses trésors et ses troupes, qu'après avoir sacrifié les intérêts de ses royaumes, qu'après avoir même exposé sa personne sacrée pour remettre cette princesse en possession de l'héritage de ses pères, sa reconnoissance seroit proportionnée au service qu'il lui avoit rendu.

Mais sa surprise dut être extrême, quand il apprit que cette princesse ne vouloit entendre parler d'aucun secours, à moins que l'Angleterre n'entrât dans la conjuration que cette princesse avoit formée contre les états et possessions du Roi.

Le Roi d'Angleterre, qui a des sentiments trop nobles et trop généreux, pour entrer dans des mesures qui choquoient sa bonne foi, rejeta toutes les propositions qu'on lui fit. Dès lors il se tourna vers le Roi, avec lequel il étoit uni par les liens du sang, et ces deux princes, pour conjurer l'orage qui menaçoit l'Allemagne, firent la convention de neutralité signée à Londres.

La tranquillité de l'Allemagne étoit trop opposée aux desseins de la cour de Vienne, pour qu'elle ne mit pas tout en œuvre pour rendre inutiles les mesures que des princes qui avoient le bien de leur patrie à cœur, avoient prises ensemble pour la maintenir. Aussitôt les intrigues redoublèrent à Pétersbourg, et les ministres autrichiens y arrangèrent un plan qui tendoit au démembrement de toutes les possessions du Roi.

Ceci ne suffisoit pas; il falloit mettre la France hors du jeu pour avoir les bras entièrement libres en Allemagne; ce qui donna lieu au traité de Versailles.

Le Roi ne suppose pas des vues offensives à la cour de France dans la conclusion de cette alliance. Sa Majesté rend justice à la pureté des intentions du Roi Très-Chrétien. Mais Elle est fâchée de n'en pouvoir pas dire autant de la cour de Vienne, dont la conduite depuis la signature de ce traité n'a que trop prouvé le

Dès lors les intrigues redoublèrent en France, et le but qu'on se proposoit à Vienne ne tendant qu'à acheminer insensiblement une rupture entre la France et la Prusse, il n'y eut ni mauvais moyens ni insinuations malignes ni ruses ni détours fallacieux d'épargnés pour y parvenir.

Dans une conjoncture aussi critique où la cour de Vienne agite l'Europe d'un bout à l'autre, pour susciter des ennemis au Roi, pour calomnier ses démarches, pour donner des mauvaises interprétations aux choses les plus innocentes, où elle tâche d'éblouir, de séduire, d'endormir les puissances, selon qu'elle le juge propre pour ses desseins, où des mesures offensives sont prises contre le Roi; dans un temps où la cour de Vienne amasse des munitions de guerre et de bouche en Moravie et en Bohême, où elle fait des puissants armements, où des camps de quatre-vingt mille hommes se forment dans ses états, où des chaînes de Hongrois et de Cravates sont tirées le long des frontières de la Silésie, où l'on trace des camps sur les limites du Roi, où la paix ressemble à la guerre, tandis que toutes les troupes prussiennes sont tranquilles et qu'il n'y a pas une tente de tendue, le Roi crut qu'il étoit temps de rompre le silence.

Sa Majesté ordonna au sr. de Klinggraeffen, Son ministre plénipotentiaire à la cour Impériale, de demander à l'Impératrice-Reine si tous ces grands préparatifs de guerre qui se faisoient sur les frontières de la Silésie, étoient destinés contre le Roi, ou quelles étoient les intentions de Sa Majesté Impériale? L'Impératrice-Reine répondit en propres termes: „Que dans la conjoncture présente Elle avoit trouvé à propos de faire des armements, tant pour Sa propre défense que pour celle de ses alliés, et qui ne tendoient au préjudice de personne."

Une réponse aussi vague dans un moment aussi critique demandoit une explication plus précise. Sur quoi le sr. de Klinggraeffen reçut de nouveaux ordres, et il représenta à l'Impératrice: qu'après que le Roi avoit dissimulé, autant qu'il l'avoit trouvé compatible avec sa sûreté et avec sa gloire, les mauvais desseins qu'on attribuoit à l'Impératrice, ne lui permettoient plus de rien déguiser; qu'il avoit ordre de lui dire: que le Roi étoit instruit des projets offensifs que les deux cours avoient formés à Pétersbourg; qu'il savoit qu'elles s'étoient engagées de l'attaquer inopinément ensemble, l'Impératrice-Reine avec quatre-vingt mille hommes, l'Impératrice de Russie avec cent vingt mille combattants; que ce dessein qui devoit s'exécuter au printemps de cette année, avoit été renvoyé au printemps de l'année prochaine, à cause que les troupes russes avoient manqué de recrues, leur flotte de matelots et la

Livonie de blés pour les nourrir; que le Roi faisoit l'Impératrice l'arbitre de la paix et de la guerre; que si elle vouloit la paix, il exigeoit d'elle une déclaration claire et formelle, consistant dans une assurance positive qu'elle n'avoit intention d'attaquer le Roi ni cette année, ni l'année qui vient; mais qu'il prendroit toute réponse ambigue pour une déclaration de guerre, et qu'il attestoit le Ciel que l'Impératrice seule seroit la cause du sang innocent répandu et des malheureuses suites de cette guerre.

Une demande si juste et si équitable a été suivie d'une réponse plus fière encore et moins satisfaisante que la première, et dont le contenu suffit pour faire connoître au public toute la mauvaise volonté de la cour de Vienne.

Cette réponse porte en autant de termes: „Que Sa Majesté le Roi de Prusse avoit déjà été occupée depuis quelque temps de toutes les espèces de préparatifs de guerre les plus considérables et les plus inquiétants pour le repos public, lorsque le 26 du mois dernier ce prince avoit jugé à propos de faire demander des éclaircissements à Sa Majesté l'Impératrice-Reine sur les dispositions militaires qui se faisoient dans Ses états, et qui ne venoient d'être résolues qu'après tous les préparatifs qu'avoit déjà faits Sa Majesté Prussienne.

„Que c'étoient des faits à la connoissance de toute l'Europe.

„Que Sa Majesté l'Impératrice-Reine auroit pu Se dispenser moyennant cela de donner des éclaircissements sur des objets qui n'en avoient pas besoin; qu'Elle avoit bien voulu le faire néanmoins et déclarer Elle-même pour cet effet à mr. de Klinggraeffen dans l'audience qu'Elle lui avoit accordée ledit 26 de juillet:

„Que l'état critique des affaires générales Lui avoit fait envisager les mesures qu'Elle prenoit comme nécessaires pour Sa sûreté et celle de Ses alliés, et qu'elles ne tendoient d'ailleurs au préjudice de qui que ce soit.

„Que Sa Majesté l'Impératrice-Reine étoit sans doute en droit de porter tel jugement qu'il Lui plaisoit sur les circonstances du temps, et qu'il n'appartenoit de même qu'à Elle d'évaluer Ses dangers.

„Que d'ailleurs Sa déclaration étoit si claire qu'Elle n'auroit jamais imaginé qu'elle put ne point être trouvée telle.

„Qu'accoutumée à éprouver ainsi qu'à observer les égards que se doivent les souverains, Elle n'avoit donc pu apprendre qu'avec étonnement et la plus juste sensibilité le contenu du mémoire présenté par mr. de Klinggraeffen le 20 du courant dont Elle S'étoit à rendre compte.

„Que ce mémoire étoit tel, quant au fond ainsi que quant aux expressions, que Sa Majesté l'Impératrice-Reine Se verroit dans la nécessité de sortir des bornes de la modération qu'Elle S'étoit prescrite, si Elle répondoit à tout ce qu'il contenoit.

„Mais qu'Elle vouloit bien encore cependant qu'en réponse on déclarât ultérieurement à mr. de Klinggraeffen:

„Que les informations que l'on avoit données à Sa Majesté Prussienne d'une alliance offensive contre Elle entre Sa Majesté l'Impératrice-Reine et Sa Majesté l'Impératrice de Russie, ainsi que toutes les circonstances et prétendues stipulations de ladite alliance, étoient absolument fausses et controuvées, et que pareil traité contre Sa Majesté Prussienne n'existoit point et n'avoit jamais existé.

„Que cette déclaration mettroit toute l'Europe à portée de juger de quelle valeur et qualité seroient les fâcheux évènements qu'annonçoit le mémoire de mr. de Klinggraeffen, et de voir qu'en tout cas ils ne pourroient jamais être imputés à Sa Majesté l'Impératrice-Reine."

Telle est la seconde réponse de la cour de Vienne. Une courte récapitulation suffira pour en faire sentir l'insuffisance et l'incongruité.

Les faits que cette cour voudroit faire envisager comme connus de toute l'Europe, sont si différents de ce qu'elle les annonce, que l'on se voit obligé de mettre cet article dans un plus grand jour. Au mois de juin sur les armements de la Russie le Roi fit passer quatre régiments de son Électorat en Poméranie, et Sa Majesté donna Ses ordres, pour que Ses forteresses fussent mises en état de défense. Voilà ce qui causa de si grands ombrages à la cour de Vienne, qu'elle donna des ordres pour assembler tant en Bohême qu'en Moravie une armée de plus de quatre-vingt mille hommes. Si l'Impératrice avoit fait filer des troupes de Bohême en Toscane, le Roi auroit-il eu lieu d'avoir des appréhensions pour la Silésie et d'y assembler une armée nombreuse? On voit donc clairement que la marche de ces quatre régiments pour la Poméranie n'a servique de prétexte à la cour de Vienne pour colorer sa mauvaise volonté. Sur la nouvelle que l'armée autrichienne étoit assemblée en Bohême, le Roi fit filer vers Halberstadt trois régiments d'infanterie qui avoient été en quartier en Westphalie, et pour éviter tout ce qui pouvoit donner de l'ombrage à la cour de Vienne, il n'a pas passé un seul régiment en Silésie: les troupes sont restées tranquilles dans leurs garnisons, sans avoir même les chevaux et les autres besoins nécessaires à une armée qui veut camper ou qui a des des-

tenir un langage pacifique et de l'autre de prendre les mesures les plus sérieuses pour la guerre, non contente de toutes ces démonstrations, fit encore tracer un camp auprès d'une ville nommée Hotzenplotz, située sur une lisière de pays, à la vérité lui appartenante, mais qui se trouve immédiatement entre les forteresses de Neisse et de Cosel, et, de plus, son armée de Bohême se prépare à occuper le camp de Jaromirs à quatre milles de la Silésie. Sur toutes ces nouvelles le Roi a cru qu'il étoit temps de prendre les arrangements que sa sûreté et sa dignité exigeoient de lui, et il donna des ordres, pour que l'armée se pourvût de chevaux et se tînt prête à marcher, afin de ne pas dépendre de la discrétion d'une cour aussi bien intentionnée pour ses intérêts que celle de Vienne. Si Sa Majesté avoit eu quelques desseins formés contre l'Impératrice, il y a deux mois qu'Elle auroit pu les exécuter sans peine, avant de lui donner le temps d'assembler d'aussi fortes armées. Mais le Roi négocioit, tandis que ses ennemis armoient. Il n'a fait que suivre les mesures des Autrichiens; ainsi cet article que la cour de Vienne relève avec tant de soin, ne sert qu'à mettre ses mauvais desseins dans tout leur jour.

Un autre endroit de sa réponse qui ne porte pas moins à faux, c'est celui où il est parlé de cette déclaration si claire qui a été donnée au sr. de Klinggraeffen. Cette déclaration si claire ne laisse pas que d'être inintelligible. Car on demande: quels sont les alliés de l'Impératrice menacés de la guerre? Est-ce la cour de France? Est-ce celle de Russie? En vérité, il faudroit s'aveugler étrangement, pour supposer au Roi le dessein d'attaquer l'une ou l'autre de ces deux cours, et certainement il faudroit un peu plus que quatre régiments envoyés en Poméranie pour former une entreprise pareille. La cour de Vienne dit qu'elle ne veut attaquer personne: lui en auroit-il coûté davantage de dire qu'elle ne vouloit pas attaquer le Roi nommément?

Ce mémoire du sr. de Klinggraeffen dont la cour de Vienne se plaint, quant au fond, n'a pu paroître désagréable qu'à une cour qui n'a aucune envie de donner à son voisin des assurances de la pûreté de ses intentions.

Enfin, l'article sur lequel la cour de Vienne insiste le plus dans cette réponse, c'est celui de son alliance avec la Russie, dont les stipulations, à ce qu'elle prétend, sont absolument fausses et controuvées. Il est facile aux ministres autrichiens de nier cette convention; mais outre les faits qu'on en débite, il y a des indices suffisants qui semblent du moins indiquer un concert. Au commencement de juin les troupes russes s'approchèrent des frontières de la Prusse. Une armée de septante mille hommes se formoit en Livonie dans le même temps qu'on se préparoit à Vienne pour assembler une forte armée en Bohême qui devoit y paroître sous le nom d'armée d'observation. Vers le milieu du même mois les troupes russes reçurent ordre de retourner dans leurs quartiers, et les camps autrichiens furent différés jusqu'à l'année prochaine: malgré ces soupçons et ces indices, le Roi auroit été bien aise d'apprendre de la cour de Vienne qu'elle nie des projets qui ne feroient pas honneur à sa modération, si elle avoit bien voulu ajouter un mot de réponse sur la demande qui lui a été faite. Il s'agissoit de donner des assurances qu'on n'attaqueroit pas le Roi, ni cette année ni l'année qui vient. C'étoit l'article le plus essentiel du mémoire du sr. de Klinggraeffen, et c'est précisément celui auquel on ne répond pas du tout. Ce silence ne fait-il pas voir suffisamment où visent les desseins de la cour de Vienne? Aussi ne s'aperçoit-on que trop de la contradiction qui règne entre ses paroles et ses actions? Un langage pacifique et des armées nombreuses sur les frontières de la Silésie; un éloignement simulé pour la guerre et un déni d'assurances positives que le Roi s'est cru en droit d'exiger: on demande laquelle des deux puissances désire la guerre, ou celle dont des fortes armées campent sur les frontières de son voisin, ou celle dont les troupes sont tranquilles dans leurs quartiers?

On voit donc par cette réponse fière et méprisante que la cour de Vienne, bien loin de désirer la paix, ne respire que la guerre et qu'elle se propose par des chicanes et des hauteurs continuelles d'y pousser le Roi, afin d'avoir un prétexte de réclamer l'assistance de ses alliés; mais l'on ne croit pas que ces alliés lui aient promis des secours pour autoriser l'injustice de ses procédés et pour empêcher le Roi de prévenir ses desseins qui ne sont que trop clairs, puisqu'en refusant les assurances que le Roi lui demandoit, elle fait assez voir qu'elle est résolue de troubler le repos et la tranquillité dont l'Allemagne a joui jusqu'à présent.

Quoique cette réponse ne laisse plus aucun doute sur les desseins de l'Impératrice-Reine, quoiqu'elle mette le Roi dans la nécessité de prendre le seul parti qui convient à son honneur et à sa gloire, Sa Majesté a bien voulu faire encore une dernière tentative pour ébranler l'inflexibilité de la cour de Vienne, et, en prenant les mesures nécessaires pour Sa sûreté, Elle n'a pas cru devoir négliger le seul moyen de maintenir la paix. C'est dans cette vue que le sr. de Klinggraeffen a été chargé de déclarer, pour la troisième fois, que si l'Impératrice vouloit encore actuellement donner une assurance positive qu'elle ne vouloit pas attaquer le Roi nommément, ni cette année ni l'année prochaine, qu'en ce cas, Sa Majesté retireroit tout de suite Ses troupes et rétabliroit les choses dans l'état où elles doivent être. Mais cette dernière démarche ayant été tout aussi infructueuse que les précédentes, Sa Majesté Se flatte qu'après avoir épuisé tout ce qu'on pouvoit attendre de Sa modération, toute l'Europe Lui rendra la justice qui Lui est due, et sera convaincue que ce n'est pas le Roi, mais la cour de Vienne qui a voulu la guerre.

Si l'Impératrice désiroit sincèrement la paix, comme elle le veut faire croire, pourquoi ne s'expliquoit-elle pas en termes clairs et d'une manière formelle, lors qu'on l'on avoit rendu la maîtresse? Mais une réponse équivoque et susceptible de toutes sortes d'interprétations et un refus constant de donner la seule explication qui pouvoit rassurer le Roi, ne sont proprement qu'un aveu tacite des projets dangereux dont on l'accuse. Cette conduite de la part de la Maison d'Autriche ne donne au Roi aucune certitude pour l'avenir. Au contraire, Sa Majesté qui a éclairé la conduite de cette cour dans toutes ses négociations, est instruite de ses menées et des insinuations qu'elle fait chez tous les princes de l'Europe, où elle travaille actuellement à faire des ligues contre la Prusse. C'est la connoissance de ces mauvais desseins qui met le Roi dans la nécessité de les prévenir.

Il est certain que le Roi commence les *hostilités*; mais comme ce terme a souvent été confondu avec celui *d'agression*, et que la cour de Vienne étant toujours attentive et prête à calomnier les démarches de la Prusse, on se croit obligé de distinguer le sens de ces mots. Par agression l'on entend tout acte qui est diamétralement opposé au sens d'un traité de paix. Une ligue offensive, des ennemis qu'on suscite et qu'on pousse à faire la guerre à une autre puissance, les desseins d'envahir les états d'un autre prince, une irruption soudaine: toutes ces choses différentes sont autant d'agressions, quoique la dernière seule se trouve dans le cas des hostilités.

Quiconque prévient ces agressions, peut commettre des hostilités; mais il n'est pas l'agresseur. Dans la guerre de succession, lorsque les troupes savoyardes se trouvoient dans l'armée françoise en Lombardie, le Duc de Savoie fit un traité avec l'Empereur contre la France. Les François désarmèrent ces troupes et portèrent la guerre dans le Piémont: ce fut donc le Duc de Savoie qui fut l'agresseur, et les François qui commirent les premières hostilités. La ligue de Cambray fut une agression. Si les Vénitiens avoient alors prévenu leurs ennemis, ils auroient commis les premières hostilités; mais ils n'auroient pas été les agresseurs.

Puis donc que la cour de Vienne veut enfreindre des traités garantis par toutes les puissances de l'Europe; puis que son ambition renverse impunément les barrières les plus sacrées à la cupidité des hommes; puis qu'elle veut se frayer le chemin au despotisme de l'Empire Germanique, et que ses vastes desseins ne tendent pas à moins qu'à bouleverser cette république de princes que le devoir des Empereurs est de maintenir, le Roi a résolu de s'opposer généreusement aux ennemis de sa patrie et de prévenir les suites funestes de ce projet odieux.

Sa Majesté déclare que les libertés du Corps Germanique ne seront ensevelies qu'en un même tombeau avec la Prusse. Elle prend le ciel à témoin qu'ayant vainement employé les moyens les plus convenables pour préserver Ses propres états et toute l'Allemagne des fléaux de la guerre dont ils étoient menacés, Elle est forcée de prendre les armes pour dissiper une conspiration tramée contre Ses possessions et Sa couronne, après avoir épuisé toutes les voies de conciliation jusqu'à rendre l'Impératrice l'arbitre de la paix et de la guerre.

Sa Majesté ne S'écarte de Sa modération ordinaire qu'à cause qu'elle cesse d'être une vertu, lorsqu'il s'agit de défendre Son honneur, Son indépendance, Sa patrie et Sa couronne.

Anhang.

Das von | Sr. Königl. Maj. in Preußen | an Dero Ministros erlassene allergnädigste | Circular-Rescript | d. d. Berlin den 18. Septembris 1756. | Nebst | angefügtem Kriegs-Manifest.

4°. 2 Bl.

Mit dem vorliegenden Circularerlass, den Geheimrath Warendorff verfasst hat, wurden am 18. September Exemplare der deutschen Uebersetzung des Exposé an die preussischen Vertreter im Reiche gesandt. Sein Inhalt deckt sich im Wesentlichen mit dem eines Rundschreibens an die befreundeten deutschen Fürsten vom selben Datum.

Wer dieses ursprünglich wohl nicht zur Veröffentlichung bestimmte Rescript dem Drucke übergeben hat, ergiebt sich aus den Acten nicht.

Es sind uns zwei verschiedene Drucke des Erlasses unter demselben Titel bekannt geworden. Bei beiden fehlt das Manifest. Der Schluss mit den Verhaltungsbefehlen ist, wie üblich, seiner Zeit fortgelassen worden.

Das von Seiner Königlichen Majestät in Preussen an Dero Ministros erlassene allergnädigste Circularrescript d. d. Berlin den 18. Septembris 1756.

Friederich p. Wir haben Euch bereits vorhin von allem dem, was zwischen Uns und der Kaiserin-Königin Majestät bisher vorgegangen, umbständliche Nachricht ertheilet, besonders aber, dass Wir, umb dem Wienerschen Hofe Unsere aufrichtige Begierde zu Unterhaltung der Ruhe je mehr und mehr erkennen zu geben, bei demselben einen letzteren Versuch thun lassen, ob nicht derselbe zu billigern und mit Unsern Wünschen und Verlangen übereinkommenden Gedanken zu bringen sein möchte.

Wir sind aber leider durch die darauf erfolgte in den fiersten Ausdrückungen abgefasste und mit den unerfindlichsten Imputationen angefüllte Antwort noch weit mehr überführet worden, dass es besagtem Hofe nie ein rechter Ernst gewesen, mit Uns den Frieden zu unterhalten, sondern dass vielmehr derselbe schon längstens damit umbgegangen und einer sich darbietenden favorablen Gelegenheit recht dürstiglich entgegengesehen, Unsere Lande mit einem Krieg zu überziehen und Uns und dem ganzen Teutschen Reiche den allerempfindlichsten Stoss beizubringen. Umb nun diesen pernicieusen Absichten zuvorzukommen, und da Uns von dem Wienerschen Hofe kein Mittel mehr zu einer gütlichen Vereinigung und Aussöhnung gelassen worden, haben Wir endlich die obnumbgängliche Entschliessung fassen müssen, die Waffen zu ergreifen, alle von dem Höchsten Uns verliehene Kräfte zum Schutz und Schirm Unserer eigenen Lande, auch Unsern vielgeliebten Teutschen Vaterlandes anzuwenden und Unserm unversöhnlichen Feinde mit Gottes Beistand alles dasjenige Ungemach empfinden zu lassen, so derselbe Uns zugedacht.

Ihr werdet aus dem diesseits zum Druck beförderten Manifest, wovon Wir Euch einige Exemplaria hierneben geschlossen zufertigen lassen, die Ursachen, welche Uns dazu genöthiget, des mehreren ersehen.

Uns wird dabei die Vergiessung so vielen Menschenbluts, nachdem alle Unsere inständigst zu Beibehaltung des Friedens gethane Vorstellungen fruchtlos abgelaufen, nicht zur Last geleget werden können, und da Unsere Unternehmungen die Wohlfart und Sicherheit Unserer Lande und Unterthanen und die Conservation der so theuer erworbenen Freiheiten, Vorrechte und Prärogativen Unserer werthen Mitstände einzig und allein zum Vorwurf haben, so leben Wir auch der zuversichtlich gewissen Hoffnung, es werde der Allmächtige dieses Unser Vorhaben gesegnen, und Wir darunter benöthigten Falls von allen redlich und patriotisch gesinnten Fürsten des Reichs und anderen Puissancen kräftigst unterstützet werden.

Was nun den von Uns in Sr. Königl. Majestät von Polen Erblanden mit Unseren Truppen genommenen Einmarsch betrifft, da haben Wir Euch bereits vorhin zur Genüge bekannt gemacht, dass Uns zu Ergreifung dieser unangenehmen Maassregul nichts andern als die höchste Nothwendigkeit angetrieben. Wir werden auch in der Muthmassung, dass der Dresdensche Hof wider Uns die gefährlichsten Desseins auszuführen im Sinne gehabt, fast täglich je mehr und mehr bestärket, da Wir nicht allein sehen müssen, dass derselbe seine ganze Macht bei Pirna in einem sehr verschanzten Lager zusammenziehen lassen, um Uns den Weg nach Böhmen zu disputiren, sondern Uns auch die zuverlässige Nachricht zugekommen, dass besagten Hofes Vorsatz gewesen, nachdem sich derselbe dieserhalb mit dem Wienerschen Hofe vorläufig concertiret, Unsere Truppen zwar ganz geruhig passiren zu lassen, sobald aber solche in Schlesien oder Böhmen eingerücket sein würden, Unsere Lande feindlich zu überfallen und selbige mit Feuer und Schwert zu verheeren, sodass Wir Uns bei Unserer Königlichen Posterität die grösste Blâme zugezogen haben würden, wenn Wir nicht in Zeiten darauf sorgfältig bedacht gewesen wären, besagte Unsere Lande wider dergleichen Ueberfall zu schützen und zu decken.

Ihr habt von obigen allen gehörigen Orts den dienlichsten Gebrauch zu machen und insbesondere Eure grösste Aufmerksamkeit dahin zu richten, umb zuverlässig zu vernehmen, was vor eine Impression bei Euch vorangezogenes grosse Evénement machen und was vor ein Urtheil man darüber fällen wird; wie Ihr denn hauptsächlich auch und vor allen Dingen Eure Bemühungen unermüdet dahin anwenden müsset, alle diejenigen, welche darüber mit Euch sprechen werden, und sonsten jedermann von der Gerechtigkeit Unserer Sache und der Reinigkeit Unserer Absichten mittelst alles desjenigen, was Wir Euch dieserhalb überflüssig suppeditiret haben, je mehr und mehr zu convinciren.

Wir gewärtigen desfalls zu seiner Zeit Euren gehorsamsten umbständlichen Bericht.

XX.

Königlich preussischer Erlass an den Comitialgesandten Etatsminister Edlen von Plotho zu Regensburg. Berlin 15. September 1756.

Fast gleichzeitig mit der ersten officiellen sächsischen Beschwerdeschrift über die Occupation des Churfürstenthums durch die Preussen, die am 23. September im Reichstage zur Dictatur kam*), wurde eine geschriebene Zeitung, datirt „Dresden den 10. Septembr. 1756" in Regensburg verbreitet**). Die härtesten Anklagen wurden darin gegen die preussischen Truppen erhoben, die den Sachsen Rindvieh, Pferd und Knechte fortgenommen, alle Kassen beraubt hätten. Die unglücklichen Unterthanen müssten vom Mangel getrieben ihre Wohnung verlassen und mit Thränen um ein wenig Brot bitten. „Man verschweiget andere unzählbare Excesse, wovon ein Buch zu beschreiben, und wo immer einer barbarischer ist, als der andere, da heisst es am besten gethan."

Die Schuld an diesem Elend läge ganz allein beim Könige von Preussen:

„Ohnerhört ist sein Einbruch und noch ohnerhörter sein Verfahren, welches stündlich ärger und unbarmherziger und mehr als türkisch und heidnisch wird. Er lässt selbst im Lande fouragiren, die Husaren und andere Soldaten schlagen Kisten und Kasten auf, plündern alles denen Leuten, und seine Drohungen sind Feuer und

---

*) Vergl. S. 192.

**) Der österreichische Gesandte hatte dieselbe Schrift als einen aus Struppen datirten Brief vom 8. September den Generalstaaten überreicht. Vergl. Politische Correspondenz 13, 493.

Schwert. . . . Enfin, er gehet tyrannisch um und nennet sich verwegener Weis einen Freund."

Weiter wird berichtet, dass Friedrich sich vermessen hätte, falls die sächsischen Truppen sich nach Böhmen ziehen und mit dem österreichischen Heere vereinigen würden, „die Residenz und alles zu versengen und zu verbrennen."

„Das seind Drohungen von einem solchen barbarischen Herrn, der einen neutralen Reichsstand und Churfürsten meuchel- und mörderischer Weis ins Lande fället, alles wegnimmt, alles ruiniret, alle Revenuen raubet, damit er mit seinem königlichen Haus, Hof und Armee Hungers sterben sollen. Der Nachwelt muss eine solche Grausamkeit ohnglaublich vorkommen, das ganze Reich aber, welches alle Rechte, Constitutiones, Freiheit und Sicherheit über den Haufen geworfen siehet, zu einer schleunigen Rache und Hülfe anflammen, und ganz Europa kann auch nicht entbrechen, Ihro Majestät in Polen gegen einen Tyrannen zu schützen und zu einer billigen Satisfaction zu verhelfen."

Plotho glaubte auf dieses „voller gröbesten Unwahrheiten und Invectiven angefüllte Scriptum", für dessen Verfasser er den kaiserlichen Concommissarius Grafen von Seidewitz hielt*), sofort antworten zu müssen, um einem etwaigen ungünstigen Eindrucke „solcher falschen und gehässigen Insinuationen" vorzubeugen.

„Ich habe," meldet er zu dem Ende, „dasjenige, was aus Ew. Königl. Majestät allergnädigstem Rescripto vom 15.**) dieses alles hiesigen Gesandtschaften mündlich vorgestellet, selbigen auf deren Verlangen privatim schriftlich zugestellet, um davon rechten Gebrauch an ihren Höfen machen zu können, und nunmehro wird es gewiss also auch bald in publico rouliren, jedoch habe es so eingerichtet, dass darin kein Religionsunterscheid sonderlich gemachet und also bei allen Ständen des Reichs Eindruck machen muss, wiewohl die evangelischen Gesandtschaften besonders berichten werden, was für Gefahr vor das evangelische Religionswesen zugleich vorgestellet habe, und welches selbige auch sehr wohl erkennen und einsehen."

Der einzige uns bekannt gewordene Abdruck dieser Plothoschen Denkschrift findet sich in den Danziger Beiträgen (1, 447) unter dem Datum vom 26. September.

---

*) Bericht Plothos. Regensburg 27. September 1756: „dass solches aus des Grafen von Seidewitz Feder komme, ist garkein Zweifel, weil es so, als wenn man ihn reden hörte."

**) Es war am 21. September in Regensburg eingetroffen.

Wir haben es vorgezogen anstatt dieses Auszuges, den der Gesandte mit wörtlicher Anlehnung an das Rescript vom 15. September gegeben hat, hier den Erlass selbst, von Geheimrath Vette concipirt und von Podewils an vielen Stellen verbessert, zu veröffentlichen.

Königlich Preussischer Erlass an den Comitial-Gesandten Etatsminister Edlen von Plotho zu Regensburg. Berlin 15. September 1756.

Friedrich König p. Es ist wohl eingekommen, was ihr wegen der von dem chursächsischen Gesandten erhaltenen Ordre, umb über die Einrückung Unserer Armee in Sachsen bei dem Reichsconvent beschwerende Anzeige zu thun, unterm 8. dieses unterthänigst einberichtet, woraus Wir mit mehrerm entnommen, wie man den Reichstag fordersamst wiederumb zu eröffnen und den Punctum securitatis publicae gegen Uns in Deliberation zu stellen Vorhabens sein, und dass ihr deshalb umb vorläufige Instruction gehorsamst ansuchen wollen.

Nun werden euch hoffentlich gleich nach Abgang vorgedachter eurer Relation diejenige Rescripte zugekommen sein, welche seither Einrückung Unserer Armee in Sachsen an euch ergangen, und worin diejenige wichtige und pressante Motive enthalten, so Uns gezwungen zu solcher Démarche zu schreiten; Wir zweifeln auch nicht, ihr werdet davon den nöthigen Gebrauch an allen dienlichen Orten gemachet und denen Wohlgesinnten, vornehmlich aber denen evangelischen Gesandtschaften dieserhalb die nöthige Insinuationes gethan haben, es soll euch auch dasjenige successive zugefertigt werden, so Wir in Ansehung der jetzigen kritischen Conjuncturen dem Publico fernerweit vor Augen zu legen nöthig erachten werden.

Was aber jene Unsere Entschliessung, insbesondere in Absicht auf den Reichstag belanget, so sehen Wir vor der Hand zur Vorkommung der von euch besorgten gefährlichen Absichten der Wiener und Dresdenschen Höfe kein ander Mittel, als dass ihr fortfahren müsset, denen euch in vorgedachten Unsern Rescripten an Hand gegebenen Gründen und Motiven, und dass Wir zu Unserer unentbehrlichen Sicherheit mit einem Theil Unserer Armee in Sachsen eingerücket wären, umb die gegen Uns von dem Dresdenschen Hofe geschmiedete gefährliche Desseins zu präveniren, ferner zu inhäriren, bei denen wohlgesinnten, absonderlich evangelischen Gesandten Unsere dem Wiener Hofe so oft geschehene friedliebende Äusserungen bestens geltend zu machen, hergegen aber dessen unvollkommene, auf Schrauben gestellte und hautaine Gegendeclarationes äusserst zu releviren, hiernächst auf die Gefahr, worin das gesamte Reich wegen der secreten Absichten des Hauses Österreich, so, wie aus der Wied-Runckelschen Sache zur Genüge zu ersehen[*]), auf den gänzlichen Umsturz des Corporis Evangelicorum und dessen wohl gegründete Verfassungen und Vorrechte gehen, sich befindet, und wodurch zu Unterdrückung der Stände Freiheit und Gerechtsame und besonders der evangeli-

---

[*] vgl. Faber, Staatskanzlei 108, 457 f.

Erlass an Plotho. 15. September 1756.

sehen Religion der Weg gebahnet, ihnen deutlich vorzustellen, und dass, da immer der Uns privative bedrohenden Gefahr vorzubeugen, hauptsächlich der Ruhestand des teutschen Vaterlandes, welcher Uns so sehr am Herzen lieget, von Uns wäre bezuget, und zu dessen Erhaltung theils durch die mit des Königs von England Maj. und Churfürsten zu Braunschweig-Lüneburg getroffene Neutralitätsconvention, theils sonsten alle Mühe und äusserste Sorgfalt angewendet worden, so hätten Wir dadurch fast risquirt, das Opfer der Übermuth, Rachbegierde und Jalousien des Hauses Österreich zu werden. Wir würden Uns aber [durch] dieses alles nicht abhalten lassen, denen gefährlichen Desseins jener alliirten Höfe, umb den Krieg ins Herz von Teutschland zu ziehen und nach ihren besondern, theils öffentlichen, theils verborgenen Machinationen im Trüben zu fischen und ihre Absichten auf eine dictatorische Art auszuführen, mit der Uns von Gott verliehenen Macht entgegen zu setzen und vor die Erhaltung des Ruhestandes im Reiche, auch der Freiheit der Stände und des evangelischen Wesens ehender alles daran zu setzen, als das teutsche Vaterland solchen Beschwerlichkeiten und gefährlichen Folgen exponiret zu sehen; in der Hoffnung, dass die Reichsstände Uns dessen verdanken und hergegen Uns alle möglichste und thätige Assistenz in einer so lautern und zu ihrer Conservation abzweckenden Intention nicht versagen, im mindesten aber denen sinistren, offenbar falschen und aufgerafften Insinuationen des Wiener sowohl als des Dresdenschen Hofes und dessen Adhärenten einiges Gehör geben würden. Ihr habt hierbei nicht zu verhalten, dass, wann jemals die Gefahr gross gewesen, die teutsche Reichsstände besonders evangelischen Theils unterdrückt zu sehen, so sei es gewiss dermalen, da das Haus Österreich nicht allein Unsern Untergang drohet, sondern auch der Dresdensche Hof, wie Wir euch mit der Zeit davon unverwerfliche Proben und authentische Nachricht zu fourniren nicht ermangeln werden, die allergefährlichste Desseins wider Uns geschmiedet, umb Unser Königliches Churhaus ganz herunter zu bringen und dasselbe von seinen bisherigen durch die göttliche Providenz seit einem Saeculo durch desselben Verdienste auch absonderlich gegen das teutsche Vaterland erhaltene Acquisitiones zu depouilliren und so klein, als es vor einem Jahrhundert gewesen, zu machen; als hätten die Reichsstände wohl auf ihrer Hut zu sein und zu erwägen, was sie auf der einen Seite vor Protection von dem Kaiser selbst zu gewärtigen, und wie auf der andern Seite diese gefährliche Absichten mit denen gewöhnlichen Sinceritaten der Kaiserlichen Gesinnung zur Conservation des Reichssystematis und Wohlfahrt der Stände und denen angebrachten oder noch anzubringenden Beschwerden des Dresdenschen Hofes gegen Uns zu conciliiren sein, und was sämmtliche und insonderheit die protestantische Reichsstände vor einer Gefahr unterworfen und vor ein Sort zu erwarten, wann man Uns, als die mächtigste Stütze des evangelischen Wesens, gänzlich heruntergebracht und klein gemacht, und also Teutschland ohne Noth und Ursache in Feuer und Flamme zu versetzen drohen. Die zum Prätext gebrauchte Aufrechterhaltung des Ruhestandes und der dem Schein nach zu Grund gelegte Westfälische Friedensschluss kann solchergestalt und bei den kriegerischen Dispositionen des Hauses Österreich und den gefährlichen Desseins des Dresdenschen Hofes gegen Uns wohl nicht anders als dessen Zernichtung, folglich die Einführung eines despotischen Regiments und die Unterdrückung der Stände zum Zweck haben, wodurch dann deren Einheit und Gerechtsame sammt dem evangelischen Religionswesen auf einmal der letzte Stoss gegeben werden dörfte, als worzu das Haus Österreich dermalen das beste Tempo gefunden zu haben glaubet, umb durch Gewalt seine längst gehegte Reichssatzungswidrige Absichten auszuführen, da besagtes Erzhaus von der mit Ihm jetzo alliirten Krone nichts zu befürchten, noch auch zu besorgen scheinet, dass diese als nur der mächtigste Garante des Westfälischen Friedens gegen die gefährlichen Absichten des Hauses Österreich wider die teutsche Freiheit und das evangelische Religionswesen dermalen einige Resistenz bezeigen werde. Wir sollten dahero fast nicht zweifeln, dass nicht alle Reichsstände die allgemeine über ihr Haupt schwebende Gefahr einsehen und Uns die grösseste Obligation haben werden, dass Wir Uns vor den Riss stellen und die Aufrechterhaltung sowohl der Ruhe im Reiche als des so theuer erworbenen Westfälischen Friedens und darauf hauptsächlich beruhenden Wohlstandes und Sicherheit des evangelischen Religionswesens mit Exponirung Unserer eigenen Person, Unserer Armee und so grossen Kostenaufwand Uns so sehr angelegen sein lassen, dessen Wir gewiss überhoben sein können, wann Wir des Reichs wahre Wohlfahrt und die Aufrechterhaltung des protestantischen Wesens nach Unserer selbsteigenen Sicherheit gegen dergleichen gefährliche Absichten und die mit Unsern Alliirten getroffene Verbindungen hintansetzen wollen. Weilen aber vorhin und bei dermaligen Conjuncturen ausser Unserer eigenen Staaten Beschützung und Conservation Uns nichts so sehr als die Wohlfahrt Unserer Reichsmitstände am Herzen lieget, allermassen deren Subjugirung nicht mehr problematic, und wo nicht alle auf einmal, dennoch das beneficium ordinis ihnen in gleicher Maasse übrig bleiben würde, wann Wir die Hände in den Schoos legen und jenen gefährlichen Absichten Uns nicht mit Nachdruck widersetzen wollten, so sind Wir auch vollenkommen persuadiret, dass die Reichsstände, besonders des evangelischen Theils, die Augen öffnen, denen ungegründeten und zur Trennung der Wohlgesinnten herfürgesuchten ohnstatthaften Insinuationen des Wiener und den Klagten und ungegründeten (Beschwerden des) Uns so sehr gehässigen Dresdener Hofes kein Gehör geben, noch sich zu Beistimmung dessen gefährlichen Absichten verleiten lassen, hergegen und vielmehr auch ihrerseits nach ihrer patriotischen Neigung und Besten des gemeinen Wesens führenden Absichten mit Uns zu dem Uns vorgesetzten rühmlichen Endzweck cooperiren und mit gleichem Eifer und Kräften zu Aufrechterhaltung und Liberirung des geliebten Vaterlandes von dem androhenden Joche und Gefahr durch tapfere und einmüthige Zusammensetzung aller von Gott verliehenen Kräfte ebenfalls den äussersten Effect anwenden werden; als worauf ihr bei aller Gelegenheit nachdrücklich zu appuyiren und von dieser Unserer Gesinnung überall den dienlichen Gebrauch ohnverweilet zu machen habet.

Indessen erfordert es die Nothdurft, dass ihr bei denen dermaligen kritischen und von Tag zu Tage noch weitsichtiger werdender Conjuncturen es an nötiger Vigilanz nicht erwinden lasset, umb auch insbesondere in Zeiten zu erfahren, was der Wiener und der mit Ihm Partie machende Dresdensche Hof vor Démarchen auf dem Reichstag gegen Uns vorzunehmen intendiren? Was man vor Insinuationes heim- oder öffentlich zu machen suche? Und wie die Stände, und welche unter ihnen vor oder gegen Uns gesinnet sein möchten? Ob man mit einem kaiserlichen Commissionsdecret vielleicht gegen Uns herfürbrechen oder gar unter der Hand zu einer Ligue gegen Uns oder auch Associationsconvent der Kreise zu dirigiren trachten und Churmainz zu dessen Veranstaltung zu bringen suchen möchte? Sollte man auf dem

Reichstag, wie ihr befürchtet, den Punctum securitatis publicae gegen Uns in Bewegung bringen und die Sache gar zur Extremität bei jetzigen verworrenen Conjuncturen poussiren und Uns als einen Reichsfeind anmaasslich declariren wollen, so hoffen Wir zwar, es werde besagter Punctum securitatis, wie es in vorigen Kriegen mehrentheils geschehen, in der Deliberation umb so viel mehr stecken bleiben, da es so weit gefehlet, dass Wir gegen das Reich oder dessen Stände etwas Widriges intendiren, als dass Wir vielmehr diese von der vorseienden Gefahr der Unterdrückung zu erretten, alle von Gott verliehene Mittel anwenden, folglich die Stände ebender gegen das Haus Österreich den Punctum securitatis zu regen und gegen dessen gefährliche Démarchen eine Garantie zu suchen Ursache haben dörften. Daferne man aber von Seiten der katholischen Partie etwas gegen Uns per majora und mit Hülfe der alldort und im Reiche anwesenden ihnen zugethanenen fremden und auswärtigen Ministres durchsetzen und überschnellen wollte, so habt ihr die evangelische Gesandte, deren Höfe darzu hoffentlich nicht concurriren werden, darüber nachdrücklich und ohne Anstand zu präveniren und sie dahin zu bringen, dass sie bei einer etwan übereilten Proposition und Deliberation wenigstens vorerst einmüthig den Defectum instructionis vorschützen, folglich dadurch jene Absichten vor der Hand vereiteln, damit inmittelst Zeit und Weile gewonnen werde, bei den Reichsständischen Höfen das Nöthige vorstellig zu machen oder sonsten dem Befinden nach fernere Maassregeln zu ergreifen. Ihr werdet auch von selbst ermessen, dass es nöthig seie, mit der churhannöverschen Comitialgesandtschaft euch hierunter vertraulich zu concertiren, damit dieselbe zu Hintertreibung der gefährlichen Absichten der Wiener und Dresdenschen Höfe bestmöglichst cooperire. Wir gewärtigen vom Erfolg eure gehorsamsten Berichte und seind pp.

Auf Specialbefehl.

XXI.

Pro Memoria. Regensburg, 4. October 1756. — Sr. Königlichen Majestät in Preussen an alle Dero Höchst- und Hohe Mitstände des Reichs abgelassenes Circulare. 1756. — Königlich preussisches Circularrescript de dato den 5. October 1756.

„*Gestern Nachmittag um ein Uhr,*" meldet Plotho am 21. September aus Regensburg, „*wurde auf den Nachmittag um drei Uhr von dem churmainzischen Directorio zur Reichsdictatur die Ansage gethan, auch solches bei mich (gemeldet) und ohne einige vorherige Anzeige, dass es Ew. Königliche Majestät betreffen werde. Jedoch wie schon von andern im geheim benachrichtigt worden, so habe solche Dictatur nicht beschicken lassen, und ein gleiches ist auch von der churbraunschweigischen Gesandtschaft geschehen, habe aber sonst die Verfügung gemachet, dass sogleich das Dictatum communiciret bekommen.... Mit grösster Empfindlichkeit und Verwunderung habe die von dem kaiserlichen Hofe noch nie erhörte Anmaassung ersehen müssen. Meines allerunterthänigsten doch unmaassgeblichsten Erachtens möchte indessen nöthig sein, fordersamst ein Promemoria mit Unterschrift Ew. Königlichen Majestät Comitialgesandtschaft ad aedes legatorum distribuiren zu lassen, worin alles dem Publico deutlich vor Augen geleget und zuletzt mit declariret würde, dass wenn, wider alles Vermuthen und Verhoffen, höchste und hohe Stände des Reichs sich bewegen und verleiten lassen würden, in die Vues des kaiserlichen Hofes hineinzugehen,*

Pro Memoria. 4. October 1756.

Ew. Königliche Majestät solche hinwiederum als Ihre öffentlich declarirte Feinde ansehen würden, indem gewiss versichert, dass solches auch die sonst Uebelgesinnete dennoch sehr zurückhalten würde)."

Am 20. September war das erste jener kaiserlichen Hofdecrete an die Reichsversammlung zu Regensburg dictirt worden, durch welche gegen die „offenbare Empörung und gemeinsame des Reichs feindliche Uebersiehung" Churbrandenburgs die Hülfe aller Stände geheischt wurde **). Von Anfang an nahm der Kaiser, als oberster Richter,

*) Klinggräffen, der am 18. September das kaiserliche Commissionsdecret vom 13. einsandte, äusserte sich dazu mit Bezug auf das königliche Handschreiben, worin dem Kaiser Franz die Abberufung des preussischen Gesandten angezeigt wurde (Politische Correspondenz 13, 368): „mais comme depuis hier a paru un décret de commission en termes peu compatibles avec les assurances d'amitié que Votre Majesté ordonne de faire counoitre à ce prince, je crois pour devoir pas en faire usage." Er reiste nebst Dient ohne Abschied am 25. September aus Wien ab.

**) Dictatum Ratisbonae, die 20. Sept. 1756 per Moguntinum. Kayserlich-Allergnädigstes Hof-Decret, An Eine Hochlöblich-allgemeine Reichs-Versammlung zu Regenspurg, de dato 14. Septembr. 1756. Den gewaltsamen Einfall in die Chur-Sächsische Lande von denen Chur-Brandenburgischen Völkern betreffend. Nebst Beylagen von Nro. 1 bis 3. Regenspurg, gedruckt bey Heinrich Georg Neubauer. — Die Beilagen enthalten 1) das Dehortatorium an den König zu Preussen, „von allen Empörungen, friedbrüchigen Vergewaltigungen und feindlichen An- und Uebersiehungen derer churaächsischen und anderer Reichslanden ohne Anstand abzustehen, die Kriegsmannschaft alsbalden ab- und zurückzuführen, auch die denen Ständen des Reichs und derer gemeinsamer Sicherheit gefährliche Rüstungen zu trennen und zu entlassen, alles Abgenommene zurückzugeben und allen verursachten Schaden und Kösten ohnweigerlich zu erstatten, sofort, wie all solches beschehen, sonder mindesten Anstand allsogleich gehorsamst anzuzeigen." — 2) Das Avocatorium an alle „in Kriegswaffen sich befindende churbrandenburgische Völker", „bei Poen des Friedensbruchs ... wider des Königs von Polen teutsche Reichslanden oder auch wider andere Reichsmitstände nichts feindliches zu tentiren oder vorzunehmen" und sich kraft kaiserlicher Macht von den dem König von Preussen, Churfürsten zu Brandenburg, „vorhin geleisteten Eiden und Pflichten hiermit" als entbunden zu betrachten und seine „zur Empörung führende Fahnen, Dienste und Bestallung zu verlassen und dessen Geboten nicht mehr zu gehorchen". — 3) Das Monitorium, Excitatorium, Dehortatorium und Inhibitorium an sämtliche Kreisausschreibende Fürsten, „sonder mindestem Aufschub die Rüstung zur erforderten Gesetz- und societätsmässigen Hülf" anzuordnen, die kaiserlichen Avocatorien zu veröffentlichen und den Preussen keinerlei Vorschub zu gestatten. — Alle drei Stücke sind aus Wien vom 13. September datirt. — Abgedruckt ist das Decret in der Kriegskanzlei 1756, Nr. 16 S. 65, bei Faber 110, 696, in den Danziger Beiträgen 1, 272 und im Mercure historique et politique 141, 317.

Partei für Oesterreich und wollte Preussen aus eigener Machtvollkommenheit ungehört verurtheilen.

Plotho beklagte sich sofort bei dem churmainzischen Directorialgesandten und anderen Abgeordneten über das rechtswidrige Vorgehen.

„Der churmainzische," berichtet er*), „wollte zwar wegen des kaiserlichen Hofes ungebührlichen und Wahlcapitulations-widrigen Anmassungen, dass ohne Churfürsten und gesamten Ständen des Reichs Vorwissen und Bewilligung Avocatoria und Excitatoria, so effectus eines von dem gesamten Reiche wirklich erkannten banni, erlassen, vorsenden, wie der kaiserliche Hof vorgegeben, dass jetzt, so wie anno 1675 gegen den König von Schweden, verfahren worden. Allein als denselben auf die neueste Wahlcapitulation (art. 20 § 2) verwies und dabei zu Gemüthe führete, dass ein churmainzisches Directorium als minister statuum dergleichen Reichsgesetz-widrige Unternehmungen des kaiserlichen Hofes vielmehr standhaftig hätte widerstehen, als sich dazu gebrauchen lassen, so konnte nichts weiter vorgebracht werden, und nachhero habe bei Nachschlagung der Acten gefunden, dass auch das Vorgeben, es wäre anno 1675 also verfahren, ganz falsch sei, da alles nach vorhergegangenem Reichsgutachten geschehen. — Alle wohlgesinnte Gesandtschaften erkennen das Reichsverfassungs-widrige Beginnen und werden es ihren Höfen bestens vorstellig machen, die anderen aber, worunter auch der churpfälzische, haben solches weder gebilliget, noch gemissbilliget, sondern nur die Achsel gezogen."

Auf eine wirksame Unterstützung dieser Beschwerden am Reichstage war bei dessen Zustand von vorne herein nicht zu rechnen. Und weiter kam noch dazu, dass ein am 23. September dictirtes Promemoria des sächsischen Comitialgesandten Ponickau über den unerhörten Friedensbruch der Preussen, ihr „willkürlichstes und offensantestes Betragen gegen August III., die gewaltsame Eröffnung des Archivs mit ehrfurchtsvergessener Art gegen der Königin Majestät allerhöchste Person selbsten" und die zum baldigen Ruin des Churfürstenthums führende Bedrückung der Unterthanen bei den meisten Abgeordneten einen tiefen Eindruck hervorgerufen hatte**).

*) Bericht Plothos vom 23. September.
**) Das sächsische Memorial vom 16. September, dictirt am 23. September, ist abgedruckt in der Kriegskanzlei 1756, Nr. 21 S. 112 und bei Faber III, 277. Plotho hatte bereits am 6. September gemeldet, dass Ponickau vor drei Tagen von seinem Hofe den Befehl erhalten hätte, den preussischen Einbruch in Sachsen dem Reichstage officiell anzuzeigen. Der Vertreter Preussens fürchtete schon damals, dass die Kaiserlichen mit Hülfe der katholischen

Unter solcher Constellation war es eine dringende Aufgabe der Berliner Regierung, ohne Verzug in officieller Form auf das widerrechtliche Verfahren des Kaisers nachdrücklich hinzuweisen, durch eine wiederholte Darlegung der wahren Ursachen des Krieges den österreichischen und sächsischen Beschwerden die Spitze abzubrechen und der preussischen Partei auf dem Reichstage einen kräftigen Rückhalt zu geben.

König Friedrich hatte sofort, nachdem er durch eine Depesche Klinggräffens von dem Hofdecrete Nachricht erhalten hatte, seinem Departement der auswärtigen Affairen befehlen lassen*), den „Unfug und die Impertinence" des Reichshofraths gehörig zurückzuweisen; es wäre nöthig, die preussischen Rechte „durch nachdrücklichste Protestationes und anderen dergleichen gewöhnlichen mehr" hervorzuheben und „zugleich auch aller Orten herum deshalb zu schreiben und die so offenbare Impertinence und Partialité mit allen Farben vorzustellen."

Das Berliner Cabinetsministerium war diesmal den Anordnungen seines Gebieters zuvorgekommen. Podewils hatte schon am 25. September „Ingredienzien" zu einem Promemoria nach dem Wunsche Plothos aufgesetzt. Nur von jener zweischneidigen Drohung mit der erklärten Feindschaft Preussens gegen „übelgesinnte" Reichsstände hatte der Besonnene mit Recht Abstand genommen, um nicht, wie er zum Berichte des Gesandten schrieb, den Preussen noch neue Gegner zu erwecken. Ein Theil seines Entwurfes mag hier wiedergegeben werden, als ein Zeichen des unermüdlichen Fleisses, mit dem der „arbeitsame Freund" des Königs**) auch in vorgerücktem Alter die Obliegenheiten seines Amtes wahrnahm, und als ein Beweis seiner

Stimmen den König zum Reichsfeind erklären wollten. Am 13. September berichtete dann Plotho: „In voriger Woche ist bei dem kaiserlichen Concommissario Grafen von Seidewitz von Nachmittags fünf Uhr bis Abends um acht Uhr eine Conferenz gewesen, wobei sich der churmächsische, der von Ponickau, der churpfälzische, der von Menshengen, der österreichische Directorialminister, der von Puchenberg, und der Salzburgische, der Graf von Sauran, befunden. Soviel davon nicht sonder Zuverlässigkeit in Erfahrung gebracht, so hat der Graf von Seidewitz dem von Ponickau sehr angelegen und angerathen, die Einrückung Ewr. Königl. Majestät Truppen in die churmächsischen Lande beschwerend schriftlich an das Gesamt-Reich zu bringen, mit der Versicherung, dass ein hierzu nöthiges kaiserliches Commissionsdecret nicht entstehen sollte. Es hat auch der Ponickau deshalb den folgenden Tag seinen Kanzlisten als Kurier nach seinem Hofe abgeschicket."

*) Politische Correspondenz 13, 458.

**) Oeuvres 10,353. Epître à Podewils. Ueber die unverdrossene Thätigkeit des Ministern vergl. Staatsschriften I. XXIII. 99.

Gesandheit, auch auf die der eigenen Auffassung entgegengesetzten Ansichten seines Herrschers*) einzugehen.

Je eher, je lieber, schrieb Podewils an Finckenstein, müsste das von Plotho verlangte Promemoria abgefasst werden.

„Der Anfang ist mit Recensirung desjenigen, was zu diesem Sr. Königlichen Majestät abgedrungenen Vertheidigungskrieg wider die Höchstderoselben angedrohete Gefahr und Unterdrückung vor das Publicum davon durch das bekannte Exposé der Ursachen u. s. w. und die Déclaration [veröffentlicht ist], zu machen und ratione der letzteren auszuführen, dass nachdem Se. Königliche Majestät die allergefährlichste Desseins des letzteren Hofes [von Dresden] mit seinen bösen Rathgebern entdecket, welche nicht weniger als auf eine Partage und Dépouille auch sogar der altväterlichen Königlich preussischen und churbrandenburgischen durch den Westfälischen Frieden erworbenen Erblande, ausser der Wieder-Entreissung des durch zwei solenne Friedensschlüsse cedirten Herzogthums Schlesien und der Grafschaft Glatz gingen, und noch dazu die Intention des Dresdener Hofes gewesen, bei Entfernung Sr. Königlichen Majestät mit der Armee zu der Ihr abgedrungenen Nothwehr eine gefährliche Diversion in das Herz Dero Erblande [zu unternehmen], mithin das Königliche Churhaus zu Brandenburg klein zu machen und auf den Fuss, wie dasselbe vor mehr als einem Jahrhundert unter den vorigen Churfürsten von Brandenburg, und ehe dessen glorreiche Successores durch ihre Tapferkeit und um das Vaterland und ganze Reich stattliche erworbene Verdienste es zu dem itzigen Lustre gebracht, davon herunter zu setzen, sich in Dero alte und neue Erblande zu theilen, und seit dem Dresdener Frieden dergleichen kurz vorhero geschmiedete Partagetractate bei allen Gelegenheiten durch allerhand Intriguen und secrete Negociationen wieder rege und sich ein geflissentliches Studium daraus gemacht, bei den vornehmsten europäischen Höfen gleichsam, wiewohl insgeheim, so zu sagen, die Sturmglocke zu schlagen, Sr. Königliche Majestät, Dero Actiones und auch das allerunschuldigste Betragen mit den hässlichsten Farben abgeschildert und alles, was nur zur Verunglimpfung Derselben [gedient, vorzubringen], und andere Höfe wider Sie aufzuhetzen und in den Harnisch zu bringen, angewandt, wie solches zu seiner Zeit dem Publico mit unverwerflichen Zeugnissen dargelegt werden sollte. So war es wohl Sr. Königlichen Majestät keineswegs zu verdenken, die in gött- und

---

*) Vergl. das Gespräch Friedrichs mit Podewils zu Sanssouci am 21. Juli. Politische Correspondenz 13, 105 f.

weltlichem Rechte erlaubte Vertheidigungsmittel vorzubringen, umb dergleichen Ihren gänzlichen Umsturz und die Beraubung des grössten Theiles Dero Lande abzuwenden und gegen einen Hof, welcher mit dergleichen pernicieusen Absichten umbgehet, absonderlich bei denen itzigen gefährlichen Conspirationen, und da Se. Königliche Majestät auf allen Seiten von der überlegenen ganzen Macht des Hauses Oesterreich und dessen Bundesgenossen bedrohet worden, diejenige Mittel auf eine Zeit lang und bis zur Herstellung eines dauerhaften Friedens zu brauchen, wodurch derselbe verhindert, die Anzahl der Feinde Sr. Königlichen Majestät zu vermehren und Deroselben in dem Herzen Dero Länder und Staaten den allerempfindlichsten und gefährlichsten Streich beibringen könnte; und würde gewiss ein hoher Churfürst und Stand des Reichs, als Se. Königliche Majestät, von schlechterer Condition als der geringste Stand des Reichs sein, wenn Deroselben nicht erlaubet, dergleichen über Ihr Haupt schwebendes Unglück abzuwenden und dem Umsturz Ihres ganzen Königlichen Churhauses, dem Raub Dero Länder und dem Ruin Dero ganzen Königlichen und Churfürstlichen Posterität durch alle nur mögliche Mittel vorzukommen und damit Dero heimliche und öffentliche Feinde, so viel an Ihnen ist, ausser Stand zu setzen, Dero höchstgefährliche Absichten ausführen zu können."

„Dieses wären die eigentlichen Ursachen, welche Se. Königliche Majestät wider Ihren Willen, Ihre Hochachtung und Inclination gegen des Königs in Polen Majestät, so sich leider bekannter Maassen durch ihre üble Ruthgeber ganz viel verleiten lassen, aber weil sie dererselben Consiliis folgen, auch davor responsable bleiben müssen, gezwungen, zu Dero höchst nöthigen Rettung und Vertheidigung diejenige Maassreguln zu ergreifen, welche die Noth, Gefahr und drängende Umstände, worin Höchstdieselbe Sich von allen Seiten her befinden, in dergleichen Fällen unentbehrlich erheischen; und haben Se. Königliche Majestät zu Dero gesamten höchsten und hohen Herren Reichsmitständen samt und sonders das zuversichtliche Vertrauen, dass hochdieselbe sich durch das gehässige sogenannte Commissionsdecret des Wienerschen Hofes und die guten Theils durch unstatthafte und nimmer zu erweisende Exaggerationes, durch Vorspieglungen nie existirter Excesse der Königlichen die beste und strengeste Mannszucht in Sachsen haltenden Kriegsvölker und niemand zugefügeten Vergewaltigungen, noch Störung von Handel und Wandel irre machen und gegen Se. Königliche Majestät aufhetzen lassen werden, umb den einzigen mächtigen evangelischen Reichsstand und grosse Stütze der reichsständischen Freiheit der-

werden möge, nach dem Exempel des dreissigjährigen Krieges die andere unter das Joch zu bringen und die Freiheit in Teutschland in religiosis et profanis gänzlich unter die Füsse zu treten. Se. Königliche Majestät beziehen Sich übrigens ratione der Beschuldigungen des Dresdenschen Hofes auf Dero erste öffentliche Déclaration und werden die Regeln der Mässigung gegen denselben, so viel es die itzige ungleichen Höchstderoselbe drohende Conjuncturen [erlauben], Ihre eigene Vertheidigungs- und Rettungsmittel niemalen überschreiten."

„Was aber Se. Königliche Majestät zum höchsten bei dem zum Vorschein gekommenen kaiserlichen Commissionsdecret kränken muss, ist wohl billig die niemalen erhörte und härteste, auf die unglimpflichste Art darin enthaltene Ausdrückung und dergleichen vorgenommenen verkleinerliche und gegen ein gekröntes Haupt und vornehmsten Churfürsten des Reichs gebrauchte Bedrohungen und Expressiones, als wohl in dergleichen Fällen niemalen erhört worden oder geschehen."

„Se. Königliche Majestät haben mit Ihro Kaiserlicher Majestät als Oberhaupt des Reichs nicht das geringste, so wenig als mit dem ganzen Reich zu demeliren; und wenn einige vornehme Glieder desselben zu Ihrem und Ihres Königlichen Churhauses Untergang conspiriret, wird es ja Deroselben wohl nicht zu verdenken sein, wenn Sie Sich dagegen auf eben die Art zu retten suchen, wie der itzigen Kaiserin-Königin von Ungarn und Böhmen Majestät gegen das letztere höchste Oberhaupt des Reichs, den Kaiser Karl VII. glorwürdigsten Andenkens, gethan und sich über desselben ergangene gleichmässige Vorkehrungen auf das heftigste beschweret und offendiret gefunden: also was dermalen der Kaiserin-Königin, welche nicht anders als ein anderer hoher Reichsmitstand und in derselben Qualität als Se. Königliche Majestät zu consideriren, gegen den churbairischen, churpfälzischen und anderer Reichsstände Lande in dem letzten Kriege Recht gewesen, auch vor Se. Königliche Majestät in dem itzigen Fall recht sein und bleiben muss."

„Sr. Königlichen Majestät reinste Absichten zur Erhaltung der Ruhe in Teutschland seind durch Schliessung der Neutralitäts-Convention im Anfang dieses Jahres ganz Europa und dem gesamten römischen Reich des werthesten teutschen Vaterlandes bekannt. Eben aber diese Epoque scheint der Brunnquell und die Zeitrechnung des gegen Höchstdieselbe geschöpften Hasses und unversöhnlicher Animosität und der Anspinnung so vieler Gefahren zu dem Ruin und Untergang herzs darnach geschmiedeten Desseins und Absichten zu sein. Ein einziges Wort und das zu drei Malen so sehnlich verlangte münd- und schriftliche Versprechen der Kaiserin-Königin Majestät und Erklärung derselben, Se. Königliche Majestät und Dero Lande weder in diesem noch künftigem Jahre feindlich anfallen zu wollen, ist zu drei Malen auch hartnäckig versaget und dadurch wohl unstreitig das schwerste Merkmal desjenigen, was nun widriges gegen Dieselbe beschlossen, gegeben, mithin Se. Königliche Majestät mit Gewalt gezwungen worden, zu Ihrer Rettung alle diejenigen Mittel zu ergreifen, die die selbst abgedrungene Vertheidigung in dergleichem Fall und gött- und menschliche Rechte erlauben und erfordern. Se. Königliche Majestät wünschen nichts sehnlicher, als dass Dero Lande Sicherheit ratione futuri durch einen baldigen, bündigen und dauerhaften Frieden wieder hergestellet, und auch sodann Höchstderselbe wieder im Stande gesetzet werden möge, alles auch in Ansehung Chursachsens wieder, laut Dero gleich anfänglich gegebene öffentliche Déclaration, auf vorigen Fuss herzustellen und zu erfüllen."

Da Finckenstein, wie zu erwarten stand, „in dem gründlichen und soliden Decreto" seines älteren Amtsgenossen alles erschöpft fand, „was zur Vertheidigung und Justificirung Sr. Königlichen Majestät Entreprise, wie auch zur Widerlegung des unerhörten Kaiserlichen und Reichshofraths-Verfahrens nur immer allegiret werden können" *), so wurde Geheimrath Warendorff schleunigst beauftragt, „diese wichtige und importante Pièce" auszuarbeiten.

Am 29. September wurde darauf das Promemoria dem Regensburger Gesandten durch eine Estafette im Manuscript zugeschickt. Plotho veröffentlichte es am 5. October. Er versprach sich von dieser Kundgebung einen um so grösseren Erfolg, als bereits viele Reichsstände durch die Theilnahme Russlands und Frankreichs am Kriege der Hofburg entfremdet wären **).

Gemäss den Befehlen des Königs wurde die Note den sämtlichen Reichsständen nebst einem vom 2. October datirten Schreiben gesandt, nachdem die befreundeten Regierungen schon vorher in Kenntniss gesetzt worden waren ***). Die preussischen Vertreter erhielten am

---

*) Schreiben Finckensteins an Podewils. 25. September.

**) Bericht Plothos, Regensburg, 4. October 1756: „wie es sich bereits schon vielen Anschein hat und noch mehr sich baldigst zeigen würde, wenn der Allerhöchste Ew. Königl. Majestät Waffen siegreich segnet."

***) In einem Immediatbericht vom 5. October meldet das Departement der auswärtigen Affairen, die Ministerien der grösseren Territorien seien bereits über die Ungerechtigkeit und Ungiltigkeit des Reichshofrathsbeschlusses belehrt mit Beifügung einiger Drucke des Promemorias. Da es aber üblich sei, Circulare an Reichsmitstände eigenhändig zu unterzeichnen, bitten sie den

5. October einige gedruckte Exemplare der Staatsschrift zur Weiterverbreitung mit einem Circularerlasse. Beide Schreiben sind von Vette verfasst.

Der Herzog von Braunschweig-Wolfenbüttel liess auf den Vortrag seines Geheimen Rathes über das preussische Promemoria nach Berlin schreiben*), dass er seine Politik so lenken und am Reichstage „bedürfenden Falls" so stimmen lassen würde, „wie bei vorhandenen Umständen von Deroselben mit der reinesten Ergebenheit für Allerhöchst gedachte Se. Königliche Majestät verknüpften patriotischen Gesinnung erwartet werden kann". Etwas zurückhaltender äusserten sich die gothaischen Minister**), wenn sie ihre zugleich „reichspatriotische" und preussenfreundliche Stellung betheuernd den Wunsch aussprachen, „dass die entstandenen weit aussehenden Misshelligkeiten einen dieser doppelten Gesinnung conformen Ausgang gewinnen mögen". So viel an ihnen läge, würden sie bei den durch Interesse und Vertrauen verbundenen Mitständen redlich darauf hinarbeiten „und in solcher Maass sich auch in comitiis zu äussern keinen Umgang nehmen".

„Inzwischen aber," endigt ihr Schreiben, „wäre bei der allgemeinen Fermentation, bei welcher gar leicht das gemeine Wesen in eine noch grössere Zerrüttung gerathen könnte, zu wünschen, dass Ihro Königliche Majestät allergnädigst gefällig sein möchte, diejenigen Documenta, deren Mittheilung Allerhöchstdieselbe dem Publico zu versichern geruhet, um so eher an das Licht treten zu lassen, als sich dadurch desto leichter der Zweck einer gänzlichen Wiederberuhigung und künftiger Sicherstellung erreichen lassen würde."

Denselben Punkt berührte Johann George von Ponickau, der chursächsische Gesandte zu Regensburg, in seinem sonst wenig inhaltsreichen Gegen-Promemoria, das er am 8. October als Antwort auf die Plothasche Kundgebung veröffentlichte***). Die Preussen, führte er aus, stellen ihre Rechtfertigung auf „das Unangezeigte" und schieben dem sächsischen Herrscher „die gehässigsten und schädlichsten Absichten schlechtweg" unter, „ohne mindesten anderen Beweis

---

König, seinen Namen unter die Ausfertigungen zu setzen. — Die Circulare kamen von Friedrich unterschrieben am 11. October nach Berlin zurück.

*) Schreiben des braunschweigischen Geheimen Raths vom 5. October.
**) Schreiben des sachsen-gothaischen Geheimen Raths. Friedenstein 17. October.
***) Faber III, 402. Danziger Beiträge 1, 461. Kriegskanzlei 8. 173, Nr. 31. Es erschien unter anderm auch in der Beilage zum Hamburger Reichspostreuter vom 19. October 1756, Nr. 168.

hierunter hinzuzufügen, als die Zusicherung, solches alles dereinstens dem Publico mit unverwerflichen Zeugnissen vor Augen legen zu wollen."

In dem polnischen Reiche Augusts III. soll das preussische Promemoria nach Benoîts Versicherung*) eine sehr gute Aufnahme gefunden haben. Ueberhaupt, so wollte der Warschauer Gesandte wissen, würden fast alle Polen gut fritzisch gesonnen sein, wenn nicht ihr König durch den Krieg so sehr in Mitleidenschaft gezogen worden wäre.

Der von Plotho in Regensburg besorgte Druck der Staatsschrift trägt nur die Ueberschrift:

      Pro Memoria
 fo. 12 S.

Wir kennen zwei Nachdrucke, die ebenso kurz benannt sind.

Ausführlicher ist der Titel der officiellen Berliner Ausgabe:
  Königl. Preussisches | Pro Memoria | auf das | Kayserl. Hof-Decret | an | Eine Hochlöbl. Reichs-Versammlung zu Regenspurg. | de dato 14 Sept. 1756.
   4°. 4 Bl.

Ein anderer privilegirter Druck aus Berlin führt den Titel:
  Pro Memoria. | Oder | Sr. Königl. Maj. in Preussen | gründliche Beantwortung | des zu Regensburg | von dem | Kayserlichen Reichs-Hof-Rath in Wien | eingegebenen | Commission-Decrets. | Berlin, gedruckt und zu finden bey Christian Friedrich Henning, | Königl. privilegirten Hof-Buchdrucker, 1756.
   4°. 16 S.

In derselben Officin erschien das Promemoria ausserdem noch in Octavformat.

Es sind uns drei Nachdrucke mit demselben Titel bekannt geworden; einer von ihnen fügt fälschlich als Datum der Staatsschrift den 9. October 1756 hinzu.

Auch diese Auflagen sind zum Theil officiellen Herkommens. Den preussischen Gesandten war in dem Circularerlasse vom 5. October befohlen worden, sobald ein Verlangen nach dieser Schrift geäussert würde, so viele Exemplare, als sie nöthig erachten möchten, nachdrucken und vertheilen zu lassen.

Freytag, der preussische Resident in Frankfurt a M., verschickte seinen Neudruck in den ganzen oberrheinischen Kreis**), und der

---

*) Bericht Benoîts. Warschau, 20. October 1756.
**) Bericht Freytags vom 19. October 1756.

preussische Vertreter zu Köln, Ammon, liess in Mülheim a Rh.
250 Exemplare nachdrucken*).

Von der französischen Uebersetzung des Promemorias, welche auf
Anordnung des Berliner Cabinetsministeriums veranstaltet und am
12. October an Solms, Häseler, Hellen, Benoit, Knyphausen, Michell
und Ammon gesandt wurde**), ist uns kein Exemplar zu Gesicht
gekommen. Sie ist von den Leydener Nouvelles extraordinaires im
Supplément zur Nummer vom 19. October unter dem Datum „Berlin
12° octobre" aufgenommen***).

Auf die Veranlassung von Solms, dem königlichen Gesandten in
Stockholm, wurde die Staatsschrift auch in das Schwedische übertragen†).

Das Rundschreiben vom 2. October wurde fast gleichzeitig mit
dem Promemoria veröffentlicht. Plotho erhielt den Auftrag††),
es „fordersamst abdrucken und rouliren zu lassen, weilen darin
noch verschiedenes angeführt ist, so die Illegalität des Commissionsdecrets und dessen präjudicirlichen Eingriff in der Reichsstände
Jura noch mehr an den Tag leget."

Diese Veröffentlichung ist betitelt:

Sr. Königl. Majestät in Preussen | an alle | Dero Höchst-
und Hohe Mit-Stände | des Reichs | abgelassenes Circulare."
1756.
4°. 8 S.

Zwei Nachdrucke führen dieselbe Aufschrift.

Auf wessen Veranlassung das Circularrescript vom 5. October
herausgegeben worden ist, liess sich nicht mehr feststellen. Es sind
uns drei verschiedene Drucke davon bekannt geworden, einer in Folio
und zwei in Quartformat. Die ihnen gemeinsame Ueberschrift lautet,
indem wir die Titeleintheilung des Foliodrucks zu Grunde legen, der
in Regensburg herausgekommen zu sein scheint:

---

*) Ursprünglich hatte Ammon den Verleger der Gazette de Cologne um
die Aufnahme der Schrift in dessen Zeitung ersucht: „Dieser aber hat angemein doliret, solches nicht thun zu können, da ihm befohlen, keine Pièce
mehr aufzunehmen, die Preussen den geringsten Vorschub leisten könnte."
Bericht Ammons. Köln, 19. October 1756.

**) „Cependant pour rendre l'effet, que j'ai lieu de m'en promettre, plus
général, j'en ai fait faire une traduction en français."

***) Im Supplément zu Nr. 82 dieser Zeitung war bereits ein Auszug aus
unserer Staatsschrift gebracht worden.

†) Bericht von Solms. Stockholm, 19. October 1756.

††) Erlass an Plotho. Berlin, 16. October 1756.

*Königl. Preussisches | Circular- | Rescript, | de dato den
5. Octob. 1756.
2 Bl.*

*Das Promemoria ist von den Berlinischen Nachrichten vom
12. October, Nr. 122 S. 502, von der Kriegskanzlei Nr. 30 S. 167,
den Danziger Beiträgen 1, 298, der Helden- Staats- und Lebensgeschichte 3, 957, den Acta publica 1, 163 und bei Faber 111, 386
aufgenommen.*

Das Rundschreiben an die Reichsstände findet sich in der Kriegskanzlei Nr. 28 S. 154 und bei Faber 111, 380.

Pro Memoria.

Se. Königl. Majestät in Preussen haben nicht ohne besondere Gemüthsrührung und mit der grössten Verwunderung vernommen, was vor ein Kaiserliches, in den herbesten Ausdrückungen wider Sie abgefasstes Commissions-Decret und Reichshofraths-Conclusum wegen der Ihro abgedrungenen Nothwehr gegen die seit vielen Jahren wider Sie geschmiedete und zum Ausbruch gestandene, abseiten der Kaiserin-Königin von Ungarn und Böhmen Majestät ausznführende gefährliche Dessein und des dabei Ihro abgenöthigten Einmarsches Dero Truppen in die Chursächsische Lande unterm 20. Septembris jetzt laufenden Jahres auf der allgemeinen Reichs-Versammlung zur öffentlichen Dictatur gebracht, und dass dessen Inhalt hauptsächlich dahin gerichtet worden, Ihre Höchst- und Hohen Mitstände wider Dieselbe aufzuwiegeln und zu einem allgemeinen Anfall zu bewegen, Ihre gesamte Kriegsmacht zurückzuberufen, Sie Ihrer theuer geleisteten Eidespflichte anmaasslich zu erlassen, Sr. Königl. Majestät als einen sich des grössten Verbrechens theilhaftig gemachten Fürsten zu verdammen und Sie, so zu sagen, als einen Feind des Reichs zu erklären.

Je unerhörter und härter nun dieses gegen Höchstdieselbe haltendes Verfahren ist, desto weniger haben Sie solches verschuldet. Die Ursachen, welche Se. Königl. Majestät ohnmgänglich, ohwohl ungern, genöthiget, die Ihro von Seiten der Kaiserin-Königin Majestät angedroheten Gefahr zu Ihrer eigenen Rettung zuvorzukommen, sind dem Publico bereits hinreichend bekannt gemacht worden. Es wird solches daraus die unermüdete Bemühungen, so sich der Wienersche Hof seit dem Dresdenschen Friedensschluss gegeben, Se. Königl. Majestät in einen öffentlichen Krieg zu verwickeln, genugsam ersehen haben; die allergehässigsten Insinuationen, so deshalb wider Höchstdieselbe an andern Höfen gemachet worden, die Ressorts, welche man daselbst spielen lassen, um solche anzufrischen, in ein zu Sr. Königl. Majestät Unterdrückung abgezieltes Concert mit besagtem Hofe zu treten; die Gelegenheit, so derselbe nach denen in Amerika entstandenen Unruhen und hiernächst mit einer der mächtigsten Puissancen von Europa genommenen engen Verbindungen ergriffen, mit seinen Kriegszurüstungen den Anfang zu machen; solche täglich auf Sr. Königl. Majestät Grenzen zu vermehren, zu einer Zeit, da noch nicht ein einiges von Ihren Regimentern aus seinen Standquartieren gerücket ge-

Pro Memoria. 4. October 1756.

wesen und von Ihro an keine Kriegszubereitungen gedacht worden; die überzeugendsten Merkmale, so Höchstdieselbe dagegen zu Unterhaltung der Ruhe und des Friedens an den Tag geleget, da Sie der Kaiserin-Königin Majestät zu dreien wiederholten Malen inständigst ersuchen lassen, Sich dieserhalb auf eine positive und zuverlässige Art zu erklären; die zweideutige und spröde Äusserungen, so darauf erfolget, und die mit einem gänzlichem Stillschweigen übergangene, von Sr. Königl. Majestät zu Dero völligen Beruhigung so sehnlichst gewünschte Versicherung, dass Sie weder in diesem noch in dem bevorstehendem Jahre von dem Wienerschen Hofe attaquiret werden würden, welche geflissentlich abschlägige Antwort Höchstderoselben nothwendig zu einer neuen Warnung dienen und Sie von dem Ihro zugedachtem Übel und über Sie verhängtem schwerem Ungewitter je mehr und mehr überführen müssen, auch Ihro kein anderes Mittel übrig lassen können, als die von dem Allmächtigen Ihro verliehene Kräfte zu Ihrer Rettung und zum Schutz und Schirm Ihrer Lande und Unterthanen anzuwenden, in der zuversichtlichen Hoffnung, dass der Allerhöchste Ihre gerechte Unternehmungen, da selbige einzig und allein auf Ihre Selbsterhaltung und auf die Wohlfahrt Ihres vielgeliebten Vaterlandes abgezielet sind, segnen und mit allen erwünschten Successen krönen werde.

Nichts als gleiche mit dem Wienerschen Hofe von Seiten des Chur-Sächsischen wider Se. Königl. Majestät gehegte und auszuführen intendirte pernicieuse Anschläge haben Höchstdieselbe in die dringende Nothwendigkeit gesetzet, mit Ihrer Armee in Sachsen einzurücken und dadurch das Ihro und Ihren Landen zubereitete grösste Unglück abzukehren. Sie sind durch einige bereits vor Jahr und Tag Ihro zufälliger Weise in die Hände gerathene authentique Piècen von dessen wider Sie beständig genährten übertriebenen Animosität und dem fest gefasseten Vorsatz, alles nur ersinnliche zu Höchstderoselben Untergang kräftigst mit beitragen zu helfen und nicht eher zu ruhen, als bis derselbe darunter seine Absicht erreichet, vollkommen convinciret worden. Nach einem kurz vor dem Dresdenschen Friedensschluss entworfenem und auf Unkosten Sr. Königl. Majestät meist zu Stande gekommenen Partage-Tractat sollten Höchstderoselben das Ihro einmal auf das bündigste cedirte Herzogthum Schlesien und die Grafschaft Glatz wiederum entrissen werden. Dazu hatte sich der Chur-Sächsische Hof offeriret, den grössten Theil seiner Macht mit anzuwenden, und da derselbe den Flor und Wachsthum des Königl. Churhauses Brandenburg von je her mit neidischen Augen angesehen und sich ohnablässig unter der Hand dahin bearbeitet, solches von seinem jetzigem Lustre herunter und in einen annoch weit niedrigern Stand, als sich selbiges vor einem Jahrhundert befunden, gebracht zu sehen, er auch bei vorbesagter Theilung nicht leer ausgehen wollte, so hatte sich derselbe die meisten von denjenigen altväterlichen Provincien und Landen, welche Sr. Königl. Majestät glorreiche Vorfahren durch Ihre dem Vaterlande und dem gesamten Reiche mit Aufopferung Guts und Bluts geleistete grosse Dienste erworben und deren Besitz dem Königl. Churhause Brandenburg durch den Westphälischen Frieden auf ewig garantiret worden, zu seiner Portion ausbedungen. Kaum war der Dresdensche Friede geschlossen und dadurch die gefährlichsten Absichten zernichtet worden, so sahe erwähnter Hof einer sich darbietenden günstigen Gelegenheit recht dürstiglich entgegen, um dergleichen zum gänzlichen Ruin Sr. Königl. Majestät abgezweckten Partage-Tractat wiederumb auf das Tapis zu bringen. Er fand dazu verschiedene

Pro Memoria. 4. October 1756.

Höfe nicht abgeneigt, und dieses war genung, daselbst seine geheime Unterhandlungen von neuem anstellen und zu Erhaltung seines Endzwecks es an keinen Intriguen und Machinationen ermangeln zu lassen. Er begnügte sich nicht damit; auch andere der vornehmsten Höfe von Europa sollten ihm dazu behülflich sein. Alle Sr. Königl. Majestät Actionen, selbst Dero allerunschuldigsten Betragen wurde mit denen allerhässlichsten Farben abgeschildert; was nur immer zu Dero Verunglimpfung gereichen konnte, angebracht, umb gedachte Höfe wider Sie aufzuhetzen und in den Harnisch zu bringen; er liess, mit einem Worte, die Sturmglocke unter der Hand ziehen, umb die Anzahl Sr. Königl. Majestät Feinde möglichst zu vermehren: wie solches alles der einstens dem Publico mit unverwerflichen Zeugnissen vor Augen geleget werden soll. Da auch Se. Königl. Majestät hiernächst von gar guter Hand vernommen, dass des Chur-Sächsischen Hofes Intention zwar gewesen, Höchstdieselbe mit Dero Armee geruhig passiren zu lassen, sobald Sie aber das Schlesische oder Böhmische Territorium berühret haben würden, alsdann in das Herz Dero Lande einen feindlichen Einfall zu thun und sich zum Voraus des ausgesuchten Looses der Dépouille der Königlichen Provincien zu versichern, so würde es Ihro gewiss von der ganzen raisonnablen und unparteiischen Welt verdacht worden sein und Sie Sich bei Dero Königlichen Posterität eine unauslöschliche Blâme zugezogen haben, wenn Sie nicht die Ihro in denen gött- und weltlichen Rechten vorgeschriebene Mittel in Zeiten ergriffen, um einem Ihren gänzlichen Umsturz und die Beraubung des grössten Theils Ihrer Lande zum Vorwurf gehabtem Anschlag vorzukommen und einem Hof, welcher dergleichen pernicieuse Absichten auszuführen Willens gewesen, bevorab bei Ihrer gegenwärtigen Situation und da Sie auf allen Seiten von der überlegenen Macht des Hauses Österreich und dessen Bundesgenossen bedrohet werden, auf eine Zeitlang und bis zu Wiederherstellung eines dauerhaften Friedens ausser Stand zu setzen, Ihro zu schaden, die Anzahl Ihrer Feinde zu vermehren und Ihro in dem Herzen Dero Staaten und Lande den allerempfindlichsten Streich beizubringen und einen nie zu verwindenden Verlust zuzufügen. Hätte wohl jemals von irgend jemand in der Welt mit einigem Fug der Billigkeit Höchstderoselben zugemuthet werden können, da der Allerhöchste Ihnen hinreichende Kräfte verliehen, ein über Ihr Haupt schwebendes grosses Unglück von Sich abzukehren, nichts desto weniger dabei die Hände in den Schooss zu legen, alles Ungemach ohne dem allergeringsten Widerstand über Sich ergehen zu lassen und den Raub Ihrer Lande und Ihren gänzlichen Ruin mit gelassenen Augen anzusehen? Würden Sie Sich nicht dadurch bei Gott auf das höchste versündiget und ein immerwährendes Denkmal der Betrübniss und des Vorwurfs in Dero Königl. Churhause gestiftet haben? Würden Höchstdieselbe nicht, obgleich als einer der vornehmsten Churfürsten und Stände des Reichs, von weit schlechterer Condition als der geringste desselben sein, wann Ihro nicht nachgelassen sein sollte, Sich denen wider Sie von Ihren heimlichen und öffentlichen Feinden geschmiedeten gefährlichsten Anschlägen zu widersetzen und selbige, so viel zu Ihnen ist, zu zernichten, sondern Sich vielmehr der Rache und der Ehrsucht der ersteren schlechterdings aufzuopfern? Sie beklagen das bei dieser Gelegenheit des Königs in Polen Majestät zugestossene Schicksaal von Grund Ihrer Seelen. Ihre vor höchstgedachten Fürsten hegende personnelle Freundschaft und Hochachtung ist unveränderlich; dass Sie aber einzig und allein aus Liebe vor Sie Sich und Ihre Lande sacrificiren sollen, solches haben Dieselbe wohl nimmermehr von Ihro mit einigem Schein der Billigkeit anverlangen können; und da Sie bekannter Maassen denen gefährlichen Eingebungen gewisser Leute Thor und Thür geöffnet und derselben, obgleich zu Ihrem und Ihrer eigenen Lande grösstem Schaden gereichenden üblen Consiliis blindlings Gehör gegeben, so haben Sie Sich auch das Ungemach, welches Ihro dadurch zugewachsen, lediglich Selbst zuzuschreiben. Se. Königl. Majestät sind bei Ihren Unternehmungen demjenigen einzig und allein gefolget, so nach allen Rechten in der Welt auch dem geringsten unter den Menschen zu seiner Vertheidigung und Selbsterhaltung erlaubet ist. Wann Sie in denen Chur-Sächsischen Landen gewisse, obgleich von dem Dresdenschen Hofe ganz ungleich vorgestellte und mit den gehässigsten Farben zur Ungebühr angestrichene Maassregeln nehmen lassen müssen, so haben Sie dabei alle nur ersinnliche Mässigung und, so viel nur immer bei den dringenden höchst gefährlichen Umständen, worin Sie Sich gesetzet gesehen, geschehen können, vor Augen gehabt. Davon haben Sie gleich zu Anfange, bei dem Einmarsch Dero Truppen in Sachsen, das Publicum durch die dieserhalb emanirte Déclaration versichern lassen, und werden Sie auch künftig zeigen, dass Sie nicht den Ruin, sondern die Conservation der Chur-Sächsischen Lande zu Herzen genommen.

Bei einem so unschuldigem, von Sr. Königl. Majestät zu Dero Rettung und Vertheidigung gehaltenem Betragen hat Höchstderoselben nicht anders als auf das schmerzhafteste zu Gemüthe dringen müssen, Sich in vorangeführten zum Vorschein gekommenen Kaiserl. Commissions-Decret in den verkleinerlichsten und unglimpflichsten Ausdrückungen angezapfet zu sehen. Es wird sich schwerlich in den ältesten Jahrbüchern ein Exempel auffinden lassen, da ein gekröntes Haupt und einer der ansehnlichsten Churfürsten des Reichs auf eine so unfreundliche und verächtliche Art angegriffen und der Ihnen schuldige Respect so weit vergessen worden. Der Reichshofrath macht sich aber aus demjenigen nichts, was bei andern heilig ist, wann er nur seine Rachbegierde und Animosität gegen diejenigen, die sich seinen Verfügungen nicht blindlings unterwerfen wollen, ausschütten kann. Er unterfängt sich sogar, Sr. Königl. Majestät gesamte Unterthanen zu avociren und sie Ihrer Eidespflicht zu entlassen. Höchstdieselbe besitzen als König ein Königreich und verschiedene andere gänzlich aus dem Nexu des Reichs stehende Provincien. Weil diese, wie es scheinet, mit unter den andern Königlichen Reichslanden begriffen sein sollen, so legt der Reichshofrath von seinen gefährlichen und herrschsüchtigen Absichten ein neues thätiges Merkmal an den Tag. Er handelt wider die feierlichsten Grundgesetze des Reichs und die zu Beruhigung der Stände desselben beschworne neueste Wahl-Capitulation, worin mit dürren Worten versehen, dass ohne gesamter Churfürsten, Fürsten und Stände des Reichs Vorwissen und Bewilligung dergleichen hartes Verfahren nicht Statt haben soll. Sollte dergleichen despotischen Veranlassungen des Reichshofraths nachgesehen werden, wie würde es künftig mit denen durch so viel Gut und Blut erworbenen Freiheiten und Prärogativen der Stände des Reichs stehen? Er sellst suchet das Reich zu empören, indem er Sr. Königl. Majestät Höchst- und Hohe Mitstände wider Sie aufhetzen will. Sie sind aber dabei ebenso geruhig, als Sie auf Ihrer Unterthanen Treue und Affection festen Staat machen können. Als König werden Sie Sich von keinem in der Welt Gesetze vorschreiben lassen, und als Churfürst werden Sie nimmermehr Ihre Obliegenheit und was Sie des Kaisers Majestät, als Oberhaupt des Reichs, und dessen Gliedern schuldig sind, ausser Augen setzen, wann man Ihnen nur

Gleich und Recht angedeihen lassen und mit Ihnen nicht, wie bisher fast in allen Ihren Angelegenheiten, auf die widerrechtlichste Art und mit der grössten Parteilichkeit verfahren wird.

Sie haben in den Umständen, worin Sie Sich gegenwärtig befinden, mit Ihro jetzt regierenden Kaiserl. Majestät, als Oberhaupt des Reichs, ebenso wenig als mit dem gesamten Reiche das allergeringste zu demeliren. Haben einige von dessen vornehmen Gliedern wider Sie conspiriret, so wird es Höchstderoselben nun und nimmermehr von keinem vernünftigen und seine Wohlfahrt liebenden Menschen verdacht werden können, wenn Sie dagegen die Ihnen von Gott verliehene Kräfte zu Ihrer Rettung und Sicherheit anwenden. Der Kaiserin-Königin von Ungarn und Böhmen Majestät trugen sogar kein Bedenken, Ihre Kriegsvölker wider des Höchstseligen Kaisers Karls VII. Majestät, als Oberhaupt des Reichs, agiren zu lassen. Sie beschwerten Sich damals über Höchstgedachten Kaisers wider Sie gemachte Vorkehrungen auf das heftigste und fanden Sich dadurch ungemein beleidiget. Se. Königl. Majestät haben es hiegegen schlechterdings mit der Kaiserin-Königin Majestät, als einem Ihrer hohen Reichsmitstände, zu thun. Was also höchstgedachter Prinzessin in dem letzteren Kriege wider die Chur-Bayersche, Chur-Pfälzische und anderer Reichsstände Lande Recht gewesen, muss auch um so viel mehr Sr. Königl. Majestät bei denen gegenwärtigen Zeitläuften und in der Situation, worin Sie Sich befinden, Recht sein und bleiben, wo anders der Reichshofrath nicht alle Gerechtigkeit von der Erden verbannet wissen will.

Se. Königl. Majestät haben von Dero reinesten Gesinnung zu Erhaltung der Ruhe in Teutschland durch die mit des Königs von Gross-Britannien Majestät zu Anfang dieses Jahres geschlossene Neutralitäts-Convention das unverwerflichste Zeugniss abgeleget. Es hat solche nicht anders als fast durchgehends Dero Höchst- und Hohen Mitstände Beifall finden können. Aber eben diese zum wahren Wohl Dero vielgeliebten Vaterlandes genommene unschuldige Verbindung scheinet die Zeitrechnung und die Brunnquelle des von dem Wienerschen Hofe gegen Höchstdieselben geschöpften bittern Hasses, der grossen Animosität und Unversöhnlichkeit und des Ausbruchs so vieler gefährlichen, zu Dero Ruin und Untergang geschmiedeten Desseins zu sein. Wie gross würde nicht Sr. Königl. Majestät Vergnügen gewesen sein, und Sie berufen solches hiermit vor den Augen der ganzen Welt aufrichtig und auf das theuerste, wann es der Kaiserin-Königin Majestät gefällig gewesen wäre, nur mit wenigen Worten Höchstderoselben die so sehnlichst gewünschte Versicherung zu geben, dass Sie weiter in dem gegenwärtigen, noch in dem bevorstehenden Jahre feindlich angegriffen werden sollten. Da aber dieser wichtige Punkt in denen Kaiserl. Königl. Antworten mit gänzlichem Stillschweigen übergangen worden, da man mithin Sr. Königl. Majestät ein so billiges Begehren abgeschlagen, so musste solches wohl natürlicher Weise Höchstdieselbe in der Gewissheit von allem Ihro zugedachten Übel und über Sie beschlossenem grossem Unglück je mehr und mehr bestärken und Sie nach allen göttl. und menschlichen Rechten nöthigen und, so zu sagen, mit Gewalt zwingen, alle nur ersinnliche kräftige Mittel zu Ihrer Vertheidigung und zur Conservation Ihrer Lande und Unterthanen ohne Zeitverlust zu ergreifen. Ihre ungefärbte und unverfälschte Absicht ist dabei einzig und allein abgezielet, Ihren Landen vor das zukünftige die benöthigte Sicherheit zu verschaffen; Sie werden zu Wiederherstellung eines baldigen, bündigen und dauerhaften Friedens mit Freuden die Hände bieten und alsdann auch nicht einen Augenblick anstehen, alles in Ansehung der Chur-Sächsischen Lande wiederum auf den vorigen Fuss setzen zu lassen und was von Ihro durch die bei Dero Eintritt in gedachte Lande öffentlich bekannt gemachte Déclaration versprochen worden, getreulich erfüllen.

Sie haben bei eben diesen reinen Absichten zu gesamten Dero Höchst- und Hohen Herren Reichs-Mitständen samt und sondern das zuversichtliche Vertrauen, Höchst- und Hochdieselbe werden sich durch das gehässige mehrbemeldte Kaiserliche Commissions-Decret, wie nicht weniger durch die unterm 23. dieses Monats bei der Reichsversammlung zu Regensburg von dem dortigen Chur-Sächsischen Comitial-Gesandten, dem von Ponickau, übergebene Vorstellung und die in beiden Schriften überhaupt durch unstatthafte und nimmer zu erweisende Exaggerationes, noch durch Vorspiegelung nie existirter, von Sr. Königl. Majestät die beste und strengste Mannszucht in Sachsen haltenden Kriegsvölkern angeblich begangener Excesse und anderer denen Chur-Sächsischen Unterthanen fälschlich zugefügter Vergewaltigungen, auch boshaft erdichteter Störung von Handel und Wandel blenden und irre machen lassen. Sie werden vielmehr die unter sothanen Insinuationen verborgene höchst gefährliche und auszuführende Absichten leicht entdecken, dass selbige einzig und allein abgezielet sind, Se. Königl. Majestät zu schwächen und zu unterdrücken, damit das Teutsche Reich, wenn solches in Höchstderoselben Person den einzigen mächtigen evangelischen Reichsstand und die grösste Stütze der reichsständischen Freiheit verloren haben sollte, desto leichter, sowie solches in dem Dreissigjährigen Kriege intendiret worden, unter das Joch gebracht und dessen mit Aufopferung Guts und Bluts erworbene Rechte in religiosis et profanis gänzlich unter die Füsse getreten werden mögen. Se. Königl. Majestät haben dahero zu Dero sämtlichen patriotisch gesinnten Hohen Reichs-Mitständen das zuversichtliche und gerechte Vertrauen, dass Dieselbe solche wider Sie geschmiedete und mit der Zeit zu ihrer eignen Unterdrückung abzielende gewaltsame Attentata billig verabscheuen, die ihnen daraus ins künftige selbst zuwachsende Gefahr und Unterdrückung einsehen und abwenden zu helfen suchen und sich dagegen der kräftigsten Assistenz Sr. Königl. Majestät bei allen Gelegenheiten zu Erhaltung ihrer reichsständischen Freiheiten und wohlerworbenen Rechte und Gerechtigkeiten, so von dem Reichshofrath bishero ofte genug unter die Füsse getreten worden, feierlichst versichert halten werden.

Se. Königl. Majestät haben Sich übrigens nicht entbrechen können, wider die unerhörte, in Ansehung Ihrer geäusserte, in oft angeführten Kaiserlichen Commissions-Decret enthaltene Zudringlichkeiten hiermit auf das ernste- und nachdrücklichste protestiren zu lassen. Sie wollen zu gleicher Zeit die Ihnen zustehende Rechte und Freiheiten hierdurch auf das beste und feierlichste verwahren und Sich wegen der gegen Höchstdieselbe, als ein gekröntes Haupt, auch als einen der vornehmsten Churfürsten des Reichs geschehenen harten Beleidigung alle diejenige gebührende Satisfaction vorbehalten, so Sie mit allem Fug nach dem allgemeinen Völkerrecht und denen Reichs-Fundamental-Gesetzen begehren können.

Regensburg, den 4. October 1756.

Erich Christoph Freiherr von Plotho.

Sr. Königl. Majestät in Preussen an alle Dero Höchst- und Hohe Mitstände des Reichs abgelassenes Circulare, 1756.

Ew. pp. Ist es ohne Zweifel bekannt geworden, wie das Kaiserliche Reichs-Hofraths-Collegium bei Gelegenheit der zwischen Uns und der Kaiserin-Königin Majestät entstandenen Misshelligkeiten wegen des Durchmarsches Unserer Armee durch die Chur-Sächsische Lande mit einem voller Aigreur und sehr harten, der Kaiserlichen Wahl-Capitulation zuwider laufenden Expressionen angefüllten Conclusum hervorzubrechen unternommen, und wie dasselbe durch ein in eben solchen ungemessenen Terminis verfasstes, an die allgemeine Reichs-Versammlung gebrachtes Kaiserliches Hof-Decret unterstützet werden wollen, lediglich in der gefährlichen Absicht, umb gesamte Reichsstände dadurch irre zu machen, selbige, wo möglich, auf die Gedanken zu bringen und wohl gar zu überreden, als wann Wir bei der Uns gewiss abgedrungenen Nothwehr solche gefährliche Absichten führeten, welche auf den Umsturz der Reichsverfassung abzieleten, und hierunter nichts anders als die Verletzung Unserer Hohen Herren Reichs-Mit-Ständen an Ihren Vorrechten, Ehre und Freiheiten verborgen wäre. Nun können Wir Uns dessen gewiss vorzüglich getrösten, dass dem gesamten Reiche Unsere patriotische Gesinnung genugsam bekannt geworden, und wie Wir Uns bei allen Gelegenheiten zu Erhaltung der Reichsstände wohl erworbenen Freiheiten und Prärogativen jederzeit standhaft vor den Riss gestellet, auch Uns fest entschlossen haben, selbige mit allen Uns von Gott verliehenen Kräften fernerhin zu vertheidigen, so dass hoffentlich hier so vieler Gefährde als geschichts- und wahrheitswidrigen Umständen begleitete Insinuationes bei allen wohlgesinnten Reichsständern keinen Ingress finden werden; zumalen es bekannt ist, dass, insofern Wir, als ein Stand des Reichs, an einen oder andern Unsern Hohen Herren Mit-Ständen Anspruch oder Forderung zu haben vermeinen, Wir niemals abgeneigt sind, Uns von den Reichs-Constitutions-mässigen Wegen zu entfernen; weilen Wir aber gegenwärtig nicht in solchem Cas versiren und keineswegs in der Qualität eines Churfürsten oder Reichsstandes, sondern als König und Herr verschiedener von dem Reiche independenten, souverainen Landen Uns gezwungen gesehen, aus denen dem Publico bereits bekannt gemachten gerechtesten Ursachen gegen die Kaiserin-Königin von Ungarn und Böhmen Majestät als einer ebenmässig souverainen Macht und welche in Ansehung des letztern Königreichs von des Reichs Jurisdiction exemt ist, die Waffen zu ergreifen, so muss es billig der ganzen unparteiischen Welt befremdlen, dass man Unser Verfahren in Ansehung des Durchzuges Unserer Armee durch die Chur-Sächsische Lande und deren Einrückung in das Königreich Böhmen in solcher Maasse und auf eine solche gehässige Art, wie geschehen, dem gesamten Reiche darstellen und besonders in dem Reichs-Hofraths-Conclusum zu solchen Extremitäten geschritten werden wollen, welche, wann Wir auch als Churfürst und Reichsstand, wir doch in Ausübung vorliegender Umstände nicht ist, zu betrachten wären, dennoch über alle Maasse denen Reichssatzungen und der Kaiserlichen Wahl-Capitulation offenbar entgegenlaufen und die betrübteste Folgen für gesamte Stände des Reichs, auch wohl gar den Verlust Ihrer grössesten, durch den Westphälischen Friedensschluss befestigten Freiheit und Rechte nach sich ziehen könnten.

Circularschreiben. 2. October 1756.

Die Kaiserliche Wahl-Capitulation disponiret bekannter Maassen insbesondere, wie gegen die Churfürsten des Reichs aller unglimpflichen Ausdrückungen sich enthalten werden solle, welches aber in dem Kaiserlichen Hof-Decret und Reichs-Hofraths-Conclusum dermaassen hintangesetzet, dass man kaum einen der mindesten Reichsständen mit dergleichen ungemessenen Expressionen zu begegnen Bedenken getragen haben dürfte; dahero dann auch nicht abzusehen ist, warum ein solches Decret und Conclusum mehr wie andere an das gesamte Reich gedeihende Sachen sich ehender einer Dictatur zu erfreuen haben können, als bis sie nach dem Articul XIII § 7 der Wahl-Capitulation mit behöriger Ehrerbietung und ohne unziemliche harte Ausdrückungen eingerichtet und davon zuförderst gesäubert worden sind. Indessen leuchtet hieraus die Animosität des Reichs-Hofraths klärlich hervor, und es wird selbige unter dem Deckmantel der Justiz dadurch noch mehr an den Tag geleget, dass, was der Kaiserin-Königin Majestät, als einem vornehmen Reichs-Mit-Stande, in dem vorigen Kriege in Ansehung des mit grosser Heeresmacht überzogenen Reichs-Oberhaupts, auch anderer Churfürsten, Fürsten und Ständen Landen Recht gewesen, dermalen Uns Unrecht sein und lediglich aus dieser Ration, weiln es Uns concerniret, auf eine an sich illegale und gehässige, auch in facto ganz anders gestaltete Art abgebildert werden müssen: noch mehr aber werden die gefährliche Absichten des Reichs-Hofraths-Collegii durch die sogenannte Avocatoria Unserer Kriegesmannschaft und Adhortatoria an die gesamte Reichs-kreise offenbar und handgreiflich, indem dadurch falscher Lärm gehlassen und alles, wo möglich, gegen Uns in den Harnisch zu bringen gesuchet, dadurch aber sattsam zu erkennen gegeben wird, dass man vollends aus den Schranken aller Mässigung zu schreiten und die bekannte Vorschrift der Kaiserlichen Wahl-Capitulation, worauf doch der Reichs-Hofrath mit verpflichtet ist, hintanzusetzen und darunter gesamten Churfürsten, Fürsten und Ständen des Reichs allenfalls vorzugreifen sich kein Gewissen machen, um Uns nur dadurch bei gesamten Reiche in Miscredit zu setzen und dessen Herren Stände, wo möglich, gegen Uns zu präveniren, welche aber hoffentlich die Uns angethane Unhilde erleuchtet einsehen und ermessen werden, dass, wann auch allen uneringretandenes Falls gegen Uns, als Churfürsten zu Brandenburg, einige Reichs-Hofraths-Verfügungen in diesem Fall Platz greifen könnten, dennoch die gegenwärtige, wegen ihrer in viele Wege gegen die Kaiserliche Wahl-Capitulation anlaufenden Irregularitäten und Contraventionen, nach deren klaren Disposition Art. XVI § 11 die Cassation und Nullität schon zum Voraus auf dem Rücken tragen.

Indessen haben Wir zu näherer Beleuchtung dieses höchst irregulairen Vorfalls gut gefunden, beigehendes gedrucktes Promemoria auf dem Reichstag distribuiren zu lassen, worinnen diejenige Gründe mit mehrern angeführet worden, welche Uns in die Nothwendigkeit versetzet, zu Unserer eigenen Landen Securität und um diese von der androhenden Gefahr zu erretten, diejenige Praecautiones zu gebrauchen, welche Uns die Regeln der Klugheit in Ansehung der aus dem vorigen Kriege bekannten Démarchen des Dresden-schen Hofes an die Hand gegeben und die Lage der Chur-Sächsischen Lande an sich ohnumgänglich erfordert hat, welche Vorsichtigkeit auch in dem Natur- und Völkerrecht in Erwägung der selbsteigenen Conservation, besonders bei denen concurrirenden prägnantesten Motiven, in Ausübung der gegen Uns und Unsere Lande geschmiedeten gefährlichen Conspiration ihren hinlänglichen Grund findet; folglich Uns von niemand wird verdacht werden können, alle diejenigen, so daran Theil genommen mit denen Uns von Gott verliehenen Kräften nachdrücklich zu präveniren und dadurch, als in einer Nothwehr, alle Gefahr von Uns abzukehren. Zu Ew. etc. hegen Wir demnach das zuversichtliche Vertrauen, Dieselben werden das höchst unbillige und Reichs-Constitutionswidrige Verfahren des Reichs-Hofraths gegen Uns äusserst missbilligen, und ersuchen auch Dieselbe hiemit, etc. etc. Dero Comitial-Gesandtschaft hierunter mit einer solchen Instruction zu versehen, damit selbige nach Situation dieser Sache Denenselben Missvergnügen über das Uns durch mehrbesagtes Hof-Decret und Reichs-Hofraths-Conclusum zugefügte Beleidigung überall zu erkennen geben und zugleich darauf antragen müssen, dass wegen der von allen Ständen des Reichs aus einem solchen illegalen, despotischen und mit denen Reichssatzungen streitenden Reichs-Hofräthlichen Verfahren besorglich entstehenden gefährlichen Folgen hierunter von Reichs wegen Remedur getroffen und nach fernerm Inhalt des anliegenden Promemoria Uns dieserhalb alle gebührende Genugthuung angedeihen möge. Wir werden diese Uns beeigende Willfahrung bei allen Gelegenheiten durch reciproque Freundschaftserweisung zu erwidern nicht entstehen, als wozu Wir ohnehin Ew. etc. etc. jederzeit bereit und beflissen beharren.

Berlin, 2. Octobris 1756.

Königlich Preussisches Circularrescript,
de dato den 5. October 1756.

Von Gottes Gnaden Friedrich König in Preussen p. Unsern gnädigen Gruss zuvor. Hochgelahrter Rath, lieber Getreuer. Es wird das dortige Publicum vermutlich über den Inhalt des jüngsthin auf der allgemeinen Reichsversammlung zu Regensburg bei Gelegenheit des Einmarsches Unserer Truppen in die chursächsische Lande und der Uns abgedrungenen Nothwehr wider den Wienerschen Hof zur öffentlichen Dictatur gebrachten und zum Druck beförderten Kaiserlichen Commissionsdecret nicht wenig verwundert gewesen sein.

In der That hätte wohl kein in härteren und heftigern Ausdrückungen abgefasstes Scriptum als eben dieses gehässige Decret der Welt mitgetheilet und dadurch gedachten Hofes gefährliche Absichten mehr an den Tag geleget werden können. Indem derselbe darin die gekrönten Häuptern und Uns als einem der vornehmsten Churfürsten des Reichs schuldige Achtung gänzlich ausser Augen gesetzet, hat er nach seinem Uns zutragenden unversöhnlichen Hass und übertriebenen Animosität sich nicht entblödet, Uns als einen Empörer und Störer der Ruhe öffentlich zu declariren, Unsere gesamte Kriegesvölker zu avociren, sie ihrer Eidespflichten zu erlassen und Unsere höchst und hohe Herren Mit-stände anzufrischen, auf Uns als den grössten Verbrecher loszugehen und Uns mit zu Grunde richten zu helfen. Wir sind aber wohl versichert, dass letztere sothane Schmähschrift verabscheuen, und das darin geäusserte zum Umsturz der Reichsfundamentalgesetze und zur offenbaren Verachtung der theuer beschworenen Wahlcapitulationen abgezielte despotische Betragen des Wienerschen Hofes sich zur Warnung dienen lassen werden, auf ihrer Hut zu sein, damit, falls Uns ein widriges Schicksal betreffen sollte, nicht an ihnen die Reihe kommen und ihnen das Joch über den Hals geschmissen werden möge. Wir werden Uns inzwischen in Fortsetzung Unserer gerechten Unternehmungen durch dieses fulminante Decret nicht irre machen lassen und verlassen Uns dabei auf die Treue und Affection Unserer Unterthanen, auf allen kräftigen Beistand Unserer höchst und hohen Herren Mitstände um so viel zuversichtlicher, da Wir bei der Uns abgemüssigten Vertheidigung weiter nichts als die Sicherheit Unserer Lande und Unterthanen, auch Unsern vielgeliebten teutschen Vaterlandes und die Wiederherstellung eines dauerhaften Friedens zum Augenmerk haben.

Damit aber die in obangezogenen Kaiserlichen Commissionsdecret enthaltene grobe Unwahrheiten und gehässige Imputationen nicht unbeantwortet bleiben, und des Wienerschen Hofes herrschsüchtige Absichten desto mehr entdecket werden mögen, haben Wir zu dem Ende ein Promemoria entworfen und selbiges Unserm zu Regensburg anwesenden Comitialgesandten, dem p. von Plotho zusenden lassen, um solches bei der dasigen Reichsversammlung zu übergeben. Ihr empfanget davon hierneben geschlossen drei gedruckte Exemplaria mit dem gnädigsten Befehl, gedachtes Promemoria zu jedermanns Wissenschaft durch Einrückung in die dortigen öffentlichen Zeitungen zu bringen, auf den Eindruck, so solches gemachet haben wird, genaue Acht zu haben, und was Ihr davon vernommen, getreulich allergehorsamst zu berichten. Sollte auch mehrbemeldtes Promemoria dortigen Orts recherchiret werden, so werdet Ihr wohl thun, davon so viel Exemplaria, als Ihr nöthig erachten möchtet, nachdrucken und distribuiren zu lassen.

XXII.

Lettre d'un ami de Leyde à un ami d'Amsterdam sur l'Exposé des motifs qui ont obligé le Roi de Prusse à prévenir les desseins de la cour de Vienne. Leyde MDCCLVI.

Nur wenige preussische Staatsschriften aus dem Jahre 1756 stehen nicht in einem gewissen Abhängigkeitsverhältniss zu dem Exposé des motifs. Die Fülle von Gedanken, welche der König in seinem Manifeste angeregt hat, wurde in den officiellen Veröffentlichungen immer von neuem im reichsten Maasse verwerthet. Vor allem lag es im preussischen Interesse, ein allgemeines Verständniss für die These zu erwecken, dass Friedrich trotz seiner überraschenden Schilderhebung in Wahrheit sich nur im Vertheidigungszustand befände.

Schon vor der Veröffentlichung des Exposé hatte das Berliner Cabinetsministerium einen Professor des Völkerrechts veranlasst, eine gelehrte Abhandlung über die unterscheidenden Merkmale zwischen dem scheinbaren und dem wirklichen Angriffe zu schreiben*). Als Gegenstück zu dieser bereits druckfertig vorliegenden Arbeit überreichte der Grosskanzler Jariges am 5. October ein in Briefform gehaltenes Manuscript, das dieselbe Frage in gemeinverständlicher, lebendiger und anziehender Sprache für die Laien auf dem Gebiete des Völkerrechts behandelte**).

*) Siehe weiter unten.

**) Schreiben von Jariges, 5. October: „J'ai cru qu'il convenoit de donner un tour aisé à la discussion de cette question, pour faire sentir le poids et

Der Grosskanzler hatte aus Misstrauen gegen seinen allzu juristisch gefärbten Stil, wie er schrieb, nur den Plan und den Stoff zu dem kleinen Aufsatze gegeben und mit der Ausarbeitung unter seiner Leitung den Rechtskandidaten Olivier de Marconnay*) betraut. Er hatte trotz seiner schweren Berufsthätigkeit noch Zeit zu finden gewusst, um den jungen Verfasser in alle Gebiete des Natur- und Völkerrechts, die in der Abhandlung berührt werden mussten, einzuführen und sein Werk gründlich zu verbessern**). Auf eine Rechtfertigung des preussischen Einfalls in Sachsen war Jariges absichtlich nicht eingegangen, da das „Exposé des raisons justificatives" — er meinte das Mémoire raisonné — noch nicht erschienen wäre, und ausserdem eine Anwendung der allgemeinen in der Schrift enthaltenen Grundsätze sich für diesen besonderen Fall von selbst verstünde.

Der Cabinetsminister Finckenstein war mit dem Vorschlage, den Aufsatz durch den Druck zu veröffentlichen, „indem man den Namen von Berlin durch den von Leyden oder einer anderen Stadt ersetzt", ganz einverstanden***):

„Der Brief ist nach meiner Ansicht wirklich sehr gut geschrieben, sein Stil ist flüssig, und die Gedanken sind zugleich logisch; das bestärkt mich noch mehr in meiner schon gehegten vortheilhaften Meinung von Herrn de Marconnay, von dem mir sehr viel Gutes gesagt worden ist."

Sobald nur eine Stelle†) umgeändert wäre, die Anstoss erregen könnte, sollte die Abhandlung sofort gedruckt und von Jariges selbst dem Könige gesandt werden, „um dadurch einen jungen Mann vor-

l'évidence de la négative à ceux-là même qui n'ont aucune teinture de la jurisprudence".

*) Ludwig Ollivier de Marconnay, Sohn des preussischen Hauptmanns Ludwig de M., war am 8. November 1733 geboren. 1756 in den Dienst des auswärtigen Departements berufen, wurde er 1759 Legationsrath und Geheimer expedirender Secretär für die französischen Sachen, 1766 Geheimer Legationsrath. Er starb am 2d. Juni 1800.

**) Jariges schreibt am 6. October: „Le jeune Marconnay doit dire lui-même que je n'ai rien négligé pour le mettre bien au fait de cette partie du droit de la nature et des gens qui regarde la question dont il s'agit, et qu'il a été obligé de refondre entièrement la première pièce qu'il avoit composée."

***) Schreiben Finckensteins an Podewils vom 5. October.

†) Gemeint ist eine Stelle auf S. 216 in der neuen Fassung lautend, que dans tout les État policé etc. bis affermir ainsi notre sûreté. Den ursprünglichen Wortlaut kennen wir nicht, da Marconnays Manuscript nicht aufbewahrt ist. Ihr Inhalt lässt sich aber aus folgenden Worten von Jariges errathen: „J'avoue ingénument que le passage allégué est de ma façon, et que j'ai eu en vue de justifier par l'avance le procédé du Roi pour découvrir certaines pièces authentiques à Dresde".

theilhaft zu empfehlen, dessen Stil sicherlich den Beifall des Meisters
finden wird".

Das Schreiben aus Leyden erschien bereits vor dem 12. October
im Buchhandel*). An dem genannten Tage wurde es den preussischen Gesandten zugeschickt**).

Ueber die Aufnahme der Abhandlung in dem Hauptquartiere berichtet Eichel an Podewils***):

„Die Pièce.... hat hier auch selbst bei des Königs Majestät
vielen Applausum gefunden, so dass man wünschete, dass solche
auch in das Teutsche übersetzet und selbst stückweise durch die
Zeitungen publique gemachet werden möchte, zumalen diese in
jetzigen Umständen so importante Materie nicht so leicht mit dergleichen Klarheit ausgearbeitet worden ist."

Der Kritiker der Berlinischen Nachrichten begrüsste das Werkchen mit sehr warmer Anerkennung.

„Der Inhalt dieses Schreibens," äussert er†), „welches vor kurzem
in französischer Sprache an das Licht trat††), und wovon wir heute
unsern Lesern eine wohlgerathene deutsche Uebersetzung ankündigen,
macht seinem unbekannten Herrn Verfasser sehr viele Ehre. Alle
diejenigen, denen die Parteilichkeit nicht etwa die Augen verkleistert
hat, finden hier auf das gründlichste und lebhafteste ausgeführt,
was eigentlich Agression heisst, und sie sehen auf eine völlig überzeugende Art, dass Se. Königl. Majestät, unser allergnädigster Herr,
in Dero gegenwärtigem höchst gerechten Kriege in keinem einzigen
Stück den Namen eines Aggressoris verdienen. Wer mir unvermuthet so nahe kömmt, dass er mir das Messer an die Gurgel setzt,
dem muss ich selbiges zur Abwendung der äussersten Gefahr aus
den Händen zu reissen suchen und mich bemühen, ihn in den Stand

---

*) Der Buchhändler Jean Jasperd zeigt es am 12. October in den Berlini-
schen Nachrichten (Nr. 123 S. 514) an.

**) In dem Ministerialerlasse an Knyphausen in Frankreich vom 12. Oc-
tober heisst es: „Et comme, selon votre dernière dépêche du 1er de ce mois,
le sr. de Rouillé a traité de subtilité purement sophistique la distinction établie
dans Mon manifeste contre la cour de Vienne entre l'agresseur effectif et celui
qui le premier avoit prémédité des actes d'hostilité et s'etoit préparé à en
exercer, je vous envoie ci-joint quelques exemplaires d'une petite brochure
où cette question est traitée avec assez de l'évidence pour prouver que ce que
j'ai avancé dans mon Exposé des motifs, n'est pas sans fondement, mais établi
sur les principes les plus incontestables du droit des gens et des nations aussi
bien que celui de la nature."

***) Politische Correspondenz 13, 569.

†) Berlinische Nachrichten Nr. 131 S. 552 vom 30. October.

††) Angezeigt in Nr. 123 der Berlinischen Nachrichten vom 14. October.

zu bringen, dass er seine tödlichen Absichten wider mich nicht ausführen kann."

Am besten lässt sich aus den Maassregeln der Gegner erkennen, „welch besonderen Eindruck das Schreiben in den Herzen gemacht hat," wie der preussische Resident in Frankfurt sich ausdrückt*). Die kaiserliche Büchercommission confiscirte bei der Frankfurter Firma Hechtel und Esslinger alle vorhandenen Exemplare unserer Abhandlung als einer „Schmähschrift" und nahm den Besitzer Hechtel in Haft. Der Reichshofrath, durch den Commissarius von Scheben von diesem Vorgehen benachrichtigt, verordnete darauf am 19. November:

„Die Büchercommission habe in solcher Maass ihres Amts weiter fortzuführen, und dabei die Bestrafung des dasigen Bürger Hechtels dem Magistrat zwar heimzulassen, darauf jedoch zu sehen, ob solche beschehen, ... wie ingleichen auch nach dem Drucker und Verfasser der ... Schmähschriften**) weiter zu forschen***)."

Der französische Originaltitel der kleinen Staatsschrift lautet:

Lettre | D'Un | Ami De Leyde | A Un | Ami D'Amsterdam | Sur L'Exposé des Motifs qui ont obligé | Le Roi de Prusse à prévenir les des- | seins de la Cour de Vienne. | Leyde | MDCCLVI.
8°. 24 S.

Es sind uns vier Nachdrucke, darunter zwei in Quartformat, mit dem gleichen Titel bekannt geworden†).

Die deutsche Uebersetzung ist wohl nicht erst auf Eichels Anregung††) entstanden. Wenigstens wird sie schon acht Tage, nachdem der Geheimrath an das Ministerium geschrieben hatte, in den Berlinischen Nachrichten, wie wir gesehen haben, besprochen. Ueberschrieben ist sie:

Schreiben | eines | Freundes aus Leyden | an einen | Freund in Amsterdam, | über die Ursachen, | welche | Se. Königl. Majestät in Preussen | bewogen, | Sich wieder die Absichten

---

*) Bericht Freytags vom 6. November.

**) Ausser dem Leydener Schreiben waren noch die „Patriotischen Gedanken" confiscirt worden.

***) Kriegskanzlei 1756 Nr. 56 S. 441. Faber 112, 592.

†) Solms in Stockholm veranstaltete einen Nachdruck. Vergl. seinen Bericht vom 29. October.

††) Vergl. S. 213.

des Wienerschen | Hofes zu setzen, und deren Ausführung | zuvor zu kommen. Leyden 1756.
4°. 16 S.

Die beiden Nachdrucke, die uns vor Augen gekommen sind, führen denselben Titel.

Wer der Verfasser dieser Uebertragung ist, entzieht sich unserer Kenntniss.

Im Haag veranstaltete Pierre Gosse jun. eine neue Auflage des französischen Textes und veröffentlichte zu gleicher Zeit das Schreiben auch in holländischer Sprache) unter der Bezeichnung:*

Missive | Van Een | Vriend Te Leyden | Aen Een | Vriend Te Amsterdam | Over | Het Vertoog der Beweegredenen, die den Koning | van Pruissen verpligt hebben om voor te komen | de Desseinen van't Weener-Hof. | Leyden | M.DCC.LVI.
4°. 16 S.

Lettre d'un ami de Leyde à un ami d'Amsterdam sur l'Exposé des motifs qui ont obligé le Roi de Prusse à prévenir les desseins de la cour de Vienne.
Leyde MDCCLVI.

Vous souhaitez donc, Monsieur, que je vous dise naturellement mon avis sur la question qui a fait dernièrement le sujet de notre entretien? Vous avez lu avec ce plaisir que le vrai et le beau excitent toujours dans de bons esprits l'Exposé des motifs qui ont obligé le Roi de Prusse à prévenir les desseins de la cour de Vienne, mais il vous est venu des doutes sur l'idée que vous devriez vous faire de l'agression, et vous ne savez pas si un prince en prévenant par une guerre ouverte un ennemi qui forme le dessein de l'attaquer, n'est pas censé l'agresseur dans cette guerre. Le goût que vous me connoissez pour l'étude du droit naturel, vous a porté à me prier de vous lever les difficultés qui se sont présentées sur ce sujet à votre esprit, et je désire trop sincèrement de vous obliger, pour négliger ici de me conformer à vos intentions. Je me flatte, Monsieur, de vous faire voir en peu de mots qu'il n'est rien de plus simple que les principes sur lesquels on peut justifier un souverain qui prévient un injuste adversaire. Si l'éclat du trône vous éblouit, si vous pensez qu'il est difficile de juger des démarches des princes, rentrez dans l'homme, pour vous persuader de la justice de la cause que j'essaie de défendre; examinez ce que feroit un particulier qui se trouveroit dans les circonstances où nous supposons un prince, et vous conviendrez bientôt que ce qui vous paroissoit si épineux, n'est autre chose que ce que tout homme, ce que vous même, vous simple particulier, vous citoyen et sujet, feriez dans les mêmes circonstances, si vous n'étiez pas à portée de recourir aux magistrats pour vous tirer des dangers qui vous menaceroient.

*) Nouvelles extraordinaires de divers endroits Nr. 87 vom 29. October.

Je vous alléguerai, Monsieur, les autorités les plus respectables pour vous montrer qu'on est convenu de tout temps de la justice des démarches d'un prince qui prévient l'exécution des desseins pernicieux de son ennemi. Grotius, Puffendorf, les plus grands hommes en un mot, sont de ce sentiment: mais raisonnons avant que de citer, examinons d'après les principes de la loi naturelle le fait que je dois justifier, avant que d'en appuyer la justice du sentiment des auteurs les plus distingués.

De tous les droits dont on peut maintenir l'usage par les voies de la force et dont la violation emporte un tort proprement ainsi nommé, en un mot de tous les droits parfaits il n'en est point de plus fort et de plus sacré que celui de sa propre conservation. Le droit de défense et de sûreté en est une suite nécessaire, et comme il est destiné à nous garantir de tout ce qui pourroit être contraire à notre conservation, il est infini et sans bornes, comme l'a remarqué Grotius, et nous autorise aux démarches les plus violentes pour le maintenir. Personne ne révoque ce droit en doute, et les applications qu'on en fait, les obligations qu'il impose à l'homme dans tous les cas où sa vie est en danger, vous sont trop connues, pour que je m'arrête à vous les détailler.

Supposez que quelqu'un vous dresse des embûches et que vous remarquez des préparatifs qui vous donnent des indices manifestes qu'il a dessein de vous nuire; vous aurez sans doute recours au magistrat qui examinera le fait, et l'on procédera dans tout État policé à la rigueur contre un tel perturbateur de votre repos; ceux, en un mot, qui vouloient troubler votre tranquillité, seront sévèrement punis et obligés de vous donner une satisfaction éclatante et des sûretés suffisantes pour l'avenir, et c'est là un des avantages les plus précieux de la société que d'affermir ainsi notre sûreté. Mais supposez vous sans juges et sans magistrats, partez du droit de défense et de sûreté, considérez ce que ce droit vous dicteroit dans ces circonstances, examinez ce que vous feriez, par exemple, si quelqu'un s'approchoit de vous avec une arme meurtrière, se préparoit à vous porter un coup mortel et n'attendoit pour le faire que le moment où votre sécurité ou une circonstance favorable lui en faciliteroient le succès: que feriez-vous, si un incendiaire amassoit des matières combustibles autour de votre habitation et ne tardoit à les allumer que pour saisir l'instant qui lui paroîtroit le plus convenable, ou si un ennemi implacable, mais trop foible pour vous terrasser, appelloit à son secours des compagnons de ses injustices et des ministres de ses passions, afin que se joignant à lui et le secondant de leurs forces ils vous écrasassent ensemble par leurs coups réunis? Attendriez-vous tranquillement que le bras fût levé sur vous et vous frappât, ou que la flamme que vous ne voyiez encore que dans l'avenir, dévorât effectivement le toit qui vous couvre, ou que celui dont les forces ne suffisoient pas à votre ruine, la précipitât en s'appropriant celles des autres? Ou la juste défense de vous-même ne vous dicteroit-elle pas plutôt de prévenir à temps le mal qui vous menaceroit? Ce droit de sûreté qui veut que vous repoussiez une attaque directe, veut aussi que vous la préveniez; vous devez vous garantir des maux que vous prévoyez, vous ne devez donc pas attendre pour les écarter qu'ils fondent réellement sur vous. Il faut saisir le bras d'un furieux prêt à tirer l'épée et la lui ôter ou la briser, avant que lui-même, le fer à la main, vous force à une résistance peut-être insuffisante. Serez-vous alors en état de défense? Vous reposerez-vous sur un avenir incertain? Laisserez-vous à votre ennemi le temps de vous attaquer au moment qui lui sera le plus favorable et à vous le plus désavantageux?

On la loi de votre conservation ne vous oblige-t-elle pas plutôt d'ôter à cet ennemi les moyens de vous nuire, de le forcer de se désister de ses injustes desseins? N'est-ce pas là, Monsieur, ce que la raison même vous feroit faire? ne sont-ce pas là des conséquences de ce premier principe de la nature, de ce premier devoir sacré à tous les hommes et dans tous les temps, de cette défense de soi-même qu'un sentiment confus inspire dès l'enfance et que la raison confirme et approuve dans un âge plus avancé?

Il n'est pas nécessaire, Monsieur, que vous vous supposiez dans l'état primitif de l'homme, pour être en droit de raisonner ainsi et d'agir en conséquence. Toutes les fois que dans la vie civile vous ne pouvez pas recourir aux magistrats pour vous garantir des dangers qui vous menacent, vous rentrez dans l'état naturel, vous y devenez votre seul juge, parceque vous y devenez votre seul défenseur. Dans une campagne, dans une forêt, dans un château écarté vous êtes en droit de prévenir vous-même ceux qui ont dessein de vous nuire, et de leur en ôter les moyens.

Transportez-vous à présent dans l'état des souverains et examinez un prince dans les circonstances où je viens de vous supposer. Tout le monde convient que les princes n'ont point de supérieurs sur la terre; les raisons en sont connues, et je ferois tort à votre pénétration et à vos lumières, si je vous les indiquois. Le droit d'égalité dont ils jouissent réciproquement, fait qu'ils n'ont que la loi naturelle pour juge. Rien n'est donc plus convenable que de juger des actions des princes d'après les principes de cette loi qu'ils reconnoissent et qu'ils respectent, et devant qui seule ils sont responsables de leurs actions. C'est dans cette vue, Monsieur, que je n'ai consulté que la nature pour vous convaincre de la justice de la cause que j'ai entrepris de défendre; c'est elle que je tâcherai de faire répondre pour le prince, parce que c'est elle seule qui doit justifier les démarches des souverains. Ouvrir les annales du monde pour y puiser des exemples de ce qu'on veut autoriser c'est rendre les faits juges des droits, c'est soumettre la raison à l'histoire c'est décider de ce qui devoit se faire, parcequ'il s'est fait.

Tout ce qui dans la vie civile fournit de justes sujets de procès, donne aux souverains des raisons légitimes de guerre, ainsi que l'a très bien remarqué Grotius*). La loi de notre conservation étant aussi inviolable qu'elle l'est, et le droit de notre défense aussi illimité, les projets qui tendent à envahir les États d'un prince et à lui enlever ce qu'il possède à juste titre, le blessent dans ses droits les plus sacrés et lui donnent le plus juste sujet de prévenir par la guerre le tort qu'on vouloit lui faire. Lorsqu'un prince voit donc ses États menacés de quelque orage, la raison et la loi naturelle lui dictent de détourner les maux qui pourront leur arriver, et de ne pas attendre pour se défendre lui et ses sujets que les malheurs dont il n'étoit encore que menacé, se manifestent effectivement. S'il prévoit qu'en laissant à son ennemi le temps d'augmenter ses forces et de se rendre par ses alliés plus formidable qu'il ne l'est, de dresser, en un mot, toutes ses machines et ses batteries, il ne sera pas en état de lui résister ou de s'opposer du moins à lui avec tous les avantages qu'il peut se promettre d'une plus prompte défense, attendra-t-il sa chute pour faire des efforts peut-être infructueux pour s'en relever, tandis qu'il auroit pu la prévenir? Un prince qui dans ce cas attaque le premier son ennemi, demeure cependant dans les bornes de la plus juste

---

*) Liv. II. Ch. 2. § 2, n. 1.

défense. Pour se convaincre que le nom d'agresseur ne lui convient nullement, il suffit de se faire une juste idée de ce qu'il désigne. On est agresseur non seulement lorsqu'on attaque injustement, mais aussi lorsqu'on en forme le dessein et qu'on s'y prépare. Une action est-elle mauvaise ou injuste, tous les moyens qui doivent en favoriser l'exécution, sont par là même illicites et donnent à ceux qui doivent en ressentir les funestes suites de justes sujets de s'en plaindre et le droit de travailler à les prévenir. Une injustice ne commence pas à l'exécution d'un dessein injuste, mais à ce dessein même. Prévenir les effets de cette injustice, lorsque la vue des préparatifs destinés à les amener donne une certitude de son existence, c'est, fut-on obligé de recourir à la main armée pour l'écarter, demeurer soi-même dans les bornes de la plus exacte défense. L'on peut ainsi regarder tous les moyens mis en œuvre pour favoriser l'exécution d'un dessein injuste comme autant d'agressions réelles, quand même cette exécution seroit remise à un assez long terme. Des préparatifs de guerre, des négociations, des alliances, tous les moyens, en un mot, destinés à préparer l'exécution d'un dessein pernicieux formé contre les États d'un prince sont réellement déjà des hostilités en temps de paix et donnent à celui qu'elles regardent, le plus juste droit de les rendre publiques par la guerre.

Je le demande donc avec confiance, et que la raison seule soit mon juge: un souverain qui attaque ainsi pour se défendre, peut-il être censé agresseur que par les agresseurs mêmes de la raison et de l'équité? Rappelez-vous, je vous prie, Monsieur, les circonstances rapportées dans l'Exposé des motifs du Roi, et vous reconnoîtrez aisément qu'un prince qui prévient, comme le Roi l'a fait, un ennemi dont les mauvais desseins paroissent aussi manifestement que l'Exposé les découvre, bien loin de pouvoir être censé commencer les premières hostilités, ne fait simplement que se défendre, et que la juste imputation d'agression retombe à plomb sur son adversaire.

Vous voyez sans doute déjà, Monsieur, les conséquences de ces principes. Dès que la puissance qu'un prince menacé d'une injuste guerre prévient pour sa propre sûreté, s'engage dans cette guerre et ne veut point donner des assurances qu'elle se désistera de ses desseins pernicieux, c'est elle qui fait une guerre offensive; plus elle se défend alors contre le prince qui ne l'attaque que pour se mettre à l'abri de ses injustices, et plus elle continue ses agressions. Les puissances qui seroient entrées dans le complot qu'elle auroit formé contre l'objet de sa haine, participeroient ainsi comme elle à la guerre offensive et donneroient au prince qui devoit être leur victime commune, le droit de les mettre comme elle hors d'état de lui nuire. Enfin les princes qui auroient fait avec ces puissances des alliances défensives, ne pourroient leur donner des secours dans une guerre qui seroit ainsi offensive, sans devenir eux-mêmes agresseurs. Vous sentez de même aisément, Monsieur, que les puissances qui auroient garanti au prince menacé d'une injuste guerre les provinces qu'on a dessein de lui enlever, seroient obligées de le secourir dans la guerre qu'il entreprendroit pour se défendre, et de contribuer à lui procurer une entière satisfaction pour le passé et toutes les sûretés possibles pour l'avenir.

Rien donc de plus clair, de plus évident que le droit qu'a un prince de prévenir son ennemi, mais il y a plus, rien de plus sacré que l'obligation où il est de le faire. Père et protecteur de ses peuples, il est responsable envers eux de tous les maux qui leur arrivent et dont il auroit pu les garantir, et il seroit indigne d'être à leur tête et de porter le nom de leur maître, s'il ne les défendoit de toutes ses forces. Chef du peuple qu'il représente, il a les droits réunis des particuliers, et il doit par conséquent pourvoir par tous les moyens que sa prudence peut lui suggérer, à la défense et à la sûreté de ses sujets. Le devoir du prince à cet égard est de la plus grande étendue, parce que les intérêts de tous ses sujets sont, pour ainsi dire, concentrés dans sa personne, les souverains et les magistrats n'ayant été établis que pour maintenir la conservation des particuliers et les droits qui y sont attachés. Étant ainsi obligé d'employer les moyens qu'il juge les plus convenables à la sûreté de ses États, le prince ne doit pas attendre que la guerre dont il n'étoit encore que menacé, s'allume effectivement dans son propre pays, mais il doit la porter dans le pays même de l'ennemi. Il empêche ainsi que ses propres États ne deviennent le théâtre de la guerre, et que ses sujets en éprouvent les funestes suites, et parvient plutôt au but qu'un bon prince se propose toujours dans une guerre, qui est de la rendre aussi courte qu'il est possible.

Vous reste-t-il à présent, Monsieur, des doutes sur la question que nous avons agitée, ou ne reconnoissez-vous pas ici la voix de la nature même et des devoirs qu'elle impose, non au prince, mais à tous les hommes qui se trouvent dans ces circonstances?

Mais comment, me direz-vous peut-être, un prince est-il assuré qu'une autre puissance a dessein de lui nuire? Les actions humaines ne sont elles souvent pas si équivoques qu'il est bien difficile de porter un jugement sûr de leurs véritables motifs? Et un prince est-il en droit sur de simples apparences et sur des principes peut-être trompeurs d'allumer le feu de la guerre et de hasarder que ses États en deviennent la victime? Non, Monsieur, ce n'est point sur des apparences légères qu'un prince doit entreprendre une guerre, mais toutes les apparences ne sont point telles; il y en a de solides, de convaincantes et qui dans les faits ont la même certitude que les démonstrations dans les raisonnements. Il n'y a point de démonstrations proprement dites dans les choses de fait; des conjectures bien fondées, des vraisemblances raisonnables autorisent donc un prince à toutes les démarches où le droit de sûreté engage. Le pyrrhonisme historique le plus décidé ne peut faire disconvenir qu'on ne pourroit prendre aucun parti dans la vie, si l'on ne s'y déterminoit sur les conjectures et sur les vraisemblances prises de la combinaison des faits.

Voilà donc, Monsieur, si je ne me trompe, le droit et l'obligation d'un souverain placé dans des circonstances semblables à celles qui sont détaillées dans l'Exposé des motifs du Roi de Prusse, déduits d'une manière précise et succincte des lumières les plus simples et en même temps les plus vives de la raison et du droit naturel. Si vous souhaitez à présent que j'appelle l'érudition à mon secours pour appuyer ce que j'ai avancé, s'il vous faut enfin des autorités qui confirment ce qu'une bonne raison vient d'établir, je puis aussi vous contenter, Monsieur, et vous montrer que ce qui vous a paru mériter un examen si considérable, a déjà été décidé par les plus grands hommes d'une manière conforme aux principes que j'ai suivis. Et d'abord jetez, je vous prie, les yeux sur ce passage de Pufendorf: „Lorsqu'il paroît,« dit-il, »par des indices manifestes qu'un homme travaille actuellement à chercher les moyens de nous faire du mal, quoique ses desseins n'aient pas encore éclaté, il est permis dans l'état de nature de commencer dès lors à se mettre en état de défense et de prévenir l'agresseur au milieu de ses préparatifs, pourvu qu'il ne reste d'ailleurs aucune espérance de la ramener par des exhortations amiables ou qu'en usant de cette voie de douceur on ne porte point de préjudice à ses propres intérêts. Car on n'est pas tenu d'attendre tranquillement ou de souffrir actuellement les insultes pour rendre légitime la violence à laquelle on a recours par la nécessité de se défendre et de repousser un danger présent. Il faut donc tenir ici pour l'agresseur celui qui forme le premier le dessein de nuire et se dispose le premier à l'exécuter, quoiqu'il arrive ensuite que l'autre venant à découvrir ses préparatifs fait plus de diligence et commence les actes déclarés d'hostilité. Car la juste défense de soi-même ne demande pas toujours qu'on reçoive le premier coup ou qu'on ne fasse que parer et repousser ceux qu'un agresseur nous porte actuellement[*].« Ce passage, Monsieur, ne vous frappe-t-il pas vivement et ne semble-t-il pas véritablement fait pour les temps où nous vivons? Pufendorf appuie son sentiment par plusieurs passages des anciens: »Tout homme qui me dresse des pièges,« disoit Démosthène aux Athéniens peu soigneux de prévenir les machinations de Philippe, »et fait ce qu'il peut pour me surprendre, lors même qu'il n'en est qu'aux préparatifs, ne me fait-il pas déjà la guerre, quoiqu'on ne voie encore voler ni flèches ni dards?« »Ce[**]) n'est pas seulement,« dit Thucydide, »l'action d'un ennemi, mais ses desseins et ses projets qu'il faut prévenir.« Enfin voici ce que dit Procope encore cité par Pufendorf[***]): »Ce n'est pas ceux qui prennent les premiers les armes qui rompent la paix, mais ceux qui en temps de paix font des machinations contre leurs voisins. Car on est coupable, quand on a conçu le crime, bien qu'on ne l'ait pas encore exécuté.« Grotius, après avoir montré qu'on peut entreprendre une juste guerre pour prévenir un tort encore à venir, mais qu'on nous prépare, rapporte dès l'entrée de son traité de la guerre deux passages remarquables, l'un de Philon, l'autre de Servius. Philon dit dans le premier »que l'on regarde comme ennemis non seulement ceux qui nous attaquent actuellement, mais aussi ceux qui font des préparatifs pour venir nous attaquer et qui dressent des batteries contre nos ports ou nos murailles, quoiqu'ils ne soient pas encore aux mains avec nous.« Servius enfin dit dans l'autre passage allégué par Grotius »que la guerre est tout le temps pendant lequel on est occupé ou aux préparatifs ou à l'exécution des actes d'hostilité, et que le combat c'est lorsqu'on en vient actuellement aux mains†).« Voilà donc, Monsieur, des autorités pour ceux à qui il en faut pour être convaincus et pour qui la décision d'un grand homme ou un sentiment reconnu de plusieurs personnes ont plus de poids que la raison même. Je pourrois, s'il le falloit, prolonger de beaucoup cette discussion et vous montrer que le sentiment que je viens d'appuyer et par la raison et par des autorités, est celui des jurisconsultes les plus distingués et même des théologiens de toutes les religions. L'histoire me fourniroit aussi, s'il en étoit besoin, une foule d'exemples pour confirmer ce que j'ai avancé. L'Exposé des motifs du Roi de Prusse en a indiqué quel-

---

*) Pufendorf, Lib. II. Ch. 5 § 6.
**) Inimici non facta solum, sed consilia etiam et cogitata poena praevertere oportet. Th. L 6.
***) Pacem rescindunt non qui arma capiunt primi, sed qui pacis tempore in aliqua adversus vicinos machinatione deprehenduntur. Nam quisquis aggressus est scelus, optato licet successu careat, iam id patravit. Procop. de bello pers. l. 2 c. 3.
†) Voyez Grotius Liv. I. Ch. 1 § 2 n. 2.

quoi-uns, et les peuples les plus éclairés et les plus justes n'ont jamais agi d'une manière différente.

Il ne peut donc plus vous rester de doute sur la justice de la cause que j'ai défendue, et il vous sera aisé, Monsieur, de faire l'application des principes que j'ai suivis à la guerre présente. Si d'un côté vous vous rappelez ces principes et que vous fassiez attention de l'autre aux circonstances détaillées dans l'Exposé des motifs du Roi de Prusse, pourrez-vous encore ignorer de quel côté est l'agression? Nous ne sommes, Monsieur, ni l'un ni l'autre initiés dans les mystères du cabinet, et il ne nous convient par conséquent nullement de raisonner sur les matières qui s'y rapportent, mais permettez-moi seulement de vous rappeler en deux mots que le Roi de Prusse a suffisamment fait valoir dans la guerre précédente les prétentions qu'il avoit sur la maison d'Autriche et qu'il a acquis la Silésie à aussi bon titre qu'un particulier qui auroit gagné son procès dans toutes les instances, posséderoit ce qui lui auroit été adjugé. Si donc la Reine de Hongrie travaille à recouvrer cette province, elle médite un dessein injuste, et la guerre par laquelle le Roi de Prusse cherche à détourner le complot qu'elle a formé pour cet effet, est purement défensive. Je ne vous en dirai pas davantage sur ce sujet, parce que vous ferez vous-même facilement aux circonstances présentes l'application des principes précédents. Je ne puis cependant m'empêcher de remarquer que si la maison d'Autriche ne balance pas à violer, comme elle fait, la foi des traités les plus solennels, elle aura de la peine à trouver des titres pour presque toutes ses possessions. Ne sont-ce pas les traités qui l'y maintiennent, et si au mépris de ces traités chaque province que cette maison possède à présent retournoit à ses anciens maîtres, que deviendroit cette puissance si formidable? Agir contre la foi des traités, c'est, comme le dit Grotius quelque part, renverser les fondements de sa propre sûreté. Mais la politique de la maison d'Autriche est assez connue. Cherchant par toutes sortes de moyens à s'élever au dessus des autres puissances, elle n'aspire premièrement qu'à recouvrer les pays que plusieurs princes de l'Europe ont conquis sur elle et qui leur ont été assurés et garantis par les traités; elle veut commencer pour cet effet par la Silésie, parce qu'elle est contiguë à ses États, et sans doute que, si elle parvenoit en cela à son but, elle compteroit de trouver plus de facilité à faire rentrer sous sa domination ce que les cours de France, de Naples, de Sardaigne etc. ont conquis sur elle. Les princes reconnoîtront sans doute à la fin la nécessité d'affoiblir une puissance qui médite depuis longtemps le dessein d'anéantir les autres. L'histoire met à cet égard les projets ambitieux de la maison d'Autriche hors de tout doute, aussi n'est-ce pas d'aujourd'hui qu'on a fait cette remarque; pour vous montrer qu'elle a été faite, il y a longtemps, je vais vous traduire ici, Monsieur, une réflexion importante tirée d'un ouvrage latin qui parut dans le siècle passé sous le nom supposé de Hippolytus a Lapide*). »La maison d'Autriche,« dit cet auteur, »ayant toujours mal gouverné l'Empire et dans des vues conformes à ses intérêts particuliers, il seroit à souhaiter que les Électeurs conviennent entr'eux de ce que quelques auteurs disent qu'ils avoient conclu du temps de Louis de Bavière, c'est que la maison d'Autriche fût exclue à perpétuité de la Couronne Impériale. Cet exemple fut imité des Polonois qui, après avoir appris à connoître l'ambition de cette maison, conclurent dans une de leurs Diètes que

*) Dissertatio de ratione status in Imperio, 1647. P. 3 C. 1.

personne n'oseroit, sous peine d'infamie, proposer un prince de la maison d'Autriche pour être Roi de Pologne, ni lui donner son suffrage pour cet effet. Les Électeurs ne s'étant pas rappelé l'ancienne convention de leurs prédécesseurs, supposé qu'elle ait existé, la maison d'Autriche a causé dans l'Empire un incendie qui ne pourra guère y être éteint que par l'entière ruine de cette maison. » Remarquez, Monsieur, que l'auteur déguisé de ce fameux ouvrage écrivoit ceci pendant la guerre de trente ans qui n'auroit fini que par la ruine des princes de l'Empire, si la France et la Suède ne s'étoient opposées aux desseins de la maison d'Autriche. En lisant ce passage et en le comparant à ce qui se passe à présent sous nos yeux et au nouvel incendie que la maison d'Autriche allume de nos jours en Allemagne, je me suis rappelé, Monsieur, ce que vous me disiez, il y a quelque temps, c'est qu'il n'y a rien de nouveau sous le soleil. Je suis etc.

XXIII.

Réponse du sr. de Hellen ministre du Roi auprès des Etats Généraux Au Memoire que le sr. de Cauderbach résident de Saxe a remis à Leurs Hautes Puissances en date du 29 septembre 1756.

Am 29. September 1756 überreichte Johann Heinrich Kauderbach, der Haager Resident Augusts III., den Generalstaaten im angeblichen Auftrage seines Herrschers eine Note über die widerrechtliche Behandlung des streng neutralen Chursachsens durch die Preussen*). Sie gab in knapper, wirkungsvoller Form eine Schilderung der Leiden, die das unglückliche Herrscherhaus und sein Land unschuldig zu erdulden hätten.

„Die Entwaffnung derer Bürger, die Entführung derer Beamten, um, wegen derer ganz übertriebenen und ungerechtermaassen ausgeschriebenen Proviant- und Fouragelieferungen Geisel abzugeben, der Beschlag sämtlicher Kassen, die Einziehung aller Einkünfte des Churfürstenthumes, die Aufsprengung derer Zeughäuser ..., die Entraubung des Geschützes und der Waffen ..., alle diese Thathandlungen waren nur Vorläufer von dem unerhörten Tractament, welches einer Königin widerfuhr, deren Tugenden selbst ihren Feinden die tiefste Ehrfurcht gegen sie einprägen sollten. Mit Drohung und Gewalt riss man das Staatsarchiv gleichsam aus denen geheiligten Armen dieser allerdurchläuchtigsten Fürstin, ohn-

---

*) Danziger Beiträge 1, 451. Kriegskanzlei 1756 Nr. 24 S. 130. Faber, Staatskanzlei III, 368.

erachtet sie sich unter dem Schutz der göttlichen und menschlichen Rechte in völliger Sicherheit zu sein glaubte, auch von dem König in Preussen zu wiederholten Malen die Versicherung erhalten hatte, dass nicht nur ihre Person und ihre Residenz vollkommen in Ruhe bleiben, sondern selbst die preussische Garnison zu Dero Befehle stehen solle."

Dies wären die ersten Thaten des Fürsten, „der den Krieg blos zu Vertheidigung der teutschen Freiheit und zur Beschützung der protestantischen Religion zu unternehmen vorgiebt". Möchte dieses traurige Beispiel alle Völker belehren:

„Das gegenwärtige Anliegen derer chursächsischen Landen gehet alle Puissancen an, weil das Schicksal dererselben ihnen ankündiget, was sie zu gewarten haben, wenn man sich an Völkerrecht und feierliche Tractaten nicht weiter binden will."

Es war sehr fraglich, ob August III., der in jenen Tagen mit seinem Cabinet im Pirnaer Lager von den Preussen eng umschlossen gehalten wurde, wirklich im Stande gewesen war, sich mit seinem Vertreter in Verbindung zu setzen. Hellen, der preussische Geschäftsträger im Haag, verwarf diese Annahme; aus gewissen äusseren Kennzeichen wollte er entnehmen, dass jenes Schriftstück in Holland selbst entstanden wäre und ausser Kauderbach den dortigen französischen Botschafter Grafen Bonnac zum Verfasser hätte*). Auch der österreichische Gesandte Freiherr von Reischach schien ihm dabei nicht unbetheiligt zu sein.

„Ich werde mehr und immer mehr in meinem Verdachte bestärkt," berichtet er**), „dass Kauderbach das Mémoire auf eigene Hand überreicht hat, und dass ein Schreiben des sächsischen Comitialgesandten in Regensburg den ersten Anstoss dazu gegeben hat, den die französischen und österreichischen Minister dann verstärkten."

Absichtlich wurde diese Beschwerde über die preussische Vergewaltigung des Churfürstenthums gerade in den Vereinigten Provinzen officiell geführt. Trotz des mehrmals geäusserten Enthusiasmus für Friedrich, als den Schirmherrn des evangelischen Bekenntnisses***), war eine tiefer gehende Missstimmung gegen ihn bei einem einflussreichen Theile der holländischen Bevölkerung nicht zu verkennen.

---

*) Bericht vom 1. October. Vergl. Politische Correspondenz 13, 508. Es schien dem preussischen Gesandten sehr bemerkenswerth, dass sich gerade das von Bonnac oft im Munde geführte Wort „des lois respectables des nations" in der Note fand.

**) Bericht Hellens vom 5. October.

***) Vergl. S. 137.

Viele Kapitalisten hatten einen beträchtlichen Theil ihres Vermögens in der sächsischen Steuer angelegt und fürchteten nun nach der preussischen Besitzergreifung des Churfürstenthums ihrer Zinsen, wenn nicht gar auch des Stammgeldes verlustig zu gehen. Bei der ersten Nachricht von dem preussischen Einmarsche in Sachsen hatte sich ein fast panischer Schrecken an der Amsterdamer Börse verbreitet *).

Um „die entstellten Thatsachen in das wahre Licht zu rücken" und damit den Holländern ihre durch Verläumdungen der preussischen Feinde noch gesteigerte Furcht zu nehmen, erkannte Hellen als bestes Mittel die unverzügliche Widerlegung des Kauderbach'schen Promemorias und bat seine Regierung inständig, ihm „so schnell als möglich ein fertiges Mémoire oder wenigstens den Stoff hierfür" zuzuschicken.

Auch im Berliner Cabinetsministerium wurde der „gut geschriebenen" Note Kauderbachs Wichtigkeit beigelegt**). Der Geheimrath Hertzberg, durch die Abfassung des soeben vollendeten Mémoire raisonné mit den Irrgängen der Brühl'schen Politik besonders vertraut, musste schleunigst eine Erwiderungsschrift ausarbeiten***), die mit einigen Verbesserungen von Podewils und Finckenstein am 9. October dem preussischen Gesandten im Haag geschickt wurde. Sobald Hellen diese Erklärung den Generalstaaten übergeben hätte, sollte er sie nach Kauderbachs Beispiel in allen französischen und holländischen Zeitungen der Republik veröffentlichen lassen †).

*) Bericht Hellens vom 7. September. Wie die Stimmung umschlug, nachdem Friedrich versprochen hatte, die Zinsen an Holland weiter zu bezahlen, geht aus einem Immediatberichte Hellens vom 15. Februar 1757 hervor: „Cette promesse fit un excellent effet dans le public qui au moyen de cette assurance et des solides écrits dont Votre Majesté a justifié Sa conduite, ainsi que des efforts que j'ai faits pour faire voir la justice de Sa cause, fut prévenu en Sa faveur jusqu'à l'enthousiasme; il pleuvoit des vers hollandois à la gloire de Votre Majesté. Une assez mauvoise estampe qu'on donne pour Son portrait, est débitée avec un succès surprenant."

**) Ministerialerlass an Knyphausen, 9. October.

***) Bis diese Antwort ihm zugekommen wäre, sollte Hellen erklären, „dass nichts übertriebener und falscher wäre als das Bild, welches Kauderbach von dem Elend Sachsens, der Bedrückung seiner Bewohner und der Grausamkeit des Königs entworfen hätte."

†) Der begleitende Ministerialerlass ist nicht in den Acten zu finden. In einem von Hertzberg entworfenen Rescript an Hellen von diesem Datum heisst es nur: „J'approuve parfaitement votre idée d'opposer au mémoire présenté par le résident saxon un autre mémoire pour dissiper toute mauvaise impression contre Moi." Dass aber das Mémoire doch an diesem Tage abgeschickt worden ist, erhellt aus dem Ministerialerlasse an Hellen vom 12. October: „J'espère que vous aurez fait usage sans perte de temps de la réponse que

Den übrigen Vertretern des Königs wurde diese Erwiderung auf „das sehr unverschämte und beleidigende Mémoire" der Sachsen bereits gedruckt durch einen Circularerlass*) ebenfalls mit dem Befehle zugestellt, sie durch Zeitungen möglichst weiten Kreisen bekannt zu machen. Plotho wurde ausserdem noch angewiesen, so viele Exemplare, als er zur Vertheilung in Regensburg nöthig hätte, nachdrucken zu lassen.

Am Morgen des 15. Octobers überreichte der Haager Geschäftsträger sein Memorandum den Hochmögenden**). Die günstige Wirkung dieses Schriftstückes, in dem zum ersten Male bestimmtere Andeutungen über die geheimen Pläne des Dresdener Cabinets aus dessen eigenen Papieren gegeben wurden, war unverkennbar. Zwar die Statthalterin hatte von jeher als treue Freundin Friedrichs sich persönlich zur preussischen Partei gehalten***); nun begann aber auch ihr Ministerium, trotz seiner deutlichen Hinneigung zu den grossen Continentalmächten, und das urtheilsfähige Publicum die sächsischen Betheuerungen von der Harmlosigkeit ihrer Politik einigermaassen ihrem wahren Werthe nach zu würdigen und eine gewisse Berechtigung Preussens zum Angriffe zuzugeben.

Einen ähnlichen Erfolg hatte die Hellensche Note in Kopenhagen †). Und die sachsen-gothaische Regierung wollte, vielleicht nicht ganz mit Unrecht, unserer kleinen Staatsschrift eine grössere Ueberzeugungskraft beimessen als allen vorangegangenen preussischen Kundgebungen ††).

Gerade dies bestritten aber die Feinde des Königs auf das entschiedenste. Valory gab in einer Depesche vom 16. October ihr allgemeines Urtheil wieder, indem er schrieb †††):

„Die verschiedenen Schriften strotzen von Behauptungen, und man verspricht sie durch überzeugende Beweise von dem bösen Willen des Wiener und selbst des sächsischen Hofes gegen den König von Preussen zu erhärten. Ich meine jedoch, man sollte

---

Je vous ai envoyée par la mienne du 9⁰ de ce mois, au mémoire que le résident saxon … a remis aux États-Généraux … et J'espère que cette réponse vous publierez d'abord après l'avoir remise là où il appartient, en la faisant même insérer dans toutes les gazettes françoises et flamandes à l'exemple du résident de Saxe."

*) Vom 12. October.
**) Bericht Hellens vom 15. October.
***) Vergl. Ranke, Abhandlungen und Versuche. Erste Sammlung. 1872. S. 187 f.
†) Bericht Häselers. Kopenhagen, 23. October 1756.
††) Bericht Bachoffs von Echt. Gotha, 21. October 1756.
†††) Vergl. Valory II, 207.

derartiges nicht sagen, ohne Actenstücke aufzuweisen, die keinen
Zweifel aufkommen lassen; das verspricht man, und das wird
schwerlich gehalten werden können."

Der Titel des in Berlin erschienenen Originaldrucks lautet:
Réponse | Du | S^r De Hellen | Ministre Du Roi Auprès Des
Etats | Generaux | Au Memoire | Que Le | S^r De Cauder-
bach | Resident de Saxe, | A Remis A Leurs Hautes | Puis-
sances, | En Date Du 29 Septembre 1756.
4°. 1 Bl. 7 S.

Zwei Nachdrucke führen denselben Titel.

*Eine zweite officielle Ausgabe des französischen Textes (acht
Seiten in Quartformat), die sich in den Papieren Hechts, des niedersächsischen Residenten, befindet, trägt gar keine Ueberschrift.*

*Ein anderer Druck, der vielleicht auf Hellens Veranlassung in
Holland herauskam, ist benannt:*
Memoire | présenté à L. H. P. | des États Généraux, | par
Ordre | De S. M. Prussienne, | à la Haye, le 15. Octobre
1756. | par | Mr. De Hellen | Chargé Des Affaires Du Roi
De Prusse | Auprès D'Elles.
4°. 8 S.

*Die amtliche Uebersetzung der Antwort auf „das scandaleuse
Promemoria" Kauderbachs heisst:*
Memoire | Des | Königl. Preussischen Ministers im Haag, |
Herrn von Hellen, | an | Ihro Hochmögenden | auf dasjenige |
so der | Königl. und Chur-Sächsische Minister | am 29sten Oc-
tober *) übergeben hat.
4°. 2 Bl.

*Es sind uns zwei verschiedene Auflagen bekannt, die den gleichen
Titel, aber das richtige Datum „29sten September" führen.*

*Auch der deutsche Text wurde auf Befehl des Ministeriums noch
zum zweiten Male veröffentlicht als:*
Uebersetzung | des | Promemoria | des | Königl. Ministri | von
Hellen | in dem Haag | in Antwort | auf dasjenige, | was der
Chur-Sächsische Resident von Cauderbach | unter den 29 Sept.
a. c. | bey denen General-Staaten | übergeben. | Berlin, 1756.
fo. 4 Bl.

Drei Nachdrucke in Quartformat tragen die gleiche Bezeichnung;

*) sic!

einer von ihnen nennt als Verleger Christian Friedrich Hemmy, aus dessen Officin sehr viele der amtlichen Schriften hervorgegangen sind

Eine andere Ausgabe heisst:

Des | Königl. Preuss. Ministers in dem Haag | Uebersetzung des Pro Memoria | und Antwort auf dasjenige, | was der Chur-Sächsische Resident von Cauderbach | unterm 29. Septembr. a. c. | bey den General-Staaten | übergeben hat.

4°. 4 Bl.

Mit einem sehr ähnlichen Titel ist das Promemoria in der Neuwirthschen Sammlung abgedruckt.

Auch mit Kauderbachs Note vereinigt erschien unsere Schrift in mehreren Auflagen:

Pro Memoria | des | Königl. Pohln. und Chur-Sächß. | Residenten, | Herrn von Kauderbach, | im Haag, | vom 29. Septembr. 1756. | und die | Beantwortung | des | Königl. Preuß. Ministers | Herrn von Hellen.

4°. 6 Bl.

Der Sondertitel, den die Hellensche Note in dieser Broschüre noch führt, ist dem von uns an erster Stelle gebrachten der amtlichen Uebersetzung nachgebildet, trägt aber das richtige Datum.

Zwei satirische Erwiderungen geben ferner noch den vollen Wortlaut der preussischen Staatsschrift:

Essai | De Paraphrase | De la Réponse de | Mr. De Hellen au | Mémoire de Mr. De Kauderbach.

Cui Pudor & Justitiae Soror | Incorrupta Fides nudaque Veritas. | Horat. Lib. I. Ode XX.

Memoire | Presenté | A. L. H. P. les E. E. O. O. des Provinces Unies par Mr. | De Hellen Char- | gé des Affaires du | Roi de Prusse le 15. Octobre 1756.

Quando ullam invenient parem? | Horat. Lib. I. Ode XX.

A Liège, | Chez Pierre Marteau | M.DCC.LVI.

4°. 40 S. (in einer anderen Auflage 50 S.).

Angehängt ist der eigentlichen Entgegnung noch die gegen das Mémoire raisonné gerichtete

Palinodie | Ou Les | Paraphraseurs | Confus, Repentis, | Et Pénitents.

Kürzer ist die deutsche Uebersetzung, die uns die Neuwirthsche Sammlung giebt, benannt:

„Kurtze Außlegung Des Pro-Memoria Welches Der Herr von Hellen unterm 15. Octobris In Antwort Auff das Pro-Me-

moria So der Herr von Kauderbach Bey denen General-Staaten übergeben. 1757." *Der Anhang trägt hier den Titel: „Palinodie Das ist Wiederruff Oder Die sich Schämende Bereuende und Buss-fertige Ausleger.*"

Wir glauben nicht fehlzugehen, wenn wir die österreichischen und sächsischen Comitialgesandten zu Regensburg *) für die geistigen Väter dieser übrigens recht witz- und inhaltlosen Schrift ansehen.

Etwas besser ist eine succite anonyme Paraphrasirung der Hellenschen Note ausgefallen:

> *Mémoire . Presenté | A. L. H. P. Les EE. GG. | Des | Provinces-Unies, | Par Mr. De Hellen, | Chargé des | Affaires du Roi De Prusse | le 15. Octobre 1756. | Avec Une Ampliation. | A Liège, | Chez Pierre Marteau. | M.DCC.LVI.* 8°. 15 S.

Gegen diese Angriffe wandte sich wiederum das „Schreiben eines Wienerisch Gesinneten an seinen Freund zu Mayus über die deutlichere und ausführlichere Auslegung des Pro Memoria des Herrn von Hellen und über den Widerruf dieser Erklärung" **).

Die sächsische amtliche Antwort auf Hellens Note wurde erst am 15. December von Kauderbach den Generalstaaten überreicht ***) und zu gleicher Zeit veröffentlicht. Sie ging auch auf die im Mémoire raisonné abgedruckten Acten ein und suchte kurz nachzuweisen, dass die Staatskunst des Berlinischen Hofs sich vergebens bemüht hätte, „sich dieser geraubten Stücke zu einer Anklage wider einen Hof zu bedienen, über welchen selbiger keine Ursache sich zu beschweren hatte".

Hellen hatte sein Promemoria dem Utrechter Zeitungsverleger und anderen Gazettiers zum Abdruck zugesandt, „die es," wie er meldete†), „unfehlbar wiedergeben werden". Uns sind von diesen holländischen Journalen nur die schon oft erwähnten *Nouvelles extraordinaires* aus Leyden zu Gesicht gekommen; sie brachten die preussische Staatsschrift im Nachtrag zu Nr. 85 (vendredi 22 octobre) unter der Rubrik „De la Haye le 21. Oct."

---

*) Vergl. S. 224.

**) Kriegskanzlei 1757, Bd. 3 Nr. 32.

***) Mémoire Présenté A Leurs Hautes Puissances, Les Seigneurs Etats Généraux Des Provinces Unies, Par Mr Kauderbach, Conseiller de Guerre et Résident de Sa Majesté Le Roi De Pologne Electeur De Saxe etc. Le 15 Décembre 1756. Deutsch abgedruckt in der Kriegskanzlei 1. Nr. 100, S. 764 f.

†) Bericht Hellens. Haag, 22. October 1756.

In den Berlinischen Nachrichten erschien die deutsche Uebersetzung bereits in der Sonnabendnummer vom 16. October*).

Vielleicht noch etwas früher hat Hecht die Note in Hamburg veröffentlicht, wie wir aus einer Beschwerde Hellens erfahren.

„Es befremdete mich etwas," schreibt der Haager Geschäftsträger**), „dass das Mémoire, welches ich erst am 14. October empfangen und am folgenden Morgen übergeben habe, schon vollständig in den Hamburger Zeitungen unter dem Datum vom 12. dieses Monats abgedruckt ist."

Auf Befehl des Berliner Cabinetsministeriums hat Michell unsere Schrift in englischer Sprache auflegen und ausserdem den bedeutenderen Blättern Londons zum Abdrucke zustellen müssen***).

Fabers Staatskanzley bringt das Promemoria im französischen und deutschen Text (III, 420); die Danziger Beiträge (1, 455), die Denkwürdigkeiten (2, 427) und die Kriegskanzlei (1, Nr. 26 S. 135) geben nur deutsche, mehrfach von einander abweichende Uebersetzungen.

Réponse du Sieur de Hellen, Ministre du Roi auprès des Etats-Généraux, au Mémoire que le Sieur de Cauderbach, Résident de Saxe, a remis à Leurs Hautes Puissances en date du 29 septembre 1756.

Le Roi mon Maître n'a pu apprendre qu'avec une extrême sensibilité les efforts que le Résident de Saxe vient d'employer dans un mémoire présenté le 29 du mois passé pour prévenir Vos Hautes Puissances contre la démarche que Sa Majesté a été obligée de faire envers la cour de Dresde, en la présentant sous de fausses couleurs et en exagérant d'une façon artificieuse les circonstances de tout ce qui s'est passé à cette occasion. Jalouse, comme Sa Majesté l'a toujours été, de Se conserver l'amitié et la confiance de Vos Hautes Puissances, et de ne Leur laisser aucun doute sur la justice de Ses actions, Elle m'a donné des ordres exprès de ne pas perdre un moment pour Les désabuser des mauvaises impressions qu'on tâche de Leur inspirer, et de mettre pour cet effet devant Leurs yeux un abrégé des justes motifs qui ont réglé toutes les démarches de Sa Majesté dans cette affaire, en attendant que le

---

*) Nr. 125 S. 519.

temps Lui permette de dévoiler à la face de toute l'Europe, la conduite aussi injuste que dangereuse que la cour de Saxe a tenue à Son égard.

Cette cour a mauvaise grâce de réclamer contre le Roi les loix respectables des nations qu'elle a été la première à violer envers Sa Majesté. Le public est déjà instruit en partie et le sera encore davantage des desseins dangereux que la cour de Vienne a formés contre le Roi mon Maître, et qui ne tendent pas à moins qu'à Lui enlever la Silésie et à détruire même toute Sa puissance. La cour de Saxe est entrée dans tout ce plan, en se réservant, du consentement des parties principales, de n'y point paroitre que lorsque les forces du Roi seroient si affoiblies ou partagées qu'elle pourroit impunément lever le masque. Elle s'est même laissée aller jusqu'à négocier avec la cour de Vienne sur un partage éventuel des États de Sa Majesté et stipuler pour sa part les duchés de Magdebourg et de Crossen avec les cercles de Züllichau, de Cottbus et de Schwiebus.

En attendant que l'occasion se présentât d'exécuter ces vastes projets, les ministres de Saxe ont fait jouer dans toutes les cours de l'Europe tous les ressorts d'une politique illicite, pour se frayer les voies à l'exécution de leur plan. Ils ont pris à tâche de donner une tournure odieuse à toutes les actions les plus innocentes du Roi, et ils n'ont épargné ni insinuations malignes ni même les calomnies les plus atroces pour indisposer tout le monde contre Sa Majesté et pour Lui susciter des ennemis partout. Ce sont des faits qu'on va exposer en peu au public avec les preuves les plus authentiques.

Les grands préparatifs de la cour de Vienne, joints à d'autres phénomènes qui annonçoient l'exécution prochaine des vastes projets de cette cour, ayant obligé Sa Majesté de la prévenir, Elle fut informée de bonne part que l'intention de la cour de Saxe étoit de laisser librement passer Ses troupes et d'attendre ensuite les évènements pour en profiter, soit se joignant à Ses ennemis, soit en faisant une diversion dans Ses États. On est à présent à même de prouver que cet avis, si conforme d'ailleurs au système reconnu de la cour de Saxe, n'a pas été destitué de fondement.

Telles étant les dispositions de cette cour, et Sa Majesté Se voyant menacée de tout côté par la cour de Vienne et ses alliés, Elle n'a pu S'empêcher de recourir aux seules mesures qui Lui restoient pour prévenir une perte inévitable, en mettant la cour de Saxe hors d'état, jusqu'à la future paix, d'augmenter le nombre

conduite de la cour de Dresde autorisent une pareille démarche, et tout le monde impartial doit reconnoître que Sa Majesté n'a pu S'abandonner à la discrétion d'un ennemi caché, mais d'autant plus dangereux qu'il se tenoit derrière le rideau pour Lui porter, à la première occasion favorable, le coup le plus fatal dans le cœur de Ses États dégarnis de troupes.

Des considérations si pressantes, l'expérience du passé et la façon de penser particulière au ministère de Saxe n'ont pas permis au Roi de Se fier aux propositions d'une neutralité qu'on n'auroit pas manqué d'éluder, dès qu'on auroit pu le faire avec quelque sûreté, et qui se combinoit d'ailleurs parfaitement avec le système dangereux d'une neutralité apparente, adopté par la cour de Saxe avec le consentement secret de celle de Vienne.

Toutes les mesures que Sa Majesté a prises en Saxe, que l'on tâche de représenter sous des couleurs si odieuses, ne sont que des suites nécessaires de la première résolution qu'Elle a été obligée de prendre pour Sa propre conservation, et Elle n'a fait qu'ôter à la cour de Saxe les moyens de Lui nuire. Cependant on y a apporté toute la modération que les circonstances peuvent permettre; le pays jouit de toute la sûreté et de toute la tranquillité qu'il pouvoit espérer au sein même de la paix; les troupes du Roi observent la discipline la plus exacte, et il n'en reste plus en Saxe qu'autant qu'il faut pour observer le camp de Sa Majesté Polonoise. On a pour Sa Majesté la Reine de Pologne tout le respect qui est dû à son rang, et ce n'est que par les représentations les plus convenables qu'on a engagé cette Princesse à ne pas s'opposer qu'on ôte du dépôt du cabinet de la chancellerie de Dresde, sans rien toucher aux autres archives, quelques papiers dont le Roi avoit déjà les copies, et dont Sa Majesté a cru devoir S'emparer pour vérifier les desseins dangereux des ministres de Saxe à Son égard et pour Se procurer les originaux dont on auroit d'ailleurs nié l'existence et la vérité.

C'est fort à regret que le Roi s'est vu forcé à des démarches si désagréables pour Sa Majesté le Roi de Pologne. L'estime et l'amitié personnelle de Sa Majesté pour ce Prince est toujours la même, mais Elle n'a pu sacrifier à ces sentiments la sûreté de tout son État, et Sa Majesté Polonoise ne doit attribuer Ses disgrâces qu'aux mauvais conseils des personnes mal intentionnées auxquelles Elle Se livre sans réserve et avec trop de confiance.

Dans la position critique où Se trouve Sa Majesté, Elle n'a pu consulter d'autre considération que le devoir essentiel qui La lie au ' nheur de Ses peuples. Un chacun est en droit de prévenir le mal dont il est menacé, et de le faire retomber sur celui qui en est l'auteur. Ni les constitutions ni les lois de l'Empire ne sauroient empêcher qu'on ne se serve d'un droit aussi supérieur à tous les autres que l'est celui de sa conservation et de sa propre défense, surtout lorsque le dépositaire de ces lois est si étroitement uni avec la puissance ennemie qu'il abuse visiblement de son pouvoir pour la favoriser.

L'union du Corps Germanique ne doit rien avoir à craindre d'un Prince qui est si fort intéressé à la conserver, et tous ceux qui ont avec Sa Majesté le même intérêt à conserver les libertés germaniques et la cause protestante, doivent faire des vœux pour l'heureux succès de Ses armes, puis qu'il est certain que l'oppression d'un des plus puissants Princes du Corps Germanique et de la Communion protestante entraîneroit nécessairement la destruction totale de l'une et de l'autre, au lieu que cet État dont on vante que la religion protestante lui doit sa naissance, ne seroit qu'une foible barrière pour garantir la même religion qui ne se ressent déjà que trop de la direction des affaires qui regardent les intérêts de la religion protestante à la Diète de l'Empire de la part d'un Prince d'une autre communion.

Telle étant la véritable situation de la crise présente, le Roi mon Maître se promet de l'amitié et des lumières supérieures de Vos Hautes Puissances qu'Elles reconnoîtront la justice des mesures que Sa Majesté S'est vue forcée de prendre, et qu'au lieu de Se prêter aux insinuations malicieuses de Ses ennemis, Elles emploieront plutôt Leurs bons offices pour inspirer de la modération aux puissances qui paroissent avoir juré la ruine d'un État dont le sort ne doit pas être indifférent à Votre République.

XXIV.

Unbilliges Verfahren des Ertzhauses Oesterreich gegen die Evangelische.

Die oft aufgeworfene Frage, ob der siebenjährige Krieg zu den Religionskämpfen gerechnet werden sollte, erscheint jetzt, nachdem eine umfassende und sorgfältige Forschung auch die geheimsten Papiere des österreichischen und preussischen Hofes jedermann zugänglich gemacht hat, als eine müssige. Wohl ist aber die Bedeutung des Einflusses, welchen der Zwiespalt der religiösen Bekenntnisse auf die politischen Gegensätze und auf die Handlungen der Staatslenker gehabt hat, noch heute ein Gegenstand wissenschaftlicher Erörterung.

Es ist bekannt, dass die alte, durch bedrohliche Vorzeichen immer wieder erneute Furcht der deutschen Protestanten, von der übermächtigen katholischen Partei im Reiche unter der österreichischen Führung vergewaltigt zu werden, nach dem Abschlusse des Bündnisses von Versailles ganz ausserordentlich gestiegen war[*]). Frankreich,

---

[*]) Vergl. Politische Correspondenz 13, 93. 103. 126. 132. 135. Schreiben Newcastles an Mitchell vom 28. Mai 1756 bei Bisset, 176. — Extract aus dem Briefe eines protestantischen Residenten an einem katholischen Churhofe: „Ueberhaupt setzten die Königlich preussischen Unternehmungen unsere katholischen Höfe in dem Reich in ein Erstaunen, die Concepta scheinen aber auf einmal verrückt zu werden.... Man sahe anfangs den Umsturz von Preussen für eine gemachte Sache an." Fechenbach sei an die katholischen Höfe geschickt worden, anzugeben, „wie zur Exstirpirung der Protestanten ein jeder Landesherr zu verfahren wäre." — In einer geschriebenen Zeitung, die dem preussischen Residenten zu Köln, Ammon, in die Hände gerieth (Bericht Ammons vom 10. August), heisst es: „Il y a de grands projets sur le tapis. La Silésie sera rendue à la maison d'Autriche. Les evêchés ou archévêchés

während des dreissigjährigen Krieges die Schutzmacht der Evangelischen, hatte sich nun mit einer Erbin jenes Ferdinands II. verbunden, der lieber über ein verödetes, als ein ketzerisches Reich gebieten mochte*).

„Der Versailler Vertrag und der nahe bevorstehende Anschluss Russlands haben einen sehr verschiedenen Eindruck in mehreren Staaten und besonders im Norden gemacht," berichtet der französische Gesandte in Berlin**). „Man behauptet, dass jetzt nach dem Umsturze des alten Systems der Wiener Hof sich für berufen halte, seine alte Politik wieder aufzunehmen, Deutschland und die protestantische Religion niederzuwerfen. Unter den Protestanten wird nach einer Union gerufen, das bedrängte Bekenntniss zu retten. Zum ersten Opfer ist der König von Preussen ausersehen."

Die evangelischen Höfe wollten wissen, dass die kaiserliche Kanzlei auf Befehl des Reichsvicekanzlers Colloredo mit einer genauen Zusammenstellung aller angeblichen Beschwerden beschäftigt wäre, welche die Katholiken seit 1747 über die Protestanten zu führen hätten***). Verglichen mit anderen Aeusserungen kaiserlicher und österreichischer

---

de Magdebourg, Halberstadt, Minden, Bremen et Verden ainsi que les comtés de Tecklenbourg, Lingen et l'Ostfrise seront conquis pour en faire un établissement au second archiduc" etc. (Ammon schreibt aber selbst über diese aus Holland stammende Nachricht am 27. August: „l'auteur paroissoit lui-même se moquer d'un semblable projet".) — Bericht Ammons vom 7. September: „On dit ici presque généralement que Votre Majesté est entrée en Saxe à la sollicitation des États de ce pays, opprimés par des contributions excessives et en crainte pour le maintien de leur religion protestante." Vergl. damit Walpole, Memoirs of the reign of king George II ed. by Lord Holland. London 1846. II, 241 f.

*) „Malo regnum desolatum quam damnatum". Vergl. Bauhofer, Geschichte der evangelischen Kirche in Ungarn vom Anfange der Reformation bis 1850. Berlin 1854. S. 192.

**) Vergl. Valory, Mémoires II, 85.

***) Politische Correspondenz 12, 423. Klinggräffen berichtet am 9. Juni aus Wien von einer anonymen Schrift gegen die Churfürsten von Hannover und Brandenburg; er fügt hinzu: „Il doit y en avoir encore une autre des princes catholiques, adressée à l'Empereur, sur leurs griefs contre les protestants, pièce que je me donne avec le ministre de Hanovre toutes les peines possibles à déterrer, mais jusqu'à présent en vain.. Je regarde ceci comme l'intrigue de cette cour-ci d'animer sous main les princes catholiques qui réclameroient le secours de la France, en vertu du traité de Westphalie, contre les protestants, afin d'avoir un prétexte d'exécuter ses autres projets. Tout ce que j'ai pu déterrer c'est que je sais que le comte Colloredo a donné ordre de faire dans la chancellerie de l'Empire une collection exacte de tous les griefs depuis l'année 1747.

Staatsbeamten war jenes Gerücht nicht gerade unglaubwürdig. Als der Fürst von Löwenstein-Wertheim die evangelische Gemeinde Rosenberg nur mit dem widerrechtlichen Vorbehalte, dass dort das Simultaneum gelten sollte, zurückgeben wollte, schrieb ihm Colloredo nach Plothos Bericht*): „Es würde derselbe eine grosse Perle in seinen Fürstenhut setzen, wenn er das Simultaneum einzuführen suchte." Und der Mainzer Comitialgesandte sagte zu dem Löwensteinschen Commissar Stockhausen auf dem Reichstag: „Gott Lob! Wir Katholische machen doch immer einen Schritt nach dem andern in dem von unserem Gegentheil so sehr bestreiten wollenden iure reformandi."

So erfreut waren die Kölner und der Lütticher Hof über die Allianz der beiden katholischen Grossmächte, dass nach Ammons Ausdruck **) selbst ein Engel, der vom Himmel herniederstiege, sie nicht aus ihrer Bethörung entreissen könnte:

„Der Erzbischof von Köln sieht mit der reinsten Herzensfreude der nahe bevorstehenden Ausrottung der Protestanten entgegen und dem Triumphe der katholischen Kirche, die am Ende den Teufel unter die Füsse treten wird. Man dankt Gott für diese Wendung der Ereignisse. Legte nicht ein Rest von Zurückhaltung der Unbesonnenheit des beispiellos schwachen und frömmelnden Fürsten den Zügel an, so würde er öffentlich den Kreuzzug in seiner Diöcese predigen und allgemeine Gebete, Processionen und Fasttage anordnen lassen. Was ich sage, ist keine Uebertreibung, sondern unumstössliche Wahrheit."

Nach dem Beginne des Krieges meldete derselbe Resident aus Köln einmal***): „Die Erbitterung des Volkes ist so gross, dass man selbst den Türken aufnehmen würde, wenn er sich gegen die Protestanten wenden wollte."

Angesichts solcher hochgradigen Erbitterung sprachen der König von Dänemark und seine Minister, die insgesamt eifrige Protestanten waren †), bereits im Juni offen ihre Befürchtungen aus, dass der nächste Kampf in Deutschland zum Religionskriege ausarten würde ††). Schon hätten die katholischen Mächte eine Liga gebildet †††), um nach dem Tode des Landgrafen von Hessen-Kassel, unter dem Deckmantel

---

*) Bericht Plothos vom 24. Mai.
**) Bericht Ammons vom 19. Juli.
***) Bericht Ammons vom 24. September.
†) Vergl. Politische Correspondenz 13, 126.
††) Bericht Häselers vom 11. Juni. Vergl. Politische Correspondenz 12, 409.
†††) Vergl. Politische Correspondenz 12, 289. 291. 313. 339 und Valory, II, 95.

der Religion ihre ehrgeizigen Absichten auszuführen*). Aus Vorsorge wurden die holsteinischen und dänischen Regimenter um die Mitte August verstärkt**) und die britische Regierung auf ihre Geneigtheit hin sondirt, mit Dänemark und Preussen in Einvernehmen zu treten, „um den schlimmen Folgen für die protestantische Sache zu steuern, die aus der Verbindung des Wiener und Versailler Hofes erwachsen könnten"***). Selbst die feierlichen Versprechungen Maria Theresias†) vermochten den rege gemachten Argwohn nicht ganz zu verscheuchen††). In dem sonst nicht sehr preussenfreundlichen Kopenhagen wurde „aus Eifer für die Religion" Friedrichs Sieg bei Lobositz fast allgemein mit Freuden begrüsst. Nur die Katholiken, berichtet Häseler, Preussens dortiger Vertreter†††), „und die Gesandten von Frankreich, Russland und Sachsen möchten den Ruhm und den Erfolg dieses Triumphes abschwächen".*

Die dänischen Eröffnungen über ein gemeinsames Abkommen waren in Grossbritannien nicht unwillkommen*†). Hatte doch William Pitt, damals der volksthümlichste Mann, schon 1736 in seiner ersten Parlamentsrede als den herrlichsten Ruhm der sächsischen Ernestiner gepriesen, „sich für die edelste Sache aufgeopfert zu haben, für die ein Fürst ein Schwert ziehen kann, nämlich im Kampfe für die Freiheit und die protestantische Religion". Soweit auch die Wege der englischen und der preussischen Politik in den verflossenen Jahren auseinander gegangen waren, wann Fragen der Religion in Betracht kamen, traten beide Mächte fast immer einmüthig auf. Stets sahen nach einem Ausspruche Legges seine Landsleute in Preussen die bedeutendste Stütze der Evangelischen auf dem Continente*††). Schon

---

*) Vergl. Bisset, 187 und Duclos, Mémoires 635: „Il y avoit longtemps que le Roi [de France] désiroit une alliance catholique pour balancer le parti protestant déjà supérieur en Europe."

**) Bericht Feriets vom 24. August. „On appréhende ici de plus en plus une guerre de religion."

***) Bericht Michells vom 20. August. Ministerialerlass an Häseler vom 4. September. Politische Correspondenz 13, 126.

†) Vergl. das kaiserlich-königliche Circularrescript in den Danziger Beiträgen 1, 173.

††) Allerdings berichtete Feriet am 28. August, dass nach den Démentis des österreichischen und französischen Hofes, irgendwie dem evangelischen Bekenntnisse Abbruch thun zu wollen, sich die Furcht etwas gelegt hätte.

†††) Bericht Häselers vom 19. October. Vergl. Politische Correspondenz 14, 125.

*†) Vergl. Valory, II, 410.

*††) Droysen, V. 4, 41. Vergl. ebendaselbst 181, 188. Siehe auch den Brief von Horace Walpole an Milling vom 29. Mai 1745.

1749 hatte Kaunitz einmal von dem hitzigen Eifer der Briten für den Protestantismus (acharnement pour la religion protestante) tadelnd gesprochen, der eine Erkältung gegen Oesterreich und eine Hinneigung Englands zu dem preussischen Könige veranlasst hätte*). Nach dem Abschlusse des Vertrages von Versailles schrieb Newcastle an Mitchell: „Friedrich würde hier warm unterstützt werden und angebetet, wenn er für die protestantische Sache einträte" **), und Lord Lyttleton äusserte***):

„Das ist wahrscheinlich, der Geist des Papismus hat den bigotten Wiener Hof zu diesen Plänen getrieben; die Unterdrückung der Protestanten ist nach dem Herzenswunsche der Kaiserin ebensowohl wie die Eroberung Schlesiens in dem Bündnisse mit Frankreich vereinbart. Dieser Geist hat sie den Engländern entfremdet und kann möglicher Weise noch andere katholische Mächte zu dem französischen Bunde hinzutreten lassen†)."

Die Erinnerung an den letzten Einfall des Prätendenten gab der Furcht vor einer katholischen Reaction in Grossbritannien immer neues Leben††). Jede Regung der noch unversagten Jakobiten wurde mit Argwohn beobachtet†††). Gleich beim Ausbruche des englischfranzösischen Krieges lief mit der Kunde von einer beabsichtigten Landung der Franzosen das Gerücht durch die Zeitungen, Karl Eduard wäre nach Paris gekommen*†). Es waren dies nicht unberechtigte Sorgen. Als der Plan zu einem Einfalle in England von der französischen Regierung ernstlich erwogen wurde, hatten der Marschall Belle-Isle und die Minister häufig Berathungen mit den Jakobiten*††); und Kaunitz liess sich in einer Unterredung mit dem sächsischen Gesandten Flemming, in der er „Feuer und Flamme" gegen

---

*) Vergl. Arneth, Maria Theresia 4, 184. 188. 272. 287. 498. 561. Politische Correspondenz 11, 37. 79; 12, 52.
**) Bisset, 177.
***) Lyttleton, Memoirs, 531.
†) In einem Berichte Michells, London, 23. November 1756, heisst es: „On se dispute ici qui fera le mieux l'estampe de Votre Majesté que chacun achète, et au bas de laquelle on a mis l'épithète de protecteur de la religion protestante en Allemagne. Vergl. auch Politische Correspondenz 13, 66.
††) Vergl. Arneth, 3, 260. 467. Wasner meldet 1746, dass ein Bund mit Preussen sehr volksthümlich wäre, und fügt hinzu: „worzu die um so mehrers verwunderliche Betrachtung des Protestantismi sehr vieles beitraget, als die hiesige Leute in der That garkeine Religion und von der protestirenden nichts als den Hass gegen die katholische haben."
†††) Ranke Werke, 30, 112.
*†) Politische Correspondenz 12, 37. Vergl. ebendaselbst 14, 71. 132.
*††) Politische Correspondenz 13, 339; 14, 71. 132.

England spie, bis zu den Worten hinreissen: Will die englische Krone nicht auf die Absichten der Kaiserin eingehen, dann wird sich wohl ein Mittel finden, binnen kurzem den Thron Sr. Britischen Majestät zu erschüttern*).

Die Rede, mit der König Georg am 2. December das Parlament eröffnete, verbreitete sich mit Nachdruck über „die unnatürliche Verbindung" der Hofburg mit Frankreich und über die Gefahr des deutschen Reichs, „dass fremde Heere seine Verfassung und sein System niederwerfen und den Protestantismus zu unterdrücken drohten**)."

Wie hätte Friedrich diese Stimmung nicht in seinem Interesse verwerthen sollen? Hat er doch selbst empfohlen, im Kriege der protestantischen Bevölkerung unter einem katholischen Herrscher Aussicht auf das freie Bekenntniss ihrer Religion zu machen und den Katholiken den königlichen Schutz zuzusichern***). So fern der preussische Herrscher auch jeder Form der offenbarten Religion stand†), wir würden Unrecht thun, wollten wir behaupten, dass seine Handlungsweise nur von einer Opportunitätspolitik bestimmt worden wäre. Erziehung und die eigene Philosophie liessen ihn zu allen Zeiten dem evangelischen Bekenntnisse den Vorzug vor dem römischen geben. Freilich war sein Protestantismus mehr ein politischer als ein religiöser††). Er war davon fest überzeugt, dass er sich im eigenen Interesse zum Schutzherrn seiner Glaubensgenossen aufwerfen

---

*) Ministerialerlass an Michell vom 28. September. Vergl. Politische Correspondenz 13, 144. 190. 201 und Bisset, 193.

**) Bericht Michells vom 3. December.

***) Œuvres, XXVIII, 50. — Prinz August Wilhelm erzählt in seinen Memoiren, der König habe beim Einmarsch in Sachsen befohlen, „d'insinuer au peuple et surtout aux ecclésiastiques que le maintien de la religion protestante faisoit le motif principal de la guerre, le Roi étant instruit des projets formés par le confesseur jésuite du consentement de la reine de Pologne, qui tendoient rendre toute la Saxe catholique." — Zieten wurde in seiner Instruction beim Beginne des siebenjährigen Krieges angewiesen, „man solle verbreiten, dass der Krieg unvermeidlich gewesen sei, weil Maria Theresia eine Unterdrückung der protestantischen Religion beabsichtige." Siehe Winter, Zieten. Leipzig 1886. II, 179.

†) Der chursächsische Generallieutenant Vitzthum von Eckstädt schreibt im December 1750: „Der Unglaube, den er (Friedrich) an den Tag legt, ist weder klug, noch anständig, und thut ihm mehr Schaden, als er denkt, weil er die Rolle des Beschützers der Protestanten spielt." Vergl. Vitzthum von Eckstädt, Geheimnisse des sächsischen Cabinets. 1866. I, 54. 101. Valory sandte am 21. September seinem Hofe das neue Kirchengebet und bemerkte dabei: „On dit qu'il (sc. le Roi) a envoyé le modèle de cette prière; cela ne me surprendroit pas plus que de l'entendre, comme cela m'est arrivé quelquefois, parler moralement avec une vérité élégante." Valory, II, 175.

††) Vergl. Koser, Friedrich der Grosse als Kronprinz. 1886. S. 137 f.

müsste, und dass seine Niederlage den Untergang der Evangelischen bedeutete. Dank seiner Macht wurde dem Protestantismus eine Repräsentation auf dem Continente gewährt, „wie er dieselbe so solid und bedeutend noch nie besessen hatte*).“ Mit Recht sah der König in jedem Fortschritt des Katholicismus einen Sieg des feindlichen Oesterreichs.

Dem billigen Spotte, dass der Zögling Voltaires als der Schutz und Schirm des evangelischen Christenthums gepriesen wird**), mag mit den Worten von Moritz Haupt geantwortet werden***):

„Indem Friedrich sein Königreich behauptete, hat er in Deutschland das protestantische Geistesleben gerettet, womit ich mehr und anderes meine, als Glaubenssätze und kirchliche Formen. Das innerste Leben des deutschen Volkes in seiner schönsten Blüte ist ihm verborgen geblieben: aber durch seine Siege und durch sein königliches Walten gewann das Volk zuerst wieder ein stolzes Selbstgefühl und ward gestählt zum Vorwärtsdringen in der Geistesarbeit. Ohne ihn wäre der helle Tag verdunkelt worden, die reine Luft verdumpft, in denen sich das Geistesleben Deutschlands allmählich zu neuer und voller Blüte entfaltete. Das Wirken eines hohen Genius dringt tiefer und weiter, als sein eigener Blick es ermisst und sein Bewusstsein umfasst†).“

Unermüdlich mahnte König Friedrich seinen britischen Verbündeten, auf der Hut zu sein und das evangelische Bekenntniss vor den tief angelegten, verderblichen Plänen der österreichischen Politik zu schützen. Durch das Versailler Bündniss hätte der Katholicismus eine Macht und Kraft erlangt, wie niemals zuvor. Um einen Anlass, den Protestantismus in Deutschland mit Gewalt zu vernichten, wäre die Hofburg nicht verlegen. Es wäre bezeichnend, dass bereits eine grosse Anzahl römisch-katholischer Reichsstände vor dem Kaiser

---

*) Ranke Werke, 30, 66.
**) Der Observateur hollandois spottet (10, 107 f.), dass die beiden ersten Opfer der Vertheidigers des Protestantismus evangelische Staaten (Mecklenburg und Sachsen) gewesen wären. Vergl. ebenda S. 81 und 36 und Observateur S. 106: „[les capucins] lui sont aussi indifférents qu'un ministre luthérien ou calviniste, ... mais son but est d'affecter le rôle de défenseur de la communion protestante.“ In der Prussiade, poëme en quatre chants en vers comi-héroïques, Cassel MDCCLVIII (abgedruckt im Observateur) heisst es einmal: „Qu'il (Frédéric) bat d'une main les Saxons Et de l'autre défend leur temple“.
***) Haupt, Opuscula, Lipsiae 1876. III. 1, 163.
†) Ein Prediger in Franken soll einmal auf die vielen Potentaten und Heiligen hingewiesen haben, die den Feinden Friedrichs zur Seite ständen. „Aber,“ fragte er, „wen haben nun wohl die Protestanten zu ihrem Beistand? Niemand als den König in Preussen und Gott!“ Denkwürdigkeiten 2, 447.

bittere Klagen wider die augsburgischen Confessionsverwandten geführt und erklärt hätte, die Hülfe Frankreichs, als Bürgen des westfälischen Friedens, gegen die Uebergriffe des Corpus Evangelicorum anzurufen*).

Knyphausen in Paris musste diese Nachricht unverzüglich den dortigen Vertretern der kleinen deutschen Fürsten mittheilen**), und Klinggräffen hatte den bevollmächtigten Gesandten Georgs II. in Wien davon in Kenntniss zu setzen, „um ihn, so viel als möglich, aufzurütteln"***).

Die englischen Minister wollten vorerst von Gegenvorkehrungen absehen und liessen den König durch Michell bitten†), keine Beschwerde über Oesterreich an den Reichstag zu bringen; dadurch würde dem Feinde am ehesten das Mittel genommen, die katholischen Fürsten gegen die Vertragsmächte von Westminster einzunehmen. Diese Politik der halben Maassregeln war aber nicht nach dem Sinne des Königs.

„Ich meine," erwiderte er darauf††), „es ziemt uns nicht, auf unserem Wege zu wanken oder ihn zu verlassen; das österreichische Ministerium in seinem Stolz und seiner Hoffahrt würde unsere Mässigung der Furcht, und die protestantischen Fürsten unserer Schwäche zuschreiben. Sind wir gesonnen, wie bekannt ist, die Rechte und Freiheiten der Protestanten zu vertheidigen, warum sollen wir dann diese unsere Befugnisse verleugnen? Etwa, um dem

---

*) Erlass an Michell vom 19. Juni. Klinggräffen hatte die Nachricht am 9. Juni aus Wien gemeldet. „Ich halte dies für Ränke," schreibt der Gesandte, „angezettelt ... um andere Ziele zu erreichen." Kurz vor dem Kriege erschien ein „Bericht von dem dermaligen zerrütteten Zustand der Teutschen Reichsverfassung", in dem das Corpus Evangelicorum beschuldigt wird, „die protestantischen Principia" mit Gewalt gegen die schutzlosen katholischen Reichsstände durchzusetzen. „Das Wenige, so der geistlich-katholische Theil in Teutschland annoch zu verlieren hat, wird ohnehin seinem Herrn bei erster Gelegenheit leicht finden oder doch beim Auskehren zum ersten hervor gesuchet werden." Die Schrift schliesst: das Corpus Evangelicorum werde „mit seinen Ausschweifungen sich noch endlich ermächtigen ... freie Reichsstände in königlich preussische Schutzgenossen zu verwandeln. Avis au lecteur."

**) Politische Correspondenz 12, 425 f. Plotho, Hecht in Hamburg und Ammon erhielten ganz ähnliche Weisungen. Vergl. Politische Correspondenz 12, 471.

***) Ministerialerlass an Klinggräffen vom 19. Juni. Vergl. Politische Correspondenz 12, 423.

†) Bericht Michells vom 2. Juli.

††) Politische Correspondenz 13, 66.

Wiener Hof einen Vorwand zu nehmen? Ich sage, wenn er darnach sucht, wird er immer welche finden, aber es kann wohl sein, dass unsere hochherzige Festigkeit auf ihn Eindruck macht. Ich wenigstens, Ich werde nie zu denen gehören, die ängstliche Vorschläge thun. Wenn man das Recht auf seiner Seite hat, muss man, wie Mir scheint, erhobenen Hauptes schreiten: gerade in diesem ereignissschwangeren Augenblicke kann unser Beistand den Protestanten dienen; wenn sie nichts zu fürchten haben, wird unsere Hülfe unnütz."

Wieder liess der König den Bedächtigen vorstellen:

„Wenn der Hauptbürge des Westfälischen Friedens in Allianz steht mit der einzigen Macht, die einen Vortheil hat an dem Bruche und der Vernichtung dieses Vertrages, des Bollwerkes der deutschen Freiheiten, muss das nicht alle protestantischen Höfe erschrecken? Es liegt im eigensten Interesse Englands, sich diesem Vorhaben mit allen Kräften zu widersetzen."

Als der Beitritt Spaniens zum Versailler Tractate in naher Aussicht zu stehen schien, liess Friedrich sofort überall die daraus entspringende Gefahr für die deutschen Protestanten betonen; ihre Lage wäre dann verzweifelter, als in den schlimmsten Tagen des dreissigjährigen Krieges*).

Die Furcht der Dänen vor einer katholischen Reaction im Reiche wurde auf Geheiss des Königs**) von den preussischen Diplomaten verstärkt, „da sich wirklich aus verschiedenen Anzeichen erkennen liesse, dass allerdings ein Religionskrieg entfacht werden sollte, und zwar möglicher Weise schon früher, als man denke."

---

*) Vergl. den Erlass an Michell vom 28. September.

**) Ministerialerlass an Feriel vom 7. September. Es heisst dort unter anderem: „Plusieurs circonstances indiquent cependant suffisamment que c'est là où visent en grande partie les desseins de ladite cour [de Vienne]. Les peines tout-à-fait extraordinaires qu'elle s'est données pour invalider les actes d'assurance que le prince de Hesse-Cassel a signés après son apostasie, les intrigues indignes qu'elle a fait jouer par ses ministres pour enlever ce prince, le complot qu'elle tâche de former actuellement entre les princes catholiques les plus puissants de l'Empire, le refus constant de remédier aux justes plaintes du Corps Évangélique, enfin la hardiesse avec laquelle le Conseil Aulique vient de casser par un décret de commission l'exécution dont j'ai été chargé de tout le corps de princes protestants assemblés à la diète de Ratisbonne, en qualité de prince directeur du cercle de Westphalie, dans la fameuse affaire du couvent de capucins que le prince de Wied-Runckel leur a permis de bâtir sur ses terres, et par où ledit conseil a fait une infraction manifeste dans une des plus précieuses prérogatives dont jouissent les princes de l'Empire, sont autant de faits."

„*Vielleicht,*" so heisst es in einem späteren *Erlasse**), „*ist jetzt noch kein Anschlag gegen den Protestantismus gemacht; aber gelingt es dem Wiener Hofe, Mich zu vernichten, so wird er von Plan zu Plan schreiten: unfehlbar wird die Zeit der Ferdinande wieder aufleben, da die Kaiserin-Königin, von nicht geringerem Ehrgeize beseelt und nicht minder glaubenseifrig als ihre Ahnen, über eine viel grössere Macht und weit bedeutendere Hülfsmittel verfügt. Frankreich wird den entfesselten Strom nicht mehr aufhalten. Dann wird Dänemark zu spät seine Unthätigkeit bereuen, während Ich, der einzige Herrscher, der sich den gewaltigen Entwürfen des Hauses Oesterreich in den Weg stellen konnte, niedergeschlagen wurde.*"

Auch auf die Holländer, deren Staat er ehrend „*eines der Hauptbollwerke des Protestantismus*" nannte**), wollte Friedrich einen Theil seines eigenen Feuers überströmen lassen. Sie sollten daran denken, dass ihnen nach der von Oesterreich versprochenen Abtretung der Niederlande an Frankreich wiederum das Schicksal von *1672* drohte***); mit dem Schutze des Protestantismus, der von Wien grausam angegriffen würde, vertheidigten sie ihr eigenes Interesse†).

Freilich gäben die beiden grossen katholischen Höfe „*ihre gegen die protestantische Religion führende Absichten nicht so bloss zu, dass sie solches öffentlich declarireten, vielmehr würden sie solche sehr zu verbergen suchen, wohl aber die mächtigsten protestantischen Stände unter andern Prätexten attaquiren und inzwischen die Republik Holland zu amusiren suchen, da dann, wenn es ihnen gelungen, die mächtigsten protestantischen Fürsten in Deutschland, so bisher gleichsam der Boulevard der Religion und Freiheit derer deutschen Fürsten gewesen, zu affaibliren, alsdann das übrige von selbst fallen und es mit der protestantischen Religion und der deutschen Freiheit, auch selbst der Indépendance der Republik gethan*

---

*) Ministerialerlass an Häseler vom 16. November.
**) Politische Correspondenz 12, 458.
***) Ministerialerlass an Hellen vom 3. August.
†) Ministerialerlass an Hellen vom 17. August: „Le dessein qu'elle [la cour de Vienne] paraît avoir conçu de ne remédier jamais à aucuns griefs qui ont été portés de la part des protestants relativement à leur religion, la cruauté qu'elle fait exercer en dépit des constitutions les plus saintes contre les pauvres protestants de ses pays héréditaires, la manière méprisante avec laquelle elle a répondu jusqu'ici aux instances que tant de puissances respectables ou faites auprès d'elle en faveur de ces malheureux, tous ces faits, sans y ajouter d'autres, suffisent pour mettre dans un plein jour les machinations dangereuses de ladite cour contre le protestantisme."

sein würde, als die dabei nur das bénéfice de Polyphème haben werde*).“

Alle evangelischen Staaten, so liess sich der König öfters vernehmen, müssten gemeinsame Sache gegen Oesterreich machen, dessen politische Bestrebungen bewusst oder unbewusst mit religiösen zusammenfielen.

Aber irren wir nicht, so gingen seine Pläne noch weiter, so suchte er der Kaiserin-Königin in ihren eigenen Landen einen Widersacher zu erwecken**). In einem Gespräche, das Friedrich am 10. Juni mit dem englischen Gesandten Mitchell hatte, liess er die Aeusserung fallen, am besten würde der Abkehr Russlands von dem britischen Bündnisse ein Paroli geboten, wenn ein Religionskrieg in Ungarn angefacht würde***).

Seit den Tagen des grossen Churfürsten galten die Hohenzollern den ungarischen Protestanten als Schirmherrn ihres Glaubens. Friedrich selbst hatte sich bei Maria Theresia für die Bedrängten verwandt†) und erst jüngst durch Schaffgotsch dem Papste eine Beschwerde über die zelotische Wuth des Veszprimer Bischofs Biro vortragen lassen††). Freilich seine Fürbitte hatte bei der Hofburg kein geneigtes Gehör gefunden; „man wollte sogar den Antrag als blosse Zumöthigung ausdeuten†††).“

Trotz der Beschlüsse des Oedenburger Reichstags und ihrer Bestätigung zu Pressburg (1687) wurden die Protestanten in Ungarn überall zurückgedrängt; ihr Bekenntniss, nur geduldet, war sehr häufig der straflosen Verfolgung katholischer Eiferer ausgesetzt*†). Noch 1749

---

*) Politische Correspondenz 13, 383. Hellen hatte am 4. September um ein ostensibles Rescript gebeten, in dem mit Pathos auf die Gefahren des Protestantismus hingewiesen würde. Podewils und Finckenstein unterstützten in einem Immediatberichte vom 11. September seinen Vorschlag. Eichel entwarf darauf die oben citirte Ordre an das Cabinetsministerium. Vergl. Politische Correspondenz 13, 389. Andere Cabinetsbefehle ähnlichen Inhalts siehe ebenda 8. 64. 147. 157. 158. 172. 184. 217. 294. 432. 439. 447. 458. Politische Correspondenz 14, 113. 131. 171 u. s. w.

**) Bartenstein warnte schon 1744 vor einer weiteren Bedrückung der protestantischen Ungarn, da sie dem preussischen Könige eine erwünschte Handhabe gegen Habsburg bieten würde. Arneth 2, 410.

***) Politische Correspondenz 12, 399. „To raise a religious war in Hungary by way of diversion, which he [the King] thought very possible and would himself contribute to."

†) Vergl. Preuss, Friedrich der Grosse 1, 400.

††) Vergl. Lehmann, Preussen und die katholische Kirche 3, 312.

†††) Denkwürdigkeiten 1, 217.

*†) Depesche von Williams aus Dresden, 15. Juli 1753: „The spirit of persecution still reigns at Vienna." Der Beichtvater der Kaiserin erklärte

waren in der Gespanschaft Raab sämmtliche evangelische Kirchen confiscirt worden, und die lutherischen den katholischen Priestern übergeben, die reformirten gar zu Wirthshäusern gemacht*). Der fanatische Bischof Biro rühmte sich, in zwei Jahren seines Episcopats zwölf ketzerische Kirchen wieder für den wahren Gottesdienst gewonnen zu haben**). Allein in den ersten neun Jahren von Maria Theresias Regierung waren den Protestanten hundertundfünf Kirchen geraubt worden***). Die evangelischen Prediger durften nicht ihre Glaubensgenossen besuchen, die sich an Orten befanden, die zu katholischen Pfarreien gehörten†); selbst die Hausandacht war verboten††). Vor allem richtete die römische Kirche gegen die Schulen der Protestanten ihren Angriff; jede Akademie war ihnen genommen, und die Reise nach auswärtigen Universitäten war nur mit einem königlichen Geleitsbriefe, der alle Jahre erneuert werden musste, gestattet†††). Allerdings wurden einige evangelische Edelleute zu Räthen der Königin ernannt, wurden aber niemals zu Conferenzen hinzugezogen *†).

Noch ärger als die Regierung und die Geistlichen — unter ihnen thaten sich besonders die Jesuiten hervor*††) — hausten einzelne Adeliche. Der Vicegespan Stephan Bornemissa durchzog mit einem Gewalthaufen die Grafschaft Sarossa und peinigte die Evangelischen so, „dass in den Commissionalacten sein Name öfter noch stehet, als der von Pilatus in der Geschichte von den Leiden Christi" †*). Man erzählte von einer Adelsgesellschaft, die sich unter dem Schutze der Heiligen Joseph und Karl Borromäus bilden wollte, „in wirksamer Weise" die umfassendste Propaganda zu treiben †**); und zum Präses

öffentlich gewaltsame Massregeln zur Bekehrung der Protestanten für ein Werk der Gerechtigkeit. Menzel, Geschichte der Deutschen, II, 20.

*) Acta Historico-ecclesiastica 13, 247 f.
**) Acta 20, 444.
***) Acta 13, 674.
†) Acta 14, 356.
††) Acta 14, 366.
†††) Acta 14, 359 f. Es wurde geklagt, „dass alle Lutheraner Ochsen und Esel sein sollen." Vergl. Arneth 4, 51.
*†) Acta 14, 335. Vergl. Arneth 4, 41. Im Heere dagegen wurden die Protestanten seit dem Erbfolgekriege regelmässig befördert. Vergl. Arneth 2, 52. Acta 14, 336.
*††) Acta 14, 170.
†*) Acta 14, 336.
†**) Der § 2 ihrer Statuten lautet: „Finis principalis est nova efficaci methodo propagandae ac defendendae fidei orthodoxae et per hanc felicitatis promovendae ratio." Und § 4 Abschnitt 5: „Captabunt, aut sponte oblatas

dieser Vereinigung war kein Geringerer erlesen als der Judex curiae Graf Joseph Esterhazy.

„Weder Gesetze," wird in einem Briefe aus Raab geklagt, „noch Rechte, noch Billigkeit, noch Gebrauch, auch nicht die theuren Verdienste unserer Vorfahren, welche ihr Blut und Vermögen mit Freuden der Freiheit aufgeopfert und uns zur treulich geschehenen Nachfolge aufgemuntert haben, sind uns anitzo zu unserer Ruhe und Sicherheit genugsam gewesen*)."

Die Erinnerung an die Schlachtbank von Eperies war noch lebendig in den Herzen der protestantischen Bevölkerung**). War es unmöglich, dass sie, um solchen Drangsalen zu entgehen und sich an ihren Peinigern zu rächen, wie in den Zeiten von Ruköczy und Emmerich Tököly, zu den Waffen griff?

Die Protestanten befanden sich aber nicht allein im scharfen Gegensatze zu der kaiserlichen Regierung: eine tiefe Missstimmung hatte sich der meisten Ungarn bemächtigt, „seit jeher zu nichts mehr geneigt, als zur Unzufriedenheit mit ihrer Regierung"***). Auf dem Pressburger Reichstage war es zu stürmischen Scenen gekommen; die Magyaren glaubten sich für ihre Leistungen im Erbfolgekrieg mit Undank belohnt und beklagten sich, dass durch die scharfen Grenzzölle ihnen die Ausfuhr ihrer Landeserzeugnisse so gut wie gesperrt und dadurch ihr Wohlstand untergraben wäre†). Selbst die Magnaten, die fast sämmtlich ihrer Herrscherin ergeben waren, grollten über unberechtigte Zurücksetzung am kaiserlichen Hoflager und beschwerten sich, dass die Commandantenstellen in den ungarischen Festungen nicht an Eingeborene gegeben wurden. Während der Verhandlungen über die römische Königswahl erhoben sich zahlreiche Stimmen gegen dies Project; es sollten sogar Ansammlungen bewaffneter Unzufriedener in den Kaschauer Gebirgen, ja selbst in der Nähe von Pressburg stattgefunden haben††).

Noch viel schwieriger war die Ständetafel, bei der die Hauptkraft lag; denn in ihr waren die Protestanten, die ein Drittel der Bevölke-

---

arripient occasiones in haereticos subditos, vel ignotos aut vicinos et notos efficaciter influendi, suavi tamen via . . . . . . pertinacibus vero favores aut gratias subtrahendo vel differendo." Acta 9, 682.

*) Acta 13, 248.

**) Vergl. Hormayr, Taschenbuch für vaterländische Geschichte. Jahrgang 20, S. 133. Vergl. Droysen III. 3, 560.

***) Arneth, Maria Theresia im siebenjährigen Krieg. I, 6.

†) Droysen V. 4, 272.

rung bildeten*), zahlreicher vertreten: die Regierung stiess hier öfters
auf eine unüberwindliche Opposition.

Diese Missstimmung, aus religiösen und politischen Gründen hervorgegangen, hatte beim Beginne des siebenjährigen Krieges einen bedenklichen Grad erreicht. „Wäre nur ein geeigneter Führer da," schrieb Klinggräffen am 18. September, „so wäre eine Erhebung um so leichter, als fast alle Truppen aus dem Lande gezogen werden." Der Baron von Bode theilte dem preussischen Gesandten in Regensburg mit**), dass die Ungarn nur auf eine Gelegenheit warteten, um sich in die Arme des Königs von Preussen zu werfen. Wenn Friedrich nur mit zehntausend Mann durch die Jablunka einrücken wollte, würde der Aufruhr hell entflammen. Plotho, der geheime Verbindungen mit den Ungarn unterhielt, hatte von anderen Seiten ähnliche Nachrichten bekommen und hielt sich danach versichert, dass die von ihm gelegte Mine „zu rechter Zeit ihre Wirkung thun werde." Charakteristisch für die innere Politik des Wiener Hofes, der trotz aller bösen Erfahrungen in früheren Tagen sich zu keinem durchgreifenden Zugeständnisse herablassen wollte, ist folgende Stelle aus einem Schreiben des früheren mecklenburgischen Hofmarschalls Wenderssen:

„Ein kaiserlicher General, welcher seine Güter in dem Comitate von Komorn hat, hat auf seine Ehre versichert, dass die Protestanten in Ungarn wegen des harten Drucks, so sie der Religion halber erdulden müssten, so schwierig wären, dass sie, wenn sich nur zehntausend Preussen in Ungarn einmal sehen lassen wollten, alle Ihro Königlicher Majestät zufallen würden. Ich selbst bin ein testis ocularis davon und habe in dem verwichenen September in dem Antichambre von der Kaiserin Majestät in Schönbrunn es mit angehöret, dass der ungarische Obristhofmeister Graf von Nadasdy zu drei ungarischen Edelleuten, welche als Deputirte aus Nieder-Ungarn an den Hof nach Wien geschickt waren, um ihre Religionsbeschwerden vorzustellen, nachdem sie drei Wochen sich in Wien aufgehalten und keine Audienz bei der Kaiserin bekommen konnten, öffentlich sagte: Ihr sollet und werdet keine Audienz bei der Kaiserin Majestät erhalten, und wenn ich in der Kaiserin Stelle wäre, so nähme ich euch alle eure ketzerischen Kirchen weg. Mit welcher betrübten und rüden Antwort sie sich niedergeschlagen retiriren und nach Ungarn retourniren mussten."

---

*) „Che compone il nerbo, la forza e l'autorità della nazione ungara." Arneth, Maria Theresias erste Regierungsjahre, 4. 525. Vergl. ebenda selbst 189 f.

**) Politische Correspondenz 13, 588.

Welche Gefahr bedrohte nicht Maria Theresia! Gelang es dem Könige von Preussen, wie er im siegesstolzen Bewusstsein nach der Schlacht von Prag einmal schrieb*), noch im Jahre 1757 Truppen bis nach Ungarn vorrücken zu lassen und die Protestanten — sie bildeten ein Drittel der Bevölkerung des Königreiches — für die Religionsfreiheit unter Waffen zu rufen, denn war die Kaiserin auch in dem Lande nicht mehr sicher, das ihr in den trübsten Tagen des Erbfolgekrieges als Zufluchtsstätte gedient hatte. Und war es unmöglich, dass sich die Erregung dann auch nach Oberösterreich, Kärnthen, Krain und Steiermark verpflanzte**)? Trotz der Verfolgungen, trotz aller grausamen „Transplantationen" war dort die Zahl der Evangelischen nicht unbedeutend: eine Bittschrift der protestantischen Kärnthner an die Kaiserin-Königin soll nach der Erzählung von Fürst***) über 12000 Unterschriften getragen haben. Preussische Agenten wollten wissen, dass der König auch in den österreichischen Erblanden „die bereitwillig- und freudigste Aufnahme" finden würde†).

Solche Bewegungen, so gewaltsame Entschlüsse ganzer Massen sind niemals spontaner Natur. Wollte man wirklich die protestantischen Völker Europas zum Schutze ihres Bekenntnisses aufrufen, dann durften nicht bloss die Cabinette und einzelne Parteiführer interessirt werden: der breiten Menge musste das Schicksal, das ihr von dem triumphirenden Katholicismus drohte, eindringlich vor Augen geführt werden. Mit gutem Grunde wird in fast allen preussischen Staatsschriften die enge Verknüpfung des politischen Moments mit dem religiösen betont. Aber wurde das Gewicht dieser Warnungen nicht gerade dadurch gemindert, dass sie in officiellen Kundgebungen, deren Absicht offen da lag, erschienen? Mussten nicht schlichte Erzählungen und die Worte eines scheinbar an der Politik ganz Unbetheiligten viel wirkungsvoller sein?

Friedrich war sich dieses stillen aber mächtigen Einflusses anonymer Flugschriften wohl bewusst. Hat er doch selbst öftern zur

---

*) Politische Correspondenz 15, 171.

**) Vergl. Kurze, doch hinlängliche Nachricht von dem dermaligen Zustand der um der Lehre des Evangelii nach der unveränderten A. C. leidenden vielen Bedrängten in den Landen des Erzherzogthums Oesterreichs dem Land ob der Ens, Steyermark und Kärnthen aus den bisher verhandelten Acten getreulich aufgesetzet und an das Licht gestellet. Andere Auflage 1754. Es wird darin geklagt, dass die Lage der Evangelischen schlimmer wäre, als der „Unchristen und Juden".

***) Ranke Werke 30, 42.

†) Politische Correspondenz 13, 588. Ueber die Protestantenverfolgungen in diesen Territorien vergl. im Unbilligen Verfahren die §§ 12 u. 13. Vergl. Droysen V. 4. 442 f.

Feder gegriffen, um insgeheim durch Ernst oder Spott die Entschlüsse der Höfe zu beeinflussen. Wo schien aber durch solches Mittel ein leichterer Erfolg erreichbar, als in dieser religiös-politischen Frage, die Jedermann verständlich war und jeden Protestanten im Innersten berühren musste?

Unter dem frischen Eindrucke der Nachricht, dass demnächst österreichische Gesandte an alle Reichskreise geschickt werden sollten, „um selbigen", mit Eichel zu reden, „allerhand sehr widrige Insinuationes sowohl gegen des Königs Majestät als auch gegen Hannover zu thun" *), *befahl Friedrich am 29. Juni den Cabinetsminister Finckenstein, vom Kammergerichtsrath Kahle oder einem Professor der Frankfurter oder Hallischen Universität, „der die mehrste Geschicklichkeit in der Historie und im Schreiben hat", unter Beobachtung des tiefsten Geheimnisses eine Schrift im Umfange von höchstens achtzig Blättern entwerfen zu lassen über das üble Verfahren,*

„so das Haus Oesterreich gegen die evangelischen Protestanten, und zwar sowohl im Reiche als in denen Erblanden, wie die Steiermark p., ingleichen auch in Hungarn, gehalten, und von denen dabei exercirten Despotismis und Verfolgungen, von jeher bis jetzo, unter dem Titel Ohnbilliges Verfahren gegen die Evangelischen .... Der Stilus darin muss ganz plan und deutlich und garnicht enflé sein, dabei der Verfasser sich zwar injuriöser Ausdrücke enthalten, aber doch zugleich alle Malice, so man darin anbringen kann, mit gebrauchen und unter der Maske der grössten Simplicität mit adhibiren muss **).*"*

Ludwig Martin Kahle, seit dem Beginn des Jahres 1756 wegen seiner gründlichen Kenntnisse auf dem Gebiete des Rechts und der Geschichte in den Dienst des Departements der auswärtigen Affairen berufen ***), *wurde von dem Ministerium für geeignet befunden und ging mit Eifer an sein schwieriges Werk. Schon nach wenig mehr als zwei Wochen konnte er seinen ersten Entwurf, der ihm selbst allerdings noch nicht genügte, dem Grafen Podewils überreichen lassen, um zu zeigen, wie er seine Aufgabe erfasst hätte. Der Minister äusserte sich nicht unzufrieden über das Vorgelegte.*

„Ich habe," schrieb er an Hertzberg†), „durch dessen Hände die meisten Staatsschriften gingen, „das auf allergnädigsten Cabi-

---

*) Politische Correspondenz 12, 477.
**) Politische Correspondenz 12, 478.
***) Er war Professor der Philosophie und Jurisprudenz und wurde 1753 aus Marburg nach Berlin berufen. Vergl. über ihn Allgemeine deutsche Biographie 14, 795.
†) Schreiben an Hertzberg vom 17. Juli.

ветsbefehl verfertigte Manuscript mit grosser Attention durchgelesen, und gleichwie ich des Herrn Autoris Geschicklichkeit, angewendeten Fleiss und viele Mühe vollkommene Justice thue, also glaube ich, dass nur hin und wieder etwas weniges zu ändern oder zu retranchiren sein dörfte."

Seine Ausstellungen berührten zumeist nur Aeusserlichkeiten; so wollte er z. B. anstatt der ersten Person, in der Kahle den Verfasser eingeführt hatte, die dritte gewählt und einige gar zu harte Ausfälle gegen die österreichische Regierung abgeschwächt wissen. Desto wichtiger ist folgendes Bedenken, mit dem die damalige preussische Politik nach einer Richtung hin gekennzeichnet wird:

„*Weil auch letztlich Se. Königliche Majestät . . . expresse verlangen, dass man unter der Maske der grossen Simplicität dieses Object zu tractiren haben werde, in solchem aber allein von den Religionsbedrückungen des Hauses Oesterreich und nicht von anderen politischen Disgressionen und Reflexionen, so absonderlich auswärtige Kronen angehen, die Frage sein soll, so glaube, dass es am besten sein werde, das ganze Werk nur in substrata materia mit den Religionsbeschwerden, retento desjenigen, was wegen Hessen-Kassel vorgefallen, zu beschliessen und alle die politischen Reflexiones von der neuerlichen gänzlichen Veränderung des Systematis der Kron Frankreich . . . . gänzlich zu retranchiren, weil solches den französischen Hof zu sehr offendiren, zur Hauptsache nichts [thun] und nur den Ort, wo dieses Scriptum verfasst und gedruckt, verrathen dörfte."*

Als der Kammergerichtsrath nach diesen Winken seine Abhandlung umgearbeitet und noch beträchtlich erweitert hatte — denn er hielt sie trotz Podewils in ihrer ursprünglichen Fassung für allzu kurz und unergründlich*) — reichte sie zum zweiten Male zur Durchsicht ein**). Der Minister sandte sie dieses Mal ohne irgend welche Ausstellungen an Hertzberg mit dem Befehle, das Manuscript durchzusehen, „ob noch eine und andere höchst nöthige Verbesserung zu machen wäre". Wenn er ebenfalls keine Einwendungen gegen Form oder Inhalt erhöbe, sollte er die Arbeit von einem treuen Kanzleibedienten unter Vereidigung auf den Diensteid insgeheim abschreiben lassen „*und hiernächst das Mundum an Sr. Königlichen*

---

*) Kahle schrieb den 17. Juli an Podewils, er wolle seiner Arbeit beim Abschreiben noch einiges hinzufügen, „weil ich fest vermuthe, dass Ew. Hochgräfliche Excellenz meinen Entwurf für etwas zu kurz halten." Der Minister bemerkte dazu am Rande des Berichts: „Ich glaube, dass die Deduction schon lang und weitläuftig genug und nach geendigter Censur nur ohne fernere Additamentis zu mundiren sein würde."

**) Schreiben Kahles an Podewils vom 26. Juli.

„Majestät höchster Approbation mit einem kurzen Berichte je eher je lieber einsenden"*).

Hertzberg, der unter allen seinen Amtsgenossen den meisten Werth auf gute deutsche Sprache legte, war durchaus nicht so zufrieden mit der Kahleschen Ausführung, wie Podewils wohl erwartet hatte. Er fand mit seinen Vorschlägen zur Umänderung bei dem Verfasser keine willfährige Aufnahme, bis ein Gebot beider Cabinetsminister dem Widerspruche ein Ende machte und Kahle beschied**),

„es lediglich bei der Censur des Herrn Geheimen Legationsrath von Hertzberg Hochwohlgeboren, jedoch salva connexione und mit Evitirung unnöthiger Tautologie, zu belassen."

Die Abhandlung wurde dann in ihrer endgültigen Reduction dem Könige nach Potsdam gesandt***); es ist aber sehr fraglich, ob er sie überhaupt nur eines Blickes gewürdigt hat†), da gerade damals die Rüstungen seine volle Kraft beanspruchten.

Um das Geheimniss über die Herkunft der Broschüre möglichst sicher zu bewahren, beschloss das Cabinetsministerium, keinen der Berliner Buchdrucker, deren Typen bekannter waren, mit dem Satze zu betrauen, sondern wandte sich an den Frankfurter Professor Steinwehr, dessen Rechtlichkeit und Verschwiegenheit ihm gerühmt war, mit dem Auftrage, „eine gewisse Schrift" insgeheim mit der grössten Vorsicht unter seiner Leitung abdrucken zu lassen††). Der Gelehrte gab

---

*) Randverfügung von Podewils zu dem Kahleschen Schreiben vom 26. Juli.

**) Randverfügung vom 5. August zu den Vorstellungen Kahles.

***) Immediatbericht des Cabinetsministeriums vom 18. August: „Pour ce qui regarde l'impression, nous sommes d'avis que le plus sûr sera de faire imprimer cette brochure à Duisbourg sous la direction du chancelier de Könen, en lui prescrivant toutes les précautions imaginables pour le secret, puisqu'elle était imprimée ici, on reconnoitroit d'abord au caractère d'impression la source d'où elle part."

†) Vergl. Politische Correspondenz 13, 237: „Es kommt sehr spät, wie kann Ich das nun lesen." — Die Aehnlichkeit, welche der Anfang der Kahleschen Schrift mit einigen Sätzen des Manifests gegen die Oesterreicher (vorzüglich in D) hat, ist wohl nur eine zufällige.

††) Geheimer Ministerialerlass an Steinwehr vom 21. August: „Nachdem Wir gut gefunden, eine gewisse Schrift im grössten Geheim abdrucken zu lassen und aus gnädigstem Vertrauen zu Eurer Uns angerühmten Dexterité und Verschwiegenheit resolviret, Euch die Besorgung solches Abdrucks aufzutragen, so wird Euch selbige Schrift hierbei zugefertigt mit gnädigstem Befehl, selbige ohnverzüglich abdrucken zu lassen, die Correctur dabei selbst zu besorgen und alle erdenkliche Praecautiones zu gebrauchen, dass niemand, wer er auch sei, das Geringste davon in Erfahrung bringe. Die Buchdrucker soll er vereidigen und scharf ernstmahnen, niemand davon das Geringste zu

sich die grösste Mühe, um das in ihn gesetzte Vertrauen zu rechtfertigen. Er begnügte sich nicht, die beim Drucke beschäftigten Arbeiter „aufs schwerste" zu vereidigen, sondern legte als zeitiger Rector unter dem Vorwande der Execution eine Wache in das Haus des Druckers Johann Christian Winter, die niemand ein- oder auslassen durfte*).

Erst nachdem der Druck bereits begonnen hatte, machten die Minister Steinwehr mit dem Befehle des Königs bekannt, dass die Abhandlung nicht mehr wie achtzig Seiten umfassen sollte. Der Professor gerieth in die grösste Bestürzung, da der von ihm bestimmte Schriftsatz ungefähr achtzehn Bogen füllen musste. Auch die sofort neu gewählten Typen schienen mehr als den vorgeschriebenen Raum einnehmen zu wollen. Der Aengstliche klagte:

„Ich muss Ew. Hochgräfliche Excellenz nochmals behelligen, und mir gehet alles contraire..... O Gott! welcher unglückselige Zufall! Daher bitte ich Ew. Excellenz um Gotteswillen, mich in meiner Angst und Ungewissheit mit gnädiger Approbation meiner neuen Letterwahl.... aufzurichten.... Die nothwendige Bestimmung der Seiten machet das ganze Unglück, welches für mich eines ist, das mir Grauen, Unglück und Ungnade verursachet und androhet. Gott und Ew. Hochgräfliche Excellenz wolle mir aus diesem Labyrinthe helfen!"

Seine Betrübniss wurde bald verscheucht, indem ihn Podewils tröstete, nun würde in keiner Beziehung unmögliches von ihm verlangen**), und als sich herausstellte, dass der Satz „itzo die befohlenen achtzig Seiten und wohl nicht mehr" umfassen würde***).

Am 9. September war der Druck der deutschen Abhandlung voll-

offenbaren oder merken zu lassen. „Ferner muss der Buchdrucker zum Druck holländisches oder anderes in unserem Lande nicht gemachtes Papier nehmen, das Format, so in Quarto sein soll, so viel möglich, verändern, dass es seinem sonst gewöhnlichen nicht ähnlich sei, und auch solche Lettern, die nicht sehr kenntlich sind, und die er nicht oft gebrauchet, nehmen." — Wolf Balthasar Adolf von Steinwehr, geboren 1709 zu Soldin, gestorben 1771, wurde 1736 ausserordentlicher Professor der Philosophie in Göttingen und 1741 als Hofrath und ordentlicher Professor der Geschichte, sowie des Natur- und Völkerrechts nach Frankfurt a./O. berufen. Aus seinen zahlreichen Schriften mag hier hervorgehoben werden: „Von dem Nutzen, den ein gelehrter Teutscher aus einer gelehrten Erkenntniss seiner Muttersprache schöpfet" und „Oratio pro ingenio Germanorum temere iis a Gallorum nonnullisque ac per grande nefas abiudicato".

*) Schreiben Steinwehrs an das Ministerium vom 24. August.
**) Schreiben von Podewils an Steinwehr. 2. September.
***) Schreiben Steinwehrs an Podewils vom 1. September.

endet und wurde sogleich „nebst aller dabei benützter Maculatur", wie Steinwehr schreibt, „so dass kein Blatt von dem ganzen Druck irgendwo als in dem Pack und in des Kammergerichtsraths Kahle Händen", nach Berlin gesandt*).

Die französische Uebersetzung, von der die ersten Bogen am 11. September nach Frankfurt geschickt waren**), wurde langsamer gedruckt, „denn das Manuscript ist nicht von so schöner Hand als das vorige" ***). Der Verfasser dieser Uebersetzung war der ständige Secretär der Berliner Akademie der Wissenschaften, Professor Samuel Formey†).

Die lateinische, nicht gerade formvollendete Uebertragung endlich, die vom Könige in der oben erwähnten Cabinetsordre ausdrücklich gefordert worden war, reichte Kahle am 4. October ein††); sie wurde ebenfalls unter Steinwehrs Aufsicht von Winter gedruckt†††).

---

*) Schreiben Kahles an Podewils vom 8. und Steinwehrs vom 10. September.

**) Kahle frägt am 6. September bei Podewils an, ob mit dem Drucke der französischen Uebertragung sofort begonnen werden soll, „damit dass während der Zeit, dass solche gedruckt wird, der Rest der Uebersetzung hier zu Stande kommen kann". Podewils schrieb dazu: „Credo quod sic, wenn nur der Herr von Steinwehr der französischen Sprache mächtig genug ist, um die Correctur übernehmen zu können."

***) Schreiben Steinwehrs an Podewils vom 13. September. Der Professor erzählt darin, dass er, um nicht die Arbeit zu sehr von Druckfehlern entstellt zu sehen, die Buchstaben erst deutlicher machen muss.

†) Formey erhielt das deutsche Manuscript Kahles am 22. August. Er schreibt über seine Arbeit: „J'ai suspendu des occupations assez intéressantes pour moi afin d'y vaquer et de m'en acquitter le mieux qu'il m'est possible." Schreiben an Podewils vom 10. September.

††) Er hatte sie am 20. September begonnen.

†††) Brief Steinwehrs an Podewils, Frankfurt, 23. October: „Ich muss vor allen Dingen um gnädigste Verzeihung bitten, dass ich in dem Stilo nichts geändert. Das war garnicht möglich, wenn ausser den lateinischen Buchstaben etwas lateinisch bleiben sollte; es musste ganz umgearbeitet werden, wenn es Kennern lateinisch heissen sollte ... Ich wage nach meiner Pflicht und Wissenschaft der verwiesenen lateinischen Sprache zu sagen: diese Schrift werde höchst wenig gelesen werden. Denn wer deutsch und französisch kann, brauchet ihr nicht, und wer Latein kann, wird von starker Constitution sein müssen, wo er sie ohne Arzenei auslesen soll. Ich weiss wohl, dass Ciceronis Schriften und der Reichstagsstilus nicht durchaus eins sein können; glaube aber, dass, wenn zum Exempel ein Pufendorf sie hätte übersetzen sollen, das männlich Schöne ohne Kränkung der Urschrift hineingekommen wäre. Wer würde wohl dessen Commentarios de rebus gestis Frederici Wilhelmi lesen, wenn die Sachen in solchen Schalen, als unsere Commentatio, aufgetragen wären? Ist es mir, als einem Abwesenden, erlaubet zu bedauern, was anders hätte gerathen können, so sehe ich mit Bedauern,

Am 15. October wurde mit der Vertheilung des Unbilligen Verfahrens begonnen. Der preussische Vertreter in Hamburg erhielt fünfzig Exemplare mit dem Befehle, sie von einem wohlgesinnten Kaufmann, dessen Verschwiegenheit sicher wäre, „unter einem fremden Couvert ohne weitere Nachricht an die Buchhändler Knoch und Esslinger zu Frankfurt a. M. übermachen zu lassen, damit man nicht merke, von wo diese Schrift kommt". Zwei Wochen später*) erhielt er dann vierzig Abdrucke zur geheimen Verbreitung in den holsteinischen Landen. Auf etwaige Anfragen sollte er vorgeben, dass die Broschüre aus Frankfurt a. M. nach Hamburg gekommen wäre. Hecht wusste sich seiner Aufgabe mit solcher Geschicklichkeit zu entledigen, dass ihm selbst einige seiner vertheilten Exemplare von Freunden „im Vertrauen als etwas ganz besonderes" gewiesen wurden**).

Der schlesische Provincialminister Schlabrendorff empfing in dem Erlasse, der die für ihn bestimmte Sendung von Abdrucken des Unbilligen Verfahrens begleitete, noch den Befehl***), dafür zu sorgen, „dass eine Anzahl lateinischer Exemplare von dieser Piece ohnvermerkt nach Ungarn gebracht werden könnte". Es gelang ihm dies auch wirklich†) trotz der sehr strengen Aufsicht an den ungarischen Grenzen mit der Hülfe des Exulanten Bahil aus Eperies††). Auf Schlabrendorffs Rath empfing auch Plotho ganz verstohlen einige Abzüge der Broschüre†††). Der clevische Regierungspräsident Abraham

---

dass diese Barbarei gar wohl von dem Verfasser der Uebersetzung hätte vermieden werden können, wenn es seine Kräfte verstattet hätten. Und einem Ungarn selbst wird es Last machen...... Ew. Hochgräfliche Excellenz werden es einem Professor zu Gnaden halten, dass er für die Ehre einer Sprachkunde eifrig ist, welche so wenige seiner Amtsgenossen zu ihrer Ehre Nachtheil und zum gemeinen Unheil besitzen.

*) Ministerialerlass an Hecht, 31. October.
**) Bericht Hellens vom 21. December. Auf seine Bitte erhielt er mit dem Ministerialerlass vom 25. December noch eine Sendung dieser Broschüre.
***) Ministerialerlass an Schlabrendorff vom 30. October.
†) Bericht Schlabrendorffs vom 3. November.
††) Von Matthias Bahil, ehemaligem Prediger in Eperies, ist die Schrift verfasst: Traurige Abbildung der protestantischen Gemeinden in Ungarn, alle Glieder gleichen Bekenntnisses zu einem christlichen Mitleiden und Gebet thränend zu erwecken, der Welt vorgelegt. 1747. Er hatte 1741 in Sachsen eine Uebersetzung von Cyprians Buch über Ursprung und Wachsthum des Papstthums veröffentlichen lassen und wurde dafür verhaftet. Es gelang ihm nach längerer Zeit aus dem Gefängnisse zu entfliehen. 1758 fiel er wieder in die Hände der Kaiserlichen.
†††) Ministerialerlass an Plotho vom 6. November. In dem von Hertzberg entworfenen Concepte zu Schlabrendorff vom 9. November wird ausgeführt, dass es unmöglich wäre, die Schrift unter Wahrung des Geheimnisses an Plotho zu senden, „indem selbige auf denen Reichsposten ohnfehlbar inter-

von Könen endlich sollte „so viele französische Exemplare als möglich in den benachbarten holländischen Provinzen, die deutschen aber in den angrenzenden protestantischen Landen circuliren lassen" *). Dank seinen Bemühungen wurde die Schrift sehr schnell in allen grösseren Städten der Vereinigten Provinzen bekannt und in französischen Nachdrucken und holländischer Uebersetzung so stark verbreitet, „dass einige tausend Exemplarien in denen holländischen Provinzien circuliren" **).

Die Frankfurter Drucke tragen folgende Titel:

Unbilliges Verfahren | des | Ertz-Hauses Oesterreich | gegen die Evangelische.
4°. 1 Bl. und 79 S.

Exposé | Des Injustices | Que Les | Protestans | Ont Souffertes | Des Princes De La Maison | D'Autriche.
4°. 93 S.

Commentatio | De | Evangelicis Iniquitate | Archiducum Austriae | Oppressis.
4°. 88 S.

Wir kennen drei deutsche Nachdrucke vom selben Jahre. In den Denkwürdigkeiten (2, 303) wird ferner eine Ausgabe „gedruckt 1757, in Quart, 9 Bogen" erwähnt.

Die grossen Sammelwerke haben unsere Schrift zum Theil auf Veranlassung der preussischen Regierung nicht aufgenommen. Könen, der mit allerhöchster Genehmigung ***) eine Sammlung der bei dem jetzigen Kriege herausgekommenen preussischen Mémoires und Circularreskripte in Cleve veranstaltete, erhielt auf seine Anfrage †), ob das

---

ceptirt würden". Podewils schrieb darunter: „Man hat aber einen anderen Weg gefunden, solche im Reich rouliren zu lassen."

*) Ministerialerlass an Könen vom 30. October.

**) Bericht Könens vom 13. November: „Ich habe hiezu einen vertrauten Menschen, welcher mit gelehrten und andern Leuten wegen dergleichen eine allgemeine Attention verdienenden Schriften in Correspondenz stehet, gebrauchet, um diese dem Vorgeben nach in einer protestantischen Reichsstadt zum Vorschein gekommene gelehrte Schrift zu communiciren. Was aber die hiesige angrenzende deutsche Länder betrifft, so sind solche mehrentheils bekannter Maassen unter katholischen Obrigkeiten, ich habe also vor der Hand noch keine Gelegenheit gehabt einige deutsche Exemplarien in protestantische Provinzen eindringen zu lassen, ausser dass ich zwei derselben nach Frankfurt a/M. unvermerkt befördert habe." Vergl. auch Könens Bericht vom 15. December.

Unbillige Verfahren aufzunehmen wäre, den Bescheid*), dass es dort nicht abgedruckt werden dürfte,

„*da diese Schrift als die Arbeit eines Privaten gelten soll, die nur unter der Hand und ohne dass die Regierung zu conniviren scheine, debitiret werde.*"

Aus demselben Grunde wurden die Bitten des Frankfurter Buchhändlers Winter, ihm die Erlaubniss zum Nachdrucke zu geben, abgeschlagen**).

Unbilliges Verfahren des Ertzhauses Österreich gegen die Evangelische.

§ 1.

Die gegenwärtige Verwirrung im Deutschen Reich und die Gefahr, welche den Untergang desselben androhet, muss natürlicher Weise die Aufmerksamkeit eines jeden Patrioten erwecken, und es ist der Mühe wohl werth, dass man die Ursachen sowohl als die Würkungen derselben in Erwägung ziehet.

Es wird also dem Leser hoffentlich nicht unangenehm sein, wenn man ihm aus den Geschichten die wahrhaftigen Gründe vorleget, welche dasjenige, was dem Deutschen Reiche bevorstehet, zu erkennen geben und die Quelle der jetzigen und künftigen Begebenheiten in sich fassen.

Es ist gewiss, dass Deutschland Ruhe und Friede haben kann, imgleichen, dass die darin befindliche verschiedene Religionen den Umsturz des Vaterlandes niemals veranlassen werden, wenn man nicht die Religion zum Deckmantel besonderer, unlauterer Absichten gebrauchet.

Die Erfahrung aber zeiget, dass das Erzhaus Österreich bisher seine Anschläge so weit getrieben hat, dass es durch Zernichtung der Protestanten sich zuförderst gross zu machen, nachgehends aber auch die katholische Reichsstände, welche ihm alsdann allein zu widerstehen nicht vermögend, völlig unter die Füsse zu bringen suchet.

Die deutschen und auswärtigen Fürsten sind so kurzsichtig nicht, dass sie diese gefährliche Absichten, welche sich so schwerlich verbergen lassen, nicht merken sollten. Sie sind indessen das einzige Mittel, wenn Österreich die Glückseligkeit seiner gegenwärtigen Kräfte missbrauchen, das ist, eine allgemeine Monarchie und von ganz Deutschland sich das Eigenthum erwerben will.

Man halte diese Ausdrücke nicht für parteiisch, sondern man erwäge nur die Aufführung der Erzherzoge von Österreich gegen die evangelische Stände und Unterthanen und gebe darauf Achtung, dass bereits vor langen Jahren diese ungerechte Maassregeln und der auf protestantischen Ruinen auf-

---

*) Ministerialerlass an Künen vom 25. December.
**) Bittschrift Winters vom 6. September. Schreiben von Podewils an Steinwehr vom 14. September: „Das Gesuch des Buchdruckers anlangend, so glaube ich nicht, dass Se. Königliche Majestät erlauben werden, diese Schrift in Dero Staaten nachzudrucken."

zubauende Ehrentempel der Erzherzoge von Österreich von staatsklugen Männern abgebildet worden*).

Die katholische Fürsten dürfen inzwischen nicht glauben, dass ihnen die Verfolgung der Protestanten vortheilhaft sei.

Der Dreissigjährige Krieg, die daraus entstandene Säcularisation vieler Erz- und Bischofthümer, die bereitwillige Vorschläge des Hauses Österreich, diesen und jenen katholischen Reichsstand zum Schlachtopfer zu machen, ja die gewaltsamen Unterdrückungen selbst, beweisen jenen Satz; und wer wird zweifeln, dass ganz Deutschland sich dem Kaiser Ferdinand II. hätte unterwerfen müssen, wenn nicht der Muth protestantischer Fürsten und auswärtiger, selbst katholischer Prinzen die unrechtmässige Fluth österreichischer Waffen aufgehalten und dem Untergang unsers Vaterlandes damals zuvorgekommen wäre?

Es ist ganz etwas besonders, dass andere katholische Könige und Herren bloss über die Erde, bloss über die zeitliche Güter, bloss über Leib und Leben der Menschen zu herrschen verlangen, das Haus Österreich aber einen souveränen Gehorsam nicht allein in jenen Stücken, sondern auch in dem Gewissen der Sterblichen, in den Vorstellungen von Gott und göttlichen Dingen verlanget, um unter dem Schleier der Religion seine gefährliche Maasregeln zu verstecken und blödsinnige Gemüther zu verblenden.

Der Herzog von Longueville, ob er gleich für einen rechtgläubigen katholischen Christen gehalten wurde, hat dieses bereits zu seiner Zeit anerkannt und angeführet, dass dieses eine Hauptursache sei, warum sich die Krone Frankreich der deutschen Protestanten annehmen müsste**).

Es soll indessen nur kürzlich zur Bestätigung jener Gedanken aus der Historie nachgewiesen werden, dass die Erzherzoge von Österreich seit den ersten Zeiten der Kirchenreformation bis jetzo jederzeit beschäftigt gewesen, die Evangelischen zu überwinden und, wo möglich, mit Feuer und Schwert zu vertilgen.

§ 2.

Kaiser Karl V. machte die erste Probe der evangelischen Verfolgung, indem er auf dem Reichstag zu Worms 1521 dem ersten Protestanten, D. Luthern, befahl, seine Lehre zu widerrufen, und als dieser, ohne aus der Bibel überzeugt zu sein, von denen wider den Papst bekannt gemachten Sätzen nicht abweichen wollte, der Kaiser den Luther den 26. Mai in die Reichsacht, wiewohl nicht mit aller Fürsten Bewilligung, erklärte, nebst einem scharfen Kaiserlichen Verbot, dass niemand des Luthers Lehre Beifall geben sollte; immassen der Kaiser sich dadurch dem Papst gefällig zu machen und ihn von Frankreich abzuziehen suchte***); welcher Zweck auch erreicht wurde, weil der Papst gleich darauf das französische Bündniss verliess.

Demohngeachtet bekam Luther einen grossen Anhang, weshalb die Katholiken auf das Wormser Edict von 1521 und auf die Abschaffung aller Reli-

*) Burgoldensis ad instrumentum pacis, P. II. p. 36.
**) Es findet sich dieses in einer Relation der magdeburgischen Gesandten an des Herrn Administratoris von Magdeburg Durchlaucht. Ein Auszug davon steht in Hoffmanns Vorstellung der Religionsbeschwerden, p. 259.
***) Stranchii Diss. de excommunicatione et proscriptione Lutheri. — Köhlers Reichs-Historie, p. 418.

gionsneuerungen drangen. Da sich aber Chur-Sachsen und der Landgraf von Hessen widersetzte, erhielten diese nebst andern Beförderern des Luthers auf dem Reichstag zu Augsburg 1526 einen ziemlich gelinden Bescheid. In mehrerem Betracht es daselbst hiesse, das Evangelium sollte ohne Aufruhr gelehret werden*). Denn obgleich Kaiser Karl V. die Absicht hegte, aus Deutschland ein despotisches Reich zu machen, und dieserwegen die Unterdrückung der Protestanten zuförderst nöthig war**), so schaffte doch der von den Türken angedrohete Krieg denen Evangelischen einige Hülfe und veranlasste den Speierschen Reichstag in eben dem Jahre 1526, allwo man verordnete, dass in Sachen das Wormser Edict betreffend ein Jeder sich so verhalten sollte, wie er es vor Gott und dem Kaiser verantworten könnte. Aber 1529 beschloss der Kaiser mit den katholischen Ständen, dass an den Orten, wo das Wormser Edict bishero wäre in Acht genommen, niemand zu erlauben, des Luthers Lehre anzunehmen; in denjenigen Landen aber, wo dieselbe bereits überhand genommen hätte, möchte sie bis auf das allgemeine Concilium geduldet werden, jedoch dass der katholische Gottesdienst dabei überall ungehindert bliebe.

Hier war es also Zeit, dass die ersten Bekenner des Evangelii sich widersetzten. Sie übergaben daher eine Protestation und bekamen den Namen der Protestanten.

Der Kaiser nahm solche Protestation ungemein ungnädig auf und kündigte denen Gesandten den Hausarrest an; dagegen die Evangelischen auf ihre Sicherheit dachten. Inmittelst auf dem Reichstag von 1530 eben dieser Kaiser den Protestanten in seinem Vortrag sehr hart begegnete, auch im Schmalkaldischen Kriege einen recht österreichischen Religionshass äusserte, als er den Churfürsten von Sachsen und den Landgrafen von Hessen in die Acht erklärete. Nicht weniger, als der Churfürst gefangen wurde, der Kaiser den gefangenen Churfürsten sich weder bedecken liess, noch auf seine Bitte, ihn standesmässig zu halten, eine glimpfliche Antwort gab***). Weit mehr aber schmeckte es nach Ungerechtigkeit, als Kaiser Karl V. ganz allein ohne Zuziehung des Reichs das Urtheil dahin fällete:

„dass Hans Friedrich der Ächter, ihm zur Bestrafung und andern „zu einem Exempel, durch das Schwert vom Leben zum Tode für„gebracht werden soll."

Landgraf Philipp der Grossmüthige musste ebenfalls dasjenige erfahren, was der P. Bougeant von diesem Kaiser schreibet, nämlich den Satz:

Il fut toute sa vie beaucoup plus fidèle aux maximes de sa politique qu'aux règles de l'honneur et de la bonne foi.

Auf dem Augsburgischen Reichstag vom Jahr 1548 sahen die Evangelischen mit an, dass der Kaiser ihren Glaubensgenossen daselbst die beste Kirche nahm und den Katholiken einräumete, insonderheit aber durch das sogenannte Interim sie in viele Gefahr einfloehte, so wie er auf dem Reichstag

---

*) Sleidanus, Lib. V. p. 140.

**) Boeeler, Diss. de bello Imperatori Carolo V. a Mauritio Saxon. Elect. illato, p. 37.

***) Hortleder, Von den Ursachen des Deutschen Kriegs, T. II. Lib. 3. c. 61. – Feustel, In der Vorrede zu Gundlings Discurs vom Westphälischen Frieden, p. 21.

zu Augsburg 1550 die Wiedereinsetzung aller Kirchengüter verlangete, welche die Evangelischen bis dahin eingezogen hatten.

Die Städte Costnitz und Magdeburg mussten sogar der Gegenstand der äussersten Religionsrache des Kaisers sein, weil sie sich ihre Gewissensfreiheit nicht wollten rauben lassen, d. i., das Interim anzunehmen sich weigerten; immassen Magdeburg von dem Churfürsten Moritz zur Strafe belagert, Costnitz aber seine unmittelbare Reichsfreiheit verlor und dem Hause Österreich als eine Beute zu Theil wurde.

Der 1555 gemachte Religionsfriede zeigete nicht weniger, theils in Ansehung des darin enthaltenen, denen Protestanten nachtheiligen Reservati ecclesiastici*), theils anderer, denen Katholiken eingeräumten Vorzüge halber, den mehrerwähnten Hass, hauptsächlich dadurch, dass der Friede auf Schrauben gestellet war und mit Fleiss Dunkelheit, Zweideutigkeit und die weggelassene Entscheidung der wichtigsten Puncte darin herrschete, um Gelegenheit zu haben, jederzeit durch die Auslegung denen Protestanten die schwere Hand fühlen zu lassen.

Wie dann auch damals zuverlässig bekannt wurde, dass Kaiser Karl V. mit dem Papst sich verbunden hätte, die Protestanten gänzlich auszurotten und zu dieses Vergleichs Bestätigung von beiden daran gearbeitet worden, damit Ferdinand die Römische Königskrone bekam**).

Nach Karls Exempel äusserte daher dieser Römische König und nachmalige Kaiser Ferdinand I. eine besondere Schärfe, indem er denen Beschwerden der Protestanten wider die Übertretungen des Religionsfriedens, aller Vorstellungen ungeachtet, kein Gehör geben wollte, zudem bereits unter der Regierung Karls V. fast alles that, indessen sich mehr als Karl V. gegen die Protestanten zu verstellen wusste***) und bei dem im Namen des Kaisers Karl V. geschlossenen Passauischen Vertrag mit besondern Kunstgriffen wider die Evangelische arbeitete†); ferner der Evangelischen Protestation wider das Reservatum ecclesiasticum weder gelten liess, noch denen bedrückten Augsburgischen Confessions-Verwandten im Salzburgischen und andern Orten einige Hülfe verschaffte ††), vielmehr selbst unter denen Protestanten die Trennung zwischen Lutheranern und Reformirten beförderte, damit sie sich unter einander aufreiben möchten; daher auch dieser ausgestreute Same der Uneinigkeit täglich unter diesem Kaiser zunahm.

Ausser diesem aber setzte derselbe sein Vergnügen darin, dass der Religionsfriede nicht nur an den meisten Orten gar nicht angewendet, sondern auch durch Mandata der Reichsgerichte täglich entkräftet wurde; wovon man einen weitläuftigen Catalogum in den 1559 herausgegebenen Gravaminibus der evangelischen Churfürsten, Fürsten und Stände antrifft †††). Es war end-

*) Schilter, De lib. eccl. germ., Lib. 7. c. 11 § 2.
**) Pfeffinger ad Vitriarii Jus publ., Tom. I. p. 268. — Rechenberg, Diss. histor., P. I. p. 317.
***) Burgoldensis ad J. Pac., P. I. p. 29.
†) Hortleder, Von den Ursachen des Deutschen Krieges, T. II. Lib. V. cap. 14. — Autor autonomiae, fol. 19. — Goldastus, Tom. I. constit. — Lünig, R. A., part. gen. Tom. I. p. 129. — Schilter, De lib. eccl. germ. lib. 7 cap. 11 § 2.
††) Sleidan. Contin. lib. 2 Part. I. p. 58. 59. 74.
†††) Lehmann in act. rel. lib. 2. cap. 1 p. 79.

lich unter dieser Regierung allen deutschen Protestanten der Untergang zubereitet, und kam damals eine Schrift zum Vorschein, die den Titul hatte: **Des Cardinals von Lothringen Römische Pratiquen, wie die Ketzer in Deutschland auszurotten,** die aus des Cardinals eigenen Handschrift abgedruckt worden, woraus man die bösen Absichten Ferdinands und anderer katholischen Prinzen gar deutlich erkennen konnte.

§ 3.

Kaiser Maximilianus II. liess sich von den evangelischen Ständen gar viele Religionsbeschwerden überreichen, auch berichten, dass eine beträchtliche Menge Protestanten wider den Sinn und Buchstaben des Religionsfriedens in schrecklichen Gefängnissen gehalten würden; ferner, dass der Reichsgraf Joachim von Ortenburg durch den Herzog Albrecht in Bayern der Religion halber von Land und Leuten verjaget war. Aber der Kaiser stand denen Bedrängeten nicht bei.

Dinkelsbühl, Wimpfen, Cöln, Aachen u. s. w. klagten, dass ihnen die Religionsfreiheit genommen.

Man hat den Kaiser, er möchte Mandata sine clausula ertheilen; insonderheit aber zeigte man ihm, dass durch widersinnische Eide, Pacte und Statuta alle Protestanten von den Präbenden der Stifter ausgeschlossen würden.

Die mannichfaltige Beschwerden der Fuldischen evangelischen Ritterschaft und Unterthanen, ingleichen der evangelischen Bürger zu Schwäbisch-Gmünd, Biberach, Cöln u. s. w. zu geschweigen*), die alle ohne guten Erfolg angebracht waren.

Endlich machte sich der Kaiser die Spaltung zu Nutze, die zwischen den Lutheranern und Reformirten entstanden, indem er denen letzteren die Vortheile nicht zugestehen wollte, welche der Religionsfriede denen Protestanten verliehen hatte. Als daher der Churfürst von der Pfalz Friedrich III. 1560 die reformirte Religion annahm, so wollte der Kaiser nebst andern katholischen Fürsten, dass der Churfürst entweder die Lutherische Lehre in allen Stücken wiederum annehmen, oder die Churwürde verlieren sollte; aber die Protestanten fanden Mittel, diese unbillige Zunöthigungen abzulehnen**). Bei den Grumbachischen Händeln erwies sich dieser Kaiser übrigens gegen den Herzog Johann Friedrich von Sachsen sehr despotisch, indem der Herzog als ein Gefangener auf einem offenen Wagen nach Wien geführet wurde, mit einem Strohhut auf dem Kopf, und von dar nach Neustadt, und endlich nach Steier in Ober-Österreich in ein Gefängniss, in welchem er nach 28 Jahren starb***). Kurz, der Kaiser hielt es für seine Pflicht, nach den denen Erzherzogen von Österreich angebornen Trieben sich unbillig gegen die Protestanten aufzuführen, immassen noch an seinem Sterbetage, nämlich den 12. Octobris 1576, die Protestanten ein weitläuftiges Beschwerungsregister ihrer vielen Bedruckungen halber übergaben†).

*) Lehmann, L. II. p. 117 sqq.
**) Thuanus, Lib. 39 p. 373. — Schardius ad an. 1566.
***) Thuanus c. L. — Köhlers Reichs-Historie, p. 478.
†) Dumont, T. V. P. I. p. 274. — Struvii Corpus histor. germ. Tom. II. p. 2009.

§ 4.

Kaiser Rudolph II. übte die äusserste Härte gegen die Aachener in Absicht auf die evangelische Religion aus, sowie die evangelische Religionsbeschwerden den grösten Gegenstand der allgemeinen Reichsversammlung von 1582 ausmachten, insonderheit aber die Unterdrückung der Protestanten zu Aachen und Cöln rege wurde, ferner der Kaiser alles bei blossen Verheissungen und Hoffnung zu einem Vergleich bewenden liess.

Hauptsächlich bewies sich Rudolph II. bei den Beschwerden der Steiermärkischen*), Kärntischen und Krainischen Unterthanen über die durch den Erzherzog Karl ausgeübte Religionsverletzungen ganz unempfindlich.

Er genehmigte die von dem Papst vorgenommene Absetzung des Erzbischofs Gebhard Grafen Truchsess ohne die Churfürsten und Stände des Reichs deshalb zu befragen**).

Nicht zu gedenken derjenigen Ungerechtigkeit, welche die strassburgische evangelische Domherren auf Kaiserlichen Befehl erdulden mussten***).

Im Jahr 1588 jagte man im Salzburgischen diejenigen aus dem Lande, welche sich zur katholischen Religion zu bekennen weigerten. Hauptsächlich aber marterte man die Evangelische in den österreichischen Landen, und obgleich diese bedrängte Leute den Kaiser um die Erhaltung ihrer Rechte demüthigst baten, so wurde ihnen dennoch nicht geholfen†).

Dieser grosse Unfug und Umsturz des Religionsfriedens trieb die evangelischen Churfürsten an, dem Kaiser sehr umständliche Vorstellungen zu thun; wiewohl es waren solche insgesamt vergeblich††).

Man liess vielmehr Kaiserlicher Seits harte Strafgebote wider die Protestanten ergehen, in der Maasse, dass sie entweder das Land räumen oder die katholische Religion annehmen sollten†††).

1598 erklärte der Kaiser den evangelischen Magistrat zu Aachen in die Acht*†), und endlich verjagte man 1605 die Evangelischen daselbst.

Es entstunden auch wegen Revision von vier Kammergerichts-Urtel, so Klostersachen betrafen, Streitigkeiten, indem die Evangelischen verlangeten, es sollte eine gleiche Anzahl Revisoren bestellet oder die Sache an den Reichstag gebracht werden; daher die ganze Revision ins Stocken gerieth.

1604 liess der Kaiser in Siebenbürgen viele Protestanten durch Foltern und Todesstrafen zur katholischen Religion bewegen, die daher aus Verzweif-

---

*) Amandi Hapueri, Persecutionis Styriacae descriptio, ed. Grätz 1606.
**) Ausschreiben und gründlicher Bericht Gebhard Erzbischofes von Cöln, nebst vielen Beilagen. 1583.
***) Chytraeus, Lib. 27 p. 745. — Thuanus, Lib. 96.
†) Sleidanus, p. 346.
††) Thuanus, Lib. 96. — Londorp, Act. publ., T. I. c. 7 p. 64 sqq.
†††) In der Schrift, Autonomia betitelt, des Francisci Burcardi, unter welchem Namen des Wienerschen Hofes Secretär Erstenberger versteckt war, fochte man den Religionsfrieden heftig an; daher dieses Buch 1588, da es zum erstenmal gedruckt wurde, wie nachhero, viele Bewegungen machte, weil darin gar deutlich angezeiget war, dass es dem Kaiserl. Hof niemals eingefallen, den Religionsfrieden zu halten, sondern dass man bei bequemer Gelegenheit die Protestanten aufzureiben gesonnen.
*†) Mosers Staatsrecht, P. I. p. 400.

lung die Waffen ergriffen und sich Stephanum Bocskay zum Fürsten wählten*); ob es gleich 1606 zu einem Frieden, den Matthias machte, kam, in welchem die Religionsfreiheit unter andern versprochen, nachgehends aber nicht gehalten wurde.

1606 störete der Pöbel der Reichsstadt Donauwörth eine von dem Abt zum Heiligen Kreuz neuerlich angestellte Procession, weshalb die Stadt durch einen unförmlichen von dem Kaiser veranlassten Process in die Acht erkläret, von Bayern weggenommen, ja zur Annehmung der katholischen Religion gezwungen wurde; wowider weder auf dem Reichstag von 1608 noch sonst etwas auszurichten stand**).

Als Herzog Matthias Kaiser Rudolphen durch einen Vergleich zu eben dieser Zeit seine Österreichische Erblande abdrang, wollten die Landstände nicht eher huldigen, bis Matthias ihnen wegen der Religion Sicherheit verschaffte. Welche zwar endlich 1609 versprochen wurde; sowie die Böhmen und Schlesier dergleichen durch eine grosse Summe Geldes und als sie sich gegen den Kaiser in Positur stellten, erhielten, indem es kein Geheimniss war, dass Matthias beschlossen hatte, die evangelische Religion in Österreich gänzlich zu vertilgen***).

Die Evangelischen schickten Gesandte an den Kaiser, baten um Erledigung ihrer Beschwerden, insonderheit auch, dass die Reichsstadt Donauwörth wieder in den vorigen Stand gesetzt, sie im Gegentheil mit den Reichshofraths-Processen verschonet werden möchten†); und weil sie nichts ausrichteten (wie er dann der Stände Gesandten entweder gar nicht vor sich kommen liess oder abschlägige Antwort zu geben gewohnt war††), machten die Evangelischen 1610 zu Hall in Schwaben eine nähere Union, welcher Catholici ihre Ligue entgegensetzten; dergestalt, dass gegen die Protestanten die unbilligste Aufführung dieses Österreichischen Kaisers allenthalben sichtbar war und noch jetzo die Merkmale davon übrig sind.

§ 5.

Kaiser Matthias nahm die von den Evangelischen auf dem Reichstag zu Regensburg 1613 übergebene viele Gravamina sehr unwillig auf, obgleich selbige der Wahrheit gemäss dahin gingen, dass der Kaiserliche Reichshofrath seine Jurisdiction allzuweit ausdehne und über die Reichsstände in geist- und weltlichen Sachen zu erkennen sich unterstünde, da doch dem Kaiser nur causae fractae pacis publicae und Reichslehn-Sachen (nach der damaligen Verfassung) vorbehalten worden†††).

Man führte ferner an: es wäre denen Protestanten nicht weiter zuzumuthen, dass der Reichshofrath in Religionssachen Mandata sine clausula wider

---

*) Sleidanus, ad an. 1605, p. 569. — Spondanus, T. II. contin. annal. — Baron, ad h. a. — Mezger, Lib. 5 histor. Salisb.

**) Man hat davon die Schrift: Beständige Information iuris et facti in dem Donauwörthischen Process und Execution. — Caraffa, Germ. sacr., p. 51.

***) Sleidani Contin. ad an. 1608.

†) Londorp, Tom. I. act. publ. Lib. I. cap. 6 p. 37 sqq. — Meteranus, Lib. 28 ad an. 1608. — Grotius, Annal. Lib. 17 ad ann. 1608.

††) Conring ad Lampad. P. III. c. 2 § 4.

†††) Sleidani Contin. P. IV. lib. 8 p. 119 sqq. — Struvius in den Religionsbeschwerden, P. I. p. 483.

die Stände ertheilte, beschwerliche Commissiones in solchen Vorfällen ergehen liesse, auch die Reichshofräthe und dergleichen Commissarii aus lauter katholischen Personen genommen würden.

Wie nicht minder eine grosse Beschwerde ausmachte, dass denen evangelischen Ständen präjudicirliche Inquisitiones in ihre Kammergüter, Gefälle und Einkünfte unerhörter Weise aufgebürdet; die am Kaiserl. Kammergerichte oder denen Fürstlichen Hofgerichten rechtshängige Sachen, der Litispendens ungeachtet, an den Kaiserl. Hof gezogen und avociret; die Reichs-Constitutiones mit ganz nachtheiligen Praejudiciis erkläret; die Stände des Reichs mit ungewöhnlichen und den Reichsgesetzen zuwiderlaufenden Conservatoriis beschweret würden; im Kammergericht nicht so viele protestantische als katholische Beisitzer wären; die ordentliche Visitationes daselbst nicht statt hätten; die Evangelischen in dem Gerichte wider die Katholiken kein Recht erhalten könnten; das Rottweilische Gericht den Ständen schade; man mache auf Kreistägen den Evangelischen quaestionem status; man zöge die evangelischen Kirchensachen für die katholische Gerichte; man versage den Evangelischen ein ehrlich Begräbniss; die Katholiken wollten auf dem Reichstag die Religions- und Steuersachen durch die Mehrheit der Stimmen abthun u. s. w.

Unzähliger anderer Bedrückungen zu geschweigen*), immassen der Kaiser zwar 1613 in dem Reichsabschied den Worten nach den Religions- und Profanfrieden bestätigte, aber in der That nicht die geringste Hülfe verschaffte, sondern gleich nach verfertigtem Abschied die Kaiserl. widerrechtliche Hofprocesse fortsetzte und vermehrte, anbei die übrige vormalige Gewaltthätigkeiten schärfte, vornehmlich dadurch, dass der Marquis von Spinola auf Befehl des Erzherzoges von Österreich mit einer Armee vor Aachen rückte; da man denn, nachdem sich die Stadt ergeben musste, diejenigen Evangelischen, welche nicht durch die Flucht gerettet waren, in Gefängnisse setzte, einige sogar durch das Schwert vom Leben zum Tode brachte, auch dem entwichenen und verstorbenen Hans Kalkberner eine Schandsäule aufrichtete, sowie man wider alle diejenigen, die sich retirirt hatten, ein grausames Urtel publicirte**).

Zur selbigen Zeit unterliess der Kaiser nicht, in dem Österreichischen denen Protestanten schwer zu fallen, indem er unter andern dem von Paebelbl den protestantischen Gottesdienst und desselbigen Prediger die Stadt Wien verbot.

Die Stände unter der Enns schickten zwar ein rührendes Schreiben an den Kaiser ab, mit der demüthigsten Bitte, dass man ihnen, so wie den Ungarn, auf ihren Schlössern und Gütern die Religions-Concession, Kaisers Maximiliani II. und dem von dem Kaiser 1609 eingegangenen Pacto gemäss, erhalten möchte; aber es erfolgte keine gewünschte Antwort. Hauptsächlich handelte er wider den Majestätsbrief seines Bruders Rudolphi vom Jahr 1609 und that den Böhmischen Protestanten alles ersinnliche Übel an***), welches den Dreissigjährigen Krieg veranlasste.

---

*) Londorp, T. I. p. 112.
**) Mercurius Gallo-Belgicus, T. X. lib. 2 p. 110.
***) Theatr. Europ. T. I. ad an. 1618 p. 4. — Pfeffinger, Memorabilia Sec. XVII. ad an. 1618 p. 276. — Apologia Statuum Bohemicorum sub utraque communicantium, edit. 1619 lit. l, m. § 17.

§ 6.

Das Schicksal der Evangelischen war unter Ferdinand II. gewiss nicht gelinder, indem Ferdinand den Matthias an blindem Religionseifer übertraf, und als er seiner Erblande Regierung antrat, bereits bei dem Marienbilde zu Loretto sich durch ein Gelübde verbindlich machte, die Protestanten in seinem Lande gänzlich auszurotten*); weshalb er denen evangelischen Ständen gleich im Anfang seiner Regierung befahl, ihre Union aufzuheben, welche Stände sich aber auf die Nothwendigkeit derselben und die nach allen Rechten ihnen zustehende Vertheidigung beriefen; dergleichen Antwort reichsgesetzmässig war.

Sie baten inzwischen, die bisherige Bedrückungen aufzuheben, die Restitution mit der Stadt Donauwörth vorzunehmen, ferner die gefährliche Processe und Executiones zu hemmen.

Allein der Kaiser führte sich seinem gewöhnlichen Ausspruch gemäss auf, indem er zu sagen pflegte: „er wollte lieber mit einem blossen Stock einen armen Exulanten abgeben als einen Ketzer dulden"**).

Die Gravamina wurden so wenig gehoben, so wenig der Kaiser die höchsten unter den protestantischen Ständen einer Antwort würdigte, welches freilich nicht wohl anders sein konnte, weil die Jesuiten des Kaisers Lieblinge waren, insonderheit Lamormainus, der Beichtvater, mehr bei ihm galt als alle Kaiserliche Räthe.

Bei solchen trüben Umständen mussten endlich 1618 die Religionsverfolgungen einen landverderblichen Krieg nach sich ziehen, weil die evangelischen Unterthanen in Böhmen vermöge des erhaltenen Majestätsbriefes an verschiedenen Orten Kirchen angelegt hatten, unter andern in der Stadt Braunau, welche Einrichtung dem dasigen Abt sehr missfiel; deshalb dieser ein Kaiserlich Rescript erschnellete, worinnen denen Evangelischen auferleget wurde, ihre Befugniss in diesem Stück zu beweisen und inzwischen den Bau einzustellen. Welcher Befehl nachgehends so weit ausgedehnet wurde, dass es hiess, die Stände des Königreichs dürften wohl Kirchen bauen, aber keine Unterthanen***).

Ob nun gleich die Böhmen die Unrichtigkeit solcher Auslegung vorstellten und in Braunau der Kirchenbau fortgesetzet wurde, so mussten gleichwohl die Braunauer Bürger sich harten Strafen unterwerfen, sowie man die Böhmen der evangelischen Religion halber überhaupt stark mitnahm.

Diese Vorfälle machten um so mehr Verbitterung, da der Kaiser den Majestätsbrief Kaisers Rudolphi auf gewisse Art bestätiget hatte†), dergestalt dass die Böhmen zu den Waffen griffen und ihren Regenten den Gehorsam aufkündigten, auch Fridericum V. von der Pfalz zu ihrem König ernannten††); worauf denn der Deutschland so schädliche und langwierige Dreissigjährige Krieg völlig ausbrach.

Man ist nicht Willens, die betrübte Geschichte dieses Krieges, aus welchem man die österreichischen Grundsätze ziemlich lernen kann, zu entwerfen, sondern es ist nur so viel aus dem bisherigen Vortrag anzuführen, dass die

---

*) Palatius, Aquil. Austr. lib. 49 c. 2 p. 152.
**) Burgoldensis c. l. Discurs. 14 § 1.
***) Strav. l. c. p. 554.
†) Meteranus, Contin. lib. 36 p. 697.
††) Londorp, Tom. I. lib. IV. p. 717 sqq.

übertriebene Hitze der österreichischen Erzherzoge gegen die Protestanten die einzige Ursache von diesem fast unauslöschlichen Kriegesfeuer gewesen*).

Die 1620 auf dem Weissen Berge vor Prag geschlagene böhmische Armee gab insonderheit dem Kaiser einen neuen Muth, Gewalt mit Gewalt gegen die Protestanten zu vermehren. Prag musste sich dem Kaiser überlassen, und die Jesuiten wurden sofort, wie in ganz Böhmen, daselbst als Vögel böser Vorbedeutung eingesetzt. Im Gegentheil verbot der Kaiser den Evangelischen die Ausübung ihrer Religion**). Böhmen und Mähren waren gleichfalls sich zu ergeben gezwungen, ja der Kaiser nöthigte die Böhmen, den Majestätsbrief, nicht weniger alle mit den Österreichern, Ungarn, Mährern, Schlesiern gemachte Confoederationes auszuliefern und dem Kaiser zu huldigen***).

Bei solcher Gelegenheit machte sich der Kaiser ein Vergnügen daraus, denen Katholischen die Kirchen zu geben, denen Reformirten dagegen die Religionsübung bei schwerer Strafe zu untersagen. Und obgleich anfänglich den Lutheranern das Exercitium religionis erlaubt war, unter welchen man die Reformirten auf gewisse Art mit begriff, so wurden doch auch die Lutherischen Prediger, wider den Inhalt des Majestätsbriefes, sehr bald aus Österreich verjaget†), nicht weniger die Lutheraner aus Mähren und Kärnthen vertrieben, in Schlesien gedrückt und die Jesuiten restituirt.

Gleichwie man zu Prag ein Blutgerichte anstellete, welches den 21. Junii 1621 siebenundzwanzig vornehme Herren theils zum Tod, theils zum ewigen Gefängniss verurtheilte, die abwesende verbannete und ihre Namen durch den Scharfrichter an den Galgen schlagen liess.

Derer damaligen erschrecklichen Blutgerichte, die zu Linz gehalten, nicht zu gedenken.

Ebener Maassen musste der gewesene König von Böhmen nebst seinen Freunden die Strafe der Acht empfinden††), obgleich solche sowohl an sich, da sie ohne Zuziehung des Churfürstlichen Collegii vorgenommen war, als auch in Ansehung der Execution und anderer dabei vorkommenden Umstände reichsgesetzwidrig, insonderheit ohne einen gehörigen Process erkannt war; in mehrerem Betracht der Kaiser bei der Achtserklärung des geächteten Churfürsten, wie auch bei dem Bann des Markgrafen Johann Georgens von Brandenburg in Jägerndorf, Christians Fürsten von Anhalt, George Friederich Grafens von Hohenlohe zugleich den Kläger, die Zeugen und den Richter allein abgab, mithin ein Processus unilateralis unerhörter Weise Platz fand†††).

Inmittelst ermahnte der Kaiser die protestantischen Reichsstände ungemein ernstlich, die Union zu verlassen, und Chur-Mainz war beordert, mit dem Landgrafen von Hessen-Darmstadt die Fürsten dahin zu bewegen, dass sie von der Union abgingen; welcher Auftrag Kaiserlicher Seits eine erwünschte Wirkung hatte*†), dergestalt dass Landgraf Moritz von Hessen

---

*) Rechenberg, Diss. histor. P. II. p. 20.
**) Theatr. Europ. Tom. I. p. 418 sqq.
***) Strav. c. l.
†) Piaseccius, p. 359. — Mercurius Gallo-Belgicus, T. XIV. lib. 3 p. 45.
††) Londorp, Tom. II. act. publ. lib. 6 cap. 1 p. 306.
†††) Londorp, Act. publ. T. II. lib. 6 cap. 3 sqq., insonderheit p. 356.
*†) Silhon, Ministre d'État, P. II. p. 767.

und die andern die Union schleunig aufgaben: daher es dem Kaiser leichte war, das divide et impera meisterlich zu spielen, und die Rhein-Pfalz in des Spinola Hände kam. Der Marquis de Spinola säumte nicht, mit grausamen Executionen das seinige beizutragen, indem die Armee, welche er commandirte, hauptsächlich in der Pfalz auf eine unumschränkte Art hausete*); wiewohl die Nachbarn, auch diejenigen, die nicht einmal in der Union mit begriffen gewesen, nicht verschonet wurden.

Bei solchen Drangsalen traf die Reihe insonderheit den Markgrafen George Friedrich von Baden, als er 1622 vom Tilly überwunden wurde.

Ja, die Rache des Kaisers ging so weit, dass die Pfälzische Chur auf Bayern kam, obgleich weder des Pfalzgrafen Söhne noch desselben Bruder, noch andere Agnaten delinquirt hatten (welche deshalb auch protestirten), noch der Pfalzgraf wegen seiner Minderjährigkeit und anderer Umstände halber sich eines besonderen Fehltritts theilhaftig gemacht. Der Kaiser konnte aber als ein österreichischer katholischer Herr nicht anders handeln, weil er durch diese Übertragung der Chur dem Haus Bayern eine Schuldforderung von 13 Millionen, ohne dass es dem Kaiser einen Groschen kostete, bezahlte und den Zweck erreichte, dass die katholische Religion im Churfürstlichen Collegio das Übergewicht bekam.

Als nun die Evangelischen wahrnahmen, dass Österreich und Chur-Bayern überall den Meister spielten, und dass dieser Prinzen Armeen die Kaiserliche Sentenzen wider Durlach, wider Hessen-Kassel u. s. w. vollstreckten, auch die Hoffnung zur Restitution des Pfalzgrafen verschwand, inmassen dieser Herr so niederträchtig nicht sein wollte, die harten Bedingungen und die knechtische Unterwerfung, welche ihm der Kaiser vorschrieb, einzugehen; hiernächst der Tilly, der durch des Mansfelders und Herzog Christians Einfall in den niedersächsischen Kreis war gezogen worden, allda die Oberhand erhielt**); desgleichen die spanische und neuburgische Völker in dem Herzogthum Berg und in der Grafschaft Ravensberg thaten, allwo sie einen Ort nach dem andern einnahmen; und endlich, dass sowohl in Böhmen und in den übrigen Kaiserlichen Erblanden als auch in der Ober-Pfalz die Reformation mit allem Eifer angestellet war; auch der Kaiser ein Edict wegen Restitution der Kirchengüter, welche die Protestanten nach dem Religionsfrieden von 1555 zu bekommen Gelegenheit gefunden, herausgegeben hatte***); so begriffen die Evangelischen sehr deutlich, dass von Seiten des Kaisers alles darauf gerichtet sei, die sämtliche Protestanten mit Stumpf und Stiel auszurotten†).

Welche Absicht nebst der daraus denen sämtlichen europäischen Staaten erwachsenen Gefahr die auswärtigen Mächte, nämlich Frankreich, England, Dänemark, Holland, Venedig und Savoyen, zur Herstellung des Gleichgewichtes von Europa bewog und diesen Staaten die Nothwendigkeit begreiflich machte, wider Österreich und Spanien eine grosse Allianz einzugehen,

*) Londorp, T. II. lib. 6 p. 685.
**) Imhoff, hist. univers., P. IV. p. 619.
***) Londorp, Tom. III. act. publ. lib. 8 p. 1048. — Bellus, Act. publ. Part. III. Tract. 1 p. 1.
†) Peustel, In der Vorrede zu Gundlings Discurs vom Westphälischen Frieden.

die auch würklich zu Stande kam*), zumal da sie ganz überzeuget waren, dass der Hauptzweck des Kaisers sei, die katholische Stände zu seiner Zeit zu vertilgen, wenn er nur erst mit den Protestanten fertig sein würde.

Die niedersächsischen Kreis-Stände machten unter Anführung des Königs Christian von Dänemark den Anfang zur Vertheidigung wider die Grausamkeit der Kaiserlichen Feldherren Tilly und Wallenstein; aber endlich musste der König in der Schlacht bei Lutter am Barenberge weichen; welches Treffen denen Protestanten einen grossen Stoss beibrachte und dem Kaiser Hoffnung machte, die längst projectirte Herrschaft über das Baltische Meer würklich zu bekommen**).

Indessen wollte es dem Kaiser in Ober-Österreich auf solche Art nicht glücken, indem daselbst die Bauren wegen der schweren Religionsverfolgungen auf die äusserste Probe der Geduld gestellet wurden und sich ihrer zu die 80,000 verbanden, viele Städte in Ober-Österreich einnahmen und wider die Kaiserliche wie auch bayerische Völker so muthig fochten, dass sie mehrentheils den Sieg davontrugen, obgleich im Anfang dieses zusammengelaufenen Volks General ein Hutmacher, nachher ein Schuster, zuletzt aber ein Student war.

Der Kaiser fand sich dadurch gezwungen, die Reformations-Edicte zu wiederrufen, bis jene Leute unter sich und mit ihren Nachbarn in Uneinigkeit verfielen, mithin sich mehrentheils selbst aufrieben; wodurch es geschah, dass der Kaiserliche General von Pappenheim sie mit 8000 Mann zu einem bequemen Ort angriff und jenes ganze Heer zerstreuete; da es denn in Ansehung der Rädelsführer nicht an abscheulichen Executionen fehlete, um so mehr, weil jene recht eifrige Bekenner der evangelischen Lehre waren.

Im Gegentheil erhielten die Protestanten im schwäbischen Kreis den Befehl, die geistliche Güter zu restituiren, und im Salzburgischen setzte man alle Lutherische Prediger ab, worauf an deren Stelle katholische Geistliche berufen wurden; wie man denn auch im Herzogthum Neuburg auf Kaiserliche Veranlassung die Lutherische Prediger 1628 verjagete, nicht weniger jedermann anbefahl, entweder das Land zu räumen oder katholisch zu werden***).

Als endlich König Christian von Dänemark zurückgetrieben war, nahm der Übermuth der Kaiserlichen noch mehr zu; daher der niedersächsische Kreis die äusserste Verfolgungen erdulden, der Herzog von Mecklenburg sein Land verlieren und solches dem Wallenstein einräumen musste; gleichwie Markgraf Christian Wilhelm von Brandenburg des Erzstifts Magdeburg, wovon er Administrator war, entsetzet wurde.

Diesemnach trieb man die Reformation mit geharnischten Aposteln in Böhmen, Schlesien, Mähren, Österreich, Bayern, Pfalz, ja selbst im Jülichschen und Bergischen, und trug kein Bedenken, wegen dieser letzten Provinzen, davon Chur-Brandenburg die clevische und märkische Länder hatte, die zweideutige Sequestrations-Vorschläge wieder aufzuwärmen und Commissarios abzuschicken, um desto besser im Trüben zu fischen.

Im Jahre 1626 erging der Befehl zu Wien dahin: dass alle Lutheraner aus Wien und den Vorstädten weichen sollten. Man verordnete auch die

---

*) Mercurius Gallo-Belgicus, T. XV. lib. 3 p. 53.
**) S. Arcana pacis Westphal. p. 11. — Pufendorf, Rer. Suecic. lib. I. §§ 51. 52.
***) Caraffa, p. 327.

Entfernung der evangelischen Prediger und Schul-Bedienten unter der Enns bei Vermeidung schwerer Strafe und Gefängniss.

Wiewohl es würde zu weitläufig fallen, die von dem Kaiser in allen deutschen Landen damals wider die Protestanten vorgenommene Grausamkeiten zu beschreiben. Es ist nur noch das Kaiserliche Restitutions-Edict von 1629 insonderheit anzuführen, welches darin bestand, dass alle Stifter und Kirchengüter, sie mochten mittel- oder unmittelbar sein, und welche die Protestanten seit dem Passauischen Vertrag eingezogen, den Katholischen wieder herausgegeben und abgetreten werden sollten. Es äusserte sich der Kaiser nach abgezogner Maske ganz frei in demselben folgender Gestalt: „Es hätten die Protestanten darüber, dass man sie aus den katholischen Landen ausjage, sich zu beschweren, keine Ursache; es gehöre nämlich der Religionsfriede bloss vor diejenigen, die sich Augsburgische Confessions-Verwandte nenneten." Der Kaiser liess auch in gedruckten Schriften in die Welt schreiben, es wären keine Augsburgische Confessions-Verwandte mehr vorhanden; Lehre und Glauben sei von denen sogenannten Protestanten geändert; der Religionsfriede führe ohnedem keine Verbindlichkeit mit sich, weil er erzwungen und nicht vom Papst genehmiget wäre*).

Damit nun dieses Edict desto mehr Nachdruck hätte, so erklärte man diejenigen zum Voraus in die Acht, die sich widersetzen würden, und befahl, die Vollstreckung solches Bannes ohne Anfechub vorzunehmen**).

Dieser strengen Ordre einen desto stärkeren Nachdruck zu geben, musste die Kaiserliche Armee unter dem Grafen von Mansfeld bei Ulm herum ihre Winterquartiere nehmen, um sogleich wider die Ungehorsamen bei der Hand zu sein.

Man machte bei diesen feurigen Anstalten mit der Stadt Augsburg den Anfang, indem man den evangelischen Bürgern die weitere Religionsübung verbot***).

Von da ging man weiter, und der Kaiser setzte an allen Orten gewisse Leute, die untersuchen mussten, was an einem jeden vor geistliche Güter zu finden; die denn zugleich die Auslieferung derselben mit aller Gewalt befördern mussten.

Diese Bedrängungen nöthigten die Protestanten, sich sowohl nach einheimischer als nach fremder Hülfe umzusehen.

In Deutschland hörte man daher von nichts als von bittern Klagen über die Ungerechtigkeit des Hauses Österreich.

Da sich indessen das Gerüchte ausbreitete, dass die Schweden nach Deutschland gehen wollten, so kam die Liga in diesem Jahre zu Heidelberg zusammen, die an den Kaiser eine Gesandtschaft abfertigte und demselben ersuchete, denen mannichfaltigen Beschwerden abzuhelfen, einen Churfürsten-Tag auszusetzen und die Ruhe wiederherzustellen; immassen man wohl sahe, dass der Untergang der Protestanten den Untergang der katholischen Stände nach sich ziehen würde.

Damit nun der Kaiser die Protestanten desto füglicher hinter das Licht

---

*) Compositio pacis inter ordines catholicos atque A. C. adhaerentes, ed. Dillingens. 1629.

**) Pisaecius, p. 410. — Vassor, Lib. 26 p. 132. — Londorp, Act. publ. T. III. p. 1068. — Allgemeine Chron. T. X. p. 489.

***) Theatr. Europ. Tom. II. p. 25.

führen möchte, so berief er zwar 1630 einen Churfürsten-Tag nach Regensburg*), inzwischen fuhr er fort, die Execution jenes Edicts mit der heftigsten Schärfe zu befördern.

Es wurde folglich daselbst zum Besten der Protestanten nichts weiter beschlossen, als dass der Kaiser versprach, den Wallenstein, dessen Grausamkeit unbeschreiblich war, nebst den überflüssigen Soldaten, welche in den Ländern der Protestanten nach Belieben wütheten, abzudanken.

Diese und mehrere Drangsale der Protestanten, insonderheit die Absetzung des Churfürsten von der Pfalz, des Administratoris von Magdeburg, des Herzogs von Mecklenburg nebst den übrigen Unthaten des Kaisers bewogen den tapferen König von Schweden Gustav Adolph 1630 auf deutschen Boden den Nothleidenden zu Hülfe zu kommen**). Er nahm auch fast ganz Pommern weg, setzte in Mecklenburg den Erb- und Landesfürsten wieder ein u. s. w.

Als der unrechtmässiger Weise abgesetzte Administrator von Magdeburg Markgraf Christian Wilhelm sich bei dem Schwedischen Einbruch wieder nach Magdeburg begeben hatte, und die Einwohner derselben vortreffliche Eigenschaften hochschätzten, zugleich aber auch sein Schicksal beklagten, so musste diese gute Stadt, weil der König von Schweden nicht für rathsam hielte, die Elbe zu passiren oder sonst Hülfe zu leisten, das Schlachtopfer der Kaiserlichen Rache auf eine solche Weise werden, die in der ganzen Geschichte seit der Zerstörung Jerusalems ihres Gleichen nicht hat***). Der Kaiserliche General Tilly bekam Befehl, dieselbe zu belagern. Dieses geschah. Er eroberte sie mit Sturm, er massacrirte alle darin befindliche Menschen, verbrannte die Stadt und verwandelte sie in einen Stein- und Aschenhaufen.

Diese besondere Zärtlichkeit des Vaters des Vaterlandes war denen Protestanten eine neue Erinnerung, auf ihre Defension bedacht zu sein. Daher sich der Churfürst von Sachsen mit dem König von Schweden vereinigte und mit Beistand dieses nordischen Helden den Tilly angriff; da denn durch den 1631 bei Leipzig erfochtenen herrlichen Sieg die Protestanten sich etwas erholten, indem der König, der darauf mit seiner Armee als ein Erretter im Reiche aufgenommen wurde, die ganze Pfalz wegnahm, bis in das Elsass eindrang und die protestantische Religion wieder einführte; so wie der Churfürst von Sachsen in Böhmen ging, obwohl der letztere die Schweden wieder zurückrufen musste; hiernächst 1632 bei Lützen die ruhmvolle Schlacht vorfiel, worin der König zwar siegete, die Protestanten folglich gewonnen†), aber leider zugleich über das Absterben dieses in dem Treffen gebliebenen verehrungswürdigsten Überwinders und Königs in die tiefste Traurigkeit gesetzet wurden.

Man übergehet allhier das nachgehends abwechselnde Glück der Waffen, und merket nur an, dass die Nördlinger Schlacht die Protestanten in grosse

---

*) Linck, De comitiis imperii, Th. 33.

**) Die Schwedische Deduction, in welcher die Ursache des Feldzuges enthalten, lieset man bei dem Londorp T. V. L. 1 c. 19 p. 73. — Philip. Arlanibaei, Arma Suecica ad 1631.

***) Treuer, Diss. de excidio Magdeburg. Theatr. Europ. ad an. 1631. p. 354 sqq.

†) Simon in der Eulenburgischen Chronik, p. 685.

Verlegenheit setzte und den 1635 geschlossenen Frieden veranlasste, der, ob er gleich denen Evangelischen ziemlich hart fiel, um deswillen von den mehresten angenommen werden musste, weil man den seit 18 Jahren gedauerten Krieg nicht weiter ausstehen konnte*).

Bei solchen trüben Umständen, indem die Krone Frankreich sich auch mit einer Armee in Deutschland eingefunden und mit Schweden eine gemeinschaftliche Sache gemacht hatte**), starb 1637 der grosse Verfolger der Protestanten, Kaiser Ferdinand II.***), dem sein Prinz Ferdinand III. folgte.

§ 7.

Ferdinandus III. bezeigte sich gegen die Protestanten insonderheit dadurch unbillig, dass er der zu stiftenden Ruhe und Frieden allerhand Hindernisse in den Weg legete und sich vorsetzete, die Franzosen und Schweden aus Deutschland zu vertreiben, alsdann aber, so wie sein Vater, denen Protestanten die schwere Hand fühlen zu lassen.

Immittelst forderte er auf dem Reichstag von 1640 für eine fünfmonatliche Erhaltung seiner Truppen 93 Tonnen Goldes und liess ohne Bewilligung der Stände die Armee die Winterquartiere im Reiche beziehen†).

Den Lüneburgischen und Hessischen Reichstags-Gesandten begegnete er ungemein unglimpflich, ja er befahl ihnen, die Stadt Regensburg zu räumen, ohne die anderen Reichsstände deshalb zu fragen††).

Es konnten hiernächst die Evangelischen von diesem Kaiser auf dem Reichstag nichts erspriessliches erhalten, da derselbe der Protestanten ärgster Feind war, im Churfürstlichen Collegio die Katholiken die meisten Stimmen hatten, nichts weniger im Fürstlichen Collegio Österreich als Director und die vielen Bischöfe die Protestanten, denen an die 30 Stimmen damals abgingen, sehr leicht überstimmen konnten.

Am wenigsten aber war es billig, dass der Kaiser die Stände daselbst

---

*) Gastel, De Statu publico Europ. p. 323 sqq. — von Iseecrn, Beschreibung des Königreichs Böhmen, p. 117.

**) Der Jesuit Bougeant, p. 227 sagt von der zum Besten der Protestanten zwischen Frankreich und Schweden gemachten Allianz: La France avoit tempéré l'intérêt de l'État par celui de la religion; elle avoit donné aux Suédois assez de secours pour abaisser la maison d'Autriche, mais trop peu pour les mettre en état d'exterminer la religion catholique. Elle avoit en même temps offert sa protection à tous les princes, afin d'arrêter, autant qu'il [sc] pouvoit, les progrès trop rapides de Gustave, en détournant ses armes des États catholiques. — Sa réserve fut si grande avec le Roi de Suède que ce prince s'offensa quelquefois du peu de secours qu'il tiroit de la France. Après la mort de Gustave les choses ayant changé en Allemagne, la France crut aussi devoir changer de conduite. La décadence du parti protestant ne laissoit plus rien appréhender pour la religion. — — Or comme l'oppression des princes protestants avoit servi de motif à la France pour prendre part à la guerre d'Allemagne, le Cardinal espéroit que leur foiblesse les engageroit à seconder, sans le savoir, ses desseins secrets etc., nämlich das Elsass zu bekommen.

***) Maurer, P. II. Chron. Viennens. p. 95.

†) Londorp, T. IV. Lib. 4 cap. 9 p. 785 sqq.

††) Pufendorf, Lib. 13 § 96.

lifters mit der Acht bedrohete, wenn sie seinen Absichten entgegen zu sein schienen.

Gleichwohl musste der Kaiser leiden, dass die Protestanten ihre wichtige Gravamina, insonderheit in Kirchensachen, in grosser Menge vortrugen, immassen die brandenburgische und altenburgische Gesandten die Gravamina communia überreicheten; gleichwie die protestantischen Reichsstädte und Reichsritterschaft ihre Beschwerden besonders übergaben und hauptsächlich über die Plackerei der Kaiserlichen Armee klageten. Nicht zu gedenken der weitläuftigen Beschwerden, die hier und da einzelne evangelische Stände daselbst anbrachten.

Ob nun schon nichts weniger als Hülfe verschaffet wurde, so erfolgte doch auf diesem Reichstag die allgemeine Amnestie; aber es blieben die böhmische, ungarsche und überhaupt österreichische Erblande, ferner die pfälzische und magdeburgische Unterthanen davon ausgenommen. Was die Herstellung der weltlichen Güter betrifft, so sollte es in dem Stand bleiben, darinnen sie sich im Jahr 1630 bei der Ankunft des Königs von Schweden befunden; wegen der geistlichen im Gegentheil verblieb es, wie solche 1627 den 12. des Wintermonats beschaffen waren. Münster und Osnabrück sollten zu den Friedenshandlungen bestimmt sein, indessen der Religions- und Landfriede bei ihren Kräften verbleiben, auch der Krieg bis zu einem allgemeinen Frieden fortgesetzet werden*).

So sehr immittelst die Protestanten nach dem Frieden seufzeten, so sehr war der Kaiser hierwider. Daher auf der Reichs-Deputation von 1643 die österreichische und burgundische Gesandten unzählige Hindernisse in den Weg legten, indem sie auf die Fortsetzung des Krieges mit vieler Macht drungen; wie dann auch der Kaiser Georgen von Eberstein, einen Dominicaner, nach Frankreich schickte, um daselbst seine Absicht in diesem Stück zu erreichen**); nicht weniger der Kaiser die Schweden zu verleiten suchte, die Friedenshandlungen aufzuschieben; und da alles nicht anschlagen wollte, der Kaiser sich bestrebte, mit Frankreich und Schweden ingeheim und ohne Zuziehung der Protestanten einen Frieden zu machen, auch alles zu thun versprach, wenn jene beide Kronen die Reichsstände im Stich lassen würden.

Demohngeachtet kam es mit Zuziehung der Reichsstände zu Friedenstractaten, bei deren Anfang und Fortgang des Kaisers einzige Beschäftigung war, die Protestanten zu überflügeln, gleichwie der Friede selbst 1648 nach vorgängigen weitläuftigen Vorschlägen, Streitigkeiten und Deliberationen erfolgte.

Der Inhalt dieses mit Gold, mit Blut und mit deutschen Provinzen erkauften Westphälischen Friedens ist viel zu bekannt, als dass man desselben Erwähnung thun oder melden dürfte, dass dieser Westphälische Friede das grösste Kleinod von Deutschland sei, welcher das seit 30 Jahren durch Krieg geängstigte Deutschland dem äussersten Untergang entrissen; nur will man anführen, dass der Kaiser darin seinen Religionshass wider die Evangelischen insonderheit dadurch anzeigte, dass er seinen in den österreichischen Erblanden wohnenden protestantischen Unterthanen auf keine Weise die denen

---

*) Lünig, P. spec. contin. 2 p. 133. — Meyer, Londorp suppl. T. 4. p. 377. — Pufendorf, De rebus Frid. Wilh. L. 15. 20. [?] Allgemeine Chron. P. IX. p. 538.

**) Londorp, T. V. p. 819.

übrigen Protestanten im Reich verwilligte Religionssicherheit zugestehen wollte, sondern durch Bestechungen*) und andere dergleichen gegen die an dem Frieden arbeitende Gesandten gebrauchte Mittel zu erhalten wusste, dass ihm in Ansehung gedachter seiner Unterthanen fast völlig freie Hände gelassen wurden und man den sehr unzulänglichen § 41 Art. V. p. 10 abfassete, der also lautet:

> Et cum de majore religionis libertate et exercitio in supradictis et reliquis Caesareae Majestatis et domus Austriacae regnis et provinciis concedendo in praesenti tractatu varie actum sit nec tamen ob Caesareanorum plenipotentiariorum contradictiones conveniri potuerit, Regia Majestas Sueciae et Augustanae Confessionis ordines facultatem sibi reservant eo nomine in proximis comitiis aut alias apud Suam Caesaream Majestatem, pace tamen semper permanente et exclusa omni violentia et hostilitate, alterius respective amice interveniendi et demisse intercedendi.

Ob nun wohl die protestantische Religion in den meisten österreichischen Erblanden hierdurch den Religionseifer des Hauses Österreich aufgeopfert worden, so ist doch in Ansehung derer in Nieder-Österreich wohnenden Grafen, Herren und Edelleute in dem 39. § Art. V. p. 10 ausdrücklich eine Ausnahme gemacht und denenselben nicht allein die Freiheit ihre Religion in der Nachbarschaft auszuüben, sondern sich auch des Juris emigrandi nach Belieben zu bedienen, ausbedungen worden.

Was die übrigen österreichischen Erblande anlanget, welchen gleiche Vortheile durch den Westphälischen Frieden nicht versichert sind, so ist gleichwohl die ohnedem in der natürlichen Billigkeit gegründete Emigrationsfreiheit der Katholiken und Protestanten durch den Religionsfrieden § 24 „Wo aber etc." bereits heilig stipuliret und vorbehalten, welches allerdings annoch gültige Reichsgesetz die österreichische Lande keineswegs eximiret, vielmehr gemessenst mit einschliesset und kräftigst verbindet, durch den Westphälischen Frieden auch nicht aufgehoben, sondern nur erläutert ist**). Wie denn denen Böhmen sub generali denominatione et complexu aller damaliger Unterthanen des Römischen Königs Ferdinandi I. wegen der mit der Gewissensfreiheit, wo keinerlei Religionsübung gestattet werden will, ohnvermeidlich verknüpften Emigrationsfreiheit durch den Religionsfrieden ebenfalls bereits prospiciret worden und deshalb im Westphälischen Frieden, welcher Art. V. § 1 den Religionsfrieden mit besonderer Behutsamkeit und Fürsicht feierlichst bestätiget hat, nicht die mindeste Exception, Restitution und Limitation zu befinden.

Der im Westphälischen Frieden Art. V. §§ 38. 39. 40. 41 unter des Kaisers Erb- und andere Reichslande beliebte Unterscheid betrifft demnach lediglich die von obbesagter Gewissens- und Emigrationsfreiheit merklichst differirende mehrere in der Religionsübung bestehende Religionsfreiheit, weshalber ohnehin der Religionsfriede zwischen Landesherrschaften und Unterthanen noch kein gewisses Regulativum gemacht hatte***). Derowegen auch

---

*) Pfanner, Lib. V. § 29.

**) Es handelt hievon das Intercessions-Schreiben, welches das Corpus Evangelicorum den 19. Junii 1734 an Se. Kaiserl. Majestät abgeschickt hat.

***) Man lese des Corporis Evangelici Intercessions-Schreiben vom 22. Octobris 1735.

das Corpus Evangelicorum den 27. Junii 1725 in einer Conferenz beschloss, dass man von Seiten dieses Corporis das in den Reichsgesetzen wohl gegründete und österreichischer Seits selbst anerkannte Jus emigrandi in den österreichischen Erblanden beständig zu behaupten hätte*).

Die seit dem Westphälischen Frieden niemals unterbrochene Erfahrung hat aber leider gezeiget, wie so wenig der angeführte 39. § Art. V. J. P. denen niederösterreichischen Grafen, Herren und Edelleuten die Gewährung der versprochenen Religionsfreiheiten und Vortheile, als die Vorsprache der Friedens-Contractanten denen übrigen österreichischen protestantischen Unterthanen einige Linderung wider die Verfolgung verschaffen können.

Als 1651 der Kaiser in seinen Erblanden zu reformiren anfing, thaten die Königin von Schweden und die evangelischen Reichsstände zu sechs verschiedenen Malen die triftigste Vorstellungen**). Man gab lange Zeit gar keine Antwort, darauf eine dilatorische, und endlich sagte man überhaupt: Wenn der Kaiser nicht wider den Westphälischen Frieden handelte, so hätte sich niemand dawider zu beschweren. Man wird aber in der Folge bemerken, wie sehr die Unbilligkeit in Ansehung dieses Puncts zugenommen hat.

§ 8.

Obgleich der Westphälische Friede geschlossen war, so hat Kaiser Ferdinand III. dennoch nicht unterlassen, die Protestanten sowohl in seinen Erblanden als im Reiche aufs äusserste zu drücken.

Es musste diesem bei Schliessung des Westphälischen Friedens vermuthlich schon die Absicht sein; denn der Kaiser gab um so eher etwas nach, weil er meinte, bei der Friedens-Execution mit den Protestanten nach Gefallen zu schalten, wenn nur erst die Franzosen und Schweden weg wären. Man sahe daher in der Folge bei der Execution tausend Schwierigkeiten. Denn bald widersetzte man sich unter dem Schein eines bevorstehenden Vergleichs, bald unter dem Vorwand einer unrichtigen Erklärung des Westphälischen Friedens; bald appellirten die Katholischen wider die Executores, bald perhorrescirten sie einen und den andern Executoren; bald gab der Kaiser an die Hand, es müsse darüber auf dem Reichstag gehandelt werden.

Als die schwedischen Gesandten diese von dem Kaiser vorgekehrte Hindernisse wahrnahmen, liessen sie es zwar an beweglichen Vorstellungen nicht fehlen; weil aber diesem ungeachtet die Execution nicht zu Stande kommen konnte, so erfolgte 1650 der Friedens-Executions-Haupt-Recess, worin man in Betracht der rückständigen Restitutionsdorum drei kurze Termine setzte, auch der Kaiser sich genöthiget fand, ein Edict herauszugeben, worin er die fernern Oppositiones, Protestationes und übrige Arten einer Renitenz bei Strafe verbot; wiewohl auch diese Mittel fielen grösstentheils fruchtlos aus, immassen die Deputati zu Nürnberg mit solcher Restitution nicht fortkommen konnten, weil ihnen ebenfalls weitläuftige Protestationes überreichet wurden; und da man glaubte, es sei alles berichtiget, man mit einer Menge von Distinc-

---

*) Diese Gründe führte das Corpus Evangelicorum bereits den 8. Novembris 1665 in den Interecessionalibus für die Frau von Preyssberg an, damit dieselbe des ihr darum angelegten Arrests und schwerer Geldstrafe, weil sie die zwei Neydeckischen Fräulein an einen evangelischen Hof ins Reich zu fernerer Erziehung bringen helfen, möchte enthoben werden.

tionen, Exceptionen und Scheingründen fast alles zu untergraben suchte; wodurch man das Werk nicht nur aufhielt, sondern auch in die äusserste Verwirrung sowohl in Ansehung der zu restituirenden Dinge als respectu modi exequendi gerieth; daher denn vieles sowohl dem Friedensschluss als Executions-Recess zuwider vorgenommen wurde.

In den österreichischen Landen suchte man keine solche Umwege, sondern es befahl der Kaiser 1651 allen unkatholischen Unterthanen, sich an verbotenen Tagen des Fleischessens, Lesung der unkatholischen Bücher, auch Einführung und Admission unkatholischer Prediger in Privathäusern gänzlich zu enthalten, ihr Religions-Exercitium auch nicht ausserhalb Landes zu suchen und zu üben.

Diesen und andern strengen Verordnungen gemäss citirte man die Unkatholische zu Wien vor Gerichte, allwo man ihnen den Befehl ertheilete, entweder katholisch zu werden oder harte Verfügungen zu gewärtigen.

Nicht weniger machte man zu Wien 1652 ein Kaiserlich Edict bekannt, vermöge dessen ein Jeder, sowohl fahrende als reitende und gehende, wenn das sogenannte Venerabile käme, stille halten und auf den Knieen dafür die tiefste Ehrfurcht bezeigen sollte*).

Die überhand nehmende Drangsale veranlasseten, dass die evangelischen Stände des Herzogthums Österreich unter der Enns in höchst betrübten Ausdrücken eine Bittschrift einreicheten**), worin sie unter andern klagten: es sei ihnen verwehrt, ihren Kindern in Testamenten evangelische Vormünder zu setzen; sie dürften keine evangelische Praeceptores haben; denen Wittwen würden ihre leibliche Kinder weggenommen und fremden Personen, auch wohl in auswärtigen Ländern, zugeschickt; sie dürften in ihren Häusern mit ihren Kindern und Gesinde nicht beten, keine Predigt lesen; man wollte sie zwingen, in Processionen bei allen Heiligen zu schwören; man schliesse sie von allen Ehrenstellen aus, nähme ihnen die sonst gewöhnliche Instanzen und versage ihnen die Begräbnisse auf den gemeinen Kirchhöfen.

Diese und unzählige andere Gravamina veranlasseten nach dem Inhalt des Westphälischen Friedens in den oben berührten Paragraphen die Intercessionales der evangelischen Reichsstände***); aber die Antwort fiel so unbillig und widerrechtlich aus wie diejenige, welche 1659 auf die Vorstellung der evangelischen Stände, die zum Besten aller Kaiserlichen Erblande übergeben wurde, erfolgete.

Ausserhalb den Erblanden bewies der Kaiser eine ähnliche Feindseligkeit gegen die Protestanten.

Man übergehet die zahlreiche Arten der Bedrückungen, welche die Katholiken ohne äusserliche Beihülfe des Kaisers ausübten, und beobachtet nur, dass der Kaiser nicht bloss insgeheim, sondern auch öffentlich ganz ohne Scheu wider den Religions- und Westphälischen Frieden in Deutschland handelte, indem er 1651 dem Rath zu Kaufbeuren befahl, die daselbst vermöge des Friedensschlusses weggeschaffte Jesuiten wieder anzunehmen; und als die Stadt nicht sofort gehorchen wollte, auch die meisten der ansehnlichsten protestantischen Reichsstände dem Kaiser Vorstellungen thaten, doch alles

---

*) Struv., c. l. P. II. p. 6.
**) Londorp, T. 5. P. 4. c. 173, p. 649.
***) Pfanner, Hist. comit. lib. 1 § 49.

nichts half, sondern ein geschärfter Befehl, der mit der Execution des Churfürsten von Bayern verknüpft war, erfolgte*).

Die evangelische Kirche zu Weiden wurde, dem Westphälischen Frieden zuwider, von den neuburgischen Executoribus 1653 mit Gewalt occupirt und von Catholicis mit Äxten aufgehauen, wobei sie riefen:

Dies ist des Kaisers Schlüssel!
Dies ist des Kaisers Schlüssel!

Die Jesuiten hielten auch sofort Messe darin und erpressten das einer vielköpfigen Schlange ähnliche Simultaneum, ohne dass die gerechtesten Protestationes der evangelischen Stände einige Änderung verschaffen können.

Obgleich ferner sehr viel beschwerliche Puncte wider den Reichshofrath 1654 auf dem Reichstag von den Evangelischen vorgetragen waren, so mussten doch alle vergeblich ausfallen, indem sie der Kaiser keiner Hülfe würdigte, vielmehr dieses deutsche allerhöchste Oberhaupt ohne Zuziehung der Churfürsten, Fürsten und Stände eine neue Reichshofraths-Ordnung verfertigen liess, da doch die Churfürsten und Stände den Kaiser vorher gesiemend ersucht hatten, dass die Reichshofraths-Ordnung, wie andere Reichsgesetze, conjunctim möchte von dem Kaiser und den Ständen gemacht werden; auch dieses nach dem deutschen Staatsrecht hätte allerdings geschehen müssen, wenn nicht der Kaiser wider seine Obliegenheit durchgefahren wäre. Daher damals die evangelischen Stände öffentlich sagten: das Haus Österreich nähme den Reichsständen die alte Freiheit und Rechte; weshalb es sich vor der Hand vieler Versprechungen bediente, um die Stände einzuschläfern und sicher zu machen; vornehmlich aber sei der übel eingerichtete Reichshofrath die Geissel, mit welcher die Protestanten gezüchtiget würden.

Am empfindlichsten fiel es den Protestanten, dass der Kaiser 1654 den Reichstag beschloss, da doch dasjenige, was aus dem Westphälischen Frieden annoch zu erörtern und abzuthun übrig war, noch nicht gehoben. Man sahe aber klärlich, dass nach dem Zweck des Kaisers die wichtigsten im Westphälischen Frieden noch nicht bestimmten Puncte, insonderheit in Ansehung der verschiedenen Glaubensgenossen gegen einander, unentschieden bleiben sollten. Daher man damals öffentlich sprach und schrieb, dass denen Directoribus von dem Kaiser beträchtliche Summen Geldes dafür versprochen worden, dass sie zur Aufhebung des Reichstages cooperiren möchten**). Der Kaiser schützte hiernächst eine Krankheit vor, und seine Ärzte mussten den Ausspruch thun, dass die Leibesumstände desselben die Abkürzung des Reichstages erforderten. Daher denn der Reichsabschied so unvollständig und mangelhaft gerathen, auch aus List das eine Hauptstück der Kaiserlichen Reichstages-Proposition, nämlich causa restituendorum ex capite amnestiae et gravaminum, weggelassen und auf einen ordentlichen Deputations-Convent verwiesen worden.

Aus dem Catalogo, der denen Deputatis im Jahre 1654 von denen restituendis ex capite amnestiae et gravaminum übergeben, sieht man inmittelst, wie sehr gross bis dahin die Anzahl der nicht Restituirten annoch gewesen, obgleich solche Specification bei weitem nicht einmal vollständig gerathen, wie z. E. Chur-Pfalz und andere gezeiget haben.

Am selbigen Tage, da der Kaiser von dem besagten Reichstag weg-

---

*) Henniges, Med. ad I. P. art. 5 § 29, p. 460.
**) Londorp, c. l. T. 7. L. 6, p. 511.

reisete, übergaben die Protestanten annoch mancherlei Beschwerden, welche Kühnheit der Kaiser sehr ungnädig auslegte; wie denn auch den 17. Maji 1654 die evangelischen Stände beschlossen, wegen der Puncte, welche bei Verlesung des Reichsabschiedes bemerkt worden und eine Änderung brauchten, bei dem Kaiser schriftliche Vorstellung zu thun. Aber der Kaiser spielte alles auf die lange Banke und verwies unzählige Sachen auf den Reichs-Deputationstag, um die Protestanten endlich zu ermüden, bis er auf solche Art während des Deputationstages 1657 verstarb*) und sich bis an sein Ende als einen gegen die evangelische Reichsstände und als gegen seine eigene Unterthanen höchst unbilligen Kaiser und Landesherrn erwies.

§ 9.

Kaiser Leopold machte der Reichs-Deputation aus solchen Ursachen, die im § 8 angeführt sind, gar ein Ende. Indessen hat er 1662 den annoch daurenden Reichstag nach Regensburg ausgeschrieben, auf welchem die Protestanten lange Jahr hindurch keinen Trost gefunden.

Man verwundere sich deshalb nicht, dass seit dieser Zeit in so vielen deutschen Provinzen über die von dem Kaiser und verschiedenen anderen Katholiken vorgenommene Verfolgungen geklagt ist, auch die sämtliche evangelische Stände insonderheit den 18. Novembris 1666 bei dem Kaiser sich über den Reichshofrath beschwerten, weil dieses Gerichte nicht nach Vorschrift des Friedens-Instrumenti gehörig mit evangelischen Reichshofräthen besetzt wäre, mithin Catholici jederzeit Majora in Sachen ihre Religions-Verwandte betreffend machen könnten; ferner dem Kaiser noch andere schädliche Mängel dieses Gerichts zu Gemüthe führeten**).

Ob nun gleich der Kaiser den 30. Junii 1667 zur Antwort gab, er wisse nicht anders, als dass bei dem besagten Reichshofrath alles den Reichsgesetzen gemäss eingerichtet wäre, so setzten gleichwohl die evangelischen Gesandten den 8. April 1668 eine triftige neue Vorstellung auf, worin sie die Gebrechen des Reichshofraths nachdrücklich beschrieben, solchen abzuhelfen und die Reichshofraths-Ordnung communiciren zu lassen baten***).

Unter der Regierung dieses Kaisers war insonderheit der Ryswickische Friede, und zwar die Clausul des 4. Articuls, denen Protestanten sehr nachtheilig, worin es heisset:

> Religione tamen catholica in locis sic restitutis in statu, quo nunc est, remanente.

Denn man hat sowohl wegen der Verbindlichkeit als wegen der Auslegung dieser Clausul heftige Streitigkeiten verspüret, auch dadurch einen beträchtlichen Theil neuer Religionsdrückungen veranlasset.

Wenigstens konnte der Kaiser den Protestanten und dem Westphälischen Frieden keinen grösseren Stoss beibringen als dadurch, dass er die erwähnte Clausul einräumte.

---

*) Schowart Observ. hist. geneal. cap. 1 § 15, p. 29.

**) Schauroth in der vollständigen Sammlung aller Conclusorum Corporis Evangelicorum, Tom. II. p. 500 sqq.

***) Lünig, P. gen. cont. II. Forts. p. 241 sqq. Schauroth c. l. T. II. p. 503 sqq. Hieher gehöret auch das Schreiben der gesamten evangelischen Reichsstände an den Reichshofraths-Präsidenten Grafen von Oettingen vom 8. Aprilis 1668.

Die wahre Beschaffenheit der Sache erhellet unter andern aus dem Bericht des chursächsischen Gesandten Christian Dietrich Boose an das Evangelische Corpus zu Regensburg vom 15. Novembris 1697*), aus welchem abzunehmen:

1) Dass die Evangelischen einen weit besseren und denen Reichsgesetzen gemässeren Frieden würden erhalten haben, woferne nicht viele insgeheim angestellte und sehr verdächtige Handlungen, auch einiger Conföderirten besondere Friedensschlüsse die gefasste gute Hoffnung zu Wasser gemacht hätten;

2) die Kaiserliche Ministri auf dem Congress keine Materien, so die Mitstände unter sich oder die innere Reichsverfassung beträfen, als dahin man die streitige Religionspuncte gezogen, hätten wollen abhandeln lassen; daher sie auch in denen entworfenen Postulatis bloss des Münsterschen, nicht aber des Westphälischen Friedens gedacht, welche Worte endlich nach grosser Bemühung wären eingerückt worden;

3) dass es schwer gehalten, die allgemeinen Worte „in sacris et profanis" dem Project einzurücken, dannenhero viel weniger auf Specialia zu kommen gewesen; ja dass man sich nicht einmal unterstehen dürfen, den zu Regensburg wegen der Religions-Gravaminum entworfenen Articul vorzutragen, da Catholici bei der ihnen geschehenen Communication die beiderseitige Unterredung verwieden;

4) dass Frankreich wegen der Erhaltung der Religion in denjenigen Ländern, so dieser Krone durch den Friedensschluss abgetreten, sich nicht weiter herausgelassen als folgendergestalt: der König habe den Westphälischen Frieden noch nie gebrochen und wollte sich in seinen Landen kein Gesetz vorschreiben lassen;

5) dass die französische Gesandte, da nichts als die Unterschrift zur Vollziehung des Friedens den 19. (29.) Octobris ermangelt, die Einrückung obererwähnter Clausul mit der Bedrohung verlanget, dass woferne nicht diesen Abend (es sei aber schon halb zwölf Uhr gewesen) diese Insertio erfolge, sogleich die Unterhandlung gebrochen und der Krieg wider diejenigen, so hierin einige Bedenken hätten, fortgesetzt werden solle;

6) dass die englische Gesandten und der Raths-Pensionarius auf erhaltene Nachricht von der unvermutheten französischen Forderung zu erkennen gegeben, es sei dieses eine unter den Katholischen abgeredete Sache. Wie denn auch damals die Protestanten dem Kaiser alle Schuld gaben, dass er die schädliche Clausul verursachet hätte.

Es ertheilte zwar der Kaiser 1698 ein Commissions-Decret, in welchem Sich Se. Kaiserl. Majestät erklärten: „Sie hätten gewünschet, es möchte der Westphälische Friede in allen seinen Puncten ungeändert restituiret werden. Ihre Gesandtschaft hätte sich der Clausul Art. 4 als auch andern dem Westphälischen Frieden zuwiderlaufenden Bedingungen widersetzt. Der Friedensschluss wäre von allen Deputirten vor höchst nöthig, die Fortsetzung des Krieges aber für unmöglich geachtet worden; dannenhero man, um ein grösseres Übel abzuwehren, vom Westphälischen Frieden in etwas abgewichen. Im übrigen erwarteten Ihro Kaiserliche Majestät zu vernehmen, wie die von den Evangelischen verlangte Declaration eingerichtet werden könnte, damit einestheils die sich beschwerende Stände möchten vergnüget

---

*) Staats-Canzlei, Tom. 3, p. 719.

278 Unbilliges Verfahren Oesterreichs gegen die Evangelische.

und anderntheils es von der Krone Frankreich vor keine Contravention aufgenommen werden —*).

Aber die Evangelischen konnten es nicht einmal dahin bringen, dass dieses Commissions-Decret in Proposition wäre gebracht worden, obgleich die Protestanten durch ein Votum commune anhielten, dass zu Abfassung eines Reichsgutachten möchte geschritten und solche Mittel in Vorschlag gebracht werden, wodurch man die Religion in Betracht jener Clausul in Sicherheit setzen könnte.

Das fernere Verfahren in dieser Sache zeigte sattsam, dass der Kaiser den Ryswickischen Frieden sehr billigte, da er an verschiedenen Orten die besagte Clausul viel weiter, als die Franzosen solches Willens waren, ausdehnete; worauf nachgehends sowohl auf dem Reichstag als sonst eine schädliche Zerrüttung zwischen Protestanten und Katholiken entstand.

Es verursachte auch, dass die Kaiserlich gesinnete Stände an Orten, von welchen die Ryswickische Clausul gar nicht handelt, gewaltige Religions-Änderungen vornahmen: das simultaneum exercitium der katholischen Religion einführten, viele Kirchen privative vor sich hinnahmen, die Kirchengefälle denen Protestanten entrissen; weshalb das Corpus Evangelicorum beständig geklaget hat und keine Hülfe gefunden, immassen der Kaiserl. Hof, insonderheit nach entstandenem Krieg mit Frankreich, tausend Winkelzüge daselbst zu machen gesucht. Ausserordentlich schmerzte es nach dem Ryswickischen Frieden denen Protestanten, dass die Katholiken zu Worms schreckliche Bedrückungen und Neuerungen vornahmen; weshalb der dasige Stadt-Magistrat seit dem Jahr 1697 sich vielfältig nicht nur an das Corpus Evangelicorum, sondern auch an den Kaiser wendete, ohne von dem letzteren einen Beistand zu erhalten; wie denn fast in allen nachfolgenden Jahren unter der Regierung der folgenden Kaiser solche Drangsale fortgesetzt wurden.

In der Wild- und Rhein-Grafschaft bediente sich der Fürst von Salm Kaiserlicher Soldaten und occupirte die evangelische Kirche zu Kirn**), worin die Franzosen nur einige Zeit lang, als sie Garnison daselbst hatten, den Gottesdienst vorher exercirten.

Auf gleiche Weise machte es der besagte Fürst an andern Orten. Da aber die erwähnte Plätze denen sämmtlichen Wild- und Rhein-Grafen gemeinschaftlich gehörten, trugen diese deshalb ihre Gravamina den 7. Novembris 1698 auf dem Reichstag vor. Ob nun zwar an den Fürsten beträchtliche Intercessionalen abgingen, so berief sich derselbe dennoch auf die Clausul des 4. Articuls im Ryswickischen Frieden.

Es ist aus den Reichsgeschichten mehr als zu bekannt, wie heftig die Protestanten in der Chur-Pfalz in dem 1698. und folgenden Jahren verfolget wurden.

Ohngeachtet man nun an dem Kaiserlichen Hofe genugsame Vorstellungen that, so erfolgte doch nicht die geringste Hülfe noch Linderung.

Brandenburg-Onolzbach führte ebenfalls schwere Klagen wider Würzburg, Eichstädt und Schwarzenberg, weil es in Ansehung vieler Pfarren in

---

*) Hoffmann c. L p. 296 sqq.
**) Man sehe den Corporis Evangelici Intercessionsschreiben vom 29. Novembris oder 9. Decembris 1698 in der Sammlung der Conclusorum T. l. p. 481 und Tom. II. p. 840 sqq.

Franken beeinträchtiget war, obgleich das höchstgedachte Haus seit undenklichen Jahren in dem geruhigen Besitz aller Pfarr-Rechte gewesen.

In der Grafschaft Falkenstein und Herrschaft Reipoltskirchen mussten die Protestanten nicht minder ihre Noth empfinden, indem dasige Lande seit der Kirchen-Reformation evangelisch gewesen, 1701 aber durch ein Edict die allgemeine Ausübung der katholischen Religion in der ganzen Grafschaft eingeführet wurde; wobei man allen evangelischen Geistlichen bei Strafe der Cassation anbefohl, dass sie künftig die sämtliche katholische Feiertäge von den Kanzeln verkündigen und sich in Ansehung der Katholiken aller Actuum parochialium enthalten sollten.

Das Simultaneum führte man auch zu Winnweiler ein, allwo man das evangelische Pfarrhaus dem katholischen Priester einräumen musste.

Die Herren von Gemmingen stellten dem Reichstag die harte Religionsbeeinträchtigungen in dem in Gemeinschaft besitzenden sogenannten Schüpffer Grund gelegenen Flecken Uffingen vor, aber es folgete keine Hülfe*). Sehr vieler anderer Verfolgungen in den benachbarten Orten zu geschweigen.

Von einer ebenmässigen Art zu verfahren in Ansehung der Erblande dieses Kaisers wird sich unten ein mehreres sagen lassen; jedoch ist hier zu berühren, dass die Siebenbürger sich unter Leopoldi Regierung durch verschiedene Verbiessungen bewegen liessen, sich von den Türken loszumachen und unter ihrem Fürsten Apafi I. des Kaisers Leopoldi Protection anzunehmen. Sie bekamen auch ein Diploma von diesem Kaiser, worinnen ihnen zur Belohnung ihrer Dienste und der freiwilligen Ergebung halber das hergebrachte Recht, einen Fürsten zu behalten und auf gewisse Weise zu erwählen, bestätiget, auch das freie Religions-Exercitium nebst andern vortheilhaften Puncten bewilliget wurde**).

Nach des Fürsten Apafi I. Absterben empfingen die Siebenbürger ein erneuertes Diploma vom 4. Decembris 1691, worinnen die Succession des damals minderjährigen Apafi so lange ausgesetzet wurde, bis dieser unmündige Prinz zu seinem rechtmässigen Alter gekommen wäre, der indessen von dem Kaiserlichen Administratore solches Landes erzogen werden sollte. Die in Siebenbürgen eingeführte Religion betreffend, wurde denen Ständen bei Königlichen wahren Worten (sub verbo regio et integerrima fide) die Versicherung gegeben, dass alles darin im vorigen Stande gelassen und keine Änderung damit vorgenommen werden sollte; gleichwie man Kaiserlicher Seits alle übrige Rechte der Siebenbürger in diesem Diplomate auf das feierlichste bestätigte. Nichts desto weniger erfuhren die Evangelischen gar bald, dass man anfing, der Kaiserlichen Zusage entgegenzuhandeln. Ja, es erfolgte 1693 eine anderweitige Declaration des Kaisers, worin verordnet wurde, dass denen Katholischen die reformirte Kirche und das Collegium Unitariorum zu Clausenburg, ferner die Bathorysche Kirche zu Weissenburg eingeräumet, über dieses das Dorf Monostor von dem damaligen Besitzer mit 15,000 Fl. eingelöset und solches den Katholischen zum Behuf ihrer Kirche und Schulen auf ewig überlassen, auch zur Unterweisung in der katholischen Religion und Schulen friedsame und gelehrte Leute gesetzt werden sollten. Insonderheit aber verstattete der Kaiser den Katholischen die Erlaubniss, in den Residenzen und Städten

---

*) Staats-Canzlei, Tom. X. p. 50. Sammlung der Conclusorum T. I. p. 692.
**) Man lese die Schrift: Curieuse Nachricht von dem bisherigen Zustande der evangelischen Religion in Siebenbürgen, edit. 1706.

280   Unbilliges Verfahren Oesterreichs gegen die Evangelische.

Kirchen aufzurichten: jedoch das hierdurch den Religions-Exercitiis, Kirchen und Einkünften der andern Religions-Verwandten kein Schaden und Nachtheil zugezogen werden möchte.

Hierauf verlangten die Katholiken daselbst, es müsse eine Gleichheit unter den Katholischen und Reformirten, welche letztere doch bis dahin die stärkste gewesen, gehalten werden. Der ersteren Einfluss bei dem Kaiserlichen Hof veranlasste sogar, dass der Kaiser den 15. Januarii 1694 die Reformirten von der Hof-Vicekanzler-Stelle, wie auch den reformirten Präsidenten von dem auf dem Reichstag zu verwaltenden Amte ausschloss. Auf solche Art hielt man in den Comitaten die Protestanten ferner von Ehrenstellen ab, und der Jesuite Mikes trieb die Sache so weit, dass den 5. Decembris 1699 der Kaiser verordnete:

1) Der vierte Theil vom Zehenden, welchen die Katholischen den unkatholischen Priestern geben müssen, sollte hinfüro diesen nicht mehr, sondern katholischen Geistlichen zugestellet werden.

2) Unter den Candidaten zu den im Diplomate benannten Ämtern solle einer allezeit katholisch sein.

3) Zu Raths- und andern bürgerlichen Ehrenstellen in grossen und kleinen Städten, imgleichen bei Zünften sollten Katholische in gleicher Anzahl zugelassen werden.

4) Die Katholischen sollen mit den Unkatholischen in allen gleiche Privilegia haben.

5) Eines von den drei siebenbürgischen Siegeln solle den Katholischen in Verwahrung gegeben, daneben ihnen die Aufsicht im Archiv anvertrauet werden.

Hierdurch wurde also denen Katholischen Thor und Thür geöffnet, der Evangelischen Kirchen und Schulen Einkünfte an sich zu ziehen; alle Bedienungen vor sich hinzunehmen und mancherlei Verfolgungen anzuzetteln. Die Evangelischen sowohl als die Unitarii stellten deshalb die gegründetsten Gravamina vor, baten auch um Admission ihrer Deputirten. Aber es wurde alles abgeschlagen, ja es erfolgte den 19. Februarii 1702 ein überaus geschärfter Befehl, worin bei schwerer Strafe der vollkommenste Gehorsam in jenen angeführten Puncten vorgeschrieben wurde. Demohngeachtet zwang die Evangelischen die Noth, von neuem ihre Zuflucht zum Kaiser zu nehmen, weil der Verfolgungsgeist der katholischen Geistlichen beständig zunahm; aber es war keine Hülfe zu erhalten.

Sowie nun die Siebenbürger um die ihnen versprochene Religionsfreiheit kamen, so musste auch Michael Apafi II., dessen vorher gedacht ist, hauptsächlich deshalb, weil er der reformirten Religion ergeben war, der Succession auf das Fürstenthum Siebenbürgen, nachdem er volljährig geworden, renunciren, zumal da Se. Kaiserl. Majestät glaubten, dass dieser Prinz Apafi zu schwach sei, die schwere Last einer fürstlichen Regierung zu tragen.

Dieser Vorfall hat nebst den übrigen Religionsverwirrungen in diesem Lande gar traurige Folgen gehabt.

Denen Ungarn ging es nicht besser; denn Kaiser Leopold gab zwar 1659 denen ungarischen Ständen ein beträchtliches Diploma, worin versprochen war, es sollte die evangelische Religionsfreiheit daselbst völlig bewürket werden; demohngeachtet aber waren die Evangelischen sofort vielen Verfolgungen ausgesetzt. Es konnten auch die letzteren es nicht einmal dahin bringen, dass eine Untersuchung ihrer Gravaminum angestellet wurde. Vielmehr nahmen die Beeinträchtigungen bis 1681 auf das heftigste zu. Man las auch in öffentlichen daselbst gedruckten Schriften, dass man einem Ketzer keine Religionsfreiheit verstatten dürfe.

1681 brachten es die evangelischen Stände in Ungarn so weit, dass nach einem beständigen und neunzehnjährigen Leiden ein allgemeiner Landtag angesetzt wurde, auf welchem man denen Evangelischen nach angewendeter vieler Mühe die Religionsfreiheit und -Sicherheit verschaffete, aber dabei keine gefährliche Clausula, Bedingungen und Einschränkungen vergass; wenn es z. E. in denen daselbst aufgerichteten Artikeln hiess: salvo tamen jure dominorum terrestrium, woraus nachgehends ein ungezähmtes Recht zu reformiren und die Evangelischen gesetzmässig zu drücken gemacht werden wollen.

Diese schädliche Anschläge auszurichten, beschäftigte sich vor andern der Cardinal Kollonits in der Maasse, dass die Grausamkeiten bis 1702 fortgesetzt sind, und daher als ein besonderes Lob Leopoldi von den Jesuiten angegeben worden, dass durch Vorsorge dieses Kaisers die protestantische Ketzerei in Ungarn mehrentheils vertilget sei. Welches auch die Ursache, dass die 1702 und 1703 abgegangene Intercessiones verschiedener protestantischer Könige und Staaten zu Wien keinen Nutzen stiften konnten.

§ 10.

Zu den Zeiten Kaisers Karl VI. hat man den Protestanten nicht weniger scharf zugesetzt.

Die Berchtolsgadische evangelische Unterthanen wurden durch Gefängnisse, Eide und andere Zwangmittel vom Emigriren abgehalten, und als an die 40 Familien sich unvermerkt aus dem Staube machten, die lieber den Bettelstab ergreifen als ihr Gewissen beleidigen wollten, so zog das Stift derselben Güter ein, und Fiscus eignete sich dieselben zu. Derowegen diejenigen Reichsstände, in deren Lande sich jene verfolgte Leute begeben hatten, nicht allein vor dieselben intercedirten, sondern auch 1708 das ganze Corpus Evangelicorum. Dergleichen Schreiben die sämtlichen evangelischen Stände 1713 abschickten, indem sie auf die Verstattung des Beneficii emigrandi, dem Art. V, §§ 36. 37 J. P. gemäss, antrugen. Inzwischen ist dieser Religionsbeschwerde keineswegs abgeholfen, sondern das Elend der Bedrängten hat täglich zugenommen. Als das gerechte Ansinnen der Evangelischen nichts verfangen wollte, war denen Principalen angerathen, alle katholische Berchtolsgater und ihre Effecten in Arrest und Beschlag zu nehmen, vermöge des Conclusi in der Evangelischen Conferenz vom 22. Decembris 1719. Aber Se. Kaiserl. Majestät haben diese gerechte Entschliessung im Commissions-Decret vom 11. April 1720 geahndet, die Evangelischen im Gegentheil selbige in dem Vorstellungsschreiben auf das über die Religionsbeschwerden der Augsburgischen Confessions-Verwandten am 12. April 1720 dictirte Kaiserliche Commissions-Decret am 16. Novembris 1720 vertheidiget.

Im Jahr 1711 wendeten sich die protestantischen Churfürsten und einiger anderer hoher protestantischer Stände Gesandten an die Kaiserliche Administration zu Cöln mit dem inständigen Ersuchen, dass man die Ödenkirchen-Gemeinde, die 1624 das öffentliche Exercitium der reformirten Religion gehabt, restituiren möchte; allein es erhielt weder diese, noch die 1711 erfolgte Vorstellung einige Würkung. Und obgleich das Corpus Evangelicorum um friedensexecutionsmässige Restitution unterm 4. Septembris 1734 allerunterthänigst bei dem Kaiser anhielte, nicht weniger den 3. Augusti 1740 diese gerechte Bitte bestätigte, so wollte doch der Kaiser denen Bedrängten nicht beistehen.

Hauptsächlich hat das Haus Österreich gewusst, bei dem Besitz der Kaiserwürde durch seinen Reichshofrath denen Protestanten Schaden zuzufügen; daher bei dem Wahltag Kaisers Karl VI. beschlossen wurde, eine Änderung hierunter zu treffen, gleichwie Kaiser Karl VI. im XVI. Articul seiner Capitulation solche versprach. Es haben die evangelischen Stände nicht ermangelt, verschiedentlich Monita deshalb zu machen. Demohngeachtet ist bisher bei dem Reichshofrath insonderheit wider die Reichshofraths-Ordnung Tit. I. § Wir wollen angestossen, allwo es heisset: dass sowohl alle geistliche als weltliche Sachen, so zwischen den Katholischen und Augsburgischen Confessions-Verwandten obschweben, oder auch, wenn Katholische wider Katholische, und der tertius interveniens ein Augsburgischer Confessions-Verwandter ist, und hinwieder der Streit zwischen denen Augsburgischen Confessionsverwandten Ständen wäre und dort tertius interveniens ein Catholicus sein würde, mit Zuziehung beiderseits Assessoren in gleicher Zahl erörtert und entschieden werden soll. Denn die Praxis des Reichshofraths läufet hierwider, und man sucht sich in Wien damit zu entschuldigen, dass man spricht, der angeführte Paragraph sei bloss von Kirchensachen zu verstehen, mithin müssten alle weltliche Sachen ausgeschlossen werden; wie man denn sogar die Worte geistliche Sachen in einem solchen Sinne nimmt, dass man sie in der That nur von Glaubensartikeln erklärt wissen will, hingegen andere Dinge, die gleichwohl die Katholiken für Kirchensachen, und die Protestanten für Consistorialsachen ansehen, z. E. Ehesachen, Zehendsachen u. s. w., zu excludiren sich nicht entblödet.

Im Tit. I. § 2 ist in der besagten Reichshofraths-Ordnung vorgeschrieben, dass in Dingen, so unter den Protestanten vorfallen, allein derselben Religions-Verwandte zu Commissarien zu ernennen. Aber die Evangelischen haben sehr oft beseufzet, dass, dem Paragraphen zuwider, in solchen Rechtshändeln, die zwischen zwei oder mehrern Evangelischen obschweben, vielmals bloss katholische Commissarien ernennet sind, oder doch wenigstens, da ja ein Evangelischer mit denominiret worden, ein dermaassen schwacher Stand, z. E. ein Graf oder eine kleine Reichsstadt, dazugezogen, dass das Obergewichte allezeit bei den Katholiken bleiben muss.

Tit. IV der angeführten Reichshofraths-Ordnung ist verordnet, dass in allen Definitivsachen ein Correferent gegeben werden soll, und in causis inter Catholicum et Evangelicum versantibus von beiderlei Religions-Verwandten Räthen. Aber dieses ist, nach Anmerkung der Protestanten, nicht allein nicht beobachtet, sondern wenn die Parteien dergleichen begehret, selbigen dergestalt hart begegnet worden, dass sie nicht wagen dürfen, deshalb weiter zu sollicitiren.

Endlich haben die Protestanten erinnert, es müsse der Missbrauch vermieden werden, vermöge dessen öfters, im Fall wider den einen oder den anderen etwas erkannt werden sollen, man die evangelische Assessores auf Commissionen geschickt und also in deren Abwesenheit das Urtheil gesprochen*). Anderer Ausschweifungen dieses Gerichts, die aus der zu genauen Verbindung desselben mit dem Kaiser und aus der bisher unterlassenen Visitation entstanden, anjetzo nicht zu gedenken.

Die Beschwerden der Evangelischen bei dem Reichshofrath bleiben gemeiniglich unerörtert, und wenn ja auf eine ungewöhnliche Art ein Protestant daselbst ein gutes Urtheil in Religionssachen bekömmt, so erfolget dennoch keine Execution; sowie die Parteilichkeit dieses höchsten Gerichts für die Katholische ganz notorisch ist, indem es solche Sätze öffentlich behauptet, die kein Evangelischer zugeben kann. Bei den Wahlen der drei letzten Kaiser wurde im Churfürstlichen Collegio eine grosse Menge Beschwerden dieser Art gesammlet, aber das Haus Österreich wusste die Sache immer so zu spielen, dass die genaue Untersuchung und Remedur niemals erfolgte.

§ 11.

Man hat die Parteilichkeit, die das Haus Österreich bei dem Reichshofrath in Ansehung der Protestanten eingeführet hat, mit wenigem berühret; es ist aber auch zu merken, dass eben dergleichen Drangsale denen Protestanten bei dem Reichskammergerichte angethan worden. Insonderheit erkennt man in dem letzteren viele Processe in Religionssachen, die vermöge der Reichsgesetze zu diesem Gerichte nicht gehören; zu geschweigen der übrigen Fehler, welcherhalb die zu Wetzlar 1713 gehaltene Conferenz derer zur Kammergerichts-Visitation verordneten subdelegirten Augsburgischen Confessions-Verwandten eine Verfügung machte, auch dem Kaiser zu erkennen gab, wie die Remedur der kammergerichtlichen Defecta zu veranstalten, und um die Abstellung baten*), nicht weniger Evangelici den 19. Decembris 1713 ein heilsames Conclusum in Ansehung der Kammergerichts-Jurisdiction in Kirchensachen und in Betracht des kammerrichterlichen Voti decisivi abfasseten, die aber so wenig in die Erfüllung gegangen, als die mancherlei nützliche Vorschläge, die bisher wider die zu Wetzlar eingeschlichene viele Missbräuche bekannt gemacht sind.

Genug, der Kaiser befindet sich noch diese Stunde sehr wohl bei den Mängeln des Kammergerichts, daher an keine Visitation und Revision desselben oder Aufsicht gedacht wird, mithin vor der Hand keine Hoffnung einer Besserung herannahet, zumal da der Kaiser im Commissions-Decret vom 26. Maji 1719 das gedachte Conclusum der evangelischen Visitatorum cassirt hat, obgleich das Corpus Evangelicorum den 22. Maji 1720 dem Kaiser hierunter widersprochen und triftige Vorstellung gethan, auch die evangelische Assessoren darauf angewiesen**).

§ 12.

Bei Schliessung des Rastadter Friedens erhielt Kaiser Karl VI. eine bequeme Gelegenheit, denen Protestanten zu schaden. Denn sowie er überhaupt auf eine geheime und unrechtmässige Art ohne Zuziehung des Reichs den Frieden machte, und nachdem er denselben unterschrieben, dem Reiche erst Nachricht davon gab und darauf die Abschickung der Reichsgesandten nach Baden pro forma besorgte (welche und andere Umstände verschiedene Reichsstände zur Protestation wider diesen Frieden bewogen), so sehr hart handelte der Kaiser, indem der fatalen Clausul des 4. Articuls vom Ryswickischen Frieden mit keinem Wort in erwähntem Rastadter Frieden gedacht worden,

---

*) Schauroth, T. I. p. 276.
**) S. des Corporis Evangelii Schreiben an die evangelische Herrn Kammergerichts-Präsidenten und Assessoren vom 14. Februarii 1715.

da ihm doch nicht unbekannt war, wie viele Angst und Noth solche denen Evangelischen verursachet hatte und ferner verursachen würde.

Die protestantischen Stände fanden sich deshalb verbunden, dem Kaiser vorzustellen, dass sie den Rastadt-Badischen Frieden ohnmöglich als ein Reichsgesetz in Absicht auf jene Clausul des Ryswickschen Friedens annehmen könnten. Sie ersuchten dabei Se. Kaiserl. Majestät um eine Erläuterung des 3. Articuls im Rastadtschen Frieden. Aber weder diese noch andere bei dem Friedensschluss zu Baden geäusserte Vorstellungen hatten einige Würkung.

Der König von Frankreich war geneigt, denen Protestanten gute Bedingungen zu machen, und der Französische Gesandte Mr. Iberville bekam Befehl, dem Hofe zu London die Versicherung zu thun,

> Que Sa Majesté Très-Chrétienne persistoit dans le dessein à ne vouloir apporter aucun obstacle à l'abolition de la clause du 4me article du traité de Ryswick.

Die evangelischen Stände hatten auch so wenig vor Schliessung als bei Schliessung des Rastadt-Badischen Friedens es an Vorstellungen fehlen lassen, worin sie gewiesen, wie nöthig eine Änderung sei, wenn man nicht den Westphälischen Frieden in einem der wichtigsten Stücke zernichten wollte.

Kurz, man versuchte bei dem Kaiser, bei dem Reichstag und sonst alles, was möglich war, aber vergebens. Daher sich die Evangelischen bloss durch eine Protestation in einem deshalb abgefassten Voto communi sich zu helfen genöthiget sahen und ausdrücklich erinnerten, dass ihnen das Friedensgeschäfte zu Rastadt und Baden wider das durch den Westphälischen Frieden bestimmte Jus quaesitum nicht präjudiciren könnte, weil dabei in der Art und Weise, mit welcher der Friede gemacht, wider die Rechte der Stände angestossen. Sie baten ferner bald darauf den Kaiser, dass er die Worte des Badischen Friedens, die zur Bestätigung des Ryswickischen Friedens Art. 4 in Absicht auf die schädliche Clausul gesetzt worden, für nicht hinzugefüget erklären möchte. Aber diesen Ansuchen und mehrere wiederholte Vorstellungen blieben unerhört.

Der Kaiser bezeigte vielmehr seinen Hass gegen die Protestanten noch weiter, indem er, anstatt auf Mittel bedacht zu sein, mit der Krone Frankreich oder andern Mächten darüber zu tractiren, nicht nur den besagten Frieden schleunig publicirte, sondern auch bereits den 2. Januarii 1715 dem Reichskammergericht anbefohl, sich in allen und jeden Stücken nach dem Badischen Frieden, als einem Reichsgrundgesetze, zu richten.

Die evangelischen Stände fanden sich deshalb verbunden, bei dem Kaiser triftige Gründe anzuführen, warum sie in diesem Stück dem Kaiser nicht gehorchen könnten, und anzuhalten, alles in den vorigen Umständen bei den höchsten Reichsgerichten zu lassen, weil sie kein anderes Reichsgesetz annehmen würden als dasjenige, was mit aller Stände Zuziehung gemacht wäre.

Inmittelst hat der Kaiser sehr wohl gewusst, sich mit vielen andern katholischen Reichsständen dieser Clausul wider die Protestanten zu bedienen und beständig zu höchst gerechten, aber betrübten Klagen Gelegenheit zu geben. Ja, es sind nach dem Badischen Frieden unter der Regierung Kaisers Karl VI. die Bedrückungen der Protestanten fast zur Reichs-Observanz worden, so dass man denken möchte, es sei das Injuriiren und Beleidigen, das wider die Protestanten vorgenommen wird, auf Seiten der Katholiken eine res merae facultatis. Alle Reichs-Acta sind davon voll, und wenn jemand einem verfolgten Protestanten Beistand leistete, sprach der Kaiser von Ungnade und von Strafen; wie man es z. E. an dem Herzog von Württemberg 1720 wahrgenommen hat; denn als die gute Stadt Speier viele Jahre hindurch von dem dasigen Bischof gequälet wurde und keine Intercessionales bei dem Bischof helfen wollten, mithin das Corpus Evangelicorum endlich bei dem besagten Herzog von Württemberg ein Protectorium und Conservatorium auswürkte, auch dieser Durchlauchtigste Herzog solches annahm, so schrieb der Kaiser unterm 9. Martii 1720 an denselben:

> Es kann Uns solches nicht anders als höchst befremdlich und allerdings empfindlich sein, und müssen Wir folglich diesen Beginnen von einem Theil des Reichs auch anders nicht als höchst vermessen und gegen alle Reichssatz- und Ordnungen, auch wider eines Römischen Kaisers Majestät Selbst auf das allerhärteste anlaufend erkennen und ansehen. Dahero Wir auch unter heutigem Dato sothanes Beginnen auf dem offenen Reichstag unrecht, null und nichtig erkläret und von Kaiserlicher Macht Vollkommenheit würklich cassiret haben*).

Indessen hat doch dieser Kaiser der bedrängeten Stadt keine Hülfe geschafft, sondern sie von dem Bischof beständig beunruhigen lassen.

Als in dem Flecken Bärenthal verschiedene Familien von der katholischen Religion zu der protestantischen übergingen, selbige aber keine Erlaubniss hatten, daselbst oder in der Nachbarschaft den Gottesdienst auszuüben, auch das traurige Beneficium emigrandi nicht einmal mit ihren Gütern bekommen konnten, so intercedirten verschiedene grosse Prinzen und Staaten für dieselben. Allein die Würkung bestand in einem desto grösseren Grad der Verfolgung; daher einige sich heimlich fortmachten und ihre Güter in dem Stich liessen. Andere von diesen protestantischen Glaubensgenossen nahm man im Februario 1718 in der Nacht zu Bärenthal gefangen, legte sie in Ketten und Banden, schleppte sie darauf nach Spaichingen, eine vorderösterreichische Stadt, warf sie in schmerzhafte Gefängnisse, examinirte sie gefährlicher Weise und brachte zwei davon nach Wien, nämlich den Studiosum Theologiae Beck und einen Namens Zimmermann, allwo man sie eine geraume Zeit hindurch in peinlichen Gefängnissen hielt, jedoch warf man ihnen kein anderes Verbrechen vor als dasjenige, was nach papistischer Meinung in dem Bekenntniss der evangelischen Religion besteht. Die übrigen Arrestanten erhärteten eidlich, bei der katholischen Religion zu bleiben, auf welche versprochene Bedingung man ihnen endlich die Freiheit schenkte**).

In den Jülich- und Bergischen Landen äusserte sich um diese Zeit der blinde Religionseifer, der mit bösen Absichten verbunden ist, ebenfalls; hauptsächlich musste die rheidtische Gemeinde sehr vieles leiden. Die Regierung zu Cleve nahm sich zwar derselben nachdrücklich an und stellete alle Gründe vor, die eine baldige Änderung hoffen liessen; aber es half nichts, sondern der Freiherr von Heyland beunruhigte die besagte Gemeinde unabläsIich, in mehreren Betracht er unter andern ungetauft gestorbene Kinder nicht

---

*) Staats-Canzlei, Tom. 36. P. 84 sqq.
**) Sammlung der Conclusorum T. I. p. 68 sqq. p. 71. 73. 76. 78. 80. 309. T. II. p. 743.

wollte begraben lassen, ferner befahl, dass man die Todten mit katholischen Ceremonien der Erde einverleiben sollte, und dem Küster die Kirchenschlüssel wegnehmen liess, um zu verhüten, dass der von der Gemeinde während der Vacanz bestellte Candidatus Theologiae den Gottesdienst nicht verrichtete, auch selbst in der Kirche Gewalt gebrauchte und durch ein Commando Soldaten einen ungeschickten Studiosum Namens Weyermann der Gemeinde aufdrang.

Als bei diesen und unzähligen anderen Plackereien keine Remedur zu finden war, noch weniger die Vorstellungen etwas dawider fruchteten, bedienten sich des Königs von Preussen Majestät 1720 der Repressalien auf die gelindeste Weise. Aber Kaiser Karl VI. war so unbillig und der Reichsgesetze so sehr uneingedenk (inmaassen diese Angelegenheit als eine Kirchensache nicht vor den Reichshofrath gehörte*), dass er ein Rescript an des Königs von Preussen Majestät abendete, des Inhalts: es sollten die Katholiken sofort in vorigen Stand gesetzet werden; ferner ein Rescript an Chur-Pfalz abgehen liess, in der Maassgebung, dass alles, was zum Nachtheil des Freiherrn von Heyland geschehen, als nichtig aufzuheben; drittens ein für Protestanten bedenkliches und von einem allgemeinen Schirmvoigt der christlichen Kirche unerwartetes Schreiben an die reformirte Gemeinde zu Rheidt, worin die churpfälzische Sentenz bestätiget und befohlen wurde, dass niemand, bei Leib- und Lebensstrafe, seinen Recurs an die Clev- und Märkische Regierung nehmen solle**).

Die allerlei Bedrückungen, die der besagte Kaiser täglich gebilliget und, wo nicht directe, doch indirecte veranlasset hat, übergehet man jetzo mit Fleiss. Nur dieses ist noch zu erwähnen, dass die Noth der Protestanten in der Pfalz dergestalt überhand nahm, dass selbige eine Zeitlang den Gegenstand des Reichstages ausmachte.

Man übergab die Gravamina der Kaiserlichen höchstansehnlichen Commission im Namen des Corporis Evangelicorum, mit den triftigsten Vorstellungen und Bitten, dass Se. Kaiserl. Majestät den grossen Verfall des Religionswesens am Rhein verbieten und erwägen möchten, dass nicht nur Speier und Worms von den bischöflichen Regierungen täglich verfolget und deren gänzlicher Untergang gesuchet würde, sondern auch in Ansehung Chur-Pfalz aus den Beilagen ersehen, wie weit sich die Thätlichkeiten vornehmlich in der Unter-Pfalz und im Neuburgischen erstreckten, nicht allein dem Westphälischen Frieden und Hallischen Recess, sondern auch der letzten mit des Königs von Preussen Majestät verglichenen Religions-Declaration zuwider.

Hieher gehört dasjenige, was zu Badenheim und in dem Rheingräflichen zu Wörrstadt, Ober-Saulheim und Eichloch***) in Ansehung der harten und mehr als feindlichen Execution unter dem Vorwand eines revivisicirenden Juris ordinariatus verrichtet worden. Das Corpus Evangelicorum zeigte aus der beigelegten Species facti, dass das churmainzische Vicariat in einem

---

*) Man sehe das Schreiben des Corporis Evangelicorum vom 14. Novembris 1722, das an Se. Kaiserl. Majestät abgelassen.

**) In der Sammlung der Conclusorum T. I. p. 164 sqq. p. 170 sqq. p. 175 sqq. T. III. p. 121.

***) Es ist davon das Promemoria zu lesen, welches den 13. Octobris 1719 der Kaiserl. Principal-Commission übergeben ist, und die historische Erzählung im Corpore Conclus. Evangel. T. II. p. 573 sqq.

fremden Gebiet über evangelische Glaubensgenossen und deren Kirchen und Gottesdienst wider die klaren Verordnungen des Religionsfriedens sogar Commissarien und Executoren anzuordnen sich nicht nur unterstanden, sondern auch die churmainzische Statthalter, Kanzelei-Director und Geheime Hof- und Regierungsräthe sich nicht entsähen, zur Concertirung dieses angeblich heilsamen, aber in der That widerrechtlichen Werks dem Vicariats-Provicario Hahn den Hof- und Regierungsrath Hagenberg zuzuordnen; welcher sich sogar einen Commissarium zur Einrichtung der Religions-Affairen in Conformität des Ryswickischen Friedens nennete und unter Ihro Churfürstliche Gnaden zu Mainz hohem Namen vermeintliche Executions-Befehle mit angehängter Strafe publiciret und ins Werk gerichtet.

Man konnte evangelischer Seits kaum glauben, dass solches auf Kaiserlichen Befehl geschehen; folglich es um so mehr zu ahnden gewesen wäre. Unter eben dieser mainzischen Vicariats-Autorität führte man auch damals in dem Zweibrückschen gegen den klaren Inhalt des Ryswickischen Friedens Art. IX. das Simultaneum ein, dem mehrere Ungerechtigkeiten folgeten.

Welchergestalt der Graf von der Layen mit angeblicher Genehmhaltung des Churfürsten*) von Mainz, als Ordinarii, mithin unter dessen Betrieb, seinen evangelischen Unterthanen zu Münchweiler ebenfalls ihre Kirche nehmen und denen Katholischen einräumen lassen, zeigte das Corpus Evangelicorum in einem Promemoria 1719 dem Principal-Commissario an.

Auf eine gleichmässig friedbrüchige Art haben die bischöflich speierische Bediente der evangelischen Gemeinde zu Freimersheim ihre jederzeit, auch in dem französischen Krieg hindurch gehabte Kirche geraubt, ohngeachtet sie gegen ihre vorige Obrigkeit, den von Weingart, durch ein Kammergerichtsurtel dabei geschützt worden**).

Es versprach nun zwar die Kaiserliche Commission, die Eingabe dieser und anderer Beschwerden nach Wien zu übersenden; aber es erfolgte keine förmliche Kaiserliche Resolution, ausser dass der Principal-Commissarius bei Gelegenheit auf einem Gastgebot äusserte, es würde sich der Kaiser Mühe geben, allem Unheil reichssatzungsmässig zuvorzukommen***).

1719 übergaben die evangelische Stände dem Principal-Commissario eine anderweitige Vorstellung mit dem Ersuchen, solche dem Kaiser zuzustellen und dem einbrechenden Simultaneo mit zu widerstehen, legten auch eine Schrift bei unter dem Titel:

Ungrund des Simultanei,

specificirten anbei die bisherigen merkwürdigsten Bedrückungen der Protestanten, mit dem Beifügen, dass man es in solchen Sachen auf die Parteilichkeit der höchsten Reichsgerichte unmöglich könnte ankommen lassen, sowie überhaupt dabei kein Processführen Statt hätte; sie bestünden vielmehr auf die Anwendung des Westphälischen Friedens-Instrumente, des Friedens-Executions-Edicts und arctioris modi exequendi, in welchen es hiesse: dass in solchen Sachen das blosse factum possessionis, usus, observantia und exercitium der beiden terminorum a quo, nämlich resp. 1618 und 1624, die einzige Richtschnur sein und nach diesen sofort die Execution, mit Verwerfung aller

---

*) Staats-Canzlei P. 35, p. 347.
**) Staats-Canzlei e. l. T. 35.
***) Staats-Canzlei T. 35. p. 373.

Exceptionen, vor sich gehen müsste, und wenn super facto possessionis eine Erkundigung nöthig, solche von den Executoribus in loco executionis zu erörtern u. s. w.

Es hat der Principal-Commissarius versprochen, diese Eingabe Sr. Kaiserl. Majestät zuzustellen; aber der Kaiserl. Hof wusste die Sache in das weite Feld zu spielen; jedoch gab er den 12. April 1720 ein Commissions-Decret anstatt einer Antwort, woraus aber die Protestanten nicht den allergeringsten Trost schöpfeten, indem es auf österreichische Art unter andern darin hiess:

Sr. Kaiserl. Majestät hätten so missfällig als empfindlich vernehmen müssen, wasgestalten die Augsburgische Confessionsverwandte Gesandtschaften auf dem Reichstag ihren Herren Principalen angerathen, dass sie in ihren Landen gegen die darin gelegene katholische Klöster und Kirchen Repressalien vornehmen und darneben auswärtige Mächte ersuchen möchten, in ihren Gebieten gegen die Katholische ein Gleiches zu thun und mit ihnen, Augsburgischen Confessions-Verwandten, causam communem zu machen, auch einige protestantische Stände mit Repressalien den Anfang gemacht, auf eine im Reich niemalen erhörte, unmässige, der christlichen Liebe sowohl als einer guten Regentenmilde widerstrebende und in sich ohne Rückfrage verpönte, mithin dem Reichs-Fiscalen unterworfene harte Weise u. s. w.

Diese und die übrigen Ausdrücke des Kaiserl. Commissions-Decrets waren gewiss von der Beschaffenheit, dass man glauben musste, der Wiener Hof wisse entweder von den Reichsgesetzen garnichts, oder er wolle von der Anwendung derselben nichts wissen, indem die Selbsthülfe und Repressalien im Westphälischen Frieden in Ansehung der Religionssachen in ähnlichen Umständen, wie die damaligen waren, festgesetzet worden. Es schien ausserdem sehr bedenklich, dass der Kaiser den Namen eines Corporis Evangelicorum, die Art und Weise desselben sich zu berathschlagen, zu intercediren und sonst zu verfahren, für ungerecht darin erklärte. Ferner, dass anstatt Hülfe zu schaffen, der Kaiser eine Genugthuung forderte und eine Entschuldigung derjenigen, von denen die Protestanten so hart gedrucket waren, vorbrachte, nicht weniger leugnete, dass seit 70 Jahren kein Gravamen abgethan. Insonderheit aber musste man darüber erstaunen, dass der Kaiser eine Vertheidigung der bestätigten Clausel des 4. Artikels im Ryswickischen Frieden darin führete und eine Abänderung oder Wegschaffung der evangelischen Reichstages-Gesandten verlangete.

Das Corpus Evangelicorum konnte daher nicht umhin, seinen Schmerz über diese unbillige Kaiserliche Erklärung dem Principal-Commissario sofort merken zu lassen und unter andern darüber zu klagen, dass

1) der Kaiser in Religionssachen sich allein die authentische Auslegung des Instrumenti Pacis zuschriebe;

2) dass der Kaiser die evangelischen Churfürsten, Fürsten und Stände nicht weiter pro corpore hielte und die bisher gewöhnliche Abtragung eines Voti communis nicht ferner wollte gelten lassen;

3) dass der Kaiser die zu Vertheidigung solches Corporis gemachte Conclusa zu cassiren sich angemasset;

4) dass die von den Evangelischen widerlegte unrichtige Lehre vom Simultaneo als eine eigensinnige und unzulässige Lehre angesehen würde, und diejenige Universitäten, welche dergleichen Principia hegten, bestraft, auch ihrer Privilegien verlustig werden sollten;

5) dass den evangelischen Gesandten in sehr harten Terminis missgedeutet, dass dieselben die Unverbindlichkeit der Ryswickischen Religions-Clausul vorgestellet, wider welche doch in der Kaiserl. Wahl-Capitulation eine deutliche, auch noch beim Badischen Frieden wiederholte Reservation und Exception enthalten und admittiret worden;

6) die den Ständen zustehende Rechte, Unionen und Bündnisse zu machen, gehemmet und verworfen worden;

7) die Hülfe bedrängter Stände, die im göttlichen Recht ihren Grund hat für Eingriffe in die Kaiserl. Majestätsrechte ausgegeben;

8) die Gravamina gedruckter Protestanten zum Process an den Kaiserl. Reichshofrath verwiesen;

9) der in der Observanz gegründete Modus Religionsbeschwerden an den Kaiser zu bringen, verworfen, unter dem Vorwand, dass die Sache nicht ordentlich angebracht und erwiesen;

10) den Gesandten deshalb übel begegnet, dass sie die Rechte ihrer Herren Principalen Eid und Pflicht nach besorget etc.

Der Principal-Commissarius wollte zwar den schriftlichen Aufsatz der Gesandten zur Abschickung an den Kaiser nicht einmal annehmen; man ermangelte aber nicht, demselben von neuem verschiedentlich anzugeben, auch dem Kaiser den 16. Novembris 1720 selbst zu antworten und die sämtliche Puncte seines herrschsüchtigen Commissions-Decrets recht gründlich zu widerlegen.

Immittelst schien es dem Corpori Evangelicorum hart, dass der Principal-Commissarius die Reservation der evangelischen Stände zurückgab und solche Reden dabei führte, die ebenso beschwerlich ausfielen als das erwähnte Kaiserl. Commissions-Decret. Sie erklärten sich deshalb gegen den gedachten Herrn Cardinal: „Es sei dem Corpori Evangelicorum leid, dass demselben nun auch der Weg, durch die Principal-Commission an Ihro Kaiserl. Majestät etwas zu bringen, gesperret und eine so glimpfliche Reservation ihrer höchsten und hohen Herren Principalen Jurium und Gerechtsamen zurückgegeben werden wollen. Evangelici müssten hievon denenselben ihre pflichtmässige Berichte erstatten und das Weitere darauf erwarten. Inzwischen wäre der von ihnen übergebene Aufsatz in so vieler, denen es von Rechts wegen zustünde, Händen, dass man nach Ihro Durchl. Eminenz Verlangen die Secretirung nicht versprechen könnte. Was Ihro Durchl. Eminenz aufs neue wegen der so leicht justificirlichen als remedirlichen Repräsentation und sonst im Discours angeführet, beruhete gleichfalls auf der gnädigsten Herren Instruction. Jedoch wüsste man nicht, warum wegen dieser Factorum so vieles hoch angezogen würde, da auf katholischer Seiten, nach denen bei Ihro Kaiserl. Majestät angebrachten Beschwerden und ersteren Promemoris, so viele Thätlichkeiten, auch in specie im Zweibrückschen und Chur-Maintz und gegen den von Wallbrun zu Partenheim, auch zu Münchweiler und Badenheim, weniger nicht von Chur-Pfalz zu Ebenried und sonst ausgeübet worden, die theils durch offenen Druck bekannt wären und die Particularia davon noch ferner bekannt gemacht werden sollten."

Der Grossbritannische Gesandte Graf Cadogan zu Wien that ebenfalls die wichtigsten Vorstellungen wider die Kaiserliche Denkungsart, und da bekam man die weitläuftige Antwort: dass der Kaiser sich Mühe geben würde, die angeklagten katholischen Stände dahin zu bringen, die angeregte Be-

Es schien deshalb die Bewegung in Deutschland einem öffentlichen Krieg nahe zu sein. Diesem Ausbruch der Flamme zuvorzukommen, rieth 1720 der König von Grossbritannien, als Mediateur, dem Kaiser, die Religionsbeschwerden in drei Klassen zu theilen: erstlich in solche, die neuerlich von Chur-Mainz, Chur-Pfalz und anderen vorgenommen; zweitens in die ältere, jedoch solche, die mit der Clausul des 4. Articuls im Ryswickschen Frieden nicht in Verbindung ständen; drittens in diejenige, welche von der besagten Clausul abhingen. Es möchte hiernächst der Kaiser als ein provisionelles Temperament die zur ersten Klasse gehörige Neuerungen und Verletzungen sofort abstellen, denen Gravaminibus der zweiten Klasse aber in einem Jahre abhelfen und zu diesem Zweck zu Regensburg eine Deputation ernennen. Über die Gravamina der dritten Klasse im Gegentheil sollte man besonders tractiren und was neuerlich unter dem Vorwand dieser Clausul geschehen, gleichfalls heben *).

Der Kaiser erklärte sich: Es sollte alles so restituirt werden, wie es zur Zeit des Badischen Friedens gewesen; und die evangelischen Reichsstände nahmen, wiewohl ungern, diese Bestimmung vor der Hand an **). Aber die Wirkungen aller dieser Verheissungen bestanden bloss darin, dass der Kaiser an Chur-Mainz und Chur-Pfalz, auch an den Pfalzgrafen von Zweibrücken und einige andere schrieb und befahl, innerhalb vier Wochen die Restitutio vorzunehmen, damit alles so sein möchte, wie es zu Zeiten des Badischen Friedens gewesen. Es antworteten auch diese Reichsstände, es wäre die Restitution geschehen; aber die Protestanten haben bis jetzo geleugnet, dass dem Kaiserlichen Befehl ein Genügen geleistet: weshalb letztere den Kaiser baten, durch Commissarios zu untersuchen, ob eine Restitutio vorgegangen. Wiewohl auch dieses hat nicht einmal erhalten werden können. Vielmehr häufeten sich die Religionsverfolgungen, wie noch jetzo, von Tage zu Tage; aus welcher Ursache das Corpus Evangelicorum damals verschiedentlich auf eine überzeugende Weise dem Kaiser berichtete, dass es an der Restitution ermangele.

Indessen gründet sich die nach dem Zustand des Badischen Friedens anzustellende Wiedereinsetzung der Protestanten weder in einem Reichsgesetze, noch in einem Concluso Imperii, mithin haben die Katholiken daraus kein Recht wider die Evangelische erhalten; folglich sind die Reichsgerichte nicht befugt, die Religionssachen nach solcher Richtschnur zu beurtheilen, zumal da der oben berührte Terminus restitutionis vorlängst verstrichen ist; viel weniger dieses Temperament auf neuere Religions-Gravamina angewendet werden kann, da ausdrücklich festgesetzet worden, dass die Beschwerden, welche älter sind als der Badische Friede, abzuthun und zu heben.

Man sieht hieraus antissam, dass der Kaiser den Evangelischen seine Zusage hierunter nicht gehalten hat, sondern bis diese Stunde die Geduld der Protestanten ganz unbeschreiblich gemissbrauchet worden***).

Im Jahre 1721 kam auf dem Reichstag ein Commissions-Decret zum Vorschein, worin der Kaiser dem Reich die Churpfälzische Paritions-Anzeige bekannt machte, mit dem Beifügen, er wolle eine Local-Commission anstellen. Im Fall die Evangelischen den von Ruck aus der Pfalz zurückriefen und die

---

*) Europ. Staats-Canzlei P. XXXVI. p. 627.
**) Europ. Staats-Canzlei P. XXXVII. p. 542.
***) Mosers Opuscula academica p. 37 sqq.

Repressalien einstellen würden*). Das Corpus Evangelicorum aber war so wenig damals als nachher mit demjenigen, was geschehen, zufrieden und bewies insonderheit 1723, dass die Beschwerden sich beständig vermehreten**).

Unter andern machten die von dem katholischen Grafen von Hohenlohe zu Schillingsfürst und Hartenstein gegen ihre evangelische Unterthanen im Jahr 1723 und vorher geäusserte Neuerungen viele Bewegung. Und als sich das Evangelische Corpus der Sache annahm, zeigete der Kaiser seinen Religionseifer dergestalt, dass er alles zu cassiren suchte***), weil die evangelischen Stände das Pactum von 1710, so in dem Hohenlohe-Pfedelbachischen Successions-Recess enthalten, vermöge dessen die evangelische Religion in dem Stand, wie der Westphälische Friede durchgehends, absonderlich Art. V., verordnet, auch die Theilungs-Recesse von 1615 solches mit sich brachten, das vom Corpore Evangelico ebenso garantiret war wie das Pactum von 1715†), gehalten wissen wollten.

Es hatte zwar der Kaiser wider die viele Veränderungen, die man dem Anno decretorio zuwider im Hohenlohischen vorgenommen hatte, einige Mandata 1722 ergehen lassen, aber das Elend der Protestanten nahm dennoch und hauptsächlich 1728 zu, nachdem der evangelische Graf zu Pfedelbach gestorben war. Die Intercessiones der evangelischen Reichsstände konnten wider diese sonnenklare Ungerechtigkeit keine Hülfe verschaffen, auch nicht einmal die den Directoren des fränkischen Kreises aufgetragene Execution; immassen der Kaiser, um denen Protestanten recht wehe zu thun, dem katholischen Fürsten von Hohenlohe annoch wider ein rechtkräftiges Urtel ein Remedium revisionis verstattete. Da dieses aber nicht nur wider alle Regeln des Processes, sondern auch wider die Reichsgesetze und Observanz ganz offenbar anlief, anerbei ein jeder sahe, dass der Zweck bloss sei, die Protestanten daselbst zu unterdrücken, so stellete das Corpus Evangelicorum dem Kaiser die sämtlichen wichtigen Gründe dawider vor und zeigte, dass dergleichen Remedium keineswegs zugelassen werden könnte; und da dieses nicht zureichen wollte, so ersuchte besagtes Corpus die Herren Markgrafen von Brandenburg, die Execution vorzunehmen ††). Diese Durchlauchtigste Fürsten sahen die Gerechtigkeit der Sache vorlängst ein und erfülleten daher unter der Regierung des jetzigen Kaisers Francisci I. das Verlangen des Corporis Evangelicorum dergestalt, dass denen bedrängten Protestanten reichsgesetzmässig geholfen wurde.

Im Jahr 1722 hatte ein evangelisch gesinneter Patriot ein Project eines Vorstellungsschreibens, die Reichs-Religionsbeschwerden betreffend, als eine Antwort auf das neuerlich darin ertheilte Commissions-Decret im Namen des Corporis Evangelicorum an Se. Kaiserl. Majestät in ganz respectueusen Terminis aufgesetzt, in der Absicht, solches ingeheim denen evangelischen Churfürsten, Fürsten und Ständen zur Verbesserung und Änderung mitzutheilen.

---

*) Europ. Staats-Canzlei P. XXXXII. p. 466 sqq. P. XXXXIII. p. 412. P. XXXXIIII. p. 470. P. XXXXV. p. 373.

**) Europ. Staats-Canzlei P. LXIII. p. 413. 435. P. XXXXIV. p. 470 sqq. p. 532 sqq. P. XXXV. p. 373 sqq.

***) Europ. Staats-Canzlei P. XXXXIV. p. 206. P. XXXXVII. p. 28 sqq. P. XXXXIX. p. 1 sqq. P. L. p. 52. P. LIII. p. 49.

†) Schauroth in Conclus. Corp. Evang. T. I. p. 788.

††) Schauroth c. l. Tom. I. p. 815 sqq.

Es wurde aber solches auf eine unerlaubte Art vor der Zeit dem Kaiserl. Hofe bekannt und wider Vermuthen ungemein ungnädig aufgenommen, auch dadurch den 27. Januarii 1723 dem Kaiserl. Reichstags-Gesandten ein Rescript von Sr. Kaiserl. Majestät zugestellet, worin jener Aufsatz ein libellus famosus genennet wurde, der sowohl gegen die öffentliche Wahrheit als gegen die Handlungen Sr. Kaiserl. Majestät und Dero Ministerii Thun und Rathschläge liefe, mit Befehl, bei allen und jeden Gesandten zu Regensburg im Namen Sr. Kaiserl. Majestät zu vernehmen, wer eigentlich sich zu dieser sogenannten Schmähschrift bekennete? Nun haben zwar die gedachten Kaiserlichen Gesandten dagegen selbst Vorstellung gethan und unter andern dem Kaiser berichtet, sie verspüreten, wie auf mehrgedachtes Project keine Reflexion gemacht würde. Sie bekamen aber nichts desto weniger schleunigst durch eine Estafette den wiederholten Befehl, dass sie dasjenige thun sollten, was ihnen bereits vorgeschrieben worden. Die Kaiserl. Gesandten mussten sich daher vertheilen, und der Graf von Wratislau bei einigen Reichstagsgesandten, bei andern aber der von Jodoci dasjenige ausrichten, was im Kaiserl. Rescript enthalten war. Die meisten Gesandten antworteten, dass sie an dem bekannt gewordenen Scripto keinen Theil hätten, auch keinen Befehl, daran Theil zu nehmen. Der churbraunschweigische Gesandte hingegen erwiderte: Er wolle Ihro Majestät seinen König fragen, was er antworten sollte; indessen glaube er für sich, dass dergleichen zur Vertheidigung der Rechte der deutschen Reichsstände aufgesetzte Schrift für kein famoses Libell gehalten werden könnte. Die Kaiserliche Gesandten nahmen deshalb diese Erklärung so auf, als wenn der churbraunschweigische Gesandte sich in dieser Sache für schuldig anerkannt hätte, wie denn auch der Graf von Sinzendorf zu Wien dem Königl. Grossbritannischen Generallieutenant St.-Saphorin vorher declariren liess: dass man den churbraunschweigischen Reichstagsgesandten Freiherrn von Wriesberg für den Urheber des besagten Projects hielte.

Der churbraunschweigische Gesandte bekam darauf unterm 4. Februarii 1723 von dem hannöverschen Staatsministerio den Befehl:

Er solle sich ungesäumt zu dem Grafen von Wratislau verfügen, ihm zuvörderst dasjenige, was dem Generallieutenant de St.-Saphorin zu Wien und jetzo alldort zu Regensburg von ihm (dem Grafen) declariret worden, zu Gemüthe führen und ferner zu erkennen geben: es wäre ihm vom hannöverschen Ministerio geschrieben und würde ihm nächstens Sr. Königl. Majestät Ordre desfalls zukommen; das hannöversche Ministerium trüge keinen Zweifel, er, der Graf, und andere wohlgesinnete Kaiserl. Ministri würden erwägen, dass leider das Misstrauen im Reich schon mehr als zu gross wäre, und man garnicht nöthig hätte, das Feuer und die Verbitterung zu vermehren, wie ohne Zweifel geschehen würde, wenn man fortfahren wollte, diese Sache auf dem Fuss, wie man es anfinge, zu tractiren. Es könnte bei einem jeden der Evangelischen in Quästion kommen und ein jeder seine Meinung darüber haben, ob ein und andere Specialia, so dem bewussten Project inseriret, darinnen zu lassen und Sr. Kaiserl. Majestät vorzustellen oder nicht? Wie denn er, der Herr Gesandte, ihm (dem Grafen) wohl im Vertrauen eröffnen könnte, dass Se. Königl. Majestät von Grossbritannien, nachdem Ihro gedachtes Project zu Gesichte kommen, selbiges und ein und andere Specialia aus besonderem Menagement für Se. Kaiserl. Majestät nicht approbiret, sondern der Meinung gewesen, dass man solche anslassen möchte. Eine ganz verschiedene Frage aber von der vorigen sei diese: ob der Inhalt des Projects der Wahrheit gemäss, oder nicht? ob die Principia, worauf sich diese Dinge gründeten, zu behaupten oder zu verwerfen, oder nicht? und darüber würde ja wohl ein jeder seine Meinung führen können. Dass man sich über einen Ministrum beschwere, wenn man vermeinte, gute Ursache dazu zu haben, und über dessen widriges Bezeigen klagte und nachwiese, wie derselbe für diesem oder jenem partialische Rapporte thäte, das wäre so ungewöhnlich nicht, und käme es dabei nur darauf an, wie weit das Vorgeben und die Sache selbst gegründet sei oder nicht. Solches aber sofort als etwas schmähsüchtiges anzusehen und pro libello famoso zu declariren, wäre etwas seltsames; zumal bei deuen Umständen, da dieses Project, es sei gleich Autor davon, wer da wolle, nicht von dem Autore, sondern vom Kaiserl. Hofe selbst propaliret worden. Es stünde leicht zu begreifen, dass des Kaiserlichen Hofes Absehen dahin ginge, die Evangelicos zu intimidiren; allein dieser Zweck würde dadurch nicht zu erreichen sein, sondern es müsste vielmehr eine widrige Würkung haben, und wenn man solchergestalt weiter verfahren wollte, auch diejenige, die sonst in dieser Sache viele Menagements gebrauchen wollten, mit zutreten und ihre und ihrer Mitstände Rechte behaupten müssten. Er, der Herr Gesandte, wollte also als ein treuer Reichsangehöriger bitten, in dieser Sache nichts zu präcipitiren, noch etwas zu engagiren, das mehrere Irrungen und Verbitterungen im Reiche veranlassen könnte.

Dieses alles wurde auch in Wien vorgestellet und hatte nebst andern damaligen Umständen die Würkung, dass der Kaiser andere Saiten aufzog und in diesem Jahre an die Commission zu Regensburg rescribirte: dass weil die meisten der evangelischen Gesandten zu Regensburg auf die Anfrage wegen des bekannten Projects patriotisch und mit Respect geantwortet hätten, Se. Kaiserl. Majestät Willens wären, die Sache so vorbeigehen zu lassen.

Es war indessen unbillig und vielleicht unerhört, dass ein Gesandter eines so grossen evangelischen Königes und Churfürstens auf eine solche Art im Angesicht des ganzen Römischen Reichs von dem Kaiser angegriffen wurde.

Der Kaiser masste sich dadurch an, diesen Gesandten, da er doch nicht unter des Kaisers, sondern unter des Königs von Grossbritannien Jurisdiction stand, zu strafen, indem er diejenige Schrift für ein Pasquill erklärte, für deren Urheber er den Gesandten ausgab.

Se. Grossbritannische Majestät unterliessen daher nicht, das Verfahren des Ministerii zu Haunover und Dero Reichstagsgesandten Aufführung zu billigen, auch dem letzteren unterm 8. oder 19. Februarii 1723 anzubefehlen:

Sich des gedachten Projects halber in keine weitere Erklärung einzulassen, weil die Sache Se. Majestät von Grossbritannien und das Corpus Evangelicorum anginge und der Gesandte seiner Handlungen halber niemand als seinem König responsable sei. Hiernächst trugen Se. Majestät dem Gesandten auf, zu bezeigen, wie Sie zum höchsten darüber verwundert wären und nicht wüssten, was Sie davon gedenken sollten, dass man zu Wien gut gefunden, über ein blosses

Project der evangelischen Stände in causa religionis eine Special-befragung und Inquisition anstellen und es schon zum voraus pro libello famoso declariren zu lassen. Dieses und dass man einen jeden evangelischen Gesandten über Sachen, die das ganze Corpus angingen, zur Inquisition ziehen und von Aufsätzen, die bei dem Corpore vorkämen, ehe noch einst im Corpore darüber deliberiret, viel weniger etwas darauf concludiret worden, Connoissance davon nehmen wollte, das wäre etwas unerhörtes, auch von so wichtiger Consequenz, dass die evangelischen und selbst die katholischen Stände gegen ihr dadurch sehr empfindlich gekränktes Jus deliberandi und votandi ihnen nothwendig Competentia vorbehalten müssten; wie denn der Gesandte im Namen des Königs solches thun solle. Wenn die Stände des Reichs oder ein Reichs-Collegium oder Corpus Conclusa (Gutachten) an den Kaiser brächten, so stünde bei Sr. Kaiserl. Majestät, den Ausschlag darauf zu geben. Das Jus deliberandi, consultandi und votandi aber müsse denen Ständen, sowohl evangelischen als katholischen, in freiem und ungehindertem Exercitio bleiben, und wenn man ihnen das hemmen wollte, so würde es um ihre reichsständische Gerechtsamen auf einmal gethan und das zu gänzlicher Auflösung der Compagie Imperii streckendes ein so gefährliches Unternehmen sein, als zu erdenken wäre. Se. Königl. Majestät könnten Sich auch nicht einbilden, dass Se. Kaiserl. Majestät ein solches Absehen führen sollten. Das Project, worüber obgedachte Inquisition angefangen, es möge herkommen, von wem es wolle, wäre nichts anders als ein Vorschlag oder Conclusum ein oder anderer Glieder des Corporis Evangelici und als ein Objectum deliberandi in demselben. So lange es nun darüber zu keinem Schluss gekommen und solcher Schluss nicht publiciret worden, hiesse es nichts: wäre gleichsam ein non ens, und könnte niemand mit Recht sich darüber beschweren. Viel weniger würde hoffentlich Se. Kaiserl. Majestät intendiren und recht zu sein finden, dass auf Sachen, die in denen Reichs-Collegiis von Reichsangelegenheiten vorkämen und ventilirt würden, als auf etwas criminelles, solle inquiriret, es mit schimpflichen Namen beleget und wohl gar in der That für criminell tractirt werden. Man hätte zu Wien schon vor dieser regensburgischen Inquisition Sr. Majestät Generallieutenant de St.-Saphorin ausdrücklich declarirt, dass man den Königl. Gesandten für den Autorem des Projects hielte. Gesetzt nun, Se. Majestät der König nähmen auf Sich, dass das Project von Ihnen oder Dero Gesandten herkäme; gesetzt auch, es wäre vom Corpore Evangelico so gebilliget und publiciret worden, so sähen Se. Majestät nicht, was daran würde gesündiget oder unverantwortliches gehandelt sein — — — Der Kaiserliche Hof möchte nur glauben, dass er es dem König vielleicht am meisten zu danken hätte, dass ein und andere in dem Project befindliche Personalia, die ohne Zweifel den meisten Verdruss machten, nicht angenommen worden, weil der König davon lieber abstrahirt sehen wollen: nicht zwar aus der Ursache, als wenn der König solches für etwas ungegründetes hielte, sondern allein mehrern Glimpfs halber und aus Consideration für des Kaisers Majestät — — —

Se. Majestät gäben zu bedenken, ob die, welche Sr. Kaiserl. Majestät zu solchen Extremis rietheu und die evangelische Stände an ihren Gerechtsamen immer weiter zu beunruhigen trachteten, nach des Kaisers wahren Interesse verführen, absonderlich bei gegenwärtigen Conjuncturen, da die Einigkeit im Reich nöthiger als jemals wäre. Sollte Eingangs erwähnte Nachfrage nach dem Autore des Projects darauf angesehen sein, denen Evangelischen eine Furcht einzujagen, welche sie bewegen könnte, ihre gerechte Sache zu verlassen und alles, was friedhässigen Gemüthern nur gelüstet, über sich ergehen zu lassen, so würde man sich irren. Je weher man den Evangelischen thäte, je mehr triebe man sie zu der Nothwendigkeit, an ihrer Defension Mesures zu nehmen, und daran würde es ihnen auch nicht fehlen — — — Se. Kaiserl. Majestät würden daher weder approbiren, noch es dahin kommen lassen, dass der wegen mehr bedeuteten Projects angefangene unnöthige und den Evangelischen billig tief zu Herzen gehende Lärmen sollte fortgesetzt und dadurch neuer schädlicher Zwiespalt im Reich erreget werden etc.

Diese Vorstellungen mussten auch der Grossbritannische Abgesandte Freiherr von Huldenberg und Generallieutenant de St. Saphorin in Wien thun, jedoch mit dem ausdrücklichen Befehl, mit dem Reichs-Viccanzler deshalb nicht zu tractiren. Aber der Kaiserl. Hof war hiermit sehr unzufrieden und schickte unterm 30. Maji 1723 ein Rescript an seine Gesandtschaft nach Regensburg, worin der Kaiser sein äusserstes Missvergnügen darüber bezeigte, dass, nachdem die Sache wegen des Projects von dem Kaiser wäre liegen gelassen, Se. Grossbritannische Majestät solche annoch auf die bemeldete Art ressentirten. Es fand sich in diesem Kaiserl. Rescript eine bedenkliche Erklärung des § Gaudeant Instr. Pac., eine Erklärung, welche des unpartheiischen Lesers Einbildungskraft übersteiget, indem der Kaiser darin äusserte: „dass die Reichsstände, wenn sie votirten, sich müssten erinnern lassen, weil sonst weder der Endzweck des Reichstags, noch der ganzen Kaiserl. Regierung zu erhalten stünde, mithin Sr. Kaiserl. Majestät nicht zuzumuthen, mit jemand, der sich darunter widersetzlich erweisen wollte, das geringste Commercium ferner zu haben oder denen Ihrigen zu verstatten." Es hiess ferner: Se Kaiserl. Majestät würden nicht zugeben, dass Ihre Ministri per scripta anonyma öffentlich herumgetragen und in ihren Ämtern und Personen unvorsichtig, unrechtmässig und höchst strafbar traduciret werden wollen etc. Kurz, der Kaiser führte im angezogenen Rescript eine Vertheidigung alles dessen, was wider die Protestanten vorgenommen war, in sehr harten Ausdrückungen; zugleich gab er seinen Gesandten auf, die Zurückberufung des Herrn von Reck aus der Pfalz und die völlige Abstellung der Hadmerslebischen Repressalien zu argiren.

Der Kaiser liess es hiebei nicht bewenden, sondern gab sich weiter alle Mühe, damit der Königs von Grossbritannien Majestät Dero Reichstagsgesandten Freiherrn von Wriesberg rappelliren möchten.

Allerhöchstgedachte Se. Kaiserl. Majestät schickten deshalb einen Gesandten nach Dresden, um durch Vermittelung des Königs von Polen solchen Rappel zu bewirken. Ja der Kaiser liess selbst durch den Grafen von Starhemberg zu London um solche Zurückberufung inständig anhalten, mit dem Beifügen, „es würde Sr. Kaiserl. Majestät durch diesen Rappel ein ganz besonderer Gefallen geschehen". Man antwortete aber Königlicher Seits dem

Grafen von Starhemberg: man möchte die Gravamina wider den von Wriesberg schriftlich übergeben, worauf eine Resolution erfolgen sollte. Denn man sahe zu London und Hannover wohl ein, dass man keinen geschicktern Reichstagsgesandten hätte wählen können als den gedachten Freiherrn von Wriesberg; so wie zu Wien bekannt war, dass derselbe zu Regensburg unter den evangelischen Gesandten wegen seiner besonderen Gelehrsamkeit und übrigen Eigenschaften das grösste Gewicht hatte. Andere evangelische Stände urtheilten auch damals, dass wenn dieser Gebrauch erst aufkommen sollte, dass der Churfürsten und anderer Reichsstände Ministri, wenn dieselben wegen des vor ihrer Herren Interesse bezeigenden Eifers von dem Kaiserl. Hofe angefeindet worden, auf desselben Begehren sofort aus ihren Bedienungen verstossen werden sollten, man sich leichte die Rechnung machen könnte, dass solche Ministri, um ihr Glück zu erhalten, bald grösstentheils gut Kaiserlich werden und kein Reichsstand in denen mit dem Kaiserlichen Hof obwaltenden Differenzien sich mehr auf seine Räthe und Diener würde verlassen können. Zudem waren die meisten evangelischen Stände wegen des Kaiserlichen Unwillens damals sehr niedergeschlagen und scheueten sich fast, in Religionssachen den Mund aufzuthun. Manche liessen daher ihre Gesandten auf eine Zeitlang von Regensburg weggehen, um nicht zu risquiren, es mit dem Kaiser zu verderben; folglich es von grosser Consequenz gewesen wäre, wenn man den Freiherrn von Wriesberg, als eine Stütze des Corporis Evangelicorum, von Regensburg bei den damaligen misslichen Umständen weggenommen hätte.

In eben diesem Jahr 1723 schlug der churböhmische Gesandte vor, man möchte auf dem Reichstag unter Mediation der Kaiserl. Commission zwischen beiderseits Religionsverwandten die Religionssachen in Güte abthun. Diejenigen aber unter den evangelischen Ständen, die auf den Grund sahen, hatten zu dieser Neuerung keine Lust, sondern hielten selbige für unbillig, weil

1) die Erfahrung gelehret hatte, dass alle gütliche Tractaten, die mit den Katholischen seit dem Westphälischen Frieden in dergleichen Dingen vorgenommen, nichts gefruchtet;

2) weil es gefährlich, von dem Instrumento Pacis und dem in denen darauf erfolgten Reichs-Constitutionen vorgeschriebenen Modo exequendi abzugehen;

3) die Gravamina religionis ihrer Natur nach unmöglich auf dem Reichstag abgethan werden könnten, indem die dasige Gesandten von dem Facto possessionis, welches der einzige Grund der Entscheidung, nicht unterrichtet sind;

4) weil es hart schien, dass dasjenige, was durch den Westphälischen Frieden schon abgethan ist, wieder zum Gegenstand weitläuftiger und unendlicher Tractaten oder weit aussehender Vergleiche auf dem Reichstag, nach der Absicht des Kaisers, gemacht werden sollte;

5) das damalige ganz frische Exempel an der Ebenriedischen Sache sattsam zu erkennen gab, was die Evangelischen von der vorgeschlagenen Mediation hoffen dürften.

Der Graf von Metsch musste dem ohngeachtet nach Hannover und andern evangelischen Höfen reisen, um diese Manier Religionssachen zu tractiren, beliebt zu machen; wiewohl er konnte solches Vorhaben nicht durchtreiben, um so weniger, da man evangelischer Seits noch andere Bedenklichkeiten fand, die aus denen Reichs-Actis sattsam erhellen.

Übrigens ist von dem Kaiser Karl VI. noch anzuführen, dass er durch das Commissions-Decret vom 17. August 1723 denen Protestanten merklich zu schaden gesuchet, vermöge dessen er das höchst billige Postulatum der Protestanten, man möchte in Sachen von zweierlei Religion litigirenden Parteien durch den Reichshofrath Commissarien von gleicher Macht, Vermögen und Ansehen ernennen, verworfen*), wobei denen Evangelischen in dem besagten Commissions-Decret Dinge Schuld gegeben, an welche sie niemals gedacht, z. E. dass sie sich einer authentischen Auslegung des Westphälischen Friedens mit Ausschliessung des Kaisers und der katholischen Stände anmaasseten; ferner, dass sie Eingriff thäten in die Kaiserliche Rechte, und endlich, dass sie ohne allen Grund wider den Kaiserlichen Reichshofrath klageten.

Es kam auch denen Evangelischen unter diesem Kaiser nicht zu Statten, ob sie gleich die oben beschriebene Repressalien der Kaiserlichen Verheissung halber aufhoben**) und der gevollmächtigte Rath von Reck aus der Pfalz avocirt wurde, an dessen Zurückberufung der Kaiser auf alle Weise gearbeitet hatte. Es schrieben nämlich Se. Kaiserl. Majestät an den Churfürsten von der Pfalz, er sollte diesem Mann einen kurzen Terminum zu seinem Abzug ansetzen und, wenn er solchen nicht beobachtete, denselben wegschaffen. Der sächsische Gesandte bekam zu Regensburg von seinem Hofe auch Befehl, die Rückreise des von Reck zu befördern, damit die evangelischen Stände nicht weiter mit dem Kaiser impegnirt***) würden. In der Conferenz der Evangelischen wurde daher aus Noth beschlossen, die Avocation zu veranstalten, obgleich bei der Umfrage verschiedene dawider vorstellten, dass nach Avocation des von Reck man keinen Canal mehr haben würde, etwas zuverlässiges von dem Zustand des evangelischen Wesens in der Pfalz zu erfahren.

Am 26. und 27. März 1725 hielt man bei dem Reichshofraths-Präsidenten lange Conferenzen mit den katholischen Reichshofräthen, sonderlich über die Materie vom Rechte zu reformiren, und beschloss auf die vom Evangelischen Corpore in seinen verschiedenen an Se. Kaiserl. Majestät abgelassenem Schreiben allegirte Hypothesen mit ferneren Cassationen zu verfahren.

In der evangelischen Gemeinde zu Euerbach Angelegenheit wider den Freiherrn von Ingelheim kam auch ein Reichshofraths-Conclusum zum Vorschein, welches das erstere, so der Gemeinde vortheilhaft war, und wofür sich das Evangelische Corpus bei dem Principal-Commissario bedankt hatte, ganz und gar wieder umgestossen; wobei zu bewundern, dass dem Freiherrn von Ingelheim, als gravirendem Theile, auferleget worden, zu berichten, was ihm durch die militärische Execution weggenommen worden.

Den 9. Julii 1726 ging wegen der sämtlichen Religionsbeschwerden ein Vorstellung-Schreiben des Corporis Evangelicorum an den Kaiser ab, worin man um Local-Commission bat und sich vernehmen liess, dass die Local-Commissiones nothwendig wären, wenn Gravatis geholfen werden sollte; so wie täglich Notata über die unrichtige Paritions-Anzeigen zum Vorschein

---

*) Europ. Staats-Canzlei T. XXXXIV. p. 517 sqq. T. XXXXV. p. 410.
**) Europ. Fama P. CCLXXVI. p. 687. P. CCLXXXIV. p. 687. P. CCLXXXXV. p. 626 sqq. Europ. Staats-Canzlei P. XXXXIV. p. 544 und in vielen folgenden Theilen.
[***) Von dem italienischen impegno gebildet.]

kamen. Hauptsächlich sahe man 1726 Remarquen über die churmainzische Paritions-Anzeige, Remarquen über die churtrierische, über des Grafen von der Leyen und des Freiherren von Münster Paritions-Berichte; wie denn auch durch den öffentlichen Druck 1726 ohnvorgreifliche Anmerkungen über verschiedene, evangelischer Religionsbeschwerden halber von denen Herren Catholicis nach und nach erstattete und letzthin dem Reichs-Convent zu Regensburg communicirte Paritions-Berichte bekannt gemacht wurden. Aus der Vorrede dieser Schrift nahm man unter andern wahr, dass das Corpus Evangelicorum sich in die Beantwortung oder Widerlegung der Paritions-Berichte je weniger einlassen könnte, als dadurch der Sache selbst nicht geholfen sein, sondern im Gegentheil nur zu derselben desto grösseren Schaden von den in den Reichsgesetzen beschriebenen Mitteln und Wegen, die Religions-Gravamina zu erörtern und abzuthun, man allzu weit sich entfernen würde. Nachdem jedoch theils Gravati selbsten, theils andere glaubwürdige Personen über die Paritions-Berichte Anmerkungen entworfen hätten, welche dasjenige, was von dieser letztern Unzulänglichkeit in dem an Ihro Kaiserl. Majestät unterm 9. Julii 1726 vom Corpore Evangelicorum abgelassenen Vorstellungs-Schreiben überhaupt berühret worden, durch verschiedene Besonderheiten und Exempel zum Überfluss bestärken dürften, so habe man die Publication solcher Anmerkungen nicht vor undienlich geachtet. Indessen nahm das Corpus Evangelicorum an solchen Scriptis privatis nur insoweit Antheil, insoferne die Nothwendigkeit und Nutzbarkeit der gebetenen Local-Commissionen, ingleichen deren Objectum desto deutlicher daraus erhellete. Wiewohl alles dieses erreichte den gewünschten Zweck nicht, und die Bittschrift vom Jahr 1730, welche das gedachte Corpus Evangelicorum wegen der alten und neuen Religionsbeschwerden abgehen liess, zog nicht den geringsten Nutzen nach sich.

Im Jahr 1731 machten die schweren Religions-Drangsale der Protestanten in Ungarn und Siebenbürgen grosses Aufsehen, und viele hohe Höfe gaben sich alle erstaunliche Mühe, den Kaisers Ungnade zu besänftigen*).

Nicht weniger beschwerete sich das Corpus Evangelicorum mit vielen Gründen über die Kaiserl. Untersuchungs-Commissionen in Religions-Sachen**).

Der Aufführung dieses Kaisers gegen die armen protestantischen Salzburger nicht zu gedenken. Nur dieses ist zu melden, dass der Kaiser dieselben, ohne sie zu hören, mit geschärften Befehlen verfolget hat, auch dem Erzbischof von Salzburg, der ihnen die Rechte der Menschen versagte, einige tausend Mann gegeben, um dieselben tapfer zu züchtigen.

Das Corpus Evangelicorum schlug sich daher billig ins Mittel, vertheidigte jener unglücklichen Leute Unschuld und bat um eine Local-Commission, die aber der Kaiser keineswegs verordnete; vielmehr befahl der Erzbischof, dass alle und jede, die nicht innerhalb einer vorgeschriebenen Zeit sich zur katholischen Kirche bekennen würden, das Land räumen sollten.

Darauf ging die bekannte grosse Emigration zu Ende des Jahres 1731 vor, wobei die evangelischen Reichsstände Ursache hatten, sich über den

---

*) Staats-Canzlei P. LXI. p. 300 sqq. Europ. Fama P. CCCXXXIII. p. 558.

**) Reichs-Fama P. X. p. 1. P. XIII. p. 43 sqq. Staats-Canzlei P. LX. p. 728 sqq.

Kaiser und den Erzbischof höchlich zu beschweren, weil denen Emigrirenden nicht derjenige Zeitraum zum Wegreisen verstattet wurde, den der Westphälische Friede feste setzt*). Immittelst hat es das Corpus Evangelicorum sowohl in Ansehung der salzburgischen als österreichischen armen Emigranten bei dem unerbittlichen Kaiser Karl VI. in diesem und in den folgenden Jahren nicht an Vorstellungen fehlen lassen**).

Am meisten ist zu beklagen, dass im Wiener Frieden von 1736 der Kaiser Karl VI. sich als einen Stiefvater der Protestanten bezeiget hat, ungeachtet das Corpus Evangelicorum vor Errichtung des dieses Friedens halber abgefassten Reichsgutachtens den Kaiserlichen Principal-Commissarium ersuchte, die Erinnerung wegen der bei dem Anfang des damaligen Reichskrieges versprochenen Abschaffung der Ryswickischen Religions-Clausul zu thun, gleichwie die auswärtigen Mächte sich diesen Puncts anzunehmen versicherten. Der Kaiser liess es zwar an guten Vertröstungen nicht ermangeln, weswegen Corpus Evangelicorum sich auf die Zusage des Kaisers verliess und unter dieser Hoffnung dem Reichsgutachten sich nicht widersetzte; im Gegentheil Kaiser Karl sich im geringsten keine Mühe gab, die besagte Clausul abzuschaffen***), daher denn auch die betrübte Würkungen davon noch jetzo für Augen schweben.

Kaiser Karl VI. war folglich gegen die Protestanten unempfindlich. Das Seufzen, Bitten, Flehen, Weinen vieler tausend Menschen, ja selbst der ansehnlichsten Reichsfürsten und aller evangelischen Churfürsten, Fürsten, und Stände, nicht weniger auswärtiger protestantischer Kronen hat er, wie die übrigen österreichischen Kaiser, ganz zufrieden oder gar vergnügt anzusehen und anzuhören die Gewohnheit gehabt, auch vielfältig nach dem Beispiel seiner Vorfahren geantwortet: Nos sumus Rex Catholicus, das ist nach österreichischer Übersetzung und Anwendung: Wir müssen die Protestanten verfolgen und das „Nöthige sie hereinzukommen" mit Feuer und Schwert ausüben. Wenigstens zeigt dieses die Würkung der Intercessionen und Vorstellungen, die bei Kaiser Karln und seinen österreichischen Voreltern, die auf dem Kaiserthron seit den Zeiten der Reformation gesessen haben, angebracht sind†).

Die Protestanten in den Ländern der deutschen Reichsstände hatten indessen je weniger Ursache sich über die gewaltthätige Aufführung Kaisers

*) Schelhorn, de religionis Evangelicae in provincia Salisburgensi ortu, progressu et fatis, ed. 1732. Reichs-Fama P. IX. p. 484. P. X. p. 23. P. XI. p. 394 sqq. P. XII. Europ. Fama P. CCCXXXVIII. p. 119 sqq. Europ. Staats-Canzlei P. LVI. p. 141 und in vielen folgenden Theilen.

**) Europ. Staats-Canzlei P. LXII. p. 251. P. LXIII. p. 84. P. LXV. p. 14 sqq. P. LXVI. p. 102. P. LXVII. p. 114. P. LXVIII. p. 103. Reichs-Fama P. XV. p. 17 und in den folgenden Theilen.

***) Rousset, Recueil T. XI. p. 426 sqq. Relation de ce qui s'est passé par rapport à la clause de l'article 4 du traité de Ryswick depuis la ratification de la paix de Baden jusqu'à présent, bei dem Rousset in Recueil T. XI. p. 428 sqq.

†) Die blossen Aufschriften solcher Intercessionen machen ein weitläuftiges Buch aus. Man findet den Catalogum davon in Königs Abhandlung de modo et jure intercedendi Corporis Evangelicorum p. 73.

Karl VI. zu verwundern, da selbst seine Erblande einen Inbegriff der traurigsten Religionsverfolgungen auf Seiten der Evangelischen abgeben.

Am 8. Junii 1734 schrieben die Emigranten aus Oesterreich ob der Enns an das Corpus Evangelicorum*) und klagten, dass viele ihrer Brüder in einer grausamen Gefangenschaft lägen; annebst baten, den Kaiser zu disponiren, dass sie evangelische Kirchen und Prediger wie ihre Vorfahren haben dürften, oder sie in ein Land zu verhelfen, in welchem sie ihre Religion treiben könnten**).

Aus Kärnthen liefen am 14. Junii 1735 die Nachrichten ein***), dass man die Leute, die nicht in die katholische Kirche gingen, prügelte; ferner, dass die evangelischen Handwerksleute nicht arbeiten dürften; dass man auf sie geschossen und denen protestantischen Eltern, die nach Siebenbürgen geführet, 44 kleine Kinder entrissen und zurückbehalten.

Es kam zwar bald darauf eine Kaiserliche Verordnung in Ungarn zum Vorschein†), die denen Protestanten günstig zu sein schien; aber die Erfahrung lehrete sofort, dass solche nur, um die Evangelischen sicher zu machen, ergangen sei††), indem das Ungewitter schleunig wieder ausbrach, dergestalt, dass sich auch fremde Mächte angelegen sein liessen, denen Bedrückten ihre Bedrängungen zu erleichtern†††), um so mehr, da das Elend derselben in Ungarn, Böhmen und Kärnthen unbeschreiblich gross wurde*†).

Im Jahr 1737 mussten in Kärnthen die meisten Emigranten ihre Kinder zurücklassen*††). Ja sie hatten nicht einmal einen Augenblick Zeit, mit ihnen vor der Abreise zu reden. Denn am Abend holte man die unschuldige Leute ab, brachte sie zu dem Richter, sperrete sie ein und fuhr sie den folgenden Morgen fort, nachdem einige vorher schon Jahr und Tag in Ketten und Banden gelegen, in der Maasse, dass die Vorstellungen und Bitten der protestantischen Könige keine Hülfe nach sich zogen†°).

Die Kinder, welche man den unglückseligen Eltern, die nach Siebenbürgen geschleppet worden, zurückbehalten, hat man wie das Vieh im Walde laufen lassen und sich niemand ihrer angenommen. Als einer den Pfleger aus Mitleiden fragte, was mit diesen armen Kindern anzufangen? antwortete er: man sollte sie auf einen Scheiterhaufen werfen und verbrennen†°°).

Um die Sache in einem Zusammenhang zu fassen, ist kürzlich angeführen, dass 1675 in Ungarn eine der schwersten Verfolgungen gewesen°††), in welcher man viele Prediger gefangen nahm und auf die spanische Galeeren nach Neapolis schickte. Man hat von ihnen literas lamentatorias simul et supplicatorias Ministrorum olim in Hungaria captivorum, jam ad tristes prol-

---

*) Acta histor. ecclcs. P. II. p. 203 sqq.
**) Hieher gehört das alleruntertänigste Memorial der österreichischen Emigranten an Ihro Röm. Kais. Maj. in Actis histor. eccles. P. III. p. 455.
***) Acta hist. eccles. P. V. p. 631.
†) Acta hist. eccles. P. VI. p. 760.
††) Acta hist. eccles. P. VI. p. 756.
†††) Acta hist. eccles. P. VI. p. 767.
*†) Acta hist. eccles. cit. p. 769.
*††) Acta hist. eccles. P. VII. p. 6.
†°) Acta hist. eccles. P. VII. p. 7.
†°°) Acta hist. eccles. P. VII. p. 9.
°††) Acta hist. eccles. P. XIII. p. 16.

Unbilliges Verfahren Oesterreichs gegen die Evangelische. 301

dolor! Hispaniae *triremes condemnatorum*, so damals in 4to gedrukt worden. Zu gleicher Zeit schloss man hin und wieder Kirchen und Schulen zu. 1681 hiess es nach vieler Mühe, die Protestanten sollten in jedem Comitat zwei Kirchen haben, wie aus dem Art. 27 Diaetae Soproniensis erhellet. Aus diesem Grunde hat man die Bedrückungen, vornehmlich 1730 und 1733, in Ober-Ungarn erneuert und gefördert, dass die protestantischen alten Kirchen, die nicht mit Namen im angeführten 26. Art. enthalten, geräumet werden sollten. Auf solche Weise verloren die Evangelischen 200 Kirchen, und von denenselben haben sie nachher nicht mehr als zwei, nämlich zu Nemevnka und Dömolk, wiederbekommen. Sie müssen daher über 10 Meilen reisen, wenn sie in die Kirche wollen. Die Vandalo-Slavi sind am schlimmsten daran. Denn vormals hatten sie 6 Kirchen, jetzo aber wird in ihrer Sprache gar nicht mehr gepredigt, indem man den letzten Prediger viele Jahre lang in Ketten und Banden sitzen lassen, so wie es den meisten übrigen ergangen und noch jetzo davon eine grosse Menge in Kerkern sitzt.

Man ist damit nicht aufrieden, dass die Leute die katholische Religion annehmen, sondern sie müssen auch, um das Gewissen recht zu kränken, die schändlichsten Artikel beschwören, welche in Actis hist. eccles. P. XIII. p. 21 nicht ohne Erstaunen gelesen werden können; Artikel, die grösstentheils so unrein sind, dass man billig Anstand nehmen muss, das Papier damit zu beflecken*).

§ 13.

Im Jahr 1740, 1741, 1742 schien es, als wenn der Krieg denen bedrängten Protestanten in Ungarn und Böhmen ihr Joch erträglich machen würde; sobald aber die Kriegsunruhen etwas aufhörten, fing das Leiden der Evangelischen desto heftiger wieder an.

Man las in öffentlichen Nachrichten z. E. Folgendes**): „In Schemnitz hat man die evangelischen Bergleute vieler ihnen vom Kaiser bewilligten Vorrechte beraubt und nicht mehr verstatten wollen, die evangelischen Kinder in dem evangelischen Bethause zu taufen oder die Verstorbenen auf den evangelischen Gottesacker zu begraben, sondern es sind die Kinder mit Gewalt von den Soldaten zur Residenz der Jesuiten gebracht und daselbst getauft worden, wie man denn auch die Leichenträger gezwungen hat, ihre Todten an einen Ort zu begraben, welcher dem papistischen Gottesacker nahe liegt. Vielen Eltern sind die Kinder mit Gewalt genommen und in die papistischen Schulen geführet. Von dem Kammer-Grafen haben die Schemnitzer keinen andern Trost erhalten, als dass er den Jesuiten auf ihr Begehren Soldaten geben musste; wozu sie aber derselben sich bedienten, das mussten sie, nicht er, verantworten. Inzwischen ist dieses die vornehmste obrigkeitliche Person des Orts, der seine Bergleute wider alles Unrecht schützen soll." In Böwing, etliche Meilen hinter Pressburg, hat man den evangelischen Handwerkern neue Artikel vorgeschrieben, welche enthalten, dass sie allen Processionen der Papisten mit beiwohnen sollen. Zu Levencz, 14 Meilen hinter Pressburg, hat man am Frohnleichnamstage 1740 die Kirche der Reformirten bis auf den

---

*) Das grosse Elend der Protestanten ist insonderheit in der Schrift abgeschildert, die den Titel führt: Kurzer und wahrhafter Bericht von der letzten Verfolgung der Evangelischen Prediger in Ungarn ed. 1683.

**) In den zu Weimar gedruckten Actis histor. eccles. P. XXVI. p. 158.

Grund niedergerissen und verschiedene Reformirte gefangen genommen, wider welche hernach die Jesuiten allerhand Beschuldigungen ausgesonnen.

Um eben diese Zeit wendeten sich die protestantischen Ungarn an die jetzige Kaiserin-Königin*) nebst Übersendung aller Urkunden, auf welche sich alle Rechte gründen, von Rudolpho II. an bis auf Kaiser Karl VI. Sie machten solche auch durch den Druck bekannt**). Sie zeigeten darin, dass die Reichsgesetze und Königliche Diplomata sie sattsam schützten; dennoch finde sich in vielen Gespanschaften und Königlichen Freistädten, dass die evangelische Religionsübung ganz aufgehoben, die Kirchen wieder weggenommen, die Prediger verjaget, und viele Einwohner nicht durch die Predigt des Evangelii, sondern durch gewaltsamen Zwang zur Änderung der Religion genöthiget worden. An andern Orten habe man die Einwohner, welche aus Mangel der Religionsübung sich an andere Plätze, wo solches Religions-Exercitium im Schwange ist, begeben, gehindert, die evangelische Bücher zu lesen verboten und, wenn sie doch dem Trieb ihres Gewissens Folge geleistet, so wären sie auf öffentlicher Strasse aufgefangen, der Bücher und Kleider beraubt, ja an manchen Orten in Banden und Kerkern geschlossen, mit schwerer andern Strafe beleget; In einigen Städten und Flecken durch die Grundherren bloss der Religion halber ins Gefängniss gelegt, verjaget und ihrer Güter beraubt. An andern articulirten Örtern würde sogar der Eingang der Prediger in die Stadt und die Besuchung der Kranken und Gefangenen verboten. An anderen treibe man die Evangelischen zu denen Ceremonien und öffentlichen Processionen unter Geld- und Leibesstrafe gewalttthätig an, insgemein aber würden sie mit dem Juramento decretali, welches ihrer Religion und Gewissen zuwider, bei Antretung der Ämter und anderen gerichtlichen Fällen sehr beschweret und die tüchtigsten Subjecta in vielen Gespanschaften und Königlichen Freistädten, die solchen Eid nicht ablegen könnten, von Ämtern und Beförderung ausgeschlossen. An andern Orten würden diejenigen, die sich verheirathen wollen, nicht copuliret und die Kindbetterinnen nicht vorgesegnet, sie hätten denn ihre Religion verleugnet. An andern Plätzen würden wiederum die todten Körper, weil sie im Leben ihre Religion nicht verlassen wollen, und aus andern nichtigen Ursachen, nicht begraben, die Begrabenen aber ausgescharret oder an andere unehrliche Örter hingeworfen. Diejenigen, welche aus Trieb des Gewissens und wahrer Erkenntniss die evangelische Religion angenommen, würden unter dem Vorwand einer Apostasie ins Gefängniss gesetzt, gestraft, geprügelt und von ihren Gütern verjaget. Die Heilige Schrift oder Gebet- oder andere dergleichen evangelische Bücher würden ins Königreich einzuführen oder darin zu drucken gewaltsam verboten und confisciret. In den Königlichen freien Städten admittire man keine dem König und dem Lande getreue evangelische Ausländer, Künstler und Handwerker, nicht ohne augenscheinlichen Ruin der Städte und Verminderung des gemeinen Nutzens, zum Bürgerrecht, ja vielen Landeskindern selbst würde an manchen Orten das Bürgerrecht versagt. Den Adel schlösse man in vielen Comitaten von öffentlichen Ämtern aus, bloss darum, weil er die Eidesformul, welche wider die Grundsätze der Evangelischen und sein Gewissen stritte, nicht ablegen könnte. Daher sie dieser und vieler anderen Puncte halber eine gerechte Abänderung unterthänigst baten.

*) Acta hist. eccles. P. XXXVIII. p. 157.
**) Acta hist. eccles. P. XXXIX. p. 963.

Aber dieses Suchen ist nicht erhört; man hat vielmehr wahrgenommen, dass die jetzige Kaiserin-Königin die Rechte und Freiheiten dieser Bedrängeten auf alle Weise geschmälert hat, indem sie die Verordnung Kaisers Karl VI. vom 6. April 1731 bestätigte und befahl, dass die Eide auf katholische Weise, nämlich bei der heiligen Maria, Mutter Gottes, und allen Heiligen von den Protestanten geschworen werden sollen. Man nahm ferner zu Raab 1742 in Nieder-Ungarn eine und noch zwei andere Kirchen weg*). Die jetzige Kaiserin-Königin verbot weiter bei schwerer Strafe, ihr keine Religionsbeschwerden sub communi nomine vorzulegen, obgleich die Ungarn dagegen die Vorstellung gethan, sie könnten nicht begreifen, dass einer Privatperson der Zutritt bei der Königin verstattet werden sollte, und nicht einem ganzen evangelischen Volke.

Hieher gehöret ebener Maassen der Königin Verbot, dass ausser ihren Erblanden ohne Erlaubniss des Consilii Regii locumtenentialis keiner reisen soll, welches vornehmlich darauf ging, dass niemand auf protestantischen Universitäten studiren möchte; auch das neue Gesetz der Königin, vermöge dessen alle diejenigen, die sich damals ausserhalb Landes befänden, innerhalb 6 Monat nach Haus kommen sollten. Ja es ging so weit, dass die Königin erklärte, sie würde denen Protestanten weder eine öffentliche Audienz vor, noch während des ungarischen Reichstages geben, wie aus dem Memorial zu ersehen, das die Ungarn im Monat Julio 1742 verschiedenen protestantischen Höfen übergeben haben. Als daher die Deputirten 1742 nach Wien kamen, wurde ihnen der Zutritt zur Königin verwägert. Sie schrieben indessen in den beweglichsten Ausdrücken an die Königin und baten um Recht, zeigten auch, dass nach dem Gesetz von 1687 es Ihnen erlaubt sei, ihre Noth gemeinschaftlich vorzutragen **). Es wäre folglich, wie sie sagten, ein bisher nicht erhörtes Exempel, dass ihnen der Thron verschlossen bleiben sollte, zumal da wegen der grossen Menge der besonderen Supplikanten die Zahl der Suppliken unendlich vermehret, diesemnach Mühe und Kosten unbeschreiblich anwachsen würden, wenn man ihnen conjunctim ihre Noth anzuzeigen verweigern wollte, dergleichen Last einzelne Evangelische zu übernehmen nicht vermöchten; wenigstens könnte es in solchem Fall kein Geringer oder Armer mit Mächtigen und Reichen aushalten; mithin bleibe gar kein Mittel einer Königlichen Protection weiter übrig. Sie baten bei so dringenden Umständen um die Wunden Jesu, dass die Königin die tausendfache Kränkungen und Trübsale zu Herzen nehmen möchte.

Insonderheit machten diese ungarische Protestanten eine triftige Vorstellung wider die oben beschriebene Art der Eide und äusserten in ihren Schreiben: Kraft des Wienerschen Friedensschlusses in dem ersten Artikel 1606 und in dem ersten Artikel 1608, welche beide sowohl durch das Diploma Leopoldi 1659 als den 25. Artikel 1681 und den 30ten 1715 bekräftiget sind, sei festgestellet, dass Ihro Königl. Majestät niemand in seinem Religions- und Glaubensbekenntniss, zu welchem auch die Eidschwüre gehörten, beunruhigen, noch durch andere kränken lassen wollen. In eben diesen Gesetzen wäre die Vorsehung geschehen, dass sie nicht einmal zu Ceremonien, so ihrer Religion zuwider, sollten gezwungen werden; demwegen könne ihnen der Eid bei den Heiligen wider den festgesetzten Grundlehrsatz ihrer Religion und Glaubens-

---

*) Acta hist. eccles. P. XXXVIII. p. 169.
**) Acta hist. eccles. P. XXXXVI. p. 498.

bekenntniss um desto weniger zugemuthet werden. Alle Christen, welche die Dreieinigkeit glaubten, hielten dafür, dass der Eid, so bei dem Dreieinigen Gott abgelegt würde, richtig, kräftig und hinlänglich sei.

Hiernächst beschwerten sich die Evangelischen darüber vielfältig, dass unter der Regierung der jetzigen Kaiserin-Königin die protestantischen Kirchen nicht nur von katholischen Geistlichen visitiret, sondern auch die protestantischen Ehesachen für die katholische Gerichte gezogen würden, ob es gleich dem 15. Artikel, der 1647 mit errichtet, entgegenliefe.

Die Siebenbürger traten gleichergestalt mit ihren Gravaminibus hervor, wiewohl die Hälfte blieb aus. Sie wurden so wenig als die Ungarn zur Audienz gelassen; indessen bekamen sie von den Königlichen Ministern einen tüchtigen Verweis.

Der Anfang von der Regierung der jetzigen Königin war ausserdem denen evangelischen Ungarn um deswillen betrübt, weil auf den Landtag bloss römisch-katholische Personen abgeschickt waren und die Deputation, welche die Protestanten an die Königin absendeten, um die Bestätigung der Privilegien zu bewirken, ohne Audienz erhalten zu haben, zurückkam, mit dem harten Bedeuten: dass sie in Religionssachen nichts mehr gemeinschaftlich zu suchen hätten*), obgleich die Protestanten dagegen vorstellten, dass sie in der Anzahl den Katholiken gleich wären, und sich erboten, für die Königin sich aufzuopfern, wenn man ihnen nur die Religionsfreiheit verstatten wollte.

Die Umstände waren damals so beschaffen, dass man in Wien nicht weiter zu antworten für das beste hielt und inmittelst den Succurs bei dem Krieg leisten liess.

Unter dem 15. August 1743 wurde glaubwürdig gemeldet, dass in der Abaujvarienser Grafschaft die Katholiken denen Reformirten vier Kirchen eingezogen**). Zu Osgyan, einem evangelischen Ort, starb der evangelische Prediger an der Pest. Ehe man einen andern evangelischen Geistlichen haben konnte, wollte der Königliche Commissarius Balascha einen katholischen einsetzen. Die Unterthanen entschuldigten sich dawider und nahmen darauf einen evangelischen an. Dieser Widerspenstigkeit halber wurde einem jeden die Strafe von 40 Florin oder so viel Prügel zuerkannt, dem Ort die Kirche und Schule abgesprochen, dem Advocaten, der den armen Leuten bedient gewesen, die Feder gelegt. Im Appellationsgerichte zu Pressburg bestätigte man alles und sendete dieses parteiische Urtheil der Königin zur Unterschrift nach Wien.

Man hat auch nicht ohne Nachtheil der Evangelischen in Ungarn eine adeliche Gesellschaft gestiftet, deren Grundgesetze, selbst insoweit sie bekannt gemacht sind, weder mit der Liebe des Nächsten, noch mit einer vernünftigen und schriftmässigen Toleranz übereinstimmen, sondern auf eine gewaltsame Vergrösserung des Papstthums abzielen***).

Das anderweitige Wegnehmen der evangelischen Kirchen und Schulen

---

*) Man lese die 1743 gedruckte Schrift, die den Titel führt: Kurze und zuverlässige Nachricht von dem Zustande der protestantischen Kirche in dem Königreich Ungarn, besonders von den gegenwärtigen gefährlichen Umständen derselben.

**) Acta hist. eccles. P. XXXXVI.

***) Acta hist. eccles. P. LIII. p. 682 sqq.

In Raab geschah den 12. Martii 1749 höchst unvermuthet. Weder Gesetz, noch Recht, noch die Verdienste der dasigen Protestanten, welche so viel Blut und Vermögen für das Haus Österreich hingegeben haben, konnten einigen Schutz verursachen*).

Die Gewaltthätigkeit, welche bei Eroberung der Kirche zu Semering 1748 vorgekommen, das Hauen, das Prügeln, das Rauben und Plündern des Pfarrhauses und die Beschreibung von der Occupation acht anderer protestantischen Kirchen lässet sich nicht ohne Rührung lesen**).

Den 20. Martii 1749 berichteten die bedrängten Protestanten in Ungarn, dass alle Handwerker von der Kaiserin Artikelsbriefe, deren ein jeder 300 Florin kostete, auslösen müssten, auch eine jede Zunft eine Processionsfahne mit 400 Florin anzuschaffen verbunden; wobei der Befehl ergangen, dass alle Meister und Gesellen den Processionen beiwohnen und diejenigen, so davon blieben, jedesmal einen Reichsthaler der katholischen Kirche bezahlen sollten; nicht minder sei ihnen auferlegt, jährlich viermal die Messe zu brauchen, und wer solches unterliesse, müsse jederzeit einen Florin Strafe gehen.

Im Monat Martii 1749 ertheilten die Protestanten in Ungarn ein genaues Verzeichniss, woraus erhellete, dass die jetzige Kaiserin-Königin denen Evangelischen daselbst bereits 105 Kirchen genommen, ohne dass eine Ursache des Wegnehmens angegeben, viel weniger, dass ein Verbrechen der Protestanten dasselbe veranlasset hätte. Die dabei geäusserten Grausamkeiten gingen so weit, dass selbst viele Katholiken, die Augenzeugen gewesen, deshalb Thränen vergossen.

Bei solchen abscheulichen Drangsalen schickten die armen Protestanten im Monat Julio 1749 Deputatos nach Wien, um eine Linderung zu bewirken. Das von denenselben bekannt gemachte Tagebuch kann niemand ohne Betrübniss lesen. Es kam diese Deputation nach vielem und langem Sollicitiren zur Audienz bei der Kaiserin-Königin, aber nicht zu einer öffentlichen (weil diese einmal vor allemal den evangelischen Ungarn von der jetzigen Königin abgeschlagen), da ihnen dann die Kaiserin-Königin ganz erzürnet die Worte zurief:

„Seid Ihr bei den fremden Abgesandten nicht gewesen oder habt Euren Recurs nicht zu ihnen genommen? Es ist ja der Burmannia (holländische Minister) bei mir gewesen; es hat sich wegen Euch der hauptversche, ja auch sogar der preussische insinuiret***)."

Obgleich diese Deputati behaupteten und durch einen Eid zu erhärten sich erboten, dass sie weder die besagten Gesandten ersuchet, noch die höchsten Principalen derselben um einen Vorspruch gebeten, so machte doch die blosse Vermuthung die Kaiserin-Königin so erbittert, dass man damals dasjenige mit Recht von ihr hätte sagen können, was die Königin Christine von Schweden auf ihre Kanonen schreiben liess, nämlich die Worte:

Interdum etiam Juno fulmina vibrat!

Man siehet gewiss aus allen diesen, dass man den Ungarn so begegnet, wie es in Croatien, Steiermark und in andern österreichischen Provinzen hergehet. Die Geringschätzung der Freiheitsbriefe, die Verdrehung und Auf-

*) Acta hist. eccles. P. LXXIV. p. 247.
**) Acta hist. eccles. P. LXXVIII. p. 671.
***) Acta hist. eccles. P. LXXVIII. p. 816 sqq.

hebung der Königlichen Gesetze ist die Hauptrichtschnur des unmässigen Verfolgungsgeistes. Es zeugen davon folgende Besonderheiten: Stephan Bornemissa, Vorgespan in der Grafschaft Sarossa, ist in Begleitung der grafschaftlichen Soldaten oder Heiducken die ganze Grafschaft durchzogen und hat die Kirchen mit Gewalt weggenommen, auch daselbst katholische Priester eingesetzt, so dass von 80 evangelischen Kirchen nur 14 übrig geblieben*).

Der gewöhnliche Weg, eine evangelische Kirche katholisch zu machen, ist übrigens daselbst von einer neuen Erfindung und anders eingerichtet als die in göttlichen und menschlichen Rechten beschriebene Arten, nämlich dieser: Ein Pfaffe setzt eine geweihete Hostie in eine evangelische Kirche; sobald dieses geschehen ist, hält man an Wien dafür, dass die Evangelischen solche Kirche nicht einen Augenblick länger behalten dürfen, und giebt zur Manntenenz der Katholiken die nöthigen Befehle**). Unter der jetzigen Regierung haben insonderheit die Grafen Esterhazy, Mercy, Grassalkovits auf solche und andere angestüme Weise durch Einnehmung der evangelischen Kirchen sich daselbst hervorgethan. Am merkwürdigsten aber scheinet es,

1) dass die jetzt regierende Kaiserin-Königin keinen einzigen Befehl zur Restitution einer solchen Kirche gegeben hat.

2) Dass man den Leuten mit den schwersten Strafen verbietet, in die Kirche zu gehen an Orten, wo noch einige Kirchen sind.

3) Dass die Evangelischen keine Schule mehr haben, worin die höheren Wissenschaften frei können gelehrt und gelernt werden, indem die Jesuiten alle Schulen zu visitiren gehalten, um dieses zu verhindern.

4) Dass selbst die sterbenden Protestanten beunruhiget werden; denn man zwinget sie alsdann hauptsächlich zur Veränderung der Religion und steckt ihnen die Hostie mit Gewalt in den Mund, um ein Recht auf die Kinder der Verstorbenen zu bekommen.

Die Gräfin Clara Ilarkoczy, Gemahlin des Obergespans in der Grafschaft Sarossa, Thomas Szirmay, liess sogar unter der jetzigen Kaiserin-Königin Regierung alle Kinder ihrer vielen Unterthanen zu sich kommen, unter dem Vorwand ihnen Arbeit auszutheilen, und hörte nicht eher auf, diese Kinder entsetzlich prütschen zu lassen, als bis sie alle katholisch wurden, sowie sie nachher die Eltern auf ebendiese Art nöthigte; diejenigen aber, die dazu Gelegenheit fanden, mit Hinterlassung ihrer Güter wegliefen***).

Ausser diesen ist zu beklagen, dass diejenigen, welche einmal gezwungen sind, die katholische Religion anzunehmen, sich nicht wieder zur evangelischen Kirche wenden dürfen, wenn sie nicht die fürchterliche Leib- und Lebensstrafe, welche die Gesetze daselbst denen Abtrünnigen bestimmen, übernehmen wollen.

Ob nun gleich ausdrücklich befohlen ist, dass in Ungarn und in allen übrigen österreichischen Landen sich kein Protestante unterstehen soll, bei Verlust des Lebens und aller Güter sich bei einer auswärtigen Macht zu beschweren, so ist die grosse Noth dennoch seltsam bekannt worden, und die

---

*) Man sehe das 1747 gedruckte Buch, das die Aufschrift hat: Traurige Abbildung der protestantischen Gemeinde in Ungarn, von Matthia Bahil entworfen, gewesenen Evangelisch-Böhmischen Prediger in der Königl. freien Stadt Eperies, jetzo aber um der Wahrheit willen vertrieben.

**) Man lese das angeführte Buch des Herrn Bahil.

***) Acta hist. eccles. P. LXXXI. p. 383 sqq.

Kaiserin-Königin hat bis diese Stunde nicht vermocht, diesen zu verhüten. Die evangelischen Reichsstände liessen daher den 28. Februarii 1753 ein merkwürdiges Intercessions-Schreiben für die Protestanten in der Steiermark, Kärnthen und im Lande ob der Enns ab, sowie solches ebendiese Gesandten der evangelischen deutschen Reichsstände unter der Regierung Kaisers Karl VI. in den Jahren 1733, 1734, 1735 zu thun nöthig fanden. Aber sie haben weder damals noch neuerlich einige Erhörung gefunden. Es wird indessen in jenen Intercessionalibus von 1753 mit völligem Beweis gesaiget:

> dass die Protestanten der Religion halber mit dem allerempfindlichsten Gefängniss, Leibesstrafe, Schlägen, Entsetzung von allen Gütern, Beraubung von Kindern und Ehegatten gequälet werden.

Es beweiset die erwähnte Vorstellung des Corporis Evangelicorum weiter, dass dieses Verfahren wider die Toleranz, welche man denen Reichs-Religionen schuldig, und ebenfalls wider das Jus emigrandi anläuft, mithin entweder der Privatgottesdienst denen Leuten zu verstatten oder die traurige Wohlthat emigriren zu dürfen. Demohngeachtet hat man in Wien keines von beiden zugegeben*). In mehreren Betracht die Kaiserin-Königin vielmehr in einem Rescript an den Erzherzoglich österreichischen Directorial-Gesandten in Regensburg Freiherrn von Puchenberg den 17. Septembris 1753 zu erkennen gab, dass die Sache sich nicht also verhielte, wie sie dem deutschen Corpori Evangelicorum vorgebildet wäre, sondern in ihren Ländern keine Religionsdrangsale Statt fänden; deshalb nicht einmal Hoffnung zu einer Abstellung gemacht wurde**). Dieses Angeben der Kaiserin-Königin gründete sich gleichwohl bloss in dem Zeugniss dererjenigen, welche die Instrumente der Verfolgungen waren und deshalb keinen Glauben verdieneten. Die gedruckten protestantischen Glaubensgenossen in Österreich, Steiermark und Kärnthen schrieben bei solchen Umständen den 19. Octobris 1754 in den beweglichsten Terminis an das Corpus Evangelicorum von neuem, legten auch anderweitige völlige Beweise von der empfundenen Grausamkeit bei und baten demüthigst, man möchte ihnen durch Bitten eine freie Emigration bewirken***).

Hierauf erfolgte ein Inhaltsschreiben an Ihro Majestät die Kaiserin-Königin vom Corpore Evangelicorum für die zur evangelischen Religion sich bekennenden Einwohner in Steiermark, Kärnthen und dem Lande ob der Enns sub dato 6. Novembris 1754 †). Es standen darin unter andern die Worte:

> Besonders zeigen diese Beilagen, dass der selbst gegen Ew. Kaiserl. Königl. Majestät klare Befehle sich frei auflehnende Verfolgungsgeist nunmehro sogar denen Evangelischen die Treibung ihrer Professionen

---

*) Es kam vor einiger Zeit eine gedruckte Schrift heraus unter dem Titel: Kurze, doch hinlängliche Nachricht von dem dermaligen betrübten Zustand der um die Lehre des Evangelii nach der unveränderten Augsb. Confession leidenden vielen Bedrängten in dem Lande des Erzherzogthums Oesterreich, dem Lande ob der Enns, Steiermark und Kärnthen, aus den bisher verhandelten Acten treulich an das Licht gestellet. Der Verfasser hat darin bewiesen, dass seit 1740 bis hieher die Noth der Protestanten beständig gestiegen und nunmehr auf das höchste gekommen.

**) Acta hist. ecclesiast. P. C. p. 1 sqq.

***) S. Mosers deutsches Staats-Archiv de an. 1754. P. XII. cap. 8. p. 1080 sqq.

†) Mosers deutsches Staats-Archiv de an. 1755. P. II. cap. 7. p. 289.

und Hausernahrung, unter andern auch mit ausdrücklicher Versagung derer Gesellen und Dienstboten, niederlege; bei ganz unschuldigsten Gelegenheiten sie mit überhäuften, auf die gänzliche Verarmung dererselben abzielenden Geldstrafen ansehe; selbige überhaupt vom Taufstein und der Verehelichung aus- für deren Kinder aber die Schulen zuschliesse; sie zu Besuchung der katholischen Kirche mit Schlägen zwinge; denen so gänzlich keinen Zwang leidenden Gewissen aber durch diese und andre gleich harte Begegnungen oder denn mit List zu Wiederabschwörung der angenommenen Religion unablässig zusetze; bei Verweigerung dessen hingegen dergleichen standhafte Bekenner des evangelischen Glaubens auf eine Art, wie in specie wegen Matthias Graumann angegeben, zu befinden, zu behandeln pflege; oder da es mit ihnen zum Absterben kommt, in Ansehung deren Begrabung ein gleiches, als e. g. der ebenfalls angeführten anno 1752 in Gnesse verstorbenen Christinen Eckerin widerfahren, verhänge; und eben damit nur allzu sehr bestätige, dass allerdings aus Verfolgung und der Religion halber sogar die menschliche und ehrliche Sepultur denen diesseitigen Glaubensgenossen daselbst versaget werde. Nicht minder ergeben ferner nämliche Inducta, wie nicht weniger kläglichen Schicksal meiste derer nach Ungarn seither abgeschafften evangelischen Österreicher gegen die so huldreichste offenbare Intention von Ew. Kaiserl. Königl. Majestät sowohl gleich anfangs bei Ausschaffung dererselben aus ihren Heimathen, wo sie gemeiniglich nach erst ausgestandenen Gefängnissen in Banden und Eisen abgeführt worden, alsdann selbst in loco destinationis, allwo wiederum nicht alle sich in Freiheit gesetzt finden, sondern viele auch daselbst in denen Gefängnissen aufbehalten werden oder aber in denen Festungen in Eisen fortarbeiten müssen, betreffe. Am bedauerlichsten aber noch hiebei erscheinen will, dass die mit denen Transportirungen vornehmlich zur abgesehene freie Religionsäubung und damit verbundene volle Gewissensfreiheit nämlicher Glaubensverwandten durch ausdrückliche Verbote, ihre evangelisch-lutherische Bücher aus den Heimathen an die Übersetzungsörter mitzunehmen, um bloss dererjenigen, so die Censur der katholischen ungarischen Geistlichkeit erhalten, sich zu bedienen, wiederum auch hieselbst eingeschränket oder wohl gar dieselben in solche entlegene Gegenden, wo sie entweder der Sprache gänzlich unkundig sind oder auch weit und breit ganz kein evangelischer Gottesdienst anzutreffen, abgeführet worden etc.

Da aber die Kaiserin-Königin die klagende Protestanten als Frevler angesehen, so antwortete das Corpus Evangelicorum unter andern darauf in besagtem Inhäsivschreiben:

Die Beschlüsse erhärten die völlige Unschuld der angegebenen Unterthanen. Und was mag überhaupt an denen aufrichtig reinen Absichten und der fortwährig treuesten Unterthänigkeit solcher Unterthanen Ew. Kaiserl. Königl. Majestät ausgestellet werden, die für der in dem Lande ob der Enns den 1. Aprilis a. c. angelangten Kaiserl. Königl. Commission auf Befragen über Ihre etwa im Leiblichen habende Beschwerden und Erbieten denenselben abzuhelfen, alles von Ihren Verfolgern bis dahin an Leib, Habe und Gut erduldete Ungemach und Drangsal, so zu sagen, vergessen, allein aber die Gewissensfreiheit begehren? Ja, möchte auch noch ein Zweifel hierunter übrig sein, so geben dennoch nunmehro so manche tausend, als dererselben dermalen würklich schon nach Siebenbürgen und Ungarn, meistens mit Verlust und Trennung von ihren Ehegatten, Kindern und zum Theil gar ansehnlichen Vermögen, übersetzt worden, ein einhellig unverwerfliches Zeugniss davon, indem eben hierdurch erhellet, dass es ihnen allein um Glauben, Lehre und deren Bekenntniss samt Übung zu thun sei, sonst ja die allezeit so äusserst der Menschlichkeit schwer fallende, mit jenen Transportirungen angegebener Massen ordentlich verbundene schmerzlichste Scheidung von alle dem Seinen und denen Seinigen, ohne gleichwohl noch zu wissen, wie das neue Schicksal in dem übersetzten Lande ausfallen werde, durch das einzige von sich zu geben gewesene Wort: ich trete wiederum zur römisch-katholischen Kirche, ohnwidersprechlich sofort vermieden werden können etc.

Anstatt dass man hätte glauben sollen, die Kaiserin-Königin würde das Elend zu Herzen nehmen, liess sie ein anderweites Rescript an den Erzherzoglichen Österreichischen Directorial-Gesandten Freiherrn von Puchesberg den 23. Aprilis 1755 ergehen, woraus man siehet, dass die Kaiserin es ungemein übel aufgenommen, dass man ihr nicht glauben wollen, die Protestanten wären in ihrem Lande ausser aller Noth. Ihro Majestät bedienten sich daher ungnädiger Ausdrücke und gaben ganz deutlich zu erkennen, dass Sie denen Protestanten das Beneficium emigrandi nicht verstatten wollten. Ja Sie sahen es als eine grosse Beleidigung an, dass man Ihnen von Seiten des Corporis Evangelicorum eine Beilage gesendet, worin dasjenige, was von der Kaiserin für heilig verehret würde, nämlich die christ-katholische Religion, für eine förmliche Abgötterei abgeschildert worden; weshalb die Kaiserin dafür hielt, dass die bemerkte ihr ärgerliche Stelle der Gesandten Aufmerksamkeit entgangen, und dass diese Gesandten aus eigenem Trieb darauf bedacht sein würden, das Versehen zu verbessern und Ihr die unangenehme Veranlassung zu entheben, auf die behörige Ahndung zu bestehen. Kurz, dieses Rescript kann keinen Protestanten aufrichten. Die Kaiserin schlägt darin denen Evangelischen allen öffentlichen Gottesdienst ab; sie spricht: ein Jeder habe es seinen Verbrechen beizulegen, wenn er patentmässig gestraft würde; sie wisse, was in ihrem Lande vorginge, und nähme alles auf sich. Es wurde also ohne geschmückte Worte, ohne gemachte Hoffnung, ohne der Sache eine Farbe anzustreichen, alles verweigert. Das Corpus Evangelicorum erklärte sich über die bemeldete Anschuldigung der Kaiserin auf eine gegründete Art. Allein Ihro Majestät die Kaiserin wollen solche bis jetzo nicht für zureichend ansehen, sondern haben für gut gefunden, dennoch eine Genugthuung zu fordern, und deshalb an alle protestantische Reichsstände zu schreiben. Man hätte dieses um so weniger vermuthen können, da aus dergleichen Beilage wie diejenige, welche Ihro Majestät zum Unwillen gebracht, denen Rechten nach ohnmöglich eine vom Corpore Evangelicorum begangene Injurie oder Unterlassung des schuldigen Respects und Devotion gegen Ihro Majestät gemacht werden kann; wohlbemerkt solche Beilage integraliter, um das Factum nicht zu zerstümmeln, mitgetheilet werden musste, auch die in solcher Beilage gebrauchten Wörter nicht vom Corpore Evangelicorum aufgesetzt sind.

Ebenso bedenklich ist es, dass die höchstgedachte Kaiserin dabei erkläret hat, sie würde die Bedingungen der Protestanten nicht ändern und auf die Vorstellung des Corporis Evangelicorum nicht reflectiren; weshalb das Corpus die sämtliche evangelische Könige inständigst ersuchet hat, sich jener bedrängten Protestanten in den österreichischen Landen anzunehmen und ihnen das Beneficium emigrandi, dem westphälischen Frieden gemäss, zu bewürken. Welche gekrönte Häupter auch die grosse Gnade vor kurzem ausübten und gar sehr für die besagte arme Leute bei der Kaiserin-Königin baten. Allein bis jetzo hat sich die Würkung davon zum Besten der Nothleidenden noch nicht geäussert, indem die Bedrückungen noch täglich fortdauren und unter andern die Kaiserin durch ihren Gesandten zu Regensburg, von Puchenberg, den regensburgischen Stadt-Magistrat scharf bedrohen und Ihre Empfindlichkeit der Stadt zu zeigen versichern liess, wann sie sich unterstünde, jemand von den entwichenen österreichischen Unterthanen aufzunehmen.

Diese ungewöhnliche Art zu verfahren trieb das Corpus Evangelicorum an, dem gedachten österreichischen Ministre in einem Promemoria eine Vorstellung zu übergeben und die bisherige Handlungen des Magistrats in diesem Stück reichsgesetzmässig zu vertheidigen. Aber dieser österreichische Gesandte nahm solchen nicht einmal an; welches Betragen daher nicht wenig Geringschätzung gegen das Corpus Evangelicorum und noch mehr Unbilligkeit an den Tag legt, auch von der Gesinnung der Kaiserin-Königin keine denen Protestanten vortheilhafte Vermuthungen verursachen kann, zumal wenn man diesen Vorfall nebst denen bisher beschriebenen Änsserungen in genaue Erwägung ziehet.

§ 14.

Des jetzo regierenden Kaisers Majestät sind zwar nicht aus dem Erzhause Österreich entsprossen, indessen findet sich doch, dass Allerhöchstdieselbe auf österreichische Art mit denen Protestanten umzugehen gewohnt sind. Nicht zu gedenken derer seit dem Absterben Kaisers Karl VI. vom Corpore Evangelicorum an Se. Kaiserl. Majestät abgelassenen Schreiben und erneuerten Religions-Beschwerden, derer in der Europ. Staats-Canzlei Tom. 92. p. 721 sq. gedacht ist, denen gleichwohl nicht abgeholfen worden. Nicht zu gedenken der Cronbergischen*), der Wormsischen**), der zwischen Hessen-Hanau und dem Freiherrn von Ingelheim wegen Holzhause***) entstandenen Religions-Beschwerden; ferner der Dornheimer†), der Speierschen††), der Bechtolsheimer†††), der Schornsheimer*†) Gravaminum, weshalb man bisher ohne Nutzen geklagt hat. Nur dieses ist anzuführen, dass das Corpus Evangelicorum den 24. Maji 1747 endlich an die zu Wien befindliche Abgesandte der evangelischen Reichsstände wegen Betreibung einer Kaiserlichen Resolution in puncto gravaminum religionis evangelicae eine Vorstellung ab-

---

*) Schauroth, Tom. III. p. 186.
**) Koenig, Selecta Jur. publ. Tom. XIV. p. 54.
***) Staats-Schriften, Tom. III. p. 92. 507 und an vielen Orten daselbst, auch Tom. IV.
†) Schauroth, Tom. III. p. 186.
††) Staats-Schriften, Tom. II. p. 720.
†††) Staats-Canzlei, Tom. XCIII. p. 742.
*†) Schauroth, Tom. III. p. 147.

geben liessen*); es hat auch insonderheit um eine Kaiserliche Erkennung und Expedition der nöthigen Local-Commissionen, weil dieser Weg Religions-Beschwerden zu erörtern in den Reichsgesetzen gegründet und kein besserer auszumachen wäre; aber es fand dieses am Kaiserlichen Hofe kein Gehör. Vielmehr häuften sich die Religions-Verfolgungen wider die Protestanten gewaltig. Im Jahr 1748 den 12. Julii schrieb das gedachte Corpus Evangelicorum abermals an den Kaiser und suchte reichsconstitutionsmässige Verfügung in Ansehung der Badenheimischen, Ebelsbachischen, Aspachischen, Rosenbergischen, Schornabelmischen und Friesenheimischen, auch anderer Religions-Gravaminum**). 1749 den 19. Martii gaben der evangelischen Churfürsten, Fürsten und Stände Botschafter und Gesandten ihre Betrübnis zu erkennen, dass Se. jetzt regierende Kaiserl. Majestät in denen Religionssachen noch gar keine würkliche Hülfe geleistet hätten***). 1750 machten die obenberührte Hohenlohische Streitigkeiten viele Bewegung, bei welchen das Corpus Evangelicorum einen nöthigen Nachdruck zeigte und dasjenige that, was Se. Kaiserl. Majestät zu thun vorlängst waren ersuchet worden; wie es denn auch 1751 sich der Neckarsteinacher und Bechtolsheimer Religions-Beschwerden, nicht weniger der Öttingischen und Cronbergischen und Zwingenbergischen annahm†), sich aber des Kaiserlichen Beistandes nicht zu erfreuen hatte. Vielmehr eiferten Se. Kaiserl. Majestät den 2. Januarii 1752††) in dem Commissions-Decret über die in der Hohenlohischen Sache von den Protestanten gebrauchte Selbsthülfe, suchten auch in diesem Commissions-Decret die Grundsätze des Hauses Österreich, vornehmlich die von Kaiser Karl VI. im Jahr 1720 öffentlich vorgetragene und oben angezeigte, nicht allein zu erneuern, sondern auch für heilsam und dienlich anzupreisen; dergestalt, dass die bedrängten evangelischen Glaubensgenossen daraus weder Trost schöpfen, noch das Corpus Evangelicorum sich damit begnügen konnte, weil man klärlich sahe, dass man zu Wien sich eine Pflicht daraus mache, die Reichsgesetze mit giftigen Auslegungen zu beschmitzen. Bei solchen Umständen haben die Religions-Drangsale in besagtem Jahre und seit solcher Zeit bis jetzo beständig in vielen deutschen Provinzen angehalten. Se. Kaiserl. Majestät sind bis diese Stunde in Ansehung der vielen bei Ihnen angebrachten Intercessionen ganz unerbittlich, so dass man wohl siehet, dass die heiligsten Gesetze in Ansehung der Protestanten alle ihre Kraft verloren.

Es würde überflüssig sein, die Leidens-geschichte der Protestanten unter der Regierung Kaisers Franz I. in einer ununterbrochenen Folge abzuschildern; denn die meisten Bedrückungen und Verfolgungen schweben ohnedem noch in frischem Andenken oder sind gar noch gegenwärtig.

Man will daher nur ein paar besondere Exempel von der Denkungsart des jetzigen Kaiserlichen Hofes und dessen Ministern, in deren Seelen der Trieb zur Verfolgung eine epidemische Krankheit ist, vortragen.

Die Absicht ist zuförderst, von der 1754 bekannt gewordenen Religions-Änderung des Erbprinzen von Hessen-Kassel ein paar Worte zu reden. Die

---

*) Koenig, Selecta jur. publ. novissima. Tom. XVI. p. 3 sqq.
**) Europ. Staats-Canzlei, Tom. XCIII. p. 542.
***) Koenig, Selecta jur. publ. Tom. XIX. p. 3 sqq.
†) Moser in der Einleitung in die Staats-Historie Deutschlands, p. 166.
††) Selecta jur. publ. novim. P. XXVII. p. 131.

Mittel seiner Bekehrung sind nicht verborgen; es ist auch kein Geheimniss, dass dieser Prinz, nachdem er den Übergang zur katholischen Kirche seines Herrn Vaters Durchlaucht zu erkennen gegeben, sich erbot, in Ansehung der Religion eine Versicherungs-Acte auszustellen; ferner, dass das Verabredete zu Stande gekommen, dergestalt, dass zuerst Se. Königl. Majestät von Preussen den 21. Novembris 1754, nachgehends die Kronen Gross-Britannien, Schweden, Dänemark und die Republik der Vereinigten Niederlande solche Assecurations-Acte nicht nur garantirten, sondern auch das ganze Corpus Evangelicorum. Diese Garantie war an sich um so eher zu bewürken, da der besagte Erbprinz 1) eigentlich nur dasjenige in der Assecurations-Acte versprochen hat, was der westphälische Friede ohnedem vorschreibt; 2) da alles mit freien Willen und auf Verlangen des Erbprinzen und durch die wiederholte Ratihabition desselben, auch ohne dem geringsten Schein einiger Furcht bestätigt und gerechtfertigt worden; vornehmlich aber 3) das ganze Geschäfte mit Zuziehung der Landstände wohlbedächtig zu Stande kam. Sowohl nach der verfertigten Assecurations-Acte als vorher liessen des regierenden Herrn Landgrafen von Hessen-Kassel Durchlaucht Dero Herrn Erbprinzen alle Freiheit: Sie verstatteten ihm Sitz und Stimme im Geheimen Consell, das Kommando der Truppen, die erste Stimme bei der General-Kriegscommission, den freien Zutritt zu Ihnen, nämlich dem regierenden Herrn; Sie schenkten demselben sogar, nachdem der Erbprinz die evangelische Religion abgeschworen hatte, das einträgliche Gerichte Völkershausen; Sie gaben endlich noch die Erlaubniss, dass von Zeit zu Zeit ein katholischer Geistlicher kommen durfte und dem Erbprinzen die Messe halten. Jedermann stand in den Gedanken, der Wiener Hof würde nebst den katholischen Ständen über diese Aufführung höchst vergnügt sein und die Grossmuth des regierenden Herrn Landgrafen, welcher ohnedem in allen Vorfällen sich als einen weisen und wahrhaftig grossen Fürsten zu bezeigen gewohnt ist, bewundern. Es verlautete aber dem ohngeachtet gar bald, dass der Wiener Hof nebst verschiedenen mächtigen katholischen Reichsständen daran arbeitete, das von dem Erbprinzen eingegangene Assecurations-Pactum zu entkräften. Dass dieses Gerüchte nicht ungegründet gewesen, zeigte sich in der Folge gar deutlich; als nämlich der hessen-kasselsche Ober-Kammerrath Stirn eines gefährlichen Briefwechsels halber mit Arrest zu Hessen-Kassel beleget wurde. Denn da fand man unter des Stirn Papieren zehen Briefe, auch einige andere schriftliche Aufsätze von dem zu Hamburg wohnenden, im letzteren Sommer aber nach einer mit dem Erbprinzen von Kassel in einem Bade zu Hofgeismar gehaltenen Zusammenkunft über München nach Wien gereiseten Reichshofrath von Kurtzrock, aus deren Inhalt genug erhellete, was erwähnter Reichshofrath zur Vereitelung derer von dem Erbprinzen in Betracht der Religion übernommenen Bedingungen vorerst bei dem Churfürsten von Cöln und bei dem Churbayerschen Hof, sowie hernach in Wien bei dem Kaiserlichen Hof tramiret, und wie weit man sich an ein und dem andern Ort sowohl auf Seiten der Herrschaften als auf Seiten derer Ministres mit denselben eingelassen. Man erfuhr zugleich durch diese Inquisition zu Kassel, dass man hohen Orts dem Erbprinzen von Hessen-Kassel angerathen, heimlich zu entweichen und nach Wien zu gehen.

Es wurde aber dieses Project, da es eben zur Execution kommen und die Reise nach Wien fortgehen sollte, entdeckt, hintertrieben, auch ausgemittelt, dass der zu Mainz subsistirende Kaiserliche Minister Graf von Pergen alles erforderliche dazu veranstaltet hatte. Man musste daher in Kassel darüber erstaunen, dass der Kaiserliche Hof und dessen Ministres auf eine solche gefährliche Art die Vereitelung der in den hessen-kasselschen Landen festgestellten und von dem Erbprinzen daselbst eidlich bestätigten Religions-Verfassung zum Nachtheil des evangelischen Wesens, dem westphälischen Frieden und anderen Reichsgesetzen zuwider, suchten.

Ferner befremdete es den regierenden Herrn Landgrafen von Hessen-Kassel, dass die Rechte seiner Landeshoheit und väterlichen Gewalt so sehr von dort aus verletzet worden. Des Herrn Landgrafen Durchlaucht beklagten sich deshalb bei dem Kaiser über jene Aufführung des Grafen von Pergen und Reichshofrath von Kurtzrock, als Urheber des wider ihn angesponnenen Complots; er hat anbei in respectueusen Ausdrücken, dass der Kaiser den Grafen von Pergen sofort von seinem Hof rappelliren, auch dem erwähnten Grafen sowie dem Baron von Kurtzrock sein gerechtes Kaiserliches Ressentiment über jenes ungeziemende und schädliche Verfahren bezeigen möchte. Es wurde auch dieses höchst gerechte Gesuch des Herrn Landgrafen zu Wien von den Königlich preussischen, grossbritannischen, schwedischen und dänischen Ministern unterstützt. Hierauf nun hat der Reichs-Vicekanzler Graf von Colloredo dem zu Wien befindlichen hessen-kasselschen Agenten von Fabrice die Kaiserliche Antwort ertheilet; nicht weniger dem Königlich preussischen Gesandten von Klinggräffen, imgleichen dem Königlich dänischen, wie auch dem hannöverschen Gesandten, einem jeden besonders, vorgelesen. Sie bestand aus folgenden, in der Schreibart sowohl als der Sache nach ganz besonderen Puncten:

I. Dass der Inhalt besagten Schreibens bei Ihro Kaiserl. Majestät die Vermuthung erwecken können, als ob, wie es auch der Ruf gewesen und deshalben Ihro Kaiserl. Majestät Dero Ministrum Freiherrn von Prettlack eigens nach Kassel abgesendet hätten, zwischen des Herrn Landgrafen Durchlaucht und Dero Herrn Erbprinzen eine Zwistigkeit und Missverständniss würklich obhanden und dasjenige, was weiteres vorgegangen, als eine Folge solcher Zwistigkeiten anzusehen sei; wenn nicht des Herrn Landgrafen Durchlaucht in Dero nachher unterm 7. des nächstabgewichenen Monats Aprilis an Ihro Kaiserl. Majestät erlassenen Schreiben ausdrücklich versichert hätten, dass zwischen Deroselben und Dero Herrn Erbprinzen einige Zwistigkeiten so wenig vorwalteten, dass vielmehr der von Ihro Kaiserl. Majestät dieserfalls Sr. Durchlaucht eröffnete Wunsch albschon erschöpft sei, auch er, der Herr Erbprinz, eine seiner Fürstlichen Geburt und ohnmittelbarem Stand gemässe völlige Freiheit jederzeit zu geniessen gehabt und noch habe.

II. Es hätten Ihro Kaiserl. Majestät in einem auf diese Äusserungen und Zusicherungen setzenden Vertrauen den Inhalt des im Anfang bemerkten Landgräflichen älteren Schreibens nicht anders ansehen können, als es würden nachhero Se. Durchlaucht den Ungrund der wider den Grafen von Pergen vorhin gefassten Beschwerden eingesehen haben und also das Beschwerungsschreiben vom 10. Martii von selbst schon gefallen sein; zumalen Se. Durchlaucht zwar in einer mit dem Kaiserlichen Ministre Freiherrn von Prettlack den 4. Aprilis gepflogenen Unterredung von dergleichen Beschwerden wider den Grafen von Pergen etwas gemeldet, nachher aber davon wieder abgestanden, auch aus freien Stücken ein anderweitiges Schreiben an Ihro Kaiserl. Majestät abgelassen hätten.

III. Ihro Kaiserl. Majestät könnten Sich auch nicht vorstellen, dass von Sr. Durchlaucht sollte vermuthet gewesen sein, es habe der Herr Erbprinz an Ihro Kaiserl. Majestät Hoflager sich zu wenden vorgehabt, indem von einer Verleitung so wenig als von einer Entweichung Beschwerde geführet werden mag, wenn ein Prinz eines Reichsfürsten an Ihro Kaiserl. Majestät, als des Reichs allerhöchstes Oberhaupt, sich wenden oder an Dero Hoflager abgehen will.

IV. Ihro Kaiserl. Majestät wären von Sr. Durchlaucht bekannten patriotischen Gesinnung des gänzlichen Davorhaltens, dass in solchem Fall Se. Durchlaucht Dero Erbprinzen daran so wenig würden gehindert haben, als wenig Ihro Kaiserl. Majestät die Hemmung des Recursus an Allerhöchstdieselben, als des Reichs Oberhaupt, würden nachsehen können.

V. Wäre Sr. Durchlaucht von Selbst wissend, was der Dienst eines Kaiserlichen Ministri im Reich mit sich bringe, und dass in solchem dieser die Kaiserliche Protection in billigen Dingen und gesetzmässigen Wegen jedesmalen zuzusichern habe.

VI. Sei auch die Wesenheit der Sache so geartet, dass der von Sr. Durchlaucht zum Grund der Beschwerde geführte Satz nicht einmal bestehen möge, und Se. Durchlaucht den Ungrund derer wider den Grafen von Pergen angebrachten Beschwerden albschon von Selbsten eingesehen und anerkannt hätten; daher denn Ihro Kaiserl. Majestät Sich zu Sr. Durchlaucht versehten, dass Sie erwähntem Grafen von Pergen nicht nur alles vollkommene Vertrauen weiter zu bezeigen keinen Anstand nehmen, sondern auch die Personen Ihro Kaiserl. Majestät benennen würden, welche unternehmen mögen, wider Dero Kaiserlichen Ministrum eine Misshandlung in seinem Dienst und eine Missbrauchung des von Ihro Kaiserl. Majestät obhabenden Characters anzugeben, damit Ihro Kaiserl. Majestät gegen diese die gemessene Ahndung verfügen könnten; wie auch Allerhöchstdieselbe Dero Ministri Misshandlungen in seinem Dienst würden missbilliget haben, wann Ihro Kaiserl. Majestät Se. Durchlaucht die Beweise hierüber dargethan hätten.

VII. Es an dem, dass dem Kaiserlichen Reichshofrath Freiherrn von Kurtzrock, gegen welchen in dem P. S. einige weitere Beschwerde angebracht worden, einiger Auftrag niemalen geschehen, und wann also derselbe auf Ihro Kaiserl. Majestät oder auch auf Ihro Majestät der Kaiserin-Königin und das briderseitige Kaiserlich Königliche Ministerium in seinem Schreiben etwas angegeben haben sollte, so thäten Ihro Kaiserl. Königl. Majestät solches allezeit missbilligen.

Die Protestanten sowohl als die Katholiken können aus dieser offenherzigen Resolution Sr. Kaiserl. Majestät ein neues deutsches Staatsrecht lernen. Man siehet vornehmlich aus selbiger:

1) Dass nach der Meinung Sr. Kaiserl. Majestät kein Reichsfürst einige Gewalt über seine Prinzen hat, mithin einem hohen Reichsstand bei weitem nicht so viele Rechte über seine Kinder als einem landsässigen Edelmann, einem Bürger oder einem Bauer über seine Söhne und Töchter zukommen.

2) Dass die Rechte der Landeshoheit von dem Kaiser nach Belieben können aufgehoben werden, wenn sich ein Prinz wider seinen Vater, der ein regierender Fürst ist, auf einige Art setzen oder ungehorsam sein will.

3) Dass ein Kaiserlicher Minister das Recht hat, denen Eltern, und noch dazu denen grössten Reichsfürsten, ihre Kinder zu entführen, denen Kindern anzurathen, die heilig eingegangene und beschworne Pacta zu violiren, kostbare Sachen heimlich aus dem Lande mit fortzunehmen, auch sonst in des Vaters Territorio Zerrüttungen und Unruhe anzuzetteln.

4) Dass der Kaiser noch einen Beweis zu fordern befugt über Dinge, die durch viele eigenhändige Briefe der Inculpaten und durch förmliche gerichtliche Zeugnisse bereits wahr gemacht sind.

5) Dass derjenige Kaiserliche Minister, der einen Reichsstand auf das empfindlichste beleidiget und in einem altfürstlichen Hause Unruhe anfängt, mithin das Crimen laesae superioritatis territorialis begeht, nicht darf bei dem Kaiser verklagt werden, sondern dass ein solcher Minister noch dazu Satisfaction bekommen muss, wenn sich der Beleidigte wider denselben beschweret hat.

6) Dass ein Kaiserlicher Minister, der strafbare Handlungen vornimmt und sich auf Kaiserliche Befehle deshalb berufet, da er doch, wie angeblich der Baron von Kurtzrock, keine Kaiserliche Ordre zu dergleichen hatte, nicht brauche zur Verantwortung und Strafe gezogen zu werden.

Die Reichsgrundgesetze, insonderheit der 8. Artical des Osnabrück'schen Friedens, müssen jener Kaiserlichen Erklärung nach zu Wien ganz unbekannt oder unwirklich abgeschafft sein; denn sonst stehet nicht zu begreifen, wie der Kaiser solche Antwort geben können. Nicht einmal Kaiser Ferdinand II. hat es gewaget, die Saiten so strenge zu spannen und aus einem so erhabenen Ton zu sprechen. Auch die kleinsten unmittelbaren Glieder, Nerven und Spannädercken des deutschen Staatskörpers nehmen Theil an dieser Wienerschen Gedenkungsart, insoweit solche auf die Unterdrückung der Protestanten gerichtet ist. Man findet dieses insonderheit an dem Garant des Kapuzinerklosters zu Dierdorf, dem Herrn Grafen von Wied-Runckel. Denn dieser hat neulich den wenigen zu Dierdorf befindlichen römisch-katholischen Einwohnern nicht allein einen Privatgottesdienst verstattet, sondern auch, zu einem unter einem evangelischen Landesherrn schwerlich erhörten Beispiel, dem Kapuziner-Orden einen Klosterbau bewilliget; ja, was noch mehr ist, mit dem öffentlichen katholischen Gottesdienst in einem ordentlich dazu angelegten Kirchengebäude mitten in der Stadt bei grossem Gepränge, Trompetenschall und anderer Kirchenmusik nebst Abfeuerung der herrschaftlichen Kanonen, wobei sich ganze benachbarte Gemeinden eingefunden, den würklichen Anfang machen lassen.

Die reformirte Unterthanen wählten bei dieser Beeinträchtigung den gelindesten Weg und stellten dem Grafen vor, dass sie titulo oneroso, nämlich gegen Erlegung von 1,000 Florin den 1. Martii 1751 die landesherrliche Versicherung von ihm erhalten, dass dergleichen Religions-Veränderung weder in der Stadt, noch auf dem Lande geschehen solle, mithin dem Herrn Grafen je weniger erlaubt sein könnte, dem Anno decretorio zuwider zu handeln. Aber es konnten diese an sich überzeugende Gründe der Unterthanen bei dem Grafen kein Gehör finden.

Man muss sich hierüber nicht wundern, da man weiss, dass der gedachte Herr Graf die Verheissung von dem Kaiserlichen Hof erhalten, dass er für die Aufnahme der Katholiken und die verstattete öffentliche Übung der katholischen Religion wider seine Vettern in dem bei dem Reichshofrath schwebenden Process gewinnen soll. Man hört so viel gewiss, dass der hochbemeldete Graf seinem Vetter, dem Reichskammergerichts-Präsidenten Grafen von Wied ganz deutlich zu erkennen gegeben:

Die armen Kapuziner müssten ihn bei seiner Grafschaft soutenieren.

Wie man denn sogar Nachricht hat, dass der mehrerwähnte Graf von Wied-Runckel sich bald selbst öffentlich zur katholischen Religion, aus Dankbarkeit gegen den Wiener Hof, bekennen werde; welches um so mehr zu glauben, weil er jetzo schon aus der katholischen Religion die herrschende Religion in seinem Lande zu machen kein Bedenken getragen. Das Corpus Evangelicorum hat nun zwar ein Dehortatorium an denselben abgehen lassen; allein der Graf bezeigte sich dawider so unwillig, dass man wohl sahe, es müsse ihn viel mehr als seine eigene Kraft unterstützen; zumal da der Kaiserliche Concommissarius dem Magistrat zu Regensburg ansuchte, die Schrift: Einer Dritten kurze Erleuchtung derer über die Betrachtung in der Dierdorfer Klosterbausache aus Licht getretenen Anmerkungen dem Buchdrucker wegzunehmen und nach dem Verfasser derselben zu forschen; gleichwie man zu Frankfurt am Main jene Abhandlung auf Kaiserlichen Befehl confiscirte. Welche Verordnung aber dem Corpori Evangelicorum, wie aus dem Concluso desselben vom 24. Septembris 1755 erhellet, sehr empfindlich war. Daher hochgedachtes Corpus Vorstellung gethan, auch dem Magistrat zu Frankfurt und Magistrat zu Regensburg sein Missfallen zu erkennen gegeben, dass dieselben hierunter sich gebrauchen lassen, ohne Rücksprache mit dem Corpore Evangelicorum zu nehmen, immassen in der gedachten gedruckten Abhandlung nichts Reichsgesetzwidriges enthalten.

Man vernimmt übrigens, dass der Kaiser die Confirmation der den Kapuzinern wider das Instrumentum Pacis Westphalicae und wider dem Grafen Versprechen ertheilten Concession in diesem Jahre gegeben habe. Es meint auch der Kaiser, man müsse ihm die Religionssache zur Entscheidung anheimstellen, da doch alle dergleichen Streitigkeiten sich zu keinem Process qualificiren, dieweil das J. P., das Friedens-Executions-Edictum arctior modus exequendi, das blosse factum possessionis, usus, observantia et exercitium der beiden Terminorum respective 1618 und 1624 die einzige reichsconstitutionsmässige Richtschnur sind, nach welcher die Execution mit Verwerfung aller Exceptionen vorzunehmen, und wenn super facto possessionis eine Untersuchung nöthig ist, solche von dem Executoribus in loco executionis zu erörtern.

Es ist also kein Geheimniss mehr, dass der Kaiserliche Hof jetzo daran arbeitet, ein unumschränktes Recht zu reformiren zum Nachtheil der deutschen Protestanten einzuführen und den westphälischen Frieden ganz zu aspiren. Wenigstens ist die Bahn dazu gebrochen, wenn man die viele bisher angeführte Exempel nur ein wenig beleuchtet, nämlich die Exempel von der Unbilligkeit des Hauses Österreich gegen die Protestanten im Reiche und in den sämtlichen österreichischen Erblanden, wie auch die Exempel von des jetzigen Kaisers eigenen Verfügung im römischen Reiche.

Der unglückliche Zeitpunct ist also nunmehro erschienen, in welchem das Gleichgewicht zwischen Protestanten und Katholiken im deutschen Reiche gänzlich aufgehoben und die Katholiken übermächtig worden sind. Das Erzhaus Österreich hat die ungerechtesten Mittel gebraucht, diese Absicht sowohl im deutschen Reiche als ausserhalb demselben zu erreichen. Es fährt auch fort, sich dieser Maassregeln zu bedienen; daher die Evangelischen jetzo mehr als jemals Ursach haben, auf ihre Erhaltung bedacht zu sein.

XXV.

Mémoire raisonné sur la conduite des cours de Vienne et de Saxe, et sur leurs desseins dangereux contre Sa Majesté le Roi de Prusse, avec les pièces originales et justificatives qui en fournissent les preuves. Berlin 1756.

Der plötzliche Einbruch der Preussen in Sachsen hatte fast aller-orts die öffentliche Meinung gegen König Friedrich aufgebracht*). Auch in den befreundeten Nationen konnten sich viele des Gedankens nicht erwehren, dass diese scheinbar unbegründete und widerrechtliche Maassnahme nur von der Eroberungslust dictirt wäre. Dieselben Engländer, die Friedrichs kühner Waffenerhebung gegen die Kaiserin-Königin lauten Beifall zollten**), verurtheilten die Occupation Sachsens „als offenkundige Verletzung des Völkerrechts und Vergewaltigung eines schwächeren Staates". In London galt „die heldenhafte Beharrlichkeit", mit der August III. im Pirnaer Lager den Preussen widerstand, „als Evangelium des Tages"***). Die britischen Minister maassen dieser populären Unterströmung eine solche Bedeutung bei,

---

*) Vergl. S. 117 f. 223 f.
**) Vergl. S. 138 f.
***) Bericht Michells. London 5. October: „La conduite de ce dernier (sc. Roi de Pologne) et l'obstination qu'il témoigne encore ... à ne vouloir pas s'arranger avec Votre Majesté, y fait toujours l'évangile du jour ...... comme les sentiments du public continuent d'être partagés, je crois toujours qu'il sera nécessaire aux intérêts de Votre Majesté de mettre au grand jour et de publier toutes les découvertes qu'Elle a faites des mauvais desseins des Saxons contre Elle."

dass sie zu wiederholten Malen dringend riethen, die ihnen bereits insgeheim mitgetheilten sächsischen Actenstücke über die Intriguen und Anschläge Brühls schleunigst zu veröffentlichen, damit allen voreiligen oder böswilligen Anklagen der preussischen Politik der Boden entzogen würde*).

Gleiche Vorstellungen richteten die befreundeten Fürsten in Deutschland durch ihre Ministerien und Comitialgesandten, denen Plotho einen Abriss aus den intercipirten Brühlschen Depeschen gegeben hatte, an Friedrich selbst und sein Cabinet**).

„Heiliger Eifer drängt mich," schrieb Karl von Braunschweig seinem königlichen Schwager***), „der Einsicht Ewr. Majestät die Frage zu unterbreiten, ob es nicht an der Zeit, ja sogar nothwendig sei, durch die Veröffentlichung der sächsischen Papiere den Wohlgesinnten eine Waffe gegen die feindlichen Einwürfe zu geben und diejenigen, die vom Wiener und Versailler Hof verblendet schwanken oder schon voreingenommen sind, auf die richtige Bahn zurückzuweisen."

Nur wenige Leute aus den tonangebenden Kreisen in Dänemark waren von der Lauterkeit der preussischen Handlungsweise so überzeugt, wie anscheinend der Oberhofmarschall Graf Moltke, wenn er einmal, vielleicht nicht ohne einen Anflug feiner Ironie, zu Feriet, dem preussischen Geschäftsträger, äusserte, der angeborene Edelsinn

---

*) Bericht Michells. London 24. September 1756: „Et bien qu'on soit en général satisfait ici des motifs que Votre Majesté allègue pour justifier Son passage au travers de la Saxe et la conduite qu'Elle tient avec cette cour là, on souhaiteroit cependant, que Votre Majesté publiât quelque chose de plus détaillé afin de convaincre d'avantage la nation de la justice de Ses procédés envers les Saxons et pour empêcher que des esprits mal intentionnés n'y donnent des interprétations sinistres à Ses intérêts. C'est dans ce but que les ministres souhaiteroient donc que dès aussitôt que Votre Majesté le trouvera convenable, Elle publie tout ce qui L'a engagée à Se conduire comme Elle fait à l'égard de la Saxe, afin de couper par là la racine à tous les mauvais raisonnements que l'on pourroit faire." — Bericht Michells vom 28. September: „Il seroit à souhaiter qu'on se décidât aussi généralement en faveur de Votre Majesté sur le chapitre de Saxe, comme on le fait sur celui de la cour de Vienne: Les sentiments sont encore partagés là-dessus dans le public, et quelques soient les efforts que j'ai faits pour débiter toutes les raisons... je remarque cependant qu'il y a encore bien des gens qui croient que Votre Majesté pousse les choses un peu trop loin avec la Saxe.... Je crois qu'il seroit nécessaire pour l'intérêt de Votre Majesté de publier quelque chose d'ultérieur à cet égard, surtout si les Saxons continuent de s'opposer au passage de Son armée." Vergl. auch Michells Bericht vom 1. October.

**) Vergl. S. 196. — Bericht Plotho. Regensburg, 4. October 1756.

***) Politische Correspondenz 13. 566.

liesse Friedrich kein Unrecht begehen. Der englische Gesandte in Kopenhagen Walther Titley forderte im Hinweise auf die Stimmung der Dänen die unverzügliche Bekanntgebung der belastenden Papiere, und Graf Dehn fügte hinzu, dass vor dieser Veröffentlichung alle Klagen über das unglückliche Geschick des Königs von Polen verstummen würden *).

Wenn das preussische Cabinet noch darauf rechnete, so schrieb Knyphausen aus Paris **), die Aufregung des Versailler Hofes wenigstens etwas zu beschwichtigen, so müssten unverzüglich die Acten gedruckt werden, mit denen der König sein Verfahren gegen Sachsen rechtfertigen könnte.

Der Legationssecretär Benoit in Warschau wusste gar nicht genug zu melden von den Verdächtigungen des Brühlschen Anhangs, die seinem Herrn den Plan der Eroberung von Westpreussen unterstellten ***). Berief er sich zur Abwehr auf ein ostensibles Rescript, worin der Monarch solche Absichten mit Entrüstung zurückwies †), so wurde ihm zur Antwort: trotz feierlicher Betheuerungen ist auch Sachsen mitten im Frieden von den Preussen eingenommen worden. Als einziges wirksames Mittel wider diese Verleumdungen konnte er ebenfalls nur die actenmässige Darstellung der Dresdener Politik.

Friedrich hatte diesen Sturm der Entrüstung vorausgesehen und schon Vorkehrungen dawider getroffen, bevor noch die verschiedenen Mahnungen sein Ohr erreicht hatten. Am 12. September — soeben war die österreichische Antwort auf sein Ultimatum eingelaufen ††) — hatte er seinem Cabinetsministerium befohlen, die dem Dresdener Archive entnommenen Acten ohne Säumen insgesamt in französischer und deutscher Sprache drucken zu lassen, um ihn vor der ganzen Welt dadurch zu „legitimiren" und urkundlich zu beweisen †††).

„wie gar feindselig der sächsische Hof gleich nach dem Dresdener Friedensschluss und nachher beständighin an auswärtigen Höfen gegen Mich machiniret hat, und was vor Ressorts derselbe gebrauchet . . . . . Ich überlasse Euch auch zugleich," schliesst die Cabinetsordre, „von demjenigen einen guten Gebrauch zu machen, was der p. von Klinggräffen noch letzthin . . . . von der Intention

---

*) Berichte Feriets und Hässlers. Kopenhagen, 25., 28. September und 9. October 1756.
**) Bericht vom 1. October 1756.
***) Bericht Benoits. Warschau, 9. October 1756: „Cette idée paroit plausible à tout le monde."
†) Gezeichnet: Gross-Sedlitz, 2. October 1756.
††) Politische Correspondenz 13, 375. Vergl. S. 135. 136. 160.
†††) Politische Correspondenz 13, 377.

des sächsischen Hofes, Meine Armee durch Sachsen tranquillement durchzulassen, wenn aber solche in Böhmen oder in Schlesien wäre, sodann mit denen sächsischen Truppen gerade in Meine Staaten zu marschiren, ohne sich über die zu Meiner Précaution mit ihnen genommene Sicherheit zu embarassiren, gemeldet hat; als welches dann auch die eigentlichen Absichten derer von Seiten des sächsischen Hofes mir zeither dem ersten Ansehen nach gethanen favorablen Propositionen*) genugsam am Tage leget."

Durch ein Schreiben des Cabinetssecretärs Eichel**) wurde dem Grafen Podewils eine Woche später nochmals eingeschärft,

„den Druck dererjenigen Depeschen, so auf die üblen Desseins des wienerschen und sächsischen Hofes einschlügen, äussersl zu pressiren, damit solches noch zu rechter Zeit in das Publikum käme und bekannt würde, ehe sich selbiges noch durch das Geschrei derer Oesterreicher und Sachsen präveniren und einnehmen lassen, dahero keine Zeit darunter verloren werden müsse".

Die Sendung mit den sächsischen Papieren langte erst am 21. September in Berlin an. Sie wurden auf Anordnung des Cabinetsministeriums dem Geheimen Legationsrath Ewald Friedrich von Hertzberg zur Sichtung und Veröffentlichung überwiesen***).

Keinen Berufeneren konnte die Wahl treffen. Grosse Begabung und vornehme Familienverbindungen hatten dem jungen Diplomaten frühzeitig eine hervorragende Stellung im Auswärtigen Departement ver-

---

*) Vergl. S. 114 f.
**) Politische Correspondenz III, 418. Vergl. ebendaselbst S. 464.
***) In dem Schreiben des Generalmajors von Wylich vom 19. September sind die Actenbündel folgendermassen specificirt: 1) Traité de Pétersbourg de l'an 1746 avec trois fascicles contenant des actes touchant l'accession de la Saxe à ce traité. 2) Traité avec la Russie de l'an 1744 avec un fascicle contenant plusieurs pièces relatives au plan d'opération contre Sa Majesté Prussienne, l'an 1745, et d'autres pièces intéressantes. 3) Protocole, pièces et autres extraits touchant la désignation d'un futur successeur en Pologne du vivant du Roi. 4) Correspondance de la cour de Saxe avec M. Funck à Pétersbourg de l'an 1752 en deux paquets. 5) Celle de l'an 1753. 6) Celle de l'an 1754 en deux paquets. 7) Celle des années 1755 et 1756 en deux paquets. *) Deux paquets contenant, l'un plusieurs dépêches et pièces importantes qui regardent l'affaire du traité de subsides, conclu nouvellement entre les cours de Londres et de Pétersbourg, l'autre des dépêches concernant le rappel du sr. Funck de Pétersbourg. 9) La correspondance avec le sr. Prasse, secrétaire saxon à Pétersbourg, depuis le départ du sr. Funck. 10) La correspondance avec le comte de Flemming à Vienne de l'an 1754. 11) Celle avec ce même ministre et à Vienne et à Hanovre de l'an 1755 en deux paquets. 12) Celle de l'an 1756. 13) Correspondance avec le comte de Vitzthum à Paris l'an 1756. 14) Correspondance avec le sr. de Wiedemärcker à Londres de l'an 1756.

schafft*). Der König selbst hatte ihn im Juli 1756 insgeheim zwei gegen Oesterreich und Sachsen gerichtete „Précis" nach den Menzelschen Abschriften ausarbeiten lassen**), die späterhin im Auszuge mehreren europäischen Höfen mitgetheilt worden waren***).

Hertzberg erkannte, sobald er sich in seine ihm schon vertraute Aufgabe vertieft hatte, dass es sich zum besseren Verständniss der Actenstücke empföhle, den publicistischen Angriff nicht, wie Friedrich wollte, auf Sachsen zu beschränken:

„Ich glaube," schrieb er an Finckenstein †), „dass man in der Sammlung derer zu publicirenden Piècen auch die, so den Wienerischen Hof allein angehen, wovon wir aber keine Originalia haben, mitgebrauchen und also auch das zu prämittirende Précis auf dieselben mitrichten müsste."

Der Minister erwiderte darauf ††):

„Des Königs Majestät haben sich zwar hierüber nicht expliciret, ich meines Orts finde aber dabei kein Bedenken, indem der Haupt-

---

*) Hertzbergs erste Staatsschrift „Kurze Deduction über des Königs von Preussen Befugniss zu Anlegung eines Buhnenwerks in der Weichsel bei Marienwerder" erschien 1751. Seine erste Staatsschrift im siebenjährigen Kriege siehe Nr. XXIII, S. 223 f.

**) Schreiben Eichels an Hertzberg 20. Juli 1756.

***) „Précis de quelques découvertes faites touchant les machinations et les intrigues que les ministres de la cour de Vienne n'ont pas cessé de tramer contre le Roi depuis la paix de Dresde" und „Précis de quelques découvertes faites touchant les intrigues et les machinations pernicieuses que les ministres de Saxe n'ont pas cessé de tramer contre le Roi depuis le traité de paix de Dresde." — „Dieses Précis," steht von Hertzbergs Hand am Rande vermerkt, „habe ich einige Tage vor des Königs Marsch in Sachsen machen müssen, und der König hat es an seine Minister in auswärtigen Höfen geschickt." Ein Auszug aus dem zweiten Précis wurde Knyphausen zur Uebergabe an Rouillé gesandt mit dem Bemerken, dass nur Rücksicht auf den König von Polen die Veröffentlichung hinderte. (Politische Correspondenz 13, 307). Es empfingen ferner denselben „Extrait" noch Michell (Politische Correspondenz 13, 315), Hellen, Benoit, Plotho, der Herzog von Braunschweig und aus Winterfeldts Hand August III. selbst (Politische Correspondenz 13, 414). — Ueber die Wirkung dieser Enthüllungen auf die Gesandten schrieb Plotho aus Regensburg (4. October): „Ils en ont été frappés, et les ministres bien intentionnés croient qu'il seroit de l'intérêt de Votre Majesté, s'il Lui plaisoit de rendre publics par les preuves les plus convaincantes les dangereux... desseins."

†) 25. September 1756.

††) Reinschrift vom 28. September. Allerdings hatte Eichel bereits am 18. September im Namen des Königs dem Grafen Podewils geboten, „was den Wienerschen Hof und den zu Dresden anginge, da hätten Ew. Excellenz nicht das geringste Ménagement deshalb zu haben, sondern alles zu propagiren. Politische Correspondenz 13, 413.

feind nicht zu ménagiren, und der Zweck dadurch nicht verfehlt wird."

So wurde die ursprüngliche Tendenz der geplanten Staatsschrift erweitert: mit der Rechtfertigung der preussischen Maassnahmen in Sachsen verband sich nun auch eine Darlegung der österreichischen kriegslustigen Politik, die dem Könige das Schwert in die Hand genommen hatte. Unleugbar verdankt unsere Staatsschrift erst dieser durchgreifenden Aenderung ihren Hauptwerth und ihre hohe Bedeutsamkeit.

Die Arbeit gedieh unter der Hand des fleissigen Hertzberg zu einem schnellen Ende. In späteren Jahren, als berechtigter Stolz ihm leider oft in Ruhmrednigkeit ausartete, erzählte er wohl mit Vorliebe, dass er zur Abfassung des ganzen Mémoire raisonné nur acht Tage gebraucht hätte*).

Er schrieb am 30. September an Podewils:

„*Ich habe Ew. Hochgräfl. Excellenz hiermit einen Theil des Précis* (so wurde die noch namenlose Schrift bezeichnet) *nebst denen dazu gehörigen Pièces justificatives gehorsamst übersenden wollen, um zu vernehmen, ob Dieselben meine Einrichtung approbiren, und damit man immer den Anfang mit dem Abschreiben der Beilagen machen könne."*

Podewils war mit der Anlage einverstanden, rieth aber gemäss einer Verfügung des Königs**), „nur die frappirendsten Extracte" aus den sächsischen Depeschen zu nehmen, um nicht durch zu grosse Ausführlichkeit und Weitläuftigkeit die Wirkung des Mitgetheilten abzuschwächen. Denn, äusserte er sich zu Finckenstein***), wollte man alle in der Einführung besprochenen Actenstücke aufnehmen, so würde dies mehrere Wochen, um nicht zu sagen Monate, erfordern. Nach seiner Meinung sollten nur numerirte Auszüge als Proben gegeben werden. Das Précis selbst müsste, so wie es wäre, dem Könige geschickt werden, um dessen schon mehrfach geäusserte Ungeduld†) zu beschwichtigen, der Anhang mit den Acten aber sofort gedruckt werden††).

---

*) Vergl. Fischer I, 414. Weddigen, Fragmente zu dem Leben des Grafen von Hertzberg. Bremen 1796. S. 40.

**) Politische Correspondenz 13, 412: „Die principalesten von solchen Relationen, ... in welchen nämlich die Bosheit und gefährliche Anschläge am meisten am Tage lägen."

***) Schreiben vom 1. October.

†) Politische Correspondenz 13, 463.

††) „Le neuf est que tout ne roule principalement que sur le cas que le Roi deviendroit agresseur de nouveau."

Das Urtheil Finckensteins lautete weniger günstig; er hatte verschiedenes an dem Hertzbergschen Entwurfe auszusetzen, „sowohl am Stil, der an einigen Stellen nicht knapp genug gehalten, wie am Inhalte selbst." Am gefährlichsten erschien ihm ein Absatz, der die Wegnahme der Depeschen aus dem Dresdener Archive behandelte.

„Diesen Artikel," erklärte er, „halte ich für so misslich, dass er meiner Meinung nach nur auf das allerbehutsamste und, so zu sagen, nur im Vorbeigehen gestreift werden darf. Lassen wir ihn in der Fassung, die ihm Herr Geheimrath Hertzberg gegeben hat, so könnten unsere Feinde sagen, der König gäbe selbst zu, Unrecht gethan zu haben. Meines Erachtens wäre es daher wohl besser, sich in dieser Frage auf gar keine Entschuldigung und Rechtfertigung einzulassen.

Der nach diesen Fingerzeigen umgearbeitete und vervollständigte Text wurde von seinem Verfasser am 4. October wieder dem Cabinetsministerium überreicht. Podewils sandte das Manuscript am folgenden Tage dem Grafen Finckenstein zur schleunigen Prüfung, damit etwaige Veränderungen noch vor Abgang der nächsten Post nach dem Hauptquartier getroffen werden könnten. Denn er bestand mit Nachdruck darauf, die Staatsschrift, abweichend von der sonstigen Gepflogenheit und dem eigenen Befehle Friedrichs, vor der Drucklegung und Veröffentlichung dem Herrscher selbst vorzulegen.

„Ich habe stets dafür gehalten," schrieb er, „dass es unbedingt nothwendig sei, die Gutheissung des Königs vor dem Drucke einzuholen, da Russland mit der Sache verpflochten ist, und Se. Majestät Rücksicht auf dieses Reich nehmen wollten."

Von einer Unterbreitung der zu Beilagen erwählten Stücke glaubte der Minister absehen zu dürfen, da „Höchstdieselbe itzo doch keine Zeit haben werden, sie zu lesen". Die Auszüge waren zudem noch nicht einmal vollständig, da Hertzberg trotz seiner früheren Meinung noch schwankte, ob Copien intercipirter Depeschen seinem Werke einzuverleiben wären.

Finckenstein stellte dem Geheimrathe den Entwurf der Staatsschrift mit einigen Worten warmen Lobes zurück*) und befahl ihm in dem begleitenden Immediatberichte**) zu erklären, dass die Rücksicht auf die Beziehungen zu Russland das Gutachten des Herrschers über die

---

*) Schreiben Finckensteins an Hertzberg 5. October: „précis qui fait bien honneur à votre travail et à votre habilité."

**) Dieser von Hertzberg entworfene und in der Ausfertigung von Podewils und Finckenstein gezeichnete Immediatbericht ist abgedruckt in der Politischen Correspondenz 13, 504 f.

Schrift nöthig machte; die Ueberfülle des Stoffes hätte aber die Schnelligkeit der Arbeit beeinträchtigt.

Friedrich war über diesen Mangel an Selbständigkeit entrüstet. Noch am 6. October, als jener Immediatbericht schon unterwegs war, hatte er dem Departement der Auswärtigen Affairen durch Eichel einschärfen lassen,

„die Kanzlei in der Arbeit garnicht zu schonen noch zu menagiren, denn jetzo die Zeit wäre, da alles sich rühren müsste, des Königs Majestät aber ohnmöglich Selbst die erforderliche Attention darauf wenden könnten, da Sie Dero hauptsächlichste Attention und Bemühung auf Dero militärische Occupationes richten müssten."

Die Minister sollten „sofort" einen Abriss von den Brühlschen „Negociationen" nebst einem Auszuge von den Verhandlungen über den Partagetractat und aus der Flemmingschen Depesche vom 28. Juli) veröffentlichen und dabei versichern,*

„dass alles solches Extracte aus ganz authentiquen Piècen wären, davon man die ganzen Dépêches in Händen habe und sich reservire, solche dem Befinden nach in extenso drucken zu lassen, davon man aber dem Publico inzwischen nur ein Echantillon geben wollen, um solches über die Conduite, so Se. Königl. Majestät bei so bewandten Umständen gehalten, urtheilen zu lassen**).

Statt des ersehnten Drucks empfing er nun auf der Lobositzer Wahlstatt das Manuscript einer noch nicht einmal vollendeten Staatsschrift zur Durchsicht. Mit grosser Schärfe verwies er den Ministern ihr Ansinnen***), inmitten der verantwortungsvollsten Thätigkeit, die ihm nicht einmal eine Viertelstunde Musse liesse, eine so umfangreiche Abhandlung prüfen zu sollen. Durch das Hin- und Herschicken würden unnütz kostbare Tage vergeudet; erschiene seine Vertheidigung nicht sehr schnell, so würde das Publikum, bereits von dem eifrigen Feinde halb gewonnen, ihr kein Gehör mehr schenken.

„Ich bin," *heisst es wörtlich in der ungnädigen Cabinetsordre,* „sehr aufgebracht über euer Zaudern, das Ich um so weniger begründet finde, als Ich euch mit allen nothwendigen Papieren versehen habe; es ist euere Pflicht, daraus das Meinen Interessen Dienliche an das Licht zu ziehen, um dem Publikum die Wahrheit zu zeigen. Ihr hättet bei einer so wichtigen Angelegenheit selbst handeln und euere

---

*) Vergl. Beilage 28.

**) Politische Correspondenz 13, 491 f. Schon am 28. September schrieb Eichel an Podewils: „Des Königs Majestät pressiren sonsten sehr den Druck und Publikation einiger derer von Dresden nach Berlin geschickten Dépêches." Politische Correspondenz 13, 463.

***) Politische Correspondenz 13, 509.

Augen gebrauchen müssten, ohne über jeden Punct erst meine Genehmigung einzuholen."

Der Schrift selbst machte der Ersürnte den Vorwurf der Trockenheit und Lückenhaftigkeit. Er hätte nicht „einen schlichten Auszug" aus den Dresdener Acten verlangt, sondern „un factum raisonné" der ungerechten und gefährlichen Maassnahmen seiner Gegner, die ihn zum Kampfe genöthigen hätten. Gerade eines der wichtigsten Stücke, „um die Welt von den böswilligen Absichten und den Antrieben des Wiener Hofes zu überzeugen", die Depesche Flemmings vom 28. Juli 1756 über die Kaunitzschen Intriguen gegen Preussen, hätte keine Aufnahme gefunden.

„Ihr müsst nicht," so mahnt er noch einmal seine obersten Räthe, „auf Meine Befehle warten, um Verleumdungen zurückzuweisen; euere Pflicht, euer Amt, ja selbst die Beschirmung euerer Güter nöthigen euch, darauf sofort zu antworten. Es kostet sehr viel Mühe, voreingenommene Leute aufzuklären, wenn ihnen Zeit gelassen wird, sich in ihren Vorurtheilen zu bestärken."

Unter die ausgefertigte Cabinetsordre schrieb der König noch eigenhändig:

„Arbeitet mehr und fragt weniger. Es gilt zu handeln, nicht auf Befehle zu warten, und dies um so mehr, da jeder verlorene Augenblick folgenschwer ist."

Fäckel gab dem ihm befreundeten Podewils in einem Privatschreiben vom selben Tage genaue Nachricht, wo der Flemmingsche Bericht zu finden wäre, dem auch er eine grössere Bedeutung beimaass: „Die ganze Welt muss frappiret sein, wenn derselben diese Conversation (zwischen Kaunitz und Flemming) bekannt wird; es würde über dieser Extrait in extenso zu drucken sein."

Friedrichs Rüge traf am 10. October in Berlin ein. Hertzberg, schon damals überempfindlich gegen Tadel, suchte sich sofort wenigstens vor dem Cabinetsministerium zu rechtfertigen*). Er hätte das mehrerwähnte Schreiben Flemmings nicht aufgenommen, da er beim ersten Lesen nicht „das ganze Gift" darin entdeckt hätte, und nach Möglichkeit bemüht gewesen wäre, alles fern zu halten, was, wie die drei diplomatischen Anfragen bei Maria Theresia, nur in das Exposé gehörte. Ausserdem hätte der Monarch schlechthin nur die Veröffentlichung der „Pièces justificatives" mit einer kleinen Einleitung gefordert. „Hätte ich gewusst," schliesst der in seinem Selbstgefühl gekränkte Autor den Brief, „dass der König ein „Factum" in aller Form verlangte, so hätte ich mich ganz anders gefasst."

---

*) Schreiben vom 10. October.

Die Minister traten nun in Berathung, um wenigstens nachträglich durch vermehrte Schnelligkeit den Unwillen ihres Herrn zu beschwichtigen. Finckenstein schlug vor, die Schrift mit Ausnahme einiger Aenderungen, die Hertzberg bei der nochmaligen Durchsicht zu treffen hätte, in ihrem jetzigen Zustande zu belassen, „da man das Werk nicht umarbeiten könnte, ohne Zeit zu verlieren und den Druck zu verzögern." Der Graf selbst schrieb das „Prooemium", d. h. in der vorliegenden Form, von einer ganz geringfügigen Aenderung abgesehen*), den ersten Absatz der gedruckten Staatsschrift. Zugleich machte er auch Vorschläge für den Titel. Anfangs hatte er die Abhandlung Mémoire raisonné sur la conduite et sur les desseins dangereux etc. nennen wollen, kam aber schon in den nächsten Zeilen seines Briefes davon zurück:

„Ich weiss nicht," meinte er, „ob es nicht besser wäre, dafür zu sagen sur la conduite des cours de Vienne et sur leurs desseins dangereux contre Sa Majesté le Roi de Prusse, avec les pièces originales et justificatives qui en fournissent les preuves."

Podewils wählte die zweite Form; der Titel wurde demgemäss endgültig festgestellt**).

Bevor Hertzberg sich wieder an die Arbeit begab, wollte er die weitere Verantwortlichkeit, die ihm neuen Tadel Friedrichs zuziehen könnte, von sich abwälzen und schrieb den beiden ihm vorgesetzten Ministern***):

„Da ich befürchte, der König wird sich eines Tags einbilden, der Krieg mit Russland wäre durch unser Mémoire veranlasst worden, so halte ich es für meine Pflicht, Ew. Exc. den druckfertigen Theil des Mémoires sowie den ersten gedruckten Bogen der Pièces justificatives zu übersenden, damit Sie selbst dasjenige streichen können, was dazu geeignet erscheint, auf dass Russland mit noch grösserer Rücksicht behandelt werde †)."

Zwei Tage später konnte er von seinem rüstigen Fortschreiten

---

*) Finckenstein hatte geschrieben: „les découvertes qu'Elle a faite à différentes reprises sur cette importante matière."

**) Die abweichende Notiz bei Ranke 30, 243 gründet sich auf die Angabe einiger wohl von Hertzberg beeinflusster Schriftsteller. Vergl. Posselt, 12.

***) Schreiben Hertzbergs vom 11. October.

†) Nach Luchesini hat Friedrich einige Actenstücke, die Bestuschew blossstellten, mit Hülfe des englischen Gesandten in Petersburg benutzt, um den Grosskanzler „zahm zu machen" und dadurch zu bewirken, dass die Russen im ersten Feldzug unthätig blieben. Bischoff, Gespräche Friedrichs des Grossen, 174, 177. Vergl. Politische Correspondenz 14, 79.

melden: „Das Mémoire ist nun so weit fertig bis auf das letzte Concert des Wiener und Russischen Hofes."

Die Auswahl der Beweisstücke war aber noch immer nicht vollendet, da man auf ausdrücklichen Befehl Friedrichs*) Bedenken trug, irgend etwas aufzunehmen, was auf die englische oder russische Politik Bezug hatte. Zwei Briefe, einer von Brühl an den Legationssecretär Leopold von Weingarten, der andere von Flemming an Brühl gerichtet, machten besondere Schwierigkeit. Finckenstein hielt dafür**), beide zu unterdrücken. Als Gründe für die Fortlassung des zweiten Schreibens führte er an:

„1) Weil es meines Erachtens nicht wesentlich mit der Absicht des Königs bei der Veröffentlichung dieses Mémoires zusammenhängt, 2) die bösen Anschläge des Grafen Brühl gegen Se. Majestät, die darin offenkundig werden, bereits in anderen Urkunden viel deutlicher zu Tage treten, 3) der Inhalt dieses Briefes sehr gut zu den neuen Ideen passt, die heutzutage in Frankreich herrschen, und dort folglich sehr günstige Aufnahme finden würde, 4) England, das davon am meisten berührt wird, schon durch die vertraulichen Mittheilungen des Königs davon unterrichtet ist***), und schliesslich 5) dieser Hof vielleicht nur ungern sehen würde, dass in einer jedermann zugänglichen Schrift ein so zarter Punct erwähnt würde, wie die Erschütterung des Welfenthrones†)."

Podewils pflichtete diesen Vorschlägen nicht nur bei, sondern ordnete, demselben Gedankengange folgend, noch einige weitere Streichungen an.

Für die Besprechung der Petersburger Politik war Eichels Rath††) zur Richtschnur genommen:

„dass, was die [russischen] Sachen betrifft, solche wohl nicht menagiret werden können, weil alles sonsten sehr verstümmelt sein würde, was aber den Namen der Person, als des russischen Kanzlers, angehet, solcher wohl menagiret und alles so eingekleidet werden könne, dass des Königs Majestät in beiden Stücken Dero Zweck erreichen."

Der Druck des Mémoire raisonné hatte schon begonnen, bevor Hertzberg seine Arbeit abgeschlossen hatte. Am 15. October über-

---

*) Vergl. Politische Correspondenz 13, 413.
**) Schreiben an Podewils vom 14. October.
***) Vergl. S. 322.
†) Vergl. S. 299.
††) Politische Correspondenz 13, 485. Hertzberg wurde diese Vorsichtsmaassregel ganz besonders eingeschärft, „damit dem Ministerium mit Bezug darauf kein Vorwurf gemacht werden könnte".

sandte er Finckenstein „dasjenige von dem Mémoire, was fertig ist, damit der Drucker, der kein Manuscript mehr hat, fortfahren könne," und versprach, „das wenige, so das sächsische Concert betrifft", bald nachfolgen zu lassen. Da er sein Wort noch an demselben Tage einlöste, konnte der Druck schon am 16. October beendigt werden.

Sofort schickten die Cabinetsminister, wie ihnen befohlen worden war *), fünfzig für den König bestimmte Exemplare an Eichel.

„Die deutsche Uebersetzung," entschuldigen sie sich, „kann wegen Mangel der Zeit nicht eher als in einigen Tagen erscheinen, und aus eben den Ursachen haben auch nur einige wenige eingebundene Exemplaria mit eingesandt werden können...**)." „Wir haben," fuhren sie weiter fort, um einem etwaigen neuen Zornesausbruche ihres Herrschers vorzubeugen, „uns bemüht, in dieser Piéce Sr. Königl. Majestät hohe Intentionen so viel als möglich zu erreichen. Es ist aber absolut unmöglich gewesen, des russischen Hofes darin keine Erwähnung zu thun, indem derselbe von allen gegen Se. Königl Majestät vorgewesenen Machinationen melirt und das Hauptressort davon gewesen, so dass man fast nichts hätte sagen können, wenn man Russland nicht hätte nennen sollen. Indessen werden Ew. Wohlgeboren bei der Durchlesung selbst finden, dass man nichts mehreres noch stärkeres gesagt, als was in Se. Königl. Majestät Declarationen und dem Exposé des motifs schon gesagt worden, und dass man vielmehr die russische Kaiserin selbst aufs höchste menagiret, die Namen ihrer Ministres supprimiret und alles, so viel möglich, auf den Wienerischen Hof zu schieben gesucht. Wir hoffen dahero, dass Ew. Wohlgeboren diese Gründe bestens geltend zu machen belieben werden, falls Se. Königl. Majestät einige Unzufriedenheit bezeugen sollten."

Den preussischen diplomatischen Vertretern wurden an demselben Tage einige Abzüge der Staatsschrift zur Uebergabe an die vornehmsten Minister geschickt. Auch der Feldmarschall Lehwaldt in Preussen, der schlesische Provinzialminister von Schlabrendorff und Borcke, der Präsident des vor kurzem in Torgau errichteten Feldkriegsdirectoriums empfingen umgehend je sechs Exemplare. Wie gewöhnlich wurden auch diejenigen Ministerien im Deutschen Reich, bei denen das Berliner Cabinet günstige Gesinnung voraussetzte, mit einer Sendung bedacht***). Ausser dem verbündeten Hannover wurde diesmal auch den

---

*) Politische Correspondenz 13, 510.
**) Der Immediatbericht, Berlin, 16. October 1758, ist von Hertzberg auf-

Geheimräthen zu Bonn, Mannheim, Kassel, Wolfenbüttel, Ansbach, Baireuth, Stuttgart und Gotha die neue preussische Veröffentlichung zugestellt.

Endlich wurde noch am 16. October ein Abdruck „unter Kanzleicouvert" an die Buchhändlerfirma Knoch und Esslinger zu Frankfurt a. M. befördert, die geheime Beziehungen zu der preussischen Regierung unterhielt*).

Die deutsche Uebersetzung liess nicht lange auf sich warten; sie wurde am 19. October den preussischen Gesandten im Reiche, sowie den königlichen Vertretern in Schweden, den Vereinigten Provinzen und in Danzig **) mit dem Bemerken zugestellt:

„Wie Wir auch gerne sehen würden, wenn ihr es dahin bringen könntet, dass diese Schriften dorten nachgedruckt und desto mehr unter das Publikum gebracht würden ***)."

Von wem diese Uebertragung herrührt, lässt sich aus den Acten nicht mehr entnehmen; wir werden aber wohl kaum fehl greifen, wenn wir sie Hertzberg zuschreiben. Hatte er doch von jeher ein warmes Interesse für unsere Muttersprache bethätigt und sie mehr als einmal aus ihrer ungerechtfertigten Erniedrigung neben dem Französischen zu erheben gesucht †).

Wie wir gehört haben, war König Friedrich mit dem Mémoire wenig zufrieden ††). Anders lautete das Urtheil des damaligen Publikums †††), ja des ganzen Zeitalters. Und der Meister der deutschen Geschichtschreibung, Leopold von Ranke, sprach noch vor zwei Jahr-

---

das Mémoire mit einem Rundschreiben an alle Reichsfürsten und Cabinette zu schicken, wurde aber von Podewils abschläglich beschieden, „weil es ja schon genug bekannt werden wird".

*) Vergl. S. 254.
**) Die Ministerien von Hannover, Kassel, Gotha, Ansbach, Baireuth, Stuttgart, Wolfenbüttel, sowie Wachtendonck und Raesfeldt erhielten mit einem Schreiben vom 30. October je vier Exemplare des deutschen Drucks.
***) In dem Erlasse für Reimer in Danzig, gerade jener Stadt, wo angeblich die „Beyträge zur neuern Staats- und Kriegen-Geschichte" erschienen sind, fehlt dieser Satz. Statt dessen heisst es in dem ihm zugesandten Rescripte: „Da diese Schrift ohne Zweifel zu Königsberg nachgedruckt werden wird, so könnt ihr von dort mehrere Exemplaria kommen lassen."
†) Vergl. über Hertzbergs Interesse für die deutsche Sprache seine Huit dissertations. Berlin 1787. p. 39 f.
††) Vergl. S. 326.
†††) Der von Paris aus redigirte (vergl. Barbier 0, 231) preussenfeindliche Observateur hollandois schreibt (T. 9, 4): „On trouve dans son ouvrage tout ce que les partisans de la cour de Berlin ont dit en la faveur du Roi de Prusse, et il établit très bien l'état des démêlés qui plongent les nations ... dans une guerre."

zehnten von unserer Schrift als einem „der merkwürdigsten Manifeste aller Zeiten" *).

Der Gegensatz ist nur ein scheinbarer: nicht die von dem König getadelte Form, sondern der überraschende Inhalt, der kühne Griff, welcher die geheimen Absichten und Pläne der preussischen Feinde aus der Dunkelheit ihrer Cabinette an das Tageslicht emporhob, erweckte allgemeines Aufsehen.

Wie wenig erfuhren gerade in dieser Zeit der Aufklärung die Völker von der Politik ihrer Herrscher. Unter Friedrich Wilhelm I. durften die öffentlichen Blätter in Preussen selbst Hofnachrichten nur sehr spärlich bringen, die Politik ihres Monarchen und der mit ihm befreundeten Herrscher aber nicht einmal mit einem Worte streifen **). Allerdings hielt sein Nachfolger die Zeitungen in minder strenger Zucht, aber es wäre verkehrt, die gerühmte „unbeschränkte Freiheit der Berlinischen Zeitungsschreiber" ***) im modernen Sinne auffassen zu wollen. Christian Wilhelm Dohm, der selbst Censor gewesen ist, schrieb am Ende der Regierung des grossen Königs (ungefähr 1785) †) einmal:

„Unsere Zeitungen sind so unschuldig wie alle Hofzeitungen. Die eigentlichen Berlinischen Nachrichten in denselben sind lauter strenge Wahrheiten; unter dem, was sie andern nachschreiben, mögen sich freilich wohl zuweilen Unfacta einschleichen, aber Verleumdungen werden darin zuverlässig nie geduldet, und ihre Verfasser enthalten sich mit Bescheidenheit alles Raisonnements oder übereilter Nachrichten, die irgend einen Hof beleidigen könnten."

Der König achtete aufmerksam darauf, dass „in Publicis nichts ohne höhere Erlaubniss gedruckt werden durfte", und war von der Nothwendigkeit überzeugt, alles unterdrücken zu müssen, was die Sicherheit und das Wohl der Gesellschaft, die keinen Spott vertrüge, gefährden könnte. „Denn die Freiheit," schrieb er an d'Alembert, „verlockt stets zum Missbrauch, und dem ist nur mit Zwangsmitteln vorzubeugen ††)." Preussen galt aber unter seiner Regierung noch für

---

*) Ranke, Werke 30, 241. Carlyle (4, 434) nennt das Mémoire „eine solide und fähige Schrift, in der Geschwindigkeit verfasst".

**) 1724 wurde einem Refugié in Cleve nur unter der Bedingung erlaubt, ein dreimal wöchentlich erscheinendes Blättchen herauszugeben, „dass darin nichts unanständiges, choquantes, worüber jemand, er sei auch wer er wolle, sich zu beschweren gegründete Ursache finden könnte, enthalten sein müsste".

***) Preuss 3, 251 f.

†) Dohm, Denkwürdigkeiten. Berlin 1817. 3, 355.

††) Schreiben vom 7. April 1772: „Je suis très persuadé qu'ils ont besoin de remèdes réprimants et qu'ils abuseront toujours de toute liberté dont ils jouiront" etc. Œuvres 24, 563.

eines jener Länder, in denen auch ein freieres Wort eine Stätte fände.

Um so nachhaltiger musste unter diesem politisch zurückgehaltenen Geschlechte der Eindruck einer Schrift sein, welche einen Lichtstrahl auf das mystische Dunkel der europäischen Diplomatie fallen liess und gleich den Veröffentlichungen aus der anhaltinischen Kanzlei beim Beginne des dreissigjährigen Krieges die wahren Absichten und Beweggründe einer grossen Coalition zu prüfen verstattete.

Plotho täuschte sich nicht ganz, als er nach dem Empfange der Broschüre hoffnungsfroh voraussagte*):

„Solches wird die Sache bei hiesigem Reichstage sehr alteriren, und dadurch die böse Absicht desto ehender können vereitelt und alles vielmehr zu Ew. Königl. Majestät grösstem Vortheil gewendet werden."

Am selben Tage meldete er noch in einer Nachschrift:

„Es ist die Begierde derer hiesigen Gesandtschaften sowohl, als des Publici, ungemein gross, solche unumstössliche Beweisthümer Ewr. Königl. Majestät gerechten Sache bald häufiger zu haben, denn die wenigen Exemplare, so ein und anderen Gesandtschaften zugestellt, sind nicht hinreichend, die grosse Neubegierde zu stillen, und die solches gelesen, sind darüber in Erstaunen und Entzücken und sagen, dass Ew. Königl. Majestät hierdurch so viel gewönne, als durch eine Dero siegreichsten Bataillen."

Am 25. October sollte im Reichstage über den preussischen Einfall in Sachsen berathen werden; aber nachdem der churbrandenburgische Vertreter das Mémoire raisonné vertheilt hatte, war eine ordentliche Sitzung an diesem Tage unmöglich geworden**). Auch die Katholiken sollten nach einem weiteren Berichte des Gesandten***), von der Wirkung der Enthüllungen nicht unberührt geblieben „weil ihr bisheriger sehr blinder und hitziger Eifer dadurch gemindert sein".

„Von denen widrig gesinnten Gesandtschaften," spottet Plotho, „ist geäussert worden, dass vieles gegen solche authentique Beweisthümer zu erinnern, worin aber solches bestehe, ist in petto behalten."

*) Regensburg, 25. October 1756.
**) Bericht Plothos vom 28. October: Er hofft, „dass wenigstens in den ersten drei Wochen an Berathschlagung in dieser Materie nicht könne gedacht werden, oder ich mich doch mit Grund dagegen standhaftigst setzen könne, und inzwischen Zeit und Gelegenheit gewonnen werde".
***) Bericht vom 1. November.

Aus dem befreundeten Gotha meldete der preussische Bevollmächtigte*):

„Das Mémoire raisonné ist von dem Publico ... mit so grosser Begierde aufgenommen worden, dass die erhaltenen wenigen Exemplaria bei weitem nicht zugereichet, auch nur dem diesfallsigen Verlangen derer Vornehmsten des hiesigen Hofes Genüge zu leisten, wannenhero noch einige Exemplaria nachdrucken zu lassen nicht Umgang nehmen könne. Es hatten zwar die über diese wichtige Materie zur Wissenschaft des Publici gekommenen vorherigen Impressa in denen mehrsten von Vorurtheilen unbefangenen und ihr Privat-Interesse dem Bono publico nicht vorsetzenden Gemüthern bereits einen günstigen Eindruck gemacht; nur erwähntes Mémoire raisonné, sonderlich aber die demselben annectirten Pièces justificatives haben folgends der ganzen Welt die so gefährliche als geheime Absichten des wienerischen und sächsischen Hofes in einem so klaren Lichte vor Augen gestellt, dass auch die von denen gegenseitigen sinistren Insinuationen am meisten eingenommen geschienenen dennoch den starken sothanen unverwerflichsten Beweisthümern sich nicht länger versagen ..... Insonderheit aber muss dem hiesigen hochfürstlichen Hause die Gerechtigkeit widerfahren lassen, dass aus denen hierüber gegen mich geäusserten Sentiments ich nichts anderes als die echtesten Merkmale Ewr. Königl. Majestät gewidmeter Ergebenheit und unumschränkter Hochachtung wahrzunehmen gehabt."

Der herzogliche Geheimrath von Keller bedauerte lebhaft, dass das Mémoire nicht beim Reichstag zur Dictatur eingegeben und dadurch „den Uebelgesinnten" unmöglich gemacht worden wäre, Unkenntniss der mitgetheilten Acten vorzuschützen.

Eine nicht minder warme Aufnahme fand die Staatsschrift in Braunschweig und in Hessen-Kassel**):

„Wir zweifeln keinesweges," schrieb der geheime Rath des Landgrafen an das Berliner Cabinetsministerium***), „es werden die dem Publico durch diese Impressa kund werdende, männigliches Erwarten und Vermuthen übersteigende, höchstbedenkliche Umstände so wie bei uns, also auch bei allen ohnparteiisch Gesinnten einen solchen Eindruck machen, wonach die Sachen in ihrer wahren Gestalt eingesehen und beurtheilt werden und Sr. Königl. Majestät die gebührende Gerechtigkeit widerfahren muss."

*) Bericht Bachoffs von Echt, 2. November 1756.
**) Vergl. Politische Correspondenz 14, 3.
***) Schreiben vom 25. October.

Selbst an einem so streng katholischen Hofe wie dem Münchener soll das Mémoire beifällig aufgenommen worden und nicht ohne eine gewisse politische Wirkung geblieben sein; überhaupt verfolgte Churfürst Maximilian Joseph, so ging wenigstens in Regensburg die Rede[*]), die preussische Publicistik mit grosser Aufmerksamkeit. Und aus dem Erzbisthum Köln konnte der königliche Resident melden[**]):

„Das Mémoire raisonné wird ungemein gesucht, und fast alle Augenblicke werde ich so münd- als schriftlich um ein Exemplar angesprochen."

Die feindliche Partei in Deutschland war nicht müssig, durch Repressivmaassregeln, über die das Reichsoberhaupt noch verfügte, der weiteren Verbreitung unserer Veröffentlichung nach Kräften zu steuern. Auf Antrag der kaiserlichen Büchercommission zu Frankfurt a./M. wurde der dortige Buchführer Hechtel, der im Auftrage des preussischen Residenten mehrere Staatsschriften vertrieben hatte[***]), gefänglich eingezogen, ihm der weitere Verkauf des Mémoire raisonné verboten und, wie Freytag schreibt[†]), „ausserdem solche Anstalten getroffen, dass nichts [Preussisches] mehr gedruckt werden solle". Der Reichspostmeister Fürst von Thurn und Taxis untersagte Ende October allen Zeitungsschreibern in den Reichsstiften schlechtweg die Aufnahme irgend welcher preussischer Mémoires oder Rescripte.

„Man vermuthet, dass dies sonderlich in der Absicht geschehen sei, damit, wo möglich, die letztens herausgekommene gegründete Anzeige u. s. w. [Mém. rais.] verborgen bleiben möchte, weil diese Schrift dem Wienerischen Hofe äusserst missfällt," schrieben die Berlinischen Nachrichten[††]).

Trotz aller Strafandrohungen blieb aber der Erfolg dieses scharfen Eingreifens nur ein halber; selbst an dem Sitze der kaiserlichen Censurbehörden fanden die preussischen Flugschriften nach wie vor bei einem Theile der Einwohner begehrliche Aufnahme.

Mochte das Mémoire raisonné noch so viel Aufsehen im Reiche erregen, die politische Stellung der Territorialherren konnte es bei Lage der Dinge doch nicht nachhaltig beeinflussen. Vielleicht war aber noch eins der ausländischen Cabinette, die den streitenden Parteien weit freier als die deutschen Fürsten gegenüberstanden, dadurch für die preussischen Interessen zu gewinnen? Der Geheimrath Moltke

---

[*]) Bericht Plothos vom 4. November.
[**]) Bericht Ammons. Köln, 2. November.
[***]) Vergl. S. 214.
[†]) Frankfurt a. M., 6. November.
[††]) Nr. 133 vom 4. November. S. 559. „Frankfurt a. M., 25. October".

in Kopenhagen vergass bei diesen Veröffentlichungen über die geheimen Ziele und Wege der österreichisch-sächsischen Politik seine gewohnte diplomatische Zurückhaltung. „Mein Gott," rief er, „in welchem Jahrhundert leben wir! Was für Intriguen!" Sein Amtsgenosse Bernstorff hatte während eines längeren Aufenthaltes in Dresden eine Vorliebe für den gutherzigen und kunstverständigen König August gefasst, die sich beim Ausbruche des Krieges in Feindseligkeit gegen Preussen kundgab; jetzt schien aber auch er die Berechtigung Friedrichs zur Besitzergreifung von Chur-Sachsen anzuerkennen*). Den Gesamteindruck des Mémoire raisonné in Dänemark fasste der preussische Gesandte ungefähr in folgenden Worten zusammen:

„Niemals ist eine Schrift mit grösserer Begier und Ungeduld aufgenommen." . . . „Sie hat die meisten von den Leuten verstummen lassen, die über den Einmarsch Ew. Majestät in Sachsen geschollen haben; nun finden sie im Allgemeinen dabei nichts mehr zu erinnern. Einige wenige zweifeln an der Echtheit der Beweisstücke, aber ihre schwachen Anstrengungen scheinen nur der grössten Verachtung werth**)."

In Schweden war seit der Annäherung der Höfe von Petersburg und Versailles die Gesinnung der beiden grossen Parteien, der Hüte und der Mützen, entschieden preussenfeindlich. Um so mehr musste es ins Gewicht fallen, wenn nun auch dort Stimmen für die fridericianische Politik laut wurden. Es fiel auf, dass die französische Partei, welche früher auch die preussische gewesen war, unter dem Eindrucke des Mémoire raisonné „viel nachdenklicher" wurde. Allerdings ein Führer der Hüte, der Senator Scheffer, wollte in der Schrift nur ein Pasquill sehen, dessen Anklagen nicht einmal belasten könnten, geschweige denn Beweiskraft hätten; doch der preussische Gesandte Graf Solms maass diesem Urtheile keine grosse Bedeutung bei, da Scheffer als das gefällige Echo Frankreichs bekannt wäre***). Der Kanzleipräsident Baron von Höpken nahm keinen Anstand, die Gründe Friedrichs zum Kriege angesichts der gegen ihn gelegten Minen für „gewichtig und genügend" zu erklären.

„Nach der allgemeinen Meinung," schrieb Graf Solms aus Stockholm†), „spielt in den Veröffentlichungen die erbärmlichste

---

*) Berichte Häselers. Kopenhagen, 26. October und 6. November.
**) Bericht Häselers vom 30. October.
***) Bericht von Solms. Stockholm 2. November: „Wenn sich Frankreich morgen von Oesterreich lossagt, ist Scheffer der erste, der gegen die gefährlichen Pläne des Hauses Habsburg eifert."
†) Bericht vom 29. October.

Rolle jener sächsische Minister, der erst mit Fleiss auf die Verarmung des von ihm geleiteten Staates hingearbeitet hat, und der dann seine Zuflucht zu Mitteln nimmt — er nennt sie selbst hinterlistig (voies artificieuses), und die ganz ehrlos sind — um bei anderen einen Antheil an der Beute, die einem gefürchteten Fürsten entrissen werden soll, zu erbetteln."

Die authentische Schilderung der Politik des allgemein verhassten Brühl erwarb unserer Staatsschrift sogar in Chursachsen*) und in Polen Freunde. Alle Welt las in Warschau, der Residenz Augusts III., das Mémoire raisonné und spottete über die klägliche Ausflucht der Brühlschen Sippe, dass die gravirenden Actenstücke gefälscht wären**).

Dem Versailler Cabinet waren diese Papiere zum grössten Theile schon bekannt. Friedrich hatte noch am 28. August kurz vor dem Aufbruche seinem Vertreter bei Ludwig XV. einen Auszug aus den Menzelschen Abschriften zustellen lassen***) und nach der Beschlagnahme der sächsischen Correspondenz in Dresden dem Cabinetsministerium befohlen:

„die Originalia der Hauptdepeschen dem Marquis de Valory selbst zum Einsehen und Durchlesen, verlangten Falls auch vidimirte Copien davon zu geben, um ihn dadurch um so mehr zu convinciren, was vor gefährliche Machinationes gegen Mich beständighin geschmiedet worden, und was vor höchst gegründete und indispensable Ursachen Ich gehabt, in gegenwärtigen Umständen und bei den übelen Absichten und Vorhaben des Wienerschen Hofes Mich nothwendig von Sachsen zu versichern und diesen Hof ausser Stande zu setzen, seine Desseins gegen Mich auszuführen und Mir, wann Ich mit Meinen Feinden anderweitig engagiret wäre, den allergefährlichsten Coup impunément anzubringen."

Die vertraulichen Mittheilungen hatten aber wenig Eindruck auf die französischen Diplomaten gemacht. Angesichts der offenkundigen

---

*) Plessmann, der preussische Resident in Dresden, meldete am 6. November von der Wirkung des Mémoire raisonné und Mémoire pour Justifier: „Plus l'avidité du public pour les voir étoit grande ici, plus l'impression qu'elles font sur les esprits, est forte. Le Mémoire raisonné surtout a frappé vivement tout le monde par l'évidence avec laquelle tant de mystères d'iniquité se trouvent dévoilés." — Vergl. auch Politische Correspondenz 14, 9.

**) Bericht Benoîts, Warschau, 11. November: „La rage de voir avec quelle avidité tout le monde lit et recherche les Pièces justificatives et toutes les autres que j'ai répandues dans le royaume, est chez eux (der Hofpartei in Warschau) au suprême degré."

***) Politische Correspondenz 13, 307 f. Vergl. S. 322.

Ohnmacht Chursachsens wollten sie weder von der Berechtigung noch auch nur von der Rathsamkeit des preussischen Vorgehens hören*). Trotzdem war aber die Möglichkeit noch nicht ausgeschlossen, dass die Anhänger des alten Systems mit Unterstützung der öffentlichen Meinung wieder die Oberhand im Cabinette erlangten und das einseitig dynastische Interesse hinter dem allgemeinen zurücktreten liessen.*

Die erste Aufnahme des Mémoires schien diese Hoffnungen zu bestärken. Es war eine so lebhafte Nachfrage in Paris nach der preussischen Staatsschrift, dass Knyphausen, der bevollmächtigte Minister Friedrichs, binnen wenigen Tagen einen Nachdruck machen lassen musste**). Wäre das Mémoire vor dem Einmarsche in Sachsen erschienen, urtheilte der Gesandte vielleicht allzu optimistisch***), so hätte es wahrscheinlich den französischen Hof, wenn auch nicht gewonnen, so doch beschwichtigt und besänftigt. Tadelten doch Mitglieder des königlichen Conseils auf Grund der publicirten Actenstücke die Handlungsweise des Wiener und Dresdener Hofes „ganz energisch" †). Aber Ludwig XV. verschloss sich hartnäckig allen Stimmen, die der neuen, von ihm selbst inaugurirten Politik widersprachen. Gerade zu der Zeit, wo die preussischen Veröffentlichungen im Mittelpunkte des allgemeinen Interesses standen, befahl er in einer feierlichen Audienz dem nach Wien berufenen Grafen Migazzi, die Kaiserin-Königin der thatkräftigen Freundschaft Frankreichs zu versichern.

Den allermeisten Anklang fand unsere Staatsschrift in England. Lord Holdernesse sagte zu Michell,

„es wäre nach seiner Meinung unmöglich, eine klarere und treffendere Rechtfertigung zu geben. Hätten noch einige Briten die Gerechtigkeit der preussischen Sache irgendwie angezweifelt, so würden sie jetzt sicherlich schnell ihre Meinung ändern ††)."

---

*) Valory, Mémoires 2, 209: „On y [im Mémoire raisonné] voit toute la mauvaise volonté de Saxe et en même temps son impuissance. On y voit aussi celle de la cour de Vienne, mais, à mon sens, rien qui détermine à l'action." Vergl. ebendaselbst 189 f.

**) Bericht Knyphausens vom 29. October.

***) Paris, 1. November.

†) Bericht Knyphausens vom 5. November. Vergl. Politische Correspondenz 14, 61.

††) Michell berichtete am 26. October, die englischen Minister hätten erklärt, „qu'il n'étoit possible de produire une justification plus claire et plus frappante que celle qui est contenue dans ces pièces." Vergl. auch seine Depeschen vom 2. und 9. November.

Schon nach zwei Wochen erschien eine englische Uebersetzung, die eine ausserordentliche Verbreitung fand:

„Man liest hier mit grossem Eifer die Broschüre, und je mehr ihr Stil bewundert wird, um so mehr wächst auch die allgemeine Befriedigung über die Wucht der Beweise, die vor jedermann die Schritte Ew. Majestät gegenüber den Höfen von Wien und Dresden rechtfertigen." „Es giebt nur eine Stimme," so lautet es in einem andern Berichte des preussischen Geschäftsträgers*), „über die gute Sache Ew. Majestät. Jetzt wird hier allgemein zugestanden, dass Ew. Majestät zu den ergriffenen Maassregeln gegen Sachsen ebenso gezwungen war, wie zum Kampfe mit Oesterreich. Die Undankbarkeit der Hofburg, über die sich England beklagt, hat im Verein mit den schlimmen Plänen gegen Ew. Majestät das Ihrige dazu beigetragen, um die Vorliebe, die man ehemals für das Haus Oesterreich hier hegte, mit Stumpf und Stiel auszurotten."

Fast nicht minderes Interesse erregte das Mémoire in den Generalstaaten. Am 26. October war ein Nachdruck bereits zum zweiten Male aufgelegt und über 3000 Exemplare davon verkauft worden**). Den tiefsten Eindruck machte die Flemmingsche Depesche vom 28. Juli 1756***). Damals erschien eine flämische Ode, die Friedrichs Sieg bei Lobositz verherrlichte.

Die französische Originalausgabe unserer Schrift, die bei Christian Friedrich Henning in Berlin gedruckt worden ist, trägt den Titel:

Mémoire Raisonné | Sur La Conduite | Des | Cours De Vienne†) | Et | De Saxe, | Et | Sur Leurs Desseins Dangereux | Contre | Sa Majesté Le Roi | De Prusse, | Avec Les Pieces Originales | Et Justificatives | Qui | En Fournissent Les Preuves. | Berlin 1756.

4°. 44 S. Text und 36 S. Beilagen.

Zwei von den acht uns bekannten Nachdrucken in französischer Sprache nennen Henning als Verleger. In „Les faits mémorables de Frédéric le Grand Roi de Prusse", deren erster Band 1757 zu London erschien, ist das Mémoire als Anhang wiedergegeben und demgemäss dem eigentlichen Titel noch der Satz hinzugefügt:

---

*) Berichte Michells vom 12. und 16. November.
**) Bericht Hellens. Den Haag, 26. October.
***) Vergl. Observateur hollandois S. 66. Mercure historique et politique 141. 685.
†) Sic!

Pour Servir | De | Supplément Nécessaire | Au Traité | Des Faits Mémorables | De Frédéric Le Grand | Roi de Prusse d'aujourd'hui.

Der officielle deutsche Text führt folgende Aufschrift:

Gegründete Anzeige | des | unrechtmässigen Betragens | und der | gefährlichen Anschläge und Absichten | des | Wienerischen | und | Sächsischen Hofes | gegen | Se. Königl. Majestät | von Preussen | mit | schriftlichen Urkunden | erwiesen. Berlin 1756.

1°. 40 S. Abhandlung und 40 S. „Beweisschriften und Urkunden".

Wir kennen fünf neue Auflagen bezw. Nachdrucke dieser Ausgabe. Eine darunter bezeichnet ebenfalls Hennings Officin in Berlin als Druckort*).

Da bekanntlich die deutsche Uebersetzung erst mehrere Tage nach der Veröffentlichung des französischen Textes erfolgte**), hatten einige unternehmende Buchhändler in Deutschland flugs die Zwischenzeit benutzt, um auf eigene Faust eine Uebertragung zu veranstalten. Schon vor Ende October berichtete der Verleger Henning „als sicher, dass in Frankfurt a. O. eine deutsche Uebersetzung fertig sei"***). Das Cabinetsministerium erliess darauf ein Rescript an den derzeitigen Rector der Frankfurter Universität Steinwehr†), worin es heisst,

„dass schon eine Uebersetzung publica autoritate veranstaltet ist, auch schon wirklich abgedruckt, und eine Privatübersetzung eines solchen Werkes unstatthaft, wobei es vornehmlich darauf ankommt, dass die Allegata und Beilagen nach denen nämlichen Worten derer deutschen Originalien, die ein Privatübersetzer nicht vor Augen hat, übersetzt oder vielmehr abgedruckt werden." Steinwehr soll sich daher „nach solcher dort geschehen und abgedruckt sein sollenden Uebersetzung sorgfältig erkundigen und, falls solches an dem ist, alle Exemplaria sogleich wegnehmen lassen und selbige anhero schicken, damit sie nicht debitiret werden."

Uebrigens sollte es den Frankfurter Buchdruckern unverwehrt sein, die echte Uebersetzung neu aufzulegen. Der Professor meldete ††) darauf, der Universitätsbuchhändler Johann Christian Kleyb hätte

---

*) Ein anderer Druck (4°, 24 und 28 S.) giebt versehentlich als Verlagsjahr 1576 an.
**) Vergl. S. 330.
***) Bericht Hertzbergs an das Cabinetsministerium vom 28. October.
†) Vom 29. October. Ueber Steinwehr vergl. S. 252.
††) Bericht vom 30. October.

eine Verdeutschung „durch solche Hände, die es auf das treumöglichste bewerkstelligen", veranstalten und in 1500 Exemplaren auflegen lassen, die aber bis auf 57 Stück schon abgesetzt wäre*).

In einer Bittschrift, die Kleyb bei dem Cabinette einreichte, gab er an, dass es schon am 24. October unmöglich gewesen wäre, auch nur eines Exemplars in den Berliner Buchhandlungen habhaft zu werden. „Da ohnehin im Publikum doch schon fremde Uebersetzungen vorhanden", worunter die seinige vielleicht nicht die schlechteste sein dürfte, bat er um gnädiges Urtheil. Er wurde auch vom Ministerium „vor dieses Mal mit der wohlverdienten Strafe übersehen" und durfte sogar die mit Beschlag belegten Exemplare von Steinwehr zum Verkaufe zurückfordern.

Seine Ausgabe ist benannt:
Gründliches Memoire | über die Aufführung des Wienerschen und Sächsischen Hofes und deren | gefährliche Absichten wider S. Königl. Majest. von Preussen, mit beigefügten Originalurkunden. Berlin 1756.
4°. Ohne Titelblatt. Spaltendruck. 5 Blatt**).

Eine andere Uebersetzung ohne Autorisation der preussischen Regierung brachte die Altonaer Zeitung am 26. October***). Um diesem Unwesen zu steuern, wurde in den Berliner Zeitungen vom 30. October angezeigt†), dass nur der in Berlin erschienene deutsche

---

*) Als Absatzgebiet für diese apokryphe Uebersetzung nennt Kleyb Polnisch-Preussen, Rostock, Braunschweig, Magdeburg, Frankfurt a. M. und die Niederlausitz.

**) Die beiden Exemplare der Ausgabe, die uns vorgelegen haben, bringen nur den Text der Hertzbergschen Abhandlung. „Die zu diesem Stück gehörigen Beilagen," heisst es in einem Schlussvermerk, „werden nächstens ausgegeben." Ob sie überhaupt erschienen sind oder nicht gerade ihr Fortbleiben das Ministerium milder gegen Kleyb gestimmt hat, entzieht sich unserer Kenntnis.

***) So berichtet Steinwehr um 30. October. Kleyb aber giebt als Datum den 25. October.

†) Berlinische Nachrichten von Staats- und Gelehrten Sachen, Nr. 131. S. 549. „Da nun wahrgenommen, dass in auswärtigen Orten schon deutsche Uebersetzungen von dem Mémoire raisonné etc. zum Vorschein gekommen, so muss man hiermit bekannt machen, dass kein anderer deutscher Abdruck von dieser Schrift vor authentisch zu halten, als der so anjetzo zu Berlin unter dem Titel: Gegründete Anzeige u. s. w. im Druck erschienen, welcher Unterschied vornehmlich nur deshalb zu bemerken, weil in denen Privat-Uebersetzungen die Beilagen und in der Schrift selbst befindliche Beweisstellen, so originaliter deutsch sind, nicht anders als aus der französischen Uebersetzung wieder ins deutsche übersetzt werden können, dahergegen in dem Berlinischen Abdruck alle Beweisstellen und Stücke, so im Original deutsch sind, Wort vor Wort nach den Originalien abgedruckt sind."

Text authentisch wäre, und dem Residenten Hecht befohlen, diese Kundmachung in den Hamburgischen und Altonaischen Blättern zu veröffentlichen.

Auch in Regensburg kam eine eigene Verdeutschung unserer Schrift heraus, die sich sogar einer gewissen amtlichen Bestätigung erfreute. Plotho berichtete nämlich am 4. November *):

„Auf die Uebersetzung des Impressi sub rubro Mémoire etc. ist das Publikum viel zu neubegierig und ungeduldig gewesen, darauf lange zu warten. Dahero ein hiesiger Buchführer sogleich um Erlaubniss, solches ins Teutsche zu übersetzen, bei mich ansuchte, und wie deshalb keinen Anstand fand, zumalen noch nicht wusste, ob eine teutsche Uebersetzung erhalten würde, so hat solcher Buchführer von solcher Uebersetzung, und welche sehr gut gerathen, in Zeit von einigen Tagen eine grosse Anzahl Exemplarien debitirt, wie denn alles, was von Seiten Ew. Königl. Majestät anjetzt hier gedruckt wird, einen erstaunlichen Abgang findet."

Das Cabinetsministerium weigerte sich aber auch diese Uebersetzung anzuerkennen **),

„damit man nicht dem Gegentheil dadurch Gelegenheit gäbe zu caviliren, als wenn die von uns dem Publico mitgetheilte Beweis-Urkunden nicht überall harmonirten."

Trotz dieser Vorkehrungen sind doch noch an vielen anderen Orten Uebertragungen des Mémoires in unserer Muttersprache erschienen; meistens sind sie schwerfällig, wenn nicht gar fehlerhaft ausgefallen. Folgende sind uns davon bekannt geworden:

Gründlicher und überzeugender | Bericht | von dem | Betragen derer Höfe | zu | Wien und Dresden | und ihren | gefährlichen Anschlägen | wider | Sr. Königl. Majestät | in Preussen | mit | denen zum Beweise gehörigen | Original-Beylagen und Briefen. | Berlin, 1756.

4°. 22 S. Text. 30 S. Beilagen.

*) Vergl. auch seine Depesche vom 25. November.
**) Erlass vom 13. November. Als Plotho nachträglich noch im November die Genehmigung zu dem von ihm in Regensburg veranlassten Nachdrucke erhielt, wurde ihm befohlen, es mit der deutschen Uebersetzung „auf gleiche Weise zu halten, welches umb so viel weniger einigen Schwierigkeiten mehr unterworfen sein kann, da, wie es ausserlich vermuthen will, ihr eine eigene Druckerei in eurem Quartier angelegt habet." Der Gesandte erwiderte darauf am 25. November: „Eine eigene Druckerei habe zwar nicht in meinem Quartier angeleget, wie in einigen Zeitungen gemeldet worden. Allein ich habe sonst andre Veranstaltungen gemachet, dass sowohl wegen des Drucks als Debitirung nicht so leicht gehindert werden könne."

Von diesem Texte erschien noch eine neue Auflage mit dem gleichen Titel, nur um folgenden Zusatz vermehrt:

Nach dem Französischen genau berichtigte zweyte Ausgabe. | Berlin 1756.
4°. 52 S.

Ueberzeugendes | Pro Memoria | über die Aufführung | derer Wienerischen | und | Sächsischen Höfe, | wie auch | über ihre gefährliche Absichten | wider | Ihro Majest. den König von Preussen, | Nebst denen | Original-Acten, | welche | derselben Beweis darstellen. | Berlin, 1756.
1°. 40 S. Text. 40 S. „Pieces".

Auch dieser Druck ist mindestens noch einmal aufgelegt worden.

Nachricht und Beurtheilung | des Verhaltens | des | Wienerischen | und | Sächsischen Hofes | und | ihrer gefährlichen Absichten | wider | Seine Majestät | den | König von Preussen | nebst den | zur Rechtfertigung und Beweis | dienenden Urkunden. | Berlin, 1756.
4°. 32 S. Text und 24 S. Urkunden.

Wie es scheint, hat die Uebersetzung zwei Auflagen erlebt.

Von dem Texte, der in der Kriegskanzlei wiedergegeben ist*), überschrieben

„Gegründete Anzeige von dem Betragen etc. derer Höfe zu Wien und Dreßden gegen Se. Königl. Majestät in Preussen, mit beygefügten Original-Urkunden bestätiget. Anno 1756",

sowie von der bei Aster**) citirten Ausgabe mit dem Titel

„Gegründeter Abriss von dem Betragen und denen gefährlichen Anschlägen derer Höfe zu Wien und Dresden gegen Se. Majestät in Preussen"

ist uns kein Einzeldruck zu Gesicht gekommen***).

Auf Befehl des Cabinetsministeriums übersetzte Professor von Strimesch das Mémoire in das Lateinische, damit die Veröffentlichung „in solcher Sprache im Polnischen und Ungarischen debitirt

---

*) Kriegskanzlei 1756, Nr. 46 S. 270.

**) Aster, Beleuchtung der Kriegswirren zwischen Preussen und Sachsen, 1756. Dresden 1848, S. 68.

***) Als der Danziger Resident Reimer um die Erlaubniss zum Nachdruck der Gegründeten Anzeige einkam, wurde er vom Cabinetsministerium (6. December) beschieden, „dass es nicht nöthig ist, die teutsche Uebersetzung des Mémoire raisonné dorten weiter nachdrucken zu lassen, da diese Schrift schon an so vielen Orten nachgedrucket ist und in aller Leute Händen sich befindet."

würde"*). Es entzieht sich unserer Kenntniss, ob diese Arbeit, die von den Ministern einmal als „sehr wohl gerathen" gelobt wird, gedruckt worden ist. In Frankfurt a. O. wollte kein Buchhändler den Verlag übernehmen „wegen des schweren polnischen Debits und der Bezahlung" **). Der Gelehrte wollte darauf noch sein Glück bei der Breslauer Firma Korn versuchen, die in Polen mehrere Filialgeschäfte unterhielt. Seine Bemühungen werden aber dort um so weniger Erfolg gehabt haben, als das Mémoire bis zum Ende von 1756 bereits zweimal in polnischer Sprache erschienen war.

Der preussische Resident in Warschau hatte im Interesse derjenigen Polen, die des Französischen nicht mächtig waren, für eine gute Uebertragung gesorgt***), die um Anfang December in Königsberg gedruckt wurde. Er versprach sich davon viel Erfolg, „da jedermann dieses Werk mit maassloser Ungeduld erwartet" †). Noch ehe diese Ausgabe fertig war, kam in Frankfurt a. O. eine andere Uebersetzung heraus. Ihr Verfasser, der stud. theol. Vetter, polnischer Stipendiat an der Universität, war von Steinwehr zu dieser Arbeit erlesen worden, weil er unter seinen Landsleuten in der Oderstadt allein die nöthigen französischen Kenntnisse besass. Uebrigens war sein Manuscript in Berlin einer Durchsicht unterworfen worden ††).

*) Erlass vom 25. November. Steinwehr schickte seine Uebersetzung schon am 1. December an das Cabinetsministerium.
**) Bericht Steinwehrs vom 29. November: „Wäre es nur möglich, solche Sachen nach Ungarn zu bringen, wären wohl so viele tausend als fast anderswo hundert daselbst abzusetzen."
***) Bericht Benoits vom 13. November.
†) Das Cabinetsministerium befahl der Königsberger Regierung am 23. November, „die übersetzten Piècen in den benachbarten polnischen und litthauischen Gegenden so viel als möglich unter die Leute zu bringen." Vergl. Schreiben an das Generaldirectorium vom 25. November und Erlass an Benoit vom 21. December.
††) Bericht Steinwehrs vom 29. November: „Die Uebersetzung ins Polnische habe bei dem Studioso Vetter sogleich besorget, aber auch itzo nicht gleich zum Druck befördern können, weil hier nichts Polnisches gedruckt wird, die der polnischen Sprache eigenen Buchstaben mangeln, und man sie mit heutiger Post von Berlin verschreibet." — Die Veranlassung zu dieser Uebersetzung gab die Nachricht des Generaldirectoriums (18. November), dass die von den Patribus scholarum piarum in Warschau geleiteten Zeitungen ganz parteiisch für Oesterreich einträten, „auch dass die dortige Protestanten es sehr gerne sehen möchten, wann die preussischen Residenten zu Warschau und Danzig solcherwegen das Mémoire raisonné mit allen Beilagen in lateinisowohl als polnischer Sprache drucken liessen". — Zweihundert Abzüge der Schrift wurden dem schlesischen Provinzialminister, hundert dem Cabinetsministerium zugesandt.

Von holländischen Uebertragungen der Staatsschrift berichtet der clevische Regierungspräsident von Könen an das Auswärtige Departement *):

„Was das Mémoire raisonné betrifft, so sind in Holland so viele tausend Exemplarien desselben theils in französischer und theils in holländischer Sprache nachgedruckt, dass annoch eine grosse Menge derselben in den Buchladen vorräthig sind; imgleichen sind allhier auch in Cleve tausend und mehrere Exemplarien in der niederländischen Sprache durch den Druck publiciret."

Eine dieser Uebersetzungen rührt von dem preussischen Residenten Erberfeld in Amsterdam her **); sie ist vielleicht identisch mit der von Hellen im höheren Auftrage veranlassten ***).

Auf Befehl des britischen Ministeriums wurde das Mémoire wie früher das Exposé in englischer Sprache veröffentlicht †).

Die Liste der Nachdrucke ist mit den bisher erwähnten noch nicht abgeschlossen. Wir wissen aus den Acten, um das Gegebene kurz zusammenzufassen und zu ergänzen, dass das Mémoire raisonné als selbststaendige Broschüre in folgenden Städten erschienen ist. Berlin, Frankfurt a. O., Frankfurt a. M., Breslau ††), Königsberg,

---

*) Am 26. November.
**) Vergl. seinen Bericht vom 26. October.
***) Vergl. Berlinische Nachrichten Nr. 136 (1. November) S. 573. „Haag, 24. October. Der Königl. preuss. Minister Herr van der Hellen lässt jetzo die von seinem Hofe erhaltene Schrift: Mémoire etc. in französischer und holländischer Sprache drucken, indem die Begierde hier so gross als in England ist, diese Schrift zu lesen. In England war sie kaum sobald angekommen, als man sie in die englische Sprache übersetzte."
†) Bericht Michells vom 26. October und vom 2. November: „Les pièces justificatives ... sont encore sous la presse, elles paroitront ces jours-ci, et il ne faut pas douter qu'elles ne produisent tout le bon effet possible, puisque ceux qui les ont déjà vues, sont plus que convaincus de la justice des procédés de Votre Majesté à l'égard de ces deux cours là, et que l'on continue généralement à Lui souhaiter toute sorte de succès." Vom 9. November: „Les pièces justificatives sortiront de la presse et seront publiées en françois et en anglois après demain matin." — Aus dieser englischen Uebersetzung sind wohl die von Entick (II, 193 f.) gegebenen Bruchstücke hergenommen.
††) Schlabrendorff meldete dem Cabinetsministerium am 2. November, er hätte die Gegründete Anzeige „zum weiteren Abdruck gegeben" ... „Ein gleiches ist mit dem französischen Exemplar geschehen, wovon Benoît weit über fünfzig Exemplare zur Vertheilung unter die gerade versammelten polnischen Magnaten erhalten, und noch eine starke Anzahl durch den Buchführer Korn nach Warschau, Krakau, Posen u. s. w. debitiret worden, derjenigen zu geschweigen, welche allhier im Lande überall und auf der Grenze Abnehmer und Debit gefunden, so dass ich mich flattire, dass der Inhalt dieses Mémoires auswärts bekannt genug geworden ist."

Cleve, Lippstadt, Gotha, Hamburg, Regensburg, Basel*), Amsterdam, dem Haag, London und Paris.

Solms in Stockholm scheute sich vor den Kosten eines Nachdrucks, die er auf 72 Thaler anschlug, und machte zu seiner Entschuldigung ausserdem noch geltend, dass nach einer Bemerkung des Kanzleipräsidenten Höpken der schwedische Büchermarkt schon hinlänglich von den Holländern mit den preussischen Flugschriften versorgt würde**).

Der grosse Umfang und die rasche Verbreitung des Mémoires hielten die meisten Zeitungen von seiner Wiedergabe ab. So viel wir wissen, ist es nur in der Altonaer Zeitung***), dem Mercure suisse†) und den Leydener Nouvelles extraordinaires de divers endroits††) abgedruckt worden. Der Mercure historique, principiell ein Gegner Preussens, brachte die Staatsschrift nur im Auszuge mit kürzerem und verändertem Titel†††). In den Berlinischen Nachrichten vom 28. October befindet sich eine ziemlich ausführliche aber nicht gerade bedeutende Besprechung des Werkes*†).

Fabers Staatskanzlei enthält den französischen und deutschen Originaltext (III, 494), die Danziger Beiträge (1, 580) und die Denkwürdigkeiten Friedrichs des Grossen, jetzt regierenden Königs in Preussen (1, 532) geben die officielle Uebersetzung und die Kriegskanzlei von 1756 (Nr. 46 S. 270) eine apokryphe Uebertragung unserer Staatsschrift.

---

*) Schreiben Johann Rudolf Iselins an Podewils vom 2. December 1756 und 21. Februar 1757.

**) Bericht von Solms, Stockholm, 29. October.

***) Vergl. S. 340.

†) Supplément zum December 1756. Schreiben Lord Marischals an Podewils vom 27. December.

††) Nr. 87 bis Nr. 102, vom 29. October bis 21. November. — Als Hellen über die grosse Parteilichkeit der holländischen Zeitungen gegen Preussen klagte, erhielt er (30. October) den Befehl, einen Auszug aus dem Mémoire raisonné in einigen holländischen und französischen Zeitungen der Vereinigten Provinzen zu veröffentlichen. „Il est vrai," heisst es in dem Erlass „que ces fictions [sur la conduite des Prussiens] se détournent d'elles-mêmes et ne méritent que du mépris, mais comme elles peuvent cependant dans le premier moment et surtout dans un pays républicain faire des impressions désavantageuses et préjudiciables à Mes intérêts, vous tâcherez de bonne manière de le faire en sorte qu'on soit à l'avenir plus circonspect et plus reservé à cet égard."

†††) T. 141, 676 f.

*†) Nr. 130, 545 f.

Die officielle sächsische Entgegnung auf das Mémoire raisonné und das Mémoire pour justifier*) ist

„Natürliche Vorstellung der Wahrheit: entgegen gesetzet dem Preussischen so genannten Gründlichen und überzeugenden Bericht von dem Betragen derer Höfe zu Wien und Dreßden. Warschau, 1756**)."

Ihr Verfasser ist der Geheime Kriegsrath Le Coq. Auf Brühls Befehl wurde die Schrift im Haag in die französische und in London in die englische Sprache übersetzt***). Sie wurde am 1. März 1757 den Generalstaaten officiell von dem königlich polnischen Residenten überreicht†).

Nicht viel später erschien eine zweite sächsische Erwiderung, die in ihrem Inhalte vielfach mit der Natürlichen Vorstellung übereinstimmt:

„Die wahre Gestalt und Beschaffenheit des Königlich Preussischen Betragens bey dem am 29. Aug. 1756 unternommenen feindlichen Einfall in Sachsen, darauf erfolgten und bis jetzo fortgesetzten Vergewaltigungen sämtlicher Chur-Sächsischen Erblande und Unterthanen, auch gegen Seine Königliche Majestät in Pohlen und Dero Königliches Chur-Haus ausgeübten Thathandlungen. Mense Januario 1757 ††)."

Die amtliche österreichische Antwort wurde am 11. December in Regensburg vertheilt †††), unter dem Titel:

„Anmerkungen über die von Anbeginn des gegenwärtigen Kriegs bis anhero zum öffentlichen Druck gediehene Königl. Preussische Kriegs-Manifesten, Circularien und Memoires. Wien und Prag, gedruckt bey Johann Tobias Trattner, Kaiserl. Königl. Hofbuchdrucker und Buchhändler. 1756."

„Es ist solches," urtheilt Plotho von diesem Werke, „voller Grobheiten, böslichen Verdrehungen und fälschlichen Andichtungen.

---

*) Vergl. Nr. XXVI.
**) Kriegskanzlei 1757, Bd. 1, Nr. 77, S. 632.
***) Vitzthum von Eckstädt 2, 87.
†) Kriegskanzlei 1757, Bd. 1, Nr. 76, S. 631.
††) Kriegskanzlei 1757, Bd. 1, Nr. 38, S. 337.
†††) Kriegskanzlei 1756, Nr. 80, S. 604. Danziger Beiträge 2, 233. Schon am 22. November meldete Plotho aus Regensburg: „Ueber das Mémoire raisonné ist hier bereits ein so rubricirtes Exposé détaché unter der Presse gewesen, aber mit einmal gänzlich wieder supprimiret worden. Dem sicheren Verlauten nach soll davon die Ursache sein, weil die kaiserliche Ministri von Wien die Nachricht erhalten, dass daselbst an einer weitläuftigen Ausführung und Widerlegung gearbeitet werde."

Denn so viel mich betrifft, es die offenbarste Unwahrheit, und so mit den Zeugnissen aller hiesigen Gesandtschaften bestätigen kann*)."

Friedrich Karl von Moser schrieb mit Bezug darauf an den preussischen Residenten Freytag (23. December 1756):

„*Das Adieu von Wien, womit alle jetz- und künftige Schriften des Königlichen Hofes mit eins abgefertigt werden wollen, werden Ew. Hochwohlgeboren vermuthlich schon bekommen haben. Der Reichshofrath von Borries soll Verfasser davon sein; abermals was neues, dass der Richter zugleich den Advokaten der Partei abgiebt, damit der Reichshofrath ja von allem Schein der Unparteilichkeit freibleibe. Die Herrn zu Wien machen sich's commod, das Vorangegangene leugnen sie zur Hälfte, und die andere Hälfte lassen sie auf sich sitzen, und auf das Künftige wollen sie sich nicht einlassen. Die Achtung Ihro Maj. des Königs vor dem Publikum wird durch diese trotzige Conduite des Gegentheils ungemein erhöht; man bedenkt, scheint es, zu Wien nicht mehr, dass die Federn des L'Isola und Bartensteins so viel genutzt haben, als viele von denen, so man auf Lafetten nachschleppt. Doch sie wollen systematisch fehlen.*"

Von den sehr zahlreichen Schriften, die unter inofficieller Flagge das Mémoire raisonné und zum Theil auch das Mémoire pour justifier einer häufig sehr scharfen Kritik unterziehen, sollen hier nur die unserm Erachten nach bedeutendsten genannt werden.

„*Sendschreiben unterm 6. November 1756 das Memoire raisonne und die zu dessen Beweis dienende Urkunden betreffend. Strassburg 1756**).*"

„*Untersuchung derjenigen Gründe, welche Ihro Königl. Majestät in Preussen, zu Folge einer von Denenselben ertheilten Declaration bewogen haben, Dero Kriegs-Völker in die Chur-Sächsischen Lande am 29sten Aug. a. c. einrücken zu lassen. 1756***).*"

„*Die gerechte Sache Chursachsens. Erfurt im November 1756†).*"

*) Bericht Plothos. Regensburg, 13. December 1756.
**) Kriegskanzlei 1756, Nr. 94, S. 737. Vielleicht ist es zuerst französisch erschienen unter dem Titel „Lettre du 6. novembre 1756 sur le memoire raisonné et ses pièces justificatives. Strasbourg 1756."
***) Denkwürdigkeiten, 2, 224.
†) Kriegskanzlei 1756, Nr. 82, S. 653. Friedrich Karl von Moser schreibt über diese Abhandlung: „Ich finde sie überaus rührend geschrieben, der Ausdruck ist sehr nett, und überall herrscht die Sprache wie ein vornehmer Mann zu klagen pflegt, mit vieler Dignität und scheinbarer Mässigung.

Die Schrift rührt vielleicht von dem bekannten Magister Gottlieb Schumann her, der allgemein als Verfasser folgender Arbeit gilt:

„Schreiben eines Vaters an seinen Sohn, den gegenwärtigen Zustand in Sachsen betreffend. Erfurt 1756*)."

„Lettres d'un particulier à un de ses amis sur l'invasion de la Saxe faite par le roi de Prusse 1756." Im Trattnerschen Verlage zu Wien erschienen.

Nur in deutscher Sprache ist uns bekannt:

„Fortsetzung der Briefe einer Privat-Person an einen seiner Freunde über den Einfall in Sachsen, so durch den König von Preussen unternommen worden. 1757."

„Das System und Verfahren Preussens, oder Briefe eines sächsischen Generals an einen Schlesischen Edelmann, unter der Preussischen Armee, zu einer Antwort auf die Manifeste, Memoiren und andre dergleichen Schriften des Preussischen Ministerii. Aus dem Französischen übersetzt. 1757. Zweyter Brief**)."

„Betrachtungen eines Schweitzers über die Bewegungsgründe des gegenwärtigen Krieges. Zürich 1757."

Mémoire raisonné sur la conduite des cours de Vienne et de Saxe et sur leurs desseins dangereux contre Sa Majesté le Roi de Prusse, avec les pièces originales et justificatives qui en fournissent les preuves.

Les raisons qui ont mis le Roi dans la nécessité de prendre les armes contre la cour de Vienne et de s'assurer pendant cette guerre des États héréditaires du Roi de Pologne, sont fondées sur les règles les plus exactes de l'équité et de la justice. Ce ne sont

---

Diese Schrift wird den Sachsen mehr helfen als ihre Regimenter aus Polen; ich freue mich aber schon auf die Antwort, dann, die Larve abgezogen, ist es nichts als die Stimme eines Wolfs aus einer Grube, und der Dresdener Hof dringet sich dazu, ihm seine Treulosigkeit, Wankelmuth, Unsystème, verschwenderische Haushaltung, Proselytenmacherei, Lauigkeit und Schädlichkeit seines hinkenden evangelischen Directorii, das Seufzen des ganzen Landes unter dem harten Joch einer österreichischen Frau und des ihr ergebensten Ministre recht lebhaft zu schildern und zu dieser Parentation die aufrichtige Personalien beizufügen." (18. December 1756).

*) Kriegskanzlei 1756, Nr. 107, S. 820. Auf die dagegen erschienenen „Grossväterlichen Erinnerungen" 1757 replicirte dann das „Schreiben des Enkels an seinen Grossvater".

**) Kriegskanzlei 1757, Bd. I, Nr. 64, S. 873.

pas des motifs d'ambition, ni des vues d'agrandissement. C'est une suite de projets, de complots et de trahisons de la part de ces deux cours qui ont obligé Sa Majesté de songer à Sa défense et à Sa sûreté. Les découvertes qu'Elle a faites sur cette importante matière, mettent cette vérité dans tout son jour et forment une espèce de démonstration de la justice de Sa cause et des mauvais procédés de ceux qui L'ont forcée d'en venir à ces tristes extrémités.

Sa Majesté, quoique informée de longue main de toutes les intrigues qu'on faisoit secrètement jouer contre Elle, auroit voulu pouvoir les laisser ensevelies dans le fond des ténèbres où elles ont pris leur origine; mais poussée à bout par l'exécution prochaine des vastes projets de la cour de Vienne et par l'opiniâtreté avec laquelle cette cour s'est refusée à toute voie de conciliation, Elle se voit forcée, malgré Elle, de mettre devant les yeux du public les preuves qu'Elle a en main de la mauvaise volonté et des desseins dangereux des cours de Vienne et de Dresde contre Elle. Ces preuves serviront à constater la nécessité et la justice des mesures que Sa Majesté a prises, et à faire voir qu'on n'a rien annoncé que l'on ne puisse vérifier par des pièces authentiques, parvenues depuis longtemps à la connoissance de Sa Majesté, mais dont Elle a cru devoir ensuite Se procurer les originaux pour mettre Ses ennemis hors d'état d'en nier l'existence et la vérité.

Pour parvenir à la source du vaste plan sur lequel les cours de Vienne et de Saxe ont travaillé contre le Roi depuis la paix de Dresde, il faut remonter jusqu'à la guerre qui précéda cette paix. Les espérances flatteuses que les deux cours alliées avoient conçues sur le succès de la campagne de 1744, donnèrent lieu à un traité de partage éventuel qu'elles conclurent le 18 mai 1745, selon lequel la cour de Vienne devoit avoir le duché de Silésie et le comté de Glatz, et le Roi de Pologne, Électeur de Saxe, les duchés de Magdebourg et de Crossen, les cercles de Züllichau et de Schwiebus, avec la partie prussienne de la Lusace, ou seulement une partie de ces provinces, à proportion des conquêtes qu'on feroit.

Après la paix de Dresde, signée le 25 décembre 1745, et dans laquelle le Roi donna les preuves si éclatantes de son amour pour la paix, de son désintéressement et de sa modération, un traité d'une nature si extraordinaire que celui d'un partage éventuel, ne devoit plus avoir lieu à l'égard d'une puissance avec laquelle les deux parties contractantes vivoient en paix; malgré cela la cour de Vienne ne se fit pas un scrupule de proposer à la cour de Saxe, peut-être quelques jours après la signature de la paix, de faire un nouveau traité d'alliance dans lequel on renouvelleroit aussi le traité de partage éventuel du 18 mai 1745, comme on peut prouver cela par le projet même qui fut délivré alors à Dresde.

La cour de Saxe crut devoir avant toute chose consolider mieux son système, en le fondant sur une alliance entre les cours de Russie et de Vienne. Ces deux puissances conclurent effectivement le 22 mai 1746 à Pétersbourg une alliance défensive, à en juger par l'instrument du traité qui a été rendu public; mais il n'est pas difficile de s'apercevoir que le corps ostensible de ce traité n'a été dressé que pour dérober au public la connoissance de six articles secrets dont le quatrième est uniquement dirigé contre la Prusse, selon la copie exacte qu'on en trouve parmi les pièces justificatives.

Dans cet article l'Impératrice-Reine de Hongrie et de Bohême commence par protester qu'elle observera religieusement le traité de Dresde; mais elle explique peu après sa véritable façon de penser à cet égard, en poursuivant ainsi: „Si le Roi de Prusse étoit le premier à s'écarter de cette paix, en attaquant hostilement, soit Sa Majesté l'Impératrice-Reine de Hongrie et de Bohême, soit Sa Majesté l'Impératrice de Russie, ou bien la République de Pologne, dans tous lesquels cas les droits de Sa Majesté l'Impératrice-Reine sur la Silésie et le comté de Glatz auroient de nouveau lieu et reprendroient leur plénier effet, les deux parties contractantes s'assisteront mutuellement, chacune d'un corps de 60,000 hommes, pour reconquérir la Silésie" etc.

Voilà les titres que la cour de Vienne se propose de faire valoir pour revendiquer la Silésie. Toute guerre qui pourra survenir entre le Roi et la Russie ou la République de la Pologne, doit être regardée comme une infraction manifeste de la paix de Dresde et faire revivre les droits de l'Autriche sur la Silésie, quoique ni la Russie, ni la République de Pologne n'aient pris aucune part au traité de Dresde, et que la dernière avec laquelle le Roi a d'ailleurs la satisfaction de vivre dans l'amitié la plus étroite, ne soit pas même alliée avec la cour de Vienne. Selon les principes du droit naturel, reçu chez toutes les nations policées, la cour de Vienne seroit tout au plus autorisée, dans des cas pareils, à ses alliés le secours qu'elle leur doit en vertu des alliances, sans qu'elle puisse prétendre de se dégager pour cela des engagements particuliers qui subsistent entre elle et le Roi. On laisse donc juger le public impartial si dans ce quatrième article secret du traité de Pétersbourg les puissances contractantes sont restées dans les termes d'une alliance défensive, on si l'on n'y trouve pas plutôt le plan formel d'une alliance offensive, tendant à enlever au Roi la Silésie.

Il n'est pas difficile à s'apercevoir que la cour de Vienne s'est préparée par cet article trois prétextes pour reprendre la Silésie, et en rapportant la conduite qu'elle a tenue du depuis jusqu'à présent, on voit clairement qu'elle a cru parvenir à son but, soit en poussant le Roi à bout pour commencer une guerre contre elle, soit en allumant une guerre entre Sa Majesté et la Russie ou la Pologne par ses machinations et intrigues secrètes.

On ne doit donc pas être surpris, si le traité de Pétersbourg a été le pivot sur lequel a roulé toute la politique autrichienne depuis la paix de Dresde jusqu'à présent, et si les principales négociations de la cour de Vienne ont eu pour but d'affermir cette alliance par l'accession d'autres puissances.

La cour de Saxe fut la première qu'on invita à cette accession, au commencement de l'année 1747. Cette cour s'y prêta d'abord avec empressement; elle munit pour cet effet ses ministres à Pétersbourg, le comte de Vicedom et le sr. Pezold, des pleins pouvoirs nécessaires et les chargea de déclarer qu'elle étoit prête d'accéder non seulement au traité même, mais aussi à l'article secret contre la Prusse et de concourir aux arrangements pris par les deux cours, pourvu qu'on prît mieux ses mesures que par le passé, tant pour sa sûreté et sa défense, que pour en être dédommagé et récompensé à proportion des efforts et des progrès qu'on feroit. Par rapport au dernier point la cour de Saxe fit déclarer: que si l'Impératrice-Reine, de nouveau attaquée par le Roi de Prusse, parvenoit, moyennant son assistance, à reconquérir non seulement la Silésie et le comté de Glatz, mais aussi à le resserrer dans des bornes plus étroites, le Roi de Pologne, comme Electeur de Saxe, se tiendroit au partage stipulé entre Sa Majesté Polonoise et l'Impératrice-Reine par la convention signée à Leipzig le 18 mai 1745. Le comte de Loss, ministre de Saxe à Vienne, fut chargé en même temps d'y entamer une négociation particulière pour convenir sur le partage éventuel des conquêtes à faire sur la Prusse, en posant pour base ledit traité de partage de Leipzig du 18 mai 1745.

On verra tout cela en détail dans les pièces justificatives, par l'instruction donnée le 23 mai 1747 aux ministres saxons à Pétersbourg, par le mémoire que ces ministres délivrèrent en conséquence au ministère de Russie le 25 septembre 1747, et par l'instruction donné au comte de Loss à Vienne le 21 décembre 1747.

Il est donc clair et constaté par toutes ces pièces authentiques que la cour de Saxe s'est montrée prête d'entrer dans toutes les liaisons offensives du traité de Pétersbourg; que c'est elle qui depuis la paix a fait revivre le traité de partage, fait contre le Roi pendant la dernière guerre, et qu'elle a mis par là Sa Majesté en droit de ressentir ce traité contre Elle, malgré l'amnistie établie par la paix de Dresde.

On a, à la vérité, affecté de supposer dans toute cette négociation que le Roi seroit l'agresseur contre la cour de Vienne; mais quel droit en peut-il résulter pour le Roi de Pologne de faire des conquêtes sur le Roi, ou si Sa Majesté Polonoise en qualité de partie auxiliaire veut aussi être partie belligérante, on ne pourra pas trouver étrange que Sa Majesté La traite comme telle, en réglant Sa conduite sur celle de la cour de Saxe. C'est une vérité qui a été reconnue par le Conseil privé du Roi de Pologne même, lorsque consulté sur l'accession au traité de Pétersbourg, il a donné son avis, témoin les deux extraits qui se trouvent parmi les pièces justificatives, où ledit Conseil privé fait sentir à Sa Majesté Polonoise que le principe établi dans le quatrième article secret du traité de Pétersbourg alloit au delà des règles ordinaires, et que, si Sa Majesté Polonoise l'approuvoit par Son accession, Sa Majesté Prussienne pourroit le regarder comme une violation de la paix de Dresde.

Le comte de Brühl, pénétré sans doute lui-même de cette vérité, fit tout son possible pour cacher l'existence des articles secrets du traité de Pétersbourg. Car dans le temps qu'il négocioit avec chaleur en Russie sur l'accession de sa cour au traité de Pétersbourg et aux articles secrets dudit traité, il fit solennellement déclarer à Paris: „que le traité de Pétersbourg auquel Sa Majesté Polonoise avoit été invitée d'accéder, ne contenoit rien de plus que ce qui étoit porté dans la copie allemande, qu'on avoit communiquée à la cour de France, sans qu'aucun article secret ou séparé ait été communiqué au Roi de Pologne, et au cas que tel article séparé et secret existât, Sa Majesté Polonoise n'entreroit en rien qui puisse tendre à offenser Sa Majesté Très-Chrétienne," comme cela paroit par la lettre du comte de Brühl au comte de Loss, écrite le 18 juin 1747, et par le mémoire que le comte de Loss remit en conséquence au ministère de Versailles.

Il est vrai que la cour de Saxe a encore différé d'un temps à l'autre d'accéder formellement au traité de Pétersbourg, mais elle n'a pas laissé de témoigner en mille occasions à ses alliés qu'elle étoit prête d'y accéder sans restriction, dès qu'elle le pourroit faire sans un danger trop évident, et après qu'on lui auroit assuré la part qu'elle devoit avoir aux avantages qu'on pourroit remporter.

Ce principe se trouve clairement énoncé dans l'instruction donnée le 19 février 1750 au général d'Arnim, allant en qualité de ministre de Saxe à Pétersbourg, et on pourroit produire cent dépêches, s'il étoit besoin, pour prouver que les ministres saxons se sont toujours expliqués dans le même sens.

La cour de Saxe, invitée de nouveau en 1751 d'accéder au traité de Pétersbourg, déclara sa bonne volonté à cet égard par un mémoire qui fut remis au ministre de Russie à Dresde, et munit même pour cet effet son ministre à Pétersbourg le sr. de Funcke des pleins pouvoirs et autres pièces nécessaires; mais elle exigea en même temps que le Roi d'Angleterre comme Electeur d'Hanovre accédât préalablement aux articles secrets du traité de Pétersbourg, et comme Sa Majesté Britannique ne voulut jamais participer à ce mystère d'iniquité, le comte de Brühl se vit forcé d'attendre l'issue du projet qu'on avoit formé, de faire une autre alliance assez innocente pour qu'on pût la produire, ainsi que cela se trouve développé dans une lettre du comte de Brühl au sieur Funcke du 2 mai 1753.

Les cours de Vienne et de Saxe crurent devoir se parer de ces dehors de modération, pour ne pas blesser trop la délicatesse de ceux de leurs alliés qui étoient révoltés par les vues secrètes de l'alliance de Pétersbourg; mais, dans leur particulier, elles n'ont jamais perdu de vue leur plan favori de partager d'avance les dépouilles du Roi de Prusse, en mettant toujours pour base le quatrième article secret dudit traité. Cela paroit clairement par une lettre du comte de Flemming, du 28 février 1753, dans laquelle il rend compte au comte de Brühl:

> Que le comte d'Ulfeld l'avoit chargé de représenter de nouveau à sa cour qu'on ne pouvoit pas prendre assez de mesures contre les vues ambitieuses du Roi de Prusse, et que surtout la Saxe, comme la plus exposée, ne pouvoit pas user d'assez de précautions pour s'en garantir, qu'il importoit donc beaucoup de renforcer leurs anciens engagements, sur le pied proposé par le feu comte de Harrach en 1745, et que cela pouvoit se faire à l'occasion de l'accession au traité de Pétersbourg.

Le comte de Brühl répondit à cette dépêche, le 8 de mars 1753:

> Que Sa Majesté Polonoise n'étoit pas éloignée de s'entendre par la suite dans le dernier secret avec la cour de Vienne

sur un secours par les déclarations particulières et confidentes, relatives au quatrième article secret du traité de Pétersbourg, moyennant de justes conditions et avantages qu'en ce cas on devoit aussi lui accorder. Je pense d'avance, ajoute-t-il, que ce qui nous fut promis par la déclaration de l'Impératrice Reine du 3 de mai 1745, pourra servir de base.

Enfin, pour achever de mettre le système de la cour de Saxe sur cette accession dans tout son jour, on n'a qu'à rapporter les propres termes d'une dépêche du comte de Flemming au comte de Brühl, du 16 juin 1756, dans laquelle le premier s'exprime fort naturellement en disant:

> Votre Excellence connoît les grandes difficultés que la cour de Pétersbourg nous fit, lorsque nous réclamâmes, dans la dernière guerre, le cas de l'alliance, et la réponse que son ministère nous a donnée, comme Votre Excellence s'en souviendra encore, lorsqu'on nous pressoit d'accéder au traité de Pétersbourg de 1746, et que nous témoignâmes de vouloir le faire, à condition qu'on ne nous feroit paroître sur la scène, qu'après qu'on auroit attaqué le Roi de Prusse et partagé ses forces, pour que nous ne risquions pas, par la situation de notre pays, d'être sacrifiés les premiers.

Les alliés de Saxe sont enfin entrés dans ce plan de la cour de Dresde, témoin, entre autres preuves, un trait singulier contenu dans la dépêche du sr. Funcke, du 7 juin 1753, où il mande:

> qu'ayant été questionné à Pétersbourg si sa cour ne lèveroit pas aussi le bouclier, en cas d'une guerre contre la Prusse, et ayant répliqué que la situation de la Saxe ne lui permettoit pas d'entrer en lice, avant que son puissant voisin ne fût mis hors de combat, on lui avoit répondu: qu'il avoit raison, que les Saxons devoient attendre jusqu'à ce que le chevalier fût désarçonné.

Il est donc évident par toutes les preuves qu'on vient d'alléguer, que la cour de Saxe, sans être formellement accédée au traité de Pétersbourg, n'en est pas moins complice de tous les desseins dangereux que la cour de Vienne a fondés sur ce traité, et que, dispensée par ses alliés du concours formel, elle n'a attendu que le moment où elle pourroit, sans s'exposer trop, y concourir effectivement et partager la dépouille de son voisin.

En attendant cette époque, les ministres autrichiens et saxons ont travaillé de concert et sous main avec d'autant plus d'ardeur pour préparer les moyens qui pourroient faire exister le cas de l'alliance secrète de Pétersbourg. On avoit établi dans ce traité pour principe que toute guerre entre le Roi et la Russie autoriseroit l'Impératrice-Reine à reprendre la Silésie. Il ne falloit donc qu'exciter une pareille guerre. Pour parvenir à ce but, on n'a pas trouvé de moyen plus propre que de brouiller le Roi sans retour avec Sa Majesté l'Impératrice de Russie et d'irriter cette Princesse par une infinité de fausses insinuations et par les impostures et les calomnies les plus atroces, en prêtant au Roi toutes sortes de desseins, tantôt contre la Russie et la personne de l'Impératrice même, tantôt sur la Pologne et à l'égard de la Suède. Le public jugera de la vérité de ce qu'on vient d'avancer, par les échantillons suivants :

On verra par la dépêche du comte de Vicedom, ministre de Saxe à Pétersbourg, datée du 18 avril 1747 :

> que le baron de Protlack, ministre de Vienne, se félicite d'avoir trouvé moyen, par des communications confidentes de la part de sa cour au sujet de plusieurs menées du Roi de Prusse désavantageuses à Sa Majesté Impériale, de Lui inspirer des sentiments qui avoient poussé Son inimitié au suprême degré, et que les deux ministres de Vienne et de Saxe se concertoient sur les moyens de faire un accommodement entre l'Impératrice-Reine et la France, pour que la première puisse faire tête au Roi de Prusse.

Dans une dépêche du 6 juillet 1747 le comte de Bernes marque à l'Impératrice-Reine le raisonnement qu'il avoit tenu au ministre de Russie, le comte Keyserlingk, pour l'animer à mettre plus de vivacité dans ses rapports et à exagérer les arrangements militaires du Roi de Prusse.

Le sr. de Weingarten, secrétaire d'ambassade de la cour de Vienne à Berlin, mande au comte d'Ulfeld, le 24 août 1748, qu'à la réquisition du comte Bernes, résident alors à Pétersbourg, il avoit engagé le ministre de Russie à Berlin d'écrire à sa cour que le Roi de Prusse faisoit de nouveaux préparatifs de guerre qui ne tendoient qu'à procurer la souveraineté au Prince Successeur de Suède.

Le 12 décembre 1749 le comte Bernes écrivit de Pétersbourg au comte de la Puebla à Berlin :

> qu'il devoit faire glisser au ministre de Russie, le sr. Gross, qu'il se tramoit quelque chose en Suède contre la vie et la personne de l'Impératrice de Russie, à quoi la cour de Prusse avoit sa bonne part, et que lorsque le sieur Gross lui en feroit

la confidence, il devoit lui confirmer la vérité de cette découverte.

Les ministres saxons ont manœuvré de cette carrière avec tout d'autant d'activité que ceux de Vienne, et on peut dire même qu'ils l'ont emporté sur eux.

L'instruction que la cour de Saxe donna en 1750 au général d'Arnim, allant en qualité de son ministre plénipotentiaire à Pétersbourg, porte un article exprès par lequel on le charge d'entretenir adroitement la défiance et la jalousie de la Russie contre la Prusse et d'applaudir à tous les arrangements qu'on pourroit prendre contre cette couronne.

Personne ne s'est mieux acquitté de ces ordres que le sr. de Funcke, ministre de Saxe à Pétersbourg, qui étoit l'âme et le mobile de tout le parti.

Ce ministre ne laissa passer aucune occasion d'insinuer que le Roi formoit des desseins sur la Courlande, la Prusse polonoise et la ville de Dantzig, que les cours de France, de Prusse et de Suède couvoient de vastes projets dans le cas d'une vacance du trône de Pologne, et une infinité d'autres faussetés pareilles, que Sa Majesté a suffisamment démenties par la conduite pleine d'amitié et de modération qu'Elle a constamment observée envers la République de Pologne, et par le soin qu'Elle a eu de ne point S'ingérer dans les affaires domestiques de la Pologne et de la Courlande, malgré l'exemple que Lui en avoient donné d'autres puissances.

Il seroit ennuyeux de rapporter toutes les insinuations de cette nature répandues dans les correspondances des ministres saxons; il suffira d'en alléguer un trait remarquable, contenu dans la dépêche du sr. Funcke du 6 décembre 1753.

Le comte de Brühl a été toujours fort exact à fournir souvent aux ministres saxons des matériaux pour de pareilles insinuations.

C'est ainsi que par les dépêches du 6 et 13 février 1754 il donne des avis aux ministres de Pétersbourg des arrangements de commerce, de l'établissement des cours de monnoie et des armements en Prusse, en ajoutant la réflexion qu'on connoissoit l'ambition du Roi de Prusse, ses vues d'agrandissement sur la Prusse polonoise et son projet de ruiner le commerce de Dantzig.

Par la dépêche du 28 juillet 1754 il insinue un dessein du Roi sur la Courlande, puisque la gazette de Berlin avoit annoncé la mort de Biron, et dans celle du 2 août il prétend faire croire que la France et la Prusse travailloient depuis longtemps à la Porte Ottomane pour susciter une guerre à la Russie, et que, si elles y parvenoient, le Roi de Prusse ne manqueroit pas d'exécuter son dessein sur la Courlande.

Dans la dépêche du 1ᵉʳ décembre 1754 le comte de Brühl fait parvenir en Russie le prétendu avis que le Roi de Prusse, pour faire goûter son alliance à la cour de Danemark, lui avoit offert son assistance pour parvenir à la possession du duché de Holstein, sous prétexte que le Grand-Duc de Russie avoit embrassé la religion grecque, qui n'étoit point tolérée dans l'Empire. C'est une chose à laquelle Sa Majesté n'a jamais pensé, et sur la fausseté de laquelle Elle peut hardiment provoquer au témoignage de la cour de Copenhague même.

Le sr. de Funcke écrivit au comte de Brühl, le 9 juillet 1755, que le sr. Gross, ministre de Russie à Dresde, rendroit un bon service à la cause commune, s'il mandoit à sa cour que le Roi de Prusse avoit trouvé un canal en Courlande par lequel il apprenoit tous les secrets de la cour de Russie, et qu'on comptoit faire bon usage d'un pareil avis auprès de l'Impératrice.

Le comte de Brühl répondit, le 23 juillet, qu'il en avoit informé le sr. Gross, qui ne manqueroit pas d'agir en conséquence.

Par le concours d'un si grand nombre de calomnies et d'impostures, on est enfin parvenu à surprendre la religion de l'Impératrice de Russie et à prévenir cette Princesse contre le Roi au point que, par le résultat des assemblées du Sénat de Russie, tenues le 14 et 15 mai 1753, il fut établi pour maxime fondamentale de cet empire de s'opposer à tout agrandissement ultérieur du Roi de Prusse et de l'écraser par des forces supérieures, dès qu'il se présenteroit une occasion favorable de réduire la Maison de Brandebourg à son premier état de modicité.

Cette résolution fut renouvelée dans un Grand Conseil, tenu au mois d'octobre 1755, et elle fut même étendue si loin qu'on se détermina à attaquer le Roi de Prusse, sans aucune discussion ultérieure, soit que ce Prince vînt à attaquer quelqu'un des alliés de la cour de Russie, soit qu'il fût entamé par un des alliés de ladite cour.

Pour juger de la joie que le comte de Brühl eut de cette résolution de la cour de Russie, et combien il étoit disposé d'y faire concourir la sienne, on rapportera les deux traits suivants. Dans la dépêche du 11 novembre 1755 il répond au sr. Funcke:

Les délibérations du Grand Conseil sont d'autant plus glorieuses pour la Russie qu'il ne sauroit y avoir rien de plus efficaces pour ruiner la trop grande puissance de la Prusse et l'ambition non douteuse de cette cour.

Dans la dépêche du 23 novembre il s'explique ainsi :

Le résultat du Grand Conseil de Russie nous a donné une grande satisfaction ; la communication confidente que la Russie veut bien en faire, mettra tous ses alliés, comme aussi notre cour, en état d'entrer en explication sur les arrangements et les mesures à prendre en conséquence. Mais on ne sauroit vouloir du mal à la Saxe, si, en égard au pouvoir prépondérant de son voisin, elle procède avec la dernière précaution et attend avant toute chose sa sûreté de ces alliés et le secours des moyens pour agir.

La convention de neutralité de l'Allemagne, signée à Londres le 16 janvier, ayant détruit toutes les calomnies du comte de Brühl et ébranlé son système d'iniquité, il redoubla ses efforts en Russie pour empêcher le rétablissement d'une bonne intelligence entre le Roi et la cour de Pétersbourg. Voici comment il s'en explique dans sa dépêche du 28 juin 1756 :

La réconciliation entre les cours de Berlin et de Pétersbourg seroit l'évènement le plus critique et le plus dangereux qui pourroit arriver ; il faut espérer que la Russie ne prêtera pas l'oreille à des propositions aussi odieuses, et que la cour de Vienne trouvera bien le moyen de contrecarrer une aussi funeste union.

La cour de Vienne ayant parfaitement réussi à cet égard et s'imaginant, après les nouvelles liaisons qu'elle a contractées dans le courant de cette année, d'avoir attrapé le moment où elle pourroit en pleine liberté reprendre la Silésie, elle n'a pas perdu de temps pour prendre ses mesures en conséquence. Tout le monde sait les grands armements par mer et par terre que la cour de Russie fit faire, au mois d'avril, sans aucun but apparent, la cour d'Angleterre qu'on voulut bien prendre pour prétexte, n'ayant point réclamé de secours. Peu de temps après, on vit la Bohême et la Moravie inondée de troupes, des camps assemblés, des magasins érigés et tous les préparatifs d'une guerre prochaine.

Ce n'est pas sur de simples soupçons, ni sur de faux avis que le Roi a attribué ces armements à un concert secret, fait contre ses États et différé après pour certaines raisons jusqu'à l'année prochaine. Sa Majesté en a eu des indices qui approchent de la démonstration. En voici quelques échantillons :

Le sr. Prasse, secrétaire d'ambassade de la cour de Saxe à Pétersbourg, écrivit au comte de Brühl, en date du 12 avril 1750:

> On m'a chargé de marquer à Votre Excellence qu'on souhaiteroit beaucoup que, pour favoriser certaines vues, Elle voulut bien faire parvenir à Pétersbourg par différents canaux l'avis suivant: que le Roi de Prusse envoyoit, sous prétexte du commerce, des officiers et ingénieurs déguisés en Ukraine pour reconnoître le pays et pour y exciter une rébellion; que cet avis ne devoit pas venir ni de la cour de Saxe, ni par l'envoyé Gross, mais par main tierce, afin qu'on ne s'aperçoive pas du concert, et qu'on avoit donné la même commission à d'autres ministres, afin que cette nouvelle vienne de plus d'un endroit; on m'a aussi requis d'en écrire au baron de Sack en Suède, ce que je ne manquerai pas de faire, et on m'a assuré que le bien de votre cour y étoit également intéressé, en ajoutant: que le Roi de Prusse avoit porté à la Saxe un coup dont elle se ressentiroit pendant cinquante ans, mais qu'on alloit lui en porter un qu'il ressentiroit pendant cent ans.

Le comte de Brühl, toujours prêt à agir contre le Roi et peu délicat sur le choix des moyens, promit dans sa dépêche du 2 de juin de s'acquitter de cette commission. Voilà donc le prétexte de la rupture tout trouvé.

Le secrétaire Prasse écrit dans une autre dépêche du 10 mai:

> Etant allé voir un certain ministre, il me dit qu'il attendoit avec empressement l'effet de l'avis suggéré, et il me donna à entendre qu'on ne balanceroit pas longtemps à commencer une guerre contre le Roi de Prusse, pour mettre des bornes à la puissance d'un voisin si incommode. Je pris la liberté de représenter que je ne voyois pas pour l'amour de quel allié on voudroit faire une si puissante diversion, surtout après la convention de neutralité, signée entre les Rois de Prusse et d'Angleterre. Sur quoi on me répondit: Ces engagements ne nous regardent en rien, nous allons notre chemin en suivant le sens du traité de subsides; l'Impératrice ayant remis au Grand Conseil le soin d'exécuter ce traité, on a trouvé à propos de prendre les mesures les plus propres à la gloire de la couronne et à la sûreté de nos alliés. Il ajouta: que, l'Impératrice ayant donné au Grand Conseil un pouvoir illimité de faire ce que les conjonctures exigeroient, il en avoit profité pour attacher le grelot à la bête; c'étoit son expression.

Le même secrétaire marque en date du 21 de juin:

Qu'à juger de la position présente des affaires à la cour de Russie, celle-ci approuveroit beaucoup les nouvelles liaisons de la cour de Vienne avec la France, qu'elle pourroit même étendre ses engagements avec la cour de Vienne jusqu'à la soutenir dans ses entreprises contre la Prusse, dont on parloit publiquement à Pétersbourg, que le comte Esterhazy négocioit beaucoup, mais avec le dernier secret. Il ajoute qu'il avoit appris par des personnes bien instruites que l'ordre de contremander les armements de mer et de terre provenoit de ce qu'on manquoit également de bons officiers et de matelots pour la marine, ainsi que de magasins et de fourrage pour les troupes de terre.

Les avis de Vienne se combinent parfaitement avec ceux de Russie. Le comte de Flemming, ministre de Saxe à Vienne, écrit au comte de Brühl, le 12 de juin, en propres termes:

Ayant mené le fil de mon entretien avec le comte de Kaunitz insensiblement sur l'armement de la Russie, je lui en ai demandé la raison, et quoique ce ministre ne s'en soit pas clairement expliqué, il n'a cependant pas contredit, quand je lui ai fait connoitre qu'il sembloit que ces grands préparatifs se faisoient plutôt contre le Roi de Prusse que pour remplir les engagements envers l'Angleterre. Je fis là-dessus entendre au comte de Kaunitz que je ne voyois pas trop bien comment la Russie pourroit entretenir des armées si nombreuses hors de ses frontières, si les subsides d'Angleterre devoient cesser, qu'il falloit donc que l'Impératrice-Reine fut intentionnée de les remplacer; sur quoi il me répondit: qu'on ne regretteroit point l'argent, pourvu qu'on le sût bien employer; c'étoient ses propres paroles. Et lorsque je lui fis remarquer qu'il seroit à craindre que ce prince rusé et pénétrant, venant à pénétrer à cet égard un concert avec cette cour-ci, ne tombât tout d'un coup sur elle, il me répartit: qu'il n'en étoit pas beaucoup en peine, qu'il trouveroit à qui parler, et qu'on étoit préparé à tout évènement.

Dans la dépêche du 14 juillet le comte de Flemming s'exprime ainsi:

Le comte de Keyserlingk a reçu une lettre d'un certain ministre de Russie dans laquelle il règne tant d'obscurité qu'on a de la peine à juger des sentiments de sa cour sur la détermination qu'elle voudra prendre dans la crise présente.

Ladite lettre est datée du 15 de juin, et elle renferme en substance qu'il n'auroit pas manqué de le mettre au fait de la connexion des affaires présentes, si le grand secret qu'on étoit convenu de garder, ne l'en empêchoit et ne lui imposoit la loi de se servir d'un style aussi laconique que mystérieux; qu'il n'étoit point surpris que lui, Keyserlingk, voyoit devant ses yeux un chaos qu'il ne savoit point débrouiller; mais que, pour le présent, il ne pouvoit que le renvoyer au proverbe *sapienti sat*, se flattant que dans la suite lui aussi bien que Kaunitz pourroient mettre fin à leur retenue; que le traité de l'Angleterre avec la Prusse avoit fait une grande altération dans les affaires et que, comme la correspondance entre l'Angleterre et la Prusse continuoit son train, il devoit être sur ses gardes avec mr. de Keith.

Les dépêches du comte de Flemming sont remplies d'un grand nombre de traits pareils. Il rapporte entre autres que le comte de Keyserlingk avoit reçu ordre de n'épargner ni peines, ni argent pour parvenir à une connoissance exacte de l'état des revenus de la cour de Vienne, et il assure que celle-ci avoit fait passer un million de florins à Pétersbourg. Il témoigne fort souvent être lui-même persuadé du concert établi entre les deux cours de Vienne et de Russie, que celle-ci, pour masquer d'autant mieux les véritables raisons de son armement, le faisoit sous le prétexte apparent de se trouver par là en état de satisfaire à ses engagements contractés avec l'Angleterre, et quand tous les préparatifs seroient achevés, de tomber inopinément sur le Roi de Prusse! Cette persuasion règne dans toutes ses dépêches, et on a lieu de s'en rapporter à un ministre aussi éclairé, aussi bien instruit et aussi à portée de l'être.

En combinant toutes ces circonstances, le traité de Pétersbourg qui autorise la cour de Vienne à reprendre la Silésie, dès qu'il y a une guerre entre la Prusse et la Russie; la résolution solennellement prise en Russie d'entamer le Roi à la première occasion, soit qu'il fût l'agresseur, ou qu'il fût attaqué; les armements des deux cours Impériales dans un temps où ni l'une ni l'autre n'avoit aucun ennemi à craindre, mais où les conjonctures paroissoient favoriser les vues de la cour de Vienne sur la Silésie; l'aveu formel des ministres de Russie que ces armements étoient destinés contre le Roi; l'aveu tacite du comte de Kaunitz, l'empressement des ministres russiens de se procurer un prétexte pour accuser le Roi d'avoir voulu susciter une rébellion en Ukraine: en combinant, dis-je, toutes ces circonstances, il en résulte une espèce de démonstration d'un concert secret pris contre le Roi, et le public impartial jugera si Sa Majesté, informée de longue main de toutes ces particularités, a pu refuser toute créance aux avis positifs qui Lui sont venus de bonne part d'un concert pareil, et si, par conséquent, Elle n'a pas eu raison de demander à la cour de Vienne des explications et des assurances amicales sur l'objet de ses armements.

Au lieu de répondre par un juste retour à cette façon d'agir également pleine d'amitié et de franchise, l'Impératrice-Reine a trouvé à propos de fortifier les justes soupçons du Roi par une réponse aussi sèche que captieuse et obscure, en disant au sieur de Klinggraeffen: qu'elle avoit pris ses mesures pour sa sûreté et pour celle de ses alliés et amis.

On ne comprend rien à ce prétendu danger; l'Impératrice-Reine n'avoit rien à craindre pour elle-même, surtout après sa nouvelle alliance avec une des plus respectables puissances de l'Europe, et il n'y avoit aucun de ses alliés qui eut besoin de son secours; mais l'énigme disparoit, quand on rapporte à cette réponse les circonstances susalléguées et surtout l'article secret de l'alliance de Pétersbourg, en vertu duquel l'Impératrice-Reine se croit en droit de revendiquer la Silésie, toutes les fois que le Roi seroit en guerre avec un de ses alliés. C'est en vain qu'on opposeroit que cette alliance ne portoit que sur la défensive. Le pas n'est pas difficile de la défensive à l'offensive, quand deux alliés se prêtent mutuellement les prétextes de la guerre, et que la partie auxiliaire croit pouvoir faire des conquêtes sur l'ennemi de la partie belligérante. Le prétexte qu'on a recherché, fait d'ailleurs voir suffisamment de quelle façon on a voulu interpréter l'offensive.

Enfin, on est à même de montrer au public le véritable but de cette réponse par les propres paroles du comte de Kaunitz, rapportées dans une dépêche fort intéressante du comte de Flemming, du 28 juillet. Cette dépêche qui se trouve *in extenso* parmi les pièces justificatives, met le système de la cour de Vienne dans tout son jour. Le comte de Flemming, après avoir détaillé le récit que le comte de Kaunitz lui avoit fait de la déclaration du sr. de Klinggraeffen, continue ainsi:

Ce ministre m'a ajouté qu'étant allé immédiatement après à Schönbrunn, il avoit chemin faisant réfléchi sur la réponse qu'il conseilleroit à sa souveraine de donner à mr. de Klinggraeffen, et qu'ayant cru entrevoir que le Roi de Prusse avoit deux objets en vue qu'on vouloit également éviter ici, savoir d'en venir à des pourparlers et éclaircissements qui pourroient d'abord causer une suspension des mesures qu'on jugeoit nécessaires de continuer avec vigueur, et, en second lieu, d'amener les choses plus loin et à d'autres propositions et engagements plus essentiels, il avoit jugé que la réponse devoit être d'une nature qui éludât entièrement la question du Roi de Prusse, et qui, en ne laissant plus lieu à des explications ultérieures, fût en même temps ferme et polie, sans être susceptible d'aucune interprétation, ni sinistre ni favorable. Qu'en conformité de cette idée, il lui avoit paru suffire que l'Impératrice se contentât de répondre simplement que, dans la forte crise générale où se trouvoit l'Europe, il étoit de son devoir et de la dignité de sa couronne de prendre des mesures suffisantes pour sa propre sûreté aussi bien que pour celle de ses amis et alliés.

On voit clairement par là que le comte Kaunitz, en dictant à sa souveraine la réponse susmentionnée, s'est proposé de fermer la porte à toute voie d'éclaircissement et de conciliation, et de poursuivre en même temps les préparatifs de ses desseins dangereux, dans l'attente que le Roi, poussé à bout, feroit quelque démarche, dont il pourroit se servir pour le faire passer pour agresseur.

Sa Majesté, sans Se laisser rebuter par le mauvais succès de Sa première démarche et ne voulant rien oublier pour conserver la paix, a fait réitérer encore deux fois Ses instances auprès de la cour de Vienne, pour avoir simplement une assurance qu'Elle ne seroit point attaquée; mais, sur la seconde proposition, ladite cour a éludé cette demande en se contentant de nier l'existence du concert contre Sa Majesté qu'on vient pourtant de prouver, et, à la troisième réquisition, elle a entièrement refusé toute explication ultérieure.

Ce refus constant de se prêter à une assurance aussi innocente, donne le dernier degré d'évidence à la réalité des desseins dangereux de la cour de Vienne, et Sa Majesté ne pouvant plus avoir le moindre doute là-dessus, Elle S'est vue forcée de prendre le seul parti qui Lui restoit pour prévenir les dangers dont Elle étoit menacée, en allant au devant d'un ennemi irréconciliable qui avoit juré Sa perte.

Le public impartial décidera lequel des deux doit être censé l'agresseur, celui qui prépare tous les moyens pour écraser son voisin, ou celui qui, voyant le bras levé sur la tête pour lui porter les coups les plus dangereux, tâche de les parer en les portant dans le sein de son ennemi.

La conduite du Roi envers la cour de Saxe est fondée sur le

même principe d'une nécessité indispensable de pourvoir à sa propre sûreté contre les desseins les plus dangereux.

Dès le commencement des troubles qui viennent de s'élever, le comte de Brühl a pris le rôle dont il étoit convenu, depuis longtemps, avec les alliés de sa cour, en empruntant le masque de la neutralité; mais en attendant qu'il pût se montrer à visage découvert, il n'a pas laissé d'entrer d'abord personnellement dans le dernier concert formé contre Sa Majesté. On ne sauroit donner de preuve plus forte qu'en répétant ici ce qu'on a détaillé ci-dessus, que ce ministre n'a pas balancé de prêter son ministère pour répandre la calomnie d'une révolte que le Roi vouloit exciter en Ukraine.

Le trait suivant répandra encore plus de jour sur le système que le comte de Brühl s'est proposé de suivre, dans la présente guerre. Le comte de Flemming ayant discuté dans une de ses dépêches s'il convenoit mieux aux intérêts de la Saxe que la Silésie restât entre les mains du Roi ou qu'elle retournât à la cour de Vienne, le comte de Brühl lui répondit, le 26 de juillet 1756:

Je ne fais qu'une seule remarque sur le doute où vous paroissez être, s'il nous seroit plus avantageux que le Roi de Prusse reste dans la tranquille possession de la Silésie ou de voir retourner cette province à la Maison d'Autriche, sans que nous puissions profiter d'une partie de cette acquisition. Je conviens d'abord que les succès que la cour Impériale pourroit avoir, ne la rendront pas d'abord plus facile et accommodante envers nous, mais du moins nous ne courrons pas avec elle les risques que l'expérience fâcheuse nous a appris à craindre de la part de la Prusse et de sa grande puissance, tant pour la Saxe, qu'à l'égard de la Pologne. Aussi ne désespéré-je point que nous ne puissions profiter des événements favorables qui se présenteront peut-être dans la suite, et pour lesquels nous ne manquons point de ménager surtout l'amitié de la Russie.

Le comte de Brühl n'a point perdu de temps à arranger son système de neutralité en conséquence de pareils principes.

Ce premier-ministre écrivit au comte de Flemming le 1ᵉʳ juillet, par conséquent deux mois avant que l'armée du Roi se soit mise en marche:

Qu'il devoit proposer à la cour de Vienne de prendre des mesures contre le passage de l'armée prussienne par la Saxe, en rassemblant une armée dans les cercles de Bohême limitrophes de cet électorat, et de donner des ordres au maréchal de Browne de se concerter secrètement avec le maréchal comte de Rutowski.

Le comte de Flemming répondit à cela le 7 juillet :

Que le comte de Kaunitz l'avoit assuré qu'on nommeroit incessamment les généraux qui devoient commander, après quoi on en désigneroit aussi un qui auroit à se concerter avec le comte de Rutowski ; que ce ministre avoit ajouté que la cour de Saxe ne devoit laisser remarquer aucun embarras ni inquiétude, mais tenir plutôt bonne contenance, en se préparant sous main à tout événement, comme il apprenoit avec plaisir que le Roi de Pologne y avoit déjà songé en donnant des ordres en conséquence au susdit comte Rutowski.

On peut juger de ce concert par le conseil que le comte de Flemming donne au comte de Brühl dans sa dépêche du 14 juillet :

d'accorder le passage aux troupes prussiennes et de prendre après cela les mesures qui conviendroient le mieux.

Selon une dépêche du comte de Flemming du 18 août l'Impératrice-Reine s'est ouverte envers ce ministre dans les termes suivants :

Qu'elle ne désiroit pour le présent rien du Roi de Pologne, comprenant fort bien la délicatesse de sa situation ; qu'elle espéroit cependant qu'il se mettroit, en attendant, en bonne posture pour être préparé à tout événement, et que Sa Majesté, dans la suite du temps, en cas qu'il arrivât quelque éclat entre elle et le Roi de Prusse, ne Se refuseroit pas dans le besoin à concourir aux mesures nécessaires pour leur sûreté mutuelle.

On n'a qu'à repasser succinctement tous les faits qu'on vient d'exposer, pour se former un tableau fidèle de la conduite de la cour de Saxe envers le Roi et pour juger de la justice de celle que Sa Majesté tient actuellement à l'égard de cette cour.

La cour de Dresde a eu part à tous les desseins dangereux qu'on a formés contre le Roi ; ses ministres en ont été les auteurs et les principaux promoteurs, et si elle n'est pas formellement accédée au traité de Pétersbourg, elle est pourtant convenue avec ses alliés de n'attendre pour y concourir effectivement que le moment où les forces du Roi seroient affoiblies et partagées, et qu'elle pourroit lever le masque sans danger.

Sa Majesté Polonoise a adopté pour principe que toute guerre entre le Roi et un de ses alliés lui fournissoit un titre de faire des conquêtes sur Sa Majesté, et c'est en conséquence qu'Elle a cru partager en pleine paix les États de son voisin.

Les ministres saxons ont sonné le tocsin contre le Roi dans

toute l'Europe, et ils n'ont épargné ni calomnies, ni mensonges, ni insinuations sinistres pour augmenter le nombre de ses ennemis.

Le comte de Brühl est entré avec empressement dans le dernier complot de la cour de Vienne par le bruit injurieux qu'il s'est chargé de répandre, et on a fait voir qu'il existe déjà un concert secret entre les cours de Vienne et de Saxe selon lequel la dernière a voulu laisser passer l'armée du Roi pour agir ensuite selon les événements, soit en se joignant à ses ennemis, soit en faisant une diversion dans ses États dégarnis de troupes.

Voilà la situation dans laquelle le Roi s'est trouvé vis-à-vis de la cour de Saxe, en voulant marcher vers la Bohême pour prévenir le danger qui lui étoit préparé. Sa Majesté n'a donc pu S'abandonner à la discrétion d'une cour dont Elle a connu toute la mauvaise volonté, mais Elle S'est vue forcée de prendre les mesures que la prudence et la sûreté de Ses États ont exigées, et auxquelles Elle S'est trouvée autorisée par la conduite de la cour de Saxe à Son égard.

Pièces justificatives [*]).

No. I.
Traité de partage éventuel, du 18 mai 1745.

L'expérience n'ayant que trop fait connoître à quel point le Roi de Prusse pousse ses mauvaises intentions pour troubler le repos de ses voisins, et ce prince ayant d'un côté et réitérativement envahi et dévasté les États de Sa Majesté la Reine de Hongrie et de Bohême, et inquiété de l'autre Sa Majesté le Roi de Pologne, Électeur de Saxe, par plusieurs menaces, préparatifs de guerre et passages violents, sans qu'on en ait pu obtenir la satisfaction due pour le passé, ni sûreté suffisante pour l'avenir, il a été considéré que ce double but ne sauroit être obtenu, que ledit voisin redoutable ne soit resserré dans des bornes étroites. C'est pourquoi Sa Majesté le Roi de Pologne, Électeur de Saxe, comme allié auxiliaire, et Sa Majesté la Reine de Hongrie et de Bohême, comme partie attaquée et belligérante, sont convenus par le présent acte séparé et secret, d'employer leurs efforts communs, non seulement à pleinement remplir l'acte passé entre Leurs Majestés le $\frac{6}{13}$ mai 1744, et les mesures concertées sur les engagements pris par Leur traité d'alliance, conclu le 8 janvier 1745 avec les puissances maritimes, mais encore de ne pas poser ni l'une ni l'autre bas les armes que, outre la conquête de toute

---

[*]) Sämtliche hier folgende Auszüge sind von Friedrich unverändert in seiner Histoire de la guerre de sept ans wiedergegeben. Œuvres 4, 40 f.

Mémoire raisonné.

la Silésie et de la comté de Glatz, on n'ait encore plus étroitement réduit le Roi de Prusse.

Et pour qu'on soit entendu ensemble d'avance sur le partage des conquêtes à faire, pendant que le 8 article dudit traité de Varsovie n'établit qu'en gros que Sa Majesté le Roi de Pologne, Électeur de Saxe, doit participer aux avantages par des convenances, il a paru nécessaire de distinguer les cas qui pourroient arriver dans la suite, et de s'entendre sur un chacun d'iceux.

Supposé donc que, outre la réacquisition de toute la Silésie et de la comté de Glatz, on parvint à conquérir sur ledit Roi le duché de Magdebourg, le cercle de Saal y compris, la principauté de Crossen avec le cercle de Züllichau y appartenant, et les fiefs de Bohême possédés par ce Roi et situés dans la Lusace, nommément Cottbus, Peitz, Storkow, Beeskow, Sommerfeld et d'autres endroits et districts qui y appartiennent: en ce cas, toute la Silésie et la comté de Glatz, à Schwiebus près, devront revenir à Sa Majesté la Reine de Hongrie et de Bohême, laquelle cède en échange tout le reste qu'on vient d'énoncer, avec le district de Schwiebus appartenant d'ailleurs à la Silésie, à Sa Majesté le Roi de Pologne, Électeur de Saxe.

Supposé au contraire que, outre la réacquisition de toute la Silésie et de la comté de Glatz, on ne parvint à conquérir sur l'aggresseur que le cercle de Saal, la principauté de Crossen avec le cercle de Züllichau et les susnommés fiefs de Bohême lui appartenant en Lusace; alors Sa Majesté Polonoise, Électeur de Saxe, Se contentera de ce dernier partage et du district de Schwiebus, en laissant pareillement à Sa Majesté la Reine de Hongrie et de Bohême toute la Silésie et la comté de Glatz, à Schwiebus près. Mais supposé enfin que, contre toute attente et nonobstant les efforts communs susdits, on ne parvint qu'à conquérir, outre la comté de Glatz, toute la Silésie, de même que la principauté de Crossen avec le cercle de Züllichau et les susdits fiefs de Bohême possédés par ledit Roi en Lusace; en ce cas, Sa Majesté Polonoise aura, outre la principauté, le cercle et les fiefs qu'on vient de nommer, le district de Schwiebus, appartenant autrement à la Silésie.

Et pour que Sa Majesté le Roi de Pologne, Électeur de Saxe, soit d'autant plus assuré, du moins et pour le pis aller, de ces dernières acquisitions, Sa Majesté [la] Reine de Hongrie et de Bohême S'engage de la manière la plus forte et la plus solennelle, que Sa Majesté le Roi de Pologne, Électeur de Saxe, doit avoir précisément les mêmes sûretés pour ces nouvelles acquisitions qu'Elle aura ou pourra avoir pour la réacquisition de Ses anciens États patrimoniaux, c'est-à-dire, la Silésie et la comté de Glatz, de sorte que tout doit aller à pas égaux, et qu'Elle ne sauroit se prévaloir plus tôt de la possession de toute la Silésie, que lorsque Sa Majesté le Roi de Pologne Se trouvera pareillement dans la possession de Sa quote-part aux conquêtes. À cette fin, les troupes saxonnes de Sa Majesté Polonoise resteront dans la Silésie reconquise jusqu'à ce que Sa quote-part sera effectuée, du moins selon le dernier des cas ci-dessus énoncés.

Après quoi, les Hauts Contractants se garantiront réciproquement, pour eux et pour leurs héritiers et successeurs à perpétuité, tout ce qu'à l'un et à l'autre sera tombé en partage, en tâchant d'en obtenir aussi la garantie de leurs alliés.

En foi de quoi, Leurs Majestés ont signé, chacune de propre main, un exemplaire de la même teneur de cet acte séparé et secret, pour être échangé l'un contre l'autre, et y ont fait apposer leurs sceaux royaux. Fait à Leipzig, ce 18 mai 1745.

(L. S.) Auguste, Roi.

No. II.

Traduction du quatrième article séparé et secret du traité de Pétersbourg, du 22 mai 1746.

Sa Majesté l'Impératrice-Reine de Hongrie et de Bohême déclare qu'Elle observera religieusement et de bonne foi le traité de paix conclu entre Elle et Sa Majesté le Roi de Prusse à Dresde, le 25 décembre 1745, et qu'Elle ne sera point la première à Se départir de la renonciation qu'Elle a faite de Ses droits sur la partie cédée du duché de Silésie et de la comté de Glatz.

Mais si, contre toute attente et les vœux communs, le Roi de Prusse fût le premier à s'écarter de cette paix en attaquant hostilement, soit Sa Majesté l'Impératrice-Reine de Hongrie et de Bohême ou Ses héritiers et successeurs, soit Sa Majesté l'Impératrice de Russie, ou bien la République de Pologne, dans tous lesquels cas les droits de Sa Majesté l'Impératrice-Reine de Hongrie et de Bohême sur la partie cédée de la Silésie et la comté de Glatz, par conséquent aussi les garanties renouvelées dans le second et troisième article de la part de Sa Majesté l'Impératrice de Russie, auroient de nouveau lieu et reprendroient leur plénier effet; les deux hautes parties contractantes sont convenues expressément que, dans ce cas inespéré, mais pas plus tôt, ladite garantie sera remplie entièrement et sans perte de temps, et elles se promettent solennellement que, pour détourner le danger commun d'une pareille agression hostile, elles uniront leurs conseils; qu'elles enjoindront à la même confidence réciproque à leurs ministres dans les cours étrangères, qu'elles se communiqueront confidemment ce que, de part ou d'autre, on pourroit apprendre des desseins de l'ennemi; et enfin Sa Majesté l'Impératrice-Reine de Hongrie et de Bohême tiendra prêt en Bohême, en Moravie et les comtés adjacentes de Hongrie, un corps de 20,000 hommes d'infanterie et de 10,000 hommes de cavalerie; et que Sa Majesté l'Impératrice de Russie tiendra prêt un corps pareil en Livonie, Esthonie et autres provinces voisines; de façon qu'en cas d'une attaque hostile de la part de la Prusse, soit contre l'une, soit contre l'autre partie, ces 30,000 hommes pourront et devront aller au secours de la partie attaquée en deux ou tout au plus tard en trois mois, à compter du jour de la réquisition faite.

Mais, comme il est facile à prévoir que 60,000 hommes ne suffiront pas pour détourner une pareille attaque, pour recouvrer les provinces cédées par la paix de Dresde, et pour assurer en même temps la tranquillité générale pour l'avenir, les deux parties contractantes se sont en outre engagées d'employer pour cet effet, le cas existant, non seulement 30,000 hommes, mais même le double, savoir 60,000 hommes de chaque côté, et d'assembler ce corps avec autant de célérité que la distance des provinces les moins éloignées le permettra. Les troupes de Sa Majesté Impériale de toutes les Russies seront employées par mer ou par terre, selon ce qui sera trouvé le plus convenable, mais celles de l'Impératrice-Reine de Hongrie et de Bohême ne seront employées que sur terre. Chaque partie commencera à faire du côté de ses propres États une diversion dans ceux du Roi de Prusse; mais en suite on tâchera de se joindre et de poursuivre les opérations conjointement: mais avant que cette jonction se fasse, il se trouvera un général de part et d'autre dans les deux armées respectives, tant pour concerter les opérations, que pour en être témoin oculaire, et pour se communiquer par ce canal les avis qu'on aura à se donner.

Sa Majesté l'Impératrice de Russie, en promettant un si puissant secours à Sa Majesté l'Impératrice-Reine de Hongrie et de Bohême, n'a aucun dessein de faire des conquêtes à cette occasion; mais comme Elle veut bien faire agir son corps de 60,000 hommes, tant par mer que par terre, et que l'équipement d'une flotte causeroit des dépenses considérables, de sorte qu'en partageant ainsi les forces de l'ennemi, on auroit lieu de regarder le corps russien comme fort excédant le nombre de 60,000 hommes, Sa Majesté l'Impératrice-Reine de Hongrie et de Bohême s'engage et promet que, pour témoigner d'autant plus efficacement sa reconnoissance, Elle payera à Sa Majesté l'Impératrice de Russie la somme de 2 millions de florins du Rhin dans un an, à compter du jour qu'Elle aura la Silésie en Son pouvoir, sans pouvoir en décourter quelque chose, sous titre de ce qu'on aura tiré du pays ennemi.

Ce quatrième article séparé et secret aura la même force que s'il étoit inséré mot pour mot au corps du traité défensif, et doit être ratifié en même temps. En foi de quoi, les ministres susmentionnés y ont apposé leur signature et cachet. Fait à Saint-Pétersbourg, le 22 mai 1746.

(L. S.)   (L. S.)
Alexei Comte Bestushew-Rumin.   Jean François de Pretlack.
(L. S.)   Nicolaus Sébastian Noble de Hohenboltz.

No. III.

Résolutions et instructions pour le comte de Vicedom et le sieur de Pezold, à Saint-Pétersbourg.

Rapport circonstancié ayant été dûment fait au Roi du contenu des dernières dépêches du 18, 19 et 21 d'avril, de son conseiller privé et ministre plénipotentiaire à la cour impériale de Russie, le comte de Vicedom, et de son résident à la même cour, le conseiller privé d'ambassade sieur de Pezold, apportées ici de Pétersbourg par le courrier Console le 6 décembre, et Sa Majesté y ayant surtout pris en considération l'affaire d'accession que Lui demandent avec instance les deux cours impériales à leur nouveau traité d'alliance défensive, et à ses articles séparés et secrets signés à Pétersbourg le 22 mai 1746, et ratifiés ensuite de part et d'autre, Sa Majesté a trouvé bon de faire pourvoir là-dessus ses susdits deux ministres en Russie des points de résolution et d'instruction suivants, qui leur doivent servir de règle pour y diriger leur négociation et conduite dans cette affaire aussi importante que délicate.

1.

Sur ce que le Grand-Chancelier de Russie leur a fait connoître, et l'a fait témoigner aussi par son frère le Grand-Maréchal ici, que les deux cours impériales seroient bien aises que l'affaire de l'accession du Roi se traitât et conclût préférablement à Pétersbourg, comme à l'endroit où le traité d'alliance défensive renouvelé entre elles, dont il s'agit, a été négocié, conclu et signé,

Sa Majesté, pour y complaire, fait pourvoir à cet effet le comte de Vicedom et sieur de Pezold du ci-joint plein pouvoir avec la clause de *sammt und sonders*, afin qu'en cas d'absence, d'indisposition ou d'autre empêchement de l'un, l'autre puisse continuer la négociation, en communiquant néanmoins ensemble et agissant dans un parfait concert.

2.

Ils feront valoir cet empressement du Roi auprès du Grand-Chancelier et de l'ambassadeur Pretlack comme une preuve certaine du penchant d'attachement sincère de Sa Majesté pour les deux Impératrices, préférablement à toutes autres considérations qui pourroient l'engager à aller plus bride en main dans une affaire de cette étendue et conséquence.

3.

Le résident Pezold connoissant le mieux ce qui s'est passé, il y a près de deux ans, entre les deux cours, lorsque le Roi se trouva dans le cas de nécessité de réclamer le secours de la Russie, en vertu de leur traité d'alliance défensive renouvelé contre le Roi de Prusse, et ledit résident ayant été témoin oculaire de l'indifférence, lenteur et insuffisance avec lesquelles on répondit à la cour de Pétersbourg aux réquisitions réitérées de Sa Majesté, procédé auquel la Saxe doit principalement attribuer ses derniers malheurs, il fera bien d'en faire souvenir en particulier le Grand-Chancelier, comte de Bestushew, non pas tant sur le pied de reproches à lui en faire, mais plutôt sur un pied de réflexions confidentes, et pour le faire convenir que c'est une résolution bien généreuse du Roi de se prêter si promptement aux désirs des deux cours impériales, et qu'après ce qui lui est arrivé en dernier lieu avec celle de Russie, il n'y a que la grande confiance que Sa Majesté met en lui, Grand-Chancelier, et dans son présent crédit et pouvoir, qui ait pu La déterminer sitôt pour l'accession, dans l'espérance que ce ministre principal songera à réparer le passé, en prenant de loin si bien ses mesures, pour qu'à l'avenir le Roi soit, en cas de besoin, non seulement secouru à temps et suffisamment, mais qu'aussi Sa Majesté, dans les occasions d'une assistance réciproque, trouve Son compte, dédommagement et avantage réel.

4.

Quant au traité principal des deux cours impériales, le Roi est tout disposé d'y accéder, sans autre restriction que celle du nombre des troupes qu'elles s'y sont stipulées réciproquement pour les cas ordinaires d'un secours à prêter; et il est nécessaire que les plénipotentiaires de Sa Majesté proposent et insistent à ce que son assistance soit réglée dans l'acte d'accession sur le double du secours promis de l'électorat de Saxe, d'autant plus que la cour de Vienne envoie au Roi et entretient à ses propres frais, dans tous les cas, les secours réciproques de 6 et 12,000 hommes.

5.

Après que le comte de Vicedom et le sieur de Pezold en seront d'accord avec les ministres des deux cours contractantes, ils procéderont aussi à traiter sur l'accession du Roi aux 6 articles séparés, dont cinq sont secrets, et qui demandent beaucoup plus de réflexions et d'ajustement pour les convenances du Roi.

6.

Comme cependant Sa Majesté, par inclination et zèle pour l'intérêt commun et pour le bien public, n'est pas éloignée de S'y joindre aussi au possible et à proportion de Ses forces, Ses plénipotentiaires prendront un soin particulier à s'expliquer là-dessus plus spécialement avec ceux des deux cours impériales, afin que leurs demandes et la condescendance du Roi à chaque article soient combinées aux intérêts de Sa Majesté.

7.

Y ayant parmi les articles des points d'engagements qui ne regardent proprement que les deux cours impériales principalement contractantes, ils tâcheront d'obtenir que le Roi en soit dispensé, ou qu'ils soient tempérés pour Sa Majesté; comme aussi que toute guerre future en Italie soit exceptée, ainsi qu'elle l'est déjà dans le traité avec la cour de Vienne.

8.

Le 1er et le 4e des articles secrets étant les plus difficiles et onéreux si le Roi y accède dans leur sens et étendue, les deux cours impériales ne sauroient trouver à redire que Sa Majesté demande, outre plus de proportion dans les engagements, qu'ils renferment, des conditions et avantages réciproques.

9.

A l'égard du 1er article secret, qui concerne la garantie des possessions du Grand-Duc de Russie, comme Duc de Holstein-Schleswig et de sa maison ducale, l'Impératrice de Russie voudra bien considérer les grands ménagements que le Roi a à garder pour la cour de Danemark, à cause de son parentage et droit de succession éventuelle, et ainsi ladite souveraine, aussi bien que l'Impératrice-Reine et l'Empereur son époux même, ne refuseront pas en échange au Roi et à sa postérité la garantie de la succession due avec le temps à un prince de la maison électorale de Saxe sur le trône de Danemark.

10.

Pour ce qui est enfin du 4e article secret, qui regarde des mesures éventuelles et plus fortes contre une nouvelle attaque soudaine et inopinée du Roi de Prusse, le Roi reconnoit en cela la sage prévoyance des deux Impératrices, en songeant de loin à se concerter et s'entr'aider avec force, si contre meilleure attente et malgré la plus scrupuleuse attention de leur part pour l'observation de leurs traités avec ledit prince, celui-ci se portoit à envahir les États de l'une ou de l'autre, et le Roi est assez porté à concourir en ce cas aux mêmes mesures; mais comme il est le plus exposé au ressentiment d'un voisin si redoutable et inquiet, témoin la triste expérience que Sa Majesté en a eue en dernier lieu, Leurs Majestés Impériales ne pourront pas trouver étrange que le Roi, avant d'entrer dans un pareil engagement nouveau, éventuel et étendu, prenne mieux ses précautions, tant pour sa sûreté et défense mutuelle, que pour en être dédommagé et récompensé à proportion de ses efforts et des progrès contre un tel agresseur.

11.

A cette fin, le comte de Vicedom et le sieur de Pezold demanderont aux ministres plénipotentiaires impériaux: 1° quel nombre de troupes leurs soude part et d'autre? Et 2° que ce secours désiré du Roi ne soit pas disproportionné aux forces de son armée. 3° Que les deux cours impériales en promettent le double au Roi. 4° Que les deux Impératrices s'engagent à tenir chacune, pour le moins, un tel corps de leurs troupes en état mobile et prêt à marcher au secours de Sa Majesté, d'un côté sur les frontières de Prusse, et de l'autre en Bohême. 5° Qu'elles s'obligent à faire participer le Roi des prisonniers, dépouilles et conquêtes qu'elles feront, ensemble ou séparément, sur l'agresseur et par là ennemi commun.

12.

Par rapport à ce dernier point et partage de conquêtes à faire, les ministres plénipotentiaires du Roi auront à demander au ministre de Russie les offres de sa souveraine, et à déclarer relativement à l'Impératrice-Reine de Hongrie et de Bohême qu'en tout cas et si cette princesse, de nouveau attaquée par le Roi de Prusse, parvenoit à reconquérir non seulement la Silésie et le comté de Glatz, mais aussi à resserrer cet agresseur dans des bornes plus étroites, le Roi de Pologne, comme Électeur de Saxe, s'en tiendroit au partage stipulé entre elle et Sa Majesté, par la convention signée à Leipzig le 18 mai 1745, dont le résident Pezold a reçu la copie par une lettre ministérielle du 14 novembre de la même année; excepté le troisième degré de partage y défini, dont Sa Majesté ne sauroit se contenter, puisqu'en cas que l'Impératrice-Reine ne pût parvenir qu'à conquérir, outre le comté de Glatz, toute la Silésie, de même que la principauté de Crossen, avec le cercle de Züllichau et les fiefs de Bohême possédés par le Roi de Prusse en Lusace, il faudroit accorder éventuellement au Roi, Électeur de Saxe, une part plus considérable à ces conquêtes que ladite principauté, le cercle et les fiefs; sur quoi, Sa Majesté attendra les offres de la cour de Vienne, et y fera négocier par le comte de Loss, souhaitant seulement que celle de Russie s'emploie à faire obtenir pour ce cas de l'Impératrice-Reine un meilleur partage au Roi, et en assure et garantisse ensuite à celui-ci l'acquisition.

13.

Sur ce que dessus, le comte de Vicedom et le sieur de Pezold prendront tout *ad referendum*, et ne concluront rien, avant que, sur leurs rapports, ils y soient autorisés par des ordres et résolutions finales du Roi.

14.

Le reste est remis à leur prudence, dextérité et zèle pour le service et les intérêts et la gloire de Sa Majesté, qui les assure de Sa protection et de Ses bonnes grâces, lorsqu'ils s'appliqueront à remplir, avec toute l'exactitude dont ils sont capables, les points de cette instruction. Écrit à Dresde, ce 23 mai 1747.

Auguste, Roi.

(L. S.)

C. de Br.

de Walther.

No. IV.

Traduction du mémoire présenté par les ministres de Saxe à Pétersbourg, le $\frac{14}{25}$ septembre 1747.

Dans la conférence tenue avec nous soussignés le 8 et 19 du courant, nous avons à la vérité déjà produit nos pleins pouvoirs, aussi bien que les déclarations et conditions sous lesquelles Sa Majesté le Roi de Pologne, notre très gracieux maître, comme Électeur de Saxe, est prêt d'accéder au traité d'alliance défensive conclu entre les deux cours impériales à Pétersbourg le 22 mai 1746, aussi bien qu'aux articles secrets et séparés du même traité, selon les ordres et instructions que nous avons reçus là-dessus.

Mais comme Leurs Excellences messieurs les ministres des deux cours impériales autorisés pour conférer avec nous, ont souhaité de recevoir de nous quelque chose par écrit, nous n'avons pas voulu manquer de récapituler ce qui suit:

I. Sa Majesté Polonaise reconnoît, avec autant de gratitude que d'empressement, l'amitié que les deux cours impériales ont voulu Lui témoigner, en Lui faisant communiquer ledit traité avec les articles séparés et secrets, et en La faisant inviter d'y accéder; mais Elle Se flatte, en même temps, qu'ayant tant de raisons importantes de S'abstenir dans la crise présente de tous nouveaux engagements, les deux hautes parties contractantes regarderont la facilité que Sa Majesté témoigne dans cette occasion, comme une nouvelle marque de Son amitié sincère et de Sa parfaite confiance, et qu'elles en seront d'autant plus portées à régler ladite accession sur un pied que Sa Majesté soit non seulement secourue sans perte de temps et suffisamment dans le cas existant, mais qu'Elle puisse aussi jouir d'un dédommagement convenable et d'avantages réels pour Sa concurrence réciproque et réelle.

II. Dans cette confiance, Sa Majesté est prête d'accéder purement au corps du traité, en y ajoutant la seule restriction qu'en retour du nombre de troupes auxiliaires que Sa Majesté, comme Électeur de Saxe, s'obligera de fournir, les deux cours impériales Lui stipulent le double, selon l'exemple des engagements qui subsistent déjà entre Elle et Sa Majesté l'Impératrice-Reine de Hongrie et de Bohême. Pour ce qui regarde le nombre même des troupes auxiliaires à fournir par notre cour, nous avons ordre d'attendre là-dessus les premières ouvertures des deux hautes parties contractantes. Cependant nous croyons, vu que les secours qu'on auroit à se fournir dans les cas ordinaires sur lesquels roule le corps du traité, est déjà déterminé par les traités que Sa Majesté a déjà avec les deux cours, qu'on pourroit s'y tenir aussi dans la présente accession, et se contenter de faire servir celle-ci à la confirmation des engagements précédents.

III. Les circonstances étant fort différentes à l'égard des articles séparés et secrets, dont le premier et le quatrième méritent surtout une attention beaucoup plus sérieuse, nous sommes instruits, par rapport au premier article, qui regarde la garantie des possessions présentes de Son Altesse Impériale le Grand-Duc de Russie, comme Duc de Holstein-Schleswig en Allemagne, de représenter les grands ménagements que Sa Majesté est obligée de garder envers la cour de Danemark, en considération des liens du sang et de la succession éventuelle qui Lui compète, et de proposer par cette raison qu'en retour de ladite garantie dont Sa Majesté doit Se charger, on Lui accorde la garantie des deux hautes parties contractantes, aussi bien que de l'Empereur, sur le susmentionné droit de succession éventuelle au trône de Danemark, et qu'on reconnoisse en attendant ce droit.

IV. Quant au quatrième article, Sa Majesté approuve parfaitement les mesures sages et efficaces que les cours impériales ont prises éventuellement pour le cas que Sa Majesté le Roi de Prusse, malgré l'exacte observation de la paix conclue avec elle, vint à attaquer de nouveau hostilement les États de l'une ou de l'autre partie, et Elle est prête d'y concourir. Mais comme Sa Majesté a encore plus de raisons que les deux cours impériales d'y penser mûrement, et qu'Elle doit surtout considérer que, selon la triste expérience qu'Elle en a eue en dernier lieu, le Roi de Prusse a pris le secours qu'Elle étoit obligée de fournir à Sa Majesté l'Impératrice-Reine de Hongrie et de Bohême, pour prétexte de Lui déclarer la guerre; qu'en outre l'électorat de Saxe par sa situation est si fort exposé à son ressentiment, que, si Elle n'étoit pas secourue sur-le-champ, il ne Lui seroit pas possible de Se garantir par Ses propres forces, contre les attaques subites qu'on a vu exécuter au Roi de Prusse; et enfin que, si on ne pourvoit pas avant toute chose à la sûreté et à la conservation dudit électorat, les deux hautes parties contractantes souffriroient elles-mêmes un préjudice infini par la ruine de cet État. En conséquence de ces considérations, Sa Majesté Se flatte que les deux hautes parties contractantes reconnoîtront elles-mêmes la nécessité et la justice des conditions et modifications que nous sommes chargés de proposer; savoir: 1° Que le nombre des troupes auxiliaires qu'on exigera de Sa Majesté, ne soit pas disproportionné aux forces de Son armée. 2° Que chacune des deux cours impériales promette le double à Sa Majesté, et si cela ne suffisoit pas, une assistance encore plus forte. 3° Que les deux Impératrices s'engagent à tenir chacune, pour le moins, un tel corps de leurs troupes mobile et prêt à marcher au secours de Sa Majesté, d'un côté sur les frontières de Prusse, et de l'autre en Bohême. 4° Que ces corps de troupes fassent une diversion dans les pays les plus proches dès le moment que les États de Saxe seront attaqués, ou que la guerre sera déclarée contre ces États; et cela sans qu'on puisse exiger un concert préalable, malgré ce qui est statué à cet égard dans le corps du traité aussi bien que dans l'article secret. 5° Que dans le cas qu'une des deux cours impériales fût attaquée, Sa Majesté ne soit pas obligée de commencer les opérations avant que la seconde cour impériale n'ait commencé effectivement à agir, pour détourner l'effet de la prépondérance de l'ennemi, ou que du moins le danger évident d'être écrasé tout d'un coup soit venu à cesser. 6° Qu'on fasse participer Sa Majesté, en conséquence de l'article 10 du traité, non seulement au butin et aux prisonniers, mais aussi aux conquêtes qu'on pourra faire sur l'ennemi. 7° Et enfin, que, comme Sa Majesté l'Impératrice de Russie a déclaré, dans le quatrième article secret, que dans le cas d'un secours à prêter ou d'une diversion à faire, Elle n'avoit aucun dessein de faire de nouvelles conquêtes, et que par conséquent il Lui sera indifférent de quelle façon Sa Majesté s'arrangera avec la cour de Vienne sur le partage éventuel et un dédommagement convenable, Sadite Majesté Impériale de Russie veuille bien approuver d'avance cette convention, et Se charger de la garantie.

V. Pour ce qui regarde l'article séparé et le second, troisième et cinquième article secret, l'accession de Sa Majesté à ces articles doit cesser par soi-même, d'un côté, parceque lesdits articles roulent sur des engagements qui ne regardent que les deux cours impériales, et d'un autre côté, parcequ' en n'ayant pas communiqué à Sa Majesté l'article secrétissime allégué dans le troisième article secret, elles ont donné par là à connoître elles-mêmes qu'on ne demande pas la concurrence du Roi pour ces engagements, et que pour le reste on veut s'en tenir à ce qui a été stipulé antérieurement dans les traités qui subsistent entre Sa Majesté et l'une aussi bien que l'autre des deux cours impériales. Mais comme, dans le troisième et cinquième article secret, on a encore répété, l'exception du *casus foederis* déjà établi dans le traité même à l'égard des guerres futures d'Italie, et qu'on y a ajouté que, de la part de l'Impératrice-Reine, la guerre présente avec la maison de Bourbon, et, de la part de Sa Majesté l'Impératrice de Russie, une agression hostile de Son Empire du côté du nord, ne doivent pas être censées des cas qui puissent empêcher ce qui a été statué dans le quatrième article secret à l'égard d'une rupture de la part de la Prusse, ainsi les deux hautes parties contractantes ne refuseront pas de faire aussi comprendre Sa Majesté dans cette stipulation.

Au reste, le Roi ne doute pas que les deux cours impériales ne trouvent dans toute cette proposition autant de preuves de son équité, de sa confiance et de son amitié sincère, et Elle Se flatte d'autant plus de recevoir une réponse favorable, qu'Elle a mérité, par les malheurs qu'Elle a encourus pour la cause commune, qu'à l'avenir on pourvoie d'autant mieux à Sa sûreté et à Son dédommagement. Nous soussignés attendons ladite déclaration et réponse, pour pouvoir aller outre dans l'affaire de l'accession. Saint-Pétersbourg, le 14/25 septembre 1747.

Louis Sigefroi Comte Vitzthum d'Eckstädt.
Jean Sigismond de Pezold.

No. V.

Dépêche du Roi de Pologne au comte de Loss à Vienne, du 21 décembre 1747.

Monsieur le comte de Loss. Vous vous souviendrez indubitablement de ce que, dès que les deux cours impériales de Vienne et de Pétersbourg M'ont fait inviter par les comtes d'Esterhazy et de Bestushew d'accéder au traité d'alliance défensive renouvelé entre les deux Impératrices le 22 mai 1746, Je vous ai fait donner information de l'instruction envoyée là-dessus à Mes ministres plénipotentiaires à la cour de Russie, où on étoit convenu que l'affaire de Mon accession seroit traitée. Ce fut le 23 mai dernier que Je vous en fis donner part, et sur ce que la cour où vous êtes, tardoit de vous communiquer le traité en question, J'ordonnai de vous en faire tenir au mois de juillet suivant une copie, de même que de tous les articles séparés et secrets qui M'avoient été communiqués par les ministres impériaux ici, à l'occasion de leur invitation commune. Les Miens à Pétersbourg, après avoir déclaré en gros Mes dispositions favorables pour l'accession et produit leur plein pouvoir, se sont tenus toujours prêts à entrer en matière là-dessus avec les ministres autorisés pour cela par les deux Impératrices, sans avoir pu y parvenir plus tôt que le $\frac{8}{19}$ septembre dernier dans une conférence; et ayant été requis de donner leurs ouvertures par écrit, ils s'y sont encore prêtés moyennant un Pro Memoria signé le $\frac{12}{21}$ septembre, dont Je vous fais joindre ici une copie sub A.

Comme en attendant que les deux cours impériales y fassent réponse par leurs ministres à Pétersbourg, et avant que Je me détermine finalement là-dessus pour Mon acte d'accession, il M'importe de M'être entendu avec l'Impératrice-Reine sur le partage éventuel qui doit Me revenir pour Ma portion, en cas que cette princesse, de nouveau attaquée contre meilleure attente par le Roi de Prusse, fasse, par le concours de Mon assistance, des dépouilles et conquêtes sur lui, ainsi que cela se trouve expliqué plus en détail dans le 12 article de l'instruction susmentionnée, dont Mes ministres à Pétersbourg furent munis le 23 mai a. c., Je vous charge de cette négociation et vous autorise par le présent ordre; et Mon intention est que Ma convention signée ci-devant à Leipzig, le 18 mai 1745, avec la Reine de Hongrie, dont vous trouverez ci-joint sub B la copie, pourra servir de base de partage éventuel à l'avenir, excepté le troisième degré, ou en cas que la cour de Vienne ne pût reconquérir, outre le comté de Glatz, que toute la Silésie avec la principauté de Crossen, le cercle de Züllichau et les fiefs de Bohême que le Roi de Prusse possède en Lusace, vous demandiez pour Moi à l'Impératrice-Reine une part plus considérable à ces conquêtes que ladite principauté, le cercle et les fiefs, et que vous insistiez à ce que cette princesse M'en fasse l'offre, pour que Je puisse voir en suite si ce seroit de Ma convenance d'y acquiescer. En faisant l'ouverture à l'Impératrice-Reine et à son ministère confident de Ma demande à cet égard, vous leur en exposerez la justice et l'équité qu'il y a qu'on M'accorde une portion un peu plus avantageuse, pour Me dédommager et consoler du sort malheureux et des pertes que J'ai essuyées à Mon secours antérieurement prêté de toutes Mes forces à Sa Majesté Impériale. Sur les rapports que vous Me ferez successivement des progrès de votre négociation, Je vous ferai parvenir Mes ordres ultérieurs, priant, en attendant, Dieu qu'il etc. Écrit à Dresde, ce 21 décembre 1747.

Auguste, Roi.
C. de Brühl.

Au ministre de conférence et d'État
comte de Loss à Vienne.

No. VI.

Extrait de l'avis du Conseil privé de Sa Majesté Polonoise, au sujet de l'accession au traité de Pétersbourg, donné le 15 août 1747.

Nous sommes aussi du sentiment que le quatrième article secret va au delà des règles ordinaires, en ce qu'il y est déclaré que non seulement le cas d'une agression hostile de la part de Sa Majesté Prussienne contre Sa Majesté l'Impératrice-Reine, mais aussi le cas d'une pareille agression contre l'empire de Russie ou contre la République de Pologne doit être regardé comme une violation de la paix de Dresde, et doit mettre Sa Majesté l'Impératrice-Reine en droit de revendiquer le duché de Silésie et le comté de Glatz. Si Votre Majesté approuvoit cette stipulation par Son accession, nos appréhensions de Sa Majesté Prussienne augmenteroient beaucoup, et nous reconnoitrions par là le principe, que nous avons d'ailleurs toujours combattu; qu'une puissance auxiliaire doit être regardée sur le même pied que la puissance belligérante, etc.

No. VII.
Extrait de l'avis du Conseil privé de Sa Majesté Polonoise, du 17 septembre 1748.

On a stipulé, dans l'article secret, qu'on regardera pour une violation de la paix de Dresde, non seulement le cas où le Roi de Prusse attaqueroit Sa Majesté l'Impératrice-Reine, mais aussi toute agression contre l'empire de Russie ou contre la République de Pologne.

Si Votre Majesté approuvoit donc par Son accession un *principe si opposé aux règles ordinaires*, le Roi de Prusse, s'il venoit à l'apprendre, pourroit Lui imputer une violation de la paix de Dresde, etc.

No. VIII.
Extrait d'une apostille du comte de Brühl au comte de Loss à Paris, de Dresde, le 12 juin 1747.

Quant aux deux points mentionnés dans la lettre de Votre Excellence du 8 d. c., sur lesquels Elle demande les ordres du Roi, Je dois Lui dire au nom de Sa Majesté que, quoique la prétention de la déclaration qu'on exige, soit un peu extraordinaire, le Roi permet cependant que Votre Excellence donne une déclaration pour assurer que le traité dont il s'agit ne contient rien de plus que ce qui est porté dans la copie allemande qu'on a communiquée, et que nous ne savons rien d'aucun article séparé ou secret; mais que supposé aussi qu'il en existât, qu'on nous les communiquât, et qu'on nous inviteroit à y accéder pareillement, la France pouvoit être sûre que nous n'entrerions dans aucun engagement qui tendit à son offense ou qui fût contraire en façon quelconque à ceux que nous avons avec cette couronne.

No. IX.
Déclaration du comte de Loss au ministère de France. 1747.

Le soussigné ambassadeur extraordinaire de Sa Majesté le Roi de Pologne, Électeur de Saxe, est autorisé de déclarer, au nom du Roi son maitre, que le traité entre la cour de Vienne et celle de Pétersbourg, auquel Sa Majesté a été invitée d'accéder, ne contient rien de plus que ce qui est porté dans la copie allemande, que l'ambassadeur susmentionné a eu l'honneur de remettre à mr. le marquis de Puyzieulx, sans qu'aucun article séparé ou secret ait été communiqué au Roi de Pologne de la part des cours susdites. A quoi il a ordre d'ajouter qu'au cas que cet article séparé ou secret existât, et qu'on invitât Sa Majesté Polonaise d'y accéder, qu'en ce cas, Sadite Majesté n'entrera en rien qui puisse tendre à offenser le Roi Très-Chrétien, ou qui puisse être contraire en façon quelconque aux engagements qui subsistent entre le Roi de Pologne et Sa Majesté Très-Chrétienne par le traité qui a été conclu entre eux le 21 d'avril 1746. En foi de quoi, j'ai signé cette déclaration, et y ai apposé le cachet de mes armes. Fait au camp de la Grande-Commanderie, ce etc.

No. X.

Extrait de l'instruction du général d'Arnim pour sa mission de Pétersbourg, datée le 19 février 1750.

b) Après cela, le général d'Arnim peut insinuer qu'on se souviendroit de quelle façon Sa Majesté avoit fait déclarer depuis longtemps par Ses ministres à Pétersbourg, le comte de Vicedom et le sieur de Pezold, Son inclination d'accéder au traité de Pétersbourg du 22 mai 1746, et qu'on avoit trouvé que la question en étoit si étroitement liée à celle du *quomodo*, qu'on ne pouvoit pas décider l'une sans l'autre

c) Que dans la négociation sur la question *quomodo*, on avoit rencontré toutes sortes de difficultés, comme cela paroit plus amplement par le mémoire du ministère russien en date du 3 janvier 1748, servant de réponse au mémoire des ministres du Roi du $\frac{14}{25}$ septembre 1747; mais que Sa Majesté Se flattoit de l'amitié de Sa Majesté l'Impératrice de Russie et des bonnes intentions du ministère de Russie, qu'on n'exigeroit rien d'Elle qui surpasse Ses forces, et qu'on ne demanderoit pas autrement Son accession que sous la condition qu'on ne La chargeroit de rien qu'Elle ne fût pas capable d'effectuer; qu'on Lui promette, d'un autre côté, de la part des deux cours impériales, dans le cas d'une invasion hostile dans Ses États patrimoniaux en Allemagne, une assistance prompte, sûre et suffisante, moyennant deux armées à tenir toujours prêtes sur les frontières respectives, et qui puissent d'abord La secourir, ou faire une diversion selon l'exigence du cas; *et enfin, qu'on détermine positivement la part qu'Elle doit avoir aux avantages qu'on pourroit remporter par un heureux succès des armes.*

No. XI.

Mémoire remis au ministre de Russie, comte de Keyserlingk, à Dresde, le 26 juin 1750.

Le Roi n'a pas hésité déclarer déjà de bouche, à Son Excellence mr. le comte de Keyserlingk, les bonnes dispositions dans lesquelles Sa Majesté Se trouve relativement au traité définitif d'alliance et de garantie conclu à Pétersbourg, le 22 de mai 1746, entre Leurs Majestés l'Impératrice de Russie et l'Impératrice-Reine de Hongrie, auquel traité le Roi a été invité d'accéder. Cette déclaration, jointe à tout ce qui a été donné à connoitre en même temps audit ministre de Russie, lui sera encore en fraîche mémoire.

Tout comme on réitère ici expressément la même déclaration amiable, qui tend, entre autres vues salutaires, principalement à prouver la haute considération que Sa Majesté porte à Leurs Majestés Impériales et aux autres alliés, et le cas qu'Elle fait de leur amitié. Ainsi Sa Majesté ne met non plus le moindre doute dans les assurances si souvent données et réitérées de la précieuse amitié de Sa Majesté l'Impératrice de Russie, qu'Elle ne veuille en échange, à l'occasion de l'accession dont il s'agit, pourvoir préalablement et suffisamment à la sûreté des États héréditaires de Sa Majesté, et effectuer la même chose près des autres alliés.

Dans cette attente, Sa Majesté fera pourvoir au plus tôt Son ministre à la cour de Russie des instructions nécessaires pour entrer plus avant en matière, et conduire la négociation dont il s'agit à une heureuse fin.

C'est de quoi l'on n'a pas voulu manquer de faire part à Son Excellence le comte de Keyserlingk, pour qu'il en puisse informer sa cour, etc. Dresde, ce 26 Juin 1751.

C. de Brühl.

No. XII.

Extrait d'une lettre du comte de Flemming au comte de Brühl, de Vienne, le 28 février 1753.

En conformité de la dépêche dont Votre Excellence m'a honoré, du 19 d. c., j'ai témoigné à mr. le comte d'Ulfeld la satisfaction du Roi notre maître de la déclaration claire et nette de Sa Majesté l'Impératrice-Reine sur l'agnition du traité qui subsiste entre les deux cours, et sur l'application au cas dont il s'agit avec le Roi de Prusse.

J'ajoutai en même temps qu'il seroit bon, et que le Roi mon maître s'y attendoit, qu'à l'exemple de la Russie l'on autorisât aussi éventuellement les ministres respectifs qui subsistent aux cours principalement intéressées au maintien de la paix, à pouvoir dans son temps, et supposé que le besoin paraît exiger, avant quoi nous ne le demanderions pas nous-mêmes, déclarer de quel œil les cours impériales envisageroient toute avanie qui nous seroit faite par la part du Roi de Prusse.

Le comte d'Ulfeld me répondit: Qu'il n'y auroit point de difficulté sur les ordres à envoyer à cet égard à leurs ministres, si nous l'exigions; mais qu'il me donnoit derechef à considérer à quoi nous pourroit servir, et quelle impression feroit sur l'esprit du Roi de Prusse une pareille déclaration qu'on donneroit dans le sens du traité de 1743, vu l'insuffisance du secours y stipulé; qu'il me chargeoit de représenter de nouveau, à cette occasion, à ma cour qu'on ne pouvoit pas prendre assez de mesures contre les vues ambitieuses du Roi de Prusse; et que surtout la Saxe, comme la plus exposée, ne pouvoit pas user d'assez de précautions pour s'en garantir; qu'il importoit donc beaucoup de renforcer nos anciens engagements sur le pied proposé par le feu comte de Harrach en 1745; que cela pourroit se faire à l'occasion de notre accession au traité de Pétersbourg, ou de telle autre façon qui nous paroîtroit la plus convenable pour notre sûreté, et la plus propre pour garder le secret; qu'il croyoit qu'il n'y avoit point de temps à perdre pour se mettre en bonne posture et état de défense, les conjonctures présentes lui paroissant exiger absolument que les cours alliées s'unissent plus étroitement ensemble que jamais, et que chacune d'elles regardât les intérêts de son allié comme les siens propres et, pour me servir de ses termes: dass alle für einen und einer für alle stünde.

No. XIII.

Extrait de la lettre du comte de Brühl au comte de Flemming à Vienne, de Dresde, le 8 mars 1753.

Je profite en même temps de l'excursion de mr. le chevalier de Williams et de cette occasion sûre pour vous communiquer, monsieur, un rapport du Conseil privé du 3 d. c., contenant le sentiment de ce Conseil sur des engagements plus étendus auxquels la cour de Vienne nous invite à l'occasion de notre prochaine accession au traité de Russie. Cette communication ne doit vous servir que pour que vous soyez informé comment on envisage la chose, et des difficultés qu'on y trouve. Mais d'ailleurs le Roi n'approuve pas l'expédient proposé, d'insérer d'abord dans notre acte d'accession l'engagement réciproque de s'entresecourir de toutes ses forces. Sa Majesté n'est cependant pas éloignée de s'entendre par la suite, dans le dernier secret, avec la cour de Vienne sur un tel secours, par des déclarations particulières et confidentes relatives au IV. article secret du traité de Pétersbourg, moyennant des justes conditions et avantages qu'en ce cas on doit aussi nous accorder, et à l'égard desquelles vous pourrez prendre ad referendum tout ce qu'on voudra vous proposer. Je pense d'avance que ce qui nous fut promis par la déclaration de l'Impératrice-Reine du 3 de mai 1745, pourra servir de base.

No. XIV.

Extrait d'une dépêche du comte de Vicedom au comte de Brühl, de Saint-Pétersbourg, le 18 avril 1747.

J'ai l'honneur de dire à Votre Excellence que Pretlack m'a confié que, dans une entrevue secrète qu'il a eue avec l'Impératrice et le Grand-Chancelier, il avoit trouvé moyen, par des communications confidentes de la part de sa cour au sujet de plusieurs menées de ce prince désavantageuses à Sa Majesté Impériale, d'inspirer des sentiments qui ont poussé l'inimitié au suprême degré, et au point que cet ambassadeur s'imagine qu'il ne faudroit plus que très peu pour que Sa colère éclatât par quelque voie de fait, etc.

J'ai donc commencé par m'adresser à l'ambassadeur de Pretlack, après lui avoir détaillé tous les avantages qui pourroient résulter de nos démarches amicales pour sa cour et même pour celle de Russie, en procurant par un accommodement avec la France, plus de facilité à l'Impératrice-Reine à faire tête au Roi de Prusse, etc.

No. XV.

Traduction de la lettre du secrétaire d'ambassade de Weingarten au comte d'Ulfeld, Berlin, du 24 août 1748.

Avant-hier il passa ici un courrier du lord Hyndford qui m'a apporté une dépêche de la part du comte de Bernes, laquelle donne au comte de Keyserlingk et à moi de grandes lumières sur les préparatifs militaires d'ici, puisque le comte Bernes marque que le parti françois et prussien en Suède travailloit à toute force pour procurer la souveraineté au Prince Successeur; qu'en considération de ces circonstances on souhaitoit d'empêcher le voyage de l'Impératrice à Moscou, et que, comme personne ne pourroit y contribuer davantage que le comte de Keyserlingk, eu égard aux préparatifs et desseins dangereux de la cour de Berlin, il devoit animer ce ministre pour cet effet. Celui-ci étant déjà assez prévenu contre la cour d'ici, il ne m'a pas été difficile d'obtenir mon but, puisqu'il m'a fait lire hier sa relation dressée selon les désirs du comte de Bernes, en promettant de continuer sur ce ton toutes les semaines.

No. XVI.
Lettre du comte de Bernes au comte de la Puebla, datée de Pétersbourg, le 12 décembre 1749.

J'ose vous faire, dans le plus grand secret, la réquisition qui suit:

On souhaite que vous fassiez glisser à l'oreille de mr. de Gross, ministre de Russie, mais cela avec tant de précaution qu'on ne puisse jamais soupçonner que la chose vient de vous, qu'il se machine en Suède des choses contre la personne de l'Impératrice, auxquelles la cour de Prusse a sa bonne part; et comme ledit ministre ne manquera probablement pas de vous faire confidence de cette découverte, vous êtes prié de lui répondre que, n'en sachant rien, vous feriez des recherches, et de le lui confirmer ensuite, comme chose que vous auriez apprise par perquisition.

No. XVII.
Extrait de l'instruction donnée au général d'Arnim, Dresde, le 19 février 1750. Traduit.

Le général d'Arnim aura aussi soin d'entretenir la défiance de l'Impératrice et de ses ministres bien intentionnés contre la puissance prussienne, l'agrandissement et l'abus qu'on en fait; en conséquence, il ne manquera pas de louer et d'applaudir à l'attention et à toutes les mesures que l'Impératrice pourroit y opposer, etc.

No. XVIII.
Extrait d'une lettre du sieur de Funcke au comte de Brühl, datée de Saint-Pétersbourg, le 6 décembre 1753. Traduit.

En racontant les motifs qui lui, Funcke, et le baron Pretlack, ministre de Vienne, avoient allégués aux ministres de Russie pour tenir toujours une forte armée sur les frontières de la Prusse, il dit leur avoir représenté entre autres:

„Que cette précaution étoit d'autant plus nécessaire, en égard aux vues notoires des cours de France, de Prusse et de Suède, dans le cas de la vacance du trône de Pologne, que le Roi de Prusse ne tarderoit alors pas d'exécuter ses desseins sur la Prusse polonoise sur l'embouchure de la Vistule — —

„Qu'il falloit imiter l'exemple du Roi de Prusse, qui ne regrettoit aucunes dépenses qui pouvoient le rendre plus redoutable, venant de former encore trois nouveaux régiments; que la cour de Russie ne devoit pas craindre d'être abandonnée par ses alliés lorsqu'elle en viendroit aux mains; qu'ils connoissoient trop bien leurs propres intérêts," etc.

No. XIX.

Extrait de la dépêche du comte de Brühl au sieur Funcke à Pétersbourg, le 6 février 1754. Traduit.

Je ne doute pas que la cour de Russie ne soit déjà informée des différents mouvements et arrangements que le Roi de Prusse fait faire dans le royaume de ce nom, avec la plus grande célérité et dans le dernier secret, par rapport au commerce et aux monnoies et surtout pour des préparatifs militaires; j'espère aussi que cette cour y sera d'autant plus attentive qu'on a remarqué ces préparatifs surtout après la grande augmentation de troupes que l'Impératrice de Russie a fait faire en dernier lieu dans ses provinces limitrophes, et qu'ils paroissent y avoir rapport. J'ai pourtant cru devoir vous communiquer les avis qui nous en sont parvenus successivement, afin que vous en puissiez faire usage dans vos entretiens avec le ministère de la cour où vous êtes. Nous y sommes fort attentifs, d'autant que nous connoissons l'envie du Roi de Prusse de se mêler des affaires domestiques de la Pologne; que ses projets pour ruiner le commerce de la Pologne et surtout celui de Dantzig, se manifestent de plus en plus; et que ses vues d'agrandissement de ce côté-là font sûrement un des objets les plus flatteurs de ses projets.

La dépêche du comte de Brühl du 13 février 1754 ne roule que sur le détail des préparatifs militaires que le Roi faisoit faire en Prusse.

Extrait de la lettre du sieur Funcke au comte de Brühl, du 31 juin*) 1754.

Selon le rapport de mr. l'envoyé de Gross, Votre Excellence l'a informé Elle-même de la prochaine levée de sept nouveaux régiments prussiens. On remercie Votre Excellence de cet avis, en L'assurant qu'on ne manquera pas d'en faire bon usage, comme de toutes les autres nouvelles de cette nature.

No. XX.

Extrait de la dépêche du comte de Brühl au sieur Funcke, de Varsovie, le 28 juillet 1754. Traduit.

Les desseins que quelques puissances malintentionnées couvent à l'égard de la Courlande, se manifestent, entre autres indices et préparatifs, par les gazettes publiques de Berlin, qui annoncent tantôt la mort et tantôt l'état désespéré de la santé du malheureux Duc, pour préparer ainsi le public aux événements futurs, etc.

No. XXI.

Extrait de la dépêche du comte de Brühl au sieur Funcke, de Varsovie, le 2 août 1754. Traduit.

En parlant de l'ombrage que la Porte Ottomane prenoit au sujet de la forteresse que la cour de Russie faisoit bâtir sur les frontières de la Turquie, il ajoute:

„Comme les cours de France et de Prusse ont jusqu'ici constamment travaillé à entraîner la Porte Ottomane dans une guerre contre la Russie, cette affaire leur donneroit beau jeu; le Roi de Prusse ne tarderoit plus longtemps à se démasquer, et à faire paroître le but de ses armements continuels; dans lequel cas la Courlande pourroit bien devenir le premier sacrifice de son ambition."

No. XXII.

Extrait d'une dépêche du comte de Brühl au sieur Funcke, du 1er décembre 1754. Traduit.

Je ne sauroi vous cacher un avis qui m'est parvenu, touchant un nouveau dessein du Roi de Prusse pour faciliter ses vues d'agrandissement. On sait que ce prince travaille depuis longtemps à entraîner les deux cours de Suède et de Danemark dans ses intérêts. La tentative qu'il en a faite en Danemark, à l'occasion de la prolongation du traité de subsides entre cette cour et celle de France, ne lui ayant pas réussi, il pense à d'autres moyens de gagner la cour de Copenhague.

La naissance du jeune Grand-Duc de Russie doit lui avoir paru une occasion favorable pour parvenir à ce but. Car, comme il s'imagine qu'après cet événement, qui affermit la succession dans le duché de Holstein, la négociation touchant l'échange de ce duché contre la comté d'Oldenbourg deviendra plus difficile, et que la cour de Danemark sera fort fâchée de renoncer à un arrondissement si désiré, on prétend qu'il a fait proposer un autre plan à la cour de Danemark pour réussir dans ses vues. On n'a pas encore pu approfondir en quoi consiste ce plan, de quelle façon il a promis de le seconder, s'il vise même à des moyens violents, et ce qu'il se veut stipuler en retour. Cependant mes avis font conjecturer que dans ce projet on n'aura pas oublié le prétexte de la religion grecque que le Grand-Duc a embrassée, et qui n'est pas une des religions tolérées dans l'Empire, et qu'on se flatte d'y mêler par ce moyen l'Empire et les garants de la paix de Westphalie.

Quoique je ne prétende rien décider sur ce projet, d'ailleurs si conforme au génie du Roi de Prusse, et que je sois aussi d'opinion que la cour de Danemark n'en sera pas la dupe, l'idée seule d'un pareil projet paroît pourtant être assez importante pour que vous en fassiez confidence au ministère de Russie, quoique avec le ménagement nécessaire, etc.

No. XXIII.

Extrait d'une lettre du sieur Funcke au comte de Brühl, de Pétersbourg, le 9 juin 1755. Traduit.

On rendroit un bon service à la cause commune, si on suppéditoit en confiance à mr. de Gross qu'il fasse mention dans un de ses rapports, en termes généraux, uniquement pour avoir l'occasion de l'insinuer adroitement à l'Impératrice, que le Roi de Prusse devoit avoir trouvé un canal en Courlande pour être exactement informé des secrets de cette cour, etc.

No. XXIV.

Extrait de la dépêche du comte de Brühl à mr. de Funcke, du 23 juillet 1755. Traduit.

En accusant votre dépêche du 30 passé, je vous dirai que je n'ai pas manqué de m'acquitter envers mr. de Gross de la commission contenue dans votre lettre du 9 du passé. Il a reçu avec reconnoissance l'avis qu'on lui a donné, qu'il ne pourroit pas mieux faire sa cour qu'en faisant, dans ses rapports, souvent et adroitement mention des vues pernicieuses et des artifices de la cour de Prusse, qui ne sont que trop vrais, et il ne manquera pas de profiter de ce conseil, etc.

No. XXV.

Extrait de la lettre du sieur Funcke au comte de Brühl, de Pétersbourg, le 20 octobre 1755.

Ce que je puis dire de positif de l'objet des délibérations du dernier Grand Conseil, consiste en ceci: qu'on prennant pour base le résultat connu du Grand Conseil de Moscou, on a établi de nouveau comme une maxime fondamentale pour le futur, de s'opposer de toutes ses forces à l'agrandissement ultérieur de la maison de Brandebourg, et de se mettre pour cet effet en si bon état, qu'on puisse profiter de la première occasion qui se présentera; et l'on est résolu d'attaquer le Roi de Prusse sans aucune discussion ultérieure, non seulement dans le cas que ce prince vînt à attaquer un des alliés de cette cour-ci, mais cela doit aussi avoir lieu si le Roi de Prusse venoit à être entamé par un desdits alliés de cette cour. On veut établir, pour cet effet, des magasins pour 100,000 hommes à Riga, Mitau, Libau et Windau, et on a trouvé pour cela un fonds de deux millions et demi de roubles, et un autre fonds annuel d'un million et demi pour entretenir ces arrangements.

No. XXVI.

Extrait de la dépêche du comte de Brühl au secrétaire Prusse à Pétersbourg, du 2 juin 1756.

Pour ce qui regarde la commission secrète de faire parvenir à Pétersbourg, par des canaux cachés, l'avis des machinations prussiennes en Ukraine.

nous sommes encore occupés à trouver un bon et sûr canal, et on s'apercevra bientôt, de façon ou d'autre, de l'effet de mon inclination personnelle à seconder une si bonne intention, quoique un peu *artificieuse*.

No. XXVII.

Extrait de la lettre du comte de Flemming au comte de Brühl, de Vienne, le juin*) 1756.

Je dois encore ajouter qu'il a été enjoint à mr. le comte de Keyserlingk, par le dernier rescrit, de ne ménager ni peines ni argent pour parvenir à une connoissance exacte de l'état des revenus de cette cour-ci. Il y a apparence qu'on en veut être informé pour savoir au juste si l'on est ici à même de pouvoir soutenir, par ses propres fonds et sans le secours de l'Angleterre, les frais d'une guerre, et si elle peut en outre fournir des subsides, etc.

Du même, en date du 9 juin:

On a lieu de présumer qu'il a été concerté entre les deux cours impériales de Vienne et de Russie que celle-ci, pour masquer d'autant mieux les véritables raisons de son armement, le fasse sous le prétexte apparent de se trouver par là en état de satisfaire à ses engagements contractés dans la dernière convention subsidiaire avec l'Angleterre, en cas qu'il en fût besoin; et quand tous les préparatifs seront achevés, de tomber inopinément sur le Roi de Prusse, etc.

Du même, en date du 19 juin:

Par les ouvertures générales et obscures qu'un certain ministre a faites au sieur Prasse, touchant l'armement de la Russie, et que Votre Excellence a bien voulu me communiquer par ladite dépêche, j'ai remarqué que ce ministre commence à devenir plus réservé et mystérieux sur les intentions de sa cour. Cette retenue me paroît être conforme à celle qu'on garde ici, où l'on se contente également de donner à entendre qu'on n'a d'autre dessein que de se tenir en repos et se préparer en attendant à tout évènement qui pourroit arriver dans les présentes conjonctures, etc.

No. XXVIII.

Lettre du comte de Flemming au comte de Brühl. Vienne, ce 28 juillet 1756.

Monseigneur.

Monsieur de Klinggräffen reçut samedi passé un exprès de sa cour, en conséquence duquel il envoya le lendemain un billet à mr. le comte de Kaunitz pour le prier avec beaucoup d'empressement de lui marquer une heure où il pouvoit lui parler. Ce billet fut remis à ce chancelier d'État justement lorsqu'il se trouvoit en conférence avec les maréchaux comtes de Neipperg et de Browne et avec le général prince Piccolomini. Et comme il étoit intentionné de se rendre d'abord après la conférence auprès de l'Impératrice-Reine, pour lui en faire son rapport, il fit répondre à mr. de Klinggräffen qu'il étoit à la vérité obligé d'aller à Schönbrunn, mais qu'il lui feroit cepen-

*) sic.

dant plaisir s'il vouloit se hâter de venir dans l'instant même; ce que le ministre prussien n'a pas manqué de faire. Mr. le comte de Kaunitz m'a dit confidemment, dans un entretien que j'eus hier matin avec lui, que mr. de Klinggräffen, d'abord en entrant chez lui, avoit donné à connoître, avec un certain embarras mêlé d'inquiétude, qu'il venoit de recevoir un exprès de sa cour, qui lui avoit apporté des ordres dont il devoit exposer en personne le contenu à l'Impératrice-Reine; et que pour cet effet il lui étoit enjoint de demander une audience particulière de Sa Majesté, qu'il le prioit de vouloir bien lui procurer. Que lui, comte de Kaunitz, avoit répondu qu'étant sur le point de se rendre à Schönbrunn, il se chargeoit volontiers de demander pour lui l'audience qu'il désiroit; mais qu'il ne pouvoit se dispenser de lui faire entendre qu'il étoit à propos de le mettre en état de pouvoir, du moins en général, prévenir l'Impératrice sur la nature des insinuations qu'il avoit ordre de faire à Sa Majesté. Que là-dessus mr. de Klinggräffen lui avoit dit qu'il étoit chargé de demander amicalement et par voie d'éclaircissement, au nom du Roi son maître, à quoi aboutissoient les armements et préparatifs guerriers qu'on faisoit ici, et si peut-être ils le regardoient; ce qu'il ne sauroit cependant s'imaginer, ne sachant point y avoir donné occasion en la moindre chose. Que lui, Kaunitz, avoit répliqué qu'il ne pouvoit lui répondre d'avance sur cette ouverture; qu'il ne manqueroit pas d'en faire incessamment son rapport à l'Impératrice et de lui procurer l'audience qu'il désiroit; que cependant il ne pouvoit s'empêcher de lui dire qu'il étoit surpris de l'explication que le Roi son maître demandoit au sujet des mesures qu'on prenoit dans ce pays, après que, de côté-ci, on n'avoit témoigné à ce prince aucune inquiétude ni ombrage des grands mouvements et préparatifs qu'on avoit remarqués le premier dans son armée. Ce ministre m'a ajouté: qu'étant allé immédiatement après à Schönbrunn, il avoit chemin faisant réfléchi sur la réponse qu'il conseilleroit à sa souveraine de donner à mr. de Klinggräffen, et qu'ayant cru entrevoir que le Roi de Prusse avoit deux objets en vue qu'on vouloit également éviter ici, savoir: d'en venir à des pourparlers et éclaircissements qui pourroient d'abord causer une suspension des mesures qu'on jugeoit nécessaires de continuer avec vigueur; et en second lieu, d'amener les choses plus loin et à d'autres propositions et engagements plus essentiels, il avoit jugé que la réponse devoit être d'une nature qui éludât entièrement la question du Roi de Prusse, et qui, en ne laissant plus lieu à des explications ultérieures, fût en même temps ferme et polie, sans être susceptible d'aucune interprétation ni sinistre ni favorable. Qu'en conformité de cette idée, il lui avoit paru suffire que l'Impératrice se contentât de répondre simplement: que dans la forte crise générale où se trouvoit l'Europe, il étoit de son devoir et de la dignité de sa couronne de prendre des mesures suffisantes pour sa propre sûreté, aussi bien que pour celle de ses amis et alliés. Que l'Impératrice-Reine avoit approuvé cette réponse; et que pour montrer que la démarche et demande du Roi de Prusse ne causoit ici le moindre embarras, Sa Majesté avoit fait fixer l'heure pour l'audience de mr. de Klinggräffen d'abord pour le lendemain, qui fut avant-hier; et après avoir écouté la proposition de ce ministre, comme il l'avoit exposée la veille à mr. le comte de Kaunitz, Elle lui avoit précisément répondu dans les termes mentionnés et avoit rompu par un signe de tête tout d'un coup l'audience, sans entrer dans aucun plus grand détail. Il est vrai que toute Vienne, qui étoit alors assemblée dans l'antichambre de l'Impératrice-Reine, à cause de jour de gala, a vu entrer et sortir le moment après mr. de Klinggräffen avec un air assez étonné. Je tiens toutes ces circonstances de la bouche de mr. le comte de Kaunitz qui m'a dans cette rencontre parlé avec plus d'ouverture et de confiance qu'il n'a fait jusqu'à présent, me chargeant même d'en faire usage dans mes dépêches à Votre Excellence, se réservant néanmoins là-dessus un secret des plus exacts.

On doute d'autant moins que cette réponse aussi énergique qu'obscure ne jette le Roi de Prusse dans un grand embarras; et on prétend ici que ce prince doit être dans de grandes inquiétudes, et qu'il a déjà tiré de son trésor près de 9 millions d'écus, que ses préparatifs et augmentations lui ont coûté.

On présume que le but qu'il s'est proposé par la demande sus-alléguée, a été probablement que si l'on avoit répondu que c'étoit lui qui avoit occasionné les armements qu'on faisoit ici, il auroit tâché de s'en disculper, en donnant pour preuve que par cette raison il n'avoit pas même assemblé les camps qu'il avoit fait déjà tracer pour exercer ses soldats, mais qu'il avoit ordonné aux régiments de se séparer; imaginant peut-être de mettre cette cour dans la nécessité de suivre son exemple, en discontinuant également ses préparatifs. Je crois cependant qu'il auroit de la peine à la détourner de son dessein par ces sortes d'illusions.

On a su par un exprés dépêché par le comte de Puebla, arrivé ici dimanche passé, que, malgré les feintes dispositions du Roi de Prusse, ses troupes ne cessoient pas de filer vers la Silésie. On comprend d'ailleurs fort bien que ce prince, par la position locale de son armée, qu'il peut assembler en autant de semaines qu'on a besoin ici de mois, vu l'éloignement des quartiers où les troupes se tiennent, a un avantage trop marqué sur cette cour-ci, à laquelle il causeroit, par de longues et continuelles marches, de si grandes dépenses, qu'elles deviendroient à la fin insoutenables. Je dis que l'on comprend fort bien qu'il est nécessaire de poursuivre sans interruption les mesures qu'on a déjà commencées, afin de se mettre dans les circonstances présentes à deux de Jeu et en bon état; que le Roi de Prusse se trouve par là obligé, pour soutenir ses armements et les augmentations faites et à faire, qui surpassent ses forces, ou de se consumer à petit feu, ou, *pour prévenir cet inconvénient, de se laisser aller à une résolution précipitée; et c'est précisément là où il me semble qu'on l'attend.*

Le retour du courrier de mr. de Klinggräffen, que ledit prince attend sans doute avec la dernière impatience, nous fera voir plus clair dans ses dispositions. Il est à croire que, s'il se croit menacé, il ne tardera plus à porter des coups et à prévenir ceux qu'il craint, pour profiter de la situation dans laquelle on se trouvera ici jusqu'à la fin du mois d'août, qui est le terme où toutes les troupes seront assemblées. Mais d'un autre côté, s'il reste tranquille, il peut être persuadé qu'il ne sera point inquiété ni attaqué, *du moins pas cette année*. Cependant, par tout ce que je remarque, je ne saurois m'imaginer autrement que la cour d'ici doit être bien sûre de l'amitié et de l'attachement de la Russie; ce qui m'a paru se confirmer encore par une lettre que le ministre hollandois à Pétersbourg, mr. Swart, a écrite du 6 d. c. à mr. de Burmannia, où il mande entre autres que l'émissaire françois, le chevalier Douglas, gagnoit de jour en jour plus de terrain.

Comme cela ne pourra manquer de produire en Russie une altération dans son ancien système, il ne paroit pas surprenant que le Grand-Chancelier comte de Bestushew, suivant ce que Votre Excellence m'a fait l'honneur de

25*

m'écrire par Sa dernière dépêche, a pris la résolution de se retirer à la campagne, sous prétexte de rétablir sa santé, et de s'éloigner pour quelque temps des affaires, voulant apparemment attendre quel pli elles prendront, et prévoyant peut-être que ce moment ne tardera plus d'arriver, puisque tout semble dépendre de la résolution du Roi de Prusse, étant certain que, s'il se tient en repos, la cour de Vienne ne commencera non plus rien, du moins cette année; mais elle tâchera d'achever pendant cet intervalle ses préparatifs, pour se trouver l'année prochaine en situation de pouvoir prendre un parti convenable selon les circonstances et événements du temps.

Ce qui me confirme de plus en plus dans l'opinion que j'ai osé prendre la liberté de communiquer à Votre Excellence par mes précédentes, que notre cour n'a pas de moyen plus sûr de profiter des conjonctures présentes qui n'ont peut-être jamais été si favorables sous le règne de notre auguste maître, qu'en se mettant en bonne posture pour se faire rechercher: c'est qu'un de mes amis, qui prétend en être informé par un des commis du trésor, m'assure que la cour d'ici avoit fait passer un million de florins en Russie.

Mr. le comte de Kaunitz m'a dit que les avis que Votre Excellence lui avoit fait parvenir sur les bruits qu'avoit répandus le Roi de Prusse sur des alliances à faire entre lui et nous, de même qu'avec la Russie, et, de plus, que la cour d'ici se mêloit d'une médiation entre la France et l'Angleterre, lui étoient déjà parvenus d'ailleurs, et méritoient par conséquent d'autant plus d'attention et d'être contredits, comme on en donneroit l'ordre aux ministres de l'Impératrice-Reine dans les cours de l'Europe. Ce chancelier d'État m'a dit encore qu'il y avoit des avis comme quoi le Roi de Prusse avoit voulu surprendre la ville de Stralsund dans la Poméranie suédoise, et qu'apparemment si cela se vérifioit, c'étoit ma conformité de la trame découverte en dernier lieu à Stockholm.

Si Votre Excellence est à portée de pouvoir faire des insinuations avec sûreté à la cour de Londres, Elle lui rendroit peut-être service en lui faisant connoître le danger dans lequel elle se trouve, et dans lequel les mauvais conseils de ceux qui sont le plus dans le crédit aujourd'hui, l'ont entraînée.

Cette cour ne sortira que difficilement de la brédouille où elle s'est précipitée, et si elle ne se sépare pas du Roi de Prusse en faisant sa paix avec la France aux meilleures conditions possibles, cette dernière ira de succès en succès et de projets en projets, qui pourroient à la longue devenir funestes à la maison de Hanovre.

Je demande en grâce à Votre Excellence de ne rien communiquer en détail à mr. de Broglie de ce que j'ai l'honneur d'écrire à Votre Excellence, cet ambassadeur étant en correspondance avec mr. d'Aubeterre, qui m'a dit avec surprise que le comte de Broglie étoit entièrement persuadé qu'on en vouloit ici au Roi de Prusse, et qu'il l'accusoit même de défiance et de trop de réserve sur les desseins de la cour de Vienne.

Le marquis d'Aubeterre ayant sollicité depuis longtemps la permission de pouvoir s'absenter de son poste pour quelques mois, afin de vaquer à des affaires de famille qui exigent sa présence à Paris, vient d'en obtenir l'agrément.

Le général Karolyi, et non pas le général Nadasdy, comme on l'a cru, vient d'être déclaré Banus de la Croatie.

J'ai l'honneur d'être avec un très profond respect, Monseigneur, de Votre Excellence

Comte de Flemming.

No. XXIX.
A. mr. le comte de Flemming à Vienne.
Dresde, le 1er juillet 1756.

Monsieur. Je profite du départ d'un courrier que mr. le comte de Sternberg dépêche à sa cour pour y porter les avis que mr. le comte de Puebla lui a communiqués nouvellement touchant les grands préparatifs militaires du Roi de Prusse, qui paroissent menacer de plus en plus d'une levée de bouclier de sa part.

Votre Excellence ne pourra pas manquer d'être informée du détail plus spécial de ces avis et apparences dangereuses par le ministère de Leurs Majestés Impériales, et je me contente de Lui faire parvenir ci-joint l'extrait de la dernière lettre de mr. de Bülow, qui parle des mêmes appréhensions. Venant de m'entretenir confidemment là-dessus avec mr. le comte de Sternberg, je dois vous autoriser, Monsieur, de conférer sur un objet aussi intéressant pour l'une et pour l'autre cour avec le ministère de celle où vous subsistez; de lui faire comprendre la position difficile et dangereuse où le passage d'une armée prussienne par la Saxe, auquel notre situation ne nous permet aucunement de nous opposer, ou peut-être quelque proposition et demande ultérieure et plus significative que Sa Majesté Prussienne pourroit nous faire dans cette occasion, nous exposeroient; et de l'engager à s'ouvrir dans la dernière confiance envers nous sur les mesures qu'on se propose d'employer, pour se garantir soi-même d'une injuste attaque et pour couvrir et protéger en même temps les États du Roi notre maître, qui se trouvent derechef menacés par notre attachement fidèle à nos alliés.

Dans cette dernière intention, il seroit sans doute nécessaire qu'on rassemblât incessamment un corps d'armée suffisant dans les cercles de la Bohême les plus proches de nos frontières; et il seroit également utile pour les deux cours, s'il plaisoit à Sa Majesté l'Impératrice-Reine d'enjoindre à mr. le feld-maréchal Browne de communiquer et de se concerter, à tout évènement et avec le ménagement et secret requis, avec notre feld-maréchal comte de Rutowski, qui vient d'y être déjà autorisé par le Roi.

Étant persuadé que la cour de Vienne trouve dans notre conservation et sûreté ses propres avantages, je me suis expliqué sur tout ceci plus au long avec mr. le comte de Sternberg, qui ne manquera pas d'en rendre un compte exact par le même courrier, et je puis me rapporter au reste à vos lumières, Monsieur, à votre zèle et dextérité, pour me dispenser d'ajouter à ma présente toutes les réflexions et motifs essentiels, convenables à cette situation critique et conformes aux liaisons qui subsistent entre les deux cours.

Je prie seulement Votre Excellence de hâter autant qu'il sera possible les éclaircissements qu'Elle aura à me donner, étant d'ailleurs très véritablement et avec etc.

XXVI.

Mémoire pour justifier la conduite du Roi contre les fausses imputations de la cour de Saxe. Berlin 1756.

Gleichzeitig und in sehr nahe verwandter Tendenz mit dem Mémoire raisonné erschien die hier vorliegende Staatsschrift.

Wie wir wissen, war die Entrüstung über den preussischen Einfall in Sachsen allen Franzosen gemeinsam. Der tiefe und aufrichtige Schmerz der Dauphine, einer geborenen sächsischen Prinzessin, hatte, wie Knyphausen einmal meldete*), die ganze Nation ergriffen und selbst viele von denen mit fortgerissen, welche bis dahin auf preussischer Seite gestanden und gegen den neuen Bund der Häuser von Habsburg und Bourbon gekämpft hatten.

Als nun noch die Nachricht hinzukam, dass der französische Vertreter am Dresdener Hofe von den Preussen absichtlich mit Verletzung des Völkerrechts beleidigt worden wäre**), erreichte die Aufregung fast den Siedepunct:

„Ich kann Ew. Majestät nicht verhehlen," meldete der preussische Gesandte aus Paris***), „dass die Erbitterung über diese Vorfälle sich von Tag zu Tag ganz sichtlich steigert; sie hält kein Maass mehr inne und hat das ganze Volk durchdrungen. Man nimmt in keiner Weise mehr Rücksicht auf Ew. Majestät und lässt seiner Zunge mit einer beispiellosen Zügellosigkeit freien Lauf."

---

*) Bericht aus Paris vom 12. September. Vergl. Politische Correspondenz 13, 434.

**) Vergl. darüber weiter unten „Rundschreiben vom 2. bezw. 6. November und Zeitungsartikel vom 18. November".

***) Politische Correspondenz 13, 496.

Was für gehässige Gerüchte wurden nicht aus den sächsischen Briefen in dem sensationslustigen französischen Volke und in den benachbarten Staaten verbreitet! Sogar die polnische Königin sollte von preussischen Soldaten thatsächlich misshandelt und des nothdürftigsten Unterhalts beraubt, die Leipziger Comptoirs von den beutegierigen Truppen kahl ausgeleert und dem ganzen Lande eine Contribution von 25 Millionen Thaler auferlegt sein. Und dabei wäre jede Möglichkeit genommen, auch nur einen Theil der unerschwinglichen Summe aufzubringen, da der tyrannische Feind jeden zum Waffendienst irgend tauglichen Mann unter seine Fahnen gezwungen hätte *).

So stark war der Eindruck dieser Gerüchte, dass auch der Gesandte des verbündeten England-Hannovers am erzbischöflichen Hofe zu Bonn öffentlich von dem Missfallen seines Monarchen über die preussischen Thaten in Sachsen sprach **).

Selbst in den officiellen Schriftstücken des Versailler Cabinets liess sich gleich ein sehr gereizter Ton wohl vernehmen. „Man hätte nicht nöthig Worte zu suchen", hiess es von der „verhassten" preussischen Uebersiehung Sachsens in einem Circularerlass an die französischen Gesandten ***), *„um ein solches ungerechtes Beginnen gehörig auszudrücken, da sich solches schon von selbsten charakterisiret und zum wenigsten zur Trennung aller Gesellschaftsbande zwischen souverainen Häuptern gereichet." Es wäre eine Usurpation, ein Attentat auf alle göttliche und menschliche Rechte, angezettelt, um gemeinsam mit England die in Deutschland erregten Unruhen unter dem Vorwande eines Religionskrieges zur Vermehrung von Macht und Ansehen auf Kosten der Nachbarn im Reiche zu benutzen.*

---

*) Vergl. Gazette de Leyde Nr. 76 und 85. Gazette de Cologne vom 21. September. Duclos, mémoires secrets, 638. D'Argenson, journal etc. éd. Rathéry 9, 360. Barbier, journal 6, 368. Siehe auch S. 184.

**) Bericht Michells vom 2. November. An demselben Tage konnte aber der preussische Gesandte über die wirkliche Stimmung des britischen Königs melden: „que l'on est autant satisfait ici de la conduite qu'Elle (Sa Majesté Prussienne) a tenuu avec le Roi de Pologne, que fermement résolu de faire cause commune avec Elle."

***) Kriegskanzlei 1756, Nr. 109, S. 110. „Le ton du manifeste le plus menaçant" liess die preussischen Minister (Erlass an Knyphausen vom 5. October) die Authenticität des Erlasses bezweifeln. (Erlass vom 16. October an Knyphausen: „Les termes sont si peu ménagés et même si indécents qu'une cour qui est en pleine guerre avec une autre, n'en sauroit faire d'avantage.") Knyphausen meldete am 17. October, das Rescript wäre so gehalten, „pour tranquilliser la Dauphine et pour lui prouver combien on étoit disposé ici d'assister le Roi de Pologne."

Um derartigen Verleumdungen und Unterstellungen den Boden zu entziehen, befahl Friedrich am 6. October von Lobositz aus seinem Cabinetsminister Finckenstein*), der schon die Déclaration verfasst hatte**), sofort „ein wohlgeschriebenes Mémoire aufzusetzen und darin en précis dasjenige aufzuführen, was wegen Sr. Königl. Majestät Einmarsch in Sachsen und sonsten bei solcher Gelegenheit geschehen sei."

Nicht Raubsucht, so sollte in der Schrift ausgeführt werden, sondern „die übelen Absichten des sächsischen Hofes und dessen Concert mit dem zu Wien", wofür Wegpfosten im Gebirge mit der Aufschrift „Militärstrasse aus Böhmen nach Sachsen" greifbare Belege wären, hätten den König zur Besetzung des Churfürstenthums genöthigt. Oder sollte er etwa durch allzu weit getriebene Langmuth von neuem die Gefahren wider sich heraufbeschwören, die ihn 1744 und 1745 bedroht hätten? Die Occupation wäre aber nur eine Präventivmaassregel, kein Act der Rache. Damit widerlegten sich alle jene „Criminationen derer nach Frankreich gegangenen captieusen Schreiben" über die schlimme Behandlung des königlichen Churhauses und seiner Unterthanen.

„Dass aber vom Lande Fourage und Vivres vor die Armee gefordert worden, solches wäre ohnentbehrlich gewesen, im übrigen aber sei darunter nichts anders, noch ein mehreres geschehen, was nicht bei dem regulärestem Kriege geschehe, den man in der Welt machen könne, welches aber der Graf Brühl bei dem französischen Hof ohnendlich zu amplificiren gesucht, von dem dergleichen sonsten schon genug bekannt wäre."

Finckenstein beeilte seine Arbeit, in der er sich im Ideengang und Stoffwahl mehrfach dem Mémoire raisonné und seiner eigenen Déclaration anschloss, so sehr, dass bereits am 16. October die französischen Drucke und drei Tage später die deutsche Uebersetzung gemeinsam mit Exemplaren des Mémoire raisonné an alle Gesandte geschickt werden konnten.

Das kleine Werk wurde als eine Ergänzung und Erweiterung des eben genannten Mémoires in Bezug auf die sächsische Politik allerwärts mit derselben Begierde aufgenommen, wie die bedeutende Actenpublication Hertzbergs selbst. Fast allerorts, wo diese neu aufgelegt wurde, ist auch das Mémoire pour justifier nachgedruckt.

Die Originalausgabe führt die Aufschrift:

*) Politische Correspondenz 13, 493.
**) Vergl. S. 108.

Mémoire | Pour Justifier | La Conduite Du Roy | Contre | Les Fausses Imputations | De La Cour De Saxe. | Berlin 1756.
4°. 7 Bl.

Eine Titelauflage fügt noch den Druckort hinzu:
À Berlin | Chez Chrétien Frédéric Henning, | Imprimeur Du Roi. 1756.

Ausserdem sind uns noch drei Nachdrucke dieser Edition zu Gesicht gekommen.

Wer von dem auswärtigen Departement mit der Uebersetzung der Finckensteinschen Schrift betraut worden ist, lässt sich nicht angeben, da über die Entstehung unseres Mémoires keine Specialacten erhalten sind.

Der officielle deutsche Druck trägt den Namen:
Das | gerechtfertigte Betragen | Sr. Königl. Majestät | in Preussen | gegen | die falsche Beschuldigungen | des | Dreßdenschen Hofes. | Berlin, 1756.
4°. 16 S.

Auch von dieser Uebersetzung existirt eine Titelauflage mit dem Zusatze:
Berlin, | gedruckt und zu finden bey Christian Friedrich Henning, | Königl. privilegirten Hof-Buchdrucker. 1756.

Eine andere Ausgabe ist von „Friderichs Buchdruckerey" in Halberstadt verlegt worden.

Ausser den hier genannten haben wir noch acht formell unter einander verschiedene Drucke gefunden.

Wie beim Mémoire raisonné warteten die Buchhändler auch bei unserer Staatsschrift nicht auf das Erscheinen der amtlichen Uebersetzung, sondern veranstalteten sofort eigene Verdeutschungen*). Zwei davon sind uns bekannt geworden:
Vorstellung | das Betragen | Sr. Majestät des Königs | gegen | die ungegründeten Beschuldigungen | des Dreßdner Hofes | zu rechtfertigen. | Berlin, 1756.
4°. 8 S.

Memoire | Zur | Rechtfertigung | des Verfahrens | Sr. Majestät, des Königes von Preussen, | wider | die falschen Beschuldigungen | des Chursächsischen Hofes.
4°. 4 Bl.

---

*) Vergl. S. 339.

Vielleicht ist, soweit man dies aus der Gleichheit der Vignette mit dem oben erwähnten französischen Drucke aus Halberstadt schliessen darf, die zuletzt genannte Uebertragung ebenfalls bei Friderich erschienen. Sie erlebte nicht nur eine zweite Auflage, sondern wurde anscheinend noch zu folgender Rückübersetzung in das Französische verwandt:

    Memoire | Servant | De | Justification Au Procédé | De Sa Majesté, | Le | Roi De Prusse | Contre | Les Fausses Imputations De La | Cour Electorale De Saxe. | M.DCCLVI.
    4°. 4 Bl.

Eine andere unautorisirte Uebersetzung bringt die Kriegskanzlei von 1756 (Nr. 29, S. 158):

    „Rechtfertigung des Betragens Sr. Königl. Majest. in Preussen gegen die Ihro von dem Chur-Sächsischen Hofe gemachten Beschuldigungen."

Von der englischen und holländischen Uebertragung ist uns kein Exemplar bekannt geworden.

Die schlesischen privilegirten Staats-Kriegs- und Friedenszeitungen vom 27. October 1756 (Nr. 127, S. 562), die Danziger Beiträge 1, 569) und die Neuwirthsche Sammlung der Staatsschriften geben den amtlichen deutschen Text.

Die bedeutenderen Erwiderungen auf die vorliegende Flugschrift sind bereits bei der Besprechung des Mémoire raisonné aufgeführt worden*).

Mémoire pour justifier la conduite du Roi contre les fausses imputations de la cour de Saxe.

Les justes motifs qui ont obligé le Roi s'assurer des États électoraux du Roi de Pologne, pendant les cours des troubles actuels, ne sont pas de nature à craindre le grand jour et à devoir être cachés aux yeux du public. Sa Majesté, par ménagement pour un prince, qu'Elle ne vouloit pas traiter en ennemi, n'avoit fait que les indiquer dans la Déclaration qu'Elle fit publier, lors de Son entrée en Saxe; Elle Se flattoit qu'en rappellant le souvenir du passé et en faisant connoître Ses appréhensions pour l'avenir, la cour de Saxe sentiroit d'elle même, que Sa Majesté devoit être instruite

---

*) Vergl. S. 347.

de ses menées secrètes et de ses desseins dangereux, et que, prenant en conséquence le parti le plus sage, elle tâcheroit, bien loin de s'opposer à Ses mesures, de concourir plutôt à leur exécution. Mais la résistance de cette cour, les fausses couleurs sous lesquelles elle s'efforce de faire envisager l'entreprise du Roi, les calomnies et les impostures que ses ministres ont la témérité de répandre sur Son sujet, mettent Sa Majesté dans la nécessité d'entrer dans des détails, qu'Elle auroit voulu supprimer, et de faire voir à toute l'Europe qu'Elle n'a pris qu'un parti forcé, et qu'Elle n'a fait dans cette occasion que ce que la saine politique, la raison et la justice même Lui prescrivoient.

Ce n'est pas d'aujourd'hui, que la cour de Saxe a commencé à travailler contre les intérêts du Roi. La conduite qu'elle tint pendant la guerre de 1744, fournit une preuve bien concluante de ses mauvaises intentions et de ses projets pernicieux, et le traité de partage qui fût signé à Leipzig le 18 de mai de l'année suivante, et par lequel elle s'appropria les duchés de Magdebourg et de Crossen, le cercle de Schwiebus et la partie de la Lusace qui appartient au Roi, fit assez connoître le motif secret, qui l'avoit portée à s'unir avec les ennemis de Sa Majesté. Le Roi ne voulut pas cependant paroître se ressentir d'un complot qu'il eut le bonheur de faire échouer, et lorsque le succès de ses armes le mit en état de faire éclater sa vengeance, il aima mieux suivre le penchant qui le portoit à la générosité; il se flatta qu'il s'attacheroit cette cour mal intentionnée par les liens de la reconnoissance; mais l'évènement ne tarda pas à lui prouver le contraire, et si la paix de Dresde fait l'éloge de la modération du Roi, elle sera aussi un monument éternel de l'ingratitude de la cour de Saxe.

Deux ans après la conclusion de cette paix, les ministres saxons n'eurent rien de plus pressé, que de faire revivre ce même traité de partage, qui avoit été signé pendant la guerre. Les avantages que la cour de Saxe s'étoit stipulés, la part qu'elle s'étoit choisie des dépouilles du Roi, devoient servir de base à son accession au traité de Pétersbourg. C'étoit le prix, auquel le comte Brühl offroit l'amitié de son maître et l'assistance de la Saxe à tous ceux qui la recherchoient. Ce fut, pendant longtemps, l'objet de toutes ses négociations à Vienne et à Pétersbourg; la proposition en a été renouvelée tout autant de fois qu'on a eu besoin de la Saxe. C'est un plan qui a subsisté depuis la paix de Dresde jusqu'à aujourd'hui, et dont on découvre des traces dans toutes les dépêches des ministres saxons, que le Roi a trouvé moyen de se procurer.

Pour parvenir d'autant plus sûrement à ses fins, le comte de Brühl ne negligeoit rien de ce qu'il croyoit pouvoir lui en assurer l'exécution. La ruse et le mensonge, les insinuations les plus sinistres et les artifices les plus grossiers, tout fut mis en usage, pour rendre la conduite du Roi suspecte et pour répandre du venin sur ses actions les plus innocentes; et ajoutant à la noirceur de ces procédés la duplicité la plus marquée, il redoubloit ses protestations envers les ministres du Roi, à mesure qu'il travailloit sourdement contre lui, et tandis qu'il frappoit à toutes les portes, pour allarmer les voisins de Sa Majesté, pour Lui enlever des alliés et pour Lui susciter des ennemis, on tenoit à Dresde le langage de l'amitié, et il sembloit, à en juger par les discours du ministre saxon, qu'il n'avoit pour but que l'union la plus étroite et la plus intime entre les deux cours. Mais le secret transpira, malgré ces précautions, et le comte de Brühl, plus habile à former des machinations qu'à les cacher, ne put pas empêcher que le Roi n'en fût informé.

Cependant Sa Majesté auroit continué de mépriser les efforts impuissants de ce ministre artificieux, si l'approche des évènements que la politique ambitieuse de la maison d'Autriche a su faire naître, n'avoit reveillé Son attention. Dans un moment aussi critique, les desseins de la Saxe ne pouvoient plus Lui être indifférents: et Elle eut bientôt de nouveaux indices d'un concert secret entre les deux cours. Une lettre du comte Rutowski au maréchal Browne, relative aux circonstances présentes, et que le hazard fit tomber entre les mains du Roi, prouvoit assez clairement qu'il étoit question de mesures à prendre en cas de besoin. Le Roi apprit peu après que la négociation du comte Flemming à Vienne tendoit au même but; que ce ministre avoit fait sentir que la situation de la cour de Saxe et la puissance du Roi ne lui permettoient pas de se déclarer dans le moment présent; que la cour de Vienne étoit entrée dans ces raisons, mais qu'elle avoit donné à connoître en même temps, qu'il se présenteroit peut-être par la suite des circonstances favorables, dont on pourroit profiter, et qu'en ce cas on se flattoit que la cour de Dresde ne refuseroit pas d'entrer dans les vues de la maison d'Autriche; que le comte de Brühl avoit paru goûter cette insinuation, et qu'il avoit été résolu en conséquence de ménager pour cet effet l'amitié de la cour de Russie, de se préparer à tout évènement, de laisser passer tranquillement l'armée du Roi en Bohême et de se déterminer en suite selon que les circonstances le permettroient.

Il n'y a rien dans tout ce qui vient d'être annoncé, qui ne soit conforme à la vérité et constaté par des pièces authentiques, qui sont entre les mains de Sa Majesté, et qui vont être incessamment exposées aux yeux du public.

Le Roi veut bien après cela s'en rapporter au jugement de tous ceux qui ne se sont pas laissés prévenir par les artifices des Saxons et des Autrichiens, et leur laisser décider, si, après des preuves si claires des projets dangereux de la cour de Dresde, il restoit à Sa Majesté le choix d'un parti à prendre, dans les circonstances où Elle se trouvoit, et si Elle pouvoit S'abandonner à la discretion d'un voisin dont la mauvaise volonté Lui étoit si connue? Le Roi, obligé de prévenir un agresseur injuste, pouvoit-il laisser derrière lui l'armée saxonne, sans s'exposer volontairement à la dévastation de ses États et à sa propre ruine? L'expérience du passé et la protection qu'il devoit à ses peuples, ne lui imposoient-elles pas la loi de s'assurer, avant toutes choses, de la Saxe et de la mettre hors d'état de lui nuire?

Ce sont aussi ces considérations pressantes qui ont porté le Roi, quoiqu'à regret, à une démarche, qu'il auroit voulu pouvoir éviter, mais, si Sa Majesté a senti la nécessité de ce parti, avant que de le prendre, Elle a eu lieu de S'en convaincre de plus en plus, depuis le séjour qu'Elle a fait en Saxe. Les magasins considérables qu'on avoit preparés de longue main, et qui fournissent aujourd'hui à la subsistance des troupes saxonnes; la résolution que le Roi de Pologne a prise de se mettre à la tête de son armée et de se poster dans une situation si propre à faciliter la jonction de l'armée autrichienne; enfin un chemin nouvellement construit à travers les montagnes de Bohême et marqué de distance en distance par des poteaux avec l'inscription remarquable de *chemin militaire*; ce sont tout autant de circonstances qui achèvent de mettre les desseins de la cour de Saxe dans tout leur jour. Ce nouveau *chemin militaire* en particulier n'aura assurément pas été fait pour faciliter le passage de l'armée du Roi, et ces poteaux qui subsistent encore aujourd'hui, sont des preuves parlantes d'un concert formé, il y a déjà quelque temps, entre les cours de Vienne et de Saxe, et ne justifient que trop les raisons que le Roi a eues, d'en empêcher les effets.

Vainement les ministres saxons voudroient-ils opposer à des preuves si convaincantes les propositions de neutralité faites par le Roi de Pologne; car quel fond le Roi auroit-il pu faire sur un traité extorqué par la force? Le comte de Brühl, dont l'esprit est si fertile en subtilités, n'auroit-il pas trouvé dans cette seule circonstance un prétexte plus que suffisant pour en revoquer la validité, et le Roi, qui vouloit écarter tout ce qui pourroit ramener les circonstances fâcheuses de l'année 1745, ne se seroit-il pas vu par là dans cette même situation, qu'il avoit voulu éviter. Il ne restoit donc pour sa sûreté que le seul moyen de bloquer le camp de Pirna et de désarmer ces troupes, si visiblement destinées à l'assistance de ses ennemis et à la ruine de ses États; c'étoit le seul parti à prendre, dans les circonstances présentes, et tout homme impartial, et qui juge des choses sans prévention, conviendra que Sa Majesté n'auroit pu en agir autrement, sans manquer à toutes les règles de la prudence et sans Se rendre responsable envers Ses propres sujets.

Le Roi entre avec sensibilité dans la situation du Roi de Pologne; mais ce prince ne doit s'en prendre qu'au ministre dont il suit les conseils, et qui n'est pas moins l'ennemi de la Saxe que celui du Roi. Il n'auroit tenu qu'à Sa Majesté Polonoise de se retirer, dès le commencement de ces troubles, dans Son royaume, et d'assister à la Diète qui devoit s'assembler à Varsovie; le Roi l'auroit desiré et Lui avoit fourni toutes les facilités nécessaires pour cet effet; et ce n'est pas sa faute, si ce prince, suivant encore dans cette occasion des conseils, qui devroient depuis longtemps lui être suspects, a pris le parti de rester en Saxe, de se mettre à la tête de ses troupes et de se laisser enfermer dans son camp. Tout ce que le Roi a pu faire dans ces circonstances, se borne à traiter le Roi de Pologne avec tous les égards dus aux souverains, et c'est aussi ce qui s'est fait jusqu'ici, et ce qui se fera constamment à l'avenir. Le Roi n'ignore pas les bruits injurieux et les faussetés manifestes que le comte Brühl a trouvé à propos de répandre partout sur ce sujet, aussi bien que sur l'oppression des habitants et sur les prétendues cruautés qu'on exerce à leur égard. Mais tout ce qui part d'une source aussi suspecte ne devoit jamais faire la moindre impression, et encore moins devroit-on donner créance à des suppositions aussi éloignées de la façon de penser de Sa Majesté, que contraires à la vérité. Le Roi de Pologne pourra toujours s'attendre, de la part du Roi, à toutes les attentions et à tous les ménagements compatibles avec les circonstances. On lui envoie journellement les provisions et les rafraîchissements nécessaires pour sa table. On n'a jamais fait la moindre difficulté de remettre à la Reine tout autant d'argent qu'Elle a souhaité d'en avoir. La sûreté publique règne dans l'intérieur du pays; les troupes prussiennes y observent la discipline la plus exacte; il n'y est question ni de pillage ni de violence, et le commerce y est aussi libre qu'au sein même de la paix. Si l'on est obligé de fournir des livraisons de vivres et de fourrages à l'armée du Roi, c'est une suite nécessaire des circonstances où Sa Majesté se trouve, et encore ne fait-on rien à cet égard, que ce qui s'observe parmi les nations les plus policées dans des cas semblables. Si l'on a fait ouvrir les archives, ce n'a été que pour avoir les originaux de plusieurs pièces dont le Roi avoit déjà les copies entre ses mains. On n'a pas touché à tout le reste, et Sa Majesté ne s'est portée à cette démarche que pour mettre le comte Brühl hors d'état de nier l'existence de ces pièces, qui serviront à convaincre le public de la vérité de tout ce qu'on vient de lui annoncer. En un mot, le Roi n'a pour but dans toute cette entreprise que sa sûreté et sa défense. Ce sont les troupes saxonnes que Sa Majesté veut mettre hors d'état de Lui nuire. Elle n'a aucun dessein, ni contre le Roi de Pologne ni contre ses États. Elle n'a formé aucune prétention sur la Saxe, et Elle ne prétend pas y acquérir un seul pouce de terre. Il est vrai que les procédés de cette cour auroient mis le Roi en plein droit d'en user tout autrement, et qu'il y a eu bien des guerres commencées pour des sujets de plaintes beaucoup moins graves que ceux que la cour de Saxe a donnés à Sa Majesté; mais ces considérations n'empêchent pas que le Roi ne persiste dans la ferme résolution de remettre le Roi de Pologne, ainsi qu'il a déclaré, dans la pleine et paisible possession de tous ses États, dès qu'il pourra le faire sans risque et sans danger pour les siens.

Le Roi se flatte que ce fidèle exposé des motifs qui l'ont fait agir, et de la véritable situation des choses servira à convaincre toute l'Europe de la justice de sa cause et à détruire les exagérations et les calomnies que les ministres saxons ne cessent de répandre, pour surprendre la compassion du public et le prévenir en leur faveur.

Anhang.

Auch in den Generalstaaten und in Schweden, das seine politischen Nachrichten grossentheils aus den Vereinigten Provinzen erhielt, liefen in den öffentlichen Blättern sehr nachtheilige Gerüchte über die barbarische Behandlung der sächsischen Lande um. Hellen erhielt auf seine Klage darüber*) den Befehl, diese Erfindungen schleunigst

---

*) Bericht vom 23. September.

in den Zeitungen zu widerlegen. Es erschien darauf, uns nur als Sonderabdruck bekannt:

> Mémoire | Contre Les | Imputations | À La Charge | Des Troupes Prussiennes | En Saxe. | à la Haie, 1756 *).

Solnus, der preussische Gesandte in Stockholm, hatte gegen die böswilligen Uebertreibungen eine kleine Schrift aufgesetzt und dem Kanzleipräsidenten Höpken übergeben.

„Ich wollte," meldete er **), „nur das Ministerium von der wahren Sachlage überzeugen, da mich das andere wenig schiert. Aber der Senator Höpken bezeigte seine grosse Freude über das von mir Verlesene und erachtete für nöthig, da kein Blatt derartiges berichtete, es in der Gazette de Suède zu veröffentlichen und dadurch das Publikum mit den rühmlichen Thaten Sr. Majestät bekannt zu machen. Er bat mich um meinen Auszug, und ich glaubte diesem Senator die Genugthuung nicht versagen zu dürfen, einen Beweis seiner Hinneigung zu Euc. Majestät zu liefern***)."

In Supplément zu Nr. 41 der Gazette de Stockholm vom 15. October erschien darauf die preussische Kundgebung unter dem Titel „Extrait d'une lettre de Leipzig du 2 octobre".

Mémoire contre les imputations à la charge des troupes prussiennes en Saxe. à la Haïe, 1756.

Il seroit superflu de répondre en détail à tout ce que les gazettes étrangères renferment et de faux et d'exagéré, sur la situation de la Saxe et sur l'oppression, où l'on prétend qu'elle se trouve dans les conjonctures présentes. La vérité de ce qui se passe, est assez évidente pour ceux qui veulent ouvrir les yeux. On ne doit pas espérer de ramener ceux qu'une passion aveugle domine.

On ne sauroit s'empêcher néanmoins de faire sentir que les plaintes amères qui paroissent sortir du sein d'une nation désolée, ne sont autre chose que les murmures des gens qui ne pensent qu'à leurs vils intérêts, et qui ne connoissent point ceux de leur patrie, on ne s'en soucient pas. Les négociants d'une seule ville†) sont les odieuses trompettes qui répandent ces faux bruits, parceque leurs gains souffrent actuellement quelque interruption. Peu leur im-

---

*) Die deutsche Uebersetzung dieses Schriftstücks haben wir unter dem Titel erwähnt gefunden: „Memoire über die den Preussischen in Sachsen befindlichen Truppen zur Last gelegten Beschuldigungen. Haag 1756." (Denkwürdigkeiten 2, 288).
**) Bericht vom 15. October.
***) Vergl. S. 117.
†) Es ist Leipzig gemeint.

porteroit que tout le reste fût en souffrance, pourvu que la faveur d'un ministre partial les soutint, et qu'ils ne fussent point troublés dans le véritable monopole qu'ils exercent depuis longtemps au préjudice des autres villes de la Saxe, dont le suffrage confirmera toujours ce que l'on avance ici. On a eu, dans tout le cours de cette guerre, de fréquentes occasions d'être surpris de leur imprudence et de leur insolence. Il seroit temps qu'ils y missent enfin des bornes.

Le Roi de Prusse n'est point l'ennemi de la Saxe et ne la traite point en ennemie. Elle ne tardera pas d'en être convaincue, et les bons patriotes ont déjà cette conviction. Les inconvénients, inséparablement attachés à une guerre légitime, ne lui causeront jamais autant de dommage que les déprédations d'un ministre qui en a sucé le sang le plus pur, et auquel elle est redevable des maux mêmes dont on se plaint. Mais quels sont ces maux? Qu'on se rappelle les ravages affreux que presque toutes les guerres ont causés! Les François, lorsque dans le siècle passé ils mirent tout à feu et à sang dans le Palatinat, en avoient-ils des raisons pareilles à celles qu'auroient pu alléguer les Prussiens, s'ils avoient voulu les imiter?

Que parle-t-on des ennemis! Les Saxons ont-ils éprouvé des traitements aussi doux de leurs amis, de leurs zélés défenseurs, les Autrichiens, toutes les fois que ceux-ci sont entrés dans leur pays? Qu'on leur offre le choix de recevoir de tels amis, ou de continuer à loger des ennemis tels que les Prussiens: On verra s'ils balanceront. La Bohême elle-même, si elle osoit parler, tiendroit un pareil langage.

Que l'on cesse donc d'en imposer à l'univers par ces clameurs artificieuses, lesquelles, comme nous l'avons déjà dit, partent d'un seul lieu, d'un seul ordre de personnes qui croient tout perdu, dès-que la ville idole de leur sordide intérêt souffre quelque atteinte.

Il n'y a point de pays, ni de ville au monde qui, dans un cas où le redoutable fléau de la guerre les menaceroit, ne souhaitassent de tomber entre les mains d'un Roi, tel que celui de Prusse, ou d'une armée comme la sienne.

Après cela on ne sauroit plus être surpris que des gens inaccessibles à ces vérités rejettent les ouvrages, les mémoriaux où elles sont établies; qu'ils disent qu'on veut y introduire un droit des gens tout nouveau, et qu'ils ne répondent à des démonstrations que par des invectives.

Extrait d'une lettre de Leipzig, du 2 Octobre.

Le Roi de Prusse a fait établir à Torgau en Saxe une chambre de finance sous la direction du ministre d'État Borcke. Tous les revenus de l'électorat s'y paient, sans qu'on ait la moindre augmentation des impôts. Cette chambre de domaines tient un compte exact de la recette et de la dépense et administre, en un mot, les finances de la Saxe pour le pays même et pour son prince. Le Roi de Pologne, la Reine et la famille royale ne manque de rien, et leur état est entretenu sur le même pied qu'il l'étoit par le passé. Il n'y a que les dépenses que demandoit l'entretien de la maison du premier-ministre comte de Brühl qui sont rayées de ce nouvel état, et il n'y a que les terres de ce comte et de quelques autres qu'on a raison de regarder comme les auteurs de tout ce qui arrive, qui ont été traitées un peu moins doucement que le reste du pays, qui ne souffre aucunement. Les troupes prussiennes paient tout ce dont ils ont besoin pour leur subsistance, et reçoivent leur solde des revenus des États de S. M. Prussienne et nullement de ceux de Saxe. La compassion du Roi de Prusse pour des gens qui sont malheureux sans qu'ils méritent de l'être, va si loin qu'ayant appris la mauvaise récolte qu'il y a eu dans ce pays-là, et qui le menaçoit d'une famine, il a fait venir de ses pays de Magdebourg et de Halberstadt une quantité de blé pour soulager le pauvre paysan et pour lui fournir de quoi ensémencer les terres cette année. Des traits de générosité pareille caractérisent un grand prince et lui gagnent les coeurs. Aussi est-il adoré en Saxe, on l'y regarde comme le père et comme le conservateur du pays. Il a fait faire de terribles exécutions sur des soldats qui ont commis des désordres, et un major-général a été longtemps aux arrêts, pour avoir pillé un village, et il n'a obtenu sa liberté qu'en payant 3000 écus de sa bourse en dédommagement et selon l'évaluation qui en avoit été faite. L'armée saxonne est encore dans le camp de Pirna, quoique fort diminuée par la désertion.

XXVII.

Lettre du cardinal de Richelieu au Roi de Prusse. Des Champs Elisées le 15 octobre 1756.

Als Friedrich den Vertrag von Westminster abschloss, beabsichtigte er keineswegs, seine bisherigen Beziehungen zu Frankreich abzubrechen, sondern hoffte im Vertrauen auf die alte, tief eingewurzelte Feindschaft der Häuser von Habsburg und Bourbon zugleich mit Ludwig XV. und dem britischen Könige ein freundschaftliches Verhältniss aufrecht erhalten zu können.

Der Gedanke an ein Bündniss zwischen Oesterreich und Frankreich lag ihm ganz fern. Noch im März 1756 wollte er den Nachrichten über die geheimen Verhandlungen zwischen diesen beiden Staaten keine grössere Bedeutung beilegen, da die französische Regierung unmöglich dem Feinde zum eigenen Nachtheile die Hand bieten würde *).

Geradezu unnatürlich erschien ihm eine französisch-österreichische Allianz **), *wie er lachenden Mundes zu Mitchell sagte. Es entging ihm vollkommen, dass die Franzosen „dadurch aller Gegenwirkung in den Niederlanden und von Spanien, Italien und Russland her ein Ende machten und ein so umfassendes Interesse wie das katholische mit ihrer Politik in Verbindung brachten"* ***).

Selbst als er die Kunde von der Ratification des Versailler Abkommens empfangen hatte†), *wollte er dieser neuen Freundschaft*

---

*) Vergl. Politische Correspondenz 12, 225. 381.
**) Politische Correspondenz 12, 385.
***) Ranke, Werke 30, 186.
†) Die österreichische Ratification des Bündnisses traf den 27. Mai in Versailles ein. Am 1. Juni gab der Staatssecretär Rouillé den fremden Ge-

keine lange Dauer verheissen. Der plötzliche Systemwechsel des Versailler Cabinets erschien ihm so gezwungen und schädlich, dass die Franzosen selbst bald mit voller Klarheit den Widersinn erkennen müssten.

„Meine Maassnahmen," schrieb er zuversichtlich*), „werden ihnen harmlos erscheinen, wenn sie erst einsehen werden, wie vollkommen sich die Lebensbedingungen und die Ziele der Bourbonen und Oesterreicher ausschliessen. Jetzt, wo sie noch im ersten Freudentaumel sind, muss man sie gehen lassen und abwarten, bis ihr Rausch verfliegt."

Um so überraschender wirkte die Erklärung Valorys vom 26. Juli, dass Frankreich einen preussischen Angriff auf Oesterreich als Kriegsfall auffassen würde**). Enttäuscht klagte Friedrich***):

„Kaunitz wird die Franzosen so weit treiben, dass sie endlich selbst über die Folgen ihrer seltsamen Verblendung staunen werden; aber sie werden die Augen zu spät öffnen."

An die Möglichkeit eines Krieges mit Frankreich dachte der König trotzdem nicht. Am 17. October schrieb er seinem Gesandten in Paris †):

„Ich hoffe noch immer, das französische Ministerium wird sich nicht beständig der Rücksicht auf die wahren Interessen der Krone und der Nation verschliessen, sondern wird erkennen, wie nachtheilig den Franzosen die Vergrösserung der Macht des neuen Hauses Oesterreich ist, das dadurch in den Stand gesetzt wird, nach der Unterjochung von ganz Deutschland und wenn die rechte Stunde gekommen ist, die Maske abzuwerfen und auch dem französischen Reiche Gesetze vorzuschreiben."

Selbst damals noch, als Ludwig XV. durch die Zurückberufung Valorys den diplomatischen Verkehr mit dem Berliner Hofe ganz abbrach, musste der Cabinetsminister Podewils zu dem Scheidenden von der Erwartung auf eine baldige Rückkehr Frankreichs zum alten

sandten das Vertragsinstrument zum Lesen und sprach zu Knyphausen, dem preussischen Vertreter, die Hoffnung aus, Friedrich würde diesem Abkommen sicherlich mit Freuden begrüssen, da darin alle Tractate von dem Münsterschen bis zum Aachener gewährleistet würden. Bericht Knyphausens vom 4. Juni.

*) Politische Correspondenz 13, 64.
**) Politische Correspondenz 13, 133.
***) Politische Correspondenz 13, 130.
†) Politische Correspondenz 13, 555. Vergl. ebendaselbst, 418. 426. 431. 458. 548 u. s. w.

Systeme sprechen*) *und nicht viel später jenes merkwürdige Schreiben an den Herzog von Nivernois richten***).*

Oft waren die preussischen Minister des auswärtigen Departements voll trüber Ahnungen, während ihr Herrscher keine Gefahr sehen wollte. Aber auch „monsieur de la timide politique", wie Friedrich spöttisch den vorsichtigen Podewils nannte***), *glaubte nicht ganz an den Ernst der französischen Kriegsvorbereitungen. Noch am 16. November musste auf seine Anregung der ausserordentliche Gesandte Häseler die dänische Regierung ersuchen, durch ihre Vermittlung Frankreich von dem neuen Systeme abzubringen oder wenigstens so nachgiebig zu stimmen, dass die Hülfstruppen auf die vertragsmässig festgesetzte Zahl von 24000 Mann beschränkt würden†).*

Wir dürfen diese Hoffnungen nicht vom Standpunkte unserer heutigen Kenntniss als phantastisch verurtheilen. Auch Staatsmänner ausserhalb Preussens theilten damals die Ansicht Friedrichs und seiner Räthe. Der schwedische Kanzleipräsident wollte im November 1756 aus guter Quelle erfahren haben, dass Frankreich im Interesse des europäischen Gleichgewichts die Kaiserin-Königin nicht so nachdrücklich unterstützen würde, wie sie wohl glaubte††).

Widersprachen denn überhaupt die politischen Interessen und Verhältnisse des französischen Reiches so ganz und gar einer Wiederannäherung an Preussen?

Freilich Ludwig XV. selbst war ein überzeugter Anhänger des neuen Bundes, den er mit Stolz sein ureigenes Werk nannte†††). Er meinte durch den Versailler Vertrag dem allzu gefährlich aufstrebenden Könige von Preussen ein Halt geboten und ihn empfindlich dafür bestraft zu haben, dass er es gewagt hätte, sich der Oberherrlichkeit Frankreichs zu entziehen. Denn nur als einen Vasallenstaat, nicht als gleichberechtigte Macht hatten die meisten Franzosen das verbündete Reich angesehen*†). Erschwerend trat noch hinzu, dass der französische Herrscher und die Pompadour durch geflissentlich zu-

---

*) Politische Correspondenz 13, 583.

**) Œuvres 27. 3, 284. Politische Correspondenz 14, 66.

***) Politische Correspondenz 13, 106. Auch Valory (2, 76) schrieb: „le comte de Podewils assez trembleur de son naturel".

†) Vergl. auch Ranke, Werke 30, 404.

††) Politische Correspondenz 14, 4. Vergl. auch die Depesche Flemmings in Maltzahnschen Berichte vom 4. Juni 1756. Politische Correspondenz 2, 403.

†††) Stuhr 1, 41.

*†) Vergl. Politische Correspondenz 13, 257. Œuvres 4, 32; 27. 3, 282. Raumer 2, 366. Droysen 5. 4, 455. Peyssonnel, Situation politique de la France. Neuchâtel 1789. vol. 1, 44.

getragene Stachelreden der Tafelrunde von Sanssouci sich persönlich
tief beleidigt fühlten*). Die allgebietende Gunstdame vergass die
Worte kalten Stolzes nicht, mit der Friedrich ihren Annäherungs-
versuch durch Voltaires Vermittlung zurückgewiesen hatte. Als beim
Beginne des siebenjährigen Krieges die Gräfin von Lütselburg in
Voltairescher Redeweise König Friedrich mit Salomo verglich, schrieb
die Maitresse: „Wen nennen sie den Salomo des Nordens? Sagen
sie ‚der Tyrann', und sie werden Recht haben" **). Der Ausruf,
welcher der unglücklichen Dauphine, einer Tochter Augusts III. von
Polen, während einer Truppenmusterung entfuhr: „Warum sind diese
Tapferen nicht in Dresden?" ***) fand bei der sonst der Prinzessin
nicht freundlich gesonnenen Pompadour einen beredten Widerhall.

Auch im französischen Volke selbst war seit dem Vertrage von
Westminster eine tiefe Verstimmung gegen Preussen bemerkbar, die
an allerlei Zwischenfällen immer neue Nahrung fand. So nahmen
die französischen Seidenfabrikanten das 1756 erlassene Einfuhrverbot
von seidenen Stoffen und Waaren als eine absichtliche Verletzung der
Präliminar-Commercienconvention von 1753 auf†). Schon im August
1756 beschwerte sich Knyphausen einmal, dass in den Strassen von
Paris ungeahndet Schmähgedichte auf seinen Herrn gesungen und verkauft würden††).

Wie stieg erst diese allgemeine Erbitterung, nachdem jene übertriebenen Nachrichten von dem preussischen Auftreten in Sachsen eingelaufen waren†††).

Aber in Beantwortung der allein entscheidenden Frage, ob Frankreich
am Kampfe gegen Preussen theilnehmen sollte, gingen die Meinungen
trotz allem weit auseinander. Während die Partei der Pompadour
schon nach Empfang der ersten Depesche über Friedrichs Einfall in die
Erblande Augusts III. auf die Abberufung des französischen Gesandten
aus Berlin drängte*†), widersetzte sich die zweite grosse Hofpartei,
zu der auch der Dauphin gehörte**†), jeder kriegerischen Bewegung

---

*) Bericht Knyphausens. Paris 8. November 1756. Vergl. auch Coxe, 65.
**) Goncourt, Madame de Pompadour, 346.
***) Valory 1, 350. Vergl. Politische Correspondenz 13, 417. 424. 434.
†) Promemoria Valorys. Berlin, 14. Juli 1756. Vergl. Valory 2, 83.
††) Vergl. Luynes 15, 190. Unter den dort mitgetheilten Proben ist
folgende wohl am bemerkenswerthesten: „Par plus d'une alliance Tu te dois
à la France. Es-tu roi, De ta foi Sois esclave. Rien ne lave Un grand nom
comme le tien, D'être frivole et vain."
†††) Vergl. S. 184. 391.
*†) Bericht Knyphausens. Paris, 10. September 1756.
**†) Vergl. Soulavie, Mémoires historiques 1, 229 f.

gegen Preussen. Ihr galt jene Erklärung Puisieulx's über die enge Interessengemeinschaft von Preussen und Frankreich, die jedes Dritten Einmischung ausschlösse*), als die wahre Richtschnur einer gesunden Politik. Es war noch nicht viel mehr als ein Jahr verstrichen, seit de la Touche emphatisch zu Friedrich von dem französischen Bunde versichert hatte, „er beruhe auf Principien, die ihn ewig machen müssten" **).

In dem Conseil, das nach der Bekanntmachung des preussisch-englischen Vertrages in Versailles abgehalten wurde, gelang es der gemässigten Partei trotz der Stimmen, die Friedrich des wiederholten Verraths an Frankreich bezichtigten***), die stürmische Erregung zu beschwichtigen.

Die Auffassung, dass Friedrich beim Abschlusse dieses Bundes sich mehr in der Form als in der Sache vergangen hätte†), gewann immer mehr Anhänger. Der Herzog von Luynes glaubte sein Vaterland sogar zu Dank gegen Preussen verpflichtet, da den Russen durch jene Allianz der Weg nach Deutschland versperrt wäre††). Einer der angesehensten Männer des damaligen Frankreichs, der von beiden Hofparteien gleich hochgeschätzte†††) Marschall Belle-Isle hatte anfangs das Abkommen von Westminster gleichsam als eine persönliche Beleidigung empfunden*†); aber seine alte Neigung und wohl berech-

---

*) Droysen 5, 4, 97. „Nos intérêts sont les mêmes, et pourvu que nous les favorisions par un systéme suivi et constant, nous ne devons pas nous piquer de vouloir toujours le faire par les mêmes voies... On ne nous fera jamais prendre le change sur ce qui pourra nous être dit contre le Roi de Prusse; mais quand il pourroit arriver que nous ne pensèrions pas quelquefois de même sur certaines choses, il ne faut pas que les autres le sachent, et encore moins qu'ils puissent croire que nous nous défions l'un de l'autre." Politische Correspondenz 6, 522.

**) Droysen 5, 4, 448.

***) Politische Correspondenz 12, 118. — Nach Duclos (636) wurde Valory nach Berlin gesandt „pour veiller sur la conduite d'un prince que nous devions déjà regarder comme notre ennemi, mais avec qui nous n'avions point encore de guerre ouverte."

†) Bericht Knyphausens. Paris, 15. März 1756; „qu'Elle (Votre Majesté) a plutôt péché par la forme que par le fonds."

††) Luynes 14, 401. Barbiers entgegenstehende Meinung vergl. Journal 6, 242.

†††) D'Argenson nannte ihn „eins der grossen Genies unseres kleinen Jahrhunderts". Ueber die Achtung, die der Marschall bei Ludwig XV. und der Pompadour genoss, vergl. Goncourt, 45.

*†) Politische Correspondenz 13, 62.

nete Artigkeiten Friedrichs*) liessen ihn bald wieder in die Reihe der Preussenfreunde zurücktreten, die er in Wahrheit eigentlich nie verlassen hatte**).

Noch kräftigeren Halt fand die Friedenspartei an dem Minister Grafen d'Argenson. Auch er hatte an dem preussisch-englischen Vertrage nichts auszusetzen gehabt***). Als gegen seinen Rath der Feldzug gegen Preussen beschlossen wurde, schrieb er ingrimmig†):

„Der Krieg, in den wir uns stürzen, um die Freiheit des deutschen Reichs zu vernichten und die Tyrannei Oesterreichs zu vertheidigen und zu stärken, ist das Werk von Maitressen, Günstlingen, Cabinetten u. s. w. Frankreich hat in Zeiten der Schwäche wohl müssig zugesehen, wie die Habsburger Deutschland zu knechten trachteten, hat ihnen aber niemals beigestanden. Das war erst unserem buhlerischen Zeitalter vorbehalten. Welche Schmach für den König! ††)."

Eines gewissen Misstrauens gegen die letzten Ziele der österreichischen Politik konnten sich selbst die Anhänger der Pompadour nicht erwehren. Sie fürchteten, dass die Kaiserin-Königin, nicht zufrieden mit der Rückeroberung von Schlesien und Glatz, die Franzosen um die ihnen zugesicherten Niederlande betrügen würde†††), und wollten daher die preussische Macht als natürliches Gegengewicht nicht allzu sehr geschwächt sehen*†). Rouillé, der französische Staatssecretär des Auswärtigen, machte bereits im September 1756 seinem Missfallen über die allzu weit gehenden Zugeständnisse Ludwigs an Oesterreich in fast beleidigenden Vorwürfen gegen den Vertreter des neu verbündeten Staates Luft**†).

---

*) Vergl. Politische Correspondenz 13, 583; 14, 15. Ein sehr schmeichelhaftes Urtheil Friedrichs über Belle-Isle aus dem Jahre 1741 siehe Œuvres 22, 70.

**) Die widersprechende Angabe Retzows, Charakteristik des siebenjährigen Krieges 1, 79. beruht auf Irrthum.

***) D'Argenson 9, 181. Ueber sein absprechendes Urtheil von der Versailler Allianz siehe auch Politische Correspondenz 12, 424.

†) D'Argenson 9, 327.

††) Erst nach dem Sturze d'Argensons hoffte der österreichische Gesandte auf die Dauer der Versailler Allianz. Arneth, Maria Theresia im siebenjährigen Krieg 1, 29. 491.

†††) Vergl. Arneth a. a. O. 1, 29. 35. 112. Ranke, Werke 30. 110. Stuhr 2, 37.

*†) Vergl. Valory 2, 192. Arneth 4, 467.

**†) Arneth, Maria Theresia im siebenjährigen Krieg 1, 33. 474. Kuyphausen meldet am 17. September: „Rouillé, considérablement radouci, a beaucoup d'égards."

War doch selbst der leichtherzige Bernis, der rechte Arm der Pompadour, nicht ohne Bedenken an den Abschluss des Vertrags herangegangen. Bevor er den verhängnissvollen Schritt that, legte er seiner Gönnerin die folgenschwere Tragweite ihres Unternehmens dar*), das eine Abkehr von einem zweihundertjährigen Systeme bedeutete, die deutschen Fürsten, die alten Schutzbefohlenen der französischen Könige, der habsburgischen Macht überantwortete**) und durch die Vereinigung der beiden grössten europäischen Mächte alle anderen mit Knechtschaft bedrohte***).

In einem Berichte, der allerdings erst um die Mitte des Octobers im preussischen Cabinet eintraf, giebt Knyphausen†) ein anschauliches Bild von der Stimmung, die nach der ersten fieberhaften Erregung in dem französischen Bürgerthum wieder die Oberhand gewann:

„Allmählich gehen den Leuten die Augen auf, sie erkennen, dass eine Unterstützung Maria Theresias der überlieferten Politik zuwider läuft; würde doch das Haus Oesterreich über kurz oder lang seine Waffen gegen Frankreich kehren. Sie gestehen sogar zu, dass im eigenen Interesse des französischen Staats läge, Ew. Majestät auch vor dem geringsten Schlage zu bewahren, weil eine Minderung der preussischen Macht das europäische Gleichgewicht verrücken würde. Ohne das Geschrei über die preussischen Gewaltthätigkeiten in Sachsen, welches das Herz des Königs und seiner Familie zerreisst, wäre jede Verblendung über Oesterreich schon längst geschwunden. Aber jetzt wagt niemand dem zornigen Herrscher zu widersprechen††)."

Vielleicht war es doch noch möglich, dass ein Sieg Friedrichs das für äussere Erfolge so empfängliche Volk der Franzosen begeisterte und das Zünglein der Wage trotz alles Widerstandes zu Gunsten der Anhänger des alten Systems hinabdrückte.

Auf dem Schlachtfelde von Lobositz beschwor der noch unbesiegte

---

*) Duclos, 634. Aehnliches meldet Knyphausen in einer Depesche vom 7. Juni 1756.

**) Vergl. Knyphausens Bericht. Paris, 7. Juni 1756.

***) Aus diesem Momente erklärt sich die spanische Intervention für Preussen 1759. Vergl. Flassan 6, 191.

†) 8. October 1756.

††) Vergl. hierzu ein Gedicht, das Turgot zugeschrieben wird. Mémoires du maréchal duc de Richelieu. Ed. Soulavie 9, 137. — Die Franzosen waren aber auch damals noch so sehr für Oesterreich eingenommen, dass grosse Freude in Paris über den angeblichen Sieg Brownes bei Lobositz herrschte. Vergl. Politische Correspondenz 13, 575.

König-Connétable den Geist Richelieus, auf dass dieser gewaltige Schatten sein Frankreich auf die von ihm mit energischer Hand vorgezeichnete Bahn zurückführte.

Zu den wirklich grossen Männern mochte Friedrich den Cardinal nicht zählen, da Hochmuth und grausame Rachsucht dessen Gedächtniss verdunkelten; aber er bewunderte in ihm den Schöpfer der französischen Monarchie, „jenen klugen Minister, der sich mit Schweden verband, um Oesterreichs Despotismus niederzuwerfen" *). Die Erinnerung an ihn sollte seine Landsleute von dem Bunde mit dem habsburgischen Erbfeinde wider den neuen Gustav Adolf — denn mit jenem grossen Schwedenkönige wurde der König von Preussen in Deutschland und Frankreich öfters verglichen**) — zurückschrecken.*

*Die Thränen der Dauphine waren beredter gewesen, als die preussischen Staatsschriften***): vielleicht, dass Witz und Ironie im Vaterlande Voltaires bereitwilligeres Gehör fänden.*

Im Hochgefühl des Siegers†) fand Friedrich trotz der gewaltigsten Arbeitslast††) noch Musse, jenen Brief Richelieus aufzusetzen, wie die meisten Werke des königlichen Autors ein Kind der augenblicklichen Empfindung.

Der erste Entwurf der geistvollen Satire ist durch ein glückliches Geschick erhalten geblieben, er trägt die Ueberschrift: Lettre du Cardinal de Mazarin au Roi de Prusse.

Wir können nicht mehr entscheiden, ob hier ein Flüchtigkeitsfehler vorliegt, oder dem Könige beim Niederschreiben der Eingangssätze zuerst die Gestalt des wirklichen Regenerators von Frankreich vor das geistige Auge trat.

Nachdem Friedrich den Brief vollständig umgearbeitet hatte, liess er ihn in der neuen Redaction nach Berlin absenden†††). Der vertraute Cabinetsminister Graf Finckenstein sollte ihn dort gemeinschaftlich mit dem Marquis d'Argens im „grössesten Secret durchgehen, hier oder da corrigiren" und

„von solcher Pièce en forme eines Pamphlet 500 bis 600 Exemplaria

---

*) Vergl. Œuvres 27, 485. Polit. Correspondenz 12, 130. Bischoff, 181.

**) Vergl. d'Argenson 3, 92. Flassan 5, 228. Schreiben eines Brandenburgers an einen Ausländer. Berlin 1757.

***) Œuvres 27. 3, 284. Politische Correspondenz 13, 528.

†) Vergl. seinen Brief an Moritz von Dessau. Politische Correspondenz 13, 482. An seine Schwester Wilhelmine schrieb der König damals: „Veuille le Ciel que la valeur de mon armée nous procure une paix stable. Ce doit être le but de la guerre." Ebendaselbst 487.

††) Politische Correspondenz 13, 498. Nr. 8154.

†††) Politische Correspondenz 13, 493.

mit aller Précaution eines grössesten Geheimnisses zu Berlin drucken lassen, so dass nicht ein einiges Exemplar davon detourniret, noch abhanden kommen könne, und darauf solche insgesamt durch einen Expressen von Bielefeld oder der Orten aus an den von Hellen nach dem Haag schicken, mit der Instruction, dass solcher das grösseste Secret davon halten, die sämtlichen Exemplaria aber nach einer ihm zugleich zuzusendenden Liste couvertiren und überschreiben und sodann in Holland ohnvermerkt auf die Post nach Frankreich geben und abgehen lassen möchte."

D'Argens sollte die Adressen „von allerhand Leuten in Frankreich de la robe et de l'épée, bei welchen es convenable ist, die Minister davon ausgenommen", angeben, „damit also diese Pamphlete in Frankreich, ohne zu wissen, woher sie kämen, herumgebracht und bekannt würden."

Da der Marquis der deutschen Sprache nicht mächtig war, wurde mit Finckensteins Genehmigung noch der Hofrath de Francheville, dem Könige als Corrector der Œuvres du philosophe de Sans-souci bekannt*), in das Geheimniss gezogen.

Nach dem Drucke, der im Schlosse selbst stattfand**), schrieb d'Argens dem Könige am 17. October:

„Ew. Majestät Werk ist entzückend und so vornehm als möglich gehalten. Man hat nur ein Wort darin geändert. Da mir Graf Finckenstein sagte, dass die Schweden sich seit Monatsfrist sehr mühten, ihren guten Willen zu beweisen, und nun fürchtete, sie würden durch den Ausdruck aristocratie cruelle et sanguinaire***) sehr beleidigt werden, so habe ich dafür aristocratie tumultueuse gesetzt. Ich hoffe, Ew. Majestät werden diese kleine Milderung nicht in Ungnaden aufnehmen, denn der Minister schien mir wirklich aufrichtig besorgt zu sein."

Aus Höflichkeit verschwieg der Marquis in diesem Briefe, dass er ausser der erwähnten Veränderung, allerdings der einzigen, die den Sinn etwas beeinflusste, noch an zahlreichen Stellen den Urtext stilistisch ausgefeilt hat.

Als Adressaten des Richelieuschen Schreibens nannte d'Argens die vornehmsten Mitglieder der französischen Gesellschaft, soweit sie

---

*) Joseph du Fresne de Francheville, preussischer Hofrath und Mitglied der Berliner Akademie der Wissenschaften. Unter seinem Namen erschien die erste Ausgabe des Siècle de Louis XIV.

**) D'Argens schreibt am 17. October: „il a fallu se servir de l'imprimeur qui a prêté le serment, et qui imprime au château tous les manuscrits qu'on veut tenir secrets jusqu'à leur publication." (Œuvres 19, 42.

***) S. 417.

nicht ausgesprochene Freunde der Pompadour waren*). Zu der von ihm dictirten Liste schrieb er eigenhändig hinzu:

„Man muss mit grosser Aufmerksamkeit die Titulaturen beachten. Sonst würde man den ganzen hohen Adel am Hofe aufbringen, dem das Prädikat Monseigneur in Briefen zusteht, oder den Argwohn rege machen, dass der Absender des Schreibens ein sehr hoher Herr ist, da er weder den Prinzen noch den Herzögen die Anrede Monseigneur giebt."

Am 18. October wurden Hellen dreihundert Drucke mit den nöthigen Anweisungen zugeschickt. Den Empfang der Sendung sollte er nur mit der Anzeige „das Packet richtig erhalten zu haben," bestätigen, um selbst in dem Falle, dass sein Brief von Unbefugten erbrochen würde, das Geheimniss zu bewahren.

Da der Haager Vertreter in seinen Depeschen mit keinem Worte des geheimen Auftrages gedachte, so bat Eichel in einem Briefe vom 19. November den Grafen Finckenstein, „ein paar gedruckte Exemplaria oder auch nur Abschriften von der bekannten Lettre du cardinal de Richelieu" an den König persönlich zu senden und in dem Begleitschreiben

„zugleich eine und andere Umstände zu berühren, wie alles nach geschehener Communication mit dem Marquis d'Argens nach Sr. Majestät Intentionen ausgerichtet worden, da ich glaube, dass solches Deroselben Plaisir machen wird."

Der Cabinetsminister sandte darauf unverzüglich in einem Schreiben**) vier Exemplare der Flugschrift. Er sprach die Hoffnung aus, dass der Druck, den er wohl gelungen und ganz in der Art solcher Pamphlete nennt, den Beifall des Herrschers finden würde, und erzählte dann von den Vorkehrungen, die zur Wahrung des Geheimnisses getroffen waren. Allerdings, fügte er verbindlich hinzu, der gewählte Stil und der innere Gehalt der Schrift könnte die Franzosen unschwer die Wahrheit ahnen lassen. Vielleicht wären jetzt die Sendungen schon an ihren Bestimmungsorten; der damit betraute Kurier wäre wenigstens bereits am 25. October im Haag eingetroffen***).

Diesem Berichte gegenüber musste es doppelt auffallen, dass Hellen auch fernerhin nichts von dem Schicksale des Pamphlets meldete. Ebenso wenig wurde von anderer Seite etwas darüber verlautbar.

---

*) Er theilte sie in folgende Klassen: 1) La Cour, 2) à Paris [enthält die Intendanten], 3) Province [enthält die Präsidenten und Procureurs généraux der Parlamente], 4) Evêques und 5) Académie.

**) Immediatbericht Flnckensteins vom 20. November 1756.

***) Friedrich hat eigenhändig zu diesem Briefe geschrieben: Je lui suis fort obligé. Fr.

Eichel musste daher in einem Schreiben an Finckenstein vom 22. December wieder „das besondere Verlangen" des Königs ausdrücken, „zu wissen, wie es mit denen Schreiben aus den Elyseischen Feldern weiter gegangen". In Berlin war man aber um so weniger im Stande, dies Begehren zu befriedigen, als Hellen angewiesen worden war, nur in Immediatberichten die Geschichte des Flugblatts mitzutheilen. Alle Umstände schienen aber dem Minister darauf hinzuweisen*), dass die aus Holland abgesandten Packete in den französischen Postbureaux geöffnet und auf höhere Ordre mit Beschlag belegt worden wären.

Auf einen directen Befehl Finckensteins schrieb der Gesandte im Haag an den König**):

„Ich habe die betreffende Sache nach und nach aus mehreren Städten Hollands abgeschickt, um ihre Herkunft möglichst zu verbergen, und ich wage zu versichern, dass nach den von mir getroffenen Maassregeln keine Entdeckung zu fürchten ist. Ich zweifle indessen, ob bis zu diesem Augenblicke alles an den Ort seiner Bestimmung angelangt ist, da ich bisher keinen Beweis habe, der mich das Gegentheil glauben liesse, und ich nirgends von der Begebenheit gehört habe."

Mit diesem Berichte sind die Acten über unsere Staatsschrift geschlossen; weder Finckenstein noch Hellen erwähnen sie je wieder.

In den französischen Nachrichten aus jenen Tagen wird des kleinen Pasquills nirgends gedacht. Wahrscheinlich ist es, wie der Minister vermuthet hat, durch die französische Postcontrolle trotz aller Vorsicht entdeckt und confiscirt worden.

Ein Original des witzigen Briefes, der im Ganzen nur in 500 Exemplaren aufgelegt worden war, gehört heute zu den bibliographischen Seltenheiten. Die Schrift ist zum ersten Male seit 1756 wieder abgedruckt worden in „Supplément aux œuvres posthumes de Fréderic II Roi de Prusse. Cologne 1789. T. III, 327 f.

Auf dem Königlichen Geheimen Staatsarchive zu Berlin befinden sich vier Handschriften der Lettre. Wir nennen sie A, B, C und D.

A und B sind eigenhändig von Friedrich geschrieben worden. A ist die älteste, B die umgearbeitete Redaction. B wurde zur Durchsicht und zum Abdrucke nach Berlin gesandt, und der Marquis d'Argens hat seine Verbesserungen diesem Texte des Königs beigesetzt.

C ist eine vom Marquis d'Argens herrührende, aber an mehreren Stellen noch veränderte Abschrift von B.

---

*) Immediatbericht Finckensteins vom 25. December 1756.
**) Postscriptum zum Immediatberichte vom 4. Januar 1757.

D endlich ist eine Copie von C, wahrscheinlich aus Francheville's Feder. Sie weicht nur in zwei Aeusserlichkeiten von ihrer Vorlage ab. 1) Sie trägt die Zeitdatirung des Briefes, die in den vorangegangenen drei Redactionen fehlt. Vielleicht ist der Brief Richelieus gerade am 15. October druckfertig geworden oder gedruckt, und deshalb dieser Tag als Datum gewählt. 2) Sie schliesst: *celui qui a l'honneur d'être Sire de Votre Majesté Le très-humble et très-sincère admirateur, Armand* etc. In den Vorlagen fehlt das gesperrt Gedruckte. Uebrigens ist es auch erst während des Drucks an Platze von *très-obéissant serviteur* gesetzt, wie auch D ursprünglich hatte. Diese letzte Redaction liegt dem Drucke zu Grunde. Auch Preuss folgte ihr in der Ausgabe der Œuvres (15, 81). Nur an einer Stelle hat er auf den Text von B zurückgegriffen[*]. Was ihn veranlasste, diese eine Lesart nach dem Originale zu geben, sonst aber die Veränderungen von d'Argens beizubehalten, ist nicht ersichtlich.

Es mag zum Schlusse noch darauf hingewiesen werden, dass 1757, angeblich in Strassburg, eine Schrift erschien[**]), die, gewissermaassen als Entgegnung auf das Schreiben Richelieus, die vielen Allianzen Frankreichs mit deutschen Fürsten seit dem siebzehnten Jahrhundert aufzählte und dadurch beweisen wollte,

„dass solche Bündnisse zu machen, weder unter die ungewöhnlichen, noch unter die unerlaubten, noch unter die an sich gefährlichen Handlungen gehöre, und dass es sich vor diejenigen am allerwenigsten schicke, solche zu tadeln, deren ihre ruhmvolle Voreltern oder sie selbst sich in älteren und neueren Zeiten in dem nämlichen Fall befunden haben."

A.

Lettre du Cardinal de Mazarin au Roi de Prusse.

Sire. Nous apprenons depuis peu dans les tranquilles demeures que nous habitons, les grands avantages que Votre Majesté vient de remporter sur Ses ennemis; des morts descendus en foule ne nous entretiennent que de Vos victoires. Quoique les morts n'aient plus cet attachement pour le monde sublunaire qu'ont pour lui les

---

[*]) Œuvres 15, 8.
[**]) Die Freundschaft der Teutschen mit den Franzosen zum nützlichen Gebrauch unsrer Zeiten entworfen. Strassburg 1757.

hommes qui l'habitent, je ne saurois cependant me départir, après mon trépas, de l'attachement que j'ai eu pour ma patrie, et en qualité de bon Français j'ose féliciter Votre Majesté de Ses heureux succès. Vous suivez donc, Sire, les traces de Gustave-Adolphe, Vous continuez d'exécuter les desseins que j'avois, lorsque je gouvernois la France. Ah! que j'applaudis aux sages mesures que Votre Majesté prend pour abaisser les véritables ennemis de la France: Vous êtes, Sire, le meilleur allié qu'ait jamais eu ce royaume, Vous suivez invariablement les seuls principes que doit avoir tout homme qui est né sujet du Roi Très-Chrétien. Le cardinal de Fleury qui depuis peu a grossi le nombre des bienheureux qui habitent ces contrées délicieuses, m'a informé des progrès que la monarchie française a faits depuis mon administration: je vois l'Alsace, la Lorraine et la Franche-Comté incorporées dans ce royaume, je vois la maison de Bourbon régner en Espagne et établie en Italie; mais j'apprends que la nouvelle maison d'Autriche, renaissante de ses cendres, a réparé la perte de bien d'États par l'ordre admirable de ses finances et de ses arrangements intérieurs, j'apprends qu'avec une même ambition elle emploie des voies plus détournées pour aller à ses fins: qu'elle sape, au lieu de donner des assauts, et qu'elle couvre ses dangereux projets des masques les plus séduisants. Il Vous étoit réservé, Sire, de lui arracher ce masque trompeur, pour découvrir toutes ses difformités, surtout d'arrêter le cours de ses artifices, en opposant la digue de Vos victoires au débordement de son ambition.

Nous autres morts, quoique ombres, nous qui sommes dégagés, Sire, de toutes les parties terrestres qui enveloppent les âmes des vivants, nous dont l'essence subtile et déliée aperçoit l'avenir comme le présent, nous qui lisons les conséquences dans leurs principes, je dois l'avouer, nous Vous applaudissons d'autant plus que, par la connoissance que j'ai de ce qui se passe sur la terre, je lis que les desseins de la nouvelle maison d'Autriche ont été de renverser Votre puissance, d'établir sa tyrannie en Allemagne, afin de priver la France de son meilleur allié et d'être la maîtresse ensuite d'employer toutes les forces du Saint-Empire Romain contre les rois de France. Si Vous tombiez, Sire, la France ne gardoit plus d'allié puissant dans le Nord, l'Allemagne devenoit une province impériale, l'Autriche, formée nouvelle puissance, et la Russie se trouvoient assez fortes pour accabler les descendants des Mahomet et des Soliman, et ma patrie se trouvoit en tête d'un ennemi devenu aussi formidable que Charles-Quint, qui revendiqueroit sans cesse la Lorraine, l'Alsace, la Franche-Comté et peut-être la Flandre française même, sans compter le hasard auquel seroit exposé le Roi des Deux-Siciles et les Princes de Bourbon qui ont des possessions en Italie. Quelles guerres cruelles ne se seroient allumées dans ce funeste avenir! que de Français généreux seroient venus remplir nos demeures, moissonnés avant le temps et péris par les fureurs de Mars! C'est donc Vous, Sire, qui prévenez ces fâcheuses conséquences; c'est donc Vous qui sauvez la France des malheurs qui lui etoient présagés! Ah! continuez, Sire, d'abaisser nos ennemis ou du moins de lutter contre leur ambition. Ne Vous écartez point de la route des Gustave et de cette saine politique dont j'ai laissé des exemples à tous mes successeurs; c'est là le chemin de la gloire, et qui, après une vie longue et heureuse que je souhaite à Votre Majesté, Lui donnera une place dans la demoure des bienheureux que j'habite. J'ai l'honneur d'être etc.

Armand du Plessis Cardinal Duc de Richelieu.

B.

Lettre du Cardinal de Richelieu au Roi de Prusse.

Des Champs-Élysées ce ...

Sire. Il nous est arrivé depuis peu une quantité d'habitants de la terre qui nous ont rendu compte des avantages que Votre Majesté vient de remporter sur Ses ennemis. On ne parle dans notre tranquille séjour que de Vos victoires. Quoique des ombres n'ont plus cet attachement outré pour le monde sublunaire que les hommes qui l'habitent, nous conservons cependant les sentiments que tout honnête homme doit avoir; je participe donc, quoique mort, aux avantages de ma patrie, je m'intéresse à la gloire de l'État que j'ai gouverné autrefois, dans le sens qu'un tuteur reste sensible à la fortune d'un pupille qui lui a été confié. C'est donc en qualité de bon Français que j'ose féliciter Votre Majesté de Ses heureux succès qui intéressent si fort cette monarchie. Vous ne Vous écartez donc pas, Sire, de mes principes, ni de mes exemples; Vous ne perdez pas de vue les véritables ennemis de la France, et en ne Vous écartant jamais de cette saine politique, vous égalez les exploits de Gustave-Adolphe. Ah! que j'applaudis aux sages mesures que prend Votre Majesté pour contenir dans leurs bornes les vastes projets de la maison d'Autriche! C'est donc Vous qui mettez un frein à sa cupidité et à son ambition? Vous êtes, Sire, le meilleur allié qu'ait jamais eu la monarchie française. Il ne manquoit à mon bonheur que d'être né Votre contemporain. Quoique les choses soient bien changées depuis ma mort, je suis cependant au fait de la situation présente des affaires, tout comme si j'en étois encore chargé. Le cardinal de Fleury dont l'ombre aimable est descendu dans ces contrées délicieuses, m'a montré la Franche-Comté, l'Alsace et la Lorraine rangées sous la domination française et la maison de Bourbon régner en Espagne et établie en Italie; il m'a fait voir d'une autre côté la maison d'Autriche éteinte et un nouveau rejeton naqui(!) de ses cendres qui, poussant de fortes racines, acquiert plus de forces par l'arrangement admirable de ses finances et l'ordre de ses troupes qu'il n'en a perdu par des provinces démembrées de cette monarchie. Le cardinal Fleury m'a fait remarquer la conduite artificieuse de cette nouvelle maison, qui, avec autant d'ambition que la première, sait couvrir ses pièges de fleurs; qui va par la sape, au lieu de donner des assauts; qui endort ses ennemis, au lieu de les combattre, et qui emprunte toutes sortes de formes pour cacher la véritable. Mais Vous avez, Sire, comme un autre Hercule, obligé ce Protée à reprendre sa figure naturelle, et Vous avez opposé la digue de Vos victoires au débordement de son ambition.

Nous dont l'esprit d'une matière subtile et déliée est dégagé de toutes ces parties pesantes et terrestres qui enveloppent et captivent les âmes des vivants, nous avons la connoissance de l'avenir comme du présent; aucun artifice est impénétrable à nos yeux. J'aperçois d'un coup d'œil les conséquences dans leur principe. C'est de cette manière-là qu'en examinant naguère l'Europe, je m'aperçus des desseins dangereux que formoit la nouvelle maison d'Autriche; j'ai vu, Sire, que cette maison d'Autriche, mais qui ne l'est que de Lorraine, se flattoit d'écraser Votre puissance pour établir le despotisme et la tyrannie en Allemagne; qu'elle comptoit de priver la France de son allié le plus fidèle pour tourner ensuite toutes les forces du Saint-Empire Romain contre le Roi Très-Chrétien. J'ai vu que la Suède ne se ressembloit plus: que sur les ruines du trône s'élève une aristocratie sanguinaire et cruelle et que, par conséquent, sans Vous ma patrie n'avoit plus d'allié dans le Nord. J'ai vu qu'une nouvelle puissance, à demi sortie de la barbarie, mais formidable par son nombre et régnant depuis la Mer Glaciale jusqu'aux marais du Palus Méotide pouvoit, à l'aide des Césars germains, accabler les descendants des Soliman et des Mahomet et que, si la France n'y pourvoyoit, elle se trouveroit en tête [d']un ennemi plus puissant que Charles-Quint, aussi ambitieux que Ferdinand II, plus actif que Charles VI, qui revendiqueroit sans cesse la Franche-Comté, l'Alsace, la Lorraine et peut-être la

Flandre même; dont les vastes desseins tendoient même à chasser les Bourbons de l'Italie: que de guerres cruelles alloient s'allumer dans ce funeste avenir, que de Français généreux moissonnés avant le temps, seroient descendus ici bas pour habiter nos tranquilles demeures! Il Vous étoit réservé, Sire, de prévenir tant de maux, d'assurer le trône de nos Rois et d'abattre cette hydre dont les têtes renaissantes s'élèvent sans cesse contre l'empire des lis! Après d'aussi illustres [actions], et après une vie longue et heureuse, que je souhaite à Votre Majesté, Elle viendra prendre place dans ce séjour heureux que nous habitons, pour y recevoir nos hommages. Daignez, Sire, distinguer du nombre de ceux [qui] vous [entoureront] celui qui a l'honneur d'être etc.

Armand du Plessis Cardinal Duc de Richelieu.

D.

Lettre du Cardinal de Richelieu au Roi de Prusse.

Des champs Élysées, le 15 octobre 1756.

Sire,

Il nous est arrivé depuis peu une quantité d'habitants de la terre, qui nous ont rendu compte des avantages que Votre Majesté vient de remporter sur Ses ennemis. On ne parle dans notre tranquille séjour que de Vos victoires. Quoique les ombres n'aient plus pour le monde sublunaire cet attachement outré qu'ont les hommes qui l'habitent, elles conservent cependant les sentiments que tout citoyen doit avoir.

Ainsi je participe, quoique mort, aux avantages de la France. Je m'intéresse à la gloire d'un État que j'ai gouverné autrefois, et je goûte le doux plaisir que ressent un tuteur en voyant croître la fortune d'un pupille qui lui a été confié. C'est donc en qualité de bon Français que j'ose féliciter Votre Majesté de Ses heureux succès qui sont si utiles à la monarchie française. Je vois, Sire, que Vous suivez mon exemple, et que Vous ne Vous écartez pas de mes principes. Vous ne perdez pas de vue les véritables ennemis de la France et, en ne Vous éloignant jamais de cette saine politique, Vous égalez les exploits de Gustave-Adolphe. Ah! que j'applaudis aux sages mesures que prend Votre Majesté pour donner des bornes aux vastes projets de la maison d'Autriche! C'est donc Vous qui ttez un frein à sa cupidité et à son ambition? Vous êtes, Sire, le meilleur allié qu'ait jamais eu la France. Il ne manquoit à mon bonheur que d'être né Votre contemporain.

Quoique les choses soient bien changées depuis ma mort, je suis cependant au fait de la situation présente des affaires, tout comme si j'en étois encore chargé. Le cardinal de Fleury dont l'ombre aimable est descendue dans ces contrées délicieuses, m'a appris que la Franche-Comté, l'Alsace et la Lorraine étoient soumises à la domination française, et que la maison de Bourbon régnoit en Espagne et en Italie. Il m'a dit qu'un nouveau rejeton étoit sorti des cendres de la maison d'Autriche éteinte, et que ce rejeton, poussant de profondes racines, acquéroit plus de forces par l'arrangement admirable de ses finances et par la discipline de ses troupes qu'il n'en avoit perdu par le démembrement de plusieurs provinces. Le cardinal de Fleury m'a fait encore remarquer la conduite artificieuse de cette nouvelle maison d'Autriche, qui, avec autant d'ambition que la première, sait couvrir ses pièges de fleurs; qui va par la sape, au lieu de donner des assauts; qui endort ses ennemis, au lieu de les combattre, et qui emprunte toutes sortes de formes pour cacher la véritable. Vous avez, Sire, comme un autre Hercule, obligé ce Protée à reprendre sa figure naturelle, et Vous avez opposé la digue de Vos victoires au débordement de son ambition.

Nous, Sire, habitants de l'Élysée, dont l'esprit subtil est dégagé des parties terrestres qui enveloppent et appesantissent les âmes des vivants, nous avons la connoissance de l'avenir comme du présent. Aucun artifice n'est impénétrable à nos yeux. Nous apercevons d'un coup d'œil les conséquences dans leurs principes. De là vient que naguère, examinant l'Europe, je m'aperçus des desseins dangereux que formoit la nouvelle maison d'Autriche. J'ai vu, Sire, que cette maison d'Autriche, mais qui n'est que celle de Lorraine, se flattoit d'écraser Votre puissance, pour établir le despotisme et la tyrannie en Allemagne; qu'elle comptoit de priver la France de son allié le plus fidèle, pour tourner ensuite toutes les forces du Saint-Empire Romain contre le Roi Très-Chrétien. J'ai vu que la Suède ne ressembloit plus à elle-même; que sur les ruines du trône s'élève une aristocratie tumultueuse et que, par conséquent, sans Vous, ma patrie n'auroit plus d'allié dans le Nord. J'ai vu qu'une nouvelle puissance, à demi sortie de la barbarie, mais formidable par le nombre de ses troupes et régnant depuis la Mer Glaciale jusqu'au Palus Méotide, pouvoit, à l'aide des Césars germains, accabler les descendants des Soliman et des Mahomet, et que, si la France n'y pourvoyoit, elle se trouveroit avoir en tête un ennemi plus puissant que Charles-Quint, aussi ambitieux que Ferdinand II, plus actif que Charles VI, qui revendiqueroit sans cesse la Franche-Comté, l'Alsace, la Lorraine et peut-être la Flandre, et dont les vastes desseins tendroient même à chasser les Bourbons de l'Italie. Que de guerres cruelles alloient s'allumer dans ce funeste avenir! Que de Français généreux, moissonnés avant le temps, seroient descendus ici-bas pour habiter nos paisibles demeures! Il Vous étoit réservé, Sire, de prévenir tant de maux, d'assurer le trône de nos rois et d'abattre cette hydre dont les têtes renaissantes s'élèvent sans cesse contre l'empire des lis.

Après d'aussi illustres actions, après une vie longue et heureuse, que je souhaite à Votre Majesté, Elle viendra prendre place dans ce séjour fortuné, pour y recevoir nos hommages, et j'ose espérer, Sire, que Vous daignerez distinguer, dans le nombre de ceux qui vous entoureront, celui qui a l'honneur d'être,

Sire,

de Votre Majesté

le très-humble et très-sincère admirateur,

Armand-Jean du Plessis, Cardinal Duc de Richelieu.

XXVIII.

Circularrescript Sr. Königlichen Majestät in Preussen an Dero Ministers an auswärtigen Höfen, d. d. Berlin den 18. October 1756. in Antwort, auf dasjenige, so die Kayserin Königin, unter dem 20. Sept. ejusd. an die Ihrige erlassen hat.

Die Anklagen Friedrichs, dass die Kaiserin-Königin seit einem Jahrzehnte im Vereine mit Russland den Rachekrieg gegen Preussen diplomatisch und schliesslich auch militärisch vorbereitet hätte, wurden in dem kaiserlich-königlichen Circularrescripte vom 20. September 1756) als „Blendwerk" hingestellt, das erfunden wäre zur Beschönigung der feindlichen Anschläge auf Sachsen und die österreichischen Erbstaaten. Aus guten Gründen wollte man in Wien die Entscheidung, wem die Schuld an dem Kriege beizumessen wäre, nicht von ethischen Grundsätzen, sondern von den praktischen, allgemein bekannten Erfahrungen abhängig machen. Die Argumentation gipfelte in dem Satze, welcher nur unter gewissen Voraussetzungen auf Giltigkeit Anspruch machen kann, dass der zuerst Rüstende der Friedensbrecher wäre.*

War aber die Priorität der preussischen Kriegsvorbereitungen

---

*) Vergl. Kriegskanzlei 1756, Nr. 16, S. 86; Faber, Staatskanzlei III, 101; Danziger Beiträge 1, 400. Der Erlass wurde veröffentlicht, „damit das Publikum in den Stand gesetzt wäre, den Schein von der Wesenheit und das ungerechte Verfahren von der vorgespiegelten Veranlassung ohne Vorurtheil unterscheiden zu können."

zu leugnen? „Mit der reinen und offenkündigen Wahrheit gemässen Erläuterungen" suchte die Hofburg zu beweisen, dass sie am 8. Juni, nachdem von allen Seiten Nachrichten über die drohenden Anstalten des Königs von Preussen eingelaufen waren,

„zum ersten Male in behörige Ueberlegung gezogen und festgestellet, was ... dargegen zu Bedeckung und mehrerer Sicherheit der böhmischen und mährischen Landen für Maassnehmungen einzuschlagen wären, wonach dann die erste Kriegsveranstaltungen in der Mitte des besagten Monats, mithin um so viele Wochen später als die preussische, ihren Anfang genommen haben, ja wirklich noch nicht zu ihrer Vollkommenheit gelanget seind."

Eher hätte Oesterreich durch allzu grosse Mässigung gefehlt, als „durch billige Empfindlichkeit". Denn eigentlich hätte eine ganz andere Abfertigung, als wirklich erfolgt wäre, den drei Anfragen Klinggräffens*) gebührt, worin so klar ausgesprochen wäre, „wie wenig preussischer Seits auf das, was Souveränen, die noch nicht die Feindseligkeiten angefangen haben, einander schuldig sein, zurückgesehen" werde, und in denen der Kaiserin, „so zu sagen befehlsweis vorgeschrieben werde, auf was Art die diesseitige Antwort eingerichtet sein müsse, wann anders der feindliche Einfall unterbleiben soll."

Aber gesetzt, der Wiener Hof hätte wirklich Anlass zum Kriege gegeben, warum wird dann Sachsen so schrecklich heimgesucht**)? Wird doch selbst in der Déclaration „kein Wort gemeldet" von dem „werkthätigen Antheil" Augusts an den österreichischen „wider Preussen führen sollenden höchst schädlichen Gesinnungen", „vielmehr deutlich eingestanden", dass Friedrich „nicht die geringste Beschwerde" gegen den König zu führen habe. Oder darf sich Preussen auf die Erfahrungen von 1744 berufen, nachdem im Dresdener Frieden „eine ewige Vergessenheit des Geschehenen" gelobt worden ist***)?

*) Die preussischen Anfragen mit den Erwiderungen der Kaiserin sind in Gestalt von fünf Beilagen dem Circularrescript angefügt. Vergl. Politische Correspondenz 13, 90. 183. 245. 278. 374.

**) Von den preussischen Maassregeln in Sachsen handelt Beilage 6: „Extract Graf Sternbergischen Berichtschreibens de dato Dresden den 10. Septembris 1756." Sternberg war der österreichische Gesandte am Dresdener Hofe.

***) Gemeint ist damit Artikel 2 des Dresdener Friedens zwischen Preussen und Sachsen: „Il y aura aussi entre Leurs susdites Majestés et Leurs États, pays et sujets respectifs une amnistie générale et un oubli éternel de tout ce qui s'est passé entre Elles, à l'occasion de la présente guerre, de quelque nature que cela puisse avoir été, et il n'en sera jamais plus fait mention, ni

„Alle übrige Mächte, welche jemals mit dem König in Preussen in Misshelligkeiten gerathen und hernachmals mit ihme entweder auf feierliche Art wieder ausgesöhnet oder zum Nachgeben genrungen, finden an dem gegenwärtigen Vorgang mit Sachsen ein sehr nachdenkliches Beispiel, was sie feindseliges zu gewarten haben, wann dem ernannten König eine anderweite Convenienz oder die sogenannte Klugheitsregeln anrathen, bei nicht vorfindenden Misshelligkeitsursachen die alte und längst abgethane wieder hervorzusuchen, um nur die Gelegenheit zu neuen Feindseligkeiten oder eigenwilligen Beeinträchtigungen nicht zu verabsäumen."..... „Uebrigens laufen die angebliche Beweg-Ursachen des mehr dann feindlichen Verfahrens gegen Chursachsen in einem kurzen Begriff dahin aus, dass Wir Uns von dem König in Preussen nicht ohne zubereitende Gegenwehr überfallen lassen wollen; die wahre und von Ihm, König, sorgfältig verschwiegene Grundursach bestehet in seinem gefassten Unwillen über Unseren mit der Kron Frankreich errichteten Neutralitäts- und Defensiv-Tractat, als wordurch Ihm die Hoffnung vereitelt worden, dass Wir in die amerikanische Unruhen und in den daraus in Europa entstandenen Krieg mit verwickelt, Unsere Niederlande, nach dem gegebenen Fingerzeig, deshalben feindlich übersogen und Ihme, König in Preussen, alsdann die vortheilhafte Gelegenheit an Hand gegeben worden wäre, Unserem Erzhaus einen in seinem unversöhnlichen Herzen längst vorbereiteten tötlichen Streich beizubringen und anmit seiner unmässigen Vergrösserungsbegierde ein weites Feld zu eröffnen, sofort ganz Teutschland die Fesseln anzulegen."

Von preussischer Seite wurde diese Note durch den hier unten stehenden Circularerlass beantwortet. Das Rescript, von Vette entworfen und von beiden Cabinetsministern verbessert, wurde, nachdem die Ausfertigung vom König selbst unterzeichnet worden war, „zur Gewinnung von Zeit" sofort in Berlin gedruckt und am 23. October den einzelnen Vertretern Friedrichs zugestellt*). Wir

demandé dédommagement de part et d'autre sous quelque prétexte ou nom que cela puisse être, mais toutes les prétentions réciproques, occasionnées par les deux dernières guerres, après la mort de l'empereur Charles VI, entre Leurs Majestés, Le Roi de Prusse et le Roi de Pologne, Électeur de Saxe, soit par l'entrée ou passage des troupes de part et d'autre, dans les États réciproques, avant ou pendant cette guerre, soit pour d'autres exactions, contributions, fourrages, magasins ou excès et autres dommages, de quelque nature et de quelque nom qu'ils puissent être, demeureront entièrement éteintes, annullées et anéanties, de sorte qu'il n'en sera jamais plus fait mention."

*) Die meisten Gesandten erhielten drei, Plotho fünfzig Exemplare.

geben das Schreiben nach dem deutschen, noch erhaltenen Concepte wieder.

Circular-Rescript | Sr. Königl. Majestät | in Preussen | an Dero Ministers an auswärtigen Höfen, | d. d. Berlin den 18. Octobr. 1756 | in Antwort, auf dasjenige, | so | die Käyserin Königin, | unter dem 20. Sept. ejusd. | an die Ihrige erlassen hat. | Berlin, 1756.

fo. 11 Bl.

Die Nachdrucke sind, wenn wir von dem in der Neuwirthschen Staatsschriftensammlung (16. Stück) absehen, sämtlich in Quartformat erschienen*). Es sind uns acht bekannt geworden, darunter einer mit der Angabe

Berlin, | gedruckt und zu finden bei Christian Friedrich Henning, | Königl. privilegirten Hof-Buchdrucker. 1756.

14 Bl.

Eine Ausgabe unserer Schrift erschien vom 28. October bis Ende November in Lieferungen unter dem Titel:

Königliche Preussische Antwort | auf das Wienersche Circular-Rescript | vom 20. Sept. 1756 | und andere Neuigkeiten**).

Die officielle französische Uebersetzung, die am 27. October an Michell, Hellen und Ammon zum Nachdrucke übersandt wurde, führt die Bezeichnung:

---

*) Einer dieser Nachdrucke ist von Plotho veranlasst worden; der Minister vertheilte 400 Exemplare der Staatsschrift. Bericht Plotho. Regensburg, 1. November.

**) Die „Neuigkeiten" sind im wesentlichen Nachrichten über den sächsischen Kriegsschauplatz, über russische Truppenbewegungen und ferner Extracte von Briefen aus Frankfurt, Paris, Berlin und London. Am Schlusse werden zwei Epigramme gegeben. Bemerkenswerth ist in dem Londoner Brief folgendes Citat aus einer nicht näher bezeichneten englischen Zeitung: „Gegenwärtig regieren drei Könige, welche in der Geschichte den Ruhm wahrer Kriegshelden davontragen müssen, der König von Preussen, der König von Grossbritannien und der König von Sardinien. Insonderheit hat der erstgedachte Fürst die Welt überzeugt, dass er ein ebenso grosser Kriegs- als Staatsverständiger sei, und seine Verrichtungen der letzten Tage sind wahrlich so gross als bewunderungswürdig..... So wird solches alles bei der Nachwelt zum unvergänglichen Ruhme dieses Monarchen, gegenwärtig aber zu Vereitelung aller verderblichen Unternehmungen und Absichten der Höfe von Wien und Versailles gereichen."

Traduction | Du | Rescript Circulaire | De | Sa Majesté | Le | Roi De Prusse | à | Ses Ministres | Dans Les Cours Etrangeres, | En Date De Berlin Le XXIII*) Octobre MDCCLVI. | Pour Servir De Reponse | à Celui; Que | L'Imperatrice-Reine | D'Hongrie Et De Boheme | A Adressé Aux Siens | Le XX. Septembre De La Présente Année Berlin, | Chez Fréderic Guillaume Birnstiel, Imprimeur Priv. 4°. 27 S.

Am 28. October wurde das Circularrescript an hervorragender Stelle in den Berliner Zeitungen veröffentlicht**).

Die Berlinischen Nachrichten, die Danziger Beiträge (1, 422) und die Denkwürdigkeiten (2, 332) geben den Text in der Form, wie er an die preussischen Vertreter ausser Plotho gerichtet wurde; Faber (III, 738) und die Kriegskanzlei 1756 (Nr. 47, S. 343) drucken den an Plotho gesandten Erlass ab***).

Circular-Rescript Sr. Königl. Majestät in Preussen an Dero Ministers an auswärtigen Höfen, d. d. Berlin den 18. Octobr. 1756 in Antwort auf dasjenige, so die Kayserin Königin, unter dem 20. Sept. ejusd. an die Ihrige erlassen hat. Berlin 1756.

Friedrich König u. s. w. Vermuthlich†) ist auch alldort das mit der grössesten Animosität und Hintansetzung aller unter souverainen Mächten onsten herkömmlichen reciproquen Achtung abgefasste Circular-Rescript der Kaiserin-Königin an Dero auswärtige Ministros sub dato den 20. Septembris c. bekannt geworden, dessen Gegenstand und Absicht vornehmlich dahin gerichtet ist, um die zu Unserer nothwendigen Vertheidigung abgedrungene Massregeln und die nicht eheneder als bis nach aller fruchtlos angewandten äussersten Bemühung ergriffene Waffen vor eine Aggression auszugeben, uns den Anfang der Kriegszurüstungen beizumessen, den zu Unserer ohnumgänglichen Sicherheit mit Unserer Armee durch die chursächsische Lande geschehenen Marsch mit denen hässlichsten Farben abzuschildern, auch solches alles mit an sich grundfalschen und erdichteten Umbständen und Exagerationen zu begleiten, umb dadurch das Publicum irre zu machen, alles,

---

*) sic! Druckfehler für XVIII.
**) Berlinische Nachrichten Nr. 130 bis 138, S. 550 bis 584.
***) Beide Texte weichen nur im Eingange unwesentlich von einander ab.
†) Der an Plotho gerichtete Erlass beginnt: „Wir haben das von euch gesandte mit der grössesten Animosität u. s. w. Circularrescript u. s. w. hl erhalten.

wo möglich, gegen Uns aufzubringen und die de concert mit dem dresdenschen Hofe wider Uns und Unsere Lande geschmiedete und zum Ausbruch gestandene gefährliche Desseins, so man doch zu verneinen sich bis dato nicht enträthet, der Attention des Publici zu entziehen. Nun würde es Uns zwar wohl von Niemanden verdacht werden können, wenn Wir auf gleiche Weise und in eben solchen ungemessenen und anzüglichen Terminis Uns hierüber äusserten; da Wir aber nicht gewohnet sind, diejenige Consideration ausser Augen zu setzen, so das Decorum unter Souverainen erfordert, so wollen Wir Uns auch lediglich damit begnügen, den ganz ungegründeten und erdichteten Inhalt jenes Circular-Rescripts ins Offne zu legen. Zufoderst ist es leicht zu erachten, warum der wienersche Hof die zu Vorkommung des Uns zugedachten Überfalles abgedrungene vigoureuse Defensionsmittel als feindliche Angriffe ausschreien, ja gegen alle Notorietät den Zeitpunct derseitiger gegen Uns gemünzten formidabelen Kriegeszurüstungen nach denen Unsrigen festsetzen und, als ob Wir den Anfang damit gemachet, Uns fälschlich aufbürden wolle, indem dessen gefährliche Absicht dahin gerichtet und ihm allzu sehr daran gelegen ist, unter solcher Vorspiegelung und Blendwerk seine Bundesgenossen und auswärtige Mächte sowohl gegen Uns zu praeveniren, als die an diesen Händeln keinen Antheil nehmende Reichsstände gegen Uns aufzubringen und, wo möglich, diesen Glauben zu machen, dass, ob Uns gleich an der Conservation des teutschen Reichs-Systematis, als eines dessen ersten Mitgliedern, gewiss äusserst gelegen, Wir doch dessen Ruhe geflissentlich zu stören und dessen Freiheit zu untergraben trachteten, umb dadurch jene dem Hause Oesterreich von Seculis her ganz eigene Maxime zu verbergen, solche Uns zu impatiren und das damit verknüpfte Odium auf Uns zu wälzen. Damit aber der eigentliche Zeitpunct, in welchem die gegenseitige und Unsere Kriegeszurüstungen den Anfang genommen, ins Licht gesetzt werde, so will zwar von der Kaiserin-Königin behauptet werden, als wann Wir im verwichenen Monat Junio damit den Vorgang gemachet hätten; es beruhet aber in der Notorietät, dass so wenig damals als vorhero von Uns nicht die mindeste Krieges-Präparatorien angefangen, sondern Unsere Truppen geruhig in ihren Standquartieren gewesen, noch auch sonsten die geringste ausserordentliche Bewegung vorgenommen worden. Wir können Uns deshalb auf das Zeugniss aller an Unserm Hoflager befindlichen auswärtigen Ministrorum ganz getrost beziehen; ja, Wir waren so weit entfernet, in dem Anfang dieses Jahres auf Kriegsrüstungen zu gedenken, dass Wir Uns vielmehr die Hoffnung machten, es würde durch die mit des Königs von Engelland Majestät geschlossene Neutralitäts-Convention Friede und Ruhe, besonders in Teutschland, erhalten werden. So gross das Vergnügen zu sein schiene, so verschiedene Mächte über diese Convention bezeugt, und so ausnehmend die Freude war, welche der grösseste Theil gesamter Chur- und Fürsten des Reichs über solches Evénement geäussert, wodurch sie mit Uns die Ruhe in Teutschland befestiget hielten, so sehr schiene der wienersche Hof darüber Ombrage zu schöpfen. Es konnte auch derselbe wegen seiner ihm einigermaassen dadurch deconcertirten Anschläge, um den Krieg ins Herz von Teutschland zu spielen, seine Animosität darüber nicht bergen, sondern es wusste derselbe Unsere reineste Absichten durch falsche und erdichtete Anstriche in der hässlichsten Gestalt abzubilden; allerlei Kunstgriffe und sinistre Insinuationes an verschiedenen Höfen zu employiren, umb Unsere Bundesgenossen von Uns zu entfernen; durch neue Verbindungen die Unsrige zu schwächen, folglich die Anzahl Unserer Feinde zu vermehren, umb dadurch desto ehender zu seinem Zweck und gefährlichen Absichten zu gelangen. So gewiss es nun dem wienerschen Hof in ein und anderen Stück hierunter gelungen, so unstreitig ist es auch, dass in eben diesen Zeitpunkt und gleich nach obgedachter im Januario zwischen Uns und des Königs von Engelland Majestät geschlossener Neutralitäts-Convention der Anfang derer kriegerischen Zubereitungen des wienerschen Hofes anzutreffen ist, als welche Situation der politischen Conjuncturen er zu Ausführung seiner schon längst gegen Uns beschlossenen gefährlichen Absichten am bequemsten gehalten. Denn es ist, ganz zuverlässig- und unwidersprechlichen Nachrichten zu folgen, bereits im Monat Februario zu Wien der Anfang gemachet worden, zu denen resolvirten grossen Lägern in Böhmen und Mähren durch Anlegung sehr ansehnlicher Magazine und des Endes nach besagten Provincien abgesendeten Commissarien das Nöthige zu arrangiren. Gleich darauf und zu Anfang des Monats Martii wurde Ordre ertheilet, die vorhin nicht mehr als 500 Mann starke Husaren-Regimenter, und wovon etwan nur 300 beritten waren, auf 600 Mann zu vermehren und zu denen Remontepferden die Veranstaltung zu machen; es wurden zu gleicher Zeit die Kriegesrüstungen dermaassen stark poussiret, dass bereits zu Anfang Aprilis diese und andere zum Marsch beorderte Regimenter in völligem marschfertigen Stande sich befanden und deshalb nur auf die Ordre warteten, welche aber vermuthlich aus denenjenigen Motiven verschoben wurde, welche Wir in denen zum Druck beförderten und Euch zu seiner Zeit communicirten Ursachen, warum Wir, die gefährliche Absichten des Wienerschen Hofes vorzukommen, Uns nothgedrungen gesehen, mit mehrern anführen lassen. Indessen hatte derselbe doch alle Hoffnung nicht aufgegeben, sein gegen Uns geschmiedetes gefährliches Project eines jählingen Ueberfalles noch im verwichenen Frühjahr mit Hülfe des russischen und chursächsischen Hofes zur Execution zu bringen, indem mit denen Kriegesanstalten dermaassen eifrig fortgefahren wurde, dass in denen ersten Tagen des Maimonats fast alle zu Wien anwesende fremde Ministri über die ausserordentlich grosse kriegerische Rüstungen nicht wenig Ombrage schöpften, auch ein und andere und unter diesen der sardinische Ministre, auf Ordre seines Hofes, darüber bei dem Grafen von Kaunitz eine Anfrage zu thun gemüssiget, jedoch mit der gewöhnlichen und dem wienerschen Hof ganz eigenen hautainen und generalen Antwort, dass diese Anstalten zu Niemandes Präjudiz gereicheten, abgespeiset worden. Anstatt aber, dass man bisher noch, so viel möglich, unter der Hand und allerlei Prätext die Kriegesrüstungen poussiret hatte, so wurden solche nunmehro, gleich zu Anfang des nur besagten Monats Mai, öffentlich und mit der grössesten Vigueur fortgesetzet. Man liess nämlich noch eine weit grössere Anzahl schweren Geschützes nach Olmütz transportiren; der Fürst von Liechtenstein musste schleunig eine Reise nach Böhmen thun, umb die Feldartillerie zu reguliren; die in denen innersten Comitaten des Königreichs Ungarn verlegte Cavalerie-Regimenter bekamen positive Marschordres; es defilirten bereits einige davon, und unter andern das Anshachische Cürassierregiment, nach Böhmen, und an dessen Statt musste das Kolowratische in die vorige Quartiere rücken, und zu gleicher Zeit wurden 8 Cavalerie-Regimenter beordert, im Monat Julio bei Pesth und Raab zu campiren, da immittelst verschiedene andere denen österreichschen Grenzen sich täglich näherten. Gleich in denen ersten Tagen des Monats Junii wurde abermals viele schwere Artillerie nebst einer erstaunlichen Menge Ammunition nach Böhmen und Mähren gesandt, auch wurden die fernern Arrangements zu denen vorseienden grossen Lägern mit aller Vigueur und Eilfertigkeit continuiret*). Wollte man nun gleich den von dem wienerschen Hof selbst willkürlich angenommenen Termin des Monats Junii gelten lassen, in welchem Wir mit Unseren Kriegsrüstungen den Anfang gemachet haben sollen, so lieget es doch hergegen am Tage, dass die seinige im Monat Februario bereits den Anfang genommen, von daher beständig fortgesetzet und den ganzen Maimonat hindurch mit aller Macht continuiret worden, so dass es gewiss wohl eines mehren Beweises nicht bedarf, dass keineswegs von Uns, sondern von Seiten des wienerschen Hofes mit ungemeinen Krieges-Präparatorien der Vorgang gemachet ist, und zwar zu einer Zeit, da Wir in Unsern Landen so wenig an einige Kriegsrüstung gedacht, dass Wir vielmehr zu Erhaltung der allgemeinen Ruhe, und besonders in Teutschland, Uns eifrig beschäftiget und in solcher Absicht Unsere äusserste Bemühung angewendet haben. Bereits in Unsern vorigen an Euch erlassenen Rescripten ist deutlich dargeleget worden, dass selbst in dem Monat Junio noch nicht die geringste Veranstaltung von Uns getroffen worden, so einiger Kriegsrüstung gleichen oder Veranlassung zur Continuation dererjenigen geben können, welche von dem wienerschen Hofe bereits verschiedene Monate vorhero angefangen worden. Zwar haben Wir damals zu Verwechselung der Garnisonen 4 Regimenter nach Pommern marschiren lassen; da aber diese von denen Grenzen der österreichschen Erblande weit entfernet geblieben, so kann auch hieraus ein Anfang der Krieges-Präparatorien und das Uns angedichtete feindliche Vorhaben wohl nicht erzwungen werden, da so wenige Regimenter dem wienerschen Hofe keine Ombrage verursachen, am wenigsten aber eine wichtige Expedition unternehmen können; und bei so bewandten Umständen ist es fast nicht möglich, dass die von der Kaiserin-Königin angezogene Berichte ihrer an auswärtigen Höfen gestandenen Ministrorum andere Nachrichten von Unsern Militär-Arrangements enthalten haben, wann sie anders nicht, eben wie die angebentliche Warnungen freundschaftlicher Höfe, erdichtet und mit falschen Umständen geflissentlich angefüllet worden sind.

Je mehr Wir aber solchergestalt alle Gelegenheit sorgfältig vermieden, welche bei dem wienerschen Hofe einiges Aufsehen erwecken können, mit desto grösserm Eifer wurden die Kriegsanstalten in Böhmen und Mähren in vorbesagtem Monat Junio fortgesetzet, indem mit Transportirung vieler Kanonen und Mörser, auch einer grossen Menge an Kriegsmunition nach besagten Landen continuiret, auch von dem Fürsten von Liechtenstein dahin eine anderweite Reise zu Einrichtung der Feldartillerie vorgenommen wurde, und die in Ungarn stehende Regimenter waren bereits damals in vollem Anmarsch nach Böhmen und Mähren begriffen; welches auch so notorisch ist, dass alle öffentliche Zeitungen von diesen zu Anfang des Junii schon in Bereitschaft gestandenen österreichschen Kriegsrüstungen Meldung gethan, und muss es dahero der ganzen unparteiischen Welt nicht wenig befremden, wann man mit der gegentheiligen gewöhnlichen Arroganz zu behaupten sich nicht entröthet, dass zu Wien allererst den 8. Julii a. c. zum ersten Mal über die Bedeckung und Sicherheit der böhmischen und mährischen Lande deliberiret worden, folglich die erstern Kriegsveranstaltungen in der Mitte be—

*) Vergl. Nr. XIII bis XVI.

sagten Monats Julii, und also einige Wochen später als die Unsrige, den Anfang genommen hätten; weilen Wir aber das klare Gegentheil vorhin deutlich gezeiget, so finden Wir auch nicht nöthig, Uns über diesen ganz ausser allen Zweifel und Contestation gesetzten Punct im mindesten weiter aufzuhalten, zumalen Euch vorhin bereits rescribiret worden, dass Wir zu Vermeidung aller Ombrage und zum deutlichsten Beweis, wie sehr Wir Uns auf die Disposition der feierlich geschlossenen und garantirten Tractaten verlassen, keinen Mann mehr nach Schlesien marschiren lassen. So grossen Eindruck dieses bei allen ohnbefangenen redlichen Gemüthern machen und Uns nothwendig von der Uns fälschlich imputirten friedbrüchigen Gesinnung entledigen muss, ebenso leicht würde es Uns gewesen sein, denen ausserordentlichen Veranstaltungen des wienerschen Hofes in Böhmen ein und andere Defensiv-Arrangements in Unseren schlesischen Landen entgegenzusetzen, welches Wir aber, nach Unserer friedliebenden Gesinnung und Moderation, bis auf das äusserste verschoben und nicht ehender daran geschritten sind, bis Wir alle Hoffnung zu Erhaltung des Friedens durch die von der Kaiserin-Königin Uns zu geben verwegerte Erklärung gänzlich abgeschnitten worden; worauf Wir aber auch damit länger zu säumen nicht Ursache gehabt, sondern solche, zu Vorkommung des Uns angedroheten Ungewitters, aufs schleunigste veranstalten lassen. Wie unzulänglich und zweifelhaft die Antwort wie, so Unserm zu Wien gevollmächtigt gewesenen Ministro, dem p. von Klinggräffen, von der Kaiserin-Königin selbst und Dero Ministerio gegeben worden, siehet ein jeder Unparteiischer so leicht ein, als dass es gewiss ohne Effronterie nicht behauptet werden mag, dass Wir den fast auf allen Blättern des mehrerwähnten Circularrescripts repetirten Vorgang der Kriegsrüstung gemachet haben sollen. Wann Wir Uns aber in einer so wichtigen Angelegenheit, welche die Erhaltung des theuren Friedens und die sorgfältig gesuchte Abwendung des Kriegsfeuers betrifft, so behutsam betragen und mit so grosser Moderation und Gelassenheit über die auf Schranken gestellete und theils hautaine, dem p. von Klinggräffen ertheilte Antworten zu wiederholten Malen eine deutliche und positive Erklärung nachsuchen, auch die gefährliche Folgen, so zu Unsern äussersten Leidwesen widrigenfalls entstehen dürften, dabei erwähnen lassen, solches ist lediglich eine Wirkung Unserer friedliebenden und offenherzigen Gesinnung, und in der Absicht geschehen, umb die Kaiserin-Königin, wo möglich, auf eben solche friedfertige Gedanken zu bringen. Es kann aber dieses so wenig als bedrohentlich angesehen oder vor nanständige Ausdrückungen angegeben werden, als die von Uns begehrte Erklärung nicht dem Schatten einer befehlsweise gegebenen Vorschrift gleichet, wie in dem Rescript der Kaiserin-Königin ganz unerfindlich debitiret werden wollen; jedoch ist das von dem p. von Klinggräffen übergebene Promemoria in der Maasse verfasset, wie ein Souverain gegen den andern in solchen Fällen sich durch seine Gesandtschaft mit der gehörigen Dignität zu pflegen pfleget. Jedermann, der nur mit unparteiischen Augen dessen Inhalt sehen will, wird so wenig einen bedroheten feindlichen Einfall als einen geflichteten Unglimpf darin antreffen, es wäre dann, dass man zu Wien die schriftliche Eingaben als unförmlich und unglimpflich ansehen wollte, welche nicht auf solchen Fuss und in einer solchen Sprache eingerichtet sind, wie man dort von denen Reichsständischen Höfen fast gewöhnet zu sein und durch eine Prärogativ zu affectiren scheinet, die in geziemenden und der Sache gemässen Ausdrückungen verfasste Mémoires derer auswärtigen

Ministres auf eine lakonische, unvernehmliche und hautaine Art zu beantworten.

Aus eben solcher Gewohnheit und Arroganz scheinet es herzurühren, wann in dem mehrerwähnten Circular-Rescript von einer bedrohentlichen Retradition des Promemoria und Abschlagung der von Unsern p. dem p. von Klinggräffen nachgesuchten Audienz Erwähnung gethan worden will. Es ist auch nicht wohl abzusehen, was die Kaiserin-Königin dadurch vor einen Ruhm in Ansehung Dero Mässigung sich erwerben können, wann sie demselben, statt einer Antwort auf seinen mündlichen Vortrag, an Dero Hof- und Staats-Kanzlei zu verweisen gut gefunden. Dann obgleich diese dem von Klinggräffen unterm 21. Augusti a. c. eine schriftliche Autwort zustellen lassen, so ist doch solche der von der Kaiserin-Königin angerühmten Mässigung so wenig gemäss, dass sie vielmehr in nichts bedeutenden und auf Schrauben gestelleten Ausdrücken verfasset, auch darinnen zu Unserer nicht geringen Disconsolation diejenige Erläuterung und positive Antwort, so Wir doch eigentlich zu Unserer Beruhigung und zu Conservation des lieben Friedens verlanget, auf eine so unfreundliche als höchst bedenkliche Art übergangen worden. Das blosse Läugnen der mit Russland gegen Uns geschlossenen Offensiv-Allianz und der in solcher Absicht von dem wienerschen Hof zuerst gemachten Kriegsanrüstungen wird hoffentlich bei Niemanden einigen Glauben finden, als welcher ebenso wie der nur besagte Hof gegen Uns gesinnet ist, zumalen Wir das erste durch unverwerfliche und authentique Urkunden der ganzen Welt in öffentlichen Druck bereits bekannt machen lassen*), und was das letztere betrifft, so können Wir auf das Urtheil des unparteischen Publici dreist provociren: ob Wir oder die Kaiserin-Königin die erste Kriegesveranstaltungen gemachet haben? indem ein jeder vernünftiger Mensch aus oballegirten Umbständen mit Händen greifen kann, dass die Zurüstungen des wienerschen Hofes bereits im Februario den Anfang genommen, folglich demjenigen willkürlich gesetzten Zeitpunct des Monats Junii, in welchem Wir, nach seiner eigenen Angabe, mit denen Unsrigen den Anfang gemachet haben sollen, über vier Monat zuvorgekommen sein; und eben diese Umbstände rechtfertigen umb desto mehr Unser Betragen vor der ganzen Welt, und es ist solchergestalt ganz unbegreiflich, wie man Uns ohne Erröthung eine Aggression aufbürden wolle, da Wir unsererseits nichts schuldicher als die Beibehaltung der Ruhe in Teutschland gewünschet und alle äusserste Bemühung nur dahin gerichtet haben, so dass Wir auch nicht eher, als bis Wir gesehen, dass alle zu diesem Zweck von Uns angewandte Efforts fruchtlos geblieben, zu denenjenigen Rettungsmitteln zu greifen bewogen und gedrungen worden, welche Wir Unserer Selbsterhaltung schuldig gewesen. Es wird Niemand als nur derjenige, welche das Recht der Natur und die Reguln des Völkerrechts geflissentlich misskennen wollen, in Abrede stellen, dass Uns keinesweges eine Abweichung von der Vorschrift dieser Gesetze, noch auch eine Agression beigemessen werden könne, da Wir den Uns geschwornen Untergang und den Uns gedroheten und auf den Ausbruch gestandenen Ueberfall vorzukommen und solche von Uns und Unsern Landen abzuwenden, zu Unserer und der Unsern Unterthanen schuldigen Vertheidigung die Waffen zu ergreifen, genöthiget worden. Hoffentlich wird man Uns in diesen Fall dasjenige nicht missgönnen, sondern zugestehen wollen, was

---

*) Vergl. Nr. XXV.

die natürliche und allgemeine Rechte auch einem jeden Privato, der in den Stand einer Nothwehr gesetzet ist, bekanntermassen verstatten. Wann Wir sonsten von der Kaiserin-Königin zum dritten Mal eine kategorische Erklärung über ihre Gesinnungen erfodern lassen, solches wird ausser dem wienerschen Hofe Uns niemand in der Welt verargen können. Es kann auch dieses gewiss nicht anders als vor eine Folge Unserer Moderation und friedliebenden Absicht betrachtet werden, wann Wir bei denen österreichischen ausserordentlichen Kriegeszurüstungen und denen darunter steckenden und Uns nicht unbekannten gefährlichen Absichten auf eine positive Declaration bestanden, dass es mit jenen grossen Rüstungen nicht auf Uns gemünzet seie. Konnte wohl etwas billigers oder eine mehrere Nachgiebigkeit und Glimpf von Uns erwartet werden, als dass Wir Uns hierunter auf das Wort der Kaiserin-Königin lediglich reponiren und hergegen Unsere Defensions-Anstalten sogleich einstellen zu lassen, Uns ausdrücklich engagiren wollten? Wir konnten auch hiebei natürlicher Weise keinen andern Vortheil oder Absicht haben, als den lieben Frieden beizubehalten, in der Hoffnung, dass sich durch fernere freundschaftliche Explicationes und Bemühungen wohlgesinneter Höfe das unter der Asche glimmende Kriegesfeuer noch gänzlich ersticken lassen würde.

Unsererseits haben Wir die von der Kaiserin-Königin reclamirte feierliche Tractaten jedesmal heilig erfüllet; es ist Uns auch an deren Aufrechthaltung allzu viel gelegen, als dass Wir solche jemalen zu infringiren Uns beigehen lassen sollten; folglich wird es jedermann unbegreiflich bleiben, wie jene verlangte positive Erklärung: dass man Uns mit denen ausserordentlich grossen Kriegesrüstungen in diesem und folgenden Jahre nicht anzugreifen intendire, vor einen von Uns gesuchten Waffenstillstand, gegen die Natur und Situation der Sache, ausgegeben werden könne, da man deroselt mitten im Frieden, und Unsere einzige Absicht ware, selben beizubehalten und noch mehr zu befestigen, worunter Wir aber, bei denen gegen Uns einmal beschlossenen feindlichen Absichten und unversöhnlichen Hass des wienerschen Hofes zu Unseren grössesten Leidwesen zu réussiren nicht vermocht haben.

Es wird hoffentlich hieraus zur Genüge erhellen, dass alles dasjenige, was Uns der wienersche Hof in Ansehung Unserer Absichten, Kriegesrüstungen und prämeditirten Anfalls, wiewohl fälschlich, anzuschuldigen sich bemühet, dergestalt mit der Wahrheit streite, dass solches vielmehr ihm selbst überall zur Last fallen müsse; das Publicum aber wird auf eine noch mehr überzeugende Art hiervon, und zwar durch die von Uns mit authentischen Urkunden bestärkte Memoires, von welchen Ihr bereits einige Exemplaria bekommen*), überführet worden sein, in welchen die Briefe von diesem und dem chursächsischen Hofes gegen Uns geschmiedeten und zu Unsern gänzlichen Untergang gerichteten gefährlichen Desseins, deshalb geführten Negociationen und gespielten Intriguen demselben nunmehro entdecket und vor Augen geleget worden sind. Wann hiernächst die Kaiserin-Königin gutfinden können, die Defension des dresdenschen Hofes auf eine so heftige, wiewohl ganz irrelevante Art zu unternehmen, so müsste Uns dieses billig noch mehr darin bestärken, dass der chursächsische Hof von demjenigen einer mit gewesen, so an denen gegen Uns tramitirten gefährlichen Desseins werkthätigen Antheil

---

*) Vergl. Nr. XXV und XXIV.

genommen, wann nicht obgedachte unverwerfliche Urkunden solches hinlänglich justificirten.

Die Bewegursachen, so Wir gehabt, mit Unserer Armee in die chursächsische Lande zu rücken, sind von Uns öffentlich bekannt gemachet worden; Niemanden aber als nur denenjenigen, so gegen Uns ein unversöhnliches Herz hegen und Unsern Untergang geschworen haben, können jene Raisons unvollenkommen und unzulässig scheinen, und wer nicht von Missgunst und Neid verblendet, wird Uns allen Beifall geben, dass Wir hierunter mit aller Vorsichtigkeit zu Werke gehen und solche Mesures ergreifen müssen, welche nicht allein die Reguln der Gerecht- und Billigkeit, sondern auch die Nothwendigkeit der Vertheidigung, als in welchen die Gesetze des Krieges nach dem eigenen Anführen der Kaiserin-Königin bestehen, ohnumgänglich erfodert haben, ohne dermalen zu erwähnen, dass die Lage der chursächsischen Lande und die Erinnerung der vorigen so bekannten als unangenehmen Umstände, welche im Jahre 1745 durch eine vor dem König in Polen gehegte Condescendance sich ereignet, bei Uns dermalen alle Attention erwecken müssen. Wollten Wir einen mächtigen Feind, der Uns, so zu sagen, das Messer an die Gurgel setzte, noch in Zeiten präveniren, und waren Wir Uns dieses kraft der in denen natürlichen Rechten gegründeten Selbsterhaltung und zu Bedeckung Unserer Land- und Leute schuldig, so mussten Wir den nächsten Weg dazu suchen, anbei die nöthige Précautions nehmen, damit die chursächsische Einverständniss mit dem wiener Hofe und dessen entdeckte höchstwidrige und auf Unsern gänzlichen Untergang gerichtete Anschläge Uns und Unsern Landen zu keinen gefährlichen Folgen gereichen konnten; und dieses hatten Wir von Chursachsen allerdings zu besorgen, indem dessen feindseliges Betragen durch seine heimliche Menées und Verständniss mit Unsern Feinden vorausgegangen, und davon sowohl unfehlbare Anzeige als von einem meditirten und beschlossenen Ueberfall Unserer von Truppen enthlössten Landen vorhanden war; folglich wird bei solchen Umständen die Kaiserin-Königin nach obgedachten von ihr selbst als richtig angegebenen Principiis, auch wider Ihren Willen, selbst anerkennen müssen, dass Unsere Veranlassung gegen Chursachsen denen Gesetzen des Krieges, des natürlichen Rechtes, der Defension und Selbsterhaltung gemäss sind; wie dann alles dasjenige, so in Ansehung einer von dem chursächsischen Hofe anerbotenen, aber aus der Erfahrung nur zum Scheine, und nichts weniger als zu Unserer Sicherheit dienenden, hiernächst aber unter allerlei Prätext leicht zu eludirenden Neutralität, imgleichen von denen mit Uns grenzenden Mächten und Reichsständen zu Unserer Verunglimpfung überhaupt angebracht werden wollen, hieher so wenig applicable als dem Schein nach gegründet und lediglich aus der Quelle der exorbitanten Animositäten des wienerschen Hofes entsprungen ist.

Es würde Uns nicht schwer fallen, die Uns in diesem Stück zur Ungebühr und fälschlich aufbürdende Imputationes nur besagtem Hofe mit Wahrheit und Bestande heizumessen, wann nicht dessen in vorigen Kriege gegen die churbayerischen und churpfälzischen, theils auch selbst die chursächsischen Lande bezeigtes feindseliges Betragen ganz Europa bekannt und noch im frischen Andenken wäre. Was von denen Reichsverordnungen, von der Vorschrift des Landfriedens und einem erlassenen Reichshofraths-Concluso gerühret werden wollen, solches ist durch das unterm 29. pass. Euch zugefertigte gedruckte und auf den Reichstag, auch sonsten allenthalben bereits distribuirte Promemoria*) hinlänglich entkräftet und darin besonders gewiesen worden, dass jenes Reichshofraths-Conclusum an sich illegal, denen Reichs-Constitutionen und der Wahl-Capitulation zuwider, auch allenfalls denen Reichsständischen Juribus comitialibus schnurstracks entgegenlaufe, folglich seine Nullität und Cassation, selbst nach Vorschrift der Kaiserlichen Wahl-Capitulation, schon auf den Rücken trage. Was in dem dresdenschen Frieden und von der darin enthaltenen Amnestie disponiret worden, ist Uns zur Gnüge bekannt; Wir haben aber dasjenige, so im vorigen Kriege geschehen, nicht als eine Ursache und Folge Unserer gegenwärtig genommenen Massregeln, sondern nur als ein Exempel angeführet, wessen Wir Uns vom chursächsischen Hofe zu versehen hätten, wann Wir bei seinen nach dem dresdenschen Frieden mit dem wiener- und russischen Hofe gegen Uns von neuem machinirten gefährlichen Anschlägen hinlängliche Präcautionen zu nehmen und denselben ausser Stand zu setzen, solche auszuführen, verabsäumen wollten; so viel ist indessen wohl unstrittig, dass er dadurch seinerseits die Amnestie zuerst gebrochen und den dresdenschen Frieden solchergestalt durchlöchert, auch seine undankbare Gesinnung gegen Uns zu seiner unauslöschlichen Schande umb so viel mehr an den Tag geleget, da Unsere bei dem dresdenschen Friedenschluss gegen ihn bezeigte Générosité und désinteressirtes Betragen, wenn Wir gleich damals alle Avantage in Händen hatten, ihn billig davon abhalten und zu einem beständigen freundnachbarlichen Comportement anfrischen sollen. Unsererseits haben Wir zu Aufrechthaltung besagten Friedens alles mögliche beigetragen, und wenn der wienersche Hof sowohl als der dresdensche gleiche Gesinnung heget, und nicht auf Unsern Untergang sich Tag und Nacht bearbeitet, folglich jenen feierlichen Friedenschluss zu untergraben sich bestrebet hätte, so würden Wir nach dem Ausdruck des wienerschen Circular-Rescripts letztern so wenig vor Unsern ewigen Feind anzusehen, als vielmehr dessen beständige Freundschaft so gerne zu conserviren geruhet haben, als von Uns alle menschmögliche Kräfte angewandt worden, den gegen Uns tragenden unversöhnlichen und ewig scheinenden Hass und Groll des wienerschen Hofes gegen Uns zu mildern. Da Wir aber zu Unsern Leidwesen hierunter nicht zu réussiren vermocht, so kann auch der dresdensche Hof Uns so viel weniger etwas zur Last legen, da er vielmehr dem Betragen des wienerschen gegen Uns und denen gefährlichen Rathschlägen seines eigenen Ministerii alles ihm überkommende Ungemach lediglich zu verdanken und beizumessen haben wird.

Unsere gegen den König in Polen hegende personnelle Hochachtung und Freundschaft ist keinesweges verstellet. Wir haben demselben von Unserer Zuneigung und billigen Gesinnung auch noch bei Unserer dermaligen Anwesenheit in Sachsen thätige Proben gegeben und ihm solche Vorschläge zu einer équitablen Auskunft thun lassen, wodurch dessen selbsteigene und Unsere Beruhigung gewiss befordert sein würden; jedoch haben Wir auch in diesem Stück leider erfahren müssen, dass Unser wohlgemeinter Antrag durch die bekannte Rathgeber, denen der König fast blindlings folget, verworfen und dadurch sowohl sich selbst als dem Lande einige Ungemächlichkeit zugezogen worden, welche letztere Wir aber, und besonders die ohnumgängliche Lieferung der Provision vor Unsere Truppen so erträglich und milde, als es bei

---

*) Vergl. Nr. XXI, S. 197.

solchen Umständen immer möglich gewesen, veranstalten lassen. Man scheinet indessen die Reguln der Freundschaft zu weit treiben zu wollen, wann der wienersche Hof von Uns verlangen will, dass Wir, ihm und dem König von Polen zur Gefälligkeit, das Principium des natürlichen Rechtes, nach welchem sich ein Jeder selbst der nächste ist und vor seine eigene Erhaltung vorzüglich sorgen muss, hintansetzen und dadurch Unsere Land- und Leute ihrem Untergang blossstellen sollen.

Die übrige, so erdichtet als zerstümmelt angeführte Veranstaltungen in denen chursächsischen Landen betreffend, da erachten Wir überflüssig zu sein, auf die von Animosität und unversöhnlichen Hass dictirte und mit denen anzüglichsten Ausdrücken angeführte Passagen Uns einzulassen, zumalen dieselbe vermuthlich aus eben derselben Quelle ursprünglich hergeflossen sein werden, woher das Promemoria originiret, so der chursächsische Resident im Haag am 29. pass. alldort übergeben hat, und welches fast eben dieselbe Sprache führt. Es ist aber solches, wie Ihr aus der abgedruckten Anlage ersehen werdet, von Unserm dasigen Ministro, dem von der Hellen, durch eine Antwort dergestalt gründlich widerleget worden, dass darauf mit Bestande schwerlich etwas wird repliciret werden können. Es ist sonsten eine offenbare Calumnie, dass das chursächsische Archiv spoliiret worden. Wir haben nur einige wenige Originalien daraus erheben lassen, wovon Wir längstens die Copeien in Händen hatten, und die nur dazu dienen sollen, deren, von den wienerschen und dresdenschen Ministeriis sonst gewiss geläugnete Authenticität ausser allen Zweifel zu stellen. Die übrige Archiv-Acten sind so wenig angerühret worden, dass Wir solche vielmehr sorgfältig bewahren lassen. Wie wenig überhaupt denen Vorspiegelungen des wienerschen Hofes zu trauen, und mit was vor falschen und erdichteten Umständen die Berichte ihrer an auswärtigen Höfen stehenden Ministrorum grösstentheils angefüllet sein müssen, erhellet insonderheit aus der dem Rescript der Kaiserin-Königin sub No. 6 angefügten Relation des Grafen von Sternberg sub dato Dresden den 10. Septembris a. c., als worin unter andern wider alle Wahrheit angegeben ist, als ob Wir durch Unsern Grosskanzler das dresdensche Ministerium absetzen lassen. Es beruhet aber in der Notorietät, dass Unser Grosskanzler von Uns keinesweges nach Dresden berufen worden, sondern seit Unserer Anwesenheit in Sachsen und bis dieser Stunde sich beständig in Unserer Residenz Berlin aufgehalten habe. Wann Wir auch denen chursächsischen Ministris insinuiren lassen, ihre gewöhnliche Conferentien vorerst in dieser Crisi und bei Abwesenheit des Königes von Polen Majestät einzustellen, da Uns die Veranlassungen eines solchen Ministerii nicht andern als zum höchsten Nachtheil gereichen können, so ist dennoch denen chursächsischen Landen und Unterthanen so wenig Schaden oder Nachtheil daraus erwachsen, da alle Justiz-Collegia in ihren Gang und behöriger Activität belassen, Handel und Wandel, so In- als ausser denen Leipziger Messen, geruhig fort getrieben, der von Unsern Truppen aber die schärfste Mannszucht beständig unterhalten worden. Die übrige von Uns in Sachsen gemachte Arrangements sind lediglich zu Unserer Sicherheit genommen und keinesweges auf solchen Fuss eingerichtet, wie es der wienersche Hof mit fälschlich erdichteten Umständen angeben wollen; ob Wir zwar ganz wohl überzeugt sind, dass man Deroseits gewiss solchergestalt und noch weit ärger, als Uns auf eine injurieuse Art aufgebürdet werden will, gegen Uns zu verfahren wünschte und gewiss verfahren haben würde, wann die Hand des Höchsten nicht über Uns gewaltet und Uns Kraft, Macht und Standhaftigkeit verliehen hätte, denen Uns zugedachten gefährlichen Desseins noch in Zeiten vorzukommen. Indessen aber ist es notorisch, dass Wir es an denjenigen nicht ermangeln lassen, so die Politesse und Achtung sowohl gegen des Königs von Polen Person in hinlänglich verstatteter Zufuhr der vor dessen Tafel benöthigten Victualien und Rafraichissements erfodert, als in Ansehung Dero Königlichen Gemahlin, welche, so viel sie an Geldes verlangen, allemal erhalten und noch nie daran den mindesten Abgang erlitten haben. Dass man aber auch sogar von Seiten des wienerschen Hofes sich nicht entblöde, Unsere Declaration in Ansehung des Eintritts Unserer Armee in die chursächsischen Lande gegen deren ausdrücklichen und buchstäblichen Inhalt zu alteriren, auch derselben einen widrigen Sinn anzudichten, als ob Wir nur die Chur-Lande, nicht aber gesamte chursächsische Erblande, als ein Dépôt, wiederum übergeben wollten, da Wir doch in besagter Unserer Declaration Uns keines andern Ausdrucks als der chursächsischen Erblande bedienet haben; solches muss abermals der ganzen unparteiischen Welt zum klaren Zeugniss dienen, dass nichts als nur vergällter Neid und Hass fähig sind, solche gegen den klaren Buchstaben laufende Ausdeutungen dem Publico aufzubürden. Um aber dieses von Unserer reinesten Gedenkungsart zu überzeugen, so wiederholen Wir hiermit Unsere vorige feierliche Declaration, dass Wir die gesamte chursächsische Erblande als ein Uns heiliges Depositum dem König in Polen wiederumb übergeben wollen, sobald Wir nur dieses mit hinlänglicher Sicherheit in Ansehung Unserer eigenen Lande zu thun vermögen werden, und welches grössesten Theils von des Königes in Polen eigenen Entschliessung abhangen wird.

Von eben solchem falschen Schlag sind die Uns angedichtete Bewegursachen, warum Wir durch die chursächsische Lande den Marsch mit einem Theil Unserer Armee antreten lassen; Wir haben davon die wahre Raisons in ohgedachter Declaration und denen ebenmässig zum Druck beförderten und ganz Europa bereits bekannten Ursachen, welche Uns bewogen, Uns wider die gefährlichen Absichten des wiener- und dresdenschen Hofes zu setzen und deren Ausführung vorzukommen, hinlänglich dargeleget, und werdet Ihr solches aus denen Euch bereits zugesandten Mémoires und andern mit authentischen Documenten angefüllten gedruckten Piècen, wodurch die Richtigkeit des Uns zugedachten jählingen Ueberfalls und geschwornen Unterganges dem Publico klar vor Augen gestellet, mit mehrern darzuthun, völlig im Stande sein. Wir zweifelen auch keinesweges, es werde die ganze unparteiische Welt die gegen Uns machinirte unerhörte Démarchen des wiener- und dresdenschen Hofes aufs äusserste detestiren und daraus völlig überführet werden, dass es weit von Uns entfernet, hergegen die Kaiserin-Königin und der chursächsische Hof es sein, welche sich daraus kein Gewissen machen, die feierlichste Tractaten zu infringiren, was sonsten unter Souverainen heilig ist, ausser Augen zu setzen und alles darauf anzulegen, umb Uns diejenige Lande durch unvorhergesehenen Ueberfall zu berauben, welche Uns von denen mächtigsten Puissancen von Europa garantiret worden; bei welchen Umständen Uns Niemand in der Welt wird verargen können, wann Wir jenen Unserm Untergang drohenden gefährlichsten Desseins auf alle mögliche und schleunige Art noch in Zeiten vorzukommen gesuchet und des Endes die nöthige Defensions-Anstalten vorgekehret haben; wobei Wir aber, ausser Unserer Selbsterhaltung und Errettung Unserer Lande von der ihnen bedroheten Gefahr, gewiss keine andere Absichten haben und dem ganzen unbefangenen Publico zur Beurtheilung getrost überlassen können, auf welche Seite die gehässige Imputation fallen müsse, welche in Ansehung einer Vergrösserungsbegierde und umb Teutschland Fesseln anzulegen, Uns jenerseits mit denen gewöhnlichen arroganten Ausdrückungen fälschlich beigemessen werden wollen.

Wir können Uns dahero die feste Hoffnung machen, es werde jenes mit falschen, erdichteten und animosen Insinuationen angefüllete Circular-Rescript der Kaiserin-Königin bei Niemanden einigen Ingress finden, vielmehr dessen Ungrund und die Nichtigkeit der darin angebrachten Imputationen von Jedermann hieraus überzeugend eingesehen werden, auch sattsam daraus erhellen, dass Wir Unsererseits den von der Kaiserin-Königin mit Hülfe einiger mächtigen Höfe Uns zubereiteten Ueberfall und gedroheten Untergang vorzukommen, die an Hand genommene Rettungsmittel zu ergreifen, nothgedrungen worden. Wir versprechen Uns also billig, dass alle mit Uns alliirte und wohlgesinnete auswärtige Mächte, auch Unsere gesamte Reichs-Mitstände Uns hierunter ihren Beifall, Hülfe und Assistenz nicht versagen, sondern, da des wienerschen Hofes gefährliche Absichten nicht allein gegen Uns, sondern auch, wie Wir zuverlässig wissen, hiernächst und nach vorgehabter Unserer Unterdrückung wider andere Reichs-Mitstände ebenfalls gerichtet gewesen, dagegen wohl auf Ihrer Hut und Uns mit allen möglichen Vertheidigungsmitteln in Unserer gerechten Sache beizutreten nicht abgeneigt sein werden, hergegen aber in allen Fällen sich von Uns eine gleiche Willfahrung versprechen können. Ihr habt dannenhero von dem Inhalte dieses Unsern gnädigsten Rescripts an allen dienlichen Orten den nöthigen Gebrauch und solchen überall bestens geltend zu machen.

Friderich.

H. Gr. v. Podewils.   Finckenstein.

XXIX.

Abhandlung von dem Unterscheid der Off- und Defensiv-Kriege, worinn besonders die Frage beantwortet wird: Wer bey einem entstehenden Kriege für den eigentlichen Aggresseur, oder angreifenden Theil zu achten? 1756.

Die vorliegende Schrift, die das gleiche Thema wie die Lettre d'un ami de Leyde behandelt*), wandte sich an die wissenschaftlich gebildeten Kreise in Deutschland und suchte in der schwerfälligen Form des damaligen Gelehrtenstils scheinbar tendenzlos deren Auffassung von den wahren Urhebern des ausgebrochenen Krieges zu bestimmen.

Schon vor dem Anfange des Kampfes, am 3. September 1756, hatte sich das Berliner Cabinetsministerium mit dem Professor und Hofrath Wideburg zu Halle**), der sich damals eines nicht unverdienten Rufes als Lehrer des Staatsrechts erfreute, in Verbindung gesetzt und ihm befohlen, „in reiner und deutlicher Schreibart", so heisst es in dem Erlasse wörtlich, eine gelehrte Abhandlung auszuarbeiten,

*) Vergl. S. 211, Nr. XXII.

**) Wideburg, ein geborener Hamburger, wurde 1731 in Halle Doctor und gleich darauf Professor der Beredtsamkeit und der Alterthümer. Er starb 1758 im fünfzigsten Lebensjahre. (Vergl. Weidlich, Geschichte der jetzt lebenden Rechtsgelehrten 2, 637 f.) Von seinen zahlreichen Schriften seien hier erwähnt: Panegyricus Friderico Magno Borussiae regi dictus, 1746; und Sammlung vermischter Anmerkungen aus dem Staatsrecht und der Geschichte, 1751.

„tem aus dem Natur- und Völkerrecht (und aus derselben berühmtesten Autoribus, als Grotius, Pufendorf, Cocceji und Barbeyrac) zu deduciren und mit wohl gewählten Exempeln aus der Historie zu illustriren, wer in den verschiedenen Fällen eines entstehenden Krieges pro aggressore zu halten, und dass nicht alleseit derjenige, so den ersten Angriff thut, als angreifender Theil anzusehen, sondern dass, wenn eine Puissance wider die andere geheime Bündnisse macht, viele Intriguen spielet und an der Grenze fürchterliche und plötzliche Krieges-Anstalten machet, auch nicht einmal sich in einige deutliche Explicationes über den Endzweck ihrer Kriegesrüstungen einlassen will, und alsdenn die mit einem Ueberfall bedrohete Macht das Praevenire spielet und den ersten Angriff thut, alsdenn nicht dieselbe, sondern diejenige, so zu dem Kriege Anlass gegeben, vor den wahren Agresseur zu halten sei."

Um die Schrift politisch unverdächtig erscheinen zu lassen, wurde dem Professor ausdrücklich eingeschärft,

„alle Application auf besondere Fälle, so existiren möchten, zu vermeiden und alles nur auf den Fuss einer academischen Abhandlung einzurichten."

Er sollte daher auch seinen Auftrag in tiefster Verschwiegenheit ausführen und die vollendete Abhandlung vor der Veröffentlichung bei dem auswärtigen Departement zur Prüfung einreichen.

Wideburg versicherte in seinem Antwortschreiben, „gedachte Materie seiner besten Einsicht und Vermögen nach aufs möglichste in einiges Licht zu setzen", und unterbreitete nach dem Verlauf von nicht ganz zwei Wochen bereits den fertigen Tractat den Ministern*). Mit einem gewissen Stolze auf sein Werk äusserte er die zuversichtliche Erwartung, dass sein Aufsatz vor die Augen Sr. Königlichen Majestät kommen würde und legte für diesen hoch erwünschten Glücksfall ein unterthäniges Immediatschreiben bei.

Sein Wunsch blieb, wie aus mehreren Gründen vorauszusagen war, unerfüllt. Der Professor musste sich mit einem sehr gnädigen Erlasse begnügen, der im Namen des Königs vom Cabinetsministerium aus an ihn erging**). In einem Sonderschreiben vom selben Tage

---

*) Schreiben Wideburgs an das Cabinetsministerium. Halle, 7. und 18. September.

**) 30. October. Es heisst darin: „Wie Wir die Abhandlung mit vielem Fleiss und Geschicklichkeit ausgearbeitet, auch unserer Absicht und Erwartung vollkommen gemäss befinden, so haben Wir solche zum Druck befördern lassen und bezeugen euch hierdurch nicht allein unsere gnädigste Zufriedenheit und Wohlgefallen über euren bei dieser Gelegenheit bezeigten

bedankte sich Podewils noch persönlich bei dem Verfasser für „die wohlgerathene Arbeit" und fügte zur Erklärung der fehlenden eigenhändigen königlichen Unterschrift unter dem Erlasse hinzu, der Monarch würde sicher zum deutlichen Beweise seiner Zufriedenheit mit der vorgelegten Arbeit das Rescript unterzeichnet haben, wenn er nicht beim Ausrücken ins Feld verfügt hätte, ihn „bei gegenwärtigen Umständen so viel möglich mit Unterschriften zu verschonen" *).

Die kleine Abhandlung erschien in der zweiten Hälfte des Octobers ohne Ortsangabe im Handel. Sie ist in Berlin bei Fr. W. Birnstiel gedruckt worden. Dieser, einer der bedeutenderen Verleger und Buchdrucker in der preussischen Hauptstadt, empfahl sie in den Berlinischen Nachrichten vom 23. October**) zum Kaufe. Eine wohlwollende Kritik der Schrift wurde in derselben Zeitung drei Wochen später***) veröffentlicht. Es heisst in ihr unter anderm:

„Er [der Verfasser] verfährt in seiner Abschilderung sehr aufrichtig und macht es garnicht nach der Gewohnheit eines schmeichelhaften Malers, die die Flecken und Narben derjenigen Person, die sein Pinsel vorstellen soll, künstlich zu verstecken und zu beschönigen pflegt . . . . Kurz diese Abhandlung enthält viel Schönes."

Im Allgemeinen fand die Wideburgsche Deduction wenig Beachtung. Der gewaltige Gang der Ereignisse selbst und sensationellere Schriften übertönten die gemässigte Stimme des anspruchslosen Gelehrten.

Es ist zweifelhaft, ob die Abhandlung jemals von einem Buchhändler des Nachdrucks für werth erachtet worden ist. Allerdings meldete Plotho am 4. November aus Regensburg, er würde den Aufsatz nachdrucken und „auf eine convenable Art" bekannt machen, da er wahrgenommen hätte, „dass auch viele Gesandte von dem Natur- und Völkerrecht, so in dieser Pièce sehr gründlich ausgeführt, keinen rechten Begriff haben". Ob er seine Absicht wirklich ausgeführt hat, ist uns unbekannt geblieben.

Erwähnt mag übrigens hier zum Schlusse noch werden, dass der gelehrte Belgier Coremans 1844 unserm Tractate das Lob zollte, „er wäre sehr geschickt im preussischen Interesse redigirt worden" †).

Diensteifer, sondern werden auch ohnvergessen sein, bei vorfallenden Gelegenheiten euch Proben von Unserer königlichen Huld und Gnade angedeihen zu lassen."

*) Vergl. Politische Correspondenz 13, 306.
**) Sonnabend, 23. October. Nr. 128, S. 540.
***) Sonnabend, 13. November. Nr. 137, S. 577.
†) Coremans, Notice sur les éphémérides de Jean Kempis. Brüssel 1844. S. 23.

Der in dem geheimen Staatsarchive aufbewahrte Originaldruck trägt folgenden Titel:

Abhandlung | von dem | Unterscheid | der | Off- und Defensiv-Kriege, | worinn besonders die Frage beantwortet wird: Wer bey einem entstehenden Kriege für den eigent- | lichen Aggresseur, oder angreifenden Theil | zu achten? | 1756.
4°. 30 S.

Die Kriegskanzlei 1756 (Nr. 101, S. 779) und die Neuwirthsche Sammlung (15. Stück) haben die Wideburgsche Abhandlung aufgenommen, die Danziger Beiträge haben ihr, wahrscheinlich aus demselben Grunde, der gegen die Veröffentlichung des Unbilligen Verfahrens in einem officiösen preussischen Sammelwerke sprach*), keine Beachtung geschenkt.

Abhandlung von dem Unterscheide der Of- und Defensivkriege, worinn besonders die Frage beantwortet wird, wer bei einem entstehenden Kriege für den eigentlichen Agresseur oder angreifenden Theil zu achten? 1756.

§ I.

Die Benennung der Of- und Defensivkriege wird öfters in einer ganz falschen Bedeutung gebrauchet, und ist es diesemnach nothwendig, richtigere Begriffe damit zu verknüpfen und beiden Arten von Kriegen nach den Gründen des vernünftigen Rechts ihre wesentliche Bestimmung zu geben.

§ II.

Man betrügt sich, wenn man den Unterscheid der Of- und Defensivkriege unter einander mengt. Es ist unstreitig, dass es die rechtmässigsten Of- und Defensivkriege geben, hingegen von allen und jeden Defensivkriegen das Unrecht nicht schlechterdings getrennet werden könne. Entstehet ein Offensivkrieg aus gerechten Ursachen, so muss in diesem Fall der Defensivkrieg auf der andern Seite nothwendig ungerecht sein. Eine Puissance, welche einen völlig gegründeten Anspruch gegen eine andere Puissance durch den Weg der Waffen auszuführen unternimmt, hat bei einem solchen Unternehmen ohne Zweifel die Gerechtigkeit auf ihrer Seite: dagegen der auf solche Art rechtmässig bekriegte Staat zwar in dem Stande der Vertheidigung sich befindet, aber mit dem augenscheinlichsten Unrechte, weil er sich weigert, seinem rechtmässigen Feinde Gerechtigkeit widerfahren zu lassen. Barbeyrac in den Anmerkungen zu des Freiherrn von Pufendorfs System des Natur- und Völkerrechts, Tom. II. S. 470: „Il y a des gens qui croient que toute guerre injuste doit être appelée offensive, ce qui n'est pas vrai; car s'il y a des

---

*) Vergl. S. 256.

Unterscheid der Off- und Defensiv-Kriege.

guerres offensives qui soient justes, comme on n'en peut pas douter, il y a donc des guerres défensives qui sont injustes, comme lorsque nous nous défendons contre un prince qui a raison de nous attaquer."

§ III.

Ebenso ungegründet ist es, wenn man den Unterscheid der Of- und Defensivkriege ohne Einschränkung und Ausnahme in einem blos zufälligem Umstande des ersten thätigen Angriffs setzet. Es geschiehet auf diese Art zu Zeiten, dass man, durch dieses grosse Vorurtheil verführt, mit dem offenbarsten Unrechte einen Offensivkrieg auch solchen Mächten aufbürdet, welche bei einer genauern Betrachtung der Umstände nichts weniger als offensive Absichten führen, hingegen in der unstreitigsten Vertheidigung stehen, ohnerachtet dieselbe nach Maassgebung nothdringlicher Conjuncturen zu denen ersten Thätlichkeiten, als dem sichersten Mittel ihrer vortheilhaftesten Selbsterhaltung, dann und wann zu schreiten sich genöthiget gefunden. Man unterstehet sich, aus obgedachtem, überaus falschem und betrüglichem Grundsatze zu schliessen, dass an dem andern Theile ein wirklicher Defensivkrieg geführet werde, weil dem äusserlichen Ansehen nach derselbe einer ihm zugefügten Gewalt sich zu erwehren und Gewalt mit Gewalt zu vertreiben hat.

§ IV.

Wir wollen richtigere und zuverlässigere Beschreibungen bei dieser Materie zum Grunde legen. Soll ein Krieg ein wahrhafter Defensivkrieg heissen, so wird eine entweder schon zugefügte oder wenigstens angelegte Kriegsgewalt auf der andern Seite dazu erfordert, welcher sich mit einer vertheidigenden Gegengewalt zu widersetzen genöthiget wird. Wofern hingegen eine Puissance wider eine andere, welche nichts weniger als Kriegsabsichten hat, einen Krieg anfängt, so wird ein solcher Krieg mit dem besten Grunde für einen Offensivkrieg gehalten.

§ V.

Es ergiebt sich hieraus auf das deutlichste, was unter den Of- und Defensivkriegen für ein Unterscheid sei. Es fällt leicht in die Augen, dass die Ursache und Absicht in beiden Fällen gar sehr von einander entfernet sei. Bei einem Defensivkriege ist die Selbsterhaltung und Beschützung des Seinigen, wenn man in dem Besitze und Gebrauche desselbigen durch feindliche Gewalt gestöret worden oder wenn man nur dergleichen Schicksaal augenscheinlich ausgesetzt ist, die einzige und wahre Ursache; ein Offensivkrieg dagegen wird in der Absicht unternommen, um einen vermeinten oder gegründeten Anspruch gegen einen andern Staat anzuführen und den Gegentheil mit gewaffneter Hand zur Genugthuung und Satisfaction zu zwingen. In dem einen Falle finden sich gerechte oder ungerechte Anforderungen an die andere Puissance, in dem andern verlanget man nichts, als zu behalten und zu retten, was man hat, und in dem Zustande der Ruhe und des Friedens zu bleiben, worin man ist. In jenem Falle nöthiget sich der kriegende Theil zu dem andern und entschliesst sich aus eigener Bewegung und freier Willkür zum Krieg, da er solchen auch unterlassen und entweder verschieben oder die vorgefallenen Misshelligkeiten auf andere Weise beizulegen bemühet sein könnte: in diesem wird der Krieg wider des Gegentheils Willen erzwungen, folgsam die Vertheidigung abgenöthiget und die Gegengewalt an seinem Theile unvermeidlich gemacht.

§ VI.

Die berühmtesten Lehrer des Rechts der Natur stimmen hiemit überein. Grotius de Jure Belli et Pacis im zweiten Buch, c. 1, § 2, wenn er die Ursachen des Krieges überhaupt angiebt, setzt vornehmlich folgende zwei: 1) die Vertheidigung, 2) die Behauptung der Gerechtsame (defensionem et recuperationem rerum), welches eben der Unterschied der Of- und Defensivkriego ist. Ein gleiches findet sich bei dem Ulrico Huberto de Jure Civitatis, im dritten Buch, c. IX. Der Freiherr von Pufendorf im Jure Nat. et Gent., im achten Buch, c. VI, § 3, bedient sich folgender Worte, welche wir nach der französischen Uebersetzung des Herrn Barbeyrac hieher setzen: „Toute guerre juste se fait ou pour nous conserver et nous défendre contre les insultes de ceux qui tâchent ou de nous faire du mal en notre personne ou de nous enlever et de détruire ce qui nous appartient, ou pour contraindre les autres à nous rendre ce qu'ils nous doivent, en vertu d'un droit parfait que l'on a de l'exiger d'eux, ou, enfin, pour obtenir réparation du dommage qu'ils nous ont injustement causé, et pour leur faire donner des sûretés à l'abri desquelles on n'ait rien à craindre désormais de leur part. Les guerres entreprises pour le premier sujet sont, à mon avis, des guerres défensives et les autres des guerres offensives." Der Freiherr von Wolf im Jure Gentium, c. VI, § 615 u. f.: „Bellum offensivum dicitur, quod infertur alteri, qui de bello inferendo non cogitat; defensivum, quo quis se defendit adversus illum, qui ipsi bellum infert." (Man nennt einen Offensivkrieg, womit eine Puissance überzogen wird, welche nichts weniger als Krieg im Sinne hat; einen Defensivkrieg, wenn man sich gegen einen kriegerischen Ueberfall vertheidiget.) Der Geheime Rath Heineccius in Elementis J. N. et G., im zweiten Buch, § 195: „Duae sunt belli causae justificae, altera, si quis populus extraneus populum alterum injuste laedat vitaque, libertate et opibus spoliare velit, altera, si jus perfectum deneget. Ut prior sit justa causa belli defensivi, posterior offensivi." (Es giebt zwei rechtfertigende Ursachen zum Krieg: 1) wenn eine Nation der andern unbefugte Gewalt anthut und diese wohl gar in Gefahr stehet, Güter, Freiheit und Leben darüber einzubüssen, 2) wenn eine Nation die Gerechtsame der andern ungebührlicher Weise schmälert. Die erste ist zu den defensiven, die letzte zu denen offensiven Kriegen zu rechnen.)

§ VII.

Inzwischen lehrt die Erfahrung, dass man vielfältig einem wirklichen Offensivkriege die Einkleidung eines Defensivkrieges giebt, indem man die vorgegebene Vertheidigung auf die Ahndung aller und jeder nicht kriegerischer Beleidigungen erstrecket, welche unter freien Völkern und Staaten vorfallen können. Da aber eine Vertheidigung, welche durch Gewalt der Waffen geschiehet, und davon eigentlich hier die Rede ist, auch eine gewaltsame Beleidigung, und nicht alle und jede Irrungen voraussetzet, welche einen Staat mit dem andern in Uneinigkeit stürzen können, so erkennet man daraus mit leichter Mühe die Unerheblichkeit einer solchen Ausflucht, und gehören kriegerische Thätlichkeiten, wozu man wegen erlittener anderer Beleidigungen greifet, nichtsdestoweniger zur Klasse der Offensivkriege. Es ist noch nicht allzu lange her, als nach des Polnischen Königs Augusts II. Ableben die Kronen Frankreich, Spanien und Sardinien sich gegen den Römischen Kaiser Karl VI. in eine sogenannte Defensiv-Allianz eingelassen. Die Defension ward aus einigen Beschwerden und Beleidigungen gerechtfertiget, welche man von dem Kaiser meinte erlitten zu haben. Man lässt die Gerechtigkeit dieser Klagen an ihren Ort gestellt sein. Gleichwohl war es in diesem Falle mit der vorgeblichen Vertheidigung eine vergebliche Sache, so unstreitig es ist, dass damals Frankreichs, Spaniens und der savoyischen Staaten Sicherheit und Wohlfahrt von dem kaiserlichen Hofe nicht die mindeste Gefahr zu besorgen hatte, ohnerachtet die Kriegsmanifeste nichts als eine abgedrungene und gerechte Defension im Munde führen.

§ VIII.

Wer eine Puissance, welche an keinen Krieg gedenket, mit Gewalt der Waffen angreift, wenigstens schädliche, gewaltsame Absichten gegen dieselbe äussert, heisset in dem eigentlichen Verstande der angreifende Theil (agresseur), welchem jene, da sie sich solchen Absichten und Gewalt mit natürlich erlaubter Gegengewalt widersetzet und für ihre Sicherheit streitet, gerade entgegenstehet. Man räumt ganz gerne ein, dass der erste gewaltsame Angriff insgemein von demjenigen, welcher einen Offensivkrieg vorhat, oder dem Agresseur, geschehe, und die mehresten Kriege auf diese Weise in Bewegung gebracht werden; allein es ist sehr unrichtig, wenn aus dem blossen Zufalle und Umstande des ersten thätlichen Angriffs ohne alle Ausnahme die eigentliche Agression gefolgert werden will.

§ IX.

Es ist dieses der vornehmste und würdigste Gegenstand gegenwärtiger Betrachtung, ob ein Offensivkrieg und Agression aus dem ersten kriegerischen Angriffe ohne Einschränkung zu schliessen sei? Wir verneinen diese Frage mit sonderbarer Zuversicht und sind bereit, den Beweis davon zu übernehmen.

§ X.

Es kommt hierbei hauptsächlich auf die Umstände an. Es können dem äusserlichen Anscheine nach die Thathandlungen zweier Personen völlig einerlei sein, davon sich doch der grösseste Unterschied bei genauerer Erwägung der Umstände offenbaret. Ein Prinz kann einen andern, von dem er nichts zu fürchten hat, in der Absicht angreifen, seine Praetensiones gegen ihn mit bewaffneter Hand auszuführen; ein anderer Prinz, welcher von dergleichen Offensivabsichten entfernet ist, kann auch zu einem thätlichen Angriffe, nach Erforderung der Umstände, wider seinen Willen veranlasset werden, wenn er kein anderes Mittel seiner Selbsterhaltung vor sich siehet. Er gebrauchet sich in solchem Falle der thätlichen Gewalt zu nichts weiter als zu seiner eigenen Sicherheit, und wer ist wohl im Stande zu behaupten, dass Angriffe dieser Art eine Beleidigung und offensive Absicht bei sich führen, da die Absicht und Nothwendigkeit einer solchen Vertheidigung aus denen Umständen klar ist? Es ist im geringsten nicht zu leugnen, dass einer, welcher im Begriffe ist, uns zu überfallen und verderblichen und feindseligen Anschlägen gegen uns Raum giebt, wenn er auf vorgedachte Art zuerst angegriffen und prävenirt wird, über keine Agression auf unserer Seite sich zu beklagen habe, weil gegen einen, der selbst mit offensiven Absichten umgehet, keine Offension Platz findet.

§ XI.

Man begehet eine schädliche Verwirrung und Verwickelung verschiedener Ideen, wodurch eine an sich klare und leicht begreifliche Materie unnöthig verdunkelt wird, wenn man in gegenwärtigem Falle den Krieg selbst, als die Hauptsache, nicht sorgfältig genug von der Art der Kriegs-Operationen unterscheidet. Es ist ein sehr grosser Unterschied unter der Sache selbst und unter den Mitteln, deren man sich dabei bedienet, welche manchesmal ausserordentlich sind, und die man zu Zeiten als die besten, sichersten und bequemsten zu ergreifen aus besondern Considerationen gezwungen wird. Die Vertheidigung und die Art und Weise derselben sind billig zu unterscheiden, und wird durch diese die Natur der ersten keinesweges verändert. Wie oft geschiehet es, dass unterschiedliche Menschen, darunter ein jeder seine besondere Absicht hat, sich einerlei Mittel bedienen, ihren Endzweck zu erreichen, ohne dass diese Mittel einen wesentlichen Einfluss in die verschiedenen Absichten gewinnen und verursachen, dass nunmehro auch unter den Absichten kein Unterschied mehr zu finden sei. Ein Agresseur gebrauchet sich zu seiner offensiven Absicht des thätlichen Angriffs, der vertheidigende Theil wird ebenfalls nach dem Zusammenhange der Umstände zuweilen zu diesem Mittel genöthiget; gleichwohl kann ein Agresseur und der sich vertheidigende Gegentheil ohne offenbaren Widerspruch nicht für einerlei gehalten werden.

§ XII.

Die Beschaffenheit einer jeglichen Unternehmung bestimmet sich durch denjenigen Gegenstand, darauf sie gerichtet ist oder darauf sie sich beziehet. Befindet sich ein benachbarter Staat in vollkommener Ruhe und Friedfertigkeit, es wird aber derselbe von der einen oder andern Seite gewaltsamer Weise angegriffen oder nur mit einer nahen und unmittelbaren Gefahr geschrekt, so characterisirt sich diese Begegnung nach den Umständen des angegriffenen oder mit Krieg bedrohten Staats auf Seiten des angreifenden nicht anders als eine wirkliche Offension und Agression, und ist es unmöglich, eine Defension und Vertheidigung sich dabei vorzustellen. „Ubi enim nulla laesio imminet, ibi etiam nulla defensionis causa concipi potest." (Wo keine Beleidigung oder Gefahr bevorstehet, da kann auch keine Ursache der Vertheidigung gedacht werden.) Hofrath Daries in Institut. Jurispr. natur. P. Spec. Tit. III, § 345. Steigt hingegen in den benachbarten Landen ein gefährliches Ungewitter auf, man siehet auf den Grenzen gewaltige und geschwinde Rüstungen, es werden geheime und gefährliche Alliancen getroffen und allerhand Intriguen gespielet, welche auf unsern Schaden und Verderben abzielen, so qualificirt sich die Aufführung desjenigen Staats, welcher einem solchen Sturme ausgesetzt ist, wenn er auch den Vortheil des ersten Angriffs gegen seinen Feind sich zu Nutze machet, nicht anders als eine höchst gemässigte Vertheidigung. Der Gegenstand seiner Unternehmungen ist ein zum Streit und Angriff fertiger, gerüsteter und seiner gewaltsamen Absichten wegen höchst verdächtiger Staat, und lässet sich hier auf der andern Seite unmöglich etwas anders als eine unschuldige Gegenwehr begreifen, deren Nothwendigkeit aus der nahen Gefahr entstehet, davon der völlige Ausbruch in weniger Zeit zu erwarten ist.

§ XIII.

Es würden sich die allergrössesten Ungereimtheiten hervorthun, wenn man bei allen und jeden Umständen den ersten Angriff für den unfehlbaren Charakter eines Agresseurs annehmen wollte. Es würde allen Ungerechtigkeiten Thür und Thor aufgethan, Recht in Unrecht und Unrecht in Recht verkehrt, Defension in Agression und diese in Jene verwandelt, die vortheilhafteste Vertheidigung vereitelt, die Vertheidigung überhaupt wider alle Billigkeit schwer und unsicher gemacht, die unredlichsten Kunstgriffe und Chicanen unterstützet und auctorisiret und Jedermann der offene Weg gebahnet werden, rechtschaffene, wohlgesinnte und friedliebende Puissancen in das grösseste Unglück, wo nicht gar ins Verderben mit leichter Mühe zu stürzen, mit einem Worte, die heiligen und ewigen Gesetze der Natur unter die Füsse zu treten. Z. E. eine Puissance fasst gegen eine benachbarte feindselige und gefährliche Anschläge, dieselbe zu überziehen, zu schwächen, zu unterdrücken oder derselben zum wenigsten alles Ungemach und Unrecht zuzufügen. Die zum Ziel dieser Unternehmung erwählte Puissance darf, ohne Gefahr, einer Agression beschuldiget zu werden, welches nach denen Umständen, wenn etwan bei mächtigen Staaten eine Garantie im Fall eines Angriffs erlanget worden, bedenklich sein und weit grössere Uebel und Gefahr nach sich ziehen kann, durch keinen prävenirenden Angriff sich helfen, so lange der Hauptfeind sich ausser ihrem Lande hält. Jedermann ist zwar nach dem Rechte der Natur und nach denen Pflichten, welche er sich selbst und seiner Erhaltung schuldig ist, völlig befugt, seine Vertheidigung auf die kürzeste, geschickteste und vortheilhafteste Art einzurichten; allein diese Freiheit ist ihm durch dergleichen Grundsätze benommen, man schränkt alle Befugnisse, sich zu vertheidigen, in die eigenen Lande eines mit Krieg bedrohten Prinzen unvernünftig und eigenmächtig ein und behauptet kühnlich, dass die Vertheidigung nicht eher angehe, als wenn der Ueberfall schon geschehen ist. Der Feind behält indessen Zeit genug, seine Macht bis zum Uebergewichte zu treiben und sich in den Stand zu setzen, seinen Endzweck wahrscheinlich zu erreichen. Er behält den Vortheil des Angriffs für sich allein und unternimmt solchen zu gelegener Zeit. Dem Gegentheile werden gleichsam die Hände gebunden, es wird ihm zugemuthet, mit einer ganz unzeitigen und erstaunenswürdigen Gelassenheit und Geduld solchen unerlaubten und unverantwortlichen Machinationen und Vorbereitungen zuzusehen und das entgegen eilende Wetter unbewegt und unwirksam über seinem Haupte zu erwarten. Er wird genöthiget, den Kriegsschauplatz in seinen Possessionen eröffnen zu lassen, die Wirkungen der feindlichen Absichten in seinem eigenen Lande zu empfinden, dieselbe auf gewisse Maasse preiszugeben und die Art der Selbsterhaltung nach dem Eigensinne eines übel gesinnten Gegners einzuschränken, in dessen Willkür und Macht es stehet, ihm sein Schicksal so nachtheilig zuzumessen, als er zu seinem Interesse für gut findet.

§ XIV.

Gewiss eine Kette von Ungerechtigkeiten, welche folgendergestalt an einander hängt. Der Prinz A schickt sich zu einem gefährlichen Kriege gegen den Prinzen B an. Der Agresseur A will eine unbedingte und unumschränkte Freiheit behalten, die fürchterlichsten und nachdrücklichsten Mittel dazu anzuschaffen, ohne dass B sich darüber bewegen und ihm darin hinderlich fallen soll, sondern verbunden ist, die Zeit zu erwarten, da die Mittel, seinen Untergang zu befördern, zur völligen Reife gediehen sind. Die Maske wird hiernächst nach eigenem Befinden abgezogen, der Angriff erfolget, und man hoffet sich nun des Prinzen B ohnfehlbar zu bemeistern, weil er ausser Stand geblieben, der annähernden Gewalt zu rechter Zeit zu begegnen und zu seiner Sicherheit die gehörigen und zuverlässigsten Maassregeln zu treffen.

§ XV.

Ein gewaffneter Mann, welcher das entblösste Schwert schon über dem Haupte eines andern schwinget, kann und muss es für keine Beleidigung oder für einen feindseligen Angriff aufnehmen, wenn dieser, dem Hiebe zuvorzukommen, und den Agresseur zu seiner Rettung und Sicherheit zuerst zu Boden zu werfen und zu entwaffnen bedacht ist. Es stehet bei einem solchen Vorfalle einem jeden ohne Ausnahme frei, dem mörderischen Vorsatze mit einer prävenirenden Gegenwehr zuvorzukommen und dem Gegner diejenige Gewalt zuerst zuzufügen, die er dem andern anzuthun im Begriffe stund. Es streitet mit der gesunden Vernunft, und natürlichen Gerechtigkeit, dass man den ersten Streich auszuhalten verbunden sein solle, und dass Jemanden die Befugniss abgesprochen werde, einem bevorstehenden Unglücke auf das schnelleste entgegenzugehen, in der Absicht, den bequemsten und sichersten Zeitpunct in Acht zu nehmen, sich davon zu befreien. Der Römische Rechtsgelehrte Cajus in L. 4 Digest. ad L. Aquil.: „Adversus periculum naturalis ratio permittit se defendere." (Die Natur selbst erlaubt die Vertheidigung gegen eine anschreiende Gefahr.) S. auch L. Ut vim Digest. de Instit. et Jure. Cicero in der Rede für den Annius Milo c. 4: „Est haec non scripta, sed nata lex, quam non didicimus, accepimus, legimus, verum e natura ipsa arripuimus, hausimus, expressimus, ad quam non docti sed nati, non instituti sed imbuti sumus, ut, si vita nostra in aliquas insidias, si in vim, si in tela aut latronum aut inimicorum incidisset, omnis honesta ratio esset expediendae salutis." (Es geschiehet nicht kraft geschriebener Rechte oder nach willkürlicher Anweisung oder zufolge der Exempel, sondern kraft eines angebornen Triebes der Natur, dass man berechtiget ist, auf alle ersinnliche Art seine Wohlfahrt und Leben zu retten, wenn man feindlichen Nachstellungen und Gewalt ausgesetzet ist.) S. auch Pufendorfs J. N. et G., im zweiten Buch. c. V, de la juste défense de soi-même, und daselbst die Anmerkungen des Herrn Barbeyrac.

§ XVI.

Eine Puissance, welche mit offensiven und schädlichen Absichten schwanger gehet, wird dergleichen Vorwurf schwerlich an sich kommen lassen, sondern sich viel damit wissen, einer solchen Beschuldigung auf das standhafteste und hartnäckigste zu widersprechen. Allein es ist sehr möglich, aus denen sich zeigenden Umständen den Stoff zu einem nicht leicht betrüglichen Urtheil zu nehmen. Eine Anzeige von dergleichen Umständen ist in dem Vorhergehenden (§ XII) geschehen. Es ist dabei nach der vernünftigen Moral niemals etwas gutes zu vermuthen, und haben in dem natürlichen Zustande der Menschen die vortheilhaften Meinungen, welche das römische Positiv-Geseta annimmt, ganz und gar keinen Platz. Sollte auch über alles höchst wahrscheinliche Vermuthen die Absicht des Gegentheils wirklich nicht unlauter oder offensiv sein, so hat dieser dennoch sich lediglich beizumessen, wenn er in einer defensiven Absicht angetastet worden wäre, weil er durch verdächtige und fürchterliche Handlungen zu einer rechtmässigen Besorgniss und zum Misstrauen Anlass gegeben und durch eine deutliche und glaubhafte Erklärung allen beschwerlichen Händeln kurz und gut abzuhelfen vermögend gewesen.

§ XVII.

Wir finden nicht unnützlich, einige auserlesene Stellen aus denen Schriften der angesehensten Rechtsgelehrten und vortrefflichsten Weltweisen, welche obiges bestärken, hiehersusetzen.

a) Albericus Gentilis, de Jure belli, L. I. c. 13 in fin.: „Defensio justa est, quae praevenit pericula jam meditata, parata, etiam nec meditata, si verosimilia, possibilia." (Man bedient sich einer rechtmässigen Vertheidigung, wenn man gefährlichen Conjuncturen und schädlichen angesponnenen Anschlägen zuvorkommt; auch ist es eine gerechte Vertheidigung, wenn diese Anschläge nur einen hohen Grad der Wahrscheinlichkeit hätten.)

b) Hugo Grotius de J. B. et P., im zweiten Buch c. 1, welches ganz von der Selbstvertheidigung handelt, § 16: „Inde illis (publicis potestatibus) licet praevenire vim non praesentem, sed quae de longo imminere videtur." (Den hohen Mächten ist die Prävention erlaubet, wenn auch die Gefahr noch nicht altzu nahe ist, sondern erst von weitem bevorstehet.) Woraus sich dasjenige verstehen lässet, was ebendaselbst vorher geschrieben ist, l. c. § 5: „Periculum praesens hic requiritur, et quasi in puncto." (Der Zeitpunkt einer gegenwärtigen Gefahr wird hier erfordert.) Worüber sich Grotius in dem folgenden also erkläret: „In moralibus ut et in naturalibus punctum non invenitur sine aliqua latitudine". (In moralischen sowohl als natürlichen Dingen kann man das Wort Punct nicht anders als in einer gewissen Weite und Ausdehnung annehmen.) S. auch im zweiten Buch, c. XX. § 39.

c) Sam. Pufendorf in Element. Jurispr. Univers., im zweiten Buch, in der vierten Anmerkung, § 12: „Circa defensionem observandum, jus belli seu vim usurpandi incipere, quando alter laedere me aggreditur. Initium vero laedendi non tantum actuali laesione jam facta definitur, sed etiam jam tum adesse censetur, quando periculum aperte intentatur et alterum in eo jam manifeste occupari apparet, ut me invadat. Ubi stolidum sane est, primo sese ictui praebere, sed mature potius vis opponenda et occupandus, qui in eo jam est, ut me laedat". (Bei der Vertheidigung hat man zu beobachten, dass das Recht, zum Krieg oder zur Gewalt zu schreiten, sofort anfängt, sobald der Gegentheil anfängt, uns feindselig zu tractiren. Dieses aber kommt eben nicht auf einen schon wirklich vollführten Angriff an, sondern wenn der Gegentheil auch nur auf einen Ueberfall zu Werke gehet und man für Augen siehet, dass der Angriff bald erfolgen werde. Es würde in diesem Falle sehr unbedachtsam und thöricht sein, den ersten Angriff zu erwarten; man hat vielmehr Ursache, bei Zeiten die Gewalt gegen einen solchen zur Hand zu nehmen und ihm zuvorzukommen, indem er im Begriffe stehet, uns anzutasten.) Ebenderselbe in dem grösseren System J. N. et G., im zweiten Buch, c. V. § 6, nach der Französischen Uebersetzung des Herrn Barbeyrac: „Lors qu'il paroit par des indices manifestes qu'un homme travaille actuellement à chercher le moins de nous faire du mal, quoique ses desseins n'aient pas encore éclaté, il est permis, dans l'état de nature, de commencer dès lors à se mettre en état de défense et de prévenir l'aggresseur au milieu de ses préparatifs, pourvu qu'il ne reste d'ailleurs aucune espérance de le ramener par des exhortations amiables ou qu'on usant de cette voie de douceur, on ne porte point de préjudice à ses propres intérêts. Car on n'est point tenu d'attendre tranquillement ou de souffrir actuellement les insultes, pour rendre légitime la violence à laquelle on a recours par la nécessité de se défendre et de repousser un danger présent. Il faut donc tenir ici pour l'agresseur celui qui forme le premier le dessein de nuire et se dispose le premier à l'exécuter, quoiqu'il arrive ensuite que l'autre, venant à découvrir ses préparatifs, fait plus de diligence et commence les actes déclarés d'hostilité. Car la juste défense de soi-même ne demande pas toujours qu'on reçoive le premier coup, ou qu'on ne fasse que parer et repousser ceux qu'un agresseur nous porte actuellement. Un ancien orateur grec l'a très bien remarqué, et voici comment il tâche d'animer les Athéniens peu soigneux de prévenir les machinations du Roi Philippe contr'eux: »Tout homme qui me dresse des pièges et fait ce qu'il peut pour me surprendre, dans ce temps-là même qu'il n'en est qu'aux préparatifs, ne me fait-il pas déjà la guerre, quoiqu'on ne voie encore voler ni flèches ni dards?« Procopius de bello Persico L. II. c. III. p. 30, nach der Uebersetzung Cousins: „Il ne faut pas croire que ce soient ceux qui prennent les premiers les armes, qui rompent la paix. Ce sont ceux qui dressent des pièges à leurs alliés dans le temps même de l'alliance. On est coupable, quand on a conçu le crime, bien qu'on ne l'ait pas encore exécuté.« Philo Judaeus de special. legibus: „Hostes habentur non solum qui nos jam impugnant classibus aut exercitibus, verum etiam qui utrosque apparatus faciunt." (Man erkennet nicht nur diejenigen für Feinde, welche uns mit Flotten und Armeen wirklich bekriegen, sondern auch solche, welche dazu die Anstalten und Präparatorien machen.) Ebendaselbst L. VIII. c. 6 § 3: „Quelquefois celui qui prend le premier les armes, est censé agir défensivement; lors, par exemple, qu'on prévient un ennemi au milieu des préparatifs qu'il faisoit pour venir fondre sur nous."

d) L. B. de Cocceji in den Anmerkungen über den Grotius, L. II. c. I § 17, nach der Lausannischen Ausgabe S. 50: „Eum qui acta vim parat et insidias struit adeoque animum laedendi in actum externum deducit, etiam directe praevenire possum idque ex jure necessariae defensionis, quia aliter injuria evitari, nisi praeveniendo, non potest." (Es stehet einem jeden frei, denjenigen, welcher zu einer thätlichen Gewalt alle Anstalten macht und schädliche Nachstellungen im Schilde führet, mithin seinen Vorsatz ihm zu schaden durch äusserliche Kennzeichen an den Tag giebt, directe zu präveniren, und dieses aus dem Rechte der nothwendigen Vertheidigung, weil die Gefahr nicht anders als durch eine Prävention kann abgewendet werden.) Und S. 51 ebendas.: „Si certum sit, vicinum meditari bellum, si foedera contrahit, si exercitum auget, si vicina castra munit, etc. et constet, contra me hoc parari, tunc cum praevenire possum, quia injuria vere fit adeoque jus necessariae defensionis incipit." (Wenn es gewiss ist, dass eine benachbarte Macht auf einen Krieg zu Werke gehet, wenn sie Allianzen schliesset, ihre Truppen vermehret und die Armee in einen formidablen Stand zu setzen bemühet ist, wenn Läger an den Grenzen bezogen werden, und man hat glaubwürdige Anzeigen, dass diese fürchterliche Anstalten auf uns abgezielet sind, so ist es uns erlaubt, solche Macht zu präveniren, weil es bereits zu einer wirklichen Offension gekommen ist, in welchem Fall die Nothwendigkeit der Defension ihren Anfang nimmt.)

e) J. Franc. Buddeus in Element. J. N., c. IV. Sect. II. § 8: „Cum gentes ad pericula avertenda nulla implorare judicia possint minimeque consultum sit, hostis insultus exspectare, possunt defensionem suam instituere, quam primum certiores factae sint, alteram gentem hostilia erga se moliri eique et animum et vires esse se opprimendi. Eandem quoque eo usque continuare possunt, donec sibi fuerit satisfactum suaeque securitati ita cautum, ut in posterum similes insultus metuere non necesse habeant." (Weil freie Völker und Staaten wider einbrechende Gefahr bei keiner Obrigkeit und Gerichte Schutz haben, inzwischen gar nicht rathsam ist, den Angriff eines Feindes abzuwarten, so sind sie befugt, zu ihrer Vertheidigung zu schreiten, sobald sie in Erfahrung kommen, dass eine andere Nation wider sie kriegerische Anstalten mache, und es dabei derselben weder an der Absicht noch an der Macht fehle, sich ihrer zu bemeistern. Eine solche in Gefahr sich findende Nation kann ihre Vertheidigung so weit treiben, bis sie genugsame Sicherheit wegen des Zukünftigen erlanget und sich in den Stand gesetzt, dass sie dergleichen Attentaten nicht weiter zu fürchten habe.)

f) Hofrath Daries in Institut. Jurispr. natur. P. Spec. Sect. II. Tit. III. § 344: „Si quis ostendit conatum nos turbandi in possessione et usu eorum, quae ad ro nostrum pertinent, ille ostendit conatum nos laedendi, qua ex ratione ejusmodi laesio dicitur imminens et mala inde enascenda damna imminentia vocantur, subjectum vero, cui ille conatus inexistit, aggressorem, et rei laesiones intentantur, aggressum, ipsum vero actum aggressionem appellamus." (Lässet jemand den Vorsatz blicken, uns in unseren Besitzungen und dem ruhigen Gebrauche des Unserigen zu stören, so zeiget er die Absicht eines Feindes und dass er uns zu beleidigen im Sinne habe. Man nennet dieses eine bevorstehende Beleidigung, und das Uebel, so daraus erwachsen kann, ist ein bevorstehendes Uebel. Derjenige Theil, welcher einen solchen Vorsatz heget, wird für einen Agresseur oder angreifenden Theil gehalten und der andere Theil, auf welchen es gemünzet ist, der angegriffene Theil; die Sache selbst heisst eine Agression.) § 345 ebendaselbst: „Si aggressori malum eo animo inferre connitimur, ut laesionem imminentem a nobis avertere possimus, nos defendere dicimus." (Wenn man dem Agresseur mit zeitiger Gewalt begegnet, um das vorstehende Uebel von uns abzuwenden, so geschiehet nichts anders, als dass wir uns vertheidigen.) § 346: „Si circumstantiae ita comparatae sunt, ut ex illis conatum alterius nos laedendi colligere possimus, nobis etiam jus defensionis competit. Jus ergo defensionis locum habet contra alterum, in quo animadvertimus indignationem et usum remorum, quibus malignum propositum ad actum perducere connititur, curam novendi obstacula, expectationem occasionis nos laedendi et ejus excitandae hebitudinem. (Koeler in J. N. § 1113 seqq.) Qui se juste defendit, jure suo utitur ideoque neminem laedit atque turbat." (Sind die Umstände also beschaffen, dass man daraus den Vorsatz einer feindlichen Begegnung abseiten des Gegentheils deutlich schliessen kann, so verbleibet dem andern Theile vollkommenste Recht zur Vertheidigung. Es hat demnach das Vertheidigungsrecht gegen einen solchen allerdings Statt, welcher anfängt, die bequemsten Mittel hervorzusuchen, seinen feindlichen Vorsatz auszuführen, eher darauf bedacht ist, alle seinem Vorsatze entgegenstehende Hindernisse aus dem Wege zu räumen, anbei auf gute Gelegenheit lauret, auch selbige möglichst zu befördern suchet. Wer sich rechtmässig vertheidiget, brauchet sich seines Rechts, hingegen wird durch ihn niemand beleidiget oder verunruhiget.) § 347: „Illi, quem alter aggreditur, competit jus defensionis. Qui alterum aggreditur, habet conatum illi mala inferendi: illi ergo, quem alter aggreditur, competit jus aggressori ante mala inferendi, quam aggressor conatum suum ad actum perducere possit; hoc dum dicitur jus praeventionis, ex jure defensionis jus praeventionis concipitur." (Dem angegriffenen Theile stehet das Vertheidigungsrecht zu; der angreifende Theil hat den Vorsatz, dem anderen Gewalt anzuthun: diesemnach hat der andere Theil ein mattsam gegründetes Recht, dem Agresseur das zugedachte Uebel vorher selbst und eher anzuthun, als er seinen feindseligen Vorsatz ins Werk setzen kann. Man nennet dieses das Recht der Prävention, und ist solches Recht aus dem Rechte der Vertheidigung herzuleiten.)

§ XVIII.

Die Ehre eines Prinzens ist desto grösser und die Unschuld seiner vertheidigenden Unternehmungen desto reiner und unwidersprechlicher, wenn er vorher alle ersinnliche Sorgfalt angewendet hat, solcher gewaltsamen Massregeln entübriget zu sein, und wenn er mit einer ruhmvollen Grossmuth dem Kriege und Blutvergiessen möglichst vorzubeugen bedacht gewesen. Hieher gehöret vorzüglich, wenn er dem in voller Rüstung stehenden Nachbar seine Besorgniss offenherzig entdecket und auf eine positive Erklärung dringet, was er bei denen obwaltenden bedenklichen und gefährlich anscheinenden Zeitläuften für sich selbst zu fürchten oder zu hoffen habe; wenn er zu einer gütlichen Vereinigung die Hand bietet und die billigsten und glimpflichsten Vorschläge thut, überall aber auf seiner Seite eine aufrichtige Neigung zur Eintracht, Ruhe und Frieden zu erkennen giebt. Wann in diesem Falle der Gegentheil undeutliche, verfängliche, unzureichende und auf Schrauben gesetzte Erklärungen von sich giebt, welche wenig gutes anzuzeigen, vielmehr den geschöpften Argwohn zu vergrössern fähig sind, am wenigsten sich überwinden kann, durch Versicherung guter Freundschaft und Wohlmeinung den andern Theil zu beruhigen und alle Funken des Missverständnisses auszulöschen, so ist nichts gewissers, als dass man sich nur allzu bloss giebet, den Grund des Verdachts stillschweigend einräumet und die Befugniss einer convenablen Vertheidigung dem andern Theile selbst in die Hände liefert.

§ XIX.

Es mangelt in den Geschichten der Prinzen und Völker garnicht an erläuternden Beispielen, dass man zu einer unumgänglichen Vertheidigung den Schritt durch eine vorgreifende Gewalt zu thun genöthiget gewesen, ohne den verhassten Character eines Agresseurs dadurch zu verdienen. Die Historie Teutschlands zeiget uns unter des Kaiser Karls V. Regierung einige vorzügliche Begebenheiten, welche zu unserm Zwecke gehören.

§ XX.

Es geschahe im Jahre 1528, als die evangelischen Fürsten und Stände von einem gefährlichen Bündnisse benachrichtiget wurden, welches zwischen dem österreichischen Erzherzog Ferdinand, dem Churfürsten von Mainz, dem Erzbischof von Salzburg, denen Bischöfen von Bamberg und Würzburg und denen bayerischen Herzogen zu ihrem Untergange getroffen worden: dass man sich über einen geheimen Occupationsplan bereits einverstanden, worinnen dem Herzoge Georgen von Sachsen die sächsischen Churlande, denen Bischöfen die churfürstlichen Erblande in Franken u. s. f. zugetheilet worden. Die unverantwortlichsten Intriguen der Feinde kamen ans Licht. Man hatte sich nicht entsehen, offenbare Unwahrheiten auszusprengen: der Landgraf von Hessen hätte in Willens, sich von Frankfurt am Main Meister zu machen, hiernächst aber sich dem Teutschen Reiche zum Römischen König aufzudringen; er ginge mit einem neuen Bauernkriege um; er sei in eine geheime Verbindung mit Frankreich getreten u. w. d. m. Damit auch bei dem vorhabenden Angriffe Georgens auf die churfürstlichen sächsischen Lande die vetterliche Erbeinung und Verbrüderung keine Hinderniss machen möchte, so hatte man vor kurzem listiger Weise die Clausul hineingerücket, dass davon der Papst, der Kaiser und das österreichische Erzhaus ausgenommen bliebe. Bei diesem androhenden Ungewitter und in guter Versicherung der schädlichen Offensiv-Absichten besann sich der herzhafte Landgraf nicht lange, sondern brach in Begleitung einer Armee von 20000 Mann zu Ross und zu Fuss in die churmainzischen, würzburgischen und bambergischen Lande ein. Was von der andern Seite hierwider angeführet worden, beruhet einzig und allein darauf, dass man das entdeckte feindselige Vornehmen platterdings ableugnete, ohne dass im übrigen über die Natur der vorgekehrten Vertheidigung einiger Scrupel vorgefallen. Inzwischen wurden durch diese guten Anstalten die Entwürfe der Katholischen damals auf das glücklichste verderbet und die nahe Gefahr durch den prävenirenden hessischen Angriff in Zeiten abgewendet. Die Katholischen neigeten sich gleich bald zum Frieden und bequemeten sich über dem die sämtlichen Kriegskosten zu bezahlen, wozu Mainz 40000, Würzburg ebenso viel und Bamberg 20000 Ducaten beigetragen. S. Hortleders Handlungen und Ausschreiben wegen des Teutschen Krieges, Tom. I. Lib. II, vor andern aber den Freiherrn von Seckendorff in Historia Lutheranismi, Lib. II. Sect. XIII. S. 94 u. f., allwo das landgräfliche Ausschreiben besonders merkwürdig ist, worinnen dieser Prinz sich gegen die Conföderirten offenherzig und standhaft erkläret, dass er ihren Ueberfall abzuwarten nicht gemeinet sei, sondern dass er sich wider selbige durch prävenirende Maassregula je eher je lieber Sicherheit und Recht zu verschaffen nach allen Kräften bemühet sein würde.

§ XXI.

Unter eben dieser kaiserlichen Regierung Karls hegte Heinrich, Herzog von Braunschweig-Lüneburg, die verderblichsten Entschliessungen gegen die schmalkaldischen Bundes-Verwandten, selbige mit ehestem zu überfallen und aufzureiben. Er war in sehr starkem Verdachte, dass er die Mordbrennereien angestiftet, wodurch Dörfer, Flecken und Städte in denen evangelischen Landen um diese Zeit verheeret worden. Man war von seinen rauhen Absichten genugsam überführet und dass er für Begierde brennete, die Wirkungen seines unversöhnlichen Hasses gegen die evangelische Religion, sobald es ihm gut deuchtete, ausbrechen zu lassen. Der Churfürst zu Sachsen Johann Friederich und Philipp, Landgraf zu Hessen, glaubten als Häupter des evangelischen Defensivbündnisses vorzüglich berechtiget zu sein, diesem unglücklichen Angriffe zuvorzukommen. Beide Prinzen ergriffen zu dem Ende die Waffen, rückten in das braunschweigische Land ein und unterzogen sich der Vertheidigung der gemeinen Sache mit so gutem Erfolge, dass der Herzog binnen weniger als zwei Monaten sein Land [zu] verlassen und in Bayern seinen Aufenthalt zu nehmen genöthiget ward. Die Rechtfertigung dieses prävenirenden Verfahrens sind von Seiten Chur-Sachsens und Hessens auf denen teutschen Reichstägen mit allgemeinem Beifalle übergehen; man hat sich darin, nach vorläufiger Bescheinigung der bevorgestandenen gewaltsamen Démarchen des Herzogs von Braunschweig auf das im natürlichen Rechte gegründete Präventionsrecht bezogen, hingegen haben alle patriotisch gesinnte Stände, ja selbst das höchste Oberhaupt des Reichs, das Verfahren der evangelischen Fürsten für nichts weniger als eine Offension oder Agression, sondern als eine wirkliche Defension angesehen und erkannt. Die Evangelischen suchten nichts für sich selbst, wovon ein klarer Beweis ist, dass sie die eroberten Länder dem Kaiser alsofort in Sequestration überliessen, bis wegen zukünftiger Sicherheit gengsame Versicherung erlanget worden. S. Hortleder, Tom. I. L. IV, Seckendorff, Lib. III. Sect. XXV.

§ XXII.

Noch bewundert Europa den glücklichen und glorreichen Angriff der Republik der Vereinigten Niederlande, welchen solche im Jahr 1688 auf Engelland und den Besitzer dieses Königreiches, Jacob II., unternommen. Man kennete vorlängst die Gedenkungsart dieses Prinzen, man entdeckte mit der Zeit die scheusslichsten Intriguen und das concertirte gefährliche Bündniss, welches auf den Umsturz des niederländischen Staats hinausging. Diese fürchterliche Conjuncturen erweckten und beschäftigten die ganze Aufmerksamkeit der Republik, und sie glaubte verloren zu sein, woferne sie diesen entsetzlichen Absichten nicht auf das schleunigste zuvorkäme. Man machte an Grossbritannien und den König dieses Reichs gar keinen Anspruch, sondern den niederländischen Staat, Freiheit und Religion zu beschirmen und im Stande zu erhalten, war das alleinige Ziel aller Bemühungen und gewaltigen Rüstungen zu Wasser und Lande. Der Himmel selbst beglückte diese unschuldigen Maassregeln nach Wunsch und Verlangen. Die Landung auf Engelland ging ohne alle Hindernisse von statten, man kam denen drohenden Feindseligkeiten Jacobs glücklich zuvor, er ward entwaffnet und zwar auf eine so nachdrückliche Art, dass es ihm, bei der allgemeinen Abneigung der britischen Nation, Krone und Scepter kostete. Es ist leicht, über die Moralität dieser Sache ein gegründetes Urtheil zu fällen, und können auch Leute von mässiger Fähigkeit einsehen, welchem Theile bei dieser Begebenheit die Defension oder die Agression zuzuschreiben sei. S. Le Clerc, Histoire des Provinces-Unies des Pays-Bas, Tom. III. S. 408 u. f., ingleichen Gilb. Burnet, History of his own time.

§ XXIII.

Die schnellen Entschliessungen Karl Gustavs, Königs von Schweden, gegen den dänischen Monarchen Friederich III., daran jener bald nach dem zu Rothschild gemachten Frieden geschritten, sind weltbekannt. Beide Reiche stunden mit einander in Frieden, welcher auf beiden Seiten förmlich genehmigt war. Plötzlich ändert sich die Scene. Der nordische Held ergriff wider Dänemark die Waffen, und Kopenhagen wird belagert. Es kann niemand, welcher der Geschichte nur einigermaassen kundig ist, verborgen sein, wie parteiisch die Erzählungen von dieser Sache bei denen dänischen Schriftstellern lauten, und wie man bemühet ist, dem Könige Karl Gustav die eigennützigsten und unrechtmässigsten Anschläge aufzubürden, dass er durch diesen unvermutheten Ueberfall dem dänischen Staate den letzten und tödtlichsten Stoss zu versetzen und Friederich III. gänzlich zu stürzen gesuchet habe. Es ist dagegen gewiss, dass der Monarch der Schweden vielmehr die gefährlichsten Absichten auf Seiten Dänemarks verspüret, da des dänischen Cabinets Meinung war, nach geschlossenem Rothschildischen Frieden, wenn die schwedischen Waffen an andern Orten gegen die Feinde, womit diese Krone damals auf allen Seiten umgeben war, würden gerichtet werden, sich zu selbigen zu schlagen und Schweden von neuem mit einer verstärkten Kriegsmacht zu überziehen. Die grossen Zurüstungen nach vollzogenem Frieden, die mit den Vereinigten Niederlanden getroffene Allianz, verschiedene nach Engelland abgefertigte verdächtige Briefe und Depeschen unterhielten und vergrösserten das Misstrauen Karl Gustavs, worauf der prävenirende Angriff auf die Residenzstadt Kopenhagen erfolgete, welchen niemand als die der Umstände gänzlich Unkundigen für einen Friedensbruch und vorsetzliche Agression von Seiten Schwedens ausgeleget. S. Londorpii Acta publica, L. VIII; Pufendorf de rebus gestis Caroli Gustavi; Freiherr von Hollberg in der dänischen Reichs-Historie, Tom. III. S. 310, allwo die eigene Declaration Karl Gustavs zu befinden, worin er denen Dänen gleich anfangs vorwirft, dass sie seinen und seines Reichs Untergang gesuchet; und S. 312 daselbst lässt sich der schwedische Minister Graf von Schlippenbach gegen die dänischen Deputirten folgendermassen heraus: „Was Ihr von Argwohn sprechet, ist nicht ein schlechter Argwohn, sondern ein solcher, solcher allen Potentaten und Staaten Ursache zum Krieg giebet, weil ein oder verpflichtet ist, sich zu erhalten und seinen Staat in Acht zu nehmen. Von solchen Exempeln sind alle Historien voll."

§ XXIV.

Jedermann schwebt noch in frischem Gedächtniss, was in dem westlichen Europa nach dem im Jahre 1725 getroffenen wienerschen Bündnisse und aufgerichteten gegenseitigen Tractate von Hannover vorgefallen. Das letztere Bündniss war von des Königs von Gross-Britannien Majestät mit der uneigennützigsten Fürsichtigkeit zum Stande gebracht, weil man dem spanischen Hofe, welchen damals der Cardinal Alberoni nach seinem Kopf regierte, nichts gutes zutraute und der Meinung war, dass solcher die allgemeine Ruhe zu stören überaus geneigt und schon wirklich dazu entschlossen wäre. Diesen nicht ohne Grund gefassten Argwohn waren die vormaligen Anfälle auf die Königreiche Sardinien und Sicilien zu rechtfertigen vollkommen geschickt, und der Ausgang selbst, ich meine die hernach unternommene Belagerung von Gibraltar, hat diese Absichten genugsam entwickelt. Insonderheit sahe Gross-Britannien die Gefahr seiner Dominien vor Augen. Man kam aber vor. Es wurden ansehnliche Flotten in die amerikanischen Gewässer ausgesendet, ehe noch von Seiten Spaniens der förmliche Ausbruch der Gewalt vorhanden war, und wurden englischer Seits die thätlichen Feindseligkeiten durch die Blocquade des Hafens Porto-Bello wirklich angefangen. Keiner von den neutralen Höfen hat die Aufführung der Engelländer für eine Offension des spanischen Staats und die grossbritannische Nation als den angreifenden Theil angesehen, indem es derselben lediglich darum zu thun war, ihre Besitzungen durch dieses Mittel aus aller Gefahr zu reissen, ohne die geringste Absicht und Begierde auf der Spanier Rechnung und Kosten Eroberungen zu machen, da vielmehr, bewandten Umständen nach, die eigentliche Zuthigung und Agression auf der Spanier Seite ganz klar gewesen.

§ XXV.

Aus denen bishero angeführten Gründen, welche aus denen Wahrheiten des natürlichen Rechts und aus dem kundbaren Gebrauche der Völker und Staaten der Welt hergeleitet worden und überdem das Ansehen der grössesten Männer vor sich haben, erhellet ohne Zweifel, wie wenig Ursache vorhanden sei, aus einer blossen Defension eine Offension zu erzwingen und die erste ausgeübte Gewalt für ein allgemeines und untrügliches Merkmal eines Agresseurs auszugeben.

XXX.

Patriotische Gedancken über das wider Se. Königl. Majestät in Preussen den 20. Septembr. zur öffentlichen Reichs-Dictatur gekommene Kayserliche Hof-Decret. 1756.

Dem preussischen Comitialgesandten Plotho hatte das in Berlin aufgesetzte Promemoria auf das kaiserliche Hofdecret vom 14. September*) nicht genügt. Er vermisste darin eine eingehendere, auf das Reichsrecht und die Geschichte gegründete Darlegung des unrechtmässigen Verfahrens, dessen sich der Reichshofrath durch die voreilige Parteinahme gegen Preussen schuldig gemacht hätte. Um Friedrich von vorneherein der Wohlthat des § 54 des Reichstagsabschiedes von 1555 verlustig zu machen und ihn dadurch als Landfriedensbrecher darstellen zu können, wäre mit kluger Berechnung in dem Decrete der österreichischen im tiefsten Frieden veranstalteten bedrohlichen Rüstungen nicht gedacht worden. Aber selbst gesetzt die Krone Preussen wäre des Landfriedensbruches schuldig, wer gäbe denn dem Reichshofrath und dem Kaiser die Befugniss zu eigenmächtiger Verfügung? Das einzige rechtmässige Forum, wo gerade laut der jüngsten Wahlcapitulation über derartige Angelegenheiten entschieden werden müsste, wäre die Reichsversammlung in Regensburg. Doch dem Reichshofrath hätte es anstatt dieses gesetzlichen Weges beliebt, aus eigener anermaasster Machtvollkommenheit und in blinder Parteilichkeit jene Avocatorien, Dehortatorien und Erlasse an die kreisausschreibenden Fürsten ergehen zu lassen, in denen der König ungehört als Reichsfeind verdammt und alle Stände wider ihn aufgeboten würden.

*) Vergl. Nr. XXI. S. 190 f.

Der rührige Diplomat machte sich selbst daran, diese Gedanken in einer Druckschrift ausführlicher zu entwickeln. Am 30. September meldete er, dass er eine Abhandlung unter der Feder hätte, die er unvermerkt „sub rubrica Patriotische Gedanken" verbreiten wollte,

„worin nach meiner wenigen Einsicht und Vermögen zu zeigen suchen werde, wie sehr wider die Reichsgesetze und Verfassungen gehandelt, jedoch alles mit der grössten Moderation, damit mich um so mehr hierunter verstelle."

Wohl absichtlich hat er sein Werkchen „patriotisch" betitelt; denn mit diesem Schlagworte begründete der Reichshofrath, an den „Reichspatriotismus" der Stände appellirend, alle seine widrigen Maassnahmen gegen Preussen und gab ihnen dadurch einen legalen Anstrich.

Plothos Schrift wurde in Berlin, wohin er sie am 4. October geschickt hatte, für werth der Veröffentlichung befunden*):

„Es sind darin sehr wohl gegründete Argumenta angegeben worden," wurde ihm vom Cabinetsministerium geschrieben, „nur dürfte es wohl besser gewesen sein, wenn ihr den Umstand von dem Reichskrieg de 1734 übergangen und das damalige Reichsconclusum nicht angezogen hättet**), weil solches leicht eine widrige Impression bei ein- und andern erregen kann, obwohl besagtes Reichsconclusum und dessen Veranlassung mit dem vorliegenden Casu an sich keine Aehnlichkeit hat***)."

Dieser berechtigten Ausstellung konnte aber der Gesandte kein Gehör mehr schenken, da inzwischen der Druck seines Tractats bereits vollendet worden war. Das genaue Datum, an welchem die patriotischen Gedanken veröffentlicht worden sind, entzieht sich unserem Wissen; nur so viel liess sich feststellen, dass sie im letzten Drittel des Octobers bereits bekannt waren.

Die Schrift wurde von demselben Schicksale wie die Lettre d'un ami de Leyde betroffen†). Durch Reichshofrathsbeschluss vom 19. November 1756††) wurde ihre Beschlagnahme verfügt, „weil bei diesem Scripto weder der Name des Verfassers, noch jener des Druckers mit beigesetzet wäre", und dem frankfurter Magistrat die Bestrafung der

---

*) Erlass an Plotho. Berlin, 16. October.
**) Vergl. S. 461 u. 462.
***) In der officiellen Entgegnung auf die patriotischen Gedanken wurde auch dieser Punct richtig hervorgehoben. Kriegskanzlei 1756. S. 472.
†) Vergl. S. 214.
††) Kriegskanzlei 1756. Nr. 56 S. 441.

dortigen *Buchführer Hechtel* und *Esslinger wegen des Vertriebs beider genannter Werke anheim gegeben.*

Ausserdem veröffentlichte der Reichshofrath Baron Heinrich Christian von Senkenberg*) im December 1756 eine weit verbreitete Antwort auf die patriotischen Gedanken unter dem Titel**): „Gesetzmässige Anmerkungen, gegen die sogenannte Patriotische Gedanken über das wider Sr. Königlichen Majestät in Preussen den 20. Septembr. 1756 zur öffentlichen Reichs-Dictatur gekommene Hof-Decret. Cum Permissu Superiorum. Pressburg, gedruckt bey Johann Michael Landerer, 1756."

Als Podewils diese Schrift durch Plotho empfing, äusserte er sich***):

„Diese in ziemlich harten Terminis verfassete Pièce, in welcher man von Seiten des wienerschen Hofes mit gänzlicher Vorbeigehung der jüngsten kaiserlichen Wahlcapitulation und des Modi procedendi ratione des dadurch reprobirten Processus banni auf die alte Reichsabschiede bezieht, ist durch das von dem Herrn Kammergerichtsrath Kahlen aufgesetzte Promemoria „Reichsconstitutionswidriges Verfahren des Reichshofraths" benannt, theils durch das von dem Herrn von Plotho neu aufgesetzte Promemoria vom 10. hujus schon dergestalt zum voraus widerleget worden, dass ich fast nicht abzusehen vermag, was noch mehr itzo darauf repliciret werden könnte, ohne die vorigen Argumenta zu recoquiren."

Welcher unter den uns vorliegenden Drucken von Plotho veranlasst worden ist, liess sich nicht ermitteln. Wir geben hier den Text und den Titel desjenigen Exemplars wieder, das in der Flugschriftensammlung des Geheimen Staatsarchivs aufbewahrt ist.

Patriotische | Gedancken | über das | wider | Se. Königl. Majestät | in Preussen | den 20. Septembr. | zur | öffentlichen Reichs-Dictatur | gekommene Kayserliche | Hof-Decret. | 1756.

4°. 12 S.

Wie gewöhnlich veranstaltete der berliner Hofbuchdrucker Christian Friedrich Henning einen, wahrscheinlich mehrmals aufgelegten Nachdruck.

Ausserdem sind uns noch zwei andere Ausgaben bekannt geworden.

*) Vergl. Fischer I, 463.
**) Abgedruckt Kriegskanzlei 1756, Nr. 58, S. 448 f. Danziger Beiträge 193.
***) 18. December 1756. Demgemäss Erlass an Plotho. Berlin, 20. December.

Abgedruckt sind die patriotischen Gedanken nebst den „Gesetzmässigen Anmerkungen" von den Danziger Beiträgen (Bd. 9 S. 423), der Kriegskanzlei von 1756 (Nr. 58 S. 448) und in der Neuwirthschen Sammlung (IX. Stück).

Patriotische Gedancken über das wider Se. Königl. Majestät in Preussen den 20. Septembr. zur öffentlichen Reichs-Dictatur gekommene Kayserliche Hof-Decret. 1756.

Je wichtiger der Inhalt dieses an das Reich gebrachten kaiserlichen Hof-Decrets ist, wodurch man bei dem gegenwärtigen Ausbruch eines leidigen Krieges das gesamte teutsche Reich wider Se. Königl. Majest. in Preussen in Harnisch und Rüstung zu bringen bemühet ist, und je wichtiger die darinnen zu erkennen gegebene Maassnehmungen und Vorkehrungen sind, welche Kaiserliche Majestät wider Höchstgedachte Se. Königliche Majestät in Preussen allbereits zu beschliessen und in Würklichkeit zu bringen für gut befunden, desto nöthiger will zu sein scheinen, etwas genauer zu prüfen und gründlich zu untersuchen, wieferne ein oder das andere, theils denen Gesetzen und sonstigen Verfassungen des Reichs, theils denen Beispielen in andern und ähnlichen Fällen gemäss zu sein erachtet werden könne. Ihro Kaiserliche Majestät beurtheilen und behandeln in diesem Hof-Decret denjenigen ersten Schritt, welchen Ihro Königliche Majestät in Preussen in Ansehung derer chursächsischen Lande gethan, und dasjenige weitere Absehen, so gegen die churböhmischen Lande darbei gerichtet ist, als einen ganz offenbaren Land-Friedensbruch, Ihro Königliche Majestät aber als einen offenbaren Reichs-Feind, und in welchem Betracht Kaiserlicher Majestät weiter sowohl unmittelbar und von Kaiserlicher Gewalt wegen mit denen in solchen Fällen gewöhnlichen Verordnungen und Geboten, nämlich mit Dehortatoriis, Avocatoriis, Inhibitoriis und Excitatoriis respective an Ihro Königliche Majestät, Dero Kriegsvölker und gesamte Reichskreise fürgeschritten, sondern auch dem Reichs-Hofrath, um von Amts und Gerichts wegen auf einen Land-Friedensbruch zu verfahren und das gehörige sofort zu verfügen, erinnern und anbefohlen lassen. Wer nur in denen Reichs-Handlungen und Reichs-Gesetzen ein wenig bewandert ist, der wird sogleich erkennen, wie, da gegenwärtiger Fall auf der einen Seite der Kaiserin Königin Majestät, auf der andern Seite aber Ihro Königliche Majestät von Preussen betrifft, dieser einzige Umstand bei dem Kaiserlichen Hof der Sache eine ganz andere Gestalt zu geben vermögend gewesen, als jene Reichs-Gesetze und andere Beispiele der vergangenen Zeit es mit sich bringen. Ist das allerhöchste Kaiserliche Amt bei dermaligen Umständen anzuwenden gewesen, so hätte vor allen darin geschehen mögen, der Kaiserin Königin Majestät zu erinnern, von allen mit dem Land-Frieden nicht vereinbarlichen Anstaltungen und Zubereitungen abzustehen, zu ruhestörerischen, gefährlichen Ausbrüchen nicht den ersten Anlass zu geben.

Dass Ihro Königl. Majestät in Preussen in gegenwärtigen Fall nicht derjenige höchste Theil sein, der einen Reichs-Mitstand, dem Land-Frieden zuwider, wegen eines vermeinten Anspruchs mit Gewalt zu überziehen, zu bekriegen und zu befehden gesucht, als worinnen die bekannte Erfordernisse eines Land-Friedensbruchs bestehen, davon scheinen Höchstdieselben das Publicum schon dergestalt überzeuget zu haben, dass der Kaiserl. Königl. Hof zu Wien das Gegentheil noch bis diese Stunde wahr zu machen und von denen Ursachen besagtes Publicum noch bis diese Stunde zu überführen hat, warum derselbe, wann es ihme um Friede und Ruhe zu thun gewesen, eine so leicht zu ertheilen gestandene positive Erklärung, Ihro Königliche Majestät in Preussen weder in diesem noch künftigem Jahre angreifen zu wollen, und wodurch Teutschland von seiner jetzigen Bekümmernisse, ein gefährliches Kriegs-Feuer in seinen Grenzen aufgehen zu sehen, frei geblieben wäre, von sich zu geben Anstand genommen.

So wenig nun aber ohne Verletzung des Land-Friedens und anderer darauf gegründeter Reichs-Satzungen denen Ständen des Reichs frei und erlaubt ist, anstatt den Weg Rechtens zu gehen, durch den Weg der Gewalt und Waffen ihre Anforderungen gegen einander auszuführen und geltend zu machen, eben so wenig ist hingegen für unerlaubt anzusehen, Gewalt mit Gegen-Gewalt abzutreiben, und es würde das denen Churfürsten und Ständen es Reichs zustehende Jus armorum ein non ens sein, wenn die nöthige Defension und Abwendung gefährlicher Anschläge wider Land und Leute wollte erwehret werden. Vielmehr werden in dem Reichs-Abschiede de Anno 1555. die Churfürsten und Stände ermahnet, sich in solche Verfassung und Bereitschaft zu setzen, um bei einem Ueberfall sich selbst helfen zu können.

Gleichwie nun aber sobald von dem einen Mit-Stande des Reichs, anstatt den gesetzmässigen Weg des Reichs einzuschlagen, zur Gewalt der Waffen, und also zu denen nur in einem freien und natürlichen Zustand eruhten Mitteln gegriffen wird, auch der gegentheilige Mit-Stand in diesen Rechten und sogenannten Statum naturalem auf gleiche Weise zurücktritt, folglich zu allem dem berechtigt wird, was Natur- und Völkerrecht und die dem allgemeinen Völker-Gebrauch bekannte Krieges-Regel und sogenannte Raison de guerre mit sich bringen: Also muss auch hieraus dasjenige billig urtheilet werden, wozu Ihro Königl. Majestät in Preussen Sich entschlossen, und will man sich aller voreiligen Beurtheilung, warum Höchstdieselben gegen Höchstes Churhaus Sachsen Sich eben so, wie geschehen, hero betragen, und nicht in den anfangs angebotenen Neutralitäts-Tractat so völlige Sicherheit und Beruhigung gefunden, hier um so mehr entten, als der Schlüssel hierzu nicht anders als in denen Geheimnissen und Zweckungen des Cabinets zu finden sein will. Nur zu einigem Beweis, da unter andern von dem Churhaus Sachsen selbst, und zwar bei Gelegenheit der in dem ehemaligen nordischen Krieg von demselben vorgenommenen Besetzung der Stadt Friedland in dem Mecklenburgischen, welches erzugthum gleichwohl an dem damaligen Krieg keinen Theil genommen, ganz ungleiche Grundsätze von der schon angeführten Raison de guerre geäusset, will man sich auf das chursächsische Gesandschafts-Memorial dahier ziehen, welches den 20sten Octobr. Anno 1712. zur öffentlichen Reichsdictatur gebracht worden, und worinnen man sich wegen gemeldeter Besetzung ausdrücklich dahin vernehmen lassen:

> Dass man also bei diesen Umständen, auch wider seinen Willen, da man das Mecklenburgische gerne in allen Wegen verschonet wissen mögen, der Raison de guerre folgen müssen etc. etc.

So betrübt nun aber freilich dergleichen Kriegsfolgen und Würkungen, wodurch auch öfters die Dritten Lande, wie dermalen die chursächsischen, betroffen werden, an und für sich sind, und so eine Reichs-Oberhauptliche Pflicht und Obliegenheit es eben daher bleibet, solche gewaltthätige Ausbrüche zwischen Ständen des Reichs in ihrer ersten Brut ersticken zu suchen, so wenig mag bei einem würklich erfolgten Ausbruch, was zumal von einem in einen nach allen Reichs-Grund-Gesetzen erlaubten Bello defensivo gegen seinen Mit-Stand stehenden Theil, auch in einem dritten Land aus einer gewissen Kriegs-Nothwendigkeit und gegründeten Raison de guerre geschiehet, demselben so sehr nicht zur Last und Schuld geleget, oder solches sogleich vor einen Land-Friedens-Bruch und reichsfeindliches Unternehmen angesehen und beurtheilet werden.

Woferne man aber das jetzt angeführte auf einige Zeit bei Seite setzen wollte, und das Königl. Preussische Unternehmen würklich als einen Land-Friedens-Bruch und reichsfeindliches Betragen anzusehen und zu behandeln; folglich gegen Sr. Königl. Majestät mit der in denen Reichs-Gesetzen hierauf gesetzten Schärfe und mit denen in ofterwähnten Kaiserl. Hof-Decret enthaltenen Verordnungen zu verfahren wäre; so verdienet jedoch die Aufmerksamkeit und Nachdenken des ganzen Reichs und aller dessen Stände, dass ein ganz einseitiges Erkenntniss Ihro Kaiserl. Majestät und dessen Reichs-Hofrath hierunter für genung angesehen worden, und sämtliche Reichs-Stände und Kreise nur dasjenige zu vollstrecken haben sollen, was jener Erkenntniss gemäss ist, und dass also diejenige Mit-Erkenntniss des ganzen Reichs und seiner Stände völlig hintangesetzet und ausser Acht gelassen worden, welche gleichwohlen, absonderlich in denen neuerlichen Reichs-Verordnungen, nämlich in denen letzteren Kaiserl. Wahl-Capitulationen, so klar und deutlich erfordert und ausbedungen ist.

So viel den Land-Friedens-Bruch betrifft, so ist zwar an demo, dass die Klagen über denselben auch wider einen Stand des Reichs an ein Höchstes Reichs-Gericht gebracht werden mögen. Sobald es hingegen nachhero auf die Beurtheilung und würkliche Erkenntniss, ob solcher Land-Friedens-Bruch begangen worden, folglich hiernach das weitere Verfahren abzumessen sei, ankommt, ist die Sache ohnumgänglich an das versammlete Reich gehörig, und, um mit denen Worten des Gesetzen zu reden, das Urthel allda zu vergleichen.

Dass hierunter nicht die mindeste einseitige Befugniss Kaiserl. Majestät und Dero Reichs-Hofrath zustehe, wird hoffentlich niemand, welcher des Art. XX. derer neuern Wahl-Capitulationen eingesehen und dabei weiss und erwäget, was für Bestrafung ein würklicher Land-Friedens-Bruch nach sich ziehen soll, in Abrede zu stellen gemeinet sein.

Eben so wenig will auch mit denen Gesetzen und dem Herkommen auch sonstigen Verfassungen des Reichs, mithin auch nicht mit denen gegründeten Rechten aller Stände des Reichs bestehen, wann Kaiserl. Majestät abermals ganz einseitig, und ohne das gesamte Reich vorhero darüber zu vernehmen, Ihro Königl. Majestät in Preussen als einen würklichen Reichs-Feind behandeln, und bereits wider Höchstdieselben, theils durch Aufbot des ganzen Reichs und sämtlicher Kreise, theils durch die schärfsten Avocatorien an Deroselben Kriegsvölker, auf eine solche Art herfürgeschritten, wiewohl zu keiner Zeit anders als gegen würkliche, vom Kaiser und Reich erkannte und declarirte Reichs-Feinde geschehen, und wovon die Geschichte, wenig-

etwas seit derjenigen Zeit, als die Comitial-Rechte derer Stände ratione derer
Mit-Erkenntniss und Mit-Berathschlagungen in denen das allgemeine Wohl
und Sicherheit des Reichs betreffenden Sache etwas mehr befestiget sind,
kein Beispiel geben werde, dass hierbei sogar alles vorgängige Ermessen
des Reichs und seiner Stände wäre bei Seite gesetzet, alles bloss nach
dem Gutbefinden eines teutschen Kaisers behandelt, auch überhaupt eine
solche Schärfe, wie dermalen, in ähnlichen Fällen jemalen wäre beobachtet
worden.

Wie stark aber aus allen diesen das eigentliche und besondere Interesse des
Kaiserl. Wienerischen Hofes hervorleuchte, und wie um solches desto leichter
und geschwinder dermalen zu befördern, über Verordnungen und Verfassungen
hinauf zu gehen für rathsam befunden worden, wird keiner umständigen Anmerkungen hier bedürfen, wohl aber eine desto grössere Aufmerksamkeit
und Vorsichtigkeit der Stände des Reichs verdienen.

Als im Jahr 1734 der bekannte Reichs-Krieg wider die Krone Frankreich beschlossen worden, ist in das de dato 14. April besagten Jahres erstattete Reichs-Gutachten unter andern folgendes mit eingerücket:

Da auch einige auswärtige Potenzen, oder auch Chur-Fürsten, Fürsten und Stände des Reichs, bei währendem Krieg, um eine etwaige
Diversion zu machen, damit des Reichs Kräfte zu schwächen und dessen
gerechtes Vorhaben zu hindern, oder aus Ursache und unter
was vor Schein es immer sein möchte, einen andern Chur-Fürsten,
Fürsten und Stand des Reichs und derer Länder überzöge, überfiele,
oder beunruhigte, der und diejenige sollen gleichmässig pro hostibus
Imperii ipso facto erkläret, und so lange dafür gehalten sein, bis
das Abgenommene also gleich cum omni causa restituiret.

Was allhier vor Umstände vorausgesetzet, um wegen Uberziehung eines
andern sogleich pro hoste Imperii angesehen und behandelt zu werden, redet
er Buchstabe, und wie viel hiervon der jetzige Fall, man mag auf das Königl.
Preussische Verhalten in Ansehung der churSächsischen Lande oder auf
se Veranstalten gegen die churböhmischen Lande das Augenmerk richten,
[z]u unterscheiden, und also auch ganz anders dieser zu beurtheilen sei, wird
[m]an aus demjenigen erkennen müssen, was allbereit vorhero, theils von einer,
[vo]n einem angefangenen Krieg öfters verknüpften und in den Kriegs- und
[Klu]gheits-Regeln gegründeten Nothwendigkeit, theils auch, so viel nämlich die
ursächsischen Lande betrifft, von der Rechtmässigkeit eines Belli defen-
[siv]i auch zwischen Ständen des Reichs hinlänglich angeführet worden.

Belangend aber diejenige Vorstellung mehr angezogenen Hof-Decrets,
[we]lche darinnen [gegen die] von einem bei dermaligen Königl. Preussischen
[Un]ternehmen der Sicherheit des Reichs und seiner Stände bevorstehende Ge-
[fah]r besorgen, so mag auch diese Beschaffenheit, wenn man selbige gleich
[erb]lich für bekannt annehmen wollte, dasjenige so wenig rechtfertigen, was
[Ka]iserl. Majestät hierüber einseitig und [ohne] das Mit-Ermessen des Reichs
[-Ver]falls abzuwarten, zu beschliessen und anzuordnen gut befunden.

Allerhöchstdieselbe sind ausdrücklich in allen Sachen, welche des Reichs
[Sich]erheit und publicam salutem betreffen, auch sogar alsdenn, wenn die
[Sac]he schon einige Beschleunigung erforderte, an die reichsständische Bei-
[sti]mmung, zumalen wo das Reich, wie dermalen, versammlet, in der be-
[sch]wornen Wahl-Capitulation Art. VI. §. 2. so deutlich und fest gebunden,
[dass] darwider sich dermalen nichts sagen und einwenden lässt.

Patriotische Gedanken.

Wie sehr unter andern bei dem schon erwähnten Kriegsfeuer die Sicherheit des Reichs und vieler neutraler Stände desselben in Gefahr gestanden, und wie es dabei keineswegs an solchen Ereignissen gefehlet, die denen gegenwärtigen Begebenheiten ziemlich gleich kommen, da unter andern das neutrale holsteinische Haus Gottorp das Unglück betroffen, dass dessen Lande auf geraume Zeit von dem Königl. Haus Dänemark occupirt und in Besitz genommen worden, und wie hierbei, und auch die hierüber an Kaiserl. Majestät und das Reich gekommene Beschwerden gleichwohl ganz andern als dermalen, und theils mit solcher Schärfe, theils auch nicht ohne vorgängige Reichs-Berathschlagungen zu Werk gegangen worden, davon können die dermaligen Reichs-Tag-Handlungen den weitern Beweis geben.

Um aber auf diejenigen Avocatoria besonders noch zu kommen, welche Kaiserl. Majestät dermalen an alle unter des Reichs Botmässigkeit gesessene oder gebürtige Königl. Preussische Kriegsvölker unter Androhung der auf Leib, Gut und Ehre verordneten Strafen ergehen lassen, und welche insonderheit auch auf die in gemeldeten Kriegsdienste stehende reichsritterschaftliche Mitglieder mit besondern Nachdruck und unter angedroheten gleichen sehr schweren Strafen erstrecket worden, so ist dabei zu bemerken, dass dergleichen Abberufungs-Gebote niemalen anders als gegen offenbare und würklich erklärte Reichs-Feinde, theils auch und wenigstens nicht ohne vorherige Wissenschaft und Gutbefinden sämtlicher Stände des Reichs erlassen worden, mithin, da alles dieses dermalen ausser Acht gelassen, hierinnen abermals etwas ganz anders geschehen sei, als was Gesetz und Ordnung im Reich erfordern und mit sich bringen.

Was allbereit in dem Reichs-Abschiede de Anno 1641. §. 82. et 83. bei dergleichen damals beliebten Mandatis avocatoriis zum Grund genommen worden, und wie hierzu auch das Ermessen und Einstimmung sämtlicher Stände gekommen, solches ergiebet dieser Reichs-Abschied deutlich genug.

Als ferner im Jahr 1675. von damaligen Kaiser Leopold wegen eines von der Krone Schweden zu der Zeit unternommenen feindlichen Ueberzugs der churbrandenburgischen, märkischen und pommerischen Lande eben dergleichen Mandatum avocatorium an die Königl. Schwedischen Kriegsvölker erlassen worden, ist solches ebenfalls nicht anders, als auf zwei vorhero abgefasste Reichs-Conclusa, auch mit ausdrücklicher darinnen befindlicher Erwähnung der an Kaiserlicher Majestät von dem Reich hier übergangenen Erinnerungen und Anlangens geschehen.

Eben so wenig kann auch von ganz neuerer Zeit unbekannt sein, dass, da im Jahr 1734. bei damaligen reichskundigen Umständen und ausgebrochenen Reichs-Krieg an die in Königl. Französischen und des Königs von Sardinien, als Herzog von Savoyen, Diensten gestandenen Kriegsleute Avocatoria zu erlassen nöthig gefunden worden, hierüber abermals bei dem gesamten Reich dessen Meinung an Kaiserl. Majestät, und zwar mittelst Reichs-Gutachtens vom 26. Febr. besagten Jahrs, ausdrücklich zu erkennen gegeben worden. Wie nun also dieses nach dermaliger Absicht genug sein mag, und daraus zu erkennen, was maassen in gegenwärtigen Ihro Königl. Majestät in Preussen betreffenden Fall, wenn man auch die Sache an sich selbst an ihren Ort gestellet sein lassen wil, gleichwohl durch die Art und Weise und einseitiges Ermessen und Behandeln also aus vorliegendem Kaiserl. Hof-Decret zu vernehmen, Gesetze, Herkommen und Ordnungen im

Reich, nebst denen darauf gegründeten Rechten und Befugnissen aller Stände, viel zu weit bei Seite gesetzt, und letzterer viel zu nahe zu eben einer solchen Zeit getreten worden, da wegen einer sämtlicher Stände Freiheit und Rechten, auch der ganzen Reichs-Verfassung anderer Seits bevorstehen sollenden Gefahr der Unterdrückung und Umsturzes das ganze Reich in Harnisch und Rüstung sich setzen sollte, als wird solches ohnmöglich ohne Aufmerksamkeit und standhaften Bedacht Allerhöchst und Hohen Reichs-Stände bleiben können.

XXXI.

Beantwortung des Gegen-Promemoria.
Regensburg 30. October 1756.

Als Antwort auf die Beschuldigungen des preussischen Promemorias vom 4. October*) gegen die dresdener Politik erschien bereits nach vier Tagen ein „Gegen-Promemoria der Chur-Sächsischen Gesandtschaft die K. Pr. Anmaassungen und Proceduren in Sachsen betreffend"**). Als Verfasser nannte sich der unterzeichnete Comitialgesandte Hans George von Ponickau, einer der regsamsten und erbittertsten Gegner Friedrichs. Wahrscheinlich hatten ihm aber die kaiserlich-königlichen Vertreter auf dem Reichstage hülfreiche Hand dabei geliehen***); an mehreren Stellen wenigstens erinnern Stil und Art des Ausdrucks an die österreichische Kanzlei.

Die „friedliebendsten Gesinnungen" des sächsischen Herrschers wurden der preussischen Gewaltthätigkeit gegenübergestellt, die sich nicht entblödet hätte,

„in ganz ungeziemenden Ausdrücken Ihro Königl. Majestät in Polen die nur ersinnlichste gegen Ihro Königl. Majestät in Preussen und Dero Königl. Haus hegende gehässigste und schädlichste Absichten schlechtweg beimlegen, ohne mindesten anderen Beweis hiermit hinzuzufügen, als die Zusicherung, solches alles dereinsten dem Publico mit unverwerflichen Zeugnissen vor Augen legen zu wollen †)."

*) Vergl. Nr. XXI S. 201.
**) Regensburg, 8. October 1756. Abgedruckt bei Faber, Staatskanzlei III, 462; Danziger Beiträge 1, 461 und Kriegskanzlei 1756, Nr. 31, S. 178.
***) Vergl. S. 184. 193.
†) Das Gegen-Promemoria führt weiter fort: „In Ansehung der desfalls, dem Anführen nach, Ihro Königl. Majestät in Preussen schon vor Jahr und

Beantwortung des Gegen-Promemoria.

Es läge im eigensten Interesse der Reichsmitstände, angesichts eines so unerhörten Bruchs der Reichsgesetze und des Völkerrechts „zu allen diesfallsigen nöthigen Rettungsentschliessungen unverlängt zu eilen" und dadurch „die alsbaldige Restitution derer chursächsischen Lande, Indemnisation und Genugthuung" zu erwirken.

Plotho hielt dies kleine Anschreiben wegen seines dürftigen, aus Wiederholungen zusammengesetzten Inhalts keiner Widerlegung für werth*); die treffendste Entgegnung, meinte er, wäre die schleunige Veröffentlichung der geheimen österreichischen und sächsischen Anschläge**).

Obwohl zur Zeit des Empfanges dieser Depesche bereits die beiden Mémoires erschienen waren, die auf Grund von Originalacten die feindselige Gesinnung der Höfe von Wien und Dresden klar darlegten***), entschied sich das berliner Auswärtige Departement doch zu einer besonderen Antwort auf Ponickaus Promemoria. Die Cabinetsminister standen noch unter dem Eindrucke jenes scharfen Verweises, den ihnen Friedrich für die verzögerte Veröffentlichung des Mémoire raisonné ertheilt hatte†). Schon in dem nächsten Erlasse kündigten sie daher dem regensburger Gesandten an††), dass in Berlin eine Erwiderung auf die jüngste sächsische Veröffentlichung verfasst und ihm baldigst zugestellt werden sollte, die im Verein mit den erwähnten Mémoires die verborgenen Unterhandlungen zwischen Oesterreich und dem Churfürstenthum ins rechte Licht rücken würde.

Am 20. October wurde ihm dann die kleine, vom Geheimrath Cölle aufgesetzte Staatsschrift im Manuscript gesandt, mit dem Be-

---

ig zufälliger Weise in die Hände gerathenen authentiquen Piécen begnüget
in sich abermalen, solche blos allegiret zu haben, sondern von deren Inhalt
end etwas bekannt zu machen."

*) Bericht Plotho. Regensburg, 11. October.

**) Der Gesandte fährt weiter fort: „Wie bereits die vorläufige Nachricht
meldt, ... so ist auf heute die Reichsversammlung über diese Sache [den
russischen Einfall in Sachsen. Vergl. S. 190 f.] angesaget. Es ist illegal
und reichsverfassungswidrig, dass, wie die Ferien per Conclusum und mit Bewilligung derer Stände des Reichs durch dero Gesandtschaften gemachet
worden, das churmainzische Directorium sich anmassen wollen, ohne vorige Verabredung und Mitbewilligung derer Reichstagsgesandtschaften einige die Ferien aufzuheben und abzukürzen. Daher um alle Schritte einer
galität heute darzuthun, nicht zu Rathe fahren werde, und wozu auch
evangelische Gesandtschaften disponiret; dem churmainzischen Gesandten
r, dem von Linker, werde die billige Beschwerde darüber zu sagen heute
a Gelegenheit nehmen."

***) Nr. XXV und XXVI Seite 318 und 390.

†) Vergl. S. 325 f.

††) Nachschrift zum Erlasse an Plotho vom 16. October.

fehle, „*solche auf die dort gewöhnliche Art zum Abdruck zu befördern und deren Distribution zu besorgen*".

Plotho unterzeichnete nach Ponickaus Vorgang die Beantwortung mit seinem Namen und datirte sie vom 30. October, wahrscheinlich dem Tage, an welchem der Druck beendigt worden war. Am 1. November meldete er, dass das Mémoire schon „*ad aedes distribuiret*" worden wäre*).

Der regensburger Druck trägt den Titel:

Beantwortung | des | Gegen-Pro Memoria.

fo. 4 S.

Ausführlicher ist ein anderer Druck bezeichnet:

Beantwortung | des | Gegen- | Pro-Memoria | des Chur-Brandenburgischen Gesandten | Herrn | Erich Christoph Freyherrn von Plotho, | auf das | Chur-Sächßische Pro-Memoria. Uebergeben den 30. Oct. 1756.

4°. 2 Bl.

Eine österreichische Ausgabe ist benannt:

Gegen-Pro-Memoria | welches | der Chur-Sächsische Comitial-Gesandte | Herr | Johann George von Ponickau | auf dem allgemeinen Reichs-Tag | den 8. Octobris 1756. | durch öffentlichen Druck bekannt machen lassen. | Nebst der | Beantwortung | des | Gegen-Pro-Memoria des Chur-Brandenburgischen Gesandten | Herrn | Erich Christoph Freyherrn von Plotho. | Uebergeben den 30. Oct. 1756. | Nach dem Regenspurger Exemplar. | Wien und Prag, | Zu finden in denen Trattnerischen Buchhandlungen.

4°. 4 Bl.

Abgedruckt ist die Schrift bei Faber 112, S. 353 f. und in der Kriegskanzlei 1756, Nr. 45, S. 262. Wir geben sie nach Vettes Concept wieder.

Beantwortung des Gegen-Promemoria.

Das von der Chur-Sächsischen Comitialgesandtschaft am 8. dieses datirte sogenannte Gegen-Promemoria wegen der von Sr. Königl. Majestät in Preussen genommenen und zu Dero eigener Sicherheit ohnumgänglich erfoderten Entschliessung, mit einem Theil Dero Armee in die Chur-Sächsische Lande einzurücken, scheinet zwar der Rubrique nach dem am 4. dieses Königlich Preussisch- und Chur-Brandenburgischer Seits bekannt gemachten Promemoria entgegengesetzt zu sein; wann man aber dasselbe von Anfang bis zu Ende

---

*) Nachschrift zum Berichte Plothos vom 1. November.

einsiehet, so gleichet es so wenig einer Widerlegung, als es höchstens vor nichts anders als eine Wiederholung der vorigen anmaasslichen Crisilleryen anzusehen ist. Dieren hat man in vorgedachtem Königlich Preussisch- und Chur-Brandenburgischer Seits distribuirten Promemoria bereits hinlänglich begegnet, es sind auch darinnen die wichtigste in dem Natur- und Völkerrecht vollenkommen gegründete Motive, so Sc. Königl. Majestät in Preussen zu solcher Veranlassung genöthiget, vorläufig und gründlich gezeiget worden, so dass man das Publicum mit deren Wiederholung nicht beschwerlich fallen, vielmehr diesaam acceptiren will, dass man Chur-Sächsischer Seits die Rechtsbeständigkeit jener Königlich Preussischen an sich wohl fundirten Ursachen nicht entkräften können, sondern stillschweigend einräumen, hergegen aber eine desto grössere Ungedult bezeugen wollen, dass die dem Publico vorzulegen versicherte authentique und unverwerfliche Zeugnisse von denen gefährliche- und schädlichsten Absichten des Chur-Sächsischen Hofes gegen Sc. Königl. Majestät in Preussen noch nicht zum Vorschein gekommen wären. Da aber solchen Verlangen nunmehro abgeholfen und dieses alles unter der Rubrique: „Mémoire raisonné sur la conduite des Cours de Vienne et de Saxe et sur leurs desseins dangereux contre Sa Majesté le Roi de Prusse, avec les Pièces originales et justificatives etc.", zum Druck befordert und überall, auch auf hiesigem Reichstag, bekannt gemacht worden, so kann man sich Königlich Preussischer Seits damit begnügen, das unpartheiische Publicum auf solche Piècen zu verweisen, in der festen Zuversicht, es werde dasselbe daraus sattsam überzeuget sein, dass vorhin nichts avanciret, sondern hiedurch alles mehr als hinlänglich bewiesen und der Chur-Sächsische Hof völlig convinciret worden sein. Eben diese Urkunden werden deutlich bewahren, dass man keineswegs Königlich Preussisch- und Chur-Brandenburgischer, sondern Chur-Sächsischer Seits die Untergrabung und Durchlöcherung des dresdenschen Friedens sogleich nach dessen Schliessung auf alle nur ersinnliche Art und Weise zu befördern gesuchet und deshalb weder Kunstgriffe noch Intriguen und Mühe gesparet, sich aber dadurch den unauslöschlichen Schandflecken der grössesten Undankbarkeit vor der ganzen Welt angezogen habe, als welcher unverborgen und in frischem Andenken ist, mit was vor Grossmuth und Générosité Sc. Königl. Majestät in Preussen bei dem dresdenschen Frieden Sich gegen den Chur-Sächsischen Hof betragen, ob Sie gleich damals die grösseste Avantage in Händen hatten, und Ihro von niemanden würde verdacht sein, wann Sie davon hätten profitiren wollen.

Der übrige Theil des Chur-Sächsischen Promemoria bestehet in denen injuriensesten Anschuldigungen, welche zwar auf das äusserste exaggeriret, aber keineswegs erwiesen sind. Jene unbillige Anzapfungen schiebet man seinem Autori zurück, und verdienen umb so viel weniger einer Beantwortung, als durch das Natur- und Völkerrecht ein jeder die ihm androhende Gefahr und Untergang vorkommen und zu seiner Vertheidigung und Sicherheit alle dienliche Mittel anwenden kann und zu seiner Selbsterhaltung vorkehren muss; und hiernach sind alle Königlich Preussischer Seits in denen Chur-Sächsischen Landen genommene Maassregeln genau abgemessen, und nie ist niemals aus denen Schranken der gerechten Vertheidigung und der vorderlichen Sicherheit geschritten, umb denen gegen Sr. Königl. Majestät in Preussen geschmiedeten gefährlichen Desseins und dem de concert und mit Hülfe des dresdenschen Hofes Ihro bedroheten und auf dem Ausbruch genadenen feindlichen Anfall so gut als möglich vorzukommen.

Se. Königl. Majestät in Preussen haben es hauptsächlich mit einem Feind zu thun, der wie Sie eine souveraine Macht ist, und da der Chur-Sächsische Hof sich mit derselben gegen Se. Königl. Majestät einverstehet und gegen Sie in die gefährlichste Conspiration sich einlässet, so wird derselbe das daraus entstehende Ungemach dem wienerischen Hof und seinen eigenen Rathgebern allein beizumessen haben.

So viel die unerfindliche und sehr exaggerirte Imputationes betrifft, solche scheinen aus eben der unreinen und suspecten Quelle hergeflossen zu sein, aus welcher das von dem Chur-Sächsischen Residenten im Haag übergebene und überall divulgirte Promemoria originiret; da aber solches von dem Königlich Preussischen alldort anwesenden Ministro durch eine hinlängliche Antwort abgefertiget*) und dieses in jedermanns Händen ist, so will man sich Kürze halber darauf beziehen.

Die Reichs-Constitutiones sind dem Natur- und Völkerrecht nicht entgegen, vielmehr darauf gebauet: so wenig sie jemanden auctorisiren, gegen feierliche Friedenschlüsse heim- oder öffentlich anzugehen und gefährliche Anschläge gegen eines Dritten Land und Leute zu machiniren, so wenig improbiren dieselbe die nothgedrungene Vertheidigung gegen alle Anfälle, erlauben hergegen bekannter Maassen, dass sich ein Jeder bei dem Seinigen, so gut er kann, schützen und zu seiner Sicherheit die nöthige Maassregeln ergreifen könne.

Se. Königl. Majestät in Preussen versehen Sich dahero zu Dero Höchst- und Hohen Reichsmitständen, sie werden nunmehro völlig überzeuget sein, dass nicht Sie, sondern der Chur-Sächsische Hof es seie, welcher gegen den Inhalt der feierlichsten Friedenschlüsse anzugehen sich kein Gewissen gemachet und Allerhöchstderoselben den gefährlichsten Streich zu versetzen und Ihren Untergang zu befördern intendiret habe; folglich auf denselben die Ihro zur Ungebühr angedichtete feindliche Agression lediglich zurückfallen müsse, Allerhöchstderoselben aber wohl nicht verdacht werden könne, diejenige Vertheidigungsmittel zu ergreifen, welche Sie Sich Selbst, Ihren Landen und Unterthanen schuldig sein; und wie solchergestalt von Seiten des Chur-Sächsischen Hofes so vergeblich als widerrechtlich die Hülfe und Beistand des gesamten Reichs nachgesuchet wird, so versprechen Sich solche vielmehr Se. Königl. Majestät in Preussen, und dieses umh desto zuversichtlicher, da Dero Höchst- und Hohe Mitstände Ihro diejenige Lande feierlichst garantiret haben, welche von Seiten des wiener- und des mit ihm unter einer Decke liegenden Chur-Sächsischen Hofes Ihro mit Gewalt und unversehenen Überfall entrissen werden wollen, und welchen Sie durch die vorgekehrte Rettungsmittel zuvorzukommen Sich nothgedrungen entschliessen müssen.

Regensburg, den 30. October 1756.

Erich Christoph Freiherr von Plotho.

*) Vergl. Nr. XXIII S. 230.

XXXII.

Kurtze Abfertigung der sogenannten Beantwortung des Wienerschen Hofes auf das Königlich Preussische Manifest. Berlin, 1756.

Die erste grössere Staatsschrift mit der Oesterreich im siebenjährigen Krieg auf den Plan trat war die „Beantwortung des unter dem Titul: Ursachen, welche Sr. Königl. Majestät in Preussen bewogen, sich wider die Absichten des Wienerischen Hofes zu setzen und deren Ausführung vorzukommen, kund gewordenen Kriegs-Manifests" *). Wir müssen einige Zeit bei dieser Schrift verweilen, da sie ähnlich wie das Exposé auf preussischer Seite**) die leitenden Ideen der meisten österreichischen Staatsschriften während der ersten Kriegsjahre in der Kürze wiedergiebt.

Eine systematische Widerlegung der gegnerischen Beschuldigungen findet hier ebenso wenig wie in späteren Auslassungen statt: Anklagen werden mit Anklagen zurückgewiesen.

Die Argumente des Exposé für die Kriegslust der Hofburg, „leere, sich selbst widersprechende Worte", werden einer ausführlichen Erörterung um so weniger für werth erachtet, als sämtliche Gründe 'er Preussen zur Rechtfertigung ihres Friedensbruchs „auch durch 'ie handgreiflichsten Erdichtungen sich nicht einmal scheinbar machen ıssen".

Als Gegensatz zu der lauteren Politik und „der jederzeit bebachteten Wahrheitsliebe des wiener Hofes" sollen die geheimen An-:hläge des potsdamer Cabinets an das Licht gezogen werden,

*) Vergl. S. 140 f.
**) Vergl. S. 211.

„welche auf Bestechung beeidigter Diener, Aufwiegelung fremder Unterthanen, Unterdrückung angesehener Reichsmitstände, Aufwärmung nichtiger Rechtsansprüche auf ganze Provinzen, ja auf Anspinnung derer weit aussehendsten Rebellionen in grossen Reichen gerichtet seind."

Wie konnte sich die Kaiserin-Königin solchem Gegner gegenüber zu „einer niederträchtigen Erklärung über den in Mitten des Friedens angetragenen zweijährigen Waffenstillstand" herbeilassen? Ware es doch nicht das erste Mal, dass Friedrich Verträge „widersinnig" auslege und

„das gerade Gegentheil von dem, wozu er sich förmlich verbindet oder was er auf sein königlich Wort versichert, alsdann in Absicht führe, wann er seinen geheimen Anschlägen dadurch eine vortheilhafte Erleichterung zu schaffen vermöchte."

Nicht Oesterreich sei der Feind der deutschen Libertät, wie in den preussischen Staatsschriften mit gewaltsam herbeigeholten Gründen und Beispielen aus den längst verflossenen Tagen Ferdinands II. bewiesen werden solle. Oder wann hätte das Erzhaus gleich seinem Ankläger

„die ersten Reichsgrundgesetze in den vordersten Reichsgliedern gewaltsam verletzt, sich fremder Reichslanden blos ihrer Lage und der eigennützigen Anständigkeit halber bemächtigt, eine ganze königliche Familie unter treulosen Freundschaftsversicherungen mit denen äussersten Drangsalen verfolgt, den allgemeinen Ruhe- und Friedensstand von Deutschland von freien Stücken gestört, den Reichsmitständischen Nachbarn wegen seiner zubereitender Gegenwehr feindlich überfallen, dem gesamten Reiche eigenwillige Sätze wider dessen hergebrachte Verfassung aufgedrungen, zu jedermanns Beschwerde eine unerlaubte Menschenräuberei ausgeübet, die ihm darin begegnete Anstände mit unerhörten Thätlichkeiten gerochen*) und endlich durch Unterdrückung aller mindermächtigen Stände einen fürchterlichen Despotismus in ganz Deutschland eingeführt?"

Durch die hochherzige und selbstlose Beschirmung der deutschen Reichsfreiheiten habe die Hofburg gerade die Wuth und Rachgier des Preussenkönigs auf sich gezogen. Unaufhörlich habe er, der nun „vermessentlich" Gott zum Zeugen seiner Friedfertigkeit anrufe,

„seit dem dresdener Frieden andere Mächte angefrischet, ja gleichsam beschworen, dass sie die von ihm angezeigte und als vortheilhaft erhobene Gelegenheit ja nicht ausser Acht lassen möchten,

---

*) Vergl. S. 9 und 19.

um mit und nebst ihm das Erzhaus von Oesterreich zu bekriegen und, nach seiner gewohnten Redensart, zu écrasiren."

Deswegen hätte er sich auch so emphatisch des von niemand verfolgten Protestantismus angenommen*):

„wo doch die Vernünftigen von dieser Religion selbst innerlich überzeugt seind, dass, wann es blos und wahrhaft auf die Erhaltung der Religion ankomme, und dem königlichen Churhause Brandenburg weiter kein Nebennutzen dadurch zuwachsen könnte, der heutige König in Preussen sich wohl gross bedenken würde, auch nur einen einzigen Mann von seiner Kriegsmacht dafür zum Opfer herzugeben."

Soeben habe dieser Hort des Evangeliums in Sachsen „tausende seiner Glaubensgenossen ihrer Habseligkeiten und Freiheiten beraubt".

Nicht also der Sorge um das Bekenntniss oder der hoch angepriesenen reichspatriotischen Gesinnung verdanke der Vertrag von Westminster seine Entstehung, sondern „Preussens übertriebener Politik und listigen Absicht sich zu gleicher Zeit bei Frankreich und England verdienstlich zu machen, dabei aber das Erzhaus von Oesterreich in einer beständigen Verlegenheit zu halten".

Der König gestehe selbst ein „und zwar in diesem Stücke mit allem Wahrheitsgrunde", den Krieg angefangen zu haben. Allerdings suche er die unbequeme Thatsache mit dialectischen Künsten zu verschleiern, aber

„die Supposita, wodurch er solche zu beschönigen vermeinet, beruhen auf ebenso unläugbaren Erdichtungen. Die Mittel, deren er sich bedient, um das von ihm angesponnene Kriegsunheil vorgeblich abzuwenden, waren nur gesuchte Ausflüchte und der aufrichtigen Friedfertigkeit gelegte Fallstricke. Der preussische Vorsatz, an dem Erzhaus Oesterreich zum vierten Male friedbrüchig zu werden, ist von weit älterem Dato, als er dem Publico zur Einsicht gelangen möge. Die Verletzung des geheiligten Gesandtenrechts durch die Bestechung und hernachmalige Verhehlung des förmlich reclamirten Secretarii des Grafen von Puebla und mehr andere unerlaubte Unterbauungen hatten keinen anderen Endzweck. Und da dem König zuletzt die so gerecht- als friedliebende Einverständniss zwischen Ihro Majestät der Kaiserin-Königin und des allerchristlichsten Königs Majestät den garnicht zu verschwerzenden Strich durch seine grosse Rechnung gemacht ...., so wurden auf einmal alle geheiligten Banden der menschlichen Gesellschaft zu schwach

---

*) Vergl. Nr. XXIV S. 204 f.

und unvermögend, um den völligen Ausbruch seiner gewaltsamen
Anschläge länger zurückzuhalten."

Bekanntlich hat Friedrich, der gegen litterarische Angriffe durchaus nicht so unempfindlich war, wie gewöhnlich erzählt wird, der Kaiserin mehrmals während des Krieges Vorstellungen über den Ton der von ihrem Cabinet herausgegebenen Flugschriften machen lassen. Grosse Herrscher, so liess er sich aus, könnten ihre Kämpfe mit dem Degen allein ausfechten und brauchten sich nicht vor aller Welt in Schriften, die auf den Geschmack des Pöbels berechnet wären, zu beschimpfen. Er achtete Anschläge, die wider sein Leben geschmiedet würden, weit geringer als jene Anfälle anonymer Publicisten, die ihm die Ehre abschnitten*).

Seine Klage ist nicht ganz ungerechtfertigt. Schon in der hier betrachteten Beantwortung, die verhältnissmässig noch einem anständigeren Ton anschlägt als viele der nachfolgenden Staatsschriften, wird der König persönlich angegriffen**), ihm schwarze Undankbarkeit vorgeworfen und sogar das Zeugniss seines eigenen Vaters wider ihn aufgerufen***). Den oft wiederholten Beschwerden der Hofburg über die „unziemlichen Ausdrückungen" der preussischen Staatsschriften stehen nicht minder berechtigte des berliner Cabinets gegenüber.

Am 18. October übersandte Plotho die eben in Regensburg erschienene „Beantwortung" dem Auswärtigen Departement. Der Graf Podewils hielt die Schrift, deren „allergehässigste und anzüglichste Expressionen" ihn mit Zorn erfüllten, für so bedeutend, dass er selbst daran ging, in einem längeren Mémoire seine „unvorgreiflichen Gedanken über die zu verfertigende Replik des Gegen-Manifestes des wienerschen Hofes gegen Seine Königl. Majestät" seinem Amtsgenossen Finckenstein zu entwickeln†). Er hielt es für verfehlt, alle Puncte, die von dem Feinde berührt worden waren, der Reihe nach

---

*) (Euvres 4, 104, 180.
**) Vergl. S. 140.
***) „Ausonsten sollte der König in Preussen sich wohl am meisten bedenken, von fremder Dankbarkeit eine Anregung zu machen, nachdem er seine eigene diesfällige Schuldigkeit gegen das Erzhaus von Oesterreich, als den Ursprung seiner Königlichen Würde, schon längstens in einen todtfeindlichen Hass verwandelt und die ehemalige Warnung seines Königlichen Herrn Vaters wahr gemachet hat, was von dessen Gemüthsart der grossmütige Erhalter seines Lebens für diese und mehr andere bekannte Wohlthaten dereinstens in seiner Durchlauchtigsten Abstammung zu gewärtigen habe." —
Ueber diese angebliche Lebensrettung durch die Fürsprache Karls VI. vergl. Koser, Friedrich der Grosse als Kronprinz. S. 69. 241.
†) Berlin, 30. October.

zu widerlegen, da durch die Enthüllungen des Mémoire raisonné*) schon hinlänglich Preussens Recht zu einer Schilderhebung bewiesen wäre. Nach seiner Ansicht sollte die Ungerechtigkeit des wiener Hofes, dessen Auflehnung gegen göttliche und menschliche Satzungen den Kernpunct der preussischen Erwiderung bilden.

Die Vorwürfe der Oesterreicher wären insgesamt ungerecht und fielen auf ihre Urheber zurück. Niemals hätte König Friedrich zur Empörung in den Erbstaaten die Unterthanen der Kaiserin-Königin aufgewiegelt; es wäre denn, dass die Hofburg schon die wohlwollende Unterstützung der gequälten Protestanten**), denen sogar das Recht der freien Auswanderung versagt worden wäre, als „Aufwiegelung fremder Unterthanen" ansähe. Im eigenen Interesse hätte sie besser gethan, garnicht auf confessionelle Fragen einzugehen: hätten doch die Ereignisse bei der Bekehrung des Erbprinzen von Hessen-Kassel genug von den gefährlichen Practiken der habsburgischen Propaganda enthüllt.

Die Uebertreibungen, die Weingartens Bestechung als einen unerhörten Frevel, ja als einen Bruch „des geheiligten Gesandtenrechts" brandmarkten, wies Podewils mit dem ironischen Rathe zurück,

„in den eigenen Busen zu greifen, da fast kein wichtiger und mächtiger Hof in Deutschland zu finden, an welchem der wienersche nicht seine Pensionnaires unter den vornehmsten Dienern zu haben suchete."

Ausser dem hier Skizzirten wäre nur noch auf zwei Puncte der Beantwortung" einzugehen, nämlich auf die Fragen nach dem Beginn und dem Anlass der beiderseitigen Kriegsrüstungen und des vorangegangenen Zollkampfes; „alle übrigen mit der grössten Heftigkeit und vergällten und unter gekrönten Häuptern noch niemalen gewöhnlichen Schreibart angeführten Beschuldigungen" wären bereits im raus von dem Mémoire raisonné Lügen gestraft worden.

Die politische Vorsicht verbot dem preussischen Cabinet, „verschiedene höchst bedenkliche und giftige Pensées" des wiener Hofes, denen auf Frankreich und Russland angespielt wurde, „aus bekannten Ursachen zu relevieren und zu widerlegen"***).

Ein doppelt kräftiger Angriff sollte die Aufmerksamkeit der ... von dieser schwachen Stelle in der preussischen Rüstung ab... Den Habsburgern stünde am wenigsten der Vorwurf der Undankbarkeit gegen das königliche Churhaus an. Brandenburgischem

---

*) Vergl. Nr. XXV S. 318 f.
**) Vergl. S. 244.
***) Vergl. S. 111. 324. 327 f.

Heldenmuthe hätten es die Vorgänger der Kaiserin zum guten Theile zu verdanken, wenn sie Ungarn den Türken abgerungen und das Feld gegen Ludwig XIV. im spanischen Erbfolgekriege behauptet hätten. Trotz aller Aufopferung wäre dem wackeren Bundesgenossen von argwöhnischer Missgunst der wohlverdiente Lohn und die gerechte Anerkennung stets vorenthalten.

Doch wer hätte nicht Grund über die Hofburg zu klagen? In Jedermanns Mund wären Beschwerden über ihre Eingriffe in die Reichssatzungen, ihre Ländergier und tyrannische Herrschsucht. Und diese Macht wollte sich jetzt als Schirmherrin Deutschlands aufwerfen! Im Gefühle reiner Absichten vertraute Preussen, so schliesst Podewils, auf die göttliche Vorsehung und deren Schutz vor allen Widersachern.

Als Beilage, zur Erläuterung des Falles Weingarten, sollte „die dem Grafen de Puebla auf dessen frische Reclamirung gleich anfänglich gegebene ausführliche Resolution in extenso angesetzt werden".

Finckenstein fand bei diesen „gründlichen und soliden Gedanken" fast garnichts zu erinnern. Er schlug noch vor,

„dass, da in denen mehresten gegenseitigen Scriptis der Titul von Majestät ganz geflissentlich ausgelassen worden, ein gleiches auch in dieser Beantwortung zu beobachten, und nur blos und allein der Kaiserin-Königin ohne Beifügung zu erwähnen sei.... Was die anzüglichen Expressiones anbetrifft, deren der wienersche Hof sich in diesem Scripto bedienet, so würde man auch wohl können loco congruo mit einfliessen lassen, dass Se. Königl. Majestät sich zu erniedrigen glauben würden, wann Sie eine solche Schreibart nachahmen und annehmen sollten, so unter den gekrönten Häuptern ungewöhnlich und nur einem solchen Hofe zukäme, welcher in Ermangelung gerechter Ursachen und hinlänglicher Gründe sich mit erdichteten Imputationen und gehässigen Ausdrücken zu contentiren suchet."

Ferner wäre auch noch auf den Umstand hinzuweisen, dass Weingarten erst drei Wochen nach seiner Flucht von dem kaiserlichen Gesandten reclamirt worden wäre.

Der Kriegsrath Müller wurde mit der Ausarbeitung der Staatsschrift betraut. Er hielt sich so genau an dem Entwurfe von Podewils, dass er mehrmals sogar wörtlich ganze Sätze daraus entlehnt hat. Sein deutsches Concept, das bereits den von Podewils gewählten Titel trägt, wurde von den beiden Chefs des Auswärtigen Departements durchgesehen und unterzeichnet.

Schon am 2. November wurde die „Kurze Abfertigung" den preussischen Vertretern im Reiche, in den Vereinigten Provinzen,

Polen, Schweden und Dänemark mit dem Befehle übersandt, „eben den Gebrauch davon zu machen, welcher .... vorhin in Ansehung dergleichen Schriften vorgeschrieben worden" *). *Auch der Präsident des Feldkriegsdirectoriums, der schlesische Provinzialminister und Generalfeldmarschall Lehwaldt sowie die befreundeten Ministerien von Hannover, Baireuth, Ansbach, Wolfenbüttel, Kassel, Gotha, Stuttgart, Bonn und Düsseldorf wurden zur selben Zeit mit einigen Abzügen der Broschüre bedacht.*

Nachdem die französische Uebersetzung eine Woche später erschienen war, wurde sie **) *sämtlichen Gesandten des Königs im Auslande, sowie dem Residenten Ammon zu Köln und dem Legationssecretär Plesmann in Dresden zugestellt.*

Die kleine Schrift wurde in den befreundeten Kreisen mit dem gewohnten Wohlwollen aufgenommen. Die kasseler Geheimräthe schrieben an das Auswärtige Departement ***), *ihr Landgraf hätte den Inhalt des Impressi nach dessen Bündigkeit und Nachdruck mit vielem Vergnügen als Beifall und Ueberzeugung angehöret und vernommen". In Regensburg fand die Beantwortung nach Plothos Bericht* †) *ungemeinen Beifall. „Besonders," meinte er, „wird das, was wegen Wasserburg darin mit angeführet, dem churbaierischen Hofe sehr angenehm sein* ††).*" Auch in der protestantischen Schweiz wurde die Abfertigung eifrig gelesen* †††).

*) Es heisst in dem Erlasse: „Vermuthlich wird der wienersche Hof die sogenannte Beantwortung Unseres Manifests auch unter das dortige Publicum gebracht und durch seine darin ausgesprengte, mit nichts aber zu erweisende harte Beschuldigungen einen und andern gegen Unsere gerechte Sache einzunehmen gesucht haben. Unparteiische Leser aber werden sich durch dergleichen unanständige Vorspiegelungen nicht blenden lassen, und die ganze Welt wird deren Ungrund aus der allhier zum Druck geförderten Abfertigung derselben mit mehrerm anerkennen müssen."

**) 9. November.

***) Kassel, 11. November.

†) Regensburg, 11. November 1756.

††) Wachtendonck schrieb in seinem Dankesbriefe für die Zusendung der Schrift, Mannheim, 12. November, „dass man allhier sehnlichst wünschen thue, dass Gott der Allmächtige die hohe Gemüther derer in gegenwärtigen verwickelten höchsten Theile so lenken möge, damit der liebe Friede bald hergestellt werden könne, und continuirt man hiesiger Orten noch in der tröstlichen Hoffnung zu sein, Ihro Königl. Majestät werden bei er Winterzeiten Mittel und Wege finden, einen dauerhaften Frieden zum des teutschen Vaterlandes verschaffen zu können."

†††) Schreiben Iselius an Podewils. Basel, 4. April 1757.

Die preussischen Feinde nahmen officiell „an den harten Terminis" den meisten Anstoss*).

Die Anzahl der Nachdrucke giebt den besten Maassstab für den Erfolg der Staatsschrift. Schon am 7. November meldete Schlabrendorff, dass er in Breslau die Kurze Abfertigung nachgedruckt hätte und bat um die Zusendung der französischen und lateinischen Uebersetzung zum gleichen Zwecke. Es wurden ihm darauf**) einige Exemplare des französischen Textes geschickt und ihm anheim gestellt, auf eigene Hand, da dem berliner Cabinet dazu die Zeit fehlte, die Schrift ins Lateinische übertragen und veröffentlichen zu lassen.

Auch Plotho hatte, wie gewöhnlich, sofort nach dem Empfange der für ihn bestimmten Hefte einen Neudruck veranlasst, den er in Regensburg vertheilte. Der clevische Regierungspräsident von Königs liess noch im November zu Duisburg die „Abfertigung" auflegen***), um sie in „verschiedenen Städten und Provinzien" zu verbreiten, und Hellen, der preussische Geschäftsträger im Haag, liess sie dort in französischer und holländischer Sprache veröffentlichen.

Die Berliner Originalausgabe trägt folgenden Titel:

Kurtze | Abfertigung | der sogenannten | Beantwortung | des Wienerschen Hofes | auf das | Königlich Preussische | Manifest. | Berlin, 1756.

4°. 16 S.

Als Beilage ist angeheftet:

Antwort | des | Königl. Preuss†) Cabinets-Ministerii, | auf das, | von dem Römisch-Kayserl. und Königl. Ungar und Böhmischen General-Feldmarschall-Lieutenant und | Bevollmächtigtem Minister, | Grafen von Puebla, | unter dem 15ten Junii eingereichtes | Pro Memoria, | die Ausfündigmachung, Inhaftirung und Auslieferung | des von der | Kayserl. Königlichen Gesandtschaft ! entwichenen | Secretarii von Weingarten | des jüngeren betreffend. | d. d. Berlin den 24ten Junii 1756.

4°. 4 Bl.

Die Broschüre ist in Berlin bei Henning gedruckt worden.

---

*) Bericht Plothos. Regensburg, 15. November 1756: „Gewiss ist es, dass die Kurze Abfertigung die kaiserlichen Ministros und deren Anhänger nicht wenig beisset, und daher auf alle Art von Rache wird gedacht werden; hingegen findet das Impressum bei allen andern den grössten Beifall."

**) Erlass vom 12. November.

***) Bericht an das Departement der Auswärtigen Affairen, 26. November.

†) sic!

Aus derselben Officin gingen noch zwei Auflagen hervor, die den Verlagsort auf dem Titelblatte nennen.

Die Typen und die Ausstattung zwei anderer Drucke (4° 16 S. und 4° 8 Bl) verweisen ebenfalls auf diesen Ursprungsort.

Ausser den bisher aufgeführten sind uns noch vier Nachdrucke bekannt geworden; einer von ihnen (4° 8 Bl.) ist ohne die Beilage der Weingartenschen Acten erschienen.

Auch diese Beilage allein erlebte mehrere Auflagen.

Endlich ist unsere Schrift zusammen mit der vorangegangenen österreichischen „Beantwortung" *) als Flugblatt herausgegeben worden.

Von der französischen Uebersetzung sind uns zwei von einander verschiedene Ausgaben von Henning und ein holländischer Nachdruck bekannt geworden.

Die officielle Ausgabe trägt den Titel:

Refutation | De | La Reponse, | Que La Cour De Vienne | A Faite | A L'Exposé Des Motifs, | Qui | Ont Obligé | Le Roy | De Prévenir Les Desseins | De Cette Cour. | A Berlin 1756.

Reponse | Du | Ministère**) Du Roi, | Au Mémoire, Que Mr. Le Comte | De Puebla, | A Présenté Le 15. Juin, | Pour Demander L'Extradition | Du | Sécrétaire De Légation | Weingarten.

4°. 12 Bl.

Der Verfasser dieser Uebertragung wird in den Acten nicht genannt.

Die Abfertigung erschien, wie erwähnt, auch in holländischer Sprache und ist in der Gazette de Leyde (Nr. 96), von dem Haager Buchhändler Pierre Gosse zum Verkauf angezeigt.

Von gleichzeitigen Sammelwerken, in denen unsere Schrift wiedergegeben ist, mögen hier genannt werden Fabers Staatskanzlei 112, 326, Danziger Beiträge 1, 719, die Kriegskanzlei 1756, Nr. 51 S. 408, die Heldengeschichte 3, 758 und die Neuwirthsche Sammlung, 16 Stück.

Den französischen Text finden wir im Mercure historique 141, 693 und im Supplément der Leydener Nouvelles extraordinaires vom 23. und 26. November, Nr. 94 und 95.

*) Vergl. S. 469.
**) sic!

Anhang.

Maximilian von Weingarten.

In einem Anhange zu der soeben besprochenen Staatsschrift sind zwei Actenstücke abgedruckt, die auf die Flucht des österreichischen Legationssecretärs von Weingarten aus Berlin Bezug haben.

Gegenüber den vielen widerspruchsvollen Angaben sei hier gestattet, einige authentische Mittheilungen aus den preussischen Acten über diesen Vorfall und die begleitenden Umstände zu bringen.

Maximilian von Weingarten kam, soweit ersichtlich ist, 1746 oder Anfang 1747 als Secretär des österreichischen Gesandten Generals Bernes nach Berlin. Wahrscheinlich trat er fast unmittelbar nach seiner Ankunft in unerlaubte Beziehungen zu der preussischen Regierung; nach einigen Andeutungen zu schliessen, hat er von freien Stücken die ersten Schritte dazu gethan. Zunächst war Fredersdorf, der Geheime Kämmerier und Vertraute Friedrichs, die Mittelsperson bei den Verhandlungen.

Das erste Schriftstück, das uns über diese Angelegenheit erhalten, ist ein französisches Schreiben Weingartens an den König vom 29. März 1747. Er dankte darin für die günstigen Bedingungen, die ihm zugestanden wären, und versprach einen überzeugenden Ausdruck*) seiner Erkenntlichkeit zu geben. Fredersdorf übersandte das Schreiben mit einem Immediatberichte**), in dem er seine Unterredung mit „dem bewussten Menschen" erzählte. Danach hatte sich Weingarten unter anderem auch erboten „die richtigsten Nachrichten" von dem belgischen Kriegsschauplatze zu liefern. Er könnte sich diese sehr leicht verschaffen, da Bernes im vertrauten Briefwechsel mit dem Feldmarschall Batthyany stände, der in den Niederlanden commandirte und beim Prinzen von Cumberland sehr viel galt.

„Wegen unserem Accord," fährt der Kämmerier fort, „bin nach vieler Pro et Contra-Vorstellung mit ihm fertig worden. Das muss ich Ew. Majestät unterthänigst sagen, dass der Mensch viele Vernunft hat, und glaube ich, dass er preussisch bleiben wird, so lange er lebt."

Als Preis seiner Enthüllungen erhielt Weingarten auf seine Forderung ein Patent als Legationsrath, „worin der Platz vom Namen frei

---

*) une marque convaincante.
**) Berlin, 30. März 1747.

sein muss, welchen er selbst einsetzen will", dreitausend Thaler baar auf einmal und eine monatliche Pension von hundert Thalern.

„Davor engagirt er sich," so schliesst der Brief mit unbeabsichtigter Ironie, „Ewr. Königl. Majestät Zeit seines Lebens treu und ehrlich zu sein, was nur vorkommt an Ewr. Majestät Seinen oder anderen Höfen seinen fidelen Rapport abzustatten."

Ein irgendwie milderndes Motiv seines Verraths liegt bei Weingarten nicht vor. Er war ein verlogener, cynischer Mensch, der alles an die Befriedigung seiner derbsinnlichen Gelüste setzte. Da das karge Gehalt eines Secretärs seinen Ansprüchen an das Leben nicht genügen konnte, stand er nicht an, sich durch Landesverrath die ersehnten Genüsse zu verschaffen.

Am 30. März kam Weingarten „in einem aparten Habit" zu Fredersdorf in die Wohnung und schrieb dort während der Osterzeit*) die Correspondenz seines Gesandten ab**).

Neben seinem ansehnlichen Jahresgehalte suchte sich der Verräther noch ausserordentliche Belohnungen zu verschaffen, da mit dem steigenden Einkommen auch seine Verschwendung und Ausschweifung zunahm. Schon im Juli 1747 äusserte er einmal, nach Fredersdorf's Meldung***), aufgefordert ein Rescript im Original dem Cabinette zu überliefern: „diese Sache wäre so important, dass er glaubte, Ew. Königl. Majestät würden ihn generose bezahlen". Und im folgenden Jahre verlangte er sogar die Verdoppelung seiner Monatsgelder, die Vorausbezahlung für ein Jahr und ausserdem tausend Thaler, mit denen er angeblich einen Spiessgesellen in der Geheimen Kanzlei zu Wien belohnen wollte†).

Als im März 1748 General Bernes nach Petersburg versetzt worden war und Maximilian von Weingarten mit sich nehmen wollte, gab dieser als Beweggrund seiner Weigerung an, dass er sich mit der von ihm verführten Tochter des charlottenburger Bürgermeisters Witte versprochen hätte. Mit Hülfe seines ahnungslosen Bruders Leopold, der die Stelle des ersten Secretärs bei der österreichischen Gesandtschaft bekleidete, glückte es ihm, den General umzustimmen und die Heiratserlaubniss zu erlangen. Nach seiner Hoch-

---

*) Ostern fiel 1747 auf den 2. April.
**) „Es lässt sich," schrieb Fredersdorf in dem bereits angeführten Immediatberichte, „in acht Tagen, soferne er alle Tage kommen kann, viel abschreiben. Ich werde so viel wie möglich alles thun, damit er auch keine Chiffre zurückbehält."
***) Immediatbericht Fredersdorfs. Berlin, 26. Juli 1747.
†) Immediatbericht Fredersdorfs. Berlin, 3. März 1748.

seit sollte er aber nach Wien gehen, um dort schneller vorwärts zu kommen *).

Durch seine Vermählung mit einem preussischen Landeskinde hatte Weingarten die Gelegenheit gewonnen, auch aus Oesterreich unbeargwohnt nach Berlin correspondiren zu können. Da er versprochen hatte, aus Wien „nicht Bagatelles" zu berichten **), so erhielt er dreitausend Thaler als Geschenk aus der königlichen Schatulle. Seinem Gesandten und dem Bruder wies er diese Summe als die Mitgift seiner Frau vor, zu Fredersdorf aber äusserte er cynisch: „sie hat nicht dreitausend Läuse".

Nach der Trauung (17. April 1748) reiste Weingarten über Stendal, wo Verwandte seiner Gattin wohnten, nach Wien. Weil er bei seiner untergeordneten Stellung kaum in der Lage sein konnte, wichtige Mittheilungen über die Politik der Hofburg zu geben, war ihm als Hauptaufgabe seiner Thätigkeit gesetzt, „zu sehen, ob er in Wien von des neuen Gesandten, der nach Berlin herkommen soll, Gefolge nicht Jemand gewinnen" könnte ***).

Seine Bemühungen für Preussen scheinen ergebnisslos gewesen zu sein; was er selbst darüber erzählt, ist sicherlich erlogen und auf die Erlangung neuer Geschenke berechnet †).

Im Sommer 1749 kam er wieder nach Berlin zurück als Secretär des Gesandten Generals von Puebla und nahm seine alte verbrecherische Thätigkeit wieder im vollen Umfange auf.

Er wusste sich so geschickt das Vertrauen seiner Vorgesetzten zu erhalten, dass er im April 1756 anstatt seines Bruders, der „mit einer inländischen Stelle in Böhmen consolirt werden sollte" für den Platz des ersten Legationssecretärs bei der berliner Gesandtschaft in Aussicht genommen wurde ††).

Plötzlich trat die Katastrophe ein. Die äussere Veranlassung dazu ist nicht ganz klar. Nachdem Weingarten im April dem Grafen Puebla eine halb aus Lügen, halb aus Wahrheit zusammengesetzte Eröffnung über die preussischen Intriguen und seine trotz aller Anfechtungen bewährte Unbestechlichkeit gemacht hatte, verliess er den Monat darauf seine Wohnung und zog in das berliner Haus seiner Schwiegermutter, angeblich um dort eine Molkenkur zu brauchen.

---

*) Immediatberichte Fredersdorfs. Berlin, 6. und 8. April 1748.
**) Immediatbericht Fredersdorfs. Berlin, 4. April 1748.
***) Immediatbericht Fredersdorfs. Berlin, 8. April 1748.
†) Nach Arneth 4. 475 war er in der Zwischenzeit in Brünn gewesen.
††) Schreiben Weingartens. Berlin, 17. April 1756.

Ende Mai verschwand er eines Abends ohne Urlaub seines Gesandten aus Berlin *).

Dies räthselhafte Betragen verstärkte den wohl schon erwachten Argwohn Pueblas. Der General forderte am 15. Juni durch eine Verbalnote, die er Finckenstein überreichte, „dass der jüngere Weingarten, der seit einiger Zeit seinen Obliegenheiten nicht nachgekommen und sich allen Befehlen bis anhero widerspenstig gezeiget, auch die an ihm geübte Langmuth völlig zu missbrauchen und in seiner sträflichen Widerspenstigkeit fortzufahren beginnet, als ein kaiserlicher Unterthan und Diener ohne Umstand und allen Fleisses aufgesucht und nebst seiner Familie und allen Habseligkeiten" ausgeliefert würde. Auf den Immediatbericht Finckensteins über dies Begehren**) *erwiderte Friedrich, der gerade die Manoeuvres im Magdeburgischen leitete* ***):

„*Er soll ihm (Puebla) nur in ganz höflichen Terminis sagen, dass Ich sein Gesuch zu deferiren wegen des jüngeren Weingarten keinen Anstand nehmen würde, wenn er (Puebla) Mir nur melden lassen würde, wohin er entweichen; wonach Ich Mich auch allenfalls auch selbst erkundigen würde. Was aber die Frau anbelangte, so hier aus dem Lande gebürtig sei, da wüsste Ich nicht, ob deren Arretirung füglich und mit Recht gefordert werden könne, da selbige vermuthlich an ihres Mannes Conduite nicht Theil habe, noch davor repondiren könne."*

Der Gesandte war durch diesen Bescheid, den ihn Finckenstein in Form einer Note am 24. Juni auf Verlangen mehrmals vorlas, nicht zufrieden gestellt, sondern verlangte von neuem nachdrücklich die Ausferung von Weingartens Frau und Kindern als kaiserlicher Unter-nen. Er gab zugleich an, dass nach seinen Nachrichten die Spuren r Flüchtlinge bis Stendal zu verfolgen wären. Auf sein Drängen nahm der berliner Polizeidirector Kircheisen die alte Frau Witte übersandte ihm das Protokoll des Verhörs (27. Juni)†). Zu ner Beschwichtigung wurde auch den Magistraten von Magdeburg

---

*) Für die Behauptung bei Huschberg-Wuttke (Die drei Kriegsjahre 1756, 7. 1758, S. LXXV und 41) findet sich in den Acten des Geheimen Staatsive keinerlei Anhalt.

**) Berlin, 15. Juni 1756.

***) Die mündliche allergnädigste Resolution, Pitzpuhl, 18. Juni 1756, nach die im Text citirte Cabinetsordre entworfen ist, lautet: „Habe befohlen mich zu erkundigen. Mehr kann nicht thun. Mutter pro forma befragen man wohl thun. Kann sagen über Alte Mark und Hannover noch nicht."

†) Politische Correspondenz 12, 437.

und Stendal befohlen, sich nach dem Gesuchten „zu erkundigen und. im Fall erwähnter Weingarten da ist, ihn arretiren zu lassen und es anzuzeigen" *). Gemäss dem Befehle des Königs wurden die Cabinetsordre und die darauf eingegangenen Berichte dem Gesandten in Abschriften zugestellt. In der Copie des stendaler Schreibens war aber absichtlich eine Stelle ausgelassen, die angab, dass Frau von Weingarten nebst ihrem Bruder und ihren drei Kindern vom 19. bis 21. Juli in dieser Stadt verweilt hätte und von dort mit Extrapost nach Kyritz gereist wäre. Friedrich hatte diesen Satz streichen lassen, um nicht zur Auslieferung der unschuldigen Familie genöthigt werden zu können **).

Das Ereigniss hatte bei der schon sehr erregten Stimmung in den politischen Kreisen grosses Aufsehen gemacht und galt als unheilvolles Vorzeichen. Mitchell sagte zu Finckenstein***): „Denkt daran, die Leute suchen Händel. Eigentlich ist die Sache nur eine Bagatelle, aber ihr mit solcher Förmlichkeit gestelltes, so eindringliches Verlangen lässt eine ganz bestimmte Absicht erkennen." Auch der sächsische Vertreter in Berlin schloss seine Depesche an Brühl†), in der er über den Fall Weingarten berichtete, mit den Worten: „Diese Angelegenheit scheint der Art zu sein, dass sie unfehlbar folgenreich sein muss."

Es bleibt noch übrig, kurz die weiteren Schicksale des Verräthers zu erzählen. Nach Friedrichs Angabe fand Weingarten eine Zuflucht in Colberg unter dem angenommenen Namen von Weiss††). Er scheint sich aber dort nicht dauernd während des Krieges aufgehalten zu haben; wenigstens schrieb seine Frau einmal†††), sie hätten aus Furcht vor den Feinden „nothwendig reisen und umherziehen" müssen. Später lebte er in der Altmark und starb dort 1781*†). Obwohl er bis zu seinem Tode eine nicht unbedeutende Pension vom Könige bezogen hatte, hinterliess er seine Familie doch in so drückender

---

*) Politische Correspondenz 12, 430.

**) Schreiben Eichels an das Cabinetsministerium. Potsdam, 28. Juni 1756.

***) Immediatbericht Finckensteins vom 22. Juni. Vergl. Politische Correspondenz 13, 459.

†) Intercept. Berlin, 21. Juni 1756. Vergl. auch Erlass an Knyphausen vom 20. Juni: „Il paroît qu'on voudra peut-être se servir à Vienne de cet événement uniquement pour Me chercher noise et pour en saisir peut-être l'occasion de rappeler d'ici à l'improviste le comte de Puebla, afin d'acheminer insensiblement une rupture."

††) Œuvres 4, 35.

†††) Schreiben an Friedrich Wilhelm II. vom 26. August 1786.

*†) Immediatberichte des Cabinetsministeriums vom 26. August und 30. October 1786.

..., dass *Friedrich Wilhelm II.* der Wittwe ein jährliches Gnadengehalt von 100 Thalern aussetzen liess, um ihren noch unmündigen Sohn ordentlich erziehen zu können*).

Eine Tochter Weingartens ist die berüchtigte Giftmischerin Ursinus.

Die Aeusserung *Friedrichs* über den hohen Werth, den die Enthüllungen Weingartens für ihn gehabt hätten**), ist mehrfach angezweifelt worden. Der beste Kenner der österreichischen Geschichte behauptet, Weingarten wäre garnicht im Stande gewesen, wirkliche Staatsgeheimnisse zu verrathen, „indem solche zwischen dem wiener Hofe und seinem Gesandten zu Berlin, der sich in völliger Unkenntniss der geheimen Verhandlungen zwischen Oesterreich und Frankreich befand, gar nicht verhandelt wurden***)."

Die Behauptung steht im Einklang mit einer Depesche *Valorys* v. 19. Juni 1756, in der ausdrücklich hervorgehoben wird, dass ... da die Nachricht von der Flucht seines Secretärs mit vieler Ruhe ... nommen hätte, weil „der Schuft" seit seiner Vermählung mit ... preussischen Frau niemals mehr in diplomatische Geheimnisse ... zeiht worden wäre; „seine angeblichen Neuigkeiten könnten daher ... n ihm erfunden worden sein" †). Im geraden Gegensatze dazu ... der Cabinetsminister Finckenstein bemerkt haben, der österr... che Gesandte hätte Weingartens Auslieferung zwar in ge... r höflicher Art, aber mit den sichtlichen Zeichen grosser Aufr... eit gefordert.

... ch einer Aeusserung des Verräthers selbst aus dem Jahre ... war die diplomatische Stellung Pueblas eine so isolirte, dass ... n so lange Zeit gar nicht das Mindeste von wichtigen Welt... erfahren hätte.

... binetsordre vom 31. October 1786.
... uvres 4, 84 nennt der König Weingarten „la seule boussole qui ... té jusqu' alors dans les ténèbres de la politique qui l'environnaient." ... er hat er einmal in seiner Histoire de la guerre de sept ans (4, 18) ... a situation où le Roi se trouvait .... aurait pu devenir dangereuse. ... ait pas eu le bonheur de corrompre deux personnes, par le moyen ... e Roi était informé des desseins les plus secrets de ses ennemis: ... lait Weingarten; il était secrétaire du comte de La Puebla .... e rendait la copie de toutes les dépêches que le ministre recevait ... rg, de Vienne et de Londres."
... oth, Maria Theresias erste Regierungsjahre 4, 479. Vergl. auch ... eiten 2, 210.
... ry 2, 81.
... ft vom 15. März. Vgl. auch S. 491.

Aber war denn nichts ausser den Verhandlungen zwischen Wien und Versailles, die allerdings im Mittelpuncte der damaligen Begebenheiten standen, für den König von Preussen wissenswerth? Hatten die Beziehungen Oesterreichs zu Russland und Grossbritannien, die Zettelungen im Reiche wie in Preussen selbst und schliesslich die wahre Stimmung der Hofburg nicht ebenfalls für ihn eine hohe Bedeutung?

Wie wir wissen, hatte Weingarten gleich im Anfange die wichtigeren Actenstücke, welche an seinen Gesandten ergangen oder von ihm abgeschickt worden waren, in Abschriften dem preussischen Cabinette übergeben und diese Thätigkeit bis 1756 fortgesetzt. Allerdings konnte er nicht aller Papiere habhaft werden; als er einmal 1751 auf Geheiss Puebla's dessen Correspondenz durchsuchen musste, fand er zu seinem grössten Erstaunen Schreiben, die ihm über anderthalb Jahre verborgen geblieben waren.

Noch folgenreicher war die Mittheilung der Schlüssel zu der österreichischen Geheimschrift, die bis dahin allen Auflösungsversuchen der Preussen gespottet hatte. Man vermochte seit dem April 1747 in Berlin die Depeschen von Bernes an die Kaiserin, an Ulfeld und an Pretlack in Russland zu entziffern. Auch die Auflösung der neuen Chiffreschriften, die 1747 und 1753 den österreichischen Vertretern in Berlin zugestellt wurden, verkaufte Weingarten der preussischen Regierung. In ihrem ganzen Umfange wurde aber auch dadurch nicht der Briefwechsel der österreichischen Gesandtschaft zugänglich. Alle Schreiben, die zwischen Bernes und dem kaiserlich-königlichen Gesandten im Haag gingen, ja selbst viele der nach Wien gerichteten Depeschen konnten nicht dechiffrirt werden*).

Immerhin erlangte Friedrich auf diesem Wege viele Aufschlüsse über die österreichische Politik, besonders über die Absichten der beiden Kaiserhöfe gegen Preussen und die Pläne zur Königswahl Josefs II. Auch über die militärischen Anordnungen der Oesterreicher brachten die intercipirten Depeschen öfters wichtige Nachrichten.

Nicht selten waren Berichte Weingartens über mündliche Mittheilungen, die ihm im Vertrauen gemacht wurden, vorzüglich von seinem Bruder Leopold, der mit Recht in Wien sehr angesehen war

---

*) Für gewöhnlich wurden die Schreiben für die österreichische Gesandtschaft, die mit der gewöhnlichen Post einliefen, vom Postmeister Jordan abgeschrieben und dann von Eichel oder dem Geheimen Cabinetssecretär Cöper dechiffrirt; Weingarten musste nur von denjenigen Berichten, die von Estafetten abgeholt oder überbracht wurden, oder sonst dem preussischen Cabinet unbekannt geblieben waren, Copien liefern.

und von der Kaiserin-Königin mehrmals der Ehre einer längeren Audienz gewürdigt worden war *).

Es stand den Oesterreichern aber nicht wohl an, von „einem tiefen, gerechten Unmuthe" über des Königs Verfahren zu sprechen. Gerade aus Weingartens Enthüllungen wissen wir, dass die wiener Regierung vor keinem dunkelen Wege zurückscheute, um hinter die preussischen Geheimnisse zu kommen. Ihre Bemühungen waren nicht erfolglos. Die Geheimschrift, in der Friedrich mit seinen Gesandten in Wien und Petersburg verkehrte, war ihr verrathen worden. Als Puebla darüber einmal mit Maximilian von Weingarten sprach, entfuhr ihm die Aeusserung, „da sie in Wien so méchant wären und des Königs von Preussen Briefe aufmachten, könnte er es garnicht verdenken, wenn man es hiesigen Ortes auch so machte."

Die Hofburg kargte nicht mit Belohnungen, um Spione und Verräther in Preussen zu unterhalten. Kurz vor seiner Abberufung erzählte der General Bernes dem jüngeren Weingarten im Vertrauen,

„er hätte einen sicheren Kanal, durch welchen er alles erfahren könnte, was bei Friedrich vorginge, und wäre ihm solches so lieb als eine grosse Revenue **)."

Es entzieht sich unserer Kenntniss, ob diese geheimnissvolle Persönlichkeit mit einer 1753 erwähnten identisch ist, die dem wiener Hofe eingehende Nachrichten über die politischen Vorgänge im preussischen Cabinette lieferte.

„Graf Ulfeld," meldete Weingarten in dem angegebenen Jahre, „soll gesagt haben, dass dieser Kanal dem Kaiser zwar eine sehr grosse Summe Geldes kostete, jedoch dass er versichert wäre, dass, wann hier [Berlin] einsmals sollte ein Coup wider eine Puissance ausgeführt werden wollen, der kaiserliche Minister, so sich hier befinden würde, schwerlich etwas davon würde einberichten können, bis nicht der Marsch schon vor sich gegangen, dahingegen durch diesen Kanal alles zur rechten Zeit dem kaiserlichen Hofe zu Ohren käme."

dem Eifer, Friedrich zu überlisten, griff die österreichische Politik

---

*) Als Leopold von Weingarten 1748 interimistisch die Geschäfte in den führte, erzählte er seinem Bruder, es wäre ihm besonders eingeschärft [worden], dem neuen britischen Gesandten „von Friedrichs Gedenkungsart ja gar zu vortheilhafte Idee beizubringen".

**) Ausser diesem unbekannten „Kanal" war noch ein Preusse Namens [E]genberg 1747 durch Bestechung von der österreichischen Gesandtschaft [gewo]nnen worden. Vergl. auch Einige neuere Actenstücke über die Veranlassung des siebenjährigen Krieges. Leipzig 1841. S. 9. Huschberg-[sche] Recke 1, 54.

zu ganz abenteuerlichen Mitteln. Man dachte z. B. ernsthaft daran, den Dr. Lieberkühn durch glanzvolle Angebote in kaiserliche Dienste zu ziehen, da man von ihm viel über das preussische „System" erfahren könnte. Selbst von der Gräfin Schmettau wurden wichtige Enthüllungen erwartet.

In einem Erlasse an Puebla wurde einmal angefragt (1750), ob der König keine Günstlinge hätte, „und ob keine Möglichkeit wäre, einen davon zu gewinnen, es möchte auch kosten, was es wollte". Der Gesandte sollte „alles unternehmen, worauf er nur denken könnte, jemanden von denen zu gewinnen". Und 1756 berichtete Weingarten:

„Es ist beschlossen worden, aller Orten gut aufzulauern und sich nach und nach sowohl hier [Berlin] als in Potsdam um solche Leute umzusehen, welche, wann sie auch nicht mehr zu sagen wissen, wenigstens zur rechten Zeit von denen zu machenden Dispositionen Nachrichten geben können."

Mehrmals sind durch Weingartens Hinweise preussische Landesverräther, die im Solde der Hofburg standen, entlarvt worden. Der erste unter ihnen war ein Proviantcommissarius Faber. Seine Nachrichten, die Friedrich zum Theil in der Urschrift vorlagen, trugen nicht stets den Stempel der Glaubwürdigkeit, waren aber doch nicht ohne Werth. Er lieferte dem kaiserlichen Gesandten unter anderem das streng geheim gehaltene Cavallerie-Reglement von 1744. Im Jahre 1753 stand der Auditeur Pfeil beim Regimente Markgraf Karl in unerlaubter Correspondenz mit dem niederländischen Gesandten, dem Grafen Gronsfeld, der, vom fanatischen Hasse gegen Preussen eingenommen, die vertrautesten Beziehungen zu Puebla unterhielt*).

Gefährlicher hätte 1754 das Anerbieten des Hauptmanns Schmidseck vom Regimente Wolfenbüttel werden können, „viele Plans .. von denen von Sr. Majestät erfundenen Manœuvres" zu verkaufen. Um einen höheren Preis für seine Enthüllungen zu bekommen, verstieg er sich zu offenbaren Uebertreibungen. So wollte er einmal selbst gehört haben, dass Friedrich

„im Eifer des Gesprächs sich soweit herausgelassen hätte, wie und auf was Art Se. Majestät es machen wollten, wenn Sie wiederum mit den Oesterreichern in Krieg verfallen sollten, also zwar, dass Sie hernachmals selbst erkannt hätten, dass Sie Sich zuweit herausgelassen und zu den Umstehenden gesprochen hätten: Messieurs, j'espère que cela restera entre nous et même je vous l'ordonne."

In Wien war man nicht abgeneigt, die in Aussicht gestellten Mittheilungen durch Verleihung einer Officierstelle und einer Pension zu

---

*) Bericht Weingartens. Berlin, 31. August 1753.

erkaufen; aber im Februar 1755, noch ehe die Verhandlungen zum Abschlusse gelangt waren, wurde Schmidseck verhaftet und nach Pillau abgeführt *).

Aus den Weingartenschen Papieren geht endlich hervor, dass der bekannte Generalmajor Gerhard Cornelius von Wallrawe nicht, wie officiell seiner Zeit angegeben wurde **), wegen der Veruntreuung königlicher Gelder, die übrigens wirklich im Processe nachgewiesen wurde, sondern wegen Landesverraths zum lebenslänglichen Gefängniss verurtheilt worden ist. Weingarten unterrichtete den König zuerst von dem geheimen Verkehre des Generals mit dem österreichischen Gesandten, und wusste sich einige Actenstücke zu verschaffen, aus denen erhellte, dass Wallrawe die Pläne der preussischen Festungen den Oesterreichern verkaufen wollte.

Um Weingarten nicht bloss zu stellen, wurde Wallrawe so lange auf freiem Fusse gelassen, bis ein passender Vorwand gefunden und die rechte Stunde abgewartet worden war ***). Als alle geeigneten Vorkehrungen getroffen worden waren, schrieb der Gesandtschaftssecretär an Fredersdorf:

„Ich bin der unvorgreiflichen Meinung, dass, weil heute General Wallrawe zu dem Grafen Bernes gekommen und vermuthlich wegen des Zukünftigen alle Abrede gepflogen haben wird, Ihro Majestät der König ihn bei persönlicher Constituirung seines Verbrechens nicht dahin zu nöthigen geruhen möchten, dass er an den Grafen Bernes selbst schreiben solle, sondern lediglich ihn durch seine Maitresse denen getroffenen Maassregeln nach vor dem Publico beschämen lassen."

Bei der Nachricht von Wallrawes Verhaftung wurde der österreichische Gesandte „ganz confus", da er seinen Verkehr mit dem

---

*) In diesem Zusammenhange mag schliesslich noch erwähnt werden, dass der Resident Hecht in Hamburg auf Befehl seines Ministeriums (4. December) folgenden Artikel durch die hamburger und altonaer Zeitungen veröffentlichen musste. „Hannover, den 20. Novembris. Der hiesige Depeschensecretär Hinüber, der zugleich zum Dechiffriren gebraucht wurde, ist vor kurzem heimlich entwichen und hat verschiedene Briefschaften von Wichtigkeit mitgenommen. Man muthmasst, dass er seinen Weg nach Wien genommen, und dass er schon längst ein geheimes Verständniss mit diesem Hofe unterhalten." Vergl. auch Berlinische Nachrichten 1756. S. 622.

**) Vergl. Preuss 3, 326 und Bonin, Geschichte des Ingenieurcorps und der Pioniere in Preussen. Berlin 1877. Bd. 1.

***) Weingarten hatte gerathen, den Generalmajor nicht vor der Abreise des älteren Weingarten nach Wien, die auf den 9. Februar 1748 angesetzt worden war, zu verhaften, damit dieser nicht schon in Berlin davon hören und in Wien der Sache eine üble Farbe anstreichen möge".

General entdeckt glaubte. Um ihn zu beschwichtigen, rieth Weingarten dem preussischen Cabinet, „dem Bernes nur recht schön zu thun, damit er auf andere Gedanken geräth".

Kurze Abfertigung der sogenannten Beantwortung des Wienerschen Hofes auf das Königlich Preussische Manifest. Berlin 1756.

Schwerlich wird man in denen Geschichten anderer gesitteter Völker alter und neuer Zeiten eine Schrift antreffen, welche mit so viel Stolz und Unanständigkeit abgefasset ist als die von dem wienerschen Hofe zum Druck beförderte sogenannte: „Beantwortung des unter dem Titel: Ursachen, welche Se. Königl. Majestät in Preussen bewogen, Sich wider die Absichten des Wienerschen Hofes zu setzen und deren Ausführung zuvorzukommen, kundgewordenen Krieges-Manifests".

Die allen gekrönten Häuptern schuldige Achtung wird darin gänzlich aus denen Augen gesetzet, und der Hauptinhalt davon ist ein elendes Gewebe von den allergröbsten Unwahrheiten und schändlichsten Erdichtungen, welche man dem Publico in denen allerbittersten und gehässigsten Ausdrücken zwar glauben, mit nichts aber erweislich zu machen gedenket.

Se. Königl. Majestät in Preussen würden Sich zu erniedrigen glauben, wenn Sie hierunter obgedachtem Hofe nachahmen und eine gleichmässige Schreibart annehmen wollten, welche unter gekrönten Häuptern ganz ungewöhnlich und nur einem solchen Hofe zukommt, welcher, wie der wienersche, in Ermangelung gerechter Ursachen und hinlänglicher Gründe, mit erdichteten Beschuldigungen und anzüglichen Ausdrücken sich zu begnügen suchet.

Sie haben auch dieser niederträchtigen Mittel zu Rechtfertigung Ihres Betragens garnicht nöthig. Die in ganz anständigen Ausdrücken bekannt gemachte Anzeige Ihrer Bewegursachen, Sich wider die Absichten des wienerschen Hofes zu setzen und deren Ausführung zuvorzukommen, enthält nicht das allergeringste, als was Sie schon damals zu beweisen im Stande waren, und es ist eine handgreifliche Erdichtung, wenn gegentheils vorgegeben werden will, es hätten Höchstdieselbe erst die Ursachen und deren Beweis aus des Königlichen Cabinets zu Dresden geheimten Schriften sorgfältigst aufsuchen lassen müssen. Der Inhalt derselben war Ihnen schon vorlängst bekannt, und Sie hatten sogar die Abschriften davon in Händen. Weil Sie aber auf der einen Seite denen wienerschen und dresdenschen Höfen wenigstens noch so viel Scheu vor das Publicum zutrauen mussten, dass sie der darin sich offenbarenden abscheulichen Complots nicht eingeständig sein würden, auf der andern Seite hingegen zu gewärtigen hatten, dass diese Höfe das wirkliche Dasein dergleichen geführten höchst gefährlichen Briefwechsels ganz und gar abzuleugnen sich entschliessen möchten, so wurden Sie in die Nothwendigkeit gesetzet, Sich der Originalurkunden der von dem wienerschen Hofe selbst also benannten entdeckten Cabinetsgeheimnisse zu bemächtigen.

Sie würden aber dennoch zu deren Bekanntmachung nicht geschritten

…wie, sondern vielmehr solche in der Finsterniss, darin sie geschmiedet worden, auf ewig haben liegen lassen, wann nicht der wienersche Hof, ohnerachtet er der erste Urheber derselben gewesen, sich auf das äusserste bemühet hätte, liebstdemselben dawider ergriffene Maassregulu den allergehässigsten Antrich zu geben.

Die Rechtfertigung dieser Maassreguln gegen die wienerische Anbürdungen erforderte also godachte Schriften an das Licht zu bringen und solche derer Augen von ganz Europa in dem Mémoire raisonné und den demselben beigefügten Urkunden zur Beurtheilung vorzulegen; und deren Beweis wird man hoffentlich von Sr. Königl. Majestät wichtigen und bewegenden Bewegungsursachen wohl nicht fordern wollen.

Die gefährliche und zu Sr. Königl. Majestät gänzlichen Untergang gehende Absichten obgedachter beiden Höfe bestehen nach solchen nicht in erblichen, erdichteten Vorspieglungen oder blossen Muthmaassungen, sondern in einem wirklich getroffenen und auf eine hinterlistige und höchst unlauter Weise sogar mitten im Frieden eingegangenen Einverständniss; und sollten nach denen wienerischen Einsichten noch nicht genug sein, gedachte Absichten, wie man sich ausdrückt, scheinbar zu machen, so ist man mehro im Stande, die Original-Archivurkunden davon jedermann vor Augen zu legen.

Sr. Königl. Majestät können demnach dem Urtheil der ganzen vernünftigen und unparteiischen Welt ganz getrost überlassen, ob nicht diese schon so glücklich entdeckte höchst gefährliche Absichten den Namen einer unmässlichen Untergang und Unterdrückung eines Dritten angesponnenen Verschwörung verdienen, und ob nicht alle gött- und natürliche, allgemeine Völkerrechte, wie nicht weniger die Selbsterhaltung gegen eben über ein gekröntes Haupt schwebende Gefahr solchen auf alle Weise bei Zeiten zuvorzukommen und solche, noch ehe sie zur völligen Reife durchgerathen können, zu zernichten, mithin den Königs Majestät genommene und Ihnen abgedrungene Maassreguln vollkommen eignen?

Könnten dannenhero auch diese Urkunden zu alleiniger Abfertigung innerer Beantwortung des wienerischen Hofes mehr als hinlänglich, wann nicht aller Vermuthung nach das Selbstbewusstsein derselben gedachten Hof bewogen hätte, sich nicht lange bei deren Gegenbeweis aufzuhalten, sondern dagegen dem Publico, um seine Aufmerksamkeit davon abzuziehen, einen ganz fremder, von Sr. Königl. Majestät bekannten Denkungsart ganz unter Anschläge: in Aufwärmung nichtiger Rechtsansprüche auf Provincien, Ausspionnung weit aussehender Empörungen in grossen Aufwiegelung fremder Unterthanen, Unterdrückung angesehener und Bestechung beeideter Diener auf eine ganz unverschämte Weise andichten.

Königl. Majestät können wegen dieser schändlichen Verleumdungen dem wienerischen Hofe ganz dreist unter die Augen sehen und ihm mit weit mehr Recht als er öffentlich Trotz bieten, diese aus der Luft ergriffene, Sr. Majestät bei Dero mächtigen Nachbarn anzuschwärzen abzielende und höchst strafbare und verwegene Weise ausgesprengte Beschuldigungen als durch das von seinen eigenen Ministern in*) derselben be-

---

*) „Briefen", Zusatz von Podewils.

kannt gemachten Briefen ganz gottloser Weise ansgesonnene und erdichtete Vorgeben zu erweisen; wie denn sogar einige der Urheber dieser unwürdigen und niederträchtigen Ränke sich derselben selbst geschämet und solches in ihren eignen, dem mehrgedachtem Mémoire raisonné beigefügten Briefen zugestanden haben.

Will aber die Kaiserin-Königin etwa Sr. Königl. Majestät grossmüthiges Mitleiden gegen ihre in denen österreichschen Erblanden um der Religion willen recht religionsfriedensbrüchig auf das grausamste gemisshandelte und verfolgte Glaubensgenossen vor eine Aufwiegelung fremder Unterthanen ausschreien, so müssen Sie zwar derselben darunter ihre besondere Denkungsart frei lassen; Sie haben aber dabei den freudigen Trost, dass die ganze unparteiische Welt solche Gesinnungen nicht mit dergleichen vermessenen Anschuldigungen, welche nach dem Geständniss des wienerschen Hofes selbst auf souveraine Mächte sich garnicht anwenden lassen, keineswegs vermengen, sondern dagegen anerkennen werde, wie Höchstdieselbe darunter nichts anders gethan, als was Sie nach dem Beispiele aller andern evangelischen Mächte inn- und ausserhalb des Reichs zu thun berechtiget gewesen, nachdem obgedachten unschuldig Bedrängten zwar in dem Religionsfrieden allenfalls ein freier Abzug heilig versprochen, bis dahin aber auf eine ganz unverantwortliche Art verweigert worden. Dahingegen hat gedachter Hof von seiner Aufwiegelungsbegierde nur noch im vorigen Jahre eine höchst bedenkliche Probe durch diejenigen Ränke abgeleget, welche derselbe durch seine Ministers, den Grafen von Pergen und den Freiherrn von Kurtzrock, bei dem hessen-kasselschen Erbprinzen auspinnen lassen, um demselben der väterlichen Gewalt gänzlich zu entführen.

Wie dann auch derselbe in Ansehung der Sr. Königl. Majestät mit gleicher Vermessenheit zur höchsten Ungebühr vorgeworfenen Bestechungen fremder beeideter Diener billig, ehe er andern gekrönten Häuptern dergleichen unwürdige Handlungen aufbürden wollen, erst in seinen eigenen Busen greifen und bedenken sollen, wie fast kein einziger mächtiger Hof in Teutschland anzutreffen sei, an welchem er selbst nicht unter denen vornehmsten von *) desselben Dienern einige in seinem Sold zu setzen sich äusserst bemühet und noch dazu dieses Handwerk ganz ohne Scheu treibet.

Dann was derselbe von dem entwichenen Kaiserl. Königl. Legationssecretär von Weingarten dem jüngern mit seiner gewöhnlichen Dreistigkeit aussprenget, ist nichts weiter als eine leere Erdichtung. Wie wenig Sr. Königl. Majestät in Preussen hierunter etwas zur Last geleget werden könne, erhellet aus der dem Grafen von Puebla als damaligem Kaiserl. Königl. bevollmächtigtem Minister am Königl. Hofe gleich anfänglich ertheilten und ausführlichen, am Ende beigedruckten Antwort, nach welcher man auf sein Ansuchen alle nur ersinnliche Veranstaltungen vorgekehret hatte, um sich des flüchtigen zu versichern und solchen zur säuglichen Haft bringen zu lassen, auch darauf gedachtem Grafen von Puebla die eingegangene Berichte aus denen Städten, durch welche er seine Flucht fortgesetzet haben sollte, jedesmal sogleich zugeschickt hat. Dass aber alle diese Veranstaltungen vergeblich gewesen, hat man um so viel weniger sich zu verwundern Ursach, als nach mehrbenannten bevollmächtigten Ministers selbsteigenem Geständniss bemeldter von Weingarten bereits drei Wochen aus seinem Hause und einige

---

*) „von ... Dienern", Zus. von Podewils.

Tage aus der Stadt gewesen, als er wegen dessen Ausfindigmachung die erste Ansuchung gethan. Gesetzt aber auch, dass Se. Königl. Majestät Sich zu dergleichen niederträchtigen Kunstgriffen, als Ihnen die wienersche Vermessenheit fälschlich aufbürden will, entschliessen könnten, so würde es sich doch wohl nicht der Mühe verlohnet haben, bei einem so nichtswürdigen Menschen, welchen der Graf von Puebla mehr zu seinen häuslichen als Gesandtschaftssachen gebraucht zu haben selbst vorgegeben, mithin wenig oder garkeine Geheimnisse zu entdecken im Stande gewesen sein würde, den Anfang zu machen.

So viel aber hiernächst den Zeitpunct der grossen Zurüstungen des wienerschen Hofes anbetrifft, welchen man Königlich Preussischer Seits lange vor denen zu diesseitiger Vertheidigung ergriffenen Maassregeln festzusetzen aus gutem Grunde sich berechtiget erachtet, darüber haben Sich Se. Königl. Majestät in dem an Ihre auswärtigen Ministers unter dem 18. Octobris erlassenen und zum Druck beförderten Circulair-Rescript dergestalt ausführlich erkläret, dass ein jeder daraus gar leicht erkennen wird, welcher von beiden Höfen selbigen am richtigsten angegeben habe oder nicht.

Die von der Kaiserin-Königin über diese von ihr viele Monate vor denen Königl. Preussischen vorgenommene Kriegszurüstungen verlangte Erklärung wird auch wohl von niemand in der Welt, wann er anders aufrichtig sein will, in der wahrheitswidrigen Gestalt können angesehen werden, als solche die wienersche sogenannte Beantwortung gern vorstellen möchte. Man trifft in der deshalb von dem Königl. bevollmächtigtem Minister von Klinggräffen geschehenen Vorstellung keine befehlerische und übermüthige, sondern unter Souverainen gewöhnliche Ausdrücke an. Die Quelle, woraus solche geflossen, waren Sr. Königl. Majestät friedliebende Gesinnungen und die Ihnen so theure Verbindlichkeit für die Erhaltung Ihrer Länder und Unterthanen zu sorgen. Dahingegen sind die geheime Triebfedern und die wahre Ursachen der darauf von ernannter Kaiserin-Königin ertheilten zweideutigen und dunklen Antwort ganz anders beschaffen. Es sind auch solche nunmehro entdecket und in dem Mémoire raisonné und denen dabei befindlichen Urkunden unter No. 27 und 28 der ganzen Welt vor Augen geleget worden, so dass solche weiter gar nicht zu misskennen sein werden.

Eben diese Urkunden werden dann auch die seit dem dresdenschen Friedensschluss wider Se. Königl. Majestät geschmiedete höchst gefährliche Complots ganz sonnenklar darthun und wohl keinen Zweifel übrig lassen, ob Se. Königl. Majestät den*) wienerschen Hof, oder nicht vielmehr dieser Höchstdieselbe unter die Füsse zu treten gesucht habe, und wie grundfalsch die nimmermehr zu erweisende Andichtungen sind, als wann Se. Königl. Majestät andere Mächte gegen die Kaiserin-Königin anzufrischen Sich bemühet hätten.

Ebenso verdrehet ist auch das gegenseitige Vorgeben der angeblichen friedensbrüchigen Abweichung von dem Stata quo in schlesischen Commerciensachen, und man behält sich vor, solches sowohl, als dass die Kaiserin-Königin gegen den Annuum normalem von 1739 die Imposten im Jahr 1753 auf 30, hiernächst auf 60 Procent erhöhet, ja sogar bis auf 100 zu setzen gedrohet, durch eine besondere Schrift in ein noch helleres Licht zu stellen.

---

*) „den … Hof". Verbesserung von Podewils statt des ursprünglichen „die Kaiserin-Königin".

Alle andere mit der dem österreichischem Stolz gemässen Heftigkeit in denen bittersten Ausdrücken ausgestossene Beschuldigungen finden ihre hinlängliche Abfertigung in dem mehrmals angezogenem Mémoire raisonné und dessen Archiv-Urkunden, so dass es überflüssig sein würde, sich mit selbigen allhier nochmals abzugeben. Se. Königl. Majestät haben vielmehr die gegründete Hoffnung, es werden alle unparteiische Mächte von der Reinigkeit Ihrer Gesinnungen durch Ihr bisheriges Betragen hinlänglich überzeugt sein und sich daher durch die darüber ausgesprengte giftige Verleumdungen des wienerschen Hofes, auf welche Höchstdieselbe Sich einzulassen für unanständig halten, nicht irre machen lassen, sondern vielmehr die Stärke der diesseitigen Beweisthümer von der Schwäche und Falschheit der gegenseitigen mit nichts erwiesenen Verunglimpfungen nach ihren erleuchteten Einsichten gar leicht zu unterscheiden wissen.

Dann*), was die Königl. Französische und Grossbritannische Höfe anbetrifft, so hat ersterer noch nie in dem diesseitigen Exposé angegriffen zu sein sich beschweret; letzterem aber will man nicht vorgreifen, auf dasjenige, was ihm in dem ärgerlichen wienerschen Impresso zur Last geleget werden will, gebührend zu antworten.

Nur hätte der wienersche Hof billig Scheu tragen sollen, Sr. Königl. Majestät mit dem in Ihren Augen allerniedrigsten Vorwurf der Undankbarkeit zu belegen. Wie leicht würde es fallen, solchen mit weit grösserem Recht auf ihn selbst zurückzuwerfen! Allein die ganze unparteiische Welt mag urtheilen, ob dieser Vorwurf dem Königl. Churhause Brandenburg zur Last bleibe, nachdem solches gegen Ende des vorigen und zu Anfang des jetzigen Jahrhunderts dem Erzherzoglichen Hause Oesterreich zu dessen Erhaltung die allerwichtigsten und ersprieslichsten Dienste geleistet und dabei sowohl in Ungarn als in dem spanischen Successionskriege, in denen Niederlanden, Deutschland und Italien viele tausend Mann seiner eigenen Truppen aufgeopfert, dafür aber mit dem schnödesten Undank belohnet worden.

Dahingegen hat ernanntes Erzhaus seinen eingewurzelten alten Groll gegen das Königliche Churhaus Brandenburg dadurch augenscheinlich zu erkennen gegeben, dass es solches bei allen Gelegenheiten zu schwächen und zu unterdrücken äusserst beflissen gewesen und die Wirkungen seines Hasses sogar denen Markgräflich Brandenburgischen Häusern in Franken in allen Ihren Angelegenheiten empfinden lassen.

Was vor harte Vergewaltigungen und Eingriffe übrigens die reichsständische Gerechtsame, die Reichsgrundgesetze und die so heilig beschworne Wahlcapitulation seit der Zeit, da dieses Erzhaus die Kaiserliche Würde fast erblich an sich gebracht, von demselben erdulden müssen, bedarf keines weitläuftigen Beweises. Die auf dem Reichstag verhandelte Acta legen davon ein ebenso unverwerfliches Zeugniss ab als die bei dem Reichshofrath angebrachte, meistentheils aber verworfene oder doch wenigstens unerlediget gebliebene Klagen der Reichsstände, und es wird sich fast kein einziger unter ihnen finden, welcher davon nicht die traurige Erfahrung an sich selber verspüret haben sollte. Am allermeisten aber kann hiervon das Corpus Evangelicorum einen glaubwürdigen Zeugen abgeben, und noch ganz neuerlich ist von diesem Hause in der Gräflichen Wied-Runckelschen Religionssache auf

---

*) Dieser Absatz ist von Podewils im Müllerschen Manuscript zugesetzt.

eine höchst widerrechtliche und dem westphälischen Friedensschluss schnurstracks entgegenlaufende Art verfahren worden.

Endlich stehet es diesem Hof am allerwenigsten an, von anderer Vergrösserungsbegierde und Unterdrückung seiner Mitstände zu sprechen. Es ist mehr als zu bekannt, auf was für eine besondere Art derselbe von vielen Jahrhunderten her sich mit denen abgedrungenen Staaten anderer Mächte und sogar der Reichslande zu bereichern und zu vergrössern gesucht hat, und was in denen neuern und jetzigen Zeiten in Italien mit dem Fürstlichen Hause Gonzaga wegen Mantua, wegen seiner andern Absichten auf das Toscanische, Parmesanische und Placenzische, im Reich hingegen ganz neuerlich wegen Wasserburg zum offenbarem Nachtheil des Chur-Baierschen Hauses vorgefallen, ist reichskündig.

Nach der österreichischen stolzen Einbildung aber soll alles dieses gethan und erlaubt heissen, und wer demselben in seiner Vergrösserungsbegierde nur das geringste im Weg leget oder solche nur verhindern zu wollen den Anschein hat, auf dessen Umsturz ist man sogleich bedacht und machet sich dazu alle Gelegenheiten zu Nutze.

Bei solcher wahren Gestalt der Sachen überlässt man dem Urtheil eines vernünftigen und durch die gewöhnlichen Blendwerke des wienerschen nicht verblendeten Menschen, wie solches Betragen mit denen so hochgepriesenen friedliebenden Gesinnungen der Kaiserin-Königin und dem dargebotenen öffentlichen Trutz, das Gegentheil zu beweisen, zu vereinbaren.

Königl. Majestät in Preussen aber vertrauen bei diesen sich mehr und mehr entwickelnden herrschsüchtigen und gefährlichen Absichten des*) wienerschen Hofes auf den ferneren Beistand der das Schicksal derer Mächte auf Erden regierenden göttlichen Vorsehung. Diese wird darin ein gnädiges Einsehen haben, die Unterdrückung dererjenigen, welche mit Sr. Königl. Majestät vor dem Riss stehen, abwenden, Höchstdieselbe aber unter der Anzahl der wider Sie durch die arglistigen, nunmehro**) geglückten und in ein klares Licht gestellten Kunstgriffe bemeldten Hofes erwachten mächtigen Feinde nicht unterliegen lassen, sondern vielmehr Dero zu Ihrer eigenen Vertheidigung und Abwendung des Ihnen drohenden gänzlichen Unterganges genommene und abgedrungene Maassregeln dergestalt kräftigst unterstützen und segnen, dass Ihrer Feinde abscheulichster Endzweck verfehlet, dahingegen aber das Ihnen vorgestellte Kleinod eines guten, dauerhaften und Ihre und Ihrer sämtlichen Lande Ruhe und Wohl befestigenden Friedens baldigst erreichet werden möge; da alsdann alle Welt wird anerkennen müssen, dass dieses nur allein das einzige Ziel Sr. Königl. Majestät gewesen und die Vergrösserungsbegierde eines Daumenbreits Landes zum Nachtheil eines Dritten in dem Sinn des Königs keineswegeses aufsteigen könne, welcher bereits mehr als einmahl von seinen edlen und grossmüthigen Gesinnungen gegeben und in dem dresdenschen Friedensschluss ein öffentliches und immerwährendes Denkmal seiner Mässigung und uneigennützigen Absichten ge-

Kurze Abfertigung.

Antwort des Königl. Preussischen Cabinets-Ministerii auf das von dem Römisch Kaiserl. und Königl. Ungar- und Böhmischen Generalfeldmarschall-Lieutenant und bevollmächtigten Minister Grafen von Puebla unter dem 15. Junii eingereichtes Promemoria, die Ausfündigmachung, Inhaftirung und Auslieferung des von der Kaiserl. Königl. Gesandtschaft entwichenen Secretarii von Weingarten des Jüngern betreffend.

D. d. Berlin den 24. Junii 1756.

Sr. Königl. Majestät in Preussen, meinem Allergnädigsten Herrn, ist der Inhalt desjenigen Promemoria, so der allhier anwesende Römisch Kaiserlich Königlich Ungarisch- und Böhmische Generalfeldmarschall-Lieutenant und bevollmächtigte Minister Herr Graf von Puebla unterm 15. dieses Monats eingereichet, und mittelst welchen derselbe den ohnlängst von hier entwichenen bei der hiesigen Römisch Kaiserl. Gesandtschaft als Legationssecretaire bestellten jüngern von Weingarten nebst seiner Frau und Kindern, auch sämtlichen hinterlassenen Effecten reclamiret, gebührend allerunterthänigst vorgetragen worden.

Höchstgedachte Se. Königl. Majestät haben mir darauf allergnädigst anbefohlen, vorwohlerwähntem Herrn Generalfeldmarschall-Lieutenant und bevollmächtigtem Minister hiermit geziemend zu eröffnen und ihn zu versichern, wie Höchstdieselbe gewiss nicht die allergeringste Schwierigkeit machen würden, den p. von Weingarten, falls sich derselbe in diesseitigen Königl. Landen aufhalten und daselbst betreten lassen sollte, sofort extradiren zu lassen, massen dann zu dem Ende bereits die benöthigten Befehle ergangen sein, ihn aufzusuchen und zu arretiren; dass ferner Se. Königl. Majestät, sobald Sie vernommen, als ob nach denen bei vorwohlbemeldtem Herrn Generalfeldmarschall-Lieutenant und bevollmächtigtem Minister eingegangenen Nachrichten der p. von Weingarten sich zu Stendal bei einem seiner dasigen Verwandten befinden soll, dem Magistrat besagter Stadt, wie die abschriftlich hierneben geschlossene desfalls ertheilte Königl. Ordre des mehreren zeiget, ohne einigen Zeitverlust aufgegeben, ihn ohne den allermindesten Anstand aufheben und in sicheren Verhaft bringen zu lassen; und dass endlich dem hiesigem Königl. Geheimten Rath Stadtpräsidenten und Polizeidirectori Herrn Kircheisen der Auftrag geschehen, die Schwiegermutter des ausgerissenen von Weingarten ad protocollum zu vernehmen, umb aus derselben Aussage zu beurtheilen, ob Ihr etwas sicheres von dem Orte des Aufenthalts ihres Schwiegersohns bekannt sei, mithin man desselben desto eher habhaft werden könne.

Sr. Königl. Majestät hat es zu einem wahren Vergnügen gereichet, alle diese Veranstaltungen und Verfügungen treffen zu lassen, umb dadurch ein neues Merkmal an den Tag zu legen, wie hoch Sie der Kaiserin-Königin Majestät Freundschaft schätzen, und wie gross Ihre Begierde ist, Höchstdieselbe bei allen Vorfallenheiten von Deroselben Ihro zutragenden besondern Hochachtung und Consideration durch die thätigste Proben zu überzeugen.

Wann hingegen Höchstdieselbe bis hieher billig Bedenken getragen, die Frau und Kinder des entwichenen von Weingarten in Verhaft nehmen zu lassen, so ist solches vornehmlich aus einem mitleidigen Höchsten Königl. Herzen nicht nur gegen eine Ihro angeborne Unterthanin, welche ohnehin bereits durch das Vergehen ihres Mannes nicht anders als sehr gerühret und betrübt worden sein muss, und welche sich vermuthlich der unanständigen Aufführung des Vaters auf keine Weise theilhaftig gemacht, sondern auch zu Mitleiden gegen dieselben unmündige und annoch in dem zartesten Alter stehende Kinder geschoben.

Se. Königl. Majestät leben daher auch der zuversichtlich gewissen Hoffnung, der Kaiserin-Königin Majestät werden in Erwägung sothaner triftiger Gegenursachen nach Dero grossmüthigen Gedenkungs-art und Billigkeit liebenden Gemüthe auf die Arretirung und Extradition besagter Frau und Kinder nicht mehr insistiren lassen: massen dann Se. Königl. Majestät solches als sehr angenehme Marque Ihrer Kaiserl. Königl. Majestät vor Sie habenden so schätzbaren Freundschaft ansehen und Höchstderoselben dafür besonders verbunden sein werden. Berlin den 24. Junii 1756.

* * *

Königl. Cabinets-Ordre.

an Magistrat zu Stendal wegen Inhaftirung gedachten Gesandtschafts-Secretarii von Weingarten, d. d. Potsdam den 19. Junii 1756.

Da Sr. Königl. Majestät in Preussen Unserm Allergnädigsten Herrn unterthänigst gemeldet worden ist, wie der jüngere von Weingarten, Sohn des Römisch Kaiserlichen Königlichen Gesandten zu Berlin, Grafen Puebla, jüngsthin von Berlin heimlich entwichen und nach Stendal zu Verwandten daselbst gegangen sei, so befehlen Höchstgedachte Se. Majestät Dero Magistrat zu Stendal hierdurch so gnädig als allen Ernstes vorgedachten von Weingarten, dafern derselbe sich zu gedachtem Stendal befindet, alsofort arretiren und zum sichern Verhaft bringen zu lassen, um sogleich an Se. Königl. Majestät immediate davon zu berichten, damit bei sicherer Abholung erwähntes Weingarten sogleich das weitere verordnet werden könne. Wornach erwähnter Magistrat sich eigentlich und allerangelegentst zu achten hat. Potsdam, den 19. Junii 1756.

XXXIII.

Königliches Schreiben an die Reichsversammlung zu Regensburg, Berlin, 30. October, nebst Plothos Promemoria, Regensburg, 23. November 1756.

Der Stillstand in den kriegerischen Operationen beim Anbruche des Winters gewährte den Federkämpfen auf dem Reichstage einen desto weiteren Raum. Die beiden entzweiten Mächte suchten wetteifernd durch Schreiben, Promemorien und andere Vorstellungen die in Regensburg vertretenen Reichsstände auf ihre Seite zu ziehen und von den verderblichen Absichten des Gegners auf die Reichsverfassung und den Besitz der einzelnen Mitstände zu überzeugen.

Kurze Zeit, nachdem der preussische Gesandte Plotho sein Promemoria vom 4. October vertheilt hatte*), wurde ein Schreiben der Kaiserin-Königin an die Reichsversammlung vom 10. October zur Dictatur gebracht**). Wie gewöhnlich wurde Preussen darin angeklagt durch seine widrigen Feindseligkeiten „alle Natur- und Völkerrechte, die Gesetze des Trauens und Glaubens und die unter gesitteten Völkern eingeführte denen gekrönten Häuptern schuldige Rücksicht" verletzt zu haben und unverantwortlich „die fürnehmste und feierlichste Reichssatzungen, namentlich aber die Verfügung der goldenen Bull, dann die so heilsame Verordnungen des höchst verpönten Landfriedens und anderer Reichsgesetze" zu brechen. Freilich werde der von den Preussen „so oft missbrauchte Name der Religion, des Friedens, der

---

*) Vergl. Nr. XXI, S. 190.
**) Es wurde am 21. October dictirt. Abgedruckt ist das Schreiben in Fabers Staatskanzlei III, 732 und in der Kriegskanzlei 1756, Nr. 42, S. 251.

…reichsruhe und der ständischen *Freiheit zur Beschönigung eines gerade* …wider strebenden *Verfahrens nur bei jenen einige Aufmerksamkeit* wecken können, *welche zum Voraus entschlossen seind, sich durch* … preussischen *Vorspiegelungen blenden zu lassen"; alle anderen* …inde ohne Unterschied *der Religion würden das Panier der wirk-* … gerechten *Sache ergreifen. Denn wem wäre es nicht erinnerlich,* sich die Kaiserin *seit dem Antritt „ihrer mühsamen Regierung"* „den allgemeinen *Ruhestand und die Reichsgrundverfassung" ge-* …t und „in dieser *heilsamen Absicht so ansehnliche Lande auf-* …jert" hätte? Jetzt, *wo sie „zum Besten des gesamten Vaterlandes,* Wiederherstellung *und Befestigung dessen Ruhe und Sicherheit,* Rettung und Befreiung *der bedrängten hohen und niederen Mit-* …e und zur *Aufrechterhaltung der im gegenwärtigen mehr dann* …s auf dem Umsturz *stehenden Reichsgrundverfassung und dessen* …menhangs *die äussersten Kräfte ihrer Erb-Königreiche und* … aus wahrer *teutsch-patriotischer Gesinnung" anstrengte, wäre* …er wohl befugt, *auf den Beistand aller Mächte „welchen an* …ufrechterhaltung *der menschlichen Gesellschaftsbande gelegen* …züglich aber *auf die ungesäumte und werkthätige Hülfe der* …thig vertheidigten *Mitstände zu rechnen.*

…tho schickte sofort *nach der Dictatur das kaiserlich-königliche* …n durch eine *Estafette an seine Regierung und forderte**) *mit* …t auf die noch *unentschiedene Haltung der meisten Territorial-* …u *Deutschland,*

… auf gleiche Art *durch eine Vorstellung hiesiger Reichsver-* …ung gebührend *und nach Ordnung solcher fälschlichen Vor-* …en geantwortet *werde."*

…äre sehr zweckmässig *in dieser Erwiderung, rieth der nächste* …es Gesandten**), *die Garanten des westfälischen, des bres-* …des *dresdener Friedens um den Schutz des preussischen* …des anzugehen; *wäre auch ein unmittelbarer Erfolg dieses* …usgeschlossen, *so würden doch der kaiserliche Hof und die* …te dadurch *in die grösste Verlegenheit gebracht, und den* …ten Gelegenheit *gegeben werden, sich offen dem Könige* …en. Als *günstiges Vorzeichen wäre ohnehim die wachsende* …ng über *den Einmarsch fremdherrlicher Truppen auf deut-* …t zu begrüssen.

… officiellen, *zur Veröffentlichung bestimmten Entgegnung* … Ministeriums *konnte dieser, vielleicht auch nicht ganz*

† Plothos vom 21. October.
‡ Plothos vom 25. October.

einwurfsfreie Vorschlag nicht mehr berücksichtigt werden*). Geheimrath Vette hatte bereits am 30. October das nachstehende Schreiben an die in Regensburg versammelten Reichsstände entworfen und dem auswärtigen Departement vorgelegt**). Nachdem Friedrich die Note in Sedlitz unterzeichnet hatte***), wurde sie am 7. November „unter offenem Siegel" dem regensburger Vertreter zugesandt mit dem Befehle,*

„solche an die Behörde abzugeben und zu befördern, dass es ebenmässig wie das Schreiben der Kaiserin-Königin zur fordersamsten Dictatur gebracht werden möge†)."

Sollte der churmainzische Directorialgesandte die Annahme verweigern, so würde „die Nothdurft erfordern", durch ein kurzes Promemoria die Gesandtschaften davon zu informiren

„und solches nebst dem Schreiben an die Reichsversammlung entweder alldort oder in der Nachbarschaft zum Druck zu befördern und überall dann, wo es nöthig, distribuiren zu lassen."

In Regensburg wurden, wie vorauszusehen war, verschiedene Bedenken gegen die Annahme des Anschreibens zur Dictatur erhoben. Sie erschienen diesmal an und für sich nicht ganz unberechtigt, da „einige allzu harte und anstössige Ausdrücke", wie „schändlichste Absicht", „Conspiration", „Rodomontaden" u. s. w., dem Schriftstücke einen gereizten Charakter gaben. Der churmainzische Gesandte Freiherr von Linker machte daher in seiner Eigenschaft als Director des churfürstlichen Collegiums die Dictatur in einer Unterredung mit Plotho am 23. November von einer Aenderung der gerügten Stellen abhängig.

---

*) Plothos Bericht kam erst am 7. November in Berlin an.
**) Befehl an Geheimrath Vette vom 26. October.
***) Die Ausfertigung des Schreibens wurde dem Könige mit Immediatbericht vom 31. October zugesandt.
†) Plotho empfing das königliche Schreiben am 11. November und überreichte es am folgenden Tage dem mainzer Gesandten. Dieser wollte es sofort seinem Hofe zusenden. „Nur verhoffte er, dass es nicht in so harten Terminis abgefasset, wie die ganz letztlich von mir distribuirte Kurze Abfertigung." Obgleich die Annahme eines Schriftstückes zur Dictatur erst nach Genehmigung des Churfürsten von Mainz selbst „ein von den Ständen des Reichs oft gerügtes Gravamen" wäre, schwieg Plotho doch zu dieser Aeusserung, um nicht gleich einen scheinbaren Anlass zur Ablehnung der Dictatur zu geben, und erklärte nur, „wie die Kurze Abfertigung mit der Beantwortung von dem wienerschen Hofe gewiss in keine Vergleichung zu setzen und hier nichts als gegründete Wahrheiten enthalten; übrigens würde es gewiss höchst zudringlich sein, wenn anjetzt ein solches Bedenken wolle getragen werden, so bei denen bisherigen Dictatis gegen Ew. Königl. Maj. nicht wahrgenommen worden." (Bericht Plothos vom 15. November.)

Der Preuße weigerte sich aber ganz entschieden, in einer von seinem Könige selbst unterzeichneten und dadurch nach Form und Inhalt gebilligten Kundmachung irgend welche Correctur zu verstatten und wies aus diesem Grunde auch den scheinbar in guter Absicht gemachten Vorschlag ab, das Urtheil der „nicht interessirten churfürstlichen Gesandten" über die Streitpuncte einzuholen. Binnen Tagesfrist sollte ‥ Linker entscheiden, ob er die Note unverändert zur Dictatur annehmen oder gänzlich ablehnen wollte*).

Trotz dieser entschiedenen Erklärung wurde doch am 24. No‥ber in der mainzer Gesandtschaft eine Conferenz der churfürstlichen Vertreter über die eventuelle Aufnahme des königlichen Schreibens abgehalten. Die Entscheidung dieses Raths stand von vorne‥in fest, da der kölnische Abgeordnete noch die Stimme des pfälzer ‥ndten führte und Trier gerade von Linker selbst vertreten wurde. ‥ Ausnahme Churbraunschweigs erklärten alle, dass das preussische ‥orandum „in seiner jetzigen Gestalt" nicht zur Dictatur gegeben ‥n dürfte,

doch gegen solche harte Expressiones, die ebenfalls von der ‥iserin-Königin in ihrem Schreiben ad Comitia gebrauchet worden, ‥ts weiter erinnert werden sollte."

‥lotho war über diese in den Formen des Rechts und der Billigkeit ‥kleidete Parteilichkeit aufs höchste aufgebracht und weigerte ‥s Original der Note aus der churmainzischen Kanzlei abholen ‥n;

‥e es doch überhaupt sehr ungeziemend, wenn einem grossen ‥n und ersten Stand des Reichs wollte angemuthet werden, das ‥l vollzogene Schreiben zurückzunehmen und abzuändern."

‥ aber diese Vorstellungen, „wie zu einem Gehörlosen ge‥" gar keinen Eindruck machten, liess er schleunigst eine vor‥ schon genommene Abschrift des Briefes mit einem kurzen ‥ria über die „aufs höchste treibende", „des Reichs Ehre und verletzende, mehr als magisterische Anmaassung" des chur‥en Directoriums drucken und unter die Gesandten vertheilen. ‥itendes Promemoria datirte er vom 23. November, als dem Linker ihm die Dictatur abgeschlagen hatte**).

‥cht Plothos vom 27. November.
‥schrieb Kahle aus Anlass dieser und eines weiter zu erwähn‥falls die Staatsschrift „Unverantwortliches Betragen des Chur-
Reichs-Directorii gegen Se. Königliche Majestät von Preussen, ‥rung der Dictatur des Königl. Preussischen Schreibens an die ‥mm‥ung zu Regensburg, vom 30sten Octobr. 1756. Ingleichen des

32*

Schreiben an die Reichsversammlung. 30. October 1756.

Zur Verstärkung des Eindrucks wollte der Gesandte insgeheim die Abgeordneten der Reichsfürsten aufreizen, dass die Berathung „nur inter Electorales" stattgehabt hätte; er erwartete davon,

„vielleicht um so eheuder zu erhalten, dass die fürstlichen Höfe en dépit und zu Salvirung ihrer Gerechtsame das pro dictato distribuirte auch also anerkennen und ansehen."

Ausserdem wünschte er noch von Berlin aus durch eine Circularnote an die Reichsstände unterstützt zu werden,

„worin mit Beilegung des Schreibens vom 30. October verlangt würde, dass bei so offener Ungerechtigkeit Mainz und Trier als Directoren recusirt und dafür Churköln eingesetzt würde."

Das preussische Departement der auswärtigen Affairen glaubte von einem derartigen Schritte, welcher gar keine Aussicht auf Erfolg versprach, durch seinen Radicalismus aber die noch unentschiedenen Stände leicht abschrecken konnte, „vorläufig noch Abstand nehmen zu sollen" *), und begnügte sich, die Ministerien von Hannover, Braunschweig, Kassel, Darmstadt, Stuttgart, Gotha, Baireuth, Ansbach, Köln und Mannheim „von dem Reichsconstitutionswidrigen Verfahren zu informiren" und ihnen einige Exemplare des Plothoschen Memorials zu übersenden **).

Der von Plotho in Regensburg veranstaltete Druck des königlichen Schreibens und seiner eigenen Einführung trägt die Aufschrift:

Pro Memoria.
4°. 15 S.

Drei uns bekannt gewordene Ausgaben, die nur in den Typen, bezw. in der Seitenzahl von einander abweichen, führen den Titel:

Pro-Memoria, | welches | Se. Königl. Majestät in Preussen durch Dero Comitial-Gesandten, | Herrn Erich Christoph Freyherrn von Plotho, | am 25 Nov. 1756 | auf der allgemeinen Reichstags-Versammlung | zu Regenspurg übergeben lassen.
4°. 12 S.

Andere Wiedergaben der beiden Schriftstücke sind bezeichnet:

Pro Memoria | des | Königl. Preuss. und Churfürstl. Brandenb. | Comitial-Gesandten | Ehrich Christoph Freyherr von Plotho, | de dato Regensburg 23. Novembr. 1756. | Nebst an-

Chur-Brandenburgischen Gesandtschaffts-Memoriales vom 23ten Decembr. 1756 betreffend."
   *) Ministerialbericht an Plotho vom 4. December.
   **) Schreiben des preussischen Departements der auswärtigen Affairen an die genannten Ministerien vom 4. December.

gefügtes Schreiben | Sr. Königl. Majestät in Preussen, und Churfl. Durchl. zu Brandenburg | an | die allgemeine Reichsversammlung | zu Regensburg, | d. d. Berlin 30. Octobr. 1756. 4°. 15 S.

Sr. Majestät | des Königs von Preussen | Schreiben | an die Hohe Reichs Versammlung | zu Regenspurg. | d. d. Berlin den 30. October 1756. | nebst einem | Pro Memoria | des Freyherrn von Plotho. | d. d. Regenspurg den 23. November 1756. 4°. ? Bl.

Das Schreiben vom 30. October ist abgedruckt in den Danziger rägen 2, 133 und nebst dem Plothoschen Promemoria bei Faber 603; in der Kriegskanzlei 1756, Nr. 59, S. 533; in der Neuschen Sammlung als zwanzigstes Stück und in der Helden-, r- und Lebensgeschichte 3, S. 968.

Promemoria.

οc abermalige ganz neue überzeugendste Probe des churmainzischen ii auf das Höchste treibenden, auch ebenso derer Höchst- und Hohen des Reichs Ehre und Freiheit verletzenden, mehr als magisterischen ung und einer gar nicht verhehlten, sondern ganz deutlich- und offenrteilichkeit ist es, wenn ein von Sr. Königl. Majestät in Preussen chsteigenhändiger Unterschrift an hiesige Reichsversammlung erchreiben und welches von Endesunterschriebenen dem churmainzitorio mit dem geziemendsten Ersuchen baldigster Beförderung zur tatur am 12. diesen zugestellet, nach eilf Tage Zurückhalt aber unter and einiger vermeintlich sich darinnen befindenden harten Aus- dictiren verweigert worden.

gross diese Zudringlichkeit und wie offenbar die Parteilichkeit bei lderhaltung desjenigen, was ohne einiges Bedenken bishero gegen Majestät in Preussen dictiret worden, und worinne nach denen en und der Billigkeit kein Unterscheid zu machen, solches wird aparteiischen Beurtheilung gegeben und quam solennissime pro Königl. Majestät in Preussen das weitere deshalb expresse reservllen Höchsten und Hohen Ständen des Reichs die nöthige Salvechte und Gerechtsame überlassen.

 Endesunterschriebener bei so ungebührlich verweigerter Dienigl. Majestät in Preussen, seines allergnädigsten Königs und nige Reichsversammlung erlassenen Schreibens sich geüthiget hiermit pro dictato geziemend zu insinuiren.

rg, den 23. Novembris 1756.

Erich Christoph Freiherr von Plotho.

[Schreiben Sr. Königl. Majestät in Preussen an die
allgemeine Versammlung zu Regensburg.
d. d. Berlin 30. Octobr. 1756.]

Von Gottes Gnaden Friederich, König in Preussen p. Unsern günstigen und geneigten Willen zuvor. Hochwohlgeborne, Wohlgeborne, Edle, Vest- und Hochgelahrte, Ehrsame, Gelehrte, besondere Liebe und liebe Besondere. Auf was vor eine höchst ungerechte und unerhörte Art von Seiten der Kaiserin-Königin seither den dresdenschen Frieden gegen Uns in viele Wege gehandelt, wie dieselbe mit Hülfe und Zuthun des Königes von Polen, als Churfürsten zu Sachsen, auf Unsern gänzlichen Umsturz sich bearbeitet habe, und wie zu Ausführung solcher auf den Ausbruch gestandenen gefährlichen Desseins mit ganz ausserordentlichen Kriegeszurüstungen in Böhmen und Mähren der Anfang gemachet, und Wir dahero nothgedrungen worden, zu Unserer Sicherheit und Selbsterhaltung und umb den Uns bedrohten Untergang vorzukommen, alle mögliche Defensionsmittel aufs schleunigste zu ergreifen, solches ist bereits weltkündig. Wie sehr jene gegen Uns geschmiedete höchst gefährliche Anschläge dem Natur- und Völkerrecht widerstreben, und wie sie schnurstracks gegen den westphälischen und dresdenschen Frieden angehen und an deren Untergrabung abzielen, ja denen bekannten Reichs-Constitutionen, wornach ein jeder bei dem Seinigen ohngestört gelassen werden solle, zuwiderlaufen, und wie alle diese Satzungen durch das Verfahren des wiener Hofes auf das freventlichste verletzet worden, solches fället einem jeden in die Augen; ja es wird niemand ohne Abscheu und Indignation jene Démarchen vernehmen können, der dasjenige Mémoire raisonné oder die ins Teutsche übersetzte Gegründete Anzeige des unrechtmässigen Betragens und der gefährlichen Anschläge des wienerischen und sächsischen Hofes gegen Uns nur obenhin angesehen, welche Wir jüngsthin zum Druck befördert und selben die unverwörflichste Archiv-Urkunden als die deutlichste Proben beifügen lassen, wodurch des wiener Hofes schändlichste Absichten, dessen hinterlistiges Vorhaben, Uns die durch die feierlichste Tractaten, besonders den dresdenschen Frieden, versicherte und vom gesamten Reiche garantirte schlesische Lande ohne die geringste Ursache mit Gewalt zu entreissen, Uns in dem Innersten Unserer Staaten den gefährlichsten Streich zu versetzen, folglich mit Hülfe mächtiger Puissancen, absonderlich aber des dresdenschen Hofes, Unsern Umsturz und Untergang zu bereiten, auf eine ohnwidersprechliche Art an den Tag geleget, auch das Concert oder vielmehr die Conspiration entdecket worden, welche des Endes mit dem dresdenschen Hofe gemachet und von diesem sogar unter andern die Beraubung eines Theiles der durch den westphälischen Frieden Unserm Königlichen Chur-Hause zur Indemnisation angelegten Lande conditioniret und sich zugeeignet werden wollen. Es sind diese höchst detestable Démarchen an sich offenbar und so beschaffen, dass es billig jedermann in die äusserste Verwunderung setzen muss, wie die Kaiserin-Königin sich an das versammlete Reich wenden, dessen Assistenz und Garantie reclamiren, sich als den defensive agirenden Theil darstellen und durch solche Vorspiegelungen Uns als Aggressorem auszugeben sich unternehmen können. Es würde überflüssig sein, die Grösse jener Ungerechtigkeiten, die Durchlöcherung der feierlichsten Tractaten und Friedensschlüsse und die gewissenlose und heimliche Intriguen des wiener Hofes näher zu detailliren, welche er mit Hintansetzung alles des, was unter souverainen Mächten billig heisset, obnablässig angewendet, seinem unersättlichen Begierden und gegen Uns hegenden Animosität und unversöhnlichen Hass ein Gnügen zu thun; Wir können auch übergehen, wie derselbe Hof zu Ausübung seines vasten Plans mit denen formidabelsten Kriegeszurüstungen den Anfang gemachet, da dieses alles bereits reichs-, ja weltkündig ist.

Ein solches Verfahren ist denen von Seculis her dem Hause Oesterreich aus eigenen Maximen ganz gemäss und vorzüglich zu Unterdrückung der mächtigsten Reichsstände abgesehen, so dass die Mindermächtige daran ein auriges Beispiel zu nehmen haben, wie es Ihnen in der Folge ergehen könne, wann Wir nicht in Zeiten auf Unserer Hut gewesen und dem Uns vor dem Haupte geschwebeten Ungewitter zuvorgekommen wären. Bei dieser zur Defension und Beschützung des Unsrigen ergriffenen Nothwehr sind Wir zugleich fest entschlossen, alle von Gott verliehene Kräfte zum besten Unserer gesammten Reichs-Mitstände, zu Erhaltung des echten Reichssystematis und deren Stände Ehre, Freiheit und Vorrechten anzuwenden; ob wir gleich Unsererseits nichts mehr gewünschet hätten, als Denenselben solches in völligem Ruhestand zu versichern. Unsere Absicht und äusserste Sorgfalt, den edlen Frieden in Teutschland zu erhalten, ist jedermann so bekannt, als diejenige Arglist und Bemühungen ohnverborgen sind, mit welchen der wienerische Hof solche Unsere heilsame Absichten zu hinterreiben und vielmehr den Krieg ins Herz von Teutschland zu spielen, sich äusserst bemühet hat, umb dadurch seine gefährliche Anschläge desto ebender zur Ausführung bringen zu können. Wir versprechen Uns dahero, es werde von jedermann ohne Unterscheid der Religion Unsere friedfertige Gesinnung, die der Kaiserin-Königin hergegen offenbar bezeigte Abneigung zum Frieden, gleich das Uns widerfahrende Unrecht und fälschlich beschuldigte Aufhetzung sowohl, als auch dieses eingesehen werden, dass bei denen bekannten Umständen und Hergang der Sache die Vorspiegelung des wiener Hofes von denen friedlichen Gesinnungen und dessen Absicht zu Beförderung des Ruhestandes in Teutschland und deren Stände Wohlfahrt auch nicht den mindesten Grund in der Wahrheit habe. Von Demselben und Eurer Einsicht sind Wir dessen versichert, dass dieses genugsam anerkennet werde, und dass mehrgedachte Kaiserin-Königin sich nur vergeblich bemühe, durch das gemachte Blendwerk und gewöhnliche Rodomontaden, als wann ihre Kriegsmacht und grosse Kräfte zu des Reichs Sicherheit und Erhaltung abzieleten, die Reichsversammlung irre zu machen, dessen Attention von ihrer gefährlichen Gesinnung abzuziehen und solche dadurch, wo möglich, zu verbergen. Wir haben vorhin und besonders in einem an Unsere gesammte auswärtige Ministros ergangenen und überall bekannt gewordenen Circular-Rescript vom 18. dieses Monates umbständlich dargethan, dass gleich mit Eintritt dieses Jahres, da in Unseren Landen an die mindeste kriegerische Rüstung nicht gedacht, mit denen fabelhaften Krieges-Präparatorien in Böhmen und Mähren der Anfang gemacht und wohin damit abgezielet worden, nämlich die gegen Uns beschlossene Anschläge auf eine schleunige und jählige Art zum Vollzug zu bringen.

Wie wenig dergleichen Machinationen mit der so sehr vautirten Bestimmung der teutschen Reichsstände übereinstimmen, welcher Gefahr deren Rechte und Freiheiten exponiret, und wie wenig auch die mindermächtige Stände bei dem Ihrigen sicher sind, wann das Haus Oesterreich sich an keine

Friedenschlüsse und Verträge mehr bindet, solche zwara öffentlich reclamiret, aber heimlich zu untergraben und zu durchlöchern und bei einem favorable scheinenden Tempo mit seiner eigenen Macht und durch Hülfe der mit ihme alliirten Puissancen seine Anschläge mit Gewalt durchzusetzen unternimmt, solches kann ein jeder Unparteiischer so leicht beurtheilen, als bei solchen Umbständen Uns niemand in der Welt wird verargen können, wann Wir Uns bei Unsern Land- und Leuten zu schützen suchen und nach der einem jedem Privato erlaubten und in natürlichen Rechten gegründeten Selbsterhaltung und Beschützung der Unsrigen zu denen obnumgänglichen Defensions-Mitteln zu schreiten, folglich dem Uns zugedachten Untergange vorzukommen und abzuwenden genöthiget gewesen. Die Reichssatzungen, deren Disposition die Kaiserin-Königin sich bei dieser Gelegenheit so sehr zu Nutze zu machen suchet, ja selbst der Landfriede vom Jahre 1548 § 1 u. 3, improbiren aufs höchste alle gefährliche Anschläge und Bündnisse, umb jemanden mit gewaltsamer Entsetzung des Seinigen zu berauben, so dass derjenige, so solches unternimmt, ipso facto als ein Friedebrecher anzusehen ist, womit der westphälische Friedensschluss im Art. VIII. § 2 und Art. XVII § 4 übereinstimmet, nach welchen alle diejenige, so mit Rath und That den Friedensschluss entgegen gehandelt, vor Landfriedebrecher öffentlich erkläret werden. Es ist dahero nicht abzusehen, warumb die Kaiserin-Königin zu solchen Reichs-Constitutionen die Zuflucht nehmen und was sie vor sich daraus vor einen Vortheil gegen Uns erzwingen will, da es vielmehr obnstreitig ist, dass, wann auch diese Gesetze in dem vorliegenden Fall ihre Application finden können, sie zusamt dem dresdenschen Hofe darin Ihr eigenes Urthel und Verdammung mit dürren Worten antreffen werde.

Das gewöhnliche Wortgepränge von der patriotischen Gesinnung der oftbesagten Kaiserin-Königin und deren vorgebentliche Entschliessung, sich an die Spitze der Vertheidiger der teutschen Freiheit zu stellen, wird hoffentlich bei Unsern Reichs-Mitständen umb so viel weniger einigen Eindruck machen, da die Ursachen der gegenwärtigen Kriegsrüstungen des wiener Hofes und gegen wen sie zufoderst gemünzet gewesen, Deroselben nicht unbekannt geblieben; indessen hat es die leidige Erfahrung oft genug gewiesen, was es dem Reiche vor Vortheil gebracht, wann das Haus Oesterreich sich an die Spitze zu stellen oder vielmehr zu dringen und die Stände in seine Hauskriege einzuflechten gesuchet; was daraus vor Ihre reichsständische Gerechtsame und Freiheit, auch Ihre Land- und Leute vor Nachtheil und üble Suiten erwachsen und wie oft die Unterdrückung Ihrer Freiheit dabei in Gefahr gewesen sei. Es dürfte gewiss auch bei denen dermaligen und ausserordentlichen Kriegsrüstungen mehrbesagten Hauses, wie Wir zuverlässig wissen, das Reich davon neue betrübte Proben erfahren haben, wann Wir nicht noch in Zeiten die glückliche Entdeckung der gefährlichen Anschläge gemachet, und der Höchste Uns nicht Kraft und Muth verliehen hätte, zu Unserer und Unseres geliebten teutschen Vaterlandes Vertheidigung die Waffen zu ergreifen und dadurch, nebst Unserer Sicherheit, die reichsständischen Vorrechte und Freiheit ebenfalls zu erhalten und zu erretten. Wir machen Uns dahero die feste Hoffnung, es werden Unsere Herren Reichs-Mitstände Uns dessen nicht allein verdanken, sondern auch Uns, als dem mit einem jählichen und gewaltsamen Ueberfalle bedroheten und lediglich in dem Stande einer abgedrungenen Nothwehr befindlichen Theile, Dero Beifall und Assistenz nicht versagen, sondern in Kraft des westphälischen Friedens-

hhmen und der vom Reichs wegen übernommenen Garantie des dresdenern Friedens Um die Sicherheit und Gewähr der Uns in nur besagten den feierlichen Tractaten versicherten Landen mit eilender Hülfe zu verassen, folglich gegen das die Bande der menschlichen Gesellschaft und s denen, was unter Fürsten heilig ist, so sehr beleidigende und ungete Verfahren des wiener Hofes Uns Ihren Beistand zu leisten geneigt; und wie Wir Uns ein gleiches von denen auswärtigen Kronen und hten, besonders denen Garants des westphälischen Friedens, welchen Wir der Situation dieser Sache nicht minder die Nachricht mittheilen lassen, mässig versprechen, so haben Wir vornehmlich gesamten des Heil. Röm. u Churfürsten, Fürsten und Ständen auf dem Reichstag zu Regenspurg sondern Räthen, Botschaftern und Gesandten hievon die ohnverlängte ge zu thun und Dieselbe zu ersuchen ohnermangeln wollen, hierüber an Ierren Principalen, Obern und Committenten fodersamsten Bericht zu en und Instruction einzuholen, wie dieser ohne Unser Verschulden Uns den Gefahr und bedrohentlichem Umsturz von Reichs wegen zu be- ı sein werde. Wir leben des gewissen Zutrauens, Unsere Herren Reichs- ıde werden die Aufrechthaltung des westphälischen Friedenschlusses Herzen nehmen und des Endes sowohl als auch in Kraft der von ge- Reich übernommenen Garantie des dresdenschen Friedens Uns alle ge und kräftige Hülfe und Assistenz angedeihen (lassen) und Uns bei durch oftberührte beide feierliche Tractaten begründeten Besitzungen den mit aller Macht und Nachdruck schützen helfen. Wir werden illfahrung gegen das gesamte Reich und einen jeden Stand insbesonknechmäßigt erkennen. Die Wir übrigens Denenselben und Euch mit ıer Hulde und Gnade stets wohl beigethan verbleiben.
eben Berlin, den 30. Octobris 1756.
Friedrich.
H. G. v. Podewils. Finckenstein.

XXXIV.

Rundschreiben vom 2. bezw. 6. November und Zeitungsartikel vom 18. November.

Als ein nach Prag bestimmter Kurier des französischen Botschafters zu Dresden Karl Franz Grafen Broglie am 7. September 1756 die preussischen Linien vor Pirna passiren wollte, wurde er von Husaren angehalten, seiner Depeschen beraubt und in das Hauptquartier gebracht. Von dort aus wurden seine Briefschaften, „ohne selbige im allergeringsten zu rühren"*), an den Legationsrath Maltzahn gesandt, damit er sie mit einer Entschuldigung dem Grafen Broglie zurückstellte. Zugleich musste er aber den Botschafter bedeuten,
„*dass man dessen Kuriers allemal ohngehindert passiren, nur in gegenwärtiger Situation dergleichen nach Prag zu schicken nicht allerdings zugeben würde noch könnte."*
Nach den Gesetzen des Völkerrechts streng genommen war diese Erklärung sehr anfechtbar **).
So lange der Krieg gegen Oesterreich nicht officiell angesagt war — er begann nach Friedrichs eigener Auffassung erst am 12. September nach dem Empfange der Antwort auf das dritte preussische Ultimatum ***) *— so lange hatte der König kein materielles Recht, den Verkehr einer befreundeten Nation mit der Hofburg zu unterbinden.*

*) Politische Correspondenz 13, 362. Vergl. Valory, mémoires 2, 178. 180. 182.
**) Vergl. über diese Frage Lebsten, de jure atque limitibus inviolabilitatis legati hostilis. Rostock 1738 und F. K. von Moser, Kleine Schriften. Bd. 4, S. 245. „Der Courier nach seinen Rechten und Pflichten".
***) Vergl. S. 136.

Mit besseren Gründen konnte Broglies Gesuch*) um Erlaubniss
zu ungehinderten Reisen zwischen Dresden und dem Lager Augusts III.
vorschlagen werden. Um seiner selbst willen, so wurde ihm in der
verbindlichsten Form zu verstehen gegeben, müsste der Wunsch unerfüllt bleiben**). Immerhin stand auch dieser Bescheid in gewissem
Widerspruche mit jener in der Déclaration ausgesprochenen Fiction
zur friedlichen Besetzung des Churstaates***).

Zum Unglück wurde die Auffassung der Dinge noch durch ein
persönliches Missverhältniss verschärft. Broglie, der in seinem Hoch-
muthe als Sohn des Eintagssiegers von Sahay das scharfe Urtheil
Friedrichs über die militärischen Leistungen des alten Marschalls†)
für eine boswillige Verkümmerung des Familienruhms hielt††), wollte
in den geschilderten kleinen Vorgängen absichtliche Beleidigungen
finden und berichtete in diesem Sinne an seinen Hof. Damit war
der antipreussischen Partei in Versailles eine neue, willkommene Handhabe zur weiteren Action gegeben†††).

Der französische Gesandte in Berlin, Valory, musste dem Cabinetsministerium eine Verbalnote überreichen*†), die dem Befremden
seines Souverains über einen so offenbaren Bruch des Völkerrechts
und der gebräuchlichsten und gefestigtesten Gesetze unter civilisirten
Nationen Ausdruck gab, eine schnelle, befriedigende Sühne heischte
und als kategorische Verlangen stellte,

dass künftighin weder die Boten des Grafen Broglie persönlich,
noch ihre Gepäckstücke angetastet würden, vorzüglich aber dem Gesandten unbehinderter Ein- und Ausgang bei Sr. Majestät dem
Könige von Polen freistände**†).“

*) vom 11. September. — Bericht Maltzahns vom 13. September: „Il m'a
dit le plus comme il avoit souvent des lettres à remettre à Sa Majesté
de la part de sa cour et à en recevoir de même, et qu'il étoit obligé
pour cet effet au camp.“
**) Politische Correspondenz 13, 378.
***) vgl. S. 125.
†) vgl. Politische Correspondenz 1, 437. 441; 2, 202. Œuvres 2, 97.
3, 10.
††) Friedrich schrieb über Broglie 1752 an Maltzahn, er habe ihn auf-
gefunden und von einem Selbstgefühl, wie ihm kaum vorgekommen
. . Droysen 5. 4, 324 und Politische Correspondenz 9, 210. —
Correspondenz 13, 508: „Broglie hat sich schon in anderen Gelegenheiten gar nicht wohl gesinnet gegen Mich bezeiget und noch einen persönlichen von seines Vaters Zeiten her gegen Mich fortgesetzet hat."
†††) Politische Correspondenz 13, 496.
*†) 2. October.
**†) Politische Correspondenz 13, 503.

Friedrich, der noch nicht ganz die Hoffnung auf einen Umschwung in der französischen Politik aufgegeben hatte*), äusserte in einem Schreiben an Podewils und Finckenstein**) sein Bedauern über „den Vorfall", der sich ohne sein „Vorbewusst, Ordre, noch Genehmhaltung" ereignet hätte, und nur die Schuld eines Husaren gewesen wäre, „der nicht gewusst, was ihm zukäme oder nicht". Obgleich den Franzosen doch bekannt sein müsste, „dass es in Kriegszeiten wohl von dem Droit des gens ist, dass man keine Couriers nach feindlichen Lagers sendet", befahl der König doch, durch Knyphausen in Versailles „eine honnette Excuse" machen, „jedennoch dabei sehr poliment insinuiren zu lassen, dass jetzo Couriers durch die Armee und Truppen auf Prag zu schicken wohl nicht angehe".

Am selben Tage, als der König diese Cabinetsordre erliess, hatte ein neuer Zwischenfall bei dem preussischen Cernirungscorps in Sachsen alle versöhnlichen Bestrebungen zu Schanden gemacht.

Auf ausdrückliche Anweisung seines Hofes hatte Broglie am 6. October von neuem versucht, durch die preussischen Belagerungstruppen zu König August zu dringen. Als ihm Dragoner den Weg versperrten, hatte er sich „sehr unnütze gemachet und gesaget, ihn könnte niemand aufhalten" und wollte sich mit Gewalt Bahn brechen. In erregten Worten beschwerte er sich beim Markgrafen Karl, der hinzugeritten kam, und wies die Befehle seines Herrschers vor, „zum König von Polen zu gehen und dessen Person nicht zu verlassen."

„Ich versetzte darauf," erzählt Karl, der einen ausführlichen Rapport über diese Begebenheit abgestattet hat***), „dass er ganz Recht thäte, die Ordre seines Königs zu befolgen, mir hingegen wäre es auch nicht zu verdenken, der Ordre meines Herrn nachzuleben, und ich würde hiervon ebensowenig als er abgehen. Er hielte es abscheulich, dass Ew. Königl. Majestät befohlen, ihn als einen Gesandten nicht durchzulassen; ich aber versicherte ihm, dass Ew. Königl. Majestät seiner Person gar nicht gedacht hätten, sondern das generale Gebot gegeben, worunter ich jeden ohne Unterschied verstehen müsste, also auch nach solchem ohne Anfrage niemand durchlassen könnte."

Das Verlangen des Zornigen, im Hauptquartier die königliche Entscheidung abzuwarten, wurde aus militärischen Gründen ebenfalls abgeschlagen. „Er blieb danach dabei," schliesst der Markgraf seinen Bericht, „wenn es acht Tage dauerte, so ginge er von der Ordre

---

*) Vergl. S. 404.
**) Lobositz, 6. October. Politische Correspondenz 13, 504.
***) Politische Correspondenz 13, 507.

seines Königs nicht ab und wollte da halten" ... Endlich aber, nachdem er es „auf alle Weise mit Güte und Bösem probiret", stand er von seinem Vorhaben ab und nahm, zum Zeichen, dass er nur der Gewalt wiche, dicht hinter der preussischen Aufstellung in dem Dorfe Heidenau Quartier*).

König Friedrich sah mit Recht in diesem ungefügen Gebahren Broglies**) die Absicht, ihn, wie es in einer Cabinetsordre an Podewils heisst***), mit dem französischen Hofe „durch Dinge, so er wider alles Völkerrecht und haut à la main souteniren will, mehr und mehr zu committiren". Officiell wollte er jedoch nichts mit dem ärgerlichen Vorfalle zu thun haben, und überliess dem Markgrafen, mit Broglie „durchzukommen, so gut er könnte" †). An Winterfeldt schrieb Friedrich: „der Franzose muss mit Höflichkeit geschoren werden, nur nicht hereingelassen" ††). Nach der Capitulation von Pirna wurde dann dem Gesandten angezeigt, dass es ihm nunmehr freistünde, zu dem König von Polen zu reisen" †††).

Ganz ungerügt wollte der Sieger von Lobositz doch nicht „das indecente und ganz ohnanständige Betragen" des hochfahrenden Diplomaten hingehen lassen und befahl daher seinem Vertreter in Paris, Knyphausen, sich bei dem Ministerium zu beklagen und „eine billige Satisfaction zu beantragen*†). Der Auftrag konnte nicht mehr ausgeführt werden. Als Knyphausen am 20. October den französischen Staatssecretär Rouillé aufsuchte, um die Antwort auf Valorys Note vom 2. October zu bringen und sein Bedauern über den Zwischenfall auszusprechen, entgegnete ihm der Minister kurz, „dass der König sich durch die Beleidigungen des Gesandten, die dem wenig maassvollen Verfahren der Preussen die Krone aufsetzten, ausserordentlich verletzt fühlte", und bestellte ihn zu einer neuen Unterredung am

---

\) Vergl. hierzu Valory, mémoires 1, 312; 2, 353 f.

**) Mitchell an Holdernesse 21. October: „count Broglie ... has behaved with much passion, absurdity and impertinence as was possible." Bisset, s. 215. Maltzahn schrieb am 8. October: „Votre Majesté est déjà de l'avantgarde du comte de Broglie et comme il fait le Don Quichotte ..."

***) Politische Correspondenz 13, 506. 513.

†) Politische Correspondenz 13, 521.

††) Politische Correspondenz 13, 512.

†††) Politische Correspondenz 13, 545.

*†) Politische Correspondenz 13, 506. Demgemäss erging am 10. October Ministerialerlass an den Gesandten.

folgenden Tage*). Der Gesandte berichtet über diese Zusammenkunft**):

„Ich war kaum eingetreten, so erklärte mir Rouillé, dass Ew. Majestät alles, was vom Völkerrecht geheiligt wäre, verletzt hätte, sowohl durch das, was sich kürzlich mit dem Grafen Broglie ereignet hätte, als durch die Behandlung des Gesandtschaftskuriers; er habe mir daher zu eröffnen, dass Se. Allerchristlichste Majestät einen Eilboten an Valory geschickt hätte, ihn ohne Abschied abzuberufen***), und mir verböte, mich ferner vor Ihr zu zeigen . . . . . Es ist mir mehrfach von vertrauenswürdiger Seite mitgetheilt worden, dass die Beschwerde Broglies nur zum Vorwand gedient hätte, der begierig ergriffen worden wäre, um, wie schon seit dem Einfalle in Sachsen geplant, Valory abzuberufen†)."

Sofort erging auch an Knyphausen in Paris der Befehl zur Rückkehr ††).

„Das sind die Intriguen Oesterreichs, die euch zur Abreise zwingen," schrieb der König eigenhändig zu dieser Ordre. „Sobald ihr aus Paris fortgereist seid, hemmt nichts mehr den Lügenschwall meiner Feinde. Sie werden so viel Geschichten erfinden und so viel zu berichten wissen, dass man nur noch mit ihren Augen sehen und mit ihren Ohren hören wird. Wollen sie meine Feinde sein, gut, sie sind es, die das gewollt haben."

Noch an demselben Abend, an dem die Depesche aus Fontainebleau angelangt war, wurde der Cabinetsminister Podewils angewiesen †††), unverzüglich mit seinem Amtsgenossen Finckenstein

---

*) Bericht Knyphausens aus Fontainebleau vom 21. October: „que le Roi était extrêmement blessé de la manière dont on avoit insulté son ambassadeur, et qu'il regardoit cet événement comme mettant le comble aux procédés pro mesurés que Votre Majesté avoit eu depuis quelque temps à son égard."

**) Politische Correspondenz 13, 581.

***) Erlass an Valory. Fontainebleau 19. October.

†) Am 25. October berichtet Knyphausen, er hätte kaum Fontainebleau verlassen, „qu'on a envoyé plusieurs fois pour se faire informer sous main si je n'étois pas encore sorti."

††) Politische Correspondenz 13, 583. In der von Eichel aufgesetzten Cabinetsordre selbst begegnen uns diese Gedanken schon einmal: „C'est le je de l'Autriche, témoin ce qui arriva il y a plusieurs années en Russie, qu'elle n'aime pas de voir des ministres des cours à qui elle en veut, aux cours auxquelles elle a gagné le dessus par ses illusions afin qu'elle puisse d'autant mieux débiter ses mensonges et ses calomnies, sans qu'il y ait quelqu'un qui puisse désabuser ceux à qui elle en impose."

†††) Politische Correspondenz 13, 587.

„*ein wohl ausgearbeitetes Factum oder Promemoria über die mit dem Grafen Broglie vorgegangenen Sachen sowohl wegen seines Kuriers, als wegen seiner intendirten Reise nach dem König von Polen und seine Aufführung dabei aus den von des Markgrafen Karl Hoheit und des Herrn von Maltzahn gegebenen Nachrichten aufzusetzen, die eigene von dem Grafen Broglie dabei gebrauchte Expressiones mit zu inseriren und solches ohne weiteren Anstand allen Höfen bekannt zu machen*).*"

Das Promemoria sollte vor allem dem englischen Gesandten Mitchell möglichst schnell zugestellt werden, um durch ihn Williams, den Vertreter Grossbritanniens in Petersburg über die wahre Verknüpfung der Ereignisse aufklären zu können.

Finckenstein entwarf darauf das vorliegende Rundschreiben, das Podewils mit Aenderungen versah. Es wurde dem britischen Minister beim Könige am 2., den übrigen Diplomaten am 6. November zugesandt**). So viel wir wissen, ist die Note bisher nicht veröffentlicht worden.

Die Schlusssätze dieses Schriftstücks, in denen die Hoffnung auf einen gütlichen Vergleich mit Frankreich ausgesprochen wurde, wollte Podewils nur in den esoterischen Kreisen der Diplomatie bekannt werden lassen; er äusserte sich darüber zu Eichel***):

„*Das Mémoire wegen des comte de Broglie ist zwar dergestalt, wie es gefasset, unseren Ministern in der Fremde und auch von mir dem Herrn Mitchell ohne davon etwas zu retranchiren, communiciret worden, weil man sich nicht vorstellen kann, dass man in England und Holland sich über gewisse unter beide Höfe, so noch*

---

*) Schreiben des Grafen Podewils an Mitchell. Berlin, 2. November: „Le Roi m'ayant ordonné de vous envoyer un mémoire pour justifier la conduite de Sa Majesté contre le bruit que la France vient de faire, touchant l'infraction prétendue au droit de gens dans la personne de son ambassadeur à la cour de Saxe, le comte de Broglie, ce qui a occasionné le rappel brusque et soudain de mr. le marquis de Valory, ministre de France à notre cour, sans prendre congé, j'ai l'honneur de vous l'adresser ci-joint, et le Roi se flatte que vous voudriez bien l'envoyer à votre cour aussi bien qu'à mr. le chevalier de Williams, ambassadeur de Sa Majesté Britannique auprès de l'Impératrice de Russie, en priant ce ministre d'en vouloir bien faire tout l'usage convenable dans les circonstances présentes à la cour où il se trouve. Je souhaite que nous ayons bientôt la satisfaction de vous voir ici en parfaite santé."

**) Die preussischen Gesandten waren schon früher durch Erlasse vom 30. October und 2. November über die Abberufung Valorys und den Fall Broglie unterrichtet worden.

***) Brief vom 13. November.

nicht zu einer offenbaren Ruptur geschritten, zu observirende vage Ménagements informalisiren könnte, noch daraus Sr. Königl. Majestät eine einseitige Begierde Sich mit Frankreich zu versöhnen beilegen wird. Inzwischen aber, wenn es hierauf zur Publication dieses Mémoires durch den Druck kommen sollte, wird man die anstössig geschriebene Passage wegen Frankreich gänzlich retranchiren."

Der König, sonst weniger besorgt als „seine Minister, pflichtete dieser Vorsorge bei*). Da unter den obwaltenden Verhältnissen von der französischen Regierung nichts durch Güte zu erreichen wäre, mochte er nicht durch eine inhaltslose Redewendung bei den ihm zugethanen Völkern den Schein erwecken, als ob er noch „mit Frankreich zu raccrochiren" beabsichtigte.

Als Friedrich am 14. November nach Dresden zurückkehrte, wo er sein Hauptquartier für den Winter aufschlug, liess er dem Grafen Broglie durch den Flügeladjudanten von Cocceji anzeigen, dass der König sich seine Aufwartung verbäte und ihn ersuche, sich möglichst schnell samt seinem ganzen Haushalte zu der polnischen Majestät zu begeben**). Der Botschafter reiste darauf am 16. November nach Prag, und erwartete dort die Befehle Augusts III. An seiner Stelle hatte er den Legationssecretär Peter Michael Hennin im Auftrage seines Herrschers zum Geschäftsträger bei der Königin von Polen ernannt. Auch dieser sollte noch im selben Monat aus Dresden ausgewiesen werden, wusste aber durch seine energische Berufung auf die ausdrücklichen Befehle seines Hofes sich Duldung zu erwirken***). Er wurde erst im März 1757, als Ludwig XV. sich officiell gegen Friedrich erklärt hatte und seine Truppen gegen Cleve marschiren liess, über die sächsische Grenze gebracht†).

Noch vor Broglies Abreise hatte Friedrich einen kleinen Artikel verfasst, der zur Rechtfertigung seiner Maassnahmen gegen den französischen Gesandten in den Zeitungen veröffentlicht werden sollte.

---

*) Politische Correspondenz 14, 37.

**) Der österreichische Gesandte Graf Sternberg war schon am 31. October aus Dresden ausgewiesen worden. In dem Rundschreiben an die preussischen Gesandten vom 9. November über diese Maassregel heisst es: „pour Me défaire d'autant plus aisément du ministre autrichien ...... sans avoir aucun dessein de manquer d'égard aux cours avec lesquelles j'ai le plaisir de vivre en amitié." Vergl. Mercure historique et politique T. 141, 527.

***) Promemoria Hennins vom 30. November: „J'ai des ordres positifs d'y rester, et ni les Insinuations ni même les sommations ne peuvent me porter à les enfreindre."

†) Politische Correspondenz 14, 490. 499.

Sein Ingrimm gegen den Grafen, in dem er das plumpe Werkzeug der französischen Kriegspartei sah, liess ihn die Gebote kluger Mässigung beim Schreiben übertreten: so glaublich es an und für sich auch war, dass Broglie in unerlaubtem Verkehre mit den Oesterreichern stand, es wäre dem Könige doch schwer geworden, den Beweis für diese Beschuldigung zu führen.

„Ich hätte sehr wohl gewünschet," schreibt Eichel an Podewils*), „dass die letztere Passage wegen der Correspondance etwas adouciret werden können, es ist aber Sr. Königl. Majestät eigenhändiger Aufsatz; ich weiss nicht, ob nicht eine geschickte teutsche Uebersetzung ein kleines Adoucissement leidet."

Eichels Wunsch liess sich nicht erfüllen.

Der Artikel erschien in den Berlinischen Nachrichten vom 18. November (Nr. 139, S. 584) an hervorragender Stelle gleich nach den Hofnachrichten. Wir bringen hier diese deutsche Uebertragung, da der Originaltext bereits in der Politischen Correspondenz (14, 45) abgedruckt worden ist.

Auf Anregung des preussischen Vertreters wurde die Mittheilung auch in den altonaer und hamburger Zeitungen veröffentlicht.

In den leydener Nouvelles extraordinaires fand nur eine verkürzte Rückübersetzung Aufnahme**). Desto ausführlicher wurden in einer späteren Nummer***) die einzelnen Vorgänge der Ausweisung Broglies erzählt. Wir geben diesen Bericht im Anhang II wieder.

Mémoire.

Les sentiments d'amitié qui ont subsisté jusqu'ici entre le Roi et la cour de France, ne sembloient pas devoir conduire à la résolution précipitée que cette cour vient de prendre en rappellant son ministre, le marquis de Valory, sans lui permettre même de se congédier, en interdisant la cour au baron de Knyphausen, envoyé extraordinaire du Roi auprès de Sa Majesté Très-Chrétienne, et en interrompant ainsi toute correspondance entre les deux cours.

Sa Majesté rend trop de justice à la façon de penser du Roi Très-Chrétien, pour croire que ce prince se fût porté à une démarche si peu amiable, s'il n'avoit pas été surpris par les faussetés que les ennemis du Roi se sont forcées de répandre à toutes les cours de l'Europe, et par les rapports exagérés du comte de Broglie, son ambassadeur à la cour de Dresde.

*) Politische Correspondenz 14, 45.
**) Vergl. auch Mercure historique et politique, T. 141, 713.
***) Nouvelles extraordinaires de divers endroits. 14 décembre 1756. r. 100. Supplément.

Le prétexte que la cour de France a choisi pour en venir à un éclat de cette nature, ne confirme que trop la dernière de ces conjectures, et le simple exposé de tout ce qui s'est passé à cet égard, servira à justifier la conduite du Roi.

Dès le premier moment de l'entrée de Sa Majesté en Saxe le comte de Broglie déclara ses sentiments avec une passion et une partialité non permise. Tout Dresde a été témoin des discours peu mesurés qu'il y a tenus, et toutes ses démarches furent dès lors calculées sur le dessein de commettre et de brouiller les deux cours.

La première preuve qu'il en donna, fut l'envoi d'un courrier à Prag qu'il voulut faire passer par l'armée du Roi; ce seul trait suffiroit pour caractériser l'esprit dont ce ministre étoit animé. Le courrier fut interrogé par un détachement de hussards prussiens et arrêté selon l'usage de la guerre, dès qu'on sut de sa propre bouche qu'il étoit chargé de lettres pour un pays ennemi. Le Roi, informé de cet accident qui étoit arrivé à son insu, se fit apporter les dépêches, pour les renvoyer tout de suite à l'ambassadeur, et le sieur de Maltzahn, ministre du Roi à Dresde, les lui remit le lendemain telles qu'elles étoient sorties de ses mains, en lui faisant un compliment de la part de Sa Majesté et en lui déclarant que ses courriers passeroient toujours et en toute sûreté, mais que dans la situation actuelle des affaires Sa Majesté ne pouvoit pas permettre qu'ils traversassent Son armée pour se rendre à Prag. Un ministre bien intentionné ne se le seroit pas fait dire et auroit senti que ces sortes de passages ne se permettent et ne se demandent pas même en temps de guerre. Mais le comte de Broglie avoit apparemment ses vues et s'en plaignit à sa cour comme d'une insulte atroce faite à son caractère.

Le Roi ne tarda pas à en être informé par les plaintes que le marquis de Valory eut ordre de lui en porter au nom de Sa Majesté Très-Chrétienne, en faisant envisager ce qui s'étoit passé à l'égard de ce courrier, comme une violation du droit des gens. Sa Majesté y répondit qu'Elle étoit mortifiée de voir qu'on ne rendoit pas plus de justice à Ses sentiments d'amitié pour la cour de France; que l'arrêt du courrier, quoique fait à Son insu, avoit été dans l'ordre; et en exposant les véritables circonstances du fait, Elle fit sentir que tout ce qui s'étoit passé à cette occasion, étoit conforme à l'usage établi en pareil cas. Mais le Roi se vit obligé en même temps de porter des plaintes, à son tour, de la conduite impardonnable du comte de Broglie au sujet d'un nouvel incident qu'il avoit trouvé à propos de faire naître et qu'il importe de détailler, puisque c'est précisément celui qui sert aujourd'hui de prétexte au rappel du marquis de Valory.

Le comte de Broglie s'étoit mis dans l'esprit de faire des allées et des venues continuelles auprès du Roi de Pologne en passant par l'armée du Roi qui faisoit le blocus du camp saxon. Sa Majesté, informée de cette prétention, lui fit déclarer qu'Elle ne pouvoit y acquiescer, mais lui laissa en même temps l'alternative de rester à Dresde ou dans le camp du Roi de Pologne. Il n'y avoit rien dans cette proposition qui dût offenser cet ambassadeur; le Roi étoit fondé à la faire par les lois de la guerre qui font partie du droit des gens, et qui ne permettent aux puissances neutres aucune communication avec les places assiégées ou bloquées. Sa Majesté avoit par devers Elle l'exemple du comte de Croissy, ambassadeur de France auprès du Roi Charles XII, qui lors du siège de Stralsund voulut passer au camp des assiégeants, mais à qui l'on répondit de la part du feu le Roi de Prusse qu'il étoit à la vérité le maître de se rendre de Stralsund au camp des assiégeants, mais qu'alors on ne lui permettroit plus de retourner dans la place assiégée auprès du Roi de Suède. La même chose arriva à l'envoyé de Hollande, sans que ni la cour de France ni la république aient prétendu en inférer une infraction du droit des gens. Mais le comte de Broglie avoit formé le projet de commettre les deux cours, et quand on ne cherche que des prétextes, il n'est pas difficile d'en trouver.

Ce ministre avoit eu, apparemment par un de ses rapports envenimés, se procurer un ordre de sa cour de se rendre auprès du Roi de Pologne, à quelque prix que ce fût, et la manière dont il l'exécuta, fit bien voir qu'il avoit résolu de ne plus garder aucune mesure. Il écrivit à la vérité au Roi pour lui en faire part; mais Sa Majesté ne reçut cette lettre que le jour même de la bataille de Lobositz, et Elle étoit occupée par des objets d'une trop grande importance pour pouvoir sur-le-champ y faire une réponse. L'ambassadeur de France, choqué de ce délai, ne crut pas devoir attendre la permission de Sa Majesté et se mit en devoir de s'ouvrir un chemin à travers l'armée du Roi, en dépit de tout ce qui pourroit en arriver. Il se rendit en passant chez le sieur de Maltzahn et lui annonça son projet avec une vivacité digne de la résolution qu'il avoit prise. Il dit à ce ministre que, la réponse du Roi pouvant tarder trop longtemps, il venoit pour lui déclarer que de ce pas il prenoit le chemin de Pirna; qu'il resteroit avec Sa Majesté Polonoise tant qu'il voudroit; qu'il La quitteroit et La rejoindroit, quand il lui plairoit; que ses courriers iroient au camp saxon et en deviendroient comme bon lui sembleroit, et qu'il verroit qui l'empêcheroit; qu'un ambassadeur de France ne devoit se laisser imposer par personne, et que, si l'on s'opposoit à Sedlitz à son passage, il déclareroit aux officiers de Sa Majesté que le Roi son maître demanderoit justice nommément de leur personne. Enfin, prévoyant sans doute les suites du parti extrême qu'il alloit prendre, il ne dissimula pas au sieur de Maltzahn que ce seroit apparemment pour la dernière fois qu'ils se verroient. Ce ministre qui se trouvoit hors d'état d'arrêter l'impétuosité du comte de Broglie ni d'empêcher l'exécution des ordres que le Roi avoit laissés à son armée, n'opposa à une sortie si violente que le langage de la plus grande modération et se renferma enfin dans les bornes du silence. L'ambassadeur ne le quitta que pour mettre la dernière main au plan qui devoit désunir les deux cours. La première garde qu'il trouva sur son chemin ayant fait difficulté de le laisser passer et l'officier du jour lui ayant déclaré, quoiqu'avec toute la politesse imaginable, qu'il n'étoit pas le maître de déférer à ses désirs sans un ordre exprès de Sa Majesté, cette résistance ne fit qu'irriter la fougue de ce ministre impétueux et lui fit prendre la résolution singulière de vouloir forcer la garde, ce qui mit celle-ci dans la nécessité de lui barrer le chemin. Ce fut alors que, ne mettant plus de bornes à ses emportements, il ne porta que de se venger de l'insulte qui lui avoit été faite; il menaça l'officier de le rendre responsable de sa prétendue témérité et déclara que personne ne l'empêcheroit de passer et de se rendre auprès du Roi de Pologne tout autant de fois qu'il le voudroit. Le Margrave Charles lui-même qui commandoit l'armée pendant l'absence du Roi et qui survint pour tâcher de lui faire entendre raison, ne fut pas à l'abri de ses vivacités déplacées et de ses propos indécents. Ce prince eut beau le prier dans les termes les plus polis de se désister de son dessein, en lui alléguant l'impossibilité où il se trouvoit de se relâcher sur une défense autorisée par les lois de la guerre, en lui proposant d'écrire une seconde lettre au Roi et en s'offrant de l'envoyer par un courrier: le comte de Broglie répondit qu'il n'écriroit plus à un prince qui ne lui avoit pas répondu d'abord; il voulut s'en prendre au Margrave lui-même de la résistance qu'il osoit lui opposer; il déclara qu'il ne quitteroit pas la place jusqu'à ce qu'on l'eût laissé passer, dut-il y rester huit jours de suite; il demanda d'être conduit au quartier général, et ce ne fut qu'après avoir passé trois jours au village de Heidenau qu'il prit enfin le parti de retourner à Dresde, pour faire à sa cour un rapport chargé sans doute de tout ce que la passion et l'esprit de parti ont pu lui fournir de plus fort et de plus propre à aigrir les choses.

Personne n'étoit assurément plus en droit que le Roi de se plaindre de l'abus manifeste que le comte de Broglie faisoit de son caractère, de son manque d'égards pour Sa Majesté et de ses comportements peu convenables envers un des princes de Son sang. Sa Majesté est aussi persuadée que les représentations que Son ministre a été chargé de faire en cette occasion, n'auroient pas été sans effet, si l'on s'étoit donné le temps de les attendre, et pour peu que la cour de France eût voulu entrer en explication, elle n'auroit pas tardé à voir que l'intention de Sa Majesté n'avoit jamais été de manquer au Roi Très-Chrétien, et elle en auroit même été convaincue par l'empressement avec lequel le Roi a tâché de remettre les choses en règle à l'égard du comte de Broglie, dès que le moment de la capitulation est venu et que les circonstances ont pu le permettre. Mais sur le simple rapport d'un ministre malintentionné et avant que le baron de Knyphausen fut en état de s'acquitter de sa commission, la résolution étoit déjà prise de sacrifier l'amitié du Roi aux désirs de la cour de Vienne.

Sa Majesté ne sauroit S'empêcher de Se rappeler ici le manège secret de cette même cour, lorsqu'elle travailla, il y a quelques années, à interrompre la correspondance entre le Roi et l'Impératrice de Russie. Intéressée aujourd'hui, comme elle l'étoit alors, à se débarrasser dans la personne du ministre de Prusse d'un témoin incommode qui pouvoit éclairer ses menées et démentir ses calomnies, elle espère sans doute de pouvoir jouer désormais à Versailles le même rôle qui lui a si bien réussi à Pétersbourg. Mais le Roi se promet de l'équité de Sa Majesté Très-Chrétienne qu'Elle ne S'en laissera pas imposer par des impostures si grossières et que, la vérité perçant tôt ou tard, Elle reconnoitra Elle-même un jour qu'Elle n'a pas rendu justice aux sentiments d'un prince qui ne désiroit que de vivre avec Elle dans les termes de l'amitié et de la bonne intelligence qui ont si heureusement subsisté jusqu'ici entre les deux cours.

Zeitungsartikel vom 18. November.

Sobald der König in Dresden angekommen war, sandten Se. Maj. den Feldmarschall von Keith nach Hofe, die Königin und den Churprinzen zu complimentiren. Nachdem derselbe die gewöhnlichen Complimente abgelegt hatte, so fügte er hinzu, dass Se. Königl. Maj. alle mögliche Maassregeln ergreifen würden, damit bei der grossen Anzahl derer in Dresden befindlichen Truppen nicht das geringste vorginge, was die Königin im mindesten beunruhigen könnte, und dass niemand die Ihro schuldige Ehrerbietung aus den Augen setzte, ingleichen dass, wenn der König bei gegenwärtigen Umständen Seinen Besuch bei Höchstdenenselben nicht ablegte, solches aus keiner andern Ursache geschehe, als weil Se. Königl. Maj. besorgten, dass es der Königin Maj. beschwerlich fallen möchte.

Der Baron von Cocceji wurde an den Grafen von Broglio abgesendet, um demselben zu hinterbringen, dass er sich vor des Königs Maj. nicht zeigen möchte, wegen desjenigen, so mit dem Baron von Knyphausen vorgegangen und des an den Marquis von Valory ergangenen Rappels. Da man auch glaubt, ganz zuverlässige Nachricht zu haben von dem in gegenwärtigen Umständen ganz unziemlichen Verständnisse, welches gedachter Ambassadeur mit dem Marschall von Browne unterhalten, und welches so weit gegangen ist, dass er die geringsten Kleinigkeiten von der preussischen Armee ausgekundschaftet und demselben gemeldet hat, so hat man ihm zu verstehen gegeben, dass er dem Könige von Polen mit dem fordersamsten folgen möchte, so wie er solches Willens zu sein und dazu Ordre zu haben öfters selbst ausdrücklich declarirt hätte. Und damit auch das bisherige unerlaubte Verständniss, welches von Dresden aus mit der österreichischen Armee unterhalten worden, gänzlich aufgehoben würde, so hat man ihm insinuirt, dass er sein ganzes Gefolge mit sich nach Polen nehmen möchte.

Anhang I.

In den Memoiren des Prinzen August Wilhelm*) *findet sich eine ziemlich ausführliche Erzählung über die Abenteuer Broglies in dem preussischen Lager, welche nach der Angabe des Thronerben auf einem Berichte seines Bruders Heinrich beruht. Wir wollen die kleine Episode hier noch in den Worten des Prinzen wiedergeben, da sich in mehr als einer Stelle Abweichungen von dem Rapporte des Markgrafen Karl finden. Auch in diesem Bruchstücke tritt die Tendenz*

---

*) Vergl. darüber Forschungen zur Brandenburgischen und Preussischen Geschichte I, 231. Naudé, Aus ungedruckten Memoiren der Brüder Friedrichs des Grossen.

deutlich zu Tage, die alle aus dem Kreise des Prinzen Heinrich hervorgegangenen Relationen über die Zeitgeschichte beherrscht. Winterfeldt wird gleichsam als Friedrichs böser Engel geschildert; wie er aus eigennützigen Motiven den König zum siebenjährigen Kriege verleitet hat, so trägt er auch durch die Brutalität einer seiner Creaturen grossentheils die Schuld an dem Bruche mit Frankreich. Dass die Beschwerden Broglies nur ein willkommener Vorwand, nicht aber die tiefer liegende Ursache zur Abberufung Valorys gewesen sind, wird mit keinem Worte erwähnt. Uebrigens sei noch darauf hingewiesen, dass in keinem anderen Berichte die Klage des Botschafters über Obristlieutenant Pflug zu finden ist*). Auch die respectlose Aeusserung des Lieutenant Borcke ist nur hier allein anzutreffen.

Le Roi reçut la nouvelle du Margrave Charles du camp de Sedlitz de l'aventure arrivée avec m. de Broglie, ambassadeur de France. Elle tira à de trop grande conséquence, pour que je puisse l'omettre. Je la rapporte telle que mon frère Henri qui étoit dans le camp, me l'écrivit. La voici.

»L'ambassadeur de France, comte de Broglie, arriva le 6 octobre au
»camp prussien à Sedlitz dans l'intention de passer au quartier du Roi de
»Pologne à Struppen. La chaussée qui conduit de Dresde à Pirna, étoit
»occupée près du village de Heidenau par 3 escadrons du régiment de Wur-
»temberg et 1 bataillon de grenadiers. Le lieutenant de Borcke du régiment
»de Wurtemberg arrêta l'équipage de l'ambassadeur à côté de la garde postée
»pour la sûreté des équipages du régiment et demanda à voir les passe-ports.
»Le comte de Broglie en n'avoit pas. Sur quoi le lieutenant lui signifia
»qu'il ne passeroit pas outre. L'ambassadeur lui allégua en vain le droit des
»ambassadeurs et les ordres de sa cour, et quoiqu'il menaça le lieutenant
»Borcke de l'indignation de Sa Majesté Très-Chrétienne, celui-ci ne changea
»rien à sa conduite, et, lorsque l'ambassadeur lui dit: »Mais, Monsieur, faites
»vous donc la guerre au Roi de Pologne?« »Non, Monsieur,« lui répondit-il;
»mais nous l'affamons.«

»Cependant on avoit fait avertir le lieutenant-général Winterfeldt de
»l'arrivée de l'ambassadeur et de ses prétentions, celui-ci envoya un nommé
»Pflug, décoré du titre de lieutenant-colonel, qui avoit quitté le service de
»Saxe, comme l'armée prussienne entra en Saxe. Cet homme, méprisé égale-
»ment des Saxons et des Prussiens, se donna chez l'ambassadeur pour officier
»du jour, et le comte ayant voulu poursuivre à force ouverte son chemin, il
»prit la garde des équipages du régiment de Wurtemberg et la plaça devant
»le carrosse de l'ambassadeur. M. de Winterfeldt qui étoit allé rendre compte
»de tout ce qui se passoit au Margrave Charles qui commandoit l'armée, en-
»gagea ce prince d'aller en personne pour persuader le comte Broglie de se

---

*) Ein ziemlich ausführlicher Bericht, der wahrscheinlich auf officielle französische Actenstücke zurückgeht, erschien in der Gazette de St. Pétersbourg vom 25. October. — Ueber Pflug vergl. Warnery, Feldzüge Friedrichs II. 1789. I, 1 f. Aster, 119, 335 f., 354.

»retirer. Le général de Winterfeldt qui d'ailleurs étoit chargé de toute la
»conduite de l'armée, sut profiter de la bonté du prince pour se débarrasser
»d'une affaire désagréable à tout égard. L'ambassadeur fit voir au Margrave
»les ordres du Roi son maître. Le Margrave lui dit que ceux qu'il recevoit
»du Roi de Prusse, lui étoient aussi sacrés que l'étoit au comte de Broglie
»celui que le Roi de France lui donnoit, et lui promit qu'il écriroit au Roi,
»pour savoir son intention, mais que, comme personne ne pouvoit passer d'un
»camp à l'autre, qu'ainsi l'ambassadeur (ne) passeroit pas, avant que la per-
»mission ne lui en fût accordée. Le comte de Broglie se plaignit au Mar-
»grave sur ce qu'on lui avoit envoyé pour l'arrêter un misérable, en montrant
»Pfing, connu, dit-il, de toute la Saxe et méprisé des Prussiens. Le Mar-
»grave se tira de cet embarras par plusieurs révérences, et l'ambassadeur
»consentit enfin à passer la nuit au village de Heidenau où on lui accorda
»une garde. Le lendemain il envoya un gentilhomme au Margrave, pour lui
»annoncer qu'il se mettroit en marche, si la réponse du Roi tardoit à venir.
»L'après-dînée il se mit en effet en devoir de passer, mais il fut encore arrêté
»au même passage, et le 8. après-dînée, persuadé qu'on l'amuseroit, sans que
»jamais il seroit maître de faire un pas en avant, il s'en retourna à Dresde,
»plein de dépit et de rage.«
Cette aventure fut cause que la cour de France rappela le marquis de
Valory et qu'elle fit défendre la cour au Baron Knyphausen, ministre du Roi
à Paris.

Anhang II.

Dresde le 4 décembre *).

Le comte de Broglie ambassadeur de France se trouvoit chez la Reine
le 14. du mois dernier, lorsqu'on vint lui annoncer un officier du Roi de
Prusse. C'étoit le baron de Cocceji qui lui parla en ces termes: „Monsieur,
le Roi, mon maître, m'a chargé de dire à Votre Excellence que Sa Majesté lui
défend de paroître devant Elle, et qu'Elle lui conseille de ne pas abuser de
Sa complaisance. Je dois lui ajouter que le Roi sait très-bien qu'Elle est
accréditée auprès du Roi de Pologne, mais que Sa Majesté ne Vous considère,
Monsieur, que comme un particulier."
Monsieur l'ambassadeur, surpris de cette déclaration, y fit la réponse
suivante: „Je Vous prie, Monsieur, de dire au Roi, Votre maître, que je ne
me suis jamais proposé d'avoir l'honneur de Lui faire ma cour; que je ne sais
point en quoi j'aurois pu mettre à l'épreuve la complaisance de Sa Majesté
Prussienne, puisque je n'étois chargé d'aucun ordre, qui me mît en peine de
L'importuner le moins du monde; et qu'au reste, étant à la place où mon devoir m'appelloit jusqu'à ce que j'eusse reçu les ordres du Roi, mon maître, je
comptois pouvoir rester tranquille à l'abri du droit des gens et couvert du
caractère le plus respectable dont on puisse être revêtu."

---

*) Eine Uebersetzung dieses Berichtes erschien als besonderes Flugblatt
unter dem Titel: „Erzählung der Umstände von der Wegbegebung des Französischen Gesandten, Grafen von Broglio aus Dresden. Strasburg 1756."

Une demi-heure après le baron de Cocceji revint trouver le comte de Broglie qui étoit rentré chez la Reine, et lui dit: Que l'intention de Sa Majesté Prussienne étoit qu'il partît de Dresde sans perte de temps. Son Excellence lui répondit: Que, quoiqu'il ne désirât point de prolonger inutilement son séjour à Dresde, le soin de ses affaires particulières l'obligeroit peut-être de s'y arrêter encore quelques jours; mais qu'il ne pourroit pas se dispenser d'y laisser le sr. Hennin, son secrétaire, pour vaquer à la correspondance que la Reine entretenoit avec madame la Dauphine, sa fille. „Ce que Votre Excellence m'a dit," repartit le lieutenant-colonel de Cocceji, „me fait présumer que je serai obligé de revenir une troisième fois." „Si cela est," réplique le comte, „je Vous prie, Monsieur, de prendre la peine de passer chez moi. Il convient de ménager le palais de la Reine." Mr. l'ambassadeur retourna en conséquence chez lui, où il trouva mr. de Cocceji avec deux autres officiers et quelques soldats prussiens qui occupoient le bas de la maison que la Reine avoit assignée pour logement à Son Excellence, et dans laquelle le ministre du Roi de Danemark avoit aussi un appartement. Le baron réitéra sa commission, ajoutant: Qu'il convenoit que toute la suite du comte de Broglie, sans exception, partît avec lui. Son Excellence lui répondit: Qu'elle attendoit à toute heure les ordres du Roi, son maître; qu'elle ne différeroit pas un instant de partir, dès qu'elle les auroit reçus, mais qu'il étoit de toute nécessité qu'il laissât à Dresde le secrétaire Hennin. Et l'ambassadeur finit en se recriant sur ce qu'on mettoit des soldats dans une maison assignée par la Reine et occupée par des ministres étrangers. Mr. de Cocceji, revenu pour la quatrième fois, lui dit: Que les intentions du Roi lui avoient été expliquées si clairement qu'il étoit inutile d'y rien ajouter, si non que Sa Majesté y persistoit invariablement, et qu'à l'égard des soldats qui avoient été mis dans la maison de Son Excellence, on s'étoit trouvé obligé, faute d'avoir assez de logements à Dresde pour la garnison, de ne pas excepter les maisons des ministres étrangers de la nécessité d'y faire prendre des quartiers aux troupes. Tout ceci, comme nous venons de le dire, se passa le 14. novembre, et le 20. le comte de Broglie partit pour Varsovie.

XXXVI.

Promemoria.
Regensburg, 3. November 1756.

Gemäss einem Beschlusse des Reichshofraths vom 9. October*) wurde im folgenden Tage ein „Kaiserlich allergnädigstes ferneres Hofdecret an eine Hochlöblich-allgemeine Reichsversammlung zu Regensburg" erlassen, „den gewaltsamen Churbrandenburgischen Einfall in die Chursächsische Lande auch weiterem Anzug in die Reichslande betreffend" und am 18. October im Reichstage dictirt**).

Der preussische Herrscher, hiess es darin, plage nicht nur, wie bereits mehrfach dargelegt wäre, die sächsischen Unterthanen aufs grauselhafste, und verböte ihnen bei härtester Strafe, „ihre erleidenden Bedruckungen auch nur einmal zu melden", sondern erhöbe auch seine Hand gegen die königliche Familie selbst. Schon entzöge er ihr „alle zu ihrer Unterhaltung nöthige Mittel" und hätte das Cabinet Augusts III. „in selbstiger Anwesenheit Sr. Majestät der Königin und mit gänzlicher Ausserachtsetzung der gekrönten Häuptern gebührenden Achtung gewaltthätig erbrechen" lassen. Gegen die eigenen anfänglich ganz anderweit abgegebenen Versicherungen" beginge Friedrich solche Thaten im Sächsischen, „darüber auch die späteste Nachwelt ein schröckliches Grauen schöpfen müsse".

Statt dem gemessenen Befehle des Dehortatoriums vom 13. September ***) durch Niederlegung der Waffen gebührende Parition zu

---

*) Faber III, 408. Kriegskanzlei 1756, Nr. 33, S. 191.
**) Gedruckt in Regensburg bei Heinrich Georg Neubauer. — Faber III, Kriegskanzlei 1756, Nr. 33, S. 191. — Ueber das erste kaiserliche Hofdecret vergl. Nr. XXI, S. 190 f.
***) Faber 110, 705. Kriegskanzlei 1756, S. 71. Danziger Beiträge 1, 281.

leisten, hätten die Preussen sogar noch ihre „landfriedensbrüchigen Unternehmungen" ausgedehnt und die Königin von Ungarn mit Krieg überzogen.

Müsste es da nicht der Kaiser „mit ganz besonderer Befremdung und zugleich als empfindliche Beleidigung" bemerken, dass der preussische König nach der Heimsuchung Mecklenburgs, der Verheerung Sachsens, „auch bei der von mehreren Mindermächten der Orten nahe angelegenen, auch der augsburgischen Confession zugethanen Ständen erleidender fast gleicher Vergewaltigung" sich „als einen Beschützer der augsburgischen Confessionsverwandten . . . zu rühmen unternehmen möchte, auch sich dabei nicht entsehen hätte, Se. Kaiserliche Majestät vor dem gansen Reiche mit solchen Anschuldigungen zu beladen, welche Dero Kaiserliche allerhöchste Würde auf das äusserste beleidigten"! Feierlich versicherte der Kaiser „zur offenbaren Beschämung all widriger böslicher Erdichtungen und fälschlichen Verblendungen", er würde

„als gemeinsamer Vater des Reichs und aller dessen Stände einem wie dem andern Religionstheil was auch einem und dem andern Religionstheil der Religions- und westfälischen Friedensschlüsse zum Guten verordnen, zu allen Zeiten . . . ohnabbrüchig und ohnewankelbar handhaben, auch fortan, wie bishero geschehen, ohnparteiisches und schleuniges Recht und Gerechtigkeit mittheilen und keinen Theil wider die gesetzmässige Gebühr im mindesten beschweren."

An den Reichsständen wäre es durch geschwinde Hülfe, die gesetzlosen Anmaassungen Preussens einzudämmen. Bereits hätte sich die Kaiserin-Königin, ein ruhmwürdiges und grossmüthigen Beispiel, erboten, mit ihrer Macht, „das heilige römische Reich von dem nicht allein schon angedroheten, sondern wirklich schon angegangenen Umsturz" seiner Verfassung und dessen Stände „von der zum Theil auch allschon bewirkter Unterdrückung und theils stiller, theils offentlicher Beraubung ihrer Freiheiten und Rechte auch endlicher Entsetzung ihrer Landen und Leuten noch in Zeiten zu erretten".

Den kreisausschreibenden Fürsten wurde durch einen kaiserlichen Erlass, der zugleich mit dem Hofdecrete und dem zweiten an Churbrandenburg gerichteten Dehortatorium*) dictirt wurde, befohlen, „sowohl vor sich als mit ihren angehörigen Kreismitständen der gesetzmässigen Auflag zu Folg" und den kaiserlichen Geboten „zur schuldigsten Gelebung, wie nicht minder der von selbsten redender societätsmässigen Obliegenheiten zu Genügen die erforderte Hülf und Beistand

---

*) Faber III, 459. Kriegskanzlei 1756, S. 208.

denen beeden vergewaltigten Churfürsten zu Böhmen und Sachsen nach allen äussersten Kräften schleunig zu leisten".

„Und da ferner es wahrzunehmen," schloss das Schreiben, „dass aller Orten in denen Reichskreisen verschiedene zur Empörung reizende, fälschliche Angebungen und Vorblendungen ausgestreuet, auch sogar in denen öffentlichen Zeitungen, denen Titulu nach, zum Verkauf ausgeboten oder gar in extenso eingedrucket werden, so tragen Wir Ew. Liebden als ausschreibenden Fürsten .... hiermit in Gnaden auf, dass Dieselbe in Kraft dieser Unserer Kaiserlicher Specialcommission auf die Urheber, Drucker, Ausstreuer und Förderer derlei die gemeine Ruhe störenden oder des Reichs Hoheit und Satzungen entgegen laufenden Schriften alles Ernstes sehen, sich deren Personen und Schriften versichern und hiervon an Uns zu weiterer Kaiserlichen Verfügung und Bestrafung jedesmal den besondern schleunigen Bericht erstatten sollen*)."

Da Plotho, vorher benachrichtigt, nicht an der Sitzung theilgenommen hatte, worin die Dictatur stattgefunden hatte, so konnte er erst am 20. October, als das Schriftstück im Druck erschienen war, genaueres über die neueste Verfügung des obersten Richters im deutschen Reiche melden.

„Es ist dieses kaiserliche Hofdecret noch härter und anmasslicher," schreibt er**), „als das erstere; denn nicht allein Wahl-

---

*) Colloredo schrieb am 5. October an den Fürsten von Thurn und Taxis: Es wäre zu ersehen, „dass einige Zeitungschreiber nicht allein mit denen offenbarsten Unwahrheiten von des Königs in Preussen u. s. w. landesfriedbrüchigen Unternehmen ihre Zeitungsblätter anfüllen und dieser reichsgesetzwidrige Vorgehen gleichsam zu beschönigen sich beeifern, die Wahrheit dagegen verhehlen, ja ihre Vermessenheit sogar dahin ausbreiten, dass alljenes, was zur weiteren Empörung, Zerrüttung der Reichsverfassung und Uneinigkeit zwischen Haupt und Gliedern, dann deren Gliedern unter sich, bald unter dem Vorwand der Religion, bald unter andern sträflichen Erdichtungen den Weg bahnen kann, ihren Zeitungen einmischen und einschmieren. Diese Zeitungen werden aber auch auf den Reichspostämtern ausgetheilt und dadurch der preussischen Sache Vorschub geleistet." Es würde daher die ernstliche Verordnung an Thurn und Taxis erlassen, „dass Sie derlei sträfliche Zeitungen in Zukunft nicht mehr austheilen, den Zeitungschreibern aber diesen Befehl kund machen und sie wegen der ihnen bevorstehenden schweren Strafe, falls sie solche durch andere Wege ausstreuen würden, zu warnen hätten, und wobei Ew. pp. ihnen, Zeitungschreibern, auch bedenken lassen wollen; dass nachdeme sie verschiedene preussische Declarationes publiciret, sie auch die allerhöchsten kaiserlichen Verordnungen durch den Druck kundbar machen lassen sollen, in Zukunft aber alles, was zu Königs in Preussen Vorschub sein könnte, ihren Zeitungen einzuverleiben sich gänzlich enthalten sollen." — Vergl. auch S. 334.

**) Bericht Plothos vom 21. October.

capitulation- und Reichsgesetzwidrig die anmaassliche Avocatoria, Excitatoria und Inhibitoria darin erneuert und geschärfet, sondern auch ganz deutlich der Kaiserin-Königin feindliche Démarches als eine Execution derer kaiserlichen obristrichterlichen Verfügungen wollen angegeben werden, und welchen sich die übrigen Stände des Reichs anzuschliessen ermahnet und animiret werden."

Die Haltung der wohlgesinnten Höfe, „die zwar nicht conträr, jedoch allzu indolent und schläfrig sein, Jura statuum ernsthaftigst zu salviren und solche zu prospiciren", erheischte „eine gründliche und nachdrückliche Beantwortung" des Erlasses. Man müsste an Beispielen zeigen, wie wenig es mit der gerühmten reichsväterlichen Vorsorge des Gemahls der Königin von Ungarn und Böhmen auf sich habe; überhaupt müssten alle Ansprüche, die aus dem oberstrichterlichen Amte des Kaisers entwickelt würden, mit Hinblick auf die Souveränität von Preussen und Schlesien als nichtig verworfen werden*).

Podewils ging auf die Vorschläge des Gesandten ein und befahl dem Geheimrath Vette**), auf Grund derselben

„eine baldige nerveuse und bündige Antwort des abermaligen höchst impertinenten, so genannten Kaiserlichen Hofdecrets vom 10ten hujus und des Reichshofraths-Conclusi vom 9ten ejusdem, nicht weniger des Anschreibens der Kaiserin-Königin vom 10ten dieses an die Reichsversammlung***) aufzusetzen,"

in der auch der Religionsgravamina der Reichsstände und der bereits im Mémoire raisonné enthüllten „gottlosen Anschläge" zu gedenken wäre. Mit besonderem Nachdrucke und unter feierlichem Proteste müsste ferner noch hervorgehoben werden, dass Churmainz „die Publication und Distribution der preussischen Justifications- und Defensionsschriften" rechtswidrig verbiete, während doch ihrer Zeit die Schriften gegen Karl VII., die sogar das Reichsoberhaupt persönlich angegriffen hätten, „ohne Ménagement gedruckt und debitiret" worden wären.

Am 29. October konnte das Promemoria im Manuscript an Plotho geschickt werden, damit er es in Regensburg oder in einem benachbarten Orte drucken und an die Abgeordneten auf dem Reichstage vertheilen liesse. Zugleich wurde ihm aufgegeben, das nachtheilige Gerücht, die preussische Regierung hätte aus Furcht vor den kaiserlichen Avocatorien an ihre Provinzialbehörden Circularrescripte er-

---
*) Ueber die Reichshofrathsdecrete u. s. w. vergl. die Bemerkung Droysens, Preussische Politik 5. 4, 180.
**) Schreiben von Podewils an Vette vom 26. October.
***) Vergl. Nr. XXXIII, S. 469 f.

lassen, zu dementiren. Wahrscheinlich, so sollte er erklären, bezöge sich diese falsche Nachricht auf ein Rundschreiben, wodurch mehrere Höfe im Reiche angegangen würden, „die Affixion und Publication derer kaiserlichen immaasslichen Verordnungen an die Kreise zu hintertreiben"; dank diesem Schreiben hätte auch bis dato die Publicirung noch in keinem Kreise stattgefunden.

Plotho veröffentlichte das Promemoria unter dem Datum vom 3. November, als dem Tage, an welchem er das Schriftstück von dem Cabinetsministerium empfangen hatte*).

Dem Residenten zu Köln war die Note ebenfalls zugeschickt worden**) mit dem Befehle, sie ebenso wie die noch ferner zu übersendenden Stücke nachdrucken zu lassen und dafür Sorge zu tragen, „dass auch selbige sehr merkwürdige und fürtreffliche Schriften auf gleiche Weise allenthalben in den dortigen Kreisen publiciret werden mögen, eines und dann andren Theils der Wiener Hof alle seine Schriften in einer vollständigen Sammlung nachdrucken und distribuiren lässt***)."

Ammon berichtete darauf†):

„Ich habe ein Verzeichniss aller von Eur. Königlichen Majestät bishero herausgegebenen und zu meiner Wissenschaft gekommener ostensibler Rescripten und gedruckter Piècen verfertiget und war Willens, selbige ad imitationem in einerlei Format und in einem Volumine zu Mülheim a. Rh. ebenfalls nachdrucken und solcher Gestalten unter das Publikum bringen zu lassen. Allein auch dieser mülheimische Buchdrucker hat sich durch das harte Bedrohen des wienerischen Hofes††) schrecken lassen und weigert den Verlag dieses Werkchens zu übernehmen. Da inmittelst diese Piècen ganz ungemein nachgesucht werden, wie ich dann von sehr vielen Personen und Correspondenten darum ersuchet worden bin: so stelle Eur. Königl. Majestät ich es alleruntertänigst anheim, ob etwa Allerhöchstdieselben den allergnädigsten Befehl stellen wollen, dass die specificirte Piècen†††) zu Cleve oder auch zu Duisburg in einer vollständigen Sammlung gedruckt werden."

---

*) Bericht Plothos vom 4. November. Er gab das Promemoria sofort dem Hecker und hoffte, es schon am 5. vertheilen zu können.
**) Erlass an Ammon, Berlin, 30. October.
***) Es ist damit wahrscheinlich auf die Kriegskanzlei hingedeutet.
†) Bericht Ammons vom 16. November.
††) S. 521. Vergl. auch S. 214 und 334.
†††) Ammon führt in einer Beilage 17 preussische Staatsschriften auf. Er für den Titel folgendes Schema entworfen: Sammlung | Preussischer

Der clevischen Regierung wurde darauf vom Cabinetsministerium befohlen, ein derartig zusammenfassendes Werk in Quartformat herauszugeben*); bei allen Rescripten wären, das wurde in dem Erlasse noch besonders bemerkt, die Instructionen für den Gesandten fortzulassen und nur der allgemeine politische Theil wiederzugeben.

Die regensburger Ausgabe unserer Staatsschrift führt den Titel:

Pro Memoria.
fo. 13 S.

Drei andere ebenso benannte Editionen sind in Quartformat erschienen.

Eine ausführlichere Bezeichnung führt folgender, mindestens viermal neu aufgelegter Druck der Henningschen Officin zu Berlin:

Königliche Preussische | Beantwortung | auf das zweyte Kayserliche Hofdecret, | So | am 18ten Octobr. 1756. | auf den Reichstag zu Regensburg | zur öffentlichen Dictatur | gebracht worden.
4°. 6 Bl.

Auf einem uns bekannt gewordenen Exemplare (4°. 20 S.) wird die Henningsche Druckerei als Verlagsort genannt, ein anderes (4°. 16 S.) bringt ausser dem Promemoria noch den Text „der doppelten Capitulation die Sächsische Armee und die Festung Königstein betreffend".

Die Staatsschrift ist in den Berlinischen Nachrichten (Nr. 136. 11. November), bei Faber (112. S. 555), in der Kriegskanzley 1756 (Nr. 50, S. 395) und in den Danziger Beiträgen (2, S. 143) wieder abgedruckt worden.

Promemoria.

Obwohl Se. Königl. Majestät in Preussen der festen Zuversicht gelebet, dass dasjenige Promemoria, so Dero bei der allgemeinen Reichsversammlung anwesende Gesandtschaft sub dato Regenspurg den 4. Octobris a. c. daselbst distribuiren lassen, allenthalben solchen Eindruck gemachet, besonders aber das Reichs-Hofraths-Collegium überzeugt haben würde, wie wenig dessen voriges gegen Allerhöchstderoselben anmaasslich erlassenes Conclusum wegen

Staats Schrifften | Bey Ausbruch und Fortgang des | jetzigen Krieges: | Cleve. Bei N. N. privilegirten | Hoff Buchdrucker | 1756. — Unseres Wissens ist kein derartig benanntes Werk erschienen.

*) Ministerialerlasse an Ammon und an die clevische Regierung vom 22. November.

Promemoria. 3. November 1756.

des Durchmarsches Dero Armee durch die chursächsische Lande, so nebst dem Kaiserlichen Hof-Decret am 20. Septembris a. c. zur öffentlichen Dictatur gebracht worden, mit denen Reichssatzungen und der Kaiserl. Wahl-Capitulation zu conciliiren, vielmehr Allerhöchstderoselben Betragen in Ansehung der nothgedrungen ergriffenen Defensionsmittel zu Ihrer Sicherheit und abgedrungenen Selbstvertheidigung in dem Natur- und Völkerrechte hinlänglich gegründet seie, so dass folglich von allen ferneren Zudringlichkeiten abstrahiret sein würde, so müssen Sie dennoch nicht ohne Befremdung vernehmen, dass am 18. Octobris a. c. ein anderweites Kaiserl. Hof-Decret nebst dem beigefügten Reichs-Hofräthlichen Concluso vom 9. ejusdem zur öffentlichen Reichs-Dictatur gebracht worden, worin die vorige Illegalität und Heftigkeit so wenig gemässiget, dass solche vielmehr auf eine nicht leicht erhörte Art gehäufet, hauptsächlich aber die vorigen vermeintlichen Verordnungen geschärfet, die von der Kaiserin-Königin an Hand genommene feindselige Démarchen als Folgen derer Kaiserlichen oder vielmehr Reichs-Hofräthlichen Verfügungen ausgegeben und dadurch alle Stände des Reichs zu einem Beispiel angefrischet werden wollen. Was nun zuvorderst in dem anmasslichen Reichs-Hofraths-Concluso, als worauf sich das Kaiserl. Hof-Decret gründet, von Sr. Königl. Majestät in denen chursächsischen Landen genommenen Arrangements auf eine noch weit mehr als vorhin exaggerirte Art angeführt wird, solches verdienet so wenig einer weitern Abfertigung, als in dem Impresso das gerechtfertigte Betragen Sr. Königl. Majestät in Preussen gegen die falsche Beschuldigungen des dresdenschen Hofes und in dem an Allerhöchstderoselben an auswärtigen Höfen befindliche Ministros am 18. Octobris a. c. erlassenen Circular-Rescript, welche in aller Händen sind, bereits uf das klärste dargeleget worden, dass alles auf falschen Imputatis, Erichtungen und Exaggerationen beruhe und dem Ausspruche des unparteilichen Publici getrost überlassen werden könne, ob Se. Königl. Majestät in nsehung der von dem dresdenschen Hofe gegen Sie gehegten gefährlichen bsichten nicht mit aller Moderation in denen chursächsischen Landen verhren und mit dem grössesten Glimpf alles dergestalt einrichten lassen, wie die dermalige Umstände und die mit Ihrer Lande eigenen Sicherheit nur mer erlauben können*). Daher Sie dann als eine Ihro fälschlich aufgebürdete d nie zu erweisende Imputation hiermit öffentlich declariren, als wenn denen ursächsischen Unterthanen aufs schärfste verboten seie, ihre Klagen zu lden. Es sind denenselben keine neue Imposten oder Schatzungen anfeget; Sr. Königl. Majestät Truppen halten die strengeste Mannszucht; die stiz-Collegia sind in ihrer Activität, auch Handel und Wandel auf dem rigen Fuss in Gange geblieben; folglich würde auch nicht abzusehen sein, in Ihre Beschwerden bestehen könnten, welche allenfalls bewandten Umnden nach von keiner Erheblichkeit sein dürften.

Was von andern benachbarten mindermächtigen Reichsständen erwähnet den will, als ob selbige bei dieser Gelegenheit ebenfalls bedrucket sein ten, ist eben [so] wenig gegründet. Von Seiten des Reichs-Hofraths gestehet zwar selbst, dass diese Stände keineswegen geklaget haben; man weiss h die Stände so wenig zu nennen, als die Beschwerden anzugeben; den aber will daraus gegen Sr. Königl. Majestät ein Gravamen ex officio iret werden.

*) sic!

Promemoria. 3. November 1756.

Man kann ohne weiteres Anführen eines jeden Einsicht anheimgeben, was dieses vor ein neuer Modus procedendi seie, da ohne Benennung des Klägers und der Klage jemand verdammet werden will; es ist aber dieses nach Art der alten Fehm- und Rügegerichten abgemessenen Verfahren eine neue Probe, was von der so hoch gerühmten unparteiischen Justiz-Administration des Reichs-Hofraths, besonders wann es Se. Königl. Majestät betrifft, zu halten seie. So sehr aber dieses Collegium sich über die in dem chursächsischen genommene Maassregeln zu movieren und eine Verwunderung darüber zu bezeugen scheinet, so sehr wird die ganze unparteiische Welt in Erstaunen versetzet werden, wann sie aus dem allenthalben bekannt gemachten Abdrucke des Mémoire raisonné und denen zum Beweis dabei gefügten unverwerflichen Urkunden ersehen haben wird, auf was vor eine ungerechte Art man an denen wiener- und dresdenschen Höfen gegen Sr. Königl. Majestät Person und Lande die gefährlichsten Machinationen angesponnen und Deroselben Untergang zubereitet habe, so dass Dero Betragen in denen chursächsischen Landen in Vergleichung jener mehr als feindlichen Absichten nicht anders als höchst glimpflich und Dero dagegen gebrauchte grosse Moderation nicht ohne Beifall angesehen werden kann. Allerhöchstdieselben sind auch zwar von des Königs in Polen personnellen gerechten Gesinnung völlig überzeuget, jedoch liegt das höchst ungerechte Betragen Dero Ministerii, dem Sie blindlings gefolget, und dessen höchst detestable Démarchen zu Untergrabung der feierlichsten Friedensschlüsse aus vorgedachten authentiquen Piecen sonnenklar am Tage. Sonsten ist Sr. Königl. Majestät von dem erwähnten an Sie ergangen seie sollenden Kaiserlichen Schreiben vom 13. Septembris a. c. nichts bekannt; es dienet aber dieses zur fernern Probe der Reichs-Hofräthlichen Justizpflege, dass man ohne Bescheinigung dessen legalen Insinuation mit jenem neuen fulminanten Concluso vom 9. Octobris a. c. und Rescript vom selbigen Dato hervorzubrechen sich nicht entblödet. Sollte aber dasjenige gemeinet sein, dessen am 20. Septembris jüngsthin bei der Reichs-Dictatur des damaligen Hof-Decrets Erwähnung geschehen ist, so können Se. Königl. Majestät Sich damit begnügen, dass Sie Sich deshalb auf obgedachtes von Dero Comitial-Gesandtschaft distribuirtes Promemoria vom 4. Octobris a. c. lediglich beziehen und Sich dagegen hiemit abermals protestando bestens verwahren.

So viel aber mögen Allerhöchstdieselben dermalen zu melden Sich nicht entbrechen, dass, da die Kaiserin-Königin zu Ungarn und Böhmen in solcher Qualität und als eine souveraine Macht gegen Se. Königl. Majestät zu Dero Unterdrückung und Ruin mit auswärtigen Mächten Bündnisse geschlossen und solche mit deren und besonders des chursächsischen Hofes Hülfe, Zuthun und Vorwissen zur Ausführung zu bringen intendiret hat, so ist wohl auf keine Weise abzusehen, wie Allerhöchstderoselben, als einer ebenmässigen souverainen Macht und gekröntem Haupte, verwehret oder verdacht werden könne, gegen solche auf den Ausbruch gestandene gefährliche Absichten Sich zu setzen und die von Gott Ihro verliehenen Defensionsmittel zu Dero und Ihrer Landen Sicherheit an Hand zu nehmen, ohne dass Sie jemanden in der Welt, wer es auch seie, davon Rechenschaft zu geben Sich verbunden erachten.

Noch mehr aber muss es einem jeden Unparteiischen Verwunderung erwecken, dass, obgleich die Exemtion der Krone Böheim von der Reichsgerichtlichen Jurisdiction bekannt, nicht minder notorisch ist, in was für naher Connexion der höchste Reichsrichter und Oberhaupt des Reichs-Hofraths-Collegii

Promemoria. 3. November 1756.

mit der Besitzerin jener Krone befangen, dennoch die gegen Se. Königl. Majestät unmassgeblich ergangene Verordnungen unter dem so hochgerühmten Scheine der Gottgeheiligten Justiz-Administration Jedermann als legal und unparteiisch vorgespiegelt werden wollen. Se. Königl. Majestät contestiren dem allen ungeachtet, dass Sie für Ihro Kaiserl. Majestät Hohe Person alle gebührende Hochachtung hegen, mögen aber nicht begreifen, wie Derosclben vorgebildet werden können, als ob Ihro dadurch eine Beleidigung widerfahren, wenn Se. Königl. Majestät eine Stütze der Reichsstände, besonders der A. C.-Verwandten, in denen herausgegebenen Impressis genennet worden. Gleichwie nun einerseits dem Kaiserlichen Ansehen dadurch nichts entgehet, so ist auf der andern ganz unstreitig, dass Sie, als einer der vornehmsten Churfürsten, nach der bekannten Sprache derer Reichssatzungen, absonderlich aber der Kaiserlichen Wahl-Capitulation selbst, eine Grundsäule des Reichs mit Recht zu nennen sein, und da Sie nicht minder als ein Mitglied des Corporis Evangelici und Consors des westphälischen Friedensschlusses anzusehen, so werden Sie auch dadurch zu Behauptung der Evangelischen Ständen Freiheiten und Vorrechten das Ihrige beizutragen, so berechtiget, als Sie willig sein, Sich deshalb ferner nach allen Kräften zu verwenden.

Nicht ohne besondere Affectation geschiehet der mecklenburgischen Sachen Erwähnung, da doch selbige zu beiderseitigen Vergnügen längst verglichen worden. Unter benachbarten Ständen ereignen sich dergleichen Irrungen nicht selten, und wäre es überflüssig davon Exempel anzuführen. Will man aber solchen, wie geschehen, odieuse Namen und Absichten beilegen, so wird selbst das Erzhaus Oesterreich und andere ihm ergebene Reichsstände sich von solchen gehässigen Anschuldigungen zuvorderst entladen müssen, ehe andere damit ohne Ursache bezüchtiget werden können.

Sr. Königl. Majestät ist sonsten mit Wahrheit nicht anzubürden, dass Sie die Achtung, so Ihro, als Churfürst des Reichs, gegen Sr. Kaiserl. Majestät Hohe Person obliegt, jemals hintangesetzt hätten; es werden Dieselbe sich auch von demjenigen niemalen entfernen, was die Reichs-Constitutiones a solcher Qualität von Ihro erfordern: wann aber von dem Reichs-Hofrathe entweder willkürlich oder wider die Vorschrift der Reichsgesetze und Wahlcapitulation gegen Sie procediret werden will, so sind Allerhöchstdieselben nach dem klaren Inhalt eben dieser Gesetze an jene illegale und ausspürige Verordnungen nicht gebunden, noch derselben zu geleben schuldig.

Die Kaiserin-Königin sind es eigentlich, mit welcher Se. Königl. Majestät, als Dero Reichs-Mitstande, zerfallen sind, und selbige hat nicht allein it Eintritt dieses Jahres den Anfang mit den grössesten Kriegesrüstungen Böhmen und Mähren gemachet, zu einer Zeit, da in Sr. Königl. Majestät Landen und alles im Reiche still und geruhig war, wie solches in dem von Königl. Majestät an Dero auswärtige Ministros erlassenen Circular-Rescript n 18. Octobris a. c. ganz ohnwiderleglich und mit allen Umständen gezeiget sondern es sind auch von Derselben andere mächtige Höfe gegen Se. *nigl*. Majestät aufgebracht und ins Concert gezogen worden, so dass Sie, wann nicht Ihre Land- und Leute sacrificiren wollen, Sich nothgedrungen gen, zu Ihrer und Ihrer Lande Sicherheit und Abwendung der Ihro imminenden Gefahr die schleunigste Rettungsmittel zu ergreifen. Es ist dahero te andern als ein offenbares Blendwerk und Animosität, wann wider eres Wissen und die Notorietät diese kriegerische gegen Se. Königl. Majet. gleich anfänglich gemünzte ausserordentliche Rüstungen in Böhmen und

Mähren vor eine Befolgung der Reichs-Hofräthlichen Verordnungen und zu einem Beispiel des intendirten allgemeinen Aufgebots und Empörung derer gesammten Reichsstände dargestellet werden wollen, um diese gegen Se. Königl. Majestät aufzubringen, mit welchen Sie doch in keine Irrungen, sondern in aller Freundschaft leben, auch gegen das gesammte Reich, ja ganz Europa nochmals feierlichst declariren, dass Sie von andern Reichsständen keinen Fussbreit Erde an Sich zu reissen, sondern nur bei demjenigen, so Sie von Gott und Rechts wegen und durch feierliche Tractaten besitzen, Sich mit denen von dem Höchsten verliehenen Kräften zu maintenieren suchen; dahero Sie denn durch jene fälschliche Beschuldigung Sich nicht anders als äusserst beleidiget finden können und deshalb Sich das Weitere ausdrücklich reserviren.

Der Umsturz der Reichsverfassung, der gesammten Stände des Reichs vorgebildeter Untergang und Ruin sind in der That ein leeres Geschrei, womit der Reichs-Hofrath seine in diesem Vorfall incompetente und illegale Verfügung zu beschönigen suchet; es mag die Situation des zwischen Sr. Königl. Majestät und der Kaiserin-Königin ausgebrochenen Krieges auch betrachtet werden, wie sie will, so ist doch der Umsturz des Reichs-Systematis so wenig, als die Gefahr abzusehen, welche mit so vielgehäuften Esclamationen vorgebildet und abzuwenden gesuchet werden will. Se. Königl. Majestät sind mit dem Kaiser und dem Reiche in keinen Krieg verwickelt, Sie sind auch, als ein Reichs-Mitstand, daran einsten zu gedenken sehr weit entfernet; nur geben Sie dieses dem unparteiischen Publico zu erwägen anheim, ob nicht bei denen annoch in frischem Andenken schwebenden Kriegstroublen zwischen der Kaiserin-Königin und dem in Gott ruhenden Kaiser Karl VII., da des Reichs Oberhaupt Sich dadurch in solche beschwerliche Umstände verwickelt sahe, weit ehender als jetzo ein Umsturz des Reichs-Systematis zu befürchten gewesen ist; dermalen aber haben Se. Königl. Majestät mit denen Ihro abgedrungenen vigoureusem Defensions-Rüstungen keine andere Absicht geheget, als Ihro eigene Sicherheit zu befördern, denen auf dem Ausbruch gestandenen und Ihro zugedachten gefährlichen Anschlägen vorzukommen, zugleich auch diejenige Gefahr mit abzuwenden, so denen gesammten Reichsständen auf dem Haupte geschwebet, da von Seiten des Erzhauses Oesterreich nichts weniger seither einiger Zeit intendiret worden ist, als mit Zuthun mächtiger Hülfe ganz Teutschland mit starken Kriegsheeren zu übersiehen und demnächst nach seiner Convenienz im Trüben zu fischen. Je mehr man indessen von Seiten des Reichs-Hofraths sich bemühet, die Sr. Königl. Majestät abgedrungene Rettungsmittel verhasset und Dero Verfahren verdächtig zu machen, mit desto grösserem Vertrauen versprechen Sie Sich von Dero Reichs-Mitständen, dass Sie den falschen Schein jener Vorspiegelungen von selbst erkennen; und da Sr. Königl. Majestät die schlesischen Lande, so Ihro von denen mächtigsten Puissancen, absonderlich aber auch von dem gesammten Reiche, garantiret sind, von dem wiener Hofe gegen dem dresdensischen Frieden entrissen, auch ein Theil der Ihro Königl. Chur-Hause durch den westphälischen Friedenschluss zur Indemnisation zugelegten Lande ebenfalls durch den churfächsischen Hof beraubet worden wollen, dass besagte Dero Reichs-Mitstände sich viel ehender bewegen lassen werden, Allerhöchstderoselben in Ihrer gerechten Nothwehr und deshalben ergriffenen Massregeln alle mögliche Hülfe zu leisten und zu Behauptung jener Lande, der Garantie gemäss, vors künftige alle Sicherheit verschaffen zu helfen, als denjenigen Höfen einigen Vorschub zu geben, so Dero Untergang geschworen

...nd mit Untergrabung jener feierlichen Friedenschlüssen und Verträgen Sie Ihrer Lande und Leute zu berauben gesuchet haben. Se. Königl. Majestät zweifeln zwar an der gerechten Gesinnung Ihro Kaiserl. Majestät zu Aufrechthaltung der Reichsgesetze ohne Ansehung der Religion keinesweges; da aber die reichsständische Angelegenheiten durch den Reichs-Hofrath behandelt werden, so weiset die leidige Erfahrung, was absonderlich die Evangelische bei einem Collegio zu gewärtigen haben, welches nach Maassgabe der Reichs-Satzungen mit einer egalen Zahl beiderseitigen Religions-Verwandten nicht besetzet ist. Das evangelische Religionswesen ist seit kurzem mehr wie jemalen in Gefahr, daselbst den letzten Stoss zu bekommen; die in grosser Menge angebrachte Religions-Gravamina werden so wenig abgestellet, dass auch auf die häufige Intercessions-Schreiben des Corporis Evangelici keine Resolution mehr erfolget, noch darauf die mindeste Reflexion genommen wird, gerade als ob die evangelische Stände zu Aufrechthaltung des westphälischen Friedens kein Wort mehr zu sagen hätten; noch niemals aber hat sich die Ausschweifung des Reichs-Hofraths so weit erstrecket, als in der Dierdorfer Klosterbausache ohnlängst geschehen, da man sich sogar gegen die Vorschrift der Reichsgesetze und Kaiserl. Wahl-Capitulation unternommen, gegen den Zustand des Anni normalis und die klare Disposition des westphälischen Friedens sich einer willkürlichen Interpretation derer Reichs-Constitutionen gegen die Evangelische anzumaassen. Der Hohenlohische Vorfall ist noch in allzu frischem Andenken, als dass die Evangelischen Stände sich nicht erinnern sollten, wie der Reichs-Hofrath eine anmaassliche Cassation desjenigen zu veranlassen sich nicht entsehen, was durch den Art. XVII des westphälischen Friedens denen Consortibus Pacis ohnwidersprechlich eingeräumet und zugestanden worden. Diese und unzählig andere Exempel bewähren, dass die von dem Reichs-Hofrathe in Ansehung der Evangelischen Stände und solcher Religion Sachen so hoch erhobene Versicherung eine protestatio facti contraria sie und leider auch wohl bleiben werde, da die Erfahrung bezeuget, wie wenig die so heilig beschworne Kaiserl. Wahl-Capitulation diesem Collegio zur Richtschnur diene: obgleich sonsten dasjenige, was darinnen, denen Reichssatzungen und Herkommen gemäss, zu der Stände Sicherheit pactsweise zugesaget worden, diese so wenig als ein Effect der sonst in seinen Würden belassenen Kaiserlichen Liebe und Sorgfalt gewärtigen als denen genaue Beobachtung vielmehr auf eine reichsgesetzmässige Schuldig- und Verbindlichkeit zu gründen glauben können. Ob aber übrigens die Absichten des Hauses Oesterreich zu Erhaltung der Reichsstände Freiheiten, Hoheit und Vorrechte so ungezweifelt, als vorgegeben werden will, gerichtet sein, darüber lässet man einem jeden Unparteiischen, dem die Geschichte des vorigen Seculi und die nunmehro der Welt entdeckte gefährliche Anschläge gegen Se. Königl. Majestät bekannt geworden, ganz gerne urtheilen, wie auch, was von jenes Erzhauses theuren Versicherungen zu halten seie, wann dasselbe sich kein Gewissen machet, die feierlichste und garantirte Friedenschlüsse, als das heilige Band der souveraiuen Mächte unter sich, auf alle Weise zu zernichten und den Enden alle Kunstgriffe und Intriguen ins Werk zu stellen. Se. Königl. Majestät wollen aber aus besonderm Ménagement mit ein- und andern Entdeckungen annoch an Sich halten, welche auf den Umsturz anderer, besonders einiger protestantischer Reichsstände gezielet gewesen, sobald man nur an Allerhöchstderoselben das Müthlein gekühlet und Sie einiger Ihro vom Reich mitgarantirten Provincien beraubet haben würde.

Indem aber Allerhöchstdieselben zu Erhaltung und Sicherstellung Dero Landen denen gegen Sie geschmiedeten gefährlichen Anschlägen zuvorzukommen genöthiget worden, zugleich aber auch den dresdenschen Hof, welcher ebenfalls gegen Sie mit conspiriret, einstweilen ausser Stand setzen müssen, Ihro zu schaden und den meditirten Streich zu versetzen, so haben Sie gewiss darunter nichts anders verfüget, als was Sie Sich Selbst, der in den natürlichen Rechten gegründeten Selbsterhaltung, auch zu Bedeckung Ihrer Lande und Leute schuldig gewesen. Die Reichsgesetze sind auf das Natur- und Völkerrecht gegründet, und so wenig sie jemandem auctorisiren oder gestatten, feierliche Friedensschlüsse nach Gefallen zu infringiren und einem andern das Seinige mit Gewalt zu entreissen, so wenig improbiren sie, sondern erlauben vielmehr einem jeden, gegen alles Unrecht, androhende Gefahr und Vergewaltigungen, so gut er kann, sich und das Seinige zu schützen und zu vertheidigen, auch des Endes alle dienliche Maassregeln zu ergreifen.

Ob nun wohl Se. Königl. Majestät, als eine souveraine Macht und gekröntes Haupt und Besitzer so vieler souvrainen Fürstenthümer und Staaten, die anmassliche Competenz des Reichs-Hofraths wider Höchstdieselbe in solcher Qualität so wenig erkennen, als jemand in der Welt, wer der auch seie, von Ihrem Thun und Lassen Rede und Antwort zu geben schuldig, so sind Sie doch auch nicht minder versichert, dass durch die zu Ihrer Rettung und Defension nothgedrungen ergriffene Waffen dem Sinne der Reichs-Constitutionen, wenn gegenwärtiger Vorfall darnach beurtheilet werden könnte, auf keine Weise zuwider gehandelt seie, indem darinne nur gefährliche Aggressiones und Vergewaltigungen, nicht aber die in denen natürlichen Rechten gegründete Selbsterhaltung und Vertheidigung des Seinigen gegen die androhende Gefahr und deren Vorkommung missbilliget worden: folglich kann alles dasjenige, was von Excitirung des Kaiserl. Hof-Fiscalis erwähnet werden wollen, auf seinen offenbaren Ungrund beruhen bleiben, und haben Se. Königl. Majestät Sich dagegen auf das feierlichste hiermit protestando verwahren wollen.

Dass man sonsten Se. Königl. Majestät als einen Störer der allgemeinen Ruhe und, so zu sagen, für einen Reichsfeind auf eine so voreilige als nichtige Art ansehen will, solches müsste Deroselben billig zu Gemüthe dringen, da Sie von solchen Imputationen so sehr weit entfernet, dass Sie vielmehr zu des Reichs Ruhe und Sicherheit die bekannte Neutralitäts-Convention mit des Königs in Engeland Majestät zu Anfang dieses Jahres geschlossen und zu Hintertreibung der Absichten des wiener Hofes durch Negociationes und gütliche Wege alles mögliche beizutragen gesuchet: Sie sind aber dergleichen Zudringlichkeiten von dem Reichs-Hofrathe bereits gewohnet und wollen solche Animosität einer Beantwortung nicht einmal würdigen, wann auch diejenige patriotisch gesinnte Reichsstände, so sich nicht blindlings nach dem geblasenen Lärm zu einem generalen Aufstand gegen Se. Königl. Majestät bewegen lassen wollen, als Mitstörer der Ruhe benennet und zugleich bedrohet werden wollen; so hoffen Se. Königl. Majestät, es werden alle Dero Reichs-Mitstände eben wie Sie den Unwerth und die Illegalität dergleichen Reichs-Hofräthlichen an sich nichtigen, arrogantem, aus denen Schranken der Reichsgesetze schreitenden und gegen die Ehro des Fürstenstandes angehenden injuriösen Ausdrücke und Bedrohungen um so viel mehr einsehen und darüber ihre Indignation öffentlich zu erkennen geben, als dadurch nicht allein denen Juribus comitialibus der Stände zugleich vorgegriffen und deren Recht, Bündnisse zu schliessen, per indirectum unumgänglich infringiret, folglich abermals verrathen wird, wie sehnlich man dahin trachte, die Stände unter allerlei Prätext um ihre wichtigste durch den westphälischen Frieden gegründete Hoheit, Freiheit und Rechte zu bringen. So viel aber noch die auf eine höchst unjustificirliche Weise ergangene Verordnung betrifft, wodurch der Debit und Distribution der von Seiten Sr. Königl. Majestät zum Druck beförderten und zu Ihrer Defension gereichenden Actorum publicorum verboten werden will, solches ist eine abermalige offenbare Vergewaltigung der reichsständischen Freiheit, um Sie zu behindern, Ihren Reichs-Mitständen Ihr Anliegen und Justification nicht mittheilen zu können; Allerhöchstdieselben müssen dahero vor dem ganzen Reiche gegen solche präjudicirliche Anmaassung hiermit feierlichst protestiren. Es erhellet die Ungerechtigkeit dieser unbilligen Verfügung um so viel mehr daraus, als es dem Publico obenentfallen ist, was von Seiten der Kaiserin-Königin in dem Kriege mit dem in Gott ruhenden Kaiser Karl VII. gegen Denselben vor eine Menge der heftigsten Impressorum erschienen, worinnen Dessen Kaiserliche Wahl und persönliche Würde, auch einige der vornehmsten Churfürsten des Reichs ohne das geringste Ménagement angetastet, und dennoch damals öffentlich überall gedruckt und distribuiret, auch sogar ad dictaturam publicam gebracht und angenommen worden sind. Indessen siehet jedermann die Ursachen dieser illegalen Verfügung gar leicht ein, damit Sr. Königl. Majestät gerechtsamere Verfahren nicht an den Tag kommen, des wienerschen Hofes gefährliche Absichten verborgen bleiben, und die Stände des Reichs durch seine einseitige Angaben präveniret werden mögen; es stehet aber zu hoffen, dass hieraus ein ganz contrairer Effect erfolgen werde, und diejenige Acta publica, so Se. Königl. Majestät zum Druck befördern lassen, eben dieses anmaasslichen Verbots wegen noch mehreren Abgang finden dürften. Und wie übrigens Allerhöchstdieselben gegen das bisherige und fernere Reichs-Hofräthliche anmaassche Verfahren und die dabei gebrauchte sehr beleidigende, selbst der Kaiserlichen Wahl-Capitulation in Ansehung der Churfürsten des Reichs zuwiderlaufenden Ausdrückungen Ihre feierlichste Protestation nochmals wiederholen und Sich deshalb alle gebührende Genugthuung reserviren, so hoffen Sie auch, es werden sämtliche Dero Hohen Herren Reichs-Mitstände von der reinesten Absicht Ihrer Handlungen, auch sowohl der Gerechtigkeit als ohnumgänglichen Nothwendigkeiten der Ihro gewiss abgedrungenen und an Hand genommenen Rettungsmitteln überzeuget sein und sich von falschen Vorspiegelungen nicht verblenden, noch dadurch abhalten lassen, Deroselben zu Aufrechthaltung des westphälischen Friedens und in Ansehung der von Reichswegen übernommenen Garantie des dresdenschen Friedens alle Assistenz und werkthätige Hülfe zu leisten; wogegen Allerhöchstdieselben, wie bishero, also auch noch fernerhin die Aufrechthaltung des echten Reichs-Systematis und der teutschen zuden Freiheit und Vorrechten alles daran zu setzen niemals entstehen werden.

Regensburg, den 3. November 1756.

Erich Christoph Freiherr von Plotho.

XXXVI.

Schreiben eines Freundes aus L** an einen Freund in Cölln am Rhein, über das Kayserliche Hof-Decret vom 14. Septbr. 1756. und die darin befindlichen Avocatorien.

Als ein Seitenstück zu dem officiellen Promemoria vom 1. October und Plothos Patriotischen Gedanken*) behandelt die hier vorliegende Schrift, die sich, wie aus ihrer Einkleidung schon ersichtlich ist, an das grosse Publikum wandte, das erste kaiserliche Hofdecret vom 14. September**). Da einem Reichsstande die Selbsthülfe nicht verboten wäre, dürfte der König von Preussen auch nicht ohne Weiteres als Landfriedensbrecher behandelt und betrachtet werden, mithin wäre das scharfe Hofdecret zu Unrecht wider ihn erlassen. Allerdings könne dieses einseitige Vorgehen niemanden verwundern, der mit der Zusammensetzung des Reichshofraths vertraut wäre und die beliebte österreichische Praktik kännte, alle Territorialangelegenheiten kündlich zu Reichssachen aufzubauschen. Unter solchen Umständen aber wären die Mitglieder des Reichs keineswegs verbunden, den ohne ihre Zustimmung erlassenen Avocatorien zu gehorchen, und es wäre daher nicht zu vermuthen, „dass dieser arglistige Kunstgriff des wienerischen Reichshofraths einen Reichsstand oder Ritter, der in Sr. Königl. Majestät Kriegesdiensten stehet, zu einem pflichtvergessenen und eidbrüchigen Entschluss verleiten werde."

In dem berliner Geheimen Staatsarchive sind keine Acten über dieses Schreiben erhalten. Nur aus einzelnen Bemerkungen in Er-

---

*) Vergl. Nr. XXI S. 190 und Nr. XXX S. 455.
**) Siehe S. 191.

lassen an Gesandte*) und aus einem im Cabinetminsterium selbst aufgestellten Verzeichniss einiger bis zum Ende November publicirter Staatsschriften wissen wir, dass auch unsere Abhandlung officiösen Ursprungs ist.

Eine geflissentliche Verschleierung ihrer Herkunft lag wohl kaum in der Absicht des Ministeriums; es wäre sonst schwerlich eine ausführliche Besprechung des Schreibens in den unter strenger Censur stehenden Berlinischen Nachrichten**) geduldet worden.

„Die tiefe Einsicht des ungenannten Herrn Verfassers in die deutschen Reichsgesetze," heisst es in dieser Recension, „wie auch die deutlichsten Beweisthümer, dass blos Rache und Wuth das kaiserliche Hofdecret und die Avocatorien ausgebrütet haben, würde den Reichshofrath nothwendig zu einer bereuenden Schamhaftigkeit über sein ungereimtes Verfahren zwingen müssen, wenn anders dieses Collegium einer Reue und Schamhaftigkeit bei seinen vielen Ausschweifungen fähig wäre. Schwerlich sind Avocatoria übler angebracht worden, als in dem gemeldten Hofdecret. Man lese, wenn man sich von dieser Wahrheit überführen will, das oft erwähnte Schreiben, man lese es aber auch mit Nachdenken und Ueberlegung."

Die grosse juristische Belesenheit, die in der Schrift zu Tage tritt und die Beweisführung weitschweifiger gestaltet, stilistische Eigenthümlichkeiten, die mehrfache Berufung auf den vom Kammergerichtsrath Kahle gern citirten Hippolithus a Lapide und nicht zum wenigsten der über den Rahmen des eigentlichen Themas hinausgehende Hinweis auf die parteiischen Maassnahmen von Kaiser und Reichshofrath in religiös-politischen Fragen lassen uns vielleicht nicht fehlgehen, wenn wir in Kahle, dem Autor des Unbilligen Verfahrens***), den Verfasser unseres Schreibens vermuthen.

Welche von den uns vorliegenden Ausgaben die originale ist, lässt sich aus dem oben angeführten Grunde nicht sagen. Wir geben hier Titel und Text nach einem im Geheimen Staatsarchiv aufbewahrten Drucke wieder, der, nach den Typen und seiner ganzen Ausstattung zu urtheilen, in Berlin entstanden ist.

---

*) So z. B. im Circularerlass an Häseler, Solms, Plotho, Hellen, Hecht Freytag, Duirette, Müller u. s. w. Berlin, 30. November 1756: „um selbiges gehörigen Orts zu distribuiren und das Publicum dadurch von dem Ungrunde derer gegenseitigen Imputationes zu überzeugen."

**) Nr. 142 der Berlinischen Nachrichten vom 25. November.

***) Vergl. Nr. XXIV, S. 249.

*Schreiben | eines Freundes aus L** | an | einen Freund in Cölln am Rhein, | über | Das Kayserliche Hof-Decret | vom 14ten Septbr. 1756. | und die darin befindlichen | Avocatorien. | 1756.*
4°. 28 S.

Fünf andere uns bekannt gewordene Ausgaben weichen nur geringfügig in Anordnung und Orthographie der Aufschrift sowie in der Seitenzahl von dem hier wiedergegebenen Exemplare ab*).

Von der wahrscheinlich veröffentlichten französischen Uebersetzung des Schreibens ist uns kein Druck zu Gesicht gekommen.

Mit deutlichem Hinweise auf unsere Staatsschrift erschien 1757:

„*Schreiben eines Buchdruckergesellen aus H. an seinen guten Freund in L* über einige bisher im Druck erschienene Schriften der preussischen Publicisten*"**).

Hiergegen wieder wandte sich dann

„*Erinnerung des Presbengels an seinen Buchdruckergesellen wegen seines Schreibens über die Schriften der Preussischen Publicisten. Dantzig 1757***).*"

Dasselbe Thema wie das Schreiben aus L** behandelt endlich noch folgende Abhandlung:

„*Ohnmaassgebliches Bedencken und aus denen ohnleugbaren Reichs-Gesetzen hergenommener kurtzer jedoch gründlicher Beweiss: Dass das letztere Verfahren des Reichs-Hof-Raths bey Gelegenheit der jetzigen öffentlichen Unruhen nicht allein gantz illegal, Reichs-Constitutions-widrig, mithin ungültig, sondern auch denen gesamten Ständen des Reichs höchst präjudicirlich sey, dergestalt, dass Sie bey der geringsten dermahlen Nachgiebigkeit und verabsäumender gemeinschaftlicher Vertheidigung ihrer dadurch auf die empfindlichste und noch nie erhörte Weise angegriffenen Berechtigungen Gefahr lauffen, ihre so theuer erworbene und dermalen in den letzten Zügen liegende Teutsche Freyheit, Hoheit und gantze Reichs-Verfassung völlig und auf allezeit zu verliehren. Entworffen durch einen die Wahrheit ‹und Teutsche Freyheit› liebenden Patrioten. Rostock 1756†).*

---

*) Eine (24 S.) schreibt „September" aus, eine andere (24 S.) „darinn" und eine dritte endlich fügt vor der Jahreszahl am Schlusse noch „Anno" ein.

**) Kriegskanzlei III, 204. Diese Abhandlung wird dem sächsischen Magister Schumann zugeschrieben.

***) Kriegskanzlei III, 443.

†) Kriegskanzlei II, 324. Danziger Beiträge 9, 749. Die Schrift erlebte

Die Abhandlung wurde dem preussischen Residenten in Hamburg, Hecht, in einem anonymen Briefe, aus Mühlhausen vom 29. December 1756 datirt, zugesandt*) und von ihm, „da solche nichts enthält, als was der Wahrheit gemäss", unter der Hand verbreitet.

Abgedruckt ist das Schreiben aus L** in den Danziger Beiträgen (10, S. 331), in der Kriegskanzlei 1756 (Nr. 109, S. 833) und in der Neuwirthschen Sammlung.

Schreiben eines Freundes aus L** an einen Freund in Cölln am Rhein, über Das Kayserliche Hof-Decret vom 14ten Septbr. 1756. und die darin befindlichen Avocatorien. 1756.

Mein Herr,

Sie bezeugen mir in Dero letzterem Schreiben, wie angenehm es Ihnen gewesen, dass ich Ihnen die bisher herausgekommene Schriften, welche den jetzigen zwischen Sr. Königl. Maj. und der Kaiserin Königin entstandenen Krieg betreffen, übersandt habe; Sie schreiben, dass Sie mir um so mehr dafür verbunden wären, da es jetzt schwer halte bei Ihnen einiger dieser Schriften ansichtig zu werden, weil denen Buchführern und Druckern in Ihrer Stadt durch Kaiserliche Veranlassungen so hart verboten worden, keine Schriften zu verkaufen oder kommen zu lassen, welche etwas, so zum Vortheil Sr. Königl. Majestät in Preussen ausgelegt werden könnte, in sich enthielten**). Ich muss gestehen, dieses Verbot freuet mich herzlich, theils weil dadurch der Gefälligkeit, die ich Ihnen durch Uebersendung dieser Schriften erwiesen, ein höherer Werth beigeleget worden, als sie sonst würde gehabt haben, theils aber, weil dieses Verbot eine starke Vermuthung bei aller Welt erwecken muss, dass der wienerische Hof solche unwiderlegliche Gründe und

---

mehrere Auflagen und wurde auch in das Französische übersetzt. Kriegskanzley II. Nr. 37, 324.

*) Bericht Hechts, Hamburg, 11. Januar 1757. „Ew. Hochwohlgeboren," so schreibt der ungenannte Verfasser, „erhalten hierbei 50 Exemplaria einer Deduction gegen die Avocatoria; die gesetzwidrige Unternehmungen haben solche erfordert. Niemand ist mehr dabei zu bedauern als unsere arme Reichsstädte, welche sich dem äussersten Widerwillen und der Vergewaltigung ausgesetzt sehen. Der Reichsfiscal und die Executiones derer Kreisausschreibenden sollen diese schulmeistern und sie zurecht bringen; in welche betrübte Zeiten sind wir gerathen. Ew. Hochwohlgeboren werden dem Publico einen reellen Dienst thun, woferne sie diese Piéce demselben bekannt zu machen und zu veranstalten geruhen wollen, dass bei denen Zeitungen ein Exemplar zu verschiedenen Orten beigeleget, insbesondere nach Kopenhagen, Kiel, Gottorp, Altona und so weit als möglich distribuiret werde. Mein Aufenthalt ist unsicher, daher ich mich nicht nennen darf."

**) Vergl. S. 523.

so starke Kennzeichen der Wahrheit in denen über diese Sache preussischer Seits herausgekommenen Schriften gefunden haben müsse, dass er sich genöthiget gesehen, um den wahren Grund der Sachen dem Publico ferner zu verbergen, sich des Kaiserlichen Ansehens zu bedienen, um durch dasselbe die Ausbreitung der Wahrheit und der Macht, so dieselbe über die Gemüther aller rein und vernünftig denkenden Menschen hat, zu verhindern. Jedoch wir wollen uns um dieses Verbot nicht weiter bekümmern, und ich will hier nicht untersuchen, ob die Rechte dem Kaiser erlauben, ein dergleichen Verbot, so zur Unterdrückung der Vertheidigungs-Schriften eines Reichstandes wider den andern abzielet, ergehen zu lassen, noch, ob der wienerische Hof nicht dadurch seines Endzwecks um so viel eher verfehle und das Publicum nur zu desto grösserer Aufmerksamkeit auf die verbotene Schriften bringe. Erlauben Sie mir, dass ich mich nur mit Ihnen über den Zweifel unterhalte, welchen Sie, wie Sie mir melden, durch das Kaiserl. Hof-Decret vom 14ten Septbr. dieses Jahres bekommen, nämlich: „ob Se. Königl. Majest. in Preussen, als „ein Reichs-Stand gegen einen andern Reichs-Stand, Sich der Selbst-Hülfe be-„dienen können, und ob Sie dadurch, dass Sie mit Ihrer Armee in Sachsen „und Böhmen, als zweien Chur-Landen, eingedrungen, nicht wider die Reichs-„Gesetze und insonderheit den Land-Frieden (so wie Ihnen solches in dem „Kaiserl. Hof-Decreto vorgeworfen wird) gehandelt haben?"

Es schien Ihnen anfangs auch zweifelhaft zu sein, ob demjenigen nicht der Name des angreifenden Theiles zukomme, der um seinem Feinde zuvor zu kommen, mit den Thätlichkeiten den Anfang machet; nun aber melden Sie mir, dass Sie die in dem Schreiben eines Freundes aus Leyden an einen Freund in Amsterdam aus dem Rechte der Natur dargelegte Grundsätze so überzeugend gefunden, dass Sie nunmehro erkennen, dass man in denen Fällen, wo keine richterliche Hülfe zu haben ist, bei einer dringenden Gefahr mit Thätlichkeiten auf seinen Feind losgehen könne, um ihn ausser Stand zu schaden, zu setzen, ohne sich eines Angriffes oder Friedensbruchs schuldig zu machen. Ich hoffe Sie mit gleich starken Gründen zu überzeugen, dass diese in dem natürlichen Rechte sich gründende Wahrheiten auch vollkommen bei unseren Reichs-Satzungen bestehen können und müssen, und dass Se. Königl. Majest. durch den Einmarsch in Sachsen und Böhmen denen Reichs-Gesetzen überall nicht zuwider gehandelt haben, sondern dass das Hof-Decret gar sehr ungereimt ausfalle, wenn solches Sr. Königl. Majest. einen Bruch des Land-Friedens und das Verbrechen der Vergewaltigung beilegen will. Sie sagen mir zwar, Sie könnten sich nicht vorstellen, wie sonst der Reichs-Hofrath, der doch die Reichs-Gesetze kennen muss, und der auf dieselben verpflichtet ist, sich unterstehen könnte, vor den Augen der ganzen Welt so dreist auf die Reichs-Gesetze sich zu berufen und sogar den König schon als einen Uebertreter derselben zu verdammen, wenn diese Gesetze durch das Betragen Sr. Königl. Majest. nicht verletzet wären; allein dieser Einwurf bedeutet gar nichts, und ich werde vielleicht noch vor dem Schlusse meines Briefes Ihnen mit mehreren zu zeigen Gelegenheit haben, dass dieses dem Reichs-Hofrath garkeine ungewöhnliche Sache, sondern dass es ein sehr alter Kunstgriff des Hauses Oesterreich sei, dass, so oft es wider die Reichs-Gesetze etwas vornehmen und eine willkürliche Gewalt einführen wollen, es sich der Reichs-Gesetze meisterlich durch seinen Reichs-Hofrath zu bedienen, und denen offenbarsten Ungerechtigkeiten dadurch den Schein eines Rechtes zu geben gesucht.

Ich gestehe gar gerne, dass, da der wienerische Hof seine fürchterliche Kriegs-Rüstungen theils geleugnet, theils ihnen einen zu niemandes Präjudiz gereichenden Endzweck beigeleget, es schwer gehalten haben würde, die Welt zu überzeugen, dass Se. Königl. Majest. in dem nothwendigsten Vertheidigungs-Kriege gegen diesen und den sächsischen Hof stehen, wenn die Göttliche Vorsicht es nicht so gefüget hätte, dass Se. Königl. Majest. in Preussen, nunmehro mit ganz unverwerflichen Urkunden die Gefahr, worinnen Sie und Dero Lande bishero gestanden, und die falschen und betrüglichen Vorstellungen des wienerischen Hofes der Welt vor Augen legen und jedem, der noch Empfindung von Recht und Wahrheit in seiner Seelen hat, dadurch überzeugen können, dass, wo je ein gerechter und zur Vertheidigung unternommener Krieg geführet worden, es gewiss dieser sei, welchen Se. Königl. Majestät gegen die Königin von Ungarn und Sachsen zu unternehmen genöthiget worden. Jeder unparteiische und durch die Entdeckung dieser abscheulichen Entwürfe nicht in Verwirrung gesetzte Hof muss gestehen, dass nicht Se. Königl. Majest. in Preussen, sondern der wienerische und sächsische Hof den Frieden gebrochen und wider die Reichs-Gesetze gehandelt haben.

Die gegründete Anzeige und die derselben beigefügten Urkunden legen offenbarlich an den Tag, dass die Absicht beider nur genannten Höfe keinen andern Vorwurf gehabt, als den Umsturz des dresdner und des westphälischen Friedens; Frieden, welche das Reich garantiret hat, und deren letzterer ein Reichs-Grund-Gesetze ist. Dass die gefährliche Unterhandlungen der wienerischen und sächsischen Höfe zur Vereitelung des dresdner Friedens abzielte, ist in der gegründeten Anzeige so deutlich gewiesen, dass ich eine geschehene Arbeit vornehmen würde, wenn ich dieses noch ferner darthun wollte. Wenn Sie in dem geheimen Artical des petersburgschen Tractats finden, dass jeder Krieg, der zwischen Sr. Königl. Majest. in Preussen und Russland oder der Republique Polen entstehen sollte, als eine von Seiten Sr. Königl. Majest. geschehene Verletzung des dresdner Friedens angesehen werden und die vormaligen österreichschen Rechte auf Schlesien geltend machen sollte, obgleich weder Russland noch die Republique Polen in dem dresdner Frieden begriffen sind, noch daran Theil genommen; und Sie wollen hernach erwägen, mit welchen arglistigen Kunstgriffen man zwischen den Königl. preuss. und russischen Hofe Zwistigkeiten zu erregen gesuchet, und wie weit man darin gekommen; so werden Sie nicht mehr zweifeln, dass dieses ganze Unternehmen nicht gerade dahin abzielen sollte, den dresdner Frieden zu vereiteln. Und kann dieses in der Welt stärker bewiesen werden, als durch das eigene Bezeugniss derer verpflichteten Räthe und Ministern des dresdner Hofes? Die sechste Beilage zu der gegründeten Anzeige, welche einen Auszug aus der hursächsischen Geheimen-Räthe Gutachten an Se. Königl. Majest. in Polen über den Beitritt zu dem petersburgischen Tractat vom 13ten September 1745. enthält, beweiset, dass dieses Geheime-Raths-Collegium eingesehen und bezeuget habe, dass der Beitritt des dresdner Hofes zu dem petersburgischen Tractat von Sr. Königl. Majestät in Preussen, wenn Dieselbe ihn in Erfahrung brächten, als eine Verletzung des dresdner Frieden-Schlusses vom ten December. 1745. ausgeleget werden könnte. In den Rechten ist kein stärkerer Beweis als das eigene Anerkenntniss des Gegentheils.

Bei der verabredeten Vereitelung des dresdner Friedens blieb es nicht, sondern man ging weiter; man wollte Se. Königl. Majest. in Preussen zugleich an dem Besitz von Magdeburg und andern Provinzen, welche Ihnen durch den westphälischen Frieden eingeräumet worden, werfen, Se. Königl. Majestät entkräften, und das Chur-Haus Brandenburg zur vorigen Mittelmässigkeit, das ist, wie es vor dem westphälischen Frieden war, zu bringen suchen. Man wollte also hierdurch anfangen das vornehmste Grund-Gesetz des teutschen Reichs, diesen durch das Blut so vieler Protestanten errungenen Frieden, umzustürzen. Dieser Frieden ist das dem Hause Oesterreich und einigen der römischen Kirche zugethanen Höfen so verhasste Gesetz, durch welches der Herrschsucht des Erz-Hauses die stärksten Schranken gesetzet sind, dieses ist der starke Damm, der zum Schutz der protestantischen Kirche nach so viel Widerwärtigkeiten aufgeführet worden, und durch welchen die Stände dieser Religion wider die Unterdrückungen der andern gesichert worden. Dem König von Preussen die Besitze derer Länder nehmen, welche Ihm nach diesem Frieden zukommen, Ihn zu der vorigen Mittelmässigkeit bringen, den mächtigsten Stand unter den Protestanten umwerfen, Ihm Provinzen rauben wollen, welche das ganze Reich garantiret hat, heisst, man nehme es wie man wolle, nichts anders, als sich bemühen die geheiligten Bande des westphälischen Friedens zu zerreissen und sich den sichersten Weg zum Umsturz der Freiheit des teutschen Reichs bahnen.

Diese grossen Entwürfe in die Wirklichkeit zu setzen, sollte der dresdner Friede als die erste Vormauer umgeworfen werden. Man machte willkürliche Bedingungen, unter welchen der dresdner Frieden als von Sr. Königl. Majest. gebrochen, erkläret werden sollte; ein Krieg zwischen Preussen und Russland sollte ein Bruch dieses Friedens sein. Sobald diese Erfindung gemacht war, folgte die andre ganz natürlich; man musste Feindseligkeiten zwischen dem russischen und preussischen Hofe stiften, die zum Krieg ausschlagen könnten. Ueber die Mittel zu diesem Endzweck zu gelangen, brauchte man nicht gewissenhaft zu sein. So grosse Unternehmungen wie diese gestatten ohnedem nicht die Einwürfe des Rechts und des Gewissens. Und also ward das Geheimniss der Bosheit erfunden und das Gewebe der Ungerechtigkeiten angesponnen, welches durch Se. Königl. Majestät zur ewigen Schande seiner Urheber entdecket und der Welt vor Augen gestellet ist.

Mit diesem fürchterlichen Entwürfe war es so weit gekommen, dass man nur auf einen günstigen Augenblick wartete, ihn mit glücklichen Erfolg ausführen zu können. Selbst unter den Augen des Kaisers machte man zu Wien die grösste Zurüstungen zum Kriege. Ganz Wien weiss es, dass seit dem Februario dieses Jahres man daselbst mit Krieges-Rüstungen so beschäftiget gewesen, als ob der Feind vor den Thoren sei. Nächtlich wurden Kanonen, Bomben, Kugeln und andere Krieges-Rüstungen nach Mähren und Böhmen abgeführet. Es geschahen Processiones zum glücklichen Feldzug, sie geschahen theils der heiligen Hedwig zu Ehren, denn die Hülfe dieser Schutz-Göttin von Schlesien musste vornehmlich erbeten werden, wann dies Land erobert werden sollte. Bei dem Volke war es eine bekannte Sache, dass diese Rüstungen wider den König in Preussen gerichtet sein sollten, und auswärtige Ministres schöpften ebenmässigen Argwohn. Sie finden, mein Herr, dieses alles in dem Circular-Rescript Sr. Königl. Majest. in Preussen vom October dieses Jahres ganz deutlich dargeleget; erlauben Sie mir, dass ich Sie dahin verweisen dürfe, und dass ich Ihnen nur hierbei diesen Umstand merkbar mache, dass dieses alles unter den Augen des Kaisers geschahe. Sollte der Kaiser sich nicht erkundiget haben, auf was diese Krieges-Rüstungen abzielten? Sollte er sich nicht darüber mit seiner Gemahlin oder

Dero Ministres besprochen haben? Kann man auch nur muthmasslich glauben, dass dem Kaiser die zwischen dem wienerischen, sächsischen und russischen Hofe obwaltende Unterhandlungen gänzlich verborgen gewesen? Gewiss, wer dies glauben wollte, der würde Sr. Kaiserl. Majest. zu nahe treten, und Ihrer Einsicht und Aufmerksamkeit zu enge Schranken setzen. Und konnten dem Reichs-Hofrath diese Zurüstungen verborgen sein, die vor den Augen alles Volks geschahen? Kein Vernünftiger wird das glauben, und man müsste die Welt nicht kennen, wenn man behaupten wollte, dass wenigstens die Neugierigkeit so weit von allen Gliedern dieses Gerichts sollte verbannet gewesen sein, dass sie davon nichts in Erfahrung gebracht. Und dennoch findet sich nicht eine Spur, dass diese wachsamen Wächter vor die Ruhe Teutschlands die geringste Bewegung über diese gewaltige Zurüstungen gemacht hätten.

Nun lassen Sie uns einmal sehen, in welchen Umständen sich Se. Königl. Majest. zu der Zeit, wie dieses alles in Wien öffentlich geschahe, befanden. Seit länger als Jahresfrist hatten Sie von dem gefährlichen Entwurf, so wider Dieselben gemacht war, Entdeckungen gemacht und hatten die Abschriften verschiedener Urkunden in Händen, welche Sie jetzt öffentlich bekannt machen lassen. Sie wussten, dass man einen Friedensbruch gegen Dieselben verabredet hatte, Sie wussten mit was vor unversöhnlichen und hartnäckichten Feinden, mit deren persönlichen Hass gegen Se. Königl. Majestät der Neid und der Hass gegen die Macht der protestantischen Stände eine ungeheure Mischung machte, zu thun hatten: konnten Sie dabei sicher, konnten Sie dabei sorglos sein? Was war also natürlicher, als dass Sie Sich in den Vertheidigungs-Stand setzten und zugleich, um in den Weg eines gütlichen Ankommens einzuschlagen, eine Erklärung über diese Zurüstungen forderten? Die Antwort fiel stolz, trocken und zweideutig aus. Hiervon können Sie mein Herr, sich vollkommen überzeugen, wenn Sie nur das in der Beilage an der gegründeten Anzeige unter No. 28 beigefügte Schreiben des Grafen von Flemming lesen. Nach solchem hat der Graf von Kannitz dem Grafen von Flemming gesagt: wie sehr er nachgedacht, welche Antwort er seiner Souverainin, dem Herrn von Klinggräffen zu ertheilen, anrathen sollte, und dass er dafür gehalten, sie müsse von der Beschaffenheit sein, dass sie gänzlich des Königs Anfrage eludire, und welche, ohnerachtet sie zu ferner weiten Erläuterungen keinen Raum mehr liesse, doch zu gleicher Zeit gesetzt und höflich, und dabei weder eine nachtheilige noch vortheilhafte Auslegung gestattete, und dass er deswegen das hinreichend gehalten, dass die Kaiserin sich begnüge ganz schlechthin zu antworten: „dass Sie bei denen gegen"wärtigen Conjuncturen dienlich gefunden, einige zu Ihro und Ihrer Alliirten „Defension abzielende Krieges-Zubereitungen zu veranlassen, welche jedennoch „zu niemandes Präjudiz gereichen könnten."

Was konnte der König bei solcher auf Schrauben gesetzten Antwort und hernach zweimal hartnäckig verweigerten nähern Erklärung: dass Se. Königl. Majestät in Preussen weder in diesem noch in dem folgenden Jahre angegriffen werden sollten, was konnte Er bei einer Antwort, welche nach dem eigenen Geständniss des Ministres, der sie ausgedacht, um deswillen so unzulänglich ausgekünstelt worden, damit man vermeiden wollte, dass es zu keinen Pourparlers und Erläuterungen kommen möchte, welche gleich einen Aufschub der Maassregeln verursachen könnten, die man doch mit Nachdruck fortzusetzen vor nöthig hielte, weiter thun, da Er sich auf allen Seiten gedrungen fand, da Ihm die Gefahr so nahe war, da Ihm der Weg der Güte versperrt gehalten ward, was konnte Er anders thun, als zu der erlaubten Selbst-Hülfe schreiten? Sollte Er etwan beim Kaiser und beim Reichs-Hof-Rath klagen, sollte Er daselbst wider den wienerischen Hof Beschwerde führen, inzwischen aber ruhig erwarten, dass Er angegriffen würde?

Die Gemahlin des Kaisers beim Kaiser verklagen, wider eine österreichische Prinzessin, durch deren ansehnliche Besitzungen der Kaiser einen grossen Theil seines Ansehens erhält, bei dem Reichs-Hofrath, bei diesem von dem wienerischen Hofe ganz abhangenden Gerichte, wider die Unternehmungen des wienerischen Hofes Beschwerde führen, bei diesen Stützen der österreichschen Herrschsucht Erledigung solcher Beschwerden erwarten und bei der dringendsten Gefahr der Unterdrückung die Hände in den Schooss legen? Gewiss kein Vernünftiger kann dergleichen lächerlichen Schritt von einem weisen Fürsten erwarten, von einem Fürsten, der den Umfang seiner Pflichten kennet, und der vollkommen einsiehet, dass er bei GOtt und der Welt wegen des Schutzes, den er seinen Unterthanen schuldig ist, verantwortlich bleibet.

Sie können mir hier nicht einwenden, dass der Land-Frieden dennoch dieses zu thun einem teutschen Reichs-Stande vorschreibe. So ungereimt kann der Land-Frieden und kein Reichs-Gesetz ausgedeutet werden, dass er die natürliche Befugniss der Selbst-Rettung denen Ständen in denen Fällen versagen wollte, wo bei dem Oberhaupt des Reichs keine Hülfe zu erwarten stehet. Dergleichen Gesetze könnten in Utopien, nicht aber in einer weislich eingerichteten Republique von Fürsten, nicht im teutschen Reich Statt haben. Ich will, um nicht weitläuftig zu sein, mich nicht des starken Arguments bedienen, welches ich aus der Qualität des Königs in Preussen als König in Preussen und souverainer Herzog in Schlesien nehmen könnte. sonst könnte ich Ihnen mit leichter Mühe erweisen, dass, da Schlesien ein souveraines und unabhängiges Herzogthum ist, um dessen Eroberung es dem wienerischen Hofe am meisten zu thun ist, dass, da der König sich mit dessen Angriff bedrohet fand, Er mit dem vollkommensten Rechte, weil hier zwei freie Staaten, welche keinen Oberrichter anerkennen, mit einander zu thun haben, Sich, ohne einige Rücksicht auf die Reichs-Gesetze zu nehmen, der Ihm von GOtt verliehenen Macht, um das Ihm bevorstehende Uebel von Sich abzuwenden, bedienen konnte; und dass, wenn die Feinde, denen Er in solcher Qualität zuvor kommen muss, Reichs-Glieder sind, die in teutschen Staaten Rüstungen wieder Ihn machen, Er, indem Er zuvor kommt, und auf sie zu Seiner Vertheidigung in ihre Reichs-Lande eingeht, weder wider das Reich, noch dessen Oberhaupt und Glieder etwas unternimmt, was man eine Feindseligkeit wider das Reich, geschweige einen Land-Friedensbruch oder Empörung nennen könne. Es wäre nicht schwer, mit unwiderleglichen Gründen darzuthun, dass man mit allem Rechte fordern könnte, dass der von Se. Königl. Majestät unternommene Krieg nicht nach den Gesetzen des teutschen Staates, sondern nach dem Völkerrechte beurtheilet werden müsse. Ich will Ihnen nur zeigen, dass die von Sr. Königl. Majestät ergriffene Selbst-Vertheidigung denen Reichs-Gesetzen vollkommen gemäss sei, und dass sie sich mit der ganzen Reichs-Verfassung vollkommen reime.

Wozu ist der Land-Frieden, dieses bekannte Reichs-Gesetz, welches nach des Reichs-Hofraths Angabe von Sr. Königl. Majestät in Preussen übertreten sein soll, errichtet? Um die damals im Reiche gewöhnliche Befehdungen zu verhüten, wurde in demselben festgesetzet, dass kein Reichs-Stand den andren befehden oder gewaltsamlich überziehen, sondern seine Beschwerden wie die Worte lauten: „an Enden und Gerichten, oder wo die Sachen jetzt oder künftig ordentlich hingehören, anbringen sollte." Dieser so lang gewünschte Land-Friede konnte in Teutschland, was auch das Reich unter Friederichen dem III. und Maximilian dem I. dieserhalb vor Mühe anwandte, nicht eher zu Stande kommen, als bis ein ordentliches Reichs-Gerichte angeordnet war*); zum offenbarsten Zeugnisse, dass blos unter der Bedingung, weil man nun richterliche Hülfe haben könnte, die Selbst-Hülfe aufgehoben sein sollte. Hebt nun wohl der Land-Friede das angeborne Recht der Selbst-Vertheidigung in denen Fällen, wo keine richterliche Hülfe zu erwarten ist, auf? Wo ist dies verboten? Unmöglich aber kann man denjenigen vor einen Friedensbrecher halten, der etwas thut, so im Frieden nirgend verboten worden.

Selbst der westphälische Friede erlaubet eine Selbst-Hülfe, in denen Fällen, wo eine richterliche Hülfe nicht zu erlangen stehet**). Und der Reichs-Abschied von 1654 § 193 missbilliget nur die wider den Frieden-Schluss verübte Gewalt, verbietet aber nicht, solche gegen Friedensbrecher zu gebrauchen. Lesen Sie, mein Herr, wenn Sie Zeit haben, die Schriften der Publicisten, welche über die nach dem westphälischen Frieden erlaubte Selbst-Hülfe herausgekommen. Der gelehrte und in den Reichs-Verfassungen sehr erfahrne hannöversche Geheime Justiz-Rath Herr Strube hat die von den katholischen Schriftstellern wider die in dem westphälischen Frieden erlaubte Selbst-Hülfe gemachte Einwürfe, nach der Art wie er pfleget, sehr gründlich widerleget***). Er zeiget in dem unten angeführten Orte, dass in dem Falle, da man bei dem Oberhaupte des Reichs und dessen Gerichten kein Recht erwarten kann, (und dieser Fall ist wohl derjenige, worin sich Sc. Königl. Majestät in Preussen gegenwärtig befinden,) man nach den Reichs-Gesetzen nicht schuldig sei, der Selbst-Hülfe sich zu entschlagen, sondern dass man solche auch gegen die höchste Obrigkeit selbst brauchen könne, weil der höchsten Obrigkeit nur unter der Bedingung Gehorsam angelobet worden, wenn sie die Reichs-Grund-Gesetze beobachtet. Der gelehrte Publicist der Herr Moser behauptet, „dass wenn der Kaiser selbst eine Partei ausmachet, er sich so wenig ein Recht zu, als die Stände ihm dieses absprechen „können, sondern dass es alsdann auf eine Vergleichung unter ihnen ankäme; „finde diese nicht statt, so höre das Jus publicum auf, und könne man „niemanden verübeln, wenn er die Sache so weit triebe, als er es sich ge„traue vor Gott und der Welt zu verantworten†)." Alle vernünftige Lehrer des teutschen Staats-Rechts sind darin einig, dass, wenn der Land- und der westphälische Friede nicht diese Erklärung sollten, es um der Reichs-Stände Freiheit gethan sei, und sie von der Willkür des Kaisers und seines Hofraths abhängen würden, wenn er nur allein und die von ihm abhängende Gerichte in Sachen, wo er selbst interessiret ist, beurtheilen dürfte, ob sein Gegentheil den Reichs-Gesetzen zuwider gehandelt oder nicht; dergleichen Zwistigkeiten hat man im teutschen Reiche niemalen dem Reichs-Gerichte

---

*) Vid. introitus des Land-Friedens de 1548.
**) Instr. Pac. Westph. art. XVII. § 5. 6.
***) Strube, Neben-Stunden 4ter Theil XXVII. Abhandl. von der nach dem westphälischen Frieden erlaubten Selbst-Hülfe.
†) Mosers Staatsrecht 3ter Theil p. 211.

zur Erkenntniss übergeben*). Der Einwand, dass auf solche Weise, und wenn einem Reichs-Stande die Selbst-Hülfe erlaubt sein solle, das Unheil der innerlichen Unruhen in Teutschland durch den westphälischen Frieden nicht aufgehoben sein könne, welches doch der Haupt-Endzweck dieses grossen Friedens gewesen, ist zwar scheinbar; allein sehen Sie wie gründlich der Herr p. Strube diesen Einwurf widerleget. Er sagt: „würde man wohl, um „dieses Unheil zu vermeiden, den Ständen anmuthen können, ihren Freiheiten „zu entsagen und sich einer willkürlichen und despotischen Gewalt zu unter-„werfen? Das hierbei befürchtete Unheil ist ein nothwendiges Uebel, das auf „keine Weise vermieden werden kann; und man muss entweder sich zu der „Gefahr, solches Unheil durch die Selbst-Hülfe zu veranlassen, entschliessen, „oder sich sofort auf Discretion ergeben und geduldig zusehen, wie uns „andere das Unsrige rauben oder uns überwältigen. Und wo bleiben alsdann „die mit so viel Blut erworbene Gerechtsame, welche den Ständen vermöge „des westphälischen Friedens zustehen?**).“

Es bleibet also ein fester und auf den vernünftigen Regeln einer gesunden Auslegung sich gründender Satz, dass nach denen Reichs-Gesetzen die Selbst-Hülfe nicht verboten, ja vielmehr nach solchen es ausdrücklich erlaubt sei, gegen einen andren Stand des Reichs, ja den Kaiser selbst, sich zu vertheidigen, so oft keine richterliche Hülfe bei ihm zu erwarten stehet. Und eine solche Selbst-Hülfe kann kein Friedensbruch noch Empörung genannt werden. Der wienerische Hof selbst hat uns hievon in unsren Tagen ein merkwürdig Beispiel gegeben. Als die Königin von Ungarn Ao. 1744. und folgendem Jahre mit dem Kaiser in Krieg gestanden, als Sie dessen Churlande eingenommen und in der Pfalz die grössten Feindseligkeiten und Grausamkeiten ausübte, wollte sie damals zulassen, dass sie eine Empörerin im Reiche sei?

Die Rechte verstatten nicht, dass ein Ehemann in den Streitsachen seiner Ehefrau Richter sein könne. Das Band, worin sie mit einander stehen, ist zu genau verknüpfet, als dass man sich gegen einen solchen Richter des Argwohns der Parteilichkeit entschlagen könne. Der Kaiser kann so wenig in seiner Gemahlin Streitsachen einen Richter abgeben, als irgend ein andrer Ehemann in Sachen seiner Ehefrauen Richter sein kann. Kein Reichs-Gesetz giebt ihm dieses Recht, so wenig als ihm solches in einer ihm selbst angehenden Sachen gegeben ist. Hat es ihm also nicht gefallen, an seine Gemahlin, als sie unter seinen Augen die grossen Krieges-Rüstungen unternahm, da ihm nicht unbewusst sein konnte, dass sie mit dem dresdner Hofe den dresdnischen und den westphälischen, beide vom Reich garantirte Frieden zu vereiteln im Begriff stand, seines Oberrichterlichen Amts wider sie zu gebrauchen und die nachdrücklichsten und ernsthaftesten Abmahnungs-Gebote ergehen zu lassen, um den Ausbruch des Feuers im teutschen Reiche zu verhüten, worin es nun durch sie gesetzet ist, so hätte er wenigstens sich hernach nach aller Erkenntnisse und aller Anordnungen in dieser Sache wider den König in Preussen, als ihren Gegentheil, entäussern und dadurch dem Reiche eine Probe seiner Unparteilichkeit geben sollen. Allein weit entfernet von dieser Mässigung lässet er in dieser seine Gemahlin allein angehenden Sache wider Se. Königl. Majestät Decreta, und zwar in den an-

*) Moser l. c. p. 303.
**) Strube l. c. p. 304.

glimpflichsten Ausdrückungen ergehen, beschuldigt Dieselben des Friedenbruches, misst Ihnen Vergewaltigungen bei, erlässet Avocatoria an die Ihnen dienende Militair-Bediente, um Sr. Königl. Majestät aus dem Vertheidigungs-Stande zu setzen. Dieses, mein Herr, scheinet mir ein Verfahren zu sein, welches von dem Vorwurf des Missbrauchs der dem Kaiser zur Handhabung des Land-Frieden eingeräumten Rechte schwerlich bei der Nachwelt befreiet bleiben wird, und welches denen Reichs-Ständen nicht gleichgültig sein sollte.

Es kann also das Haus Oesterreich, wenn es will, den Umsturz eines Reichs-Fürsten entwerfen und die beleidigendste Bündnisse wider ihn eingehen. Es stehet bei ihm sie auszuführen, wenn und wie es will; will der mit seinem Untergang bedrohte Fürst das ihm bereitete Unglück abwenden, sich vertheidigen und seinen Feinden zuvorkommen, so erkläret ihn der Kaiser vor einen Friedbrecher, Empörer, Vergewaltiger, ruft ihm sein Krieges-Volk ab und behält sich dessen Bestrafung bevor. Kann ein solches Unternehmen wohl mit dem Vorwand der Reichs-Gesetze beschöniget werden? Allein dies sind leider von jeher die Grund-Maximen der österreichischen Staats-Klugheit gewesen; nie hat es einen Nachbar gehabt, dessen anwachsende Stärke es nicht sofort beneidet, ihn als einen Reichs-Feind vorzustellen und bei der ersten Gelegenheit das Reich gegen ihn in Harnisch zu setzen gesuchet. Auf solche Weise sind des österreichischen Erzherzoglichen Hauses Kriege Reichs-Kriege geworden und auf Unkosten und zum Ungemach des Reichs geführet.

Es ist den Reichs-Ständen schon vor länger als hundert Jahren vor Augen geleget, dass der österreichische Hof alle Kriege, so die Stände zu Vertheidigung ihrer Gerechtsamen zu unternehmen genöthiget gewesen, vor unziemliche und in Rechten verbotene Conspirationes, Friedens-Brüche und Meuterei erkläret, die zu seinen Privat-Vortheilen aber unternommene Kriege ls zum Schutz Kaiserl. Ansehens und des Reichs Majestät unternommen, ngesehen haben wollen*).

Der unter dem verdeckten Namen des Hippolithus a Lapide versteckte einer der Grund-Sätze des wienerischen Staats-Rechts hat den Ständen les das vorher gesaget, was wir jetzt vor Augen haben. Er redete von den amaligen Zeiten und schloss aus Einsicht in den Zusammenhang der Dinge o jenen auf die künftige. Urtheilen Sie, mein Herr, ob er es getroffen er nicht, ich will Ihnen ein paar merkwürdige Stellen davon anführen: venn, spricht er, diejenigen welche vor die Freiheit zu streiten sich er-'kret, wurden gezwungen, sich als Beleidiger der Majestät anzuerkennen ad um Verzeihung zu bitten. Hieraus werden unsere Nachkommen noch kennen, dass alle Kriege, welche wider den Kaiser oder das Haus Oesterich (denn von diesem Hause wird die Kaiserliche Würde, wenn die Sachen h nicht sehr ändern, nicht leicht zu trennen sein) sie mögen aus Ursachen tstehen wie sie wollen, ungerechte und unerlaubte Bündnisse sein. Es rd den Ständen nicht gestattet werden, sich diesem Hause zu widersetzen,

*) Sic Ferdinandus foedera defensionis caussa inita, militem conscriptum ellum ab ordinibus eadem caussa gestum, injusta & illicita censuit, & im, quod ipse nulla praevia deliberatione Evangelicis intulit, tanquam pro statu imperii susceptum, justum, imo necessarium, Protestantium vero unio Illicita & quasi rebellionis & seditionis species audiebat. Hippolithus pide in rat. statu P. II. Cap. VII. p. 419.

„es mag ihre Freiheiten unterdrücken, es mag wider die Reichs-Grund-
„Gesetze und seine dem Reiche schuldige Obliegenheiten handeln, es mag
„unternehmen was es will, kurz, wenn es sich auch eine absolute Herrschaft
„anmaassete*). Wer wird alsdann vor die Freiheit und des Vaterlandes
„Wohl streiten, wenn der Kaiser dieselbe bestreitet, wer wird nur mucksen,
„wenn dem Kaiser bloss deswegen, weil Er es sagt, dass die Reichs-Majestät
„verletzt und der Land-Friede gebrochen sei, freistehen kann, gegen einen
„Reichs-Fürsten mit dem Bann-Strahl zu blitzen?**).

Urtheilen Sie, mein Herr, ob dieser Schriftsteller ohne Ursach von dem
wienerischen Hofe so gehasset wird, urtheilen Sie mit Zusammenhaltung
dessen, was er gesagt, mit dem, was wir jetzt vorgehen sehen, ob er die Wahrheit geschrieben habe? Kann etwas mehr auf den Umsturz der Freiheit der
Stände abzielen, als wenn der Kaiser sich zum Richter in einer seiner Gemahlin mit einem Reichs-Stand habenden Streitigkeit machet? Gehet dieses
an, so kann es dem österreichischen Hause nicht ferner schwer fallen, diejenige unumschränkte Herrschaft Teutschland aufzudringen, wornach dessen
Vorfahren gestrebet, und denen Reichs-Ständen dasjenige Joch der Sclaverei
aufzulegen, woran seit Jahrhunderten zu Wien gearbeitet worden. Allein
der Vorsicht sei Dank, dass die gefährlichen Absichten, so zwischen den
Höfen von Wien und Dresden unterhandelt worden, glücklich entdecket und
der Welt vor Augen gelegt sind. Es ist nun nicht zu befürchten, dass die
Reichs-Stände sich durch die fürchterlichen Hof-Decreta und Reichs-Hofraths-
Conclusa in Bewegung setzen lassen sollten, dass sie sich dadurch die Freiheit
einer unparteiischen Beurtheilung nehmen lassen und nicht überzeuget sein
sollten, dass nicht der König, sondern diese beide genannte Höfe den Frieden
gebrochen, und dass, wann ein Reichs-Feind ja vorhanden sein soll, es nicht
derjenige sein könne, der die vom Reich garantirte Frieden hochachtet wissen
und sie beschützen will, sondern dass diejenigen diesen gehässigen Namen
verdienen, die die heiligsten Frieden und Reichs-Grund-Gesetze vereiteln und
umzustossen auf die allerarglistigste Weise bemühet gewesen und im Begriff
gestanden.

Sie werden nunmehro, mein Herr, vermuthlich keinen Zweifel mehr
haben, dass so gewiss es ist, dass Sr. Königl. Majestät in Preussen in den
Grenzen der allergerechtesten Vertheidigung stehen, so gewiss sei es auch, dass
Sie die Reichs-Gesetze nicht übertreten, sondern vielmehr vor deren Aufrechthaltung und vor die Freiheit Ihrer Mit-Stände und des evangelischen
Corporis streiten, um welche es bald gethan sein würde, wenn es dem wienerischen Hof gelingen sollte, das Chur-Haus Brandenburg zu seiner vorigen

*) Nam qui pro libertate se pugnare profitebantur, jam perduellionis
crimen fateri & ejus veniam deprecari coguntur. Ex eoque posteri discunt,
bella contra Imperatorem & Domum Austriacum (ab hac enim nisi alius rerum
status fuerit, Imperatorium nomen vix separabitur) quomodocunque se gerant,
injusta & foedera illicita esse; nec licere ordinibus, Imperatori sese opponere,
sive privilegia ipsorum invadat, sive quidvis tandem faciat, & ut verbo dicam,
absolutam sibi Dominatum usurpet. P. II. c. 7.

**) Et quis tandem pro libertate ac salute patriae pugnabit, si Imperator
eam oppugnet, si leges fundamentales subvertat, si juratae suae capitulationi
contraveniat, vel hiscere ausit? Quando Imperatori absque ordinum consensu,
sub hoc solo praetextu, quod ipse laesam Majestatem aut pacem publicam vio-
latam asserit, vibrare bannum in quemvis imperii principem licet. Hippol.
l. c. P. II. c. 7.

Mittelmäßigkeit zu bringen und ihm das zu entreissen, was ihm der westphälische und dresdner vom Reiche garantirte Frieden zugeleget und bestätiget haben. Sie werden sich nunmehro nicht ferner durch des Reichs-Hof-Raths Decret irre machen lassen, Sie werden vielmehr, wenn Sie es nur mit einiger Aufmerksamkeit zu beobachten die Mühe nehmen wollen, finden, was dieses vor ein übel zusammenhangendes Gewebe von Ungereimtheiten in sich fasse, und mit wie viel Ungerechtigkeiten es angefüllet sei.

Das ganze Decret ist auf den Grundsatz gerichtet: der König in Preussen habe einen Friedensbruch begangen und wider die Reichsgesetze gehandelt. Ich habe die Falschheit dieses Satzes gezeiget. Fällt nun der Grundsatz weg, wo bleibt das Gebäude? Es kann also keinen Unparteiischen weiter verblenden, und es dienet zu weiter nichts, als dass die Nachwelt eine neue Probe habe, dass das Gericht, von dem es ergangen, noch eben dasselbe sei, das es vor mehr als hundert Jahren gewesen, dass eben die Parteilichkeit, die Vorliebe und das Bestreben die Freiheiten der Reichs-Stände zu unterdrücken noch jetzt bei demselben sei, welches gleich nach seiner Stiftung zu denen so oft wiederholten Beschwerden der Stände gegen dasselbe Anlass gegeben: dass es noch eben dasselbe Gericht sei, gegen welches so erstaunlich geeifert; als ob es zum Unheil des teutschen Reichs hervor gebracht und zur Stütze der österreichischen Entwürfe erfunden worden*). Es ist wahr, die Beschreibung, die dieser Schriftsteller von diesem Gerichte gemachet, ist so fürchterlich als sie nur sein kann. Allein es wäre zu wünschen, dass sich nicht gar vieles davon in der Folge bestätiget hätte, und was nicht allezeit bewiesen werden könnte; wenn Sie nur ein wenig die Acta publica und was bei diesem Reichs-Gerichte vorgehet, einsehen, so werden Sie mit mir darin einig sein, dass man vor die Decreta des Reichs-Hofraths nicht die geringste Achtung mehr hegen könne. Sehen Sie die Glieder dieses Collegii an, sind es andere als Personen, so dem wienerischen Hofe ganz zu eigen ergeben sind? Und wie selten sind Personen zu Beisitzern genommen, von denen man dies nicht schon vorhero gewiss gewusst hat? Und dass dieses vollkommen wahr sei, sehen Sie daraus, dass sie Sachen an sich ziehen müssen, die garnicht zu ihrer Entscheidung gehören, so oft es dem Hofe gefällt, oder dieser dabei einen Vortheil haben kann. Sie müssen denen Empfindungen der Wahrheit und der Gerechtigkeit entsagen, so oft das wienerische Ministerium es vor nöthig hält, die Reichs-Gesetze zu des Hofes Vortheil zu verdrehen. Wie wäre es sonst möglich gewesen, dass Männer, welche auf die Gerechtigkeit verpflichtet sind, die die Reichs-Gesetze und ihre Anwendungen verstehen müssen, einen zur Vertheidigung bei ermangelter obrigkeitl. Hülfe unternommenen und zur Aufrechthaltung derer vom Reiche garantirten Frieden abzielenden Krieg einen offenbaren Friedensbruch, eine Empörung im Reich und eine frevelhafte Vergewaltigung nennen könnten? Selbst die Ausdrücke

---

*) Hippol. a Lapide P. II. c. 5. Nachdem er von dem Geheimen Rath, welcher dem Kaiser Maximilian I. von den Ständen beigefüget war, und welcher aus 8 Personen bestand, geredet, sagt er: Quod consilium si consilium imperii aulicum, den Reichs-Hofrath dixeris, haud sane aberraveris. Multis modis vero ab hodierno imperatoris consilio, quale unne monstrum horrendum, informe, ingens, sine legibus, sine moribus nobis obtruditur, differens fuit. Und an einem andern Orte sagt er: Tandem praecipuus Domus Austriacae fœtus & insigne stabilimentum in lucem prodiit, consilium nempe aulicum imperiale.

des Decrets sind gegen einen so grossen Reichs-Stand als der König in Preussen als Churfürst zu Brandenburg ist, so unglimpflich, so unbescheiden, so grob, die falsche Erzählung der angeblichen Vergewaltigung so monigeschichten-mässig, dass man leicht sieht, dass es in einer unbedachtsamen Hitze entworfen und von einer vergällten Feder eines parteiischen Beisitzers dieses Gerichts geflossen sei.

Dass offenbare Parteilichkeiten von jeher in dem Reichs-Hofrath gewöhnlich gewesen, bezeugen die Beschwerden, welche die Stände, sonderlich die protestantischen Reichs-Stände, von Zeit des errichteten Religions-Friedens an gegen denselben angebracht. Diese Beschwerden dauern noch bis auf die gegenwärtige Zeiten. Ich will Ihnen nur mit wenigen zeigen, dass sie unter jedem Kaiser angebracht, jedoch bis auf den heutigen Tag unerlediget geblieben sind. Glauben Sie aber nicht, dass dies alles sei, es ist nur der kleinste Theil derselben, und ich führe nur die bekanntesten an. Wenn Sie solche ausführlicher lesen wollen, so dürfen Sie nur des Lehmanns Acta des Religions-Frieden, des Londorps Acta publ. und insonderheit des Herrn v. Schanroth Concl. corpor. evangel. durchblättern.

Unter Maximiliano II. gaben die Stände auf dem Reichstag zu Regenspurg im Jahre 1566 eine Bittschrift ein:

„Der Kaiser möchte seinem Hofrath aubefehlen, dass er doch den Reli„gions-Frieden treulich halte und dem bedrängten und beschwerten „Theile jederzeit die gebührende Hülfe, Schutz und Rettung forderlich „ertheilen wolle."

In denen dem Kaiser Rudolpho II. zu Prag im Jahre 1590 von den weltlichen Churfürsten überreichten Beschwerden wird geklaget:

„Dass sich der Hofrath den Gesetzen und Herkommen zuwider man„cherlei unterstünde, daraus den Ständen des römischen Reichs ein un„wiederbringlicher Nachtheil erwachse."

Dergleichen Beschwerden sind eben diesem Kaiser auf dem Reichstage zu Regenspurg im Jahre 1594 von denen evangelischen Ständen angebracht.

Unter Rudolpho II. gaben die Reichs-Stände ein gar merkwürdiges Gutachten wegen des Reichs-Hofraths ein*).

Unter dem Kaiser Matthia beschwerten sich die Stände auf dem Reichs-Tage im Jahre 1613 wider den Reichs-Hofrath:

„Dass der Reichs-Hofrath seine Gerichtsbarkeit zur Ungebühr aus„dehne, über Reichs-Stände in Profan- und Religions-Sachen Mandata „sine clausula auf das voreiligste ertheile, in causis fractae pacis sich „eine Cognition ungebührend zuschreibe."

Auf demselben Reichstag verlangten die protestantischen Stände, dass ihnen die Reichs-Hofraths-Ordnung mitgetheilet, und der Reichs-Hofrath angewiesen werde, in Religions-Sachen keine weitere Processe zu erkennen und zu verhängen.

Im Jahre 1619 klagten die protestantischen Fürsten auf der Versammlung zu Nürnberg über den Reichs-Hofrath und begehrten:

---

*) Es hat der Herr v. Ludwig dieses Gutachten in seiner Erläuterung der Reichs-Historie 2. Theil p. 337 eindrucken lassen, um zu zeigen, wie fremde noch zu der Zeit denen Churfürsten und Ständen die Einführung des Reichs-Hofraths und seine Eingriffe in die Gerichtssaue der Stände vorgekommen.

„Dass er nach denen Capitulationen eingerichtet und aufgehalten wer-
„den möchte, sich in Sachen den Religions- und Profan-Frieden be-
„treffend aller zu verhängenden Processe zu enthalten."

In den westphälischen Friedens-Handlungen war eine der stärksten Beschwerden, welche die evangelische Stände 1645 übergaben, diese:

„Dass der Reichs-Hofrath allein aus katholischen Beisitzern bestehe,
„welche wider die evangelische Stände gar beschwerliche Processe
„verhängen und unerträgliche Urtheile ergehen lassen, mit Ansich-
„ziehung Religions- und Staats-Sachen je länger je weiter um sich
„greifen, ja sogar zum Theil höchst und hohe Stände ohne vorher-
„gegangenen Verhör und Erkenntniss der Sachen Land und Leute
„entsetzet und in unterschiedliche andere Wege contra Evangelicos
„dergestalt procediret und verfahren worden, dass im Fall diesmal
„unterbleibender Fundamental-Remedirung denenselben auch nach er-
„langtem Frieden ex collo religionis sub specie justitiae fast eben so
„grosser Schade als mit offenem Kriege zugefüget werden möchte*)."

Nach dem Reichs-Fürsten-Raths-Protocoll vom 26. August und 16. Sept. 1665
erkennen die österreichischen und burgundischen Gesandten selbst:

„Dass der Reichs-Hofrath vielen Gebrechen angethan sei, und bei
„dessen Judicatur vieles zu erinnern sei."

Im Jahr 1666 und 1668 den 8. April übergaben die evangelischen Stände
zumalen ein sehr nachdrücklich Vorstellungs-Schreiben bei dem Kaiser und
stellten die Gebrechen, die Parteilichkeit und die Anmaassung einer ungemessenen Gewalt des Reichs-Hofraths vor Augen**).

Im Jahr 1684 beschwerte sich der Gottselige Churfürst Friderich Wilhelm zu Brandenburg gar nachdrücklich über den Reichs-Hofrath***). Kurz,
man müsste Folianten schreiben, wenn man alle die unerörterte Beschwerden
der Reichs-Hofrath anführen wollte, und man könnte nach alphabeti-
scher Ordnung ein Verzeichniss derer besondern Stände Beschwerden mit
leichter Mühe entwerfen.

Mein Endzweck ist nur zu zeigen, dass die Beschwerden über die Parteilichkeit des Reichs-Hofraths von der Stiftung dieses Collegii an bis auf
jetzigen Zeiten ohne Remedur gedauret.

Bei der Wahl Carls des VI. wurden von dem Churfürstl. Collegio diese
Beschwerden angezeiget; und sie sind bei der Capitulation Carls des VII. un-
verhohlen wiederholet†). In der neuesten Wahl-Capitulation ist zwar versprochen worden, dass allen solchen Mängeln und Gebrechen dieses Reichs-
gerichts abhelfliche Maasse gegeben werden solle, allein wie ist ihnen abgeholfen? Die bekannte Hohenlohische und Wied-Runckel-sche Angelegenheiten
können davon zeugen. Sie sehen also, mein Herr, dass dieses Gericht seit mehr
hundert Jahren her in einem ununterbrochenen Besitz der Parteilichkeit
sein. Die ganze unparteiische Welt mag nun urtheilen, ob die neuerlichen
Vota und Reichs-Hofraths-Conclusa aus einer andern Quelle geflossen,
ob sie dahero bei dem Reich einige Achtung verdienen können, und ob
vollher Se. Königl. Majestät in Preussen von diesem Gerichte ergangene

---

*) v. Meyern Acta pac. Westph. T. II. § II. p. 532.
*) Struv. in Corp. Jur. publ. Cap. 26. § XV.
*) ibid. Moser, Teutsches Staats-Recht I. Theil p. 224 u. s.
†) Moser ad Capit. Car. VII. tom. II. der Beilagen p. 609.

Unternehmungen nicht in einem Missbrauch der Reichs-Gesetze bestehen, da demselben am besten bewusst sein muss, wer die eigentlichen Urheber der jetzigen Zerrüttungen sind, und es dennoch so ungescheuet Sr. Königl. Majestät einen Friedensbruch und Empörung im Reiche beimisset.

Sollten nun wohl die Reichs-Stände die denen Decretis angehängten Avocatoria einiger Aufmerksamkeit würdigen? Diese Avocatoria sind bei gegenwärtigen Umständen so unschicklich angebracht und den Reichs-Gesetzen so zuwider laufend, als nur immer etwas sein kann.

Nach den Reichs-Abschieden und allen Reichs-Gesetzen ist es keinem Zweifel unterworfen, dass es denen teutschen mittelbaren und unmittelbaren Gliedern des Reichs nicht erlaubt sein sollte, bei auswärtigen Mächten und Staaten und also noch vielmehr bei den Reichs-Mit-Ständen in Krieges-Dienste zu gehen. Haben sie solche Dienste angenommen, so kann sie keine Macht ausser derjenigen, welcher sie dienen, von ihrem geleistetem Eide entbinden. Nur ist es nicht erlaubt, dass Reichs-Glieder wider den Kaiser, dessen Land oder auch wider des Reichs Mitglieder im Kriege einer fremden Macht dienen. Nur alsdann, wenn fremde Potenzen oder ein Reichs-Glied mit dem Reiche im Kriege stehen, finden Avocatoria statt, alsdenn fordert der Kaiser die Reichs-Vasallen aus dem Dienste des Feindes unter Bedrohung des Einzugs der Güter und fernerer Ahndung ab. Dergleichen Avocatoria finden auch statt, wenn ein Stand sich mit des Reichs Feinden verbindet und fremde feindliche Krieges-Völker auf teutschen Boden bringet und in seine Länder einnimmt. Aus dieser Ursach wurden im Anfange dieses Jahrhunderts die in churcöllnischen und bayrischen Krieges-Diensten stehende Bediente abgerufen*)**).

Wenn man nun hiernach die jetzt ergangene Avocatoria ansiehet und beurtheilet, so können sie nicht anders als ungesetzmässig erfunden werden. Wo ist hier ein Reichs-Krieg? Bekriegen Se. Königl. Majestät den Kaiser? Wo sind die Länder des Kaisers, die der König mit Krieg überzogen hat? Durch wen ist der König vor einen Reichs-Feind erkläret? Ehe dieses wenigstens nicht ordnungsmässig und vom ganzen Reich geschehen, können keine Avocatoria ergehen. Ist er ein Feind des Reichs, weil er den dresdner vom Reiche garantirten Frieden, weil er den westphälischen Frieden beschützet? Ist er ein Reichs-Feind, weil er sich den herrschsüchtigen Absichten des Hauses Oesterreich und dem mit Sachsen eingegangenen zum Umsturz der Reichs-Frieden abzielenden Entwürfe widersetzet? Wer ist ein Feind des Reichs? Derjenige, welcher die Reichs Gesetze beschirmet, die Freiheiten seiner protestantischen Mit-Stände vertheidiget, oder der, welcher auf den Umsturz dieses so theuer erstrittenen Kleinods sinnet und zu diesem Endzweck die gefährlichsten Unterhandlungen gehalten und fremde Krieges-Völker auf den teutschen Boden einzuführen Vorhabens ist? Was meinen Sie, würde der Reichs-Hofrath wohl die in den österreichischen und sächsischen Krieges-Diensten stehenden Glieder und Vasallen des teutschen Reichs abgerufen haben, wenn es der Kaiserin Königin gelungen, den zwischen den

---

*) Theatr. Europ. T. XVI.

**) Es hat der Hr. Prof. Steck zu Halle in den hallischen Anzeigen n. XLVI. ganz neuerlich eine sehr wohl gerathene Abhandlung, von der Abrufung der in auswärtigen Krieges-Diensten stehenden Reichs-Glieder und Vasallen herausgegeben, welche gelesen zu werden verdienet.

wienerschen und sächsischen Hof verabredeten Angriff der Länder des Königs zu vollführen, und wenn ihnen der König nicht zuvor gekommen?

Die Avocatoria sind einseitig ohne des Reichs Schluss, und, ehe dieser den König vor einen Reichs-Feind erkläret, ohne alle in solchen Fällen gewöhnliche Gerichts-Form ergangen; sie sind also ungültig. Es ist dahero nicht zu vermuthen, dass dieser arglistige Kunstgriff des wienerischen Reichs-Hofraths einen Reichs-Stand oder Ritter, der in Sr. Königl. Majestät Krieges-Diensten stehet, zu einem pflichtvergessenen und eidbrüchigen Entschluss verleiten werde.

Hier haben Sie, mein Herr, meine Gedanken über den wesentlichen Inhalt des Hof-Decrets. Sie werden nunmehro überzeugt sein, dass der König auf keine Weise, weder wider den Land- noch westphälischen Frieden gehandelt habe, und dass weder diese, noch die ganze Reichs-Verfassung einem Reichs-Stand das Recht benehmen, bei ermangelnder Oberrichterlichen Hülfe sich gegen einen andern Reichs-Stand mit Krieg zu vertheidigen und ihm zuvor zu kommen. Der Land-Frieden erlaubt mit dürren Worten die Gegenwehr und Verfolgung gegen die Friedbrecher, ja auch dass man dem Friedbrecher mit Krieg zuvorkomme. Es ist aber oben gewiesen, dass die Höfe zu Wien und Dresden den mit Sr. Königl. Majestät im Jahr 1745 errichteten Frieden gebrochen. Die Worte des Land-Friedens sind zu merkwürdig, als dass ich sie nicht noch anführen sollte. „Es sollen auch (heisst es) dem Beleidigten gegen „den Thäter und Friedebrechern, auch den ihren und deren Mithelfern und „Enthalteren sein Gegenwehr und Verfolgung zu thun, zu frischer That, oder „wenn er seine Freunde und Helfer haben mag, unbenommen, nicht verboten, „sondern gänzlich vorbehalten sein; es soll auch derselbe seine Verwandten „und Helfer durch ihr beschehen Gegenwehr, Verfolgung und Handlung, (wo „die Beleidigung und Friedbruch kundbar und offenbar oder NB. sich nach-„mals erfänd) in keine Poen gefallen, nicht gefrevelt, noch alsdenn nichts ver-„würket haben*).″ Sehen Sie also, mein Herr, dass selbst der Land-Frieden das Recht des Krieges einem Reichs-Stand gegen den andern in solchem Falle bestätiget. Dieses Recht des Krieges stehet den Reichs-Fürsten vermöge landesherrlicher Macht zu**), und dieses kann Ihnen weder der Kaiser, noch ein Reichs-Gericht nehmen, noch sie an der Ausübung desselben verhindern***), sonst würde der Wahl-Capitulation zu nahe getreten, worin sich der Kaiser mit einem Eide verbunden hat, die Reichs-Stände „bei ihren Hoheiten, Ge-„rechtigkeiten, sonderlich dem, was in dem osnabrückschen Frieden art. 8. de „Juribus statuum versehen, ungekränkt zu lassen, noch denen Reichs-Gerichten, „noch sonst jemanden, wer der auch sei, zu gestatten, dass denen Ständen in „ihren Territoriis in Religions- politischen Sachen sub quorumque praetextu „wider den Friedenschluss vor oder eingegriffen werde†).

---

*) Land-Friede von 1548, tit. III. § 2.
**) Struv. Corp. jnr. pnbl. c. 20. § 50.
***) Cum ipsa superioritate territoriali statibus imperii tutela civium imposita est, & sic denegari ea media non potuerunt, sine quibus conservatio & defensio vacillat. Jus itaque belli, quod ordinibus his casibus competit, plenissimum est & ab Imperatore impediri non potest. Non enim principes Germaniae arma, ut locumtenentes Imperatoris sumunt aut praesides provinciarum, sed vi tutelae, quae iis in subditos commissa est, & superioritatis territorialis, cujus effectum se omnino non impediturum esse Imperator juravit. G. L. Böhmer, in diss. de principe jus suum vi atque armis tuente &c. § XVIII.
†) Wahl-Capitul. K. Carl VII. & novis. art. I. § 2 3. art. II. § 3. art. III. § 7.

Ich wollte Ihnen, mein Herr, nun noch einige Anmerkungen über die schlechte, unanständige und ungesittete Schreibart, worin das Hof-Decret abgefasset ist, machen. Allein ich würde Ihre Geduld missbrauchen, und es kann genug sein, dass Se. Königl. Majestät vollkommen berechtigt sind, von dem Reichs-Hofrath eine hinlängliche Genugthuung zu fordern, da derselbe sich unterstanden, Höchstdenenselben die gehässigsten Namen eines Friedensbrechers, Empörers und Vergewaltigers beizulegen, Ihnen schwere Reichs-Verbrechen aufzubürden und von Vorbehaltung einer Strafe verwegener Weise zu sprechen.

Ich bin etc.

XXXVII.

Schreiben eines Vaters an seinen Sohn, von der Heiligkeit der Archive.

Wohl keine Handlung Friedrichs im siebenjährigen Kriege, selbst nicht der Ueberfall Chursachsens, ist so allgemein und scharf verurtheilt worden, wie die gewaltsame Eröffnung des dresdener Cabinetsarchivs. Der Gegensatz war zu schreiend zwischen dieser That und der erst kürzlich „vor den Augen von ganz Europa" abgegebenen feierlichen Erklärung des Königs, die Staaten Augusts III. als ein heiliges Depositum zu verwahren*). Nun schlug die überkünstlich ersonnene Fiction von der friedlichen Besetzung des Churfürstenthums den Preussen selbst zum Nachtheil aus. Denn wie wollten sie mit diesem Vorgeben die Beschlagnahme der sächsischen geheimen Papiere, der nicht einmal ein Vorgang aus den officiell erklärten Kriegen der letzten Jahrzehnte zur Seite gestellt werden konnte**), vereinbaren?

„Man sollte meinen," schrieb der Herzog von Luynes***), „dass niemand wagen würde, ein derartiges Verfahren zu rechtfertigen; aber der König hat viele Anhänger und selbst in Paris."

Diesmal schwiegen auch die Freunde Friedrichs, wenn sie nicht gar in den lauten Tadel einstimmten†). Die würdevolle Haltung,

---

*) Vergl. S. 125 und 309.

**) Bei der Erzählung von der Ueberführung des prager Archivs nach Wien sagt Arneth (Maria Theresias erste Regierungsjahre 4, 133): „Man konnte sich nicht genug wundern, dass sowohl Karl Albert von Baiern als König Friedrich von Preussen es versäumt hatten, des reichhaltigen prager Archivs sich zu bemächtigen, wie es ein Jahrhundert zuvor von Seite der Schweden geschehen war."

***) Mémoires 15, 229.

†) Der Engländer Entick nennt Friedrichs Handlungsweise „a violent and unprecedented action". (The general history of the late war. T. 2, 76.)

in der die polnische Königin den preussischen Officieren entgegengetreten war*), erregte überall Bewunderung und Theilnahme. Mit wehrlosen Frauen führte der König von Preussen Krieg, wurde gespottet, und suchte, da seine anderen Argumente nicht als stichhaltig erfunden wären, nun in den geheimen Acten der sächsischen Regierung die Berechtigung zu seiner Waffenerhebung**). Und die Gewaltthat wäre dazu noch ganz erfolglos gewesen, obwohl man selbst die von den Ratten benagten Papiere***) durchstöbert hätte.

„Das Publikum erwartete, es würden Belege für den Verdacht des Königs wider die angeblichen Offensivpläne der Höfe von Wien und Dresden gefunden werden, aber, leider, die preussische Sache blieb im Nachtheil: man veröffentlichte nichts, weil man nichts entdeckt hatte †).“

Aus der Ueberzeugung sehr vieler heraus, nicht bloss seines eigentlichen, meist preussenfeindlichen Leserkreises, nannte der Observateur hollandais die Oeffnung des sächsischen Archivs „eine That, die auf alle Zeit den Ruhm des Königs beflecken würde" ††).

Der Gedanke, dass Friedrich auch bei diesem Vorgange, wie bei der Besetzung Sachsens, wider seinen Wunsch und Willen von dem Zwange der Nothwehr getrieben worden wäre, fand keinen Eingang. Gewiss waren seine Befürchtungen nicht unbegründet, dass im Fall die preussischen Staatsschriften sich nur auf die Menzelschen Copien stützen würden, Graf Brühl die Originaldepeschen verbrennen und alsdann die vom Gegner veröffentlichten Actenstücke als erfunden ausschreien würde †††). Rühmte sich doch ohnehin später einmal der

---

*) Die Rede, in der sich die Königin bei den Gesandten über die Gewaltthätigkeit der Preussen beklagt hat, siehe Danziger Beiträge 1, 321.
**) Vergl. S. 408 und Warnery, Feldzüge Friedrichs II, Bd. 1, S. 33.
***) Prussiade, 27 f.: „jusqu'aux papiers mangés des rats.“
†) Valory, 1, 349.
††) T. 8, 117. Maltzahn, der dem Verräther Menzel die Schlüssel zu den sächsischen Actenschränken gegeben hatte, wurde in demselben Hefte „Schlosser" gescholten.
†††) Eichel schreibt, es habe dem König „ohnumgänglich nöthig geschienen, sich bei der Gelegenheit, da Dero Truppen nach Dresden gekommen, von denen Originalien solcher Dépêchen zu empariren, da Sie es mit einem Minister, als der Graf Brühl wäre, zu thun gehabt, welcher sonsten, sobald er von dem Précis informiret worden, capable gewesen, die Originaldépêches verbrennen zu lassen und alsdann dem Précis und denen authentiquen Copien, woraus letzteres gezogen, hautement ein Démenti zu geben und solche als controuviret auszuschreien.“ Vergl. Politische Correspondenz 13, 412. 429. 435. 447. In dem Schreiben eines Reisenden aus Danzig (vergl. Nr. XXXVIII) heisst es, dass die Feinde nur deshalb so grosses Geschrei über die Wegnahme der sächsischen Papiere erhoben hätten, damit „diese Werke der Finsterniss

churbairische Gesandte am dresdener Hofe, Freiherr von Wetzel, die gravirendsten Papiere aus dem sächsischen Archive den Blicken der Preussen entzogen zu haben*).

Hatte der König aber wirklich nöthig, sich beim Publikum gegen die Anschuldigungen eines so übel beleumundeten Mannes, wie des Grafen Brühl, „zu legitimiren"?**). Schon die Bewachung des Archivs hätte ihm, so lange Dresden in seiner Hand war, vor einem derartigen Handstreiche des Ministers sichern können. Dass er sich dabei nicht genügen liess, gab dem Verdachte trotz aller Ableugnungen Raum, die Preussen hätten sich noch anderer Acten als der Originale der ihnen bereits bekannten Depeschen bemächtigt. Welches Cabinet war aber dann davor sicher, dass aus diesen Funden gegen seine geheime Politik bei passender Gelegenheit Waffen geschmiedet würden***). Auch der einzige grosse Bundesgenosse Preussens, der britische Staat, hatte noch bis vor kurzem in den engsten Beziehungen mit allen Feinden Friedrichs gestanden.

Wie konnten die preussischen Minister das Verfahren ihres Herrschers gegenüber der allgemeinen Missbilligung vertheidigen? Sie fühlten selbst alle Bedenken, die von ethischer und politischer Seite zu erheben waren†). Am ehesten glaubten sie der heiklen Frage noch Herr zu werden, wenn sie garnicht weiter durch den Versuch einer „Entschuldigung und Rechtfertigung" zur öffentlichen Discussion gestellt würde††). Aber die stets erneuten Angriffe in den sächsischen

nicht an das Tageslicht gebracht würden. Sie hatten jedoch nicht Ursache, sich zu beschweren, weil man zu seines Freindes Schriften sowohl, als zu andern ihm eigenthümlichen Sachen ein Recht hat."

*) Bericht Plothos. Regensburg, 8. November. Schon am 27. September meldete dieser Gesandte: „Bei einem Tractament, so ... bei dem churpfälzischen Gesandten gewesen, hat der österreichische Minister, der von Puchenberg, öffentlich in Gegenwart derer Domestiquen sehr prôniret, wie übel mit dem Sachsenlande umgegangen, und die Kinder weggeführet, gegen die Königin aller Egard bei Seite gesetzet, da durch einen Major die Schlüssel zu des Königs geheimen Archiv abgefordert, und welche auch zum zweiten Mal dem Major vor die Füsse geworfen worden, wiewohl die geheimsete Nachrichten und Correspondenzen bereits wären weggeschaffet und in Sicherheit gebracht worden."

**) Politische Correspondenz 13, 419.

***) Observateur hollandois 8, 117: „si les nouveaux rois eussent de se respecter, ils fourniroent des armes contre eux-mêmes en aigrissant des volains jaloux ou ambitieux."

†) Zu dem Befehlo in einem Circularerlasse an die preussischen Gesandten, die Gründe zu des Königs Verfahren zu geben, schrieb Graf Podewils: „valeat quantum valere potest."

††) Seite 324. — Podewils befahl am 23. September — „comme l'enleve-

und österreichischen Staatsschriften nöthigten sie, ihre Reserve zu verlassen. Sie mussten erkennen, wie wenig der eigentliche Kern der feindlichen Anklagen durch die blosse Constatirung getroffen würde, dass die sächsischen Acten unberührt und wohlverwahrt wären, mit Ausnahme einiger Originale von in Berlin befindlichen Abschriften, um „deren sonst gewiss geleugnete Authenticität ausser allen Zweifel zu stellen" *). *Es bedurfte einer directen Rechtfertigung des Königs.*

Zu diesem Zwecke erschienen um die Mitte des Novembers 1756 die „Schreiben eines Vaters an seinen Sohn von der Heiligkeit der Archive."

Die gewandt und frisch geschriebene Arbeit fand im Hauptquartiere verdienten Beifall. Freilich die Hauptschwierigkeit, wie die angeblich friedliche Occupation des Churstaates mit einer nur im Kriege erlaubten Handlung in Einklang zu bringen wäre, konnte trotz aller Gelehrsamkeit und Dialectik nicht überwunden werden.

Als den Verfasser unserer Schrift nennt der frankfurter Universitätsprofessor Uhl seinen dortigen Amtsgenossen Johann Julius Surland***). Wir können die Richtigkeit dieser Angabe nicht controlliren, da in den Acten garnichts über die Geschichte der Schreiben enthalten ist. Jedenfalls weist Art des Ausdrucks in dem Werkchen und Inhalt mehr auf einen Gelehrten als auf einen Staatsmann hin. Auch der Umstand verdient vielleicht hier hervorgehoben zu werden, dass unser Autor gegen die damalige Gepflogenheit des berliner Cabinets einer französischen That, der Plünderung des speirer Reichsarchivs im Jahre 1689, mit Missbilligung gedenkt.*

Wir haben unseren Abdruck nach einem Exemplare veranstaltet, das im berliner Geheimen Staatsarchive aufbewahrt ist.

Schreiben | eines | Vaters | an | seinen Sohn, | von | der Heiligkeit der Archive. | 1756.
4°. 16 S.

Ausser dieser sind uns noch zwei andere Ausgaben der Schrift mit dem gleichen Titel bekannt geworden. Ein vierter Druck heisst „Zwey Schreiben u. s. w. Anno 1756."

ment des certains originaux des archives de Dresde fera beaucoup de bruit dans toute l'Europe" — die königlichen Vertreter nach dem Tenor der Eichelschen Schreiben vom 19. und 21. September (Politische Correspondenz 13, 418 f. und 429) zu instruiren. Der Circularerlass ist vom 25. September datirt.

*) Vergl. S. 434. 408.

**) Surland war Professor der Institutionen. In Meusels Lexikon der teutschen Schriftsteller bis 1800. Bd. 12, 570 werden die Schreiben eines Vaters nicht unter den Werken des Gelehrten aufgeführt.

In Nr. 143 der berlinischen Nachrichten vom 27. November erschien eine kurze, ganz unbedeutende Besprechung des Tractats.

Die Danziger Beiträge geben einen Abdruck im 9. Bande S. 607 und die Kriegskanzlei im 1. Bande S. 797 Nr. 102. Das zuweitgenannte Sammelwerk fügt nach dem Titel folgende Zeitbestimmung hinzu: „de dato 13. Novembr. 1756."

Gegen unsere Schreiben wandten sich vorzüglich die „Briefe einer Privatperson an einen seiner Freunde, über den Einfall in Sachsen, so durch den König von Preussen unternommen worden. 1757" *).

Hier wie in dem „politischen Ma- und Microscopium des gegenwärtigen Krieges und das allgemeine System des römischen Rechts betreffend, 1758" **) wird der Nachdruck auf die Verletzung des Dépôts durch die Preussen gelegt.

Mehr vom formalen Gesichtspuncte aus wird die Abhandlung angegriffen in dem „Schreiben eines Buchdruckergesellens aus H. an seinen guten Freund in L. über einige bisher im Druck erschienene Schriften der preussischen Publicisten. 1757" ***).

„Dieser gute, ehrbare Mann," schreibt der spöttisch beanlagte Buchdruckergeselle über den Vater, „muss allem Anschein nach schon in einem sehr hohen Alter stehen. Man findet deutliche Spuren, dass er ein wenig anfängt kindisch zu werden. Er redet und schwatzt, bloss damit er was zu sagen hat, und sein ganzes Schreiben, wenn man es in einen Hauptbegriff bringt, geht da hinaus, Archive sind heilig. Warum? Weil es Archive sind, die heilig sind. Allein unser König hat sich an ihre Heiligkeit nicht kehren dürfen; und dieses aus gegründeten Ursachen, weil er sich nicht daran gekehrt hat."

Am Schlusse der Betrachtung wird ein ironischer Brief des Sohnes gegeben, in dem dieser seinem „lieben Papa" die verkehrte Anwendung des Civilrechts auf Fragen des Völkerrechts vorwirft.

Im Anhange bringen wir zur Berichtigung der mehrfach entstellten gleichzeitigen Schilderungen †) den Rapport des Majors von Wangenheim über die Vorgänge bei der Oeffnung der dresdener Cabinetskanzlei.

*) Kriegskanzlei 2. S. 382, Nr. 39. Zweites Schreiben.
**) Kriegskanzlei 3. S. 1022, Nr. 116.
***) Kriegskanzlei 3. S. 204, Nr. 12. Vgl. S. 536.
†) Vergl. Carlyle, übersetzt von Neuberg, 4, 481. (Sternbergs Bericht), Vitzthum von Eckstädt 2, 23 und Mercure historique et politique 141, 530 nach einem wiener Journale.

Schreiben eines Vaters an seinen Sohn von der Heiligkeit der Archive. 1750.

Erstes Schreiben.

Ich habe, mein lieber Sohn, mit Vergnügen Dein letzteres Schreiben erbrochen und daraus sowohl, dass Du Dich noch völlig gesund befindest, als auch durch die vorgetragene Frage, dass Du Deinem Studiren fleissig und nicht bloss maschinenmässig, sondern bei vernünftigen Nachdenken obliegest, mit einer wahren Freude ersehen. Du darfst Dich weder entschuldigen noch scheuen, mir die Dir darin aufstossenden Zweifel zu eröffnen. Du wirst hoffentlich überzeugt sein, dass ich Dir, seitdem Du zu Deinen vernünftigern Jahren gekommen, nicht sowohl in der Entfernung eines Vaters, als in der angenehmeren Nähe einer freundschaftlichen Offenherzigkeit mir zu begegnen verstattet; und es wird mich niemals die Zeit gereuen, welche ich auf Lesung und Beantwortung Deiner Briefe von einer Art, wodurch ich Deine Lehrbegierde zu stillen Gelegenheit erhalte, in denen von meiner Amtsarbeit erübrigten Stunden verwenden kann.

Du ersuchest mich gegenwärtig um einen Unterricht, wie weit die Heiligkeit der Archive sich erstrecke. Du schreibst, Du hättest alle Schriften davon, welche Wencker sowohl in seinen Collectis archivii et cancellariae juribus als in seinem Apparatu et instructu archivorum ex usu nostri temporis gesammelt, durchgelesen, aber darin diese Dir wichtig scheinende Frage gar nicht eigentlich berühret gefunden. Du glaubst endlich behaupten zu können, die Heiligkeit der Archive müsse dieselbe ganz und gar unverletzbar machen.

Du hast Recht in Deinem von den Wenckerischen Sammlungen gefällten Urtheile. Du hättest auch noch den Rudloff, De archivorum publicorum usu atque autoritate § 26 und Myler, De Princip. et Statik. Imp., cap. 47. P. II., anderer, welche beiläufig davon gehandelt, nicht zu gedenken, zu Rathe ziehen können, ohne besseren Trost zu erhalten. Merke Dir hierbei, mein Sohn, dass es nicht eine so strenge Wahrheit; man möge nichts mehr auf der Welt schreiben, das nicht schon geschrieben sei, und dass noch mehrere Wege als die Umgiessung alter Schriften in eine neue Form, wiederholte Auflagen und Noten über Anmerkungen übrig, unter dem Namen der Schriftsteller einen Platz sich zu erwerben.

Was die Hauptsache selbst anlanget, so hättest Du bei deren Untersuchung vor allen Dingen unterscheiden müssen, ob die Frage ohne alle Einschränkung oder unter besonderen Umständen zu entscheiden. In thesi, wie man zu reden pflegt, hast Du Recht, in hypothesi aber wird Dein angenommener Satz nicht bestehen mögen.

Ein Archiv ist derjenige Ort, den die hohe Landes-Obrigkeit bestimmet, um daselbst dirjenigen Documente, welche die Wohlfahrt ihres Landes betreffen, zum ewig währenden Gedächtnisse aufzubewahren. Willst Du hiervon, wie ich vor wohlgethan halte, die Registratur unterscheiden, so kannst Du unter denen Documenten, von welchen hier die Rede, nur diejenigen verstehen, welche das Wohl des Landes unmittelbar angeben; glaubst Du aber, wie die oben benannten Schriftsteller, dass Archive und Registraturen gleichbedeutende Wörter sein und unter dem letzteren etwa nur die Art der Aufbewahrung zu verstehen, so darfst Du die bemerkten nur auf die Urkunden mit ausdehnen, wobei des Landes Wohlfahrt auch mittelbar leiden könnte. Zur Entscheidung Deiner Frage wird beider Verstand einerlei beitragen.

Es ist meiner Meinung nach ebenfalls dazu gleichgültig, welchen Ort ein Fürst seinem Archive bestimme. Die Athenienser bewahrten solches in dem Tempel der Minerva, die Römer in dem, so sie dem Saturnus gewidmet, andere in anderen ihrer Gotteshäuser. Heutiges Tages pfleget es gemeiniglich in dem Palaste des regierenden Herrn oder einem anderen öffentlichen Gebäude aufbehalten zu werden. Justinianus Nov. XV cap. V § 2 verordnet auch nur überhaupt: ὥςε ἐν ταῖς πόλεσιν οἴκημά τι δημόσιον ἀφορισθῆναι*) κ. τ. λ., „dass in den Städten ein öffentliches Haus angewiesen werde, worin deren Vorsteher die Urkunden hinterlegen und einen in der Provinz erwählen könnten, der dafür Sorge trüge, damit selbige nicht verderben würden und, wann man sie fordere, geschwind gefunden werden möchten: also künftig ein Archiv bei sich hätten."

Dieser Ort muss von dem Landesherrn zu der Sicherheit solcher Documente gewidmet sein: denn das Recht einen dergleichen Platz anzuweisen, gründet sich auf den Besitz der Landeshoheit. Wer die Wohlfahrt eines Landes zu besorgen hat, dem, und nur dem allein, kommt es zu, eine die dahin einschlagende Schriften betreffende Einrichtung zu machen, welche von anderen nicht umgestossen werden mag. Ich stimme dannenhero hierin dem Fritschio De jur. arch. cap. 3 n. 3 bei und halte es vor unnöthig, mit dem Ruland De commiss. eine besondere Verstattung, die Befugniss Gesetze zu geben und das Recht Notarien zu machen, hinzuzufügen, als welche drei Stücke, wie Jener wohl erinnert, aus der Natur der Landeshoheit fliessen. —

Dieser Ort muss also beschaffen sein, dass daselbst das Verwahrte zu einem ewig währenden Gedächtnisse aufgehoben werden kann. Denn das ist die Absicht des Fürsten, der ein Archiv errichtet oder unterhält. Es muss folglich vor Feuer- Wasser- Kriegs- und anderen Gefahren so viel möglich gesichert werden, und aus diesem Grunde wurden nach dem Zeugnisse des Hincmari, wie solches Fritschius l. c. cap. 2 n. 9 angeführt, die Kanzler oder Vorsteher der Archive schon in den ältesten Zeiten dahin verbunden, ut secreta fideliter custodirent.

Endlich, da in einem Archive nur solche Sachen eine Stelle finden, worauf die Wohlfahrt des Landes beruhet, so sind selbige allerdings von der grössten Wichtigkeit und werden in den deshalb ergangenen Verordnungen die Archivarii billig dahin verbunden, niemand ohne Erlaubnis hinein zu lassen und dafür zu sorgen, dass nicht alles daraus ohne Unterschied und Noth oder zur Unzeit bekannt gemacht werde.

Diese aus der Beschreibung eines Archivs von selbst fliessende Folgen geben nun freilich demselben eine vierfache Heiligkeit. Der Burgfriede, wie Stryck De sanctit. resident. cap. 3 n. 14 solchen mit Recht dahin ausdehnet, der in Deutschland eingeführte Hausfriede, wovon Du den Beyer De viol. secur. domest. § 22. 27. nachsehen kannst, der Wille und die Absicht des Fürsten, schliesslich die Beschaffenheit der bewahrten Sachen, die meinem Urtheile nach, obgleich einige Rechtslehrer dergleichen gar nicht einräumen wollen, ihnen an sich eine innere Heiligkeit beilegt, da das Wohl und Weh eines ganzen Landes auf ihnen beruhet. Alles dieses, mein Sohn, unterstützet

---

*) Im Originale steht fälschlich ἀφυρισθῆναι, was der „Buchdruckergeselle" (a. a. O. 220) spöttisch anmerkt.

Deine Meinung, dass Archive unverletzlich sein müssen und zwar nicht nur den Unterthanen oder Einwohnern, sondern selbst den Fremden, auch diesen nicht bloss im Frieden, sondern gar in Kriegeszeiten. Der Beweis im Frieden ist gar leicht, weil sie alsdann nichts befugt zu unternehmen, wodurch sie einen Landesherrn in der willkürlichen Ausübung seiner herrschaftlichen Gerechtsamen stören, sondern vielmehr, wenn sie in seinem Gebiete, auch seinen Verordnungen unterworfen sind. Im Kriege fällt zwar freilich, wenn wir nach der Strenge urtheilen wollen, alle Verbindlichkeit den Feind zu schonen, hinweg; denn die streitenden Mächte geben einander bei dem Ausbruche ihrer Misshelligkeiten die Freiheit, dass ein jeder von ihnen alle Mittel dem anderen zu schaden, ergreifen und, wenn das Glück seine Waffen begleitet, den Gegner gar nicht schonen müge. Dennoch hat nicht nur das Herkommen der Völker, wie Pufendorff De jur. nat. et gent. lib. VIII. cap. 6 § 7 bereits bemerket, eine gewisse Art des Anstandes bestimmet, der auch dem Kriegenden die Hände bindet, sondern es erstrecket, nach der Lehre des Freiherrn von Wolff Jnr. nat. p. I. § 1113 den Vorschriften der Menschlichkeit zufolge, das Recht des Krieges sich auch nur auf die Ergreifung derjenigen Mittel, die nothwendig sind, mich vor der Gewalt des Beleidigenden in Ruhe zu setzen, nicht aber auf alles, was, ohne diesen Endzweck zu bewirken, bloss auf dessen Kränkung und gänzlichen Umsturz zielet. Eben diese Stimme der Natur also, welche Sengen und Brennen, unermessliche Gelderschwingungen, barbarisches Niedermetzeln in feindlichen Landen verbietet, wehret auch dem Sieger, die Behältnisse anzugreifen, worin, wie der l. 19 c. de testam. sich ausdrückt, alle Gerechtsame eines Volkes gegründet sind, und erinnert ihn vielmehr, dem Beispiele des grossen schwedischen Helden Gustavs Adolphs, der sich des speierschen Archives nicht bemächtigen wollen, auch in diesem Punkte nachzufolgen, besonders, wann der nunmehr Überwundene vorher Zeit genug zu dessen Hinwegschaffung gehabt, statt dessen aber lieber andere Sachen gerettet und also die Grossmuth seines Gegners gleichsam herausgefordert zu haben scheinet.

Ich muss hier aufhören, mein Sohn, und das Übrige auf ein ander Mal verschieben. Überlege indessen die Stärke der angegebenen Beweise, welche, schon erwähnter Massen, in der Regel allemal gültig bleiben. Mein nächstes Schreiben aber wird Dich überführen, dass es Fälle geben könne, wo davon eine Ausnahme nicht nur gemacht werden darf, sondern muss.

Dein Dir wohlgewogener Vater.

Zweites Schreiben.

Mein Sohn!

Ich werde Dir nunmehr einen Fall vorlegen, der Dich überzeugen soll, dass es nicht allein zuweilen billig, sondern auch von einem Fürsten, der seinen Pflichten gegen sein Volk ein Genüge leisten will, nothwendig erfordert werden kann, alle in meinem vorigen entworfene Betrachtungen aus den Augen zu setzen und sich eines fremden Archives so wohl zu versichern, als gar der darin gefundnen Schriften gegen dessen Eigenthümer selbst zu gebrauchen. Um Dich aber davon so viel deutlicher zu überführen, will ich einige Grundsätze zum voraus bestimmen.

Der erste Grundsatz: ob man gleich überhaupt den Vorschriften des Edelmuths auch im Kriege folgen muss, so können doch besondere Umstände sich bei demselben äussern, welche den Sieger nöthigen, dem Feinde besonders hart mitzuspielen, und die Beurtheilung des Daseins solcher Umstände ist der Einsicht und dem Gewissen des Überwinders billig zu überlassen. Du kannst den Beweis dieses Satzes bei dem Pufendorff De jur. natur. et gent. lib. VIII cap. 6 § 7. 15 finden, dessen Beifall ihm eine gedoppelte Stärke giebt, da, wie Du weisst, selbiger die Gerechtigkeit eines belli punitivi leugnet.

Der zweite Grundsatz: ohnerachtet die wichtigsten Gründe die Achtung vor geheiligte Dinge selbst gegen einen Feind vertheidigen, summa est ratio, quae pro religione facit, sagt der Rechtsgelehrte Papinianus l. 43 in fin. D. de relig. et sumt. funer., und ich es nicht mit denen halte, welche allenthalben behaupten, dass die Heiligkeit eines Orts aufhöre, sobald solcher dem Feinde in die Hände falle, so verlieren doch alle dafür streitende Beweise ihr Gewichte, so bald der Gegner sich derselben zu meinem Schaden bedienen kann. Dieses wird Dich Grotius De jur. bell. et pac. lib. III. cap. 12 § 6 mit mehrerem lehren. —

Der dritte Grundsatz: die Natur hat den Menschen nicht nur bei einem zugefügten Unrecht empfindlich geschaffen, sondern auch ihn mit Kräften versehen, sich nicht ohngeahndet reizen zu lassen. Die Mittel, welche er alsdenn zu seiner Vertheidigung anwendet, werden gerecht, weil sie aus einer gerechten Ursache ergriffen werden. Justum est bellum, Samnites, sagt der Feldherr dieses Volks beim Livius, quibus necessarium, et pia arma, quibus nulla nisi in armis relinquitur spes, wovon Du den Pufendorff l. c. § 2 ferner nachlesen kannst.

Der vierte Grundsatz: hierzu mag die eine Partei nicht nur durch die Unternehmungen der gegenseitigen vor dem Ausbruche der Misshelligkeiten, sondern ebenso wohl durch deren Verfahren während derselben berechtigt werden, wie Grotius l. c. cap. 1 § 4 behauptet.

Der fünfte Grundsatz: die Rechtsregel: quod actor rea edere teneatur instrumenta, ist auch in dem natürlichen Gesetze befindlich, weil ein Kläger, der sich weigert, dem Angeklagten Beweise, so er in Händen hat, und woraus dieser seine Unschuld zeigen will, zu übergeben, dadurch an den Tag legt, dass es ihm nicht darauf ankomme, ob er würklich beleidigt, sondern nur ob er itzo eine Gelegenheit finde, dem andern wehe zu thun.

Der sechste Grundsatz: da die Beweise meiner Befugniss zu dem Meinigen, ad rō meum gehören, so gehören sie ebenfalls zu denen Sachen, wovon Grotius l. c. cap. 1 § 2 n. 3. 4 festsetzt, dass ich mich solcher mit Gewalt bemächtigen kann.

Der siebente Grundsatz: wenn es gar im Frieden die Pflicht eines Regenten, auf alle Schritte und Tritte seiner Nachbaren Acht zu haben, s. davon den Pufendorff l. c. lib. VII. cap. 9 § 13, so ist es noch viel mehr alsdenn seine Schuldigkeit, ihre Gänge zu beobachten und aufzuspüren, wenn er nicht weiss, ob Friede ist oder bereits eine öffentliche Zwistigkeit unter ihnen sich entsponnen. Je nothwendiger ihm die Konntniss davon zu der Erhaltung seines Landes wird, zu desto mehrerer Mittelergreifung ist ihm natürlicherweise verstattet, sie zu entdecken.

Der achte Grundsatz: selbst während eines Stillstandes können diejenigen Handlungen, so man bloss zu seiner Vertheidigung unternimmt, nicht vor unerlaubt oder dem gegebnen Worte, keine Feindseligkeiten zu begehen, zuwider angesehen werden. So urtheilt auch Pufendorff l. c. lib. VIII. cap. 7 § 9.

Überlies diese Grundsätze noch einst mit gehöriger Achtsamkeit, um Dich völlig zu überzeugen, dass ich keine angenommen, als welche das Wesen der Sache so wie die berühmtesten und von jedermann vor Richter erkannte Lehrer des Natur- und Völkerrechts mir angegeben.

Bilde Dir nachmals einen Fürsten, dessen tapfern Arm in der Vertheidigung der Gerechtsame seines Hauses Glück und Sieg bisher begleitet, der aber selbst voller Grossmuth den Lauf seiner Waffen gehemmet und, mit der Erhaltung des Seinigen zufrieden, den flüchtenden Feind nur darum einholen lassen, um ihm so viel eher die Nachricht des geschenkten Friedens mittheilen zu können. Er entzieht sich nunmehro selbst die Ruhe, die er seinen Unterthanen, ja auch denen, die ihn verfolgten, gegeben, nur um vor den Wachsthum des inneren Wohlstandes seiner Lande zu wachen. Die Treue zu krönen, den Fleiss zu segnen, sind die Beschäftigungen seiner Hände. Allein die durch seine Gedenkungsart sowohl als durch seine Waffen verwirrte Nachbarn schätzen jeden Grad der Zunahme seiner Länder vor eine Stufe der Abnahme der Ihrigen; alle seine Blicke sind ihnen verdächtig; sie wittern nur den Donner künftiger Schläge:

Fuit haec mensura timoris
Velle putant quodcunque potest.

Neid und Schrecken vereinigt sie, und die verbundnen Heere nahen sich bereits den verhassten Grenzen, um deren Flor, bevor er noch an der ihnen fürchterlichen Höhe gestiegen, zerstörend zu vernichten. Mein Held, durch sich und seine Tugend gesichert, höret von ferne das Geräusch ihrer Zurüstungen. Je gewisser er weiss, dass ihre Furcht in nichts als ihren eignen Vorstellungen gegründet, desto mitleidiger bedauert er das Blut, welches man ihn zu vergiessen zwingen will. Er entschliesst sich, ihnen nochmals den Oelzweig anzubieten, und sein Mund, anstatt der Rache zu rufen, bittet um Friede, den er doch in seinen Kräften stehet, sich befehlend zu verschaffen.

Ah, nollas praeferre preces, nec foedera regis ulla sequi, coeca sed cuncta impellere pugna debuit.

Man schätzt seinen Gesandten keiner verständlichen Antwort würdig; seine Mässigung dient ihnen zu einem neuen Sporne, und die Zeit, so selbig ihnen verstattet, wird um so viel emsiger angewandt, alles zu der grossen Unternehmung zuzubereiten. Soll er noch weiter schonen? Soll er durch ferneres Zögern auf sich selbst die Dolche schärfen? Soll er, um unter keinem Vorwande der angreifende Theil genannt werden zu können, warten, bis die Flamme rauchender Schlösser, das Winseln zerquetschter Unterthanen zu spät nach ihm um Rettung seufze? So kann kein Fürst gedenken, der ein Vater seines Volkes ist. Er zeucht daher an der Spitze seiner Schaaren, doch ohne sein Schwert zu zücken; der Schall seines Namens eröffnet die feindlichen Thore, denen er sich nähert; Sicherheit und Überfluss begleiten ihn, und auch der Armee, die er sich gezwungen siehet einzuschliessen, bestimmet er solche, so bald sie ihm nicht bloss durch Worte, sondern mit der That versichert, dass er durch sie an Verfolgung der übrigen Feinde nicht verhindert werden solle. Doch vergebens schmeichelt er sich, das harte Herz seiner Gegentheils zu rühren. Man schreiet, dass man angegriffen worden; man sucht die Zeichen seiner Grossmuth durch ein Gerüchte von Thaten zu verdunkeln, wovon man sich nicht einbilden kann, dass sie nicht geschehen sind wie man sie selbst zweifelsohne in solchen Umständen zur Würklichkeit gemacht haben würde; man bearbeitet sich, durch die Stimme falsch erklärter Bündnisse die halbe Welt gegen den Sieger zu bewaffnen. Der edelmüthige Held warnet den Feind einige Male, um sich nicht genöthiget zu sehen, seine Unschuld auf eine demselben unangenehme Weise zu retten; man spottet seiner, und er befiehlt nunmehr, die längst in Händen gehabten Urkunden der gegen ihn angesponnenen Verschwörung durch den Druck bekannt zu machen, vorher aber, damit man deren Richtigkeit nicht leugnen könne, das ohnehin bei ihm bewachte feindliche Archiv zu eröffnen und sich daraus der hier einschlagenden Originale, jedoch sonst keines Blattes, zu bemächtigen.

Willst Du, mein Sohn, diese etwas dichterische Schilderung von ihrem Schmucke entblössen, so wirst Du darunter den Abriss eines auf alle Weise gereizten Prinzen entdecken, dem nichts übrig bleibt, denen, welche man gegen ihn zu erbitzen sucht, die Augen zu öffnen, als das auf eine unumstössliche Art vorgelegte Bekenntniss seiner Feinde von den gegen ihn vorseienden Unternehmungen, und der, um solches zu erhalten, die Urschriften solcher Unterhandlungen aus dem in seiner Gewalt sich befindenden gegenseitigen Archive nehmen und drucken lässt. — Ich behaupte, dass er hierzu nach denen voraus bemerkten Grundsätzen allerdings berechtiget gewesen sei.

Da man besondere Wege, solche zu unterdrücken, gewählet, so kann es ihm nicht verdacht werden, wann er zu seiner Erhaltung Schritte thut, die man unter andern Umständen zweifelsohne vor hart erklären müsste.

So lange dieser Fürst für das feindliche Archiv die gewöhnliche Achtung hegte und es für heilig schätzte, bediente sich der Gegentheil eben dieses Verfahrens, die Würklichkeit der vorgeworfenen Absichten zu leugnen, und also zum Schaden des grossmüthigen Siegers.

Selbiger hatte alle gelinde Mittel angewandt, das gegenseitige Misstrauen vor dem würklichen Ausbruche der Unruhen zu dämpfen; sie waren vergeblich, und er demnach durch die Natur berechtiget, sich nunmehr durch empfindlichere zu beschützen.

Je mehr man fortfuhr, ihm dazu Anlass zu geben, desto stärker wuchsen eine Gerechtsame.

Der Landesherr selbst, welcher die Beweisthümer seiner Unschuld im Archive bewahrte, wäre verbunden gewesen, ihm solche herauszugeben.

Da dieses nicht geschah, war er befugt, sich solcher als ihm zuständiger Papiere zu bemächtigen.

Die Pflichten, welche ihm als Regenten zu beobachten obliegen, nöthigen ihn zu diesem Verfahren und hätten ihn dazu genöthigt, gesetzt, dass auch nicht glaubwürdige Abschriften, sondern nur gegründete Muthmassungen, dass etwas dergleichen sich daselbst befinde, bisher in seinen Händen gewesen.

Ohnerachtet dieser Fürst dem, dessen Archiv er eröffnen lassen, den Krieg nicht erkläret, sondern vielmehr gleich nach der völlig festgestellten Sicherheit ihn als seinen Freund zu betrachten sich geäussert, auch in dessen Landen nicht als ein Feind verfahren, sondern in Erwartung dessen endlicher Entschliessung gleichsam einen Stillstand bis dahin gegen ihn beobachten zu wollen, versichert, hat er ohne Verletzung seines gegebenen hohen Worts das Archiv eröffnen lassen und sich durch die darin gefundenen Urkunden rechtfertigen können.

Nach dem, was die Welt von der im J. 1689 durch die Franzosen unternommenen Plünder- und Zerstreuung des Reichsarchivs geurtheilet, kannst Du den gegenwärtigen Fall nicht abmessen. Sie wurden von niemand dazu genöthigt, bemächtigten sich alles ohne Unterschied und wandten nichts davon an, ihre Unschuld zu vertheidigen.

Wiewohl Du scheinest in Deinem Schreiben noch an den Einwurf zu gedenken, es könne ja kein Verbrechen und überhaupt nicht weiter als unter Unterthanen etwas aus dem Archive rechtsbeständig erwiesen werden, und also wäre es unnöthig zu dessen Eröffnung, einem nichts helfenden Mittel, zu schreiten und Schriften daraus bekannt zu machen.

Dieser Dein Zweifel wird zwar freilich von verschiedenen Rechtslehrern unterstützet; allein Du hättest denselben schon aus dem, was die in der Wenckerschen Sammlung befindlichen davon halten, grösstentheils heben können. Wenn Du den Justinian befragest, so sagt solcher in der Nov. 45 Cap. 2 ohne alle Einschränkung, illud, quod ex publicis archivis profertur, publicum habere testimonium, dem der Papst c. 13, X de praescript. beistimmt, und der Satz, dass ein Befreiter seiner Befreiung gegen einen ebenfalls Befreiten sich nicht gebrauchen könne, ist bei mir sehr zweifelhaft und kann, glaube ich, umgestossen werden, wann der, welcher itzo deshalb ein Vorzugsrecht verlangt, solches nachmals dem andern in einem leicht möglichen Falle ebenfalls zuzugestehen sich erkläret. Die Stärke des Beweises einer aus dem Archive genommenen Urkunde beruhet ohne Unterscheid der Materie, so er betrifft, auf der Heiligkeit des Ortes, wo sie bewahret worden, wie unter andern Myler de Princip. et Statib. S. R. J. p. II, Cap. 47 § 3—6 und Schilter in der Wenckerschen Sammlung p. 50 mit mehrern diese Wahrheit daher bestärket.

Im l. fin. c. de probat. werden ausdrücklich apertissima documenta als Beweise eines Verbrechens angenommen, und dergleichen sind zweifelsohne im Archive gefundene eigenhändige Briefe, zumal wenn deren Verfasser noch leben, und man ihre würkliche Handschrift darthun kann.

Überhaupt aber habe ich Dir öfters gesagt, dass die Zeiten vorbei, wo man Streitigkeiten grosser Herren nach den Justinianischen Rechten zu beurtheilen pflegel, und dass Du Dich sehr irrest, wenn Du durch die Pandectes allein klug zu werden glaubest. Diese Gesetze, deren auf unsern deutschen Staat überhaupt sich sehr schlecht schickendes Ansehen in denen Reichsverordnungen nur im Mangel einheimischer befestigt und selbst in Privatsachen immer mehr und mehr entkräftet wird, können unter verschiedenen Völkern noch weniger eine Maassregel ihrer Handlungen abgeben. Nur die Vorschriften der Natur und das Herkommen der Nationen sind hierin Richter. Diese aber, wie die angeführten Grundsätze erweisen, billigen das Verfahren, wovon hier die Rede ist, und die Heiligkeit, so sie, wie ich in meinem vorigen bemerket, den Archiven beilegen, streitet auch ohne Unterscheid vor die Wichtigkeit der daraus hergenommenen Beweise.

Es mögen indem Archive noch so heilig sein und selbst ihren Hütern etwas von der Majestät des Landesherrn mittheilen, ut suae quodammodo majestati adsidere videantur, wie sich die Kaiser Theodosius und Valentinianus in dem l. un. C. de maj. sacror. scrinior. ausdrücken; sie mögen, wie jener schreibt, ein Herr, Trost und Schatz eines Herrn, der sie hält, und auch seinen Unterthanen und armen Leuten, ja allen seinen Nachbaren bleiben. man mag noch so harten Strafen Privat-Personen unterwerfen, welche sich daran zu vergreifen wagen; alles dieses wird bei dem vorgetragenem Falle in keine Betrachtung kommen.

Dein Dich liebender Vater.

Anhang.

Rapport des Majors von Wangenheim.

Als ich den 9. Septembris 1756 zwischen 10 und 11 Uhr unter Commando
des Herrn Generalmajor Baron von Wylich mit meinem unterhabenden Bataillon in Dresden einrückte, musste ich von dem Bataillon die Haupt- und
Schlosswacht besetzen. Auf letzterer blieben nebst meinen Grenadier auf
ständiges Bitten Ihro Majestät der Königin von Polen auch 2 Schweizer von
den Trabanten stehen, um meinen Grenadiers diejenigen Leute, welche auf
im Schlosse zu thun hatten, anzuzeigen. Übrigens wurden alle Posten von
den Grenadiers besetzt. Ihro Hoheiten der Churprinz schickten eine Stunde
nach Selbst Ihren Adjutanten und liessen sich 3 Mann Wache vor Ihrem
Zimmer ausbitten. Des Abends zwischen 8 und 9 Uhr wurde ich von dem
Herrn Generalmajor Baron von Wylich beordert, auf das Königliche Schloss
gehen, alle Geheime Cabinets-Räthe und Secretairs zusammenberufen zu
lassen und von denenselben alle Schlüssels zu denen Thüren und Schränken
des Geheimten Cabinets in Empfang zu nehmen. Nachdem sich nun alle hierzu behörende Cabinets-Bediente in der Conferenzstube versammlet, so proponirte
ich ihnen die aufgetragene Commission. Sie ertheilten mir zur Antwort, dass
solches ohne Erlaubniss der Königin Majestät nicht thun dürften; ich möchte
ihnen soviel Zeit gestatten, sich dieserhalb bei der Königin zu befragen: welches
dem Beding geschahe, dass sich einer von ihnen dahin verfügen, die andern
aber bei mir im Zimmer bleiben sollten. Der Geheimte Cabinets- und Parti-
cular-Secretair Herr Just begab sich also zu Sr. Majestät der Königin und brachte
nach langem Aufenthalt zur Resolution, dass Se. Majestät die Königin zwar
die Abgabe derer Schlüssel quaest. consentiren müssten, jedoch unter keiner
andern Bedingung, als dass Höchstdenenselben die Thüren des Cabinets mit
dem hohen Wappen zu versiegeln erlaubt würde und die dahin gestellten
Unterofficiers zur Wache abgenommen würden. Ich replicirte, dass die Versiegelung des Cabinets unnöthig wäre, indem ich ja die Schlüssel davon hätte,
meine Wache nach des Herrn General von Wylich Versprechen abgeben
würde. Worüber Se. Majestät die Königin abermals angefragt wurden. Weilen
Höchstdieselben auf der Versiegelung und Abnahme derer Schildwachten
bestanden, so consentirte ich auch darein, doch mit dem Beding, dass ich unter
Königlichen hohen Petschaft das meinige mit drücken könnte. Nach noch-
maliger Anfrage und vielen dieshalb gehabten Debatten wurde dieses endlich
eingeräumiget; und nachdeme ich also die Schlüssel in Empfang genommen,
wurde selbigen Tag weiter nichts vorgenommen, als dass der Bericht an Se.
K. Majestät in Preussen davon abgestattet wurde.

Den 10. des Morgens zwischen 5 und 6 Uhr erhielte ich abermals Ordre
vom Herrn General von Wylich, mich auf das Königliche Schloss zu begeben,
die Entsiegelung zu entamiren und mich der geheimten Depeschen des wiener
und sächsischen Hofes zu versichern. Nachdem ich nun zu solchem Ende besagten Herrn p. Just rufen liess, um der Königin Siegel abzunehmen, lief
derselbe auf den gethanen Antrag eilends zu der Königin Majestät, welche Sich
in der Schlosscapelle befand. Gedachter Herr Just kam alsobald zurück,
sagte: „Ich habe die Königin von Ihren Knien aus der Kirche geholet; Sie

Eine kleine Weile hernach kam Ihro Majestät die Königin würklich, stellten
Sich vor die eine Thüre des versiegelten Cabinets und redeten mich folgender Gestalt an: „Herr Major! was wollen Sie machen? Sie wollen in Mein Cabi-
„net, welches Mir Mein Herr zu verwahren hinterlassen; wollen Sie dieses thu
„so nehmen Sie Mich mit *)!" Ich trat hierauf mit der grössten Submission
einige Schritte zurück und antwortete, dass ich keine Ordre habe, mich an d
geheiligten Person Ihro Majestät der Königin zu vergreifen; ich wäre ei
Officier, der dem Könige von Preussen, als seinem gnädigsten Herrn, tr
diente, und dessen Befehl ich mit aller Exactitude befolgen müsste, und hof
also, Ihro Majestät die Königin würden mir diesen Schritt vor mein partic
lier nicht zur Ungnade rechnen. Bei dieser Antwort traten Se. Majestät d
Königin einige Schritte näher an mir, nahmen und drückten mich bei der Ha
welche ich nach dem sächsischen und österreichischen Hof-Ceremoniel
tiefster Submission küsste, sagten: „Lieber Herr Major! So gehen Sie Mir e
„so viel Zeit: Ich will Meinen Oberhofmeister Graf Wessenberg zu Sr. Ma
„stät dem Könige von Preussen schicken und dieserhalb Vorstellung thun lasse
Ich replizirte: „Ew. Königl. Majestät halten mir zu Allerhöchsten Gnad
„Dieses läuft schnurstracks wider meine stricte Ordre. Ueberdem sind I
„Majestät der König von Preussen bereits auf dem Marsch, und Dero Ob
„hofmeister wird Demselben schwerlich finden. Alles, was ich thun kann
„mir Ew. Königl. Majestät Dero höchste Person vor die Thüre setzen, beste
„darin, dass ich fernere Verhaltungsbefehle dieserhalb von meinem Gene
„einhole; und damit Ew. Königl. Majestät von dessen Ordre desto mehr c
„sichert sind, so geben Sie ein paar von Dero Ministres oder Officiers zu de
„Anhörung mit." Dieses Anerbieten wurde von Sr. Majestät der Königin
nehmiget und mir der Oberstlieutenant Welsbach von der Schweizergarde
der Geheimte Cabinets-Secretair Just zugegeben, welche nebst mir zu d
Herrn General von Wylich gingen, und nachdem ich demselben von dem
gefallenen gehörigen Rapport abstattete, wurde eine Stunde Zeit zugestand
in welcher Frist unser Gesandter, der Geheimte Rath von Maltzahn, und
sächsische Ministre Herr von Schönberg zu der Königin Majestät geschi
wurden, um Höchstdenenselben die Vorstellung zu thun, dass Se. K. u.
Majestät es nicht dahin kommen lassen möchten, Sich den Ordres Sr. Pre
schen Majestät zu widersetzen und Dero hohe Person zu exponiren; anwer
man unangenehme Maassregeln wider seinen Willen zu ergreifen gezwun
sein würde. Nachdeme dieses geschehen, gingen der Herr General Wy
nebst mir selbst nach Hofe, da denn nach Aufenthalt von einer Stunde
dem Ministre von Schönberg die Resolution gegeben wurde, dass, wen
ja nicht anders sein könnte, Sich Se. Majestät die Königin von Polen gefa
lassen müssten, was man Königlich Preussischer Seits dieserhalb vornähme
würden Sie zu dem Ende Dero Kammerdiener befehlen, Dero vorgedrucktes S
abzunehmen, welches auch immediate von demselben bewerkstelliget w
und ich riss das meinige ab. Worauf der Herr General von Wylich nebst
in das Cabinet gingen. Weil aber zu einigen Schränken, als des Herrn Gehei

---

*) In den Memoiren August Wilhelms von Preussen (Vergl. S. 513 f
fälschlich die Versiegelung der Thüren erst nach dieser Erklärung der Kö
angesetzt. Der Prinz erzählt weiter, Oberhofmeister Graf Wessenberg s
am Vormittag vom König selbst empfangen und abschläglich beschieden w
Aus Vitzthum von Eckstädt (2,33) wissen wir, dass Wessenberg erst na
Eröffnung des Cabinets Friedrich getroffen hat.

Krieges-Rath Saul und mehrern andern, die [Schlüssel] nicht gegenwärtig waren, sondern mit dem Könige von Polen im Lager, so mussten diese Schränke durch einen Schlosser geöffnet werden; alsdann wir diesen Nachmittags und den darauf folgenden Tages mit der Untersuchung continuirten und, nachdem man gefunden, was man gesuchet, diese Scene beschlossen*).

---

*) Der Prinz von Preussen erzählt eingehender: „le bureau du comte Brühl fut trouvé vide, d'autres bureaux contenoient des dépêches indifférentes, celui du conseiller privé Saul fut celui où les pièces originales se trouvèrent." — Generalmajor Wylich und Legationssekretär Plesmann sonderten die nach Berlin bestimmten Acten aus. Die Specification der beschlagnahmten Papiere siehe S. 321.

XXXVIII.

Schreiben eines Reisenden aus Dantzig, an einen Freund in Stralsund, über den in Teutschland entstandenen Krieg.

Die vorliegende Schrift ist in ihren Hauptstücken eine populär gehaltene Paraphrasirung der beiden berühmten Mémoires, die im October von dem preussischen Cabinetsministerium veröffentlicht worden waren*).

Im ersten Theile wird mit ausgiebiger Benutzung der von Hertzberg abgedruckten sächsischen Papiere von neuem der Beweis dafür angetreten, dass der Angriff König Friedrichs als ein Act der Vertheidigung angesehen werden müsste, da die Kaiserin-Königin durch den bekannten Geheimartikel des petersburger Vertrags**) und durch die Machenschaften ihrer Diplomaten am russischen Hofe gleich von Anbeginn an den dresdener Frieden gebrochen hätte.

Der zweite, kleinere Theil bespricht die sächsischen Pläne gegen Preussen und schildert nach dem Vorbilde des Mémoire pour justifier den Zustand des Churfürstenthums seit der preussischen Besetzung.

Am selbstständigsten ist verhältnissmässig die Schlussbetrachtung; sie bespricht in Kürze die grossen Gefahren, die ein Sieg Oesterreichs für Polen, Frankreich, die deutschen Staaten und auch Russland nach sich ziehen würde.

Unsere Kenntniss von dem officiösen Charakter des danziger Schreibens schöpfen wir in der Ermangelung irgend welcher Special-

*) Nr. XXV und XXVI, S. 318 und 390.
**) S. 368.

eden nur aus Erlassen an Michell, Hellen und Plotho vom 27. November. Den Diplomaten wurde darin befohlen, die Abhandlung „in derselben Art unter das Publikum zu bringen" wie die vorangegangenen preussischen Staatsschriften.

Wir geben den Text nach einem im Geheimen Staatsarchive aufbewahrten Exemplare wieder, das wahrscheinlich aus dem Henningschen Verlage in Berlin stammt:

Schreiben | eines Reisenden | aus Dantzig, | an einen Freund | in Stralsund, | über den in Teutschland entstandenen Krieg. 1756.
4°. 31 S.

Drei andere Drucke tragen dieselbe Aufschrift.

Die französische Uebersetzung, von Olivier de Marconnay verfasst*), ist benannt:

Lettre | D'Un Voyageur | Actuellement À Dantzig, | À Un Ami De Stralsund | Sur La Guerre | Qui Vient De S'Allumer Dans L'Empire. Traduction Libre De L'Allemand. | MDCCLVI.
4°. 43 S. Eine andere Auflage dieser Uebertragung umfasst 72 Octavseiten.

Folgende Ausgabe erschien ebenfalls in beiden Sprachen:

Schreiben | eines Reisenden | aus Dantzig, | an einen Freund | in Stralsund, | über den in Teutschland entstandenen Krieg; als eine fernerer**) | Erläuterung | der | gegründeten Anzeige | des | unrechtmässigen Betragens etc. | 1756.
4°. 32 S.

Supplement | Au | Mémoire Raisonné; | Ou | Lettre | D'Un Voyageur | Actuellement | À Dantzig | À | Un Ami De Stralsund | Sur | La Guerre | Qui Vient De S'Allumer | Dans L'Empire; | Traduction Libre De L'Allemand. | MDCCLVI.
8°. 47 S.

Noch ausführlicher ist ein anderes Exemplar bezeichnet:

Schreiben | eines Reisenden | aus Dantzig, | an einen Freund | in Stralsund, | über den | in Teutschland entstandenen Krieg, | Worinnen | ausführliche Betrachtungen | über das Memoire raisonnée etc. oder den gründlichen | und überzeugenden Be-

---

*) Meusel, Das gelehrte Teutschland, Lemgo 1797. Bd. 5, 40. Vergl. er Marconnay S. 212.

**) sic!

richt von dem Betragen der Höfe | zu Wien und Dreßden etc. angestellet | worden. | Anno 1756.
4°. 31 S.

Das Schreiben ist abgedruckt in der Kriegskanzlei Bd. 1, 904, Nr. 115, den Danziger Beiträgen 5, 413 und der Neuwirthschen Sammlung.

Die officiöse Herkunft der Abhandlung wurde nicht erkannt. Wenigstens schrieb der schon in den vorigen Nummern erwähnte „Buchdruckergeselle" *),

„dass man Prinzen, Länder und Provinzen wegzunehmen sucht, geschieht täglich; allein dass sich eine Privatperson untersteht, öffentlich Schriften, welche von Prinzen oder auf ihren Befehl bekannt gemacht worden sind, auszuschreiben, für die ihrigen auszugeben und sich das Verdienst derselben zuzueignen, dieses ist eine ganz neue Gattung unter den vielen unerhörten Vergewaltigungen, über welche man jetzt klagt."

Die Beschwerde des Buchdruckergesellens über „die pöbelhafte Art sich auszudrücken" in dem danziger Schreiben ist wenig gerechtfertigt, wenn man damit den Ton folgender Erwiderung vergleicht: „Antwort eines gebornen Schweden auf den Brief eines Reisenden aus Danzig, den gegenwärtigen Krieg betreffend. Stralsund, 1757 **)."

Der „redliche Schwede" zieht aus den von ihm gegebenen, nicht gerade tiefen Argumenten die Schlussfolgerung,

„dass der Hof zu Berlin nichts thut, als was auf Unwahrheit und Schande hinausläuft; oder vielmehr welche ohne Widerrede bezeugen, dass dieser Hof selbst glaubet, dass er seine Ungerechtigkeiten zu einem Grade der Unverschämtheit getrieben habe, bei der man weder auf die Hochachtung noch Verachtung der Welt mehr sehen dürfe."

Bedeutend höher steht nach Form und Inhalt das „Schreiben eines Freundes an einen Freund über die Ursachen des Krieges zwischen der Kaiserin-Königin von Ungarn und Böhmen Majestät und des Königs von Preussen Majestät, welches verschiedene Ergänzungen in facto et jure zu der Memoire raisonné betitulten Schrift, ingleichen zu dem von einem Vertheydiger derselben aus Danzig erlassenen Schreiben enthält. 1757 ***)."

*) Vergl. S. 536. 557.
**) Kriegskanzlei 3, 293, Nr. 212. Auch französisch erschienen: „Reponse d'un Suédois à la lettre d'un voyageur actuellement à Danzig."
***) Kriegskanzlei 10, 49, Nr. 2.

Schreiben eines Reisenden aus Dantzig an einen Freund in Stralsund über den in Teutschland entstandenen Krieg. 1756.

"Mein Herr. Sie haben mir eine grössere Gefälligkeit erzeiget, als Sie glauben, wenn Sie mir die Schrift zugesandt: "Die Gegründete Anzeige des unrechtmässigen Betragens und der gefährlichen Anschläge und Absichten des wienerschen und sächsischen Hofes gegen Sr. Königl. Majestät von Preussen".

Erlauben Sie, mein Herr, dass ich meine Betrachtungen darüber mache. Ich lebe itzo an einem freien Ort, an welchem der Kaiser die Unterthanen ihrer Pflicht nicht entbinden kann, und wo die Unterthanen durch die österreichische Macht nicht gezwungen werden können, Aufrührer zu werden. Ich bin überdem auf Reisen und verändere auch diesen Ort nach Verlauf weniger Tage. Sie, mein Herr, werden bei Durchlesung der Gegründeten Anzeige sich keinen Zweifel einfallen lassen, dass der wienersche Hof treulos und friedensbrüchig geworden. Es finden sich aber dennoch Leute, welche nicht sowohl aus Mangel guten Willens als vielmehr der Einsicht in dem Wahn stehen, dass des Königs in Preussen Majestät den würklichen Einfall abwarten sollen, und der wienersche Hof alsdann nur den Frieden gebrochen haben würde. Sie wissen, mein Herr, dass der König von Preussen zu seinem Recht auf einige Fürstenthümer in Schlesien in Güte nicht gelangen konnte, und die Kaiserin-Königin Ihm nicht eine Dauerhütte abtreten wollte, mithin der König gezwungen war, Sich durch die Waffen Recht zu verschaffen; dass den 11. Junii 1742 ein vorläufiger und den 28. Julii 1742 ein definitiver Friedenstractat zu Breslau gemacht worden. Der wienersche Hof liess sich allzu deutlich merken, dass seine Absicht sei, des Königs von Preussen Majestät wieder anzugreifen und das durch obige Friedensschlüsse abgetretene Schlesien mit der Grafschaft Glatz wieder zu erobern, nachdem er Frankreich geschwächt haben würde. Er war damals schon gesonnen, den Frieden zu brechen, sobald er im Stande sein würde, solches ohne Gefahr zu thun. Des Königs von Preussen Majestät gaben dem damaligen Kaiser Carl VII. Hülfsvölker, der Krieg ging von neuem an, Sachsen liess sich durch die schmeichlerische Hoffnung einige preussische Provincien zu seinem Antheil zu erhalten, in den Krieg durch den wiener Hof mit verstricken, und dieser ward durch den dresdner Friedensschluss vom 25. Decembris 1745 gehoben, welcher Friedensschluss die vorigen zum Grunde legte und bestätigte.

Will man versichert sein, ob der wiener Hof treulos und friedbrüchig sei, so darf man nur untersuchen: ob er den Friedensbedingungen nachgekommen oder dawider gehandelt habe? Denn derjenige bricht den Frieden, welcher thut, was er nicht thun soll, oder nicht thut, was er zu thun verbunden ist*). Der Kaiserin-Königin Majestät haben das Herzogthum Schlesien und die Grafschaft Glatz des Königs von Preussen Majestät auf ewig abgetreten. So lange der König von Preussen den Frieden beobachtete, hatte Sie kein Recht auf Schlesien und konnte darauf keinen Anspruch machen. Sie

---

*) Rumpitur pax faciendo contra id, quod in pace dictum est; sub faciendo autem comprehenditur et non facere quod et eum oportet. Grot. de J. b. et p. L. 3 C. 20 § 34.

schloss aber nach Verlauf kaum einiger Monate, nämlich den 22. Mai 1746, den Tractat zu Petersburg und machte den 4ten geheimen Artikel, nach welchem Ihr Recht an Schlesien erneuert und Sie befugt sein sollte, diese abgetretene Länder wieder zu erobern, wenn der König von Preussen Ihro Majestät die Kaiserin aller Reussen oder die Republik Polen feindlich angreifen würde. Es war keine Bedingung des Friedens, dass dergleichen Angriff Russlandes oder Polens nicht geschehen sollte. Wenn er erfolget, woran doch nicht zu gedenken war, so hätte der König dadurch nicht gethan, was Er vermöge des Friedens nicht thun sollen, folglich hätte Er den Frieden nicht gebrochen, und die Kaiserin-Königin hätte unter dem Vorwand eines Friedensbruchs kein Recht gehabt, Schlesien wieder zu erobern*).

Da Sie sich nun ausdrücklich erkläret, dass Sie Schlesien, ohne ein Recht zu haben, und ungeachtet der König von Preussen den Frieden mit Ihr heilig beobachten würde, wieder erobern und dem Könige mit Gewalt entreissen wolle, so hat Sie dadurch wider die Friedensbedingungen gehandelt, solche verletzet und schon den 22. Mai 1746 den Frieden gebrochen. Es läuft wider die natürlichen und bürgerlichen Gesetze, dass man sich durch einen Vertrag mit einem andern ein Recht an des Dritten Eigenthum erwerben könne. Noch seltsamer ist, dass der wienersche Hof auch auf den Fall eines Krieges mit Polen dieses vermeinte Recht sich bedungen, obgleich Polen mit diesem petersburgschen Tractat nichts zu thun hatte.

Lassen Sie, mein Herr, uns einmal den Fall setzen, dass der König von Preussen mit dem Könige von Sardinien sich vereiniget hätte, dass Er Böhmen und Mähren zu erobern berechtiget sein wolle, wenn die Kaiserin-Königin ihn in Italien angreifen sollte, oder mit dem türkischen Kaiser, wenn die Kaiserin-Königin diesen anfechten würde. Würde der wienersche Hof nicht über die grösseste Ungerechtigkeit schreien? Würde nicht jedermann ihm Beifall geben? Hat aber der wienersche Recht, wenn andere Höfe Unrecht haben, und muss das Recht nicht gleich sein? Vielleicht fällt Ihnen ein, dass die Kaiserin-Königin mit dem russischen Hofe ein Vertheidigungsbündniss zu schliessen berechtiget sei und sodann verbunden gewesen, die auf den Angreifungsfall versprochene Hülfe zu geben. Dieser Einwurf hat nichts zu bedeuten. Ein Bündniss, was dem Frieden zuwider läuft, ist ungerecht und ein Friedensbruch. Das Bündniss aber, was auf die Wiedereroberung Schlesiens abzielet, ungeachtet der König von Preussen den Frieden unverletzt hält, läuft dem Frieden gerade zuwider. Die Kaiserin-Königin hat sich in dem Frieden ausdrücklich verbunden, den Feinden des Königs keine Hülfe zu leisten und mit selbigen in keine Allianz zu treten, welche diesem Friedensschluss zuwider. Kann aber eine Allianz dem Friedensschluss mehr zuwider sein, als wenn sie wider den Hauptartikel des Friedens gehet, welcher die Abtretung Schlesiens betraf?**)

Hülfsvölker werden gegeben, um ungerechte Gewalt von dem Bundesgenossen abzuwenden oder ihm zu seinem Recht zu verhelfen, nicht aber um Provincien für sich selbst wieder zu erobern, welche auf ewig abgetreten sind. Hülfsvölker werden dem kriegenden Theil von demjenigen zugestanden,

---

*) Sociis quoque vis armorum illata pacem rumpit, sed his demum qui in pace comprehensi sunt. Grot. L. 3 C. 20 § 31. Buddei dissert. de contraventione foederum Cap. 3 et 4.

**) Pax solvitur faciendo id, quod specialis pacis natura repudiat. Grot. L. 3 C. 20 h. 39.

welcher keinen Krieg hat. Wer aber keinen Krieg hat, kann weder Beute für sich machen, noch Länder erobern. Sobald er diesen Zweck hat, giebt er nicht Hülfe, sondern Er wird kriegführender Theil. Der König von Preussen eignete Sich deshalb in dem Frieden de anno 1745 kein österreichisches Dorf zu, weil Er dem Kaiser Carl VII. nur Hülfsvölker gegeben. Ganz anders ist die Aufführung des wienerschen Hofes. Dessen Absicht ist nie dahin gegangen, Russland oder der Republik Polen beizuspringen, sondern Schlesien wieder zu erobern. Die Kaiserin-Königin wollte selbst kriegender Theil sein. Russland wollte Ihr behülflich sein, Schlesien wieder zu erobern. Sie wollte Sich mit 2 Millionen Gulden dankbar erzeigen. Wer Hülfsvölker giebt, fordert sonst Erkenntlichkeit von dem andern, welchem er Hülfe leistet. In diesem Fall aber ist es umgekehrt. Die Kaiserin-Königin will der Kaiserin von Russland zu Hülfe kommen und doch 2 Millionen zur Dankbarkeit geben, dass diese sich helfen lässet. Nicht die Sicherheit der Kaiserin-Königin, sondern der Ländergeiz war der Bewegungsgrund dieses geheimen Tractats. Der wienersche Hof wusste gar zu wohl, dass der König von Preussen Russland so wenig feindlich angreifen werde, als wenig die Kaiserin-Königin Persien anfallen wird. Sie grenzen nicht zusammen und haben keine Ansprüche an einander. Ganz Europa ist bekannt, dass der König mit der Republik Polen ununterbrochene Freundschaft unterhalten, und dass Er bei den grössesten Unruhen in Polen, und wenn fremde Kriegsheere in Polen und in der Nachbarschaft gestanden, Sich in ihre innere Angelegenheiten nicht gemischet habe. Die ganze Welt weiss, dass kein Nachbar grössern Vortheil bei der Erhaltung dieser Republik in dem gegenwärtigen Stande habe, und niemand eifriger sein kann, die Gesetze und Verfassung derselben zu erhalten und zu verhindern, dass ihre gegenwärtige Gestalt verändert werde, als der König von Preussen. Wie konnte dann der wienersche Hof auf die Gedanken gerathen, dass ein so ruhiger Nachbar die Republik angreifen werde, und dass diese seiner Hülfe benöthiget sei? Die Furcht in Ansehung Polen, welche nach des Grafen von Brühl Schreiben an den Grafen von Flemming vom 26. Juli 1756 die Erfahrung gelehret haben soll, ist in keiner Erfahrung gegründet. Vermuthlich aber fürchtet sich der Graf Brühl, dass der König von Preussen bei sich ereignendem Fall die polnische Freiheit beschützen und nicht zugeben werde, dass man diesem freien Wahlreich einen König aufdringe. Hält man ein Bündniss gerecht, dass eine Macht der andern Provincien abnehmen kann, wenn diese mit der verbundenen Macht in Krieg verwickelt wird, oder auch mit einer dritten Macht, mit welcher man kein Bündniss hat, so ist in der Welt kein aufrichtiger Frieden zu hoffen, es ist keine Sicherheit, und das, was nützlich ist oder scheinet, tritt in die Stelle des Rechts.

Weder Sie, mein Herr, noch sonst jemand wird behaupten, dass Frankreich und Preussen ein Recht haben, Oesterreich anzugreifen, wenn dieses einen Krieg mit den Türken anfangen sollte. Da nun so wenig Frankreich als Preussen dadurch ein Recht wider Oesterreich erlanget, so kann auch Frankreich Preussen und dieses jenem dazu kein Recht geben. Will man aber den Satz für wahr annehmen, dass sie ein Recht haben und sich unter einander geben können, Oesterreich zu bekriegen, so können sie dieses Recht in solchem Fall für sich gebrauchen, ohne die Erlaubniss von dem andern zu erhalten. Hieraus folgt, dass eine jede Macht befugt sei, die andere anzugreifen, wenn diese sonst Krieg hat und ihre Macht zertheilet ist, das ist:

nach Willkür. Dieses ist der Satz des wienerschen Hofes, dessen Folgen ich Ihnen, mein Herr, gleich erkläret habe. Es ist hieraus handgreiflich, dass der wienersche Hof das gegebene Wort und die versprochene Treue nicht halten, dass er einen kriegführenden Theil abgeben, und dass er das abgetretene Schlesien wieder erobern wollen. Er würde gleich damals zur Thätlichkeit geschritten sein. Der Wille und Vorsatz waren da, und an der Ausführung fehlte nichts als die Macht. Hierzu wollte er sich den Weg durch den geheimen Articul des petersburgischen Tractats bahnen. Die russische Macht sollte ihn unterstützen. Die Erklärung der Kaiserin-Königin in dem geheimen Articul ist also diese:

Ich habe zwar dem Könige von Preussen das Herzogthum Schlesien und die Grafschaft Glatz durch den breslauer und dresdner Frieden abgetreten, und so lange derselbe mit keiner andern Macht Krieg hat, kann ich diese Länder nicht wieder erobern; ich will aber den Frieden nicht halten und an die Abtretung nicht gebunden sein, sondern den Krieg wieder anfangen, mit einem Kriegsheer einfallen und diese Länder wieder erobern, sobald der König von Preussen mit einer andern Macht im Kriege verwickelt und seine Macht vertheilet sein wird, ich folglich mächtig genug bin, die Wiedereroberung zu bewerkstelligen.

Zweifeln Sie noch, mein Herr, dass dieses eine Treulosigkeit, ein Friedensbruch sei? Sie werden nicht in Abrede sein, dass der Friedensbruch eine gerechte Ursach des Krieges sei. Der König von Preussen hätte also aus diesem geheimen Articul schon eine Ursach zum Kriege wider die Kaiserin-Königin gehabt. Denn der Krieg wird unter Bedingungen gehoben, und wenn diese Bedingungen verletzet werden, so kann auch der Friede nicht bestehen, welcher nur wegen der Bedingungen getroffen ist. Hätte der König von Preussen diesen geheimen Articul anno 1746 währendem Kriege zwischen der Kaiserin-Königin und Frankreich gewusst, so hätte er selbst den Krieg wieder anfangen oder dem Könige von Frankreich mit aller seiner Macht beistehen können, ohne sich einer Friedensverletzung schuldig zu machen. Nach den österreichischen Grundsätzen hätte er solches auch thun können, wenn die Kaiserin-Königin diesen Tractat nicht gemacht hätte. Nach dem österreichischen Naturrecht giebt die überwiegende Macht eine gerechte Ursach zum Kriege. Damit aber der König von Preussen diesen österreichischen Rechtssatz nicht einsehen lerne, so hat der wienersche Hof diesen geheimen Articul sorgfältig verschwiegen und in der That geheim gehalten. In allen Briefen der Gesandten wird von den grössesten Geheimnissen gesprochen. Sachsen hat gegen Frankreich ableugnen müssen, dass ihm ein geheimer Articul bekannt gemacht sei. Der wienersche Hof muss also selbst von der Ungerechtigkeit seines angenommenen Satzes überzeugt gewesen sein. Gedachter Hof hat den Frieden nicht allein in diesem Stück, sondern in allen Bedingungen gebrochen. Die Kaiserin-Königin hat darin ausdrücklich eine unverbrüchliche und aufrichtige Verbindung und vollkommene Freundschaft versprochen, dergestalt und also, dass Sie forthin weder Feindseligkeiten ausüben, noch gestatten wolle, dass dergleichen ausgeübet oder begangen werden, es geschehe solches heimlich oder öffentlich, directe oder indirecte, von den Ihrigen oder NB. von andern. Sie will, unter was für einem Vorwande es sei, den Feinden des Königs keine Hülfe leisten und mit selbigen in keine Allianz treten, welche dem Friedensschluss zuwider. Sie will denen Sicherbrit und Vortheil befördern, den Schaden und den Nachtheil aber, womit Er von einer NB. andern Macht bedrohet wird, abwenden. Die Kaiserin-Königin konnte also ohne Ungerechtigkeit und Friedensbruch denjenigen, mit welchem der König in Krieg gerathen wäre, wider Ihn keine Hülfe versprechen, am wenigsten dürfte Sie solche Hülfe in der Absicht versprechen, um Schlesien wieder zu erobern. Kein aufrichtiger Freund kann Feindseligkeiten wider seinen Freund gestatten. Dieses gründet sich schon in dem Begriff der Freundschaft. Wer sich aber durch einen feierlichen Vertrag wozu verbunden hat, der kann sein Versprechen zu halten gezwungen werden, und wer dergleichen Versprechen nicht erfüllet, ist treulos*). Wie vielmehr ist derjenige treulos und bundbrüchig, welcher sich bemühet, dem Freunde Feinde zu erwecken, Ihn in Krieg zu verwickeln, und sich mit den Feinden verbindet, seinem Freunde das Seinige zu nehmen? Dass der wienersche Hof dieses gethan, dass er keine Verleumdungen gesparet, die gröbsten Unwahrheiten und Erdichtungen gebrauchet und alles, was Menschen, insonderheit den Grossen der Welt heilig sein sollte, mit Füssen getreten, werden Sie, mein Herr, aus der gegründeten Anzeige und den beigefügten Beweisschriften und Urkunden erkennen.

Der Kaiserliche Minister zu Petersburg, Baron von Pretlack, hat sich herzlich gefreuet, dass er die Mittel gefunden, der russischen Kaiserin Majestät in einer geheimen Unterredung dergestalt aufzubringen, dass Ihre Feindschaft auf den höchsten Grad gestiegen und dass seiner Meinung nach nicht viel mehr erfordert werden dürfte, um Ihren Zorn NB. zu einer Thätlichkeit ausbrechen zu machen**).

Der Graf Bernes, Kaiserlicher Minister zu Petersburg, hat nach seinem Bericht vom 6. Julii 1747 der Kaiserin-Königin zugeredet, die russische Kaiserin durch nachdrücklichen Vortrag der Berichte und Vergrösserung der preussischen Kriegsanstalten noch heftiger aufzubringen.

Die Kaiserin-Königin hatte dem Könige in dem Frieden den Besitz von Schlesien garantiret, ja sogar alle seine Länder ohne Ausnahme, folglich auch Preussen, und in dem aachenschen Frieden 1748 diese Garantie wiederholet. In eben diesem Jahr setzte Sie die Vorbereitungen zu einem Friedensbruch fort.

Der Graf Bernes hat den 24. Augusti 1748 den russischen Gesandten am berliner Hofe, Grafen von Keyserlingk, aufbringen lassen, einen widrigen und einnehmenden Bericht wider den König an seinen Hof abzustatten und auf diesen Ton allwöchentlich fortzufahren***).

Bemerken Sie aber, mein Herr, noch schändlichere Griffe als die bereits erzählten. Der Graf Bernes verlangte den 12. Dec. 1749 von dem Grafen von Puebla, Kaiserlichem Gesandten an dem berliner Hofe, dass er dem russischen Minister Gross unvermerkt beibringen lassen möchte, dass in Schweden wider die Person und das Leben der Kaiserin etwas angesponnen werde, woran der preussische Hof seinen grossen Antheil habe. Wenn der Gross ihm im Vertrauen davon was eröffnete, sollte er demselben antworten, dass er davon nicht wisse, sich aber erkundigen wolle. Hierzunächst sollte er die

---

*) Quae contra amicitiam sunt, rumpunt pacem, quae sub amicitiae lege contracta est. Grot. L. 3 P, 10 n. 40.
**) No. XIV (Staatsschriften 3, 380).
***) No. XV (Staats-chriften 3, 380).

Sache bekräftigen, als wenn er sie nach gehaltener Untersuchung wahr befunden habe*).

Der sächsische Legationsrath Prasse musste den 12. April 1756 an den Grafen von Brühl schreiben, dass nach Petersburg einberichtet werden sollte:
> dass der König von Preussen von Schlesien aus unter dem Prätext des Commercii allerhand Personen und sogar verkleidete Officiers und Ingenieurs nach der Ukraine schicke, um dasiges Land aufzunehmen, die Passagen zu recognosciren, auch die Lage und Stärke der Oerter zu untersuchen und die dortigen Einwohner zur Revolte zu ermuntern.

Diese Nachricht sollte durch die dritte, vierte, fünfte und sechste Hand nach Petersburg gelangen, damit der Betrug so viel versteckter sei, auch sollte sie von mehr als einem Ort kommen, damit die Verleumdung desto wahrscheinlicher werde. Der Graf Brühl, welcher an allem Theil nahm, war hiezu bereit und willig.

Kann man eines Menschen, ich will nicht sagen eines grossen Fürsten, Ehre empfindlicher verletzen, als wenn man ihn solcher Verbrechen beschuldiget, welche nach den peinlichen Gesetzen die schmerzlichste und schimpflichste Todesstrafen nach sich ziehen? Sind es nicht abseiten des wienerischen Hofes schändliche Verleumdungen, falsche Zeugnisse und grobe Pasquille? Die Gesandten und Gesandtschaftsräthe erkennen es selbst für ausgekünstelte Intriguen, wovon der pp. Prasse wenig Success vermuthet.

Sie sehen wohl, mein Herr, was für einen Zweck man bei diesen Verleumdungen gehabt habe. Man wollte den dresdner Frieden thätlich brechen. Man getrauete sich nicht, solches ohne Russlands Beistand zu thun. Die Kaiserin von Russland wollte, dass Oesterreich den Frieden halten sollte. Der König von Preussen beobachtete solchen heilig. Die Kaiserin-Königin hatte keinen Vorwand, die russische Hülfe zu fordern. Es war also nöthig, die Kaiserin von Russland zum Kriege wider Preussen zu reizen. Es ist weltkündig, dass die Kaiserin von Russland die Vergiessung Menschenbluts verabscheuet und deswegen nicht einmal Verbrecher mit der Todesstrafe belegen lässet. Wie viel weniger hätte Sie Sich entschliessen können, durch Erregung eines ungerechten Kriegs viel tausend Menschen aufzuopfern! Diesen Abscheu für Blutvergiessen musste der wienersche Hof durch andere Vorstellungen verdringen. Die Person und das Leben der Kaiserin von Russland sollten in Gefahr sein, und der König von Preussen sollte dawider einen Anschlag schmieden helfen. Es sollte ein Aufruhr im russischen Reich selbst erregt werden. Man vermuthete nicht ohne Wahrscheinlichkeit, dass diese Betrachtung die andere bei der Kaiserin von Russland überwiegen würde. Man fand sich nicht betrogen. Der sächsische Minister von Funcke berichtet den 20. Oct. 1755, dass der moskauische Grosse Rath als eine Hauptmaxime festgesetzt,
> sich einer jeden Gelegenheit zu bedienen, den weitern Anwachs des Hauses Brandenburg zu hindern, und dass man den König von Preussen antasten wollte, nicht allein wenn Er einen oder andern Alliirten angriffe, sondern auch wenn Er von einem oder andern angegriffen werden würde**).

---

*) No. XVI (Staatsschriften 3, 381).
**) No. XXV (Staatsschriften 3, 384).

Nach des Secretair Pranse Schreiben vom 2. Maii 1756 hatte man Russland nun so weit gebracht, dass es einen Krieg mit Preussen anfangen wollte, wobei man sich des Ausdrucks bediente:

um den Bär einmal zum Tanz zu bringen.

Russland sollte also den Krieg anfangen. In dem erwarteten russischen Manifest würde man die von Oesterreich und Sachsen geschmiedete Unwahrheiten und Erdichtungen von der Nachstellung der Kaiserin Person und Lebens und von der russischen Unterthanen in der Ukraine Ermunterung zum Aufruhr und unzählige andere Hirngespinste der obigen Höfe mit vielen Umständen gelesen haben. Der wienersche Hof hätte den Krieg gleich für gerecht erkläret, die angeführten Ursachen auch wohl als weltkündig bestärket und darauf seine Befugniss gegründet, der Kaiserin von Russland nach dem petersburgischen geheimen Articul Hülfsvölker zu geben, damit in Schlesien einzufallen und dieses abgetretene Land wieder zu erobern. Aus den Beilagen der Gegründeten Anzeige ist klar, dass der wienersche Hof die Wiedereroberung Schlesiens vor, bei und nach dem Friedenstractat zur Absicht gehabt habe. Er hat auch besage der Erklärung der Bewegungsgründe, warum Se. Königl. Majestät in Preussen dem wienerschen Hofe zuvorkommen müssen, des Königs von Engelland Majestät tractatenmässige Hülfe abgeschlagen, wenn Dieselben seine friedensbrüchige Absichten nicht unterstützen wollten. Man leugnet dieses zu Wien. Kann man aber wohl glauben, dass der König von Preussen dieses der Welt vor den Augen Engellands bekannt machen würde, wenn die Wahrheit noch dem geringsten Zweifel unterworfen sein könnte? Sie werden mir den rechtlichen Einwurf machen, dass das blosse Bejahen des einen nichts beweise und das Leugnen des andern das erstere aufhebe. Sie würden Recht haben, mein Herr, wenn ich das, was preussischer Seits angeführet wird, für einen strengen Beweis angeben wollte. Ich finde es höchst wahrscheinlich und gebe dem österreichischen Leugnen deswegen kein Gewicht, weil der wienersche Hof sich weit grösserer Vergehungen schuldig gemacht hat. Wer treulos wird, Frieden bricht, einem andern Fürsten die schwersten Verbrechen anschuldiget, falsche Zeugnisse erdichtet und ablegt, allerhand unerlaubte Griffe gebrauchet, um Unwissende davon zu überreden, einen blutigen Krieg wegen Länder- und Ehrgeizes anspinnen will und kein Bedenken trägt, viel tausend, ja hunderttausend Menschen erschlagen zu lassen und unglücklich zu machen; der muss wohl für eine Kleinigkeit achten, einen zu seiner Beschämung gereichenden Schritt abzuleugnen. Es ist unmöglich, dass die Fürsten allezeit einen mathematischen Beweis der öheln Absichten wider sich in Händen haben können, weil dergleichen Absichten und die dazu als Mittel leitende Handlungen die grössesten Geheimnisse zu sein pflegen. Man muss sich also mit wahrscheinlichen Gründen begnügen, und diese rechtfertigen den Verdacht und die daraus entspringende Gegenanstalten.

Der König von Preussen ist also überaus glücklich zu preisen, dass Er Gelegenheit gefunden, die vorhin gehabte Copeien mit den Urschriften zu bestärken. Es war um so viel nöthiger, sich dieser Urschriften zu versichern, als der König von Preussen mit Höfen zu thun gehabt, welche kein Bedenken haben, die allerhandbarsten Handlungen und Begebenheiten zu leugnen, und deren Staatsbediente mit schändlichen Unwahrheiten und giftigen Verleumdungen ungescheuet ein Gewerbe treiben. Ehe man vermuthet, dass der König von Preussen die Originalien in Händen habe, leugnet man zum voraus ganz unverschämt, und wie weit würde man dieses Ableugnen getrieben haben, wenn man endlich überzeugt worden, dass es an solchen Originalien fehle?

Das Publicum wird sich nun nicht mehr verwundern, warum die Höfe zu Dresden und Wien ein so lautes Geschrei darüber gemacht, dass das Paquet, worin diese Urkunden aufbehalten worden, aus dem dresdenschen Archiv genommen sei. Es war ihnen allzuviel daran gelegen, dass diese Werke der Finsterniss nicht an das Tageslicht gebracht würden. Sie haben jedoch nicht Ursach, sich zu beschweren, weil man zu seines Feindes Schriften sowohl als zu andern ihm eigenthümlichen Sachen ein Recht hat.

Ich will aber in meinem Vorhaben, die wienerschen friedbrüchigen Absichten und Anstalten zu zeigen, weiter gehen.

Lesen Sie, mein Herr, den Bericht des Secretarii Prasser vom 20. Jan. 1756:

> dass der russische Hof den wienerschen in seinen etwa vorhabenden Unternehmungen wider Preussen, wovon man da gar öffentlich spreche, zu unterstützen auf sich nehme. Der Graf von Esterhazy mache dort gar viele Mouvements.

Der wienersche Hof war also eigentlich derjenige, welcher Unternehmungen wider Preussen im Sinne hatte, und der russische Hof sollte ihn nur unterstützen. Warum hätte der russische Gesandte, nach des Grafen von Flemming Bericht, Befehl erhalten, von den wienerschen Einkünften genaue Nachricht einzuziehen, ob man auch im Stande sei, aus eigenen Fonds und ohne den Beistand von Engelland die Unkosten eines Kriegs bestreiten zu können, und NB. ob man überdem noch Subsidien geben könne? Der wienersche Hof sollte also der hauptsächlichste kriegerische Theil sein und deswegen allenfalls Geld für die Hülfe geben, welche er von Russland erwartete.

Erinnern Sie Sich aus dem Königl. Preussischen Circularrescript*), dass die Kaiserin-Königin schon im Februario und folgenden Monaten die grössten Kriegsanstalten als Vorbereitungen zu obigen Unternehmungen gemacht habe. Sie, mein Herr, werden mir das Leugnen des wienerschen Hofes abermals entgegensetzen. Ich bitte Sie zu wiederholen, was ich oben gesagt habe. Giebt es an dem wienerschen Hofe keine Kaunitze und Pretlacke? Ich kann Sie versichern, dass man zu dieser Zeit, wie ich mich in Wien aufhielt, des Nachts an diesen Kriegsvorbereitungen arbeitete und schon die heil. Hedwig, die Beschützerin Schlesiens, anrief. Jedermann in Wien und selbst dem gemeinsten Volk sind diese Zurüstungen bekannt, und es ist eine vergebliche Bemühung, das Publicum des Gegentheils zu überreden. Ist wohl die geringste Wahrscheinlichkeit, dass der König von Preussen einen Krieg in Gedanken gehabt zu einer Zeit, da die Kaiserin-Königin alles dazu in Bereitschaft hatte, da Sie Sich von Russland und Frankreich Hülfe versprechen konnte, und der dresdner Hof bereitwillig war, auf den Schauplatz zu treten, sobald er es mit einiger Sicherheit würde thun können? Bei diesen Umständen kann man nicht anders urtheilen, als dass der äusserste Nothfall den König von Preussen angetrieben habe, zu Seiner Vertheidigung allein die Waffen zu ergreifen, wenn gleich das Publicum von den geheimen Anschlägen nichts erfahren hätte. Wie wenig Bedenken kann man aber in Wien tragen,

*) No. XXVIII, S. 421 f.

das Publicum zu blenden, da man sich nicht scheuet, eine gottesdienstliche Handlung zur Bestätigung einer Unwahrheit zu gebrauchen und das Te Deum zu singen, wenn das österreichische Kriegsheer, wie bei Lobositz geschehen, geschlagen worden? Man darf nur auf den Zusammenhang sehen, wenn man mit Überzeugung und völliger Gewissheit erkennen will, ob die Kaiserin-Königin den König von Preussen oder dieser jene mit Krieg überziehen wollen. Der König vereinigte Sich mit Engelland, nicht zu gestatten, dass auswärtige Kriegsheere den teutschen Boden betreten sollten. Er konnte also keine andere Absicht haben, als den Frieden und Ruhestand in Teutschland zu erhalten. Wenn der wienersche Hof mit keinem Krieg schwanger gegangen, so hätte ihm dieses Bündniss angenehm sein können. Die öffentlichen Zeitungen haben uns aber berichtet, was für Bewegungen dieser Hof deswegen am englischen Hofe gemacht habe, und laut Berichts des Grafen von Flemming vom 14. Jul. hat der russische Minister den 15. Jun. geschrieben, dass dieser Tractat eine grosse Veränderung gemacht. Aus der Gegründeten Anzeige sieht man, dass des Königs von Engelland Majestät Sich bemühet haben müssen, das gute Vernehmen auch zwischen Preussen und Russland wiederherzustellen. Die Gesinnung des sächsischen und wienerschen Hofes war einerlei, wie aus den gepflogenen Handlungen und Briefwechseln der Staatsbedienten und Gesandten und dernselben geäusserten Absichten ganz klar ist. Der Graf Brühl hielt diese Aussöhnung in seinem Schreiben an den von Funcke vom 23. Jan. a. c. für das kritischste und gefährlichste Evenement unter allen sich bisher ergebenden. Er ist versichert, dass NB. der Hof zu Wien nach seinem dermaligem engstem Einverständniss und guten Influens mit dem russischen solchem Vorhaben bereits vorgekommen sein und ferner sich kräftig widersetzen werde. Halten Sie, mein Herr, dieses mit dem breslauer und dresdner Frieden zusammen. Lesen Sie die Briefe des sächsischen Gesandten zu Wien vom 9., 12, 14., 19. Jun. und 28. Jul. und versuchen alsdenn, ob möglich sei zu zweifeln, dass der wienersche Hof sein Wort, Treu und Glauben und die Friedensschlüsse nach allen ihren Articuln gebrochen habe? Nun werden Sie wohl einsehen, dass dieser Hof die Mittel zu seinem Endzweck zur Hand genommen und Zurüstungen zu dem lange in Gedanken geführten Kriege gemacht haben müsse. Vermöge des sächsischen Gesandten zu Petersburg, Grafen von Vitzthum, Berichts vom 18. April haben die Höfe zu Wien und Dresden schon damals daran gearbeitet, einen Vergleich zwischen Frankreich und der Kaiserin-Königin zu stiften, nicht um für die Länder und Unterthanen der letzteren Frieden zu erhalten, sie in Sicherheit zu setzen und aus dem Elend des Krieges zu ziehen, welches doch der wahre Zweck des Friedens sein soll, sondern um einen neuen Krieg mit dem Könige von Preussen anzufangen und diesem die Spitze bieten zu können*). Der wienersche Hof hatte von Frankreich nichts zu fürchten, und die Verbindung zwischen dem Könige von Engelland und Preussen: nicht zu gestatten, dass fremde Völker auf teutschen Boden kommen sollten, konnte ihm allen Argwohn völlig benehmen. Weil er aber schon lange beschlossen, den König von Preussen mit Krieg zu überziehen und den vorlängst durch gütige Wege und Kunstgriffe begangenen Friedensbruch durch die Gewalt der Waffen auszuführen, um die Früchte der Ungerechtigkeit einzusammeln, schloss er mit Frankreich ein sogenanntes Vertheidigungsbündniss. Man

---

*) No. XIV (Staatsschriften 3, 380).

hat nichts weniger als die Sicherheit für einen Angriff gesucht. Man wusste allzuwohl, dass man dergleichen nicht zu befürchten habe. Der arglistige wienersche Hof suchte nur den König von Preussen so weit zu treiben, dass Er sich durch Gegenanstalten erschöpfen oder zu seiner eigenen Vertheidigung die Waffen ergreifen sollte, damit man die bedungene Hülfe auch von Frankreich unter einigem Schein fordern könne. Dass dieses nicht bloss meine Muthmassungen, sondern Wahrheiten sind, finden Sie, mein Herr, in dem Berichte des Grafen von Flemming vom 28. Julii*).

Unwahrheiten führen ihren Widerspruch allemal mit sich. Der König von Preussen soll nach dem wienerschen Vorgeben im Jun. Vorbereitungen zum Kriege gemacht haben, und hiedurch will der wienersche Hof bewogen sein, Gegenanstalten zu machen. Lesen Sie aber, mein Herr, in dem Bericht des sächsischen Gesandten zu Wien, Grafen von Flemming, vom 12. Jun. dass dieser Minister schon damals zu Wien von den grossen russischen Kriegszurüstungen gewusst; dass ihm diese Kriegszurüstungen gegen den König von Preussen gerichtet zu sein geschienen; dass der wienersche Minister Graf von Kaunitz dieses nicht in Abrede gestellet, sich deutlich erkläret, dass sein Hof das Geld dazu hergeben und nicht berenen werde, wenn es so gut angewandt würde, und dass, wenn der König von Preussen von einem solchen Concert was merkte und Oesterreich auf den Hals fallen sollte, man deshalb unbesorgt und NB. auf alle Fälle bereit sei. Man hatte demnach schon im Jun. und längst vorher in Russland grosse Kriegszurüstungen machen lassen, und der wienersche Hof war schon damals auf alle Fälle bereit. Nach eines russischen Ministers Schreiben vom 15. Jun., welches der Graf von Flemming den 14. Jul. anführet, hatte dieser die Hoffnung, dass er und Kaunitz mit ihrer Zurückhaltung würden ein Ende machen können. Schon den 9. Jun. berichtete der Graf von Flemming, dass man sich eines falschen Vorwandes bedienen wolle, um die Ursachen der Kriegszurüstungen zu verbergen, und dass man, wenn solche Zubereitungen zu Stande gebracht sein würden, den König von Preussen unvermuthet anfallen wolle**).

Dieser Fürst war also gewiss, dass er angefallen werden sollte, und es fehlte weiter nichts, als dass man russischer Seits noch nicht völlig fertig war. Wer würde es Ihm verdacht haben, wenn Er gleich damals und lange vorher, wie die wienerschen Zurüstungen noch nicht so weit gekommen, zu Abwendung der gedroheten Gewalt und grossen Gefahr seine Vertheidigung unternommen und seine Kriegsheere in des Feindes Land einrücken lassen? Natur- und Völkerrecht hätten Ihn hiezu berechtiget***), und es würde Einfalt oder Bosheit sein, wenn man den König von Preussen deswegen zum angreifenden Theil machen wollen. Der wienersche Hof müsste denjenigen im Natur- und Völkerrecht unterrichtet haben, der nicht einsehen wollte, dass der angreifende Theil sei, welcher des andern Recht mit Gewalt verletzen will, und dass der sich vertheidige, welcher dieser Gewalt widerstehet und sie abzuwenden suchet, sie mag in der Bemühung oder würklichen Ausübung bestehen. Der König von Preussen hat aber auch hier die Ihm gewohnte

---

*) No. XXVIII (Staatsschriften 3, 385).
**) No. XXVII (Staatsschriften 3, 385).
***) Insolita copiarum conscriptio, si iustis satis indiciis appareat in non alium quam in eum, quocum pax facta est, comparari, est laesio fidei. Grot. c. 1 n. 40.

eigene Mässigung gebrauchet. Er verlangte nur eine Erklärung, wohin die grossen Kriegsrüstungen abzielten, und ob sie auf Ihn gerichtet wären. Diese war er bei den vorkommenden Umständen zu fordern befugt.

Andere Mächte, welche keine so gegründete Ursach zum Verdacht gehabt, dass sie der Gegenstand des Krieges sein sollen, haben sich gleicher Freiheit bedienet. Wäre die Kaiserin-Königin, wenn Sie nichts feindseliges im Sinn gehabt, nicht schuldig gewesen, eine deutliche Erklärung zu geben, wodurch der König von Preussen Sich beruhiget finden können? Lesen Sie die Antwort, welche Sie selbst in der Beilage Ihres Circular-Rescripts Nr. I bekannt gemacht:

> Die bedenklichen Umstände der allgemeinen Sache haben mich bewogen, die Maassreguln für unumgänglich nothwendig anzusehen, welche ich zu meiner Sicherheit und zur Vertheidigung meiner Bundsgenossen nehme, und die übrigens zu keines Nachtheile, wer es auch sein möge, abzielen.

Sie werden mit mir einstimmig sein, dass diese Antwort dem Könige von Preussen keine Versicherung gegeben habe, sondern sich nach den Absichten auslegen lasse. Der Graf Brühl nennt die Vereinigung, den Frieden zu brechen, den König feindlich anzufallen und seine Länder zu theilen, in den Briefen vom 9. Jan. 1755 und 2. Jun. 1756 die gemeine und gute Sache*), und diese allgemeine Sache ist sonder Zweifel diejenige gewesen, woran die Kaiserin-Königin bei Ertheilung ihrer Antwort gedacht hat. Der Bericht des Grafen von Flemming vom 28. Jul. enthält deutlich, dass der Graf von Kaunitz auf eine so künstliche Antwort mit Fleiss gedacht habe. Er hat die Erklärungen und Erläuterungen vermeiden wollen, um die genommene Maassreguln fortsetzen zu können; am wenigsten hat man sich wesentlich verbinden, sondern die Anfrage vergeblich machen wollen. Die Antwort gedenkt einer Sicherheit, obgleich keine Unsicherheit oder Gefahr vorhanden. Sie erwähnet der Vertheidigung der Bundsgenossen, und in allen wienerschen Schriften kann nicht nachgewiesen werden, dass ein Bundsgenoss in Gefahr gewesen. Die Beilagen der Gegründeten Anzeige beweisen hingegen, dass Russland den Angriff thun und den wienerschen Hof in seinen Unternehmungen unterstützen, Sachsen aber sich interveniendo melden sollte, wenn die grössenste Gefahr vorbei sein würde. Hierauf zielet die Vertheidigung der Bundsgenossen. Nunmehro würde man geglaubet haben, dass der König von Preussen zu seiner Vertheidigung unverzüglich schreiten würde. Dieses erwartete man in Wien, und diesen Schritt nannte man daselbst übereilt, weil man daraus einen Vorwand nehmen wollte, den König zum angreifenden Theil zu machen und die versprochene Hülfe von den Bundsgenossen fordern zu können. Der König verfuhr aber anders. Das Recht der Natur will, dass man den Krieg vermeiden soll, wenn einige Möglichkeit ist, durch andere Wege seine Sicherheit zu erhalten. Diesem Gesetz der Natur und dem § 5 Art. 17. des osnabrückschen Friedens folgte der König seiner Denkungsart gemäss mit der grössesten Strenge. Er liess Sich [durch] die kurze und stolze Antwort des wienerschen Hofes nicht abhalten. Er ist ein Vater Seines Volks und vergiebt persönliche Beleidigungen, um das Ungemach des Krieges von Seinem Volke abzuwenden. Er achtet das Blut und die Ruhe der Menschen zu hoch, als dass Er solche einer Leidenschaft aufopfern sollte. Ganz anders gedachte man in Wien. Sie werden

---

*) No. XXIII et XXVI (Staatsschriften 3, 384).

in den Zeitungen, in einem Articul von Wien, geraume Zeit vor Anfang des Krieges gelesen haben, dass man sich rühmete, eine so grosse Macht beisammen zu haben, als das Haus Oesterreich seit den Zeiten Ferdinandi nicht gehabt. Diese Macht wollte man zu Ausführung der Vergrösserungsabsichten anwenden, und der wienersche Hof nahm das Unglück anderer Menschen nicht zu Herzen. Vielleicht glaubte man, dass einige feierliche Seelmessen für die Erschlagenen diese unglücklichen Leute schadlos halte.

Der König von Preussen stellte der Kaiserin-Königin alle die Ursachen vor, warum Er eine deutliche und gesetzte Antwort und Versicherung verlange:

> dass Sie Ihn weder in diesem, noch folgendem Jahr feindlich angreifen wolle.

Er erklärete gerade heraus, dass eine ungewisse und unschlüssige Antwort Folgen haben würde, und dass die Kaiserin-Königin die Schuld haben würde, der König aber daran unschuldig sein wolle. Es dependirte nunmehro von der Kaiserin-Königin, den Frieden zu erhalten oder Krieg zu erregen. Der wienersche Hof hütete sich aber auch diesmal sorgfältig, eine richtige Erklärung auf die geschehene Anfrage zu geben. Man nahm eine hochmüthige Stellung an und wollte sich dadurch, dass eine deutliche Erklärung verlangt worden, beleidiget achten. Man bielte eine auf Schrauben gesetzte, die Anfrage nicht berührende Antwort für eine grosse Herablassung und Mässigung.

Merken Sie, mein Herr, was für eine Würkung eine zusammengebrachte Macht von 200,000 Mann bei dem wienerschen Hofe thun kann. Wie verächtlich würde man auf die Fürsten des Reichs herabsehen, wenn man die Macht des Königs von Preussen heruntergesetzet hätte!

Der König konnte nun wohl keine Zeit mehr verlieren, Sich zu vertheidigen. Sein menschliches Herz, welches von wahren Helden unzertrennlich ist, und die darin gegründete Neigung zum Frieden trieb Ihn dennoch an, auch zum dritten Mal, wie Er schon in Sachsen eingerücket war, um die Erklärung anzuhalten und Krieg und Frieden in der Kaiserin-Königin Hände und Willkür zu stellen. Es war aber umsonst, weil Sich schon lange nach diesem Kriege gesehnet und bisher Sich nur nicht getrauet hatte, solchen anzufangen. Mich deucht, mein Herr, dass das Blut und das Schicksal vieler tausend Menschen wohl verdienet hätten, eine richtige Antwort zu geben, und dass die Hoheit eines Fürsten, so gross sie sonst ist, ihn doch niemals berechtigen könne, zur Ersparung einer deutlichen Antwort viele tausend unglücklich zu machen. Die Kaiserin-Königin war auch schuldig, eine richtige Antwort zu geben. Denn es ist ausser Zweifel, dass ein jeder verbunden ist, für seine Erhaltung und Sicherheit zu sorgen. Diese Verbindlichkeit giebt ihm ein Recht zu allem, was dazu dienet. Der König von Preussen stand wegen seiner Staaten in gleicher Verbindlichkeit und hatte daraus auch ein Recht, von Seinem Nachbar, dessen Anstalten Ihm verdächtig sein mussten, eine deutliche Erklärung zu verlangen. Hierauf entstand abseiten der Kaiserin-Königin eine Verbindlichkeit, diese Erklärung zu geben. Wie schlecht ist also der Vorwand, sich von einer Verbindlichkeit zu befreien, dass die gerechte Anfrage und nothwendige Erklärung wider die Würde der Kaiserin-Königin laufe! Sie, mein Herr, werden nun wohl mehrern Beweis nicht verlangen, dass der wienersche Hof schon lichts auf Friedensbruch gedacht habe, ehe er den Frieden gemacht, und dass er solchen nach gemachtem Frieden täglich gebrochen und verletzet habe. Wollen andere dieses und die gefährlichen österreichischen Absichten nicht empfinden und deutlich begreifen, so muss man sie mit den Zweiflern an dem preussischen Siege bei Lobositz ihrer Unempfindlichkeit und Blindheit überlassen. Solche Leute sehen eine Würkung, ohne eine würkende Ursach für nöthig zu halten. Sie wissen, dass der Feldmarschall Browne Befehl erhalten, die Sachsen zu befreien. Sie haben in öffentlichen Zeitungen gelesen, dass er mit dem ganzen Kriegsheer zu dem Ende aufgebrochen. Endlich erfahren sie, dass eine Schlacht vorgefallen, dass Browne die Sachsen nicht befreiet hat, sondern in sein altes hinter sich gelassenes Lager zurückgegangen. Dieses muss doch wohl eine Würkung einer Schlacht sein, und zwar einer verlornen Schlacht, weil Browne sonst seine Absicht nicht aus der Acht gelassen und wider Befehl gehandelt haben würde.

Ich könnte meinen Brief schliessen. Er ist viel länger gerathen, als ein Brief sein sollte. Ich kann aber nicht umhin, mein Herr, Ihnen meine Gedanken von dem sächsischen Betragen und von dem gütigen Verfahren des Königs von Preussen zu eröffnen. Der König von Preussen machte den 21. Dec. 1745 einen Versöhnungs- und Freundschaftsvergleich mit dem Könige von Polen, und dieser garantirte Schlesien. Wie schlecht der dresdner Hof diesen Vergleich gehalten, wie bemühet er gewesen, in den petersburgischen Tractat aufgenommen zu werden und daran Theil zu haben, wie sehr er angesuchet, dass der Theilungstractat von anno 1745 zum Grunde geleget werden möchte, wie begierig er in allen Verhaltungsbefehlen der Gesandten nach Beute und Gefangenen gewesen*), was für Verleumdungen und Unwahrheiten der Graf Brühl selbst und durch die Gesandten wider den berliner Hof ausstreuen lassen, wie unermüdet der dresdner Hof gewesen, die russische Kaiserin aufzubringen, die gestiftete Feindschaft zu unterhalten und zu vermehren, alle Versöhnung zu hindern, einen offenbaren Krieg zu erregen; wie er gesonnen gewesen, durch Hülfsleistung zur Eroberung der Königl. Preussischen Provincien, durch Zueignung derselben an dem Kriege Theil zu nehmen und selbst wider den Rath seines Geheimen Raths kriegführender Theil zu werden; wie er verabredet, den Schein der Neutralität anzunehmen und mit einer gleichgültigen Stellung und äussern Mässigung die preussischen Kriegsheere durchmarschiren zu lassen, hiernach aber nach seiner Gelegenheit die Larve abzuziehen und seine Kriegsvölker wider den König von Preussen feindlich anführen zu lassen, und dass zwischen beiden Höfen ferner verabredet worden, dass die beiden Feldmarschälle mit einander concertiren sollten. Dieses alles, mein Herr, werden Sie umständlich in der Gegründeten Anzeige und den Beilagen mit der grössesten Befremdung lesen.

Man erwäge die Anstalten, welche der dresdensche Hof zu diesem Kriege schon lange vorher gemacht hat: dass er das genommene Lager bei Pirna in den stärksten Vertheidigungsstand gesetzet, dass er Proviant und Fourage auf lange Zeit dahin zusammengeschleppet, dass sein Kriegsheer sich gleich dorthin zusammengezogen und dass er eine Militairstrasse nach Böhmen anfertigen lassen, ehe der König von Preussen an einen Einmarsch in Sachsen gedacht hat, so wird man die sächsische Absicht nicht lange errathen dürfen, sondern das Verhalten den Urkunden gemäss und damit einstimmig finden. Sachsen wollte also den König von Preussen bekriegen und war dessen Feind. Dieser Feind war so viel gefährlicher, weil er die Larve der Freundschaft so

---

*) Propter praedam militare peccatum est. Grot. L. 2 C. 25 § 9 et august.

lange vorhaben wollte, bis der König von Preussen mit Seiner Kriegsmacht entfernet oder nicht mehr im Stande sein würde, seinem Anfall zu widerstehen. Der König von Preussen hatte also wider diesen treulosen und friedbrüchigen Freund eine gerechte Ursach zum Kriege. Er war noch mehr befugt, zu Seiner Vertheidigung diesen Feind zu entwaffnen. Vielleicht hätte Er von diesem Recht keinen Gebrauch gemacht und die gehässige, für sich selbst ohnmächtige Anschläge eines von Leidenschaften taumelnden Staatsbedienten nur mit Verachtung bestraft. Allein die Lage des Landes, wodurch die Oesterreicher als durch eine offene Thür in des Königs Churlande einfallen können, das Verständniss des dresdenschen Hofes mit dem wienerschen und das begierige Verlangen des letztern den erstern in das Bündniss zu ziehen, um sich des Durchzugs durch Sachsen bedienen zu können, erlaubten dem Könige nicht, einen so hohen Grad der Grossmuth zum Schaden Seiner unbedeckten Länder auszuüben, und nöthigten Ihn Sachsen einzunehmen, um durch Besetzung der Gebirge zugleich Sachsen selbst und Seine eigene Lande zu decken. Er hatte indessen Recht, in Sachsen die Rechte des Krieges auszuüben und auch mit den sächsischen Unterthanen als Feinden umzugehen. Diese waren zum Theil unverständig genug, durch ihre Vergehungen und durch den Ausbruch ihrer feindseligen Gesinnungen eine solche Begegnung zu verdienen und an den Verschuldungen des Hofes Theil zu nehmen. Der König von Preussen hat diese unbedachtsame Aufführung grossmüthig übersehen, den sächsischen Unterthanen freundschaftlich und mit eben der Gütigkeit begegnet, die Er Seinen eigenen Unterthanen zu erweisen für Seine Pflicht hält. Sie haben nicht mehr gegeben, als wie sie zur Friedenszeit ihrem eigenen Landesherrn abtragen müssen. Die Fourageslieferung ist bei solchen Umständen ein unvermeidliches Uebel.

Man weiss in Sachsen von keinen Contributionen, welche ein Feind beizutreiben pfleget. Der König schützet das Land sogar wider seine vermeinte Freunde, die österreichischen Husaren, Panduren, Croaten. Die Sachsen sind glücklich, dass der König von Preussen ihr Feind heisset, und würden die unglücklichsten Leute sein, wenn der dresdensche Hof seine Absicht erreichet und ihre österreichischen Freunde Eingang in das Land gefunden. Diese Freunde sind den Mücken gleich. Sie stechen, wenn sie von ihrer Freundschaft singen. Die Lausnitz hat die Erfahrung davon. Einige solcher Freunde hatten sich nur an die Grenzen geschlichen und aus Freundschaft einige Dörfer beraubt und angezündet. Erinnern Sie sich, mein Herr, dass diese österreichische Freunde im Jahr 1745 die grössesten Grausamkeiten in der Lausnitz ausgeübet haben. Die armen Leute zittern noch bei der Erzählung. Im Reich ist bekannt, dass die österreichischen Kriegsheere darin so lange freundschaftlich marschiren, bis sie auch den letzten Bissen Brod verzehret haben, und dass ihre Führer von 11 Landstrichen, welche sie mit dem Durchmarsch zu gleicher Zeit bedrohen, Geld nahmen, um sie mit diesem freundschaftlichen Marsch zu verschonen und den 12ten auszuheeren. Von diesen grausamen und entsetzlichen Freunden befreiet der König von Preussen die Sachsen. Sie, mein Herr, sowohl als ich lieben unser Vaterland. Würden wir nicht, wenn wir in die Nothwendigkeit zu wählen gesetzt wären, die Preussen lieber als Feinde, wie die Oesterreicher unter dem Namen von Freunden in unserm Vaterlande wünschen? Ich begreife nicht, was man für Grund haben könne, den König von Preussen zu tadeln, dass Er den dresdenschen Hof entwaffnet und Sich der sächsischen Länder versichert. Der Churfirst von Sachsen und Landgraf von Hessen haben es ebenso mit Braunschweig Anno 1542 gemacht, ob sie gleich keine so wahrscheinliche Gründe zum Verdacht gehabt, als der König von Preussen unwidersprechlichen Beweis in Händen hat. Der wienersche Hof konnte übrigens von seinem Verständnis mit dem dresdenschen zweierlei Gebrauch machen. Hätte dieser den König von Preussen von seiner Neutralität bereden und zur rechten Zeit losbrechen können, so würde die Eroberung von Schlesien dadurch sehr erleichtert sein. Wenn aber der König von Preussen nicht so leichtgläubig sein und Seiner Sicherheit halber in Sachsen gehen sollte, so wollte man dieses für einen übereilten Schritt halten und den König von Preussen nicht allein ausserhalb Teutschland, sondern auch in Teutschland bei Seinen Mitständen für einen Störer der gemeinen Ruhe ausrufen, die Aufmerksamkeit des Publici von eigener Treulosigkeit abwenden und dessen Mitleiden gegen Sachsen erwecken. Diesem Entwurf zufolge hat man sich bemühet, das Teutsche Reich durch ein unabhängiges Geschrei von des Königs von Preussen Verfahren zu übertäuben und wider Ihn einzunehmen, auch selbst des Kaisers Majestät in der Kaiserlichen Gemahlin Angelegenheit zu Übertretung der Reichsgesetze zu verleiten.

Der wienersche Hof hat also Sachsen auf den schlimmsten Fall zu einem Opfer für seine böse Sache bestimmet, und der Untergang der Bundesgenossen rühret ihn nicht, wenn er selbst einen Vortheil daraus ziehen kann. Gestehen Sie mir nunmehro, mein Herr, dass, so lange die Welt gestanden, kein gerechterer Krieg geführet sei, als welchen der König von Preussen dieses Jahr zu unternehmen gezwungen worden.

Ich habe mich schuldig erachtet, auch die wienerische Beantwortung der preussischer Seiten herausgegebenen Bewegursachen mit aller Aufmerksamkeit zu lesen. Es wird mir erlaubt sein, anzumerken, dass der Verfasser sich einer sehr groben und unanständigen Schreibart bedienet und vermuthlich ein fleissiger Leser der Reichshofraths-Schlüsse sein müsse. Ich finde in dieser Beantwortung nichts gründliches, nichts erwiesen. Merken Sie an, mein Herr, dass Sie eher herausgekommen, als die Gegründete Anzeige. Weil diese etwas verzögert worden, so muss der wienersche Hof geglaubet haben, dass der König von Preussen keine Urkunden in Händen habe, und sie im dresdenschen Archiv suchen wollen, daselbst aber nichts gefunden. Dieses hat den Verfasser dreist und unverschämt gemacht. Er sagt frech, dass nur das bekannte Bündniss in anno 1746 mit Russland gemacht worden, verhelet also noch gegenwärtig den vierten Articul, sowie der dresdensche Hof ihn formals wider besser Wissen und Gewissen gegen Frankreich abgeleugnet hat. Er leugnet, dass man den russischen Hof durch die ärgsten Verleumdungen aufzubringen und zum Kriege zu reizen gesucht.

Der Verfasser setzet hiedurch die Glaubwürdigkeit des geheiligten Worts der Kaiserin-Königin Majestät in grosse Gefahr. Er ist dreist genug, von Aufwiegelung fremder Unterthanen und Anspinnung der weltauschendsten Rebellionen in grossen Reichen zu sprechen. Diese Beschuldigung soll dem ansehen nach auf die Anfwiegelung der russischen Unterthanen in der Ukraine zielen. Erinnern Sie Sich hiebei, mein Herr, des Briefes des sächsischen Legations-Secretarii Prasse vom 12. April und des Grafen von Brühl Antwort vom 2. Jun. 1756, worin man diese Verleumdung selbst für eine ausgekünstelte Intrigue hält und davon keinen sonderlichen Erfolg vermuthet. an wird dem Manifest von dem russischen Hof entgegengesehen haben, worin man dergleichen Beschuldigungen, welche man der russischen Kaiserin boshafter Weise beigebracht, vermuthet haben wird. Die Beantwortung hat vorläufig ein Vorurtheil erwecken und das russische Manifest hat den Beweis machen sollen. Die Gegründete Anzeige mit ihren Beilagen vereitelt diese Hoffnung, und das Publicum wird sich künftig nichts weiss machen lassen, nachdem es durch richtige Urkunden zur Wahrheit geführet worden.

Man legt dem Könige von Preussen zur Last, dass er mit Freundschaftsversicherungen in Sachsen gegangen und dennoch den König von Polen mit der Armee eingeschlossen habe. Es hat aber der König von Preussen Sich als ein Freund in der That bezeiget, wenn Er das Land und dessen Einwohner nicht feindselig behandelt und sowohl dem Könige selbst als der Königlichen Familie mit aller Achtung begegnet. Man würde aber zu viel verlangen, wenn der König von Preussen geschehen lassen sollen, dass der König von Polen sich nach der getroffenen Abrede mit den Oesterreichern vereinige und sein Kriegsheer diesen zuführe. Dieses verstattet das Vertheidigungsrecht nicht. Wenn man am wienerschen Hofe das Natur- und Völkerrecht verstünde, würde man wissen, dass im Kriege auch Verstellung und List erlaubt sei. Denn wenn man einen Feind durch gewaltsame Mittel zwingen kann, Recht widerfahren zu lassen, so haben die gelindern Mittel, nämlich Verstellung etc. noch vielmehr statt: nur muss man sich durch kein Versprechen verbindlich machen, welches man auch dem Feinde, den Türken und Ketzern zu halten schuldig ist*).

Ich bitte Sie, mein Herr, nur noch anzumerken, dass der sächsische Hof selbst zu der Zeit, wie er dem berliner die theuersten und stärksten Versicherungen der Freundschaft geben liess, die allerverderblichsten Wege wider eben diesen Hof einschlug. Der berliner Hof würde berechtiget gewesen sein, den dresdner mit eben dieser Münze zu bezahlen. Er hat es gleichwohl nicht gethan, und die Versicherung bei dem Einmarsch war dem Natur- und Völkerrecht nicht entgegen, nachdem die feindseligen Gesinnungen des dresdner Hofes entdeckt waren.

Gleich itzo wird mir die Abfertigung der obigen Beantwortung zugeschickt, weshalb ich unnöthig finde, von der letztern ein mehreres zu gedenken.

Sie haben in Dero Zuschrift eine Furcht wegen der Bündnisse der mächtigsten Fürsten in Europa geäussert. Ich habe dagegen verschiedene Briefe preussischer Unterthanen gesehen, welche nicht die mindeste Furcht verrathen, sondern voll von dem Vertrauen auf die göttliche Vorsehung sind. Sie haben Recht, und des Königs von Preussen Majestät haben schon die sichersten Spuren und Beweisthümer von dieser Vorsehung empfunden. Nach meiner Einsicht sind der Kaiserin-Königin Bundesgenossen weder schuldig, Ihr Hülfe zu leisten, noch verstatten es politische Ursachen.

Die Republik Polen, deren man sich in dem petersburgschen Tractat zum Schein annehmen wollen, hat von dem Könige von Preussen nichts zu befürchten. Die österreichische Macht muss der Republik verdächtiger sein. Der Kaiser Heinrich IV. gab dem böhmischen Könige Vratislao Macht, ganz Polen an sich zu ziehen**). Dieses könnte dem österreichischen Hause als Besitzer des

---

*) Dolus et falsiloquium in bello licent. Grot. L. 3 C. 1. Kulpis in Coll. Grot.

**) Cosma Pragensis, L. 2 Hist. Bohem. ao. 1086 fol. 42.

Königreichs Böhmen wieder einfallen. Wie wenig das Haus Oesterreich der Republik Polen Wohlfahrt achtet, ob es gleich derselben seine Rettung zu danken hat, und wie sehr es nach der Beherrschung dieses Reichs trachte, kann unter andern daraus abgenommen werden, dass der Kaiser im Jahr 1654 keine Hülfe geben wollte, wenn die Republik ihm keine schriftliche Versicherung geben würde, dass der Erzherzog Carl Joseph dem damaligen Könige Johann Casimir im Reich folgen sollte*). Ueberdem ist bekannt genug, dass das Haus Oesterreich sich in die polnische Königswahl sowohl heimlich als offenbar mischet und den Polen Gesetze in solcher Wahl vorzuschreiben suchet. Glauben Sie nicht, mein Herr, dass die Kaiserin-Königin, welche mit Prinzen reichlich gesegnet ist, Sich nicht beifallen lassen sollte, die Kron Polen einem Erzherzoge zu verschaffen? Würde Sie hierbei stehen bleiben, und nicht vielmehr alle Kräfte anwenden, diese Versorgung erblich und die Regierung unumschränkt zu machen? Die Lage der österreichischen Länder ist hiezu erwünscht. Ungarn, Siebenbürgen und Mähren grenzen mit Polen. Sollte die Kaiserin-Königin auch Schlesien dem Entwurf gemäss wieder erobern, so würde die österreichische Herrschaft das polnische Reich halb einschliessen. Der Republik Polen ist nicht wenig daran gelegen, dass Schlesien von dem Hause Oesterreich abgesondert bleibe, und Preussen sich der ehrgeizigen Sehnsucht Oesterreichs zu widersetzen im Stande sei. Dem russischen Reich muss die österreichische Macht und die davon abhängende Absicht auf Polen erschrecklich sein. Denn wenn das Haus Oesterreich sich das Königreich Polen unterwürfig machen sollte, so würde diese fürchterliche Macht um Russlands Freundschaft nicht bekümmert sein, sondern ihre Gedanken nur darauf richten, wie sie Russland unter das Joch bringen wolle. Welches Reich wollte auch alsdenn widerstehen?

Ich finde aus den gemachten Verträgen keine Verbindlichkeit für Russland, der Kaiserin-Königin Hülfe zu geben. Selbst der geheime Tractat verbindet dieselbe, den dresdner Frieden zu halten. Die Urkunden beweisen, dass der wienersche Hof den Frieden nicht gehalten, sondern vielfältig gebrochen, und dass die Ministres alle erdenkliche Verleumdungen und ernienlichen Betrug gebrauchet, die russische Kaiserin wider den König von Preussen anzubringen und Sie in Krieg zu verwickeln, damit die Kaiserin-Königin nur Gelegenheit bekomme, Schlesien wieder zu erobern. Alle Verträge und Bündnisse, wozu jemand durch Betrug verleitet worden, sind ungültig und führen keine Verbindlichkeit mit sich. Der Kaiserin von Russland Wille ist nie gewesen, dass der König von Preussen angefallen werden soll, wenn er den Frieden beobachtet. Sie hat geglaubt, dass Ihre Person, Ihr Leben in Gefahr sei und Ihre Unterthanen in der Ukraine wider sie aufgewiegelt worden. Itzo lieget am Tage, dass diese Berichte boshafter Weise ersonnen und ein Gewebe grober Verleumdungen und Intriguen sind.

Der wienersche Hof hat die Kaiserin von Russland hiedurch beleidigt, und die verstellte Vertraulichkeit und ängstliche Sorge für der Kaiserin Leben und Wohl verdeckt Untreue und eine feindselige Bemühung, des eigenen ungerechten Vortheils halber die Kaiserin von Russland in einen kostbaren und gefährlichen Krieg zu ziehen. Die Kaiserin hat gewiss die gerechteste Ursach, sich wegen dieser Untreue durch die Waffen Genugthuung von dem wienerschen Hofe zu verschaffen, und dieser kann froh sein, wenn die Kaiserin von

---

*) Hartknoch, Respubl. pol. L. 2 C. 1 § 2.

Russland Ihre Rache nicht weiter treibet, als dass Sie die verlangte Hülfe mit einer verächtlichen Weigerung versaget.

Dem Könige von Frankreich kann wohl kein Ernst sein, die österreichische Macht zu vergrössern und der Kaiserin-Königin Hülfsvölker zu geben. Seine Vorfahren haben sich äusserst bemühet, diese ihnen gefährliche Macht zu schwächen. Die Bewegursachen haben sich noch nicht geändert. Die Oesterreichische Macht ist nicht geringer, als sie vorhin gewesen, sie ist vielmehr erstaunlich gewachsen. Vormals bediente sich das Haus Oesterreich des Geldes und Bluts seiner Bundesgenossen und der Reichsfürsten, seine eigenen Kräfte aber sparte es. Itzo fängt dieses Haus an, seine eigenen Kräfte hervorzusuchen. Es gestehet selbst, dass Oesterreich seit Ferdinands Zeiten keine so fürchterliche Macht auf den Beinen gehabt. Sie erstrecket sich über 200000 Mann, und der wienersche Hof kann noch eine unsäblige Menge irregulairer Völker ins Feld stellen. Sollte die Kaiserin-Königin Schlesien wieder erobern, so würde Ihre Macht um so viel vergrössert, als des Königs von Preussen Macht gemindert wird. Erwägen Sie, mein Herr, ob das Haus Oesterreich Frankreich jemals eine so grosse Macht, welche nicht von Bundesgenossen, sondern allein von der Kaiserin-Königin Wink abhanget, entgegengesetzt habe? Wie leicht wird es dem Hause Oesterreich fallen, nach gebrochener Macht Preussens mit den Reichsfürsten nach einander fertig zu werden! Es ist schwer, dass so viele Fürsten sich so bald vereinigen und solcher überwiegenden Macht widersetzen können. Frankreich dürfte niedann zu spät bereuen, das Haus Oesterreich unterstützet und über seine eigene Macht erhoben zu haben. Wenn die Tractaten zwischen Oesterreich und Frankreich nicht anders lauten, als sie der Welt vorgelegt worden, so kann ich keinen Bundesfall erkennen. Die Hülfsvölker sind nur versprochen, wenn einer von beiden Theilen angegriffen werden sollte. Dass der König von Preussen die Kaiserin-Königin nicht angegriffen, sondern Ihr nur zur Vertheidigung zuvorgekommen sei, ist aus den gedruckten Urkunden offenbar und sonnenklar.

Es würde ungerecht sein, wenn Frankreich nichts desto weniger Hülfsvölker wider Preussen geben wollte, um eine ungerechte Gewalt zu unterstützen. Mich deucht, dass alle Mächte dergleichen Friedensbruch, als der wienersche Hof sich schuldig gemacht, und die zur Störung der Ruhe Europens ausgedachte Verleumdungen und Intriguen zu bestrafen verbunden wären. Wollen die Völker solches Verfahren billigen, so ist es um aller Sicherheit geschehen.

Die Chur- und andere Reichsfürsten haben den gegenwärtigen Fall insonderheit ihrer Aufmerksamkeit würdig zu achten. Die Kaiserin-Königin verbindet Sich mit fremden Mächten, um einen ruhigen Mitstand wider gegebenes Wort, Treue und Glauben seiner Länder zu berauben. Der wienersche Hof will keine andere Macht neben sich dulden. Da einige Reichsfürsten sich verbinden, fremde Völker vom teutschen Boden abzuhalten, bemühet sich der wienersche Hof, solche nach Teutschland zu bringen und daselbst alles umzukehren.

Weil der König von Preussen den Ueberfall nicht erwarten will, muss der Kaiser in Seiner Gemahlin Angelegenheit, und Sie in ihren ungerechten Unterhandlungen zu unterstützen, eine richterliche Person annehmen und Sich einer Gewalt anmaassen, welche allen Reichsgesetzen zuwider ist.

Die teutschen Reichsstände können voraussehen, was Sie zu gewarten haben, wenn der wienersche Hof seine Absichten durchtreiben sollte. Er findet sich jetzo sehr beleidiget, wenn der König von Preussen anfragen lässet, ob die Kriegszurüstungen auf ihn gemünzet sind? Wie stolz und hochmüthig würde er künftig demjenigen begegnen, welcher sich unterfangen sollte zu fragen: Was machst Du? Den Reichsständen hat der westphälische Friede zu viel Blut gekostet, und Sie haben zu viel Einsicht, als dass Sie die verfochtene und erworbene Gerechtsame und Freiheiten einem hochmüthigen wienerschen Minister so leichtsinnig aufopfern und dessen schwarze Kunstgriffe und Verleumdungen für Wahrheiten annehmen sollten. Es lässet sich auch nicht gedenken, dass Sie in Leistung der versprochenen Garantie die alte teutsche Treu und Redlichkeit aus den Augen setzen werden.

Wenn die österreichsche Bundesgenossen, insonderheit teutsche Fürsten, aller dieser Bedenklichkeiten ungeachtet dem Hause Oesterreich Beistand leisten und das Haus Brandenburg unterdrücken wollten, so würden sie ihre eigene Ketten schmieden, und die teutsche freie Fürsten würden sich zu Hofbedienten des Hauses Oesterreich machen, welches die Kaiserliche Würde, die es schon seit viel 100 Jahren an sich gerissen, erblich zu machen nicht ermangeln würde.

Ich würde diese Bundesgenossen sehr beklagen, wenn sie sich mit des Hauses Oesterreichs Dankbarkeit schmeicheln sollten. Diese ist keine österreichische Tugend. Das Verhalten gegen Engelland ist in allzu frischem Andenken, als dass man zu diesem Hause einiges Zutrauen haben könnte. Kein deutscher Fürst kann so viel Geld und Blut dem Eigennutz Oesterreichs aufopfern, als Engelland aufgeopfert hat. Nach dem Verhältniss seiner Wohlthaten würde er sich weit schlechtern Dank zu versprechen haben.

Ich will Sie mit meinen Betrachtungen nicht weiter ermüden und versichere, dass ich beständig sei etc.

XXXIX.

Ausführliche Beantwortung der von dem Wiener Hofe herausgegebenen sogenannten Kurtzen Verzeichniss einiger aus den vielfältigen von Seiten des Königl. Preussischen Hofes wider die Berliner und Dresdener Tractaten Friedensbrüchigen Unternehmungen.

Der österreichische Directorialgesandte am Reichstage, Freiherr von Puchenberg, vertheilte am 27. October*) die „Kurze Verzeichnuß einiger aus denen vielfältigen von Seiten des Königl. Preussischen Hofes wider die Berliner und Dreßdener Tractaten ausgeübten Friedensbrüchigen Unternehmungen"**).

Nach der von beiden Parteien angenommenen Methode wurde darin die eigene bei allen Anlässen bezeigte Friedensliebe mit den „landkündigen" Gewaltthätigkeiten, Grenzverletzungen, Unterdrückungen, Religionsverfolgungen, widerrechtlichen Zollerhöhungen und Vertrauensbrüchen des Gegners contrastirt***).

*) Bericht Plothos. Regensburg, 28. October.
**) Faber, Staatskanzlei 112, 509. Kriegskanzlei 1756, Nr. 48, S. 362. Das Geheime Staatsarchiv zu Berlin besitzt eine holländische Uebersetzung der Schrift: Korte Aantekening Der Ondernoemingen, Uit De Veelvuldige Vreede-Breuken Gepleegd van de Zijde des Koninglijken Pruyssischen Hofs, Tegens De Tractaaten van Berlijn en Dresden. Gedrukt naar de Copij van Weenen, 1756. 8°. 22 S.
***) Bericht Häselers, Kopenhagen, 2. November: „Les pièces que la cour

„Wann Mässigung und Liebe zum Frieden der Kaiserin-Königin Majestät nicht abgehalten hätten," schliesst die Schrift, „so würden so viel hier angezeigte friedensbrüchige Unternehmungen Deroselben vor Gott und der Welt die gerechteste Ursach schon längst an die Hand gegeben haben, mit denen Waffen in der Hand Sich die Genugthuung zu verschaffen; Allerhöchst Dieselben haben aber viel lieber Dero eigenen und Dero Unterthanen Gerechtsamen zu nahe treten lassen, als zu Störung der Ruhe in Teutschland und zu Vergiessung so vielen unschuldigen Bluts den Anlass geben wollen. Nunmehro hingegen seind Dieselbe durch den wiederholten Friedensbruch und durch die treulose Einfallung in Dero Länder von aller Verbindlichkeit der Friedensschlüsse entlediget und in das volle Recht gesetzet, alle Ihr von Gott verliehene Kräfte aufzubieten, auch zu diesem End Ihre hohe Bundesgenossen um Dero getreuen Beistand anzurufen, bis Deroselben für das Vergangene die Schadloshaltung und für das Künftige die vollkommene Sicherheit verschaffet werde."

König Friedrich nahm den heftigen Angriff mit vielem Gleichmuth auf.

„Es ist recht gut," äusserte er sich*), „dass sie mit allen Calumnien auf einmal herausgehen; es muss aber nur sogleich in dem Ton, so sie stimmen, beantwortet und das Publikum desabusiret werden."

Im auswärtigen Departement zu Berlin waren die Vorbereitungen zu einer „gründlichen Verwahrung" bereits im vollen Gange, als diese königliche Ordre eintraf. Die Cabinetsminister hatten den zweiten Kammergerichtspräsidenten Freiherrn von Fürst, der von seiner wiener Mission (1752—1755) her**) mit Recht für den besten Kenner der preussisch-österreichischen Handelsbeziehungen galt, aufgefordert,

„seine sehr solide Deduction der diesseitigen gegründeten Beschwerden über die von dem wienerschen Hofe gegen den buchstäblichen Inhalt der Friedensschlüsse wirkliche verhängte Bedrückungen des reciproquen Commercii, und woran es liege, dass die Schulden-

---

de Vienne fait publier, et surtout son manifeste sont écrites à revolter la décence de toutes les cours; en effet, la dernière est une pièce scandaleuse, et je n'ai pas eu de peine à en faire convenir les ministres de Sa Majesté Danoise." — Zu der in den Ausführlichen Beantwortung behandelten Frage vergl. den „Notenwechsel betreffend die Reichsgarantie für den Dresdener Frieden." Staatsschriften 2, 67 f.

*) Politische Correspondenz 14, 23.
**) Vergl. Ranke. Werke 30, 3.

sachen gleichfalls noch nicht abgethan worden, von neuem zu revidiren und Uns hiernächst zukommen zu lassen."

Wegen der Unvollständigkeit der in Berlin verwahrten Acten musste aber die Veröffentlichung des Fürstschen Mémoires so lange ausgesetzt werden, bis der schlesische Provinzialminister von Schlabrendorff aus Breslau „die vollkommenen Nachrichten" geschickt hatte*).

In seinem patriotischen Eifer liess sich Schlabrendorff nicht bei der Mittheilung der geforderten Papiere genügen, sondern fügte noch ein vom Generalfiscal Gloxin verfasstes Promemoria hinzu, das als Paroli auf die wiener Beschwerden alle Fälle aufzählte, „da österreichischer Seits ebenfalls das diesseitige Territorium violiret worden**)."

Ausserdem kündigte er in einem kurz darauf folgenden Schreiben noch weitere Beiträge zu diesem Thema an, die ihm der breslauer Bischof Fürst Schaffgotsch freiwillig zusammenstellte, und bat „mit dem Schluss der Beantwortung noch einigen wenigen Anstand zu nehmen und diese versprochenen Nachrichten abzuwarten***)."

In Berlin war man aber nicht geneigt, durch Häufung der Gegenbeweise kostbare Zeit zu versäumen; je länger die preussische Antwort ausblieb, um so mehr verlor sie an Interesse, und um so eher war zu besorgen, dass die öffentliche Meinung in den Anschuldigungen unwiderlegbare Thatsachen sehen würde. Schon vier Tage, nachdem Fürst sein vervollständigtes Mémoire dem Cabinetsministerium durch Hertzberg unterbreitet hatte†), wurden Abzüge der Ausführlichen Beantwortung, wie der Kammergerichtspräsident seine Schrift genannt hatte, an die preussischen Diplomaten geschickt, „um selbige gehörigen Orts zu distribuiren und das Publikum dadurch von dem Ungrunde derer gegenseitigen Imputationes zu überzeugen††)."

Hellen im Haag empfing noch den besonderen Auftrag, die Broschüre in holländischer Sprache herausgeben zu lassen. „Aber ihr

---

*) Schreiben von Fürst an Podewils und Erlass an Schlabrendorff. Berlin, 9. November 1756.

**) Bericht Schlabrendorffs. Breslau, 14. November. Vergl. Lehmann. Preussen und die katholische Kirche 3, 670, Nr. 796.

***) Bericht Schlabrendorffs. Breslau, 17. November. Am 23. November übersandte er dann die Arbeit von Schaffgotsch: „Des Fürsten Schaffgotsch. Bischofs von Breslau, Beantwortung auf den communicirten Extract." Lehmann 3, 675, Nr. 799.

†) Berlin, 26. November.

††) Circularerlass, Berlin, 30. November 1756, an Hässler, Solms, Plotho, Hellen, Hecht, Freytag, Buirette, Müller u. s. w. Ausserdem erhielten noch die Ministerien von Hannover, Wolfenbüttel, Gotha, Kassel, Stuttgart, Baireuth, Ansbach, Bonn und Mannheim, sowie Borcke in Torgau, Generalfeldmarschall Lehwaldt und Schlabrendorff einige Exemplare.

müsst für diesen Fall," mahnt der Erlass*), „sorgfältig Acht haben, dass die Uebersetzung treu wird, und sich kein Fehler einschleicht". Podewils setzte im Concepte noch die Worte hinzu: „Es wäre auch gut, wenn sie im Haag oder in Utrecht ins Französische übersetzt würde; man findet dort ohne Mühe Buchhändler, die sie auf ihre eigenen Kosten verlegen werden."

Die für Plotho bestimmte Sendung war bis Mitte December noch nicht nach Regensburg gelangt. Der Gesandte meldete am 13. December:

„Mit nicht geringer Verwunderung habe aus den französischen cölnischen Zeitungen ersehen, wie die Piecen Ausführliche Beantwortung u. s. w., Relation de la campagne de 1756 tant en Bohème qu'en Silésie et qu'en Saxe**), Considérations sur la conduite de Pologne***) allhier distribuiret worden, da mir bishero so wenig davon etwas bekannt, als solche hier jemand will gesehen haben, und dahero von Unterschiedenen deshalb Nachfrage bei mir geschehen ist."

Von unserer Staatsschrift sind uns sieben deutsche Drucke bekannt geworden. Die Originalausgabe trägt den Titel:

Ausführliche | Beantwortung | der | von dem Wiener Hofe | herausgegebenen sogenannten | Kurtzen Verzeichniss | einiger aus den vielfältigen | von Seiten | des | Königl. Preussischen Hofes | wider die | Berliner und Dresdner Tractaten | Friedensbrüchigen | Unternehmungen. | Berlin 1756.

4°. 32 S. Von Henning in Berlin gedruckt.

Im December erschien im Verlage von Pierre Gosse junior im Haag†):

Ample Replique | Au | Detail Abrégé, | Publié Par La | Cour De Vienne, | Contenant quelques Infractions entre plusieurs | autres commises par la | Cour De Berlin | Contre les Traités | De Berlin Et De Dresde. | Traduit de l'Allemand. | Berlin 1756.

Das berliner Cabinetsministerium glaubte, als die Nachricht von dieser Uebersetzung einlief, von einer eigenen Uebertragung ins Französische absehen zu dürfen. Es ist uns unbekannt geblieben, ob sich

---

*) Erlass an Hellen. Berlin, 4. December.
**) Politische Correspondenz 14, 85.
***) Vergl. Nr. XL.
†) Vergl. Nr. 153 der Gazette de la Haye, 22. December 1756. Hellen wurde durch Erlass, Berlin, 4. Januar 1757, beauftragt, einige Exemplare dieser Uebersetzung einzuschicken.

später doch die Nothwendigkeit einer amtlichen Uebersetzung herausgestellt hat, oder ob wir folgende Ausgabe als eine „Privatarbeit" zu betrachten haben:

>Réponse Détaillée | Au Mémoire De La Cour De Vienne Intitulé | Exposé Succint*) | De | Quelques Unes Des Infractions | De La Cour De Berlin | Des Traités De Paix De Berlin Et De Dresde. | A Berlin, | Chez Chrétien Fréderic Henning, | Imprimeur Du Roi. | 1757.
> 4°. 70 S.

Von der holländischen Ausgabe der Abhandlung, die der preussische Resident Erberfeld in Amsterdam veranstaltet hat**), ist uns kein Exemplar zu Gesicht gekommen.

Die Kriegskanzlei von 1756 bringt die Ausführliche Beantwortung auf S. 672, Nr. 83, Fabers Staatskanzlei in Band 113, S. 173 und die Neuwirthsche Staatsschriftensammlung als 18tes Stück.

Als officielle Erwiderung der Hofburg kam heraus die „Standhafte Widerlegung der sogenannten ausführlichen Königl. Preussischen Beantwortung der von dem Wiener Hof herausgegebenen Kurzen Verzeichnus einiger aus denen vielfältigen von Seiten des Königl. Preussischen Hofs wider die Berliner und Dreßdner Tractaten ausgeübten friedbrüchigen Unternehmungen. Wien und Prag. 1757***)."

Ausführliche Beantwortung der von dem Wiener Hofe herausgegebenen sogenannten Kurzen Verzeichniss einiger aus den vielfältigen von Seiten des Königl. Preussischen Hofes wider die Berliner und Dresdner Tractaten ausgeübten friedensbrüchigen Unternehmungen. Berlin 1756.

Der wiener Hof spricht sich selbst in seiner „Beantwortung der Ursachen, welche Se. Königl. Majestät in Preussen bewogen, Sich wider die Absichten des wienerischen Hofes zu setzen und deren Ausführung vorzukommen", ein gerechtes Urtheil, wenn er denjenigen einer Treulosigkeit schuldig hält, welcher die in den Friedenstractaten enthaltenen Verbindungen nicht erfüllet, und wenn er es für gerecht hält, dergleichen Treulosigkeit nach allen vergeblich angewandten Vorstellungen durch Ergreifung der Waffen zu rächen.

Wie wenig Gewissen der wiener Hof sich gemachet, die durch den berliner und dresdner Frieden eingegangenen Verbindungen in Ansehung des Commercii nicht allein nicht zu erfüllen, sondern auch dagegen offenbar zu

---

*) sic!
**) Bericht Erberfelds. Amsterdam, 7. December.
***) Abgedruckt in der Kriegskanzlei. Bd. 1, Nr. 54, S. 695.

Ausführliche Beantwortung.

tadeln, ist schon unter den Ursachen, welche Se. Königl. Majestät in Preussen bewogen, Sich wider die Absichten des wiener Hofes zu setzen und deren Ausführung vorzukommen, wiewohl nur kurz, angeführet worden.

Da aber der wiener Hof in seiner Beantwortung gedachter Ursachen s Königs von Preussen Majestät nicht allein der ersten Verletzung der Verbindungen, sondern auch einer falschen Auslegung der Friedenstractaten und raus verlangten unbilligen Bedingungen in Ansehung des Commercii beschuldiget, und sogar nunmehro noch vielfältige andere friedensbrüchige Unternehmungen in deren sogenanntem Kurzen Verzeichniss zur Last legen will, so ist e unparteiische Gegeneinanderhaltung des Betragens des Königs von Preussen jestät gegen das Betragen des wiener Hofes bei einem jeden der gegentheils angeführten Articul der Friedenstractaten der sicherste Weg, ganz Europa überzeugen, dass allein der wiener Hof, nicht Königs von Preussen Majestät, den berliner und dresdner Frieden vielfältig gebrochen habe.

Durch den ersten Articul des berliner Friedens de anno 1742 wurden Verbindungen nicht aufgehoben, mit welchen die beiden hohen paciscirenden Theile in Ansehung ihrer Reichsländer dem Teutschen Reiche und dessen Oberhaupte verpflichtet sind, und wovon kein teutscher Reichsstand sich durch andere Verbindung zu entledigen befugt ist.

Diese Pflichten waren allein der Bewegungsgrund derjenigen Hülfe, so Königs von Preussen Majestät im Jahre 1744 dem Teutschen Reiche und en Oberhaupte leistete, als beide sich in der äussersten und augenscheinlichsten Gefahr befanden, durch die gewaltsamen Unternehmungen des wiener s völlig unterdrücket und über den Haufen geworfen zu werden.

So wenig eine so rechtmässige und dem Reiche schuldige Hülfe den en eines Friedensbruches verdiente, so wenig Scheu trug doch hingegen wiener Hof, den hauptsächlich wegen Schlesien und Glatz getroffenen ner Frieden durch das Manifest vom 1. Decembris ausdrücklich und mit n Worten zu brechen.

Es war demselben nicht genug, des Königs von Preussen Majestät darinnen bar als Feind zu declariren, sondern der Hauptinhalt dieses Manifestes vornehmlich auf eine schändliche Weise dahin, die Königl. Preussischen sischen und Glatzischen Unterthanen von ihren geleisteten Eidespflichten ndig zu machen und durch schmeichlerische Versprechen zu bewegen, allein ihren Souverain als ihren Feind anzusehen, sondern sich auch ich gegen ihn zu empören.

Der wiener Hof hätte besser gethan, diesen Zeitpunct nicht auf das neue ner eigenen Verkleinerung zu berühren.

Gegen den zweiten Articul des berliner und den dritten Articul des dresd- riedens ist Königl. Preussischer Seits so wenig überhaupt als in den seits angeführten besondern Fällen gehandelt worden.

Die unbestimmte Beschuldigung, dass gegen die versprochene Amnestie geschlossenem Frieden verschiedene Personen Königl. Preussischer Seits llein auf allerhand Art verfolgt und zum Emigriren genöthiget worden, u auch einige in langwieriger Gefangenschaft schmachten müssen, verkeine Ablehnung, insoweit keine vermeintliche Beweisthümer davon bret werden mögen.

r Beweis, welchen der wiener Hof in der Gefangenschaft des angeb- zo in Königl. Polnischen Diensten stehenden Commercienraths Sala von und des sogenannten Capitains und Parteigängers Bischof aus Neustadt

setzet, bewähret nichts weniger, als dass des Königs von Preussen Majestät einigen Ihrer Unterthanen den vollkommenen Genuss der versprochenen Amnestie verweigert hätten.

Die Amnestie, welche in Friedensschlüssen versprochen zu werden pfleget, ist nach dem wahren Begriff und selbst nach denen Worten des berliner und dresdner Friedens eine vollkommene Vergessenheit des im Kriege vorgegangenen.

Hiernach ist der Sala von Grossa, welcher sich in beiden Kriegen mehr als zu verdächtig gemachet, beidemal sogleich nach dem berliner sowohl als dem dresdner Frieden auf freien Fuss gestellet worden.

Des sogenannten Capitains und Parteigängers Bischof aus Neustadt Verbrechen hingegen hatten mit dem Kriege keine Verwandtschaft, folglich konnte auch die durch den Frieden versprochene Amnestie ihm nicht die Befreiung aus seiner Gefangenschaft verschaffen.

Die Standespersonen, welche genöthiget worden sein sollen, ihr Hab und Gut in Schlesien um ein geringes Geld zu verkaufen, werden in gegenseitiger Verzeichniss ohnfehlbar deswegen nicht genannt, weil die ganze Beschuldigung keinen andern Grund als ein leeres Vorgeben hat und allen offenbar gegen die bekannte Gedenkungsart des Königs von Preussen Majestät streitet.

Wie sehr vielmehr der wiener Hof bemühet gewesen, einen grossen Theil der vornehmsten Standespersonen aus dem Königl. Preussischen Schlesien in seine Länder zu ziehen, beweiset nicht allein der denenselben sorgfältig von dem wiener Hof in dem dritten Articul des berliner Friedens ausbedungene fünfjährige freie Abzug, sondern es ist auch bekannt genug, wie viele derselben noch nach diesen Jahren durch ganz besondere angetragene Vortheile bewogen worden, sich und ihr Vermögen mit Hinterlassung in dieser Absicht verschuldeter Güter aus dem Königl. Preussischen Schlesien in gegenseitige Länder zu ziehen.

Über die Härte des gegen den ehemaligen oberschlesischen Ober-Amts-Präsidenten Grafen von Henckel gesprochenen Urtheils stehet dem wiener Hofe sehr übel an, sich zu beschweren, da dasselbe in einem gleichen Fall ein nicht gelinderes Urtheil an dem Graf Biancani in Mailand durch dessen wirkliche Enthauptung vollziehen lassen. Der wiener Hof verschweiget den Zeitpunct der Eröffnung und Vollziehung des Henckelschen Urtheils und scheint dem Publico überreden zu wollen, als wenn solches nach dem dresdner Frieden, folglich wider die so heilig versprochene Amnestie geschehen. Es ist aber bekannt, dass gedachtes Urtheil lange Zeit vor gedachtem Frieden, während des Krieges, nicht allein gesprochen, sondern auch vollzogen worden. Nach dem Frieden ist kein Anstand genommen worden, der versprochenen Amnestie gemäss die Confiscation der Henckelschen Güter aufzuheben. Nach dem durch die Amnestie keineswegs aufgehobenen Rechte der Henckelschen Creditoren aber mussten diese Güter ihnen zu ihrer Befriedigung eingeräumet werden. Für seine Person hat gedachter ehemalige oberschlesische Ober-Amts-Präsident Graf von Henckel so ansehnliche Vortheile in gegenseitigen Diensten erhalten, dass er niemals wirklich gesinnet gewesen, in Königl. Preussische Länder zurückzukommen und zum vollkommenen Genuss der Amnestie zu gelangen.

Der wahre Grund, warum der wiener Hof in dem sub A der Verzeichniss beigefügtem Promemoria vom 22. Augusti 1746 diese Privatangelegenheit auf das Tapet brachte, lieget in der dermaligen Lage der allgemeinen Angelegenheiten.

Nachdem der Allianz-Tractat zwischen der Kaiserin-Königin und der Kaiserin von Russland vom 22. Maji 1746 und dessen vierter geheimer Articul in der Hauptabsicht geschlossen worden war, mit vereinigter Macht Schlesien und Glatz wieder zu erobern, sobald nur auf eine oder andere Art des Königs von Preussen Majestät beschuldiget werden könnten, von dem dresdner Frieden abgegangen zu sein, so suchte der wiener Hof auf das emsigste alle Gelegenheit und daher auch diese Privatsache hervor, um des Königs von Preussen Majestät nach denen ausdrücklichen Worten des angeführten Promemoria einen Friedensbruch zur Last zu legen.

Die Königl. Preussische gegenseits selbst sub B beigefügte Antwort vom 15. Septembris 1746 zeiget, wie hingegen des Königs von Preussen Majestät sich erboten, den Frieden heilig und unverbrüchlich zu erfüllen, wenn nur gegenseits ein gleiches in denen weit wichtigern Angelegenheiten geschähe.

Da seit solcher Zeit in dieser Heuckelschen Privatangelegenheit nichts an des Königs von Preussen Majestät gelanget, so hat darin auch nichts verfüget werden können, und ist demnach diese Beschuldigung ebenso ungegründet als alle übrigen.

So viele schlesische und glatzische Unterthanen auch der in dem dritten Articul des berliner Friedens zum gegenseitigen Vortheil ihnen ausbedungenen fünfjährigen Freiheit sich bedienet, ihre Güter zu verkaufen und in gegenseitige Länder sich zu begeben, so wenig haben des Königs von Preussen Majestät in diesen fünf Jahren von einem einzigen derselben einiges Abfahrtsgeld fordern lassen.

Die gegenseitig angeführten Fälle betreffen keineswegs ein von dem Königlichen Fisco gefordertes Abfahrtsgeld, sondern allein das Abzugsrecht, welches gegenseits denen schlesischen Städten Winzig und Schweidnitz gegen die alte Verfassung ohne Beweis abgeleugnet wird.

Aus diesem durch den Frieden keineswegs aufgehobenen, sondern vielmehr in dessen sechsten Articul bestätigtem Rechte forderte die Stadt Winzig, deren Einkünfte von denen Königlichen allerdings unterschieden sind, von ihrem nach Troppau sich begebenden Burgermeister Johann Weiss das gewöhnliche Abzugsgeld, ging aber alsobald davon ab und liess gedachten Weiss frei abziehen, als die Stadt Troppau sich reversirte, in gleichen Fällen ein gleiches zu beobachten.

Eine gleiche Bewandtniss hat es mit dem Abzugsgelde, so nicht der Königliche Fiscus, sondern die Stadt Schweidnitz von ihrem nach Wien sich begebenden ehemaligen Burgermeister Heyn verlanget. Dass dies Recht schon zu vorigen Zeiten zwischen denen schlesischen Städten und der Stadt Wien selbst durch landesherrliche besondere Sanctionen festgesetzet gewesen sei, wird niemand in Abrede stellen, so nur einige Kenntniss von der ehemaligen schlesischen Verfassung hat.

Kann also wohl das von einer Stadt gegen die andere behauptete alte und neue durch den Frieden bestätigte Recht als ein Beispiel eines Friedensbruches angeführet werden?

Die in dem zweiten Abschnitt des dritten Articuls des berliner Friedens denen Unterthanen beider hohen Höfe verstattete Freiheit, in der einen oder der andern Puissance Dienste zu treten, hat die Pflicht derselben nicht aufgehoben, denen Verordnungen und Gesetzen ihrer Landesherren schuldige Folge zu leisten oder im Widersetzungsfall sich der darauf gesetzten Strafe zu unterziehen. Die Kaiserin-Königin haben dieses in denen deshalb gewechselten

Schriften, besonders in dem Promemoria vom 13. Decembris 1749, selbst eingeräumt.

Dem Grafen von Lichnowsky würde so wenig einige Strafe auferlegt al verwehret worden sein, nach dem dritten Articul des berliner Friedens in gegenseitige Dienste zu treten, wenn er nach denenjenigen Edicten und Verordnungen die Erlaubniss dazu gesuchet, welche des Königs von Preussen Majestät nach dem gegenseitigen Beispiel, besonders in Ansehung der ungarischen Vasallen, auch auf Ihrer Seiten wegen des Verbotes, in auswärtige Dienste zu geben, nöthig gefunden. Den über die auferlegte Strafe durch die Execution erlittenen Schaden hat gedachter Graf sich allein und der Befolgung des Verbotes, diese Strafe zu erlegen, beizumessen, welches die Kaiserin-Königin in dieser einen andern Landesherrn angehenden Angelegenheit, seinen Angaben nach, zur grössten Ungebühr sich angumasset. Eine weitläuftigere Beantwortung verdienet diese ungegründete Beschuldigung nicht.

Was für hinweggeführte Menschen und Effecten nach dem vierten Articul des berliner Friedens zurückzugeben verlangt und verweigert worden, lässet sich aus gegenseitiger Schrift nicht beurtheilen, da man sich nicht erinnern kann, die angeblich dem Grafen von Riebecourt in anno 1742 davon mitgegebenen Verzeichnisse jemals gesehen zu haben.

Der fünfte Articul des berliner Friedens bestimmt allerdings die Grenzen der getheilten Schlesiens, und es sind, dem Frieden gemäss, besondere Grenzsäulen aufgerichtet worden. Dennoch sind diese Grenzzeichen in einigen Orten so weit von einander entfernet, dass die Ueberschreitung der Grenzen aus Versehen sehr möglich ist. So wenig diese Möglichkeit in der gegenseitigen Schrift anjetzo zugegeben werden will, so sehr ist doch dieselbe in dem von dem Grafen von Puebla den 1. Martii 1754 dem Königl. Preussischen Ministerio übergebenen Promemoria zur einzigen Entschuldigung eines von einem ganzen Commando von zehn Dragonern vom Fürst Liechtensteinischen Regiment verübten gewaltsamen Einfalls in das Königl. Preussische Territorium bei Pilgramsdorf behauptet worden. Wenn also ein gleiches Recht gelten soll, so verdienen die diesseitigen und aus Versehen geschehenen Überschreitungen der Grenze den Namen einer Violationis territorii nicht; vielmehr wird der Unterscheid zwischen solchen und den gegenseitigen Einfällen zeigen, dass nicht jene, sondern diese wahre Violationes territorii gewesen sind.

Die den 13. Maji 1748 vorgefallene Begebenheit ist in gegenseitiger Schrift ganz anders, als sich dieselbe in der That verhält, vorgestellet worden. Es war zwischen der breslauischen Kriegs- und Domainenkammer und der Kaiserl. Königl. Repräsentation und Kammer zu Troppau die Abrede genommen worden, an einem Tage zu desto sicherer Aufhebung einer auf den Grenzen bald auf diesem bald auf jenem Territorio sich aufhaltenden zahlreichen Spitzbubenbande von 53 Personen eine Generalvisitation vorzunehmen und es hiebei nicht so genau und für keinen Eingriff zu nehmen, wann eine oder die andere visitirende Partei das gegenseitige Territorium berühre, um sich nur dieses Gesindels bei denen vielfältig unter einander laufenden Grenzen zu bemächtigen. Königl. Preussischer Seits konnte man nicht anders vermuthen, als dass von Troppau aus eben die Abrede mit dem mährischen Tribunal um so mehr genommen sein werde, als der zu Mähren gehörige botzeuplotzische District mit dem diesseitigen Territorio fast ganz und gar umgeben ist. Es geschah also alles dasjenige, was itzo mit so schwarzen Farben abgeschildert werden will, in der reinesten Absicht, mit Vorwissen und Einwilligung gegenseitiger eigenen Landescollegii und kann daher für keine Violatio territorii angesehen werden. Die Antwort auf das gegenseits sub II beigelegte Promemoria ist allein darum unnöthig gefunden worden, weil man nach diesen erfahrnen wahren Umständen sich nicht vorstellen können, dass gegenseitig noch eine nähere Erläuterung verlangt werden könnte.

Die wahren Umstände desjenigen, so im Jahr 1749 in Weidenau geschehen, sind schon unterm 24. Octobris 1749 der troppauischen Repräsentation und Kammer gemeldet worden.

Vier Officiers Treskowischen Regiments waren allerdings einigen Deserteurs, keineswegs aber um solche im gegenseitigen Territorio mit Gewalt wieder zu nehmen, nachgeritten. Da sie nun erfahren, dass die Deserteurs sich bereits nach Zuckmantel gewandt, so begaben sie sich in die nächst an der Grenze belegene Stadt Weidenau, um sich daselbst auszuruhen, und ohne darinne den geringsten Tumult zu machen.

Die von einigen Officiers des Schwerinischen Dragonerregiments in anno 1750 geschehenen Verfolgungen der Deserteurs in die Stadt Friedland können für keine Violationes territorii ausgegeben werden, da sie keinesweges in der Absicht geschehen, die Deserteurs zurück zu holen, sondern sich nur nach denenselben zu erkundigen und durch Requirirung rechtlicher Hülfe die mit sich genommene Pferde und Montirungsstücke wieder zu erlangen. Gleichwie es nun nach den Gesetzen einer guten Freund- und Nachbarschaft zu allen Zeiten erlaubet gewesen, Missethätern und Dieben, wenn nur dabei keine Gewaltthätigkeit vorgehet, in ein benachbartes Territorium nachzugehen und daselbst die rechtliche Hülfe zu suchen, so war es ein desto strafbareres Unternehmen, da der in Friedland liegende österreichische Unterofficier Ehrenfried, Waldeckischen Regiments, die Königl. Preussischen Officiers, den von Leutsch und von Schomberg, in Verhaft nahm und die denen Deserteurs um ein geringes abgekaufte Pferde und Montirungsstücke nicht anders als gegen Erlegung von 60 Rthlr. zurückgab. Dennoch liessen des Königs von Preussen Majestät, anstatt hierüber nach gegenseitiger Gewohnheit Beschwerde zu führen, vielmehr dem wiener Hofe versichern, dass Sie, um auch die geringsten Missvelligkeiten zu vermeiden, Ihren Regimentern die schärfeste Ordre gegeben, sich des Eintritts in das böhmische Territorium, in was Absicht solches auch geschehen möchte, gänzlich und sorgfältig zu enthalten, wie solches alles aus dem den 10. Junii 1750 durch den Königl. Gesandten Graf von Podewils in Wien übergebenen Promemoria erhellet.

Die angeblich noch öfters vorgefallenen Verfolgungen der preussischen Deserteurs auf gegenseitiges Territorium würden, wenn sie, wie doch nicht angezeiget werden könnte, nach einer unparteiischen Beurtheilung ohne Zweifel ebenso wenig den Namen einer Violationis territorii verdienen.

Sobald daşjenige, was in diesem Jahre von einigen Königl. Preussischen an der Grenze auf Postirung stehenden Husaren gegen einige Königl. Preussische Unterthanen wegen eines Contrebands auf gegenseitigem Territorio unternommen worden sein soll, des Königs von Preussen Majestät von dem Kaiserl. Königl. Gesandten Grafen von Puebla angezeiget worden, haben Höchstdieselben in der Meinung, dass die angebrachte Wegnehmung der Feilschaften von Ihren Husaren auf gegenseitigem Territorio geschehen, die Thäter auf das nachdrücklichste zu bestrafen befohlen, auch dieses dem Grafen von Puebla unterm 24 Julii a. bekannt machen lassen. Nach der allergenauesten Untersuchung aber hat sich befunden, dass nichts weniger als das angegebene von den Königl. Preussischen Husaren auf gegenseitigem Territorio verübet worden sei.

Da der wiener Hof alle nur scheinbare, obwohl ungegründete Beschuldigungen zusammen zu suchen sich Mühe giebt, so würde er gewiss nicht mit Stillschweigen übergehen, wann er mit Grunde anzuführen vermöchte, wie viel seiner Unterthanen von denen Königl. Preussischen Unterthanen mit Gewalt hinweggenommen und nicht wieder zurückgegeben worden.

Zwischen an einander grenzenden Staaten und darinnen einquartierten Truppen ist es nicht möglich, alle kleine Versehen zu verhüten. Die Kaiserin-Königin haben dieses selbst eingesehen und sind darüber mit des Königs von Preussen Majestät einig geworden, dass alle dergleichen an denen Grenzen vorfallende Militär-Streitigkeiten durch die von beiden Theilen dazu ernannten Generals kurz abgethan werden möchten: als wozu auch Königl. Preussischer Seits der Commandant der Festung Neisse und Generalmajor von Treskow und Kaiserl.-Königlicher Seits anfänglich der General Fürst von Piccolomini, hiernächst der General Freiherr von Hinderer ernannt worden. Da also des Königs von Preussen Majestät Ihrerseits alles gethan, alle daraus entstehende Misshelligkeiten in der ersten Geburt zu ersticken, so ist um so mehr zu verwundern, wie gegenseitig nunmehro alle diese oben angeführte, obwohl nichts weniger als Violationes territorii beweisende Vorfälle als ebensoviel Friedensbrüche angeführet werden mögen.

Königl. Preussischer Seits hätte man mehr Recht, sich über vielfältiggleiche Unternehmungen gegenseitiger Unterthanen und Truppen zu beschweren. Es ist aber genung, nur diejenigen anzuführen, so nicht mit dem geringsten Scheine eines Versehens zu entschuldigen, mit Gewalt unternommen und dahero offenbare Violationes territorii in der That sind.

Alle diese Eigenschaften haben folgende gegenseitige Einfälle in das diesseitige Territorium.

Im Jahr 1752, den 17. Februarii, ward ein Königlicher Unterthan aus Polnisch-Welchsel im plessischen Kreise namens Przybyla von einem zusammengesammelten Haufen gegenseitiger Unterthanen aus dem teschenschen Dorfe Zertzitsche auf Königl. Preussischen Territorio mit Gewalt überfallen, aufgehoben und an die Kaiserl.-Königliche Miliz abgegeben, bei welcher er Dienste zu nehmen gezwungen ward. Auf die desshalb angebrachten Beschwerden erfolgte von der Kaiserl.-Königlichen Repräsentation und Kammer zu Troppau nicht die mindeste Genugthuung.

Im Jahre 1753 ward von drei Reutern des zu Weisswasser auf Werbung stehenden Commando des Fürst Lobkowitzschen Kürassierregiments nebst einem Musquetier vom Neippergischen Regiment ein Deserteur bis in das auf Königl. Preussischem Territorio belegene Dorf Kamitz mit blossen Säbeln verfolgt, gewaltsamer Weise wieder aufgehoben und hinweggeführet, auch ein Gerichtsmann, welcher dieser Gewaltthätigkeit wegen Vorstellung that, auf das unfreundlichste missgehandelt.

Im September 1753 fielen des Nachts mehr als 30 Einwohner des mährischen Dorfes Neudorf mit gewaffneter Hand in das diesseitige schlesische Dorf Elgot ein, nahmen einen daselbst befindlichen Arrestanten mit Gewalt weg und verübten zugleich viele Excesse, ohne dass darauf einige Bestrafung erfolget.

Im Jahre 1754 fiel ein Commando von 10 Mann Liechtensteinischer Dragoner mit Ober- und Untergewehr in das unter Königl. Preussischer Hoheit

Ausführliche Beantwortung.

... plessischen Kreise belegene Dorf Pilgramsdorf, um sich daselbst einiger ... defraudanten oder sogenannten Corallen zu bemächtigen, welches selbst ... dem oben angeführten Promemoria des Kaiserl. Königl. Gesandten ... rasen von Puebla vom 1. Martii 1754 nicht in Abrede gestellet werden innen.

Noch im jetzt laufenden Jahre, den 6. Januarii, thaten 7 Unterthanen ... dem gegenseitigen Dorfe Kleinkunzig in die auf Königl. Preussischen ... rritorio belegene pilgramsdorfer Waldmühle des Nachts einen gewaltsamen ... fall und nahmen einen aus Kleinkunzig der Werbung halber ausgetretenen ... terthan mit Gewalt weg. Die Beschwerde, so man deshalb geführet, hatte ... ine andere Wirkung, als dass die Thäter mit dreitägigem Arrest bestrafet, ... Unterthan aber nicht zurückgeliefert wurde.

In eben diesem Jahre, den 30. Maji, wurden zwei gegenseitige Deserteurs ... dem Alt-Colloredoischen Regiment von dem Schulzen und 6 mit Prügeln ... sehenen Bauern des böhmischen Grenzdorfes Oberwalde weit über die ... enze bis auf die Felder des glatzischen Dorfes Pencker in der Absicht, ... che mit Gewalt wieder zu bekommen, verfolget.

Es stehet dahero dem wienerischen Hofe übel an, sich über Violationes ... ritorii und Überschreitungen der Grenzen, so vielmehr seinerseits vielfältig ... ehehen, zu beschweren.

Aus dem sechsten Articul des berliner Friedens maasset sich der wiener ... zur Ungebühr an, gegen die bei dem Friedensgeschäfte selbst gethanen ... sicherungen sich zum Richter der innerlichen Regierungsform des Königs ... Preussen Majestät aufzuwerfen.

Was den Statum quo religionis betrifft, so sind in diesem Articul aus- ... klich die Worte beigefüget:

sans déroger toutefois à la liberté entière de conscience de la religion protestante en Silésie et aux droits du Souverain, de sorte pourtant que Sa Majesté le Roi de Prusse ne Se servira des droits du Souverain au préjudice du Status quo de la religion catholique en Silésie.

Des Königs von Preussen Majestät sind demnach, wie ohnedem, also ... diesem Articul selbst befugt, alle Rechte eines Souverains auch in An- ... ng Ihrer katholischen Unterthanen auszuüben, wann dadurch nur nicht Status quo der katholischen Religion selbst verändert wird.

Alle Kirchen, Stifter, Parochien etc. sind in Schlesien und in Glatz noch ... in dem Zustande, worinnen sie gewesen. Niemand ist gezwungen ... en, die katholische Religion zu verlassen. Keinen hat die Religion ver- ... ert, zu öffentlichen und den ansehnlichsten Ehrenämtern zu gelangen. ... anden von den Protestanten ist jemals verwehret worden, zur katholischen ... gion zu treten, und diejenigen, so solches gethan, sind in ihrem Stande Ämtern geblieben. Die katholische Religion ist in keinem einzigen Falle ... nket worden.

Das Recht der Souverains in Ansehung der geistlichen Beneficien wird ... t in denjenigen Ländern in keinen Zweifel gezogen, wo die katholische ... ion am eifrigsten in ihrem Statu erhalten wird.

Des Königs von Preussen Majestät haben durch die Ihnen geschehene ... tung Schlesiens und der Grafschaft Glatz eben diejenigen Rechte und ... htigkeiten über Schlesien und Glatz und die darinnen befindlichen Geist- ... erhalten, welche die vorigen Obersten Herzoge besonders aus dem

Hause Oesterreich gehabt und denen Souverainitäts-Rechten gemäss ausüben können.

Der wiener Hof wird nicht leugnen können, dass schon unter seinem Scepter sich kein geistliches Stift unterstehen dürfen, einen andern als den ihm vorgeschriebenen Vorsteher und Obern zu erwählen.

Mehr als eine Bischofswahl ist durch die dazu von dem wiener Hofe ernannten Commissarien cassiret worden. Man darf zu dessen Beweis nicht in die alten Zeiten zurückgehen, und sich nur erinnern, was bei der Wahl des Bischofs zu Breslau, Franz Ludwig Pfalzgrafen zu Neuburg, vorgegangen. Da der wiener Hof keinen andern als diesen zum Bischof haben wollte, so ward die auf den damaligen Bischof zu Olmütz, Carl Graf von Liechtenstein, gefallene Wahl nach bereits geschehener Bekanntmachung und angestimmten Te Deum von dem böhmischen Hof-Kanzler Grafen von Nostitz öffentlich in der Dom-Kirche cassiret, und es musste gedachter Franz Ludwig Pfalzgraf zu Neuburg erwählet werden.

Wie ohngeachtet der auf den Bischof von Leitmeritz, den Herzog von Sachsen-Zeitz, gefallenen Wahl der jetzt verstorbene Cardinal von Sinzendorf zum Bischof bestellt worden, wird der wiener Hof gleichfalls sich noch zu erinnern wissen.

Nicht allein bei dem hohen Dom-Stift zu Breslau, sondern auch bei allen übrigen Stiftern sind gleiche Exempel vorhanden.

Als im Jahre 1705 die Kloster-Jungfrauen zu Trebnitz nicht dieselbe Person erwählen wollten, welche die Kaiserl. Königl. Commissarii vermöge ihrer Instruction verlangten, so wurden nicht nur drei Wahlen hinter einander cassiret und das vierte Scrutinium gar nicht publiciret, sondern es wurden auch bei fernerer Renitenz eine jede der Kloster-Jungfrauen in ihrer Zelle durch weltliche Personen eingeschlossen, ihnen zu ihrem Unterhalt weiter nichts als blosses Brod und Bier gereicht, das Kloster selbst aber mit einem Commando der briegischen Guarnison besetzet, und, was das grösste ist, von dem Abt zu Leubus ein Interdict auf das Kloster geleget, bis sich die Kloster-Jungfrauen zum Ziel legten und diejenige Person erwählten, welche der wiener Hof haben wollte.

Es ist demnach der Status quo Religionis Catholicae in Schlesien unverändert, wenn auch alles dasjenige wirklich geschehen wäre, was gegenseits deshalb auf eine gehässige Art und um die katholische Religions-Verwandten zu verblenden, angeführet wird.

Es ist aber falsch, dass dem Stift ad St.-Matthiam zu Breslau keine Wahl mehr zugestanden worden. Der anno 1745 bestellte und noch jetzt lebende Prälat und ehemalige Prior Hellmann war vielmehr derjenige, so in denen zwei ersten Scrutiniis die meisten Stimmen gehabt.

Zum Prälaten des Stifts auf dem Sande ist der jetzige Bischof von Breslau, Fürst von Schaffgotsch, von denen Canonicis in anno 1743 in Gegenwart und unter der Direction des damaligen Bischofs von Breslau, Cardinal von Sinzendorf, ordentlich gewählet und keineswegs obtrudiret worden.

Der ehemalige Dom-Propst zu Breslau, Freiherr von Stingheim, hat aus freiem Willen im Jahre 1749 sein Beneficium ad manus Papae resigniret, von welchem dieses Beneficium, da es papalis collationis ist, dem Dom-Propst Freiherrn von Laugen gegen eine jährliche Pension von 600 Florin conferiret worden, welche nicht allein von dem etc. von Langen, sondern auch dessen Nachfolger, dem Graf von Schaffgotsch, auf ausdrücklichen Königlichen Befehl dem Freiherrn von Stinglheim bis an sein Ende nach Regensburg gezahlet werden müssen.

Dem Canonico von Zinnenburg ist keineswegs durch des Königs von Preussen Majestät seine Präbende ad St. Crucem zu Breslau genommen, sondern er hat dieselbe schon im ersten schlesischen Kriege durch willige Entweichung verlassen, und sind diese und andere Ursachen der von den Capitularen selbst nöthig gefundenen anderweitigen Conferirung dieser Präbende in dem von dem Königl. Gesandten Grafen von Podewils in Wien den 2. Septembris 1746 dem Kaiserl. Königl. Ministerio übergebenem Promemoria bereits so hinreichend angezeiget worden, dass dagegen nichts eingewandt werden können.

Die in anno 1744 geschehene Benennung des jetzigen Bischofs zu Breslau, Fürsten zu Schaffgotsch, zum Coadjutore des damaligen Bischofs und Cardinals von Sinzendorf ist keineswegs wider den Willen des Bischofs, sondern auf dessen schriftliches Ansuchen wegen seines Leibesschwachheit erfolget, und des Königs von Preussen Majestät haben hierunter das Beispiel des Königs Vladislai, welcher den Johannem Tursonem, und des Kaisers Ferdinand II., welcher den Carolum Ferdinandum Prinzen von Polen zum Coadjutore des Illsthums Breslau, obwohl wider Willen des Dom-Capituls, bestellet, vor Sich. Die Zufriedenheit und die Genehmigung des Bischofs geistlichen Obern könnte stündlich erwiesen werden, wenn des Königs von Preussen Majestät nöthig hätten, dem wiener Hofe in allen diesen den Statum quo der Religion selbst nichts angehenden Sachen Red und Antwort zu geben.

Ebenso wenig gehen den Statum religionis die Contributions-Abgaben der Geistlichkeit an, welche auch ohnedem gegen die ihnen ehedem ausserordentlich abgeforderten Abgaben keineswegs eine wahre Beschwerung mit sich führen. Dem wiener Hofe stehet um so weniger an, die desfalls Königl. Preussischer Seits gemachte Verfassung für eine unerhörte Härte und Ausrottung der Geistlichkeit auszugeben, als landkündig ist, was für vielerlei und nicht geringe Abgaben die Geistlichkeit in gegenseitigen Ländern zu tragen hat, und wie man gegenseitig selbst in den Klöstern die Anzahl der Personen auf die Zahl der ersten Stiftung herunterzusetzen suchet.

Wenn des Königs von Preussen Majestät nöthig hätten, Ihr Verfahren auch in Ansehung der in Schlesien belegenen Commenderien des Malteser-Ordens gegen den wiener Hof zu rechtfertigen, so würde leicht gezeiget werden können, dass der König sowohl überhaupt als auch in denen wegen der Commenderien Gross-Tinz und Lossen angezeigten Fällen nichts anders als ein von dem Grossmeister des Ordens selbst anerkanntes Recht ausgeübet habe.

Es ist eine offenbar falsche Beschuldigung, dass die schlesischen Fürsten und Stände ihres grössten Palladii des Ober- und Fürstenrechtes beraubet worden. Es ist solches vielmehr in dem schlesischen Notifications-Patent vom 15. Januarii 1742 mit ausdrücklichen Worten bestätiget worden, und es ist noch anjetzo der Fürst von Carolath perpetuirlicher Ober-Fürstenrechts-Präsident.

Die mit dem Conventu publico vorgenommene Änderung und die bessere Verwaltung der Kämmerei-Einkünfte der Städte ist eine dem Lande widerfahrne Wohlthat und Ersparung der dieserhalb ehemals ohne allen Nutzen dem Lande zur Last fallenden unerträglichen Kosten.

Die gefährliche Absicht, so der wiener Hof bei allen diesen vorstehenden Beschuldigungen der Verletzung des sechsten Articuls des berliner Friedens hat, wird bei denen getreuen Vasallen und Landeseinwohnern ebenso wenig, als der gleichmässige Versuch im Jahre 1744 den gewünschten Zweck erreichen. Kann aber wohl etwas friedensbrüchiger unternommen werden, als durch dergleichen Vorspiegelungen Unterthanen gegen ihren Landesherrn aufzuwiegeln zu suchen?

Gegen den achten Articul des berliner und den sechsten des dresdner Friedens hat der wiener Hof am alleroffenbaresten gehandelt.

Nachdem in denen breslauer Präliminarien vom 1. Junii 1742 Art. IX. festgesetzet worden war:

> Tout ce qui regarde le commerce entre les États et sujets réciproques, sera réglé dans le futur traité de paix, ou par une commission à établir de part et d'autre, les choses restant sur le pied où elles étoient avant la présente guerre, jusqu'à ce qu'on soit convenu autrement,

so ward in dem berliner Friedens-Tractate vom 28. Julii 1742 dieses noch mehr erläutert:

> Pour mieux consolider l'amitié entre les deux hautes parties contractantes, on nommera incessamment des commissaires de part et d'autre pour régler le commerce entre les États et sujets réciproques, les choses restant sur le pied où elles étoient avant la présente guerre, jusqu'à ce qu'on en soit convenu autrement, et les anciens accords au sujet du commerce et de tout ce qui y a du rapport, seront religieusement observés et exécutés de part et d'autre.

Dieses ward nicht allein in dem hiernächst unterm 25. Decembris 1745 geschlossenen dresdner Frieden, und zwar Art. II., überhaupt bestätiget, sondern auch noch in einem besonderen Art. VI. hinzugefüget:

> Sa Majesté l'Impératrice-Reine d'Hongrie et de Bohême et Sa Majesté le Roi de Prusse s'engagent mutuellement de favoriser réciproquement, autant qu'il est possible, le commerce entre Leurs États, pays et sujets respectifs et de ne point souffrir qu'on y mette des entraves ou chicanes, mais Elles tâcheront plutôt de l'encourager et de l'avancer de part et d'autre fidèlement pour le plus grand bien de Leurs États et sujets réciproques.

Die Verbindung der beiden hohen Mächte bestand demnach darinnen:

Erstens, dass zu Regulirung des Commercii zwischen beiderseits Staaten und Unterthanen Commissarii ernennet, das Commercium auf beiden Seiten favorisiret und zum Besten beiderseitigen Staaten und Unterthanen aufgemuntert und befördert, auch dagegen keine Verhinderungen und Chikanen zugelassen werden sollten.

Zweitens, dass, bis man darüber anders conveniret, die Sachen auf dem Fuss, wie sie vor dem Kriege gewesen, gelassen und die alten Verfassungen wegen des Commercii und was dahin einschlägt, von beiden Theilen heilig beobachtet und zur Erfüllung gebracht werden sollten.

Beide diese Verbindungen sind von der Kaiserin-Königin zu erfüllen verweigert und vielmehr alles dasjenige unternommen worden, was offenbar diesen Verbindungen entgegen ist.

So wenig Sie zu bewegen gewesen ist, einen beiderseitigen Staaten favorablen Commercien-Tractat zu schliessen, so wenig hat Sie Sich durch die

Ausführliche Beantwortung. 605

bündigsten Vorstellungen abhalten lassen, den bis zu einer anderweitigen Convention so heilig zu halten versprochenen Statum quo commercii völlig über den Haufen zu werfen und die Erhöhung der Imposten in Ansehung des Commercii mit den Königl. Preussischen Staaten auf das allerhöchste zu treiben.

Folgender wahrer Verlauf der Sachen wird solches klar machen und zugleich den Ungrund der gegenseitigen Beschuldigungen zeigen.

Bald nach dem geschlossenen berliner Frieden fing man an, in Böhmen, ihren und Oesterreich von dem in dem Frieden bis zu einer anderweitigen Convention festgesetzten Statu quo commercii abzugehen und theils denen schlesischen Kaufleuten die Besuchung der böhmischen Jahrmärkte zu untersagen, theils die aus dem preussischen Schlesien in die österreichische Erblande hineingehenden Waaren mit ganz enormen Abgaben und ebenso hoch die anderer auswärtige zu belegen.

Es ist genug, zu dessen Beweis nur einige derer vielfältigen Neuerungen anzuführen.

Schon im September und folgenden Monaten des 1742. und zu Anfang 1743. Jahres wurden unter andern folgende unternommen.

Auf die aus dem Troppauischen in das Königl. Preussische Schlesien ausgehenden Garne ward 2 Xr. vom Rthlr. geleget.

Denen hirschberger Tuchmachern ward der Verkauf ihrer Tücher auf trautenauer Markte verboten. Denen landshuter Krämern ward von allen Arten Waaren auf dem trautenauer Markte ein neuerlicher Aufschlag abgefordert.

Auf die glatzischen ordinairen Tücher ward in Böhmen, Oesterreich und pro Elle 1 Fl. und 8 Xr. Zoll geleget.

Vor denen goldbergern feinen melirten und gefärbten Tüchern ward in ein neuer Impost à 1 Fl. pro Elle gefordert.

Im Jahre 1743 und 1744 ging man noch weiter.

Von der schlesischen Leinwand war überhaupt in denen österreichischen anstatt 6 Pf. 2 Rgl. Consumo-Zoll vom Gulden Werth gefordert, in aber besonders, anstatt dass vorhin auf 1 Schock 3 Stück Leinewand Stück Schleier gerechnet worden, nunmehro nur 2 Stück Leinewand Stück Schleier gerechnet, auch die Waaren am Werth viel höher als ihre Einkauf taxiret und durch alles dieses der Impost à 30 Procent in der vorigen gesteigert.

Auf die aus Schlesien kommende Juchten ward ein neuer Aufschlag à 6 Fl. 40 Xr. geleget, da doch vorhin nur 30 Xr. Einfuhrzoll erleget dürfen.

Wein, Bier, Branntwein, Meth und Essig ward ein hoher Transitodem österreichischen Schlesien eingeführet.

Der damals in Wien subsistirende Königl. Preussische Gesandte, der Lieutenant Graf von Dohna, that dagegen nicht erst, wie gegenseitige giebt, am Ende des 1743. Jahres, sondern bald nach seiner Ankunft anno 1742 und hiernächst sehr oft wiederholte Vorstellungen und auch von dem damaligen Obersten Hof-Kanzler Graf von Ulfeld und schriftliche gute Versicherungen, ja die neue Auflagen auf ehen Tücher wurden wirklich abgestellet, in allem Übrigen aber sprechung ohne Erfüllung gelassen.

Königl. Preussischer Seiten ward hingegen nicht nur alles auf dem alten Fuss gelassen, sondern auch sogleich den dieserhalb dem wiener Hof gethanen Vorstellungen die Versicherung beigefüget:

> Dass man erbötig wäre, falls ja ein Königl. Ungarischer und Böhmischer Unterthan in Königl. Preussischen Landen wider die Intention über die bisherige Observanz beschweret werden sollte, dergleichen Beschwerden sofort zu remediren.

Es konnte aber in denen hierauf an den Grafen von Dohna überreichten Beantwortungen von Seiten des wiener Hofes anfänglich garkeine, endlich keine andere auf preussischer Seite vorgenommene Neuerung angeführet werden, als dass das böhmische Glas in Schlesien verboten worden sein solle, welches doch bloss eine irrige Interpretation der Verordnung war, welche nicht das böhmische Glas sondern allen fremden Gläsern sowohl als einheimischen Pfuschern nach denen bereits ehedem ergangenen gleichmässigen Verordnungen verboten, zum Nachtheil der in denen Städten wohnenden Meister auf dem Lande herumzuvagiren und Fenster zu repariren, folglich keine Abänderung des Status quo in commercio genannt werden konnte.

Über eine allgemeine Erhöhung der Accisen konnte so wenig, als dergleichen geschehen, eine Beschwerde geführet werden.

Da die Fieranten bei Besuchung der schlesischen Jahrmärkte keine Licenzzettel lösen dürfen, und die ohnedem nur einige Groschen betragende Losungs-Accise schon zu vorigen Zeiten üblich gewesen, so war auch hierüber unmöglich, sich zu beschweren.

Es wollte zwar der wiener Hof eine Neuerung in Ansehung der in dem preussischen Schlesien erhöheten Auflage auf die ungarischen, mährischen und österreichischen Weine behaupten, und es kann nicht geleugnet werden, dass schon während des Krieges und ehe noch der berliner Friede geschlossen worden, anstatt der vorhin für einen breslauer Eimer festgesetzten Accise à 1 Rthlr. 15 Sgl. auf einen berliner Eimer 3 Rthlr. geleget worden, welches, da der berliner Eimer um ein Viertel grösser als der breslauer ist, eine Erhöhung à 22 Sgl. 6 Pf. pro breslauer Eimer beträgt. Allein, so grosse Mühe man sich auch von Seiten des wiener Hofes vornehmlich in denen folgenden Zeiten gegeben, dieses als eine von Königl. Preussischen Seiten zuerst angefangene Innovation des Status quo geltend zu machen, so war doch dieses in der That nichts weniger als eine Erhöhung, sondern eine wahre Erniedrigung der vorigen Imposten auf die ungarischen, mährischen und österreichischen Weine überhaupt. Man muss die vorige Verfassung Schlesiens unter österreichischer Regierung gegen diejenige balanciren, so es unter der preussischen Regierung bekommen. Man muss bei einem so wichtigen Articul als die Consumtion von einem den grössten Theil der Einwohner betreffenden Getränke auf die Totalité sehen. Nun ist bekannt, dass unter der österreichischen Regierung das platte Land sowohl als die Städte der Accise unterworfen und niemand davon exhimiret war. Dahingegen ist unter preussischer Regierung nur die Accise in denen Städten eingeführet. Es ist solches zugleich ein Bewegungsgrund, warum anjetzt in denen Städten selbst nicht so viel der hauptsächlichsten Consumenten wie vor diesem wohnen, und es wird mit der Erfahrung bestätigt, dass unter preussischer Regierung, wo nicht mehr, doch wenigstens die Hälfte von allen in Schlesien einkommenden Weinen auf dem Lande consumirt wird. Nun ist anjetzt aller derjenige Wein, den die Dominia, die von Adel, Klöster, Geistliche und Eingesessene des platten Landes zu ihrer Consumtion unmittelbar selbst einführen, von aller Accise gänzlich frei.

Alle diese geben von demjenigen, was sie in denen Städten zu ihrer Provision kaufen oder ihnen von Fremden zugeführet wird, mehr nicht als 15 Sgl. pro breslauer Eimer. Schon im Jahr 1744 ward in Breslau, derjenigen Stadt, wo ohnstreitig die grösste Consumtion ist, der Accisesatz pro Eimer auf 1 Rthlr. 22 Sgl. 8 Pf. heruntergesetzet und zugleich die Veranstaltung gemacht, dass von demjenigen Wein, so aus Breslau auf das Land gehet, nur 10 Sgl. pro Eimer an Handlungs-Accise erleget wurde. Wenn man also die Balance ziehet, was für eine grosse Quantität ungarischer, mährischer und österreichischer Weine nach der angeführten preussischen neuen Einrichtung theils ganz accisfrei, theils einer viel geringeren Accise als vor diesem in Schlesien unterworfen worden, so kann die allein die Städte betreffende Erhöhung dagegen in Ansehung der ganzen Totalität Weine, worauf es im Commercio zwischen zweierlei Ländern ankommt, für keine Erhöhung, sondern eine vielmehr sehr reelle Erniedrigung der Imposten angesehen werden.

Vielmehr ward von Seiten des wiener Hofes in Ansehung dieser Weine eine das Königl. Preussische Schlesien reellement beschwerende doppelte Innovation vorgenommen, da einestheils gegen das Zoll-Mandat de anno 1739 von denen nach Preussisch-Schlesien destinirten und an bekannte Kaufleute adressirten Weine der Consumo-Zoll an der Grenze präripiret, anderntheils die nach den ehemaligen von Fürsten und Ständen in Schlesien bewilligten Accise-Ordnung bloss auf die durch ganz Schlesien passirende Weine gelegte hohe Transito-Gebühren à 45 Xr. per Eimer auch von denen bloss nach dem preussischen Antheil Schlesiens gebenden Weinen in Böhmisch-Schlesien abgefordert wurden.

Es waren also nicht sowohl von Seiten des wiener Hofes als vielmehr von preussischer Seiten gegründete Ursachen vorhanden über die vorgenommenen Innovationes in Ansehung der Weine zu klagen.

Nachdem nun die bald hierauf von neuem entstandenen Kriegestroublen durch den dresdner Frieden vom 25. Decembris 1745 geendiget und die in dem berliner Tractat enthaltenen Verbindungen, wie oben angeführet, auch besonders in Ansehung des Commercii bestätiget und erneuert worden, so liessen des Königs von Preussen Majestät bald darauf unterm 18. Aprilis 1746 durch Ihren damaligen Residenten an dem wiener Hofe, den etc. von Gräve, auf die Abstellung der gegen den Statum quo de anno 1740 in der Kaiserin-Königin Ländern vorhin schon und neuerlich gemachten Neuerungen in dem Commercien- und Zollwesen auf das angelegentlichste antragen, zugleich aber die bündigsten Versicherungen hinzufügen, dass, wann wider Allerhöchstdero Intention einige jetzt gedachtem Statui zuwiderlaufende Neuerungen in Ihrem Antheile Schlesiens eingeführet worden sein sollten, Sie, solchen auf die erste diessfalls geschehene Anzeige remediren zu lassen, willig und bereit wären.

Anstatt dass hierauf eine baldige, genugthuende Antwort mit gutem Grunde vermuthet werden konnte, ward dennoch erst zehn Monate nachhero, im Februario 1747, dem Königlichen Gesandten in Wien, Grafen von Podewils, ein Beantwortungs-Promemoria übergeben.

In diesem war der wiener Hof nach dem trockenen Buchstaben der Friedenstractaten damit einig, dass dasjenige alsogleich abzustellen sei, was etwa ein oder anderen Ortes wider den im Frieden festgesetzten Statum quo unternommen worden. Es ward darinnen mit dürren Worten erkannt, dass das Generale des Friedens darin bestehe, dass in re commerciali alles auf dem nämlichen Fuss, wie es vor dem Kriege war, verbleiben solle.

Ja, es ward noch in specie wegen der Consumo-Abgaben behauptet, dass, wenn darin eine Änderung Statt haben sollte, es bei dem Statu quo des Friedens nicht bleiben, sondern derselbe in seinem wesentlichsten Stücke, dass nämlich alles, wie es vor dem Kriege gewesen, bleiben solle, über den Haufen geworfen werden würde.

Nur deutete man theils diese Principia auf eine zu Recht nicht beständige Art dahin, dass auch keine Abgabe vermindert werden könne, theils behauptete man nach dieser Ausdeutungen, dass gleichfalls in dem preussischen Schlesien in verschiedenen Puncten dem Statui quo zuwider gehandelt worden, und forderte hiernach, dass preussischer Seits der Anfang mit Abstellung der vorgenommenen Neuerungen gemachet werden sollte.

Da aber natürlich und billig war, dass, wann ja auch etwa preussischer Seits während den Kriegstroublen einige Änderung vorgenommen worden, die Wiederherstellung des Status quo von beiden Theilen zu gleicher Zeit geschähe, so liessen des Königs von Preussen Majestät nicht allein hierauf zum öftern durch Ihre in Wien subsistirende Ministres den mündlichen Antrag dahin thun, dass das Commercium und Zollwesen generaliter auf beiden Seiten zugleich auf eben den Fuss wiederhergestellet und beiderseitige Zoll-Bediente dahin zugleich ernstlich angewiesen werden möchten, den Statum normalem für das künftige genau zu beobachten und alle dagegen von beiden Theilen eingeführte Abänderungen auf einmal einzustellen, sondern Sie liessen auch auf das sorgfältigste untersuchen, ob und wie weit die Ihren Officianten impotirten Neuerungen im Commercio wirklich dem in denen Friedensschlüssen bis zu einer neuen Convention festgesetzten Statui quo zuwider unternommen worden.

Nachdem dieses geschehen, liessen Sie durch Ihren zu der Zeit an dem Wiener Hof subsistirenden Gesandten, den Grafen von Podewils, in einem sehr umständlichen Promemoria vom 9. Decembris 1740 anzeigen, wie wenig Grund die gegenseitigen Beschuldigungen bei einem jeden Puncte nach dem wahren Verstande des Status quo hätten, declarirten aber dabei nochmals ausdrücklich, dass, woferne sich ja wider alles Vermuthen bei einem oder dem andern, auf das schärfeste genommen, etwas finden möchte, was dem Statui quo gemässer eingerichtet werden könnte, man erbötig sei, eine ganz billige Willfährigkeit darinnen zu bezeigen, und trugen hiernach nochmals auf die baldige Wiederherstellung des Status quo an.

Da nun alle von diesem Gesandten bis zu seiner Zurückberufung im Jahre 1750 deshalb noch oft wiederholte Vorstellungen ohne Wirkung geblieben, so ward mit der Kaiserin-Königin Genehmigung die Sache dahin eingeleitet, dass des Königs von Preussen Majestät zu Regulirung des Commercii einen besondern Commissarium, den pommerschen Regierungs-Vicepräsidenten von Dewitz, im Anfange des 1751. Jahres nach Wien sandten. Nach dessen im Januario 1752 erfolgten Absterben ward ohne allen Zeitverlust der Geheime Tribunalsrath von Fürst an dessen Stelle nach Wien abgeschickt, und als dieser zu Ende vorigen Jahres wegen der ihm conferirten Kammergerichts-Präsidentenstelle zurückberufen worden musste, ward alsobald der Geheime Legationsrath und Resident von Diest zu Fortsetzung dieses Geschäftes bevollmächtiget.

Allein alle diese von Königl. Preussischer Seiten gethane Schritte, alle desfalls von allen drei Commissariis sechs Jahre nach einander angewandte unermüdete Bemühungen haben den wiener Hof so wenig bewegen können,

Ausführliche Beantwortung.

einen beiderseitigen Staaten favorablen Commercientractat einzugehen, als die Sache bis dahin in statu quo zu lassen und, insoweit er verändert, wieder herzustellen.

Derjenige Theil verweigert gewiss unstreitig einen beiderseitigen Staaten favorablen Commercientractat, welcher solche Bedingungen bei dem Commercientractate verlanget, so nichts weniger als eine reciproque Favorisirung, sondern die völlige Destruction des Commercii der Länder des andern Theils zur Absicht haben.

Von dieser Art sind die Bedingungen, so in dem gegenseits angeführten Entwurf vom 16. Maji 1752 so wie in der Folge der ganzen Negotiation von dem wiener Hofe verlanget worden.

Bei dem Commercio zwischen zweierlei theils angrenzenden, theils auch weiter von einander gelegenen Staaten kommt alles auf die Erleichterung oder Beschwerung der Durchfuhr, der Ausfuhr und der Einfuhr der Waaren und Feilschaften oder, nach denen dieserhalb angenommenen Terminis, auf das Transito, Essito und Consumo an.

Man will das Transito hier übergehen, weil man darüber mit einander meistens einig geworden ist.

Man will auch in Ansehnug des Essito der unbilligen Bedingungen nicht mehr gedenken, so gegenseits anfänglich deshalb verlanget worden. Es ist genug, anzuführen, dass der wiener Hof die Freiheit behalten will, die Ausfuhre aus seinen Ländern in das Königl. Preussische zu verbieten, ohne diejenigen Waaren auszunehmen, woran denen Königl. Preussischen Ländern am meisten gelegen ist, da man doch diesseit'g diese Annahme in keinem einzigen der gegenseitigen Staaten nützlichen Waaren versaget hat.

In Ansehung des Consumo aber rühmet sich der wiener Hof am allerunrechtmässigsten, favorable Bedingungen zugestanden zu haben.

Kann es wohl für eine vortheilhafte Bedingung gehalten werden, wenn die Kaiserin-Königin denen aus denen Königl. Preussischen in Ihre Länder kommenden Waaren nur das Moderamen eines Viertheils von denen nach den jetzigen erhöheten Tarifs dem Namen nach 30, in der That aber bei einigen Arten von Waaren 60 bis 100 Procent betragenden Consumo-Abgaben angedeihen lassen will, folglich jetzo nach dem geringstem Satze 22½ Procent entrichtet werden soll, wo ehemals kaum 1 bis 2 Procent entrichtet worden?

Dennoch hat man Königl. Preussischer Seits sich diese Bedingung, so hart sie auch ist, überhaupt gefallen lassen und von diesem allgemeinen Satze nur eine Ausnahme vor die wollenen, leinenen, wie auch noch einigen wenigen besondern specificirten Waaren dergestalt begehret, dass solche réciproquement niemals mit höheren Einfuhr- und Consumo-Imposten als in anno 1740 beleget werden sollten.

Ja, da man gegenseitig diesem Antrage alles Gehör verweigert, ist man endlich Königl. Preussischer Seits so weit gegangen, dass man zufrieden zu sein sich erkläret, wenn die Kaiserin-Königin den Consumo-Zoll von diesen benannten Arten von Waaren, so in ihren eigenen Landen produciret werden, niemals über 5 Procent setzen, von eben diesen in den Königl. Preussischen Landen producirten Arten Waaren aber niemals mehr als noch die Hälfte des erbländischen Zolles mehr, folglich, wo der erbländische Satz 5 Procent ist, 7½ Procent und so ferner à proportion nehmen, auch dabei die Ankaufspreise aus der ersten Hand in dem Orte der Producirung oder Fabricirung zum Grund legen wolle. Königl. Preussischer Seits erbot man sich dagegen, von allen diesen Waaren aus gedachten Kaiserl. Königlichen Ländern zu keiner Zeit mehr an Consumo-Imposten zu nehmen, als die gegenseitige Consumo-Gebühren von eben diesen wollenen und leinenen Waaren aus Königl. Preussischen Ländern in denen gegenseitigen Landen betragen würden.

Allein Kaiserl. Königlicher Seits ist man unbeweglich dabei geblieben, nicht mehr zuzugeben, als dass von diesen aus Königl. Preussischen Ländern in die gegenseitigen kommenden Waaren ein Drittel weniger an Consumtions-Imposten genommen werden solle, als eben diese aus fremden Ländern kommende Waaren entrichten müssen.

Nun ist nach denen von dem wiener Hofe neu angenommenen Mauth-Verfassungen, wie oben bereits erwähnet, der allgemeine Satz der Consumtions-Imposten dem Namen nach 30, und bei verschiedenen Arten, besonders dieser wollenen und leinenen Waaren nach der willkürlich in den Tarifen angenommenen Schätzung 60 bis 100, ja 120 Procent. Wenn demnach auch das Moderamen eines Drittels von dem geringsten Satze der 30 Procent angenommen wird, so bleiben die zu entrichtenden 20 Procent allezeit eine solche Beschwerde, so alle Einfuhr dieser Waaren nach aller Handlungsverständigen Einsicht unmöglich machet und von einem gänzlichen Verbote allein dem Namen nach unterschieden ist.

Des wiener Hofes gefährliche Gesinnung verräthet sich aber noch klärer aus der Hauptbedingung, auf welcher derselbe unbeweglich zu bestehen keine Scheu getragen.

Es will derselbe unumschränkte Freiheit behalten, wenn es ihm gefällig, die Einfuhr dieser oder jener Waare auch aus denen Königl. Preussischen Staaten zu verbieten, ohne die wollenen, leinenen und einige wenige andere besondere specificirte Waaren auszunehmen, mit deren reciproquen Ausnahme man allenfalls Königl. Preussischer Seits sich zu begnügen erkläret.

Wer siehet nicht, dass durch diese unumschränkte Freiheit der ganze Zweck eines Commercientractats verloren und zernichtet wird?

Fruchtlos würden bald nach geschlossenem Commercientractate die besten Bedingungen werden, so die Kaiserin-Königin sehr leicht bei der Einfuhr aus den Königl. Preussischen Staaten in die Ihrigen zu Erhaltung guter Gegenbedingungen zugestanden hätte, sobald Sie gut fände, nach gedachter unumschränkten Freiheit die ganze Einfuhr zu verbieten, anstatt dass Sie dagegen Ihre aus dem Commercientractate erworbene, und nicht auf einen so schlüpferigen Fuss gesetzte Vortheile bei der Ausfuhre der nöthigen Waaren aus den Königlich Preussischen Ländern behielte.

Diese harte und der reciproquen Favorisirung des Commercii schnurstracks widerstreitende Bedingungen sind allein der wahre Grund des nicht zu Stande gekommenen Commercientractats und zugleich der überzeugendste Beweis, wie wenig jemals die Kaiserin-Königin nach den Friedensschlüssen einen zu beiderseitigen, und nicht allein ihrer eigenen Länder Nutzen gereichenden Commercientractat zu schliessen gemeinet gewesen.

Es hätte also die Kaiserin-Königin wenigstens die zweite Verbindung der Friedenstractaten erfüllen sollen, dass die Sachen bis zu einer anderweitigen von Ihr allein verweigerten Convention in statu quo, wie sie vor dem Kriege gewesen, zu lassen.

Wie man gegenseits bald anfänglich nach dem berliner Frieden von dem Status quo abgegangen sei, ist bereits oben angeführet worden. Es ward damit von Zeit zu Zeit immer weiter gegangen; am allerweitesten aber ging man damit auf einmal im April 1753 durch Publicirung und Einführung des neuen, besonders die Consumtions-Imposten auf 30 bis 120 Procent erhöhenden Tarifs für Böhmen, Mähren und Böhmisch-Schlesien. Es blieb dabei ohngeachtet aller oft wiederholten triftigsten Vorstellungen gegen ein pendente negotiatione so unerhörtes Verfahren.

Nachdem nun über ein ganzes Jahr auf die Wirkungen dieser Vorstellungen vergebens gewartet worden war, so konnten des Königs von Preussen Majestät nicht länger anstehen, im April 1754 zu solchen Gegenmaassregeln zu schreiten, wodurch einigermaassen der völlige Ruin Ihrer Unterthanen abgewendet werden könnte. Anstatt dass bis dahin die gegenseitigen Unterthanen ihr Commercium ungehindert mit allem Vortheil in Schlesien und Glatz treiben und daselbst bloss die alten niedrigen Imposten erlegen dürfen, ohngeachtet seit dem 1. Aprilis 1753 fast keine diesseitige Waaren wegen der unerträglichen Imposten in Böhmen, Mähren und Schlesien mehr abgesetzet werden können, so wurden demnach nunmehr die aus gegenseitigen Ländern kommenden oder in solche gehenden Waaren nach eben der in gegenseitigem Tarif beobachteten Proportion impostiret, jedoch diese ganze Verfügung nach denen ausdrücklichen Erklärungen anders nicht als aus dem höchstgegründeten Recht der Retorsion und nur in so lange getroffen, als man gegenseitig bei dem neuen Tarif bleiben würde.

Allein die unerwartete Wirkung davon war, dass nicht nur die Kaiserin-Königin nach Inhalt des Promemoria vom 23. Junii 1754 die Suspension der Königl. Preussischer Seits bloss ex jure retorsionis gemachten Veranlassungen, ohne selbst ein gleiches zu thun, verlangte, sondern auch im Augusto 1754 in Österreich und zu Anfang Octobris 1754 in Hungarn die Imposten auf eben solche Art wie in Böhmen, Mähren und Schlesien dergestalt erhöhete, dass dadurch alles noch übrige Commercium auf einmal und völlig gehemmet ward.

Endlich hat der wiener Hof, um das Maass voll zu machen, geständlich im Aprili dieses Jahres noch besonders die aus den Königl. Preussischen Landen kommenden wollenen, baumwollenen und leinenen Waaren mit 60 Procent impostiret, auch die Ausfuhr der diesseits am meisten benöthigten Sachen gans verboten.

Ein so friedensbrüchiges und während einer Negotiation unter Puissancen unerhörtes Verfahren lässet sich durch nichts, am wenigsten durch die gegenseitigen angeblichen Gründe rechtfertigen.

Königl. Preussischer Seits ist weder das Beispiel dazu gegeben, noch der Anfang mit den Neuerungen gemachet worden. Oben angeführter wahrer Verlauf der Sachen in den ersten Jahren nach dem Kriege wird solches genugsam bewähren.

Durch den Art. VI. des dresdner Friedens ist die Verbindlichkeit aus dem berliner Frieden, bis zu einer anderweiten Convention den Statum quo commercii zu beobachten, keinesweges aufgehoben worden. Eine solche Aufhebung hätte nach dem Völkerrechte mit ausdrücklichen Worten geschehen müssen; dahingegen ist vielmehr der berliner Friede durch den Art. II. des dresdner in allen seinen Puncten und Clauseln bestätiget worden.

Das wiener Ministerium hat solches lange nach dem dresdner Frieden selbst anerkannt, da es in dem Promemoria vom Februario 1747 behauptet:

> dass das Generale des Friedens in dem bestehe, dass in re commerciali alles auf nämlichen Fuss, wie es vor dem Kriege gewesen, bleiben solle.

Ferner:

dass, wenn einem jeden Theile, die Consumtion in seinen Landen nach Willkühr zu belegen, frei stehen sollte, es bei dem Statu quo des Friedens nicht bleiben, sondern derselbe auf einmal in seinem wesentlichen Stücke, dass nämlich alles wie vor dem Kriege bleiben solle, über den Haufen geworfen werden würde.

Dieses ist hinreichend, die jetzige, lange nachher erst ersonnene irrige Interpretation, als wann nach dem dresdner Frieden von dem Statu quo nicht mehr die Frage gewesen, auf einmal zu vernichten.

Die im April 1754 in Schlesien und Glatz vorgenommene Erhöhung der Imposten ist nicht ehender, als nachdem ein ganzes Jahr auf die Abstellung des gegenseitigen hohen Tarifs vergebens gehoffet worden, und vollkommen nach dem gegenseitigen Maassstab erfolget.

Die Ursache, warum Königl. Preussischer Seiten die Imposten nur in Ansehung gegenseitiger Waaren erhöhet worden, lieget in dem Rechte der Retorsion, da andere Nachbarn zu gleichen Veranlassungen gleichen Anlass nicht gegeben.

Die Aufhebung dieser Imposten ist, sobald gegenseits eben dasselbige geschehe, unablässig angeboten worden. Der gegenseitige Ruhm, ohngeachtet der Erhöhungen jederzeit noch die vorhin angeführten Moderamina im Fall des zu Stande kommenden Commercientractats angeboten zu haben, verschwindet, da diese Moderamina, nach ihrer oben angeführten wahren Abwägung, nichts weniger als eine Erleichterung enthalten und das Commercium ebenso unmöglich als ein wahres Verbot machen.

Wenn man gegenseitig dem Scheine nach dagegen nur ein blosses Reciprocum verlanget, so ist es in der sichern Ueberzeugung geschehen, dass des Königs von Preussen Majestät weit entfernet sind, durch so hohe Imposten, wie die gegenseitige, fremde und eigenen Unterthanen zu drücken.

Königl. Preussischer Seits hat man allerdings Befugniss gehabt, zu verlangen, dass der Status quo in Ansehung Schlesiens und Glatz dergestalt beobachtet werde, dass es bei eben denjenigen Imposten réciproquement gelassen werde, so zwischen solchen und denen übrigen Kaiserl. Königlichen Landen vor dem Kriege üblich und festgesetzet gewesen.

Wäre der hohen Paciscenten Intention dahin gegangen, dass von Zeit des Friedens an das in eben diesem Frieden an des Königs von Preussen Majestät abgetretene Antheil Schlesiens und die Grafschaft Glatz die vortheilhaften Verfassungen im Commercio verlieren sollte, in welchem diese Provincien mit denen übrigen Kaiserl. Königlichen Staaten vor dem Kriege unter einer Oberherrschaft standen, so hätte das Wort „verbleiben": les choses restent sur le pied, ohnmöglich gebrauchet werden können.

Es ist demnach ein blosses Wortspiel, wenn man gegenseitig die gegen den versprochenen Statum quo hauptsächlich auf die schlesischen und glatzischen Waaren erhöheten Imposten damit rechtfertigen will, dass man diese Waaren nicht mehr für erbländisch, sondern für das, was sie wären, nämlich ausländisch, anzusehen, Befugniss gehabt habe.

Aus eben diesem falschen Grunde giebet man gegenseitig die anzunehmen unmögliche Bedingungen vergebens für billig aus, da des Königs von Preussen Majestät Selbst auch aus dem Art. VI des dresdner Friedens einen favorablen Commercientractat zu verlangen berechtiget, der geringste Grad eines Favori aber dieser ist, einem Lande die vorhin gehabten Vortheile und Vorrechten nicht zu entziehen.

Die Worte der Friedenstractaten:
> États et sujets réciproques,
> États et sujets respectifs,

...nd Königl. Preussischer Seits keineswegs, wie gegenseitige Schrift vorgiebt, ...ergestalt erkläret worden, dass darunter auf der einen Seiten nur Preussisch-...chlesien und die Grafschaft Glatz, auf der andern aber alle Kaiserl. Königliche Erblande zu verstehen wären.

Sobald nur desfalls gegenseitig der geringste Zweifel angezeiget worden, ...t in den unterm 18. Novembris 1752, 27. November 1753, 29. Aprilis 1755 ...ergebenen Promemoria darauf mit dürren Worten die Erklärung geschehen:
> dass die sämtlichen Königl. Preussische Provincien, so wie sämtliche gegenseitige, in den Tractat gezogen, doch aber davon Königl. Preussischer Seits die Herzogthümer Cleve und Geldern, die Fürstenthümer Ostfriesland und Meurs und die Grafschaften Mark, Tecklenburg und Lingen, sowie gegenseitig, nach dem eigenen Antrage, die gesamten Niederlande und italienische Possessiones, worunter doch Trieste und Fiume nicht zu rechnen, ausgeschlossen werden möchten.

Ebenso ungegründet ist die Beschuldigung wegen des Münzwesens selbst. ...h gegenseitigem angeführten Entwurfe vom 16. Maji 1752 ist das Einverständnis über das Münzwesen als eine besondere Materie einer besondern ...ention überlassen, folglich diesseitig niemals verweigert worden, obwohl an sich diferente Münzverfassungen zwischen denen nächsten Ländern, dem Exempel von Frankreich, Teutschland, Holland und denen Nieder..., dem Commercio selbst keinen Nachtheil bringen.

Aus diesem stündlich durch die gewechselten Schriften zu erweisenden ...hne die gegenseitigen ungeziemenden Ausdrückungen beantwortungs...g zu halten, angeführten wahren Verlauf der Sachen wird ganz Europa ...en, dass des Königs von Preussen Majestät seit so vielen Jahren nichts ...r Sich angelegen sein lassen, als den Friedenstractaten auch in An... dem Commercii ein völliges Genügen zu leisten, und hingegen auf der Seiten die Kaiserin-Königin auf keine Art und Weise zu bewegen ge...einen friedensmässigen Commercientractat zu schliessen, vielmehr die...en Frieden in Anschung der Verbindung, bis dahin wenigstens alles in ...o zu lassen, auf das alleroffenbareste gebrochen habe.

...i dem neunten und separirten Articul des berliner Friedens will der ...Hof zwar seine Bereitwilligkeit in Berichtigung des in diesen Articuln ...nen schlesischen Schuldenwesens vor der Welt sehr geltend machen. ... Vorwürfe aber, so dabei des Königs von Preussen Majestät gemacht sind nichts als leere Vorspiegelungen, womit man das Publicum ver...will.

...t dahero nöthig, die beiden Articul selbst nach ihrem völligen In...uführen.

...neunte enthält:
Sa Majesté le Roi de Prusse Se charge du payement des sommes hypothéquées sur la Silésie aux sujets d'Angleterre et de Hollande, sauf toutefois à Sadite Majesté d'entrer, quant aux derniers, en liquidation et compensation de ces dettes, sur ce qui Lui est dû par la République de Hollande.

Pareillement Sa Majesté la Reine de Hongrie et de Bohême Se ...harge des sommes hypothéquées sur ledit pays de Silésie aux Bra-

Der separirte Articul hingegen enthält:

> Sa Majesté le Roi de Prusse s'engage au payement des sommes d'argent prêtées par des particuliers silésiens au Steuer-Amt, à la bancalité et sur les domaines de Silésie. Et les deux hautes parties contractantes conviendront réciproquement dans un temps convenable par rapport au payement des dettes dues aux sujets de Sa Majesté la Reine et aux particuliers étrangers, qui sont hypothéquées sur le Steuer-Amt, la bancalité et les domaines de Silésie, comme aussi des dettes dues par la bancalité et la banque de Vienne aux particuliers sujets de Sa Majesté le Roi de Prusse.

In wieweit die brabantischen Schulden von der Kaiserin-Königin gezahlet worden, muss man dahin gestellet sein lassen.

Die engelländischen Schulden sind von des Königs von Preussen Majestät nicht bloss, wie gegenseits vorgegeben wird, zum Theil und aus andern Absichten, sondern der Verbindung nach an Capital und Interesse völlig bezahlt.

Die holländischen Schulden haben des Königs von Preussen Majestät nach den ausdrücklichen Worten des Friedens nicht anders als mit Vorbehalt, Ihre an die Republik Holland habenden Forderungen dagegen zu compensiren und mit derselben deshalb in Liquidation zu treten, übernommen. Es beruhet demnach die völlige Berichtigung auf der anzulegenden Berechnung.

Denen nach dem separirten Articul wegen ihrer Forderungen an das Steuer-Amt, die Bancalité und die Domainen zu befriedigen übernommenen eigenen schlesischen Unterthanen haben des Königs von Preussen Majestät schon über eine Million bezahlet. Der hierbei anfänglich wider die Königliche Intention von dem ersten Commissario in dieser Sache, dem verstorbenen breslauischen Kammer-Directoren von Alençon erregte Zweifel, wie die Worte: „Le Roi de Prusse s'engage au payement", zu verstehen, ist längstens aus dem Wege geräumet, und wie wenig des Königs von Preussen Majestät dabei zur Last zu legen, durch die wirklich geschehene Zahlung am handgreiflichsten gezeiget worden.

An eine gleichmässige Befriedigung der Königl. Preussischen Unterthanen, so an die Wiener Banque und Bancalité zu fordern haben, ist man dagegen Kaiserl. Königlicher Seits bisher noch zu denken weit entfernet geblieben.

Die anfänglich durch den von Seiffert in Breslau und den Kaiserl. Königlichen Hofrath von Koch in Berlin, hernachmals aber durch die drei nach einander gefolgten Königlich Preussischen Commissarios in Wien, den etc. von Dewitz, den etc. von Fürst und den etc. von Diest, fortgesetzte Negotiation hat demnach hauptsächlich diejenige Forderungen betroffen, welche die Kaiserl. Königliche Unterthanen und andere fremde Particuliers an das schlesische Steuer-Amt, Bancalité und Domainen haben.

Es würde zu weitläuftig sein, alle in dieser langwierigen Negotiation gegenseitig gemachte Schwierigkeiten anzuführen.

Es wird gegenseits selbst gestanden, dass man sich über folgende Puncte vereiniget habe:

1) Dass unter die gemeinschaftlich zu bezahlenden Forderungen der Kaiserl. Königlichen Unterthanen und fremden Particuliers diejenigen gleichfalls zu ziehen, so etwa mit einer Special-Hypothek auf diese oder jene, diesem oder jenem Theile zugefallenen Domainen-Stücke versehen gewesen.

2) Dass die Kaiserin-Königin von allen diesen gemeinschaftlich zu bezah-

lenden Schulden den zehenten Theil, die übrigen neun Theile aber des Königs von Preussen Majestät übernommen.

3) Dass die völlige Zahlung in einer Frist von funfzehn Jahren von dem Tage der Unterzeichnung der Convention geschehen solle.

4) Dass endlich wegen der Interessen einem jeden Theile frei bleibe, sich mit denen auf sein Theil fallenden Creditoribus zu vergleichen.

Der wiener Hof hat dabei keineswegs mehr, als er nach dem Frieden verbunden, eingeräumet.

Wegen der Special-Hypotheken ist in dem Frieden kein Unterschied gemacht worden.

Das übernommene zehente Theil gründet sich in einer genauen Proportion des getheilten Schlesiens.

Wenn es gleich dem wiener Hofe nicht schwer fallen dürfte, das zehente Theil in einer kürzern Zeit und, wie angetragen worden, in fünf Jahren zu bezahlen, so haben doch des Königs von Preussen Majestät, so gewohnet sind, die versprochenen Zahlungen ponctuellement zu leisten, und schon an die englischen Gläubiger und ihre eigene Unterthanen so grosse Summen auszahlen müssen, nicht eine kürzere Zeit eingehen können.

So wenig des Königs von Preussen Majestät nach Ihrer Gedenkungsart jemand an Capital oder Interessen zu verkürzen gemeinet sind, so wenig haben Sie geglaubet, dass ein Theil dem andern, hierunter mit den Gläubigern selbst zu vereinigen, die Hände binden könne.

Nachdem nun diese Principia endlich nach vielen gegenseits allein in den Weg gelegten Schwierigkeiten festgesetzet worden, so ist allerdings nothwendig gewesen, nach dem gegenseitigen Antrage die Auseinandersetzung der Gläubiger selbst, welche davon für Königl. Preussische, diesseits allein zu bezahlende und welche für Kaiserl. Königliche und fremde, nach der festgesetzten Proportion gemeinschaftlich zu bezahlende Unterthanen zu halten, vorzunehmen.

Da man bei vielen mit der genauesten Untersuchung nicht bestimmen können, wessen Unterthanen sie zur Zeit des Friedenschlusses gewesen, so hat man Königl. Preussischer Seits den gegenwärtigen Aufenthalt zur Richtschnur vorgeschlagen, wodurch alle mühsame fernere Untersuchung der ohnedem eine sehr geringe Summe betragenden zweifelhaften Forderungen vermieden werden könnte.

Durch die Verweigerung eines so billigen Antrags ist die Fortsetzung der Commissions-Handlung allein verzögert, keineswegs aber so wenig desfalls, als weil man in Schuldensachen nicht ehender weiterschreiten wollen, als bis man die Commercial-Handlung zugleich geendiget, abgebrochen worden.

Es wird nicht geleugnet, dass des Königs von Preussen Majestät ausdrücklich Sich erkläret, in der Schuldensache nicht ehender völlig zu schliessen, bis gegenseits nicht gleichfalls in Ansehung des Commercii denen Friedenstractaten ein Genügen geschehen.

Hierzu giebet Ihnen Natur- und Völkerrecht die Befugniss, nach welchem kein Theil allein gehalten, seine Verbindungen zu erfüllen, wenn der andere Theil nicht gleichfalls seinen Verbindungen nachkömmt.

Es ist auch ehedem der wiener Hof in dem am 10. Januarii 1751 durch den Gesandten Grafen von Puebla und den Hofrath von Koch in Berlin übergebenen Promemoria damit einig gewesen, dass über die Commercial- und Schuldensachen zu gleichen Schritten gehandelt werde, und sind deswegen die drei nach einander gefolgten Königl. Preussischen Commissarii zu Berichtigung beider Angelegenheiten zugleich bevollmächtiget gewesen.

Wenn man eine Sache der andern hätte nachsetzen sollen, so würde es vielmehr die Schuldensache sein, da solche nach den Worten des Friedens auf gelegene Zeit, per verba: „un temps convenable", ausgestellet, das Commercium aber „incessamment" reguliret und bis dahin alles in statu quo gelassen werden sollen. Es kann demnach dieses alles genug den ungeziemenden Vorwurf ablehnen, als wäre Königl. Preussischer Seits das Werk, nur um der Bezahlung zu entgehen, in die Ewigkeit zu spielen getrachtet worden.

Man muss dahin gestellet sein lassen, ob und wie weit die Kaiserin-Königin Ihren bei diesem Schuldenwesen befangenen Unterthanen Zinsen von ihren Forderungen zahlen lassen.

Die Erfahrung bestätiget wenigstens den gegenseitigen Selbstruhm nicht. Wie vielmehr man gegenseitig gewohnet sei, ohne Rücksicht auf so viel darunter leidende elende Personen, Wittwen und Waisen versicherte Zahlungen nicht zu leisten und die Leute um das Ihrige zu bringen, kann das ganz Teutschland bekannte Beispiel der wiener Lotterie hinlänglich beweisen, da, ohnerachtet aller theuersten landesherrlichen Versicherungen, die treuherzigen Interessenten sich am Ende mit 30 Procent für ihr Capital ohne einige Interessen von so langen Jahren, und nicht einmal baar, sondern in neuen Verlust mit sich führenden Papieren zu begnügen, nicht vor langer Zeit gezwungen worden.

Das Betragen des Königs von Preussen Majestät rechtfertiget sich auch demnach in dieser Schuldenangelegenheit von selbst.

Klärere Proben der Mässigung und Liebe zum Frieden haben des Königs von Preussen Majestät nicht geben können, als da Sie von so vielen Jahren her alle nur ersinnliche Mühe Sich gegeben, den unversöhnlichen Hass der Kaiserin-Königin gegen Sie zu dämpfen, Dieselbe zu Erfüllung Ihrer Verbindungen zu bewegen und denen Friedenstractaten auf Ihrer Seiten auf das allergenaueste nachzukommen.

So sehr alle die gegenseitige friedensbrüchige Unternehmungen von der Zeit der geschlossenen Friedenstractaten an des Königs von Preussen Majestät längst berechtiget hätten, die von Gott Ihnen verliehenen Waffen zu ergreifen und Sich die Genugthuung für das vergangene und Sicherstellung für das künftige zu verschaffen, so sind Sie doch zu diesen, Ihren friedfertigen Gesinnungen so widerstreitenden Mitteln nicht eh ender geschritten, als bis die Gesetze der Selbsterhaltung keinen Verzug mehr zugelassen, Sich der vollkommenen Ausführung aller übrigen, auf Ihren völligen Untergang gerichteten friedensbrüchigen Anschlägen mit Nachdruck entgegen zu setzen.

Die ans Licht gestellten Ursachen, welche Se. Königl. Majestät in Preussen bewogen, Sich wider die Absichten des wiener Hofes zu setzen und deren Ausführung zuvor zu kommen, und das in der Gegründeten Anzeige mit schriftlichen Urkunden erwiesene unrechtmässige Betragen des wienerischen Hofes nebst dieser Beantwortung werden die Gerechtigkeit der des Königs von Preussen Majestät abgedrungenen Nothwehr hinreichend aller Welt vor Augen legen.

Treu und Glauben liebende Mächte werden der gegenseitigen Treulosigkeit Beifall und Beistand versagen, und der Herr der Heerschaaren wird die Königlich Preussischen gerechten Waffen segnen!

XL.

Considerations Sur La Conduite De La Republique De Pologne Par Rapport Aux Conjonctures Presentes.

Die alte Furcht der Polen, von dem aufstrebenden Hause Branden[burg] ihrer ehemals deutschen Provinzen beraubt zu werden, war seit [der] Eroberung Schlesiens verstärkt*) und wurde von dem Grafen [Brühl] im Interesse seiner weit aussehenden Politik durch die Ver[breit]ung von Nachrichten über die preussische Annexionslust plan[mäs]sig wachgehalten**).

Im berliner Cabinet erkannte man sehr wohl die gefährliche Ab[sich]t, durch diese an sich oft „lächerlichen" Gerüchte***), mit Eichel [zu] reden †).

---

*) Vergl. Staatsschriften 1, 275. 655 und 2, 53. 297. 312.

**) Eichel schreibt am 24. März 1756, es würden „beständighin allerhand [Gerüchte] aus Sachsen nach Holland, dem Reiche und insonderheit nach Polen [get]rieben", worin dem Könige ruhestörende Absichten und unter anderen [Des]seins auf Polnisch Preussen und dazu gemachten Präparatorien" auf[gebü]rdet würde. „Wann aber es Deroselben injurious wäre, dass das Publicum [gle]ichsam sich mit dergleichen Dingen entrainirte, und dass dergleichen haupt[säch]lich aus Sachsen nach Polen divulgiret würden, so müssten Sie urtheilen, [dass] feindselige Leute in Sachsen geben müsste, welche sich ein Vergnügen [mach]ten, des Königs Majestät, insonderheit in Polen zu blamiren und aller[hand] verfängliche Idées zu machen." Brühl müsste diesen „unzeitigen Schrei[bern] das Handwerk legen, „damit es sonsten nicht das Ansehen habe, als [ob d]ergleichen ausgesprengte Unwahrheiten conniviret und nicht ohngerne [gese]hen würden." Politische Correspondenz 5, 48.

*) Vergl. Politische Correspondenz 8, 531.

†) Politische Correspondenz 10, 396.

"entweder des Königs Majestät mit Russland zu committiren oder entstehenden Falls Höchstderoselben Partei in Polen dergestalt zu rebutiren, dass solche sich gänzlich mit zur österreichisch- und russischen Partie schlagen, alsdenn es nicht viele Mühe kosten wird, den auf allen letzteren polnischen Reichstägen gehabten Zweck, die Republik mit in die russisch- und österreichische Alliance zu ziehen und also des Königs Majestät auch von solcher Seite ganz einzuspinnen und Deroselben zugleich bei etwa entstehendem Kriege aller Hülfe, so Sie von der Seite an Vivres und dergleichen ... gehabt, abzuschneiden."

Der Versuch durch ernste, fast drohende Vorstellungen den sächsischen Premierminister von diesen Umtrieben abzuhalten und ihn zu warnen*), "dass man es nicht wieder bei dem vorigen anfangen, noch sich an Höchstdieselbe auf dergleichen Art zu reiben suchen möchte, da dergleichen Puerilien kein gutes Geblüt machen könnte", verfehlte ebenso seinen Zweck wie alle Staatsschriften und Bemühungen der preussischen Gesandten in Warschau, ihren König als den Beschützer der Republik und den Hort der polnischen Verfassung zu empfehlen**).

Die ungeahnte, plötzliche Besetzung des Churfürstenthums erschien nun den argwöhnischen Sarmaten vorbildlich und als erste Staffel auf dem Pfade zur Beraubung ihres Vaterlandes. Auf dem polnisch-preussischen Landtage wurde öffentlich von dem Plane des Preussenkönigs gesprochen, Marienburg, Graudenz, Elbing und andere Städte zu besetzen und sich ihrer unter dem Vorwande des Durchmarsches zu bemächtigen***). Es geschähe dies, so schrieb sogar der König August an den polnischen Krongrossfeldherrn†), "aus derselben Kriegsraison", mit der Preussens Einbruch in die sächsischen Erbstaaten beschönigt werden sollte.

Das berliner Cabinetsministerium wollte diesen Ausstreuungen sofort mit Nachdruck entgegentreten und erliess daher im Namen des

*) Politische Correspondenz 5, 52.
**) Vergl. Politische Correspondenz 5, 14. 197. — 6. 403. — 10. 399. 425. — 13, 2. 253. 300.
***) Bericht des Oberhauptmanns Weiher, Lauenburg, 1. October 1756. Vergl. auch Politische Correspondenz 13, 475.
†) Schreiben Augusts III. aus Struppen vom 26. September. Vitzthum von Eckstädt 2, 154. In dem Memorandum, das dem sächsischen General Arnim bei seiner Reise in das preussische Hauptquartier am 15. September (vergl. Politische Correspondenz 13, 401 f.) mitgegeben wurde, heisst es: "Qu'on a d'ailleurs soupçonné que Sa Majesté Prussienne pût avoir des vues sur la Prusse Polonoise ou sur la Courlande, c'est de quoi l'on ne sauroit disconvenir." Vitzthum von Eckstädt 2, 92.

...igs einen Erlass an den Oberhauptmann Weiher in Lauenburg, ...auniger Residenten Reimer und an Benoit, den preussischen ...tionssekretär in Warschau, mit der Erklärung,

...lass Wir vor wie nach festiglich entschlossen wären die von Uns ...ch geschätzte Freundschaft der Polen auf alle Art und Weise zu ...ltiviren.... Wir halten Uns aber dagegen auch versichert, ...ss die polnische Nation bei den zwischen Uns und des Königs ...n Polen Majestät entstandenen Irrungen den billigen Unterschied ...ischen einem Churfürsten von Sachsen und Könige von Polen ...chen und durch die widrigen Insinuationen Unserer Feinde sich ...ht verleiten lassen werde, sich in diese die Republik Polen im ...ringsten nicht angehende Händel zu mengen und etwas zu Un...em Präjudiz vorzunehmen. Zu mehrerer Bewährung solcher Un...r aufrichtigen Gesinnung gegen die Krone Polen könnt ihr dieses ...er Rescript nicht allein allen, die es zu sehen verlangen, in ...inali vorzeigen, sondern allenfalls Abschriften davon zu nehmen ...tatten."

...ie polnische Leidenschaftlichkeit lieh aber dieser beschwichti...˛ Stimme so gut wie garkein Gehör. Benoits auf dem National...der gegründete Hoffnung, dass die erste Aufwallung bald ver... und einer besonneren Auffassung der politischen Lage Platz ...n würde, schlug fehl*). Mit jeder neuen Nachricht über die ...e Lage in Sachsen stieg die Aufregung; „der grösste Theil der ...litt schwer unter dem Schicksale ihres Herrschers" **). Be...die polnischen Damen, „die sich," wie Benoit einmal klagt***), ...em Lande das Recht anmaassen, sich in viele Dinge zu mischen," ..., über die Behandlung der Königin Maria Josepha entrüstet, ...ss gegen den misogynen Herrscher von Preussen. Auch die ...hafliche Lage der Republik war, wie schon oben erwähnt†), ...ie Occupation von Sachsen sehr schwer geschädigt worden. ...ufleute stellten ihre Correspondenzen mit den sächsischen Lie...ganz ein, da ihre Briefe unterwegs von dem feindlichen ...ngehalten oder garnicht weiter befördert würden††). Unter ...Umständen mussten sich die Freunde Preussens der grössten ...altung befleissigen; sie wagten nicht einmal der preussischen

...ergl. Friedrichs Worte: „Je sais par propre expérience que les Polo...énéral sont si changeants et journaliers qu'on ne saurait pas faire ...reposer aucunement sur eux." Politische Correspondenz 6, 39.
...richt Benoits. Warschau, 13. October. Vergl. auch S. 117.
...richt Benoits. Warschau, 17. September.
...rgl S. 117.
...richt Benoits. Warschau, 3. November.

Tapferkeit nach dem Tage von Lobositz Beifall zu zollen*). So unsicher fühlte sich der Vertreter Friedrichs in Warschau, dass er nur mit geladenen Pistolen in der Tasche ausging**).

Wie vorauszusehen war, steigerte sich noch die Erbitterung nach dem Einzuge des Königs August in seine polnische Hauptstadt. Es gehörte in der Gesellschaft zum guten und loyalen Tone Friedrich zu schmähen und ihm die verwerflichsten Umtriebe nicht nur gegen Polen, sondern auch gegen die römisch-katholische Kirche unterzuschieben. In vollem Ernste wurde die Frage erwogen, wie man am besten den vermeintlichen Absichten des preussischen Königs zuvorkommen, der in der Person ihres Oberhaupts gekränkten Republik Genugthuung verschaffen und der verhassten Macht solche Grenzen ziehen könne, dass sie ihren Nachbarn ungefährlich würde und ihren empfindlichen Einfluss auf die europäische Politik einbüsste***). In einer damals handschriftlich verbreiteten Schrift „Reflexions sur les conjonctures présentes" wurden die Polen angestachelt, mit den Waffen die alte Lehnsherrlichkeit über Preussen wiederherzustellen, die Territorien von Elbing und Draheim zurückzuerobern und die neuen Weichselzölle zu verweigern.

Benoit mahnte angesichts dieser Verhältnisse dringend zur Veröffentlichung einer Staatsschrift, in der die feste Absicht des Königs betont würde, in Freundschaft mit der Republik zu leben und die alten Verträge unverbrüchlich aufrecht zu erhalten, und worin die unerschütterliche Zuversicht ausgesprochen würde, dass das polnische Volk sich niemals durch bösen Rath wider sein eigenes Interesse zu einem Kampfe gegen Preussen verleiten liesse†).

Etwas früher schon hatte der preussische Geheime Justizrath Michael Stephan von Oskierka, der dank seiner Herkunft vertrautere Beziehungen mit vielen polnischen Magnaten unterhielt, in einem Schreiben an den Cabinetsminister Grafen von Podewils auf die bedrohlichen Strömungen im Osten hingewiesen††). Binnen kurzer Zeit,

---

*) Bericht Benoits. Warschau. 9. October.
**) Bericht Benoits. Warschau, 3. November.
***) Der russische Grosskanzler Bestushew forderte in dem Circularschreiben an den Primas, die Senatoren und Ministres der Krone Polen, vom 12./23. November die Republik auf, die „unerhörten Gewaltthaten und schrecklichen Excesse" der Preussen zu rächen und mit der Zarin „die weitläufigen und gefährlichen Entwürfe des Königs von Preussen zu vereiteln". — Danziger Beiträge 1, 682. Kriegskanzlei 1756, Nr. 52, S. 421.
†) Bericht Benoits. Warschau, 13. November.
††) Schreiben Oskierkas. Lichtenberg, 6. November. — Oskierka schied 1748 aus dem activen Dienste. Er war noch 1753 polnischer Landbote. Ueber

spätestens im Februar des kommenden Jahres, so meinte er, würde
ein ausserordentlicher Reichstag einberufen werden, auf dem die Ursache besprochen werden würde, um derentwillen der ordnungsmässig
ir den Herbst 1756 anberaumte Convent aufgehoben werden musste.
Allerdings wäre nicht zu erwarten, dass August III. offen die Hülfe
r Republik gegen Preussen beanspruchen würde, aber unter der
*and würde er nichts unterlassen, zu diesem Ziele zu gelangen.
erade der zerrüttete Zustand der Nation, der eine förmliche Kriegs-
klärung verhinderte, würde der Hofpartei die Bildung einer starken
nsföderation unter dem thatkräftigen Schutze Russlands ermöglichen.
iese Zettelungen liessen sich aber noch zerreissen, wenn durch ge-
ime Correspondenzen und Emissäre auf den Antecomitiallandtagen
e preussische Partei gesammelt würde, die sich im Nothfalle als
genconföderation erheben könnte.

Die Cabinetsminister fassten im Hinblick auf die schon lange
terhaltenen Verbindungen mit polnischen Grossen die Lage nicht
nz so ernst auf und glaubten sich mit der Herausgabe einer kleinen
die Republik gerichteten Staatsschrift begnügen zu können. Sie
derten Oskierka auf*),

„in latein- und polnischer Sprache ein kurzes Mémoire aufzusetzen,
corin die Verdienste des königlichen Churhauses Preussen und
Brandenburg gegen die Republik, sonderlich von Anfang dieses
Saeculi bis auf jetzige Zeiten bei denen gefährlichen Umständen,
corin selbige sich gegen Schweden, Russland und Sachsen befunden,
und wo das hiesige königliche Churhaus sich durch alle demselben
eschehene considerable Offerten aller kriegführenden Theile nicht
blouiren noch verleiten lassen, daran Theil zum Präjudiz der
Republik zu nehmen oder auch dieselbe im geringsten in ihren Con-
titutionen, Reichsverfassungen und Freiheiten, absonderlich aber
u letzten Kriege, bei einer freien Königswahl zu kränken, sondern
ielmehr das Systema der Republik bei allen Gelegenheiten zu er-
alten und gegen alle heimliche und öffentliche Machinationes zu
hützen gesucht; dahero denn auch Se. Königl. Majestät und Dero
nigliches Churhaus Sich eines gleichmässigen Betragens von Seiten
r Republik und einer exacten Neutralität in denen jetzigen, die-
lbe directe in nichts angehenden Troublen gewiss versprechen, und
ss die Republik die alte Pacta, so zwischen Sr. Königl. Majestät

frühere Thätigkeit bei der Uebertragung von preussischen Staatsschriften
Lateinische „nach polnischem Stile" oder in das Polnische selbst vergl.
aschriften 1, 638, 689; 2, 300, 312.

*) Schreiben von Podewils. Berlin, 9. November.

königlichem Churhause und derselben subsistiren, jederzeit cum existente *xarta et tecta halten* und erfüllen würden."

Als Vorbild sandten die Minister die in den Jahren 1741 und 1746 herausgegebenen Schriften „Catholica Religio In Tuto" und die „Manifestation an die Polen" *).

Oskierka reichte darauf ein Manuscript in lateinischer Sprache ein **), das aber weit von dem vorgeschriebenen Thema abweichend sich über die allgemeinen Ursachen des Krieges verbreitete. An seiner Statt wurde daher Hertzberg damit betraut, in einer kurzen Abhandlung die vom Minister angeregten Gedanken zu entwickeln. Dieser erledigte seinen Auftrag mit Schnelligkeit zur vollen Zufriedenheit von Podewils, der nur Unbedeutendes im Entwurfe seines Raths zu verbessern fand. Auch der Grosskanzler Jariges sprach sich über das ihm vorgelegte Manuscript lobend aus ***).

Die Uebersetzung der Hertzbergschen „Considerations" in die lateinische und polnische Sprache und deren Drucklegung wurde dem frankfurter Professor Steinwehr †) anvertraut; den lateinischen Text sollte er selbst liefern und für die polnische Uebertragung den geschicktesten unter drei polnischen Studenten der dortigen Universität, die von Jariges namhaft gemacht worden waren, auslesen ††).

Am 1. December übersandte der Professor die gedruckte lateinische Ausgabe dem Cabinetsministerium. Wohl in Erinnerung an sein Verdict über Kahles „Commentatio de Evangelis oppressis" †††) schrieb er zur Würdigung der eigenen Latinität:

„Die Uebersetzung habe zufordert treu und darneben so gefasset, dass weder der lateinische Barbar daran Theil, noch der Weltmann Ursache habe, mich wegen affectirter Schönheiten der römischen güldenen Zeit zu den Pedanten zu zählen. Einige Ausnahmen von dieser Zeiten Regeln sind meines Erachtens selbst Regeln für unsere Zeiten und deren politische Schriften."

An Benoit wurden darauf am 4. December hundert Exemplare der Steinwehrschen Uebersetzung und an den danziger Residenten Reimer vierzig lateinische und je zehn deutsche und französische geschickt. Auch die königsberger Regierung und der Provincialminister von Schlesien empfingen eine Anzahl Abdrücke, um sie in den be-

---

*) Staatsschriften 1, 277 und 2, 312.
**) Schreiben Oskierkas. Lichtenberg, 20. November.
***) Schreiben von Jariges an Podewils. Berlin, 29. November.
†) Vergl. über Steinwehr S. 252.
††) Erlass des Cabinetsministeriums an Steinwehr. Berlin, 25. November.
†††) Vergl. S. 253.

nachbarten polnischen Landestheilen „rouliren zu lassen" und erforderten Falls von neuem aufzulegen*).

Die Ausgabe der polnischen Uebersetzung verzögerte sich etwas, da Steinwehr, dieser Sprache nicht mächtig, das Manuscript nach Berlin zur Recension sandte, und ausserdem erst die polnischen Buchstaben von der Druckerei verschrieben werden mussten**). Sie erschien um die Mitte des Decembers; nach dem Urtheile Benoîts war sie vollständig misslungen***).

Wenn wir den Worten des sanguinisch angelegten Benoît vollen Glauben schenken dürfen, so errangen die Considerations einen bedeutenden Erfolg in Polen. Er maass ihnen das Verdienst zu, in jener kritischen Zeit, wo die russische Partei zu den Waffen rief, die Friedensstimmung wesentlich gefördert und durch ihre einfache, überzeugende Darlegung den Preussen neue Freunde gewonnen zu haben†).

Auch Reimer in Danzig schlug die Wirkung des Hertzbergschen Mémoires hoch an, als er berichtete††):

„die hier befindlichen Polen haben es seit geraumer Zeit zwar ziemlich goutiret, dass es vor die Nation auf keine Weise avantageux wäre, sich in die gegenwärtige Misshelligkeiten zu meliren, und fällt es ihnen itzo um so mehr durch diese höchst gegründete Pièce in die Augen, wie sie ihr ganzes Betragen zum Wohl ihrer eigenen Lande abzumessen haben. Wie ich darüber im gemeinen erfahre, ist ein jeder, der sie gelesen hat, mit derer Inhalt völlig einstimmig."

Die Feinde Preussens wollten dagegen aus der Auseinandersetzung über die Verschiedenheit der Interessen eines Wahlreiches und seines derzeitigen Fürsten eine Aufforderung zur Empörung und Entthronung des Königs herauslesen†††).

„Es ist aber darin nicht gesagt," erklärte ein Erlass an Benoît*†), „dass die Bande zwischen Sr. Königl. Majestät und der Republik

---

*) Dem Könige meldeten die beiden Cabinetsminister erst in einem Immediatberichte vom 11. December ihre Maassnahmen.
**) Schreiben Steinwehrs. Frankfurt a. O., 1. December: „Dahero mich auf die Treue des sonst geschickten und wohlgenannten Verfassers verlassen muss, welchem ich alle Gründe, die Hoffnung und Furcht zeugen, vorgeleget." — Der polnische Stipendiat der dortigen Universität, stud. Vetter, hatte die Uebersetzung geliefert.
***) Bericht Benoîts. Warschau, 29. December.
†) Bericht Benoîts. Warschau, 15. December.
††) Bericht Reimers. Danzig, 11. December.
†††) Bericht Benoîts, Warschau, 11. December. Vergl. damit Politische Correspondenz 14, 215, Nr. 8543.
*†) Erlass an Benoît. Berlin, 21. December.

ohne Schwierigkeit gelöst werden könnten, wenn es der Nation gefällt, ganz im Gegentheil, es heisst: diese Verbindung hört mit dem Tode des Königs auf."

Die „Schuldistinction" zwischen dem Könige von Polen und Churfürsten von Sachsen bekämpfte mit erbitterten Worten „Eines patriotischen Polaken Beleuchtung der Betrachtungen über das von der Republic Pohlen bey gegenwärtigen Zeit-Läufften zu haltende Betragen 1756*)."

Die Polen sollten sich nicht durch „Sirenenstimmen einwiegen lassen", wider „rechte, gute, gesunde Vernunftschlüsse" die Beziehungen ihrer Republik zu Preussen „für weit genauer, natürlicher und dauerhafter" zu halten „als die Verbindung zwischen einem König von Polen und der Republik". Der „Wust derer zeither ... zum Vorschein gekommenen königl. preussischen Schriften" beruhe nur auf „Scheingründen" und „einer ganz neuen und noch nie erhörten Vernunftlehre, um einer erzbösen Sache dennoch einen, wo auch nicht gerechten, doch scheinbaren Anstrich zu geben, und wo auch nicht erleuchteten, doch blödsinnigen Menschen etwas vorzuspiegeln, welches vor der honnetten und gesitteten Welt nimmer Farbe halten, noch bei irgend einem Gemüthe, welches nicht frevenlich Gott, die Natur, Gesetz und Ehrbarkeit ganz verleugnet hat, Eingang finden kann". „Ist erst Oesterreich gefallen, so bedenket selbst, meine Brüder, ob Rex Borussiae uns nicht die Fessel anlegen würde und könnte, vor welcher wir ... blos verstellter Weise gewarnet werden!"

Die „Uebersetzung eines Pohlnischen Schreibens über die Schrift: Betrachtungen über das von der Republik Pohlen bey gegenwärtigen

---

*) Der Abdruck in der Kriegskanzlei 1756, Nr. 115, S. 893 ist nicht getreu. — Wir glauben nicht zu irren, wenn wir hinter der Maske des patriotischen Polacken einen sächsischen Publicisten aus Brühls Umgebung vermuthen. „Der rechtschaffene Bürger der Republik von stiller Lebensart" ist Augenzeuge „der zeitherigen sächsischen Verwüstung" gewesen und vertheidigt den auch in Polen verhassten Brühl mit grosser Wärme, ohne den Namen des Ministers zu nennen. Der frömmelnde Ton der Beleuchtung erinnert an Brühls widerwärtige Heuchelei kirchlicher Orthodoxie. Auch die Hereinziehung anderer Staatsschriften macht unsere Annahme wahrscheinlich — Zur Charakterisirung des Tones der Beleuchtung mag folgende Stelle (in der Kriegskanzlei nur abgeschwächt gegeben) dienen: „Dass aber auch..... dieses höchstseligen Königs (August II.) in Dero Gruft nicht geschonet worden, ist darum um so weniger zu verwundern, da in den brandenburgischen öffentlichen Geschichtsbüchern man sogar keine Scheu getragen, den ersten preussischen König lächerlich aufzuführen und eine Mutter dieses königlichen Hauses zu einer Giftmischerin zu machen". Es wird hier auf die Stelle der Mémoires pour servir à l'histoire de la maison de Brandebourg. (Œuvres, I, S. angespielt.

zillaufften zu haltende Betragen"*), wollte sogar schon wissen, dass Friedrich Danzig und die Pomerellen als Siegesbeute beanspruchen würde. Sollte die stolze Republik etwa unthätig zusehen, wie ihr König beraubt würde, dem sie zu Treue und Dankbarkeit verpflichtet wäre? Sollte sie einem Herrscher Glauben schenken, dessen Thaten in grellem Widerspruche zu seinen bestrickenden Worten stünden? Der Tag wäre angebrochen, die entrissenen Lande von den Preussen wieder zu gewinnen.

„Uebrigens," schliesst dieses Schreiben, „habe ich in den Betrachtungen u. s. w. die Feder Ihro Königl. Majestät in Preussen, wie Sie mir gemeldet, nicht erkennen können. Wenn es aber doch an dem wäre, so halte ich dafür, dass, wenn ich die Unachtsamkeit in der Schreibart mit der ungemeinen Sorgfalt, welche sich der König mit seinen Truppen giebt, vergleiche, Höchstderselbe sich mehr auf die Stärke seiner Armee als auf die Stärke seiner Beweise und Gründe verlassen müsse."

Die französische Originalausgabe des Hertzbergschen Schriftchens trägt die Ueberschrift:

Considerations | Sur | La Conduite | De La | Republique De Pologne | Par Rapport | Aux Conjonctures Presentes.

4°. 2 Bl. Aus der Druckerei von Friedrich Wilhelm Birnstiel in Berlin.

Sie ist mehrmals, auch in Holland, abgedruckt worden.

Die lateinische und die polnische Uebersetzung, die von Winter Frankfurt a. O. mit denselben Typen wie das Unbillige Verfahren**) gedruckt sind, führen garkeine Namen. Der lateinische Text beginnt mit den Worten „Quae Regia Majestas Prussiae haud pridem in publicum prodire iussit scripta" (8 S.), und der polnische: „Dokumenta justifikujace, ktore Jego Krolewska Mość Krol Pruski przez druk publikowa· kazal (7 S.)".

Die Verdeutschung der Considerations rührt wohl von Hertzberg selbst her. Wir haben vielleicht in den beiden Quartblättern, die als

---

*) Mit dem Motto: Quis tulerit Gracchos de seditione querentes? Abdruckt Kriegskanzlei 2, Nr 41, S. 457. Auch französisch erschienen unter dem Titel: Traduction d'une lettre polonoise sur l'écrit intitulé: considérations sur la conduite de la république de Pologne etc. 1756. — Die beiden hier bezeichneten Staatsschriften sind von Benoit seinem Berichte vom 18. December geführt worden.

**) Vergl. S. 252.

Beigabe zu Nr. 144 der Berlinischen Nachrichten herauskamen, den officiellen Druck zu sehen*). Ihr Titel lautet:

Betrachtungen über das von der Republic | Pohlen bey gegenwärtigen Zeitläuften zu | haltende Betragen.

Drei andere uns bekannt gewordene Ausgaben bringen die „Betrachtungen" als selbstständige Schrift.

Die Considerations sind abgedruckt in den Leydener Nouvelles extraordinaires de divers endroits Nr. 99 f. vom 10. December 1756 u. f. und in Hertzbergs recueil. 2. Aufl. Berlin 1792. Bd. 1, 265. Die deutsche Uebersetzung findet sich, wie erwähnt, in den Berlinischen Nachrichten, in der Kriegskanzlei von 1756. Nr. 112. S. 875, in den Danziger Beiträgen 1, 687 und in den Denkwürdigkeiten 2, 434.

Ursprünglich hatten die Cabinetsminister beabsichtigt, dieser Veröffentlichung eine Reihe von Flugschriften folgen zu lassen, die die Stimmung der Polen systematisch bearbeiten sollten; sie dachten sogar an die Herausgabe einer polnischen Zeitung**). Wichtigere Geschäfte aber und der Mangel an einem unternehmenden Verleger liessen sie ihren Plan bald aufgeben.

Zur selben Zeit, wo Hertzberg seine Considérations aufsetzte, wurde schon an einer zweiten kleinen Schrift gearbeitet, die nur zum Vertriebe in Polen und der Türkei bestimmt wurde, der „Amica ad Poloniam periclitantem exhortatio". Der gelehrte joachimsthaler Rector Lic. Dr. Johann Philipp Heinius verfasste nach Angaben des

---

*) Uebrigens ist die Schrift noch einmal in derselben Nummer dieser Zeitung wiedergegeben.

**) Erlass des Cabinetsministeriums an Professor Steinwehr. Berlin, 25. November: „Zu gleicher Zeit committiren Wir euch auch, Erkundigung einzuziehen und zu berichten, ob dort (in Frankfurt a. O.) nicht ein solches geschicktes Subjectum vorhanden, welches man dann und wann gebrauchen könnte, Zeitungsartiсеl ins Polnische zu übersetzen, wovor demselben eine Gratification zufliessen soll. Noch lieber aber wäre es uns, wenn ein dortiger Buchdrucker oder Buchhändler übernehmen wollte, eine polnische Zeitung auf seine Kosten drucken zu lassen, wobei er seine Rechnung ohne Zweifel finden würde, indem in Polen anjetzo keine andere polnische Zeitungen rouliren, als welche die Patres scholarum piarum zu Warschau drucken lassen." — Der pommersche Kammerpräsident von Aschersleben hatte, Stettin, 15. November, dem Generaldirectorium gemeldet, „dass in denen polnischen zu Warschau bei denen Patribus scholarum piarum gedruckten Zeitungen bei jetzigen Conjuncturen für den wienerschen Hof und österreichische Armee alles sehr avantageux vorgestellet würde, dagegen die Avantagen des preussischen Hofes ganz verschwiegen blieben, auch die mehresten Sachen, welche die Gerechtigkeit derer diesseitigen Maassregeln der Welt vor Augen legen, garnicht bemerket würden."

Grosskanzlers von Jariges*) diese sehr lebendig gehaltene Mahnung an die Polen, vor dem russischen Nachbar auf der Hut zu sein. Gerade dieses Thema liess aber dann wahrscheinlich die Cabinetsminister von der Herausgabe des Werkchens abstehen**). Sie trugen Bedenken in diesen Tagen, wo der Tod der Kaiserin Elisabeth wieder sehr nahe zu sein schien, durch irgend welchen Angriff auf die petersburger Politik die preussische Regierung zu compromittiren und dadurch dem Grossfürsten-Thronfolger seine Abkehr von dem österreichisch-russischen Systeme zu erschweren.

Auch ein Dialog zwischen dem Juden Süss und dem Grafen Brühl, den Benoit einsandte, blieb ungedruckt, da Friedrich sich weigerte, die Kosten für dieses witzlose Pasquill zu tragen***).

Considerations sur la conduite de la Republique de Pologne par rapport aux conjonctures presentes.

Les pièces justificatives que Sa Majesté le Roi de Prusse a fait publier pour prouver les desseins dangereux des cours de Vienne et de Saxe contre Elle, sont d'une nature à devoir convaincre les plus incrédules de la réalité les complots qu'on attribue à ces cours. Sans être aveuglé par l'esprit de parti, on ne pourra avoir aucun doute sur la justice des armes de Sa Majesté et des mesures qu'elle a prises à l'égard de l'Électorat de Saxe. Surtout chaque bon citoyen polonois doit reconnoitre que les différends qui se sont levés en cette occasion entre Sa Majesté le Roi de Prusse et le Roi de Pologne, Électeur de Saxe, ne regardent en rien la République de Pologne, et qu'elle ne sauroit s'en mêler sans injustice et sans s'exposer aux suites les plus funestes pour elle même.

---

*) Schreiben von Jariges an das Cabinetsministerium. Berlin, 27. November.

**) In dem Immediatberichte des Cabinetsministeriums, Berlin, 4. December, heisst es: „Weil jedoch wahrscheinlich trotz aller Vorsichtsmassregeln bald die wahre Herkunft der Veröffentlichung errathen werden wird, und ausserdem einige starke Ausfälle gegen Russland darin vorkommen, wir aber nicht zu beurtheilen vermögen, wie viel oder wenig Ew. Majestät auf Grund geheimer Berichte diesen Hof noch geschont wissen will, so haben wir es in erster Linie für nöthig erachtet, Ew. Majestät die beiliegende Uebersetzung (der Exhortatio) zu überreichen, um sie vor dem Drucke Ihrer Billigung zu unterbreiten." Friedrich hat diesen Bericht unbeantwortet gelassen.

***) Politische Correspondenz 14, 142. Der Verfasser dieses „dialogue d'un mort avec un vivant" war ein Schweizer Beck, der bei einem polnischen Generale Sekretärsdienste versah und dem preussischen Vertreter Benoit geheime Nachrichten brachte, um dafür dessen Königen als „un habile homme d'esprit" empfohlen zu werden. Vergl. den Bericht Benoits, Warschau, 18. December 1756.

C'est l'Électeur de Saxe qui a voulu partager la dépouille de son voisin: c'est le Premier-Ministre saxon qui a formé le complot pour opprimer la Prusse. C'est aussi à l'Électeur de Saxe seul que Sa Majesté Prussienne S'en prend; mais en prenant les mesures que la prudence Lui dicte pour Sa conservation, Elle y apporte toute la modération que les circonstances présentes permettent; Elle se contente de mettre un ennemi caché, mais d'autant plus dangereux, hors d'état de Lui nuire, Elle ménage ses États comme les Siens propres, et sans vouloir faire des conquêtes sur lui, Elle est prête de lui restituer, dès que le danger sera passé.

Le zèle de la nation polonoise pour ses rois est trop éclairé pour confondre dans cette occasion le Roi de Pologne avec l'Électeur de Saxe. La République n'entre pour rien dans cette affaire. Elle seroit fort malheureuse, si elle devoit épouser toutes les querelles d'un roi étranger et défendre les injustices d'un ministre saxon qui sacrifie à d'autres cours les intérêts de son propre maître. En se mêlant des différends particuliers de son Roi qui a des possessions au dehors, Elle partagera toujours ses disgrâces, mais jamais ses avantages. Le souvenir est encore trop récent des malheurs que la nation s'est attirée, pour avoir voulu soutenir un Roi de la même Maison dans ses vues ambitieuses, quoique voilées du pretexte specieux, de vouloir reconquérir une province qui avoit été arrachée à la Pologne.

Les liaisons qui subsistent entre un Roi de Pologne et la République, ne sont fondées que sur un intérêt momentané et passager qui expire avec la mort du premier. Mais la Maison Royale de Prusse est unie à la République de Pologne par une alliance éternelle et par un intérêt commun, naturel et permanent de se conserver l'un l'autre, lien plus fort que tous les traités. La puissance de la Maison de Brandebourg et la liberté de la République de Pologne vont toujours d'un pas égal; la perte de l'une entraînera toujours celle de l'autre. La Prusse sera toujours le plus fort boulevard de la Pologne contre ceux qui voudront empiéter sur son indépendance, tout comme elle ne pourra plus se soutenir contre un voisin qui pourroit parvenir à conquérir la Pologne ou à s'y rendre souverain.

C'est sur ce principe que la Maison de Brandebourg a depuis tout temps dirigé sa conduite à l'égard de la Pologne. Toujours fidèle à ses engagements avec cet État, elle a eu en horreur de profiter de ses disgrâces, et elle a constamment refusé les offres les plus éblouissantes, qui lui ont été faites en tant d'occasions au préjudice de la République; elle s'est plutôt faite une loi d'insérer dans ses traités avec la Russie un article exprès pour la conservation de la liberté et de l'indépendance du Royaume de Pologne.

Sa Majesté Prussienne aujourdhui régnante a parfaitement adopté une politique aussi sage que juste, qui Lui a été transmise par Ses ancêtres. Elle ne s'est jamais mêlée des affaires intérieures de la Pologne, Elle n'a point empiété sur le territoire de ce Royaume; dans les différends particuliers qui ne manquent jamais entre des États voisins, Elle n'a jamais refusé justice à ceux qui l'ont demandée; enfin Elle n'a rien oublié pour cultiver par tous les soins possibles l'amitié de l'illustre nation polonoise.

Le Roi se promet aussi que par un juste retour de reconnoissance la République ne se laissera entraîner à aucune démarche qui puisse porter atteinte à l'amitié et à l'alliance éternelle qui subsiste entre les deux États; Il se flatte qu'elle observera une exacte neutralité dans la crise présente, et qu'elle ne se mêlera point au préjudice de Sa Majesté des différends qu'Elle a avec la cour de Saxe, ou qu'elle ne le fera qu'en faveur de son seul véritable et naturel allié. La République ne manquera pas de se rappeler à cette occasion que par le traité de Wehlau, elle s'est non seulement engagée de ne permettre aucun passage par son territoire aux ennemis de la Maison de Brandebourg, mais qu'elle est même obligée de lui fournir du secours; elle ne peut pas manquer de sentir que, si elle veut profiter des avantages stipulés dans ce traité en sa faveur, elle doit exactement remplir les engagements qu'elle a pris de son côté; enfin chaque bon patriote polonois s'apercevra aisément que, si la Pologne prenoit la funeste résolution de s'associer aux ennemis de la Prusse pour l'opprimer, elle se forgeroit à elle même les chaînes que la Maison d'Autriche lui prépare depuis deux siècles et qu'entourée presque de tous côtés par les États de cette puissance et de ses alliés, auxquels la cour de Vienne a su faire oublier les véritables intérêts, elle subira tôt ou tard le sort de la Hongrie et de la Bohême, royaumes tout aussi électifs autrefois que la Pologne.

On n'ignore pas les machinations des ennemis de Sa Majesté Prussienne pour porter la République à prendre parti contre Elle. On a vu entre autres un libelle scandaleux sous le titre: *Réflexions sur les conjonctures présentes*, dans lequel sous le nom d'un gentilhomme polonois on prend à tâche d'exciter la nation à disputer la Couronne de Prusse, sous prétexte que ce pays étoit fief de la Pologne, à revendiquer les territoires d'Elbing et de Draheim et à se soustraire aux prétendus nouveaux impôts établis sur la Vistule. Ces traits trahissent d'abord un auteur aussi malicieux qu'ignorant. Il auroit dû savoir que la Couronne de Prusse ne porte aucun préjudice à la Pologne, et que la Prusse est à présent aussi peu un fief de la Pologne que la dernière est aujourd'hui un fief de l'Empire d'Allemagne. Il dissimule à dessein que le Roi n'a jamais refusé d'entrer en composition avec la République sur les territoires d'Elbing et de Draheim, dès que cela se fera d'une manière conforme à la justice et aux constitutions de la République; enfin c'est par malice qu'il qualifie du titre d'accises nouvellement inventées d'anciens droits qui ont toujours subsisté, et sur lesquels on n'a encore porté aucunes plaintes, comme on auroit dû faire, si on les croyoit fondées.

On est fort éloigné d'attribuer ces artifices à la saine partie de la nation polonoise, et on reconnoît sans peine la source de ces sortes d'insinuations. Sa Majesté Prussienne n'en est point allarmée, mais Elle Se repose tant sur l'amitié, que sur la droiture et les lumières d'une nation qui s'est toujours distinguée par ces qualités, aussi bien que par son exactitude à observer religieusement ses traités. 1756.

Inhalt.

		Seite
Einleitung		V
I—XII.	Preussen und Mecklenburg-Schwerin	1
	Schreiben vom 12. August 1755	57
	Schreiben vom 18. September 1755	57
	Schreiben vom 11. November 1755	58
	Schreiben vom 20. December 1755	58
	Schreiben vom 13. Januar 1756	59
	Schreiben vom 3. Februar 1756	60
	Schreiben vom 14. März 1756	63
	Schreiben vom 14. April 1756	69
	Königliches Circularrescript vom 29. April 1756	73
	Pro Memoria. Mai 1756	76
	Schreiben vom 24. August 1756	82
	Vergleichsvorschläge (7. Juli, 1. August und 24. August 1756)	81
XIII.	Zeitungsartikel, Nieder-Elbe, vom 22. Juli, und Nürnberg, den 26. Juli	86
XIV.	Erlass an Plotho vom 17. August 1756	92
XV.	Erlass an Plotho vom 21. August 1756	99
XVI.	Zeitungsartikel, Regensburg, 17. August 1756 [26. August]	104
XVII.	Déclaration du Roi sur les motifs qui obligent Sa Majesté, d'entrer avec Son armée dans les États héréditaires du Roi de Pologne, Électeur de Saxe	108
	Des Königs Manifeste saxoniensis	122
	Déclaration	123
	Circularrescript vom 31. August 1756	126
	Anhang	128
XVIII.	Circularrescript vom 7. September	129
XIX.	Exposé des motifs qui ont obligé Sa Majesté le Roi de Prusse à prévenir les desseins de la cour de Vienne	133
	A. Projet d'un manifeste	150
	B. Projet d'un manifeste	152
	C. Projet de manifeste	154

		Seite
	D. Manifeste	157
	E. Le véritable manifeste contre les Autrichiens	161
	F. Manifeste	165
	G. Exposé des motifs etc.	172
	Anhang. Circularrescript vom 18. September	181
XX.	Erlass an Plotho vom 15. September	184
XXI.	Pro Memoria. Regensburg, 4. October (S. 201), Sr. Königlichen Majestät in Preussen an alle Dero Höchst- und Hohe Mitstände des Reichs abgelassenes Circulare, 2. October 1756 (S. 207). Circularrescript vom 5. October 1756 (S. 209)	190
XXII.	Lettre d'un ami de Leyde à un ami d'Amsterdam sur l'Exposé des motifs	211
XXIII.	Réponse du sr. de Hellen ministre du Roi auprès des Etats Généraux au mémoire que le sr. de Cauderbach résident de Saxe a remis à Leurs Hautes Puissances en date du 29 septembre 1756	223
XXIV.	Unbilliges Verfahren des Erzhauses Oesterreich gegen die Evangelische	234
XXV.	Mémoire raisonné sur la conduite des cours de Vienne et de Saxe, et sur leurs desseins dangereux contre Sa Majesté le Roi de Prusse, avec les pièces originales et justificatives qui en fournissent les preuves	318
XXVI.	Mémoire pour justifier la conduite du Roi contre les fausses imputations de la cour de Saxe	390
	Anhang. Mémoire contre les imputations à la charge des troupes prussiennes en Saxe, à la Haye, 1756	400
	Extrait d'une lettre de Leipzig du 2 octobre	401
XXVII.	Lettre du cardinal de Richelieu au Roi de Prusse. Des champs Élisées le 15 octobre 1756	403
	A. Lettre du cardinal de Mazarin au Roi de Prusse	414
	B. Lettre du cardinal de Richelieu au Roi de Prusse	416
	D. Lettre du cardinal de Richelieu etc	418
XXVIII.	Circularrescript Sr. Königlichen Majestät in Preussen an Dero Ministers an auswärtigen Höfen, d. d. Berlin, den 18. October 1756 in Antwort, auf dasjenige, so die Kayserin-Königin, unter dem 20. Sept. ejusd. an die Ihrige erlassen hat	421
XXIX.	Abhandlung von dem Unterscheid der Off- und Defensiv-Kriege, worinn besonders die Frage beantwortet wird: Wer bey einem entstehenden Kriege für den eigentlichen Aggresseur, oder angreifenden Theil zu achten?	437
XXX.	Patriotische Gedanken über das wider Se. Königl. Majestät in Preussen den 20. Septembr. zur öffentlichen Reichs-Dictatur gekommene Kayserliche Hof-Decret	455
XXXI.	Beantwortung des Gegen-Promemoria. Regensburg, 30. October 1756	464
XXXII.	Kurtze Abfertigung der sogenannten Beantwortung des Wienerschen Hofes auf das Königl. Preussische Manifest	469
	Anhang. Maximilian von Weingarten	478
XXXIII.	Königliches Schreiben an die Reichsversammlung zu Regens-	

		Seite
	burg, Berlin, 30. October, nebst Plothos Promemoria, Regensburg, 23. November 1756 . . .	495
XXXIV.	Rundschreiben vom 2. bezw. 6. November (S. 513) und Zeitungsartikel vom 18. November (S. 516)	506
	Anhang I. Ein Bruchstück aus den Memoiren des Prinzen August Wilhelm	517
	Anhang II. Bericht der Leydener Nouvelles extraordinaires vom 14. December	519
XXXV.	Promemoria, Regensburg, 3. November 1756	521
XXXVI.	Schreiben eines Freundes aus L** an einen Freund in Cölln am Rhein, über das Kayserliche Hofdecret vom 14. Septbr. 1756 und die darin befindlichen Avocatorien	534
XXXVII.	Schreiben eines Vaters an seinen Sohn, von der Heiligkeit der Archive	553
	Anhang. Rapport des Majors von Wangenheim	565
XXXVIII.	Schreiben eines Reisenden aus Dantzig an einen Freund in Stralsund, über den in Teutschland entstandenen Krieg . .	569
XXXIX.	Ausführliche Beantwortung der von dem Wiener Hofe herausgegebenen sogenannten Kurtzen Verzeichniss einiger aus den vielfältigen von Seiten des Königl. Preussischen wider die Berliner und Dresdener Tractaten Friedensbrüchigen Unternehmungen	590
XL.	Considerations sur la conduite de la Republique de Pologne par rapport aux conjonctures presentes	617